2011

中国发展报告

CHINA DEVELOPMENT REPORT

中华人民共和国国家统计局 编

中国统计出版社
China Statistics Press

（京）新登字 041 号

图书在版编目（CIP）数据

中国发展报告．2011 / 中华人民共和国国家统计局编．-- 北京 ：中国统计出版社，2011.6
ISBN 978-7-5037-6240-6

Ⅰ．①中… Ⅱ．①中… Ⅲ．①经济发展－调查报告－中国－2011 ②社会发展－调查报告－中国－2011 Ⅳ．①F124

中国版本图书馆 CIP 数据核字（2011）第 118080 号

2011 中国发展报告

作　　者 / 中华人民共和国国家统计局 编
责任编辑 / 郭　栋
E - mail / yearbook@gj.stats.cn
装帧设计 / 杨　超
编辑部电话 /（010）63376925、63376872、63376918（传真）
编辑部信箱 / cbsyb@gj.stats.cn
出版发行 / 中国统计出版社
通信地址 / 北京市西城区三里河月坛南街 57 号　邮政编码 /100826
办公地址 / 北京市丰台区西三环南路甲 6 号
电　　话 / 邮购（010）63376907　书店（010）68783172
印　　刷 / 北京画中画印刷有限公司
经　　销 / 新华书店
开　　本 / 880×1230mm　1/16
字　　数 / 1980 千字
印　　张 / 42
版　　别 / 2011 年 6 月第 1 版
版　　次 / 2011 年 6 月第 1 次印刷
书　　号 / ISBN 978-7-5037-6240-6/F・3026
定　　价 / 460.00 元

序 言

全面认识我国在世界经济中的地位

国家统计局局长 马建堂

进入新世纪以来，我国经济总量在世界的位次不断提升。2010 年，我国国内生产总值（GDP）已经超过日本，成为世界第二大经济体。但综合各种因素衡量，我国处于社会主义初级阶段的基本特征没有改变，属于发展中国家的事实没有改变，实现由经济大国向经济强国的转变任重而道远。

一、在中国共产党的正确领导下，我国经济实力不断增强

经济总量升至世界第二。1978 年，我国 GDP 只有 1482 亿美元，居世界第十位。经过 30 多年的快速发展，2010 年我国 GDP 达到 58791 亿美元，超过日本跃居世界第二位，仅次于美国。

主要农产品产量位居世界前列。2010 年，我国粮食产量达到 54648 万吨，比 1978 年增长 79.3%。棉花产量 596 万吨，增长 1.8 倍。油料产量 3230 万吨，增长 5.2 倍。近年来，我国谷物、肉类、籽棉、花生、茶叶、水果等农产品产量稳居世界第一位。

制造业大国地位初步确立。按照国际标准工业分类，2007 年，在 22 个制造业大类中，我国在 7 个大类中名列第一，有 15 个大类名列前三。美国经济咨询公司环球通视数据表明，2010 年我国制造业产出占世界的 19.8%，超过美国成为全球制造业第一大国。到目前为止，我国钢、煤、水泥、棉布等 200 多种工业品产量居世界第一位。

货物出口额跃居世界第一。1978 年，我国货物进出口总额占世界贸易总额的比重不到 1%，居世界第 29 位。2009 年，我国货物出口额超过德国居世界第一位，货物进口额居世界第二位。2010 年，我国货物进出口总额达到 29728 亿美元，创历史新高。

我国经济总量能够在短短的 30 多年跃居世界前列，是党中央、国务院始终不渝地坚持改革开放，始终不渝地坚持以经济建设为中心，积极应对前进道路上的矛盾、问题、风险和挑战，不断加强和改善宏观调控的结果；是 13 亿中国人民团结奋斗，开拓进取，奋力推进民族复兴、国家振兴的结果。这些伟大成就、瞩目变化值得每一个中华儿女为之骄傲和自豪。

二、发展中国家的定位没有改变，转变经济发展方式任务艰巨

必须清醒地认识到，经济总量的跃升没有改变我国发展中国家的定位，没有改变我国仍然处

于社会主义初级阶段的基本国情。

（一）人均水平需要提高

人均国民总收入在世界的位置比较靠后。2009 年，我国人均国民总收入为 3650 美元，仅相当于世界平均水平的 41.8%，在世界银行统计的 213 个国家和地区中居第 125 位。

人均谷物产量和主要资源人均拥有量低于世界平均水平。2009 年，我国人均谷物产量相当于美国的 26.5%，俄罗斯的 54.0%。石油、天然气人均储量不足世界人均水平的 1/10，主要金属人均储量不足世界人均水平的 1/4。

劳动生产率同发达国家相比还有很大差距。2008 年，我国每个就业者创造的 GDP 为 5855 美元，仅相当于美国的 5.9%，日本的 7.7%，俄罗斯的 24.8%。

（二）经济结构需要优化

产业结构不够合理。我国产业结构是以工业为支撑的“二三一”的模式，第二产业比重较高，第三产业发展相对滞后。2010 年，我国第三产业占 GDP 的比重为 43.0%，而中等收入国家、高收入国家已分别超过 50% 和 70%。

需求结构不够协调。表现在投资率偏高，消费率偏低。2010 年，我国投资率为 48.6%，消费率为 47.4%，消费率不仅远低于发达国家 70% 左右的水平，也低于“金砖国家”中其余国家（2009 年高者巴西为 83.6%，低者印度也有 69.6%）。

就业结构层次较低。2009 年，我国三次产业就业人口在总就业人口中所占比重分别为 38.1%、27.8% 和 34.1%。第一产业所占比重过高，第二产业比重仅相当于美国工业化初期即 1870—1910 年水平，第三产业比重则大大低于发达国家 60%—80% 的水平。

城镇化水平偏低。2010 年，我国城镇人口占总人口的比重为 49.7%，不仅低于高收入国家 70% 以上的水平，也低于世界 2009 年 50.3% 的平均水平。

（三）经济发展质量需要改善

增长效益较低。2009 年，我国 GDP 占世界的 8.6%，却消耗了世界 46.9% 的煤炭和 10.4% 的石油。同年美国 GDP 占世界的 24.3%，煤炭和石油消费量占 15.2% 和 21.7%；日本 GDP 占 8.7%，煤炭和石油消费量占 3.3% 和 5.1%。

多数企业竞争力较弱。我国被称为“世界工厂”，但生产的多为劳动密集型和低附加值的产品，核心技术主要依赖进口，企业自主创新能力不强。德国、日本、韩国在经济腾飞的过程中，迅速成长起大众、索尼、三星等世界名牌，但我国在成为制造业大国后却依然缺乏享誉全球的“中国名牌”。虽然 2010《财富》发布的世界 500 强企业名单中上榜的中国企业已经达到 54 家，但多为能源、金融、电信等国有垄断企业。

科技教育水平仍有差距。2010 年，我国研究与试验经费支出（R&D）占 GDP 的比重为 1.75%，明显低于发达国家2%以上的水平。长期以来，我国公共教育支出占GDP的比重不足3%，低于4.5%的世界平均水平，而发达国家一般超过5%。

三、全面实现由经济大国向经济强国的转变任重道远

我国从一穷二白迈向世界经济大国历经艰难曲折，而实现由经济大国向经济强国的转变需要付出更加艰苦的努力，对此更要有足够的估计和准备。

（一）国际经济发展环境更趋复杂严峻

成为大国后，面对的摩擦和对立更多。新兴大国在发展的过程中必然会引起国际分工和利益分配格局的巨大变化，从而引发新兴大国同现有大国在经贸领域的冲突和博弈，我国也不可能例外。1995—2009年，我国已经连续15年成为全球反倾销措施的最大涉案国，涉案金额不断增加。

成为大国后，承担的责任和义务更多。大国地位带来的不仅仅是全球影响和博弈实力，也意味着国际上要求我国承担的更多的责任和义务，比如债权国责任、能源消费大国责任、碳排放大国责任、储蓄国责任、顺差国责任等，对此要做到心中有数，趋利避害，量力而行。

成为大国后，享受的优惠和权利减少。在我国经济发展的过程中，世界上很多国家和国际组织都向我国提供了各种各样的援助，对我国经济社会发展起到了积极的推动作用。但近年来，我国所接受的贷款或援助在逐渐减少甚至消失。日本、德国先后宣布终结对华贷款或援助。最近我国正式超过日本成为世界第二大经济体后，日本国内要求全面停止对华援助的呼声再起。

成为大国后，受国际经济变化的影响更大。在经济全球化的大背景下，生产要素、劳务、资本、技术等流动更加迅速，国际经济与国内经济的相互联系、相互影响已经达到前所未有的程度。国际经济形势变化、国际短期资本流动、国际产业转移、各国经济政策制定对我国经济发展的影响将会更加明显。

（二）国内经济社会发展面临的资源环境约束日益突出

我国人均能源资源拥有量在世界上处于较低水平。2007年，我国人均原油和液化天然气可开采储量不到世界平均水平的1/10，仅相当于美国的15%，巴西的21%；人均可再生的淡水资源总量为世界平均水平的1/3左右，相当于美国的23%，日本的63%。

我国能源消费量巨大，能源利用效率不高。我国是仅次于美国的世界第二大能源消费国。2009年，我国GDP仅占世界的8.6%，而能源消费总量却占世界的19.5%。一些重化工行业单位产品能耗比世界先进水平高10%—50%。

较多的污染物排放与环境容量有限的矛盾日渐突出。我国单位GDP二氧化碳、二氧化硫等主要污染物的排放高于世界平均水平。因污染物排放造成的空气污染、海洋污染、陆地污染严重。环境污染已经成为影响我国经济可持续发展和社会和谐稳定的重大问题之一。

（三）支持过去经济高速发展的优势弱化

劳动力资源优势弱化。2003 年，我国 65 岁及以上人口占总人口的比重达到 7.5%，按国际标准已进入老龄化社会，2010 年这一比例提高到 8.9%。未来我国人口老龄化将进一步加剧，人口红利逐步减少。另外，伴随着居民生活成本的增加、劳动力整体素质的提高和劳动力市场供求关系的转变，劳动力成本上升可能成为一种长期趋势。劳动力资源数量的相对减少和劳动力成本的显著上升势必会对我国多年来依靠丰富廉价的劳动力资源发展经济的模式构成挑战。

依赖投资拉动的经济增长模式难以持续。2003 年以来，我国的资本形成率已经连续 7 年维持在 40% 以上，2010 年高达 48.6%，超过世界平均水平的两倍。最终消费率却持续下降。2010 年，我国最终消费率为 47.4%，比 2000 年下降 14.9 个百分点，远低于世界平均水平。这种忽视消费、依赖投资的经济增长模式终将是难以为继的。

寻求新的发展动力难度不小。寻找新的发展动力关键在于推动技术创新和改革，但这将是一个循序渐进的过程。一方面，我国技术创新长期存在核心技术掌握不够、研发投入水平偏低、政策激励不足、国际合作渠道不畅等瓶颈制约。无论是提高研发投入的水平，培育、引进高科技人才，还是建立有利于技术创新的体制机制环境，短期内都很难实现大的突破。另一方面，当前改革进入了一个关键阶段。以前的改革较少触及到那些深层次、难解决的领域和问题。随着改革的深入，改革由外围走向核心，由治标走向治本，这意味着改革遇到的阻力将会越来越大，进一步推进改革需作好打硬仗、打攻坚战的准备。

总之，我国虽然已经跃居世界经济前列，但还远未成为经济强国。我们应该为自己通过艰苦奋斗而取得的成就感到自豪，但更应为发展中存在的矛盾和困难而警醒。只有既不妄自菲薄，又不断增强忧患意识、风险意识，才能统筹兼顾，继往开来，夺取社会主义现代化建设一个又一个的新胜利，才能全面实现中华民族的伟大复兴。

《2011中国发展报告》编委会与编辑部

目 录

主题报告篇

地区报告篇

重要文献篇

宏观政策篇

统计图表篇

专栏文章

Special Reports

一、主题报告篇

二、地区报告篇

三、重要文献篇

四、宏观政策篇

五、统计图表篇

2010 年国民经济运行情况报告

2010 年，面对极为复杂的国内外经济环境和各种重大挑战，党中央、国务院审时度势、科学决策，不断加强和改善宏观调控，加快转变经济发展方式，不失时机地推进改革开放，有效巩固和扩大了应对国际金融危机冲击成果，国民经济运行态势总体良好。

一、2010 年国民经济发展基本情况

初步测算，全年国内生产总值 397983 亿元，比上年增长 10.3%，增速比上年加快 1.1 个百分点。分产业看，第一产业增加值 40497 亿元，增长 4.3%，加快 0.1 个百分点；第二产业增加值 186481 亿元，增长 12.2%，加快 2.3 个百分点；第三产业增加值 171005 亿元，增长 9.5%，回落 0.1 个百分点。

（一）农业生产稳定增长

初步统计，全国粮食产量 54648 万吨，比上年增产 1566 万吨，增长 3%。其中，夏粮产量 12315 万吨，减少 0.3%；早稻产量 3134 万吨，减少 6%；秋粮产量 39199 万吨，增长 4.8%。初步统计，油料产量 3230 万吨，增长 2.4%；棉花产量 596 万吨，减少 6.5%；糖料产量 12009 万吨，减少 2.2%。

初步统计，全年肉类总产量达到 7926 万吨，比上年增长 3.6%，其中，猪肉产量 5071 万吨，增长 3.7%。生猪年末存栏 4.6 亿头，减少 1.1%。禽蛋产量 2763 万吨，增长 0.8%。奶类产量 3748 万吨，增长 0.4%。

（二）工业增长趋于平稳

全年规模以上工业增加值比上年增长 15.7%，增速比上年加快 4.7 个百分点。其中，一季度增长 19.6%，二季度增长 15.9%，三季度增长 13.5%，四季度增长 13.3%。分经济类型看，国有及国有控股企业比上年增长 13.7%，集体企业增长 9.4%，股份制企业增长 16.8%，外商及港澳台投资企业增长 14.5%。分轻重工业看，重工业增长 16.5%，比上年加快 5.0 个百分点；轻工业增长 13.6%，加快 3.9 个百分点。

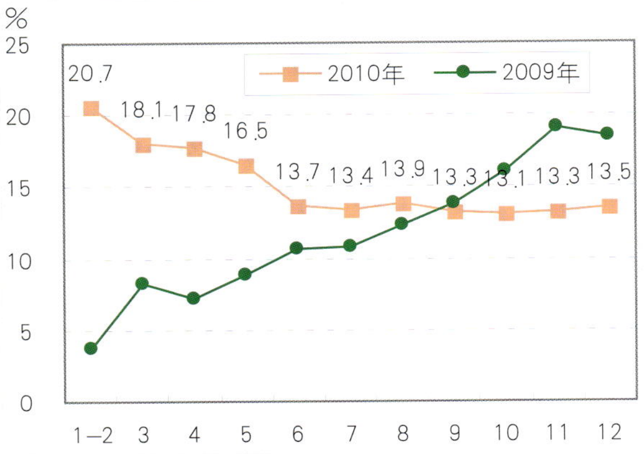

图 1　工业增加值当月增长速度

分行业看，39 个大类行业中，32 个行业同比增速比上年加快，5 个行业比上年回落，1 个行业与上年持平，1 个行业由增长转为下降。其中，通信设备、计算机及其他电子设备制造业比上年增长 16.9%，增速比上年加快 11.6 个百分点；通用设备制造业增长 21.7%，加快 10.7 个百分点；金属制品业增长 19.0%，加快 9.0 个百分点；煤炭开采和洗选业增长 17.2%，加快 8.9 个百分点；专用设备制造业增长 20.6%，加快 7.6 个百分点；电气机械及器材制造业增长 18.7%，加快 6.7 个百分点；电力、热力的生产和供应业增长 11.0%，加快 5.0 个百分点；石油加工、炼焦及核燃料加工业增长 9.6%，加快 4.4 个百分点；交通运输设备制造业增长 22.4%，加快 4.0 个百分点。石油和天然气开采业下降 0.2%，上年为增长 4.8%。

分地区看，东部地区规模以上工业增加值比上年增长 14.9%，增速比上年加快 5.2 个百分点；中部地区增长 18.4%，加快 6.3 个百分点；西部地区增长 15.5%，与上年持平。

全年规模以上工业出口交货值比上年增长 25.4%，上年为下降 10.1%。其中，一季度增长 25.2%，二季度增长 30.3%，三季度增长 25.3%，四季度增长 20.2%。其中，电气机械及器材制造业增长 33.7%，上年为下降 10.5%；金属制品业增长 33.5%，上年为下降 25.6%；化学原料及化学制品制造业增长 31.6%，上年为下降 17.7%；通信设备、计算机及其他电子设备制造业增长 25.2%，上年为下降 5.5%；交通运输设备制造业增长 24.7%，上年为下降 4.3%；纺织业增长 19.4%，上年为下降 6.2%；纺织服装、鞋、帽制造业增长 12.3%，比上年加快 9.5 个百分点。

1-11 月份，全国规模以上工业企业实现利润 38828 亿元，同比增长 49.4%，比上年同期加快 41.6 个百分点。39 个大类行业中，38 个行业利润同比增长，1 个行业利润下降。在增速较快的行业中，黑色金属矿采选业利润同比增长 1.1 倍，有色金属冶炼及压延加工业增长 82.1%，石油和天然气开采业增长 65.7%，交通运输设备制造业增长 59.4%，化学原料及化学制品制造业增长 59.2%，黑色金属冶炼及压延加工业增长 58.1%。

（三）投资保持较快增长

全年全社会固定资产投资 278140 亿元，比上年增长 23.8%，增速比上年回落 6.2 个百分点。其中，城镇固定资产投资 241415 亿元，增长 24.5%，回落 5.9 个百分点；农村固定资产投资 36725 亿元，增长 19.7%，回落 7.6 个百分点。城镇新开工项目计划总投资增长 25.6%，回落 41.6 个百分点。

城镇固定资产投资中，分隶属关系看，中央项目投资比上年增长 8.9%，增速比上年回落 9.5 个百分点；地方项目投资增长 26.3%，回落 5.7 个百分点。

分经济类型看，国有及国有控股投资 102130 亿元，比上年增长 18.0%，增速比上年回落 17.2 个百分点；有限责任公司投资 65317 亿元，增长 30.9%，加快 2.8 个百分点；私营企业投资 49911 亿元，增长 32.2%，回落 2.8 个百分点；集体企业投资 6747 亿元，增长 17.3%，回落 19.4 个百分点；外商投资企业投资 8195 亿元，增长 6.6%，上年为下降 1.2%；港澳台商投资企业投资 7638 亿元，增长 18.5%，加快 18.2 个百分点。

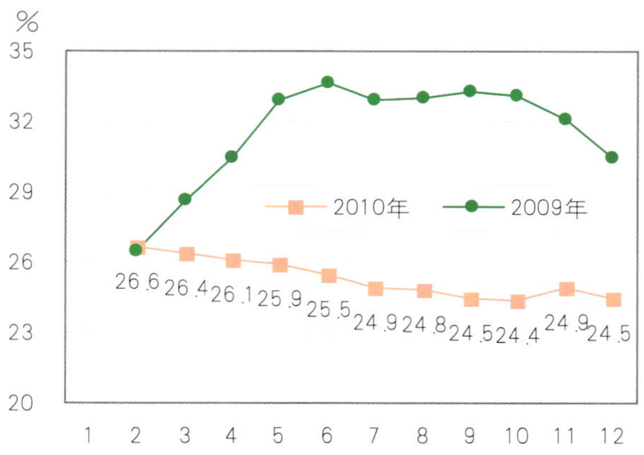

图 2　城镇固定资产投资累计增长速度

分产业看，第一产业投资 3966 亿元，比上年增长 18.2%，增速比上年回落 31.7 个百分点。第二产业投资 101048 亿元，增长 23.2%，回落 3.6 个百分点。其中制造业投资增长 27.0%，加快 0.2 个百分点。第三产业投资 136401 亿元，增长 25.6%，回落 7.4 个百分点。

分地区看，东部地区投资比上年增长 22.8%，增速比上年回落 1.1 个百分点；中部地区增长 26.9%，回落 9.1 个百分点；西部地区增长 26.2%，回落 8.8 个百分点。其中，广西、甘肃、宁夏、黑龙江、海南、福建、天津、湖北、江西、辽宁增速在 30% 以上。

全年房地产开发投资 48267 亿元，比上年增长 33.2%，增速比上年加快 17.1 个百分点（如果扣除土地购置费的影响，房地产开发投资比上年增长 26.7%）。其中，26 个地区房地产开发投资增速加快，4 个地区增速回落，1 个地区由正转负。增速最快的 5 个地区分别是：海南增长 62.5%，福建增长 60.1%，宁夏增长 56.3%，贵州增长 49.9%，黑龙江增长 49.5%。

全年商品房销售面积 10.4 亿平方米，比上年增长 10.1%，增速比上年回落 33.5 个百分点。其中，商品住宅销售面积 9.3 亿平方米，增长 8.0%，回落 37.4 个百分点。商品房销售额 5.2 万亿元，增长 18.3%，回落 58.6 个百分点。其中，商品住宅销售额 4.4 万亿元，增长 14.4%，回落 66.9 个百分点。

（四）消费平稳较快增长

全年社会消费品零售总额 154554 亿元，比上年增长 18.4%，增速比上年加快 2.9 个百分点（扣除价格因素，实际增长 14.8%，比上年回落 2.1 个百分点）。其中，一季度增长 17.9%，二季度增长 18.5%，三季度增长 18.4%，四季度增长 18.8%。按经营地分，城镇消费品零售额 133689 亿元，增长 18.8%；乡村消费品零售额 20865 亿元，增长 16.1%。按消费形态分，商品零售额 136918 亿元，增长 18.5%；餐饮收入额 17636 亿元，增长 18.0%。

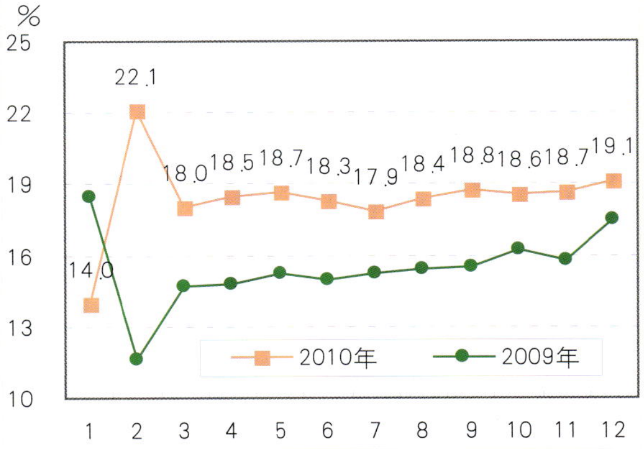

图 3　社会消费品零售总额当月增长速度

在限额以上企业商品零售额中，13 类商品增速比上年加快，1 类商品增速由负转正。其中，金银珠宝类比上年增长 46.0%，增速比上年加快 30.1 个百分点；石油及制品类增长 34.3%，加快 27.5 个百分点；粮油、食品、饮料、烟酒类增长 24.5%，加快 10.5 个百分点；家用电器和音像器材类增长 27.7%，加快 15.4 个百分点；服装鞋帽、针、纺织品类增长 24.8%，加快 6.0 个百分点；建筑及装潢材料类增长 32.3%，加快 5.7 个百分点；汽车类增长 34.8%，加快 2.5 个百分点；家具类增长 37.2%，加快 1.7 个百分点；通讯器材类增长 21.8%，上年为下降 1.3%。

（五）进出口创历史最高水平

全年进出口总额 29728 亿美元，比上年增长 34.7%，上年为下降 13.9%。其中，一季度增长 44.1%，二季度增长 42.5%，三季度增长 29.8%，四季度增长 26.9%。出口 15779 亿美元，增长 31.3%，上年为下降 16.0%。其中，一季度增长 28.7%，二季度增长 40.9%，三季度增长 32.1%，四季度增长 24.9%。分贸易方式看，一般贸易出口 7207 亿美元，增长 36.0%；加工贸易出口 7403 亿美元，增长 26.1%。进口 13948 亿美元，增长 38.7%，上年为下降 11.2%。其中，一季度增长 64.6%，二季度增长 44.2%，三季度增长 27.1%，四季度增长 29.3%。出口、进口及进出口总额均超过 2008 年最好水平，创历史新高。顺差 1831 亿美元，同比减少 130 亿美元。其中一般贸易逆差 472 亿美元，增加 432 亿美元；加工贸易顺差 3229 亿美元，增加 583 亿美元。

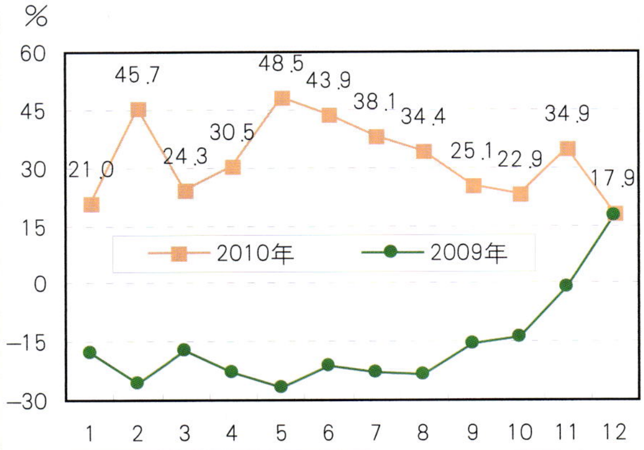

图 4　出口总额当月增长速度

从出口产品看，全年钢材出口额比上年增长 65.3%，箱包及类似容器增长 40.8%，自动数据处理设备及其部件增长 34.0%，灯具、照明装置及零件增长 33.7%，家具及其零件增长 30.3%，纺织纱线、织物及制品增长 28.4%，鞋类增长 27.1%，集成电路增长 25.5%，手持无线电话机及其零件增长 23.2%，服装及衣着附件增长 20.9%。

从进口产品看，全年汽车和汽车底盘进口额比上年增长 99.1%，铁矿砂及其精矿增长 58.4%，原油增长 51.4%，未锻造的铜及铜材增长 44.4%，大豆增长 33.5%，成品油增长 31.3%，初级形状的塑料增长 25.2%。

对传统贸易伙伴出口保持快速增长。全年对欧盟出口增长 31.8%，上年为下降 19.4%；对美国出口增长 28.3%，上年为下降 12.5%；对香港出口增长 31.3%，上年为下降 12.8%；对东盟出口增长 30.1%，上年为下降 7.0%；对日本出口增长 23.7%，上年为下降 15.7%；对台湾出口增长 44.8%，上年为下降 20.8%。对新兴国家和地区出口大幅增长。全年对巴西出口增长 73.3%，上年为下降 24.9%；对俄罗斯出口增长 69.0%，上年为下降 47.1%；对印度出口增长 38.0%，上年为下降 6.1%。

（六）市场价格涨幅有所上升

全年居民消费价格比上年上涨 3.3%，上年为下降 0.7%。动态看，一季度上涨 2.2%，二季度上涨 2.9%，三季度上涨 3.5%，四季度上涨 4.7%，其中 11 月份突破 5%，达到 5.1%。在 3.3% 的涨幅中，新涨价因素影响居民消费价格上涨 2.0 个百分点，占居民消费价格涨幅的 60.6%；翘尾因素为 1.3 个百分点，占 39.4%。

在新涨价因素中，食品价格上涨较多。全年食品价格比上年上涨 7.2%，涨幅比上年扩大 6.5 个百分点，拉动价格总水平上涨 2.3 个百分点，占居民消费价格涨幅的 69.7%。其中，粮食上涨 11.8%，涨幅比上年扩大 6.2 个百分点，拉动总水平上涨 0.4 个百分点；肉禽及其制品上涨 2.9%，上年为下降 8.7%，拉动总水平上涨 0.2 个百分点；蛋上涨 8.3%，扩大 6.7 个百分点，拉动总水平上涨 0.1 个百分点；水产品上涨 8.1%，扩大 5.6 个百分点，拉动总水平上涨 0.2 个百分点；鲜菜上涨 18.7%，扩大 3.3 个百分点，拉动总水平上涨 0.5 个百分点；鲜果上涨 15.6%，扩大 6.5 个百分点，拉动总水平上涨 0.3 个百分点。

非食品价格有涨有落。全年非食品价格比上年上涨 1.4%，上年为下降 1.4%，拉动价格总水平上涨 1.0 个百分点，占居民消费价格涨幅的 30.3%。居住价格比上年上涨 4.5%，上年为下降 3.6%；医疗保健和个人用品价格上涨 3.2%，涨幅比上年扩大 2.0 个百分点；烟酒及用品价格上涨 1.6%，扩大 0.1 个百分点；娱乐教育文化用品及服务价格上涨 0.6%，上年为下降 0.7%；衣着价格下降 1.0%，降幅缩小 1.0 个百分点；交通和通信价格下降 0.4%，缩小 2.0 个百分点；家庭设备用品及维修服务价格与上年持平，上年为上涨 0.2%。

全年工业品出厂价格比上年上涨 5.5%，上年为下降 5.4%。其中，一季度上涨 5.2%，二季度

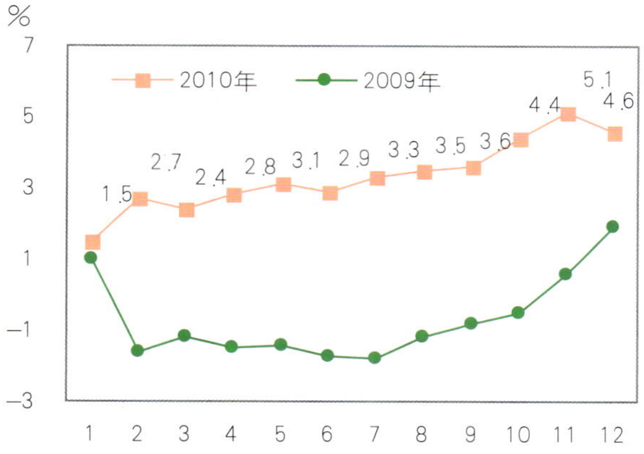

图 5　居民消费价格总水平当月变化率

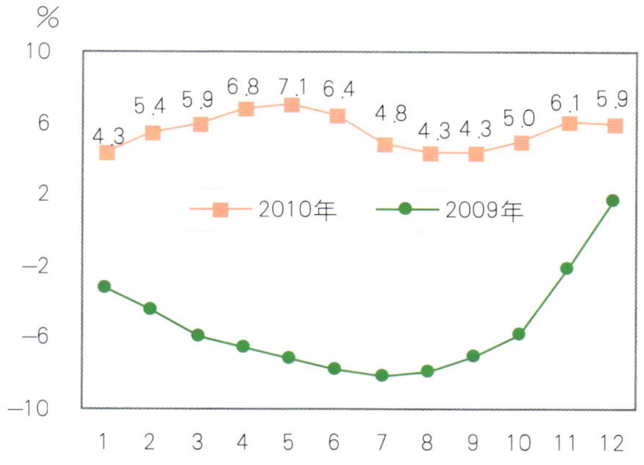

图 6　工业品出厂价格总水平当月变化率

上涨6.8%，三季度上涨4.5%，四季度上涨5.7%。其中，12月份同比上涨5.9%，环比上涨0.7%。原材料、燃料、动力购进价格上涨9.6%，上年为下降7.9%。其中，一季度上涨9.9%，二季度上涨11.7%，三季度上涨7.7%，四季度上涨9.1%。其中，12月份同比上涨9.5%，环比上涨1.1%。

12月份，全国70个大中城市房屋销售价格同比上涨6.4%，涨幅比上月回落1.3个百分点；环比上涨0.3%，涨幅与上月持平。新建住宅销售价格同比上涨7.6%，回落1.7个百分点；环比上涨0.3%，回落0.1个百分点。

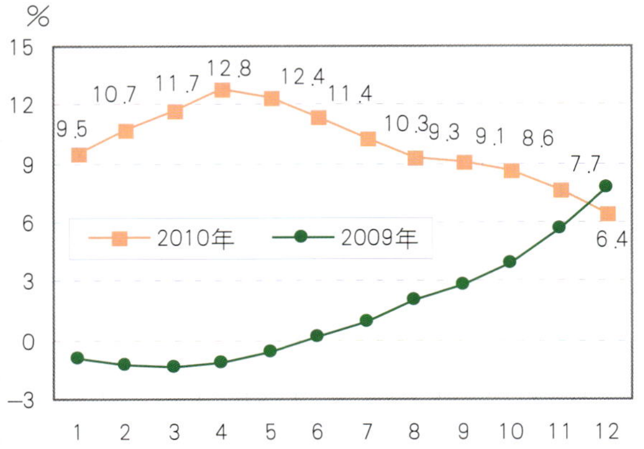

图7　全国70个大中城市房屋销售价格当月变化率

（七）财政收入增长较快

全年全国财政收入83080亿元，同比增长21.3%。分税种看，车辆购置税增长54.0%，关税增长36.6%，进口货物增值税、消费税增长35.7%，国内消费税增长27.5%，营业税增长23.8%，个人所得税增长22.5%，国内增值税增长14.1%，企业所得税增长11.3%。

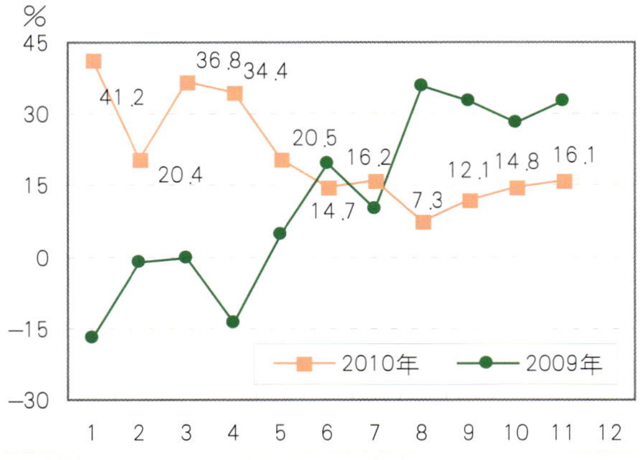

注：依统计制度，财政收支12月份无月报。

图8　财政收入当月增长速度

全年全国财政支出89575亿元，同比增长17.4%。在财政支出中，住房保障支出增长30.7%，环境保护支出增长25.4%，农林水事务支出增长19.8%，社会保障和就业支出增长19.4%，教育支出增长19.3%，医疗卫生支出增长18.8%，交通运输支出增长18.1%，科学技术支出增长17.6%。财政收支相抵，支大于收6495亿元。

（八）货币供应量稳定增长

12月末，广义货币（M_2）72.6万亿元，比上年末增长19.7%，增速比上年末回落8.0个百分点；狭义货币（M_1）26.7万亿元，增长21.2%，回落11.2个百分点；流通中现金（M_0）44628亿元，增长16.7%，加快4.9个百分点。

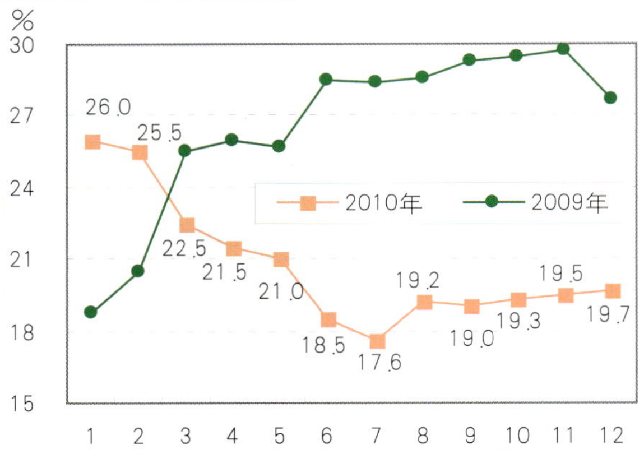

图9　广义货币（M_2）增长速度

12月末，金融机构各项贷款余额479196亿元，比年初增加79451亿元，同比少增16491亿元。其中，短期贷款增加24661亿元，多增3147亿元；中长期贷款增加61667亿元，少增5311亿元；票据融资减少9051亿元，上年为增加4563亿元。各项存款余额718233亿元，比年初增加120481亿元，同比少增10804亿元。其中，企业存款增加 40000 亿元，少增 19676 亿元；财政存款增加 3045 亿元，少增 1322 亿元；居民储蓄存款增加 42549 亿元，少增 323 亿元。

二、应对国际金融危机冲击成果得到巩固和扩大

（一）经济增长逐步趋稳，运行态势总体良好

2010 年，党中央、国务院不断丰富和完善应对危机的一揽子计划，有效地巩固和扩大了应对国际金融危机冲击成果，经济增长逐渐步入平稳运行轨道。分季度看，四个季度国内生产总值

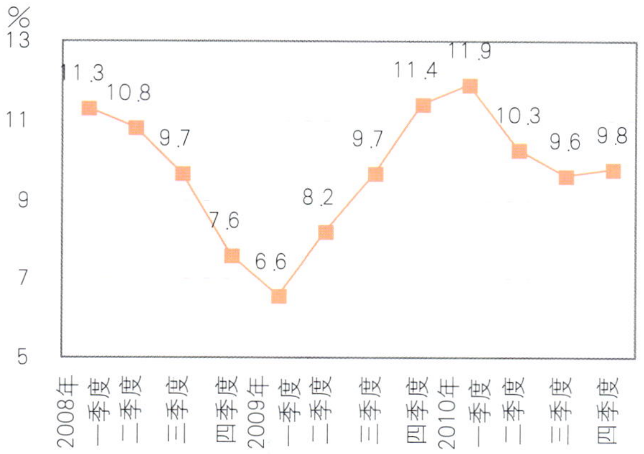

图 10　国内生产总值当季增长速度

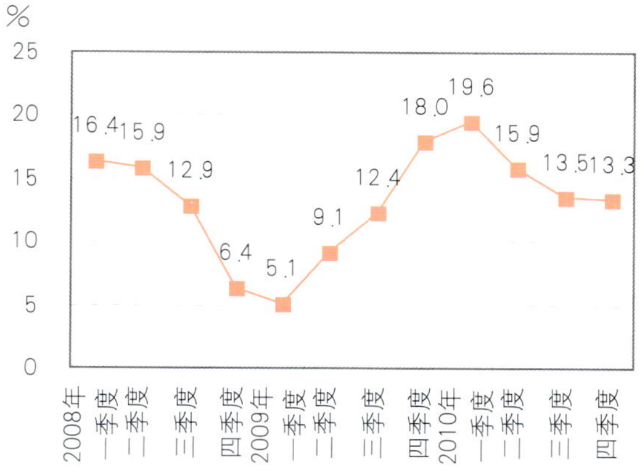

图 11　规模以上工业增加值当季增长速度

同比分别增长 11.9%、10.3%、9.6% 和 9.8%，保持了较快增长；从季度增速比较看，二、三季度国内生产总值同比增速分别较上季度回落 1.6 和 0.7 个百分点，四季度增速比三季度加快 0.2 个百分点，经济增长由回落趋于稳定。全年国内生产总值比上年增长 10.3%，增速比上年加快 1.1 个百分点，不仅快于 1979-2009 年年均 9.9% 的增速，也明显快于世界主要国家的平均增速。

工业生产增长趋于平稳对国民经济平稳较快发展发挥了重要作用。规模以上工业增加值一季度同比增长 19.6%，二季度增长 15.9%，比一季度回落 3.7 个百分点；三季度增长 13.5%，比二季度回落 2.4 个百分点；四季度增长 13.3%，比

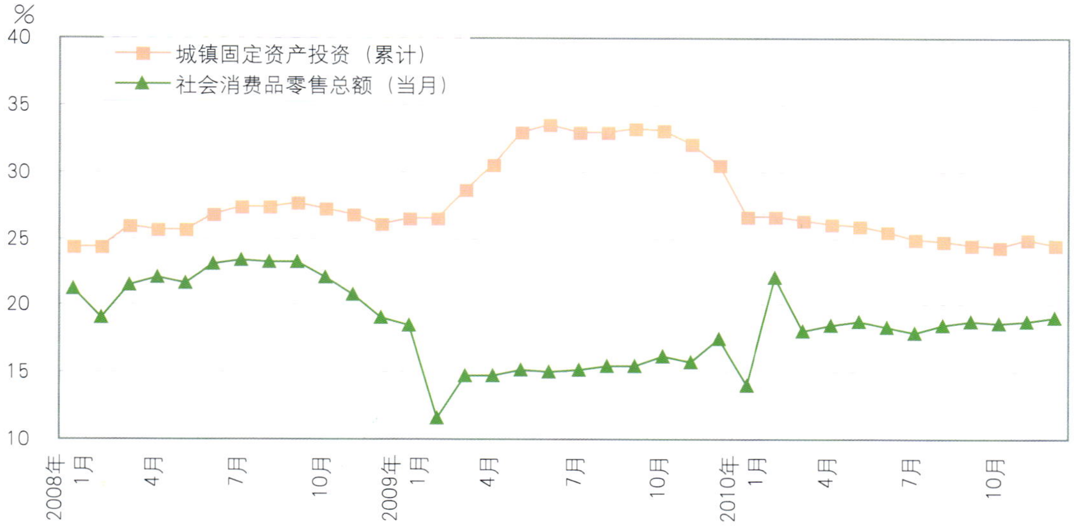

图 12　城镇固定资产投资和社会消费品零售总额增长速度

三季度回落 0.2 个百分点。单月来看，6 月份以来，规模以上工业增加值月度同比增速持续稳定在 13%-14% 之间。

国内需求高位趋稳进一步巩固了国民经济发展的基础。下半年以来，城镇固定资产投资累计同比增速稳定在 25% 左右，社会消费品零售总额月度同比增速稳定在 18% 左右，波动幅度在 1 个百分点左右，经济增长趋稳的态势明显。

（二）需求结构协调性增强，外需贡献由负转正

2010 年，各地区各部门坚持扩大内需与稳定外需相结合，调整优化国内需求结构，需求对经济增长拉动协调性增强。2010 年，最终消费拉动 GDP 增长 3.9 个百分点，对 GDP 增长的贡献率为 37.3%；资本形成拉动 GDP 增长 5.6 个百分点，对 GDP 增长的贡献率为 54.8%；净出口扭转了上年对 GDP 增长负拉动的趋势，拉动 GDP 增长 0.8 个百分点，对 GDP 增长的贡献率为 7.9%。

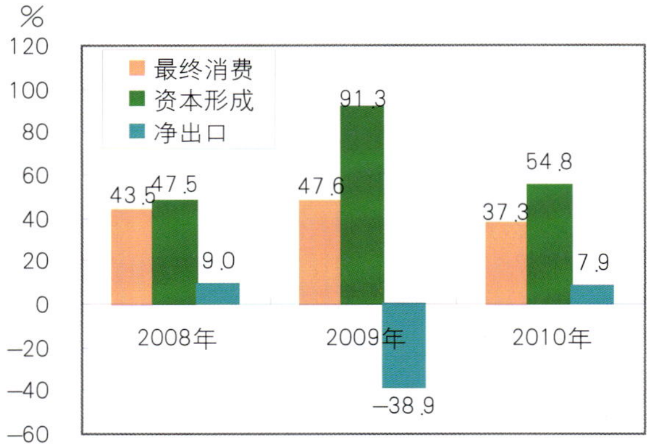

图 13　三大需求对国内生产总值增长的贡献率

在扩大内需政策带动下，汽车、通讯、建材等热点消费持续较旺，民间投资增长加快，对保持经济平稳较快发展发挥了重要作用。2010 年，限额以上汽车类销售在上年增长 32.3% 的高基数基础上继续快速增长，全年增长 34.8%，加快 2.5 个百分点。民间投资比上年增长 32.5%，增速高于城镇固定资产投资增速 8.0 个百分点。

（三）结构调整取得积极进展，节能降耗成效明显

节能降耗目标基本完成。随着国家和各地区节能降耗工作力度的不断加大，各项政策措施逐步深入落实，节能降耗成效明显。万元国内生产总值能耗由一季度同比上升转为全年下降 4.01%。“十一五”期间，单位国内生产总值能耗下降目标基本完成。

区域发展协调性有所增强。2010 年，中、西部规模以上工业增加值和城镇固定资产投资增速均明显快于东部。从工业看，中部地区规模以上工业增加值比上年增长 18.4%，快于东部 3.5 个百分点；西部地区增长 15.5%，快于东部 0.6 个百分点。从投资看，中部地区城镇固定资产投资增长 26.9%，快于东部 4.1 个百分点；西部地区增长 26.2%，快于东部 3.4 个百分点。

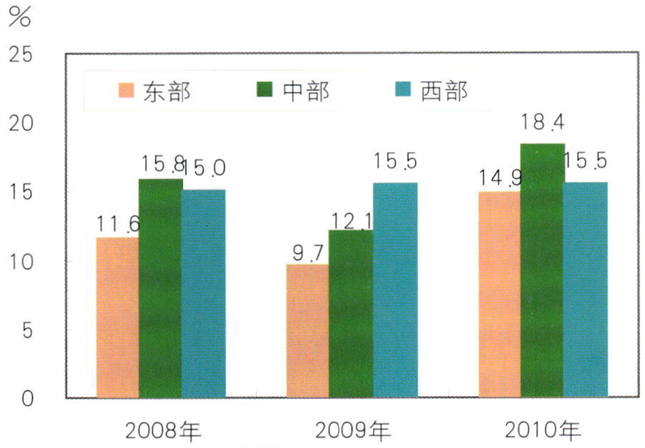

图 14　东中西部规模以上工业增加值增速

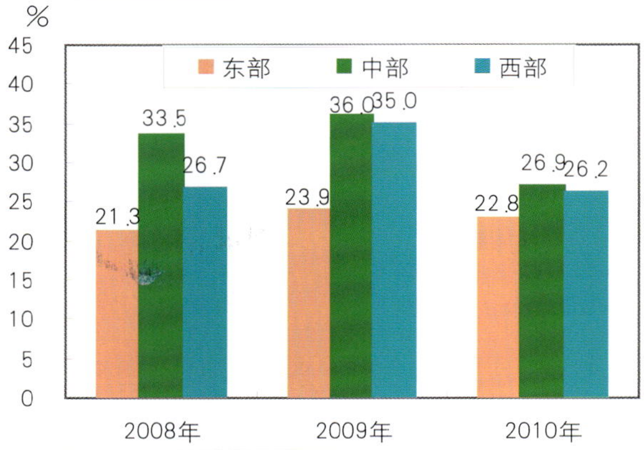

图 15　东中西部城镇固定资产投资增速

（四）积极就业政策效果突出，新增就业人数大幅增加

2010 年，积极就业政策的力度进一步加大，扩大就业的政策更加系统全面，就业形势明显好转。全国城镇新增就业 1168 万人，超额完成全年目标任务。我国的就业形势与世界主要国家普遍面临失业率居高难下的局面形成了鲜明对比。

（五）粮食综合生产能力稳步提高，粮食产量实现七连增

粮食生产经受住了部分地区罕见旱灾、低温寡照、特大水灾等自然灾害的严峻考验，实现了半个世纪以来首次“七连增”，连续 4 年保持在 1 万亿斤以上，为经济平稳较快发展和保持价格稳定奠定了坚实的基础。全年粮食产量 54648 万吨，比上年增加 1566 万吨，增产 3%。在夏粮和早稻均减产的情况下，秋粮丰收对于全年粮食丰收起到关键性作用。全年秋粮产量 39199 万吨，增产 4.8%，增产幅度为近 5 年来第二高。

（六）民生显著改善，城乡居民收入稳定增长

2010 年，政府加大改善民生的工作力度，出台了一系列增加收入、保障民生的政策措施。全年共有 30 个省市上调了企业用工最低工资标准，调整幅度都在 10% 以上，超过 20 个省市最低工资涨幅在 20% 以上。新型农村社会养老保险试点惠及 6700 多万人。国家中长期教育改革和发展规划纲要出台实施，普通高中家庭经济困难学生纳入国家资助体系，中职免费教育范围扩大到城市家庭经济困难学生。基层医疗卫生服务体系得到加强，全年安排中央投资重点支持 1.38 万所县乡村三级医疗卫生机构建设。全年全国各类保障性住房和棚户区改造住房开工 590 万套，超过年初确定的计划目标，基本建成 370 万套。

在继续提高最低工资标准、提高城乡低保对象、企业退休人员和优抚对象等群体的补助水平，增加对低收入群体的临时价格补贴以及农产品价格提高等的综合作用下，城乡居民收入保持较快增长。全年农村居民人均纯收入 5919 元，比上年增长 14.9%，扣除价格因素，增长 10.9%，比上年加快 2.4 个百分点，为 1998 年以来首次超过城镇居民收入增速。其中工资性收入名义增长 17.9%，加快 6.7 个百分点。城镇居民人均可支配收入 19109 元，增长 11.3%，扣除价格因素，增长 7.8%，比上年回落 2.0 个百分点。在家庭总收入中，工资性收入名义增长 10.7%，加快 1.1 个百分点。城乡居民收入比下降，城镇居民人均可支配收入与农村居民人均纯收入之比由 2009 年的 3.33：1 下降为 2010 年的 3.23：1。

2011 年是 “十二五”规划实施的第一年，是继续巩固和扩大应对国际金融危机成果的关键

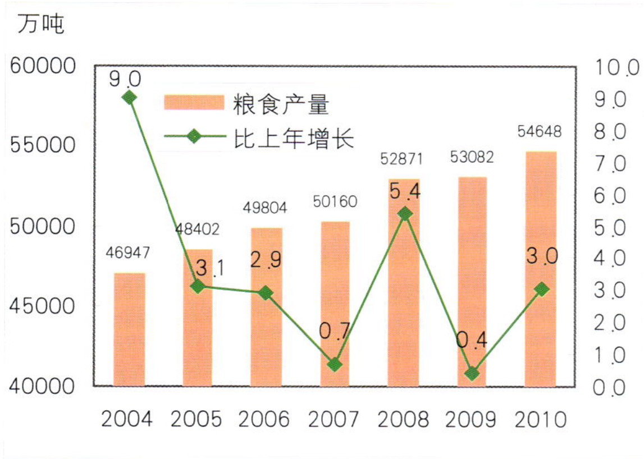

图 16　2004—2010 年粮食产量及其增长速度

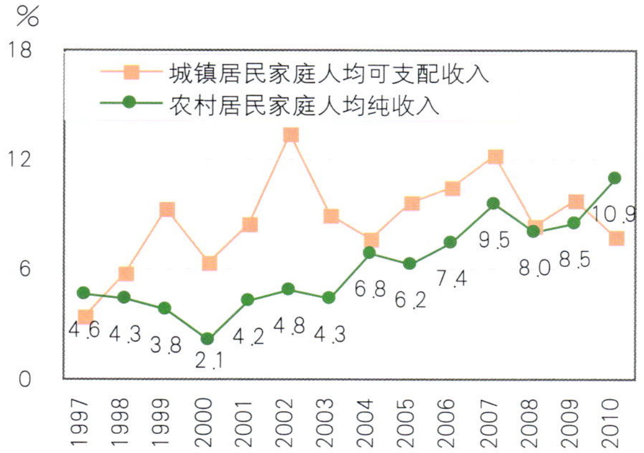

图 17　城乡居民收入实际增速

年份，也是确保“十二五”规划开好局、起好步的重要一年，保持经济平稳较快发展、加快经济发展方式转变具有十分重要的意义。展望2011年，外部环境依然复杂严峻，世界经济不稳定不确定因素仍然较多，国内经济发展还面临一些矛盾和问题，特别是保持物价稳定仍然面临较大压力，节能减排形势依然严峻。因此，要认真贯彻落实中央经济工作会议总体部署，以科学发展为主题，以加快转变经济发展方式为主线，更加积极稳妥地处理好保持经济平稳较快发展、调整经济结构、管理通胀预期的关系，下更大力气推进改革开放，下更大力气推进经济结构调整，下更大力气推进节能减排工作，把稳定价格总水平放在更加突出的位置，努力实现经济平稳较快发展。

（执笔：刘爱华 付凌晖 王冠华 黄涛
国家统计局综合司）

开发区番茄加工能力已达60万吨，亚州首位，产品全部出口欧美
（新疆生产建设兵团统计局提供）

2010 年农业生产发展报告

2010 年是我国经济社会发展极不平凡的一年，也是“三农”事业发展取得丰硕成果的一年。在中央一系列强农惠农政策的带动下，2010 年农业生产投入继续增加，主要大宗农产品尤其是粮食生产再次获得丰收，进一步夯实了农业基础地位，为全面完成“十一五”规划所确定的农业农村发展目标画上了圆满的句号，为巩固和扩大应对国际金融危机冲击成果、保持国民经济平稳较快发展提供了有力支撑，为战胜各种风险挑战、维护改革发展稳定大局奠定了坚实基础。

一、农业生产发展基本情况

（一）农业产出稳定增长

2010 年农林牧渔业总产值（当年价，包括农林牧渔服务业）为 69319.8 亿元，比上年实际增长 4.4%。其中，农业总产值为 36941.1 亿元，实际增长 4.1%；林业总产值为 2595.5 亿元，实际增长 6.5%；畜牧业总产值为 20825.7 亿元，实际增长 4.1%；渔业总产值为 6422.4 亿元，实际增长 5.5%。从增加值来看，农林牧渔业（包括农林牧渔服务业）增加值为 40497 亿元，比上年实际增长 4.3%。其中，农业增加值 23620 亿元，比上年增长 3.8%；林业增加值 1755 亿元，增长 6.5%；畜牧业增加值 10085 亿元，增长 3.9%；渔业增加值 3907 亿元，增长 5.8%。农林牧渔业增加值占国内生产总值的比重继续下降，2010 年下降到 10.2%，比上年低 0.4 个百分点。

（二）粮食产量再创新高，实现“7 连增”

在严重自然灾害、农产品价格异常波动和农业生产资料价格快速上涨的不利形势下，2010 年粮食产量再创历史新高，保障了主要农产品的基本供给。

粮食种植面积 10988 万公顷，比上年增加 89 万公顷，增长 0.8%。分季节看，夏粮播种面积 2744 万公顷，比上年增加 5.8 万公顷，增长 0.2%；早稻播种面积 580 万公顷，比上年减少 7 万公顷，下降 1%；秋粮播种面积 7664 万公顷，比上年增加 91 万公顷，增长 1.2%。全年粮食产量 54648 万吨，比上年增加 1566 万吨，增产 3%。分季节看，夏粮产量 12315 万吨，减产 0.3%；早稻产量 3134 万吨，减产 6%；秋粮产量 39199 万吨，增产 4.8%。分品种看，谷物 49653 万吨，增产 3.1%，其中稻谷 19576 万吨，增产 0.3%，小麦 11518 万吨，增产 0.1%，玉米 17740 万吨，增产 8.2%；豆类 1897 万吨，减产 1.7%；薯类 3098 万吨，增产 3.4%。

2010 年粮食生产表现出三个明显的特点：一是粮食总产再创新高。比 1998 年所创下的上世纪最高粮食产量水平高 3418 万吨，增长 6.7%。

表 1　2000 年以来粮食总产量及其变化情况

年　份	粮　食总产量（万吨）	比上年增加	
		绝对数（万吨）	幅度（%）
2000	46218	–	–
2001	45264	–954	–2.06
2002	45706	442	0.98
2003	43070	–2636	–5.77
2004	46947	3877	9.00
2005	48402	1455	3.10
“十五”时期增产	2184	–	–
年均增长（%）	0.9	–	–
2006	49804	1402	2.90
2007	50160	356	0.71
2008	52871	2711	5.40
2009	53082	211	0.40
2010	54648	1566	2.95
“十一五”时期增产	6239	–	–
年均增长（%）	2.5	–	–

资料来源：《中国农村统计年鉴 2010》。

二是在基数较高的条件下，实现“7 连增”。粮食产量连续 7 年增产，连续 4 年超过 5000 万吨，这是近半个世纪以来的首次。三是增产幅度大。2010 年粮食总产量比上年增长 3%，在“十一五”时期仅次于 2008 年 5.4% 的增产幅度。

（三）主要经济作物产量增减互现

2010 年棉花种植面积 485 万公顷，减少 10.2 万公顷，下降 2.1%；棉花产量 596 万吨，比上年减产 6.5%。油料种植面积 1389 万公顷，增加 24 万公顷，增长 1.8%；油料产量 3230 万吨，增产 2.4%。糖料种植面积 191 万公顷，增加 2 万公顷，增长 1.2%；糖料产量 12009 万吨，减产 2.2%。水果产量 21401 万吨，增产 4.9%，其中苹果 3326 万吨，增产 5%，柑橘 2465 万吨，4.9%，梨 1506 万吨，增产 5.6%，香蕉 956 万吨，增产 8.2%。蔬菜 65099 万吨，增产 5.3%。烤烟产量 273 万吨，减产 2.9%。茶叶产量 148 万吨，增产 8.6%。

表 2 2000 年以来棉花、油料和糖料产量变化情况

单位：万吨、%

年份	棉花		油料		糖料	
	产量	比上年增长	产量	比上年增长	产量	比上年增长
2000	442	–	2955	–	7635	–
2001	532	20.5	2865	−3.0	8655	13.4
2002	492	−7.7	2897	1.1	10293	18.9
2003	486	−1.1	2811	−3.0	9642	−6.3
2004	632	30.1	3066	9.1	9571	−0.7
2005	571	−9.6	3077	0.4	9452	−1.2
2006	753	31.8	2640	−14.2	10460	10.7
2007	762	1.2	2569	−2.7	12188	16.5
2008	749	−1.8	2953	15.0	13420	10.1
2009	638	−14.8	3154	6.8	12277	−8.5
2010	596	−6.5	3230	2.4	12009	−2.2

资料来源：《中国统计年鉴 2010》，《中国农村统计年鉴 2010》。

（四）畜牧和渔业产品产量稳步增长

2010 年肉类总产量 7926 万吨，比上年增长 3.6%。其中，猪肉产量 5071 万吨，增长 3.7%；生猪年末存栏 46460 万头，下降 1.1%；生猪出栏 66686 万头，增长 3.3%。2010 年上半年生猪价格低迷，饲料、用工等成本费用增加，生猪养殖亏损，2 月初猪粮比价为 5.87，跌破盈亏平衡点，此后约半年的时间生猪养殖处于亏损状态。随着出栏减少和市场需求的增加，以及冻肉收储等措施的实施，7 月底猪粮比价恢复到 6.05。第三季度生猪市场价格探底回升，养殖效益随之好转，猪粮比价逐渐增加至 12 月底的 6.56。

2010 年全国牛出栏 4717 万头，比上一年增加 115 万头，增长 2.5%，增幅比上一年下降 1 个百分点；牛肉产量 653 万吨，比上一年增加 17 万吨，增长 2.8%，增幅比上一年下降 0.9 个百分点。全国羊出栏 2.72 亿只，比上一年增加 467 万只，增长 1.8%，增幅比上一年下降 0.3 个百分点；羊肉产量 398 万吨，比上一年增加 9 万吨，增长 2.2%，增幅比上一年下降 0.2 个百分点。家禽出栏 110 亿只，比上一年增加 4.2 亿只，增长 4.0%，增幅比上一年高 0.2 个百分点；禽肉产量为 1659 万吨，比上一年增加 64 万吨，增长 4.0%，增幅与上一年相当。禽蛋产量 2763 万吨，比上一年增加 22 万吨，增长 0.8%，增幅比上一年下降 0.7 个百分点。禽蛋产量连续 3 年增幅趋缓，生产进入平稳发展阶段。2008 年、2009 年因奶源质量问题导致牛奶产量下降，2010 年呈恢复性增长，产量 3748 万吨，比上一年增加 13 万吨，增长 0.4%。

2010 年水产品产量 5366 万吨，比上年增长 4.9%。其中，养殖水产品产量 3850 万吨，增长 6.3%；捕捞水产品产量 1516 万吨，增长 1.4%。

（五）农产品生产价格全面上涨

虽然农业生产取得了丰收，但是并没有从根本上改变农产品供求关系紧平衡的格局，加之受农资价格上涨、用工成本增加、货币超发和国际农产品价格上涨的影响，2010 年农产品价格全面上涨。据调查，2010 年全国农产品生产价格持续高位运行，生产价格总水平比上年上涨 10.9%，其中，1-4 季度同比分别上涨 6.7%、9%、10.6% 和 15.9%，涨幅逐季加大。分类别看，种植业产

品生产价格上涨16.6%，林业产品生产价格上涨22.8%，畜牧业产品生产价格上涨3%，渔业产品生产价格上涨7.6%。

粮食生产价格上涨13.3%。分品种看，谷物生产价格上涨12.8%，其中，小麦、稻谷和玉米分别上涨7.9%、12.8%和16.1%。豆类上涨10.4%，其中，大豆上涨7.9%。薯类上涨30.2%。分区域看，粮食主产区 生产价格上涨12.8%，主销区上涨10.5%，其他地区上涨13.8%。从最低收购价政策执行情况来看，第四季度执行中晚稻最低收购价政策的8省（区）中籼稻均价为每斤1.06元，比中晚籼稻最低收购价（国标三等质量标准，下同）高9分钱；晚籼稻均价为每斤1.11元，比中晚籼稻最低收购价高0.14元；粳稻均价为每斤1.22元，比粳稻最低收购价高0.17元。

棉花（籽棉）生产价格上涨57.7%。分季度看，1-4季度分别上涨34.8%、21.5%、25.1%和66.7%，新棉上市涨幅非常突出。在棉花主产省份中，新疆上涨81.4%，山东、河北、湖北和安徽分别上涨51.7%、51%、67.8%和61.7%。

油料生产价格上涨12.1%。分季度看，1-4季度分别上涨7.7%、12.4%、11.1%和16.5%。分品种看，花生上涨17.9%，油菜籽上涨9.5%，芝麻上涨9.5%，向日葵上涨10.1%。

糖料生产价格上涨6%。分季度看，第一季度上涨13.1%，第二季度下跌2.8%，第三、第四季度分别上涨13.1%和25.1%。分品种看，甘蔗上涨6%，甜菜上涨12.5%。

蔬菜生产价格上涨16.8%。分季度看，1-4季度分别上涨11.2%、16.9%、17%和18.5%。分种类看，叶菜类上涨12.5%，瓜菜类上涨9.8%，块根、块茎类上涨14.7%，茄果类上涨11.5%，葱蒜类上涨42.2%，菜用豆类上涨16.7%，水生菜类上涨13.4%，食用菌上涨11.4%。

水果生产价格上涨18.9%。分季度看，1-4季度分别上涨23%、15.5%、7.9%和24.3%。分品种看，苹果上涨31.3%，梨上涨14.4%，柑桔上涨21.2%。

木材生产价格上涨3.2%；竹材上涨8%；胶脂和果实类林产品上涨32%，其中橡胶上涨46.1%，核桃、板栗、白果和松子分别上涨18.9%、29.3%、29.8%和30.8%。

生猪生产价格下跌1.7%。分季度看，第一、第二季度分别下跌9.2%和6%，第三、第四季度分别上涨2.3%和11.3%。活牛和活羊生产价格分别上涨4.7%和8.7%。活家禽生产价格上涨7%，其中，活鸡、活鸭和活鹅分别上涨6.7%、8.5%和10.1%。禽蛋生产价格上涨7.5%，其中，鸡蛋和鸭蛋分别上涨7.6%和5.4%。奶产品生产价格上涨15.3%。毛绒产品生产价格上涨28.9%。

海水产品生产价格上涨10.1%，其中，海水鱼类上涨10.5%，海水贝类上涨9.3%；淡水产品生产价格上涨5.2%，其中，淡水鱼类上涨4.9%，淡水虾蟹类上涨9.7%。

二、粮食生产再次获得丰收的主要原因

2010年主要大宗农产品获得丰收，尤其是粮食生产实现7连增，其原因是多方面的，概括起来主要有以下几个方面：

（一）强农惠农政策进一步完善

强农惠农政策进一步完善提高了农民务农种粮积极性，为农业生产尤其是粮食生产获得丰收奠定了基础。2010年强农惠农政策力度继续加大，主要体现在：

第一，财政支农资金稳定增长。随着“三农”工作成为全党工作的重中之重，“十一五”时期财政支农资金投入大幅增加，初步建立了财政支农资金的稳步增长机制。按照财政支出重点向农业农村倾斜，确保用于农业农村的总量、增量均有提高的要求，2010年中央财政支农资金预算8183亿元，比2009年用于“三农”的实际支出增加了930亿元，增长12.8%。用于“三农”的财政支出占中央财政支出的比重达到17.5%，比2009年增加了1.2个百分点。

第二，农业补贴规模继续扩大。2010年中央财政继续对种粮农民直接补贴；建立完善农资综合补贴动态调整制度，根据化肥、柴油等农资

价格变动，遵循“价补统筹、动态调整、只增不减”的原则及时安排农资综合补贴资金，合理弥补种粮农民增加的农业生产资料成本。2010年的粮食直补和农资综合补贴两项补贴共867亿元。良种补贴方面，对水稻、小麦、玉米、棉花、东北和内蒙古的大豆、长江流域10个省（市）和河南信阳、陕西汉中和安康地区的油菜实行全覆盖;早稻、小麦、玉米、大豆和油菜每亩补贴10元，中晚稻、棉花每亩补贴15元。2010年中央财政进一步扩大马铃薯原种生产补贴面积，在藏区启动青稞良种补贴，在部分花生产区启动花生良种补贴。农机具购置补贴方面，补贴范围继续覆盖全国所有农牧业县（场），补贴标准维持购机价格的30%、单机补贴上限5万元不变，补贴机具种类涵盖12大类、45个小类、180个品目。

第三，最低收购价标准继续提高。每50公斤白小麦（三等，下同）、红小麦、混合麦最低收购价分别提高到90元、86元和86元，均比2009年提高3元;每50公斤早籼稻（三等，下同）、中晚稻、粳稻最低收购价格分别提高到93元、97元和105元，比2009年分别提高3元、5元和10元。

第四，农业投资大幅增加。2010年全社会固定资产投资用于农村的投资为36725亿元，比上年增长19.7%。预算内固定资产投资重点用于农业基础设施和服务体系建设。全年农业基础设施和服务体系建设投入了441.6亿元，主要用于大型灌区节水改造、新增千亿斤粮食田间工程及农技服务体系、动物防疫体系等。在城镇固定资产投资中，第一产业投资3966亿元，比上年增长18.2%。

第五，农村金融服务有所改善。按照2010年中央1号文件的要求，金融机构服务“三农”的激励机制进一步完善，金融机构发放农业农村贷款增加，更多信贷资金投向“三农”。根据中国人民银行的统计，2010年末，主要金融机构及农村合作金融机构、城市信用社、村镇银行和财务公司农村贷款余额9.8万亿元，同比增长31.5%，高出同期各项贷款增速11.9个百分点；农户贷款额2.6万亿元，同比增长29.4%；农林牧渔业贷款余额2.3万亿元，同比增长18.3%。

（二）播种面积扩大和单产提高是粮食丰收的直接原因

在国家持续加大农业生产支持力度的带动下，粮食生产投入稳定增长，农民务农种粮积极性显著提高，粮食播种面积稳步增加。2010年粮食种植面积10988万公顷，比上年增加89万公顷，增长0.8%。因播种面积扩大增产粮食443万吨，对粮食增产的贡献率为28.3%。

气候条件有利，粮食单产提高。2010年全国大部分秋粮主产区降水量比较丰沛，特别是素有中国粮食仓之称的东北及内蒙古地区，水、光、热配合是历史上最好的，非常有利于农作物产量的形成，粮食单产提高。2010年粮食单位面积产量达到332公斤/亩，比上年增加7公斤/亩，增长2.1%。因单产提高而增产粮食1123万吨，对粮食增产的贡献率为71.7%。

（三）农业生产条件改善提高了农业综合生产能力

2010年国家把加强农田水利建设放在了固定资产投资的重要位置，农业生产条件有所改善。全年新增有效灌溉面积163.4万公顷，新增节水灌溉面积197.5万公顷。全年水资源总量28470亿立方米，比上年增加17.7%。全年平均降水量682毫米，增加15.4%。年末全国422座大型水库蓄水总量2091亿立方米，比上年末多蓄水284亿立方米。全年总用水量5990亿立方米，比上年增加0.4%。其中，农业用水减少0.6%，生态补水增加6.8%。

耕地质量改善。为提高农业综合生产能力，国家实施了保护性耕作工程、旱作农业示范工程、土壤有机质提升补贴试点和测土配方施肥补贴项目，大力提高耕地质量。到2009年末，全国保护性耕作技术实施面积突破5300万亩，土壤有机质提升补贴试点覆盖面积达到1550万亩以上。截止到2010年，全国测土配方施肥项目覆盖10亿亩以上。国家还加大了投入力度，安排中长期政策性贷款，支持农田排灌、土地整治、土壤改良、机耕道路和农田林网建设，重点把 800 个产粮大县的基本农田建成高标准农田。

（四）粮食劳动生产率提高

“十一五”时期，每个农业劳动力的平均粮食产量是逐年增加，表明粮食劳动生产率也是逐年提高的。“十一五”时期每个农业劳动力平均粮食产量累计增加了 473 公斤，年均增长 5.9%。2010 年每个农业劳动力平均粮食产量达到 1898 公斤，比 2009 年增加 111 公斤，增长 6%。粮食劳动生产率快速提高，对于保障粮食基本供给，确保国家粮食安全发挥了举足轻重的重要作用。粮食劳动生产率提高的原因主要有以下几个方面：首先，大量农村剩余劳动力转移就业，第一产业就业人员数呈逐年减少趋势，从事粮食生产的劳动力人数也是逐年减少的。其次，农业机械化水平快速提高，抵消了劳动力数量减少的不利影响。据农业部资料，2010 年我国农业机械化继续加快推进，耕种收综合机械化水平达到 55%，比上年提高 3 个百分点。再次，农业科技进步贡献率不断提高。据农业部测算，2010 年农业科技进步贡献率达到 52%，比上年提高 1 个百分点，良种覆盖率达到 96% 以上。

表 3 2000 年以来粮食劳动生产率变化情况

年 份	粮食总产量（万吨）	第一产业就业人员数（万人）	每个劳动力平均粮食产量（公斤/人）
2000	46218	36043	1282
2001	45264	36513	1240
2002	45706	36870	1240
2003	43070	36546	1179
2004	46947	35269	1331
2005	48402	33970	1425
2006	49804	32561	1530
2007	50160	31444	1595
2008	52871	30654	1725
2009	53082	29708	1787
2010	54648	28791	1898

说明：①因缺乏从事粮食生产的劳动力数量指标，这里使用第一产业就业人员来代替，实际的每个从事粮食生产的劳动力平均粮食产量应大于表中的近似数。② 2010 年我国进行了第六次全国人口普查，2010 年数据以普查数据为准。因目前人口普查结果尚未公布，表中 2010 年第一产业就业人员数是根据 2009 年相对于 2008 年的变化率推算得到的近似数。

资料来源：《中国统计年鉴 2010》，历年《中华人民共和国国民经济和社会发展统计公报》。

三、农业生产发展中存在的主要问题

（一）农业基础设施薄弱，抵御自然灾害的能力不强

农业基础设施薄弱集中表现在农田水利设施老化失修，配套实施不完善。大部分农田水利设施兴建于上世纪 50-70 年代，一些设施老化失修、设备破损，许多小型水利设施设计标准低，配套不全，技术落后，服务功能退化。全国小型农田水利工程的平均完好率仅为 50%，实际灌溉面积远低于设计灌溉面积。大型灌区骨干建筑工程的损害率近 40%，中小型灌区干支渠完好率只有 50%，配套率不足 70%。许多灌区工程已达到或超出规定使用年限，淤积塌方问题突出，输水效率低，渗透损失严重。随全球气候变暖，近年来各种自然灾害频繁发生，气候变化对农业生产的影响加深。2010 年西南地区发生特大干旱、多数省区市遭受洪涝灾害、部分地方突发严重山洪泥石流，表明水利基础设施薄弱的局面非常严峻。农田水利基础设施薄弱，导致农业生产抵御自然灾害的能力不强，“靠天吃饭”的局面尚未得到根本改观，是制约农业综合生产能力提高的重要因素。

（二）资源和市场“硬约束”日益强化，保障主要农产品基本供给的难度加大

人均耕地面积小、水资源短缺且分布不均是我国农业生产发展面临的基本国情。随着工业化和城镇化的快速推进，工农争地争水的矛盾日益突出。同时，生态环境恶化，土地荒漠化、石漠化、水土流失现象严重，土壤有机质下降、肥力降低，耕地质量下降。工业生产方式粗放，水资源污染严重。农业生产发展的资源硬约束日益强

化。虽然近年来农业生产的规模化、产业化程度快速提高，但千家万户的小农生产方式依然是我国农业生产的主体。近年来各地兴起的农民专业合作组织在发挥衔接小农生产和大市场对接方面发挥了重要作用，但仍存在着量少、覆盖面低、组织不完善等诸多的问题，尚未能够成为推动市场谈判、集中采购、信息服务、技术指导的主导力量。近年来屡次发生的棉花、油料、生猪等生产和市场价格的大起大落充分表明农业生产的市场约束依然存在并有日益强化的趋势。另外，国际因素对中国农业生产、流通和消费的影响日益加深。在加入 WTO 后，中国经济逐渐融入经济全球化之中。根据入世贸易协定，中国从 2002 年起完全取消大豆、豆粕等油料的进口配额限制，又于 2006 年取消植物油进口配额，粮食、白糖和棉花进口配额也在逐年增加。我国目前的食用植物油、大豆、棉花、化肥等产品对国际市场的依存度已经达到较高的水平，国际因素对国内农产品生产、流通和消费的影响越来越大。农业生产不仅受到国内市场供求变化的影响，还面临着激烈的国际竞争，小农生产方式与大市场的对接问题尚未从根本上得到有效解决，市场约束日益强化。

（三）农业生产比较效益低下，农业生产持续发展的后劲不足

为提高农民务农种粮积极性，国家实施了一系列的强农惠农政策，对于提高农业生产效益，稳定粮食播种面积，增加农民收入发挥了重要作用。但是，从总体上看，农业生产的比较效益依然低下。在工业化和城镇化快速发展过程中，非农就业机会增多，农民进城务工条件逐步改善，工资水平快速提高，工资性收入已经成为农民增收的主要来源，农业内部增收的潜力越来越小。同时，当前我国正处于由传统农业加速向现代农业的转型阶段，农业生产方式正在发生重大而深刻的变化，机械化、规模化、设施化、标准化程度大大提高，各种现代投入品大量使用，农资、农机、土地和用工等成本费用呈上升趋势，农业生产进入高成本阶段。农业生产成本提高进一步降低了农业生产效益。据调查，2010 年农业生产资料价格总水平同比上涨 2.9%。全年农资价格运行表现出三个特点：一是普涨。2010 年农业生产资料价格基本呈普涨格局，除化肥以外的其他种类农业生产资料价格全面上涨。二是涨幅高。农用机油价格同比上涨 10.3%，饲料价格上涨 8.3%，其他农业生产资料价格上涨 7.2%，农业生产服务价格上涨 4.3%。三是逐月加速上涨。农业生产资料价格总水平 1 月份下跌 0.4%，2 月份开始高于上年同期后，同比涨幅逐月加大，6 月份上涨 2.5%，12 月上涨幅度达到 6%。

（四）农业从业人员继续减少，结构性矛盾显现

随着工业化和城镇化的快速推进，大量有文化的青壮年农村劳动力转移到城镇就业，农业从业人员数量和所占比重呈下降趋势。由于乡村人口基数大，目前乡村劳动力总量依然过剩，劳动力转移就业的压力还较大，但是结构发生了明显变化，农业青壮年劳动力短缺、农忙季节性短缺、区域性短缺问题开始显现，农村劳动力进入总量过剩和结构性短缺并存阶段。在全社会从业人员中，乡村从业人员总数和所占比重逐年下降。据统计，2009 年末乡村就业人员数为 46875 万人，占全社会就业人员总数的比重为 60.1%，比上年降低 1 个百分点；就业人员数比 2008 年减少 395 万人，降低 0.8%。从就业结构来看，从事第一产业的人员数量和所占比重逐年下降。2009 年末，第一产业就业人员数量为 29708 万人，占全社会就业人员总数的 38.1%，比上年降低 1.5 个百分点；第一产业就业人员数量比 2008 年减少 946 万人，降低 3.1%。在乡村第一产业就业人员中，又以老年、妇女和文化程度较低的劳动力为主。

四、几点建议

（一）切实抓好以农田水利为重点的农业基础设施建设

农业基础设施薄弱尤其是农田水利设施建设滞后，已经成为制约我国农业综合生产能力提高

的重要瓶颈，因此要下大力气切实抓好以农田水利为重点的农业基础设施建设，彻底扭转“靠天吃饭”的不利局面。2011年中央一号文件《中共中央 国务院关于加快水利改革发展的决定》聚焦水利基础设施建设，分析了新形势下水利的战略地位，提出了水利改革发展的指导思想、目标任务和基本原则，明确了农田水利建设的重点工作、发展规划和投入机制，是做好新时期农田水利基础设施建设的指导性文件。农业基础设施建设能否取得实际成效，关键在于落实一号文件精神，并建立监督检查机制。

（二）加大投入力度，切实提高农业生产效益

农业生产比较利益低，不利于提高农民务农种粮积极性，不利于农业生产稳定发展和农民增收。要进一步加大各级财政对农业的支持力度，进一步提高补贴标准，扩大补贴范围，确保农民务农种粮有稳定的收益预期，稳定粮食等重要大宗农产品的播种面积，保障农产品的基本供给。要完善农业生产资料的补贴制度，规范农资市场运行，确保农资稳定供给，坚决遏制农资价格的过快上涨。

（三）多管齐下，切实抓好农业生产社会化服务体系建设

解决好小农生产方式与大市场的对接问题，有效化解农业生产可能面临的自然灾害和市场风险，对于保护农民利益和确保市场平稳运行都具有十分重要的意义。当前，要多管齐下，切实抓好农业生产社会化服务体系建设。一是政府主管部分要充分履行提供市场信息、技术指导和维护市场秩序的职责。二是要注重发挥行业协会在市场谈判、技术推广、组织生产等方面的重要作用。三是要大力培育农民专业化合作组织，规范各种类型合作组织的运行，提高覆盖率。四是要加快建立完善政策性农业保险制度，有效化解自然灾害和市场风险的不利影响。

（执笔：汪传敬 国家统计局农村司）

自主研发、填补国内行业空白的贵航平水牌采棉机
（新疆生产建设兵团统计局提供）

2010 年工业经济发展报告

2010 年，在国家实施一系列宏观调控政策措施作用下，工业经济总体呈现良好运行态势。与上年相比，生产增速明显加快，企业利润大幅回升，工业出口恢复性增长，工业经济结构呈现积极变化，基本符合宏观调控的预期。总体来看，国际金融危机对工业经济形成严重冲击的态势得到扭转，工业经济运行状况基本接近危机前的水平，工业经济已经步入平稳较快增长的运行区间。

一、工业经济运行的基本情况

（一）工业生产保持较快增长

2010 年，全国规模以上工业[①]增加值增长 15.7%，增速较上年明显加快 4.7 个百分点。主要表现在：

1. 主要经济类型企业增速加快

2010 年，主要经济类型企业中，私营企业增长 20%，较上年加快 1.3 个百分点；股份制企业增长 16.8%，加快 3.5 个百分点；外商及港澳台商投资企业增长 14.5%，加快 8.3 个百分点；股份合作企业增长 14%，加快 3.7 个百分点；国有及国有控股企业增长 13.7%，加快 6.8 个百分点；集体企业增长 9.4%，回落 0.8 个百分点。

2. 各类规模企业增速均有所上升

2010 年，大型、中型、小型[②]工业企业分别增长 11.8%、12.6% 和 21.1%，较上年分别加快 6、5.6 和 2.4 个百分点。

3. 重工业增速加快幅度大于轻工业

2010 年，重工业增长 16.5%，较上年加快 5 个百分点；轻工业增长 13.6%，较上年加快 3.9 个百分点。

4. 大多数工业行业生产增速加快

2010 年，39 个工业大类行业中，生产增速较上年加快的行业有 32 个，占 82.1%。其中，增速加快 10 个百分点以上的有 5 个行业，增速加快 5-10 个百分点的有 12 个行业，增速加快 3-5 个百分点的有 8 个行业（详见表 1）。

六大高耗能行业[③]生产呈现较快增长。2010 年，六大高耗能行业生产增长 13.5%，较上年加快 2.9 个百分点。其中增速加快幅度较大的行业分别为：非金属矿物制品业增长 20.3%，加快 5.6 个百分点；电力热力的生产和供应业增长 11%，加快 5 个百分点；石油加工炼焦及核燃料加工业增长 9.6%，加快 4.4 个百分点。

装备制造业生产增速明显快于全部规上工业。2010 年，装备制造业生产增长 20%，较上年加快 8.7 个百分点。其中，仪器仪表及文化、办公用机械制造业增长 19.6%，加快 17.6 个百分点；通信设备、计算机及其他电子设备制造业增长 16.9%，加快 11.6 个百分点；通用设备制造业增长 21.7%，加快 10.7 个百分点；金属制品业增长 19%，加快 9 个百分点；专用设备制造业增长 20.6%，加快 7.6 个百分点；电气机械及器材制造业增长 18.7%，加快 6.7 个百分点；交通运输设备制造业增长 22.4%，加快 4 个百分点。

轻工业中，纺织、烟草等行业生产增速明显加快；医药、食品等行业增速较为平稳。2010 年，纺织业增长 11.6%，较上年加快 3.1 个百分点；纺织服装、鞋、帽制造业增长 15%，加快 5.1 个百分点；烟草制品业增长 11.9%，加快 3.7 个百分点；食品制造业增长 15.2%，加快 1.1 个百分点；医药制造业增长 15.2%，加快 0.4 个百分点。

5. 六成多的工业产品产量增速加快

2010 年，在两年均统计的 492 种工业产品中，

注：①规模以上工业为年主营业务收入 500 万元以上的工业企业。
②本文中的小型企业为规模以上工业中的小型企业，不包括规模以下工业小型企业。
③六大高耗能行业包括石油加工、炼焦及核燃料加工业，化学原料及化学制品制造业，非金属矿物制品业，黑色金属冶炼及压延加工业和电力热力的生产和供应业。六大高耗能行业耗能量约占全部工业的 70% 以上。

表 1　2010 年工业分行业增加值增长速度及比较

行业名称	2010 年增速%	2009 年增速%	变动百分点
仪器仪表及文化、办公用机械制造业	19.6	2.0	17.6
通信设备、计算机及其他电子设备制造业	16.9	5.3	11.6
工艺品及其他制造业	17.2	5.9	11.3
家具制造业	19.7	8.8	10.9
通用设备制造业	21.7	11.0	10.7
金属制品业	19	10.0	9.0
煤炭开采和洗选业	17.2	8.4	8.9
专用设备制造业	20.6	13.0	7.6
皮革、毛皮、羽毛(绒)及其制品业	16.5	9.3	7.2
电气机械及器材制造业	18.7	12.0	6.7
印刷业和记录媒介的复制	14.9	8.8	6.1
塑料制品业	18.4	12.3	6.1
文教体育用品制造业	13.5	7.5	6.0
非金属矿物制品业	20.3	14.7	5.6
造纸及纸制品业	16.2	10.7	5.5
纺织服装、鞋、帽制造业	15	9.9	5.1
电力、热力的生产和供应业	11	6.0	5.0
橡胶制品业	16.6	11.8	4.8
木材加工及木、竹、藤、棕、草制品业	22.4	17.7	4.7
非金属矿采选业	24.8	20.2	4.6
石油加工、炼焦及核燃料加工业	9.6	5.2	4.4
交通运输设备制造业	22.4	18.4	4.0
烟草制品业	11.9	8.2	3.7
燃气生产和供应业	17.9	14.6	3.3
纺织业	11.6	8.5	3.1
黑色金属冶炼及压延加工业	11.6	9.9	1.7
食品制造业	15.2	14.1	1.1
化学纤维制造业	11.1	10.2	0.9
化学原料及化学制品制造业	15.5	14.6	0.9
水的生产和供应业	5.6	5.1	0.5
有色金属冶炼及压延加工业	13.2	12.8	0.4
医药制造业	15.2	14.8	0.4
饮料制造业	14.6	14.6	0.0
农副食品加工业	15	15.9	−0.9
废弃资源和废旧材料回收加工业	27.1	29.1	−2.0
黑色金属矿采选业	20.6	25.3	−4.7
石油和天然气开采业	−0.2	4.8	−5.0
有色金属矿采选业	11.2	19.8	−8.6
其他采矿业	20.7	42.7	−22.0

产量增速较上年加快的有 318 种，占 64.6%。其中，天然原油 20301.4 万吨，增长 6.9%（上年下降 0.4%）；原油加工量 42286.8 万吨，增长 13.4%，较上年加快 5.5 个百分点；乙烯 1418.9 万吨，增长 31.7%，加快 23.4 个百分点；彩色电视机 11937.7 万台，增长 12.9%，加快 3.6 个百分点；发电量 41412.6 亿千瓦小时，增长 13.3%，加快 6.3 个百分点，其中，火力发电量 33253.4 亿千瓦小时，增长 11.7%，加快 4.5 个百分点。

6. 东、中部地区增速较上年加快，西部地区增速持平

2010 年，东部地区生产增长 14.9%，较上年加快 5.2 个百分点；中部地区增长 18.4%，加快 6.3 个百分点；西部地区增长 15.5%，与上年持平。

7. 工业产品销售率略有提高

2010 年，规模以上工业产品销售率为 97.9%，较上年提高 0.2 个百分点。其中，重工业产销率为 98.1%，轻工业产销率为 97.6%，均较上年提高 0.2 个百分点。

（二）工业企业利润大幅回升

1-11 月份，全国规模以上工业企业实现利润 38827.9 亿元，同比增长 49.4 %，比上年同期提高 41.6 个百分点。

1. 38 个行业利润同比增长，22 个行业利润增幅提高

1-11 月份，在 39 个工业大类行业中，38 个行业利润同比增长，石油加工炼焦及核燃料加工业利润下降。与上年同期相比，22 个行业利润增幅提高，7 个行业利润增幅回落，9 个行业由降转升（详见表 2）。

2. 各地区利润均实现正增长

1-11 月份，31 个地区规模以上工业企业利润与上年同期相比均呈现正增长（上年同期为 22 个地区利润正增长）。其中，增幅超过 50% 的地区有 18 个，增幅在 40%-50% 之间的地区有 7 个，增幅在 30%-40% 之间的地区有 5 个，仅 1 个地区（黑龙江）利润增幅低于 30%，为 29.1%（详见表 3）。

3. 主营业务收入利润率明显回升

1-11 月份，主营业务收入利润率为 6.64%，达 2009 年以来最高水平，较上年同期的 6.06% 提高 0.58 个百分点。

（三）工业产品出口恢复性增长

2010 年，规模以上工业实现出口交货值 90764.3 亿元，增长 25.4%（上年为下降 10.1%）。分季度看，1-4 季度分别增长 25.2%、30.3%、25.3% 和 20.2%。

主要出口行业出口增速由降转升。通信设备、计算机及其他电子设备制造业同比增长 25.2%（上年下降 5.5%），电气机械及器材制造业增长 33.7%（上年下降 10.5%），交通运输设备制造业增长 24.7%（上年下降 4.3%），纺织业增长 19.4%（上年下降 6.2%），通用设备制造业增长 22.9%（上年下降 17.5%），化学原料及化学制品制造业增长 31.6%（上年下降 17.7%），金属制品业增长 33.5%（上年下降 25.6%），皮革、毛皮、羽毛（绒）及其制品业增长 18.2%（上年下降 3.1%），仪器仪表及文化、办公用机械制造业增长 28.5%（上年下降 15.6%）。

主要出口地区工业出口均实现正增长。广东增长 24.6%（上年下降 10.3%），江苏增长 25.7%（上年下降 3.7%），浙江增长 27.6%（上年下降 10.8%），上海增长 22.1%（上年下降 11.7%），山东增长 21.3%（上年下降 7.1%），福建增长 23.1%（上年下降 4%）。

二、工业经济运行的主要特点

（一）工业生产增速呈现前高后低、逐季回落、逐步趋稳的运行趋势

分季度看，2010 年 1-4 季度规模以上工业分别增长 19.6%、15.9%、13.5% 和 13.3%，其中六大高耗能行业分别增长 19.6%、15.1%、10.5% 和 9.6%（见图 1）。工业增速呈前高后低、逐季回落之势。

2010 年上半年工业的高增长主要受 2009 年上半年基数偏低以及高耗能行业增速过高的影响。进入下半年，随着同期基数的恢复，特别是

表 2　2010 年分行业利润增速及比较

行业名称	2010 年 1–11 月利润增速%	2009 年 1–11 月利润增速%
总计	49.35	7.76
煤炭开采和洗选业	61.05	–9.41
石油和天然气开采业	65.69	–60.74
黑色金属矿采选业	109.51	–48.78
有色金属矿采选业	76.57	–26.68
非金属矿采选业	53.73	7.72
其他采矿业	44.93	65.71
农副食品加工业	46.29	26.89
食品制造业	21.42	36.33
饮料制造业	21.68	28.78
烟草制品业	6.27	–8.09
纺织业	52.62	17.75
纺织服装、鞋、帽制造业	35.81	21.31
皮革、毛皮、羽毛(绒)及其制品业	38.11	20.82
木材加工及木、竹、藤、棕、草制品业	54.44	22.17
家具制造业	46.81	28.92
造纸及纸制品业	42.03	5.74
印刷业和记录媒介的复制	25.03	19.08
文教体育用品制造业	43.81	31.91
石油加工、炼焦及核燃料加工业	–1.05	167.13
化学原料及化学制品制造业	59.19	9.06
医药制造业	29.84	25.34
化学纤维制造业	121.16	187.36
橡胶制品业	13.71	64.71
塑料制品业	42.11	28.1
非金属矿物制品业	49.15	27.6
黑色金属冶炼及压延加工业	58.14	–42.58
有色金属冶炼及压延加工业	82.08	–17.11
金属制品业	50.29	14.18
通用设备制造业	46.03	12.4
专用设备制造业	55.21	18.44
交通运输设备制造业	59.41	42.99
电气机械及器材制造业	33.91	19.2
通信设备、计算机及其他电子设备制造业	52.03	–5.47
仪器仪表及文化、办公用机械制造业	45.38	10.37
工艺品及其他制造业	37.23	9.59
废弃资源和废旧材料回收加工业	81.36	3.58
电力、热力的生产和供应业	74.45	268.64
燃气生产和供应业	32.77	38.03
水的生产和供应业	240.21	–2.33

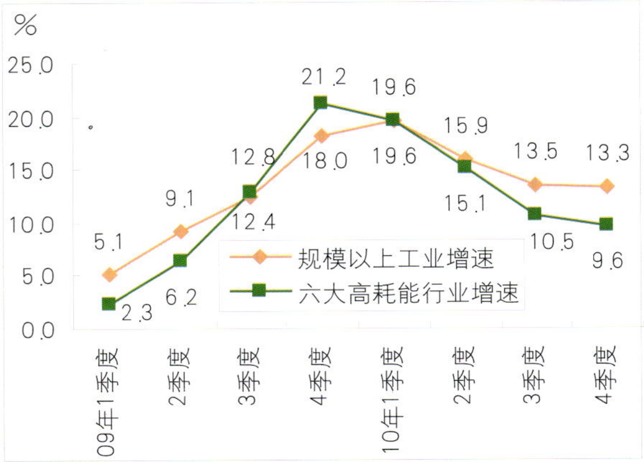

图1 分季度规模以上工业和六大高耗能行业增速(%)

在国家一系列抑制高耗能行业过快增长政策措施的作用下，高耗能行业增速明显回落，工业生产步入平稳运行区间，6 至 12 月份，同比增速连续七个月处于 13% 至 14% 之间（见图 2），表明 2010 年下半年以来，国际金融危机对我国工业实体经济的影响已基本消除，工业生产基本恢复了危机前平稳较快增长的运行态势。

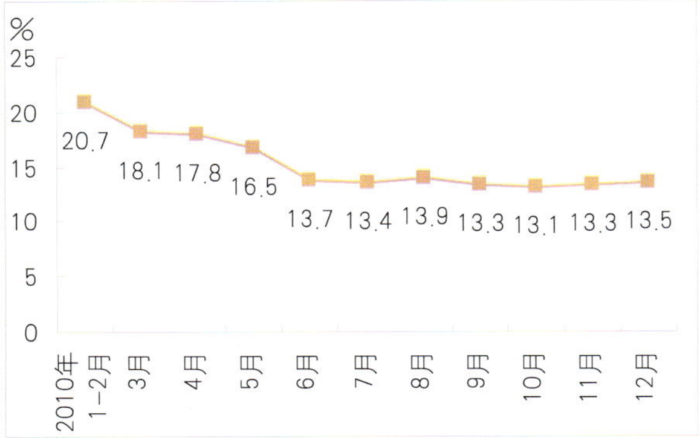

图 2 2010 年分月规模以上工业增速 (%)

（二）工业经济的运行状况符合国家宏观调控的预期

从工业经济内部结构看，2010 年呈现一些积极变化，基本符合国家主动调控的预期要求。具体表现在，第一，装备制造业快速增长，增速达到 20%，高于规模以上工业增速 4.3 个百分点，对规模以上工业生产增速的拉动作用为 5.9 个百分点，较上年提高 2.7 个百分点；第二，高技术制造业增速明显加快，与 2009 年相比加快 8.9 个百分点，明显高于规模以上工业 4.7 个百分点的加快幅度； 第三，中小企业保持较高增长，全年增长 17.5%，高于规模以上工业增速 1.8 个百分点，与 2009 年相比加快 3.9 个百分点；第四，高耗能行业增速及加快幅度均低于规模以

表 3 2010 年分地区利润增速及比较

地区名称	2010 年 1-11 月利润增速%	2009 年 1-11 月利润增速%
北京	43.6	17.1
天津	73.7	-21.4
河北	41.7	-8.0
山西	124.6	-46.8
内蒙古	67.1	5.9
辽宁	62.3	63.5
吉林	63.5	24.7
黑龙江	29.1	-45.7
上海	62.1	21.2
江苏	43.4	19.4
浙江	49.0	27.0
安徽	69.0	19.0
福建	59.2	23.8
江西	74.7	32.1
山东	37.5	11.1
河南	34.3	5.5
湖北	71.1	10.4
湖南	51.5	45.1
广东	36.5	27.7
广西	97.8	14.9
海南	31.1	188.4
重庆	48.4	11.1
四川	54.4	25.7
贵州	46.7	-3.7
云南	47.4	-4.7
西藏	70.5	5.0
陕西	66.5	-1.7
甘肃	36.1	85.9
青海	104.3	-54.3
宁夏	73.3	60.3
新疆	71.6	-46.2

上工业，与2009年相比，六大高耗能行业增长13.5%，低于规模以上工业增速2.2个百分点，与2009年相比仅加快2.9个百分点。

综上所述，2010年我国工业经济整体保持了较好的运行态势和质量，预计2011年平稳较快增长的趋势仍将延续。但工业经济运行中有两方面问题需给予关注，一是要警惕高耗能行业的过度反弹。2010年各地为完成“十一五”节能降耗目标，采取了多种限制高耗能行业过快增长的措施，高耗能行业的产能受到一定程度的抑制。同时，2011年为“十二五”开局年，各地加快发展的热情较高，因此，避免高耗能行业的过度反弹，保持其良性发展，不仅有利于加快经济结构的调整，也是完成“十二五”节能降耗目标的基础和保障。二是要密切关注产品价格变动对企业利润的影响。据测算，在假定其他因素不变的情况下，产销增长对2010年1-11月份利润增长的贡献为59.9%，价格变动（包括工业品出厂价格指数和原材料、燃料购进价格指数）对利润增长的贡献率达40.1%。2011年，在国家保持总体物价水平稳定、减少货币流动性等相关政策的作用下，工业品出厂价格较快上涨的趋势将会受到抑制，与此同时，国际市场以石油为主的原材料价格仍存在较强的上升预期，因此，价格变化对工业企业利润上升的拉动作用有可能降低，对此应予以关注。

（执笔：于新华 国家统计局工业司）

新型工业化－天业氯碱化工基地（新疆生产建设兵团统计局提供）

2010 年重点调整和振兴行业经济运行情况报告

2010 年，重点调整和振兴行业总体呈现良好运行态势。生产保持较快增长，出口实现恢复性增长，经济效益明显好转。

轻工行业

生产较快增长。2010 年，轻工行业增加值同比增长 16.7%，增速比上年加快 5.5 个百分点。增速较快的主要行业有：家电增长 20.5%，家具增长 19.7%，塑料增长 18.4%，皮革增长 16.5%，造纸增长 16.3%。另外，农副食品加工、食品制造、饮料制造分别增长 15%、15.2%、14.6%。在“家电下乡”政策的带动下，家用电冰箱、家用冷柜、房间空气调节器、家用洗衣机、家用电热水器产品产量增长较快，同比增速分别达到 26.9%、23.5%、41.6%、27.1%、28.8%。

内销比重有所提高，出口大幅恢复性增长。2010 年，轻工行业内销产值（销售产值 - 出口交货值，现价）同比增长 31.2%，增速较上年提高 13.7 个百分点。全年内销产值占销售产值的比重为 84.6%，较 2009 年提高 0.8 个百分点。出口交货值呈现大幅恢复性增长。2010 年，轻工行业出口交货值同比增长 24.4%（上年为下降 5.4%）。

经济效益明显好转。2010 年 1-11 月，轻工行业利润总额同比增长 36.4%，增速较上年同期提高 12.7 个百分点。同期轻工企业亏损面为 12.1%，较上年同期下降 3.9 个百分点；亏损企业亏损总额同比下降 8.8%，企业亏损状况明显好转。

纺织行业

生产保持稳定增长。2010 年，纺织工业增加值同比增长 12.7%，增速较上年加快 3.6 个百分点，基本恢复至国际金融危机爆发前的水平。主要产品产量保持较快增长。纱产量 2717 万吨，同比增长 13.7%，增速较上年加快 1 个百分点；布产量 655.5 亿米，增长 19.5%，加快 14.2 个百分点；服装产量 285.2 亿件，增长 18.6%，加快 11.7 个百分点；化纤产量 3089.6 万吨，增长 15.6%，加快 1.3 个百分点。

出口较快增长，出口竞争力继续提升。2010 年，我国纺织品服装出口总额达 2065.3 亿美元。同比增长 23.7%（上年下降 9.8%）。其中，纺织品出口额为 770.5 亿元，同比增长 28.4%（上年下降 8.4%）；服装出口额为 1294.8 亿元，同比增长 20.9%（上年下降 11%）。在主要出口市场中，我国对美国和欧盟出口纺织品服装的增速分别达到 29.1% 和 23.5%，我国纺织产品在传统的发达国家市场上仍然具有较强的国际竞争力。

行业盈利能力大幅回升。2010 年 1-11 月份，纺织工业企业累计实现利润 2004.1 亿元，同比增长 53.5%，增速较上年同期加快 28.1 个百分点，是近年来同期最高增速。

钢铁行业

生产增幅前高后低。2010 年，钢铁工业增加值比上年增长 11.6%，增幅低于全部规模以上工业 4.1 个百分点。其中，前 5 个月份增长 15%-19.7%，6 月份回落到 8.8%，下半年在 4.6%-8.1% 之间低位徘徊。分产品看，全年累计生产生铁、粗钢和钢材 59021.8 万吨、62665.4 万吨和 79627.4 万吨，分别比上年增长 7.4%、9.3% 和 14.7%。

钢材出口呈恢复性大幅增长。2010 年，钢材出口明显恢复，全行业完成出口交货值 1645.6 亿元，比上年猛增 74.6%。但从总量来看，2010 年钢铁出口仍明显低于 2008 年的水平，出口交货值仅相当于 2008 年的 55.5%。

钢材价格有所回升，行业盈利水平偏低。2010 年，钢材价格整体水平比上年有所提高，但仍明显低于国际金融危机前的水平。12 月末国内钢材价格指数（CSPI 指数）为 128.29，同比上升了 22.62 点，升幅为 21.4%。由于近几年原材料价格上涨幅度高于钢材，钢铁工业盈利水平不断下降。2010 年 1-11 月，规模以上钢铁企业累计实现利润 1282.6 亿元，同比增长 58.1%，同期的销售收入利润率仅为 2.6%，明显低于全部规模以上工业 6.2% 的水平。

有色行业

生产总体呈较快增长。2010 年，有色金属矿采选业生产同比增长 11.2%，较上年回落 8.6 个百分点；有色金属冶炼及压延加工业增长 13.2%，较上年加快 0.4 个百分点。受基期数据波动、节能减排政策调控作用的影响，2010 年生产增速逐季回落。

企业效益恢复性增长。1-11 月，有色金属矿采选业实现主营业务收入 3381.1 亿元，同比增长 40.2%，较上年同期加快 35.3 个百分点，实现利润 448.8 亿元，增长 76.6%（上年同期下降 26.7%）；有色金属冶炼及压延加工业实现主营业务收入 25943 亿元，同比增长 44.4%（上年同期下降 2%），实现利润 986.2 亿元，增长 82.1%（上年同期下降 17.1%）。

价格震荡回升，库存压力有所缓解。2010 年，主要有色金属价格呈现上半年震荡下行、下半年稳步上行的态势，总体上处于较高水平。全年国内现货市场铜平均价格为 58779 元 / 吨，较上年上升 39.3%；电解铝平均价格为 15853 元 / 吨，较上年上升 12.1%。主要有色金属产品的年末库存较第三季度末均有明显下降，前期库存较高的压力有所缓解。

汽车行业

汽车产销大幅增长。2010 年，全国累计生产汽车 1826.47 万辆，比上年增长 32.4%；销售汽车 1806.19 万辆，比上年增长 32.4%。各类车型均取得较快增长，其中，乘用车产销 1389.71 万辆和 1375.78 万辆，同比增长 33.8% 和 33.2%；商用车产销 436.76 万辆和 430.41 万辆，同比增长 28.2% 和 29.9%。

效益水平继续提高。2010 年 1-11 月份，全国规模以上汽车企业累计实现主营业务收入 37108.5 亿元，比上年同期增长 40.2%，增幅同比提高 17.1 个百分点；累计实现利润总额 3198.5 亿元，比上年同期增长 69.1%，增幅同比提高 16.3 个百分点；销售利润率为 8.6%，同比提高 1.4 个百分点。

电子行业

生产增速逐步趋稳。2010 年，电子行业增加值同比增长 16.9%，比规模以上工业增幅高 1.2 个百分点，扭转了 2008 年以来连续两年低于规模以上工业增速的局面。2010 年，在统计的 38 种主要电子通信产品中，有 30 种产品产量增长，占总数的 78.9%。其中，光电子器件增长 49.1%，手机增长 35%，电子元件增长 30.1%，集成电路增长 30.7%，半导体分立器件增长 27.6%，电子计算机增长 25.6%。

经济运行质量和效益明显向好。2010 年 1-11 月，电子行业实现利润 1938 亿元，同比增长 52%，上年同期为负增长。企业亏损面逐步缩小。2010 年 1-11 月电子行业企业亏损面为 20.7%，比上年同期减少 8 个百分点；亏损企业亏损额同比下降 45%，上年同期为增长 48.1%。

扩大内需政策显效，出口复苏势头强劲。2010 年，电子行业实现内销产值 26733 亿元，比上年增长 24.7%。内销产值所占比重为 36.5%，比未采取扩内需政策前的 2008 年高出 3.9 个百分点。同期电子行业出口交货值同比增长 25.2%（上年为下降 5.5%）。其中电子计算机、电子器件、电子元件和家用视听设备制造业出口交货值同比增幅均在 20% 以上。

江苏新世纪公司建造的万吨巨轮（江苏省统计局提供）

船舶行业

主营业务收入较快增长。2010 年 1-11 月，规模以上船舶工业企业实现主营业务收入 5271.5 亿元，同比增长 28.2%。分季度看，主营业务收入增速呈现逐季提高的走势。1-2 月同比增长 21.5%，3-5 月增长 22%，6-8 月增长 31.6%，9-11 月增长 33%。

船舶出口增势平稳。2010 年，规模以上船舶工业企业完成出口交货值 2949 亿元，比上年增长 18.1%。目前，船舶出口业务占有很大比重，据统计，2010 年全国船舶出口完工量 5300 万载重吨，占全部完工量的 80.8%；承接出口船订单 5702 万载重吨，占新接订单总量的 75.8%；年底手持出口船订单 16573 万载重吨，占手持订单总量的 84.6%。

利润与业务量同步增长。2010 年 1-11 月，规模以上船舶工业企业实现利润 407.6 亿元，同比增长 22.9%。其中，船舶制造业 327.8 亿元，同比增长 26.9%，与主营业务收入增幅基本同步。

石化行业

行业经济运行平稳。2010 年，石化行业增加值比上年增长 10.1%。1-11 月，全行业实现利润总额 6308.9 亿元，同比增长 50%；上缴税金 6205.9 亿元，增长 35.9%；主营业务收入 7.86 万亿元，增长 35.1%；资产总计 6.75 万亿元，增长 18.1%。

主要产品较快增长。2010 年，全国原油产量突破 2 亿吨，达 2.03 亿吨，比上年增长 6.9%；天然气产量 945 亿立方米，增长 12.1%；原油加工量 4.23 亿吨，增长 13.4%；成品油产量 2.53 亿吨，增长 10%；化肥产量 6620 万吨，增长 2.5%；农药 234.2 万吨，增长 20.4%；乙烯产量 1419 万吨，增长 31.7%；涂料 966.6 万吨，增长 22.8%；轮胎 7.76 亿条，增长 19.8%。

对外贸易大幅增长，出口结构继续改善。2010 年，石化行业进出口总额创历史新高，增幅达 40.3%。其中，进口增长 42.3%，出口增长 35.7%。出口结构继续改善，无机化学品在出口额中的比重由 2006 年的 11.4% 降至 2010 年的 8.7%，橡胶制品由 31.2% 降至 24.6%；专用化学品则由 6.2% 升至 12.5%。

装备行业

生产较快增长，主要产品增速加快。2010 年，装备行业增加值比上年增长 19.8%，增速比上年提高 8.9 个百分点，高于规模以上工业增速 4.1 个百分点。在统计的 141 种主要装备行业产品中，产量比上年增长的占 91.5%，两位数增长的占 73.8%。其中，大型拖拉机增长 77.7%，发动机增长 34.5%，数控金属切削机床增长 68.4%，液压元件增长 65%，石油钻井设备增长 89.1%，汽车仪器仪表增长 60%。

出口实现恢复性增长。2010 年，提高部分机电产品出口退税率、调整进口关键零部件和原材料税收优惠、鼓励和支持装备产品出口等政策在稳定外部市场和减轻企业成本压力方面起到了重要效果，装备行业出口交货值扭转同比下降的局面，比上年增长 29.5%。

经济效益总体较好，利润增速逐季放缓。2010 年 1-11 月，装备行业实现利润 7272.5 亿元，比上年增长 43.7%。分季看，利润增速有所放缓，1-2 月、1-5 月和 1-8 月，装备行业实现利润同比分别增长 70%、58.8% 和 47.8%。

（执笔：刘玉麒 国家统计局工业司）

2010年建筑业发展报告

2010年，全国建筑业保持了平稳较快的发展势头，建筑业总产值平稳较快增长，企业签订合同额较快增长，增速略有放缓，建筑业企业施工规模大幅扩张，劳动生产率和企业经济效益逐步提高。建筑业生产经营形势虽然较好，但应收工程款拖欠问题仍未能根本解决，企业盈利能力不强、人员素质结构不合理等问题制约了我国建筑行业的发展空间。引导企业提升竞争力、推进建筑业产业结构调整，完善落实工程款清欠长效机制，加大建筑行业人才培养和引进力度，成为我国建筑业增强可持续发展能力的必由之路。

一、2010年建筑业企业生产经营基本情况

（一）建筑业总产值平稳较快增长。2010年，全国建筑业企业完成建筑业总产值95206亿元，比上年增加18398亿元，增长24%，增幅比上年提高0.2个百分点。其中，东部地区完成建筑业总产值57101亿元，比上年增长23.3%，增幅比上年提高1.9个百分点；中部地区完成建筑业总产值21514亿元，增长23.6%，增速比上年降低2.3个百分点；西部地区完成建筑业总产值16591亿元，增长26.6%，增速比上年降低3.3个百分点。

（二）建筑业企业签订合同额较快增长，增速略有放缓。2010年，全国建筑业企业签订合同额169074亿元，比上年增加35545亿元，增长26.6%，增速比上年降低1.5个百分点。其中，国有及国有控股企业为74694亿元，比上年增加17188亿元，增长29.9%，增幅比上年提高1.8个百分点。

（三）建筑业企业施工规模大幅扩张。2010年，全国建筑业企业完成房屋施工面积70.1亿平方米，比上年增加11.2亿平方米，增长19.0%，增幅比上年提高8.1个百分点。其中，新开工面积为37.4亿平方米，比上年增加7.3亿平方米，增长24.4%，增幅比上年提高13.5个百分点。

（四）劳动生产率进一步提高。2010年，建筑业企业按建筑业总产值计算的劳动生产率为205883元/人，比上年提高了20796元/人，增长11.2%。其中，国有及国有控股企业为293798元/人，比上年提高31162元/人，增长11.9%。

（五）建筑业企业经济效益逐步提高。2010年，建筑业企业实现利润总额3422亿元，比上年增加703亿元，增长25.9%，增幅比上年提高2.4个百分点；上缴税金总额3391亿元，比上年增加737亿元，增长27.8%，增幅比上年提高10.6个百分点。

（六）国有及国有控股建筑业企业的行业主导地位得到巩固。2010年，国有及国有控股建筑业企业共计6939个，占全部建筑业企业个数的9.9%，比上年下降0.1个百分点，但其完成建筑业总产值、签订合同额和实现利税分别占当年全国总量的35.0%、44.2%和31.8%，分别比上年提高了0.8个、1.1个和0.9个百分点。此外，国有及国有控股建筑业的企业年末从业人员数在全国所占比重为22.2%，比上年提高了0.7个百分点。

（七）实行投标承包施工面积比重基本保持稳定。“十一五”时期，建筑业企业实行投标承包施工面积比重基本保持稳定。2010年，建筑业企业实行投标承包施工面积占全部施工面积的比重为83.5%，比2009年微降0.1个百分点，比2008年提高0.8个百分点，比2007年提高0.1个百分点，比2006年提高0.9个百分点。

二、存在的主要问题

（一）在建工程施工进度明显放缓。2010年，

建筑业企业完成竣工产值增速逐季回落，全年完成竣工产值 52981 亿元，占建筑业总产值的比重为 55.6%，比去年下降 5.9 个百分点；房屋建筑竣工面积增速全年回落趋势明显，全年房屋建筑竣工面积 26.0 亿平方米，占房屋建筑施工面积的比重为 37.1%，比去年下降 4.6 个百分点。这表明建筑业企业建筑施工的周期相对拉长，在建工程施工进度明显放缓。

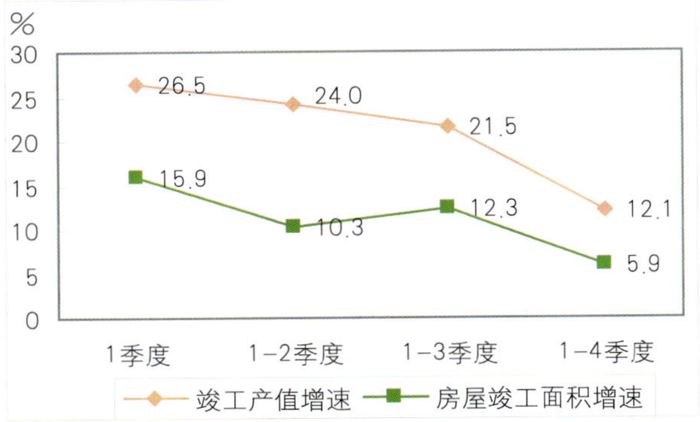

2010 年竣工产值及房屋建筑竣工面积增速（%）

（二）建筑业企业施工项目储备增速减缓。2010 年，全国建筑业企业新签合同额 107684 亿元，比上年增长 26.3%，增幅回落 2.1 个百分点，新签合同额占全年签订合同额的比重为 63.7%，比 2009 年下降 0.1 个百分点。新签合同额增速减缓，占全年签订合同额的比重下降，表明建筑业企业施工项目储备增速减缓，在一定程度上制约了建筑业企业生产规模的进一步扩张。

（三）企业应收工程款拖欠问题仍未得到根本解决。随着各地对企业清欠工作力度的加大，2010 年建筑业企业应收工程款同比增长 19.1%，增速比上年降低了 2.6 个百分点，全年建筑业企业应收工程款占工程结算收入的比例为 14.6%，比上年降低了 0.3 个百分点。尽管企业应收工程款的整体增长势头有所减缓，但问题并没有得到根本解决，应收款中的竣工工程款比上年增长 20.5%，增幅同比提高了 4.9 个百分点。应收工程款拖欠问题长期无法得到根本解决，限制了建筑业企业流动资金的周转，影响施工企业的正常生产经营，成为威胁建筑行业健康可持续发展的隐患。

（四）企业盈利状况有所改善但盈利能力仍有待提升。2010 年，建筑业企业产值利润率为 3.6%，比上年提高 0.1 个百分点；应收工程款占工程结算收入的比例比 2009 年下降 0.3 个百分点。产值利润率微升、应收工程款占工程结算收入比例略降表明在全年建筑业生产较快增长的带动下，企业的财务状况有所好转，盈利状况有所改善。但 2010 年下半年以来随着全球通货膨胀加剧，工业品出厂价格不断上涨，带动了主要建材价格上涨，从而增加了建筑施工成本，压缩了企业的盈利空间，与规上工业企业的产值利润率相比，还有较大的提升空间。

（五）现有企业人员的素质结构不能满足建筑业产业结构调整和转型的需要。近几年来，我国建筑业企业专业技术人员和管理人员占期末从业人数的比重基本保持稳定。2010 年，全国建筑业企业期末从业人数中，工程技术人员所占比重为 13.4%，与上年持平；一级建造师所占比重为 0.6%，比上年下降了 0.1 个百分点。从长远来看，我国建筑业必然要由劳动密集型向技术密集型产业转型，现有的建筑业企业人员的素质结构并不能满足建筑业产业结构调整和转型的需要。

三、促进建筑业持续健康发展的几点建议

（一）鼓励和引导建筑业企业提升竞争力，推进建筑行业产业结构调整。要鼓励企业拓宽产业领域，拉长产业链，积极发展工程总承包和项目管理业务，培育工程研究、策划、融资、专有技术等能力，提升企业的竞争力；引导企业以重点工程和高技术含量工程为主导，巩固国内市场，积极拓展海外市场，不断加大企业施工项目储备。加快建筑业产业结构调整，着力培育一批优秀的建筑企业通过行业联合或兼并重组等形式加快产业融合，增强企业的持续成长和抗风险能力。

（二）进一步规范建筑市场秩序和管理，完善落实清理应收工程款拖欠问题的长效机制。要继续完善建筑市场法规体系，规范工程招投标活动；加强施工合同管理，全面推进建筑业企业的

诚信体系建设，加大对企业恶意拖欠工程款、逃避债务行为的执法力度，加强对建筑企业的监管和对工程建设的监控，全面落实清欠长效机制，从根本上遏制拖欠、垫资现象的蔓延，促进建筑行业健康可持续发展。

（三）加大建筑行业人才培养和引进力度，优化建筑业企业人员素质结构。在新的竞争形势下，建筑行业对管理人员、专业工程技术人员和有熟练操作技能的一线施工人员都有更高需求。要鼓励和引导企业加大建筑企业管理和技术人才的培养和引进力度，加强对一线施工人员的技能培训和素质培训，不断优化企业人员素质结构，以解决当前我国建筑业企业发展中的人才瓶颈，全面提升建筑业企业竞争力和建筑施工水平。

（执笔：张刚 国家统计局投资司）

荆楚新画卷——美丽新农村（湖北省统计局提供）

2010 年交通运输业发展报告

2010 年是"十一五"规划的最后一年，也是为应对金融危机所采取的各种措施彰显成效的一年。交通运输各行业在党中央、国务院的正确领导下，抓住四万亿投资带来的机遇，加快基础设施建设，提高运输服务水平，交通运输能力得到显著提高，极大缓解了运力紧张的局面，在经济发展、区域协调、改善民生、增加就业、应对灾害等多方面做出了巨大贡献。

一、交通运输业固定资产投资大幅增长，基础设施建设明显加强

2010 年交通运输业继续落实金融危机以来中央的一系列刺激经济增长计划，加大对基础设施的投入建设，交通运输基础设施建设迈上了一个新的台阶。全年完成固定资产投资 25666.24 亿元，同比增长 18.8%。由于固定资产投资增多，基础设施建设得到加强，各种运输方式的总里程大幅增加，从上年的 648.42 万公里增加至 706.72 万公里，同比增长 9.0%，增幅较上年提高 8.5 个百分点，是"十一五"时期增长最快的一年，初步形成了以"五纵五横"综合运输大通道为主骨架的综合交通运输网框架。

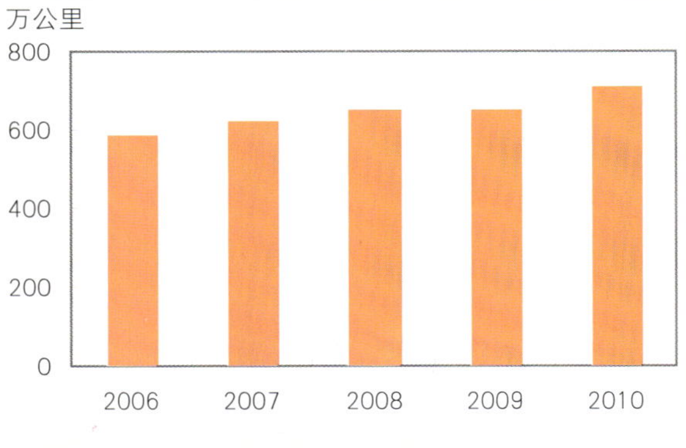

图 1　2006—2010 年各种运输方式的总里程

（一）铁路建设飞速发展

2010 年，铁路基础设施建设飞速发展。全国铁路固定资产投资完成总额达 7494.87 亿元，同比增长 12.5%。全国铁路营业里程达到 9.12 万公里，电气化铁路运营里程达到 4.25 万公里，同比增长 6.6% 和 19.1%，均跃居世界第 2 位。西部干线铁路建设规模达到 3.60 万公里，同比增长 9.8%。郑州—西安、上海—南京、上海—杭州等高速铁路建成并投入运营，高铁运营里程达到 8358 公里，同比增幅达 68.6%，稳居世界第一，约是世界第二大高铁网络国家——日本的 4 倍。

铁路里程增加的同时，机车车辆装备现代化水平也显著提升。截止到 2010 年底，全国铁路机车拥有量达 1.94 万台，其中电力机车所占比重为 43.1%，较上年提高 6.0 个百分点；和谐型大功率机车达到 3372 台，较上年增加 1620 台。全国铁路客车拥有量达到 5.02 万辆，同比增长 1.8%，其中空调车 3.66 万辆，占客车总数的 72.9%，较上年提高 8.0 个百分点；全国铁路货车拥有量达到 62.23 万辆，同比增长 3.5%。

（二）公路设施更加完善

2010 年，公路基础设施较上年更加完善，服务社会、发展经济的能力大幅提升。全年公路固定资产投资完成总额达 12761.66 亿元，同比增长 20.9%。全国公路总里程达到 400.82 万公里，同比增长 3.8%，其中等级公路里程达到 330.47 万公里，占总里程的 82.4%，比上年末提高 3.3 个百分点；高速公路里程达到 7.41 万公里，同比增长 13.9%，稳居世界第 2 位。全国有铺装路面和简易铺装路面公路里程达到 244.22 万公里，占总里程的 60.9%，比上年末提高 2.6 个百分点。国省干线公路里程达到 43.39 万公里，其中国道

专栏：世界高速铁路大会首次在中国举办

世界高速铁路大会（原名“欧洲高速铁路大会）是由国际铁路联盟于1992年发起并举办的，旨在展示和交流世界高速铁路发展水平与成就，截止到2010年已成功举办过六届，会议地点均在欧洲。2010年12月7日至9日，第七届世界高速铁路大会在北京召开，这是首次在欧洲以外的国家举办，世界高铁大会在北京举办充分体现了近年来，我国在高速铁路建设方面取得的技术成果及在国际社会上产生的重大影响。中共中央政治局委员、国务院副总理张德江出席开幕式并致辞。

由中国铁道部与国际铁路联盟共同主办的世界高速铁路大会以“高速铁路承载绿色交通新使命”为主题，设“高速铁路驶向未来”、“高速铁路技术创新”两个论坛及分组会议主题，围绕高速铁路重点问题进行深入研讨，进一步加强高速铁路技术交流与合作，推动高速铁路在全球的发展。参加会议的有部分国家政要，国际铁路组织代表，各国铁路主要部门高层官员，全球大型铁路及相关企业管理者，高速铁路领域技术与管理专家、学者共2500人。为了配合大会的召开，同时还举办了铁路展览会和多种形式的技术展览，重点在展示中国高速铁路建设和技术创新方面取得的丰硕成果、展示世界各国先进的铁路技术与装备，共有18个国家的184家企业参展，其中中国企业100家。会议还安排了与会代表参观北京南站，并乘坐城际列车前往天津站参观，这是我国第一条时速达350千米，具有完全自主知识产权的高速铁路。高速铁路的发展不仅带动了经济，还使得人们的生活变得更加快捷。

高速铁路作为一种安全可靠、快捷舒适、运载量大、低碳环保的运输方式，已经成为世界铁路发展的重要趋势。截至目前，全球投入运营的高速铁路近2.5万公里，分布在中国、日本、法国、德国、意大利、西班牙、比利时、荷兰、瑞典、英国、韩国、中国台湾等17个国家和地区。

近年来，中国在高速铁路领域发展迅速，取得了举世瞩目的成就。目前，中国已经成为世界上高速铁路发展最快、系统技术最全、集成能力最强、运营里程最长、运行速度最高、在建规模最大的国家。按照国家《中长期铁路网规划》和当前的建设进度，到2012年，中国高速铁路总里程将超过1.3万公里；到2020年，将达到1.6万公里以上。

（执笔：党芮红　国家统计局）

16.40万公里、省道26.98万公里。截止到2010年底，全国公路密度达到41.8公里/百平方公里，比上年末提高1.5公里/百平方公里，公路通达水平得到进一步提升。

2010年，全国农村公路里程（含县道、乡道、村道）达到350.66万公里，比上年末增加13.75万公里，农村公路“走得了”的问题已基本解决。全国通公路的乡（镇）占全国乡（镇）总数的99.97%，通公路的建制村占全国建制村总数的99.21%，分别比上年末提高0.37个和3.44个百分点。农村公路的建设极大地改善了农村地区的生产、出行条件，极大地提高了广大农村居民的生活质量。

公路营运汽车结构进一步优化。截止到2010年底，全国公路营运汽车达到1133.32万辆，其中载客汽车达到83.13万辆，2017.09万客位；载货汽车达到1050.19万辆，5999.82万吨位，同比增长15.8%和28.9%，其中大型货车315.99万辆，占营运货车的30.1%，较上年提高2.3个百分点。营运车辆结构的优化使运输服务质量明显提高，最大限度地实现了人便其行，货畅其流。

（三）水运建设成效显著

2010年，全国水上运输业固定资产投资完成总额达2079.05亿元，同比增长24.4%。全国内河航道通航里程达到12.42万公里，比上年末增加0.06万公里，其中等级航道达到6.23万公里，占总里程的50.1%，比上年末提高0.4个百分点。

截止到2010年底，全国规模以上港口拥有码头泊位20333个，同比增长1.2%，其中生产用码头泊位18726个，同比增长1.5%。内河规模以上港口码头泊位达到14804个，同比增长0.6%；沿海规模以上港口码头泊位达到5529个，同比增长2.9%，其中万吨级泊位达到1293个，占沿海规模以上港口码头泊位的23.4%，较上年提高0.8个百分点。

水运航道、港口迅速发展的同时，船舶大型化、规模化的程度也不断提高。截止到2010年底，全国拥有水上运输船舶17.84万艘，同比增长0.8%，净载重量达到18040.86万吨，载客量达到100.37万客位，同比增长23.5%和2.3%。内河运输船舶达到16.57万艘，沿海运输船舶达到1.05万艘，远洋运输船舶达到2213艘，分别比上年末增加0.1，0.05万艘和134艘。船舶结构的优化提高了水上运输的安全性，取得了显著的环保节能效益。

（四）民航建设稳步进行

2010年，民航固定资产投资完成总额达885.12亿元，同比增长46.3%。截止到2010年底，我国民用航空航线里程达到276.51万公里，同比增长17.9%，其中国内航线达到169.50万公里，国际航线达到107.02万公里，同比增长18.9%和16.3%。新开和恢复航线515条，其中国内航线447条（含港澳台地区航线16条），国际航线68条。航线数量的增加、距离的延长，提高了航空网络的覆盖范围，方便了旅客的出行和货物的运输。

在航线延长的同时，机场数目不断增加。截止到2010年底，我国境内民用航空定期航班通航机场达到175个（不含港澳台地区，下同），较上年增加10个，定期航班国内通航城市达到172个，较上年增加9个。

截止到2010年底，民航全行业运输飞机期末架数达到1597架，比上年末增加180架；年平均运输飞机在册架数达到1496.7架，比上年增加177.0架。其中大中型飞机年底期末架数达到1453架，比上年末增加156架。运输飞机数量的增加、机型的优化促进了民航运输业安全快速的发展。

（五）管道长度大幅增加

2010年，管道运输业固定资产投资完成总额达84.84亿元，同比增长16.1%。管道总里程达到7.85万公里，较上年增加0.94万公里，增幅达到13.7%，其中输油管达到3.85万公里，输气管达到4.00万公里，同比增长8.3%和19.3%。2010年，石空—兰州原油管道、西气东输二线东段、陕京三线等重大工程顺利完工，全国已基本建成了横跨东西、纵贯南北、覆盖全国、连通海外的油气管道干线网。

（六）交通枢纽作用彰显

根据《综合交通网中长期发展规划》，2010年全国确立了8个全国性综合交通枢纽试点城市：北京、上海、深圳、广州、大连、武汉、西安、成都。这些枢纽城市的确立对于区域内交通运输的衔接顺畅和高效运行起到了重要促进作用。

2010年，全国完工和开工了大批综合性交通枢纽站，它们有机地衔接了各种运输方式，加速了全国性综合运输基础设施网络的形成和交通结构的升级优化。其中，3月投入运营的上海虹桥综合交通枢纽是综合性交通枢纽站的标志性工程。它集民用航空、高速铁路、城际铁路、高速公路、磁悬浮、地铁、地面公交、出租汽车等多种交通方式于一体，建筑面积达150万平米，日均客流可达110万人次，具有54种换乘模式，步行距离合理，换乘时间较短，环境舒适，极大地方便了人们的出行。

二、交通运输调整结构、深化改革，软实力明显提升

（一）市场化程度加强，运营机制更加合理

交通运输部门在加快基础设施建设的同时，努力深化体制和机制改革，逐步建立了符合交通

运输健康快速发展的管理体制和运营机制，进一步释放企业活力，提供优质的运输服务。

铁路股改试点取得重大突破，太原铁路局在2010年整体上市，为未来铁路运营体制的改革提供了宝贵的借鉴经验。2010年12月，《关于铁路法院检察院管理体制改革若干问题的意见》的签发正式拉开了铁路公、检、法改制工作的序幕。

公路管理体制改革继续深化。截止到2010年底，我国东中部地区已经有17个省市取消了政府还贷二级公路收费，共撤销收费站1723个，占全国原有收费站总量的90%，涉及的公路里程达9万多公里。

民航加快管理体制改革步伐。2010年2月，全国首家通勤航空试点——阿拉善通勤机场的建设及运行管理方案获民航局批准，该方案对于我国探索通勤机场建设及运行管理模式具有重要意义。2010年11月，国务院、中央军委联合下发《关于深化我国低空空域管理改革的意见》，希望通过5至10年的全面建设和深化改革，在低空空域管理领域建立起科学的理论体系、法规标准体系、运行管理体系和服务保障体系。

（二）科研投入加大，技术水平提高

交通运输部门不断加大科研投入力度，产生了大量的科技创新成果，大幅度地提高了原有的技术水平。

2010年，为配合大规模的高铁建设，我国展开了大量自主创新研究，在高铁关键技术领域取得了许多重大成果，建立了具有世界一流水平的高铁路基设计、施工成套技术体系；自主创新、成功研发的380公里新一代高速动车组列车在流线型头型技术、气密强度与气密性技术等十个方面取得重大突破。2010年12月3日，在京沪高铁先导段，国产新一代高速动车组“和谐号”CRH380A跑出486.1公里/小时的世界高铁最高实验运营速度，用速度证明了中国高铁技术已成为世界领跑者。

高速公路电子不停车收费系统（ETC系统）得到进一步完善，在部分区域和省域范围内实现了联网，截止到2010年底，全国已拥有ETC车道2010条。危险品运输和长途客车的GPS联网联控技术等取得长足进步，重点物资运输和春运等重点时段旅客运输得到有效保障。全国重点营运车辆联网联控系统初步建成，并在上海世博会、广州亚运会得到实际使用，向上海转发包括车辆卫星定位数据、车辆运政数据在内的跨域车次数据约107.1万辆次，向广东转发38.4万辆次，有力地保障了世博会和亚运会的顺利召开。

2010年12月9日，我国具有自主知识产权的中短程新型喷气式支线客机ARJ21-700首次失速试飞在中航工业试飞院圆满完成，标志着ARJ21适航取证试飞全面进入了高风险、高难度重大试飞科目。与此同时，我国自主研制的另一型号飞机——新型涡桨支线客机新舟600已获得多国订单。

（三）节能减排意识增强，交通运输绿色发展

交通运输业通过强化行业管理、创新发展模式、推进结构调整、依靠科技进步等多种措施加强节能减排，取得了显著的效果。

铁路运输企业积极开展铁路沿线绿化建设，截止到2010年底，铁路沿线已绿化里程达到4.06万公里（不含地方铁路），比上年增加0.16万公里。全年全国铁路运输企业能源消耗折算标准煤1776.23万吨，比上年增长2.7%，而同期铁路总换算周转量比上年增长9.9%，能源消耗总量的增长速度远低于运输工作量的增长速度。

公路建设高度重视环境保护，截止到2010年底，全国公路绿化里程达到194.34万公里，比上年增加17.05万公里。“车、船、路、港”千家企业低碳交通运输专项行动的组织开展更带动了交通运输企业参与环境保护、降低能源消耗的积极性，有力地推动了交通运输业的节能减排。

民用航空则通过提高空域使用环境、建立完善的民航运行管理机制和系统决策机制、提高航空气象服务水平等手段，促进航路网的优化，进而提高整个行业的运行效率，达到系统节能。

三、交通运输能力显著提高

2010年，交通运输业在大规模投资拉动和经济快速发展的大背景下，运输量持续增长，有效地缓解了交通运力滞后于经济发展的矛盾，保障了人民群众的生产生活。全年全社会主要运输方式完成客运量326.95亿人，旅客周转量27894.26亿人公里，同比增长9.8%和12.3%；完成货运量324.18亿吨，货物周转量141837.4亿吨公里，同比增长14.7%和16.1%。

（一）铁路运力突飞猛进

随着高速铁路网的飞速延伸，客货分线的加速实现，铁路客货运量均大幅增长，全年累计完成客运量16.76亿人，旅客周转量8762.18亿人公里，同比增长9.9%和11.2%，完成货运量

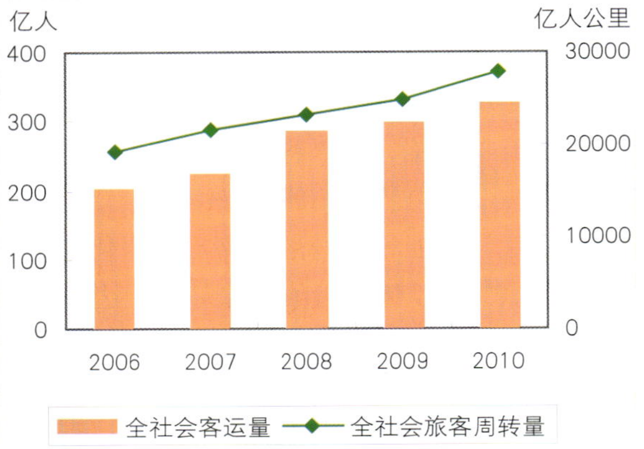

图2　2006-2010年全社会旅客运输

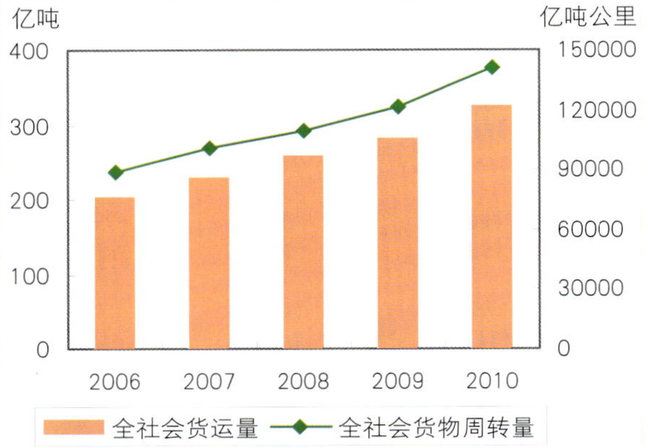

图3 2006-2010年全社会货物运输

36.43亿吨，货物周转量27644.13亿吨公里，同比增长9.3%和9.5%。

2010年，动车组列车共完成旅客发送量2.94亿人，旅客周转量886.70亿人公里，同比增长63.7%和86.5%。国家铁路煤炭运量完成15.60亿吨，同比增长17.6%，石油运量完成1.28亿吨，同比增长2.5%。2010年12月26日，我国能源大动脉——大秦铁路创下世界铁路重载新纪录，年运量突破4亿吨，为我国的煤炭运输做出了巨大贡献，演绎了极具时代特征的“低碳脉动”。2010年，青藏铁路完成旅客发送量389万人次，完成货物发送量3484万吨，同比增长17.4%和18.4%，并创造了日装车1577辆的历史记录，为区域经济发展提供了运力保障。

（二）公路运输继续增长

随着国家高速公路网主骨架的形成，公路客货运量再创新高。2010年全年公路运输完成客运量305.27亿人，旅客周转量15020.81亿人公里，同比增长9.8%和11.2%，增幅较上年分别提高6.2个和2.9个百分点；完成货运量244.81亿吨，货物周转量43389.67亿吨公里，同比增长15.0%和16.7%，增幅较上年分别提高4.0个和3.5个百分点。全国公路集装箱运量完成6.63亿吨，同比增长11.3%。2010年春运期间，全国公路客运完成客运量22.9亿人，同比增长8.7%，创历史新高。公路运输在春运中发挥了骨干作用。

（三）水路运输能力进一步提高

水路运输全年完成客运量2.24亿人，同比增长0.3%，完成旅客周转量72.27亿人公里，同比增长4.2%；完成货运量37.89亿吨，同比增长18.8%，完成货物周转量68427.53亿吨公里，同比增长18.9%，其中远洋运输完成货运量5.81亿吨，货物周转量45999.15亿吨公里，同比增长12.2%和16.4%。全国水路集装箱运量完成4.23亿吨，其中远洋集装箱运量1.81亿吨，同比增长22.2%和36.6%。

2010年4月，长江口深水航道24小时内通过的大型船舶达到了166艘，创下长江口深水航

道自开通以来最大日通过量，较之前的 145 艘提高了 14.5%，充分体现了水上运输能力的提高。

（四）港口货物吞吐量不断扩大

随着我国进出口贸易规模的不断加大，2010 年全年规模以上港口完成货物吞吐量 81.02 亿吨，同比增长 16.2%，其中沿海港口完成 54.84 亿吨，同比增长 15.3%；内河港口完成 26.18 亿吨，同比增长 18.1%。全国规模以上港口完成煤炭吞吐量 16.46 亿吨，完成集装箱运量 15.15 亿吨，同比增长 24.4% 和 20.3%。

2010 年，我国沿海港口货物和集装箱吞吐量继续保持世界第一，有 22 个港口进入了亿吨大港行列，世界排位前 20 位的亿吨大港和集装箱大港中，中国大陆分别占 12 个和 9 个。上海港集装箱吞吐量达 2906.9 万标箱，首次超过新加坡，成为全球第一大集装箱港。内河港口中，长江干线规模以上港口完成货物吞吐量 13.85 亿吨，同比增长 22.3%，是“十一五”时期增长最快的一年。

（五）航空运力大幅增长

2010 年民航运输取得显著发展。全年完成客运量 2.68 亿人，旅客周转量 4039.00 亿人公里，同比增长 16.1% 和 19.7%，旅客周转量首次突破 4000 亿人公里；完成货运量 563.04 万吨，货物周转量 178.90 亿吨公里，同比增长 26.4% 和 41.7%，增幅较上年分别提高 17.1 个和 36.2 个百分点。

2010 年，全国机场完成旅客吞吐量 56431.2 万人次，同比增长 16.1%，其中国内航线完成 51961.8 万人次，同比增长 15.7%，国际航线完成 4469.4 万人次，同比增长 20.6%。首都机场客运和浦东机场货运分别进入世界前 2 和前 3 名。这些成绩标志着我国民航业在建设民航强国道路上迈出了新的坚实步伐。

（六）管道输送能力提高

2010 年，全年管道实际完成输油（气）量 5.00 亿吨，同比增长 12.0%；完成输油（气）周转量 2197.19 亿吨公里，同比增长 8.6%。

四、交通运输业存在的问题及政策建议

2010 年，我国交通运输业取得了巨大发展成就，但应该看到我国的交通运输业是从相对落后和薄弱的基础上在较短的时间内发展起来的，因此依然存在不少问题。

（一）不同运输方式衔接不畅，交通枢纽建设有待加强

在铁路、公路、水路、民航基础设施建设规模不断扩大、运输能力显著提升的背景下，不管是旅客运输还是货物运输花费在相同距离下、同一运输方式上的时间都越来越短，但由于现有的交通枢纽不能充分衔接和协调不同的运输方式，大大地降低了整个交通运输系统的效率。例如，不少城市的铁路与公路客运站之间相互分离，一体化程度较低，大大增加了旅客的换乘距离和出行时间。因此，政府应加强对交通枢纽的投资和建设，充分协调涉及到的各个管理部门，科学、整体、系统地规划交通枢纽建设，通过完善的交通枢纽提高整个交通运输体系的效率和服务水平。

（二）加快管理体制改革，确保铁路持续健康发展

从短期来看，“政企合一，网运合一”的铁路体制框架有利于集中资源大规模地推进铁路的基础设施建设，但是从长远来看，这种管理体制存在效率较低，服务质量不高，国家财政负担过重等问题，不利于铁路的持续健康发展。因此，政府应分阶段、有步骤地实现铁路领域的政企分开，完善铁路领域的监管制度，加大市场开放程度，引入适度竞争机制，探索出一套适合我国国情的铁路管理模式。

（三）公路的收费制度不尽合理，影响了其服务功能的充分发挥

公路的收费制度在很大程度上促进了公路的

快速发展，但是其收费的不规范性已严重阻碍了公路服务功能的进一步提高。目前，中国的各种过路过桥费大约占到运输企业成本的1/3，高速公路收费各地各自为政，层层设立收费站影响了高速公路效益的发挥。不合理的收费和管理体制推高了货物的运输成本和旅客的出行成本，间接造成物价水平上涨，带来了不少的负面影响。因此，政府应加快取消政府还贷二级公路收费，同时研究健全公路尤其是高速公路的收费标准和法规制度，逐步建立起一个稳定的、低标准的、全国统一的公路收费系统。

（四）改进管理体制，进一步提高港口生产效能

近年来我国沿海港口发展迅速，为经济的增长做出了巨大贡献，但是相对于市场需求的迅速变化，港口产能的变化显得较为缓慢，而且港口项目从投资决策到建成运营通常需要较长时间，造成了沿海港口结构性产能过剩的问题。因此，政府应通过宏观调控缓解沿海港口结构性产能过剩与整体能力不足的矛盾，加速建立资源节约、布局合理、管理高效的新型现代化港口管理体系。

（五）加快民航空域管理体制改革步伐，满足迅速增长的空运需求

随着我国民航运输业持续快速的发展，飞行繁忙地区空域资源紧张的状况日益突出，空域管制面临较大压力。未来随着我国通用航空产业的发展，低空空域交通将更加繁忙，空域管理体制的改革势在必行。政府应加快建立国家空域的统一管理体系，在保证国家空防安全的前提下，合理划分军航、民航的空域使用范围，制定规范的空中交通准则，安全最优地使用空中资源，保障我国民航业持续快速健康地发展。

五、交通运输业的发展前景

告别2010年，中国步入第十二个五年规划时期，这是中华民族全面建设小康社会的关键时期，是交通运输业从分散、独立发展走向一体化发展的转型时期。交通运输业应根据“十二五”规划建议中提出的“按照适度超前的原则，统筹各种运输方式发展”，力争在“十二五”时期实现：快速铁路运输服务基本覆盖50万以上人口城市，高速公路运输服务基本覆盖20万以上人口城市，二级公路运输服务基本覆盖县城，农村公路运输服务基本覆盖建制村，约80%的人口及县级行政单位能够在地面交通100公里或1.5小时的车程内享受到航空服务，构建起便捷、安全、高效的综合交通运输体系。

（执笔：申孟宜 国家统计局服务业司）

莞深高速与潮莞高速交汇处（东莞市统计局提供）

2010 年邮电通信业发展报告

2010 年，在党中央、国务院的正确领导下，我国邮电通信业以科学发展观为主导，围绕加快转变发展方式的主线，积极推动行业转型发展，3G 建设和业务发展稳步推进，移动互联网业务蓬勃发展，快递业务快速发展，邮电通信业服务水平、服务能力均有较大的提高，在推动工业化与信息化融合和支撑国民经济社会发展中发挥了重要的作用。

2010 年，全国完成邮电业务总量 32940.2 亿元，同比增长 20.6%，比 2009 年同比增幅提高 6 个百分点。

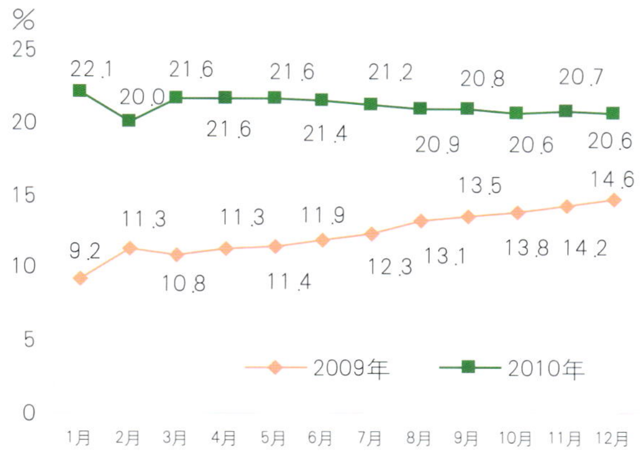

邮电业务总量分月累计同比增长率

一、邮政业稳步健康发展

2010 年，国家加大对邮政业的投资力度，邮政基础设施水平得到明显提高。邮政业作为传统行业，面对互联网等新兴行业的冲击和影响，2010 年普遍服务业务除函件业务外，其他业务都呈现增长态势，快递业务持续快速发展，全年完成邮政业务总量 1985.3 亿元，同比增长 21.6%。

（一）基础设施水平明显提升，信息化建设步伐加快

2010 年，国家加大投资力度，计划在 2010—2012 年 3 年内，补建 2500 多个空白乡镇邮政局所，改造西部及农村地区网点 7000 多个，目前 2500 多个局所建设任务进入实施阶段，邮政基础网络得到强化。到 2010 年底，全国营业网点达到 7.6 万处，平均每一营业网点服务面积 126.8 平方公里，服务人口 1.8 万人。

到 2010 年末，全国邮路总条数为 2.1 万条，比上年末增加 66 条。邮路总长度（单程）达到 463.6 万公里，比上年增加 60.8 万公里。其中：航空邮路长度 252.9 万公里，比上年末增加 35.1 万公里；铁路邮路长度 27.0 万公里，比上年末增加 2.1 万公里；汽车邮路长度 175.3 万公里，比上年末增加 30.2 万公里。全国邮政农村投递路线 10 万条，比上年末增加 851 条；农村投递路线长度（单程）369.1 万公里，比上年末增加 1.5 万公里。

全国邮政行业信息化建设步伐加快。到 2010 年底，80% 以上支局实现电子化，同时完成了名址信息库、电子商务信息平台和营业网运互联互通等一批重点信息化项目建设。

（二）普遍服务保障体系不断完善，邮政业务稳步发展

2010 年，邮政业随着体制改革的不断完善，初步建立了“国家保障，政府监管，企业承担”的邮政普遍服务机制和特殊服务机制。普遍服务保障体系不断完善，邮政普遍服务业务和特殊业务营业税免税，调整特殊服务业成本负担机制，对邮政普遍服务和特殊服务亏损予以补贴，基础

注：邮政普遍服务业务、通信能力和服务水平有关数据来自国家邮政局年报；电信数据来自工信部快报数；互联网数据来源于中国互联网络信息中心。

设施建设纳入国家整体规划，邮政服务保障水平明显提升。

在国家遇到重大自然灾害面前，在世博会和亚运会等国家重大活动中，邮政企业勇于承担国有企业的社会责任，积极做好各项保障工作，邮政各项业务稳中有升。2010年，全国完成邮政函件业务74.0亿件，同比下降1.7%；完成订销报纸业务171.7亿份，同比增长5.9%；完成订销杂志业务10.5亿份，同比增长2.6%；汇兑业务累计完成2.8亿笔，同比增长3.1%。

（三）市场环境得到优化，快递业务快速发展

“十一五”时期，国家在修订后的《邮政法》中首次将快递业务纳入调整范围，确立了快递企业的法律地位，提出了“鼓励竞争、促进发展”的原则，极大地激发了快递业的发展活力。快递业的发展政策不断完善，统一了快递业的营业税，有效的降低了快递业的实际税赋，依法有序推进快递经营许可工作。建立健全以“准时率、满意度、申诉率”为核心的快递服务评价体系。经过几年的努力，全国形成国有、民营和外资多种所有制经济共同发展新格局，快递业市场化、网络化、规模化、品牌化程度不断提高。

2010年，我国快递业发展规模持续扩大，快递最高日业务量突破1000万件，进入世界前三位，全国规模以上快递企业业务量累计完成23.4亿件，同比增长25.9%，比上年末提高3.1个百分点；快递业务收入累计完成574.6亿元，同比增长20.0%，比上年末提高2.7个百分点。快递业对国民经济的支撑作用日益显现。

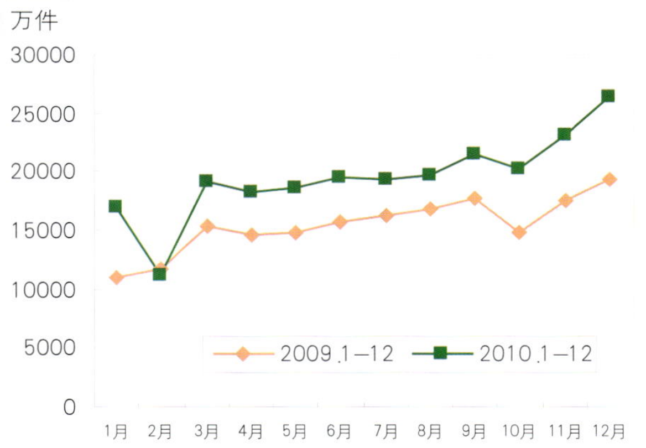

快递业务量各月新增情况

二、电信业持续快速发展

2010年，在宏观经济整体持续向好的大背景下，电信行业总体呈现良好发展态势。业务收入实现恢复性增长，移动和宽带用户发展再创新高，固定电话用户下降趋缓，移动互联网等新兴服务蓬勃发展。2010年，全行业累计完成电信业务总量30954.9亿元，同比增长20.5%。

（一）继续加强基础设施建设，通信能力明显提升

2010年，全国电信业固定资产投资总额为3196.7亿元，全国光缆线路长度净增166万公里，达到995万公里。固定长途电话交换机容量减少41.0万路端，达到1643.9万路端；局用交换机容量（含接入网设备容量）减少2707万门，达到46559万门。移动电话交换机容量净增6433万户，达到150518万户。基础电信企业互联网宽带接入端口净增4923.8万个，达到18759.5万个。全国互联网国际出口带宽达到1098957Mbps，同比增长26.8%。

（二）固话用户减速放缓，移动用户继续高速发展

2010年末，全国电话用户净增9244万户，总数达到115338.6万户。其中，全国移动电话用户净增11179万户，创历年净增用户新高，移动电话用户85900.3万户，在电话用户总数中所占的比重达到74.5%，是固定电话用户的3倍左右。移动电话普及率达到64.4部/百人，比上年末提高8.1个百分点。

2010年末，固定电话用户为29438.3万户，比上年末减少1934.9万户。其中，城市电话用户19662.2万户，减少1527.8万户；农村电话用户9776.1万户，减少407.1万户。固定电话普及率22.1部/百人，比上年末下降1.5个百

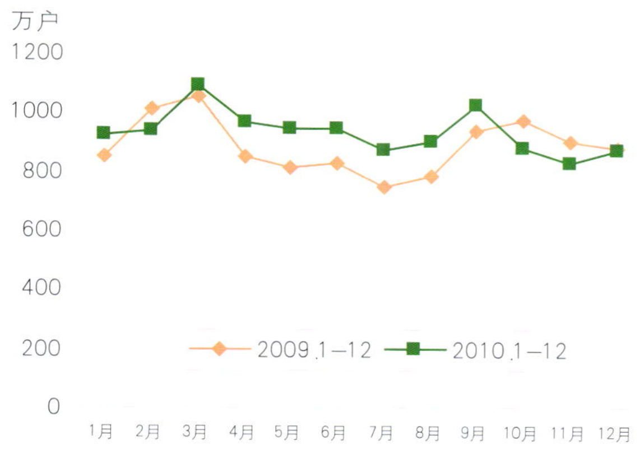

移动电话用户各月新增情况

分点。

2010年，全国移动电话通话时长达到43261.2亿分钟，同比增长22.4%；固定电话通话量随着固定电话用户的减少而逐年减少，全年固定本地电话通话量、固定传统长途电话通话时长分别为4369.2亿次、729.2亿分钟；IP电话通话时长为997.8亿分钟，下降15.8%。2010年，各类短信发送量达到8317.2亿条，同比增长6.1%。其中，无线市话短信业务量66.8亿条，下降47.6%；移动短信业务量8250.4亿条，增长7.0%。

（三）互联网用户加速增长，新兴业务迅速发展

固定和移动互联网用户呈现加速增长态势。固定宽带接入用户持续快速发展，2010年月均增长186.3万户，累计新增2235.9万户，年末达到12633.7万户。移动互联网用户迅猛增长，2010年新增无线上网卡用户386.7万户，新增手机上网用户13424.5万户，使移动互联网用户总数达到51520.8万户，在移动用户中的渗透率达到60%，比上年末提升40个百分点。

3G移动用户发展迅速。随着网页浏览、移动视频、音乐下载、多媒体、电子邮件和手机电视等移动互联网业务需求的日趋增加，驱动3G业务发展加速。2010年，全行业新增3G移动电话用户3472.9万户，年末达到4705.1万户，比上年末增长2.8倍。且新增3G用户规模呈现逐月提升态势，年初3G在全部新增移动用户中的比重为16.9%，到12月份该占比已提高到51.2%，即3G目前已成为新增移动用户的重要来源。且3G对移动通信收入的贡献呈现持续上升态势，正在日益成为拉动移动通信乃至全行业增长的新兴力量。

融合性业务用户飞速增长。2010年，各运营商全业务运营实质性展开，捆绑销售成为主要营销方式，并因此推动融合性业务用户快速发展。全年新增固定和移动融合业务用户2629.8万户，用户总数达到5503.3万户。这对维持传统固定电话用户的稳定起到了积极作用。

（四）互联网普及率越来越高，应用领域越来越广泛

2010年末，我国互联网上网人数达到4.57亿，同比增长19.1%。其中，宽带网民规模达到4.50亿，同比增长29.9%；手机网民规模达3.03亿，同比增长29.7%。互联网普及率上升至34.3%，较2009年底提高5.4个百分点。

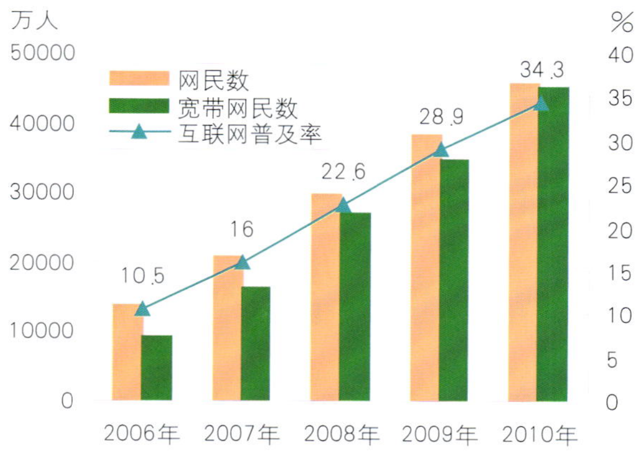

2006—2010年 网民、宽带网民规模与互联网普及率

2010年末，我国IPv4地址数量达到2.78亿个，同比增长19.4%；域名总数865.7万个，其中CN域名435.0万个；网站总数为190.8万个。网页规模反映了互联网内容的丰富程度，2010年末，全国网页数量达到600.1亿个，同比增长78.6%。

专栏：我国实现村村通电话

2004年1月16日，原信息产业部下发了《关于在部分省区开展村通工程试点工作的通知》，同时出台了《农村通信普遍服务——村通工程实施方案》。根据该方案，原信息产业部依照《电信条例》指定基础电信运营企业采取“分片包干”的方式承担通信普遍服务义务，完成农村通信发展目标。

“十一五”期间，原信息产业部、工业和信息化部积极组织电信运营企业，累计直接投资500亿人民币，从行政村通电话、自然村通电话、乡镇互联网接入、信息下乡四个方面，持续深入开展“村村通电话工程”建设，大力发展农村信息通信，消除城乡数字鸿沟，以信息化手段促进农村经济社会发展。全面实现了“村村通电话、乡乡能上网”的“十一五”农村通信发展规划目标。

行政村通电话方面。五年新增2.1万个偏远行政村通电话，全国通电话行政村比例提高了近3个百分点。2010年，为川青藏高原最偏远的1千多个无电无路村寨开通电话结束了世代不通电话的历史，实现了全国范围100%行政村通电话。

自然村通电话方面。五年新增9万个20户以上自然村通电话，全国已有94%的20户以上自然村通电话，全国通电话自然村比例提高了4个百分点。其中已有19个省份实现所有自然村通电话。

乡村互联网接入方面。五年新增2650个乡镇能上网、3690个乡镇通宽带，全国“乡乡能上网”已成现实。另据统计，75%的行政村基本具备互联网接入能力，100%乡镇通互联网（其中98%的乡镇通宽带）。

“信息下乡”方面。建成“农信通”、“信息田园”、“金农通”等全国性农村综合信息服务平台，涉农互联网站接近2万个。建成乡镇信息服务站20229个、行政村信息服务点117281个，网上建成乡镇涉农信息库14137个、村信息栏目135478个。全国近一半乡镇建成乡镇信息服务站和县、乡、村三级信息服务体系。

五年来，村村通电话工程使得农村通信设施得到全面加强，电信普遍服务取得长足进步，初步建立了农村综合信息服务体系，使农村信息化水平得到整体提升，为改善农民生活质量、农业增产、农民增收、农村繁荣发挥了积极作用。

（执笔：黄长征 工业和信息化部）

随着网民普及率的快速提高，网络科技的迅速发展，我国互联网网络应用领域越来越广泛，互联网为网民在信息获取、商务交易、交流沟通、网络娱乐等方面发挥了重要的作用。2010年，搜索引擎用户人数一年内增长9319万人，用户规模3.75亿，比上年增长33.1%；网上支付、网上银行等商务类应用用户全年增长分别达到45.9%和48.2%，其重要性进一步提升；2010年，网络游戏、网络音乐和网络视频在网民中的使用率分别达到66.5%、79.2%和62.1%，网络娱乐内容极大地丰富了人们的生活；作为交流沟通的博客，2010年，用户规模达到2.95亿人，在网民中的使用率达64.4%，比上年增长33.0%。此外，互联网也为企业进行客户服务、内部管理、电子商务、网络营销等方面提供了较好的平台。

（五）村通工程完成目标，农村信息化建设取得可喜成绩

2010年，我国电信业从建设基础设施、推广信息服务两方面大力发展农村信息通信，消除城乡数字鸿沟，以信息化手段促进农村经济社会发展。

“村村通电话、乡乡能上网”的“十一五”农村通信发展规划目标全面实现。全国范围内100%的行政村通电话，100%的乡镇通互联网（其中98%的乡镇通宽带），94%的20户以上自然村通电话，全国近一半乡镇建成乡镇信息服务站和县、乡、村三级信息服务体系。此外，已有

专栏：三网融合

三网融合是指电信网、广播电视网、互联网在向宽带通信网、数字电视网、下一代互联网演进过程中，其技术功能趋于一致，业务范围趋于相同，网络互联互通、资源共享，能为用户提供语音、数据和广播电视等多种服务。

三网融合不是三网物理合一，不是网络的相互替代，而是每个网络都能开展多种业务。人们可以通过电信网、广播电视网、互联网中任意一种网络，极其方便地获得文字、音频、视频等各种多媒体信息。形象地说，既可以通过有线电视网打电话、宽带上网，也可以通过电信网看电视。

三网融合打破了广电在内容输送、电信在宽带运营领域的垄断，实现网络资源的共享，对于促进信息和文化产业发展，提高国民经济和社会信息化水平，满足人民群众日益多样的生产、生活服务需求，拉动国内消费，形成新的经济增长点，具有重要意义。

2010年1月13日，国务院总理温家宝主持召开国务院常务会议，决定加快推进三网融合，提出三网融合的阶段性目标：2010年至2012年重点开展广电和电信业务双向进入试点，探索形成保障三网融合规范有序开展的政策体系和体制机制；2013年至2015年，总结推广试点经验，全面实现三网融合发展，普及应用融合业务，基本形成适度竞争的网络产业格局，基本建立适应三网融合的机制和职责清晰、协调顺畅、决策科学、管理高效的新型监管体系。

2010年7月1日，国务院办公厅公布第一批三网融合试点地区（城市）名单，标志着三网融合试点工作正式启动。这些地区（城市）是：北京市、辽宁省大连市、黑龙江省哈尔滨市、上海市、江苏省南京市、浙江省杭州市、福建省厦门市、山东省青岛市、湖北省武汉市、湖南省长株潭地区、广东省深圳市和四川省绵阳市。目前，试点地区（城市）正在组织制定试点的实施方案，加快网络和业务支撑平台的改造建设，推动IPTV、手机电视、网络视频等三网融合业务的发展。

（执笔：黄长征 工业和信息化部）

19个省份实现所有自然村通电话，75%的行政村基本具备互联网接入能力。

“信息下乡”进展明显，建成“农信通”、“信息田园”、“金农通”等全国性农村综合信息服务平台，涉农互联网站接近2万个。建成乡镇信息服务站20229个、行政村信息服务点117281个，网上建成乡镇涉农信息库14137个、村信息栏目135478个。

三、2011年邮电通信业展望

（一）邮政业

邮政业作为传统的服务业，肩负着邮政普遍服务的社会责任。2011年，将以强邮惠民为目标，健全保障机制，增强服务能力，满足社会需要，推动公共邮政服务均等化。

1. 协调推进邮政设施建设，提升邮政普遍服务质量和水平。将继续全力推进空白乡镇局所补建工作。配合国家发展改革委完成2010年建设任务，配合下达2011年局所补建项目投资计划，推动西藏及四川、云南、甘肃、青海四省藏区乡镇局所补建工作。推进城市邮政服务网点建设，推进“村邮户箱”工程建设。将信报箱建设纳入《居民住宅楼设计规范》，继续开展新建居民住宅楼信报箱设置专项检查。积极将村邮站建设纳入地方新农村建设规划，努力探索村邮站长效运营机制。

2. 推进发展方式转变，保持行业平稳较快发展。大力推进邮政公共服务平台建设，积极拓展电子商务等代办业务，发挥邮政的网络优势，丰富服务内涵，拓展服务领域，培育服务热点。积极提供多层次、多样化和个性化的产品体系。

3. 强化邮政市场监管，促进快递业务持续快速健康发展。根据快递企业经营、服务、质量、信用等综合情况，采取不同的监管措施，进一步完善公开、公平、规范的行业准入制度，促进快递业健康有序发展。

4. 邮政行业2011年发展预期目标：邮政业务总量完成1495亿元（按2010年不变单价计算），同比增长15%；业务收入完成1472亿元，同比增长15%。其中，快递业务量达到29亿件，同比增长21%；快递业务收入完成688亿元，同比增长20%。

（二）电信业

电信业作为信息产业既是战略性新兴产业的重要组成部分，又是其他战略性新兴产业发展的基础设施。2011年，随着国家战略性新兴产业政策的实施，将为通信业发展带来新的增长空间。

1. 3G进入良性成长期。目前我国3G用户渗透率已经超过5%，从发展规律来看，有望进入良性成长阶段。3G的发展将带动移动数据及互联网业务收入的快速增长，为行业带来新的增长点。

2. 工业化和信息化融合深入推进。国家加速向信息社会深化转型，对通信业服务的需求进一步增加，特别是对生产性信息服务的需求将大幅提升。着不仅推动行业规模的增长，还有助于行业结构转型升级。

3. 2011年电信业主要指标预测。预计实现电信业务收入9420-9460亿元，同比增长5.3%-5.7%；全行业固定资产计划投资3350亿元，与2010年基本持平；新增电话用户5100万户，电话用户总数计划达到12亿户左右。其中：固定电话用户减少2600万户，达到2.66亿户；移动电话用户新增7700万户，达到9.4亿户。新增互联网宽带接入用户2400万户，宽带接入用户总数预计达到1.49亿户。

（执笔：栾尽晖 国家统计局服务业司）

展览中心（苏州市统计局提供）

2010年消费品市场发展报告

2010年，面对复杂多变的国内外形势，国家继续出台了一系列扩大内需、促进消费等政策措施，对保持消费品市场稳定发展起到了明显的促进作用。消费品市场在平稳运行中加快增长，社会消费品零售总额保持了持续快速的增长态势。

消费品市场运行主要特点

一、消费品市场继续平稳较快发展

2010年，消费品市场整体稳定活跃，社会消费品零售额比上年增长18.4%，比上年提高2.9个百分点。扣除价格因素，实际增长14.8%，同比回落2.1个百分点，创下了1998年亚洲金融危机以来的第二新高，增速仅次于2008年。

分季度看，零售额增速稳中有升。其中一季度实现社会消费品零售总额36374.0亿元，同比增长17.9%；二季度36295.4亿元，增长18.5%；三季度38359.1亿元，增长18.4%；四季度43525.2亿元，增长18.8%。

分经营地看，城镇消费品零售额133688.9亿元，同比增长18.8%，占零售总额的比重为86.5%；乡村消费品零售额20864.8亿元，增长16.1%，占零售总额的比重为13.5%。

分消费形态看，商品零售136918.2亿元，同比增长18.5%，占零售总额的比重为88.6%；餐饮消费17635.5亿元，增长18.0%，占零售总额的比重为11.4%。

从人均零售额看，已突破万元大关。2010年社会消费品零售总额超过15万亿元，人均零售额超过1万元，表明我国消费品市场进入了一个新的发展阶段，消费结构升级已成为拉动消费增长的重要因素。

二、促消费政策措施成效显著，市场调控能力明显增强

2010年，党中央、国务院和地方各级政府继续实施了一系列扩内需、保增长的政策措施，大范围、强力度出台了扩大消费的一揽子政策措施，充分抓住居民收入水平提高、消费结构升级的有利时机，以耐用消费品为切入点，实施了家电、汽车下乡和以旧换新等直接促进消费的政策，挖掘消费潜力，促进了城乡消费持续较快增长。家电、汽车下乡和以旧换新政策，是运用财政补贴手段刺激消费的一个创举，不仅扩大了即期消费，为应对国际金融危机，保持经济增长作出了重大贡献，还带动了家电、汽车流通服务网络和再生资源回收利用体系建设，促进了循环经济发展。

（一）实施家电、汽车、摩托车下乡政策，带动了农村消费。家电、汽车下乡等优惠政策促进了农民对这些商品的消费需求，增加了相关商品的消费量。据商务部统计，截至2010年底，家电下乡达1.14亿台，销售额达2418亿元；全国汽车、摩托车下乡共补贴车辆1792万辆，拉动消费突破2600亿元。事实证明，家电下乡既是一项重要的惠农政策，也是扩大农村消费、拉动国内需求的重要举措。家电等商品下乡政策在短时间内，已使很多农户从中受益；同时，这些家电等商品的销售也对活跃农村消费品市场发挥了积极的作用，真正实现了农民得实惠、企业得市场、政府得民心、经济得增长的效果。

（二）大力实施汽车、家电等以旧换新政策，拉动了城市消费。截至2010年底，家电以旧换新累计共销售3322万台，汽车以旧换新共淘汰老旧汽车、黄标车47.4万辆，拉动新车消费518亿元。鼓励家电、汽车等以旧换新，促进了营销、物流、售后服务等销售网络的发展，加快了更新换代速度和相关行业的发展，直接促进了居民消费。

（三）市场调控能力明显增强。针对这一期间国内自然灾害频发、国际市场波动对国内影响明显加大的新形势，国家和有关部门紧紧围绕保障市场平稳运行这一目标，不断完善市场监测和调控体系，市场调控和应急保供能力不断提高。商务部门根据形势发展需要及时建立健全市场运行监测调控体系，联系监测样本企业近 3 万家，监测范围涵盖生活必需品、重要生产资料和重要应急商品品种；肉糖等重要商品储备体系不断健全，蔬菜临时储备制度初步建立，地方政府储备制度逐步完善；跨区调运工作进一步机制化，进出口调剂更加及时。市场监测和调控能力不断增强，为抑制通胀、保障市场平稳运行奠定了基础。

三、消费热点频现，对社会消费品零售总额的贡献率提高

随着城乡居民生活水平的不断提高，消费结构发生了明显的优化升级，由量向质转变，由温饱向享受转变，由吃、穿向住、行方面发展。住房、医疗、旅游、教育以及享受型的汽车、家电、家居建材、电子产品等消费热点频现，成为拉动社会消费品零售总额快速增长的重要因素。消费扩张最快的一些新兴领域主要集中在：以私人汽车为代表的交通消费；以移动通讯和信息为代表的通讯信息消费；与住房相关的商品消费；以教育、旅游为代表的精神文化消费。

从限额以上企业商品零售类值看，居住类和交通类商品高速增长，特别是汽车、家具、石油及制品、建筑装潢材料等继续成为 2010 年消费品市场的热点，对零售额增长的贡献突出，其中汽车、石油及制品零售分别增长 34.8% 和 34.3%，同比分别加快 2.5 个和 27.5 个百分点，对限额以上企业零售增长的贡献率分别为 32.3% 和 19.9%；基本生活类商品销售保持平稳较快增长，增速一般在 20%-25% 之间，其中粮油、食品和服装、鞋帽、针纺织品零售分别增长 24.3% 和 24.8%，同比分别加快 10.5 个和 6.0 个百分点。

餐饮消费持续成为消费品市场的一大亮点。近几年来，伴随着生活水平的提高、生活节奏的加快、生活方式的创新，居民外出就餐、亲友团聚的次数增加。加之社会上各种类型的公务、商务活动频繁，国内旅游市场的快速发展等因素的共同作用，直接拉动了餐饮市场的商品销售。餐饮业零售额一路走高，保持持续快速增长的格局，呈现淡季不淡、旺季更旺的销售局面。2010 年，全国餐饮收入达 1.8 万亿元，比上年增长 18%，对消费品市场起到了较大的拉动作用。

四、品牌消费成为消费品市场的主旋律

2010 年，在消费升级步伐加快中，消费品市场延续了近年来品牌消费占据主流的趋势。据中国行业企业信息发布中心对全国重点消费品市场的年度调查结果表明，2010 年销量前十位的品牌平均市场占有率为 66.3%。分类别看，家电类消费品的市场集中度依然最高，其后依次为食品，日化、日用品，文化办公用品，服装。在品牌优势最为明显的家电类，十强品牌的市场占有率平均为 82.3%。在日化、日用类消费品市场，销量十强品牌的市场占有率平均为 73.9%。

相较于其他消费品市场，服装、鞋帽类市场的集中度仍不高。2010 年销量十强品牌的市场占有率平均为 44.8%。数据说明，我国服装行业的名优品牌仍需加大品牌打造力度，提高产品知名度，以获得更多消费者的认同。在食品类市场，销量十强品牌的市场占有率平均为 75.2%。超过八成的购买力投向了葡萄酒和火腿肠市场的十强品牌。在食用油、豆奶粉、啤酒、糖果市场，十强品牌的市场占有率均超过 70%。保健品的市场集中度仍最低，但 2010 年有较大幅度的提高，突破 30%。在文化办公用品类市场，68.9% 的市场购买力投向了名优品牌。传真机市场的品牌吸引力加大，超过九成的消费者选择了十强品牌。

五、农村市场体系逐步建立，城市商业服务体系日益完善

在农村，继续实施了“万村千乡市场工程”，以城区配送中心为龙头，乡镇店为骨干，村级店

为基础的农村现代流通网络正在逐步形成，不仅大大改善了农村的流通基础设施，而且明显改善了农村消费环境。据商务部统计，截至2010年底，已累计建设和改造52万个农村超市、2667个配送中心，农村超市覆盖全国80%的乡镇和65%的行政村，年销售额近3000亿元。

为进一步提升农产品市场现代化水平，继续实施了“双百市场”工程，重点改造升级大型批发市场、集贸市场和流通企业的冷链、结算、信息、监控、质量安全可追溯、废弃物处理等公益性设施。截至2010年6月底，累计改造740个农产品市场，覆盖了56%的地级市，交易额占全国亿元以上农产品批发市场交易总额的37%。

大力推动了新型农产品流通模式，在17个省区市开展“农超对接”试点。截至2010年底，全国累计支持740家农产品批发市场和农贸市场和升级改造，覆盖56%的地级市；支持2000多家零售企业与1.1万家农民专业合作社开展“农超对接”。通过“农超对接”，农民销售的农产品价格平均提高约15%，超市售价下降15%，农民、消费者、企业三方均受益。

在城市，国家有关部门积极开展了“便利消费进社区、便民服务进家庭”为主题的社区商业“双进”工程，全国已建立全国商业示范社区143个，省级商业示范社区600多个，覆盖80多个大中城市，大大提高了商贸服务业的便民利民程度。开展早餐工程试点，在23个省市建成86个主食加工配送中心，建成1.8万个标准化早餐网点。在19个省市升级改造960家菜市场，新增营业面积20万平米，当地居民满意度超过90%。

六、多元化市场竞争格局基本形成

（一）各种业态竞相发展。在传统百货零售业稳步发展的同时，作为现代流通手段之一的连锁经营成为商业企业采用的主要经营组织方式，连锁企业从少到多、从小到大，不断发展壮大，多种业态经营的企业大量增加，超级市场、便民店、专业店、专卖店、购物中心、仓储式商场、无店铺销售等发展迅速。2010年，连锁零售企业和餐饮企业零售额占社会消费品零售总额的比重达15%左右。营销手段的多样化，经营业态的日益完善，极大地方便了居民生活，消费者购物更加方便、快捷。

（二）商品交易方式日趋多样化。近几年，连锁经营、物流配送、电子商务、特许经营等得到较快发展，为繁荣市场、扩大就业、方便居民和促进流通发挥了积极的作用。通过实施商业网点规划，促进了商业网点的合理布局，加快了社区商业、家政、早餐等生活服务业的发展，城市居民消费便利化程度大幅提升。以信息化带动流通现代化，大力发展连锁经营、统一配送、电子商务等现代流通方式，推动了网络购物快速发展。据中国电子商务研究中心统计，2010年中国电子商务市场交易额已达4.5万亿元，同比增长22%。其中，企业间（B2B）交易额达到3.8万亿元，网上零售交易额达到5131亿元。另外，国内电子商务服务企业已达25000家，网络团购企业数量达1880家。现代流通体系的快速发展，在降低流通成本、扩大消费、引导生产等方面发挥了重要作用。

（三）商品交易市场不断发展。大型商品交易市场发展加快，已经初步形成了门类齐全，覆盖面广，综合市场与专业市场、大型批发市场与中小型零售市场相结合的市场体系。截至2009年底，全国现有年成交额亿元以上的大型商品交易市场4687个，比2005年末增加了1364个，2009年全国亿元以上商品交易市场实现成交额30021亿元，比2005年增长93%，年均增长17.9%。商品交易市场已成为日用消费品和生产资料的重要集散地和价格信息发源地，在活跃商品流通、方便居民生活、扩大城乡就业、推动国民经济发展等方面发挥了积极的作用。

（四）流通领域进入全面开放阶段。随着开放领域由零售业向采购中心、物流配送、分销体系等多方位演进，开放范围由少数类别逐步实现全面开放，大量外资企业开始进入流通领域。据有关资料显示，近几年已有50多家国际大型零售企业在中国开设分店，外商零售企业开设的门店数量达1.5万多个，营业面积近1400万平方米，占全部连锁零售企业的比重分别为8.7%和13.7%。外资流通企业的进入，不仅为中国流通业的改革提供了资本支撑，而且带来了先进的经营理念、管理模式和商业业态，培养了一批优秀的管理人才，极大地丰富了市场上的商品品种，满足了居民日益多样化的消费需求。在对内对外开放中，众多民营资本也广泛进入流通领域，为流通业发展增添了新的动力。2010年，限额以上零售企业销售总额中，内资企业占87.2%，港澳台商投资企业占4.4%，外商投资企业占8.4%。

多因素支撑消费品市场较快发展

2010年，国内消费品市场在平稳运行中之所以能够保持快速增长，除了支撑消费需求长期稳定增长的基础性因素，如城镇居民财富积累已达到一定规模，居民消费逐步进入释放期；新增人口和城镇化进程加快，带来的刚性需求；消费观念转变和消费结构升级等因素外，主要是：

一是得益于我国国民经济继续保持了平稳较快发展，为国内消费品市场的快速增长奠定了坚实基础。

二是城乡居民收入增速进一步加快，购买力大大增强，对消费的支撑力增强。

三是国家实施了扩大内需，优化消费环境的一系列政策措施，为释放消费潜力创造了有利条件，为国内市场的加速发展注入了强劲的推动力。针对2010年自然灾害频发、部分商品价格上涨较快等情况，国家有关部门及时采取措施，收储和投放国家储备生活必需品，做好跨地区调运，保证了市场供应。充足的商品供应保证了居民多样性的需求，商品价格的稳定与质量的提高，为消费创造了良好的市场氛围。

四是物价上涨因素直接推动了相关商品零售额的快速增长。2010年商品零售价格涨幅在3%以上，直接抬升了零售额的名义增速，价格上涨对零售额增长的贡献率接近五分之一。

应该看到，2011年要保持消费持续增长仍面临一些不利因素。

一是通胀预期增强不利消费增长。受通胀预期增强的压力影响，多数居民消费心理及行为发生了较大变化。持续的物价上涨不但影响百姓生活，也在一定程度上制约了消费的提升，致使多数居民消费更趋于谨慎，对价格的敏感度提高，不少中低收入消费者又回归到捂紧钱包、精打细算过日子，持币待购行为较为明显。加之近几年来居民收入差距的拉大，形成了不同的消费群体，消费分化日益显著。表现在消费取向上则是多元化趋势，即一部分消费者循规传统，消费以实用为主，讲求节约和理性；一部分高收入者则取向新潮，讲究精致的生活享受和消费品位，通胀对这一群体没有产生影响。

二是居高不下的房价使多数居民捂紧钱包过日子。尽管国家采取了前所未有的调控房价政策和措施，但房价仍然居高不下，大大超出了普通百姓的承受力。据央行调查结果显示，有66.9%的居民认为物价“高，难以接受”；居民对未来收入预期仍显谨慎，更为重要的一点是对当前房价水平，74.4%的居民认为“过高，难以接受”，是仅低于上年末（75.5%）的第二高值。由于房价居高不下，仍呈不断攀升之势，一方面大大提高了居民的支出预期，影响到正常的生活和消费行为；另一方面，房价的持续增高严重压抑了居民在其他方面的消费，使巨大的消费潜力不能得到释放，成为制约消费扩张的最大阻力。

三是部分扩大消费政策到期，已有消费政策效应出现弱化。2008年以来，国家为扩大消费需求出台了多项刺激政策，部分扩大消费政策在2011年到期，例如汽车以旧换新和小排量车购置税优惠等政策在2011年将不复存在，对促进相关消费将有一定影响。此外，家电下乡等扩大消费政策已执行了两年，政策效应呈现弱化趋势。要继续发挥政策刺激作用，需要新的政策设计。

消费驱动力进一步增强的条件已基本具备

一、政策性推动将使消费有可能成为经济第一驱动力

可以预见，今后鼓励消费增长的政策将会延

专栏：如何看待国内消费不足与境外消费猛增的反差

据有关部门统计，2010年，我国出境旅游人数达到5700万人次，同比增长5%；出境旅游花费550亿美元，同比增长14%。拥有惊人消费能力的中国内地游客，2010年成为英国和法国第一大旅游消费群体。中国还紧随俄罗斯之后，成为全球第二大境外消费国，且是全球境外消费增长最快的国家。

伴随着我国居民境外旅游人数大增，大量的高端消费流失在境外，形成了境内消费不足与境外消费猛增的巨大反差。出现这一现象的原因是多方面的，关键是我们如何看待并加以应对，创造一个更加好的消费氛围，加大力度引导这一群体的消费行为，使高收入居民手中的钱尽量花在中国国内，为促进消费增添份额，从而缓解国内消费不足，真正由制造大国向消费大国迈进。

应该说，近年来各级政府和部门想方设法，出台了众多刺激消费的一系列举措，国内消费环境趋于完善，绝大多数商品的质量、品种、价格与境外同类产品几乎相差无几，但仍然吸引不了我国高收入者的青睐。其原因是多方面的，有些是深层次的。主要是：

一是高收入群体扩大，且购买力已接近或超过一些发达国家或地区的平均水平。现阶段境外旅游的中国游客中，大部分是高收入阶层，这部分区民消费能力十分强劲，追求世界名牌，追求消费新潮，对奢侈品消费意识不断提升。

二是国内同类商品价格高于境外，在境外能买到货真价实的商品。据反映，境外许多同样的商品在境外比大陆还便宜。如一双耐克或者阿迪达斯的中国产旅游鞋，正价产品动辄七八百甚至上千，而同样款式的鞋子，在美国的一些大卖场上，只需要三四十美元，折合人民币也就两三百元人民币。如果再考虑境内外的收入差距，两者之间的价差则更大。

三是国外商品质量可靠放心。产品的正宗和多样化是人们去境外购买奢侈品的主要原因之一，对于品牌原产地的信赖促使多数人在境外购买奢侈品时，可以放心买到正宗的世界名牌产品。

四是境外购物环境日趋完善。据了解，目前银联卡可在香港、澳门、新加坡、马来西亚、泰国、日本、韩国、德国、意大利、美国、埃及等国家或地区取现或消费，形成了境外购物如同在国内方便。

五是炫耀性消费。对高收入群体而言，购物是为了让别人知道自己有能力消费、消费得起，是体现自己的实力、品味甚至地位，并满足自己的虚荣心和显富心态，这和西方发达国家的务实消费观形成了极大的反差。

六是国内缺少世界级名牌产品。尽管中国已成为制造大国，但与欧美相比，仍缺少知名的世界品牌，主要为他人贴牌生产，目前生产的大量商品在境外还是作为“低档货”进入零售终端，难以满足国内高收入群体的炫耀性消费行为。

七是人民币加快升值使境外旅游购物变得更为便宜。自2005年7月启动人民币汇改以来，人民币升值幅度已超过20%。人民币加快升值使外出旅游购物成本降低，意味着用同样多的外币可以买到更多的外国商品或服务，这在一定程度上刺激了中国人在境外的消费。

（执笔：严先溥 国家统计局贸经司）

续，经济增长方式将会实现重大转变，将为消费需求的进一步扩张，创造一个良好的政策氛围。随着建立和谐社会各项政策逐步到位，调整收入分配格局将会有效提高城市居民购买力，从而促进消费需求的快速增长和市场规模的扩大；在农村，在全国范围建立农村最低生活保障制度，将保护农民的各种收益和权益，从制度上化解压力，促进消费增加。

二、居民潜在购买力已提升到一定水平，将逐步进入释放期

改革开放30多年来，我国居民经过不断的勤劳致富、勤俭节约，财富不断积累，已经达到一定的规模，且随着消费观念的逐渐改变和消费能力的提高，结余购买力有了巨大提升，且已逐步进入释放期。根据国际经验，当一个国家或地区的人均GDP超过3000美元时，经济处于新一轮上升周期，其城镇化、工业化的进程将出现加速发展，而产业结构、消费结构也将发生重大转变，消费水平将得到较大提升。2010年我国人均GDP已超过4000美元，部分大城市的人均GDP已经超过1万美元，如深圳、上海、广州，进入了消费的加速转型期，未来消费市场的总体空间将进一步扩大。居民收入的稳步提高和财富的不断积累，东方人特有的量入为出的节俭习性，积累了相当丰厚的物质财富，为当前扩大消费需求提供了一定的物质保证和巨大的潜在购买力。加之消费者习惯靠收入和储蓄支撑消费，而非透支明天的钱来支撑今天的消费，消费者有足够的能力或实力支付日常消费需求，应付不时之需。

三、居民消费已具有一定的优化空间和需求潜力

一是中国人口占世界总人口与消费总量的比重仍不相称。据测算，中国人口占世界总人口1/4，但消费总量却只占世界的4%。主要原因一是城乡之间、不同区域之间、不同群体之间收入差距较大，导致消费不平衡；二是消费者后顾之忧还未完全消除，存钱多，花钱少，同时也意味着消费潜力大。

二是消费仍有较大的提升空间。改革开放以来，我国居民人均耐用消费品拥有量迅速增加，但与国外相比，一些耐用消费品如汽车、通讯产品等不仅低于发达国家，还低于一些发展中国家的水平，存在进一步提高的空间。

三是居民生活消费结构存在优化空间。与城市相比，农村主要耐用消费品拥有量偏低。2009年底，每百户农村居民拥有彩电108.9台，是城镇居民的80.3%；拥有洗衣机53.1台，拥有移动电话115.2部，二者均占为城镇居民的一半左右；拥有家用电脑7.4台、家用汽车2.1辆，分别低于城镇居民65.7台和10.9辆。与城市相比，农村耐用品消费市场、住房、衣着等消费空间更大。

城市家电市场也有较大发展空间。尽管目前城市大部分耐用消费品已趋饱和，但新的增长点如正常更新、购房带动、新婚添置、升级换代等仍会不断涌现，尤其是家电“以旧换新”政策将会大大拓展城镇家电市场。

多管齐下促进居民消费持续快速增长

第一，要努力管理好通胀预期。当前需要警惕通胀预期对居民消费的影响，以及房价上涨对其它消费的挤出效应。要控制好物价，注重合理传导老百姓的消费预期，要发展生产，特别是农业生产，以保障供给保障粮棉油等基本产品的供给；加强流通，特别是要加强农产品流通这个薄弱环节，用经济和法律的手段管好市场；要加大政府补贴力度，继续增加政府用于改善和扩大消费的支出，增加对城镇低收入居民和农民的补贴，尤其是对于一些低保、生活困难的群众增加临时补贴，提高补助标准。

第二，要加大国民收入分配调整力度。主要是要推动国民收入分配向居民倾斜，从藏富于国转为还富于民，尤其要增强低收入群众的消费能力。提高劳动报酬在初次分配中的比重，更加注重公平，让人力资本得到充分体现，让长期被扭

曲的劳动力价值回归本位。增强低收入群众的消费能力，这就要求着力提高低收入群众的收入，有收入保证才能形成消费能力，消费意愿才能转化为现实的消费需求。

第三，要继续调控房价。要继续控制货币的流动性，运用财政、税收和金融手段来调节市场需求；要加强地方政府的责任，无论是物价和房价，地方都要切实负起责任来。要坚持“米袋子”省长负责制、“菜篮子”市长负责制，房价也由地方来负主要责任。

第四，完善社会保障机制，提振居民消费信心。政府和有关部门重点要在教育、医疗、养老和住房等方面出台相关配套政策以完善社会保障体系，努力使全体人民“学有所教、劳有所得、病有所医、老有所养、住有所居”，这样可以稳定人们的心理预期，提高居民的消费信心和消费倾向。特别是要关心和帮助低收入家庭的各项社会保障制度的落实，减少居民对未来生活的担忧，提高居民的即期消费需求，增强消费信心。

（执笔：严先溥 国家统计局贸经司）

(迁安市统计局提供)

2010 年固定资产投资状况报告

2010 年，在国家各项政策的影响下，国民经济保持平稳快速增长，固定资产投资增速虽然比 2009 年明显回落，但仍保持了较快的增长速度。民间投资高速增长，高耗能工业投资增速较低，中西部地区投资增速快于东部地区，投资结构有所改善。

一、2010 年固定资产投资主要特点

（一）投资保持较快增长，但增速回落

2010 年，全社会固定资产投资 278140 亿元，同比增长 23.8%，增幅 2009 年回落 6.2 个百分点，但仍保持了较高的增长速度。

其中，城镇投资 241415 亿元，增长 24.5%，增幅比 2009 年回落 5.9 个百分点；农村投资 36725 亿元，增长 19.7%，回落 7.6 个百分点，农村投资中非农户投资 28837 亿元，增长 24.1%，回落 4 个百分点，农户投资 7888 亿元，增长 6.1%，回落 18.8 个百分点。

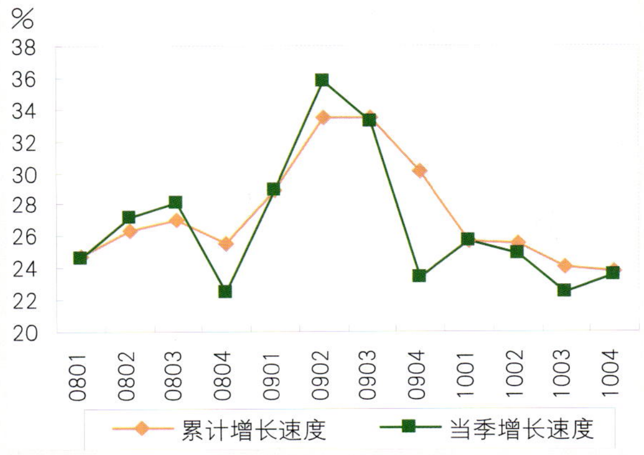

图 1　2008 年以来分季度全社会投资增长速度

（二）投资地区结构进一步优化

1. 投资继续向中、西部地区倾斜

2010 年城镇投资中，东部地区完成投资 109505 亿元，占城镇投资的 45.4%，增长 22.8%，增速比城镇投资低 1.7 个百分点；中部地区完成投资 69312 亿元，占 28.7%，增长 26.9%，增速比城镇高 2.4 个百分点；西部地区完成投资 55924 亿元，占 23.2%，增长 26.2%，增速比城镇高 1.7 个百分点。

在西部大开发和中部崛起战略的引导下，从 2004 年开始，中、西部地区投资增速一直高于东部地区，从而有效地促进了中西部地区经济的发展，但 2010 年东部地区投资增长与中西部的差距有所缩小。

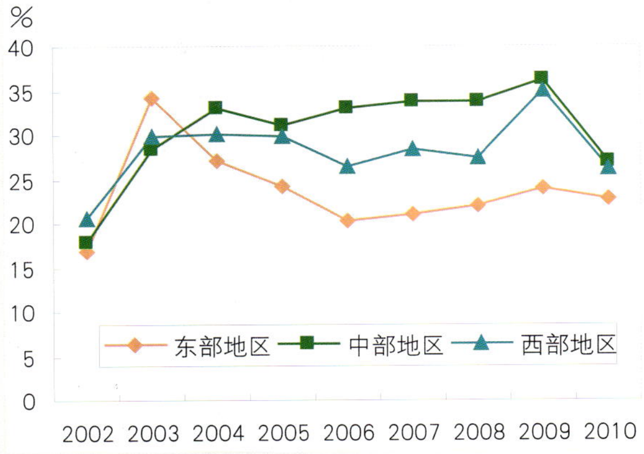

图 2　2002 年以来东、中、西部投资增长速度

2. 地区投资增速差异较大

2010 年城镇投资增长 24.5%，但各地区投资增速差异较大，最高增速 36.1% 和最低增速 0.3% 相差 35.8 个百分点。

2010 年城镇投资增长最快的 5 个地区为：

广西 36.1%，甘肃 35.3%，宁夏 34.1%，黑龙江 34%，海南 33.4%。

投资增长最慢的 5 个地区为：

四川 21.7%，河南 21.6%，浙江 14.4%，北京 14.3%，上海 0.3%。

增长最快的三个地区都是西部地区，最慢的

三个都是东部地区。

（三）投资行业结构有所改善

1. 第三产业投资增速高于第一、二产业

2010 年城镇投资中，第一产业完成投资 3966 亿元，占城镇投资的 1.6%，增长 18.2%，比城镇投资增速低 6.3 个百分点；第二产业完成投资 101048 亿元，占 41.9%，增长 23.2%，比城镇投资增速低 1.3 个百分点；第三产业完成投资 136401 亿元，占 56.5%，增长 25.6%，比城镇投资增速高 1.1 个百分点。

2. 工业投资增速平稳，高耗能工业投资低速增长

2010 年，城镇工业投资 98716 亿元，增长 22.7%，对城镇投资增长的贡献率为 38.5%，拉动城镇投资增长 9.4 个百分点。其中高耗能工业投资 34754 亿元，增长 14.8%，比上年增速下降 7 个百分点，比工业投资增速低 7.9 个百分点。

2005 年以来的高耗能工业投资增速一直低于全部工业投资增速，并且在 2008 年以后，高耗能工业投资增速回落幅度加大，表明国家的节能减排政策作用明显。

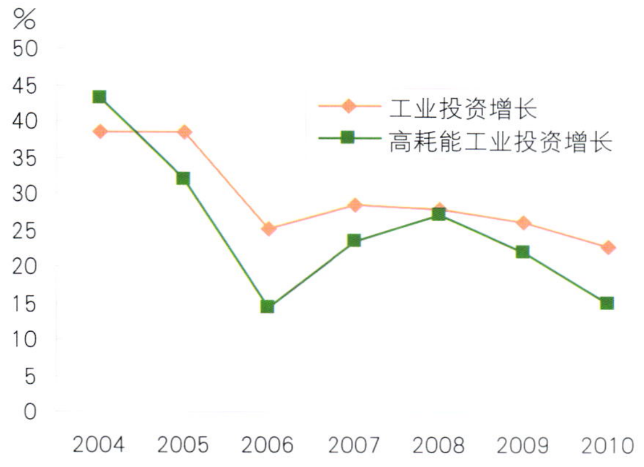

图 3　2004–2010 年工业和高耗能工业投资增长

制造业投资增速远高于其他两个工业门类。2010 年，制造业投资增长 27%，而采矿业投资增长 18.1%，电力燃气及水的生产和供应业投资增长 7.3%，制造业投资增速分别比其他两个行业高 8.9 和 19.7 个百分点。

3. 基础设施投资增速回落

2010 年，基础设施（不包括电力、燃气及水的生产与供应）投资 50291 亿元，增长 19.7%，增速比城镇投资增速低 4.8 个百分点，占城镇投资的比重为 20.8%，对投资增长的贡献率为 17.4%，拉动城镇投资 4.3 个百分点。

2004-2009 年基础设施投资增速分别为：24.5%、24.2%、20.6%、14.7%、22% 和 44.3%。因为基础设施投资是 2008 年末中央启动的四万亿投资计划的重点，因此 2009 年基础设施投资增速达到 44.3%，远高于同期城镇投资增速。由于上年基数较高，2010 年基础设施投资增速明显回落。

4. 房地产开发投资高速增长

2010 年，房地产开发投资 48267 亿元，增长 33.2%，比城镇投资增速高 8.7 个百分点，房地产开发投资占城镇投资的比重由去年同期的 18.7% 提高到 20%，对城镇投资增长的贡献率为 25.3%，拉动城镇投资增长 6.2 个百分点。

（四）民间投资高速增长，国有及国有控股投资增速回落

2010 年城镇投资中，国有及国有控股投资 102130 亿元，占城镇投资的 42.3%，增长 18%，增速比城镇投资低 6.5 个百分点，比 2009 年增幅回落 17.3 个百分点；民间投资 123452 亿元，占 51.1%，增长 32.5%，增速比城镇投资高 8 个百分点，比国有及国有控股投资高 14.5 个百分点，与 2009 年增速持平。

在经过几年的低速增长后，外商投资企业和港澳台商投资企业的投资增速有了较大幅度的提高。2010 年外商投资企业和港澳台商投资企业完成投资分别为 8195 亿元和 7638 亿元，分别增长 6.6% 和 18.5%，虽然低于城镇投资增速，但比 2009 年增速分别提高 8.1 和 17.3 个百分点，回升趋势明显。

（五）资金来源增速回落较多

1. 投资到位资金增速回落，首次与投资增速持平

2010 年，城镇投资到位资金 272452 亿元，比去年同期增长 24.5%，比 2009 年增速回落 13.5 个百分点，与城镇投资增速持平，是 2009 年初以来增速首次与投资增速持平。其中房地产开发到位资金增长 25.4%，低于房地产开发投资增速 7.8 个百分点。

2. 各类主要资金增速普遍回落

分渠道看，与 2009 增速相比，除利用外资增速提高外，其他类型资金增速全部回落，其中预算内资金和国内贷款大幅回落，分别回落 42.2 和 28.6 个百分点。

2010 年主要资金增长情况

	2010年到位(亿元)	2010年增长(%)	2009年增长(%)	增速变化(百分点)
资金来源	272452.21	24.5	38.0	-13.5
预算内资金	13058.25	13.6	55.8	-42.2
国内贷款	44871.58	19.2	47.8	-28.6
利用外资	4377.41	9.9	-15.2	25.1
自筹资金	166216.75	30.3	30.4	-0.1
其他资金	43928.22	15.2	64.3	-49.1

国内贷款和自筹资金是投资资金的主体，占全部到位资金的 77.5%。

虽然到位资金增速回落，但 2010 到位资金总量仍比完成投资总量多 31037 亿元，资金充足率为 112.9%，处于较高水平，表明资金供给不太紧张。资金是否会制约投资增长，还要观察下一步资金增速和资金充足率的变化。

（六）新开工项目增速高位回落

2010 年，城镇新开工项目计划总投资 190805 亿元，增长 25.6%，比同期城镇投资增速高 1.1 个百分点，比 2009 年增速回落 41.6 个百分点。城镇新开工项目个数 330049 个，比上年同期减少 9746 个。新开工项目个数占全部施工项目的比重为 69.9%，比上年下降 5.4 个百分点。

（七）亿元以上项目投资高速增长

2010 年，城镇亿元以上项目投资 109465 亿元，增长 34%，比 2009 年增速提高 1.2 个百分点，比城镇投资增速高 9.5 个百分点。

2010 年，城镇亿元以上项目施工项目个数 54305 个、完成投资 109465 亿元、计划总投资 387987 亿元，占城镇项目的比重分别为 11.5%、56.7% 和 74.3%，比 2009 年比重分别提高 2.1、4.9 和 5.1 百分点，表明大项目投资对城镇项目投资的带动作用越来越大。

二、对 2011 年投资形势的展望

2010 年投资在 2009 年投资高速增长的基础上保持了较快的增长速度，投资结构有所改善，但也面临着诸如投资体制改革滞后、经济发展方式转变太慢和地方政府债务过多等问题。2011 年是“十二五”规划的第一年，固定资产投资既面临着有利的形势，也受到各种因素的制约。

（一）促进投资增长的因素

1. “十二五”规划开局之年，各地区投资热情高涨，将成为带动投资增长的主要因素

2011 年是“十二五”规划的开局之年，大部分地方政府制定的经济增长速度高于全国。为了实现经济的快速增长，各地都储备了大量的投资项目，靠投资拉动经济仍然是地方政府的主要选择。在当前体制下，仍将成为推动投资增长的主要因素。

2. 战略性新兴产业的发展将成为新的投资增长点

2010 年 10 月国务院颁布《国务院关于加强培育和发展战略性新兴产业的决定》，将新一代信息技术、节能环保、生物、高端装备制造、新能源、新材料、新能源汽车确定为七大战略新兴产业。国家明确将从财税金融等方面出台一揽子政策，吸引包括社会资金在内的各种资金的投入，加快发展战略性新兴产业，力争到 2015 年实现战略新兴产业增加值占 GDP 的比重达到 8% 的目标。国家的政策引导必将带动这七大新兴产业和相关产业投资的增长。

3. 国家关于区域发展规划的新布局将带动

基础设施和相关产业投资的增长

2009年以来，国家密集出台了一系列区域发展规划，数量之多、影响之广是前所未有的。如已经批复的珠江三角洲地区改革发展规划纲要、海峡西岸经济区、关中天水经济区、鄱阳湖生态经济区、促进中部崛起规划、辽宁沿海经济带发展规划、黄河三角洲高效生态经济区、海南国际旅游岛发展规划等。这些区域规划的出台和实施，必然会促进基础设施等相关行业投资的增长，并推动区域经济结构不断优化。

4. 产业转移带动中西部投资的增长

近年来，东部地区由于受到工资水平提高和优惠政策减少的影响，企业生产成本上升，竞争力下降，而且经过多年的快速发展，可利用土地资源越来越少，土地制约作用开始显现。而且随着东部地区发展观念的转变，经济发展对投资的依赖有所减弱。而中西部地区正在进入快速发展阶段，会利用各种优惠政策吸引东部地区投资的转移。2004年以来，中西部投资增长一直快于东部地区，这种转移效应在今后几年仍将不断发挥作用，必然会促使中西部地区投资的快速增长。

5. “新非公36条”及其细则的出台，一定程度上拓宽了民间投资领域，为投资增长注入了新的动力

2010年5月国务院颁布《国务院关于鼓励和引导民间投资健康发展的若干意见》，提出了促进民间投资发展的36条意见，被称为“新非公36条”。民间投资将迎来更好的发展机遇，政府推动型投资向民间自主投资的转变将进一步加快。

6. 亿元以上大项目投资的高速增长，为全部投资增长提供了有力的支撑

由于受到土地的限制，地方政府招商引资更倾向于大的投资项目，相对于小项目，大项目在单位土地上能够实现更大的产出，从而实现土地的节约利用，这对于建设用地日益紧张的地方政府，无疑是现实的选择。2010年以来，亿元以上项目投资增速远高于城镇投资增速，占城镇投资的比重越来越大，作用越来越明显，今后仍然是支撑投资增长的重要力量。

（二）制约投资增长的因素

1. 中央四万亿投资计划基本完成，中央政府投资的刺激作用逐渐消失

2008年底国家为应对国际金融危机出台的四万亿投资计划，为保证经济稳定增长发挥了巨大作用，使2009年全社会投资增速达到了30%（扣除价格因素，实际增长33.3%）这一改革开放以来的最高水平。但2010年以来，随着这些投资项目的陆续完工，带动作用日益减弱， 2011年中央投资预算将进入常态化管理，政策刺激作用逐渐减弱。

2. 地方融资平台债务的清理一定程度上影响了地方政府的融资能力

2010年6月国务院发布《关于加强地方政府融资平台管理有关问题的通知》要求加强融资平台的管理，降低金融风险，这将会使地方政府获得融资平台贷款的难度加大，进而会制约地方政府的投资扩张能力。

3. 货币政策将从宽松转向稳健，投资面临的货币环境将会趋紧

2009和2010年投资的快速增长是在宽松的货币政策环境下取得的，中国人民银行明确提出：2011年要落实好稳健的货币政策，进一步加强宏观审慎管理，把好流动性总闸门，引导货币信贷总量合理增长。货币政策从宽松转向稳健，信贷总量的控制、存款准备金率的提高和加息政策的使用会在一定程度上使投资增长速度得到限制。

4. 2011年房地产市场的宏观调控政策仍然不会放松，房地产销售放缓，房价涨幅受到抑制，会逐渐影响到房地产投资的增长。

5. 新开工项目个数减少，新开工项目计划总投资的高位回落，会在一定程度上影响投资的后续增长能力。

（三）2011年投资增长预测

综合以上分析，2011年我国经济平稳较快发展的基本面没有改变，投资需求仍然旺盛，但在各种制约因素的影响下，投资增速将有所放缓，投资增速会低于2010年。

（执笔：王宝滨 国家统计局投资司）

2010 年房地产市场发展报告

一、全国房地产开发情况分析

（一）全国房地产开发投资高速增长

2010 年，全国房地产开发投资 48267 亿元，比 2009 年增加 12025 亿元，增长 33.2%，增速比 2009 年提高 17.1 个百分点。2010 年投资增速是 1994 年以来最高的。（见图 1）

分月看，2010 年各月全国房地产开发投资均保持 30% 以上的增长速度。1-2 月增速最低，随后逐月提高，1-5 月达到全年最高的 38.2%，6 月之后增速小幅回落，年底回落至 33.2%。（见图 2）

分季看，一季度、上半年、前三季度、全年分别增长 35.1%、38.1%、 36.4%、33.2%。

（二）西部地区投资增长最快

分东、中、西看，西部地区投资增长最快。2010 年，东部地区房地产开发投资 28009 亿元，增长 32.7%；中部地区投资 10517 亿元，增长 32.4%；西部地区投资 9741 亿元，增长 35.3%。

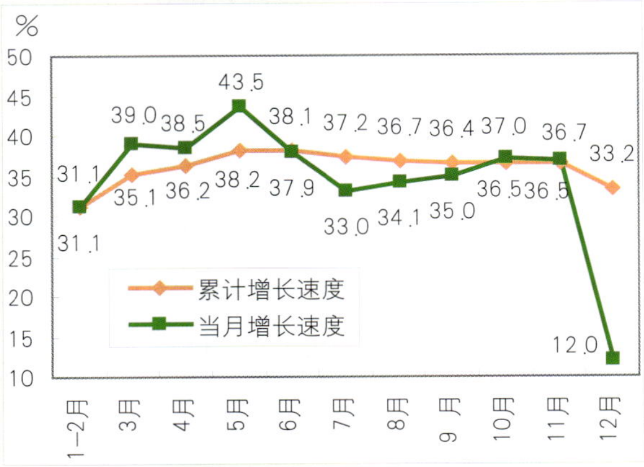

图 2　2010 年房地产开发投资增长情况

西部地区增速比全国平均水平分别高出 2.1 个百分点，比东、中部地区分别高出 2.6 和 2.9 个百分点。

31 个省、自治区、直辖市中，9 个地区房地产开发投资增速在 40% 以上，分别是：海南增长 62.5%、福建增长 60.1%、宁夏增长 56.3%、贵州增长 49.9%、黑龙江增长 49.5%、河北增长

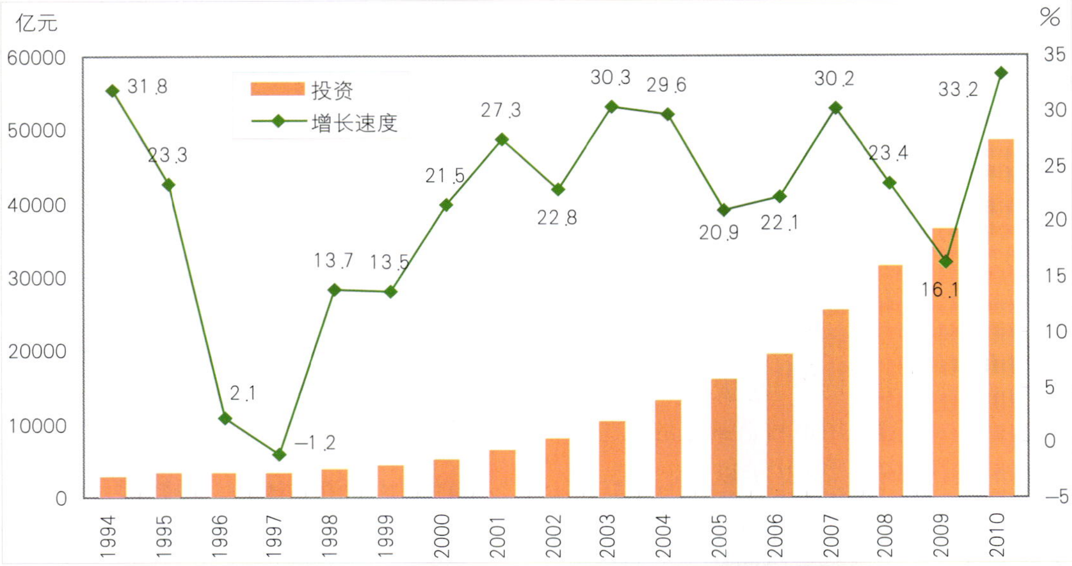

图 1　1994 年以来全国房地产开发投资情况

49.0%、青海增长48.5%、广西增长48.2%、新疆增长46.2%。

从投资规模占全国比重看，东、中地区投资规模占比下降，西部地区占比提高。2010年，东部地区占全国的比重为58.0%，比2009年下降0.2个百分点，连续两年下降；中部地区占全国的比重为21.8%，比2009年下降0.1个百分点；西部地区占全国的比重为20.2%，比2009年提高0.3个百分点。

（三）各物业类型房屋均高速增长

2010年，商品住宅投资34038亿元，增长32.9%。非住宅类商品房投资14229亿元，增长33.9%。其中，办公楼投资1807亿元，增长31.2%；商业营业用房投资5599亿元，增长33.9%；其他商品房投资6824亿元，增长34.6%。

在住宅投资中，小户型（90平方米及以下）住宅投资10665亿元，增长27.4%；中等户型（90-140平方米）住宅投资16675亿元，增长38.1%；大户型（140平方米以上）住宅投资6698亿元，增长29.6%。2010年，别墅和高档公寓投资增速最高，全年完成投资2827亿元，增长36.4%。

（四）房屋新开工面积高速增长

2010年，全国房地产开发企业房屋新开工面积16.4亿平方米，比2009年增加4.7亿平方米，增长40.7%，与2009年全年相比，增幅提高27.2个百分点。其中，商品住宅全年累计新开工面积12.9亿平方米，增长38.8%；办公楼累计新开工面积0.37亿平方米，增长28.6%；商业营业用房累计新开工面积1.75亿平方米，增长40.6%。

分月看，上半年新开工面积增速逐月提高，1-5月达到最高点72.4%；之后连续7个月呈现逐月回落态势，全年回落至最低点，增长40.7%。总的来说，今年以来，新开工面积高速增长，各月新开工面积（除1、2月外）均在1.3亿平方米左右，其中住宅面积（除1、2月外）

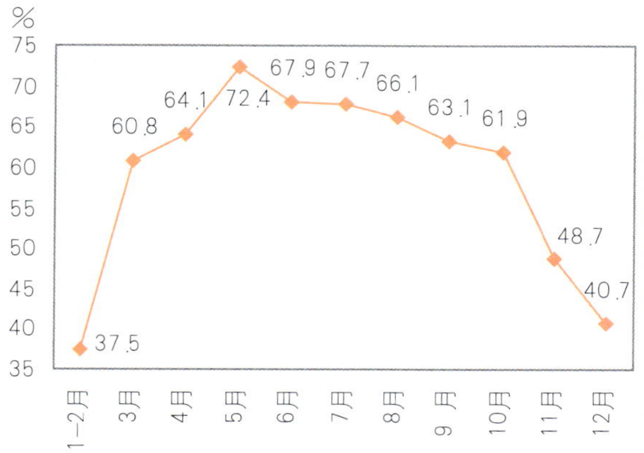

图3 2010年房地产开发企业各月累计新开工面积同比增长速度

也在1亿平方米左右，预示商品房潜在供应量的增长。（见图3）

在新开工面积不断增加的带动下，2010年全国商品房施工面积40.6亿平方米，比2009年增加8.5亿平方米，增长26.6%。其中，商品住宅施工面积31.5亿平方米，比2009年增加6.4亿平方米，增长25.3%。

2010年，商品房竣工面积7.6亿平方米，比2009年增加0.33亿平方米，增长4.5%。其中，商品住宅全年累计竣工面积6.1亿平方米，增长2.7%；办公楼累计竣工面积0.17亿平方米，增长5.8%；商业营业用房累计竣工面积0.79亿平方米，增长16.2%。

二、房地产市场土地供应、购置及开发情况分析

（一）全国住房用地供应大幅增长

1. 2010年住房用地供应大幅增长，供地计划总体执行情况较好

据国土资源部资料，全国30个省区市（不含西藏和新疆建设兵团）住房供地计划18.47万公顷，实际完成12.54万公顷，比2009年住房供地增加4.9万公顷，同比增长64.1%。其中，保障性住房用地2.47万公顷，同比增长124.5%。与前几年的供地情况同口径相比，保障性住房、中小套型普通商品房和其他住房实际用

地 10.89 万公顷，同比增长 42.5%。

从计划完成情况看，全国住房供地计划实际完成 67.9%。其中，保障性住房（指经济适用房和廉租房）用地完成计划的 65.2%；棚改房用地 1.47 万公顷，完成计划的 40.2%；其他住房用地 2.96 万公顷，完成计划的 68.5%。

2. 主要热点城市住房用地供应计划落实情况普遍较好

上海、宁波、北京住房用地供应计划完成比例分别为 105.6%、103.4%、101.0%，超计划完成；南京、杭州、厦门完成比例分别为 94.5%、87.2%、85.2%。深圳和广州保障房用地完成比例分别为 228.0% 和 163.8%，完成情况较好。北京、上海、杭州、宁波、南京、青岛、厦门、广州和深圳 9 城市的保障性住房、棚户区改造住房和中小套型商品房实际用地占全年住房实际用地的比重均达到或超过 70%。

（二） 土地购置面积快速增长

2010 年，全国土地交易逐渐活跃，各地频报“地王”。房地产开发企业土地累计购置面积打破了 2008 年 9 月以来连续 16 个月的下降态势，从年初开始出现增长。全国土地累计购置面积增长速度，除 1-2 月增长 11.2%、1-4 月增长 26.4%、1-12 月增长 28.4% 外，其余各月均在 30% 以上，1-8 月达到全年最高点 37.9%，全年购置土地面积 40970 万平方米，同比增长 28.4%。

分季度看，企业土地购置面积增长速度上半年逐步提高，下半年回落。四个季度累计增速分别为 30.0%、35.6%、35.6% 和 28.4%。

（三）土地成交价款大幅增长

2010 年，随着土地交易价格不断上涨，土地成交价款大幅增长。全年累计成交 8123 亿元，比 2009 年增加 2973 亿元，增长 57.7%。

（四）待开发土地面积不断减少

2010 年，企业待开发土地面积 31032 万平方米，比 2009 年减少 1785 万平方米，下降 5.4%。

2010 年企业待开发土地面积延续了 2007 年以来的持续减少态势。与前几年相比，2010 年企业待开发土地面积比 2006 年减少 6492 万平方米，比 2007 年减少 10452 万平方米，比 2008 年减少 17129 平方米。

三、房地产市场销售情况

（一）新建商品房销售上半年高位回落，下半年平稳运行

2010 年，在一系列房地产市场调控政策作用下，全国商品房销售增速呈现前高后低态势。全国商品房销售面积 10.43 亿平方米，增长 10.1%，增幅比 2009 年回落 33.5 个百分点；商品房销售额 5.25 万亿元，增长 18.3%，比 2009 年回落 58.6 个百分点。（见图 4）

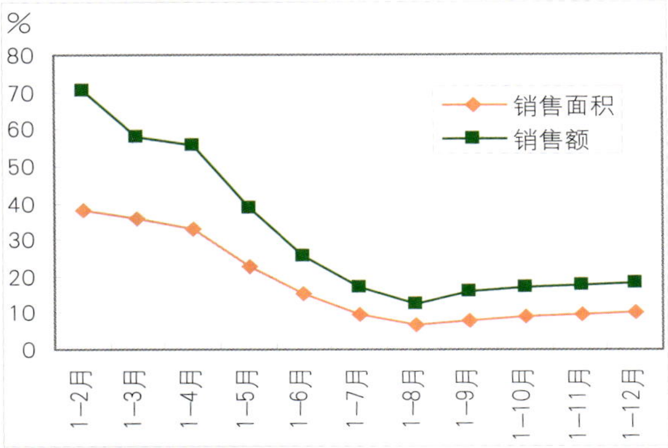

图 4 2010 年房地产销售增速变化情况

分季度看，上半年全国商品房销售面积增长速度高位回落，下半年平稳运行。一季度、上半年、前三季度、全年增长速度分别为 35.8%、15.4%、8.2% 和 10.1%。

分月看，全国商品房销售面积增长速度年初最高，1-2 月为 38.2%，随后逐月回落，1-3 月和 1-4 月月均回落 3 个百分点左右，5 月份开始，回落幅度加大为每月 5-10 个百分点，1-8 月，增速回落至全年最低点 6.7%。9 月之后，受商品房刚性需求、预期通胀和流动性充裕等诸多因素的影响，商品房销售面积增长速度小幅回升，后 4 个月累计增长速度分别为 8.2%、9.1%、9.8% 和 10.1%。

1. 东部地区销售增长最慢，中部地区销售

增长最快

2010年，东部地区商品房销售面积5.08亿平方米，增长4.1%，比2009年回落45.2个百分点；销售额33203亿元，增长10.1%，比2009年回落75.2个百分点。中部地区商品房销售面积2.62亿平方米，增长19.9%，比2009年回落13.7个百分点；销售额9139亿元，增长39.7%，比2009年回落16.6个百分点。西部地区商品房销售面积2.73亿平方米，增长13.5%，比2009年回落28.8个百分点；销售额10137亿元，增长32.2%，比2009年回落33.8个百分点。

四个一线城市中，北京销售1640万平方米，同比下降30.6%；上海销售2056万平方米，下降39.0%；深圳销售466万平方米，下降38.9%；广州销售1405万平方米，增长2.2%。

2. 住宅销售增速较低，办公楼和商业营业用房销售增速较高

2010年，全国住宅销售面积93052万平方米，增长8.0%，比2009年回落37.4个百分点；销售额43953亿元，增长14.4%，比2009年回落66.9个百分点。办公楼销售面积1882万平方米，增长21.9%，比2009年回落11.6个百分点；销售额2149亿元，增长31.2%，比2009年回落37.8个百分点。商业营业用房销售面积6921万平方米，增长29.9%，比2009年提高3.2个百分点；销售额5354亿元，增长46.3%，比2009年回落1.6个百分点。

3. 中小户型住宅销售面积低速增长，其他住宅销售面积下降

2010年销售的住宅中，90平方米及以下住宅销售面积2.80亿平方米，同比增长11.5%，销售额12859亿元，增长21.7%；90-140平方米的住宅销售面积4.71亿平方米，增长9.3%，销售额18864亿元，增长14.5%；140平方米以上住宅销售面积1.79亿平方米，下降0.2%，销售额12230亿元，增长7.3%；别墅和高档公寓销售面积4250万平方米，下降8.1%，销售额4626亿元，增长3.5%。

4. 期房销售继续好于现房

2010年，全国现房销售面积2.6亿平方米，比2009年减少1390万平方米，下降5.0%；期房销售面积7.8亿平方米，比2009年增加10984万平方米，增长16.3%。期房销售面积占全部销售面积的比重达74.9%，比2009年提高3.5个百分点。

（二）二手房成交量下降

据住房和城乡建设部40个重点城市房地产市场信息系统数据显示，2010年，二手房成交总面积17207万平方米，同比减少16.5%。其中，二手住房成交13859万平方米，162.7万套，同比分别减少21.6%、21.7%。

全年来看，40个重点城市二手住房月成交量增长速度呈现前高后低趋势。1到6月增长速度分别为148.7%、97.8%、50.2%、36.4%、26.0%、10.4%，呈现快速回落态势，7月份开始同比下降0.2%，随后降幅逐月扩大，8、9、10、11、12五个月二手房累计成交量同比增速分别为-6.5%、-9.7%、-9.6%、-12.3%和-16.5%。

在重点监测的40个城市中，东部20个城市二手房成交面积11259万平方米，同比下降23.2%；中部8个城市二手房成交面积2500万平方米，下降6.9%；西部12个城市二手房成交面积3448万平方米，增长6.2%.

四、房地产开发企业资金来源情况

2010年，全年房地产开发到位资金72494亿元，同比增长25.4%，比2009年回落20.5个百分点。

（一）本年到位资金增速自高位逐月回落

2010年1-2月，房地产开发企业本年到位资金同比增速达69.5%，比同期投资增速高38.4个百分点，之后逐月回落，全年到位资金增速比开发投资增速低7.8个百分点。（见图5）

（二）利用外资增速大幅提高，自筹资金增速平稳，其他各项资金来源增速均回落

2010年，房地产开发企业利用外资796亿元，

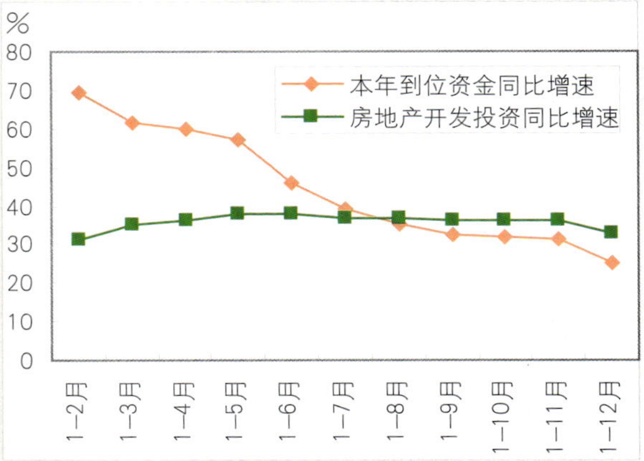

图 5　2010 年房地产开发投资和本年到位资金累计同比增长速度

同比增长 66.0%，2009 年为下降 34.2%。全年占全部到位资金的 1.1%，比 2009 年提高 0.3 个百分点。

2010 年自筹资金各月增长速度均保持在 50% 左右，月度波动不超过 5 个百分点。全年自筹资金 26705 亿元，同比增长 48.8%，占全部到位资金的 36.8%，比 2009 年提高 5.7 个百分点。

国内贷款 12540 亿元，增长 10.3%，比 2009 年回落 39.1 个百分点，占全部到位资金的 17.3%，比 2009 年下降 2.4 个百分点；定金及预收款 19020 亿元，增长 17.3%，比 2009 年回落 48.9 个百分点，占全部到位资金的 26.2%，比 2009 年下降 1.9 个百分点；个人按揭贷款 9211 亿元，增长 7.6%，比 2009 年回落 112.7 个百分点，占全部到位资金的 12.7%，比 2009 年下降 2.1 个百分点。

（三）东、中、西部地区到位资金增速均回落

2010 年，东部地区房地产开发企业本年到位资金 45186 亿元，同比增长 20.9%，增速比 2009 年回落 25.1 个百分点；中部地区到位资金 13360 亿元，增长 30.3%，回落 14.9 个百分点；西部地区到位资金 13948 亿元，增长 37.3%，回落 9.1 个百分点。

五、全国房地产开发景气状况分析

2010 年，全国房地产开发景气延续了 2009 年的景气状态，继续处于景气区间。4、5 月份一度处于黄色警戒区，出现偏热苗头。但随着 4 月份之后一系列调控措施的不断出台，商品房销售面积和销售额从高速回落，企业资金来源也呈现高速回落态势，“国房景气指数” 和“国房预警指数”不断随之下降，但全国房地产开发景气状况仍处于景气区间，在绿灯区。表明全国房地产开发景气状况较好。

（一）“国房景气指数”显示，全国房地产开发处于景气状态

“国房景气指数”显示，2010 年，全国房地产开发景气指数持续了 2009 年以来景气态势。前三个月，景气指数逐月提高，4 月之后开始小幅回落，年底依旧处于景气区间。受资金来源分类指数和销售价格分类指数均比 2009 年同期下降的影响，12 月，“国房景气指数”为 101.79，比 2009 年回落 1.87 点。2009 年以来“国房景气指数”变化趋势见图 6。

12 月，房地产开发投资分类指数为 103.87，同比提高 3.45 点；资金来源分类指数为 102.66，同比回落 8.11 点；土地开发面积分类指数为 96.03，同比提高 0.34 点，土地开发面积分类指数自 2008 年以来一直处于景气线以下；房屋施工面积分类指数为 104.81，同比提高 2.30 点；商品房销售价格指数为 104.54 点，同比回落 10.66 点，是所有分类指数回落幅度最大的；商品房待售面积分类指数为 103.66，同比提高 6.79 点。

（二）“国房预警指标信号图”显示，全国房地产开发景气状况处于绿灯区

国房预警指标信号图显示，2010 年，全国房地产开发景气状况除 4、5 月外均处于绿灯区。4 月和 5 月份，“国房预警指数”连续 2 个月达到 120 点以上。但值得注意的是，12 月份，“国房预警指数”信号虽然依旧处于绿灯区，但预警

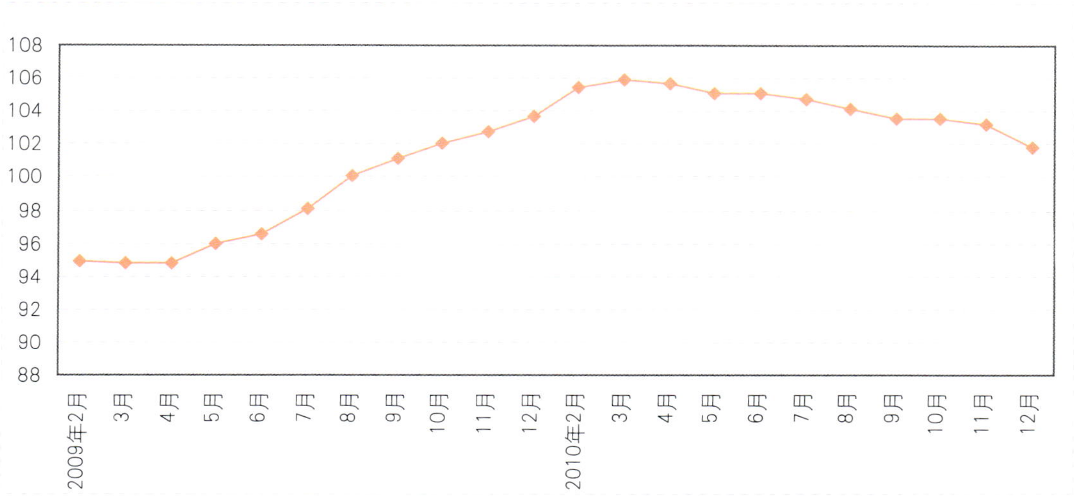

图 6　2009–2010 年全国房地产开发景气指数趋势图

指数已经回落至 97。

从“国房预警指数”的变化趋势来看，房地产开发投资分类指数从 3 月开始在黄灯区运行，显示投资处于偏热状态，实际上，房地产开发投资增长速度已经是 1994 年以来的历史最高点；资金来源的国内贷款预警信号在连续 5 个月处于黄灯区之后，在银行信贷针对房地产市场不断收紧的政策作用下，从 6 月终于进入了绿灯区，政策效果显现；房地产开发企业自筹资金处于偏热状态，显示企业资金依然充裕；土地开发面积预警信号在连续 28 个月处于蓝色信号灯区，于 12 月转入浅蓝灯区，但依旧属于偏冷的指标；商品房施工面积、待售面积等分类指数都先后进入了景气区间；商品房销售价格分类指数经历了由过热到偏热再到景气的过程，表明 2010 年房地产市场调控的成效；但商品房销售面积经历了由偏热到景气再趋冷的状态，显示 2010 年市场变化的复杂性。

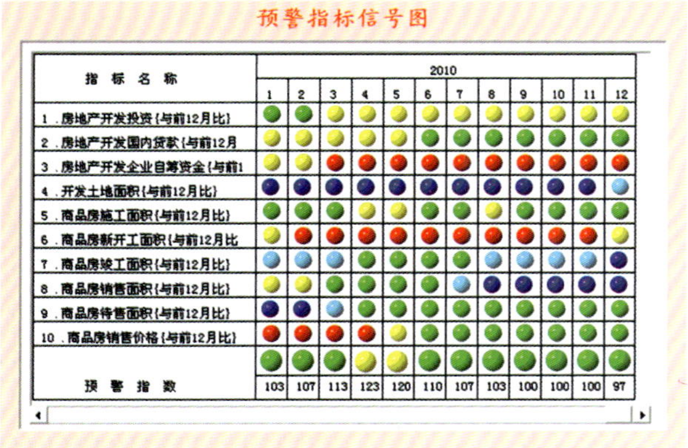

（执笔：陈淑清　国家统计局投资司）

2010 年对外经贸发展报告

2010 年，在党中央和国务院的英明领导下，我国经济回升向好的势头进一步巩固，国内需求增加，稳定出口和扩大进口政策效应逐步显现，企业整体竞争力提高，外商投资环境进一步改善，对外经贸工作取得了突出成绩，年度进出口规模、吸收外资和对外投资均创历史最好水平。

一、对外经贸运行特点

（一）对外贸易

2010 年，全国货物进出口总值 29727.6 亿美元，比上年增长 34.7%。其中：出口 15779.3 亿美元，增长 31.3%；进口 13948.3 亿美元，增长 38.7%。全年贸易顺差总额为 1831 亿美元，同比下降 6.4%。

1. 进出口规模创历史新高，由恢复性增长向实质性增长转变。2010 年，虽然月度进出口增幅逐步走低，但总规模继续扩大，全年进出口总值已经超过危机前的水平，比历史上最好的 2008 年还多 4000 多亿美元。进出口增幅也大大超过全球贸易增幅（据 WTO 经济学家预测，2010 年全球贸易增幅将达到 13.5%）。

2. 贸易平衡状况继续改善。贸易顺差在 09 年下降 34.3% 的基础上，继续减少 126 亿美元，下降 6.4%；贸易顺差与进出口总值之比从前两年的 11.6% 和 8.9% 下降到 10 年的 6.2%；顺差的结构性特征明显，来自加工贸易 3229 亿美元，来自外商投资企业 1243 亿美元，来自欧、美分别为 1428 亿、1813 亿美元。

3. 贸易转型升级初见成效。在加工贸易稳定增长的同时，一般贸易加速增长，增幅明显高于加工贸易；一般贸易所占比重超过 50%，高于加工贸易 11.1 个百分点。

4. 进出口产品结构不断优化。机电产品和高新技术产品出口保持较快增长，分别占到出口总值的近六成和三成以上；主要资源类商品进口量涨跌互现，但进口金额则不同程度上升。

5. 市场多元化格局更加显著。对新兴市场和发展中国家进出口持续快速增长，与东盟、印度、澳大利亚、巴西、俄罗斯等新兴市场双边贸易增速高于对欧、美、日；但欧、美、日仍是我三大主要贸易伙伴，三国贸易总值占我进出口总值比重为 39%，比“十五”末下降 4 个百分点。

6. 地区间进出口进一步协调发展。中西部地区承接产业转移，带动进出口的快速增长，促进了地区间进出口的协调发展。2010 年，中西部 18 个省（区、市）进出口总值增长 44.4%，高于全国平均水平 10 个百分点。

2010 年东中西部进出口总值及增速

地区	1-12 月		12 月	
	金额（亿元）	速度（%）	金额（亿元）	增速（%）
东部地区	26854.7	33.6	2652.9	21.3
中部地区	1590.4	50.5	159.3	32.1
西部地区	1282.6	14.1	140.0	40.2

（二）外商直接投资

2010 年，我国实际利用外商直接投资继续保持较快增长。全年新批合同项目 27406 个，比上年同期增长 16.9%；实际使用外资 1057.4 亿美元，增长 17.4 %，首次突破 1000 亿美元关口，创历史最高水平。

1. 外商投资产业结构继续优化

受国际服务贸易产业转移影响，2010 年我国第三产业吸收外商直接投资大幅增长，第三产业实际使用外资 499.6 亿美元，比上年增长 29.7%，比全部外资增长幅度高 12.3 个百分点；第三产业比重上升到 47.3%，比上年扩大 4.5 个百分点。在第三产业中，房地产业实际使用外资 239.9 亿美元，增长 21.1%，占全部外资比重为

22.7%，比上年同期提高约 4 个百分点；批发与零售业、租赁与商务服务业、居民服务业实际使用外资也有 2 成以上增长。

相比较而言，第二产业实际使用外资增幅放缓。2010 年第二产业实际使用外资 538.6 亿美元，比上年增长 7.6%，低于全部外资增长幅度约 10 个百分点。其中制造业增长 6%，占全部外资的比重约为 46.9%，是单一行业中比重最大的行业。

2. 西部地区吸收外资继续大幅增长。2010 年西部地区实际使用外资 90.2 亿美元，比中部地区多 21.6 亿美元，比上年增长 26.9%，中部地区增长 28.6%，中西部合计占全部外资的比重上升到 15%，比上年扩大 1.2 个百分点。金融危机以来，受惠于国家政策鼓励，西部地区积极承接东中部产业转移，四川、重庆、陕西等吸收外资迅猛增长，并且大项目增多。

（三）对外直接投资与对外经济合作

2010 年，我国非金融类对外直接投资 590 亿美元，比上年增长 36.3%，对外投资规模再创历史新高。

在资本输出过程中，以海外收购方式实现的直接投资比重逐年提高，2010 年海外收购直接投资 238 亿美元，比上年增长 24%，占投资总额的 40.3%，收购领域主要涉及采矿业、制造业、电力生产和供应业、专业技术服务业等。

在地区分布上，2010 年我国对外直接投资主要流向中国香港、开曼群岛、英属维尔京群岛、澳大利亚、美国、瑞典、加拿大、新加坡、俄罗斯、巴西等。其中以亚洲和拉美地区为主。对美日欧三大经济体的投资呈现快速增长态势。2010 年我对欧盟其他国家的直接投资同比增长 297%；对美国直接投资增长 81.4%；对日本直接投资增长 120%。截止 2010 年底，累计非金融类对外直接投资 2588 亿美元，中国已经成为世界主要投资国。

2010 年我国对外承包工程业务完成营业额 922 亿美元，同比增长 18.7%，截至 2010 年底，我国对外承包工程累计完成营业额 4356 亿美元，签订合同额 6994 亿美元。我国对外承包工程开始进入转变发展方式的关键时期，越来越多的企业尝试ＢＯＴ和ＰＰＰ等模式，参与所在国的公共基础设施投资、建设与经营管理，预期发展良好。

对外劳务合作完成营业额 89 亿美元，与上年持平；新签合同额 87.2 亿美元，比上年增长 16.8%。全年累计派出各类劳务人员 41.1 万人，较上年增加 6.9 万人。

二、2010 年对外经贸面临的主要问题

（一）世界经济复苏势头放缓，不确定性因素增多

2010 年世界经济总体上呈现复苏态势，但国际金融危机的深层次影响还没有完全消除，世界经济还没有进入稳定增长的良性循环，下行风险依然存在。发达国家失业率居高不下拖累了居民消费增长。据国际劳工组织估计，金融危机期间全球失业人数约为 2.1 亿人，为有史以来最高。目前许多国家失业率仍处历史高位，美国 12 月失业率为 9.4%；欧元区 11 月失业率 10.1%，连续 8 个月维持在 10%；日本 10 月失业率为 5.1%。就业市场低迷不仅直接影响个人消费支出，同时也在一定程度上促使保护主义抬头。解决就业问题成为各国共同面临的挑战和全球经济实现可持续复苏的关键所在。

金融危机爆发后，不少发达经济体纷纷提出通过扩大出口促进经济尽快复苏。美国将扩大出口视为经济危机之后“再工业化”经济战略的一部分，提出 5 年内出口翻一番的“出口倍增计划”，并预计通过出口创造 200 万个新增就业岗位；德国和日本等传统外向型经济为主的发达国家促出口的积极性更加高涨。在世界经济衰退的背景下，各国试图扩大出口势必导致国际市场竞争加剧，保护主义抬头，贸易摩擦增多，不利于世界经济复苏；一直以来高度依赖出口的新兴经济体包括我国将受到强烈冲击，经济增速可能放缓。

（二）贸易保护主义抬头，贸易磨擦不断扩大

专栏：我国对外并购投资大幅增长

近年来，跨国并购成为我国对外投资的重要方式。2010年，我国非金融类对外直接投资为590亿美元，其中通过并购方式实现的直接投资为238亿美元，占对外直接投资总额的40.3%。“十一五”期间，我国对外并购投资年均增长29.6%。根据摩根大通的一项统计，在2010年上半年，中国作为收购方的并购交易额排在美国之后居全球第二位。

一直以来，我国对外直接投资方式以绿地投资为主。绿地投资即新建投资，是指跨国公司以“一揽子”生产要素投入的方式在东道国兴建全新的企业，形成新的生产能力。随着中国经济实力的增强，企业竞争力的提高，跨国并购方式快速增长。跨国并购，指跨国公司通过一定的程序和渠道，依照东道国的法律取得东道国现有企业的全部或者部分资产所有权的行为，包括跨国兼并和跨国收购。与绿地投资相比，跨国并购不仅可以获得目标企业的技术、品牌、营销渠道、技术和管理团队，而且可以迅速扩大市场和规模，控制投资风险。

从并购发生的行业来看，采矿业一直是中国企业海外投资最主要的领域。以中石油、中石化、中海油等公司为代表的国有能源企业不断加快海外收购的步伐。2010年3月，中石油联合壳牌以35亿澳元收购澳大利亚规模最大的煤层气生产商Arrow能源公司100%股票。10月，中石化全资子公司出资71.09亿美元增资雷普索尔巴西子公司，增资后持有该公司的40%股权。

此外，民营企业的壮大带来新气象，越来越多中国企业开始尝试收购制造类、高科技类企业，甚至涉足生产流程、品牌等无形资产。2010年4月，国内最大的民营软件外包企业博彦科技集团全资收购了生产包括iPhone、安致、黑莓等智能手机的美国Extend Logic公司。8月，浙江民企吉利集团完成对福特汽车公司旗下沃尔沃轿车公司全部股权的收购，总价约为18亿美元。

随着中国经济的持续增长以及企业实力的增强，中国企业走出去参与跨国并购已成为一种必然的趋势，未来几年必将保持高增长。

（执笔：刘旭玲 国家统计局贸经司）

2010年，我国面对的贸易摩擦没有随着金融危机的消退而减少，反而呈现愈演愈烈之势，2010年全年我国遭遇贸易摩擦64起，涉案金额约70亿美元，贸易摩擦不仅来自美欧等发达经济体，也来自于巴西、阿根廷以及印度等发展中国家。并表现出一些新特点：一是贸易摩擦范围进一步扩大，从低端产品向高科技产品蔓延，从发达国家向发展中国家蔓延，从产品层面向产业、政策层面蔓延。二是美国对华“337调查”案件增多，企业应诉成本大幅增加。三是美日欧联手施压我国稀土出口，贸易摩擦转向资源战。

（三）国内要素成本上升削弱了企业竞争力

受国际市场大宗商品价格高位震荡影响，2010年以来，国内原材料、燃料和动力购进价格指数同比上涨9.6%，其中燃料动力类大涨16.3%，而工业品出厂价格指数仅上涨6.5%，两者相差约3个百分点，显示企业并没能将上游环节的涨价因素全部转移到产品的出厂价格中。开年以来的“民工荒”倒逼劳动力成本上升，2010年沿海地区劳动力成本大多上涨20%以上，加上节能减排要求趋严，融资成本增加，人民币升值等，企业利润进一步被挤压，质优价廉的竞争优势已难以为继，一些国际订单开始向东南亚国家和地区转移。2010年我国出口价格指数仅上升2.8%，而进口价格指数上涨13.6%，贸易条件呈现恶化趋势。

（四）对外贸易依存度过高难以持续

2010年我国外贸依存度50.6%，比上年提高4个多百分点，比2008年有所下降。2010年我国

专栏：国家级开发区成为中国经济重要的增长极

经过二十余年的发展，国家级经济开发区已经成为我国经济最活跃、最具潜力的增长极。据商务部统计，“十一五”期间，原有的56个国家级开发区（如无说明，下同）地区生产总值年均增长21.3%，比全国同期水平高11.1个百分点；占全部所在城市地区生产总值的比例达到13.3%，比“十五”期末提高了2.4个百分点，尤其在东部地区，该比例高达16.1%。2009年国家级开发区共实现地区生产总值18147.7亿元，占当年我国国内生产总值的5.4%。

国家级开发区取得如此高速的经济增长，得益于以园区为载体的新型工业化发展。自1984年首批国家级开发区设立以来，开发区坚持“以工业项目为主、以吸收外资为主、以出口为主、致力于发展高新技术”的战略方针，发展成为投资环境最优、技术水平最高、经济发展最快的现代化产业集聚园区。其发展呈现出三大特点：

一是以工业为主。2009年国家级开发区工业增加值为12827.2亿元，占开发区地区生产总值比重达70.7%。开发区以占全国万分之四的土地总面积，创造了全国10%左右的工业总产值和工业增加值，平均每平方公里工业用地实现地区生产总值20.3亿元，工业总产值58.9亿元，工业增加值14.3亿元。

二是对外开放度高。国家级开发区是我国对外开放地区的重要组成部分。2009年区内进出口总额达3583.3亿美元，实际利用外资211.9亿美元，占全国比重分别达到16.2%和23.5%。开发区已成为跨国公司来华投资的首选之地，截至2009年底，区内外商投资企业共16663家，累计实际使用外资金额约1751亿美元。

三是大力发展高新技术产业。“十一五”期间，国家级开发区致力于在信息技术、新材料、新能源、生物技术、环境保护、现代医药等重点技术领域培育高新技术企业。截至2009年底，国家级开发区引进外商投资研发中心达到963家，拥有高新技术企业2250家。区内研发投入占地区生产总值的比重从2005年的1.9%上升到2009年的3.3%，已接近或超过美国、欧洲、日本等发达国家的水平，是同期全国指标（1.6%）的2倍。

“十二五”开局以来，国务院对国家级开发区的发展高度重视，已经纳入商务部“十二五”总体规划。在新的发展阶段，国家级开发区将继续深化改革开放，加快推进经济转型和产业升级，培育新的经济增长点。

（执笔：刘旭玲　国家统计局贸经司）

进出口总额达到2.97万亿美元，约占全球贸易总量的10%，贸易总规模继续保持全球前列，已成为具有全球影响力的制造业大国，但是大而不强，我们的出口增值率还不高，资源环境的承载力已经难以支撑，劳动力成本过低也不可持续。过度依赖国际市场蕴含着高度的风险，当全球金融危机爆发，外部需求急剧下滑，我国出口随即深度下降，拉动国内经济的三驾马车必然失去平衡。

（五）利用外资急功近利的问题仍需校正

一些地区在招商引资方面仍存在重数量、轻质量的情况。将吸引外资和GDP增长一同作为政绩考核指标层层下达，在吸收外资方面有一定盲目性，也存在区域间恶性竞争、不计成本招商、违反国家有关规定滥用优惠政策等现象，不符合科学发展观的要求。一些地区为了尽快摆脱金融危机的影响，放松了环保要求，吸引部分外商投资于高耗能和高污染的项目，将为地方经济的可持续发展埋下隐患，也不利于我国经济发展方式的转变和走新型工业化道路。

（六）“融资难”羁绊民营企业“走出去”

2010年，随着实力的成长，民营企业对海外投资和跨国并购的触角正不断延伸，越来越多的民营企业走向了海外市场。但是，与国有企业相比，民营企业“走出去”仍有许多瓶颈亟待破解，问题主要集中在产业选择、人才储备、品牌认同、信贷扶持、海外沟通等方面。民营企业所能享受到的直接融资和间接融资的优惠政策与国有企业相比存在较大差距，“融资难”已成为制约民营企业参与国际市场竞争的主要障碍。

三、转变经济发展方式，促进外经贸健康发展

（一）加快转变贸易发展方式

2011 年，我国要保持外贸稳定增长，通过扩大进口、扩大对外投资、调整结构实现贸易基本平衡，提升外贸发展的质量和效益，就必须加快转变贸易发展方式。在该项工作中，要切实推动一般加工贸易向深加工贸易转变，外包加工型贸易向自主技术型贸易转变，资源消耗型贸易向节约资源型贸易转变，代工贸易向自主品牌贸易转变，加工贸易向服务贸易转变，提高企业的核心竞争力。为此，政府应积极解析宏观经济政策，提供信息技术支持，帮助企业解决在转型发展中所遇到的问题。企业应努力适应经济形势的变化，主动探索转变贸易发展方式的具体途径。与科研机构联合攻关，搞好自主技术研发和扩大自主品牌产品宣传，探索由消耗资源型贸易向节约资源型贸易转变和由一般加工贸易向深加工贸易转变的方式、方法、途径和具体措施。

通过转变贸易发展方式，走自主创新道路，进一步扩大内需，促进经济内生动力成长，才能有效降低外贸依存度，使“三驾马车”协调拉动经济增长。

（二）大力发展现代服务业，积极承接国际服务外包

积极稳妥地推进服务业对外开放，扩大服务业利用外资比重。引导外资投向附加值高的金融、物流、信息技术、软件及技术研发等现代服务业。抓住国际服务外包发展机遇，进一步完善鼓励服务外包产业发展的政策，加速培育中国服务外包基地城市和服务外包企业。鼓励跨国公司将我国作为其服务外包业务的重要承接地。

（三）规范招商引资行为，改善外商综合投资环境

大力推行依法行政，加快转变政府职能。目前审批事项过多、程序复杂、服务不完善，仍然是影响吸收外资环境的主要问题。因此，要进一步推进政务公开，提高行政效率，健全投资促进工作体系，充分发挥行业组织、金融机构等中介服务机构的作用，创新投资促进方式，实现投资促进工作制度化、机制化。一些地方存在着不切实际的层层分解下达指标的做法，是不符合科学发展观的，必须切实加以纠正。

（四）创新体制机制，破解民营企业海外投资阻力

积极化解民营企业融资难问题，在对外投资问题上给予国有企业和民营企业同等待遇。在具体政策方面，应从“转方式、调结构”的战略层面，制订鼓励海外投资产业指导目录，为民营企业海外投资提供信息支持和政策引导，对于符合产业目录要求的企业和投资项目，在国家开发银行等政策性银行开辟信贷支持的“绿色通道”。

四、2011 年外经贸展望

2011 年世界经济将继续在缓慢复苏中前行，发达国家个人消费相对稳定，新兴经济体和发展中国家经济增长较为强劲，相互间投资与贸易合作加深。跨国投资和并购将进一步恢复，推动新一轮国际产业转移，有利于国际贸易和投资的继续扩大。但是，国际贸易竞争将会更加激烈，贸易摩擦在深度和广度上将进一步扩大，发达经济体通过货币贬值来提高出口竞争力将重塑世界贸易格局。我国也面临周边国家和地区以及其他新兴经济体的引资竞争压力，加之我国要素价格持续上涨，会在一定程度上削弱我国对跨国投资的吸引力。局部地区局势动荡不会影响中国对外投资合作的总体进程，并且，人民币持续升值将有利于我对外投资的扩大。

2011 年我国国内经济将继续稳定增长，积极的财政政策和稳健的货币政策将更有利于抗衡国际货币泡沫危机的冲击，促进国内经济全面、协调和可持续发展。2011 年是“十二五”规划

的开局之年，各地经济发展的动力较强，对扩大进出口规模和引进外资存在较大期望。但也存在不利因素，如持续上升的通货膨胀对经济健康发展增加了变数；各种要素成本上升、人民币加速升值等，企业经营压力增大；人民币利率进入加息通道，有可能吸引大量热钱流入，进一步增大国内房地产和股市泡沫。

综合各方面的因素分析，2011 年我国进出口将保持较快增长，全年增速可能会在 15-20%，贸易顺差规模有望大幅缩减。引进外商直接投资将在 2010 年基础上继续保持增长两位数增长，增长重点将继续向第三产业倾斜，金融、保险、现代商业以及从制造业分离出来的外包服务将会大幅增加。

（执笔：龙玲 毛小美 国家统计局贸经司）

防城港集装箱码头一角（防城市委宣传部提供）

2010 年居民消费价格监测报告

2010 年，受国内外多种因素影响，居民消费价格呈涨势。自 7 月份起，以农产品为主的生活必需品价格上涨较快，价格总水平逐月攀升。全年平均，居民消费价格总水平比上年上涨 3.3%。

一、2010 年居民消费价格变动的基本情况

（一）从环比价格变动情况看，3 个月下降，9 个月上涨，上涨月份居多

1 至 12 月环比变动幅度分别为：0.6%、1.2%、-0.7%、0.2%、-0.1%、-0.6%、0.4%、0.6%、0.6%、0.7%、1.1% 和 0.5%。1、2 月份受元旦和春节等节日因素影响价格上涨较多，3 月份在高位回落。5、6 月份，天气转好，主要鲜活食品价格下降，带动价格总水平下降。从 7 月份开始到年底，价格总水平逐月上涨。

（二）从同比价格变动幅度看，下半年逐月扩大

前 6 个月同比价格涨幅略有波动，从 7 月份开始，同比涨幅第二次跃上 3% 的台阶后持续逐月扩大。1 至 12 月各月涨幅分别为：1.5%、2.7%、2.4%、2.8%、3.1%、2.9%、3.3%、3.5%、3.6%、4.4%、5.1% 和 4.6%。

11 月 20 日，国务院下发《关于稳定消费价格总水平保障群众基本生活的通知》国发〔2010〕40 号文件，《通知》要求各地和有关部门及时采取 16 项措施，进一步做好价格调控监管工作，稳定市场价格，切实保障群众基本生活。12 月份调控效果初显，鲜菜价格环比下降 9.4%，CPI 环比涨幅比 11 月份回落 0.6 个百分点，CPI 同比上涨 4.6%，比 11 月份的涨幅回落 0.5 个百分点。

（三）从各类别价格变动情况看，八大类

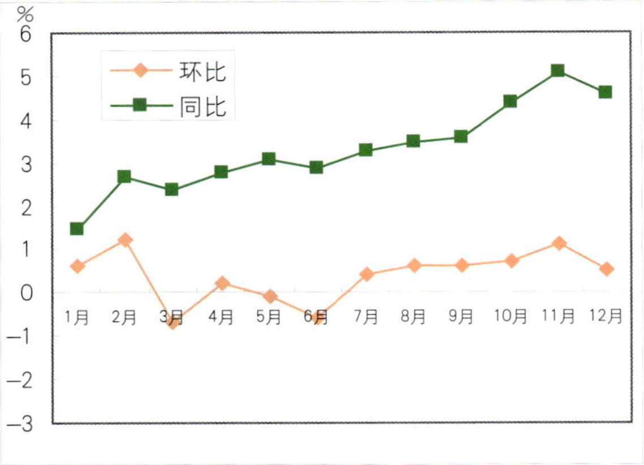

2010 年居民消费价格涨跌情况

商品和服务项目价格与上年比五涨二降一平

食品类价格上涨 7.2%，烟酒及用品类价格上涨 1.6%，医疗保健和个人用品类价格上涨 3.2%，娱乐教育文化用品及服务类价格上涨 0.6%，居住类价格上涨 4.5%。

衣着类价格下降 1.0%，交通和通信类价格下降 0.4%；家庭设备用品及维修服务类价格持平。

据测算，在居民消费价格中，消费品价格上涨 3.7%，服务项目价格上涨 2.0%。

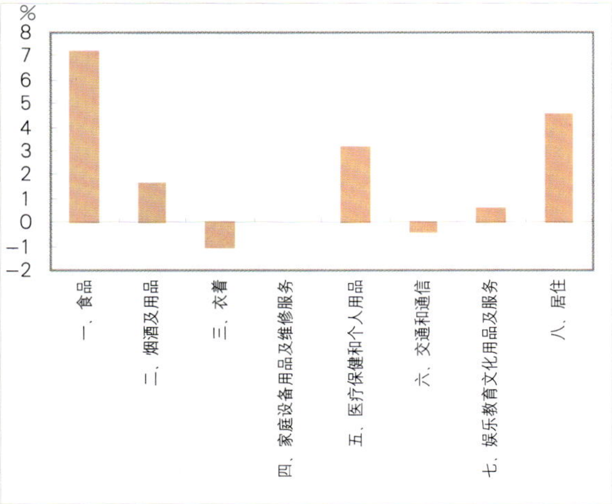

2010 年 CPI 中各类别商品价格涨跌情况

二、居民消费价格运行的主要特征

（一）食品价格上涨较多是推高 CPI 的重要因素

全年食品价格比上年上涨 7.2%，拉动价格总水平上涨约 2.3 个百分点，对价格总水平的影响程度约为 70%。其中，鲜菜价格上涨 18.7%、鲜果价格上涨 15.6%、粮食价格上涨 11.8%，这三类食品价格共同拉动价格总水平上涨约 1.2 个百分点，占价格总水平上涨幅度的 36%。

（二）居住类价格刚性上涨

全年平均居住类价格上涨 4.5%，拉动价格总水平上涨约 0.7 个百分点。居住类月环比价格除在 3 月份下降 0.1%、6 月份持平外，其他各月均有所上涨。在四季度，受燃料和水泥等价格上涨的影响，居住类价格上涨较为明显，10、11、12 月份环比分别上涨 0.9%、1.8% 和 0.8%。居住类价格月同比涨幅 1 月份最低，为 2.5%，最高涨幅为 12 月份的 6.0%。

（三）翘尾影响因素约占五分之二

据测算，在全年 CPI 上涨的 3.3 个百分点中，翘尾因素影响约为 1.3 个百分点，新涨价因素影响约为 2.0 个百分点，翘尾因素的影响程度约占五分之二。

三、居民消费价格上涨的直接原因

（一）大米、面粉等粮食价格持续上涨，带动以粮食为原料的糕点饼干、方便面、白酒等商品价格上涨。粮食环比价格从 2009 年 1 月上涨 0.2% 开始，至 2010 年底连续上涨 24 个月，单月最高涨幅是 2010 年 11 月，为 2.7%。

（二）由于 2010 年天气复杂多变，以及成品油价格上调，鲜菜的生产和运输受到较大影响，导致鲜菜价格涨幅较高，全年上涨 18.7%，其中，10 月份鲜菜同比涨幅更是高达 31%。

（三）部分地区陆续出台水、燃气等调价项目，加上建筑材料和房租价格持续上涨，以及国家上调房屋贷款利率等因素，共同推动了居住类价格的上涨。

（四）服务价格助推价格总水平上涨。全年服务项目价格上涨 2.0%。其中，家庭服务（保姆、家政服务）价格上涨 10.3%，个人服务（理烫发）价格上涨 2.8%，旅游价格上涨 4.9%，托幼费价格上涨 4.4%。

四、影响物价上涨的深层和外部原因

（一）输入性通胀压力增大。2009 年 3 月下旬和 2010 年 11 月，美国相继推出了二轮量化宽松政策，导致全球原油、部分农产品及黄金等大宗商品价格上涨，推动国内市场价格走高。2010 年 12 月国际原油价格达到每桶 90 美元以上，比 2009 年末每桶上涨了约 20 美元。世界粮农组织的数据显示，2010 年食品价格指数（以 2002 至 2004 年平均价格为 100）为 185.1，而 2009 年度这一数字为 156.8，而且从 2010 年 7 月份起至年底，6 个月持续攀升，12 月份该食品价格指数为 222.7。黄金价格持续上涨，在 2010 年尤其显著。这些能源、资源类商品价格的上涨直接或间接推动生产和消费领域价格的上涨。

（二）最低工资标准的提高推高商品成本。2010 年各地普遍提高了最低工资标准，成本推动物价上升因素增加。在工业化、城镇化发展过程中，劳动力、资本、土地资源快速向城市流动，农村的生产资源相对减少，而农村的劳动力成本却逐渐提高。近三年来，农业生产服务价格持续较高幅度上涨，2008 年比上年上涨 10.3%，2009 年比 2008 年上涨 7.9%，2010 年比 2009 年上涨 4.3%，说明了农村劳动力成本近年来持续上升。

（三）农业生产资料价格上涨直接推动农产品市场价格上涨。农业生产资料价格调查数据显示：2008 年农业生产资料价格上涨 20.3%，2009 年受基数较高影响，农业生产资料价格比 2008 年下降 2.5%，2010 年比 2009 年上涨 2.9%，其中，饲料价格上涨 8.3%，农用机油价格上涨 10.3%，农用种子价格上涨 9.0%。

（四）流动性偏多，增加了物价上涨的压力，推动商品及服务项目消费价格的上涨。

（执笔：韩淑颋 国家统计局城市司）

2010年工业品价格监测报告

2010年宏观经济保持了继续整体向好的势头，工业生产增长较快，出口形势明显好转。在经济继续转好需求回升，以及上年基数较低的情况下，原油、有色金属、铁矿石和煤炭等上游基础产品价格大幅上涨，带动中下游产品价格明显反弹，并进而推动工业品价格总水平的明显上涨。与上年相比，工业品出厂价格上涨5.5%，原材料、燃料、动力购进价格上涨9.6%。

一、工业品价格总水平变动情况

2010年工业品出厂价格总体呈现回升上行态势。前5个月，受原油、钢材、煤炭和有色金属等重要生产资料价格持续上涨和上年同期基数较低影响，工业品出厂价格同比涨幅逐月扩大，5月份达到7.1%，为全年最高涨幅。6月份以后随着同期基数的逐渐走高，原油、钢材和有色金属产品价格涨势趋缓，工业品出厂价格同比涨幅持续回落。10月份以后，受国际大宗商品价格上涨等多种因素影响，国内重要生产资料价格上涨较多。由于自然灾害天气影响棉花、糖类等部分农副产品产量有所下降，从四季度起农副产品价格明显上涨，致使工业品出厂价格涨幅又有扩大。

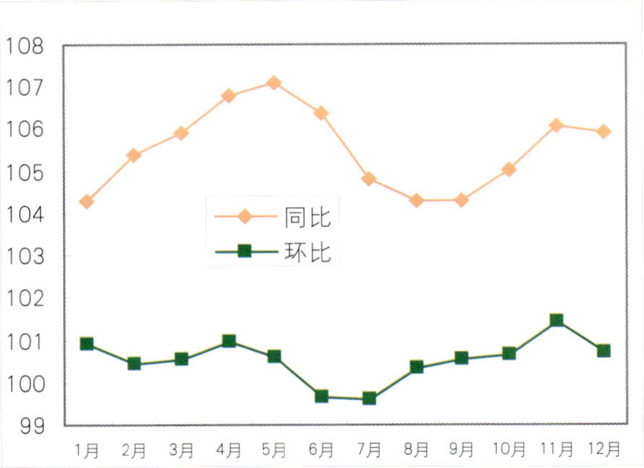

2010年工业品出厂价格总指数走势

分类别看，生产资料出厂价格涨幅较大，生活资料出厂价格前低后高。2010年，生产资料出厂价格比上年上涨6.6%，拉动工业品出厂价格上涨约5.0个百分点，生产资料出厂价格是影响工业品出厂价格上涨的主要因素。其中，采掘工业价格上涨22.2%，原料工业价格上涨10.1%，加工工业价格上涨3.1%。生活资料出厂价格在食品类、衣着类和一般日用品类价格不断上涨的影响下逐月攀升，12月份为全年最高涨幅，上涨3.5%。与上年相比，生活资料出厂价格上涨2.0%，拉动工业品出厂价格上涨约0.5个百分点。其中，食品类出厂价格上涨3.8%，衣着类上涨2.0%，一般日用品类上涨1.9%，耐用消费品类下降0.6%。

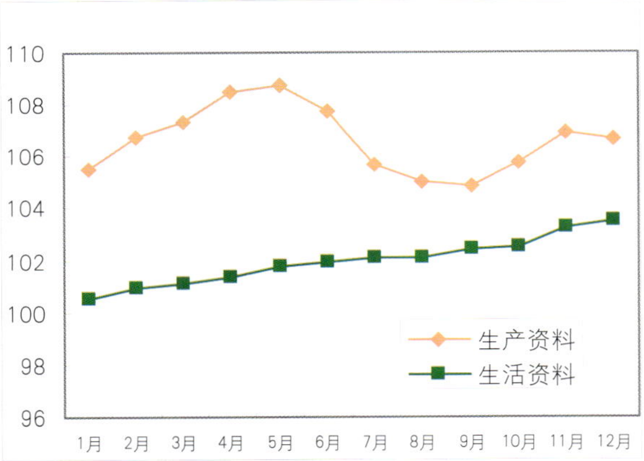

2010年生产、生活资料出厂价格同比指数走势

分行业看，绝大多数工业行业产品出厂价格上涨。在所调查的39个工业大类行业中，有37个工业行业价格呈上涨态势，占94.9%。其中，石油和天然气开采产品类出厂价格涨幅最高，比上年上涨37.8%。有色金属矿采选业、石油加工炼焦加工业、黑色金属矿采选业、有色金属冶炼及压延加工业和化学纤维产品类出厂价格涨幅也较高，分别上涨了19.0%、17.8%、17.5%、17.3%和14.1%。

二、重要生产资料产品出厂价格变动情况

（一）原油价格高位震荡，成品油价格上涨较大

上半年，受上年“低基数”和国际原油价格坚挺的双重影响，国内原油价格涨势迅猛，比上年同期大幅上涨 64.3%。进入三季度后，受国际原油价格震荡下跌和上年同期基数逐渐走高的影响，原油价格涨幅明显回落。10、11 月份，国际原油价格持续攀升，国内原油价格涨幅扩大。12 月份，国际原油价格高位运行，国内受上年同期基数较高影响，原油价格涨幅回落。2010 年全年，原油出厂价格涨幅较大，比上年大幅上涨 38.7%，影响工业品出厂价格总水平上涨约 0.9 个百分点。

成品油价格受国际油价波动的影响，进行了三升一降的调价，总体涨幅较高。与上年相比，汽油出厂价格上涨 12.4%，柴油出厂价格上涨 17.1%，煤油出厂价格上涨 21.0%。

（二）煤炭价格持续攀升

2010 年，钢铁、化工、水泥等高耗煤行业逐渐回暖，煤炭需求大幅增加，价格持续攀升，尤其是进入冬季取暖季节，电煤需求增加，煤炭价格出现“季节性”上涨，11 月份为全年最高涨幅，煤炭开采和洗选业出厂价格比上年同月上涨 15.4%。全年平均煤炭开采和洗选业出厂价格上涨了 10.0%。其中，原煤出厂价格上涨 10.0%。

（三）钢材价格由降转升，持续上涨

受焦炭、铁矿石等原材料价格明显上涨影响，钢材成本上升，致使钢材价格从 3 月份始由降转升。3 月份以后，市场对钢材需求量加大，钢铁企业纷纷上调钢材价格，尤其是年底，国家强化节能减排政策，钢铁企业限电、限产，钢材供应减少，导致钢材价格明显上涨。2010 年，黑色金属冶炼及压延加工业出厂价格比上年上涨 7.4%。其中，普通大型钢材价格上涨 7.4%，普通中型钢材价格上涨 10.0%，普通小型钢材价格上涨 7.7%，线材价格上涨 11.6%，中厚钢板价格上涨 11.7%。

（四）有色金属价格高位逐渐回落

2010 年年初，有色金属产品的市场需求明显增加，同时上年同期有色金属产品价格处于低位，致使一季度有色金属产品价格高位运行。4 月份以后，随着同期基数的逐渐走高，有色金属价格涨幅逐渐回落。与上年相比，有色金属冶炼及压延加工业出厂价格上涨 17.3%。其中，铜价上涨 37.0%，锌价上涨 23.4%，铅价上涨 16.2%，铝价上涨 8.2%。

三、原材料、燃料、动力购进价格变动情况

2010 年原材料、燃料、动力购进价格比上年上涨 9.6%，前 5 个月涨幅逐月扩大，6 月份以后涨幅平稳趋缓。其中，有色金属材料类、燃料动力类和农副产品类购进价格涨幅较大，2010 年分别上涨了 22.2%、16.3% 和 10.4%。

四、2010 年工业品价格变动的主要原因

（一）需求较快增长推动工业品价格快速上涨

2010 年，国家继续实施积极的财政政策和适度宽松的货币政策，保增长、扩内需等一揽子政策得到进一步落实和贯彻，投资、消费和出口需求较快增长，我国商品市场供大于求的局面有所缓解，某些产品甚至出现了供不应求的局面，从而推动我国工业品价格不断上涨。

（二）生产成本增加推动工业品价格整体上扬

2010 年，原材料、燃料、动力购进价格比上年上涨 9.6%。上游行业产品价格大幅上扬给中下游行业带来了较大的成本压力，致使中下游企业为消化成本上升压力而提高了产品出厂价格。

（三）节能减排政策的大力贯彻推动价格上涨

织毯一组照（迁安市统计局提供）

2010年是“十一五”最后一年，为完成节能减排任务，多个地区严控高耗能产品生产，甚至采取拉闸限电等强制手段，导致化工、建材、钢材等产品产量下降，价格上升。

（四）国际大宗商品价格不断上涨，带动国内相关产品价格上升

美国、欧盟等主要经济体实施量化宽松的货币政策，推动国际市场大宗商品价格不断走高。从部分进口量较大的产品看，我国原油对外依存度超过50%，铁矿石达到69%，氧化铝达到50%，天然橡胶达到76%。这些商品价格持续走高，加大了输入型通胀压力。

（执笔：王青青 国家统计局城市司）

2010 年财政运行报告

2010 年是进入新世纪以来我国经济社会发展最为复杂的一年。各级财政部门认真贯彻党中央、国务院的决策部署，开拓进取，努力工作，充分发挥财政职能作用，扎实实施积极的财政政策，促进了经济平稳较快发展，进一步保障和改善了民生，全年预算任务超额完成。同时，切实加强财政管理，深入推进财税改革，大力推动经济结构调整，积极防范和控制财政风险。

一、 预算执行情况总体良好

财政收入增长较上年显著回升，并呈现逐季回落的走势。2010 年，全国财政收入为 83080 亿元，同比增长 21.3%，增幅同比提高 9.6 个百分点，完成预算的 112.4%。其中，中央本级收入 42471 亿元，增长 18.3%，完成预算的 111.6%；地方本级收入 40610 亿元，增长 24.6%，完成预算的 113.2%。分收入项目看，国内增值税 21092 亿元，增长 14.1%，完成预算的 103.1%；国内消费税 6072 亿元，增长 27.5%，完成预算的 115.8%；进口货物增值税、消费税 10487 亿元，增长 35.7%，完成预算的 130.0%；出口货物退增值税、消费税 7327 亿元，增长 13.0%，完成预算的 103.6%；营业税 11158 亿元，增长 23.8%，完成预算的 111.1%；企业所得税 12843 亿元，增长 11.3%，完成预算的 103.5%；个人所得税 4837 亿元，增长 22.5%，完成预算的 114.2%；印花税 1040 亿元，增长 15.9%，完成预算的 108.3%；关税 2027 亿元，增长 36.6%，完成预算的 128.3%。全国财政收入增长较快的主要原因：一是经济较快增长为财政收入增长奠定了税源基础，特别是与税收关联度较高的经济指标增长较快。二是价格水平上涨，带动以现价计算的相关税收增长。三是全年汽车旺销带动车辆购置税、汽车消费税等大幅增长。四是 2009 年基数相对较低，相应抬高了 2010 年收入增幅。从全年走势看，全国财政收入呈前高后低走势：上半年增长 27.6%，下半年增长 15%。各项收入中，增长较快、比预算超收较多的主要是进口货物增值税消费税、关税、国内消费税、车辆购置税等。这两方面的超收数合计占超收额的 94.1%。

财政支出增长较快，各项重点支出得到较好保障，财政支出结构进一步优化。2010 年，全国财政支出 89575 亿元，增长 17.4%，完成预算的 106.0%。其中，中央本级支出 15973 亿元，增长 4.7%，完成预算的 99.5%；地方本级支出 73602 亿元，增长 20.6%，完成预算的 107.5%。分支出项目看，农林水事务支出 8052 亿元，增长 19.8%，完成预算的 107.0%；教育支出 12450 亿元，增长 19.3%，完成预算的 105.0%；医疗卫生支出 4745 亿元，增长 18.8%，完成预算的 106.9%；社会保障和就业支出 9081 亿元，增长 19.4%，完成预算的 108.8%；科学技术支出 3227 亿元，增长 17.6%，完成预算的 106.2%；环境保护支出 2426 亿元，增长 25.4%，完成预算的 112.1%。

从预算执行情况看，2010 年从中央预算稳定基金调入 100 亿元，补充中央预算稳定基金 2248 亿元，地方财政结转下年支出 1357 亿元，全国财政收支相抵，赤字 10000 亿元，占当年 GDP 的 2.5%，比上年下降 0.3 个百分点。2010 年末中央财政国债余额 67527 亿元，控制在年度预算限额 71208 亿元以内。

二、认真落实扩大内需的政策措施

2010 年，中央政府公共投资达到 10710 亿元，全面完成两年新增 1.18 万亿元的目标。重点支持农业农村基础设施建设、保障性住房、教育医疗卫生等社会事业、节能减排、环境保护和自主创新等方面。发行 2000 亿元地方政府债券，优先用于公益性项目续建和收尾。对部分小型微利企业实施所得税优惠政策。对1.6升及以下排量乘用车减按7.5%的税率征收车辆购置税。增加对农民的补贴，提高城乡低保对象等低收入群体补助水平，继续实施和完善家电、汽车下乡等鼓励消费的一系列政策。这些措施对增加城乡居民收入、扩大内需，促进经济较快增长发挥了重要作用。

三、切实加大“三农”投入力度

增加对农民的各项补贴，政策覆盖范围进一步拓宽。新增450个县实施小型农田水利重点县建设，启动第二轮重点小型病险水库除险加固，全面完成大中型水库除险加固任务，加强大中型灌区续建配套节水改造以及中小河流治理。推进农业综合开发，以粮食主产区为重点加快中低产田改造和高标准农田建设。加大对产粮（油）大县的奖励力度。支持农民专业合作组织发展、农业产业化经营和农业技术推广，推动现代农业生产发展。继续加大扶贫开发力度。村级公益事业建设一事一议财政奖补试点省份扩大到27个。推动农村各项社会事业加快发展。2010年中央财政“三农”支出8579.7亿元，增长18.3%。其中，支持农业生产支出3427.3亿元，对农民的粮食直补、农资综合补贴、良种补贴、农机购置补贴支出1225.9亿元，促进农村教育、卫生等社会事业发展支出3350.3亿元，农产品储备费用和利息等支出576.2亿元。

四、大力支持社会事业发展

对1.3亿农村中小学生免除学杂费并免费发放教科书，中西部地区1228万名家庭经济困难寄宿生得到生活费补助。免除城市义务教育阶段学生学杂费，2900多万名学生受益。落实中等职业学校城乡家庭经济困难学生和涉农专业学生免学费政策。将普通高中家庭经济困难学生纳入国家资助政策体系，高校国家助学金平均资助标准由每生每年2000元提高到3000元。2010年中央财政教育支出2547.34亿元，增长28.6%。新型农村社会养老保险试点范围扩大到23%左右的县。继续提高企业退休人员基本养老金水平和城乡低保补助标准，调整优抚对象等人员抚恤和生活补助标准。促进就业的财税优惠政策不断完善。2010年中央财政社会保障和就业支出3784.99亿元，增长14.8%。新型农村合作医疗、城镇居民基本医疗保险财政补助标准由人均80元提高到120元。促进解决关闭破产国有企业退休人员和困难企业职工参加城镇职工基本医疗保险问题。支持向城乡居民免费提供基本公共卫生服务，推动加强基层医疗卫生服务体系建设。国家基本药物制度覆盖到60%以上的政府举办的基层医疗卫生机构。公立医院改革试点顺利启动。2010年中央财政医疗卫生支出1485.35亿元，增长16.7%。认真落实相关税费优惠政策，加大保障性安居工程建设支持力度。全国开工建设城镇保障性住房322万套，改造各类棚户区268万户。2010年中央财政保障性安居工程支出764.86亿元，增长38.9%。支持实施农家书屋、农村电影放映等重点文化惠民工程，丰富农村文化生活。向社会免费开放的公共博物馆、纪念馆达到1743家。汶川地震灾后恢复重建基本完成，玉树地震灾后恢复重建进展顺利。大力支持舟曲抗灾救灾与恢复重建，积极抗击重大自然灾害。

五、积极推动经济结构调整

实施科技重大专项，加强创新能力建设。推动战略性新兴产业发展，落实重点产业调整振兴规划。支持开展科研装备自主研制试点，实行鼓励关键零部件、先进技术装备等进口的税收优惠政策。大力促进中小企业技术创新、结构调整和专业化发展。2010年中央财政科学技术支出1728.34亿元，增长14.3%。支持十大重点节能工程等，扩大节能产品惠民工程实施范围。公共领域节能与新能源汽车示范推广试点城市扩大到25个，在5个城市启动私人购买新能源汽车补贴试点。将太阳能热水系统等纳入政府采购扶持范围。加快实施重点减排项目和重金属污染治理，加大三河三湖等重点流域环境保护力度。建立草原生态保护奖补机制，促进草原生态建设和牧民增收。落实促进区域协调发展的各项财税政策。国家重点生态功能区转移支付范围扩大到451个县。积极扶持革命老区、民族地区、边疆地区、贫困地区加快发展。增加均衡性转移支付规模，财力薄弱地区落实各项民生政策的保障能力进一步提高。2010年中央财政对地方税收返还和转移支付达到32349.63亿元，增长13.3%。

六、深入推进财税改革

积极优化转移支付结构，健全生态功能区转移支付制度。县级基本财力保障机制进一步完善。27个省份970个县实行了省直管县财政管理方式改革，2.86万个乡镇实行了乡财县管财政管理方式改革。健全公共财政预算，全面编制中央和地方政府性基金预算，继续扩大国有资本经营预算制度试点范围，顺利启动社会保险基金预算试编工作。深化部门预算、国库集中收付等预算管理制度改革。资源税改革相继在新疆和整个西部地区试点，统一了内外资企业和个人城市维护建设税、教育费附加制度。巩固增值税转型和成品油税费改革成果。积极推动收入分配制度改革，义务教育学校绩效工资政策全面落实，公共卫生与基层医疗卫生事业单位绩效工资政策加快实施。

七、进一步加强财政管理

预算法、车船税法、注册会计师法修订工作都取得重要进展。进一步细化预算编制，减少代编预算规模，预算年初到位率有所提高。积极开展重大项目预算评审，增强项目支出预算的准确性和科学性。上级财政提前通知对下数额相对固定的转移支付数，地方预算编制的完整性明显增强。狠抓预算执行工作，在各级财政、各部门以及预算单位的共同努力下，12月份全国财政支出占全年支出的比重，从2009年的26.3%下降到2010年的20.1%。制定加强地方政府融资平台管理具体实施方案，完善相关政策，组织清理核实融资平台公司债务。预算编制、执行、决算和监督相互协调、相互促进的机制进一步健全。“小金库”专项治理工作不断深入。组织开展强农惠农资金专项清理和检查工作，推动了管理机制的创新和完善。对外公开的中央财政预算表格增加到12张，部分支出预算表细化到了款级科目。74个中央预算部门公开了部门预算。地方财政预算公开工作也取得了积极进展。加强“两基”建设。政府收支分类科目体系进一步健全。基本支出定员定额标准体系继续完善，项目支出定额标准体系建设加快。项目库建设得到加强。行政事业单位国有资产管理体系初步建立。企业会计准则体系平稳运行，修订发布审计准则，会计信息化标准建设取得重大进展，会计行业人才建设成效显著。乡镇财政管理不断规范，就近实施监管的优势逐步显现。

综上所述，一年来各级财政部门扎实落实积极的财政政策，狠抓财政管理，为促进经济平稳较快发展、实现全年预算目标，做了大量卓有成效的工作，成绩来之不易。在看到成绩的同时，也要看到财政运行和财政工作存在的问题，主要是：财政收支矛盾比较突出，一些县乡财政仍比较困难，对民生的保障力度还需加大；财税制度不够完善，促进经济发展方式转变的作用有待进一步发挥，推进地区、城乡之间基本公共服务均等化任务相当艰巨；财政管理仍比较薄弱，资金使用效益尚需提高，等等。我们要高度重视这些问题，继续采取有效措施，努力加以解决。

（执笔：施发启 国家统计局国民经济核算司）

2010 年金融运行报告

2010 年，中国人民银行按照党中央、国务院的决策部署，继续实施适度宽松的货币政策。随着经济平稳较快发展势头逐步巩固，中国人民银行着力提高政策的针对性和灵活性，处理好保持经济平稳较快发展、调整经济结构和管理通胀预期的关系，逐步引导货币条件从反危机状态向常态水平回归。综合运用多种货币政策工具，加强流动性管理，发挥利率杠杆调节作用，引导金融机构合理把握信贷投放总量、节奏和结构，进一步推进人民币汇率形成机制改革，深入推进金融改革，改进外汇管理，维护金融稳定和安全。总体来看，货币信贷增长从上年高位逐步向常态回归，银行体系流动性总体充裕，人民币汇率弹性增强，金融运行平稳。2010 年金融运行呈现如下几个特点：

一、货币供应量增长有所回落，货币流动性继续增强

2010 年年末，广义货币供应量 M2 余额为 72.6 万亿元，同比增长 19.7%，增速比上年末低 8.0 个百分点。狭义货币供应量 M1 余额为 26.7 万亿元，同比增长 21.2%，增速比上年末低 11.2 个百分点。流通中现金 M0 余额为 4.5 万亿元，同比增长 16.7%，增速比上年末高 4.9 个百分点。全年现金净投放 6381 亿元，同比多投放 2354 亿元。货币总量增长从上年高位总体回落。货币流动性全年保持基本稳定，但仍比上年有所增强。2010 年末，M1 占 M2 的比重为 36.8%，比上年末提高 0.5 个百分点。

二、金融机构存款增长放缓，活期化态势持续加剧

2010 年年末，全部金融机构本外币各项存款余额为 73.3 万亿元，同比增长 19.8%，增速比上年末低 8.1 个百分点，比年初增加 12.1 万亿元，同比少增 1.1 万亿元。其中，人民币各项存款余额为 71.8 万亿元，同比增长 20.2%，增速比上年末低 8.0 个百分点，比年初增加 12.0 万亿元，同比少增 1.1 万亿元。外币存款余额为 2287 亿美元，同比增长 9.5%，比年初增加 200 亿美元，同比多增 39 亿美元。

从人民币存款的部门分布和期限看，住户存款平稳增长，活期占比稳步提高；非金融企业存款增速上半年回落，下半年大体趋稳，总体呈活期化态势。年末住户存款余额为 30.8 万亿元，同比增长 16.5%，增速比上年末低 2.8 个百分点，比年初增加 4.4 万亿元，同比多增 972 亿元。非金融企业人民币存款余额为 30.5 万亿元，同比增长 21.5%，增速比上年末低 16.0 个百分点，比年初增加 5.3 万亿元，同比少增 2.0 万亿元。目前，非金融企业人民币存款增速仍保持相对较高水平，企业支付能力依然较强。受通货膨胀预期等因素影响，存款总体继续呈活期化态势。2010 年末，企业和居民户存款中活期存款占比为 50.5%，同比上升 4.3 个百分点。其中，居民户存款中活期占比为 40.8%，同比上升 3.0 个百分点；企业存款中活期占比为 60.3%，同比上升 5.0 个百分点。

三、金融机构人民币贷款增速从高位回落，新增贷款有所减少

2010 年年末，全部金融机构本外币贷款余额为 50.9 万亿元，同比增长 19.7%，增速比上年末低 13.3 个百分点，比年初增加 8.4 万亿元，同比少增 2.2 万亿元。人民币贷款增速高位回落后总体走稳。年末人民币贷款余额为 47.9 万亿元，同比增长 19.9%，增速比上年末低 11.8 个

百分点，比年初增加7.95万亿元，同比少增1.65万亿元。贷款节奏更加均衡，各季新增贷款分别为2.60万亿元、2.03万亿元、1.67万亿元和1.64万亿元。

从部门分布看，住户贷款增长稳步回落，非金融企业及其他部门贷款增速相对平稳。年末住户贷款余额同比增长37.6%，增速比9月末和6月末分别低4.6个和11.7个百分点，目前仍保持较快增长，比年初增加2.9万亿元，同比多增4125亿元。非金融企业及其他部门贷款余额同比增长15.3%，比年初增加5.1万亿元，同比少增2.1万亿元。其中，中长期贷款比年初增加4.2万亿元，同比少增7938亿元。票据融资比年初减少9051亿元，同比多减1.4万亿元。总体看，2010年金融机构大体保持着压票据融资增一般贷款的态势。由于人民币汇率预期总体平稳、人民币跨境贸易结算发展以及境外企业资金状况好转导致境内外企业贸易信贷增加等因素，2010年企业外币贷款需求下降。2010年年末，金融机构外币贷款余额为4534亿美元，同比增长19.5%，比年初增加740亿美元，同比少增618亿美元。

四、银行体系流动性总体充裕

2010年年末，基础货币余额为18.5万亿元，同比增长28.7%，比年初增加4.1万亿元。年末货币乘数为3.92，比上年末低0.19。年末金融机构超额准备金率为2.0%，比上年下降1.13个百分点。其中，中资大型银行为0.9%，中资中型银行为1.8%，中资小型银行为4.4%，农村信用社为7.7%。

五、金融机构贷款利率稳步上升

2010年，金融机构对非金融性企业及其他部门贷款利率总体小幅上升。其中，第四季度受两次上调存贷款基准利率等因素影响，利率上升速度有所加快。12月份，贷款加权平均利率为6.19%，比年初上升0.94个百分点。其中，一般贷款加权平均利率为6.34%，比年初上升0.46个百分点；票据融资加权平均利率为5.49%，比年初上升2.75个百分点。个人住房贷款利率稳步上升，12月份加权平均利率为5.34%，比年初上升0.92个百分点。从利率浮动情况看，执行下浮和基准利率的贷款占比下降，执行上浮利率的贷款占比上升。12月份，执行下浮、基准利率的贷款占比分别为27.80%和29.16%，比年初分别下降5.39个和1.10个百分点，执行上浮利率的贷款占比为43.04%，比年初上升6.49个百分点。

六、人民币汇率弹性明显增强

2010年6月进一步推进人民币汇率形成机制改革以来，人民币小幅升值，双向浮动特征明显，汇率弹性明显增强，人民币汇率预期总体平稳。2010年年末，人民币对美元汇率中间价为6.6227元，比上年末升值2055个基点，升值幅度为3%；人民币对欧元、日元汇率中间价分别为1欧元兑8.8065元人民币、100日元兑8.1260元人民币，分别较2009年末升值11.25%和贬值9.20%。2005年人民币汇率形成机制改革以来至2010年年末，人民币对美元汇率累计升值24.97%，对欧元汇率累计升值13.71%，对日元汇率累计贬值10.09%。根据国际清算银行的计算，2010年，人民币名义有效汇率升值1.8%，实际有效汇率升值4.7%；2005年人民币汇率形成机制改革以来至2010年12月，人民币名义有效汇率升值14.7%，实际有效汇率升值23.2%。2010年，人民币对美元汇率中间价最高为6.6227元，最低为6.8284元，242个交易日中133个交易日升值、6个交易日持平、103个交易日贬值。全年最大单日升值幅度为0.43%（295 点），最大单日贬值幅度为0.36%（247 点）。

七、货币政策积极、灵活、有效

2010年，中国人民银行按照党中央、国务院的决策部署，继续实施适度宽松的货币政策，着力提高政策的针对性和灵活性，处理好保持经济平稳较快发展、调整经济结构和管理通胀预期的关系，逐步引导货币条件从反危机状态向常态水平回归。

（一）灵活开展公开市场操作。2010年以来，中国人民银行加强对国内外经济金融形势和银行体系流动性变化的分析监测，按照货币调控的要求灵活开展公开市场操作，不断优化操作工具组合，促进银行体系流动性总体适度。一是灵活把握公开市场操作力度和节奏。与存款准备金政策相配合，灵活开展公开市场操作，进一步加大了流动性回收力度。全年累计发行中央银行票据4.2万亿元，开展正回购操作2.1万亿元；截至2010年年末，中央银行票据余额约为4万亿元。二是优化公开市场操作工具组合。在对各阶段市场环境和流动性供求情况科学分析的基础上，不断丰富和优化公开市场操作工具组合。4月初及时重启3年期央行票据发行，进一步提高了流动性冻结深度，同时灵活安排短期正回购操作期限品种，通过长、短期操作工具的合理搭配，灵活调节银行体系流动性。三是增强公开市场操作利率弹性，有效引导市场预期。根据货币政策调控要求，结合市场环境和市场利率走势变化，中国人民银行适时增强了公开市场操作利率弹性。上半年，顺应货币市场利率总体上行走势，1年期以下短期操作利率适当上行；下半年，与存贷款基准利率调整相配合，各期限公开市场操作利率均有所上行。截至2010年年末，3个月期和1年期央行票据的发行利率分别为2.0156%和2.5115%，较年初各上升64.72个和75.10个基点。四是适时开展国库现金管理商业银行定期存款业务。加强与财政政策的协调配合，适当提高了中央国库现金管理商业银行定期存款业务的操作频率及规模。全年共开展12期中央国库现金管理商业银行定期存款业务，操作规模共计4000亿元，年末余额为1600亿元。

（二）适时上调存款准备金率。受全球流动性宽松和中国国际收支顺差仍然较大影响，2010年总体上仍面临银行体系流动性供给偏多的格局。同时，公开市场对冲操作在一定程度上受到商业银行购买意愿的制约。因此，为增强中央银行流动性管理的主动性，引导货币信贷增长向常态回归，管理好通货膨胀预期，在灵活开展公开市场操作的同时，中国人民银行较多地使用了存款准备金率工具，发挥其深度冻结流动性的作用。2010年，中国人民银行先后6次上调存款类金融机构人民币存款准备金率各0.5个百分点，累计上调3个百分点。搭配使用存款准备金率和公开市场操作等工具是对冲银行体系部分过剩流动性的需要，是货币政策针对性、灵活性的体现。

（三）发挥利率杠杆的调控作用。2010年前三季度，利率政策保持稳定。第四季度以来，为稳定通货膨胀预期，抑制货币信贷快速增长，中国人民银行两次上调金融机构人民币存贷款基准利率。2010年，货币市场基准利率建设以产品创新为切入点，加大对以Shibor为基准产品研究开发力度，并不断扩大其在拆借、回购、债券发行、同业融资业务以及衍生品交易等市场化产品定价中的应用。Shibor的基准性不断提高，较好地反映了资金成本、市场供求和货币政策预期，已逐步成为金融市场上重要的指标性利率和金融机构的内外部定价基准。

（四）引导金融机构合理把握投放节奏，优化信贷结构。加强对金融机构的窗口指导，不断改进信贷政策指导，鼓励和引导金融机构合理调整信贷结构和投放节奏，加大金融支持经济结构调整和经济发展方式转变的力度。按照区别对待、有扶有控的原则，引导金融机构加大对国家重点产业调整振兴、节能环保、战略性新兴产业、服务业、经济社会薄弱环节、就业、消费、区域经济协调发展、巨灾应对和灾后重建等重点产业、重点领域和重点地区的金融支持与服务，积极改进和完善涉农和中小企业金融服务。保证在建重点项目贷款需要，严格控制对“两高”行业、产能过剩行业以及不符合国家政策规定的地方政府融资平台公司贷款。执行好差别化房贷政策，促进房地产市场健康平稳发展。引导金融机构改进考核机制，相对均衡地安排贷款投放节奏，减缓贷款季度、月度间起落的程度。发挥再贴现促进优化信贷结构、支持扩大“三农”和中小企业融资的引导作用。2010 年，累计办理再贴现

1712.0亿元，同比增加1463.2亿元。再贴现年末余额791.0亿元，同比增加609.8亿元。从投向看，再贴现总量中涉农票据占32%，中小企业签发、持有的票据占87%。总体看，信贷结构继续优化。金融机构对“三农”和中小企业的信贷支持进一步增强，个人住房贷款增长明显回落。个人住房贷款年初投放较多，前5个月月均增量超过1800亿元，随着房地产调控政策效应逐步显现，6月份以后出现明显回落。2010年年末，个人住房贷款比年初增加1.3万亿元，在住户贷款中占比为45%。

（五）跨境人民币结算业务取得突破性进展。跨境贸易人民币结算试点范围扩大，跨境贸易人民币结算业务快速增长，各项试点配套政策日趋完善，人民币跨境投融资个案试点稳步开展。2010年6月，经国务院批准，中国人民银行、财政部、商务部、海关总署、税务总局和银监会联合发布《关于扩大跨境贸易人民币结算试点工作有关问题的通知》，将境内试点地区由上海和广东省的4个城市扩大到20个省（自治区、直辖市），将境外地域范围由港澳和东盟扩大到所有国家和地区，明确试点业务范围包括跨境货物贸易、服务贸易和其它经常项目人民币结算。2010年12月，出口试点企业从试点初期的365家扩大到67724家。自试点扩大以来，各试点地区跨境贸易人民币结算业务稳定增长。2010年银行累计办理跨境贸易人民币结算业务5063.4亿元。为配合跨境贸易人民币结算试点工作，支持企业“走出去”领域的大型项目，中国人民银行以个案方式开展了人民币跨境投融资试点。截至2010年年末，各试点地区共办理人民币跨境投融资交易386笔，金额701.7亿元。2010年10月，新疆率先开展跨境直接投资人民币结算试点。

（六）完善人民币汇率形成机制。2010年6月，根据国内外经济金融形势和我国国际收支状况，中国人民银行进一步推进人民币汇率形成机制改革，重在坚持以市场供求为基础，参考一篮子货币进行调节，增强人民币汇率弹性，保持人民币汇率在合理均衡水平上的基本稳定。半年来，人民币汇率双向浮动，弹性显著增强，2010年6月19日至2010年年末，人民币对美元汇率中间价升值3%。人民币汇率形成机制改革对实体经济的影响总体积极。

（七）继续推进金融机构改革。大型商业银行股份制改革基本完成，政策性金融机构改革不断推进。支持中国工商银行、中国银行、中国建设银行和交通银行积极稳妥实施再融资计划，大力提高银行资本质量，完成可转债发行和A+H配股融资，共计筹集资本2636亿元。中国农业银行也于2010年7月15日、16日分别在上海证券交易所和香港联交所挂牌上市，募集资金221亿美元。同时，推进中国农业银行“三农金融事业部”改革试点，出台相应的支持政策，促进其全面加强和改进“三农”金融服务。理顺光大集团架构，推动中国光大银行于2010年8月18日在上海证券交易所顺利挂牌上市。推动国家开发银行商业化转型。牵头研究制订中国进出口银行和中国出口信用保险公司改革实施总体方案。推动中国农业发展银行深化内部改革，为全面改革创造条件。农村信用社改革试点取得重要的阶段性成果，农村信用社资产质量显著改善，资金实力显著提高，支农服务功能明显增强，产权制度改革取得一定进展。截至2010年年末，全国共组建以县（市）为单位的统一法人农村信用社1976家，农村商业银行84家，农村合作银行216家。

（八）深化外汇管理体制改革。加强跨境资金流动的监测和管理，有效抑制异常外汇资金流入。2010年2月起，在13个外汇业务量较大的省（市）组织开展应对和打击“热钱”专项行动。将2010年度境内金融机构短期外债余额指标较上年调减1.5%，完善银行执行外汇管理政策考核办法，督促银行加强跨境资金流动的真实性审查。将个人网上结售汇业务统一纳入个人年度总额管理，进一步规范境外机构和非居民个人境内购房外汇管理。11月份，启动跨境资金异常流入应对预案，出台加强银行结售汇综合头寸、外商直接投资等七项措施，抑制“热钱”等违规资金流入。推动外汇管理重点领域改革，进一步便利市场主体外汇收支。2010年5月，在7个省（市）

开展进口付汇核销制度改革试点，12 月起在全国推广，95% 以上进口企业的正常付汇业务无须再办理核销手续。在全国 4 个省（市）开展出口收入存放境外试点，允许企业在境外存放具有真实合法交易背景的出口收入。在一定范围内允许中资企业借用短期外债，扩大中资企业融资渠道。改革对外担保管理政策，满足境外投资企业对境内机构信用支持的需求。完善合格境外机构投资者（QFII）和合格境内机构投资者（QDII）制度。2010 年，共批准 22 家 QFII 机构投资额度 30.5 亿美元、21 家 QDII 机构投资额度 83.2 亿美元。

（九）加强与境外货币当局的货币合作。为推动跨境贸易和投资，2010 年，中国人民银行先后与冰岛和新加坡货币当局签署了总额 1535 亿元人民币的本币互换协议，截至 2010 年年末，本币互换协议总规模为 8035 亿元。2010 年，应有关货币当局要求，中国人民银行先后与若干货币当局开展了本币互换操作，规模约 300 亿元人民币。中国人民银行与有关货币当局积极创新本币互换的功能，发挥其在推动跨境贸易本币结算和投资方面的作用。本币互换的实施标志着中国人民银行与其他货币当局的货币合作迈上了新台阶，并为未来进一步开展与其他当局的货币合作奠定了基础。

（执笔：施发启 国家统计局国民经济核算司）

2010年证券市场运行报告

2010年，世界经济从国际金融危机中艰难复苏，美国量化宽松货币政策下全球通胀预期不断增强，国内宏观经济调控力度加大，在国内外诸多因素的影响下，我国证券市场在波折中不断发展壮大。

一、2010年证券市场发展概况

（一）股票指数先抑后扬，交易规模小幅增长

2010年以来，股指一季度平稳增长后出现单边下跌行情。下半年，随着投资者信心的恢复，股指逐渐趋稳。四季度，受政策转向等因素影响，股指震荡整理。

1. 市场成交保持稳定，沪、深股指涨跌互现。2010年，沪、深股市累计成交54.6万亿元，同比小幅增长1.8%。年末上证综合指数收于2808点，较上年末下跌14.3%；深证综合指数收于1291点，较上年末上涨7.5%。创业板指数收于1138点，与年初持平。沪、深两市A股平均市盈率分别从上年末的29倍和46倍回落到本年末的22倍和45倍。

2. 上市公司数量大幅增加，市值规模稳定增长。截至2010年底，沪深两市上市公司为2063家，比2009年末增加345家；上市公司总市值达到26.5万亿元，其中已流通市值为19.3万亿元，分别比2009年末增长8.8%和27.7%。中国股市已成为全球第二大市场。

3. 股票市场筹资额大幅增加，筹资功能继续增强。2010年各类企业在境内外股票市场上通过首次发行和再融资方式累计筹资8955亿元，同比增加2830亿元，增幅达46.2%。其中，主板市场(含中小板)新股发行230家，筹资3919亿元；创业板市场新股发行117家，筹资963亿元。

4. 投资者开户数有所增加，机构投资者持股市值进一步提高。截至12月31日，投资者股票账户开户数达18858万户，比上年末增加1708万户，增长10%。机构投资者持有已上市A股流通市值占比为70.9%，比2009年底提高2.2个百分点；相应地，自然人投资者持有已上市A股流通市值占比从2009年底的31.3%下降为2010年底的29.2%。

（二）银行间债券市场规模进一步扩大，交易所债券市场交易活跃

1. 银行间市场债券发行量稳步扩大，债券价格总体上行

2010年，中国经济总体向好，但受下半年通胀预期不断增强，以及六次上调商业银行存款准备金率和两次加息等因素的影响，银行间债券市场整年经历了较大波动，债券价格整体上行。全年来看，银行间市场债券指数由年初的130.2

表1 股票市场主要运行指标

	2007	2008	2009	2010
上市公司数量（家）	1550	1625	1718	2063
上市公司总市值（万亿元）	32.7	12.1	24.4	26.5
成交额（万亿元）	46.1	26.7	53.6	54.6
股票市场筹资额（亿元）	8680	3852	6125	8955
投资者股票帐户数（万户）	13886	15198	17150	18858
机构投资者持有流通市值占比（%）	48.7	54.6	68.7	70.9

点升至年末的132.7点，上升2.5点，升幅为1.9%。

2010年，银行间债券市场发行量达到9.5万亿元，同比增长10.1%，累计发行债券1167次，同比增长24.8%。其中，信用类债券（含企业债、短期融资券和中期票据）847只，占发行总只数的72.6%，信用类债券的融资规模已超过1.5万亿元。

从发行券种结构来看，央行票据、国债和政策性金融债三个券种仍占据主要地位，三者发行量合计约占发行总量的80%，较2009年提高4个百分点。扣除央票后，政府和企业通过银行间债券市场共筹资48480亿元，较去年增加1746亿元。其中政府和政策性银行筹资规模31071亿元，占64.8%，比去年上涨5个百分点，企业类机构筹资17409亿元，占35.9%，较去年下降4个百分点。（见表2）

债券托管量继续增大。截止2010年末，银行间债券市场托管的债券只数达2340只，同比增长38.4%。债券托管面额达20.2万亿元，同比增长15.1%。

表2 2010年银行间债券市场主要债券发行情况

债券品种	发行量（亿元）	同比增幅（%）	占发行总量的比重（%）
合计	95088	10.0	
政府债券	17878	10.3	18.8
记账式国债	14582	14.7	15.3
储蓄式国债	1296	-13.3	1.4
地方政府债	2000	0.0	2.1
央行票据	46608	17.3	49.0
金融债券	14122	-4.2	14.9
政策性金融债	13193	13.0	13.9
商业银行债券	930	-67.3	1.0
信用类债券	15294	-2.9	16.1
企业债券	3627	-14.7	3.8
短期融资券	6742	46.2	7.1
中期票据	4924	-28.5	5.2
政府支持机构债券	1090	-	1.1
非银行金融机构债券	50	-77.8	0.1
其他	47	-	0.1

注：2008年未发行地方政府债和其他债券。

2．交易所债券市场交易活跃，筹资规模大幅增长

2010年全年，在交易所上市的债券累计成交7.6万亿元，同比增长87.4%。上市公司通过发行债券累计筹资1320亿元，同比增长84.7%，其中，可转换公司债发行8家，筹资717亿元；公司债发行25家，筹资603亿元。

（三）基金资产净值下滑，份额下降

2010年证券投资基金成交金额为8996亿元，同比下降12.2%。基金净值和规模均有不同程度的下滑。

1．基金资产净值下滑，开放式基金比重继续下降。2010年底各类证券投资基金资产净值规模为2.5万亿元，同比下降6.5%。其中开放式基金资产净值为2.4万亿元，同比下降6.7%，占全部资金资产净值的比重由上年的95.4%下降为94.5%。

2．新基金发行市场迅速扩容，基金份额有所下降。2010年新成立基金147只，再创历史新高。截至2010年末，市场上交易的证券投资基金共有704只，其中以中国大陆境内市场为投资对象的基金有667只，以中国大陆境外市场为主要投资对象的QDII基金有37只。2010年，除了指数基金以外，股票型基金和固定收益型基金均获得正汇报。但由于各类基金净赎回远大于新基金的发行，2010年底各类基金总份额仅为2.4万亿份，比2009年底减少了2539亿份，同比下降9.5%。

（四）期货市场稳步发展，市场规模迅速扩大

1．2010年国内期货市场规模继续保持较快的发展，全年共成交31.3亿手（双边），同比增长45.3%；成交金额为296万亿元（双边），同比增长126.8%。其中，金融期货自上市之日起累计成交9175万手（双边），成交金额为82万亿元（双边），分别占全市场的2.9%和26.6%。与去年同期相比，早籼稻、棉花、锌、玉米和白糖期货合约成交量增幅明显。

2．上半年，随着国内经济的企稳回升，为有效防止经济过热、化解通胀压力，央行连续收紧流动性，同时受到国内产业结构调整、出口退税取消等因素的影响，国内大宗商品价格呈现震荡回落的走势。下半年，受国内经济整体向好，美元单边下跌、全球通胀预期升温以及现货市场供求关系紧张等因素的影响，国内大宗商品期货价格跟随国际期货价格大幅反弹。四季度，国务院出台一系列稳定物价的措施，期货市场通过提高保证金水平、限制过度交易等抑制农产品等期货交易过度投机，国内期货价格此前强劲的上涨势头得到一定程度的遏制。

3．由于全球极端天气频发推动农作物减产预期，大多数农产品期货价格涨势明显。截止 2010 年末，棉花期货收报 28365 元，同比上涨 71.7%；白糖期货收报 7067 元，同比上涨 22.7%；期胶收报 37190 元，同比上涨 52.0%。

4．金属方面，上海黄金期货价格在通胀预期的支撑下震荡攀升，并创下历史新高，收报 309 元／克，同比上涨 24.9；期铜收报 72380 元，同比上涨 20.1%。

二、证券市场改革取得重大进展

2010 年，中国证券市场迎来 20 岁生日。20 年来，2000 多家上市公司形成了全球最大的 IPO 市场，全球最大的并购重组市场和资本市场之一，是中国居民财富的重要投资场所，在中国经济体制改革，特别是公司产权改革和法人治理结构改革中扮演了重要的角色。2010 年，股指期货合约上市、融资融券业务启动、农业银行上市，这些又为前进中的中国资本市场注入了新的活力。

（一）证券业加快创新

1．股指期货合约上市。筹备多年的股指期货业务在经过国务院批准后终于上市。4 月 8 日，股指期货启动仪式在上海举行；4 月 16 日，首批 4 个沪深 300 股票指数期货合约在中国金融期货交易所正式挂牌交易。我国资本市场投资品种不断完善，机构投资者保值手段进一步增加。

2．融资融券业务试点启动。2010 年 1 月 8 日，国务院原则上同意开设融资融券业务试点。中国证监会 1 月 22 日发布《关于开展证券公司融资融券业务试点工作的指导意见》。3 月 31 日，融资融券交易试点启动，国泰君安、国信证券、中信证券、光大证券、海通证券和广发证券 6 家证券公司成为融资融券首批试点证券公司，A 股市场告别 20 年的单边市。融资融券业务的启动，是证券投资融资方式的重大突破，不但扩大了证券市场的业务范围，增加了资本融资渠道，也将对活跃和稳定市场发挥重大作用。

3．农业银行上市并成为史上最大 IPO。7 月 15 日，农业银行正式登陆 A 股市场。8 月 13 日，中国农业银行全额行使超额配售选择权。由于农业银行的 A 股和 H 股绿鞋全部执行，农业银行成为史上最大的 IPO 案例。这也从侧面反映了中国商业银行最近几年来深化股份制改革所取得的成果，以及在应对金融危机过程中所取得的成功经验，标志着国有商业银行改制上市工作的初步完成。

（二）资本市场制度建设和监管工作不断加强

1．监管部门加大打击内幕交易力度。今年以来，中国证监会建立健全行政处罚与司法合作打击证券期货犯罪的有效模式，已初步形成综合防控和打击内幕交易的政策体系和监督机制，对内幕交易、操纵市场等违法违规行为持续保持高压态势。其中，证监会依法将长城基金公司原基金经理涉嫌犯罪的证据材料移送公安机关追究刑事责任，这也是基金经理“老鼠仓”案首次被移送公安机关。

2．证监会启动新股发行后续改革。8 月 20 日，中国证监会发布《关于深化新股发行体制改革的指导意见（征求意见稿）》和《关于修改〈证券发行与承销管理办法〉的决定（征求意见稿）》，启动新股发行后续改革。新股发行体制第二阶段改革于 11 月 1 日启动，主要措施包括进一步完善报价申购和配售约束机制、扩大询价对象范围、增强定价信息透明度、完善回拨机制和中止发行机制等。这一改革是发行定价市场化过程中的又一里程碑，对保护投资者利益具有重大意义。

3. 首批具备资格的基金评价机构出炉。为使基金评级更加规范，证监会在去年 11 月发布了《证券投资基金评价业务管理暂行办法》，今年 5 月，基金评价机构出炉，中国证券报社等 10 家单位成为第一批具备资格的基金评价机构。这意味着基金评级、评奖今后将进入正式轨道，基金评价也将更加权威。

（执笔：许亚婷 国家统计局国民经济核算司）

2010年保险市场运行报告

2010年以来，面对复杂多变的国内外经济环境，保险业有效巩固和扩大了应对金融危机冲击的成果，保险市场继续保持了良好的发展势头，保险业务较快增长，服务领域不断拓宽，市场体系日益完善，风险得到有效防范，整体实力明显增强。

一、保费收入继续加快增长

伴随着保险业务的稳步扩张，2010年保险业发展继续保持上升势头，全年累计实现保费收入14528亿元，同比增长30.4%，增幅同比提高16.6个百分点，目前我国已经成为全球最重要的新兴保险大国。其中，财产险保费收入3896亿元，同比增长35.5%，增速同比提高12.4个百分点；人身险保费收入10632亿元（其中寿险9680亿元，健康险677亿元，人身意外伤害险275亿元），同比增长28.7%，增速同比提高17.8个百分点。由于财产险保费收入增幅继续高于人身险，财产险保费收入占保费总收入的比重达到26.8%，比2009年提高了1个百分点，比2008年提高了2.9个百分点。

二、保险市场竞争不断加剧，开放程度不断扩大

2010年，我国保险市场主体不断增加，市场竞争不断加剧。保险公司（不含筹建）已经发展到了142家，比上年增加4家。其中，外资保险公司53家，比上年增加1家。外资保险公司资产达到2621亿元，占保险业资产总额的5.2%，比上年提高了0.1个百分点。保险系统职工人数达到68.6万人，比上年增加了8.7%。

2010年，我国财产险市场保费收入超过百亿的保险公司达到7家，比上年增加2家，排名前三位的保险公司保费收入占比为66.4%，比上年提高2.2个百分点；人身险市场保费收入超过百亿的保险公司达到10家，比上年增加2家，排名前三位的保险公司保费收入占比为55.8%，比上年下降5.0个百分点。

三、保险市场开发程度显著提高

随着保险业竞争的加剧，我国保险市场开发程度也在不断提高。2010年，我国保险密度（人均保费收入）为1085元/人，比上年同期增长29.8%；保险深度（保费收入占GDP的比重）为3.7%，比上年同期提高0.4个百分点。（见表1）

四、发挥保险功能，继续服务经济社会发展

2010年保险业赔款与给付达3200亿元，同比增长2.4%。其中财产险支出1756亿元，同比增长11.4%；人身险支出1444亿元，同比降低6.8%。

此外，保险业不断拓展领域，服务经济社会发展。一是服务和支持“三农”。农业保险覆盖农户数达1.3亿户次，提供风险保障3795亿元，同比分别增长1.4%和3.2%。农村小额保险覆盖

表1　2006–2010年我国保险深度和保险密度

	2006年	2007年	2008年	2009年	2010年
保险深度（%）	2.6	2.6	3.1	3.3	3.7
保险密度（元/人）	429	533	737	837	1085

范围扩大到24个省，参保人数超过2000万人。二是促进对外贸易。出口信用保险在鼓励出口和投资、支持产业结构调整等方面发挥积极作用，提供风险保障金额9223亿元，同比增长68.8%，出口信用保险支持的出口额占我国一般贸易出口额的22%。三是参与社会风险管理，2010年责任保险保费收入116亿元，同比增长25.8%。在青海玉树地震、黑龙江伊春空难等重大灾害事故中，保险业积极履行赔付责任。在上海市世博会、广州亚运会等重大活动中，保险业较好发挥风险保障功能，累计提供保险保障3000多亿元，保障人数近500万人次。四是参与社会保障体系建设。全年健康保险保费收入677亿元，同比增长16.2%。97%以上的企业选择养老保险公司作为受托人，保险机构管理的企业年金基金占45%以上。

五、维护保险市场安全稳定，投资风险得到有效控制

保险机构根据经济形势的变化，适时调整经营策略，把资金运用监管作为风险防范的关键环节，优化资产配置，减少持有风险较大的投资类资产，增加持有风险较小、收益相对稳定的银行存款，投资风险得到有效控制，维护了保险资金运用的安全稳健。2010年末，保险资金运用余额4.6万亿元，同比增长23.1%。投资类资产为32137亿元，占资金运用余额的比重为69.8%，比上年同期回落2.1个百分点，其中股票和证券投资基金为9347亿元，同比增长16.5%，占总资产的比重为20.3%，比上年回落1.1个百分点；债券类资产为22791亿元，同比增长20.6%，占总资产的比重比上年回落1.0百分点。风险较小的银行存款为13910亿元，同比增长32.2%，占总资产的比重为30.2%，比上年提高2.1个百分点。（见表2）

2010年，保险资产管理和投资经营取得较好成效，保险公司的经营效益稳步提升，可用资金不断增加。全年实现利润总额831亿元，同比增长56.7%。年末资产总额突破5万亿元，同比增长24.2%。

六、加强保险监管力度，进一步规范保险市场秩序

在保险监管方面，2010年保险业出台了《保险公司股权管理办法》、《保险集团公司管理办法》、《人身保险业务基本服务规定》、《保险公司信息披露管理办法》等一系列规定和办法，在公司治理、业务管理、透明度等方面完善监管制度，保护被保险人的利益。同时，重点从法人、高管、问责三方面入手，强化保险公司依法合规经营的自觉性，加大对法人机构的监管力度。研究出台信息化工作管理指引和保险业行业标准，推动全行业提高信息化运用水平，加强改进保险监管。

表2 保险公司资金运用情况

	绝对额（亿元）		结构比重（%）		同比增速
	2009年	2010年	2009年	2010年	（%）
总资产	40635	50482			24.2
资金运用余额	37417	46047	92.1	91.2	23.1
其中：银行存款	10520	13910	28.1	30.2	32.2
投资类资产	26897	32137	71.9	69.8	19.5
国债	4054	4816	10.8	10.5	18.8
金融债券	8764	10039	23.4	21.8	14.5
企业债券	6075	7936	16.2	17.2	30.6
证券投资基金	2759	2621	7.4	5.7	-5.0
股票	5263	6726	14.1	14.6	27.8

在检查处罚方面，2010年突出了现场检查，增加了检查频度和力度。全年共查处保险机构700多家次，并及时将违法违规处罚情况在网上公开披露，强化社会舆论管理。同时，继续推进治理商业贿赂专项工作，保险市场秩序初步好转，保险公司的业务和财务数据真实性进一步提高。

（执笔：许亚婷 国家统计局国民经济核算司）

保险业干部职工翻山越岭查勘雪灾受损电力设施
（中国保监会江西监管局提供）

2010 年人口发展报告

以 2010 年 11 月 1 日零时为标准时点，我国进行了第六次全国人口普查，并获取了高质量的普查数据。

普查数据表明，我国人口过快增长势头得到有效控制，人口文化素质明显提升，流动人口大量增加，城镇化进程加快，同时我国少儿人口比重下降，老年人口比重上升。

一、人口增长速度持续下降，过快增长势头得到有效控制

普查结果显示，2010 年 11 月 1 日我国大陆人口总量为 133972 万人，其中男性人口为 68685 万人，占 51.27%；女性人口为 65287 万人，占 48.73%。总人口性别比（以女性为 100，男性对女性的比例）为 105.20。

与 2000 年第五次全国人口普查相比，十年间我国人口增加 7390 万人，增长 5.84%，年平均增长率 0.57%。1990 年到 2000 年，我国人口增长 13215 万人，增长 11.66%，年平均增长率 1.07%。两个十年相比，后一个十年比前一个十年少增加人口 5825 万人，年平均增长率下降 0.5 个百分点。显然，进入 21 世纪后，我国人口增长速度呈逐年变缓态势。

新中国成立以来，人口增长速度经历了由低到高再到低，然后进入缓慢发展的过程。1949 年到 1964 年，人口从 5 亿增加到 7 亿，用了 15 年，每增加 1 亿人平均用 7 年半时间。1964 年到 1974 年，只用了 10 年人口由 7 亿迅速增加到 9 亿，每增加 1 亿人的时间缩短到 5 年，人口处于高速增长阶段。为了缓解人口高速增长给我国经济社会发展带来的巨大压力，我国开始实行计划生育政策，使人口的高速增长逐步得到控制。1981 年我国人口达到 10 亿，1988 年超过 11 亿，1995 年突破了 12 亿。人口每增加 1 亿所需的时间从 5 年延长到 7 年多。之后人口增长速度继续减慢，人口从 12 亿到 13 亿用了 10 年时间。我国人口再生产类型实现了由高出生率、高死亡率、高增长率向低出生率、低死亡率、低增长率的历史性转变，进入到缓慢平稳发展阶段。

与世界人口发展状况相比，我国目前 0.57% 的人口平均增长率，远远低于 1.27% 的世界平均水平。在世界排名前十位的人口大国中，只有俄罗斯、日本的人口增长率低于我国，印度、美国、印度尼西亚、巴西、巴基斯坦、孟加拉国、尼日利亚都高于我国。我国人口增长率的持续降低，使我国人口占世界人口的比重不断下降。2010 年世界人口约为 69 亿，我国人口占 19.4%。人口过快增长势头得到有效控制，有效缓解了人口增长对资源环境的压力，为我国经济社会平稳较快发展奠定了良好的基础，同时也为世界人口的稳定发展做出了积极贡献。

二、少儿人口比重大幅下降，老年人口比重上升，我国的老龄化进程进一步加快

在人口增长率减缓的同时，我国人口年龄结构也发生了较大变化。普查结果显示，我国 0-14 岁人口为 22246 万人，占 16.60%；15-59 岁人口为 93961 万人，占 70.14%；60 岁及以上人口为 17765 万人，占 13.26%，其中 65 岁及以上人口为 11883 万人，占 8.87%。

国际上通常认为，一个国家 60 岁及以上人口比重超过 10% 或 65 岁及以上人口比重超过 7%，就进入了老龄社会。我国 2000 年就开始步入老龄社会，经过十年的演变，老龄化进程进一步加快。同 2000 年人口普查相比，0-14 岁人口的比重下降 6.29 个百分点， 60 岁及以上人口的比重上升 2.93 个百分点，65 岁及以上人口的比重上升 1.91 个百分点。老年人口的迅速增加与少

儿人口迅速减少同时并存的情况，将会使我国在未来一段时间面临更加严重的老龄化考验。目前，我国65岁及以上老年人口比例已经高于世界平均水平，0-14岁少年儿童人口比例已经接近发达国家总体水平。随着1950年代我国第一次人口增长高峰期出生的人群从2010年开始进入老年阶段，我国的老龄化还会进一步加快。未来的20-30年间我国人口老龄化速度将是世界上最快的国家之一。除了老年人口增长速度快，老年人口数量大也是我国人口老龄化的显著特点。目前我国60岁以上的老年人口将近1.8亿，65岁以上的老年人口将近1.2亿，是世界上惟一一个老年人口超过1亿的国家。我国人口老龄化的另一个显著特点是“未富先老”。发达国家进入老龄社会时人均国内生产总值一般都在5000美元以上，有的超过了1万美元，而我国进入老龄化社会时人均国内生产总值还不到1000美元，目前只有4000美元。由于我国的老龄化超前于经济发展，各方面的准备还不够充分，对老龄化的承受能力不强，“未富先老”必将对我国的经济发展造成极大的压力。因此我们应以科学、积极的态度迎接人口老龄化的挑战，大力发展社会经济，建立健全和完善社会保障体系、养老保障体系，积极应对日益突出的老年人口问题。

三、教育事业快速发展，全社会受教育程度明显提升

普查结果显示，我国大陆具有大学文化程度的人口为11964万人，具有高中文化程度的人口为18798万人，具有初中文化程度的人口为51966万人，具有小学文化程度的人口为35876万人。同2000年人口普查相比，每10万人中具有大学文化程度的由3611人上升为8930人，具有高中文化程度的由11146人上升为14032人，具有初中文化程度的由33961人上升为38788人，具有小学文化程度的由35701人下降为26779人。除小学文化程度人口减少外，其他文化程度的人口都大幅度上升，大学文化程度人口上升幅度最大。与此同时，我国的文盲率大幅下降。从2000年到2010年，15岁及以上人口的文盲率由6.72%下降到4.08%，下降了2.64个百分点。

各种受教育程度人口和文盲率的变化，表明全社会受教育程度明显提升，反映了十年来我国在普及九年制义务教育、大力发展高等教育以及扫除青壮年文盲等方面取得了积极成效，为我国从人口大国向人力资源强国转变打下了良好的基础。

四、人口分布格局有明显变化，大省位次改变

由于历史的原因，我国人口的分布一直呈现“东多西少”格局，随着社会经济的发展，这种分布格局进一步得到强化。

普查结果显示，我国东部地区人口占全国总人口的37.98%，中部地区占26.76 %，西部地区占27.04%，东北地区占8.22 %。

与2000年人口普查相比，东部地区的人口比重上升2.41个百分点，中部、西部、东北地区的比重都在下降。西部地区下降幅度最大，达1.11个百分点；其次是中部地区，下降1.08个百分点；东北地区下降0.22个百分点。主要受人口迁移流动的影响，东部地区经济发达省份，人口增加较多。例如北京十年人口增加了41.92%，上海增加了37.53%，天津增加了29.27%，广东增加了20.69%，浙江增加了16.37%，都远远高于全国人口增长5.84%的水平。

人口密度也发生了较大变化，呈现出东部地区人口密度大且进一步加大，中西部地区人口密度小且进一步减少的特点。人口密度最高的是上海、北京、天津三个直辖市，每平方公里超过1000人，江苏、山东、广东、河南、浙江每平方公里超过500人，远远高于每平方公里139人的全国平均水平。人口密度最低的是内蒙、新疆、青海、西藏4个省（区），每平方公里不到50人。与2000年人口普查相比，我国的人口密度每平方公里增加了8人，东部地区的上海增加991人，北京增加341人，天津增加244人，广东增加99人，浙江增加77人，江苏增加43人。

人口密度加大的地区都在经济发达、流入人口多的东部地区。

由于人口迁移流动的影响，人口大省的位次也发生了变化。我国人口流入的热点地区主要在珠三角、长三角和京津地区，这些地区的省份人口快速增加。按常住人口排序，2000 年人口总量位于前三位的分别是河南省、山东省、广东省；2010 年人口排在前三位的则变为广东省、山东省、河南省，广东成为我国第一人口大省，也是唯一一个人口过亿的省份。

五、流动人口大量增加，城镇化进程加快

普查结果显示，2010 年我国居住地与户口登记地所在的乡镇街道不一致且离开户口登记地半年以上的人口为 26139 万人，其中市辖区内人户分离的人口为 3996 万人，不包括市辖区内人户分离的人口为 22143 万人。同 2000 年人口普查相比，居住地与户口登记地所在的乡镇街道不一致且离开户口登记地半年以上的人口增加 11700 万人，增长 81.03%；不包括市辖区内人户分离的人口增加 10036 万人，增长 82.89%。这表明，流动人口从 2000 年的 1.2 亿快速增加到 2010 年的 2.2 亿，增加了 83% 之多，反映出我国流动人口规模仍在迅速扩张的特点。

大量流动人口的出现和规模的扩大，特别是改革开放以后数以亿计的农村劳动力进城务工经商，为我国的经济快速发展做出了不可磨灭的贡献。从这次普查获得的人口城乡分布、地区分布和人口密度数据看，人口流动呈现出从农村流向城市、从中西部地区流向东部地区、从经济欠发达区域流向经济发达区域的显著特点。人口流动促进了生产要素的合理配置，使得劳动力分布与经济布局更加协调一致，使得就业更加充分，满足了流入地经济发展对劳动力的需求，也一定程度上带动了流出地经济社会的发展，改善了农村居民和中西部居民的生活水平。

与此同时，我国的城镇化进程进一步加快。改革开放以前，我国的城镇化水平一直不高，城镇人口的比重长期徘徊在 17% 左右。随着改革开放的不断深化，城市化进程逐渐加快，特别是近几年，我国城镇化水平快速提高。普查结果显示，2010 年全国城镇人口达到 6.66 亿人，占总人口的 49.68 %，比 2000 年上升了 13.46 个百分点，而 2000 年比 1990 年上升 9.86%。我国城镇化进程的加快，某种程度上也标志着我国工业化和现代化水平的不断提高，是我国经济社会快速发展的充分体现，也为今后我国经济社会科学发展提供着巨大动力。

（执笔：武超 国家统计局人口司）

2010年城镇居民生活状况报告

2010年是“十一五”规划的最后一年，在深入贯彻落实科学发展观，构建社会主义和谐社会的环境下，我国国民经济快速、平稳、协调发展。全国城镇居民收入继续增长，消费结构升级，生活质量显著改善，生活水平进一步提高。

一、城镇居民收入继续增长，中低收入群体收入增速较快

2010年，城镇居民人均可支配收入19109元，比上年增长11.3%；扣除价格因素，实际增长7.8%。

（一）各项收入继续增长

1. 工资性收入稳定增长

工资性收入仍然是城镇居民收入的主要来源，2010年人均工资性收入13708元，增长10.7%，对总收入增长速度贡献7个百分点。工资性收入增长的主要原因是：多数地区纷纷提高最低工资标准，平均增幅在20%以上；企业效益好转，员工工资、福利和年终奖金均比去年有所提高；事业单位绩效工资改革陆续在各地展开，文教、卫生等行业受惠较多。工资性收入占人均总收入比重为65.2%，2006年至2009年分别是68.9%、68.7%、66.2%、65.7%，比重逐年下降。

2. 转移性收入增长较快

受国家出台一系列惠民政策的影响，2010年城镇居民转移性收入增长较快。人均转移性收入5092元，增长12.8%，对总收入增长速度贡献3个百分点。其中，2010年国家继续提高企业退休人员基本养老金水平，导致人均养老金或离退休金上涨14.9%；很多地区上调了最低生活保障标准，带动人均最低生活保障收入上涨8.4%；此外，还有一些地区根据价格上涨情况对部分人群给予生活补贴。这些因素都拉动了转移性收入的上涨。

3. 经营净收入增速加快

随着经济情况好转，经营环境改善，经济效益转好，城镇居民经营净收入增速加快。2010年人均经营净收入1714元，增长12.1%，增速高于上年6.9个百分点。

4. 财产性收入快速增长

2010年，财产性收入快速增长，人均财产性收入520元，增长20.5%，占总收入比重为2.5%。其中，由于租赁市场日趋发达和完善，房屋租金有较大提高，带动出租房屋收入上涨24%；随着居民理财及投资渠道日渐丰富，其他投资收入也有所增长。

（二）中低收入群体收入增速较快

从五等份收入组收入增长情况看：2010年低收入组居民可支配收入增长最快，人均可支配收入为7605元，比上年增长13.1%；中低收入组人均可支配收入为12702元，增长13.0%；中等收入组人均可支配收入为17224元，增长11.8%；中高收入组人均可支配收入为23189元，增长10.3%；高收入组人均可支配收入为41158元，增长9.9%。中低收入组收入增长速度明显快于全国平均水平，不同收入组居民之间收入差距缩小。

（三）东部与其他地区间收入差距基本未变

从分地区可支配收入增长情况看，东部地区城镇居民人均可支配收入为23273元，增长11.1%，中部地区人均可支配收入为15962元，增长11.1%，西部地区人均可支配收入为15806元，增长11.2%，东北地区人均可支配收入为15941元，增长11.3%。东部地区、中部地区、西部地区、东北地区人均可支配收入比值由2009

年的147.4：101.1：100：100.8略变为2010年的147.2：101.0：100：100.9。总的看，东部与其他地区间收入差距基本未变。

二、城镇居民生活质量显著改善，生活水平进一步提高

2010年城镇居民人均消费性支出13471元，比上年增长9.8%，增速高于上年0.7个百分点；扣除价格因素，实际增长6.4%。

（一）食品消费继续增长，恩格尔系数略有下降

2010年城镇居民人均食品支出4805元，增长7.3%，增速较上年增长2.2个百分点。食品支出占消费支出的比重（即恩格尔系数）为35.7%，较上年下降0.8个百分点，城镇居民生活质量进一步提高。

食品消费中支出比重最大的仍是肉禽蛋水产品类，人均购买肉禽蛋水产品类支出1339元，比上年增长6.1%，占食品支出总金额的27.9%，其中人均猪肉消费支出437元，比上年增长3.0%。人均粮食支出386元，比上年增长15.3%，其中大米支出170元，增长8.1%，其他粮食及制品支出179元，增长27.6%。受鲜菜、鲜果类价格上涨的影响，人均购买鲜菜、鲜果支出大幅增加，分别为457元和233元，比上年增长12.5%和12.0%。

2010年城镇居民在外饮食支出增速放缓。人均在外饮食支出1019元，比上年增长4.4%，增速低于上年6.8个百分点，占食品消费比重为21.2%，比上年缩小0.6个百分点。

（二）交通支出迅猛增长，汽车拥有量加速上升

随着人民生活水平的改善，家庭日常用交通工具发生了重大改变，家用汽车在居民家庭开始普及。截止2010年末，城镇居民家庭每百户拥有家用汽车13.1辆，比上年增加2.2辆，同比增长20%。人均购买家用汽车支出568元，比上年增长27.0%。

同时，燃料及车辆使用税费支出大幅增长。2010年人均购买汽油支出226元，增长30.7%，占人均交通支出比重为18%，高于去年1.4个百分点。人均车辆使用税费支出70元，增长34%。

汽车及周边消费支出的大幅增长，带动了人均交通支出迅速增加。2010年城镇居民人均交通支出1255元，增长20.6%，占消费支出比重为9.3%，高于上年0.8个百分点。

（三）家庭设备用品更新加快

受“以旧换新”政策继续实施的影响，2010年城镇居民家庭设备用品更新加快。人均购买家庭设备用品及服务支出908元，比上年增长15.4%；占消费支出比重为6.7%，高于上年0.3个百分点。

人均购买耐用消费品支出395元，比上年增长9.9%。其中，人均购买洗衣机、电冰箱支出分别增长23.3%和15.4%。截止2010年末，每百户拥有洗衣机96.9台，比上年增加0.9台；每百户拥有电冰箱96.6台，比上年增加1.2台。此外，家庭日用杂品支出快速增长，2010年城镇居民人均家庭日用杂品支出340元，比上年增长28.4%。

（四）居住支出持续增加，居住环境不断改善

2010年城镇居民人均居住支出1332元，比上年增长8.4%。其中人均住房支出421元，增长6.1%；水电燃料及其他支出808元，增长8.2%；人均居住服务费103元，增长20.8%，居住服务费增长较快。

城镇居民自有住房率进一步提高。至2010年底，已有89.3%的城镇居民家庭拥有自有住房，比2009年提高了0.4个百分点。其中，11.2%的家庭拥有原有私房，40.1%的家庭拥有房改私房，38.0%的家庭拥有商品房。

同时，城镇居民居住环境不断改善，生活质量进一步提高。至2010年底，有4.5%的城镇居民家庭居住单栋住宅，比上年提高0.1个百分

点；居住四居室、三居室的家庭比例为4.3%和32.7%，分别比上年提高0.1和0.5个百分点。有65.5%的住房有装修，比上年提高1.5个百分点。住宅配套设施也进一步改善。98.7%的家庭独用自来水，比上年提高0.2个百分点；无卫生设备的家庭比重仅为3%，比上年下降0.3个百分点；有空调设备或暖气的家庭比重为65%，比上年提高1.1个百分点。

（五）通信事业蓬勃发展，网络使用更加普及

随着社会的进一步发展，信息化社会逐步形成，城镇居民通信支出迅速增长。2010年城镇居民人均通信支出729元，增长13.6%，占消费支出比重为5.4%。

截止2010年末，每百户城镇居民家庭拥有移动电话188.9部，比上年增加7.9部。每百户城镇居民家庭有16部移动电话接入互联网，比上年增加2.3部；每百户城镇居民家庭有55.1台计算机接入互联网，比上年增加5.3台。

由于社会的信息化不断加强和互联网的普及，城镇居民通信服务费支出大幅增长。2010年城镇居民人均通信服务支出625元，比上年增长13.8%。其中，人均上网费支出117元，比上年增长33.8%，增速高于上年6.1个百分点。人均通过互联网购买商品或服务支出35元，比上年增长101.6%，增速高于上年50.7个百分点。城镇居民的日常生活与网络信息服务正密切相联。

（六）文娱生活日趋丰富，教育支出继续增长

收入增长和生活水平的提高促进了人民文化生活需求的增长，文娱消费种类越来越多，城镇居民的精神生活更加丰富多彩。2010年城镇居民人均教育文化娱乐服务支出1628元，比上年增长10.5%，占消费支出比重为12.1%。

截止2010年末，每百户城镇居民家庭拥有彩色电视机137.4台，比上年增长1.7台；拥有家用电脑71.2台，比上年增长5.5台；拥有照相机43.7台，比上年增长2台。文化娱乐服务消费支出强劲增长，参观游览、外出旅游等越来越多的成为普通百姓的休闲方式。2010年城镇居民人均文化娱乐服务支出559元，增长25.5%。其中，人均团体旅游支出316元，增长23.5%；其他文娱活动支出144元，增长28%；人均参观游览支出73元，增长42.3%。

同时，城镇居民对于教育及知识的渴求也在增加，用于教育的花费继续增长。2010年人均教育费用支出604元，比上年增长3.7%。其中，人均培训班费用支出148元，比上年增长20.5%；人均成人教育费支出51元，比上年增长8.8%。

（七）公务卫生服务及保障体系完善，居民保健意识增强

社会的发展带来了公共卫生服务及保障体系的完善。2010年，国家对基本医疗保险药品目录价格进行规范管理，居民医疗支出及药品费减少，“看病贵”问题有所缓解。

2010年，城镇居民人均医疗保健支出872元，比上年增长1.8%，占消费支出比重为6.5%，低于去年0.5个百分点。其中人均药品费支出416元，比上年下降0.3%。同时，居民保健意识逐渐增强，保健品支出增长较快。2010年城镇居民人均购买滋补保健品支出129元，比上年增长11.1%。

（八）衣着支出增长较快，其他商品和服务支出稳定增长

受价格上涨影响，城镇居民衣着支出增长较快。2010年城镇居民人均衣着支出1444元，比上年增长12.5%，增速高于上年2.4个百分点，占消费支出比重为10.7%，比上年增加0.2个百分点。其中人均服装支出1057元，比上年增长14.4%。

随着生活水平的提高，城镇居民越来越注重个人生活品质。2010年城镇居民人均购买化妆品支出130元，比上年增长10.3%，人均购买金银珠宝饰品支出85元，比上年增长24.1%。对于个人服务的需求也日趋强劲，2010年人均美容费支出45元，比上年增长16.7%；人均旅馆

住宿费支出 24 元，比上年增长 42.3%。

三、需要关注的问题

（一）低收入群体生活压力仍然较大

2010 年最低 10% 收入户人均可支配收入为 5948 元，消费支出为 5472 元，平均消费倾向为 92%，高于 70.5% 的全国平均水平 21.5 个百分点，比最高 10% 收入户 61.8% 的消费倾向高出 30.2 个百分点。其中更低 5% 困难户平均消费倾向高达 99.5%，基本处于“收支相抵”的状态，少有节余。

从具体支出来看，最低 10% 收入户恩格尔系数为 46.2%，更低 5% 困难户恩格尔系数高达 47.3%，分别高于全国平均水平 10.5 个百分点和 11.6 个百分点，食品支出基本占了消费支出的一半。2010 年，最低 10% 收入户人均食品支出比上年增长 10.1%，高于平均增长幅度 2.8 个百分点；人均居住支出比上年增长 13.4%，高于平均增长幅度 5 个百分点；人均医疗保健支出增长 11.8%，高于平均增长幅度 10 个百分点。吃、住、就医等基本生存需求支出增长过快，加重了低收入户的生活压力。

（二）平均消费倾向走低，净储蓄率增幅较大

2010 年，城镇居民平均消费倾向为 70.5%，比上年降低 0.9 个百分点，城镇居民消费意愿有所下降。同时，净储蓄率①上升较多。2010 年，城镇居民净储蓄率为 11.1%，高于上年 2.8 个百分点。城镇居民净储蓄率上升较多，而消费意愿有所下降。扩大内需，刺激消费仍是未来需要继续关注的问题。

（执笔：董丽娟 国家统计局住户办）

（徐州市统计局提供）

①净储蓄率＝城镇居民人均储蓄余额／城镇居民人均可支配收入，其中城镇居民人均储蓄余额＝当年城镇居民人均存入储蓄款－当年城镇居民人均提取储蓄存款。

2010年农村居民生活状况报告①

2010年，全国农村居民收入快速增长，生活消费稳定提高，生活质量持续改善。

一、农村居民收入增长特点

（一）农村居民人均纯收入实际增长10.9%

据对全国31个省（自治区、直辖市）6.8万个农村住户的抽样调查，2010年农村居民人均纯收入5919元，同比增加766元，增长14.9%。剔除价格因素影响，实际增长10.9%，增速比2009年提高2.4个百分点。

1. 工资性收入较快增长

2010年农村居民工资性收入人均2431元，增加370元，增长17.9%，增速同比提高6.7个百分点。工资性收入对农村居民全年增收的贡献率达48.3%。其中，在本乡地域内劳动得到的收入人均1178元，增加178元，增长17.9%；农村居民外出务工收入人均1015元，增加165元，增长19.4%。工资性收入较快增长主要是由于工资水平上涨较多以及外出务工人数有所增加。

2. 家庭经营纯收入增速大幅提高

2010年农村居民家庭经营纯收入人均2833元，增加306元，增长12.1%，增速同比提高8.4个百分点。家庭经营纯收入对农村居民全年增收的贡献率达40%，比2009年提高16.8个百分点。其中，第一产业纯收入人均2231元，增加243元，增长12.2%；第二、第三产业纯收入人均602元，增加63元，增长11.7%。家庭经营纯收入增长的主要特点是：

受粮食、蔬菜、棉花等主要农产品价格大幅上涨的影响，农村居民农业纯收入大幅增长。人均农业纯收入1723元，增加226元，增长15.1%，增速同比提高10.1个百分点。

受牧业生产成本上升以及猪价较低的影响，牧业收入依旧低迷。人均牧业纯收入356元，减少5元，在2009年下降9.3%的基础上，继续下降1.3%。

第二、第三产业纯收入保持了稳定增长。其中，工业收入人均93元，增加6元，增长7.3%；建筑业收入人均89元，增加11元，增长14.5%；第三产业收入人均420元，增加46元，增长12.2%。

3. 财产性收入保持较快增长

2010年农村居民财产性收入人均202元，增加35元，增长21%。其中，股息和红利收入人均27元，增加4元，增长16.1%；租金收入人均47元，增加5元，增长11.8%；转让土地承包经营权收入人均24元，增加6元，增长29.6%。

4. 转移性收入增速明显下降

2010年农村居民转移性收入人均453元，增加55元，增长13.8%，增速同比下降9.3个百分点，是2004年以来增速最低的一年，但增加额仅次于2008年和2009年。其中，4项农业生产补贴收入（包括粮食直补、农资综合补贴、良种补贴、农机具购置补贴）人均118元，增加8元，增长6.9%；离退休金、养老金人均113元，增加28元，增长32.8%；报销医疗费人均27元，增加7元，增长36.6%；领取最低生活保障收入人均12元，增加3元，增长29.6%。

5. 纯收入构成

2010年农村居民家庭经营纯收入占纯收入比重的47.9%，比2009年下降1.2个百分点；工资性收入比重为41.1%，比2009年提高1.1个百分点；转移性收入比重为7.6%，比2009年下降0.1个百分点；财产性收入比重为3.4%，比2009年

---

①若非特别说明，本文收支增长均未考虑价格因素影响。部分数据因四舍五入的原因，存在与增长率有一定误差的情况。

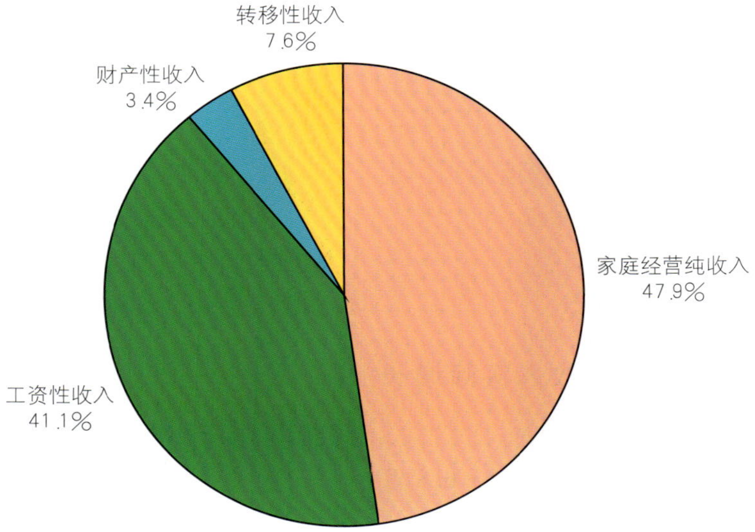

图 1　2010 年农村居民人均纯收入构成

提高 0.2 个百分点（见图 1）。

6. 现金纯收入稳定增加

2010 年农村居民现金纯收入稳定增加，全年现金纯收入人均 5144 元，比 2009 年增加 601 元，增长 13.2%，增幅比 2009 年提高 0.5 个百分点。

（二）农村居民收入差距缩小，低收入群体收入增速较快。

1. 基尼系数缩小

2010 年农村居民人均纯收入基尼系数为 0.3783，比 2009 年的 0.3850 下降 0.0067。农村居民人均纯收入基尼系数自 2000 年以来基本呈逐年上升趋势，除 2006 年小幅下降 0.0014 以外，2010 年是进入新世纪以来，基尼系数出现下降的第二个年份（见图 2）。

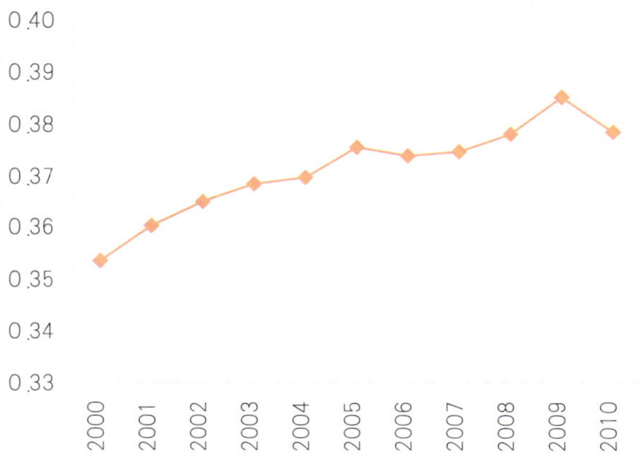

图 2　农村居民收入基尼系数变化

2. 低收入户收入增速较快，高、低收入户的收入比缩小

按人均纯收入高低对农村居民进行 5 等份分组，2010 年低收入户收入增速更快。低收入户、次低收入户、中等收入户、次高收入户和高收入户人均纯收入增速分别为 20.7%、16.4%、16%、15% 和 14%（见表 1）。高收入户和低收入户人均纯收入的比值从 2009 年的 8.0 ∶ 1 下降到 2010 年的 7.5 ∶ 1。

3. 东北和中西部省份农村居民收入增速较快，地区差距缩小

2010 年东、中、西、东北地区农村居民人均纯收入分别为 8143 元、5510 元、4418 元和 6435 元，增速分别为 13.8%、15%、15.8% 和 17.9%。西部地区增速比东部地区高 2 个百分点。收入最高省份与最低省份的收入比由 2009 年的 4.19 ∶ 1 下降到 2010 年的 4.08 ∶ 1。

表 1 按农户收入 5 等份分组的农村居民纯收入比较

单位：元／人，%

类 别	低收入户	次低收入户	中等收入户	次高收入户	高收入户
2009 年	1549	3110	4502	6468	12319
2010 年	1870	3621	5222	7441	14050
2010 年比 2009 年增加	321	511	720	973	1731
2010 年比 2009 年增长	20.7	16.4	16.0	15.0	14.0

（三）2011 年农村居民收入展望

总的看来，2010 年全国农村居民收入增速较快，农村居民内部收入差距缩小。这一方面得益于 2010 年农产品比价上升和粮食丰收，以及农民工工资的快速上涨；另一方面也得益于政府为保障民生出台的大量举措，对保障中低收入群体收入增长发挥了重要作用。

展望 2011 年，预计农村居民收入仍将稳定增长。但也将面临巨大挑战。一是工资性收入继续快速增长会有一定难度；二是农业生产固有的不确定性和农产品价格的波动性，增加了农村居民增收的不确定性；三是随着近年各项惠民政策逐步到位，原有政策对转移性收入的拉动作用会减弱；四是物价上涨会减缓收入的实际增长率。

二、农村居民生活消费增长特点

（一）农村居民生活消费支出实际增长 5.9%

2010 年农村居民生活消费支出人均 4382 元，比 2009 年增加 388 元，增长 9.7%，剔除价格因素影响，实际增长 5.9%。其中，商品性支出人均 3120 元，增加 282 元，增长 10%；服务性支出人均 1262 元，增加 106 元，增长 9.2%。

1. 食品支出增速明显提高

2010 年农村居民食品消费支出人均 1801 元，比 2009 年增加 165 元，增长 10.1%，增速比 2009 年同期提高 7.7 个百分点。农村居民食品消费支出占生活消费支出的 41.1%，比 2009 年提高 0.1 个百分点。在食品消费支出中，粮食支出人均 374 元，增加 32 元，增长 9.5%；蔬菜及制品支出人均 182 元，增加 30 元，增长 20%；肉禽蛋奶及制品支出人均 449 元，增加 37 元，增长 9%；水产品支出人均 69 元，增加 5 元，增长 7.1%；在外饮食支出人均 240 元，增加 15 元，增长 6.9%。食品支出增速加快的主要原因是主要食品消费价格上涨较快。

2. 衣着支出较快增长

2010 年农村居民衣着消费支出人均 264 元，比 2009 年增加 32 元，增长 13.6%，增速提高 3.8 个百分点。其中，购买服装支出人均 180 元，增加 24 元，增长 15.3%；购买鞋类支出人均 64 元，增加 7 元，增长 11.6%。

3. 居住支出增速大幅回落

2010 年农村居民居住支出人均 835 元，比 2009 年增加 30 元，增长 3.7%，增速回落 14.8 个百分点。其中，建筑生活用房材料支出人均 225 元，减少 50 元，下降 18.3%；维修生活用房雇工支出人均 98 元，与 2009 年基本持平；购买生活用水电支出人均 109 元，增加 15 元，增长 15.4%。农村居民居住支出增速大幅回落是多重因素共同作用的结果。一是汶川地震灾区农村住房重建工作基本结束。2010 年仅四川、甘肃两省农村居民建筑生活用房材料和相应雇工支出的大幅度下降，影响当年全国农村居民居住支出人均减少 37 元；二是 2008 年末受金融危机影响农民工返乡带动的农村建房热有所减弱；三是 2004 年以来由于新一轮建材涨价造成的居住支出快速增长期基本结束。2003 年和 2004 年农村居民人均居住支出分别仅增长 2.7% 和 5.1%，2005-2009 年增长速度大幅度提高，其中 2006 年高达 26.7%，2007 年为 22.4%，2008 年为 18.3%，

2009 年为 18.6%。2009 年农村建房及装修材料价格指数持平，农村居民消费预期因此有所改变。

4. 家庭设备用品及服务支出增长有所回落

2010 年农村居民家庭设备用品及服务支出人均 234 元，比 2009 年增加 29 元，增长 14.3%，增速回落 3.4 个百分点。家庭设备支出增速回落的部分原因是随着农村居民购建生活用房的减少，与此相关的床上用品和室内装饰品支出均比 2009 年同期有所减少。但购买机电设备支出仍然增长较快，人均 86 元，增加 16 元，增长 22.5%；购买家具支出人均 43 元，增加 7 元，增长 18.6%。

5. 交通通讯支出继续较快增长

2010 年农村居民交通通讯支出人均 461 元，比 2009 年增加 58 元，增长 14.4%，增速提高 2.5 个百分点。其中，购买交通工具支出人均 153 元，增加 33 元，增长 27%；购买交通工具用燃料支出人均 56 元，增加 9 元，增长 20.2%；购买通讯工具支出人均 31 元，增加 2 元，增长 7.4%；通讯费支出人均 130 元，增加 7 元，增长 5.9%。

6. 文教娱乐用品支出平稳增长

2010 年农村居民文教娱乐支出人均 367 元，比 2009 年增加 26 元，增长 7.7%。其中，购买文教娱乐用机电消费品支出人均 49 元，增加 6 元，增长 13.5%；文体娱乐服务消费支出人均 43 元，增加 8 元，增长 24.1%；学杂费支出人均 149 元，下降 1.9%。

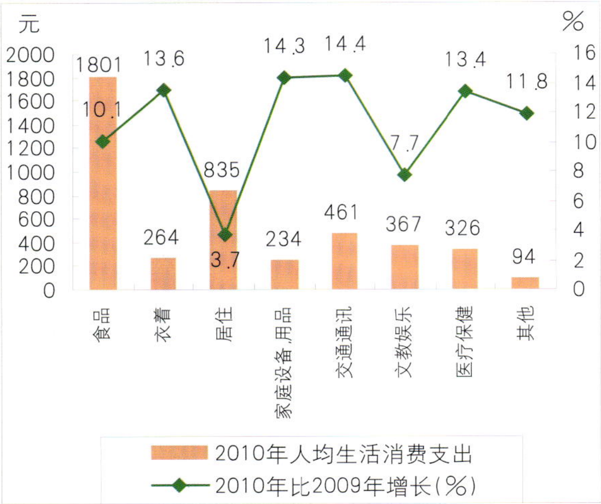

图 3　2010 年农村居民生活消费支出及增长

7. 医疗保健支出增速回落

2010 年农村居民医疗保健支出人均 326 元，比 2009 年增加 38 元，增长 13.4%，增速下降 3.5 个百分点。其中，购买药品支出人均 110 元，增加 6 元，增长 6.2%，增速下降 6.4 个百分点；医疗费支出人均 207 元，增加 32 元，增长 18.1%，增速下降 1.3 个百分点。

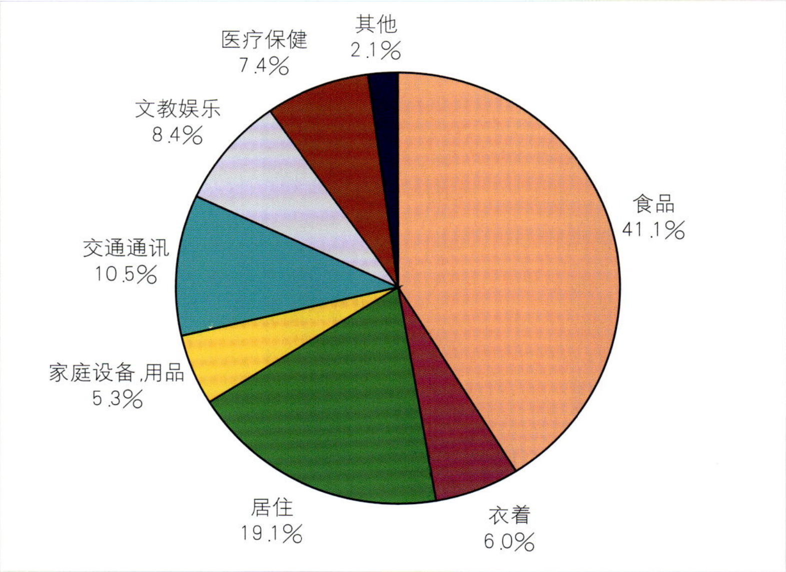

图 4　2010 年农村居民消费支出构成

8. 其他商品和服务支出平稳增长

2010年农村居民其他商品和服务支出人均94元，比2009年增加10元，增长11.8%，增速提高2.1个百分点。随着收入提高，农村居民美容消费增加较快。2010年，农村居民化妆品支出人均5元，比2009年增长19%；美容美发人均支出9元，增长30.6%。

9. 生活消费支出构成

与2009年比较，2010年农村居民生活消费结构变动呈现5升2降1平态势。在农村居民生活消费支出中：食品支出占41.1%，比2009年提高0.1个百分点；居住支出占19.1%，比2009年下降1.1个百分点；交通和通讯支出占10.5%，比2009年提高0.4个百分点；文教娱乐支出占8.4%，比2009年下降0.1个百分点；医疗保健支出占7.4%，比2009年提高0.2个百分点；衣着支出占6%，比2009年提高0.2个百分点；家庭设备和用品支出占5.3%，比2009年提高0.2个百分点；其他商品和服务支出占2.1%，与2009年基本持平（见图4）。

（二）农村居民生活质量改善情况

1. 主要食品消费量因价格上涨有所减少

2010年由于主要食品消费价格上涨较快，农村居民主要食品消费量普遍有所减少。农村居民消费粮食人均181.4公斤，比2009年减少7.8公斤，下降4.1%；消费蔬菜人均93.3公斤，比2009年减少5.1公斤，下降5.2%；消费禽蛋人均5.1公斤，比2009年下降3.8%；消费肉类人均22.2公斤，比2009年增长2.9%；消费奶及奶制品人均3.6公斤，比2009年下降1.2%；消费水产品人均5.2公斤，比2009年下降2.2%；消费瓜果人均19.6公斤，比2009年下降4.4%；消费坚果人均1公斤，比2009年下降9.3%。

2. 居住条件和居住环境持续改善

2010年农村居民人均居住面积34.1平方米，比2009年增长1.5%。其中65.1%的农户人均居住面积大于25平方米，比2009年提高1.1个百分点；居住在钢筋混凝土结构住房中的农户占37.2%，比2009年提高1个百分点。

从居住条件来看，一是住房卫生条件改善，2010年有93.8%的农户居住的住房拥有卫生设备，比2009年提高0.4个百分点；其中，住房有水冲式卫生厕所的农户占21%，提高1.4个百分点，无厕所的农户占6.2%，减少0.4个百分点。二是供暖条件改善，2010年有43.8%的农户住房拥有取暖设备，比2009年提高0.8个百分点，其中使用空调和暖气的农户占18.7%，比2009年提高1.7个百分点。三是使用清洁能源的农户增加，2010年使用清洁燃料如沼气、燃气、燃油、电、太阳能的农户占31.1%，比2009年提高1.1个百分点。四是饮用安全卫生水的农户增加，2010年有78%农户饮用安全卫生水，比2009年提高1个百分点；其中，饮用自来水的农户占48.9%，提高2.9个百分点。五是住房外部环境有较大改善，2010年有50%的农户住宅外有水泥或柏油状路面，比2009年提高3.5个百分点；住宅外有石头或石板等硬质路面的农户占21.3%，比2009年减少0.9个百分点；住宅外为土路等非硬质路面的农户占28.7%，比2009年下降2.6个百分点。

3. 主要耐用消费品拥有量增势较强

2010年，农村居民家庭年末主要耐用消费品拥有量增加，除自行车、固定电话机、黑白电视机、影碟机拥有数量下降外，其他反映现代化生活的耐用消费品拥有量增长幅度普遍达到两位数。平均每百户农村居民家庭拥有彩色电视机111.8台，比2009年增加2.8台，增长2.6%；洗衣机57.3台，增加4.2台，增长7.9%；电冰箱45.2台，增加8.1台，增长21.8%；摩托车59辆，增加2.4辆，增长4.2 %；电动自行车23.2辆，增加4.5辆，增长24 %；移动电话136.5部，增加21.3部，增长18.5%；空调16台，增加3.8台，增长30.8%；抽油烟机11.1台，增加1.4台，增长13.9%；微波炉9.2台，增加1.7台，增长22.3%；热水器28.3台，增加4.5台，增长19.1%，其中具有节能功能的太阳能热水器15.8台，增长25.1%，占热水器的56%，比重提高2.7个百分点；此外，2010年平均每百户农村居民家庭拥有生活用汽车2.8辆，比2009年增长30.6%；电脑10.4台，比2009年增长39.1%，其中有三分之二的电脑接入了互联网。

（三）农村居民生活消费现金支出、消费差距情况

1. 现金消费支出比重进一步提高

2010年农村居民生活消费现金支出3859元，占生活消费总支出比重的88.1%，比2009年提高了0.3个百分点。其中，用于购买食品的现金支出比重为72.9%，比2009年提高0.8个百分点；此外，在外用餐支出稳定增加。2010年农村居民在外饮食支出人均240元，比2009年增加15元，增长6.9%。

2. 各收入组农户消费水平有不同程度增长

按农户收入5等份分组的农村居民消费水平分析，2010年各收入组农户消费水平均有不同程度增长，低收入农户、次低收入农户、中等收入农户、次高收入农户和高收入农户人均生活消费支出比上年分别增长7.7%、12.1%、11.8%、9.4%和9.4%（见表2）。低收入组农户的生活消费支出增长速度慢，主要与因灾等农村住房重建工作基本结束的影响有关，2010年低收入组农户的居住支出中的建房支出比2009年下降19%，直接影响低收入组农户的生活消费支出下降1.8个百分点。

总的来看，2010年全国农村居民生活消费保持了平稳增长态势，但实际生活消费支出增速放慢，其中主要是受居住支出大幅回落和物价形势明显趋紧等影响。因此，进一步落实好国家的“建立消费长效机制”，促进扩大消费相关改革措施的实质性推进，必将对未来农村居民生活消费的平稳较快增长取得积极效果。

表2　按农户收入5等份分组的农村居民消费水平比较

单位：元／人，%

类　别	低收入户	次低收入户	中等收入户	次高收入户	高收入户
2009年	2355	2870	3546	4592	7485
2010年	2535	3219	3964	5026	8190
2010年比2009年增加	180	349	418	434	705
2010年比2009年增长	7.7	12.1	11.8	9.4	9.4

（执笔：唐平　国家统计局住户办）

2010年农民工监测报告

农村劳动力转移，已成为推动我国工业化、城市化进程的重要力量，也是农民增收的重要渠道。目前，农民工遍布全国各个地区和各个行业，对经济社会生活产生了广泛的影响，与农民工流动有关的一系列问题已成为社会各界关注的焦点。本文利用2010年国家统计局农民工监测调查资料对农民工总规模、分布状况、就业和收入状况、权益保障状况等方面进行初步分析。主要结果如下：

一、农民工总体规模

（一）2010年全国农民工总量达24223万人

据调查结果推算，2010年全国农民工总量①达到24223万人，比上年增加1245万人，增长5.4%。其中，住户中外出农民工12264万人，比上年增加697万人，增长6%；举家外出农民工3071万人，增加105万人，增长3.5%。本地农民工8888万人，增加443万人，增长5.2%。

表1 农民工数量

单位：万人、%

	2010年	2009年	增减	增长
农民工总量	24223	22978	1245	5.4
1. 外出农民工	15335	14533	802	5.5
(1) 住户中外出农民工	12264	11567	697	6.0
(2) 举家外出农民工	3071	2966	105	3.5
2. 本地农民工	8888	8445	443	5.2

（二）中西部地区农民工人数增长快于东部地区

从输出地看，东部地区农民工10468万人，比上年增加450万人，增长4.5%，东部地区农民工占农民工总量的43.2%；中部地区农民工7619万人，比上年增加473万人，增长6.6%，中部地区农民工占农民工总量的31.5%；西部地区农民工6136万人，比上年增加322万人，增长5.5%，西部地区农民工占农民工总量的25.3%。

表2 2010年各地区农民工比重

单位：%

	合计	东部	中部	西部
农民工	100	43.2	31.5	25.3
1.外出农民工	100	31.8	36.6	31.6
2.本地农民工	100	62.9	22.5	14.6

二、农民工流向及就业地域分布

（一）农民工务工仍以东部地区为主，但在中西部地区务工的比重提高

从农民工的就业地区②来看，在东部地区务工的农民工16212万人，比上年增加644万人，增长4.1%，占农民工总量的66.9%，比上年降低0.9个百分点；在中部地区务工的农民工4104万人，比上年增加274万人，增长7.2%，占农民工总量的16.9%，比上年提高0.3个百分点；在西部地区务工的农民工3846万人，比上年增加327万人，增长9.3%，占农民工总量的15.9%，比上年提高0.6个百分点。分省看，农民工就业地区主要分布在广东、浙江、江苏、山东等省，这4个省占到全国农民工总数的近一半。

（二）在长三角和珠三角地区务工的农民工比重下降

①农民工数量包括年内外出从业6个月以上的外出农民工和本地非农从业6个月以上的本地农民工两部分。
②农民工的就业地区分布，除东部、中部和西部地区外，另有0.3%的外出农民工在港澳台地区及国外从业。

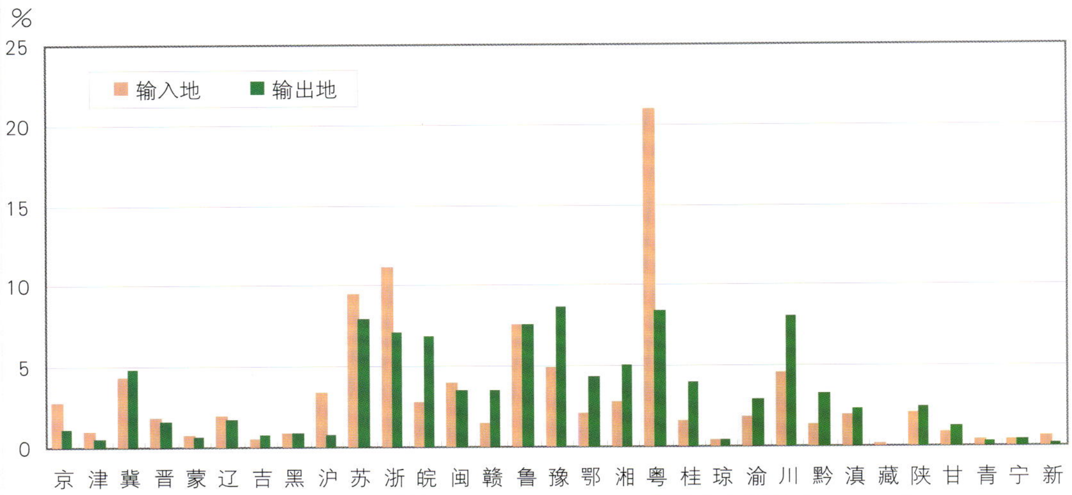

图 1　2010 年农民工在输入地与输出地的分布

在长三角地区务工的农民工为 5810 万人，比上年增加 263 万人，增长 4.7%，在珠三角地区务工的农民工为 5065 万人，比上年增加 148 万人，增长 3%。在长三角和珠三角地区务工的农民工分别占全国农民工的 24% 和 20.9%，分别比上年下降 0.2 和 0.5 个百分点。

（三）在省内务工的外出农民工数量增加较多，跨省外出的农民工比重下降

在外出农民工中，在省内务工的农民工 7618 万人，比上年增加 526 万人，增长 7.4%，占外出农民工总量的 49.7%；在省外务工的农民工 7717 万人，比上年增加 276 万人，增长 3.7%，占外出农民工总量的 50.3%。在省内务工的比重比上年上升 0.9 个百分点，西部地区在省内务工的比重比上年提高了 2.2 个百分点。

表 3 不同地区外出农民工在省内、省外务工的分布

单位：%

地　区	2010 年		2009 年	
	省内	省外	省内	省外
东部地区	80.3	19.7	79.6	20.4
中部地区	30.9	69.1	30.6	69.4
西部地区	43.1	56.9	40.9	59.1

（四）外出农民工主要流向地级以上大中城市

从外出农民工就业的地点看，在直辖市务工的占 8.8%，在省会城市务工的占 19.4%，在地级市务工的占 34.8%，在县级市务工的占 19%，在建制镇务工的占 13.8%，在其他地区务工的占 4.2%。在地级以上大中城市务工的农民工占 63%，比上年下降 0.3 个百分点。

三、农民工的主要特征

（一）农民工以青年男性为主，本地农民工平均年龄高于外出农民工

分性别看，男性农民工占 65.1%，女性占 34.9%；从年龄段看，农民工以青壮年为主，16-20 岁占 6.5%，　21-30 岁占 35.9%，31-40 岁占 23.5%，40-50 岁占 21.2%，50 岁以上的农民工占 12.9%。本地农民工平均年龄为 36 岁，外出农民工平均年龄是 31 岁。本地农民工中 40 岁以上的占一半以上（56.3%），而外出农民工 40 岁以上仅占 18.1%。本地农民工的已婚者占近九成 (87.7%)，远高于外出农民工已婚者的比例，这反映了年龄和家庭对农民工的空间流动有一定的影响。

表 4　农民工的性别和年龄分布

单位：%

	外出农民工	本地农民工
男性	65.9	64.2
女性	34.1	35.8
已婚	57.5	87.7
16–20 岁	8.8	1.9
21–30 岁	49.6	17.8
31–40 岁	23.5	24.0
41–50 岁	13.4	32.2
50 岁以上	4.7	24.1

（二）农民工以初中文化程度为主，外出农民工初中及以上的比例高于本地农民工

在农民工中，文盲占 1.3%，小学文化程度占 12.3%，初中文化程度占 61.2%，高中文化程度占 15%，中专及以上文化程度占 10.2%。其中，高中及以上文化程度的农民工比例比上年提高 0.5 个百分点，达到 25.2%。外出农民工初中及以上文化程度占 88.3%，比本地农民工高 4.9 个百分点。

（三）农民工多数没有参加过任何技能培训，受教育程度较低的农民工接受培训的比例也较低

在农民工中，没有接受过任何形式技能培训的占 52.4%。文化程度越低接受过技能培训的比例也越低，文盲半文盲农民工中没有接受过技能培训的占 73.7%，小学文化程度的农民工没有接受过技能培训的占 66.1%，初中文化程度的农民工没有接受过培训的占 53.1%，高中和中专文化程度的农民工没有接受过技能培训的比例分别为 46.6%和 37.1%。

（四）农民工仍以从事制造业、建筑业和服务业为主

在农民工中，从事制造业的比重最大，占 36.7%，其次是建筑业占 16.1%，居民服务和其他服务业占 12.7%，批发和零售业占 10%，交通运输、仓储和邮政业占 6.9%，住宿和餐饮业占 6%。分地区看，在东部地区务工的农民工以从事制造业为主，占 46.2%，在西部地区务工的农民工以从事建筑业为主，占 26.1%。

表 5　农民工在不同地区从事的主要行业分布

单位：%

	全国	东部地区	中部地区	西部地区
制造业	36.7	46.2	22.4	15.0
建筑业	16.1	12.2	20.5	26.1
交通运输、仓储和邮政业	6.9	5.8	8.5	9.3
批发和零售业	10.0	8.6	13.1	11.9
住宿和餐饮业	6.0	5.0	7.0	8.5
居民服务和其他服务业	12.7	12.1	13.5	14.1

（五）外出农民工劳动时间偏长

在外出农民工中，初次外出的年龄平均为 26 岁。从事现职累计不满 1 年的占 15.6%， 1–2 年的占 40.4%，3–5 年的占 28.5%，5 年以上的占 15.5%，农民工从事现职的平均时间为 3.1 年。2010 年外出农民工平均在外从业时间是 9.8 个月，平均每个月工作 26.2 天，每天工作 9 小时。每周工作超过 5 天的占 86.4%，每天工作超过 8 小时的占 49.3%，更有 37.9% 的人每天工作 10 小时以上。

表 6　不同行业外出农民工劳动时间

	每月工作天数	每天工作小时数
制造业	26.0	9.0
建筑业	25.9	9.1
交通运输、仓储和邮政业	26.0	9.0
批发和零售业	27.1	9.0
住宿和餐饮业	27.1	9.1
居民服务和其他服务业	26.4	8.9

（六）外出方式仍以亲友介绍和自发外出为主

在外出农民工中， 55.1% 的外出农民工是经老乡亲友的介绍或带领下外出务工，自发外出的比重占 37.8%，通过政府部门和中介组织外出的农民工占 4.6%，农村劳动力外出的基本方式仍然是依托地缘、亲缘等社会网络来启动和展开的。

四、外出农民工收入及居住情况

（一）外出农民工收入增加，受雇者的收入和自营者的收入差异明显

2010 年，外出农民工月均收入 1690 元，比上年增加 273 元，增长 19.3%，比上年增速快 13.6 个百分点。分地区看，在东部地区务工的农民工月均收入 1696 元，比上年增加 274 元，增长 19.2%；在中部地区务工的农民工月均收入 1632 元，比上年增加 282 元，增长 20.9%；在西部地区务工的农民工月均收入 1643 元，比上年增加 265 元，增长 19.2%。

受雇人员的收入和自营人员的收入差异明显，受雇人员月均收入 1655 元，比上年增长 19.2%；自营人员月均收入 2226 元，比上年增长 21.2%。

（二）在大中城市务工的农民工收入水平相对较高，但收入增幅低于县级以下城市

从务工地点看，在直辖市务工的农民工月均收入 1877 元，在省会城市务工的农民工月均收入 1704 元，在地级市、县级市和建制镇务工的农民工月均收入分别为 1662 元、1648 元和 1624 元。从不同地区务工收入的增幅来看，县级市和建制镇的增长要快于地级以上大中城市。

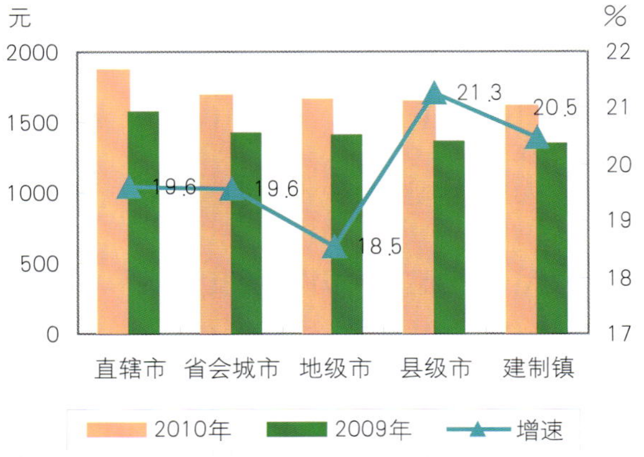

图 2　不同务工地区收入水平及收入增长情况

（三）不同行业收入水平差别较大，制造业、服务业和住宿餐饮业收入水平相对偏低

从农民工从事的主要行业看，收入水平较高的是采矿业、交通运输业和建筑业的农民工，月均收入分别为 1959 元、1956 元和 1946 元；收入较低的分别是住宿和餐饮业、服务业和制造业的农民工，月均收入分别为 1511 元、1520 元和 1582 元。从收入增幅看，增幅高于各行业平均水平的是采矿业、住宿和餐饮业、建筑业，收入增幅较低的是交通运输、仓储和邮政业，增长 17.1%。

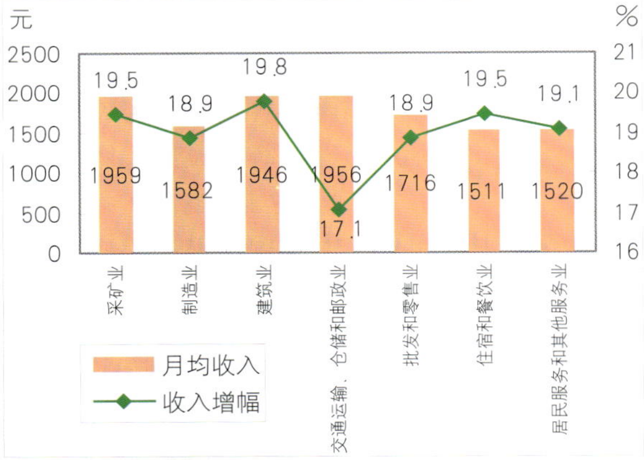

图 3　不同行业月均收入水平及增幅

（四）外出农民工的住宿是以雇主或单位提供宿舍为主，四成外出农民工的雇主或单位不提供住宿也没有住房补贴

从外出农民工住宿类型看，由雇主或单位提供宿舍的占 33.8%，在工地或工棚居住的占 10.7%，在生产经营场所居住的占 7.5%，与他人合租住房的占 18%，独立租赁住房的占 16%，有 9.6%的外出农民工在乡镇以外从业但每天回家居住，仅有 0.9%的外出农民工在务工地自购房。分地区看，在东部地区务工的农民工居住条件要好于中西部地区，在工地、工棚及生产经营场所居住的比例要明显低于中西部地区。

从外出农民工的居住负担看，43.4% 的农民工由雇主或单位提供免费住宿；11%的农民工雇主或单位不提供住宿，但有住房补贴；45.5%的农民工雇主或单位不提供住宿也没有住房补贴。

表 7　外出农民工在不同地区务工的住宿情况

单位：%

	全国	东部地区	中部地区	西部地区
单位宿舍	33.8	37.1	31.1	23.1
工地工棚	10.7	7.9	14.5	18.4
生产经营场所	7.5	6.5	9.7	9.8
与他人合租住房	18.0	19.7	12.2	15.9
独立租赁住房	16.0	16.5	12.6	16.9
务工地自购房	0.9	0.8	1.1	1.0
乡外从业回家居住	9.6	8.6	13.6	10.2
其他	3.5	2.9	5.2	4.7

五、外出农民工权益保障情况

（一）拖欠工资状况有所改善，拖欠工资情况仍主要集中在建筑业和制造业

以受雇形式从业的外出农民工中，被雇主或单位拖欠工资的仅占 1.4%，比上年下降了 0.4 个百分点。被拖欠工资的外出农民工主要还是集中在建筑业和制造业，建筑业农民工被拖欠工资的占 2.5%。

（二）农民工签订劳动合同的比例变化不大，近六成农民工没有签订劳动合同

以受雇形式从业的外出农民工中，与雇主或单位签订劳动合同的占 42%。分行业看，从事建筑业的农民工没有签订劳动合同的比例最高，占 70.9%，从事制造业的占 52.3%，从事服务业的占 62.8%，从事住宿餐饮业和批发零售业的分别占 65.7% 和 64.7%。总体看，外出农民工与雇主或单位签订劳动合同的比例与上年相比变化不大，建筑业农民工没有签订劳动合同的比例比上年下降 3.1 个百分点。

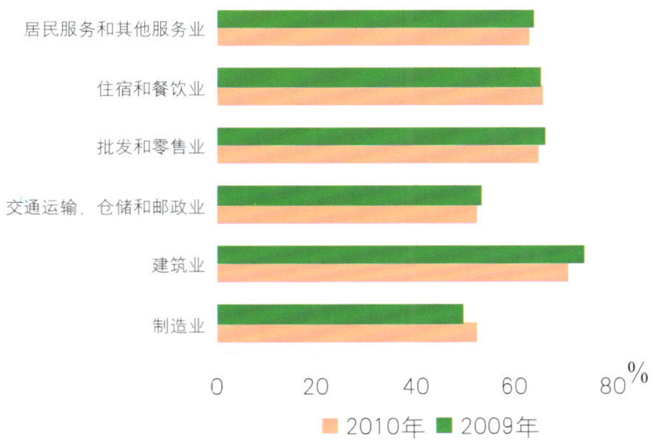

图 4　不同行业外出农民工没有签定劳动合同的比例（%）

（三）外出农民工参加社会保险的水平有所提高，但总体仍然较低，中西部地区农民工参保比例明显低于东部地区

雇主或单位为农民工缴纳养老保险、工伤保险、医疗保险、失业保险和生育保险的比例分别为 9.5%、24.1%、14.3%、4.9% 和 2.9%，分别比上年提高 1.9、2.3、2.1、1.0 和 0.6 个百分点。从输入地看，不同地区的农民工社会保障状况差异仍较大，中西部地区的农民工参保比例比较接近，但明显落后于在东部地区务工的农民工。

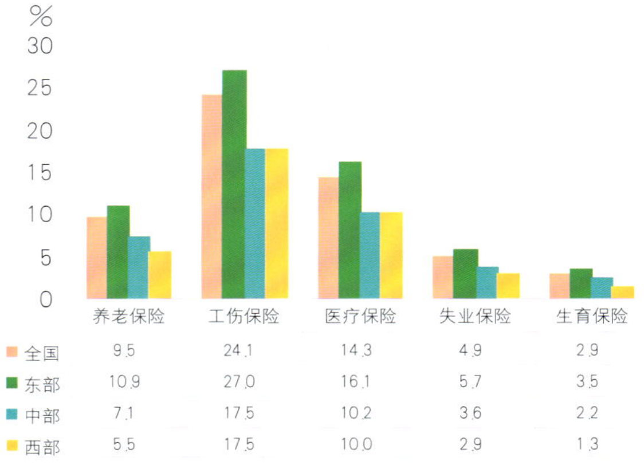

图 5 农民工在不同地区务工参加社会保障的比例（%）

（四）不同行业农民工的社会保障水平差异较大，建筑业农民工的社会保障状况仍需重点关注

从主要行业看，不同行业农民工的社会保障水平差异较大，其中制造业和交通运输、仓储和邮电业的情况相对较好。需特别关注的仍是工伤风险较高的建筑行业农民工，雇主或单位为其缴纳工伤保险的比例仅为 16.6%，同时养老保险、医疗保险和失业保险的比例也显著低于其他行业，参保比例分别为 2.8%、6.5% 和 1.4%。

表 8. 不同行业农民工参加社会保障的比例

单位：%

行业	养老保险	工伤保险	医疗保险	失业保险	生育保险
制造业	11.0	30.3	16.2	5.3	3.1
建筑业	2.8	16.6	6.5	1.4	0.9
交通运输仓储和邮政业	13.7	30.0	19.2	7.5	3.5
批发和零售业	7.0	14.0	9.6	4.0	2.5
住宿和餐饮业	4.5	13.3	8.8	2.2	1.1
居民服务和其他服务业	6.5	15.8	11.9	3.8	2.0

六、小结

综上所述，对 2010 年农民工总体规模、基本特征、流向分布、就业情况、外出收入和居住情况、权益及社会保障等方面的调查分析结果小结如下：

（一）农民工总量增加较多。随着外出务工环境的逐渐转好，外出务工工价增长，农村劳动力外出务工的积极性较高，全年在外时间增加，农民工数量进一步增加，农民工总量达 24223 万人。其中，外出农民工比上年增加 802 万人，增长 5.5%。同时本地非农就业机会增加，劳动力就地转移逐步加快，本地农民工也增加较多。

（二）在中西部地区务工的农民工增长快于东部地区。随着劳动密集型产业从东部向中西部转移，以及中西部地区受基础设施建设等投资拉动政策措施的影响，中西部地区对劳动力的需求快速增加，这使得 2010 年中西部地区的本地农民工和省内务工的外出农民工均增加较快，长期以来“孔雀东南飞”的格局正在发生改变。

（三）外出农民工的素质高于本地农民工，没有参加过任何技能培训的农民工仍然占多数。农民工以青年男性为主，本地农民工平均年龄高于外出农民工，本地农民工的已婚者比例远高于外出农民工，外出农民工初中及以上文化程度比例高于本地农民工。与上年相比，接受过技能培训的农民工比例没有提高，仍有 52.4% 的外出农民工没有接受过任何形式的技能培训，低教育程度的农民工接受培训的机会也较少。应进一步加大各类农民工职业技能培训工作力度，做好农民工培训工作的统筹规划，提高培训资金使用效益。

（四）外出农民工收入水平提高，各地区农民工收入均快速增长。中部地区收入增速快于东部和西部地区。在大中城市务工的农民工收入水平相对较高，但收入增幅低于县级以下城市。受雇人员的收入和自营人员的收入差异明显，且受雇人员的收入增幅低于自营人员的收入增幅。进一步完善工资支付保障制度，加强对最低工资标准调整情况的评估，适时合理调整最低工资标准，稳步提高农民工工资水平。

（五）外出农民工的住宿是以雇主或单位提供宿舍为主，四成外出农民工的雇主或单位不提供住宿也没有住房补贴。分地区看，在东部地区务工的农民工居住条件要好于中西部地区。44% 的外出农民工在务工地已稳定就业 3 年以上，5 年以上占 22.3%。今后应将在城市具有一定居住年限、稳定就业的农民工的居住问题纳入城市住房建设规划。

（六）农民工的权益保障仍有待改进。维护农民工劳动报酬权益已取得明显成效，拖欠工资状况有所改善。但农民工劳动时间偏长的问题没有改观，2010 年每周工作时间超过劳动法规定的 44 小时的外出农民工占 90.7%。签订劳动合同的比例变化不大，仍有近六成农民工没有签订劳动合同。加强劳动用工管理，完善工时制度，加大对企业超时加班惩处力度，继续大力推进农民工劳动合同签订工作。

（七）外出农民工参加社会保险的水平有所提高，总体仍然较低。中西部地区农民工参保比例明显低于东部地区，不同行业农民工的社会保障水平差异较大，建筑业农民工的社会保障水平低的情况没有明显改善，需要持续关注。加大农民工参加医疗、工伤、失业保险的力度，做好农民工养老保险关系转移接续工作，扩大农民工参加基本养老保险覆盖面。

（执笔：彭丽荃 国家统计局住户办）

茶乡一角（金寨县统计局提供）

2010 年全面建设小康社会统计监测报告

为了科学地反映中国全面建设小康社会的进程，为党和政府制定政策提供依据，国家统计局统计科学研究所在广泛征求各方面意见的基础上，制定了《中国全面建设小康社会统计监测方案》[1]，其监测指标体系由经济发展、社会和谐、生活质量、民主法制、文化教育、资源环境等 6 个方面 23 项指标组成（见附表 1）。2009 年监测结果表明，面对异常严峻的国际金融危机，党中央、国务院及时果断地采取了一系列保增长、促内需、调结构、惠民生的宏观调控措施，促使中国经济在世界率先实现回升向好，有力地推动了全面建设小康社会的进程，全国及各地区全面建设小康社会的实现程度均有上升，但区域间差距依然较大。

一、中国全面建设小康社会进展顺利，2009 年实现程度达到 77.1%

据监测，2009 年，中国全面建设小康社会的实现程度[2]达到 77.1%，比上年提高了 2.58 个百分点。其中，经济发展的实现程度为 72.6%，比上年提高 3.9 个百分点；社会和谐的实现程度为 77.3%，比上年提高 1.5 个百分点；生活质量的实现程度为 83.6%，比上年提高 3.7 个百分点；民主法制的实现程度为 93.1%，比上年提高 2.0 个百分点；文化教育的实现程度为 65.4%，比上年提高 0.9 个百分点；资源环境的实现程度为 76.8%，比上年提高 1.6 个百分点（见图 1）。从实现程度来看，经济发展和生活质量提升较快；社会和谐、民主法制、文化教育、资源环境均保持了一定的增速。

（一）经济发展平稳较快

“经济发展”包括人均 GDP、R&D 经费支出占 GDP 比重、第三产业增加值占 GDP 比重、城镇人口比重和失业率（城镇）五项监测指标，主要反映经济方面的发展情况。据监测，2009 年，中国在经济发展方面的实现程度为 72.6%，比上年

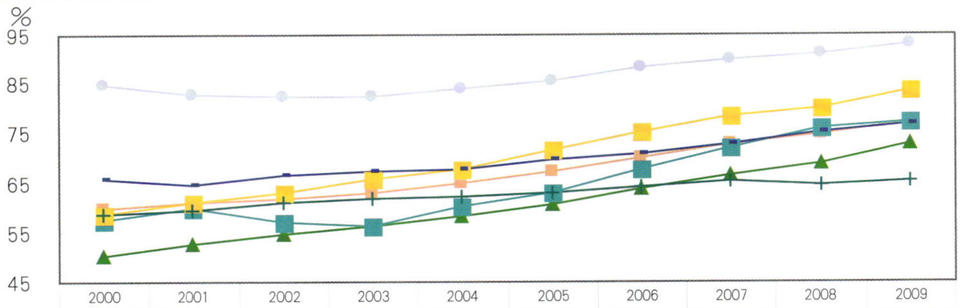

	2000	2001	2002	2003	2004	2005	2006	2007	2008	2009
全面小康进程	59.6	60.7	61.8	63.0	64.8	67.2	69.9	72.6	74.6	77.1
经济发展	50.3	52.5	54.4	56.3	58.2	60.6	63.6	66.3	68.7	72.6
社会和谐	57.5	59.6	57.1	56.3	59.9	62.8	67.5	71.9	75.8	77.3
生活质量	58.3	60.7	62.9	65.5	67.7	71.5	75.0	78.3	79.9	83.6
民主法治	84.8	82.6	82.5	82.4	83.7	85.6	88.4	89.9	91.1	93.1
文化教育	58.3	59.1	60.9	61.8	62.2	63.0	64.1	65.3	64.5	65.4
资源环境	65.5	64.6	66.3	67.2	67.7	69.5	70.6	72.6	75.2	76.8

图 1　2000 – 2009 年中国全面建设小康社会及在六大方面实现程度的变动趋势

提高3.9个百分点。其中，人均GDP达到25575元（按2000年不变价计算为18264元），比上年增长8.6%，但由于人口基数大，与2020年目标值相比尚存较大差距，实现程度为58.2%；R&D经费支出占GDP比重达到了1.71%，比上年增加0.24个百分点，实现程度为68.2%；第三产业增加值占GDP比重为43.4%，比上年增加1.6个百分点，实现程度为86.8%；城镇人口比重为46.59%，比上年增加0.91个百分点，实现程度为77.7%；失业率估计为5.52%，基本与上年持平，保持在6%的目标值之内。

（二）社会和谐逐步改善

"社会和谐"包括基尼系数、城乡居民收入比、地区经济发展差异系数、基本社会保险覆盖率和高中阶段毕业生性别差异系数五项监测指标，主要反映社会发展的协调程度。据监测，2009年，中国在社会和谐方面的实现程度为77.3%，比上年提高1.5个百分点。其中，基尼系数[3]估计为0.458，与上年基本持平，实现程度为65.9%；城乡居民收入比（以农村居民收入为1）为3.57，比上年提高0.03，实现程度为58.7%，差距略有扩大；地区经济发展差异系数[4]为57.9%，比上年降低1.5个百分点，基本达到预定目标；基本社会保险覆盖率[5]达到61.5%，比上年提高4.3个百分点，实现程度为68.4%，提升较快；高中阶段毕业生性别差异系数为99.25%，与上年基本持平，实现程度为99.9%。

（三）生活质量显著提高

"生活质量"包括居民人均可支配收入、恩格尔系数、人均住房使用面积、5岁以下儿童死亡率和平均预期寿命五项监测指标，主要反映居民生活的发展变化情况。据监测，2009年，中国在生活质量方面的实现程度为83.6%，比上年提高3.7个百分点。其中，居民人均可支配收入[6]为8898元（以2000年不变价计算），比上年增长10.7%，实现程度为59.3%；恩格尔系数[7]为38.9%，比上年下降2.2个百分点，已经达到目标值；人均住房使用面积[8]达到26.8平方米，比上年增加了0.9平方米，实现程度为99.1%；5岁以下儿童死亡率为17.2‰，比上年下降了1.3个千分点，实现程度为69.8%；平均预期寿命预计达到74.19岁，比上年增加0.31岁，实现程度为98.9%。

（四）民主法制逐步健全

"民主法制"包括公民自身民主权利满意度和社会安全指数两项监测指标。据监测，2009年，中国在民主法制方面的实现程度为93.1%，比上年提高2.0个百分点。其中，公民自身民主权利满意度[9]为81%，比上年增加1个百分点，实现程度为90%；社会安全指数[10]达到95.7%，比上年增加2.7个百分点，实现程度为95.7%。在两项监测指标中，虽然社会安全指数的实现程度较高，但该指标受意外事件的影响较大，如果全国在交通、火灾、工矿伤亡等方面突发特大灾害，则极有可能出现下降情形。

（五）文化教育稳步发展

"文化教育"包括文化产业增加值占GDP比重、居民文教娱乐服务支出占家庭消费支出比重和平均受教育年限三项监测指标，主要反映文化教育方面的发展情况。据监测，2009年，中国在文化教育方面的实现程度为65.4%，比上年提高0.9个百分点。其中，文化产业增加值占GDP比重约为2.50%，比上年提高0.07个百分点，实现程度为50%；居民文教娱乐服务支出占家庭消费支出比重为10.2%，与上年基本持平，实现程度为63.4%；平均受教育年限预计为8.56年，比上年提高0.08年，实现程度为81.5%。

（六）资源环境受到重视

"资源环境"包括单位GDP能耗、耕地面积指数和环境质量指数三项监测指标，主要反映资源利用状况和环境保护成果。据监测，2009年，中国资源环境方面的实现程度为76.8%，比上年提高1.6个百分点。其中，单位GDP能耗为1.26吨标准煤/万元（以2000年不变价计算），比上年下降3.61%，实现程度为66.6%；耕地面积指数[11]约为94.87%，虽比上年略有下降，但仍在控制目标之内；环境质量指数[12]为75.8%，比上年提高1.6个百分点，实现程度为75.8%。在三项监测指标中，耕地面积指数实现程度虽然最高，但其每年均呈下降趋势，已逐步逼近94%的目标值；环境质量指数中的地表水达标率也一直维持在较低水平，且较难得到彻底改善，因此实现程度很难持续快速提高。

二、各地区全面建设小康社会进程均有上升，但区域间差距依然较大

从东部、中部、西部和东北地区[13]全面建设小康社会的实现程度看（见图2），2009年，东部地区的实现程度为85.6%，中部地区为74.9%，西部地区为68.7%，东北地区为80.4%。实现程度最低的西部地区比最高的东部相差16.9个百分点，差距虽依然较大，但比上年缩小了0.3个百分点。从增长速度看，2009年各地区全面建设小康社会进程均有提升，其中东北地区增幅最高，西部地区次之。

东部地区2009年全面建设小康社会的实现程度为85.6%，比上年提高了2.1个百分点，其实现程度在四大区域中处于领先位置。从六大方面的发展情况看，东部地区的发展相对比较协调，其在生活质量方面的实现程度已达90%以上，经济发展、社会和谐、民主法制和资源环境方面的实现程度均处于80%－90%区间，只有文化教育方面的实现程度相对较低，处于75%－80%区间。

中部地区2009年全面建设小康社会的实现程度为74.9%，比上年提高了2.2个百分点，实现程度相当于东部地区2005年、东北地区2007年的发展水平。从六大方面的发展情况看，中部地区在民主法制方面的实现程度达到90%以上，社会和谐和生活质量方面的实现程度位于80%－90%区间，文化教育和资源环境方面的实现程度位于70%－80%区间，经济发展方面的实现程度位于60%－70%区间。

西部地区2009年全面建设小康社会的实现程度为68.7%，比上年提高2.4个百分点，实现程度相当于东部地区2002年、东北地区2005年、中部地区2007年的发展水平，比全国平均水平总体落后3年。从六大方面的发展情况来看，西部地区在民主法制方面的实现程度位于80%－90%区间，生活质量和资源环境方面的实现程度位于70%－80%区间，社会和谐和文化教育方面的实现程度位于60%－70%区间，经济发展方面

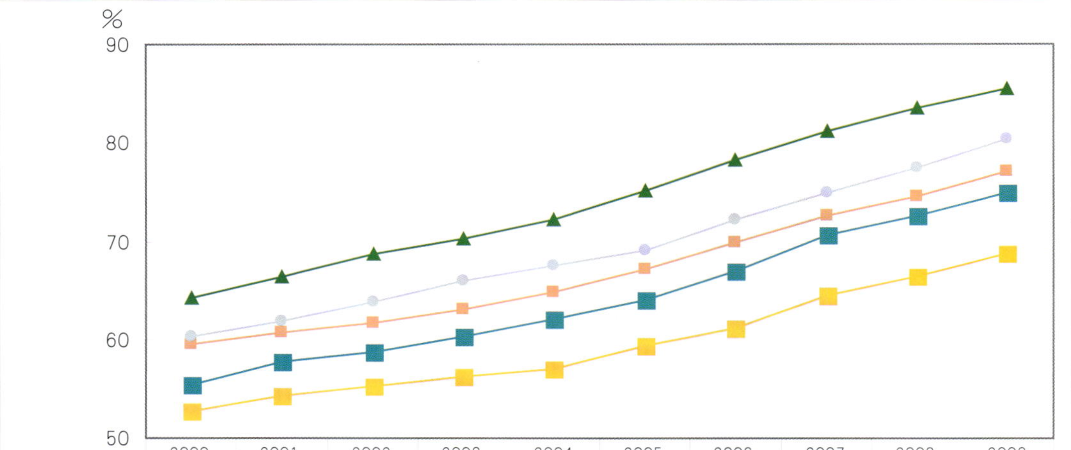

	2000	2001	2002	2003	2004	2005	2006	2007	2008	2009
全国	59.6	60.7	61.8	63.0	64.8	67.2	69.9	72.6	74.6	77.1
东部地区	64.2	66.3	68.8	70.3	72.3	75.1	78.2	81.3	83.5	85.6
中部地区	55.5	57.9	58.8	60.3	62.1	64.0	67.0	70.6	72.7	74.9
西部地区	52.7	54.2	55.2	56.2	57.1	59.4	61.1	64.5	66.3	68.7
东北地区	60.4	62.0	63.9	66.0	67.6	69.2	72.2	74.9	77.5	80.4

图2　2000－2009年全国及四大区域全面建设小康社会实现程度比较

的实现程度略低于60%。

东北地区2009年全面建设小康社会的实现程度达到80.4%，比上年提高2.9个百分点。从六大方面的发展情况看，东北地区在民主法制方面的实现程度达到90%以上，经济发展和社会和谐方面的实现程度位于80%－90%区间，生活质量、文化教育和资源环境方面的实现程度位于70%－80%区间。

从全国31个省（区、市）看，各省（区、市）全面建设小康社会的实现程度差异较大：北京、上海的实现程度已接近95%，天津、江苏、浙江、广东的实现程度在90%左右；福建、辽宁、山东的实现程度位于80%－90%区间；吉林等15省（区、市）的实现程度位于70%－80%区间；云南等4省（区）的实现程度位于60%－70%区间；贵州、甘肃、青海的实现程度则尚未达到60%。

三、中国在全面建设小康社会进程中应当关注的问题和建议

综上所述，中国2009年克难攻艰，努力推动全面建设小康社会迈出了坚实的一步。但是，综合判断复杂多变的国际国内形势，仍有诸多不确定的困难和问题。从当前和近年来的发展情况看，“十二五”时期（2011年至2015年）是全面建设小康社会的关键时期。为了如期实现2020年全面建成小康社会的目标，今后一段时期还应以科学发展为主题，以转变经济发展方式为主线，抓住和利用好我国发展的重要战略机遇期，继续着力做好以下六个方面的工作：

（一）调整优化经济结构，加快转变经济发展方式

2009年，中国在“经济发展”方面虽然比上年有所进步，但是在全面建设小康社会的六大方面中实现程度较低，尤其是人均GDP这个重要指标的实现程度仅为58.2%，在23项监测指标中位于倒数第二；科技创新能力不强，R&D经费支出占GDP比重的实现程度为68.2%；就业总量压力和结构性矛盾并存。因此，大力加快经济发展仍是全面建设小康社会的重中之重。必须坚持把经济结构战略性调整作为加快转变经济发展方式的主攻方向，推动发展向主要依靠科技进步和创新转变，提升国民经济整体素质和抗风险能力，增强经济发展的长期动力和可持续性。

（二）加大节能减排力度，提高生态文明水平

推进节能减排，促进生态和谐，是贯彻落实科学发展观，构建社会主义和谐社会的重大战略任务，也是全面建设小康社会进程中面临的重点和难点。2009年中国全面建设小康社会在“资源环境”方面的实现程度仅为76.8%，随着工业化、城镇化进程的快速推进，单位GDP能耗和环境质量指数这两项监测指标与目标值仍然存在较大差距。因此资源节约和环境保护问题不容忽视，必须采取更加有效措施，促进经济社会发展与人口资源环境相协调，加快建设资源节约型环境友好型社会，走可持续发展之路。

（三）加快完善社保体系，着力保障和改善民生

社会保障关系最基本的民生问题，对于构建社会主义和谐社会至关重要，要把保障和改善民生作为加快转变经济发展方式的根本出发点和落脚点。到2009年，中国基本社会保险覆盖率为61.5%，其中养老保险覆盖率为30.7%，仍处于较低水平，这主要是由于农村养老保险覆盖率过低造成的。因此，加快完善城乡社会保障体系就成为建设和谐社会、保障和改善民生的紧迫任务。应在试点基础上深化改革，全面推进新农保制度，扩大社会保障覆盖面，形成社会保障可持续发展的长效机制，确保在2020年基本建立覆盖城乡居民的社会保障体系。

（四）深化分配制度改革，促进社会公平和谐

收入分配不仅是经济问题，也是重要的社会问题，关系到社会的和谐稳定。据估计，中国基

尼系数自2000年以来持续呈现上升趋势，2009年已达0.458，超过了国际公认的0.4的警戒线，可见收入差距扩大的趋势十分严峻。因此，必须深化分配制度改革，规范收入分配秩序，加大收入分配调节力度，努力提高居民收入在国民收入分配中的比重、劳动报酬在初次分配中的比重，使发展成果惠及全体人民。

（五）统筹城乡协调发展，加快社会主义新农村建设

“三农”问题是关系党和人民事业发展的全局性和根本性问题。2009年中国城乡居民收入比（以农村居民收入为1）由上年的3.54上升至3.57，显示城乡差异还在继续拉大。因此，既要统筹城乡协调发展，实现城乡资源和要素的自由流动和优化重组，坚持工业反哺农业、城市支持农村和多予少取放活政策，加强农村基础设施建设和公共服务，推进农业现代化，加快社会主义新农村建设，拓宽农民增收渠道，完善农村发展体制机制，建设农民幸福生活的美好家园。

（六）发挥地区比较优势，促进区域协调发展

全面建设小康社会需要建立起全社会各区域的整体小康，当前我国四大区域以及各地区全面建设小康社会的实现程度很不均衡，并表现在经济、社会、文化、环境等诸多方面。为了早日实现全面建设小康社会的伟大目标，政府应加大对老少边穷地区的扶持力度，大力发挥各地区的比较优势，实施区域发展总体战略和主体功能区战略，分工协作，优化布局，建立优势互补、协作互助和政府扶持的区域协同发展机制，促进区域均衡协调发展。

（执笔：施凤丹 国家统计局统计科学研究所）

【注释】

[1] 2003年初，国家统计局统计科学研究所开始研究制定全面建设小康社会统计监测指标体系；2007年又根据党的十七大提出的新要求对指标体系做了重要修订。为了便于各地开展监测工作，2008年6月由国家统计局正式印发了《全面建设小康社会统计监测方案》，方案中的指标体系由经济发展、社会和谐、生活质量、民主法制、文化教育、资源环境等6个方面23项指标组成。

[2] 全面建设小康社会实现程度是一种综合指数，是各监测指标实际值除以标准值，然后再经加权综合而得的。实现程度60为总体小康，100为全面小康，也就是说，全国建设小康社会进程是以60为起点，100为终点。

[3] 基尼系数是反映居民收入分配差异程度的一项重要指标。其经济含义是：在全部居民收入中，用于进行不平均分配的那部分收入占总收入的比重，因此其最大为“1”，最小等于“0”。前者表示居民之间的收入分配绝对不平均，即100%的收入被一个人占有了；而后者则表示居民之间的收入分配绝对平均，即每个人的收入完全相同。一般情况下，基尼系数处于0和1之间。联合国有关组织规定：若低于0.2表示收入绝对平均；0.2-0.3表示比较平均；0.3-0.4表示相对合理；0.4-0.5表示收入差距较大；0.6以上表示收入差距悬殊。目前，我国城镇和农村基尼系数可分别通过城乡居民住户收支调查的原始资料计算得出，但由于我国城乡居民的住户调查尚未一体化，所以，还不能直接通过住户调查资料计算全国的基尼系数，只能根据城乡居民住户调查收支分组资料估算得出。

[4] 地区经济发展差异系数是通过计算全国31个省（区、市）人均GDP的变异系数得出的。它反映的是各地区之间经济发展差异情况，其值越大，各地区之间经济发展差异程度越大，反之亦然。

[5] 基本社会保险覆盖率是指已参加基本养老保险和基本医疗保险人口占政策规定应参加人口的比重。基本社会保险主要包括基本养老保险、基本医疗保险、失业保险、工伤保险和生育保险等五项，其中基本养老保险、基本医疗保险最为重要，所以在计算基本社会保险覆盖率时只计算基本养老保险和基本医疗保险的覆盖率。

[6] 居民人均可支配收入是根据城镇、农村居民人均可支配收入以及城、乡常住人口比重加权平均计算得到的。目前，统计部门只公布城镇居民人均可支配收入和农村居民人均纯收入，而农村居

民可支配收入可通过计算农村居民总收入减去家庭经营费用支出、税费支出、生产性固定资产折旧、财产性支出、转移性支出得到。

[7] 恩格尔系数是根据城镇居民家庭恩格尔系数、农村居民家庭恩格尔系数以及城、乡常住人口比重加权平均计算得到的。

[8] 人均住房使用面积指城镇人均住房使用面积和农村人均钢筋砖木结构住房面积的加权平均。

[9] 公民自身民主权利满意度指公民对自身的政治、经济和文化权益得到切实尊重和保障的满意程度。此指标是一项主观性指标，其数据通过抽样调查取得。

[10] 社会安全指数是一个合成指数，表示社会安全的状态。指一定时期内，社会安全的几个主要方面（社会治安、交通安全、生活安全、生产安全等）的总体变化情况。其中，社会治安采用万人刑事犯罪率指标；交通安全采用万人交通事故（含道路交通、水上交通、铁路、民航等）死亡率指标；生活安全采用万人火灾事故死亡率指标；生产安全采用万人工伤事故死亡率指标。

[11] 耕地面积指数是指报告期耕地面积与基期耕地面积的比率。当耕地面积增加时，比率大于100%；当耕地面积减少时，比率小于100%。

[12] 环境质量是包括水环境、大气环境、土壤环境、生态环境、地质环境、噪声等环境要素优劣的一个综合概念。由于环境统计数据的限制，环境质量指数的计算目前暂由水环境、大气环境、绿化等环境要素构成，待条件成熟时，再加其他。环境质量指数包括：城市空气质量达标率、地表水达标率和国土绿化达标率。

[13] 东部地区包括北京、天津、河北、上海、江苏、浙江、福建、山东、广东和海南10省（市）；中部地区包括山西、安徽、江西、河南、湖北和湖南6省；西部地区包括内蒙古、广西、重庆、四川、贵州、云南、西藏、陕西、甘肃、青海、宁夏和新疆12省（区、市）；东北地区包括辽宁、吉林和黑龙江3省。

附表 1　中国全面建设小康社会统计监测指标体系及指标数值

	监测指标	单位	权重（%）	2000 年	2001 年	2002 年	2003 年	2004 年	2005 年	2006 年	2007 年	2008 年	2009 年	目标值（2020 年）
一、经济发展	1.人均 GDP	元	12	7858	8448	9154	10009	10953	12119	13583	15430	16826	18264	≥31400
	2.R&D 经费支出占 GDP 比重	%	4	0.90	0.95	1.07	1.13	1.23	1.32	1.39	1.40	1.47	1.71	≥2.5
	3.第三产业增加值占 GDP 比重	%	4	39.0	40.5	41.5	41.2	40.4	40.5	40.9	41.9	41.8	43.4	≥50
	4.城镇人口比重	%	5	36.22	37.66	39.09	40.53	41.76	42.99	43.90	44.94	45.68	46.59	≥60
	5.失业率（城镇）	%	4	5.30	5.23	5.60	5.67	5.53	5.60	5.24	5.34	5.51	5.52	≤6
二、社会和谐	6.基尼系数	—	2	0.412	0.423	0.438	0.450	0.444	0.449	0.451	0.458	0.459	0.458	≤0.4
	7.城乡居民收入比	以农为 1	2	2.85	2.96	3.18	3.30	3.26	3.35	3.40	3.55	3.54	3.57	≤2.80
	8.地区经济发展差异系数	%	2	68.74	69.04	69.77	68.96	68.49	67.24	65.29	63.39	59.37	57.87	≤60
	9.基本社会保险覆盖率	%	6	13.3	14.7	15.2	15.9	19.7	24.5	34.42	49.23	57.28	61.54	≥90
	10.高中阶段毕业生性别差异系数	%	3	110.64	108.13	108.06	106.96	106.10	102.35	101.08	100.19	99.25	99.25	=100
三、生活质量	11.居民人均可支配收入	元	6	3678	3997	4490	4909	5359	5907	6565	7363	8041	8898	≥15000
	12.恩格尔系数	%	3	45.6	44.1	42.9	42.2	43.2	41.7	39.8	40.0	41.1	38.9	≤40
	13.人均住房使用面积	平方米	5	19.0	19.8	20.4	21.3	22.0	23.6	24.4	25.2	25.9	26.8	≥27
	14.5 岁以下儿童死亡率	‰	2	39.70	35.90	34.90	29.90	25.00	22.50	20.60	18.10	18.50	17.20	≤12
	15.平均预期寿命	岁	3	71.4	71.71	72.02	72.33	72.64	72.95	73.26	73.57	73.88	74.19	≥75
四、民主法制	16.公民自身民主权利满意度	%	5	60	62.6	65.2	67.8	70.4	73	75.4	78.3	80	81	≥90
	17.社会安全指数	%	6	100	93.40	90.87	88.30	88.30	89.30	92.26	92.37	92.98	95.67	≥100
五、文化教育	18.文化产业增加值占 GDP 比重	%	6	1.87	1.94	2.01	2.08	2.15	2.22	2.29	2.36	2.43	2.50	≥5
	19.居民文教娱乐服务支出占家庭消费支出比重	%	2	11.68	11.79	12.83	13.03	12.61	12.53	12.12	12.06	10.19	10.15	≥16
	20.平均受教育年限	年	6	7.79	7.84	7.88	7.93	7.97	8.02	8.25	8.40	8.48	8.56	≥10.5
六、资源环境	21.单位 GDP 能耗	吨标准煤/万元	4	1.47	1.40	1.36	1.43	1.50	1.49	1.45	1.38	1.31	1.26	≤0.84
	22.耕地面积指数	%	2	100	99.51	98.20	96.22	95.48	95.20	94.96	94.93	94.91	94.87	≥94
	23.环境质量指数	%	6	59.2	55.9	58.1	61.8	64.9	68.1	69.4	71.3	74.2	75.8	=100

注：①数据主要来源于《中国统计年鉴》、《中国教育统计年鉴》、《中国劳动统计年鉴》、《中国卫生统计年鉴》、《中国环境统计年鉴》各有关年份。

②人均国内生产总值、居民人均可支配收入、单位 GDP 能耗均按 2000 年价格计算。

③城镇调查失业率是根据有关数据推算得出。

④ 2001、2003 – 2009 年基尼系数是根据国家统计局城镇和农村居民住户调查资料估算得出。

⑤人均住房使用面积是根据国家统计局城镇和农村居民住户调查资料得出。

⑥ 2001 – 2004 年平均受教育年限和 2001 – 2004 年、2006 – 2009 年平均预期寿命均为估算数。

⑦公民自身民主权利满意度是根据近年来我国民主进程的发展状况及部分省调查结果进行估计的。

⑧ 2000 – 2003 年、2007、2009 年文化产业增加值占 GDP 比重为估算数。

⑨ 2009 年耕地面积指数为估算数。

附表 2　2000 – 2009 年中国全面建设小康社会进程统计监测结果

单位：%

监测指标	2000 年实现程度	2001 年实现程度	2002 年实现程度	2003 年实现程度	2004 年实现程度	2005 年实现程度	2006 年实现程度	2007 年实现程度	2008 年实现程度	2009 年实现程度
一、经济发展	**50.3**	**52.2**	**54.4**	**56.3**	**58.2**	**60.6**	**63.3**	**66.3**	**68.7**	**72.6**
1.人均 GDP	25.0	26.9	29.2	31.9	34.9	38.6	43.3	49.1	53.6	58.2
2.R&D 经费支出占 GDP 比重	36.1	38.0	42.8	45.3	49.2	53.0	55.5	55.8	58.8	68.2
3.第三产业增加值占 GDP 比重	78.0	80.9	82.9	82.5	80.8	81.0	81.8	83.8	83.6	86.8
4.城镇人口比重	60.4	62.8	65.2	67.6	69.6	71.7	73.2	74.9	76.1	77.7
5.失业率（城镇）	100.0	100.0	100.0	100.0	100.0	100.0	100.0	100.0	100.0	100.0
二、社会和谐	**57.5**	**59.6**	**57.1**	**56.3**	**59.9**	**62.8**	**67.5**	**71.9**	**75.8**	**77.3**
6. 基尼系数	98.6	94.8	85.7	75.1	80.7	76.1	74.4	66.9	65.7	65.9
7.城乡居民收入比	99.8	98.2	90.0	82.3	85.1	78.9	74.6	61.2	61.9	58.7
8.地区经济发展差异系数	80.9	79.6	76.1	79.9	82.0	86.9	93.0	97.1	100.0	100.0
9.基本社会保险覆盖率	14.8	16.3	16.9	17.6	21.9	27.2	38.2	54.7	63.6	68.4
10.高中阶段毕业生性别差异系数	71.7	83.5	83.8	87.9	90.7	98.6	99.7	100.0	99.9	99.9
三、生活质量	**58.3**	**60.7**	**62.9**	**65.5**	**67.7**	**71.5**	**75.0**	**78.3**	**79.9**	**83.6**
11.居民人均可支配收入	24.5	26.6	29.9	32.7	35.7	39.4	43.8	49.1	53.6	59.3
12. 恩格尔系数	87.7	90.7	93.3	94.9	92.5	95.9	100.0	99.9	97.4	100.0
13.人均住房使用面积	70.2	73.4	75.7	78.8	81.4	87.3	90.5	93.4	95.8	99.1
14.5 岁以下儿童死亡率	30.2	33.4	34.4	40.1	48.0	53.3	58.3	66.3	64.9	69.8
15.平均预期寿命	95.2	95.6	96.0	96.4	96.9	97.3	97.7	98.1	98.5	98.9
四、民主法制	**84.8**	**82.6**	**82.5**	**82.4**	**83.7**	**85.6**	**88.4**	**89.9**	**91.1**	**93.1**
16. 公民自身民主权利满意度	66.7	69.6	72.4	75.3	78.2	81.1	83.8	87.0	88.9	90.0
17. 社会安全指数	100.0	93.4	90.9	88.3	88.3	89.3	92.3	92.4	93.0	95.7
五、文化教育	**58.3**	**59.1**	**60.9**	**61.8**	**62.2**	**63.0**	**64.1**	**65.3**	**64.5**	**65.4**
18.文化产业增加值占 GDP 比重	37.4	38.8	40.2	41.6	43.0	44.4	45.8	47.2	48.6	50.0
19.居民文教娱乐服务支出占家庭消费支出比重	73.0	73.7	80.2	81.4	78.8	78.3	75.8	75.4	63.7	63.4
20.平均受教育年限	74.2	74.6	75.1	75.5	75.9	76.4	78.6	80.0	80.8	81.5
六、资源环境	**65.4**	**64.6**	**66.3**	**67.2**	**67.7**	**69.5**	**70.6**	**72.6**	**75.2**	**76.8**
21.单位 GDP 能耗	57.3	60.0	61.8	58.9	55.9	56.2	57.8	60.9	64.2	66.6
22.耕地面积指数	100.0	100.0	100.0	100.0	100.0	100.0	100.0	100.0	100.0	100.0
23.环境质量指数	59.2	55.9	58.1	61.8	64.9	68.1	69.4	71.3	74.2	75.8
全面建设小康社会进程	**59.6**	**60.7**	**61.8**	**63.0**	**64.8**	**67.2**	**69.9**	**72.6**	**74.6**	**77.1**

2010年环境与生态保护状况报告

一、环境保护事业

2010年是完成“十一五”环保任务的决战年，也是谋划“十二五”环保规划的关键年。面对依然严峻的环境形势，环保工作变得更加艰巨复杂。一年来，通过促进发展方式转变和经济结构调整，圆满完成了“十一五”环保任务，并为“十二五”时期环保事业发展奠定了良好基础。

通过全面贯彻党的十七大、十七届三中、四中全会和中央经济工作会议精神，以邓小平理论和“三个代表”重要思想为指导，深入贯彻落实科学发展观，大力推进生态文明建设，积极探索我国环保新道路，把环境保护与推动发展方式转变、污染减排与促进经济结构战略性调整、环境治理与保障改善民生更加有机地结合起来，以解决危害群众健康和影响可持续发展的突出环境问题为重点，充分发挥环境保护优化经济增长的综合作用，完成了“十一五”污染减排任务，加大基础能力建设力度，深入推进流域区域和农村污染防治，妥善应对突发环境事件，为推进经济社会全面协调可持续发展做出应有贡献，较好完成了2010年各项任务。

（一）认真贯彻落实中央决策和部署，抢抓机遇推进环境保护事业大发展

一年来，国务院常务会议多次研究环保工作，具体包括《国家环境保护“十一五”规划》、第一次全国污染源普查情况汇报，以及研究制订生态文明建设评价指标体系和政策举措等。另外，有关部门也给予环保工作更加有力的支持，例如：核与辐射安全监管体系得到进一步加强；财政部和我部通过“以奖促治”，进一步扩大了农村环境整治规模。

（二）污染减排任务超额完成，环境质量持续好转

在“十一五”期间经济增速和能源消费总量均超过规划预期的情况下，二氧化硫减排目标提前一年实现，化学需氧量减排目标提前半年实现。据初步测算，2010年全国化学需氧量排放量较2005年下降12.45%，二氧化硫下降14.29%，双双超额完成减排任务。

深入推进结构减排和工程减排。严格执行产业政策和国家下达的落后产能关停计划。以火电行业为重点，大力削减钢铁、有色及水泥行业大气污染物排放量；以造纸行业为主攻方向，重点完成了化工、酿造及印染行业水污染物削减工作。督促电力企业高标准、严要求、高质量地建设脱硫设施，脱硫效率得到进一步提高；督促城镇污水处理设施管网配套到位，使处理能力不断提高。将“保运行”作为污染减排工作的中心任务，对已建成的城镇污水处理厂、火电厂脱硫设施和企业污染治理设施的正常有效运行加强监管。

深入推进管理减排。2010年以环境信息统计能力建设项目为依托，加快推进了燃煤电厂脱硫设施、城镇污水处理厂和国控重点污染企业在线监测系统的联网工作，2010年6月30日前完成了国控重点污染源自动监控系统的验收。组织开展了污染减排核查工作，加强预警督查，公开曝光违法违规问题。

（三）严格环境准入，促进发展方式转变和经济结构调整

按照中央要求，环境保护作为经济结构战略性调整的重要抓手，2010年环境保护工作在推进发展方式转变上发挥了更加主动有效的作用。

认真落实规划环评条例。制定国民经济和社会发展专项规划环评指导意见，以及关键领

专栏："十一五"污染减排工作情况

《国民经济和社会发展第十一个五年规划纲要》首次将化学需氧量和二氧化硫两项主要污染物排放总量削减 10% 作为"十一五"经济社会发展的约束性指标。党中央、国务院高度重视节能减排工作，把节能减排作为推动科学发展、转变发展方式、调整经济结构的重要抓手，国务院成立了节能减排工作领导小组，发布了主要污染物排放总量控制计划和节能减排综合性工作方案，批转了节能减排统计监测考核实施方案和办法。"十一五"期间，环境保护部把 10% 的减排目标量化为削减二氧化硫 673 万吨、化学需氧量 571 万吨，通过签订目标责任书逐一分解落实到各省级政府和电力集团公司，各省级政府又将减排指标、减排工程和减排措施分解落实到地市和重点排污单位。遵循"淡化基数、算清增量、核实减量"的原则，摸索出一整套核查核算的有效办法，严格考核问责，建立减排管理体系，形成了上下联动、左右协同的污染减排工作模式。

"十一五"期间，各地采取强力措施，加大工作力度，强力推进工程减排、结构减排和管理减排三大措施。一是工程减排。累计建成运行 5.32 亿千瓦燃煤电厂脱硫设施，火电脱硫机组装机容量比例从 2005 年的 12% 提高到 82.6%，累计新增城市污水日处理能力超过6000万立方米，城市污水处理率由2005年的52%提高到75%以上。二是结构减排。累计关停小火电机组 7210 万千瓦，提前一年半完成关闭 5000 万千瓦的任务；钢铁、水泥、焦化及造纸、酒精、味精、柠檬酸等高耗能高排放行业淘汰落后产能均超额完成任务。三是管理减排。中央财政投入 100 多亿元，用于支持全国环保监管能力和污染减排"三大体系"建设，全国已建成 343 个省、地市级污染源监控中心，15000 多家企业实施自动监控，配备监测执法设备 10 万多台（套），环境监测、在线监控、执法监察能力显著增强。

经过努力，在我国经济快速增长、能源消耗加速和重化产业总体提前完成"十一五"规划目标的情况下，污染减排攻坚战取得了决定性胜利，两项主要污染物减排目标均超额实现，化学需氧量和二氧化硫比 2005 年分别下降 12.45% 和 14.29%，二氧化硫和化学需氧量排放量长期增长的势头得到了有效遏制。

（执笔：环境保护部污染物排放总量控制司）

域、重点行业规划环评规范性文件。分期分批清查"十五"以来审批的所有建设项目，特别是"十一五"期间审批的产能过剩行业建设项目环评执行情况，集中整改突出问题。

（四）坚持环保为民，着力解决重金属污染等危害群众健康的突出环境问题

集中精力解决重金属污染问题。严格按照《关于加强重金属污染防治工作的指导意见》要求，分解目标任务，落实各项政策措施。全面排查重金属污染物排放企业及其周边区域环境隐患，确定重点防控区域、行业、企业和高风险人群，集中解决一批突出问题。2010 年 6 月，国务院批准实施了重金属污染综合防治规划。

饮用水水源安全保障工作得到加强。2010 年底前，完成了城镇集中式饮用水水源保护区划分及调整工作，完成 113 个环保重点城市集中式饮用水水源保护区划定工作。

（五）严格考核问责，深入推进重点流域区域污染防治

严格按照《重点流域水污染防治专项规划实施情况考核暂行办法》要求，加大考核力度，并向组织部门通报考核结果。各省（区、市）完成了对跨市（县）界断面水质进行考核。抓紧制定实施了九大重点湖泊水库"一湖一策"污染防治方案，在其他湖泊水库流域开展生态安全评估。

区域大气污染联防联控机制不断完善。为推进长三角、珠三角等区域大气联防联控工作，组织开展联动监测，保证了上海世博会和广州亚运

专栏：重金属污染防治工作开展情况

2010年以来，环境保护部认真贯彻落实中央领导同志的重要批示精神和《国务院办公厅转发环境保护部等部门关于加强重金属污染防治工作指导意见的通知》，积极推进重金属污染防治工作。

编制重金属污染综合防治规划，加强重金属污染治理。根据《国务院办公厅转发环境保护部等部门关于加强重金属污染防治工作指导意见的通知》要求，在各部门各地区的积极支持和配合下，顺利完成《重金属污染综合防治规划》的编制工作。

加大环境执法力度，妥善处置重金属污染突发事件。环境保护部连续两年联合国务院八部门开展了重金属污染企业专项检查，2010年，全国共排查重金属排放企业11515家。直接调度并妥善处置涉及铅、铊、镉、砷化氢、锰等重金属污染的突发环境事件12起，受理群众关于重金属污染的举报105件，办结95件。

建立重金属污染防治协调机制，分解任务措施。报经国务院批准建立重金属污染防治部际联席会议制度，由环境保护部牵头，中央宣传部和国家发展改革委等13个中央部门以及内蒙古自治区等14个重点省区人民政府组成。设立环境保护部重金属污染防治工作领导小组及其办公室，制定印发《重金属污染防治工作任务分工方案》，将各项具体任务分解落实到各部门。

严格执行环境影响评价制度，从源头预防环境污染。对涉及重金属污染的建设项目严把环评审批验收关，进一步加强规划环评的规范管理，将重金属污染防治内容纳入五大区域战略环评，从源头上预防重金属污染。

加大资金投入力度，提高重金属监测能力。中央财政增设重金属污染防治专项，2010年首次下达资金15亿元，支持14个重金属污染防治重点省份的84个重金属污染防治项目，并安排2亿元支持重点区域重金属专项监测能力建设。

健全法规标准体系，完善相关环境经济政策。发布《铅、锌工业污染物排放标准》、《铜、镍、钴工业污染物排放标准》等16项重点行业国家污染物排放标准，规定了较为严格的重金属污染物排放限值，制定了涉及含砷、铅、汞、铬、镉等重金属的“高污染、高环境风险”产品名录。

（执笔：环境保护部污染物排放总量控制司）

会空气质量达标。以区域大气污染防治和重点行业污染控制为重点，深化对二氧化硫及颗粒物排放的控制；以火电行业和机动车为重点，开展了工业及城市氮氧化物污染防治工作。

（六）深化“以奖促治”，农村环境保护和生态保护工作不断加强

进一步深化“以奖促治”政策措施，加大农村环境保护投入。重点抓好中央领导批示和媒体高度关注的“问题村”，优先支持重点流域、区域和扶贫开发重点县内存在突出环境问题的村庄。推行“以片为主、点片结合”的治理模式，在环境问题集中区域，实施连片综合治理，建设集中治污设施；对居住分散、经济条件差、边远地区的村庄，推广分散型、低成本、易管理的污水处理模式。开展农村集镇生活污水和规模化畜禽养殖污染减排试点工作。切实抓好生态保护。开展生态系统功能状况调查与评估工作，加强自然保护区的监管和评估。全面加强对资源开发活动引起的环境污染和生态破坏的监督检查。组织好国际生物多样性年活动。

（七）强化执法监督和应急管理，确保环境安全

强化环境执法监督管理。深入开展整治违法排污企业保障群众健康环保专项行动，紧扣重金属污染等热点问题，进行全面排查、集中整治，全力遏制环境事件高发势头；加大对典型案件挂牌督办、责任追究和后督察力度，确保环境违法行为整改到位。

专栏：深入实施“以奖促治”政策 扎实开展农村环境综合整治

为贯彻落实全国农村环境保护工作电视电话会议精神和国务院领导同志关于加强农村环境保护工作的批示要求，环境保护部大力实施“以奖促治”政策，扎实开展农村环境综合整治，取得了显著成效。

一、采取措施

1. 强化体制机制建设，切实把农村环境保护工作摆上重要位置。环境保护部成立了农村环境保护工作协调小组，明确任务分工，定期召开会议，研究重点难点问题。

2. 建立完善规章制度，加强对各地实施“以奖促治”政策的指导和督查。先后报请国务院办公厅转发了实行“以奖促治”加快解决突出的农村环境问题的实施方案，印发了深化“以奖促治”工作促进农村生态文明建设的指导意见、中央农村环境保护专项资金管理暂行办法和项目管理暂行办法、农村环境连片整治工作指南和“以奖促治”项目环境成效评估办法。同时，加强督导，对重点地区实施“以奖促治”政策情况进行督促检查，及时总结经验，发现问题，提出要求。

3. 逐步加大“以奖促治”投入力度，加快解决突出农村环境问题。中央财政“以奖促治”资金规模从2008年的5亿元增加到2010年的25亿元，各省（区、市）、计划单列市均建立了相应的农村环境保护资金渠道。

二、主要进展和成效

1. 一批严重损害群众健康、群众反映强烈的突出农村环境问题得到有效整治。“以奖促治”政策实施三年来，支持6600多个村镇开展环境综合整治和生态示范建设，2400多万农村人口直接受益。

2. 各地农村环境保护基础设施建设得到加强。农村饮用水水源地得到有效保护，农村生活污染得到有效治理，畜禽养殖污染防治力度不断加大。

3. 农村环境保护监管能力得到提升。农村环境保护机构与队伍建设取得积极进展，农村环境整治目标责任制逐步建立，在全国3省（区）、9市组织开展了农村环境综合整治目标责任制试点工作，并已取得阶段性成果。

（执笔：环境保护部污染物排放总量控制司）

确保核与辐射安全。完善了与核事业发展相适应的安全监管体系，拓展机构队伍、提升技术水平、夯实管理基础，切实加强了在役核设施的监管，确保运行安全，强化在建核设施的现场监督，确保建造质量。积极推进历史遗留放射性污染治理，严格核技术利用和电磁辐射环境管理。

（八）瞄准主攻方向，进一步推进政策法制、环境科技、监测、宣传教育和国际合作工作

推动环保立法工作进程。开展自然遗产保护法的立法，及大气污染防治法的修订工作，抓紧研究修订了环境保护法的草案框架。

环境科技支撑能力不断增强。环境科技创新、环保标准体系建设和环境技术管理体系建设三大工程得到大力推进。为应对气候变化工作，提出温室气体排放监管体系框架。

环境监测工作继续强化，深化环境质量监测。拓展环境卫星遥感监测成果应用范围，“天地一体化”进程不断推进。优化调整国家环境监测网络，完善环境质量评价办法。

积极宣传建设生态文明、探索我国环保新道路的理论创新与实践成果，加强主题策划，创新方法，健全机制，发挥媒体、社团等非政府组织关心参与环保的积极作用，为环保工作顺利推进营造良好的舆论氛围。

（九）用好用足已有成果，全面推进“十二五”环保规划编制工作

全面总结“十一五”环保工作，充分吸收环境宏观战略研究、污染源普查和水专项成果，以建设生态文明、探索我国环保新道路为统领，深化重大专题研究，把基础、人才和保障三大工程作为提高规划执行力的重要支撑，明确并细化目标指标、重点工程、重大改革和政策举措，及早启动了“十二五”环保规划编制工作。抓紧编制了污染防治、总量控制及能力建设、自然生态和农村环境保护等专项规划，形成完善的“十二五”环保规划体系。

（执笔：环境保护部污染物排放总量控制司）

二、海洋事业

2010 年，全国海洋系统积极贯彻执行党中央、国务院对海洋工作的指示，各项职能工作都取得了重要进展。海洋经济管理工作进一步加强，海洋监测与评价工作进一步深化，海洋生态保护工作取得显著成效，海洋经济平稳较快发展，海洋环保工作顺利开展。

（一）建立陆海统筹的工作机制

按照“海陆统筹”的新思路，国家海洋局与环境保护部签署了《关于建立完善海洋环境保护沟通合作工作机制的框架协议》，在新形势下建立了海洋环境保护工作新机制，双方根据协议将在 9 个方面加强沟通与合作。目前，上海、福建、广东海洋与环保部门也签署了合作协议。同时，与环保部门联合启动了“九龙江－厦门湾海域环境容量评估与总量控制示范研究”，编制了《“十二五”近岸海域污染防治规划》，开展了入海排污口监督管理及海洋环境保护联合执法检查。

（二）落实宏观调控政策，加强海洋环境保护监管

将国家产业政策和节能减排指标纳入海洋环境保护行政许可要求，对借扩大内需之机建设高污染、高耗能项目坚决不予受理。加强海洋环境保护全过程监管，实施海洋石油勘探开发平台和海洋倾废活动实时监视。通过不懈努力，天津疏浚物海洋倾倒区等 9 个海洋倾倒区最终获得国务院批准。积极稳妥地处理好香港跨区倾倒事务，就重签《香港惰性拆建物料在内地海域处置管理实施方案》开展务实谈判，同时科学合理地选划珠海备选区，使“一国两制”方针政策在遵守海

专栏：全国海洋经济调查试点

为摸清我国海洋经济“家底”，国家海洋局拟组织开展全国海洋经济调查。同时，为确保全国海洋经济调查工作的科学性和可行性，验证《全国海洋经济调查试点工作方案》、《全国海洋经济调查试点技术方案》和《海洋经济调查制度》（试行）的科学性、可行性，明确涉海单位清查方法、调查员选用、海洋产业统计口径和计算方法、数据处理软件，以及海洋经济调查的组织方式等方面内容，为在全国范围内开展海洋经济调查奠定基础。国家海洋局于 2010 年 12 月 17 日启动了全国海洋经济调查试点。

全国海洋经济调查试点分为省、市、县三级试点。综合考虑各地区经济水平、海洋产业发展规模、海洋统计基础等因素，我们选择了山东省烟台市、江苏省连云港市连云区、上海市、浙江省舟山市、广东省开展了调查试点。调查试点制度由 47 张调查表、14 张调查问卷组成，内容涉及海洋渔业、海洋油气、海水利用、滨海旅游、海上交通运输等海洋产业活动，调查对象为沿海地区从事海洋经济活动的企事业单位。

试点工作在国家发展改革委、统计局以及有关涉海部门的大力支持下，在试点地区广大调查试点工作人员的努力下，克服了开展了涉海单位清查、调查表及问卷信息采集录入、数据汇总等工作。目前，各试点地区正积极开展数据汇总、涉海单位名录库清理以及试点总结报告编写等工作。预计调查试点全部工作将于 2011 年二季度全部完成。

（执笔：国家海洋局政策法规与规划司）

洋环境保护法规的同时得到切实落实。

（三）继续深化并创新发展海洋环境监测与评价

以“科学监测、科学评价”为出发点创新海洋环境监测工作，科学调整监测站位布局，全面开展评价方法研究并取得初步研究成果。以应对气候变化为目标，在我国管辖海域全面开展海洋二氧化碳交换通量监测评价工作。继续实施渤海环境立体监测与动态评价规划，已初步得出了渤海海峡水交换周期等结果。海洋环境监测信息化工作取得实质性进展，实现海洋环境监测资料数据信息在海洋系统共享。根据新“三定方案”，各分局首次发布管辖海区海洋环境质量公报。积极推进海洋环境监测与评价资格制在全国范围内试点实施和推广。组织开展了“海洋环境公报创优创新评比”工作，广东等5个省级及威海等7个地市级监测机构获奖。

（四）海洋公园建设与海洋生态修复工作取得新突破

为推动海洋生态保护和海洋经济健康发展，大力推动海洋公园建设，并得到国家领导人高度重视和沿海地方积极相应，沿海省市组织选划了“广东海陵岛国家级海洋公园”等7处国家级海洋公园及5处国家级海洋特别保护区。国家海洋局制定印发了《海洋特别保护区管理办法》、《国家级海洋公园评审标准》等规章制度和标准，并组建了国家级海洋特别保护区评审委员会。同时配合国家发改委制定《生态补偿条例》，并起草了海洋生态补偿赔偿标准。组织沿海地区实施了7个海洋生态修复示范项目，成功举办了海洋自然保护区二十周年纪念活动。

（五）快速反应全力处置各类海洋环境突发事件

面对国内外接连发生的海上溢油事件，国家海洋局积极落实国务院领导批示要求，组织研究部署了进一步加强海洋环境监视监测工作、有效应对海洋环境突发事件。针对渤海海洋石油勘探开发现状，部署加强海上溢油监视监测工作，组织开展了海洋石油勘探开发溢油风险隐患排查和溢油应急计划的重新审核与评估。同时，组织国务院有关部门和地方政府参加“渤海海洋环境监测暨防治溢油污染专题座谈会”，协调各部门就加强溢油应急管理协调配合和信息共享达成共识。大连7·16新港输油管爆炸事故造成重大海上溢油以后，按照李克强副总理批示要求，主动协调当地政府和相关部门，组织成立海洋部门应急前线指挥部，迅速组织开展全方位监视和预测预警等应急响应工作。此外，协调中海油溢油处置力量投入一线，在油污清理取得决定性胜利中发挥了主力作用。按照温家宝总理批示要求，组织编制完成《大连溢油污染事件海洋环境监测与评价报告》并提交国务院。

（六）海洋标准计量及质量监督工作取得新进展

创新开展海洋行业实验室能力验证和监督检查工作。组织开展海洋标委会换届、海洋标准分技术委员会筹建工作。海洋行业两个国家级产品质检中心首次承担了全国膜产品质量检验工作，使我局在海洋产品市场监管领域发挥了实质性作用。

（七）海洋经济平稳较快发展

沿海各地区不断推进海洋经济结构调整，着力促进海洋经济发展方式转变，有效巩固和扩大了应对国际金融危机成果，海洋经济实现平稳较快发展。据初步核算，2010年全国海洋生产总值38439亿元，比上年增长12.8%。其中，海洋产业增加值22370亿元，海洋相关产业增加值16069亿元。

（执笔：国家海洋局政策法规与规划司）

三、林业事业

2010年是“十一五”规划的收官之年，也是我国林业改革发展面临良好机遇、现代林业建设全面推进的关键一年，面对各类自然灾害频发的巨大影响，全国林业系统在党中央、国务院的正确领导下，深入贯彻落实科学发展观，紧紧围绕林业中心工作，改革创新，锐意进取，狠抓各项林业政策落实，全面完成了2010年各项林业建设任务。

（一）集体林权制度改革取得重大成果，为林业和农村发展注入了强大活力

一是明晰产权、承包到户取得重大进展。截至2010年底，已有19个省区市基本完成了明晰产权任务，确权到户林地24.31亿亩，占全国集体林地总面积的88.82%，7260万农户拿到林权证，3亿多农民直接受益。二是完善政策、创新机制取得重大突破。公共财政支持制度、林业金融支撑制度、林权保护和流转制度、林木采伐管理制度和林业社会化服务体系相继建立。林木采伐管理制度改革试点在全国193个县展开。林业合作组织达到6.4万个，带动农户1846万户，经营林地3亿多亩。三是兴林富民、农村稳定取得重大成效。集体林权制度改革大幅度增加了农民的家庭财产，极大地激发了农民兴林致富的热情，为破解农民增收难的问题找到了有效途径。2550个集体林权制度改革县农民林业收入占人均年收入的比重，由2009年的12.96%增加到20%以上，重点林区县超过60%。集体林权制度改革还推动了基层民主政治建设和党风廉政建设，密切了党群干群关系，促进了农村和谐稳定。同时，国有林场改革稳步推进，改革思路基本成熟；重点国有林区改革试点顺利推进，已经取得初步成效。

（二）生态建设和保护全面加强，国家生态安全屏障的框架基本形成

紧紧围绕“三个系统一个多样性”，全面加强生态建设和保护，为维护国家生态安全做出了突出贡献。一是森林生态系统建设力度加大。全年完成造林8884万亩，义务植树26.03亿株。全国森林面积达29.32亿亩，森林覆盖率达20.36%，活立木蓄积达149.13亿立方米。人工林保存面积达9.26亿亩，稳居世界首位。林木

专栏：第四次全国荒漠化和沙化监测结果公布

为获得我国荒漠化和沙化土地现状及动态变化信息，国家林业局组织开展了第四次全国荒漠化和沙化监测（2005-2009年）。监测结果显示，截至2009年底，全国荒漠化土地面积262.37万平方公里，沙化土地面积173.11万平方公里，分别占国土总面积的27.33%和18.03%。5年间，全国荒漠化土地面积年均减少2491平方公里，沙化土地面积年均减少1717平方公里。监测表明，我国土地荒漠化和沙化整体得到初步遏制，荒漠化、沙化土地持续净减少，局部地区仍有扩展。

与第三次全国荒漠化和沙化监测相比，第四次监测结果显示中国防沙治沙呈现四个重要变化：

一是荒漠化和沙化土地面积持续净减少。5年间，全国荒漠化土地减少1.25万平方公里，沙化土地减少0.86万平方公里，分别比上次监测时减少0.47%和0.49%。我国有荒漠化土地分布的18个省（区、市），荒漠化土地均有所减少；有沙化土地分布的30个省（区、市），绝大部分省（区、市）沙化土地有所减少。

二是荒漠化和沙化程度持续减轻。5年间，中度、重度、极重度3种类型的荒漠化土地分别减少1.69万平方公里、0.68万平方公里和2.34万平方公里；中度、重度、极重度3种类型的沙化土地分别减少0.99万平方公里、1.04万平方公里和1.56万平方公里；流动沙地、半固定沙地减少0.71万平方公里。

三是沙区植被状况进一步改善。5年间，沙化土地植被平均盖度由17.03%提高到17.63%，植被盖度50%以上的沙化土地面积增加1.03万平方公里，盖度小于10%的沙化土地面积减少1.36万平方公里。荒漠化和沙化重点保护治理区植物种类明显增加，植被群落稳定性增强。

四是重点治理区生态环境明显改善。重点治理的科尔沁沙地、毛乌素沙地、浑善达克沙地、呼伦贝尔沙地、京津风沙源治理工程区等区域生态明显改善。

（执笔：国家林业局发展规划与资金管理司）

良种使用率达到51%。天然林资源保护工程圆满完成一期建设任务，退耕还林政策进一步完善，三北防护林、速生丰产用材林等工程建设成效明显。国务院批准了《全国林地保护利用规划纲要（2010-2020年）》，征占用林地定额管理制度开始实施，林地保护力度明显加大。二是湿地生态系统保护全面加强。启动了第二次全国湿地资源调查。建立了长江、黑龙江等流域湿地保护网络。湿地自然保护区达550多处，国家湿地公园达140多处，国际重要湿地达37处。自然湿地保护率达到50.3%。三是荒漠生态系统明显改善。全面实行了省级政府防沙治沙目标责任制。继续推进石漠化治理工程和38个全国防沙治沙综合示范区建设。第四次全国荒漠化沙化监测结果显示，2005-2009年，全国沙化土地面积年均缩减1717平方公里，比上个监测期年均多缩减434平方公里，沙化土地减少的省份增加到29个。全国土地沙化防治进入了“整体遏制、局部恶化”的新阶段。四是生物多样性保护成效明显。大熊猫等50多个濒危野生动物繁育种群持续扩大，苏铁等千余种野生植物人工种群基本建立，野马等物种回归自然进展顺利。林业系统自然保护区达2035处，总面积达18.5亿亩，占国土面积的12.9%，90%的陆地生态系统类型、85%的野生动物种群和65%的高等植物群落得到有效保护。

（三）林业产业发展迈上新台阶，林产品生产和贸易大国地位已经确立

加强了产业扶持和指导，成功应对国际金融危机冲击，林业产业发展继续保持强劲势头。一是产业规模迈上新台阶。松香、人造板、木竹藤家具、木地板产量跃居世界第一，干鲜果品和花卉产量名列世界前茅，成为世界林产品生产和贸易大国。2010年全国林业产值突破2万亿元，林产品进出口贸易额增加到900亿美元。二是结构调整迈出新步伐。林业一二三产业的比例调整为目前的38：53：9，林业工业化进程明显加快，第三产业比重逐步加大。经济林产品产量突破1.27亿吨。油茶、核桃等木本油料产业快速发展。三是产业素质实现新提升。特色产业集群初步形成，龙头企业逐步壮大，林产品质量继续提高，产业化经营势头良好，工农合作更加紧密，产业带动能力持续增强。

（四）生态文化体系建设全面展开，全社会生态文明观念普遍树立

一是全社会生态文明观念明显增强。建设生态文明成为各级党委政府和全社会的共同行动，“生态立省”、“生态立市”、“生态立县”，“既要金山银山，更要绿水青山”成为地方各级党政领导的执政理念，加强生态建设、加快林业发展成为各地规划的重要内容，创建森林城市成为市长们的不懈追求。二是生态文化建设成绩斐然。深入开展了生态价值观、生态道德观、生态发展观、生态消费观、生态政绩观等问题研究，取得了一批重要理论成果。创作了一批富有震撼力的生态文学、影视和艺术作品。整理出版了《中华大典·林业典》。三是林业宣传影响广泛。围绕林业改革发展的中心工作，开展了丰富多彩的林业宣传活动，使林业政策深入人心，林业行业精神得到弘扬，生态文化知识广泛普及。四是生态文明教育活动扎实开展。与教育部、共青团中央共同建设了国家生态文明教育基地，成功举办了森林城市论坛、生态文化论坛、生态文明高层论坛、绿博会等宣传教育活动。

（五）林业应急处置工作取得重大成效，防灾减灾能力显著增强

一是成功抗击重特大自然灾害。林业系统全力抗击玉树地震、舟曲泥石流等重特大自然灾害，努力降低生命财产损失和对自然生态的影响，大力推进灾后生态修复和重建。二是森林防火取得显著成效。加强了火灾防控能力建设和责任、措施的落实。成功扑灭呼中等地发生的重大森林火灾，维护了森林资源和人民生命财产安全。三是林业有害生物防控全面加强。落实了地方政府及林业主管部门防控责任，形成了联防联控有效机制，推进了有害生物测报站点建设，测报准确率达到85%，成灾率降至5‰以下。四是野生动物疫源疫病监测防控不断强化。设立了350处国家

级、768处省级和一批市县级监测站，成功控制多起突发疫情，维护了公共卫生安全和人民群众利益。五是沙尘暴应急体系逐步健全。完善了部门应急预案和重点省区应急预案及沙尘暴趋势会商制度。推进沙尘暴地面监测站建设，开展了重点地区监测工作。加强了重大沙尘暴现场救灾指导，减缓了沙尘暴危害。六是林区治安状况继续改善。进一步推进森林公安“五化”建设，重点加强林区治安源头管理、重点地区综合治理、突发事件应对和林区禁毒工作，稳妥处理了一批涉林非法集资案件，维护了林区社会和谐稳定。

（六）林业对外开放加速推进，国际影响力明显提升

以应对气候变化为重点，积极推进林业国际合作，全力服务国家发展和外交大局，林业的国际地位和影响力显著提升。一是森林应对气候变化成为重大国家战略。认真落实胡锦涛主席在亚太经合组织（APEC）领导人非正式会议和联合国气候变化峰会上的庄严承诺，实施了《应对气候变化林业行动计划》，提前兑现了2010年森林覆盖率达到20%的承诺，确立了林业在应对气候变化中的特殊地位。二是积极实施“引进来”和“走出去”战略。2010年争取到多双边无偿援助项目110个，金额2055万美元。争取到科技部和商务部对外援助培训项目6个，中美能源环境十年合作研究项目1个，项目总金额约725万元人民币。援助欠发达国家生态建设起步良好，林业“走出去”步伐加快，利用两种资源、服务两个市场的能力明显增强。三是深入开展各领域的国际合作。积极配合国家重大外交行动，开展了大熊猫等外交工作，成功参与“老虎峰会”，妥善处理老虎保护、木材非法采伐等敏感问题。

（七）强林惠林政策体系初步形成，为兴林富民提供了有力保障

一是林业投资创历史新高。2010年林业基本建设投入164亿元，财政资金606亿元。林业贴息贷款和基本建设贴息贷款分别达到162亿元和19亿元。二是林业公共财政支持制度初步建立。属集体的国家级公益林，中央财政补偿标准由每亩每年5元提高到10元。造林、林木良种和森林抚育补贴和湿地保护补助等试点相继启动，32种林业机具纳入农机购置补贴范围。三是林业金融扶持政策取得重大突破。中央财政森林保险保费补贴试点稳步推进，公益林保费补贴比例提高到50%，与我国人保财险公司签订了《共同推进森林保险框架协议》。林权抵押贷款规模不断扩大，全年涉林贷款规模预计达1200亿元。四是林业税费政策更加优惠。以林区“三剩物”和次小薪材为原料生产加工的综合利用产品增值税即征即退政策继续执行。育林基金征收标准从20%降至10%以下，农民涉林负担进一步减轻。林业部门行政事业经费纳入同级财政预算，改变了靠收费养人的状况。五是林区民生工程和基础设施建设扎实推进。国有林区棚户区改造和国有林场危旧房改造安排中央投资70.5亿元，安排改造任务52.43万户，林区134万户列入全国保障性住房建设规划，林区安全饮水纳入全国农村饮水安全工程规划。

（八）林业基础工作取得实质性进展，可持续发展能力明显增强

一是科技兴林全面加强。科技研究取得一批新成果。科技成果转化应用率首次超过50%，林业科技进步贡献率由39%提高到43%。生态定位站、基层推广站和林产品质检机构等科技能力建设明显加强。森林认证和林业知识产权保护工作有序推进。二是人才强林取得实效。林业干部培训实现了规范化、信息化，人才总量进一步增长，素质进一步提高。一大批基层实用人才脱颖而出，在带动农民增收致富中发挥了重要作用。三是依法治林成效明显。森林法修改、湿地保护条例和林权争议处理条例制订工作全面展开，行政许可工作进一步规范，林业综合行政执法工作稳步推进，多起行政复议案件得到妥善处理。林业执法力度不断加大。四是林业信息化建设实现重大突破。大力开展信息化示范工程建设，强化了数据库、应用系统、林业网站建设与整合，搭建了林业信息资源共享平台。编制了《全国林业信息化

发展“十二五”规划》，开展了首次“我国林业信息化发展战略研究”。建立了林业信息化标准规范和制度体系。五是机构队伍建设全面推进。森林防火、林业改革、信息化管理、森林认证、碳汇造林等林业机构得到强化。增加了武警森林部队编制，新建了福建、甘肃总队和机动、直升机支队。南京森林公安高等专科学校升格为森林警察学院。局驻地方森林资源监督机构和濒危物种进出口管理机构实现合署办公。六是机关建设和党建工作常抓不懈。深入开展学习实践科学发展观、“讲党性、重品行、作表率”、“创四型机关、做五个模范”、“强党性、促政风、带行风”廉洁从政警示教育和“创先争优”活动，惩治和预防腐败体系进一步健全，林业行风政风继续改善，林业行政效能全面提高。

2011 年是“十二五”规划的开局之年，也是转变林业发展方式的关键之年。林业系统将继续深入贯彻落实科学发展观，全面实施以生态建设为主的林业发展战略，以推动林业科学发展为主题，以加快转变林业发展方式为主线，以确保如期实现“双增”目标为核心，以兴林富民为宗旨，坚持依靠人民群众，坚持依靠科学技术，坚持依靠深化改革，加大生态建设保护力度，加强森林抚育经营，加速培育主导产业，加快繁荣生态文化，全面开创现代林业科学发展新局面。

（执笔：国家林业局发展规划与资金管理司）

2010年全国教育事业发展报告

2010年，在党中央、国务院的正确领导下，全国教育工作会议胜利召开，《国家中长期教育改革和发展规划纲要（2010-2020年）》颁布实施，教育体制改革试点全面启动，教育工作机制不断创新，形成了全社会关心支持教育事业发展的良好局面。

一、教育事业总体进展

2010年，全国各级各类教育蓬勃和谐发展，教育公平进一步推进，入学机会继续扩大，教育资源配置更趋合理，教育质量得以提高。学前教育规模持续增长，毛入园率继续上升；义务教育普及与巩固水平进一步提高；高中阶段教育规模进一步扩大，比例结构更趋优化；高等教育规模适度增长，重点正转向优化结构与提高质量。

（一）教育总规模

2010年，全国共有各级各类学校[①]53.1万所，比上年减少2.2万所。全国各级各类学历教育在校生为2.6亿人，比上年增加137.3万人；非学历教育在学人数5624.8万人，比上年减少75.9万人。随着教育普及程度的提高，非义务教育阶段在校生规模持续扩大。受学龄人口下降影响，义务教育阶段在校生继续减少。

学前教育规模持续增长。2010年全国共有幼儿园15.0万所，比上年增加1.2万所；在园幼儿人数达2976.7万人，比上年增加318.9万人，增长12.0%。

义务教育规模继续减少。2010年全国共有普通小学为25.7万所，比上年减少2.3万所；在校生为9940.7万人，比上年减少130.8万人，下降1.3%；全国共有初中阶段[②]学校为5.5万所（其中，职业初中67所），比上年减少1430所；初中阶段在校生为5279.3万人（其中，职业初中3.4万人），比上年减少161.6万人，下降3.0%。

高中阶段教育规模略有扩大，中等职业教育规模持续增长，增速放缓。2010年，全国高中阶段学校为2.9万所，比上年减少1108所；在校生4670.6万人，比上年增加29.7万人，增长0.6%；其中，普通高中在校生2427.3万人，比上年下降0.3%；中等职业教育在校生达2231.8万人，比上年增加36.6万人，增长1.7%。

高等教育规模稳步发展。2010年，全国共有高等学校2723所，比上年增加34所。其中，普通高校为2358所，比上年增加53所，成人高校为365所，比上年减少19所；全国各种形式高等教育在学总规模达3105万人，比上年增加126万人，增长4.2%。

特殊教育规模稳定。2010年，全国共有特殊教育学校1706所，比上年增加34所。特殊教育在校生42.6万人，比上年略减0.3万人。

（二）各级各类教育普及水平进一步提高

各级教育普及水平不断提高，国民受教育机会进一步扩大。2010年，学前教育毛入园率达56.6%，比上年提高5.7个百分点；义务教育普及水平处于高位，小学净入学率达99.7%，比上年略增0.3个百分点；初中阶段毛入学率达100.1%，比上年提高1.1个百分点；高中阶段普及水平提升较快，毛入学率达82.5%，比上年提高3.3个百分点；高等教育毛入学率达26.5%，比上年提高2.3个百分点。

随着普及水平的不断提高，每十万人口中非

①学校数未含教育机构。
②初中阶段含普通初中和职业初中，下同。

义务教育阶段在校生人数明显增加。2010年，每十万人口中高等教育在校生人数为2189人，比上年增加61人；每十万人口中高中阶段教育在校生人数为3499人，比上年增加4人；每十万人口中学前教育人数为2230人，比上年增加229人。因学龄人口的下降，每十万人口中义务教育阶段在校生人数继续减少。2010年，每十万人口中初中阶段在校生人数为3955人，比上年减少142人；每十万人口中小学在校生人数为7448人，比上年减少136人。

（三）教师队伍规模继续扩大

2010年，全国各级各类学校专任教师数为1413.9万人，比上年增加21.2万人。其中，幼儿园专任教师人数增长较快，由上年的98.6万人增加到114.4万人，增加15.8万人，增长16.1%。

普通高校专任教师比上年略有增加，由上年的129.5万人增加到134.3万人，增加4.8万人，增长3.7%。

高中阶段专任教师人数比上年有所增长。其中，普通高中专任教师由上年的149.3万人增加到151.8万人，增长1.7%；中等职业学校专任教师为86.7万人，比上年略减0.1万人。

义务教育阶段专任教师人数比上年略有减少。小学专任教师为561.7万人，比上年减少1.6万人，下降0.3%；初中阶段专任教师为352.5万人，比上年略增0.7万人，增长0.2%。

2010年，各级各类学校共录用30.5万名各类应届毕业生充实到教师队伍中，比上年减少1.6万人。义务教育阶段学校吸纳毕业生18.9万人，其中到农村学校任教的比例达82.5%。普通高校吸纳5.5万人，其中研究生学历占83.1%。

（四）办学条件进一步得到改善

2010年，随着教育经费投入与资源配置水平的提高，各级各类学校办学条件进一步改善，中等职业学校办学条件下降态势得到扭转。

2010年，全国各级各类学校拥有校舍建筑面积①总量达25.5亿平方米，比上年增加8363万平方米，增长3.4%。其中，普通高校、中等职业学校、初中、幼儿园增长较快，增幅均在3.8%以上。

2010年，全国各级各类学校教学、科研仪器设备资产总值为3871亿元，比上年增加346亿元，增长9.8%。其中，普通高校和中等职业学校增长较快，分别增长11.4%和12.2%。随着仪器设备投入总量的增加，各级各类学校生均教学、科研仪器设备值均比上年有所提高，初中和中等职业学校增长相对较快，分别增长11.2%和9.9%。

（五）办学效益有所提高

2010年，各级各类学校办学效益逐步提高，教师配置状况也有所改善。

校均规模继续扩大。2010年，普通小学校均规模为386人，比上年增加27人；普通初中校均规模为962人，比上年减少5人；普通高中校均规模为1727人，比上年增加60人；中等职业学校校均规模为1672人，比上年增加100人；全国普通高校校均规模为9298人，比上年增加211人。其中，普通本科院校为13100人，比上年增加465人；普通专科院校为5904人，与上年持平。

基础教育学校平均班额相对稳定。2010年，全国普通小学平均班额为38人，比上年增加1人；普通初中平均班额为53人，比上年减少1人；普通高中平均班额为57人，与上年持平。小学56人及以上大班额比例有所上升，达到14.6%，比上年增加0.4个百分点；普通初中、普通高中大班额比例有所下降，分别为36.6%和51.2%，分别下降3.1和1.1个百分点。

从专任教师配置状况看，普通高校生师比与上年持平，为17.3∶1。普通高中生师比有所改善，由上年的16.3∶1下降为16.0∶1；义务教育阶段由于学生规模继续下降，生师比继续下调，初中由上年的15.5∶1降至15.0∶1，

①高校和中等职业学校含独立产权和非产权独立使用两部分，仪器设备值等条件指标同，下同。

小学由上年的 17.9 ∶ 1 降至 17.7 ∶ 1。中等职业学校生师比继续提高，由上年的 26.1 ∶ 1 上升到 26.7 ∶ 1，表明中等职业学校专任教师的增长不能满足学生规模增长的需要，师资短缺现象更趋严重。学前教育规模大幅增长，生师比由 20.4 ∶ 1 上升为 20.6 ∶ 1，教师配置也较紧张。

二、义务教育

2010 年，党中央、国务院把发展农村义务教育摆在重中之重的战略地位，着力建设和完善农村义务教育经费保障新机制。义务教育普及与巩固水平保持高位，办学条件进一步改善，城乡差距逐步缩小，均衡化程度有所提高。

（一）受学龄人口减少影响，义务教育规模继续下降

2010 年，全国小学招生略有增加，为 1691.7 万人，比上年增加 53.9 万人，增长 3.3%。其中，城市小学招生 314 万人，比上年增加 31.0 万人；农村小学招生 1377.7 万人，比上年增加 22.9 万人。

2010 年，初中阶段教育招生 1716.6 万人，比上年减少 71.9 万人，降幅为 4.0%。其中，城市初中招生 348.1 万人，比上年略增 0.3 万人；农村初中招生 1368.4 万人，比上年减少 72.1 万人。

受学龄人口下降因素影响，义务教育在校生总规模继续减少。2010 年，小学在校生规模跌破 1 亿人，为 9940.7 万人，比上年减少 130.8 万人，下降 1.3%；其中，城市小学在校生有所增加，为 1820.5 万人，比上年增加 41.7 万人；农村小学在校生有所减少，为 8120.2 万人，比上年减少 172.5 万人。

初中阶段在校生 5279.3 万人，比上年减少 161.6 万人，下降 3.0%。其中，城市初中在校生规模为 1059.1 万人，比上年减少 0.3 万人；农村初中在校生为 4220.3 万人，比上年减少 161.2 万人。

（二）义务教育普及和巩固水平继续提高

2010 年，全国小学普及程度继续保持高位，女童净入学率继续超过男童。小学学龄儿童净入学率达 99.7%，比上年提高 0.3 个百分点。其中，男童小学净入学率为 99.68%，女童小学净入学率为 99.73%。

2010 年，全国初中普及程度继续提高，全国初中阶段毛入学率达 100.1%，比上年提高 1.1 个百分点。

2010 年，全国小学五年巩固率为 99%，全国初中三年巩固率为 93.8%，均与上年基本持平；全国小学毕业生升学率达到 98.7%，比上年降低 0.4 个百分点；初中毕业生升学率达到 87.5%，比上年提高 2.2 个百分点。

（三）寄宿生规模大幅增长，所占比例持续增加

近年来，中央和各地实施的“农村寄宿制学校建设工程”成效显著。2010 年，小学寄宿生规模达 1038.1 万人，比上年增加 57.1 万人，增长 5.8%，占小学在校生总数的比例为 10.4%，比上年提高 0.7 个百分点，中、西部地区该比例均超过 10%，西部农村地区为 17.2%；初中寄宿生规模达 2305.4 万人，比上年减少 42.6 万人，下降 1.8%，占初中在校生总数的比例为 43.7%，比上年提高 0.5 个百分点，西部地区该比例为 54.0%，西部农村地区为 60.5%。

（四）进城务工人员随迁子女人数继续增长，主要集中在东部地区

2010 年，全国义务教育阶段进城务工人员随迁子女达 1167.2 万人，比上年增加 170 万人，增长 17.1%，其中，864.3 万人在小学就读，比上年增加 113.5 万人，增长 15.1%；302.9 万人在初中就读，比上年增加 56.5 万人，增长 23%。义务教育阶段的进城务工人员随迁子女主要集中在东部地区，比例达 58%。

从来源看，在全国义务教育阶段就读的进城务工人员随迁子女中，外省迁入的占 46%，省内流动的占 54%。小学就读的进城务工人员随迁子女中，外省迁入所占比例为 49.1%；初中阶段为

37.4%。

东部地区进城务工人员子女以外省迁入为主。2010年，东部地区小学、初中进城务工人员子女外省迁入所占比例分别达65.3%和51.7%，均比上年有所下降。

（五）在校生中农村留守儿童规模有所增加，中部地区占比近半

2010年，全国义务教育阶段在校生中农村留守儿童有2271.5万人，比上年增加47.3万人，增长2.1%。在小学就读的农村留守儿童为1461.8万人，比上年增加28.8万人，增长2%，其中，中部地区占48.6%。在初中就读的农村留守儿童有809.7万人，比上年增加18.4万人，增长2.3%，其中，中部地区占45.3%。

（六）义务教育阶段学校办学条件继续得到改善

农村义务教育学校高学历教师比例大幅提升。2010年，全国农村小学大专及以上学历教师比例达到75.4%，比上年提高3.7个百分点；农村初中本科及以上学历教师比例达到59.4%，比上年提高5.0个百分点。

农村义务教育学校中、高级职称教师比例提升较快。2010年，全国农村小学中、高级职称教师比例为52.1%，比上年提高1.1个百分点；农村初中中、高级职称教师比例为52.3%，比上年提高1.9个百分点。

全国义务教育基本办学条件不断改善，教学仪器设备配置水平继续提高。2010年，全国小学生均仪器设备值为384元，比上年增加25元。其中，农村小学生均仪器设备值305元，比上年增加30元。初中生均仪器设备值603元，比上年增加61元。其中，农村初中为528元，比上年增加64元。

义务教育阶段学校技术装备水平，尤其是信息化水平明显提高。2010年，全国普通小学每百名学生拥有教学用计算机台数为4.1台，比上年增加0.3台。其中，农村小学为3.5台，比上年增加0.3台。全国普通初中每百名学生拥有教学用计算机台数为6.4台，比上年增加0.5台。其中，农村初中为6.0台，比上年增加0.5台。2010年，全国普通小学建网学校比例为15.9%，初中为46.4%，分别比上年提高2.0个和3.2个百分点。

三、学前教育与特殊教育

（一）学前教育规模增长较快，普及水平进一步提高

2010年，全国幼儿园数达15.0万所，全国新入园幼儿为1700.4万人，比上年增加153.5万人，增长10%。全国在园幼儿为2976.7万人，比上年增加318.9万人，增长12.0%，其中，农村在园幼儿为2224.1万人，比上年增长11.8%。

2010年，全国学前三年毛入园率为56.6%，比上年提高5.7个百分点。小学招生中接受过学前教育的比例为91.9%，比上年提高2个百分点。

2010年，全国学前教育专任教师中大专及以上学历的比例为60.3%，比上年提高1.7个百分点。其中，城市学前教育教师中大专及以上学历的比例为71.5%，比农村高18.8个百分点；学前教育专任教师中幼儿教育专业毕业的比例为71.6%，比上年下降1.3个百分点。

（二）特殊教育规模发展平稳

2010年，全国特殊教育学校达1706所，比上年增加34所。招生6.5万人，比上年增加851人，增长1.3%。在校生为42.6万人，比上年减少2512人，下降0.6%。

2010年，小学特殊教育在校生总数为30.1万人，比上年减少0.3万人。其中，随班就读和附设特教班在校生18.4万人，比上年减少0.8万人，占在校生总数的比例为61.3%。

初中阶段特殊教育在校生总数11.5万人，与上年基本持平。其中，随班就读和附设特教班在校生7.5万人，比上年减少0.2万人，占在校生总数的比例为65.4%。

高中阶段特殊教育（独立设置的特殊教育学校）在校生总数1.0万人，比上年增加0.1万人。

2010年，全国特殊教育专任教师数为4.0万人，比上年增加1705人。其中，受过特殊教育专业培训的比例为55.6%，比上年提高1个百分点。

四、高中阶段教育

按照国家“加快普及高中阶段教育”的任务要求，2010年，高中阶段教育总体规模平稳增长，结构进一步优化，中职招生比例超过普通高中，普及水平继续提高，办学条件有所改善。

（一）高中阶段教育规模进一步扩大，普通高中与中职的比例结构趋向合理

高中阶段教育规模继续扩大，毛入学率明显提高。2010年，全国高中阶段学校为2.9万所，比上年减少1108所；招生数为1704.3万人，比上年增加5.5万人，增长0.3%；高中阶段教育在校生规模达4670.6万人，比上年增加29.7万人，增长0.6%；高中阶段教育毛入学率由上年的79.2%上升到82.5%。

2010年，普通高中共有学校14058所，比上年减少549所。招生连续四年递减后，首次出现增长，为836.2万人，比上年增加5.9万人；在校生规模连续三年下降，为2427.3万人，比上年减少7万人；毕业生为794.4万人，比上年减少29.3万人，减少3.6%。

2010年，全国中等职业教育共有学校13941所，比上年减少460所；招生868.1万人，比上年略减0.4万人；在校生为2231.8万人，比上年增加36.6万人，增长1.7%。按照《关于中等职业学校面向未升学高中毕业生开展职业教育与培训的意见》（2006年）文件精神，中等职业学校加大招收非应届高中毕业生的力度，18岁及以上年龄在校生（不含技工学校数据）规模为739.9万人，占40.7%；全国中等职业教育毕业生达到659.2万人，比上年增加34万人，增幅为5.4%。

2010年，全国成人高中共有学校654所，比上年减少99所。在校生11.5万人，比上年增加294人。

随着中等职业教育的持续快速发展，普通高中与中等职业教育招生和在校生比例大体相当的目标基本实现。2010年，高中阶段教育招生普职比[①]为49.1∶50.9，中职所占比例比上年下降0.2个百分点，高中阶段教育招生结构趋于合理。

（二）普通高中办学条件进一步改善

普通高中专任教师学历合格率（本科及以上学历教师比例）进一步提高。2010年，我国普通高中专任教师学历合格率达到94.8%，比上年提高1.2个百分点。东部地区为96.3%，中部地区为94.2%，西部地区为93.2%，地区差距不明显。

随着各级政府加大投入力度，普通高中办学条件继续得到改善。2010年，全国普通高中生均校舍建筑面积为16.4平方米，比上年增加0.4平方米；生均仪器设备值达到1603.9元，比上年增长6.7%；每百名学生拥有教学用计算机台数为10.9台，比上年增加0.5台；每百名学生拥有多媒体教室座位数为30.3个，比上年增加1.4个；全国普通高中建网学校比例为76.7%，比上年提高2.7个百分点。

（三）中等职业学校办学条件下降态势得到扭转

2010年，全国中等职业学校专任教师中本科及以上学历教师比例为83.3%，比上年提高2.0个百分点。中等职业学校双师型教师[②]比例为21.4%，比上年提高2.3个百分点，但与教育部2010年颁布的《中等职业学校设置标准》提出的双师型教师不低于30%的标准相比，仍有不小差距。

2010年，中等职业学校生均校舍建筑面积为12.0平方米，比上年略增0.3平方米，下降态势得到扭转；生均仪器设备值为2331元，比

①普职比例为普通高中与中职招生人数之比。
②指既有教师资格职称又有非教师系列专业技术职称的专业课、实习指导课教师。

上年增加 211 元，增长 9.9%；每百名学生拥有教学用计算机为 13.2 台，比上年增长 0.4 台；每百名学生拥有多媒体座位数为 19 个，比上年增加 1.8 个。

五、高等教育

按照“相对稳定招生规模，继续加大支援中西部地区招生协作计划实施力度”的工作部署，2010 年，我国高等教育规模稳步发展，结构进一步优化，办学条件保障水平有所提高，为推动经济社会快速发展和提高国民素质，发挥了重要的支撑和推动作用。

（一）高等教育招生规模适度增长，普通本专科招生结构有所调整

2010 年，全国有普通高校 2358 所（含独立学院 323 所），比上年增加 53 所；其中，本科院校[①] 1112 所，比上年增加 22 所；高职（专科）院校 1246 所，比上年增加 31 所；成人高校 365 所，比上年减少 19 所。

2010 年，研究生招生 53.8 万人（其中：博士生 6.4 万人，硕士生 47.4 万人），比上年增加 2.7 万人，增长 5.3%。

普通本科、高职（专科）招生 661.8 万人，比上年增加 22.3 万人，增长 3.5%；其中，普通本科招生 351.3 万人，比上年增长 7.7%；普通专科招生 310.5 万人，比上年下降 0.9%。本科和专科招生之比由 51 ∶ 49 调整为 53.1 ∶ 46.9，本科生所占比例提高 2.1 个百分点。

成人本专科招生 208.4 万人，比上年增加 6.9 万人，增长 3.4%。

（二）高等教育在校生规模稳步发展，普及水平进一步提高

2010 年，各种形式高等教育在学总规模达到 3105 万人，比上年增加 126 万人，增长 4.2%。高等教育普及水平进一步提升，毛入学率达到 26.5%，比上年提高 2.3 个百分点，比 2005 年提高 5.5 个百分点。

2010 年，全国在学研究生 153.8 万人（其中：博士生 25.9 万人，硕士生 127.9 万人），比上年增加 13.3 万人，增长 9.5%。

普通本科、高职（专科）在校生达 2231.8 万人，比上年增加 87.1 万人，增长 4.1%。

成人本专科在校生为 536.0 万人，比上年减少 5.3 万人，下降 1.0%。

（三）高等教育毕业生增长总体趋于平稳

2010 年，全国研究生毕业生为 38.4 万人（其中：博士毕业生 4.9 万人，硕士毕业生 33.5 万人），比上年增加 1.2 万人，增长 3.3%。

普通本专科毕业生 575.4 万人，比上年增加 44.3 万人，增长 8.3%；普通本专科预计毕业生 619.1 万人，比上年增加 31.7 万人，增长 5.3%。

（四）硕士专业学位教育取得新进展

为适应创新型国家战略建设需求，自 2009 年起国家大力发展专业学位研究生教育，研究生招生结构得到调整优化，专业学位研究生招生比例大幅增长，专业学位类型逐步增加。

2010 年，全国普通高校专业学位硕士研究生招生 11.6 万人，占硕士研究生招生总人数的比例达到 24.8%，比上年提高 8.9 个百分点；专业学位博士研究生招生 1503 人，占博士研究生招生总人数的比例超过 2.6%，比上年提高 1.2 个百分点。

2010 年，全国专业学位博士在校生 4218 人，占博士研究生在校生总数的 1.6%，比上年提高 0.3 个百分点；全国专业学位硕士在校生 21.7 万人，占硕士研究生在校生总数的 17.0%，比上年提高 6.2 个百分点。与发达国家相比，我国应用型专业学位在校生比例仍有很大差距。

（五）普通高校办学条件继续改善，生均水平普遍提高

---

①本科院校数据含独立学院，下同。

由于严格控制招生规模增长和加强教学资源配置的投入力度，普通高校的办学条件总体上得到改善。

生师比较上年略有上升。2010 年，全国普通高校有专任教师 134.3 万人，比上年增加 4.8 万人，增长 3.7%，教师配置总体趋紧，本科院校生师比上升。普通高校生师比为 17.33 ∶ 1，与上年基本持平。其中本科院校为 17.38 ∶ 1，比上年增大 0.15；高职（专科）院校为 17.21 ∶ 1，比上年减小 0.14。

普通高校教师学历层次继续提高。2010 年，普通高校研究生学位教师比例为 57.1%，比上年提高 3.3 个百分点；普通本科院校为 67.8%，比上年提高 3.3 个百分点；高职（专科）院校为 32.3%，比上年提高 2.9 个百分点，比 2005 年提高 15.3 个百分点。

高级专业技术职务教师比例略有提高。2010 年，普通高校高级专业技术职务教师比例为 39.2%，比上年提高 0.6 个百分点；普通本科院校为 43.7%，比上年提高 0.7 个百分点；高职（专科）院校为 28.7%，比上年提高 0.3 个百分点；地方普通高校为 36.5%，比上年提高 0.6 个百分点。

普通高校生均教学行政用房与上年基本持平。2010 年，全国普通高校生均教学辅助及行政用房面积为 14.0 平方米，与上年持平。其中本科院校为 13.3 平方米，比上年减少 0.3 平方米；高职（专科）院校为 15.4 平方米，比上年增加 0.5 平方米。

教学科研仪器设备配置水平普遍提高。2010 年，全国普通高校生均教学科研仪器设备值为 8676 元，比上年增长 6.8%。其中，普通本科院校为 9819 元，比上年增长 6.0%；高职（专科）院校为 6115 元，比上年增长 8.1%。

信息化水平有所提高。2010 年，全国普通高校每百名学生拥有教学用计算机 21.8 台，比上年增加 0.9 台。普通高校校均上网课程达到 67.9 门，比上年增加 12 门。其中，本科院校校均上网课程达到 111.2 门，比上年增加 16.8 门；高职（专科）院校校均上网课程为 29.3 门，比上年增加 7.8 门。

六、成人教育及培训

2010 年，全国接受各种非学历高等教育①的学生达 332.9 万人次，当年已毕（结）业 712.6 万人次；其中，高等教育培训注册学生 263.7 万人次，比上年增加 53.8 万人次，增长 25.6%；结业学生 688.2 万人次，比上年增加 180.9 万人次，增长 35.7%。

2010 年，中等教育培训注册学生 5291.9 万人次，比上年减少 119.3 万人次，下降 2.2%；结业学生 5986.4 万人次，比上年减少 126.4 万人次，下降了 2.1%。

2010 年，高等、中等教育培训注册学生中，全国资格证书培训注册学生 493.6 万人次，比上年减少 25.3 万人次；结业学生 710.8 万人次，比上年减少 0.1 万人次；全国岗位证书培训注册学生 561.4 万人次，比上年减少 45.3 万人次；结业学生 786.2 万人次，比上年减少 32.5 万人次。

2010 年，全国有成人初等学校 3.3 万所，在校生 194.7 万人。教职工 6.6 万人，其中专任教师 2.9 万人。

扫盲教育进一步推进。2010 年，全国共扫除文盲 90.3 万人。

七、民办教育

各级政府进一步贯彻落实《中华人民共和国民办教育促进法》及其实施条例，引导民办教育健康发展。各级民办教育规模均比上年有较大幅度增长，所占比例也进一步提高。

2010 年，全国共有各级各类民办学校 11.8 万所，比上年增加 1.3 万所。民办学历教育在校生为 3393.0 万人，比上年增加 327.6 万人，增长 10.7%；民办非学历教育在学人数 1078.5 万人，

①包括研究生课程进修班、自考助学班、普通预科生、进修及培训。

比上年增加88.9万人，增长9.0%。

非义务教育阶段民办教育规模快速增长，占同级教育的比例继续提高。2010年，全国共有民办高校676所，其中民办普通高校674所（含独立学院323所），民办高等教育在校生为476.7万人，比上年增加30.5万人，增长6.8%；其中，民办普通本专科在校生466.5万人，比上年增长7%，占全国普通本专科在校生总数的比例为20.9%，比上年提高0.6个百分点。

2010年，我国高中阶段共有民办学校5622所，比上年减少246所；民办高中阶段教育在校生规模达到537.1万人，比上年减少11.2万人，占全国高中阶段教育在校生（不含成人高中和技工学校数据）的比例为12.7%，比上年略降0.4个百分点。

全国民办普通高中为2499所，比上年减少171所；民办普通高中在校生230.1万人，与上年持平，占普通高中在校生总数的比例为9.5%，与上年持平。

民办中等职业学校数为3123所，比上年减少75所，在校生307万人，比上年减少11.1万，占全国中等职业教育[①]在校生总数的比例达到16.9%，比上年略降1个百分点。

2010年，民办幼儿园发展较为迅速，全国有民办幼儿园10.2万所，比上年增加1.3万所，在园幼儿为1399.5万人，比上年增加265.3万人，增长23.4%，远高于同年全国学前教育在园幼儿总数12.0%的增幅，占全国学前教育在园（班）幼儿总数的比例达47.0%，比上年提高4.3个百分点。

2010年，全国有民办小学5351所，在校生为537.6万人，比上年增加34.8万人，占全国小学在校生总数的比例为5.4%，比上年提高0.4个百分点；全国有民办初中4259所，在校生为442.1万人，比上年增加8.1万人，占全国初中在校生总数的比例为8.4%，比上年提高0.4个百分点。

八、少数民族教育

国家非常重视和支持民族教育，加大对民族教育的投入，全国各级教育中少数民族在校生总规模继续增长，占在校生比例有所提高。

2010年，学前教育少数民族在园幼儿达到212.7万人，比上年增加23.3万人，占学前教育在园幼儿总数的7.2%，比上年略增0.1个百分点。

小学少数民族在校生规模达到1048.2万人，比上年减少10.9万人，占小学在校生总数的10.5%，与上年持平。初中阶段少数民族在校生规模达到498.2万人，比上年减少4.7万人，占初中在校生总数的9.4%，比上年提高0.2个百分点。

普通高中少数民族在校生规模达到183.3万人，比上年减少4.6万人，占普通高中在校生总数的7.6%，比上年提高0.3个百分点。中等职业教育中少数民族在校生规模达到120.0万人，比上年增加12.8万人，占中等职业教育在校生总数的6.6%，比上年提高0.6个百分点。

普通本专科中少数民族在校生规模达到150.8万人，比上年增加9.8万人，占普通本专科生在校生总数的比例为6.8%，比上年提高0.2个百分点。

（执笔：李燕丽 张振助 教育部）

①中等职业教育不含技工学校数据，下同。

2010 年科技事业发展报告

2010 年，《国家中长期科学和技术发展规划纲要（2006-2020 年）》继续得到全面推进，我国各项科技计划顺利实施，创新体系建设取得进展，科技投入持续增加，基础研究得到加强，高技术产业快速发展，科技产出成绩斐然，取得了“嫦娥”二号成功发射等重要成就，奏响了自主创新的时代强音。我国已跻身世界科技大国之列，正向着建设创新型国家的目标稳步前进。

一、科技计划顺利实施，创新体系建设取得进展

我国以高技术研究发展（863）计划、国家重点基础研究发展（973）计划、集中解决重大问题的科技支撑计划等主体性计划和火炬计划、星火计划等政策引导性计划为代表的各项科技计划顺利实施。据初步统计，2010 年国家安排了 308 项“863”计划课题，在资源环境技术、现代交通技术、信息技术、海洋技术、先进能源技术、生物医药技术等众多领域取得了重要进展，部分领域达到国际先进水平；共安排 326 项科技支撑计划课题，重点解决重大公益技术和产业共性技术问题，着力突破能源、环境、人口健康等技术瓶颈，为经济社会持续协调发展提供全面有力的支撑。

我国以企业为主体、市场为导向、产学研相结合的技术创新体系不断发展，科技基础设施和条件平台建设取得进展，以建立企业技术中心为主要形式的企业技术创新体系建设不断加强。据统计，2010 年我国新建设国家工程实验室 6 个，总数达 91 个；累计建设国家工程研究中心 127 个。在第 17 批国家级企业技术中心通过有关部门认定后，至 2010 年，我国累计认定的国家级企业技术中心已有 729 家，省级企业技术中心达 5532 家。国家认定企业技术中心 2010 年研发经费投入共计 1800 多亿元，占全社会研发经费投入总量的 1/4 强。

二、科技投入持续增加，科技人才队伍不断扩大

国家对科技创新的支持力度进一步加大，政府资金的科技投入逐年增加。财政部的财政预算执行情况报告显示，2010 年中央财政支出中科学技术支出为 1728.3 亿元，比上年增长 14.3%，体现了国家财政对科技事业扶持力度的加大。

在国家的积极引导和全社会共同努力下，我国研发经费投入稳步增长，为科技事业的持续发展注入了强劲动力。据初步统计，2010 年全国研究与试验发展（R&D，简称研发）经费投入达 6980 亿元，比上年增长 20.3%，按汇率折算的结果已超过德国，排到世界第三位；R&D 经费投入与国内生产总值（GDP）之比由上年的 1.70% 提高到 1.75%，再创历史新高。

我国科技人力投入不断增加，科技队伍进一步壮大。据初步统计，2010 年全国 R&D 人员折合全时当量达 252 万人年，比上年增长 10%。目前，我国已成为世界第一的科技人力资源大国。

三、基础研究得到加强，原始创新能力不断提升

基础研究是科学技术发展的根基，对社会经济的持续发展具有举足轻重的作用。据初步统计，2010 年全国用于基础研究的经费支出有 328 亿元，比上年增长 21.3%；基础研究支出占研发经费总支出的比重为 4.7%，略高于上年的水平。

以基础研究作为重点资助对象的国家自然科学基金对基础研究的扶持力度加大，2010 年安排各类项目资助金额近百亿元；全年资助面上项目

专栏：2010年中国十大科技进展新闻

1. 嫦娥二号成功发射。嫦娥二号于2010年10月1日在西昌卫星发射中心成功升空，并传回一幅月面虹湾影像图，实现了此次任务所确定的全部工程目标。嫦娥二号的成功发射取得了大量科学探测成果，不仅为人类开发利用月球资源做了准备，还将大大促进宇宙学、空间天文学、空间材料科学等学科的创新与发展。

2. “天河一号”成为全球最快超级计算机。在国际超级计算机TOP500组织正式发布的第36届超级计算机500强排名榜上，由国防科技大学研制安装的“天河一号”超级计算机系统以其优异性能位居世界第一。“天河一号”的诞生标志着我国超级计算机研制能力实现了从百万亿次到千万亿次的重大跨越。

3. 深海载人潜水器海试首次突破3700米水深记录。我国第一台自行设计、自主集成研制的“蛟龙号”深海载人潜水器在我国南海进行了海上试验，达到3759米下潜深度。此记录的突破意味着该潜水器可在占世界海洋面积99.8%的广阔海域使用，代表着我国在深海高技术领域走在了世界的最前沿。

4. 京沪高铁全线铺通。2010年11月15日京沪高铁全线铺通，下一步将展开全线联调联试，届时京沪可实现4小时到达。京沪高铁是当今世界一次建成线路里程最长、技术标准最高的高速铁路。

5. 水稻基因育种技术获突破性进展。《自然·遗传学》杂志称中国科学院和中国农业科学院组成的科研团队成功克隆了一个可帮助水稻增长的关键基因。科研团队将这种基因分析技术与传统作物种植方法相结合，培育出了改良稻米品种，可使水稻产量提高10%。

6. 揭示致癌蛋白作用新机制。武汉大学研究组发现，PTB蛋白不仅能直接印制靶基因的可变剪接，还能直接促进靶基因的可变剪接。专家称该研究成果对基因转录后调控研究领域具有引领作用，对理解PTB蛋白的致癌机制和推动抗癌药物开发具有重要意义。

7. 实验快堆实现首次临界。中国原子能科学研究院自主研发的中国第一座快中子反应堆首次实现临界。这一成果可实现放射性废物最小化，标志着我国第四代先进核能系统技术实现了重大突破，我国由此成为世界上少数几个掌握快堆研发技术的国家之一。

8. 实现16公里自由空间量子态隐形传输。中国科技大学和清华大学组成的联合小组在北京和河北之间架设了长达16公里的自由空间量子信道，成功实现了世界上最远距离的量子态隐形传输。该实验首次证实了在自由空间进行远距离量子态隐形传输的可行性，向全球化量子通信网络的最终实现迈出了重要一步。

9. “大熊猫基因组”发表。由中科院昆明动物研究所等四家单位参与的合作研究成果《大熊猫基因组测序和组装》表明，大熊猫有21对染色体，基因组大小为2.4G，重复序列含量36%，基因2万多个。专家称这是全球第一个完全使用新一代合成法测序技术完成的基因组序列图。该成果将成为基因组绘图的国际标准。

10. 煤代油制烯烃技术迈向产业化。中科院大连化学物理研究所自主研发的“新一代甲醇制取低碳烯烃工业化技术”（DMTO-Ⅱ）在京首签工业化示范项目许可。这项技术的成功开发标志着我国自主知识产权、世界领先的新一代甲醇制烯烃技术在走向工业化道路上迈出关键一步。

（执笔：赵利婧 国家统计局社科司）

13030个，比上年增加2969个；资助经费45.2亿元，比上年增长36.9%；单项平均资助金额由上年的32.9万元增加到34.7万元。

国家对重点研究扶持力度的加强提升了我国的原始创新能力。拓扑绝缘体研究的重要进展，相对论重离子对撞机上首个反超核粒子——反超氚核的发现，基于超材料的微波段三维隐身和电磁黑洞的实现，三氧化二砷和全反式维甲酸联合治疗急性早幼粒白血病的分子机制的揭示等一批在各领域取得突破性进展的基础研究成果，显示了我国基础研究水平的提升。

专栏：2010年世界十大科技进展新闻

1. 人造生命迈出关键一步。美国研究人员在《科学》杂志上称将人工合成的一种名为蕈状支原体的细菌的DNA植入另一个内部被掏空的、名为山羊支原体的细菌体内，此细菌体重新获得生命并在实验室的培养皿中繁殖。这是第一个人造细胞，它向人造生命形式迈出了关键一步。

2. 首次探测到暗物质粒子。美国佛罗里达大学科学家在美国铁矿地下2000英尺，将温度降至零下273.1摄氏度，使用30台高灵敏度探测仪进行实验，捕捉到"弱相互作用大质量粒子"撞击一个普通原子，确定了此暗物质粒子的存在。

3. 发现"超级细菌"。英国、瑞典、印度和巴基斯坦的科学家联合发表文章称发现的几种"超级细菌"对几乎所有抗生素都有极高的耐药性，可能对全球的公共健康造成极大影响。

4. 首次成功制造并捕获反物质原子。欧洲核子研究中心的科学家成功制造出多个反氢原子，并利用磁场使其存在了"较长时间"，而此前制造出的反氢原子只能存在几个微秒的时间。这一成果被看作是物理学领域的一大突破，将大大推动有关反物质的研究。

5. IBM发布硅纳米光子芯片技术。IBM公司发布了历时10年研发成功的CMOS集成硅纳米光子学技术，该技术可将电子和光子纳米器件集成在一块硅芯片上，使计算机芯片直接通过光脉冲进行通讯，它还不需要新的或者特殊的工具，可以在一个标准的芯片制造生产线上生产。科学家有望据此研制出比传统芯片更小、更快、能耗更低的芯片，为亿亿次超级计算机的研发开辟道路。

6. "普朗克"卫星绘出首幅宇宙全景。欧洲航天局宣布通过该局的宇宙探测卫星"普朗克"绘测出首幅宇宙全景，这幅图捕捉到了形成于宇宙大爆炸时期并历时137亿年到达地球的宇宙微波背景辐射，拍下正在诞生的星体及尚处在萌芽状的恒星。天文学家根据图像提供的数据可以更好地了解宇宙的起源及其现在的运行方式。

7. 大型强子对撞机质子束流对撞首获成功。欧洲核子研究中心3月30日宣布大型强子对撞机总能量为7万亿电子伏特的两个束流对撞获得成功，11月4日宣布对撞运行圆满结束，已完成今年的实验目标。这是目前世界上能量最高的对撞，对撞成功对探索宇宙起源和粒子研究具有里程碑式的意义。

8. "千人基因组计划"获重大成果。"千人基因组计划"是由中、美、英科研机构发起的大型国际科研合作项目，计划取得了两个重要成果，第一是获得了迄今最详尽的人类基因多态性图谱，第二是探索出了研究基因多态性的新技术手段。相关成果标志着人类基因研究进入了一个划时代的新阶段。

9. 发布首份全球海洋生物普查报告。全球"海洋生物普查"项目的最终普查报告显示，科学家共发现6000多种新物种，海洋生物物种总计约有100万种，其中仅25万种是人类已知的海洋物种，其余不甚了解的物种大多生活在北冰洋、南极和东太平洋未深入考察的海域。这是历史上首次进行全球海洋生物普查。

10. 量子纠缠首次在电晶体线路中完美实现。由法、德和西班牙物理学家组成的研究团队首次证明从电晶体装置中分离出来的粒子仍可实现量子纠缠。这是量子力学的一次突破性进展，意味着量子力学真正走进了电子元件中，量子纠缠和全固体材料结合的目的就是实现量子计算以及更加固若金汤的通信。

（执笔：赵利婧 国家统计局社科司）

专栏："嫦娥二号"卫星成功发射

2010年10月1日18时59分57秒，我国在西昌卫星发射中心用"长征三号丙"运载火箭将"嫦娥二号"卫星成功送入太空。10月28日"嫦娥二号"卫星成功传回在距离月面18.7千米的地方拍摄获取月面虹湾局部影像图，至此"嫦娥二号"卫星所确定的六个工程目标已全部实现。它还将完成获取月球三维影像，分析月球表面元素含量和物质类型分布等四大科学目标。

"嫦娥二号"卫星是中国自主研制的第2颗月球探测卫星，继2007年"嫦娥一号"一举实现中华民族千年奔月梦想之后，"嫦娥二号"的成功发射标志着中国探月工程二期任务迈出坚实的一步。"嫦娥二号"卫星是中国探月工程二期的先导星，它的主要任务是为"嫦娥三号"实现月球着陆进行部分关键技术试验，并对"嫦娥三号"着陆区进行高精度成像，实现了首次使用X频段测控和新的编码技术等多项技术突破。"嫦娥二号"卫星的成功发射取得了大量科学探测成果，将带动和促进我国基础科学和高科技的发展，也将推动中国航天领域的国际合作。

（执笔：赵利婧 国家统计局社科司）

四、高技术产业较快发展，高新技术开发区建设进一步推进

我国高技术产业保持了较好的发展势头。初步统计结果显示，我国以医药制造业、航空航天制造业、电子及通信设备制造业、电子计算机及办公设备制造业、医疗设备及仪器仪表制造业为代表的高技术产业在2010年实现工业总产值76156亿元，比上年增长24.6%；其中新产品产值15465亿元，增长12.9%；高技术产业增加值比上年增长16.6%。

在成功扭转了国际金融危机导致的进出口贸易下滑趋势后，我国高技术产品出口贸易不断扩大，国际竞争力日益增强。据统计，2010年我国高技术产品出口额达4926.6亿美元，比上年增长30.7%；高技术产品出口占商品出口总额的份额达31.2%；在商品出口增加额中，高技术产品的贡献为1157.6亿美元，贡献率达30.8%。

在国家相关政策引导下，我国高新技术产业开发区建设进一步推进。2010年国家陆续批准建设了一批新的国家高新技术产业开发区，至年底时全国高新区已达83个，比上年增加27个；据初步统计，区内企业数达6.4万家，比上年增加了1万家，总收入和净利润分别达到10.6万亿元和6052亿元，分别比上年增长了34%和36%。高新技术产业开发区的快速发展将对国民经济又好又快发展起到更大的带动作用。

五、技术市场健康发展，技术交易日趋活跃

2010年，我国技术市场继续保持平稳健康发展的态势，交易规模逐步扩大，交易水平日趋提高。据统计，全年全国共签订技术合同23万项，技术合同成交金额3906亿元，分别比上年增长7.4%和28%；平均每项技术合同成交金额由上年的142万元增加到170万元，增长19.7%。

分合同类型看，技术开发合同成交金额继续居首位，达1634亿元，占全国成交总额的41.8%；技术服务合同以1545亿元居第二位，占成交总额的39.5%。分领域看，技术交易向电子信息、生物、新能源、新材料和节能环保等战略性新兴产业集聚的迹象明显，电子信息技术、先进制造技术、新能源与高效节能技术成交额位居前三，成交金额分别为1172亿元、568亿元和544亿元，占全国技术市场成交总额的比重分别为30%、14.5%和13.9%。技术市场的日趋活跃，使科学技术对经济社会发展的推动作用得到充分发挥，有效促进了科技成果向生产领域的转化。

六、科技产出成绩斐然，重大成果振奋人心

2010年，全国共登记省部级以上重大科技成果4.2万项，其中应用技术成果3.7万项。国家对一批贡献卓著的科学家和优秀科技成果进行了科学技术奖励：授予中国科学院院士师昌绪和中国工程院院士王振义国家最高科学技术奖；颁发国家自然科学奖30项；颁发国家技术发明奖46项，其中一等奖2项，二等奖44项；颁发国家科学技术进步奖273项，其中特等奖3项、一等奖31项、二等奖239项；此外还授予5名外籍科学家中华人民共和国国际科学技术合作奖。

这一年还涌现出了一批有着深远影响的重大科技成果。“嫦娥”二号卫星成功发射，探月工程二期揭幕，取得了大量科学探测成果，为我们开发利用月球资源做了准备；千万亿次超级计算机系统“天河一号”在国际TOP500组织的最新排名中位居世界第一，是我国高性能计算机技术发展的又一重大突破；首台我国自行设计的深海载人潜水器“蛟龙号”海上试验突破3700米水深纪录，代表了深海高技术领域的最前沿；世界上最远距离的16公里自由空间量子态隐形传输的实现，全球第一个完全使用新一代合成法测序技术完成的基因组序列图“大熊猫基因组”的发表……一系列振奋人心的成果，为经济社会发展提供了有力支撑，也成为创新型国家建设中的一道亮丽风景。

七、专利事业进展顺利，排名位居世界前列

专利是国际通用的反映一国科技产出能力和水平的重要指标。2010年，我国受理境内专利申请108.4万件，其中受理境内发明专利申请28.1万件，分别比上年增长26.9%和29%；发明专利申请所占比重为26%，比上年提高了0.5个百分点。共授予专利权81.5万件，其中境内授权71.9万件，增长48.8%，占总量的88.3%；授予境内发明专利7.4万件，比上年增长26.2%。

有效专利是指截至报告期末专利权处于维持状态的专利，可反映一国拥有自主知识产权的总量情况。至2010年底，全国共有有效专利221.6万件，其中境内有效专利173.2万件，境内有效发明专利23万件，分别比上年增加了69.6万件、61.7万件和7.2万件。

《专利合作条约》（PCT）是对各国专利申请进行提交、检索和审查的一项国际合作条约，可在一定程度上反映一国的科技实力和水平。2010年我国通过PCT申请的专利申请量超过1.2万件，排名已上升至世界第四位；56.2%的年增长速度在世界主要国家中排名第一。专利的持续增长和国际地位的提升，反映了我国自主创新能力和水平的日益提高。

八、质量监督工作得到加强，专业技术服务进一步完善

2010年，全国共有产品检测实验室27000个，其中国家检测中心443个，比上年增加29个。质检部门全年抽查产品132种、1.6万批。全国现有产品质量、体系认证机构171个，已累计完成对近8万个企业的产品认证。全国共有法定计量技术机构3309个，全年强制检定计量器具4467万台(件)。全年制定、修订国家标准2860项，其中新制定2123项。

气象预报、地震预报、海洋监测和测绘等专业技术服务工作继续完善。截至2010年底，全国气象观测站点合计 37992个，比上年增加634个；气象部门利用网络向社会提供气象科学数据共享服务数据量达 358220GB；全年中央气象台和省级气象台共发布气象预警信号5149次，警报6559次。全国共有地震台站1477个，地震遥测台网32个。全国共有海洋观测站71个。测绘部门公开出版地图1944种，测绘图书806种。

（执笔：李胤 国家统计局社科司）

2010 年社会保障发展报告

2010 年，《中华人民共和国社会保险法》正式颁布，社会保障制度和政策进一步完备，覆盖人群继续扩大，待遇水平大幅度提高，管理服务不断规范，覆盖城乡居民的社会保障体系建设取得了重大进展。

一、2010 年社会保险基本情况

（一）各项社会保险覆盖人群继续扩大。

1. 城镇职工基本养老保险。年末全国参加城镇职工基本养老保险人数为 25707 万人，比上年末增加 2157 万人。其中，参保职工 19402 万人，参保离退休人员 6305 万人。年末参加企业基本养老保险人数为 23634 万人，比上年末增加 2607 万人。

2. 城镇基本医疗保险。年末全国参加城镇基本医疗保险人数为 43263 万人，比上年末增加 3116 万人。其中，参加职工基本医疗保险人数为 23735 万人，参加城镇居民基本医疗保险人数为 19528 万人。在参加职工基本医疗保险的人数中，参保职工 17791 万人，参保退休人员 5944 万人。

3. 失业保险。年末全国参加失业保险人数为 13376 万人，比上年末增加 660 万人。其中参加失业保险的农民工人数为 1990 万人，比上年末增加 347 万人。2010 年，全国共向 432 万失业人员提供了不同期限的失业保险待遇，比上年减少 52 万人。年末全国领取失业保险金人数为 209 万人，比上年末减少 26 万人。

4. 工伤保险。年末全国参加工伤保险人数为 16161 万人，比上年末增加 1265 万人。其中，参加工伤保险的农民工人数为 6300 万人，比上年末增加 713 万人。全年享受工伤保险待遇人数为 147 万人，比上年增加 18 万人。

5. 生育保险。年末全国参加生育保险人数为 12336 万人，比上年末增加 1460 万人。全年共有 211 万人次享受了生育保险待遇，比上年增加 37 万人次。

6. 新型农村社会养老保险。年末全国有 27 个省、自治区的 838 个县（市、区、旗）和 4 个直辖市的大部分区县列入国家新型农村社会养老保险试点。年末全国参加新型农村社会养老保险人数为 10277 万人，其中领取待遇人数为 2863 万人。

（二）社会保险基金收支增加较快，支出增速高于收入增速。2010 年，在继续执行“五缓四减三补贴”政策的背景下，城镇基本养老、城镇基本医疗、失业、工伤、生育五项保险的基金总收入达到 18823 亿元，比上年增长 16.8%；五项保险基金总支出 14819 亿元，比上年增长 20.5%，增速高于收入 3.7 个百分点。

1. 养老保险。全年城镇基本养老保险基金总收入 13420 亿元，比上年增长 16.8%，其中征缴收入 11110 亿元，增长 16.5%；全年基金支出 10555 亿元，比上年增长 18.7%。年末基本养老保险基金累计结存 15365 亿元。

2. 医疗保险。全年基本医疗保险基金总收入 4309 亿元，比上年增长 17.3%；全年基金支出 3538 亿元，比上年增长 26.5%。年末累计统筹基金结存 3313 亿元（含城镇居民基本医疗保险基金累计结存 306 亿元），个人账户积累 1734 亿元。

3. 失业保险。全年失业保险基金收入 650 亿元，比上年增长 12.0%；全年基金支出 423 亿元，比上年增长 15.4%。年末基金累计结存 1750 亿元。

4. 工伤保险。全年工伤保险基金收入 285 亿元，比上年增长 18.7%；全年基金支出 192 亿元，比上年增长 23.6%。年末基金（不含储备金）累计结存 479 亿元，储备金结存 82 亿元。

5. 生育保险。全年生育保险基金收入 160 亿元，比上年增长 20.5%；全年基金支出 110 亿元，比上年增长 24.5%。年末基金累计结存 261 亿元。

6. 新型农村社会养老保险。全年新型农村社会养老保险基金收入453亿元，其中个人缴费225亿元；基金支出200亿元；基金累计结存423亿元。

（三）顺利完成企业退休人员养老金六年连调任务，各项社会保险待遇普遍提高。在继续确保各项社保待遇按时足额发放和支付的基础上，2010年再次提高企业退休人员养老金水平，使全国人均达到每月近1400元。同时进一步做好补发养老金历史拖欠工作，存在历史拖欠的省份降至6个。各地贯彻新医改方案，通过提高医保基金最高支付限额、提高住院医疗费用报销比例和探索推进居民医保门诊统筹方式，明显提高了参保人员的医保待遇。失业、工伤、生育保险各项待遇也都有所提高。

（四）社会保险法正式颁布，社会保险制度建设取得重大进展。2010年10月28日，全国人大常委会审议通过了《中华人民共和国社会保险法》，对于建立覆盖城乡居民的社会保障制度体系具有十分重要的意义。2010年社会保险制度建设方面取得了新的重大进展：

1. 养老保险。养老保险关系转移接续办法平稳实施；通过认真评估，进一步巩固了养老保险省级统筹成果；出台解决未参保集体企业退休人员基本养老保障等遗留问题的意见。

2. 新型农村社会养老保险。首批新农保试点工作平稳推进，第二批扩大试点工作如期启动，制度覆盖面达到24%。新农保试点地区符合待遇领取条件的农村老人领取到政府发给的基础养老金。

3. 城镇基本医疗保险和生育保险。医疗保障覆盖面和待遇水平稳步提高，统筹解决了800万关闭破产企业退休人员和困难企业职工的参加医保问题；全国已有80%的地区开展了城镇居民医保门诊统筹，90%的地区基本实现了统筹地区内的医疗费用即时结算，积极推进医疗保险关系转移接续和异地就医结算工作。生育保险工作进一步加强。

4. 失业保险。围绕稳定岗位、减少失业这一中心任务，进一步加大使用失业保险基金帮助困难企业稳定就业岗位工作力度。在全国建立失业动态监测制度，研究建立失业预警机制和失业调控体系。提高失业保险统筹层次，继续完善省级调剂金制度。继续做好关闭破产、兼并重组和淘汰落后产能等企业职工安置工作。研究建立失业保险保障生活、预防失业和促进就业“三位一体”的长效机制。

5. 工伤保险。《工伤保险条例》重新修订，新修订的《工伤认定办法》公布施行，工伤预防、工伤补偿、工伤康复三位一体的制度体系基本确立，待遇水平大幅提高；大力实施“平安计划”二期，农民工参保人数达到6300万人；积极稳妥开展工伤预防和工伤康复试点。

（五）社会保险基金监督进一步强化，经办能力进一步加强。深化了社保基金专项治理成果，开展了医保基金管理使用情况检查，推动了社保基金监管软件联网应用；进一步强化了基金稽核和内控工作，规范了企业年金管理。建立健全了社会保险基金监督持证上岗制度，推动了基金监督的依法行政。大力推进了社会保险经办工作专业化、信息化、标准化建设，努力夯实数据基础，提高管理效率和服务质量，社会保险经办能力进一步提高，确保了各项社会保险待遇按时足额支付。

二、2011年社会保险工作展望

2011年社会保险工作的重点是：认真组织学习、宣传和贯彻《中华人民共和国社会保险法》，科学编制和实施完善社会保障体系“十二五”专项规划，加快弥补社会保险制度建设缺失，着力解决突出的历史遗留问题，进一步扩大制度覆盖面，扎实做好社保费征缴工作，稳步提高各项待遇水平，大力加强各项基础管理，提高经办服务水平。

（一）做好社会保险扩面征缴和支付工作。各项社会保险覆盖范围进一步扩大，预计到2011年底，基本养老保险、基本医疗保险、失业保险、工伤保险、生育保险参保人数将分别达到2.65亿人、4.4亿人、1.35亿人、1.7亿人、1.3亿人。

加大社会保险费征缴工作力度，继续做好社会保险费征缴稽核和清欠工作，保证应收尽收。稳步提高各项社会保险待遇水平，并确保按时足额支付。

（二）进一步完善养老保险制度。认真做好基本养老保险关系转移接续工作。巩固基本养老保险省级统筹成果，研究全国统筹方案。解决未参保集体企业退休人员基本养老保障等遗留问题。制定城镇居民养老保险办法并组织开展试点。积极稳妥推进事业单位养老保险制度改革试点。继续做好做实个人账户试点工作。进一步完善企业年金制度，规范年金市场。

（三）认真做好新型农村社会养老保险试点和被征地农民社会保障工作，同步推进城镇居民养老保险试点工作。继续扩大新农保试点，2011年新农保覆盖地区范围将达到60%，从7月1日起实施，并同步推进城镇居民养老保险试点工作。开展新农保试点督导工作，督促各项政策和经办管理服务制度落实。落实新农保经办规程和信息系统建设要求，推动建立健全新农保基层经办服务平台。研究制定新农保与五保供养、农村低保、城镇职工基本养老保险等相关制度的衔接办法，制定实施新农保基金财务会计制度，制定新农保金融服务规范。完善被征地农民社会保障政策，开展政策实施情况督查。

（四）进一步做好基本医疗保险和生育保险工作。全面完成关闭破产企业退休人员等纳入基本医疗保险制度的任务。提高居民医疗保险的筹资水平和待遇水平，普遍开展门诊统筹，探索促进居民长期稳定参保的激励机制。医疗、生育保险基本实现市级统筹，加强基金监管和调控。全面推进定点医疗机构分级管理等制度，完善医疗保险定点服务协议，开展医疗、生育保险反欺诈工作。推进医疗保险付费方式改革，完善生育医疗费用支付方式。全面推行医疗、生育费用即时结算，改进异地就医结算管理服务。落实医疗保险关系跨地区转移接续政策。

（五）加强失业保险制度建设。研究制定并组织实施领取失业保险金人员参加职工基本医疗保险的政策。积极稳妥推进扩大失业保险基金支出范围试点政策实施，研究建立失业保险预防失业、促进就业的长效机制。进一步提高失业保险统筹层次，开展市级统筹工作督导，完善省级调剂金制度，增强基金互济能力。扩大失业动态监测实施范围，增加监测样本，做好监测数据分析和处理，提高监测工作质量。加强失业预警和应急机制建设，探索建立失业预警制度和失业调控工作体系。会同有关部门推动企业淘汰落后产能和兼并重组等职工安置政策措施的落实。

（六）完善工伤保险制度。贯彻实施社会保险法和新修订的《工伤保险条例》，制定完善配套规章、规范性文件、规程和标准。以事业单位和服务业企业为重点，全面推进各类用人单位参加工伤保险。全面将国有企业、集体企业“老工伤”人员纳入工伤保险统筹管理。实现工伤保险基金市级统筹，积极推进省级统筹制度。积极有序推进工伤预防和工伤康复试点工作。

（七）加强社会保险基金预算管理和监督检查。科学编制社会保险基金预决算。健全社会保险基金监督法规制度，强化社会保险经办机构内控建设，修订《社会保险稽核办法》，起草社会保险基金反欺诈办法，完善企业年金基金管理法规政策，加强市场监管。开展医疗、失业保险基金管理使用检查。研究制定社保基金投资运营办法。继续推进社会保险基金监管软件联网应用，研究社会监督机制和方式，提升监管能力。贯彻社会保险基金监督检查证管理规程，推进持证上岗和依法监督。加强信息系统建设，社会保障卡实际发行1.9亿张。

（执笔：饶志刚 人力资源和社会保障部）

2010年社会事业发展报告

一、卫生事业

2010年是"十一五"的收官之年，也是深化医改的关键之年。各级卫生部门加快落实深化医药卫生体制改革意见和近期5项重点工作任务，加强基本医疗保障制度和基层医疗卫生服务体系建设，促进基本公共卫生服务逐步均等化，加快推进国家基本药物制度实施，开展公立医院改革试点，努力缓解群众"看病难、看病贵"问题，卫生事业快速发展。

（一）卫生资源

1. 医疗卫生机构总数。2010年末，全国医疗卫生机构总数达93.7万个，比上年增加2.0万个。其中：医院20918个，基层医疗卫生机构[①]90.2万个，专业公共卫生机构[②]11835个。与上年比较，医院增加627个，基层医疗卫生机构增加2.0万个，专业公共卫生机构增加170个。

医院中，公立医院13850个，民营医院7068个。医院按等级分：三级医院1284个（其中：三级甲等医院813个），二级医院6472个，一级医院5271个，未定级医院7891个。医院按床位数分：100张床位以下医院12394个，100-199张医院3496个，200-499张医院3241个，500-799张医院1069个，800张及以上医院718个。

基层医疗卫生机构中，社区卫生服务中心（站）3.3万个，乡镇卫生院3.8万个，诊所和医务室17.3万个，村卫生室64.8万个。

专业公共卫生机构中，疾病预防控制中心3513个，其中：省级31个、市地级403个、县（区、县级市）级2822个。已设立卫生监督机构2992个，其中：省级31个、市地级393个、县区级2490个。

2. 床位数。2010年末，全国医疗卫生机构床位478.7万张，其中：医院338.7万张（占70.8%），基层医疗卫生机构119.2万张（占24.9%）。与上年比较，床位增加37.0万张，其中：医院床位增加26.7万张，基层医疗卫生机构床位增加9.2万张。每千人口医疗卫生机构床位数由2009年3.31张增加到2010年3.56张。

3. 卫生人员总数。2010年末，全国卫生人员总数达820.8万人，比上年增加42.7万人，增长5.5%。

卫生人员总数中，卫生技术人员587.6万人，乡村医生和卫生员109.2万人，其他技术人员29.0万人，管理人员37.1万人，工勤技能人员57.9万人。卫生技术人员中，执业（助理）医师241.3万人，注册护士204.8万人。与上年比较，卫生技术人员增加34.1万人，增长6.2%。

卫生人员机构分布：医院422.7万人（占51.5%），基层医疗卫生机构328.2万人（占40.0%），专业公共卫生机构62.5万人（占7.6%）。与上年比较，3类机构卫生人员均有所增加。

2010年，每千人口执业（助理）医师1.79人，每千人口注册护士1.52人；每万人口专业公共卫生机构人员4.65人。

4. 卫生总费用。2009年全国卫生总费用达17541.9亿元，其中：政府卫生支出4816.3亿元（占27.5%），社会卫生支出6154.5亿元（占35.1%），个人卫生支出6571.2亿元（占37.5%）。卫生总费用城乡构成：城市11783.0亿元，占67.2%；农村5758.9亿元，占32.8%。人均卫生费用1314.3元，其中：城市2176.6元，农村562.0元。卫生总费用占GDP百分比为5.15%。

①包括社区卫生服务中心（站）、街道卫生院、乡镇卫生院、村卫生室、门诊部、诊所（医务室）。
②包括疾病预防控制机构（含疾病预防控制中心和专科疾病防治机构）、健康教育机构、妇幼保健机构、急救中心（站）、采供血机构、卫生监督机构、卫生部门主管的计划生育技术服务中心。

2010 年全国卫生总费用预计达 19603 亿元，人均卫生费用 1440.3 元。

（二）医疗服务

1. 门诊和住院工作量。2010 年，全国医疗卫生机构总诊疗人次达 58.4 亿人次，比上年增加 3.5 亿人次，增长 6.4%。2010 年居民到医疗机构平均就诊 4.34 次。

2010 年总诊疗人次中，医院 20.4 亿人次（占 34.9%），基层医疗卫生机构 36.1 亿人次（占 61.8%），其他医疗机构 1.9 亿人次（占 3.3%）。与上年比较，医院诊疗人次增加 1.2 亿人次，基层医疗卫生机构诊疗人次增加 2.2 亿人次。

2010 年公立医院诊疗人次 18.7 亿人次，占医院总诊疗人次的 91.7%；民营医院 1.7 亿人次，占医院总诊疗人次的 8.3%。

2010 年，乡镇卫生院和社区卫生服务中心（站）门诊量达 13.6 亿人次，比上年增加 1.0 亿人次。乡镇卫生院和社区卫生服务中心（站）门诊量占门诊总量的 23.3%，比上年提高 0.3 个百分点。

2010 年，全国医疗卫生机构入院人数 14174 万人，比上年增加 918 万人，增长 6.9%。2010 年每百居民住院 10.5 人。

2010 年入院人数中，医院 9524 万人（占 67.2%），基层医疗卫生机构 3950 万人（占 27.9%），其他医疗机构 700 万人（占 4.9%）。与上年比较，医院入院人数增加 1036 万人，基层医疗卫生机构减少 161 万人，其他医疗机构增加 43 万人。

医院中，公立医院入院人数 8724 万人，占医院入院总人数的 91.6%；民营医院 800 万人，占医院入院总人数的 8.4%。

2. 医院医师工作负荷。2010 年，医院医师日均担负诊疗 6.5 人次和住院 2.3 床日，其中：公立医院医师日均担负诊疗 6.6 人次和住院 2.3 床日。与上年比较，医院医师日均工作负荷增加。

3. 病床使用。2010 年，全国医院病床使用率 86.7%，其中：公立医院达 90.0%。与上年比较，医院病床使用率提高 1.9 个百分点，其中公立医院提高 2.3 个百分点。

2010 年，医院出院者平均住院日为 10.5 日，其中：公立医院 10.7 日。与上年比较，医院平均住院日持平。

（三）农村卫生

1. 新型农村合作医疗。截止到 2010 年底，全国有 2678 个县（区、市）开展了新型农村合作医疗，参合人口数达 8.4 亿人，比上年增加 300 万人；参合率为 96%，比上年增加 2 个百分点。

2010 年度筹资总额达 1308.3 亿元，人均筹资 156.6 元。全国新农合基金支出 1187.8 亿元，补偿支出受益 10.9 亿人次，其中：住院补偿 0.7 亿人次，普通门诊补偿 9.9 亿人次。

2. 农村三级医疗服务体系建设。2010 年底，全国 2003 个县（县级市）共设有县级医院 9621 所、县级妇幼保健机构 1983 所、县级疾病预防控制中心 2243 所、县级卫生监督所 1936 所，四类县级卫生机构共有卫生人员 184.8 万人。

截止到 2010 年底，全国 3.4 万个乡镇共设 3.8 万个乡镇卫生院，床位 99.4 万张，卫生人员 115.1 万人，其中：卫生技术人员 97.3 万人。

与上年比较，乡镇卫生院减少 639 个（受城镇化影响，部分乡镇并入城市，相应的乡镇卫生院转为社区卫生服务机构），床位增加 6.1 万张，人员增加 2.0 万人。每千农业人口乡镇卫生院床位由 2009 年 1.05 张增加到 2010 年 1.12 张，每千农业人口乡镇卫生院人员由 2009 年 1.28 人增加到 2010 年 1.30 人。

截止到 2010 年底，全国 59.4 万个行政村共设 64.8 万个村卫生室。村卫生室①中，执业（助理）医师 17.3 万人，注册护士 2.7 万人，乡村医生和卫生员 109.2 万人，其中：乡村医生 103.2 万人。每千农业人口村卫生室人员 1.46 人。与上年比较，村卫生室增加 1.6 万个，人员增加 3.8 万人。

①村卫生室执业（助理）医师和注册护士数包括乡镇卫生院设点数字。

3. 农村医疗服务。2010年，全国县级（含县级市）医院诊疗人次达6.9亿人次，比上年增加0.4亿人次；入院人数4396.4万人，比上年增加477.2万人；病床使用率82.9%，比上年提高2.3个百分点。

2010年，乡镇卫生院诊疗人次为8.7亿人次，比上年减少0.1亿人次；入院人数3630万人，比上年减少178万人。2010年，医师日均担负诊疗8.2人次，医师日均担负住院1.3床日。病床使用率59.0%，出院者平均住院日5.2日。与上年相比，乡镇卫生院医师工作负荷略有降低，病床使用率下降1.7个百分点，平均住院日延长0.4日。

2010年村卫生室诊疗量达16.6亿人次，比上年增加1.1亿人次。

（四）社区卫生

1. 社区卫生服务体系建设。截至2010年底，全国已设立社区卫生服务中心（站）32739个，其中：社区卫生服务中心6903个，社区卫生服务站25836个。与上年相比，社区卫生服务中心增加1687个，社区卫生服务站增加3744个。社区卫生服务中心人员28.3万人，平均每个中心41人；社区卫生服务站人员10.7万人，平均每站4人。社区卫生服务中心（站）人员比上年增加9.4万人，增长32.0%。

2. 社区医疗服务。2010年，全国社区卫生服务中心提供诊疗人次为3.5亿人次，入院人数218.1万人；平均每个中心年诊疗人次5.1万人次，年入院人数316人；医师日均担负诊疗13.6人次，医师日均担负住院0.7日。与上年相比，诊疗人次及入院人数均有所增加。2010年，全国社区卫生服务站提供诊疗人次1.4亿人次，平均每站提供年诊疗人次5419人次，医师日均担负诊疗13.6人次。

（五）病人医药费用

1. 基层医疗卫生机构。2010年，社区卫生服务中心门诊病人次均医药费用82.8元，按当年价格比上年降低1.4%，按可比价格下降4.6%；住院病人人均医药费用2357.6元，按当年价格比上年上涨1.7%，按可比价格下降1.5%。

2010年，乡镇卫生院门诊病人次均医药费用47.5元，按当年价格比上年上涨2.8%，按可比价格下降0.5%；住院病人人均医药费用1004.6元，按当年价格比上年上涨12.0%，按可比价格上涨8.4%。

2010年乡镇卫生院住院病人日均医药费用194.5元，按当年价格比上年上涨3.8%，按可比价格上涨0.5%。

2. 医院。2010年，医院门诊病人次均医药费用166.8元，按当年价格比上年上涨9.7%，按可比价格上涨6.2%，其中：药费占51.3%，比上年下降0.2个百分点；住院病人人均医药费用6193.9元，按当年价格比上年上涨9.0%，按可比价格上涨5.5%，其中：药费占43.1%，比上年下降0.5个百分点。住院病人日均医药费用590.6元，上涨幅度略高于住院病人人均医药费用。

不同等级公立医院门诊和住院病人人均医药费用涨幅不一，三级医院涨幅较低。2010年公立医院中，三级医院门诊费用上涨8.1%（按当年价格计算，下同），低于二级医院0.7个百分点；三级医院住院费用上涨7.1%，低于二级医院2.1个百分点。

（六）疾病控制与公共卫生

1. 传染病报告发病和死亡。2010年，全国甲乙类传染病共报告发病3185932例，死亡14289人。报告发病数居前5位的病种依次为病毒性肝炎、肺结核、梅毒、细菌性和阿米巴性痢疾、淋病，占甲乙类传染病报告发病总数的95.0%；报告死亡数居前五位的病种依次为艾滋病、肺结核、狂犬病、病毒性肝炎和甲型H1N1流感[①]，占甲乙类传染病报告死亡总数的96.5%。

甲乙类传染病报告发病率为238.69/10万，

① 2010年甲型H1N1流感监测数据为临床和实验室诊断病例，不含外籍和台港澳；2009年甲型H1N1流感监测数据为实验室诊断病例。

死亡率为 1.07/10 万。

2010 年，丙类传染病共报告发病 3224030 例，死亡 968 人。报告发病数居前 5 位的病种依次为手足口病、其它感染性腹泻病、流行性腮腺炎、急性出血性结膜炎和流行性感冒，占报告发病总数的 98.5%。报告死亡数居前 3 位的病种依次为手足口病、其它感染性腹泻病和流行性感冒，占报告死亡总数的 98.7%。丙类传染病报告发病率为 241.55/10 万，死亡率为 0.07/10 万。

2. 血吸虫病防治。2010 年底，全国血吸虫病流行县（市、区）453 个；累计达到血吸虫病传播控制标准的县（市、区）104 个，累计达到传播阻断标准的县（市、区）269 个；年底实有病人 32.6 万人，比上年减少 4.0 万人；年内治疗病人 46.4 万人。

3. 地方病防治。2010 年底，全国克山病病区县 327 个，累计控制（消除）县 257 个，现症病人 3.83 万人；大骨节病病区县 366 个，累计控制（消除）县 217 个，现症病人 66.09 万人；碘缺乏病防治工作县（区） 2798 个，现症病人 34.03 万人。地方性氟中毒（饮水型）病区县 1138 个，控制县 196 个，氟斑牙病人 2247.65 万人，氟骨症病人 137.67 万人；地方性氟中毒（燃煤污染型）病区县 188 个，控制县 27 个，氟斑牙病人 1476.92 万人，氟骨症病人 195.09 万人。

4. 农村改水改厕。截至 2010 年底，全国累计农村改水受益人口 9.08 亿人，改水受益人口占农村总人口的 94.9%。农村自来水普及率为 71.2%，比上年增加了 2.8 个百分点。农村累计使用卫生厕所 17138.3 万户，其中：当年新增卫生厕所 1060.4 万户。农村卫生厕所普及率 67.4%，比上年增加 4.2 个百分点。

（七）妇幼卫生

1. 妇幼保健。2010 年，孕产妇产前检查率 94.1%，产后访视率 90.8%。与上年比较，产前检查率、产后访视率有所上升。2010 年住院分娩率为 97.8%，其中：市 99.2%，县 96.7%。与上年比较，住院分娩率增加 1.5 个百分点，其中：市增加 0.7 个百分点，县增加 2.0 个百分点。2010 年，3 岁以下儿童系统管理率达 81.5%，比上年增加 4.3 个百分点；孕产妇系统管理率达 84.0%，比上年增加 3.1 个百分点。

2. 儿童死亡率。据妇幼卫生监测统计，2010 年 5 岁以下儿童死亡率 16.4‰，其中：城市 7.3‰， 农村 20.1‰；婴儿死亡率 13.1‰，其中：城市 5.8‰， 农村 16.1‰；新生儿死亡率 8.3‰，其中：城市 4.1‰，农村 10.0‰。5 岁以下儿童死亡率、婴儿死亡率、新生儿死亡率较上年均有下降。

3. 孕产妇死亡率。据妇幼卫生监测统计，2010 年孕产妇死亡率为 30.0/10 万，其中：城市 29.7/10 万，农村 30.1/10 万。城市孕产妇主要死因构成：产科出血占 27.1%、羊水栓塞占 8.3%、妊高征占 6.3%、合并心脏病占 9.4%。农村孕产妇主要死因构成：产科出血占 28.0%、羊水栓塞占 9.4%、妊高征占 14.2%、合并心脏病占 11.3%。孕产妇死亡率较上年下降。

（八）卫生监督

1. 公共场所卫生监督。2010 年，全国公共场所卫生被监督单位 115.8 万个，从业人员 647.3 万人，持健康证人数占 97.0%。对公共场所进行经常性卫生监督 259.0 万户次，合格率为 91.7%。依法查处案件 4.3 万件，结案 4.2 万件，依法作出卫生行政处罚案件 3.8 万件。

2. 生活饮用水卫生监督。2010 年，全国生活饮用水卫生（供水）被监督单位 6.9 万个，从业人员 23.7 万人，持健康证人数占 90.8%。生活饮用水经常性卫生监督 17.6 万户次，合格率为 91.0%。对涉水产品进行抽样监测 2562 件，合格率 95.4%。

3. 消毒产品卫生监督。2010 年，全国消毒产品被监督单位 9113 个，从业人员 13.9 万人，有效卫生许可证 9147 份。消毒产品经常性卫生监督 7.3 万户次，合格率为 90.7%。对 14.3 万件消毒产品进行监测，合格率为 92.0%。

4. 学校卫生监督。2010 年，全国被监督学校 27.54 万所，58.8% 的学校已建立学生健康档案，75.6% 的学校开设健康教育课，80.3% 的学

专栏：妇女纲要是推动妇女事业发展的重要措施

妇女事业发展是体现人类社会文明进步的重要标志之一。早在1979年12月，联合国大会通过了《消除对妇女一切形式歧视公约》，并于1975年、1980年、1985年、1995年四次召开世界妇女大会，制定了一系列妇女发展目标。

为了履行承诺，也为了推动中国妇女事业的发展，中国政府于1995年制定了第一部妇女发展纲要，提出了11项妇女发展目标；2001年制定了第二部妇女发展纲要，提出了34项妇女发展目标。

这些年来，妇女发展纲要的实施取得了明显成效，妇女事业发展取得显著进展，到2010年底，妇女健康状况明显改善，平均预期寿命稳步提高；妇女受教育水平提高，文盲率大幅度下降，妇女发展的社会环境进一步优化，男女平等基本国策得到落实；妇女在参政、就业以及社会保障等方面的权益得到维护；国家和地区维护妇女权益的法律、法规进一步完善。

为了巩固妇女发展纲要的实施成果，继续推进妇女事业发展，2011年国务院又颁布了2011-2020年中国妇女发展纲要。

新的妇女发展纲要的总目标是：将社会性别意识纳入法律体系和社会公共政策；保障妇女平等享有公共卫生服务，生命质量和健康水平明显提高；平等享有受教育的权利和机会，受教育程度持续提高；平等获得经济资源和参与经济发展，经济地位明显提升；平等参与国家和社会事务管理，参与水平不断提高；平等享有社会保障，社会福利水平显著提高；平等参与环境决策和管理，发展环境更为优化；保障妇女权益的法律体系更加完善，妇女的合法权益得到切实保护。促进妇女全面发展，促进两性和谐发展，促进妇女与经济社会同步发展。

妇女纲要的具体目标分为7个领域，共54项具体目标，86项策略措施。新的妇女发展纲要为未来10年中国妇女事业的发展指明了方向，明确了目标和任务。

与此同时，纲要要求国务院各有关部门根据纲要目标和职责分工，制定本部门的实施方案；各省（市、区）人民政府要结合本地区的实际情况，制定本地区的妇女发展规划。

妇女发展纲要已成为推动中国妇女事业发展的一项重要措施。

（执笔：徐建琳 国家统计局社科司）

专栏：儿童纲要是推动儿童事业发展的重要措施

儿童事业发展是社会发展的重要内容之一，也是体现社会文明进步的重要标志。早在1990年9月，联合国召开儿童问题全球首脑会议，制定了《儿童生存、保护和发展世界宣言》和《执行九十年代儿童生存、保护和发展世界宣言行动计划》。2002年联合国又召开联大儿童问题特别会议，审议世界各国儿童发展目标的执行情况，提出了未来10年儿童发展的新目标。

中国政府为了履行承诺，于1992年和2001年先后制定了两个儿童发展纲要，用以推动中国的儿童事业发展。经过这些年的不懈努力，儿童纲要实施取得了巨大成绩，到2010年底，儿童死亡率大幅度降低，儿童健康状况明显改善，儿童受教育水平稳步提高，儿童在生存、保护和发展的各个领域都取得了较大的进展。

为了巩固儿童发展纲要的实施成果，继续推进儿童事业发展，2011年国务院又颁布了2011-2020年儿童发展纲要。

新的儿童发展纲要的总目标是：完善覆盖城乡儿童的基本医疗卫生制度，提高儿童身心健康水平；促进基本公共教育服务均等化，保障儿童享有更高质量的教育；扩大儿童福利范围，建立和完善适度普惠的儿童福利体系；推动儿童工作社会化服务水平，创建儿童友好型社会环境；完善保护儿童的法律体系和保护机制，依法保护儿童合法权益。

儿童发展纲要的具体目标和策略措施是：儿童与健康领域，15项目标，13项策略措施；儿童与教育领域，8项目标，18项策略措施；儿童与福利领域，8项目标，9项策略措施；儿童与社会环境领域，10项目标，14项策略措施；儿童与法律保护领域，12项目标，13项策略措施。共5个领域、53项目标和67项策略措施，基本覆盖了儿童生存、发展和保护的各个方面。

新的儿童发展纲要为未来10年中国儿童事业的发展指明了方向，明确了目标和任务。与此同时，纲要要求国务院各有关部门根据新纲要确立的目标和职责分工，分别制定本部门的实施方案；各省（市、区）人民政府要结合本地区实际情况，制定本地区的儿童发展规划。

儿童发展纲要已成为推动中国儿童事业发展的一项重要措施。

（执笔：王克钧 国家统计局社科司）

校建立突发公共卫生事件应急预案。依法查处案件 2873 件，结案 2811 件，其中依法作出卫生行政处罚案件 1709 件。

5. 职业卫生监督。2010 年，全国职业卫生被监督单位 24.0 万个，职工总数 3739.6 万人，职业病危害因素接触人数占 35.7%。依法查处案件 6859 件，结案 6661 件，其中依法作出卫生行政处罚案件 5883 件。

6. 放射卫生监督。2010 年，全国放射卫生被监督单位 5.1 万个，职工总数 731.7 万人，放射工作人员占 3.3%，放射工作人员持证上岗率 82.7%。依法查处案件 2694 件，结案 2605 件，其中依法作出卫生行政处罚案件 2151 件。

7. 医疗服务、采供血和传染病防治监督。2010 年，依法对医疗服务作出卫生行政处罚并结案 6.1 万件，其中未取得执业许可证擅自执业 1.1 万余户次，诊疗活动超出登记范围 1.5 万件，使用非卫生技术人员 1.6 万件。依法对采供血作出卫生行政处罚并结案 61 件，依法对传染病防治作出查处案件 2.84 万件，结案 2.78 万件，其中依法作出卫生行政处罚案件 2.75 万件。

二、文化事业

2010 年是我国实施“十一五”规划的最后一年，也是我国文化发展极不平凡的一年。一年来，全国各级文化部门认真贯彻落实中央精神，深入开展学习实践科学发展观活动，以推进文化大发展、大繁荣为目标，全面推进文化建设，各项事业均取得了新的进展。

（一）全国文化机构和从业人员稳步增长

截至 2010 年底，全国共有各类文化机构 31.4 万个，比上年增加 0.8 万个；从业人员 210.8 万人，比上年增加 12.4 万人。分类型看，大多数文化行业机构数和从业人员数都保持稳步增长。

（二）文化投入持续增加

党的十六大以来，党中央对文化建设高度重视，提出了一系列战略思想，极大鼓舞了全社会参与文化建设的热情。各级党委、政府对文化建设的重视程度不断提高，全方位、多层次投入专项资金用于文化建设，文化发展环境及条件大为改善，人民群众的文化权益得到了更好保障。

1. 经费投入平稳增长

文化事业费总量持续增长。2010 年，全国文化事业费（财政拨款）323.1 亿元，比上年增加 30.8 亿元，增长 10.5%。文化事业费占国家财政支出的 0.36%，比上年下降了 0.03 个百分点。

文化事业费进一步向西部地区倾斜。2010 年，东部、中部、西部地区文化事业费分别为 143.4 亿元、78.7 亿元、85.8 亿元，分别占全国文化事业费的 44.4%、24.3% 和 26.6%。其中西部地区所占比重较上年提高了 2.6 个百分点。

文化事业费进一步向基层倾斜。全年县及县以下文化投入 116.4 亿元，比上年增长 29.2%，占全国文化事业费比重由 2009 年的 29.4% 提高至 36.0%。

“十一五”期间，全国文化事业费整体上呈现快速增长的态势。五年间全国文化事业费总计达 1220.4 亿元，是“十五”时期的 2.46 倍；文化事业费年均增长 19.3%，是改革开放以来增长速度最快的一个时期。

人均文化事业费迅速提高。2010 年全国人均文化事业费 24.1 元，比上年增加 2.2 元，同比增长 10.1%。2010 年人均文化事业费是 2005 年的 2.4 倍，2000 年的 4.7 倍，1995 年的 8.8 倍。

分地区看，2010 年人均文化事业费超过 35 元的省份有 8 个，分别为：北京（82.4 元）、上海（80.9 元）、青海（73.1 元）、西藏（70.1 元）、内蒙古（45.7 元）、浙江（44.5 元）、天津（43.6 元）和宁夏（38.9 元）。

2. 各项重大文化工程项目稳步推进

“十一五”以来，中央财政继续通过转移支付方式，大力推进重大文化工程项目，支持各地文化建设。五年间，中央投入的资金不断加大，其中 2010 年投入 36.6 亿元，比上年增长 19.5%。“十一五”期间，中央共投入资金 100.2 亿元，是“十五”期间的 12.4 倍。

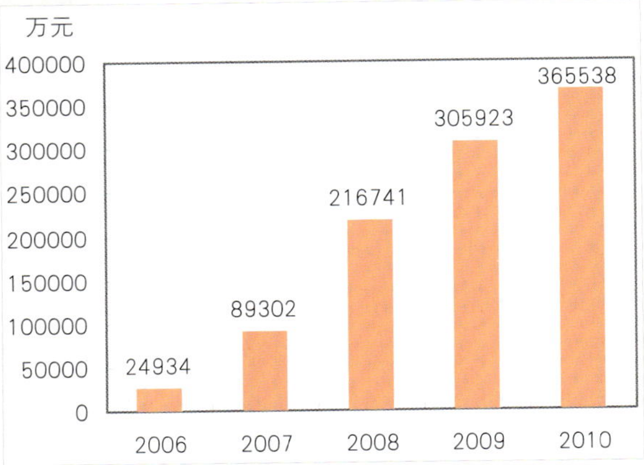

"十一五"时期中央对地方文化工程补助资金情况

分主要项目看，乡镇综合文化站设施建设资金39.5亿元，重点支持2.67万个乡镇综合文化站建设；乡镇文化站内容建设专项资金11.6亿元，为中西部22个省（自治区、直辖市）已建成且达标的17227个乡镇文化站购置了基本业务设备和共享工程设备；全国文化信息资源共享工程26.8亿元，在全国基本建成了以数字资源建设为核心，多种传播方式为手段，资源丰富、覆盖城乡的数字文化服务体系；国家非物质文化遗产保护补助地方专项资金7.2亿元，主要用于加强非物质文化遗产普查、推动国家级非遗名录项目保护、开展传承人资助和文化生态保护区建设等。

3. 公共文化设施建设成效显著

2010年，各级文化部门按照《国家"十一五"时期文化发展规划纲要》中对建设公共文化服务设施网络的要求，加大对公共文化服务设施建设的投入力度。全国文化基建项目11983个，比上年增加2174个；项目计划总投资390.07亿元，比上年增长6.0%；施工面积（建筑面积）1243.46万平方米，增长22.4%；建成项目5260个，比上年增加418个；竣工面积315.53万平方米，比上年增长11.1%。

（三）公共文化活动丰富多彩

2010年，随着公共文化设施逐步完善，公共文化服务水平进一步提高，公共文化活动更加丰富多彩。

1. 公共图书馆业

服务能力进一步提升。2010年，全国公共图书馆图书总藏量6.17亿册（件），比上年增长5.5%；全年共发放借书证2019.5万个，增长15.4%；全国每万人拥有公共图书馆面积由2009年的63.7平方米提高至67.2平方米。

信息化水平不断提高。随着信息技术的广泛应用，公共图书馆的信息化装备水平显著提升，计算机台数、电子阅览室终端数均大幅增加，电子阅览室占阅览室总面积的比重逐年增加。2010年，全国公共图书馆共有计算机142772台，比上年增加16565台，增长13.1%；电子阅览室终端数83124个，增加10974个，增长15.2%；全国公共图书馆电子阅览室面积37.6万平方米，增加3.3万平方米，增长9.5%。电子阅览室面积占阅览室面积的比重由2009年的16.89%提高到17.05%。

服务水平有所提升。随着服务条件的改善，公共图书馆的社会服务水平显著提升。2010年全国公共图书馆总流通人次3.3亿人次，比上年增加655.7万人次，增长2.0%；书刊文献外借1.4亿人次和2.6亿册次，分别增长4.5%和1.9%。

2010年，全国公共图书馆为读者组织各类讲座31850次，比上年增长1.8%，参加人次654.8万人次，增长9.0%；举办展览11021次，参观人次1942.1万人次，分别比上年增长18.6%和7.9%；举办培训班17222个，比上年增长17.8%，培训143.4万人次。

2. 群众文化服务业

公益性群众文化活动日益丰富。2010年全国群众文化机构共举办展览11.7万个，比上年增长6.4%；组织文艺活动57.7万次，增长3.9%；组织各类理论研讨和讲座1.2万次，增长8.3%；举办各类训练班35.9万班次，增长17.6%；结业人次1805.6万人次，增长13.3%。

乡镇综合文化站主体地位明显。随着全国乡镇综合文化站建设的有效深入，乡镇综合文化站作为满足广大农民群众精神文化需求，保障基层群众基本文化权益的地位和作用正在日益显现。2010年，全国40118个文化站共举办展览9.9

全国艺术表演团体基本情况（2007–2010）

年 份	机构数（个）	从业人员（人）	演出场次（万场次）	国内演出观众人次（万人次）	演出收入（万元）
2007	4512	220653	92.7	75895.6	203757
2008	5114	208174	90.5	63186.8	204842
2009	6139	184678	120.2	81715.9	288214
2010	6864	185413	137.2	88455.8	342696

全国“十一五”期间文化市场经营机构基本情况

年 份	机构数（个）	从业人员（人）	资产总计（万元）	利润总额（万元）	经营面积（万平方米）
2007	229390	1216281	19995768	3094656	7472
2008	231220	1264266	15927513	1821632	7452
2009	239571	1294912	14182320	3498936	7923
2010	244697	1388863	16150845	3752604	7993

万个，组织文艺活动43.9万次，举办各类训练班26.8万班次，分别占全国群众文化服务的84.5%、76.1%和74.7%。

群众文化单位服务能力进一步加强。2010年，全国群众文化单位加强自身建设，服务能力进一步提高。全国群艺馆、文化馆、文化站藏书总量达到1.6亿册，比上年增长15.8%；配置计算机115269台，比上年增长36.7%；对公众开放阅览室42.0万平方米，增长24.8%。

（四）艺术演出市场繁荣发展

1. 艺术表演团体

演出场次、经营收入大幅增长。2010年全国共有艺术表演团体6864个，演出137.2万场，比上年增长14.1%；国内演出观众人次8.8亿人次，增长8.2%；演出收入34.3亿元，增长18.9%；经费自给率为31.9%，比上年提高了1.8个百分点。

社会效益有力彰显。2010年，全国艺术表演团体共组织政府采购的公益演出场次5.7万场，比上年增长13.2%；观众人次6807.4万人次，增长19.8%；政府采购的公益演出补贴收入2.3亿元，增长14.6%。

2. 艺术表演场馆

2010年，全国共有艺术表演场馆2112个，全年演出81.1万场次，比上年增长33.8%；观众人次1.3亿人次，增长7.7%。其中文化部门1461个艺术表演场馆全年演出53.8万场次，观众人次8992.8万人次。

（五）文化市场进一步活跃

2010年，文化部先后下发了《文化部关于进一步加强文化市场管理工作的若干意见》、《网络游戏管理暂行办法》、《文化部关于建立预防和查处假唱演奏长效机制的通知》等文件，切实加强文化市场管理，促进文化市场的健康持续发展，创造了和谐稳定的社会文化环境，我国文化市场进一步活跃繁荣。

文化市场经营单位全年营业总收入1069.6亿元，比上年增长10.4%；利润总额为375.3亿元，增长7.2%。其中，娱乐场所全年营业总收入477.2亿元，利润总额171.9亿元；网吧全年营业总收入 362.7 亿元，利润总额 149.1 亿元。

文化市场综合执法改革取得重大进展，执法力量不断加强，执法手段不断改进，全国各级文化市场执法机构共拥有机动执法车辆 2396 辆，数码取证设备 2755 台，执法通讯设备 1823 台，影视鉴定设备 575 台。

（六）文物保护事业蓬勃发展

2010 年，全国文物业 5207 个机构共有文物藏品 2864.2 万件（套），比上年增长 6.9%；共举办陈列展览 3.0 万个，参观人次达 5.2 亿人次，增长 20.6%。

1. 考古和大遗址保护工作稳步开展

南水北调东、中线文物保护方案已经批复，核定投资 5.3 亿元，保证了考古工作的顺利开展；国家水下文化遗产保护中心正式挂牌成立，“南海Ⅰ号”、“华光礁Ⅰ号”、“南澳Ⅰ号”等水下考古和文物保护工作有序开展；良渚遗址、牛河梁红山遗址、大明宫遗址、隋唐洛阳城遗址等考古遗址公园建设也在陆续启动。

2. 全国博物馆免费开放工作顺利开展

中央财政每年安排免费开放专项经费 20 亿元，重点补助地方博物馆、纪念馆免费开放所需资金，鼓励改善陈列布展和举办临时展览，支持重点博物馆、纪念馆提升服务能力。免费开放加快了博物馆融入社会的步伐，博物馆的文化辐射力和社会关注度得到空前提高，公共文化服务能力和社会效益得到进一步增强。

三、广播电影电视事业

2010 年，是“十一五”的收尾之年，是我国广播影视繁荣发展的一年。全国各级广播影视部门以邓小平理论和“三个代表”重要思想为指导，继续深入贯彻落实科学发展观，坚定不移地走有中国特色的广播影视发展道路，科学把握广播影视面临的形势，加强管理，广播影视各方面都取得了良好的成绩。广播电视人口综合覆盖率分别达到 96.78%、97.62%，有线电视入户率达 46.40%。广播电视从业人员超过了 75 万人。

（一）广播影视宣传工作为社会发展提供了有力保障

2010 年，广播影视宣传工作坚持以科学发展为主题，以加快转变经济发展方式为主线，围绕中心，服务大局，牢牢把握舆论导向，不断强化新闻立台，精心组织重大主题宣传，着力提高舆论引导能力。深入宣传十七届五中全会精神，圆满完成“两会”、上海世博会、广州亚运会、嫦娥二号探月卫星发射等重大活动的宣传报道。广播电视主要宣传媒体采访、编辑、播出能力进一步提高，新闻类节目比例增加，信息量和实效性增强。中央电视台全年新闻直播时间达 1.6 万小时，新闻频道每天播出新闻超过 600 条，增长了近 1 倍。中央人民广播电台经济之声、华夏之声改版播出，取得良好的社会效果。中国国际广播电台多语种制作播出能力提高，并加强新疆、陕西等地方的对外宣传合作，对外宣传影响力稳步提升。

截至 2010 年底，全国共有广播电台 227 座，电视台 247 座，广播电视台 2120 座，教育电视台 44 座。各级电台、电视台共播出广播节目 1266 万小时，电视节目 1636 万小时，其中新闻资讯类广播节目 253 万小时，新闻资讯类电视节目 207 万小时。

（二）广播影视行业继续繁荣发展，社会经济效益进一步提高

2010 年，广播影视内容创作坚持走正道、出精品、出人才、出效益，广播影视主管部门加强引导，强化调控，广播影视各类机构深化改革，开拓创新，广播、电影、电视剧、动画等作品产量强劲增长，质量进一步提高，纪录片产业发展开局良好。

全国共有《电视剧制作许可证（甲种）》机构 129 家，广播电视节目制作经营机构 4678 家。全年共制作广播节目 681 万小时，电视节目 274 万小时，其中新闻资讯类广播节目 121 万小时，新闻资讯类电视节目 72 万小时。电视剧产量再创新高，达 1.4 万集，《毛岸英》、《媳妇的美好时代》等现实题材作品受到群众欢迎。影视动

画取得新突破，电视动画产量达22万分钟，电影动画16部，涌现出一批民族原创动画品牌，《喜羊羊与灰太郎之虎虎生威》票房达1.2亿元。为加大文化宣传力度，党中央高度重视纪录片创作生产，制定出台了《关于加快纪录片产业发展的若干意见》。全年生产电影纪录片16部，多部进入主流院线。同时中央电视台开播了纪录片频道，纪录片的社会效益进一步显现。

电影故事片产量达526部，全国票房突破100亿元，同比增长超过60%。主旋律影片《唐山大地震》票房达6.7亿元，创国产电影票房新纪录，《孔子》、《赵氏孤儿》等17部国产影片票房过亿。

广播电视节目交易进一步活跃。2010年全国广播电视节目交易量达629万小时，电视节目国内销售额达50亿元，动画电视国内销售额8亿元。

截至2010年底，广播电视行业总收入达2302亿元，其中广告收入940亿元，网络收入487亿元。资产总额达5733亿元。

（三）农村公共服务体系建设扎实推进

2010年，全国各级广播电视部门坚持面向基层、服务群众的原则，农村公共服务体系建设成就显著，完成了“十一五”农村重点工程任务，解决了上亿群众听广播看电影看电视难的问题。

广播电视村村通工程以广播电视直播卫星应用为重点，建立了直播卫星服务平台，安装直播卫星设施1350万套，基本实现全国20户以上已通电自然村村村通，覆盖质量和效果显著提高。同时进一步巩固中央广播、电视节目无线覆盖成果，中央第一套广播、电视节目人口无线覆盖率提高到85%以上。

边疆地区广播电视传输覆盖和监测能力进一步增强。少数民族语言节目译制能力得到加强，中央人民广播电台加快建设西藏编辑部和新疆维语编辑部，新疆少数民族语言6套广播节目、6套电视节目实现通过直播卫星传输。成功研制500千瓦大功率短波发射机和转动天线，有助于实现国家经济和社会发展政策目标。农村电影放映工程基本普及了数字化，2010年累计组建农村数字院线240条、配备数字设备4.2万套，全年放映电影800万场，基本实现了一村一月放映一场电影的目标。

根据中央关于改善四川藏区牧民看电视条件的要求，为四川藏区牧民采购2万套太阳能便携式直播卫星数字电视系统设备。

（四）以科技创新为先导，全面推进数字化建设，积极推动新媒体建设

2010年，全国广电部门坚持以数字化为龙头，以推进三网融合为重点，全面提升广播影视科技水平。

1. 继续巩固广播电台、电视台数字化成果。省级以上广播电台、电视台数字制播特别是高清制播能力明显提高，初步具备了为多种传播渠道提供内容服务的能力。

2. 加快有线电视数字化建设。全国已有280多个城市进行了数字化整体转换，180个城市完成转换，有线数字电视用户已达8870万，增长超过30%，其中双向用户5000万户，付费电视用户超过1000万户。

3. 积极推进地面模拟电视工作，地面数字电视发射系统在全国308个地市布置。

4. 大力提高电影数字化水平，数字拍摄影片超过总量的三分之二，多层次数字电影发行放映网络进一步完善，数字放映成为发展主流。

5. 三网融合取得重要进展。积极参与制定三网融合总体方案和试点方案，抓紧推动试点工作，重点指导12个试点地区和城市建设IP电视等集成播控平台，推动有线网络互联互通，加快我国下一代广播电视网建设。

2010年，全国广电部门积极推动广播电台、电视台开办新媒体，全国共批准开办10家网络广播电视台。中国网络电视台着力开发多平台、多媒体、多终端新型节目形态，已拥有21个频道。中国广播网实现台网联动，创办了国内首份有声手机报——《新闻报纸摘要》。国际在线用户规模增加，国际影响不断扩大。目前，全国省级播出机构已开办62个提供互联网视听服务的网站。

移动多媒体广播电视发展加快，已覆盖全国331个地市级城市，拥有一定用户规模，技术标准有望走出国门。IP电视、手机电视特别是互联网视听节目服务，在规范中快速发展。目前，共依法批准了602家互联网视听节目服务从业机构。

（五）广播影视行业机制体制改革取得重要进展

2010年，广播电台、电视台内部机制改革逐步深化。稳妥推进制播分离改革，广播电台、电视台控股的影视制作企业规模不断壮大。不断加强频道频率专业化品牌化建设，全国新增、调整专业广播节目50套、电视节目23套，中央电视台等播出机构探索建立了频道频率制管理体制。劳动、人事和收入分配制度改革深化，江苏等地电台电视台聘用制和岗位管理制改革力度加大。

广播影视经营性产业改革向纵深推进。2010年基本完成中央确定的经营性事业单位转企改制等各项改革任务。全国35家国有电影制片单位、70家电视剧制作机构、204家省市电影公司转企改制。9家广播影视企业入选全国文化企业30强。华策影视、乐视网成功上市。电影院线建设扎实推进，票房过亿院线达20家，全国新增影院313家、银幕1500多块。

全国广播影视资源整合步伐加快。上海、北京、湖南等省市成立广播电视台，全国共有132家副省级和地市级播出机构实现两台合并。有线电视一省一网整合扎实推进，国家级广播电视网络公司筹备工作有序开展。中央新闻纪录电影制片厂和北京科学教育电影制片厂合并重组。

（六）广播影视“走出去”工作取得重要进展

2010年，我国国际一流媒体建设规模、制播量进一步扩大。中央电视台已建成7大中心记者站、50个海外记者站，初步形成覆盖全球的新闻采编网络，国际频道新闻自采率、首发量、首播率大幅提高，7个国际频道覆盖141个国家和地区，海外落地用户超过1.6亿。中国电视长城平台新开播东南亚、澳大利亚平台，全球付费用户突破10万户。中国国际广播电台新增两个语种、累计达61种，新建16个境外整频率电台、累计达51个，每天新增播出时间300小时。同时，西藏、新疆、内蒙古、广西等边疆省区走出去步伐加快，安徽、山西电视台国际频道分别在欧洲、澳大利亚落地。

高新技术的利用使走出去取得新进展，用户数量取得新突破。中国电视长城平台通过IP电视扩大覆盖，欧洲平台央视法语频道、英语新闻频道分别覆盖961万和621万用户，亚洲平台覆盖200万用户。中国网络电视台完成5个海外镜像站点一期工程建设，利用境外内容分享平台发布电视节目。

据不完全统计，全年共举办100次境外中国电影展，展映国产影片578部次；电影海外收入超过35亿元，电视剧动画片等产品和服务出口超过10亿元。

（七）管理力度加大，依法行政水平提高

1. 以深入开展抵制低俗之风行动为抓手，提高节目品位，加强宣传管理，重点整治广播电台、电视台婚恋交友类、情感故事类等节目，停播了7个有问题的栏目。

2. 加强播出机构和频道频率管理。严格行政许可，加强监测监管，落实退出机制，严肃查处擅自增设、调整、占用频道频率等违规行为。规范和促进高清频道、购物频道发展，高清、标清同播的卫视频道中高标清同播率、高清节目播出率均达到70%以上。按照诚信为本、广电为主、规模发展的要求，逐步壮大电视购物产业。节目制作经营机构管理切实加强。

3. 全面贯彻《广播电视广告播出管理办法》，重点整治播出超时、电视剧违规插播、非法医疗药品广告等，清理违规广告2200多条次，暂停8家播出机构广告播出，播出秩序大为好转。

4. 加强新媒体新业务管理。严把准入关口，完善互联网视听节目先审后播、特殊时期安全保障等制度，加强行业自律，积极参与扫黄打非、

打击互联网和手机淫秽色情信息等专项行动。全年共查处违法违规视听节目网站420家，关停288家。

5. 加强电视剧管理。颁布实施《电视剧内容管理规定》，完善备案公示、内容审查、好剧推荐等制度，重点管好卫视综合频道电视剧播出。

6. 加强涉外管理。认真履行卫星地面接收设施监管职责，深入开展专项整治行动。整合监管资源，理顺监管体制，加强境外卫视落地管理。积极协调开展打击非法“网络共享”专项治理行动。

7. 法制建设取得新成效。贯彻国务院《关于加强法治政府建设的意见》，全面推进依法行政。《电影产业促进法》立法进程加快，破坏广播电视设施罪的司法解释制定工作取得重要突破。制定出台加快法治政府建设、知识产权保护等重要规范性文件。按照《国务院办公厅关于做好规章清理工作有关问题的通知》(国办发[2010]28号)的要求，对现行广播影视规章和规范性文件进行了全面清理，认定39个规章和301个规范性文件继续有效，其中部分规章和规范性文件将进一步修订完善，废止了1个规章，175个规范性文件。制定了《广播影视“十二五”立法工作规划》，并推行规范性文件合法性审查制度。

四、体育事业

2010年是“十一五”的收官之年，体育总局在党中央、国务院的坚强领导下，贯彻落实科学发展观，以《全民健身条例》、《关于加快发展体育产业的指导意见》、《关于进一步加强运动员文化教育和运动员保障工作的指导意见》的颁发为契机，统筹规划，奋发进取，全面推进体育事业各项工作。

（一）以贯彻落实《全民健身条例》为契机，努力推动群众体育工作迈上新台阶

1. 积极推动各级政府认真履行公共体育服务职能

经过反复调研、论证和修改，体育总局制定了《全民健身计划(2011-2015)》并报送国务院审批。各地方也普遍启动了《全民健身实施计划》制定工作。会同有关部门对各级地方政府贯彻落实《全民健身条例》、提供公共体育服务情况进行了专项调研和督查。

2. 加大群众身边体育场地设施建设力度

2010年，体育总局支持各地建设“雪炭工程”①88个，支持建设乡镇农民体育健身工程966个，支持中西部健身路径器材2010套，命名资助“全民健身活动中心”40个，命名资助体育公园、全民健身广场、全民健身户外活动营地30个。带动地方投入建设乡镇农民体育健身工程1000多个，全民健身路径工程10000多套，全民健身活动中心、体育公园、健身广场及其他全民健身场地20000多个。截止到2010年底，全国已建成农民体育健身工程23万个，超过原计划1倍多。会同教育部门和地方政府，继续推动学校体育场馆向公众开放，全国具备开放条件学校的总体开放率已达到三分之一。

3. 进一步加强青少年体育工作

体育总局成立了青少年体育司，各省、自治区、直辖市也逐步建立了相应的机构。继续推进青少年体育服务组织建设，资助创建400所青少年体育俱乐部；资助建设11个青少年户外体育营地，举办了2次全国青少年户外体育营地交流展示大会；加强体育传统项目学校建设，培训500多名体育教师；深入开展各种青少年体育健身竞赛活动和夏（冬）令营活动，以“科学健身与青少年同行”为主题，在全国10个省份开展阳光体育科学健身校园行系列活动，近100万青少年学生参加了活动。加强青少年体育的国际交流，成功举办了第四届中韩青少年体育交流大会和中日韩青少年运动会。

4. 加强社会体育指导员队伍建设

召开了首次全国社会体育指导员工作会议，成立中国社会体育指导员协会，规范了社会体育指导员队伍的管理。命名北京体育大学等25所院校为“国家社会体育指导员培训基地”，全年

①指国家体育总局利用本级体育彩票公益金，在老、少、边、穷等地区实施援建经济实用的公共体育场地设施的工程。

培训国家级社会体育指导员2000余名，发展了首批91名奥运会冠军、世界冠军为国家级社会体育指导员，各省、自治区、直辖市也不断加强社会体育指导员队伍组织建设，指导员队伍不断壮大。

5. 建立全民健身志愿服务长效机制

正式加入全国志愿服务活动协调小组，将全民健身志愿服务纳入全国志愿服务活动的整体部署。体育总局制定印发了《建立全民健身志愿服务长效化机制工作方案》，对建立全民健身志愿服务长效机制进行了系统安排。启动了优秀运动员、教练员、社会体育指导员、体育教师、体育专业学生、体育科研人员等人员参加志愿服务的招募、登记工作。充分利用全民健身日、世界志愿者日、亚运会、世博会、体育大会及传统节庆活动等平台，开展志愿服务活动，推广志愿服务理念，为建立全民健身志愿服务长效机制打下良好的基础。

6. 开展特色活动，推动全民健身运动广泛开展

体育总局将“我运动，我快乐，我健康，我幸福”作为2010年“全民健身日”的主题，广泛组织开展了有特色的全民健身活动。继续在全国组织开展“全民健身万里行”等各项活动，组织开展了第三次全国国民体质监测。全国各地围绕全国体育大会、世博会、亚运会等开展了丰富多彩的群众性体育活动。

（二）进一步夯实竞技体育的发展基础，全面启动伦敦奥运会备战工作

1. 加强运动员保障工作

贯彻落实《关于进一步加强运动员文化教育和运动员保障工作的指导意见》，在继续做好“三金一保”和“医疗保健照顾”项目的同时，体育总局在财政部支持下建立了“运动员保障专项资金”，对在役和退役运动员的学习以及因伤病带来生活困难的运动员给予补助。设立运动员创业扶持基金，推动运动员创业扶持和职业辅导。2010年，在运动员保障方面共投入经费6000多万元，直接资助运动员5000多人次。

2. 调整结构，优化布局

在田径、游泳等基础大项和冬季项目上继续下大功夫，创新训练方法，田径项目水平有所进步，游泳项目整体实力有了明显提高，在亚运会等国际大赛上取得了重要突破。冰雪项目实力进一步增强，在温哥华冬奥会上取得了5金2银4铜的好成绩。

3. 广州亚运会取得圆满成功

国家体育总局与广东省、广州市密切合作，成功举办了广州亚运会，促进了亚洲体育的发展。在广州亚运会上，中国体育代表团获得199枚金牌、119枚银牌、98枚铜牌，以参加历届亚运会的最好成绩，蝉联亚运会金牌榜和奖牌榜第一。

4. 全面启动伦敦奥运会的备战工作

成立了伦敦奥运会备战领导小组和备战办公室，召开了全国体育系统备战伦敦奥运会动员大会，并与各中心签订了目标责任书。加强运动队思想政治工作，激发运动员、教练员的训练热情，提升精神状态，提高训练质量。

（三）认真贯彻落实《关于加快发展体育产业的指导意见》，着力推动体育产业的发展

结合体育产业“十二五”规划的研究制定，召开全国会议推动《指导意见》的贯彻落实。一些地方出台了贯彻落实《指导意见》的地方性文件，设立了专项扶持资金，为当地体育产业的发展提供了政策依据和保障；进一步完善体育产业基地建设和管理，以体育旅游为重点，推动体育与其他相关产业融合发展；加快制定高危险性体育项目目录及许可条件和标准等配套管理制度。加强体育产业统计工作，总结了第一次体育及相关产业专项调查工作；深入贯彻落实《彩票管理条例》，优化体育彩票产品结构和销售渠道，开拓体育彩票市场。2010年共发行体育彩票694.65亿元，募集公益金191.98亿元。

（四）大力加强体育行业作风建设，深入推进体育系统反腐倡廉工作

1. 狠抓赛风赛纪和反兴奋剂工作

在全国体育系统开展了赛风赛纪和反兴奋剂专项治理工作，重点对全国综合性运动会、单项赛事、联赛和各省区市综合性运动会的赛风赛纪和兴奋剂问题进行了专项治理，取得显著成效。全国体育大会实现了零投诉、零举报。亚运会通过在各运动队开展深入扎实的赛风赛纪和反兴奋剂宣传、教育和培训，实施反兴奋剂参赛资格准入制度，层层签署《赛风赛纪和反兴奋剂责任书》，人人签订《赛风赛纪和反兴奋剂承诺书》，对参赛运动员进行了年龄审查等一系列严格措施，确保不出赛风赛纪和兴奋剂问题。

2. 坚决惩治足坛腐败

体育总局继续和公安部门密切合作，在足球领域开展打击非法操纵比赛和赌球专项行动，及时调整了足球管理中心领导班子和中层干部，在足球管理中心和全国足球行业开展了三个层次为期近两个月的反腐倡廉教育整顿工作，初步达到了整顿思想、整顿作风、整顿队伍的目的。加大与相关部门的协调力度，成立了“全国足球联赛赛风赛纪综合治理协调领导小组”，加强了足球项目的常态化监管。

3. 扎实推进体育系统党风政风行风建设

深入开展以“反腐倡廉、奋发敬业”为主题的创先争优活动，继续强化对体育行业权力运行的监督制约。针对经营创收和市场开发、体育彩票发行销售、专项资金使用、大宗物资采购等容易滋生腐败的关键部位和权力运行的关键环节，完善管理制度，健全监督制约机制。启动了体育总局反腐倡廉巡视工作制度。

（五）深化改革，创新体育发展机制

2010 年，体育总局着眼于体育事业的长远发展，深化体育事业改革措施。对全运会进行了改革，在申办办法、竞赛规模、项目设置、竞赛编排、运动员注册办法、计分办法、管理手段、监督措施等方面制定了改革措施；对第四届全国体育大会进行了全面改革，在办会方式上创新为“赛、展、论、游”四大板块，展现了体育大会的文化元素和多元功能，并以竞赛方式和奖励办法改革为突破，淡化金牌，淡化锦标，突出了重在参与、重在健身、重在交流、重在快乐的办赛宗旨；规范对职业足球俱乐部和联赛的管理，草拟了《中国足球协会职业联赛俱乐部标准》和《中国足球协会职业联赛俱乐部审查与监管办法》；对青少年后备人才培养模式进行了改革和完善，与教育部合作，推进“全国青少年校园足球”活动，开展中小学校足球联赛，召开全国青少年校园足球活动工作座谈会，探索“体教结合”模式提高后备人才培养质量，调动地方培养集体球类项目后备人才的积极性，各省、自治区、直辖市重新组建了足球、篮球、排球等青少年队伍；促进区域体育的协调发展，加大对西部地区、民族地区、边疆地区、贫困地区、革命老区体育发展的扶持力度，开展了体育援藏、援疆工作，促进了全国区域体育协调发展合作机制的建立。

五、民政事业

2010 年，各级民政部门紧紧围绕党和国家的中心任务，按照讲大局、惠民生、促改革、重管理、强服务的基本思路，深化改革，创新体制机制，不断加大民政公共服务设施建设投入，加强社会服务能力建设，社会服务水平继续提高，社会服务事业呈现出科学发展的良好态势。

各项社会服务工作全面推进

（一）社会福利服务加快发展

截至 2010 年底，全国各类收养性社会服务机构[①] 10.1 万个，床位 349.6 万张，比上年增长 7.1%；每千人口平均拥有社会服务机构床位 2.61 张，比上年增长 6.5%；收养 274.7 万人，比上年增长 7.3%。

1. 养老服务事业继续推进

2010 年，基本养老服务体系建设试点继续推进，试点范围从 5 个省份扩大到 12 个省份，

①收养性社会服务机构包括老年人与残疾人服务机构、智障与精神疾病服务机构、儿童收养救助服务机构以及社区服务机构和其他提供住宿的服务机构。

中央下达试点资金3亿元，支持建设126个试点项目。继续推动建立高龄老人补贴制度，高龄补贴制度在7个省份全面建立。截至2010年底，全国各类老年福利机构39904个，比上年增加233个，床位314.9万张，比上年增长9.0%，年末收养老年人242.6万人，比上年增长6.6%。其中：城市养老服务机构5413个，床位56.7万张，年末收养老年人36.3万人；农村养老服务机构31472个，床位224.9万张，年末收养老年人182.5万人；社会福利院1572个，床位24.5万张，年末收养人数17.9万人；光荣院1371个，床位7.3万张，年末收养老年人5.0万人；荣誉军人康复医院40个，床位0.9万张，年末收养老年人0.5万人；复员军人疗养院36个，床位0.6万张，年末收养老年人0.4万人。

截至2010年底，全国共有老年法律援助中心18295个，老年维权协调组织8.3万个，老年学校49289个，在校学习人员586.9万人，建立各类老年活动室36.8万个，全年接待来信来访41.8万次，有力地保障了老年人的合法权益。

根据第六次全国人口普查数据，全国60岁及以上老年人口17765万人，占总人口的13.3%，其中65岁及以上人口11883万人，占总人口的8.9%。

2. 孤儿保障制度全面建立

2010年，国务院及有关部门对孤儿安置、基本生活、教育、医疗、就业、住房等政策措施作了全面安排，中央财政安排25亿元专项资金补助各地发放孤儿基本生活费，全国孤儿最低养育标准逐步落实，“明天计划”和“重生行动”等专项工作继续推进。截至2010年底，全国共有儿童福利院335个，比上年增加32个，床位5.0万张，比上年增长13.6%。全国有流浪儿童救助保护中心145个，床位0.5万张。全年救助生活无着流浪乞讨未成年人14.6万人次。

3. 残疾人就业优惠政策得到有效贯彻

截至2010年底，社会福利企业吸纳残疾职工62.5万人就业，比上年减少0.2万人。

4. 社会慈善事业健康发展

《慈善事业法》立法相关工作继续推进，促进慈善捐助信息公示制度不断完善。截至2010年底，全国共建立经常性社会捐助工作站、点和慈善超市3.2万个（其中：慈善超市8640个）。全年直接接收社会捐赠款物601.7亿元，其中：

表1 社会福利企业中的残疾职工

单位：万人

指标	2002年	2003年	2004年	2005年	2006年	2007年	2008年	2009年	2010年
福利企业残疾职工	68.3	67.9	66.2	63.7	55.9	56.3	61.9	62.7	62.5
年增长率(%)	-2.3	-0.6	-2.5	-3.8	-12.2	0.7	9.9	1.3	-0.3

表2 社会捐赠

单位：亿元、万件

指 标	2002年	2003年	2004年	2005年	2006年	2007年	2008年	2009年	2010年
接收社会捐赠款①	19.0	41.0	34.0	60.3	83.1	132.8	744.5	507.2	596.8
接收社会捐赠衣被	22961.1	19648.8	8957.2	10355.0	7123.6	8756.8	115816.3	12476.6	2750.4

表3 福利彩票销售情况

单位：亿元

指标	2002年	2003年	2004年	2005年	2006年	2007年	2008年	2009年	2010年
销售额	168.0	200.0	226.4	411.2	495.7	631.6	604.0	756.1	968.0
年增长率(%)	20.0	19.0	13.2	81.6	20.5	27.4	-4.4	25.1	28.0

①社会捐赠款数包括民政部门直接接收的捐款及社会组织接收的捐款。

民政部门直接接收社会各界捐款179.8亿元，捐赠物资折款4.9亿元，各类社会组织接收捐款417.0亿元。接收捐赠衣被2750.4万件。间接接收其他部门转入的社会捐款10.5亿元，衣被538.8万件，捐赠物资折款2464.7万元。全年有2514.7万人（次）困难群众受益。

2010年中国福利彩票年销售968.0亿元，比上年增加212.0亿元，同比增长28.0%。全年筹集福彩公益金297.1亿元，比上年增长19.8%。全年民政系统共支出彩票公益金121.2亿元，比上年增加7.8亿元。其中资助用于福利收养性单位51.1亿元，优抚收养性单位4.9亿元，优抚安置单位1.6亿元，救助类单位5.5亿元，社区服务单位8.4亿元，殡葬类单位4.0亿元，专项资助6.6亿元，城市医疗救助7.1亿元，农村医疗救助8.6亿元，其他23.3亿元。

（二）社会救助服务水平进一步提升

1. 困难群众生活救助更加规范

城市低保方面。2010年底，全国共有1145.0万户、2310.5万城市低保对象。全年各级财政共支出城市低保资金524.7亿元，比上年增长8.8%，其中中央财政补助资金为365.6亿元，占全部支出资金的69.7%。

2010年全国城市低保平均标准251.2元/人、月，比上年增长10.3%；全国城市低保月人均补助水平189.0元，比上年提高9.9%。

农村低保方面。2010年底，全国有2528.7万户、5214.0万人得到了农村低保，比上年同期增加454.0万人，增长了9.5%。全年共发放农村低保资金445.0亿元，比上年增长22.6%，其中中央补助资金269.0亿元，占总支出的60.4%。

2010年全国农村低保平均标准117.0元/人、月，比上年同期提高了16.2元，增长了16.1%。全国农村低保月人均救助水平74元，比上年提高8.8%。

农村五保方面。截至2010年底，全国农村得到五保供养的人数为534.1万户，556.3万人，分别比上年同期增长0.9%和0.5%。全年各级财政共发放农村五保供养资金98.1亿元，比上年增长11.4%，其中中央财政首次安排五保对

表4 城市最低生活保障

单位：万人

指标	2002年	2003年	2004年	2005年	2006年	2007年	2008年	2009年	2010年
保障人数	2064.7	2246.8	2205	2234.2	2240.1	2272.1	2334.8	2345.6	2310.5
年增长率(%)	76.4	8.8	−1.9	1.3	0.3	1.4	2.8	0.5	−1.5

表5 城市最低生活保障标准与支出水平

单位：元/人、月

指标	2004年	2005年	2006年	2007年	2008年	2009年	2010年
城市低保平均标准	152.0	156.0	169.6	182.4	205.3	227.8	251.2
城市低保平均支出水平	65.0	72.3	83.6	102.7	143.7	172.0	189.0

表6 农村最低生活保障

单位：万人

指标	2002年	2003年	2004年	2005年	2006年	2007年	2008年	2009年	2010年
保障人数	407.8	367.1	488.0	825.0	1593.1	3566.3	4305.5	4760.0	5214.0
年增长率(%)	33.9	−10.0	32.9	69.1	93.1	123.9	20.7	10.6	9.5

象临时物价补贴3.5亿元。农村五保集中供养177.4万人，集中供养年平均标准为2951.5元/人，比上年增长14.1%；农村五保分散供养378.9万人，分散供养年平均标准为2102.1元/人，比上年增长14.1%。

表7 年农村五保供养

单位：万人

指标	2007年	2008年	2009年	2010年
供养合计	531.3	548.6	553.4	556.3
分散供养	393.3	393.0	381.6	378.9
集中供养	138.0	155.6	171.8	177.4

2. 专项救助进一步强化

医疗救助方面。2010年全年累计救助城市居民1921.3万人次，其中：民政部门资助参加城镇居民基本医疗保险1461.2万人次，人均救助水平52.0元；民政部门直接救助城市居民460.1万人次，人均医疗救助水平809.9元。全年用于城市医疗救助的各级财政性资金49.5亿元，比上年增长20.1%，其中：民政部门资助参加城镇居民基本医疗保险资金7.6亿元，比上年增长31.0%，直接救助资金37.3亿元，比上年增长18.8%。

2010年全年累计救助贫困农民5634.6万人次，其中：民政部门资助参加新型农村合作医疗4615.4万人次，人均资助参合水平30.3元；民政部门直接救助农村居民1019.2万人次，人均救助水平657.1元。全年用于农村医疗救助的各级财政性资金支出83.5亿元，比上年增长29.2%，其中：资助参加新型农村合作医疗资金14.0亿元，比上年增长33.3%，直接救助资金67.0亿元，比上年增长35.6%。

生活无着人员救助方面。截至2010年底，全国共有生活无着人员救助管理单位1593个，床位5.6万张，其中救助管理站1448个，床位5.6万张。全年救助城市生活无着的流浪乞讨人员171.9万人次。

3. 临时救助进一步推广

2010年全年民政部门对153.0万人次城市居民和613.7万人次农村居民进行了临时救助。

（三）防灾减灾服务应急工作高效有序

完成了新疆等地寒潮冰雪、西南地区连续旱灾、青海玉树强烈地震、南方和东北严重暴雨洪涝、甘肃舟曲特大山洪泥石流、沿海台风等各类重特大自然灾害的救灾任务。国家减灾委、民政部启动救灾应急响应51次，下拨救灾资金113.4亿元，调拨救灾帐篷22万顶。全国共救助受灾群众9000多万人次，帮助重建倒塌民房58.5万户，维修损坏民房174万户。《自然灾害救助条例》颁布实施，填补了自然灾害救助的行政法规空白。增设7个中央级救灾物资代储单位。

2010年全国各类自然灾害共造成约4.3亿人（次）不同程度受灾，因灾死亡失踪7844人，紧急转移安置1858.4万人次；农作物受灾面积3742.6万公顷，其中绝收面积486.3万公顷；倒塌房屋273.3万间，损坏房屋670.1万间；因灾直接经济损失5339.9亿元。

（四）优抚安置服务迈出新步伐

完成了年度退役士兵和伤病残军人接收安置任务。2010年全年共接收安置退役士兵、复员干部38.7万人，比上年降低1.0%。其中退伍义务兵32.2万人（城镇义务兵17.5万人）；转业、复员士官6.3万人，复员干部1375人。接收军队离退休干部（含退休士官）、无军籍退休退职职工13451人，比上年降低30.0%。

重点优抚对象抚恤补助水平进一步提高，残疾军人、“三红”、“三属”年补助水平在连续12年提标的基础上又增长10%。截至2010年底，

表8 因灾死亡（含失踪）人口

单位：人

指标	2002年	2003年	2004年	2005年	2006年	2007年	2008年	2009年	2010年
因灾死亡(含失踪)人口	2840	2259	2250	2475	3186	2325	88928	1528	7844

国家抚恤、补助各类重点优抚对象625.0万人，比上年减少5.7万人，降低0.9%。

（五）家庭和个人事务服务继续加强

1. 婚姻登记服务水平进一步提升

截至年底，全国达到规范化要求的婚姻登记机关2177个，占县级婚姻登记机关总数的71%。有23个省份实现省内婚姻登记信息联网。初步建成“民政部婚姻登记数据中心”，与试点省份实现了部省两级婚姻登记信息实时交换与共享。

2010年，全国共有婚姻登记服务单位2314个，共依法办理结婚登记1241.0万对，比上年增加28.6万对，增长2.0%。其中：内地居民登记结婚1236.1万对，比上年增加28.6万对；涉外及华侨、港澳台居民登记结婚4.9万对；粗结婚率为9.3‰，比上年上升0.2个千分点。2010年20-24岁办理结婚登记的公民占结婚总人口比重最多，占37.6%，25-29岁占31.9%，30-34岁占11.3%，35-39岁占6.6%，40岁以上占12.9%。与上年年龄结构情况大致相当。从结婚人口区域分布来看，结婚登记超过50万对的省份有河北省、江苏省、安徽省、山东省、河南省、湖北省、湖南省、广东省、广西自治区和四川省，最近三年完全一致。

2010年共依法办理离婚手续的有267.8万对，比上年增加21.0万对，增长8.5%，粗离婚率为2.0‰，比上年上升0.15个千分点。其中：民政部门登记离婚201.0万对，比上年增长11.5%，法院办理离婚66.8万对，比上年增长0.3%。从近五年情况看，离婚人数逐年上升，年平均增幅为7.0%。

2. 殡葬改革深入推进

惠民殡葬政策继续推行。进一步提高殡仪服务的质量和水平。制定了骨灰撒海、遗体保存、遗体火化等7项殡葬服务基础标准。维护好清明节祭扫的安全和秩序。积极稳妥推进殡葬改革。积极做好青海玉树地震、甘肃舟曲泥石流灾害遇难人员遗体处理工作。截至2010年底，全国共有殡仪服务单位3951个，比上年增加55个，其中殡仪馆1724个，比上年减少5个；殡葬管理单位919个，比上年增加18个；民政部门管理的公墓1308个，比上年增加42个。

（六）社区服务体系建设统筹推进

表9 粗结婚率和粗离婚率

指标	2002年	2003年	2004年	2005年	2006年	2007年	2008年	2009年	2010年
结婚率(‰)	6.10	6.30	6.65	6.30	7.19	7.50	8.27	9.10	9.30
离婚率(‰)	0.90	1.05	1.28	1.37	1.46	1.59	1.71	1.85	2.0

表10 火化率

指标	2002年	2003年	2004年	2005年	2006年	2007年	2008年	2009年	2010年
火化率（%）	50.6	52.7	52.5	53.0	48.2	48.4	48.5	48.2	49

表11 社区服务设施

单位：万个

指标	2002年	2003年	2004年	2005年	2006年	2007年	2008年	2009年	2010年
社区服务设施	19.9	19.6	19.8	19.5	16.0	17.2	16.2	17.5	15.3
社区服务中心（个）	7898	7520	7804	8479	8565	9319	9873	10003	12720
社区服务站（个）						50116	30021	53170	44237
便民、利民网点	62.3	66.8	70.4	66.5	45.8	89.3	74.9	69.3	53.9

专栏：社区服务的内容和方式

社区服务是指政府、社区居委会以及其他各方面力量直接为社区成员提供的公共服务和其他物质、文化、生活等方面的服务。国家高度重视社区服务的发展，《国务院关于加强和改进社区服务工作的意见》（国发〔2006〕14号）提出，通过努力，逐步建立与社会主义市场经济体制相适应，覆盖社区全体成员、服务主体多元、服务功能完善、服务质量和管理水平较高的社区服务体系，努力实现社区居民困有所助、难有所帮、需有所应。

目前，全国有8.7万个城市社区。经过二十多年的发展，特别是"十一五"期间，各地认真贯彻落实《国务院关于加强和改进社区服务工作的意见》和《"十一五"社区服务体系发展规划》，社区服务的内容不断拓展，社区服务的方式不断改进。

在社区服务的内容方面，劳动就业、社会保障、生活救助、文化娱乐、社会治安等政府公共服务事项逐步向社区覆盖，广泛推行社区志愿者注册登记制度，社区志愿互助服务蓬勃开展。重点配套超市、菜场、早餐等生活保障性商业网点，家政服务、物业管理、养老托幼、食品配送、修理服务、再生资源回收等便民利民服务项目逐步进入社区，极大地方便了社区居民生活，提高了生活质量。

在社区服务方式方面，依托街道（乡镇）社区服务中心、社区服务站，实行"一站式"服务；利用现代信息技术，推动社区信息化建设，更为方便快捷地满足居民多样化需求；通过政府购买服务、设立项目资金、开展项目补贴等方式，引导社会组织、企事业单位和居民参与社区管理和服务活动，增强了社区服务的活力和社会组织的服务能力。

随着工业化、信息化、城镇化、市场化、国际化的进程逐步加快，我国城乡基层社会正在发生着深刻变化，促使社区服务呈现出新的发展趋势，社区服务的发展将更加适应城镇化和老龄化的快速发展，有效满足社区居民个性化、多元化的服务需求；更加适应社会转型、企业转制和政府职能转变，有效承接大量社会管理和公共服务职能；更加适应改革不断深化和经济快速发展，有效回应居民的利益诉求，化解基层社会矛盾。

（执笔：民政部规划财务司规划统计处）

推动建立了全国和谐社区建设示范单位联系制度，修订完善了和谐社区建设示范标准，落实完成了《"十一五"社区服务体系发展规划》。农村社区建设实验工作进一步深化，"全国农村社区建设实验全覆盖示范单位"创建活动加快进行。指导全国城市街道社区开展了创先争优活动和社区党风廉政建设工作。截至2010年底，全国共有各类社区服务设施15.3万个，其中社区服务中心12720个，比上年增加2717个；社区服务站44237个，比上年减少8933个，其他社区服务设施9.6万个，比上年减少1.6万个。社区服务设施覆盖率达22.4%。城镇便民、利民服务网点53.9万个。社区志愿服务组织10.6万个。社区共吸纳从业人员105.9万人。

社会组织和自治组织健康发展

2010年，作为社会服务提供平台和提供者的各类社会组织、自治组织，在各级政府的大力支持下，在社会各界的广泛参与下，发展迅速，成效显著。

（一）社会组织建设取得新成效

截至2010年底，全国共有社会组织44.6万个，比上年增长3.5%，其中：社会团体24.5万个，比上年增长2.5%；民办非企业单位19.8万个，比上年增长4.2%；基金会2200个，比上年增长19.4%；这些社会组织业务范围涉及科技、教育、文化、卫生、劳动、民政、体育、环境保护、法律服务、社会中介服务、工伤服务、农村专业经济等社会生活的各个领域，吸纳社会各类人员就业618.2万人，比上年增长13.5%；形成固定资产1864.1亿元，比上年增长81.0%；各类费用支出1195.2亿元，比上年增长9.2%。接收社会捐赠417.0亿元。

（二）自治组织建设不断加强

新修订的《村民委员会组织法》颁布实施，城市社区居民委员会建设工作深入开展。13个省区市村民委员会换届选举工作依法有序进行，一批农村致富能手、退伍军人、外出务工返乡农民、回乡大中专毕业生等优秀人才当选为村“两委”成员。村务公开内容进一步拓展，“难点村”治理转化任务基本完成。建立了中国村民自治展示中心。

全年共有10.2万个村（居）委会完成选举，参与选举的村（居）民登记数为1.7亿人，参与投票人数为1.3亿人。

2010年底，基层群众自治组织共计68.2万个，其中：村委会59.5万个，比上年减少0.4万个，降低0.7%，村民小组479.1万个，比上年减少1.4万个，村委会成员233.4万人，比上年减少0.6万人；社区居委会87057个，比上年增加2368个，增长了2.8%，居民小组130.7万个，比上年增加1.2万个，居委会成员43.9万人，比上年增长1.9%。

社会服务能力建设不断提升

（一）社会服务机构逐步壮大

截至2010年底，全国共有各类社会服务登记管理单位126.9万个，其中：各级民政行政机关3482个，社会组织44.6万个，基层群众自治组织68.2万个，各类社会工作机构13.8万个。

（二）社会服务人才队伍建设继续推进

2010年各类社会服务登记管理单位职工总数有1138.4万人，比上年增加100.3万人，增长9.7%。其中民政行政机关88942人，社会组织618.2万人，基层群众自治组织277.3万人，各类社会工作机构234万人。

目前，全国累计产生社会工作师10552人，助理社会工作师33662人。社会服务行业共有社会工作师10221人，比上年增加2861人，增长了38.9%。其中社会服务机构5506人，基层群众自治组织1416人，社会组织2057人，民政行政机关922人，其他社会服务机构330人；共有助理社会工作师25190人，比上年增加1095人，比上年增长4.5%。其中社会服务机构7214人，基层群众自治组织7703人，社会组织8814人，民政行政机关969人，其他社会服务机构490人。

表12 社会组织

单位：万个

指标	2002年	2003年	2004年	2005年	2006年	2007年	2008年	2009年	2010年
社会团体	13.3	14.2	15.3	17.1	19.2	21.2	23	23.9	24.5
民办非企业单位	11.1	12.4	13.5	14.8	16.1	17.4	18.2	19	19.8
基金会（个）		954	892	975	1144	1340	1597	1843	2200

表13 自治组织

单位：个

指标	2002年	2003年	2004年	2005年	2006年	2007年	2008年	2009年	2010年
社区居委会	86087	77431	77884	79947	80717	82006	83413	84689	87057
村委会	681277	663486	644166	629079	623669	612709	604285	599078	594658

表 14 社会服务事业费支出

单位：亿元、%

指 标	2002 年	2003 年	2004 年	2005 年	2006 年	2007 年	2008 年	2009 年	2010 年
社会服务事业费支出	392.2	498.9	577.4	718.4	915.4	1215.5	2146.5	2181.9	2697.5
年增长率	37.6	27.2	15.7	24.4	27.4	32.8	76.6	1.6	23.6
其中：中央转移支付	138.4	211.8	223.8	310.3	404.0	504.4	1181.1	1227.0	1342.4
地方财政支出	253.8	287.1	353.6	408.1	511.4	711.1	965.4	954.9	1355.1
占国家财政支出比重	1.8	2.0	2.0	2.1	2.3	2.5	3.4	2.9	3.0

（三）社会服务支出稳步增长

2010 年全国社会服务事业费支出 2697.5 亿元，比上年增长 23.6%。其中：抚恤事业费 362.7 亿元，比上年增长 16.9%；退役安置费 269.0 亿元，比上年增长 19.2%；城市居民最低生活保障支出 524.7 亿元，比上年增长 8.8%；农村及其他社会救济费 579.6 亿元，比上年增长 18.8%，其中农村最低生活保障费 445.0 亿元，比上年增长 22.6%，农村五保供养支出 98.1 亿元，比上年增长 11.4%；社会福利费 149.8 亿元，比上年增长 20.7%；自然灾害救济费 237.2 亿元，比上年增长 19.1%；地方离、退休人员费用 30.4 亿元，比上年增长 1.3%；其他用于城乡医疗救助、民政事务管理等社会服务事业费 544.1 亿元，比上年增长 68.6%。

2010 年中央财政共向各地转移支付社会服务事业费 1342.4 亿元，比上年增长 9.4%，占社会服务事业费比重 49.8%，比上年降低了 6.4 个百分点。

2010 年社会服务事业费占国家财政支出比重由 2009 年的 2.9%上升到 3.0%，比上年增加了 0.1 个百分点。

六、残疾人事业

2010 年是落实中央关于“保障和改善民生”重大部署，继续深入贯彻《中共中央国务院关于促进残疾人事业发展的意见》（中发 [2008]7 号）文件精神的重要一年。残疾人社会保障体系和服务体系建设全面启动，残疾人事业“十一五”发展纲要各项任务圆满完成，残疾人基本社会保障和服务的覆盖面不断扩大，为“十二五”发展纲要实施奠定了良好基础。

（一）残疾人康复工作

2010 年，通过实施一批重点康复工程，使 604.7 万残疾人得到不同程度的康复；顺利完成中国残联专项彩票公益金残疾人康复项目任务，18.6 万贫困残疾人受益。

在 831 个市辖区和 1676 个县（市）开展了社区康复工作，累计建立社区康复站 14.5 万个，配备 32.9 万名社区康复协调员，累计 1268.3 万残疾人得到康复服务。

完成白内障复明手术 79.9 万例；为 27.3 万名贫困白内障患者免费施行复明手术，全年为 3.3 万名低视力患者配用助视器，培训低视力儿童家长 1.2 万名。对 1.6 万名盲人进行定向行走训练。

全国共对 18809 名聋儿进行了听力语言康复训练，共培训聋儿家长 22924 名；培养各类专业人员 6203 人；实施贫困聋儿人工耳蜗项目资助贫困聋儿 730 名，助听器项目资助贫困聋儿 3000 名。

在 1818 个市县开展精神病防治康复工作，对 495.2 万重性精神病患者进行综合防治康复，监护率达到 84.0%，显好率达到 68.4%，社会参与率达到 54.5%，肇事率 0.3%；解除关锁 5477 人；对 36.6 万贫困精神病患者进行医疗救助。建立了 34 个省级孤独症儿童康复训练机构，对 5620 名孤独症儿童进行了康复训练。

专栏：全国听力语言康复教育改革试点项目顺利完成

为贯彻听障儿童全面康复理念，完善康复模式，规范康复技术，提升康复效果，在财政部和中国残联的支持下，2010年，中国聋儿康复研究中心启动了“全国听力语言康复教育改革试点项目”（以下称“试点项目”）。“试点项目”围绕加强机构内涵建设，旨在探索建立“以促进听障儿童全面康复为目标，以学前教育为基础，以听力干预、听觉言语康复、言语矫治为支撑的全面康复教育模式”。项目共投入150万元，主要用于康复教材编写、试点机构设备完善、专业人员培训与技术督导等方面。

“试点项目”选择了广东、浙江、甘肃、吉林和山西五个省级听力语言康复机构进行试点，尝试推行学前康复教育课程改革，规范听能管理、听觉口语康复、言语矫治等技术手段，完善机构管理。通过一年的实践，各试点机构的教学环境和条件得到不同程度的改善，丰富了学前教学课程，规范了个别化康复技术，建立了医教结合的听能管理工作模式，并按照《幼儿园管理规程》和《幼儿园教育纲要》的要求，结合听障儿童特点制定了机构教育管理制度。中国聋儿康复研究中心还组织有关专家编写《全国听力语言康复教育改革项目系列丛书》（共15册），介绍了听障儿童全面康复理论及听障儿童集体教学、个别化教学、医教结合的技术和具体方法，为以后听力语言康复事业的专业化发展奠定了基础。

配合“试点项目”的实施，中国聋儿康复研究中心启动了省级学科骨干培养计划，对31个省的学前教师、听觉口语师、小儿听力师及言语矫治师等四类学科骨干进行了专项培训和技术督导，力图通过培训与督导逐步提升康复技术人员的专业内涵和技能水平。同时，还完成了对全国31个省235个机构的专业人员基本情况调查及1320名专业人员的问卷调查，为制定2011年全国听力语言康复系统培训计划乃至“十二五”期间的听力语言康复专业人员培养规划发挥重要作用。

（执笔：中国残联聋儿康复研究中心）

开展肢体残疾康复训练服务的机构达到4915个，对2050名贫困肢体残疾儿童实施矫治手术、装配了矫形器等辅助器具；对2.1万名肢体残疾儿童进行了机构康复训练；对11.5万名肢体残疾人进行了社区康复训练。全年为麻风畸残者实施矫治手术668例。

开展智力残疾康复训练服务的机构达到1870个；对2.7万名0-14岁的智力残疾儿童进行了康复训练；对2.1万名智力残疾儿童家长进行了康复知识培训；培育了10个智力残疾儿童康复养护试点机构。

截止到2010年底，累计建立辅助器具供应服务机构2367个，为残疾人减免费用装配普及型假肢3.0万例，供应辅助器具113.9万件，装配矫形器2.6万例。

（二）残疾人教育工作

已开办特殊教育普通高中99所，在校生6067人。其中，聋高中84所，在校生5284人；盲高中15所，在校生783人。残疾人中等职业教育机构有147个，在校生11506人，毕业生6148人，其中获得职业资格证书4685人。全国有7674名残疾人被普通高等院校录取，1057名残疾人进入特殊教育学院学习。

（三）残疾人就业工作

2010年，城镇新安排32.4万残疾人就业。其中，集中就业残疾人10.2万，按比例安排残疾人就业8.6万，个体就业和多种形式灵活就业13.7万，全国城镇实际在业人数441.2万；1749.7万农村残疾人稳定实现就业，其中从事农业生产劳动1347.3万。

全国各级残联举办残疾人职业教育培训机构达2504个，接受残疾人职业培训的普通机构有2200个，83.3万人次残疾人接受了职业教育与培训，并有11.6万人次获得了职业资格证书。

培训盲人医疗按摩人员5271名；保健按摩机构达到1152个，医疗按摩机构达到11616个；在专业技术职务资格评审中，分别有421人和1680人通过医疗按摩人员中级和初级职称评审。

（四）残疾人社会保障工作

2010年，城镇残疾职工参加社会保险人数达到283.2万。其中，参加养老保险人数198.5万，参加医疗保险人数155.5万，各级残联共投入7031.9万残疾人就业保障金补贴15.6万个体就业残疾人参加养老保险；355.9万城镇残疾居民参加基本医疗保险。

927.1万城乡残疾人纳入最低生活保障范围；城镇集中供养残疾人和农村五保供养残疾人分别达到10.6万和60.5万；292.0万城乡残疾人获得临时救济，160.3万城乡残疾人得到定期补助。残疾人托养服务机构达到4029个，比上年增加555个，托养残疾人规模达到14.5万人。

（五）残疾人扶贫开发工作

2010年，扶持贫困残疾人204.0万人，其中119.5万人通过扶贫开发实际脱贫；当年接受实用技术培训的残疾人85.5万人次，投入培训经费2.6亿元。

安排各类扶贫资金3.9亿元（不包括康复扶贫贴息贷款8亿元）。649.1万贫困残疾人享受到多种优惠政策的扶持，对贫困残疾人开展结对帮扶的单位和个人分别达到11.8万个和88.4万人，帮扶物资折款及资金投入共计4.4亿元。建立残疾人扶持基地4575个，投入资金2.1亿元，安排和扶持贫困残疾人23.3万人。

完成11.8万户农村贫困残疾人危房改造，投入危房资金9.7亿元，受益残疾人14.5万人。

（六）残疾人宣传文化工作

2010年， 31个省、自治区、直辖市在上海世博会生命阳光馆中举行了“残疾人才艺展示周”，为生命阳光馆增添了生动和感动。

全国共开辟报刊专栏418个、报刊专版852个，残疾人专题广播节目400个，电视手语新闻栏目190个，其他残疾人电视专题栏目333个，建立省级残疾人事业新闻宣传促进会213个。

截至2010年底，全国省级和地市级公共图书馆设立盲文及盲人有声读物阅览室已达到441个，举办残疾人事业展览627个，举办残疾人文化艺术类比赛及展览718个，已成立残疾人艺术团队194个。

（七）残疾人体育工作

2010年12月12日-19日，广州亚残运会成功举办，来自41个国家和地区的2512名运动员参赛。我国派出了431名运动员参加了全部19个大项的比赛，以金牌185枚、银牌118枚、铜牌88枚、奖牌总数391枚的优异成绩，位居金牌榜、奖牌榜首位，并创10项世界纪录、平1项世界纪录、创47项亚洲纪录。

2010年9月19日-25日，第五届全国特奥运动会在福州成功举办，来自全国31个省（自治区、直辖市）、新疆生产建设兵团和香港、澳门特别行政区以及台湾启智代表团共39个代表团1712名运动员参加比赛，邀请了韩国、新加坡、美国派团参会，加大特奥领域的交流。

2010年共派团参加了温哥华冬季残奥会等19项国际赛事，其中有11项为世界锦标赛，共取得了82枚金牌。坐排女队、盲人门球男女队、盲人足球队已经获得伦敦残奥会参赛资格，游泳、击剑、射击等项目拿到15张入场券。参加世锦赛的80位运动员中有56人达到A标。

截至2010年底，已开辟或设立的各级残疾人体育活动场所1909处，已挂牌的省级残疾人体育训练基地达到221个；相对稳定教练员3116人，共举办省级残疾人体育比赛3479次，参与的残疾人运动员达26.3万人次。

（八）残疾人维权工作

截止到2010年，制定或修改了省、市两级关于残疾人的专门法规、规章36件；省、市两级直接涉及残疾人利益的法规、规章53件，省、市、县三级扶助残疾人规定和残疾人权益保障政策文件分别为672和849件。

全国建立残疾人法律援助（服务）中心 2934 个，办理案件 1.9 万件；命名了 8898 个维权示范岗，为残疾人提供法律服务的案件达 3.7 万件，有力地促进了法律援助和法律服务工作。

协助残联系统人大代表、政协委员提出议案、建议、提案 1930 件，办理议案、建议、提案 1391 件。

全国有 7 个省、81 个地市、297 个县（市、区）出台了无障碍建设与管理法规、政府令；14 个省、193 个地市、758 个县（市、区）成立了无障碍建设领导协调组织；726 个市、县、区系统开展无障碍建设；全国开展无障碍建设检查 3219 次，无障碍培训 2.9 万人次，无障碍媒体宣传 5774 次，印发无障碍宣传材料 354 万份。

各级残联配合有关部门查处侵害残疾人合法权益案件 95 件，维护了残疾人合法权益。

各级残联共处理残疾人群众来信 4.1 万件，接待残疾人群众来访 36.6 万人次，其中集体访 1484 批次，19835 人次。

（九）残疾人组织建设

2010 年，14 个省份配备了驻会盲人理事，12 个省份配备了驻会聋人理事；6 个省级残联机关配备了 15% 以上的残疾人干部。287 个地市级残联的领导班子配备了残疾人理事长或副理事长。1684 个县级残联机关配备了残疾人干部。

2661 个县级残联达到了基层残疾人组织规范化建设验收标准，占全国县级残联的 94.9%（未含西藏、新疆生产建设兵团、黑龙江农垦总局）。乡镇、社区残疾人专职委员分别选聘 5.5 万名和 50.4 万名。

全国省级以下共建立各类残疾人专门协会 15500 个。全国的市级专门协会已建比例为 99.6%，市辖区级专门协会已建比例为 90.5%；县（含县级市）级专门协会已建比例为 95.6%。

（十）残疾人综合服务设施建设

截止到 2010 年底，全国已竣工并投入使用的各级残疾人综合服务设施共计 2544 个，总建设规模 487.7 万平方米，总投资 231.0 亿元；在建项目共计 428 个，筹建项目共计 223 个。

（十一）信息化建设

2010 年，全国投入信息化建设资金较上年增长了 11.1%，体现了各级政府对信息化工作的大力支持。

中国残联继续加强官方网站政务信息建设，网站年度页面浏览量超过 2480 万次，访问人数达到 275 万人；全国 33 个省级残联、256 个地市级残联和 952 个县级残联都已开通公众服务网站。

截至 2010 年底，全国残疾人人口基础数据库共采集 1800 万残疾人的基础数据和评残信息，覆盖全国 3400 多个县级残联（含新疆生产建设兵团、黑龙江农垦总局各农场以及高新开发区等）。

七、人民检察工作

2010 年，全国检察机关紧紧围绕经济社会发展大局，忠实履行宪法和法律赋予的职责，扎实推进社会矛盾化解、社会管理创新、公正廉洁执法三项重点工作，加大执法办案力度，深化检察改革，加强队伍建设，各项检察工作取得新进展。

（一）充分发挥检察职能作用，保障经济社会发展

1. 依法维护市场经济秩序。全年共批准逮捕破坏社会主义市场经济秩序犯罪嫌疑人 37532 人，提起公诉 50775 人，分别比上年增加 4.6% 和 19.5%。加大打击非法集资、金融诈骗、传销等严重经济犯罪力度，督促行政执法机关依法移送涉嫌犯罪案件 3448 件。积极参与打击侵犯知识产权和制售假冒伪劣商品专项行动，起诉侵犯知识产权、制售伪劣商品等犯罪嫌疑人 5642 人，同比增加 14.1%。

2. 深入开展查办重点领域职务犯罪专项工作。深化治理商业贿赂工作，在房地产开发、产权交易、医药购销等领域，立案侦查涉及国家工作人员的商业贿赂犯罪案件 10533 件。深化工程建设领域突出问题专项治理，立案侦查项目审

批、招标投标、物资采购等环节的职务犯罪案件8584件。会同有关部门开展国土资源领域腐败问题治理工作，立案侦查土地和矿产资源审批出让、开发利用、征地补偿等环节的职务犯罪案件1248件。

3. 积极参与应对重大突发事件、完成重大任务。青海玉树强烈地震、甘肃舟曲特大山洪泥石流等重大自然灾害发生后，检察机关依法打击影响灾区稳定、侵害受灾群众利益的刑事犯罪，注重预防和查办侵吞、挪用救灾款物等职务犯罪。上海、广东及周边地区检察机关建立联动机制，积极投入世博会和亚运会、亚残运会安保工作，会同有关部门在场馆和配套设施建设中同步开展职务犯罪预防。

4. 保障和服务区域协调发展。各级检察机关围绕西部大开发、振兴东北地区等老工业基地、促进中部地区崛起、支持东部地区率先发展等区域发展战略的实施，结合本地区实际，提供更加有力的司法保障。最高人民检察院制定“充分发挥检察职能为深入实施西部大开发战略服务”的意见，努力促进西部地区经济社会发展；制定“加强和推进检察援藏、援疆工作”的意见，从业务、人才、资金等方面加大对西藏、新疆检察机关的支持力度。

（二）深入推进社会矛盾化解、社会管理创新，维护社会和谐稳定

1. 依法打击各类刑事犯罪。全年共批准逮捕各类刑事犯罪嫌疑人916209人，同比减少2.6%；提起公诉1148409人，同比增加1.2%。坚决打击危害国家安全犯罪。严厉打击侵害幼儿园儿童和学校师生生命安全的犯罪。会同有关部门开展打黑除恶专项斗争和打击涉枪涉爆犯罪、扫黄打非等专项行动。最高人民检察院举办第八次上海合作组织成员国总检察长会议，加强打击恐怖主义、分裂主义、极端主义和跨国有组织犯罪的国际合作。

2. 注重结合办案化解社会矛盾。认真落实宽严相济刑事政策，对涉嫌犯罪但无逮捕必要的，依法决定不批捕64195人，同比增加20.7%；对犯罪情节轻微、依照刑法规定不需要判处刑罚或者免除刑罚的，决定不起诉29898人，同比增加16.9%。推进刑事和解、检调对接机制建设，对民事申诉案件和轻微刑事案件，积极促成当事人达成和解。加强不批捕、不起诉、不抗诉等环节的释法说理工作，促进案结事了人和。

3. 积极参与社会管理创新。配合有关部门加强对城中村、城乡接合部等治安重点地区的排查整治，推动完善社会治安防控体系。协助基层组织加强对社区服刑人员的矫正帮教。加强教育、感化、挽救，对涉嫌轻微犯罪的未成年人依法决定不批捕13080人、不起诉3114人，同比分别增加10.1%和1.8%。依法打击利用互联网传播淫秽信息、实施赌博等犯罪。针对执法办案中发现的社会管理问题，及时向有关地方和部门提出消除隐患、完善制度的检察建议。

（三）加大查办和预防职务犯罪力度，促进反腐倡廉建设

1. 依法严肃查办贪污贿赂等职务犯罪。全年共立案侦查各类职务犯罪案件32909件44085人，同比分别增加1.4%和6.1%。其中，贪污贿赂大案18224件，同比增加0.2%；查办涉嫌犯罪的县处级以上国家工作人员2723人，其中厅局级188人、省部级6人。加大查办行贿犯罪力度，立案侦查行贿犯罪嫌疑人3969人，同比增加24.3%。健全境内外追逃追赃机制，会同有关部门抓获在逃职务犯罪嫌疑人1282人，追缴赃款赃物计74亿元。最高人民检察院和澳门检察院联合举办国际反贪会议，与150多个国家和地区的反贪机构深入探讨反腐败国际司法合作。

2. 大力加强渎职侵权检察工作。立案侦查渎职侵权犯罪案件7349件10227人，同比分别增加4.5%和9.3%。其中，立案侦查重特大渎职侵权案件3508件，同比增加10.5%。中共中央办公厅、国务院办公厅转发了最高人民检察院等九部门联合制定的关于加大惩治和预防渎职侵权违法犯罪工作力度的文件。在京举办惩治和预防渎职侵权犯罪大型展览，并陆续在全国各地巡展，已有55.5万名国家工作人员参观。

3．更加重视职务犯罪预防。结合办案加强犯罪分析和对策研究，向有关单位和部门提出预防建议55628件，对国家工作人员进行警示教育964万人次。完善行贿犯罪档案查询系统，最高人民检察院成立行贿犯罪档案查询中心，推动实现全国范围联网查询。建立职务犯罪预防年度报告制度，及时研究职务犯罪发案态势和预防对策，每年形成综合报告提交党委、人大、政府和有关部门参考。

（四）全面强化对诉讼活动的法律监督，促进执法司法公正

1．强化刑事诉讼监督。一是加强立案监督。最高人民检察院会同公安部制定《关于刑事立案监督有关问题的规定》，进一步明确检察机关对刑事立案的监督职责及程序，建立公安机关与检察机关互相通报刑事案件情况等机制。对应当立案而不立案的，督促公安机关立案31203件；对不应当立案而立案的，督促撤案10702件。二是加强侦查监督。与有关部门联合出台《关于办理刑事案件排除非法证据若干问题的规定》和《关于办理死刑案件审查判断证据若干问题的规定》，并制定检察机关适用两个规定的指导意见。会同公安部制定《关于审查逮捕阶段讯问犯罪嫌疑人的规定》，完善检察机关听取犯罪嫌疑人申辩和律师意见、保障律师执业权利等机制。对侦查活动中的违法情况提出纠正意见33836件次。三是加强刑事审判监督。起诉时依法提出量刑建议，促进量刑公开公正。加强对职务犯罪案件裁判的监督，建立一审判决两级检察院同步审查机制。对认为确有错误的刑事裁判提出抗诉5425件。

2．强化刑罚执行和监管活动监督。会同司法行政机关深入开展全国监狱清查事故隐患、促进安全监管专项活动，重点排查解决“牢头狱霸”问题，对87名严重破坏监管秩序的在押罪犯依法追究刑事责任。推进与监管场所的监控联网，完善和落实收押检察、巡视检察等工作机制。加强对刑罚变更执行的监督，纠正减刑、假释、暂予监外执行不当10813人。开展保外就医专项检查活动，纠正不符合保外就医条件、程序或脱管漏管555人。加大清理久押不决案件力度，依法纠正超期羁押525人次。

3．强化民事审判和行政诉讼监督。制定实施《关于加强和改进民事行政检察工作的决定》，坚持依法监督、居中监督等原则，对认为确有错误的民事行政裁判提出抗诉12139件。坚持抗诉与息诉并重，对认为裁判正确的44021件申诉，耐心做好当事人的服判息诉工作。对涉及国家和社会公共利益的案件，督促起诉33183件，支持起诉21382件，防止侵害国有资产和公共利益。

4．强化对司法工作人员渎职行为的监督。会同最高人民法院等部门制定《关于对司法工作人员在诉讼活动中的渎职行为加强法律监督的若干规定》，明确对司法工作人员徇私枉法等12种渎职行为，可以通过调查核实违法事实、提出纠正违法意见、建议更换办案人等措施进行监督。坚决惩治利用司法权贪赃枉法的行为，查办涉嫌犯罪的司法工作人员2721人。

（五）坚持执法为民宗旨，维护人民群众权益

1．拓展联系和服务群众的平台。加强接待窗口建设，推行民生服务热线和全国统一的12309举报电话，推行“一站式”受理接待中心和网上查询平台，进一步畅通群众控告申诉渠道。深入开展文明接待室创建活动，在乡镇、社区探索建立派出检察室，开展巡回检察，就地受理群众诉求、提供法律服务、化解矛盾纠纷。

2．依法惩治严重危害民生的犯罪。坚决打击抢劫、抢夺、盗窃、利用电信网络实施诈骗、制售有毒有害食品和伪劣农药、化肥、种子等侵害群众权益的犯罪，严肃查办征地拆迁、社会保障、劳动就业、医疗卫生、招生考试等民生领域的职务犯罪。立案侦查涉嫌非法拘禁、报复陷害、破坏选举等侵权犯罪的国家机关工作人员524人。依法同步介入重特大事故调查，严肃查办火灾、矿难等事故背后涉嫌职务犯罪的国家工作人员1037人，最高人民检察院直接参与9起重特大事故调查。

3．加强对特殊群体和困难群众的司法保护。

切实维护国防、军队、武警部队利益和军人军属合法权益，维护香港、澳门、台湾同胞以及归侨侨眷合法权益。坚决打击侵害残疾人和农村留守老人、妇女、儿童的犯罪，会同有关部门制定《关于依法惩治拐卖妇女儿童犯罪的意见》，起诉拐卖妇女儿童犯罪嫌疑人 4422 人。对拖欠农民工工资等案件，开展支持起诉工作。重视刑事被害人权利保护，推进刑事被害人救助工作，对 6280 名生活确有困难的被害人或其近亲属提供救助救济。

4. 依法妥善解决涉及群众利益的信访问题。完善控告申诉、涉检信访工作制度，开展带案下访、定期巡访、联合接访等活动，共办理群众信访 439750 件次。高度重视、妥善化解涉检信访积案 3959 件。最高人民检察院派出 8 个工作组赴 16 个省、自治区、直辖市进行了督查。认真贯彻修订后的国家赔偿法，制定《人民检察院国家赔偿工作规定》，切实保障赔偿请求人的合法权益。

（六）加强检察队伍建设和内部监督制约，提高自身公正廉洁执法水平

1. 加强思想政治建设和职业道德建设。深化社会主义核心价值体系和社会主义法治理念教育，开展创先争优活动，引导检察人员坚定理想信念、端正执法思想。深入开展“恪守检察职业道德、促进公正廉洁执法”主题实践活动，制定检察官职业行为基本规范和检察机关文明用语规则，表彰宣传张章宝、李彬、刘宝瑞等先进典型，建立检察官宣誓制度，大力弘扬忠诚、公正、清廉、文明的检察职业道德。

2. 加强执法能力建设。以领导干部和执法办案一线检察官为重点推进全员培训，共培训检察人员 11.9 万人次。最高人民检察院完成对基层检察长的普遍轮训，开展对省级检察院业务部门负责人的普遍轮训。开展远程教育培训。大规模推进岗位练兵，广泛开展公诉、侦查监督、反渎职侵权等部门的业务竞赛活动。加大对西部地区检察教育培训和人才培养支持力度。

3. 加强执法规范化和内部监督制约机制建设。全面整合规范执法办案各环节的流程及细则，首次颁布检察机关执法工作基本规范。建立案例指导制度，最高人民检察院公开发布首批具有普遍指导意义的案例，指导检察机关统一执法。建立案件评查机制，以涉检信访案件为重点，全面评查各类案件 42229 件，对其中确有错误的 163 件依法予以纠正，对存在执法过错的 91 名检察人员严肃追究责任。完善检务督察制度，对 10 个省市检察机关进行了专项督察，组织 6 个省部分检察院开展了交叉督察。

4. 狠抓纪律作风和反腐倡廉建设。制定《检察机关领导干部廉洁从检若干规定》。专项治理违规使用警车问题。进一步完善扣押冻结款物管理制度。最高人民检察院深入剖析 40 名检察人员违纪违法案例，举办检察机关自身反腐倡廉教育展览并在各地巡展。最高人民检察院听取和评议 11 个省级检察长述职述廉报告，对 3 个省级检察院领导班子进行巡视并回访检查。开展“反特权思想、反霸道作风”专项教育活动，严肃查处违纪违法检察人员 267 人，其中追究刑事责任 38 人。

5. 扎实推进基层基础建设。全面规划和落实基层检察院执法规范化、队伍专业化、管理科学化、保障现代化建设。会同有关部门从制度上解决基层检察官提前离岗离职问题，落实政法干警招录培养体制改革试点工作，选派业务骨干到基层挂职锻炼。坚持领导干部联系基层、业务部门对口指导等制度。落实政法经费保障体制改革。中央财政增加了转移支付和补助投资，加大对中西部和贫困地区特别是革命老区、民族地区、边疆地区检察机关支持力度。

（七）自觉接受监督，保障检察权依法正确行使

1. 自觉接受人大监督。完成对现行司法解释的集中清理任务，宣布废止 63 件。坚持经常主动向人大常委会报告重要工作，积极配合人大常委会开展专题调研和执法检查。对 22 个省、自治区、直辖市人大常委会作出的关于加强检察机关诉讼监督工作的决议或决定，检察机关认真

学习贯彻落实。最高人民检察院开通全国人大代表联系专网和专线电话，协调江苏、广东检察机关做好香港、澳门部分全国人大代表视察的有关工作。全国人大代表提出的79件议案、建议全部办结。

2. 自觉接受民主监督。主动向政协通报检察工作情况，邀请政协委员座谈、视察、专题调研。健全与各民主党派、工商联和无党派人士的联系机制，推进联系工作制度化、规范化。切实发挥特约检察员的咨询、监督作用。全国政协委员提出的21件提案全部办结。

3. 自觉接受社会监督。人民监督员制度经7年试点，在全国检察机关全面推行。最高人民检察院制定《关于实行人民监督员制度的规定》，改进人民监督员选任方式，扩大监督范围，增强监督效果。深化检务公开，推行阳光检务，完善和落实公开审查、案件信息查询等制度，提高检察工作透明度。最高人民检察院首次举办检察开放日活动，邀请来自高校、社区、媒体的公众代表参观，并与检察官面对面交流。完善检察机关新闻发布制度，注意听取公众意见和建议，及时回应社会关注的问题。

八、人民法院审判工作

2010年，最高人民法院紧紧围绕社会矛盾化解、社会管理创新、公正廉洁执法三项重点工作，大力加强审判、执行工作和自身建设，各项工作取得新进展。2010年，最高人民法院受理案件12086件，同比下降6.99%；审结10626件，审限内结案率为98.31%。地方各级人民法院受理案件11700263件，同比上升2.82%；审结、执结10999420件，审限内结案率为98.51%，结案标的额15053.43亿元。

（一）高度关注经济社会发展的司法需求，努力为经济社会又好又快发展服务

1. 努力加强对新类型案件适用法律问题的调查研究和监督指导。受国际金融危机和宏观经济环境变化的影响，大量合同纠纷及企业破产、强制清算等案件进入法院。最高人民法院加强对新情况、新问题的调查研究，先后制定涉及金融期货、外商投资、劳动争议、旅游纠纷等领域的20个司法解释和43个指导性意见，维护市场交易秩序。制定为上海世博会、广州亚运会和亚残运会等重大活动提供司法保障的意见，及时就青海玉树强烈地震、甘肃舟曲特大泥石流等重大自然灾害引发的涉灾案件进行审判指导。按照国家深入实施西部大开发的战略部署，加强对西部法院的工作指导。

2. 积极为加快转变经济发展方式提供司法保障。最高人民法院制定《关于为加快经济发展方式转变提供司法保障和服务的若干意见》，对妥善审理相关案件提出要求。各级法院全年审结融资、证券、保险、票据、担保等金融纠纷案件578919件，同比上升11.63%。审结合同类案件3239740件，同比上升2.71%。审结企业兼并、改制、破产、强制清算、股份转让等案件14694件，同比上升56.90%。制定审理油污损害赔偿案件司法解释，审结环境污染损害赔偿等案件12018件，同比上升2.83%。

3. 加大知识产权司法保护力度。制定商标授权确权行政案件、境外作品著作权纠纷和网吧著作权纠纷等案件审判指导意见，并与有关部门联合制定《关于办理侵犯知识产权刑事案件适用法律若干问题的意见》。2010年，各级法院审结知识产权案件48051件，同比上升32.96%。

4. 加强涉外、涉港澳台案件审判和外事工作。各级法院全年审结涉外商事、海事、海商案件20258件，同比上升0.83%。制定《关于审理涉台民商事案件法律适用问题的规定》等司法解释。成功举办第四次亚太司法改革论坛，完善上海合作组织成员国最高法院院长交流机制，开启“金砖四国”的司法交流。

（二）依法惩治犯罪，妥善化解矛盾，促进社会和谐稳定

1. 贯彻宽严相济刑事政策，依法惩治刑事犯罪。最高人民法院制定《关于贯彻宽严相济刑事政策的若干意见》，指导各级法院依法定罪量

刑。各级法院全年审结一审刑事案件 779641 件，判处罪犯 1006420 人，同比分别上升 1.68%和 0.98%。依法严惩境内外敌对势力的分裂、渗透、颠覆等危害国家安全犯罪，继续深入开展打黑除恶专项斗争，依法严惩杀人、绑架、抢劫等严重影响群众安全感的暴力犯罪以及盗窃、抢夺、诈骗等多发性侵财犯罪，依法严惩伤害幼儿园儿童、中小学生和拐卖妇女儿童犯罪。各级法院全年审结上述案件 265397 件，判处罪犯 370452 人，同比分别下降 0.70%和 1.24%。依法严惩贪污、贿赂、渎职犯罪，审结此类案件 27751 件，判处罪犯 28652 人，同比分别上升 7.10% 和 9.25%。制定《关于处理自首和立功若干具体问题的意见》，规范自首、立功的认定标准、查证程序和从宽处罚幅度。制定《关于充分发挥刑事审判职能作用深入推进社会矛盾化解的若干意见》，将化解社会矛盾贯穿刑事审判各个环节。深化少年司法制度改革，探索社会延伸保护、未成年人轻罪犯罪记录消灭制度等做法。

2. 加强诉讼调解，推动多元矛盾纠纷解决机制建设。最高人民法院制定《关于进一步贯彻“调解优先、调判结合”工作原则的若干意见》，指导各级法院更好地运用调解手段化解矛盾。2010 年，各级法院一审民商事案件调解撤诉率达 65.29%，同比上升 3.31 个百分点。

3. 依法保护群众诉权，提高行政审判和国家赔偿工作水平。各级法院认真贯彻执行最高人民法院制定的《关于依法保护行政诉讼当事人诉权的意见》，畅通行政诉讼渠道，全年共受理行政案件 135679 件，审结 129806 件，同比分别上升 6.77%和 7.70%。

法律工作者们正在发放法律宣传资料
（辽宁省司法厅提供）

（三）积极回应人民群众的关切和期待，依法维护人民权益

1. 依法妥善审理涉及民生的案件。2010 年，各级法院审结离婚、抚养、继承等婚姻家庭案件 1428340 件，同比上升 3.45%；审结人身损害赔偿案件 779340 件，同比上升 22.71%；审结涉“三农”案件 238913 件，同比上升 3.02%。最高人民法院发布《关于进一步加强人民法院涉军案件审判工作的通知》，指导各级法院妥善审理涉军案件。

2. 切实加强司法便民工作。加强和规范“立案信访窗口”建设，建立健全首问负责、服务承诺、办事公开、文明接待、岗位责任等制度。加强边远或交通不便地区的人民法庭建设，推广远程立案、“一站式”服务等举措。制定《关于大力推广巡回审判方便人民群众诉讼的意见》，推进巡回审判工作制度化、规范化。按照最高人民法院的统一要求，全国有 693 个新建审判法庭和 600 多个人民法庭完成了无障碍设施建设，方便残疾人诉讼。加强司法救助工作，为确有困难的当事人减免诉讼费 9656.47 万元，同比增加 41.51%。

3. 高度重视解决涉诉信访问题。最高人民法院派出 12 个合议庭和案件复查组，帮助信访问题比较突出的地方法院清理信访积案。制定涉诉信访案件终结办法，坚持领导干部定期接访、法官带案下访、巡回接访等做法，尽力把问题化解在基层。各级法院全年接待信访 1066687 人次，同比减少 21.43%。

4. 努力破解执行难问题。最高人民法院制定《关于限制被执行人高消费的若干规定》，会同 19 个中央和国家机关联合发布《关于建立和完善执行联动机制若干问题的意见》，初步构建了综合治理执行难问题的工作格局。开展创建“无执行积案先进法院”活动和委托执行案件集中清理活动，努力形成良好的化解执行难问题的工作机制。各级法院全年执结新收案件 2508242 件，同比上升 2.54%；执行标的到位率 73.82%，同比上升 8.22 个百分点。

（四）继续推进司法改革，维护司法公正

1. 推进司法公开和司法民主。认真落实最高人民法院《关于司法公开的六项规定》，进一步明确立案、庭审、执行、听证、文书、审务六个方面必须公开的内容、程序和方法。完善群众旁听庭审、裁判文书网上发布、诉讼档案查询、庭审活动录音录像等制度。最高人民法院确立 100 个“司法公开示范法院”，总结推广各地法院推行“阳光司法”的经验做法。在全国开展“司法公开宣传月”活动，增强司法工作透明度。进一步完善人民陪审员制度，人民陪审员全年参与审判案件 912177 件，同比上升 44.33%。

2. 切实维护司法公正。最高人民法院成立了审判管理办公室，加强对审判流程和办案质量效率的管理监督。制定量刑程序规则，确立定性分析与定量分析相结合的量刑方法，规范法官裁量权，促进量刑公平公正。完善刑事证据制度，会同中央政法部门制定《关于办理死刑案件审查判断证据若干问题的规定》和《关于办理刑事案件排除非法证据若干问题的规定》。推进民事、行政诉讼制度改革，开展小额案件速裁和行政诉讼简易程序试点工作。制定《关于案例指导工作的规定》，及时发布典型案例，加强对疑难复杂案件的审判指导。加强再审工作，各级法院全年审结再审案件 46214 件，因原判确有错误或其他法定事由改判的 11729 件，占生效裁判的 0.17%。

3. 进一步加强基层基础工作。认真参与政法编制分配工作，积极推进法官招录培养体制和司法考试改革。推进政法经费保障体制改革，初步建立法院经费保障制度体系。加强法院信息化建设，启动人民法院电子政务项目建设。修订法庭建设标准，进一步改善基层司法条件。制定人民法院援藏、援疆指导意见，全面加强人才、业务、物质援助工作。

（五）牢牢抓住法院队伍建设的关键环节，进一步提高司法能力和水平

1. 着力提升司法能力。2010 年，最高人民法院完成对 3622 名中级、基层人民法院院长的轮训。举办全国高、中级法院贯彻落实宽严相济刑事政策千人培训班。对 3 万多名执行人员和近 2 千名国家赔偿工作人员进行培训。高级人民法院轮训法庭庭长 8899 人，同时加强对法官的岗前培训、晋职培训和专题培训。推进民族地区法院双语法官培养，支持西部法院提高队伍素质。

2. 大力改进司法作风。修订《法官职业道德基本准则》和《法官行为规范》，制定《人民法院文明用语基本规范》，引导法官改进司法作风。充分发挥先进典型示范作用，宣传学习先进典型。2010 年，全国各级法院共有 19060 个集体、47298 名个人立功受奖。其中，344 个集体、489 名个人受到中央有关部门表彰奖励。

3. 努力促进司法廉洁。在各级法院领导干部中集中开展党性党风党纪教育，在法官和司法警察中集中开展警示教育。坚持“一岗双责”，发挥审判委员会、院长、庭长、政工和纪检监察机构的职能。最高人民法院制定《人民法院司法巡查工作暂行规定》，先后派出 8 个巡查组，对部分地方法院开展司法巡查。全国有 26 个高级人民法院、246 个中级人民法院建立司法巡查制度，共对 1803 个下级法院进行了司法巡查。普遍建立廉政监察员制度，各级法院共任命廉政监察员 30623 名。高级人民法院全部开通与最高人民法院联网的违纪违法举报网站。最高人民法院颁布实施《关于对配偶子女从事律师职业的法院领导干部和审判执行岗位法官实行任职回避的规定》，制定《关于在审判工作中防止法院内部人员干扰办案的若干规定》，努力从制度机制上促进司法廉洁。2010 年，全国法院共查处违纪违法人员 783 人，同比下降 1.51%。其中，受到政纪处分的 540 人，因贪污、贿赂、徇私枉法被追究刑事责任的 113 人，同比分别下降 4.09% 和 17.52%。

（六）更加注重接受监督，强化监督制约机制建设

1. 自觉接受人大监督。去年全国“两会”

结束后，最高人民法院认真梳理全国人大代表提出的审议意见共 99 项，逐一整改落实。妥善办理全国人大代表建议及其他事项 796 件。共走访、接待和以其他形式与代表沟通交流、听取意见 882 人次。加强专项报告工作，就人民法院民事审判工作向全国人大常委会作专题报告，根据会议审议意见及时提出并落实加强民事审判工作的具体措施。

2. 认真接受人民政协和民主党派、工商联、无党派人士的民主监督。2010 年，最高人民法院共办理全国政协委员提案及其他事项 130 件，以座谈、走访、接待、邀请视察等多种形式与全国政协委员沟通、听取意见 309 人次。

3. 依法接受检察机关法律监督。健全最高人民法院和最高人民检察院工作沟通机制，2010 年，各级法院共审结检察机关对生效裁判提出的抗诉案件 9749 件，其中，维持原判的 3056 件，改判 1928 件，发回重审 721 件，以调解、撤诉等方式结案 4044 件。

4. 积极接受社会各界监督。最高人民法院从全国人大代表、政协委员、各民主党派、工商联、无党派人士以及专家学者、律师和基层群众中聘请 40 名特邀咨询员和 60 名特约监督员，虚心听取他们的意见和建议。与全国律协建立信息沟通制度，保障律师依法履行职责。制定人民法院接受新闻舆论监督工作意见，对最高人民法院民意信箱收到的 5685 件网民留言，认真梳理分类，参照改进工作。

（执笔：卫生部统计信息中心
文化部财务司规划统计处
国家广播电影电视总局规财司统计处
国家体育总局体育经济司综合处
民政部规划财务司规划统计处
中国残疾人联合会信息中心
最高人民检察院办公厅
最高人民法院研究室）

铁岭市司法局送法下乡（辽宁省司法厅提供）

2010 年基本单位状况报告

基本单位是企业、事业、机关、社团、民办非企业、基金会、居（村）委会等法人单位和产业活动单位的统称，与个体经营户共同构成经济社会活动的细胞和载体，成为政府宏观调控体系中最基本的单元。基本单位的总体规模、结构，及其在产业、行业、地区等领域的分布特点和发展变化，直接决定着经济结构、产业布局和资源配置。与 2008 年相比，2009 年我国基本单位在总量结构，行业分布、地区布局、所有制类型等方面呈现以下特点。

一、单位总量有所增加、企业法人增速较快

截止 2009 年底，全国共有法人单位 800.4 万个，比 2008 年增长 12.8%。其中，企业法人 578.3 万个，占全部法人单位的 72.3%；事业法人 73.0 万个，占 9.1%；机关法人 25.1 万个，占 3.1%；社会团体法人 19.9 万个，占 2.5%；其他法人 104.1 万个，占 13.0%（详见图 1）。在各种机构类型中，企业法人增长最快，增长 16.6%，企业法人占全部法人单位的比重与 2008 年相比，提高了 2.4 个百分点，机关、事业法人及社会团体占全部法人单位的比重均略有下降。

二、第三产业法人单位增长快于第二产业

截止 2009 年底，全国第二产业法人单位 238.6 万个，比 2008 年增长 8.5%；第三产业法人单位 543.3 万个，增长 11.0%。第三产业法人单位增长比第二产业快 2.5 个百分点（详见表 1）。

第三产业法人单位增长快于第二产业增长，主要得益于加快转变发展方式，大力推进经济结构战略性调整的实施。特别提出要加快发展现代服务业，促进金融保险、现代物流、信息咨询、软件和创意产业发展，拓展新兴服务领域，提升传统服务业。这一系列政策的贯彻落实，有力地带动了第三产业的发展。

在第三产业中，强调要深化国有金融机构改革；稳步发展多种所有制中小金融企业和新型农村金融机构；积极引导民间融资健康发展；大力发展社区商业、物业、家政等便民消费；加快建设“万村千乡”市场工程，推进连锁经营向农村延伸等一系列政策措施，这都对金融业、租赁和

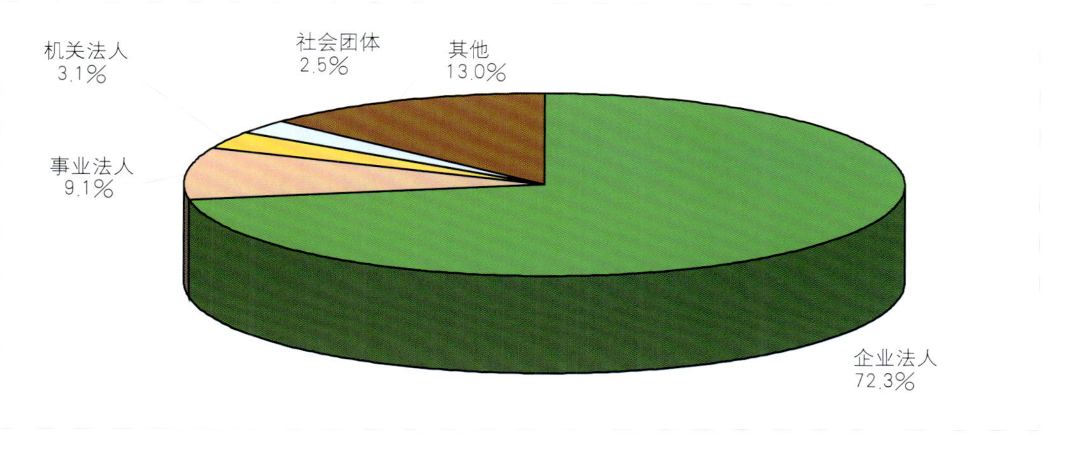

图 1 各类法人单位占全部法人单位的比重

表 1 法人单位的行业分布

	2009 年		2009 年比 2008 年增(减)	
	单位数（万个）	比 重（%）	单位数（万个）	增 长（%）
总 计	800.4	100.0	90.5	12.8
第一产业	18.5	2.3	——	——
第二产业	238.6	29.8	18.6	8.5
采矿业	10.3	1.3	0.6	6.3
制造业	195.9	24.5	14.1	7.7
电力、燃气及水的生产和供应业	6.2	0.8	0.4	7.1
建筑业	26.2	3.3	3.5	15.4
第三产业	543.3	67.9	53.6	11.0
交通运输、仓储和邮政业	17.6	2.2	1.8	11.6
信息传输、计算机服务和软件业	17.6	2.2	2.3	15.0
批发和零售业	167.0	20.9	26.7	19.0
住宿和餐饮业	15.5	1.9	1.0	6.6
金融业	3.7	0.5	0.8	28.7
房地产业	24.4	3.0	3.0	13.8
租赁和商务服务业	51.2	6.4	8.5	19.8
科学研究、技术服务和地质勘查业	23.3	2.9	3.2	15.6
水利、环境和公共设施管理业	6.2	0.8	0.4	7.3
居民服务和其他服务业	14.2	1.8	2.1	17.8
教育	34.2	4.3	0.7	2.1
卫生、社会保障和社会福利业	20.9	2.6	0.3	1.2
文化、体育和娱乐业	9.1	1.1	0.9	11.0
公共管理和社会组织	138.4	17.3	2.0	1.5

注：2008 年第二次全国经济普查的农、林、牧、渔业法人单位的数据与 2009 年基本单位统计数据没有可比性，故不做比较。

商务服务业、批发和零售业的发展起到良好的促进作用，这三个行业成为第三产业中单位增长较快的行业，分别增长 22.3%、16.5% 和 16.0%。

在第二产业中，建筑业法人单位增长最快，增长 15.4%。

2009 年，围绕保增长、促升级，重点抓好产业结构调整。一方面毫不松懈地加强节能减排和生态环保工作。限制高耗能、高排放、高污染等“三高“行业的发展。另一方面明确了相关对策措施，如严格市场准入，修订发布《产业结构调整指导目录》，进一步提高钢铁、水泥、平板玻璃、传统煤化工等产业的准入门槛，限制了一大批”三高“ 行业的发展。各级政府在年初提出加快落实和完善促进保障性住房的政策措施，尽快解决城市低收入住房困难家庭和林区、垦区、煤矿等棚户区居民的住房问题。而且，中央财政安排保障性安居工程资金，加大对廉租房建设和棚户区改造的投资力度。此外，还对支持居民购买自主性和改善性住房提出一系列优惠的信贷、税收和其他政策。这些政策的实施对建筑业法人单位增长起到了一定作用。

三、东部地区新增法人单位比重较高

2009 年底，全国新增法人单位 90.5 万个。法人单位半数以上集中于东部地区，单位拥有量自东向西继续呈现递减态势，东部地区拥有法人单位 424.8 万个，占 53.1%；中部地区 158.1 万个，

表 2 法人单位的地区分布

地 区	2009 年		2009 年比 2008 年增（减）		新增单位占全部新增单位的比重（%）
	单位数（万个）	比 重（%）	单位数（万个）	增 长（%）	
全 国	800.4	100.0	90.5	12.8	100.0
北 京	37.5	4.7	10.7	39.9	11.8
天 津	14.7	1.8	0.2	1.2	0.2
河 北	32.9	4.1	5.0	18.0	5.5
山 西	19.5	2.4	3.4	21.4	3.8
内蒙古	12.9	1.6	1.5	13.4	1.7
辽 宁	34.6	4.3	3.0	9.6	3.3
吉 林	13.2	1.6	0.8	6.1	0.8
黑龙江	16.4	2.1	1.4	9.3	1.5
上 海	36.3	4.5	0.2	0.6	0.2
江 苏	71.9	9.0	8.8	13.9	9.7
浙 江	62.3	7.8	6.3	11.2	6.9
安 徽	22.7	2.8	2.2	10.6	2.4
福 建	27.1	3.4	3.9	16.6	4.3
江 西	16.8	2.1	2.0	13.5	2.2
山 东	67.5	8.4	7.1	11.8	7.9
河 南	38.6	4.8	3.5	9.9	3.8
湖 北	32.8	4.1	3.5	11.8	3.8
湖 南	27.7	3.5	1.9	7.2	2.1
广 东	71.7	9.0	9.9	16.0	10.9
广 西	18.1	2.3	2.6	16.8	2.9
海 南	3.1	0.4	0.2	5.8	0.2
重 庆	15.7	2.0	1.7	12.5	1.9
四 川	33.9	4.2	2.9	9.3	3.2
贵 州	10.3	1.3	0.9	9.2	1.0
云 南	14.9	1.9	2.6	21.6	2.9
西 藏	1.6	0.2	0.1	3.4	0.1
陕 西	20.5	2.6	2.6	14.5	2.9
甘 肃	10.2	1.3	0.7	7.9	0.8
青 海	2.6	0.3	0.1	6.1	0.2
宁 夏	3.3	0.4	0.4	14.1	0.5
新 疆	9.4	1.2	0.6	6.3	0.6

占 19.8%；西部地区 153.3 万个，占 19.2%；东北地区 64.2 万个，占 8.0%。

分省看，单位增长速度较快的三个地区东中西部各一个：北京增加 10.7 万个，增长 39.9%；云南增加 2.6 万个，增长 21.6%；山西增加 3.4 万个，增长 21.4%。从新增单位占全部新增单位的比重看，占据前七位的地区全部集中在东部地区，所占比重达到 57.0%。其中，北京占 11.8%，广东占 10.9%，江苏占 9.7%（详见表 2）。

2009 年，我国前后出台 11 项体现国家区域发展战略的规划，速度之快、力度之大前所未有。在 11 项规划中，有 5 项针对沿海省份，加上先前已经颁布的天津滨海新区、北部湾等区域规划方案，我国重新将整条东部沿海经济带勾勒成一条完整的“金线”，沿海地区整体开发已然破题。对沿海地区的新一轮布局，既体现了我国政府对推动区域协调发展的深谋远虑，也是应对国际金融危机的重大举措之一。 区域振兴成为我国经济新的增长极，这对东部地区企业数量的增长提供了有力保证。

四、有限责任公司和私营企业数量增长较快

按登记注册类型划分，2009 年底内资企业有 558.0 万个，比 2008 年增长 16.6%，其占全部企业法人的比重略微上升了 0.2 个百分点。其中，私营企业 414.6 万个，占全部企业法人单位的 71.7%，比 2008 年增长 15.3%；有限责任公司 66.0 万个，占 11.4%，增长 19.6%（详见表 3）。私营企业和有限责任公司增长速度均高于全国平均增长速度。

私营企业增速较高，一方面是国家鼓励私营企业做大、做强、做活。除国家明令禁止的外，凡允许国有和外资企业进入的投资领域，一律对私营企业开放。按照“增加总量、扩大规模、鼓励先进、淘汰落后”的要求，重点支持符合国家产业政策、具有竞争优势的私营企业，通过兼并、重组等方式，组建跨行业、跨地区经营的大型企业集团。另一方面是切实帮助个体私营企业解决融资难问题，积极开展动产抵押、股权质押和注册商标专用权质押登记，指导私营企业利用抵押、质押担保进行融资，允许股权出资，探索债权转股权等等，使私营企业拓宽了融资渠道，改善了生存条件。

表 3 企业法人单位的登记注册类型分布

	2009 年		2009 年比 2008 年增(减)	
	单位数（个）	比 重（%）	单位数（个）	增 长（%）
总 计	5782827	100.0	823156	16.6
内资企业	5579528	96.5	805204	16.9
国有企业	152043	2.6	9106	6.4
集体企业	198238	3.4	5990	3.1
股份合作企业	72404	1.3	8447	13.2
联营企业	12484	0.2	1258	11.2
国有联营企业	2124	0.0	140	7.1
集体联营企业	5022	0.1	548	12.2
国有与集体联营企业	1690	0.0	161	10.5
其他联营企业	3648	0.1	409	12.6
有限责任公司	659535	11.4	108302	19.6
国有独资公司	11701	0.2	1053	9.9
其他有限责任公司	647834	11.2	107249	19.8
股份有限公司	108746	1.9	11420	11.7
私营企业	4146334	71.7	549911	15.3
私营独资企业	1428964	24.7	114016	8.7
私营合伙企业	236760	4.1	19881	9.2
私营有限责任公司	2343275	40.5	388776	19.9
私营股份有限公司	137335	2.4	27238	24.7
其他企业	229744	4.0	110770	93.1
港、澳、台商投资企业	91872	1.6	8215	9.8
合资经营企业(港或澳、台资)	23440	0.4	1385	6.3
合作经营企业(港或澳、台资)	4254	0.1	127	3.1
港、澳、台商独资经营企业	61437	1.1	6592	12.0
港、澳、台商投资股份有限公司	2741	0.0	111	4.2
外商投资企业	111427	1.9	9737	9.6
中外合资经营企业	34149	0.6	1675	5.2
中外合作经营企业	3953	0.1	110	2.9
外资企业	70007	1.2	7788	12.5
外商投资股份有限公司	3318	0.1	164	5.2

注：表中的合计数和部分计算数据因小数取舍而产生的误差，均未作机械调整。

（执笔：杜德军 国家统计局普查中心）

2010年世界经济形势报告

2010年，世界经济总体上保持了复苏的势头，但复苏之路艰难曲折、起伏不稳、步伐缓慢。全年呈现出八个明显特点：一是经济增长前高后低；二是各国经济增速有快有慢；三是金融市场动荡不安；四是货币政策分歧加大；五是实体经济缺乏动力；六是失业率居高不下；七是贸易增速先快后慢；八是各国CPI有高有低。

一、2010年世界经济复苏艰难曲折

（一）GDP增长前高后低

2010年，美国和日本两大经济体GDP一季度环比增速表现强劲，但二季度开始，增速明显放缓。美国GDP环比折年率分别增长3.7%、1.7%、2.6%和3.1%；日本GDP环比分别增长1.5%、0.5%、0.8%和-0.3%。欧元区GDP环比分别增长0.4%、1.0%、0.3%和0.3%，三、四季度增速放缓。多数发展中经济体GDP同比增长也持续减速。第四季度，韩国GDP同比增长4.7%，比第一季度放缓3.8个百分点；巴西GDP同比增长5.0%，比第一季度放缓4.3个百分点；马来西亚GDP同比增长4.8%，比第一季度放缓5.3个百分点。

（二）各国经济增速有快有慢

2010年，发达国家经济低速运行，发展中国家经济增长较快。发达国家中，除第一季度的美国、加拿大和日本以及第二季度的德国和英国经济增速较为强劲外，其余各国GDP环比增长率均在1%以下。而发展中国家GDP同比增长率大多较高，部分国家和地区甚至超过10%，新加坡

表1 2009年以来西方发达经济体季度GDP增长速度（%）

		2009年				2010年			
		Q1	Q2	Q3	Q4	Q1	Q2	Q3	Q4
美国	环比折年率	-4.9	-0.7	1.6	5.0	3.7	1.7	2.6	3.1
	同比	-3.3	-3.8	-2.3	0.2	2.4	3.0	3.2	2.8
日本	环比	-5.4	2.6	-0.5	1.8	1.5	0.5	0.8	-0.3
	同比	-10.3	-7.0	-6.3	-1.5	5.6	3.2	4.9	2.2
欧元区	环比	-2.5	-0.1	0.4	0.2	0.4	1.0	0.3	0.3
	同比	-5.2	-4.9	-4.0	-2.0	0.8	2.0	1.9	2.0
德国	环比	-3.4	0.5	0.7	0.3	0.6	2.2	0.7	0.4
	同比	-6.3	-6.8	-4.4	-1.3	2.3	4.3	3.9	4.0
法国	环比	-1.4	0.2	0.2	0.6	0.3	0.6	0.3	0.3
	同比	-3.9	-3.1	-2.7	-0.5	1.2	1.6	1.7	1.5
意大利	环比	-3.0	-0.3	0.4	0.0	0.5	0.5	0.3	0.1
	同比	-6.7	-6.4	-4.9	-2.9	0.6	1.5	1.4	1.5
英国	环比	-2.3	-0.8	-0.2	0.4	0.2	1.1	0.7	-0.5
	同比	-5.4	-5.9	-5.3	-2.9	-0.4	1.5	2.5	1.5
加拿大	环比	-7.0	-2.8	0.9	4.9	5.5	2.2	1.8	3.3
	同比	-2.5	-3.2	-3.1	-1.1	2.1	3.4	3.6	3.2

资料来源：各经济体统计网站。

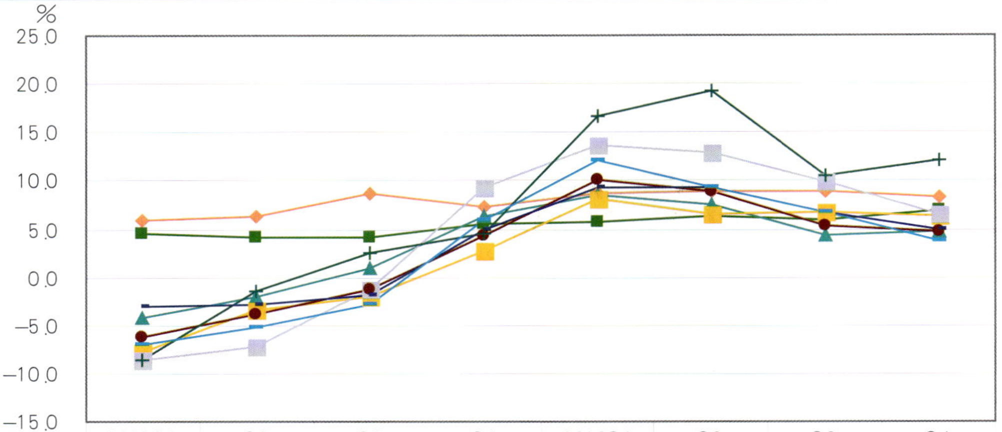

	2009Q1	Q2	Q3	Q4	2010Q1	Q2	Q3	Q4
印度	5.8	6.3	8.6	7.3	8.6	8.9	8.9	8.2
印度尼西亚	4.5	4.1	4.2	5.4	5.7	6.2	5.8	6.9
韩国	−4.2	−2.1	1.0	6.3	8.5	7.5	4.4	4.7
中国香港	−7.9	−3.4	−2.1	2.8	8.1	6.4	6.7	6.2
中国台湾	−8.6	−7.2	−1.2	9.2	13.6	12.9	9.8	6.5
马来西亚	−6.2	−3.9	−1.2	4.4	10.1	8.9	5.3	4.8
新加坡	−8.7	−1.4	2.5	4.5	16.7	19.3	10.5	12.0
巴西	−3.0	−2.8	−1.8	5.0	9.3	9.2	6.7	5.0
泰国	−7.0	−5.2	−2.8	5.9	12.0	9.2	6.6	3.8

图 1 发展中经济体 GDP 同比增长率

全年 GDP 均保持两位数增长。

（三）金融市场动荡不安

1. 主权债务危机此起彼伏

2010 年 4 月 23 日，希腊正式向欧盟与 IMF 申请援助。2010 年 5 月 3 日，德内阁批 224 亿欧元援希计划。2010 年 5 月 10 日，欧盟批准设立 7500 亿欧元的欧洲稳定基金，其中 IMF 出资 2500 亿欧元。欧洲债务危机一波未平，一波又起。爱尔兰政府 9 月底称，由于救助本国五大银行最高可能耗资 500 亿欧元，预计 2010 年财政赤字会骤升至国内生产总值的 32%，公共债务将占到 GDP 的 100%。消息一公布，爱尔兰国债利率随即飙升。为避免危机波及葡萄牙、西班牙等其他欧元区国家，部分欧盟成员国和欧洲中央银行正在密切关注这些国家的变化。3 月 29 日，标准普尔下调葡萄牙和希腊的主权信用评级，分别至“BBB-”和“BB-”，下调后的葡萄牙评级处于投资级债的最低档；4 月 5 日，穆迪将葡萄牙主权信用评级从 A3 下调至 Baa1，而其 10 年期国债收益率在近期超过 7% 后，面临融资困境，于是葡萄牙成为继希腊和爱尔兰之后，第 3 个寻求欧盟援助的国家；穆迪将西班牙政府债券评级下调一档，此后又对其银行业进行了一系列的评级调整，作为欧元区第四大经济体的西班牙将成

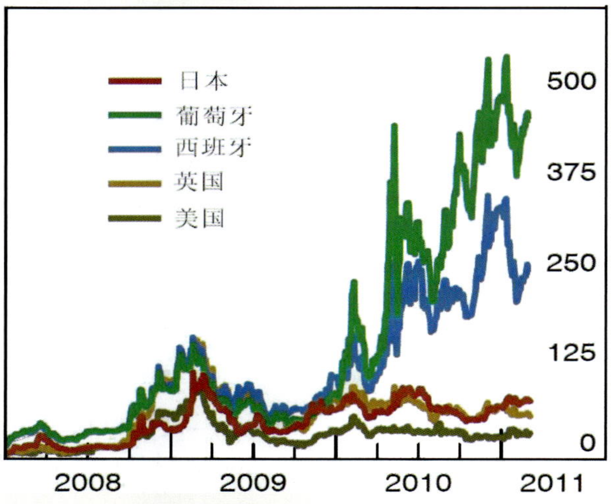

图 2 主要国家 5 年期主权债券 CDS 利差（基点）

为下一个重点关注对象；希腊、爱尔兰和葡萄牙的国债收益率与德债利差再次扩大。

2. 国际资本市场异常流动加速

1至9月初，新兴市场资本总流入达4800亿美元，净流入资本393亿美元。其中，7至9月，新兴经济体债券市场累计流入资本87亿美元。据国际金融协会估计，2010年流入新兴市场资金将达8250亿美元，同比增长30%。亚洲依然是最主要的资本流入地区，2010年上半年进入新兴经济体的国际游资有78.6%都流向亚洲国家，导致亚洲多国货币大幅升值。

3. 股市波动剧烈

2010年全球股市波动剧烈，三大股指（美国道琼斯指数，日本日经225指数和英国金融时报）指数不断波动，2010年12月底比年初，三大指数分别上涨9.85%，下降1.07%和上涨9.33%。

4. 黄金价格大幅飙升

截至2010年年底，美国国债总额逼近法定国债上限；财政赤字又创出历史新高，这加大了美元走软压力，支撑了金价的上涨；三大经济体实施超宽松货币政策，美国和日本重启量化宽松的货币政策，而主要发展或国家为抑制通胀而纷纷加息，通胀风险催动了金价上涨；西亚、北非局势持续动荡，油价飞速上涨，大量避险资金进入贵金属市场；欧洲主权债务危机的扩散和蔓延提振黄金的避险需求。2010年黄金价格最低为1062.4美元/盎司，最高为1422.6美元/盎司，上涨幅度较大。

（四）实体经济缺乏动力

2010年，美国和欧元区个人消费支出对GDP贡献1.26和0.47个百分点，分别比危机前2007年的水平下降0.39和0.45个百分点。2010年，美国和日本GDP分别增长2.9%和3.9%，美国私人固定资本形成仅贡献0.48个百分点；日本私人固定资本形成没有贡献。2010年，美国和日本零售额波动明显，涨幅不大；欧元区零售量持续低迷，全年最大月度环比涨幅仅为0.6%，同比涨幅基本保持在0.8%左右。美国个人消费涨幅不大，基本维持在0.4%左右；日本家庭消费支出有8个月出现不同程度的下降，持续低迷。欧元区个人消费支出连续五个季度增长，但增速比危机前明显放缓。

（五）主要国家失业率居高不下

2010年，三大经济体失业率持续处于高位：美国失业率年初为9.7%，年底略降至9.4%；欧元区由年初的9.9%略升至年底的10.0%；日

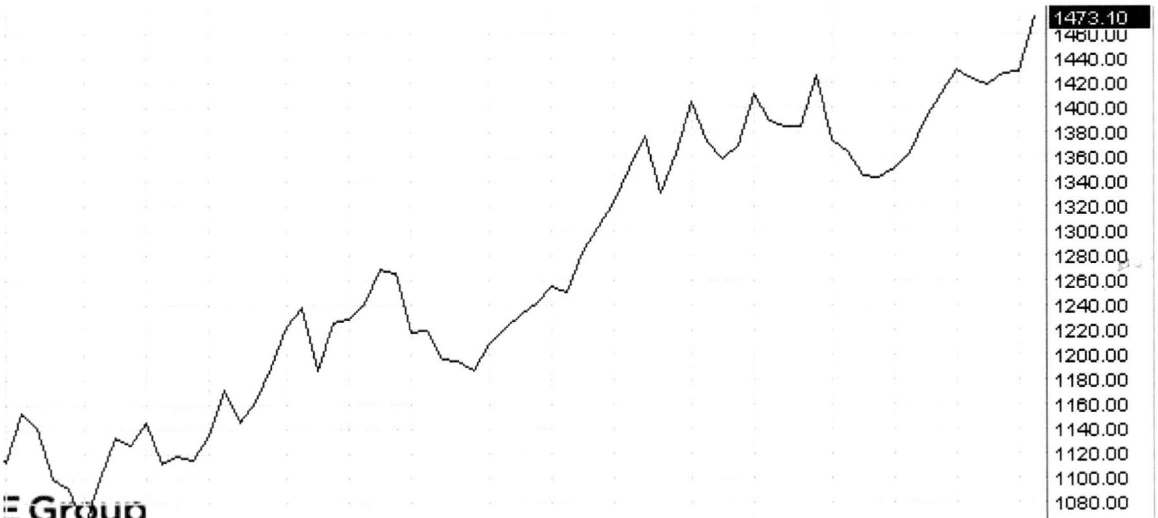

图3 国际黄金期货价格（美元/盎司）

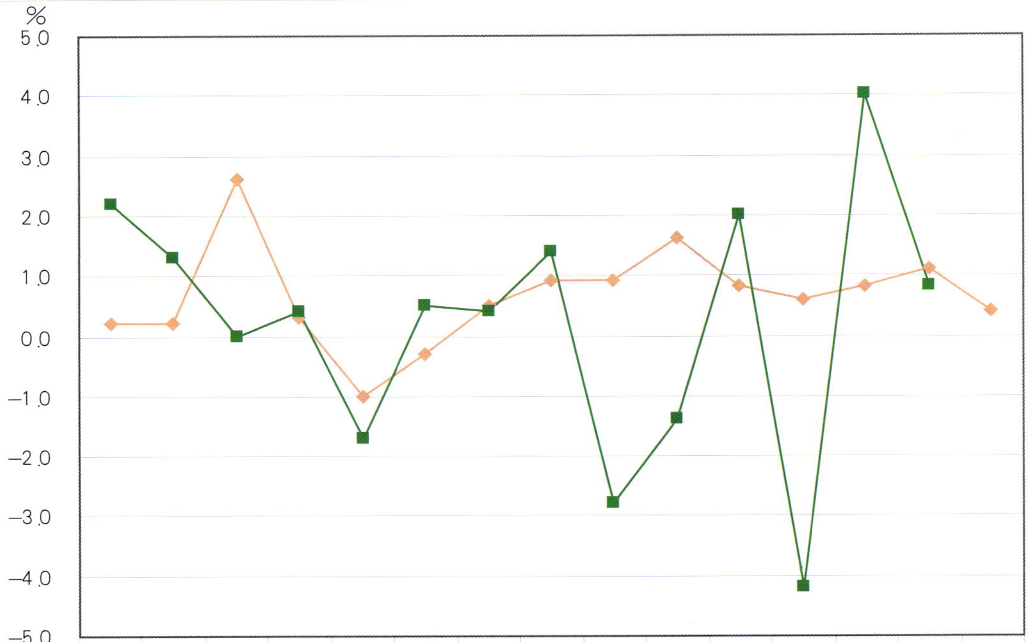

	2010年1月	2月	3月	4月	5月	6月	7月	8月	9月	10月	11月	12月	2011年1月	2月	3月
美国	0.2	0.2	2.6	0.3	-1.0	-0.3	0.5	0.9	0.9	1.6	0.8	0.6	0.8	1.1	0.4
日本	2.2	1.3	0.0	0.4	-1.7	0.5	0.4	1.4	-2.8	-1.4	2.0	-4.2	4.0	0.8	

图 4　美国和日本零售额环比变化率

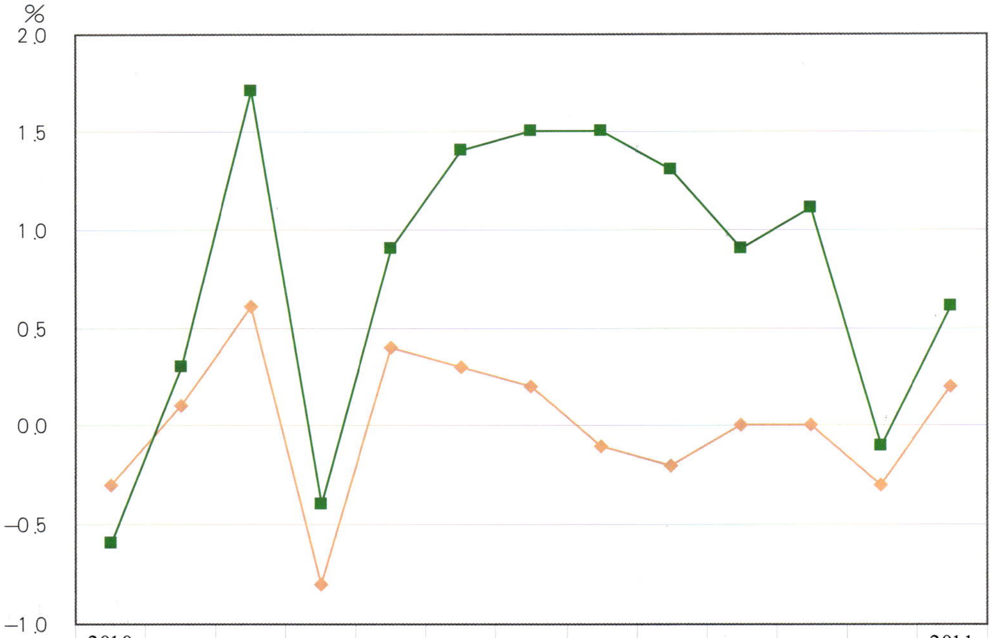

	2010年1月	2月	3月	4月	5月	6月	7月	8月	9月	10月	11月	12月	2011年1月
环比	-0.3	0.1	0.6	-0.8	0.4	0.3	0.2	-0.1	-0.2	0.0	0.0	-0.3	0.2
同比	-0.6	0.3	1.7	-0.4	0.9	1.4	1.5	1.5	1.3	0.9	1.1	-0.1	0.6

图 5　欧元区零售量变化率

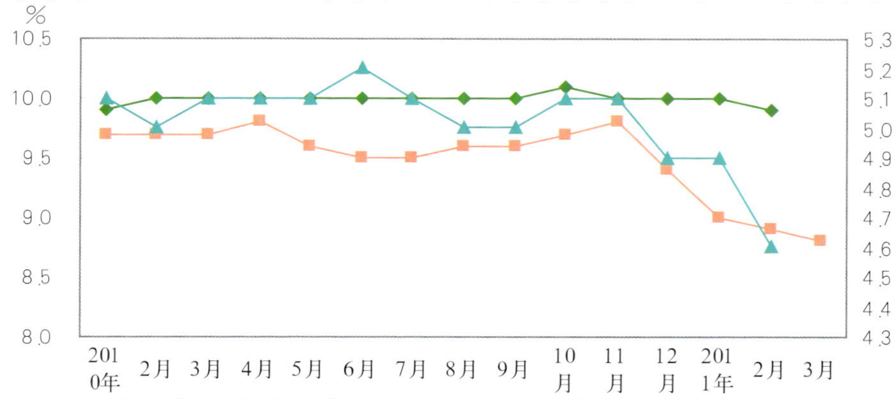

	2010年	2月	3月	4月	5月	6月	7月	8月	9月	10月	11月	12月	2011年	2月	3月
美国(左轴)	9.7	9.7	9.7	9.8	9.6	9.5	9.5	9.6	9.6	9.7	9.8	9.4	9.0	8.9	8.8
欧元区(左轴)	9.9	10.0	10.0	10.0	10.0	10.0	10.0	10.0	10.0	10.1	10.0	10.0	10.0	9.9	
日本(右轴)	5.1	5.0	5.1	5.1	5.1	5.2	5.1	5.0	5.0	5.1	5.1	4.9	4.9	4.6	

图 6　三大经济体失业率

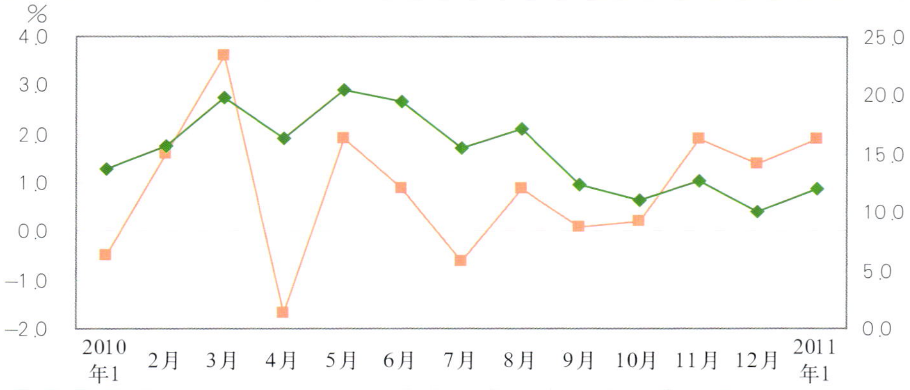

	2010年1	2月	3月	4月	5月	6月	7月	8月	9月	10月	11月	12月	2011年1
环比（左）	−0.5	1.6	3.6	−1.7	1.9	0.9	−0.6	0.9	0.1	0.2	1.9	1.4	1.9
同比（右）	13.6	15.6	19.7	16.3	20.4	19.4	15.4	17.1	12.4	11.0	12.6	10.0	12.0

图 7　2010 年以来全球贸易量分月变化趋势

本由年初的 5.1% 略降至年底的 4.9%。其他主要经济体失业率大多略有下降，但未有明显改善。

（六）全球贸易增速先快后慢

2010 年，全球贸易量环比增速从第一季度的 5.3% 逐渐放缓至第四季度的 2.3%；反映贸易形势的波罗的海干散货运指数（BDI）由年初的 3140 点下降到年底的 1773 点，累计降幅达 43.5%。

（七）各国 CPI 有高有低

国际金融危机前三年平均，世界、发达国家和发展中国家 CPI 同比涨幅分别为 4.2%、2.4% 和 6.4%，2010 年分别为 3.2%、1.9% 和 4.1%，分别比正常水平低 1.0 个、0.5 个和 2.3 个百分点。2010 年美国、欧元区 CPI 同比均围绕 1.5% 上下浮动，而在危机前，分别在 3% 和 2.1% 左右；日本 CPI 同比比危机前降低了约 1 个百分点。巴西、马来西亚、印度尼西亚、韩国、印度和中国台湾全年在波动中略有上涨；俄罗斯、墨西哥和南非则有不同程度的下降。总体来看，发达经济体 CPI 较低，发展中经济体 CPI 较高。

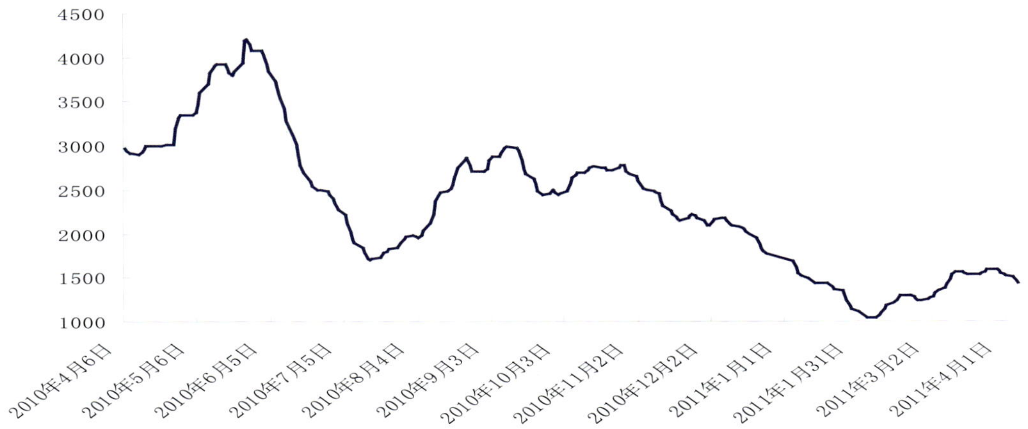

图 8　波罗的海干散货运指数变化趋势

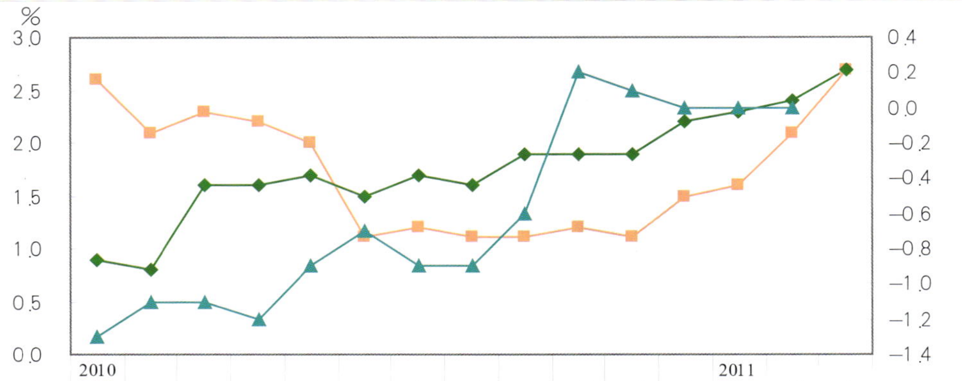

	2010年1月	2月	3月	4月	5月	6月	7月	8月	9月	10月	11月	12月	2011年1月	2月	3月
美国(左轴)	2.6	2.1	2.3	2.2	2.0	1.1	1.2	1.1	1.1	1.2	1.1	1.5	1.6	2.1	2.7
欧元区(左轴)	0.9	0.8	1.6	1.6	1.7	1.5	1.7	1.6	1.9	1.9	1.9	2.2	2.3	2.4	2.7
日本(右轴)	−1.3	−1.1	−1.1	−1.2	−0.9	−0.7	−0.9	−0.9	−0.6	0.2	0.1	0.0	0.0	0.0	

图 9　三大经济体 CPI 同比上涨率

二、2011 年世界经济复苏之路缓慢曲折

（一）世界经济复苏步伐缓慢的主要原因

1. 本轮经济复苏相对于历次周期更加乏力。本轮经济复苏主要由政策刺激和库存调整等不可持续因素推动，经济复苏相对于历次周期更加乏力。其中，美国和日本都通过购买国债和减税等经济刺激政策来拉动经济复苏；第二、三季度，三大经济体的库存对 GDP 的贡献也明显低于第一季度。另外，国际金融危机、发展国家房地产泡沫破裂与经济周期因素相互叠加，国际金融危机后遗症严重，是导致复苏乏力的重要原因。

2. 经济增长内生动力不足。2010 年，美国国内投资仍显不足，在 2.9% 的增长速度中，私人固定资本形成仅贡献 0.48 个百分点，而库存变动拉动 1.4 个百分点，贡献率高达 48%；日本 GDP 增长 3.9%，其中居民消费拉动 1.1 个百分点，主要靠 9 月底到期的鼓励购买节能汽车和家电的刺激政策，而固定资产投资为零贡献；欧元区 GDP 增长 1.7%，个人消费支出仅拉动 GDP 增长 0.62 个百分点，固定资产投资拖累经济下滑 0.16 个百分点。

专栏：2010年我国国内生产总值跃居世界第二位

根据2011年4月11日国际货币基金组织（IMF）最新公布的2010年世界经济展望数据库显示：2010年我国经济继续保持平稳较快增长，国内生产总值（GDP）首次超过日本，跃居世界第二位；人均GDP突破4000美元，再次实现新的飞跃。

一、我国国内生产总值首超日本，跃居世界第二位

2010年我国国内生产总值（GDP）为58783亿美元，首次超过日本的54589亿美元，跃居世界第二位；占世界的比重由2009年的8.6%提高到2010年的9.3%，上升了0.7个百分点；相当于美国GDP的比例由2009年的35.3%提高到2010年的40.1%，上升了4.8个百分点，差距进一步缩小。

2010年GDP居世界前十位的国家分别是美国、中国、日本、德国、法国、英国、巴西、意大利、加拿大和印度。其他金砖国家俄罗斯位居第11位，南非位居第28位。（见表1）

表1　2010年GDP前十位国家

单位：亿美元

国家	2010年			2009年		
	数值	位次	占世界的比重(%)	数值	位次	占世界的比重(%)
世界	629093		100	579203		100
美国	146578	1	23.3	141191	1	24.4
中国	58783	2	9.3	49905	3	8.6
日本	54589	3	8.7	50330	2	8.7
德国	33156	4	5.3	33387	4	5.8
法国	25825	5	4.1	26564	5	4.6
英国	22475	6	3.6	21824	6	3.8
巴西	20903	7	3.3	16008	8	2.8
意大利	20551	8	3.3	21166	7	3.7
加拿大	15741	9	2.5	13361	10	2.3
印度	15380	10	2.4	12689	11	2.2

二、我国人均GDP突破4000美元，再次实现新的飞跃

据IMF统计，我国人均GDP在2001年达到1000美元、2006年达到2000美元、2008年达到3000美元、2010年突破4000美元，我国用了10年的时间实现了从1000美元到4000美元的飞跃。我国人均GDP达到4382美元，居世界第93位，比上年前进了4位。

2010年人均GDP居世界前十位的国家分别是卢森堡、挪威、卡塔尔、瑞士、阿联酋、丹麦、澳大利亚、瑞典、美国和荷兰。（见表2）我国人均GDP与发达国家差距很大。

三、我国经济继续保持平稳较快增长

2010年全球经济缓慢复苏，我国经济继续保持平稳较快增长达到10.3%，比上年的9.2%提高了1.1个百分点，远高于世界和发达经济体平均水平（见表3）。金砖国家的经济也呈稳步增长的态势。

表 2　2010 年人均 GDP 前十位国家

单位：美元

国家	2010 年		2009 年	
	数值	位次	数值	位次
卢森堡	108832	1	106551	1
挪威	84444	2	78183	2
卡塔尔	76168	3	59990	4
瑞士	67246	4	63536	3
阿联酋	59717	5	55081	6
丹麦	56147	6	56052	5
澳大利亚	55590	7	44999	11
瑞典	48875	8	43404	14
美国	47284	9	45934	9
荷兰	47172	10	48188	8
中国	4382	93	3739	97

表 3　2010 年 GDP 前十位国家经济增长率

单位：%

国家	2005 年	2009 年	2010 年	2011 年①	2012 年①
世界	4.6	-0.5	5.0	4.4	4.5
美国	3.1	-2.6	2.8	2.8	2.9
中国	11.3	9.2	10.3	9.6	9.5
日本	1.9	-6.3	3.9	1.4	2.1
德国	0.9	-4.7	3.5	2.5	2.1
法国	2.0	-2.5	1.5	1.6	1.8
英国	2.2	-4.9	1.3	1.7	2.3
巴西	3.2	-0.6	7.5	4.5	4.1
意大利	0.7	-5.2	1.3	1.1	1.3
加拿大	3.0	-2.5	3.1	2.8	2.6
印度	9.2	6.8	10.4	8.2	7.8

注：①预测数。

（执笔：任小燕　国家统计局国际统计中心）

3. 发达国家和发展中国家面临不同的问题。发达国家面临的主要问题，一是经济低速增长，复苏步伐随着政府经济刺激政策效用减弱而放缓；二是疲弱的经济复苏不足以带动就业市场复苏，失业率持续在高位徘徊。发展中国家经济较快增长，但面临通货膨胀上升的问题，特别是巴西、印度、俄罗斯和中国的 CPI 涨幅创近期新高。美国和日本的量化宽松货币政策没有拯救本国的实体经济，反而向发展中国家输出通货膨胀和资产价格泡沫。

（二）2011 年世界经济预测

1. 经济增长将基本维持上年水平或略有下降。据联合国 2010 年 12 月份预测，按照汇率法 GDP 加权，2011 年世界经济将增长 3.1%，比 2010 年回落 0.5 个百分点；据国际货币基金组织（IMF）4 月份预测，按照购买力平价法 GDP 加权，2011 年世界经济增长 4.4%，比 2010 年回落 0.6 个百分点；世界银行 1 月 12 日预测，按照汇率法GDP 加权，2011 年世界经济增长 3.3%，比 2010 年回落 0.6 个百分点；据英国共识公司 4 月份预测，按照汇率法 GDP 加权，2011 年世界经济增长 4.1%，与 2010 年持平。2010 年较高的经济增速有上年基数较低因素的作用，因此 2011 年经济的实际表现可能并不像预测数据显示的那样差。

2. 国际贸易增速回落。联合国 2010 年 12 月份预测，2011 年全球贸易量将增长 6.6%，比 2010 年放缓 3.9 个百分点；据 IMF4 月份预测，2011 年全球贸易量将增长 7.4%，放缓 5.0 个百分点；世界银行 1 月份预测，2011 年全球贸易量将增长 8.3%，放缓 7.4 个百分点；经济合作与发展组织（OECD）2010 年 11 月份预测，2011 年全球贸易量将增长 8.3%，放缓 5 个百分点。

3. 主要国家失业率居高不下。据英国共识公司 4 月份预测，2011 年美国、欧元区和日本的失业率分别为 8.8%、9.8% 和 4.9%，比今年微幅收窄 0.8、0.2 和 0.2 个百分点，但依然在高位徘徊。

4. 全球通货膨胀低位运行。据 IMF 预测，

专栏：2010年中国人文发展指数居世界第89位，属中等偏上水平

2010年是联合国开发计划署（UNDP）出版的《人类发展报告》创刊20周年，其主题是：“国家的真正财富，人类发展进程”，旨在继续推进人类健康、教育和生活水平的不断进步，在经济增长的同时给人类提供更长寿、更健康、更优质的生活质量。

由于2010年计算人文发展指数（HDI）使用的指标和计算方法的创新，导致新HDI与以往旧的HDI不具有可比性。在收入方面，用人均国民总收入代替了人均国内生产总值；在教育方面，用学龄儿童的预期受教育年限代替了毛入学率，用成人平均受教育年限代替了成人识字率；在健康方面仍然采用预期寿命指标。在对三个方面的指标进行标准化与合并的基础上，用几何平均法计算出新的HDI值。

2010年《人类发展报告》显示：世界HDI为0.624、其中超高HDI为0.878、高HDI为0.717、中等HDI为0.592、低HDI为0.393。在169个国家中，HDI排名前十位的是挪威、澳大利亚、新西兰、美国、爱尔兰、列支敦士登、荷兰、加拿大、瑞典和德国。中国人文发展指数为0.663，居89位，属中等偏上水平。（见表1）

表1　2010年HDI前十位国家和中国的比较

国家	2010	2009	2000	1990
世界	0.624	0.619	0.570	0.526
超高人文发展指数	0.878	0.875	0.851	0.797
高人文发展指数	0.717	0.712	0.659	0.633
中等人文发展指数	0.592	0.586	0.510	0.440
低人文发展指数	0.393	0.388	0.332	0.310
挪威	0.938	0.937	0.906	0.838
澳大利亚	0.937	0.935	0.914	0.819
新西兰	0.907	0.904	0.865	0.813
美国	0.902	0.899	0.893	0.857
爱尔兰	0.895	0.894	0.855	0.768
列支敦士登	0.891	0.889		
荷兰	0.890	0.888	0.868	0.822
加拿大	0.888	0.886	0.867	0.845
瑞典	0.885	0.884	0.889	0.804
德国	0.885	0.883	..	0.782
中国	0.663	0.655	0.567	0.460

表2　2010年前十位国家和中国HDI构成比较

国家	预期寿命指数		教育指数		收入指数	
	2010	1990	2010	1990	2010	1990
挪威	0.966	0.900	0.942	0.782	0.906	0.835
澳大利亚	0.979	0.901	0.999	0.786	0.842	0.777
新西兰	0.959	0.875	1.000	0.835	0.777	0.736
美国	0.943	0.874	0.891	0.875	0.872	0.824
爱尔兰	0.955	0.870	0.917	0.727	0.818	0.717
列支敦士登	0.944	0.888	0.786		0.955	0.882
荷兰	0.955	0.902	0.870	0.777	0.849	0.792
加拿大	0.966	0.910	0.862	0.836	0.842	0.793
瑞典	0.970	0.915	0.856	0.725	0.835	0.784
德国	0.953	0.879	0.878	0.690	0.828	0.788
中国	0.847	0.761	0.590	0.417	0.584	0.307

从人文发展指数三个构成方面看，从1990年至2010年这20年，中国经济驶入快车道，经济总量逐年提升，中国政府把改善民生，提高国民素质作为重中之重，增加教育支出、提高医疗水平，国民的教育程度和健康状况有了显著提高。（见表2）。

（执笔：任小燕　国家统计局国际统计中心）

2011年，发达国家和发展中国家CPI分别上涨2.2%和6.9%，分别比上年加快0.6和0.7个百分点。英国共识公司4月份预测，2011年世界CPI上涨3.4%，美国上涨2.7%，欧元区上涨2.4%，中国上涨4.6%，分别比2010年加快0.7、1.1、0.8和1.3个百分点；日本上涨0.2%，而2010年为下降0.7%。

（执笔：释经组　国家统计局国际统计中心）

Regional Reports

2011中国发展报告 China Development Report

一、主题报告篇

二、地区报告篇

三、重要文献篇

四、宏观政策篇

五、统计图表篇

北京市经济社会发展报告

2010 年是“十一五”收官之年，面对严峻复杂的国内外环境，北京经济总体运行态势良好，在调整中实现了平稳较快增长，为“十一五”划上了一个圆满的句号。同时，在经济恢复过程中呈现出实体领域进入实质性增长阶段、内需带动作用进一步增强、消费主导型格局更加巩固等一系列积极变化。新的五年规划期即将开启，展望 2011 年，国际经济缓慢复苏、国内经济稳步发展的趋势不会改变，但考虑到国内外经济均将进入调整期，通胀压力有所加大，预计全市经济增长将稳中趋缓。

一、经济运行基本情况

2010 年，北京经济呈现出一季度高开，二季度减速，三、四季度趋于平稳的运行态势。初步核算，全年实现地区生产总值 13777.9 亿元，按可比价格计算，比上年增长 10.2%，增幅与上年持平。分产业看，第一产业实现增加值 124.3 亿元，同比下降 1.6%；第二产业实现增加值 3323.1 亿元，增长 13.6%；第三产业实现增加值 10330.5 亿元，增长 9.1%。分季度看，一季度经济增长 14.9%，上半年增长 12%，1-3 季度增长 10.1%。

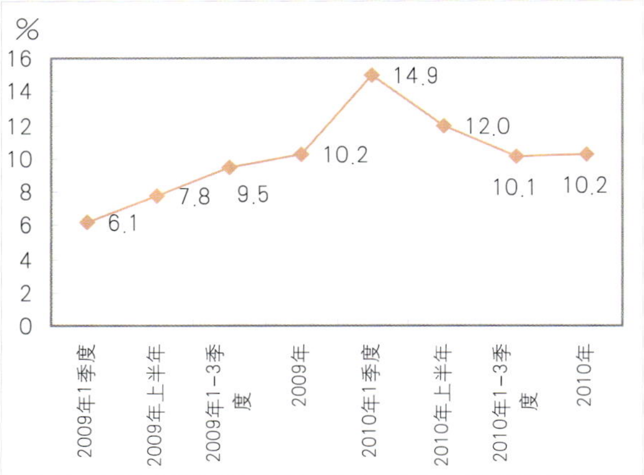

图 1　2009 年以来全市地区生产总值增速

（一）从生产领域看：农业小幅减产，工业生产保持较快增长，第三产业增势稳定

农业生产小幅下降。由于种植业（不含林业）受气候异常、旧村拆迁改造使作物播种面积减少等因素影响，产品产量下降，全年第一产业增加值比上年下降 1.6%（上年为增长 4.6%）。

工业生产保持较快增长。由于上年基数前低后高以及外部经济复苏缓慢，工业生产增速呈逐步回落态势；但四季度以来在汽车、装备制造两大领域带动下，增势趋稳，全年规模以上工业增加值比上年增长 15%，增幅比 1-3 季度回落 0.2 个百分点，比上年提高 5.9 个百分点。其中交通运输设备制造业增长 22.8%，拉动规模以上工业增长 3 个百分点；专用设备、通用设备、电气机械及器材制造业分别增长 25.4%、23% 和 11.9%，共拉动规模以上工业增长 2.9 个百分点。通信设备、计算机及其他电子设备制造业增长 18.7%。

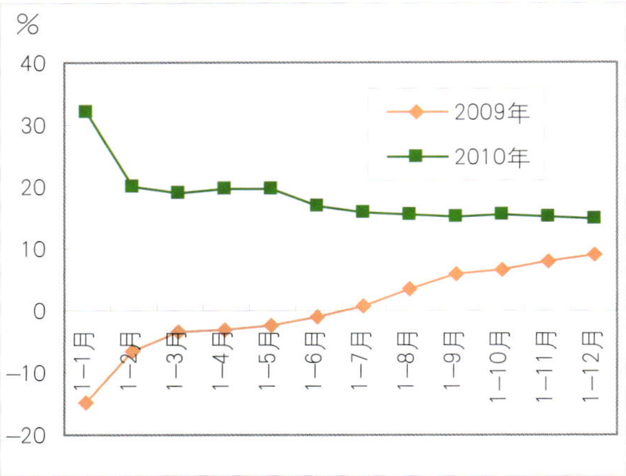

图 2　2009 年以来规模以上工业增加值累计增速

第三产业增势基本稳定。全年实现第三产业增加值按可比价格计算，比上年增长 9.1%，

增幅比 1-3 季度提高 0.3 个百分点，比上年回落 1.1 个百分点。从主要行业看，批发和零售业、信息传输计算机服务和软件业分别增长 20.9% 和 16.5%，租赁和商务服务业、文化体育娱乐业分别增长 14.4% 和 12.9%；金融业增长 8.6%，房地产业下降 21.5%。

（二）从需求领域看：投资适度增长，消费品市场活跃，出口保持恢复性增长

投资适度增长。全年完成全社会固定资产投资 5493.5 亿元，比上年增长 13.1%，增幅比 1-3 季度提高 6.5 个百分点；与扩内需、加大投资的上年相比，回落 13.1 个百分点，处于适度增长区间。其中，完成基础设施投资 1403.5 亿元，下降 4%（上年为增长 26%），降幅比 1-3 季度缩小 15.8 个百分点。完成房地产开发投资 2901.1 亿元，增长 24.1%，增幅分别比 1-3 季度和上年提高 7.7 个和 1.6 个百分点。

分产业看，第一产业完成投资 43.2 亿元，下降 24.8%；第二产业完成投资 528.1 亿元，增长 28.4%，其中工业投资在石化新材料、汽车、热电厂、电子等大项目的带动下，继续保持较快增长，完成投资 522.3 亿元，增长 28.6%；第三产业（含房地产开发）完成投资 4922.3 亿元，增长 12.1%。

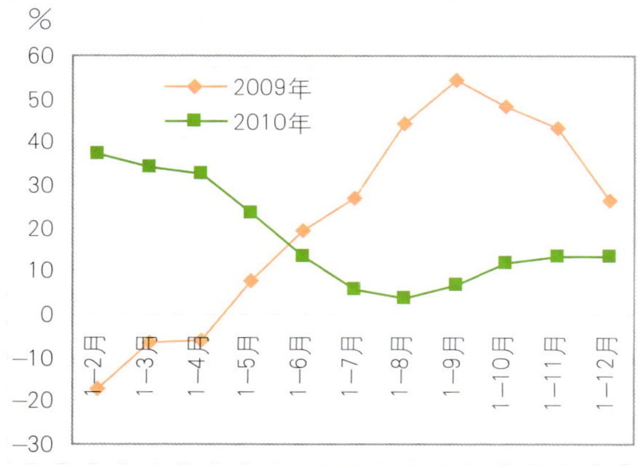

图 3　2009 年以来全社会固定资产投资累计增速

消费品市场持续活跃。全年实现社会消费品零售额 6229.3 亿元，比上年增长 17.3%，增幅分别比 1-3 季度和上年提高 1 个和 1.6 个百分点。其中，吃、穿类零售额分别增长 12.8% 和 15.8%，用、烧类零售额分别增长 18.5% 和 23.3%。

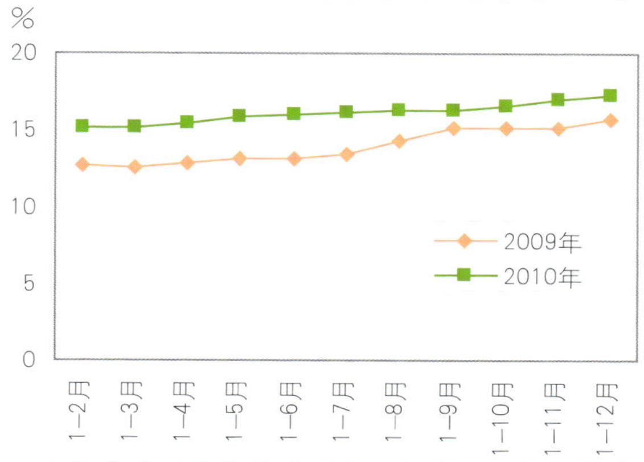

图 4　2009 年以来社会消费品零售额累计增速

出口保持恢复性增长，实际利用外资小幅增加，入境游稳中有升。全年地区进出口总值为 3014.1 亿美元，比上年增长 40.3%（上年下降 20.9%），与 2008 年相比，增长 10.9%。其中出口 554.7 亿美元，比上年增长 14.7%（上年下降 15.9%），比 2008 年下降 3.5%，仍处于恢复之中；进口 2459.4 亿美元，比上年增长 47.8%（上年下降 22.2%），比 2008 年增长 14.7%。

全年实际利用外资 63.6 亿美元，比上年增长 4%，增幅高于上年 3.4 个百分点。其中，房地产业增长 77.9%，科学研究、技术服务和地质勘查业增长 37.3%，交通运输、仓储邮政业增长 29.7%，批发零售业增长 18.1%。

全年接待入境游客 490.1 万人次，创历史新高，比上年增长 18.8%，增幅比 1-3 季度回落 3.3 个百分点，比上年提高 10 个百分点。

（三）从经济运行环境看：消费价格继续上行，新增贷款降幅逐步缩小

消费价格继续上行。12 月份，居民消费价格比上年同月上涨 4.7%，涨幅比 11 月份提高 0.4 个百分点；八大类价格自 2000 年以来首次全面上涨，涨幅最大的仍是食品类和居住类，均上涨

9.2%，共拉动总指数上涨 4 个百分点。食品中的鲜瓜果和食糖分别上涨 35.7% 和 39.6%，大米和食用植物油分别上涨 17% 和 11.7%。从环比看，12 月份居民消费价格比 11 月份上涨 0.6%，其中食品类上涨 2%；但随着国十六条和京十二项调控政策出台，农副产品流通成本下降，鲜菜价格比上月回落 5.2%。全年居民消费价格比上年上涨 2.4%（上年为下降 1.5%），涨幅比 1-11 月提高 0.2 个百分点。

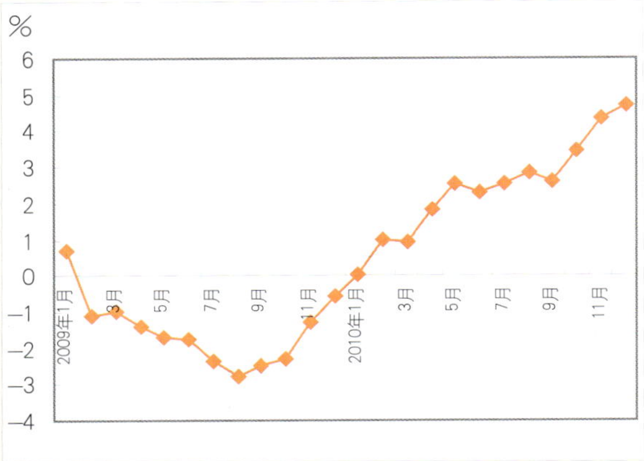

图 5　2009 年以来居民消费价格月度同比涨跌

生产价格涨幅小幅回落。12 月份，工业品出厂价格比上年同月上涨 1.8%，涨幅比 11 月份回落 0.6 个百分点，其中钢铁、化工产品价格涨幅较大，超过 20%。从环比看，12 月份工业品出厂价格比 11 月份下降 0.1%。全年工业品出厂价格比上年上涨 2.2%（上年为下降 5.6%），涨幅比 1-11 月回落 0.1 个百分点。

12 月份，原材料、燃料、动力购进价格比上年同月上涨 6.8%，涨幅比 11 月份回落 1.6 个百分点；其中燃料动力类、黑色金属材料类、有色金属材料和电线类、化工原料类价格涨幅较高，超过 10%。从环比看，12 月份原材料、燃料、动力购进价格比 11 月份上涨 0.5%。全年原材料、燃料、动力购进价格比上年上涨 10.5%（上年为下降 11.4%），涨幅比 1-11 月回落 0.3 个百分点。

房价环比涨幅趋稳。自 5 月份以来，全市房屋销售价格连续 7 个月走稳。12 月份，房屋销售价格比 11 月份上涨 0.2%，涨幅与上月持平；

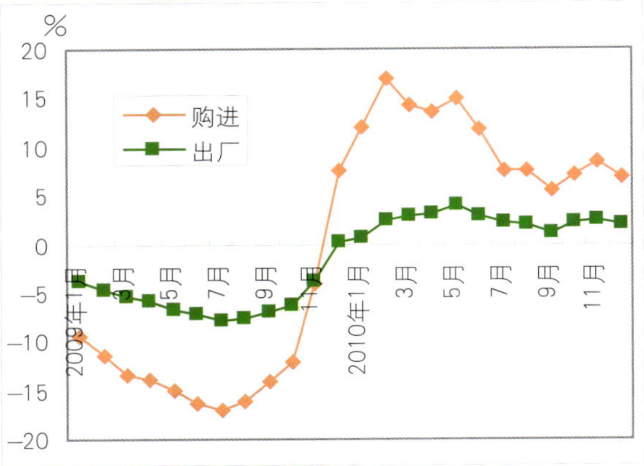

图 6　2009 年以来工业品出厂及原材料购进价格月度同比涨跌

其中新建住宅上涨 0.2%，二手住宅上涨 0.3%。与上年同月相比，房屋销售价格上涨 6.3%，涨幅比上月回落 2.8 个百分点，已连续 8 个月回落；其中新建住宅上涨 9.9%，涨幅回落 4.4 个百分点；二手住宅上涨 2.6%，涨幅回落 1.3 个百分点。全年房屋销售价格比上年上涨 11.5%；其中新建住宅上涨 18%，二手住宅上涨 5%。

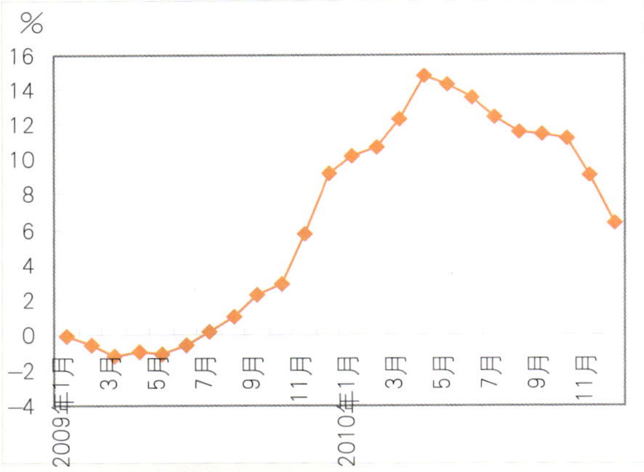

图 7　2009 年以来房屋销售价格月度同比涨跌

新增人民币贷款降幅持续缩小。年末金融机构（含外资）人民币贷款余额 29563.8 亿元，比年初增加 4143.5 亿元，新增贷款同比下降 21.5%（上年为增长 1.3 倍），降幅比 11 月末缩小 3.7 个百分点，连续 6 个月降幅缩小。金融机构（含外资）人民币存款余额 64453.9 亿元，比年初增加 10183.9 亿元，新增存款同比下降 15.4%（上年为增长79.4%）。

（四）从经济运行质量看：财政收入较快增长，企业效益增势较好，就业岗位增多，居民收入稳步增加

财政收入较快增长。全年完成地方一般预算财政收入2353.9亿元，比上年增长16.1%，增幅比1-3季度回落4.6个百分点，比上年提高5.8个百分点。从主要税种看，增值税、营业税分别增长16.8%和13.7%；企业所得税和个人所得税分别增长19.2%和21.1%。

企业效益增势较好。全年规模以上工业企业实现利润1007.7亿元，比上年增长34.8%，增幅比上年提高9.5个百分点。其中，电力热力的生产和供应业、交通运输设备制造业利润分别增长43.4%和61.2%。1-11月，规模以上第三产业企业实现利润8534.7亿元，比上年同期增长22.2%，增幅同比提高12.9个百分点①。其中，金融业、批发与零售业利润分别增长24.8%和35.7%。

就业岗位增多。全年城镇新增就业44.6万人，比上年增加2.2万人。

城乡居民收入稳步增加。全年城镇居民人均可支配收入29073元，比上年增长8.7%，扣除价格因素后，实际增长6.2%，实际增幅比1-3季度回落0.9个百分点，比上年回落3.5个百分点。其中，工资性收入和转移性收入分别增长9.4%和7%，共拉动总收入增长8.3个百分点。

农村居民人均纯收入13262元，比上年增长10.6%，扣除价格因素后，实际增长8.1%，实际增幅比上年回落5.3个百分点。其中，工资性收入和财产性收入分别增长10.1%和13.4%，共拉动纯收入增长7.6个百分点。

二、经济运行的主要特点

2010年全市经济运行表现出四个较为显著的特点：生产、消费等实体经济进入实质性增长阶段；内需对经济复苏带动作用更加明显；消费主导经济增长的格局更加稳固；房地产业在调控之下出现较大变化。

1. 实体经济逐步向好

工业生产较快增长，消费品市场持续活跃；与实体领域相关的用电、货运、商品流通增速与上年相比均有所提高，全年生产用电比上年增长9.9%，货物周转量增长16%，增幅分别高于上年3.5个和19.3个百分点，商品购、销总额分别增长34.6%和32.1%，比上年提高25.3个和19.9个百分点。

2. 内需带动经济增长的作用更加突出

从生产看，与内需相关领域增势较好。一是与内部市场相关行业较快增长。受政策和国内市场共同带动，规模以上交通运输设备制造业累计增速一直保持在20%以上，通用、专用设备制造业增速高位趋稳；相关产品，如汽车、数控机床、挖掘机等产量分别增长18.3%、59.4%和86.3%。二是内销好于出口交货。工业销售产值中的内销产值累计增速保持在24%左右，全年增长23.7%；而出口交货值增速连续7个月回落，全年增长8.8%，增幅比1-5月回落12.3个百分点，低于内销产值增速14.9个百分点。

车市销售放量，国内旅游市场稳步恢复。全年机动车销售达到143.2万辆，比上年增长24.7%，其中新车增长30.4%，旧车增长15.7%。尤其是年末受机动车限购政策影响，车市销售集中放量，11月、12月机动车销售量分别达到15.1万辆和23.6万辆，超过前10个月平均销量10万辆的水平。国内旅游市场接待人数在3季度升至两位数增长，全年接待国内旅游者1.8亿人次，比上年增长10.1%。国内旅游收入2425.1亿元，增长13.1%。星级饭店客房出租率逐步提高，自4月份开始超过50%，全年达到56.4%，比上年提高7.2个百分点。

3. 消费主导经济发展的格局更加稳固

“十一五”前四年，北京消费率平均为52.8%，高出投资率7个百分点以上；随着2010

①因为中国投资有限公司、中央汇金投资有限公司及其子公司效益指标波动较大，所以在计算利润增速时进行了相应扣除，以避免数据出现较大变化。

年促消费变为扩内需的重点，消费品市场保持活跃且增速快于上年，投资则在调控政策作用下减速，消费主导、消费与投资协调拉动经济发展的格局更加稳固。

4. 房地产业在调控中出现波动

2010 年，在楼市调控政策作用下，商品房销售面积自 4 月份开始出现下降，全年销售商品房 1639.5 万平方米，比上年下降 30.6%（上年增长 76.9%）；其中销售商品住宅 1201.4 万平方米，下降 36.1%（上年增长 82.3%）。房地产业增加值持续下降且降幅较大，由一季度下降 1.9% 到上半年下降 22.2%，1-3 季度降幅进一步下探至 24.3%，全年下降 21.5%。

三、经济运行中需关注的问题

（一）经济增长格局亟待进一步转变

1. 全球和全国经济都将处于重要转型期

本轮金融危机的爆发，使得世界经济增长过程中的一些潜在问题浮出水面，很多国家均在反思并采取措施促使本国经济尽快转型。我国针对经济运行中积累的重大问题，及时将调控重点转向“调结构、转方式”，“十二五”时期更将是重要结构调整、转型期。

2. 北京经济增长格局面临较大调整压力

从消费需求看，启动新一轮消费结构升级力量尚有不足。一是车、房消费不具有可持续性，又尚无热点补充。进入 21 世纪，北京开始了以车、房为代表的新一轮消费结构升级，有力带动了经济的增长；金融危机爆发后，二者更是成为拉动经济复苏的重要力量。但房地产快速发展积累下来的问题使楼市面临前所未有的大力度调控，机动车激增也使大城市病凸显，12 月下旬北京开始实施小客车限购政策，因此未来房、车消费均存在较大的不确定性，而目前还没有足够量级和潜力的新的消费热点给予替代，消费增长后劲是一个突出问题。二是现有的国民收入分配格局对消费结构再次升级支撑不足。近年来，尽管北京劳动者报酬在地区生产总值中的比重有所上升，但国民收入分配结构以及居民实际收入水平没有发生根本性变化，与发达国家相比仍有差距。2009 年，劳动者报酬占地区生产总值的比重为 50.5%，低于 2004 年美国、英国 57.3% 和 55.7% 的水平；若考虑到发达国家相对完善的保障体制，则实际水平相差更多。居民收入是消费的基础，实际收入水平不高既影响当前消费的进一步提升，也使得新一轮消费结构升级缺乏支撑。

产业发展依赖于少数行业，未形成多点支撑格局。从第三产业结构看，2010 年增加值占比前四位的行业依次有批发与零售业（18.2%）、金融业（17.8%）、信息传输计算机服务和软件业（12%）、房地产业（9.1%）；与 2005 年相比行业一致（当年金融业排第 1 位，批发与零售业排第 2 位）。2010 年房地产业大幅下降是三产增势明显放缓的主要原因，反映出产业发展依赖于少数行业的易波动缺陷。制造业也存在类似的问题，2010 年规模以上制造业中，增加值占比前三位的行业依次为交通运输设备制造业（18.4%）、通信设备计算机及其他电子设备制造业（11.6%）、石油加工炼焦及核燃料加工业（8%）；与 2005 年相比，汽车、电子行业稳居前三甲之列，其运行态势左右着工业走势，如金融危机爆发后，电子行业遭受巨大冲击，使工业增速迅速下行，2010 年汽车行业则是工业生产保持稳定的重要力量，缺乏多点支撑。

在国内外经济均处于转型阶段的背景下，同时出于北京经济自身可持续发展的要求，经济结构进一步调整势在必行，产业升级任务艰巨。

（二）通胀压力明显加大

1. 国际价格再度攀升，国内价格持续走高

根据世界银行数据，2010 年世界消费者价格延续了去年年底的上涨态势，9 月份同比上涨 3.1%。不同经济体均面临较大通胀压力——美国消费者价格自 7 月份开始连续环比上涨，10 月份同比涨幅为 1.2%，调查机构预计因食品及能源价格大幅上升，美国 2011 年上半年的价格升幅可能达 4%；发展中国家通胀情况更为严重，9 月份发展中国家物价同比上涨 3.7%。我国居民消费价格也基本呈现一路上扬态势，7 月份月度

钓鱼台主景（北京市海淀区委区政府提供）

同比涨幅过3%，10月份超4%，11月份更是达到5.1%，虽然12月份涨幅回落，但仍高达4.6%。

2. 北京价格出现全面上涨势头

分领域看，房地产价格、生产价格、消费价格均出现上涨。虽然4月底楼市调控政策出台后，北京房价环比出现5、6两个月连续下降，7、8两个月连续持平，但从9月份开始，随着销售量有所增加，房屋销售价格又恢复了环比上涨势头，9-12月各月价格分别比上月上涨0.2%、0.1%、0.2%和0.2%。原材料、燃料动力购进价格和工业品出厂价格分别比上年上涨10.5%和2.2%，与上年价格下降态势形成反差。居民消费价格从7月份开始连续环比上涨，12月份同比涨幅高达4.7%。

3. 价格上涨成因复杂，2011年形势更加严峻

当前导致价格上涨的原因非常复杂，包括流动性较大、工业化与城镇化推进和特殊的气候条件导致农产品产量下降、生产成本上升、输入性通胀以及热钱炒作等。导致近期价格较快上涨的各种因素难以在短时间内消除，通胀压力更多地将集中于2011年乃至更长一段时期内，特别是在结构转型期、经济处于调整阶段时，复杂、不容乐观的价格走势就更需要引起高度关注。

（三）转型期就业形势可能出现波动

1. 转型期的经济增长对就业带动作用趋弱

在经济结构转型期，经济增长对就业的带动作用在逐渐减弱，如“十一五”前四年北京就业弹性系数②为0.28，即经济增长1个百分点，带动就业增长0.28个百分点，而2001-2003年③就业弹性系数为0.38，说明当前经济增长对就业增长的带动比2001-2003年减少了0.1个百分点。

2. 结构优化升级会对劳动力要素产生挤出效应

经济增长对就业带动作用减弱主要是由于在转型期的产业结构优化升级中，重点发展资本和技术密集型产业，对劳动力要素有一定的挤出效应。以工业为例，改革开放以来，工业的全员劳动生产率逐年提高，资本和技术在工业发展中的贡献越来越大。尤其在2002年全面振兴现代制造业的思路提出后，工业高端化趋势明显，在实现了较快增长的同时，从业人员总体呈下降趋势。2003-2006年，工业增加值年均增长12.9%，而2006年工业企业在岗职工人数比2002年减少7

②就业弹性系数是从业人数增长率与GDP增长率的比值，即GDP增长1个百分点带动就业增长的百分点，系数越大，吸收劳动力的能力就越强，反之则越弱。
③由于2004年从业人员数据统计口径有所调整，数据波动较大，故使用2001-2003年数据反映从业人员增长情况。

万人，年均下降 1.7%；在工业结构调整趋于稳定后，职工人数也随之变化平稳并有所增加，2009 年比 2006 年增加 6.6 万人，年均增长 2.1%（同期工业增加值年均增长 7.2%）。此外，新兴行业的出现与现有行业的升级甚至消失，还将带来一定程度的结构性失业。

在“十二五”重要转型期，北京的产业发展内涵与战略将发生重大变化，就业形势可能会出现波动，这既是转型期规律使然，应给予正确认识和充分的心理准备，也提示在制定产业规划时要同时谋划配套举措。

2011 年，国内外经济环境仍将十分复杂。全球经济缓慢复苏的态势不会发生明显变化，多国在危机后纷纷调整经济发展战略以及全球通胀压力加大将使世界经济和主要经济体的经济恢复之路再添不确定性。从国内环境看，2011 年作为“十二五”规划实施的首年，在加快转变经济发展方式的大背景下，预计全国经济会在平稳过渡的同时面临一定调整。北京经济领先于全国经济发展阶段，经济发展规律显示经济增长将由较快转入稳定；同时由于结构调整的需求更为迫切，经济增长可能出现一定幅度的下行，是调整期的必经阶段。

在经济逐渐步入实质性增长阶段后，保持经济平稳发展和加快结构调整的双重需求，以及较大的通胀压力和其他潜在问题，为宏观经济管理和调控提出了更高的要求，需要在确保宏观经济政策连续性、稳定性的同时，切实提高管理与调控的科学性和灵活性，以突破原有经济增长格局为抓手，实现实质性的产业优化升级、把握契机调整消费结构，促进产业与消费的可持续健康发展；另一方面对于北京这样一个特大城市，要认清城市管理与经济发展的关系，提升城市管理水平，要看到城市化快速推进、人口快速集聚，汽车消费快速升级，同时城市处于粗放运转状态，使得交通拥堵、环境污染、资源紧缺等问题日益突出，不但造成了投入的浪费、抵减了建设成效，也降低了城市运行效率、提高了经济发展成本，还难免会影响到城市形象和居民生活质量，这些都会对经济发展产生负面影响。科学发展观强调全面、协调、可持续，缺一不可，因此当前已经到了将经济发展与城市管理统筹考虑的时候，要把城市管理作为影响经济发展的重要因素看待，提高城市规划与管理水平，促进经济发展。

（撰稿人：苏辉 北京市统计局局长）

京煤集团现代化采煤装置（京煤集团提供）

天津市经济社会发展报告

2010年是“十一五”规划的收官之年，也是天津发展历程中很不平凡的一年。面对国际金融危机带来的严重影响和国内外环境的深刻变化，全市人民在市委、市政府的正确领导下，深入贯彻中央的决策部署和政策措施，按照胡锦涛总书记对天津工作提出的一系列重要要求，大力实施市委“一二三四五六”的奋斗目标和工作思路，加快转变经济发展方式，调整优化经济结构，着力构筑“三个高地”，全力打好“五个攻坚战”，团结一心，奋力拼搏，全市经济社会实现了又好又快发展。

一、2010年经济社会发展的主要特点

1. 发挥优势，积极推动经济发展方式转变

大项目、好项目建设是天津的成功经验。截至2010年，全市先后实施了940项重大项目建设，总投资1.62万亿元，包括120项工业重大项目、60项服务业重大项目、600项区县重大建设项目、80项自主创新产业化重大项目、20项交通重大项目、20项市政基础设施重大项目和40项商贸旅游短平快重点项目，到2010年末已有463项建成或基本建成，新项目对工业增长贡献率达到65%，有力支撑了经济增长，促进了经济转型，天津经济发展方式开始转向创新驱动、内生增长的轨道。

2009年末，天津明确提出着力构筑高端产业、自主创新、生态宜居三个高地，全力打好滨海新区开发开放、结构调整优化升级、体制机制改革创新、文化大发展大繁荣、保持社会和谐稳定五个攻坚战，成为天津贯彻落实科学发展观、加快转变经济发展方式的具体招法。

着力构筑高端产业高地，产业结构实现优化升级。天津工业围绕构建高端化、高质化、高新化产业结构，发展形成了航空航天、石油化工、装备制造、电子信息、生物制药、新能源新材料、轻工纺织、国防科技等八大优势产业。天津已成为全国六个综合性国家高新技术产业基地之一，初步构建起了以战略性新兴产业为先导、高新技术产业为引领、优势支柱产业为支撑的现代工业体系。着力发展高端服务业，在金融保险、软件开发、动漫创意、会展经济、总部经济等方面取得进展。

着力构筑自主创新高地，自主创新取得突破。科技领域国内外合作更加密切，国家超级计算机天津中心等一批重大创新平台建成运行，全年新增国家级工程（技术）研究中心5个、企业技术中心4家。自主创新产业化重大项目顺利实施，“天河一号”、“曙光星云”计算机达到国际领先水平。启动了科技型“小巨人”成长计划，出台了一系列政策措施，全市科技型中小企业达到1.3万家。制定实施了“知识产权战略纲要”。全年专利授权首次突破1万件，全社会研发支出占生产总值比重达到2.5%。全市13项科技成果获得国家科学技术奖，涉及新材料、化学、内燃机、电力等多个领域。

着力构筑生态宜居高地，生态市建设三年行动计划任务基本完成。天津市入选国家首批低碳城市试点，中外瞩目的中新生态城建设进展顺利。在2009年提前一年实现“十一五”节能减排目标的基础上，2010年全市万元生产总值能耗下降1%以上，化学需氧量排放量下降0.8%。全年环境空气质量达到或好于二级良好水平天数308天，占总监测天数的84.4%；饮用水源地水质达标率连续第九年保持100%，污水集中处理率达到83%；城镇生活垃圾无害化处理率达到91%；中心城区道路交通噪声和区域环境噪声总体评价保持在“好”和“较好”等级，累计创建“安静居住小区”237个。全市奋战300天市容环境综合整治取得积极效果。全年整修道路2378公里、

楼房1.1万栋，新增提升改造绿化3900万平方米，新建改造提升公园51个，构建城市夜景灯光体系41公里，中心城区基本实现综合整治全覆盖，初步形成了大气洋气、清新靓丽、中西合璧、古今交融的城市风貌。

2. 加快发展，经济总量跃上新台阶

2010年，全市生产总值突破9000亿元，达到9108.83亿元，比上年净增1586.98亿元，按可比价格计算，增长17.4%，为1985年以来最好水平。分三次产业看，第一产业增加值149.48亿元，增长3.3%。第二产业增加值4837.57亿元，增长20.2%，其中工业增加值4410.70亿元，增长20.8%，拉动全市经济增长11.1个百分点，贡献率达到63.5%，建筑业增加值426.87亿元，增长12.0%。第三产业增加值4121.78亿元，增长14.2%。

图1 天津市GDP累计增长速度

农业生产保持稳定。粮食生产再获丰收，全年粮食种植面积达到31.18万公顷，总产量159.74万吨，连续7年增产。高效设施农业建设全面提速，规划建设了15个现代农业园区、20个现代畜牧养殖园区，发挥了示范引领带动作用，主要农副产品产量继续增长。

工业生产增长较快。全年规模以上工业增加值增长23.7%，增幅比上年提高0.9个百分点，完成工业总产值16660.64亿元，增长31.7%，增幅比上年提高22.9个百分点，主要工业产品产量保持较快增长。天然原油产量3332.73万吨，增长45.1%；发电量589.08亿千瓦时，增长39.7%；汽车产量73.81万辆，增长22.5%；乙烯109.26万吨，增长4.8倍。

表1 2010年工业八大优势产业总产值完成情况

项　　目	工业总产值（亿元）	增速（%）	比重（%）
全市规模以上工业合计	16660.64	31.7	100
八大优势产业合计	15268.58	30.3	91.6
其中：1、航空航天产业	170.15	66.2	1.0
2、石油化工产业	3071.08	56.2	18.4
3、装备制造业	6923.37	25.5	41.6
4、电子信息产业	2118.36	16.7	12.7
5、生物医药产业	273.35	19.8	1.6
6、新能源新材料	604.12	46.0	3.6
7、轻纺工业	2108.15	25.6	12.7
8、国防科技	--	--	--

注：八大优势支柱产业中的"国防科技"数据统计在其他产业中。

服务业发展势头良好。全年服务业增加值增长14.2%，占全市生产总值的比重为45.3%。其中，交通运输、仓储及邮政业增加值增长12.2%，批发和零售业增加值增长20.6%，金融业增加值增长18.1%。总部经济、楼宇经济、服务外包、创意产业等发展加快，金融创新取得重要成果，私募股权投资基金和基金管理公司达到917家，金融资产交易所、矿业权交易所相继成立，创新型交易平台累计达8家。中外资金融机构本外币贷款余额增长23.5%。

3. 质量提升，财政收入和企业效益快速增长

地方财政收入快速增长。全年地方财政收入完成1068.81亿元，增长30.1%。主体税种收入增长较快。在汽车制造、石油石化、金融保险和房地产业增长的强力拉动下，全年地方税收收入完成776.65亿元，增长26.6%，增幅比上年提高14.2个百分点。其中，企业所得税收入增长32.6%，营业税增长26.9%，增值税增长20.3%，个人所得税增长20.5%。

企业效益持续好转，呈现出利润增幅高于利税增幅、利税增幅高于销售增幅的良好发展态势。全年规模以上独立核算工业企业完成主营业务收

入17130.98亿元，增长38.2%。实现利税总额1683.24亿元，增长58.7%。其中，税金546.83亿元，增长41.2%，利润1136.41亿元，增长68.7%。盈利最多的五大行业分别是石油和天然气开采业（540.47亿元）、交通运输设备制造业（157.37亿元）、通用设备制造业（74.92亿元）、通信设备计算机及其他电子设备制造业（49.45亿元）和化学原料及化学制品制造业（37.56亿元）。

4．发展协调，三大需求共同拉动经济增长

投资快速增长。全年全社会固定资产投资完成6511.42亿元，增量连续3年超千亿元，增长30.1%。其中，城镇投资6114.34亿元，增长30.1%，农村投资397.08亿元，增长29.7%。房地产开发投资完成866.64亿元，增长17.9%。工业投资2679.61亿元，增长33.2%，其中八大优势产业投资增长39.1%，快于全市城镇投资9个百分点。服务业投资3364.56亿元，增长28.5%，其中居民服务业、住宿餐饮业、金融业、租赁和商业服务业投资增势强劲。民间投资方兴未艾，完成投资2737.10亿元，增长29.4%，占城镇投资的比重为44.7%。

消费保持活跃。全年全社会消费品零售总额完成2902.55亿元，增长19.4%，增幅比上年提高2.5个百分点；批发零售业商品销售总额完成1.59万亿元，增长36.3%，比上年提高23.2个百分点；城市居民家庭人均消费性支出16562元，增长11.9%，比上年提高1.6个百分点。在“小排量汽车购置税减半、汽车下乡、家电下乡、以旧换新”等政策持续刺激下，限额以上批零企业中，汽车类零售额增长48.5%，石油及制品类零售额增长52.0%，家用电器和音像器材类零售额增长22.7%。家电下乡、以旧换新销售家电111万台，汽车下乡销售3.5万辆，分别是上年销量的4.4倍和1.9倍。截至年末，每百户城市居民家庭拥有家用汽车16.1辆，比上年末增加4.4辆。

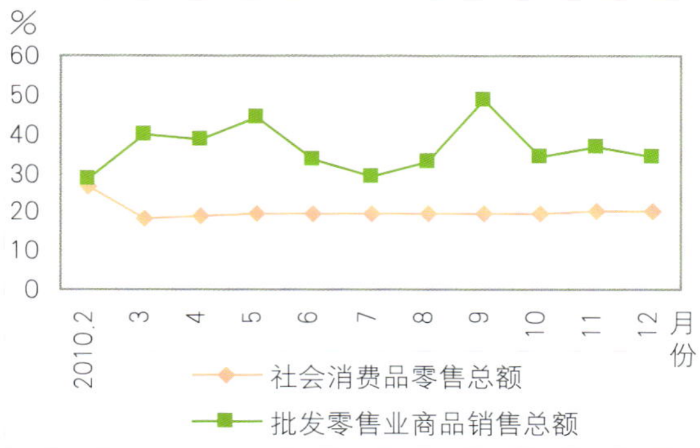

图3　社会消费品零售总额和批发零售业商品销售总额当月增长速度

外需恢复增长。全年外贸进出口总额完成822.01亿美元，增长28.8%，扭转了去年的下降局面。其中进口446.84亿美元，增长31.7%，出口375.17亿美元，增长25.5%。对欧、美、日、韩等四大传统市场出口分别增长23.1%、27.2%、17.3%和28.1%。

5．统筹城乡，三个层面协调联动发展

滨海新区开发开放全面提速。2010年，滨

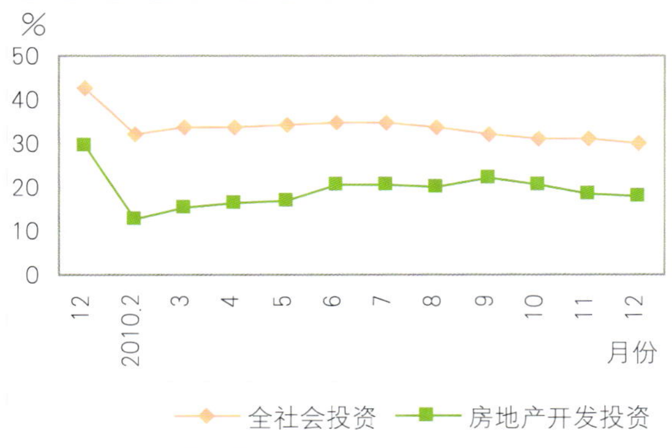

图2　全社会固定资产投资和房地产开发投资累计增长速度

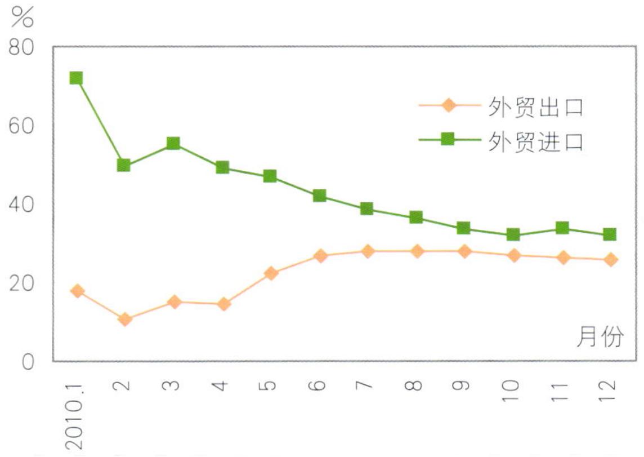

图4　外贸出口与进口累计增长速度

海新区生产总值5030.11亿元，增长25.1%，主要指标增幅好于全市水平。按照中央明确的功能定位，确定了“一核双港、九区支撑、龙头带动”的战略布局。综合配套改革取得实质性进展。制定了综合配套改革试验三年行动计划，实施了10个领域的改革任务，在一些重点领域和关键环节取得了重要进展。特别是行政管理体制改革有了重大突破，撤消了原来的塘沽、汉沽、大港三个行政区，成立了新的滨海新区行政区，为发展注入新的活力。金融改革创新取得了重要成果，20项重点改革全面完成。高水平的现代制造业和研发转化基地初步形成。9个产业功能区开发建设全面展开，重大建设项目纷纷落户到新区，大飞机、大火箭、大炼油、大造船、大机车等重大项目建设加快推进。中石化百万吨乙烯炼化一体化等项目竣工投产，中俄东方石化炼油等项目奠基，国家动漫产业综合示范园一期、国际邮轮母港等投入使用，26架空客A320系列飞机交付，首架总装直升机试飞，首座风电场并网发电。建成了12个国家级科技创新平台和24个企业技术中心，自主创新能力进一步提高。北方国际航运中心和国际物流中心加快建设。天津港2010年港口货物吞吐量达到4.13亿吨，集装箱吞吐量1008.6万标准箱，成为世界第五大港，内陆无水港增至18个。立体化的现代交通体系初步形成，成为航运中心、物流中心发展的重要载体。

中心城区优势特色产业加快提升。一批繁华街区、特色街区和都市工业园相继建成，泰安道地区综合开发进展顺利，梅江会展中心一期投入使用。中心城区服务业比重超过80%，楼宇经济、服务外包、创意产业发展较快，231座楼宇入驻企业超过1万家，创意产业园区达到9家。

区县经济实力显著增强。进一步加大强农惠农力度，全年落实各项补贴6.1亿元。现代农业示范园建设加快，建成种植业设施10万亩，进入产业化体系农户达到86.1%。31个区县示范工业园区起步区基础设施基本完成，累计签约项目906项。示范小城镇四批试点有序推进，累计竣工农民还迁住宅1150万平方米，农村城镇化率达到60%。

6. 改善民生，人民生活达到新水平

积极就业政策取得实效。以大项目、好项目为依托，努力扩大就业总量；以创业实验区建设为载体，营造创业发展环境；以政策援助、托底安置为手段，加大对就业困难群体帮扶力度。就业规模进一步扩大。全年新增就业45.15万人，增长12.2%，增幅比上年提高6.4个百分点。截至年末，全市城镇单位从业人员204.8万人，比上年增加3.1万人。年末城镇登记失业率控制在3.6%。

职工和居民收入增长较快。认真落实18项增收政策措施，最低工资标准由820元调整为920元，连续第六年调增企业退休人员养老金，全面推进义务教育、公共卫生与基层医疗卫生单位绩效工资制度改革。全年城镇单位从业人员人均劳动报酬为50427元，增长14.8%。城市居民人均可支配收入24293元，增长13.5%，比上年加快3.3个百分点。其中，工资性收入增长16.6%，养老金收入增长14.1%，两项收入合计拉动可支配收入增长13个百分点，经营净收入增长10.0%，财产性收入增长9.1%。

食品价格过快上涨势头得到有效遏制。针对四季度食品价格持续快速上涨的情况，及时出台以“扩生产、保供应、疏流通、强监管”为主要内容的8项稳定物价措施，开工建设20个“农超对接”基地和4个分拨配送中心，迅速开通鲜活农产品运输“绿色通道”，加大基本生活必需品储备和供应力度，有效遏制了食品价格涨势。全年城市居民消费价格上涨3.5%，其中，上年滞后因素影响上涨1.9个百分点，今年新涨价因素影响上涨1.6个百分点。八大类商品和服务价格呈“五升三降”格局。食品类价格上涨8.0%，影响居民消费价格总水平上涨2.7个百分点，16类食品价格全面上涨，其中粮食、菜类、豆类、干鲜瓜果和水产品价格涨幅均超过两位数，分别上涨17.5%、14.7%、13.6%、11.5%和10.9%，共计影响总指数上升1.4个百分点。从各月居民消费价格走势看，11月份环比上涨1.3%、同比上涨4.9%，均为全年峰值；因调控措施出台，12月份环比上涨0.7%、同比上涨3.8%，涨幅双双实现回落。

表 2　2010 年天津市城市居民消费价格指数（CPI）

指　标	指数（上年=100）
城市居民消费价格指数	103.5
食品类	108.0
烟酒及用品类	104.3
衣着类	102.8
家庭设备用品及维修服务类	99.5
医疗保健和个人用品类	103.7
交通和通信类	98.1
娱乐教育文化用品及服务类	98.8
居住类	102.3

生产价格和房屋销售价格同比上涨。全年工业品出厂价格上涨 5.1%。其中，生产资料价格上涨 6.6%，生活资料价格下降 0.7%。原材料、燃料、动力购进价格上涨 10.0%。九大类原材料产品均呈上升态势。其中，价格涨幅超过两位数的是有色金属材料、农副产品、燃料动力和化工原料类，分别上涨 34.3%、20.2%、11.5% 和 12.6%。全年房屋销售价格上涨 9.3%。其中，新建房销售价格上涨 10.9%，二手房价格上涨 4.6%。在新建房中，普通住宅价格上涨 14.2%，经济适用房价格上涨 0.9%，高档住宅价格上涨 6.8%。

保障性住房建设力度加大。制定了保障性住房建设的五年规划，采取限价商品房、经济适用房、经济租赁房和廉租房四种形式，全年保障性

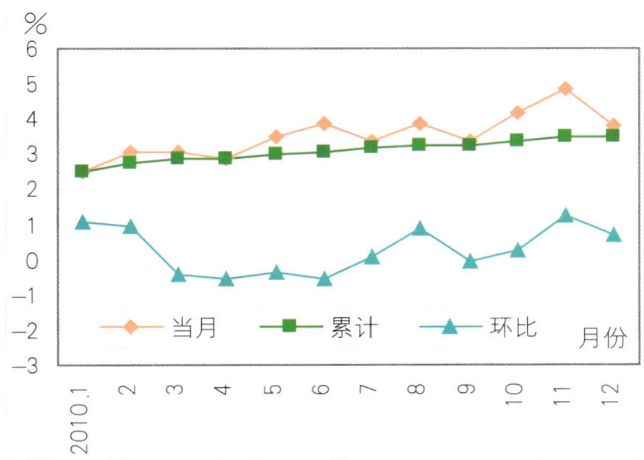

图 5　城市居民消费价格涨幅

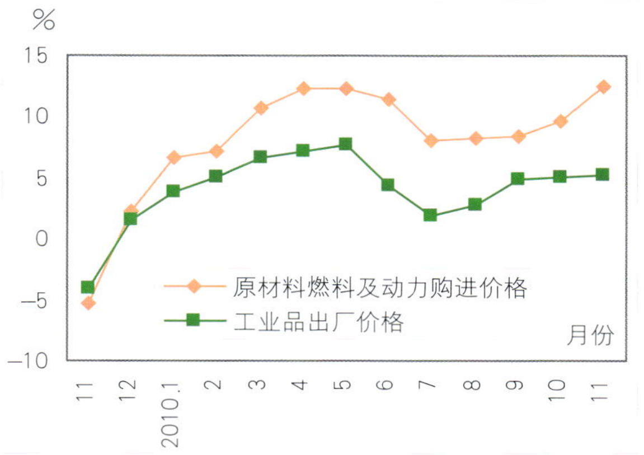

图 6　各月生产价格涨幅

住房投资完成 230.6 亿元，同比增长 41%，占全市住宅投资的 38.7%。开工建设保障性住房 680 万平方米，占全市住宅建设量的 30% 以上，为 7.8 万户低收入住房困难家庭发放租房补贴。

覆盖城乡所有居民的养老、医疗保障制度全面实施。围绕“人人享有基本社会保障”这个目标，积极构建覆盖城乡职工和居民的社会保障体系。建立了统筹城乡居民的基本养老和基本医疗保险制度，实现了社会保险制度从城镇到农村、从职工到居民的全覆盖。城镇职工参保人数明显增加。截至年末，城镇基本医疗保险参保人员 469.98 万人，同比增长 5.8%；其中参保职工 312.5 万人，增长 6.5%。城乡居民基本医疗保险参保人员 486 万人，与上年末持平。城镇基本养老保险参保人员 431.5 万人，增长 7.5%；其中参保职工 287.9 万人，增长 8.6%。城乡居民基本养老保险参保人员 92.33 万人，增长 16.7%。失业保险参保

表 3　2010 年天津市各类社会保险参保人数

指　标	参保人数（万人）	比上年增长（%）
城镇基本医疗保险	469.98	5.8
#职工	312.50	6.5
城乡居民基本医疗保险	486.00	持平
城镇基本养老保险	431.50	7.5
#职工	287.90	8.6
城乡居民基本养老保险	92.33	16.7
失业保险	246.10	2.9
工伤保险	304.50	4.2
生育保险	212.02	3.6

职工 246.1 万人，增长 2.9%。工伤保险参保职工 304.5 万人，增长 4.2%。生育保险参保职工 212.02 万人，增长 3.6%。

7. 以人为本，社会事业取得新进步

文化大发展大繁荣格局初步形成。加快实施文化产业振兴工程。重点围绕演艺业、动漫产业、广播影视业、艺术品交易业、文化旅游业、文化产业园区和基地建设等产业发展。首批 40 项文化重点项目扎实推进，中国天津 3D 影视创意园区、国家影视网络动漫实验园和研究院等一批文化大项目相继落户，电影艺术中心一期竣工，北方印刷基地一期、数字电视大厦一期等建成使用，文化创意、广播电视、演艺娱乐、出版发行等八大文化业态构成的文化产业体系初步形成。天津文化中心加紧建设。农村电影放映、有线电视进村入户工作取得重大进展，新建 1668 个农家书屋和村文化室，新建和提升改造 392 个社区文化室。《解放》等一批精品力作获得国家大奖和国际奖项。文化体制改革不断深化，组建了天津日报传媒集团有限公司和今晚传媒集团有限公司，基本完成了非时政类报刊转企改制工作，成立了北方动漫集团股份有限公司和北方文化产业投资集团股份有限公司，建立了民营院团孵化产业基地和民营院团艺术实践基地。

各级各类教育均衡协调发展。基础教育不断完善。学前教育纳入民心工程，建成 25 所优质幼儿园，特殊教育学校现代化标准建设启动实施。高等教育质量不断提升。新增本科专业 36 个、国家精品课 34 门、教学团队 10 个、特色专业 15 个，入选数量均位居全国前列；围绕优势产业发展，启动 198 个品牌特色专业建设。职业教育改革进入新阶段。全面完成职业教育改革试验区建设，与教育部签署共建国家职业教育改革创新示范区协议，实现由试验区到示范区的升级；海河教育园区一期建设工程完工，高水平举办 2010 年全国职业院校技能大赛。

医药卫生体制改革全面推进。市中心妇产科医院、医大总医院二期、人民医院二期等建成并投入使用，社区卫生服务站覆盖率达到 100%。全市药品集中采购中标价格比上年平均下降 10.3%，基层医疗机构药品零差率销售实现城乡全覆盖。18 项公共卫生服务与国家基本公共卫生项目完成对接，妇女儿童健康行动计划扎实推进，12 项免费疾病筛查人群覆盖率达到 90% 以上。居民主要健康指标保持先进水平。全年孕产妇死亡率 9.6/10 万，连续第五年控制在 10/10 万以下；婴儿死亡率 5.6‰，连续第五年控制在 6‰以下；甲乙类传染病发病率 178.86/10 万，为近 10 年来最低。

二、经济运行中需要关注的问题

2010 年，全市经济向好的基础不断巩固，总体运行保持平稳。但也要看到，影响经济发展不确定的因素还较多，特别是在转方式、调结构过程中，仍面临着一些值得关注的问题。

1. 高耗能行业生产快速增长加大节能降耗压力

2010 年全市万元生产总值能耗预计下降 1% 以上，下降幅度较前几年有所放缓（“十一五”前四年分别为 3.98%、4.90%、6.85% 和 6.03%）。重工业的反弹直接导致高能耗产业的大幅度幅长。全年重工业增速高于轻工业 12.9 个百分点，电力热力的生产和供应业、黑色金属冶炼及压延加工业、非金属矿物制品业、化学原料及化学制品业、有色金属冶炼及压延加工业、石油加工、炼焦加工业等六大高耗能行业增加值分别比上年上涨 31.4%、10.3%、36.0%、35.7%、28.9% 和 81.2%，六大高耗能行业占规模以上工业综合能源消费量的比重超过 80%，重工业以及高耗能行业较快增长，节能降耗压力增大。

2. 外贸出口增长受国际市场制约

2010 年年初以来，欧美日韩等发达经济体增长速度普遍放缓，消费需求有所减弱，对我市外贸出口造成一定影响。此外，国际贸易摩擦加剧、原材料价格上涨等不利因素，也限制了我市出口空间的扩张。全年外贸出口增长 25.5%，低于全国（31.3%）5.8 个百分点；月均出口 31.26 亿美元，相当于 2008 年月均出口（35.19 亿美元）的 88.8%，仍未恢复到金融危机前的水平；一般贸易出口增长 23.2%，低于加工贸易 1.6 个百分点，也低于全国（36%）12.8 个百分点。作为出口总额的先行指数，规模以上工业企业出口交货值增速从 5 月、6 月的 40.1%、23.8% 下滑到 11 月、12 月的 6.9% 和 2.3%，回落较为明显。

3. 房地产销售由升转降

在国家一系列房地产调控政策作用下，我市房价快速上涨的势头初步得到平抑，从 5 月份开始房屋销售价格同比涨幅逐月回落，市场进入新一轮调整期。全年商品房销售面积为 1564.52 万平方米，比上年下降 1.6%；其中住宅销售面积 1352.61 万平方米，下降 7.4%。从秋季房交会情况看，买房者仍多以观望态度为主，房地产市场整体仍处于较为低迷的状态。全年房地产业增加值完成 328.60 亿元，比上年下降 0.9%，而 2009 年为增长 20.9%。

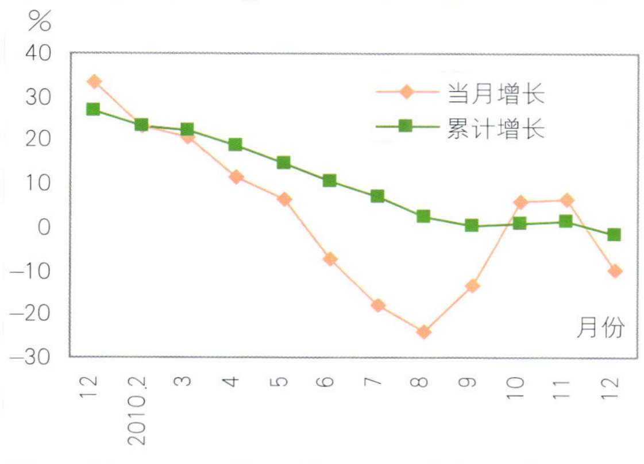

图 7　商品房销售面积增长速度

4. 食品价格带动物价上涨

2010 年全市物价水平总体出现上涨态势。城市居民消费价格一季度、上半年、前三季度和全年同比涨幅分别为 2.9%、3.1%、3.3% 和 3.5%。结构性上涨特征明显，主副食品价格攀升，成为 CPI 高位运行的主因，全年食品类价格上涨 8.0%，带动居民消费价格总水平上涨 2.7 个百分点，影响程度达到 77.1%，粮食、菜类、豆类、干鲜瓜果和水产品价格涨幅均超过两位数。联合国粮农组织预期，稻米可能成为国际大宗农产品新一轮上涨的领头羊，这势必对国内粮食价格产生一定

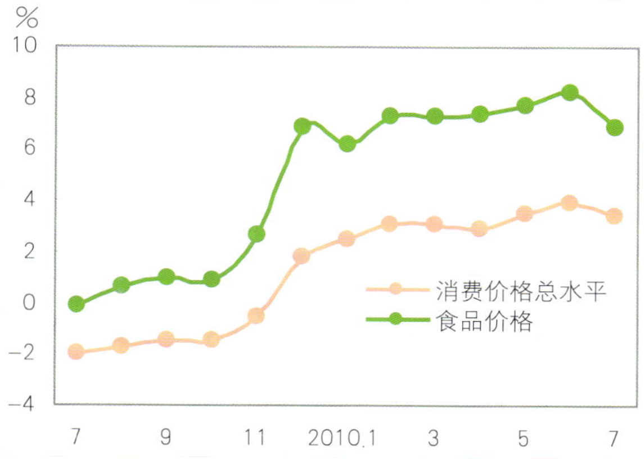

图 8　各月城市居民消费价格总水平和食品价格同比涨幅

的影响，通货膨胀预期有所上升。

三、经济运行环境及对策建议

从国际经济环境看，金融危机影响尚未消除，世界经济复苏进程趋缓。各个国家已实施的经济刺激政策仍将为世界经济复苏提供支撑，但复苏进程中的不确定性依然明显，世界主要货币汇率大幅波动，国际市场大宗产品价格仍然在高位振荡，各种贸易保护主义措施不断出台，严重阻碍了全球贸易的稳定回升。

从国内经济环境看，我国经济由迅速回升转入平稳增长状态，政策推动经济增长效应有所减弱。2011 年我国宏观经济政策的基本取向是积极稳健、审慎灵活，保增长、调结构、管通胀成为经济工作的主基调，宏观调控呈收紧趋势。实施稳健的货币政策，信贷资金可能不会再现宽松局面，中小企业融资或将受到影响。房地产调控力度可能会进一步加大，未来房地产走势不容乐观。随着环境约束强化和交通压力加大，汽车消费对经济增长的拉动作用可能会受到一定制约。外需动力依然不足，贸易摩擦不断增加，人民币升值压力不减，上年基数逐步增大，都将在一定程度上对出口增长造成冲击。

从天津发展趋势看，支撑经济平稳较快发展的因素有所增加，内生动力和活力继续增强。随着重大项目陆续建成投产，工业新增产值较为可

天津赛象科技股份有限公司成功研制出具有自主知识产权的巨型全钢工程子午线轮胎专用成套设备，该项目打破了国外垄断，填补了国内空白，技术达到了国际先进水平。
（天津市科委提供）

观，将继续发挥对经济增长的支撑作用。在新一批重大项目的拉动下，投资需求仍将担当经济增长的主引擎，民间投资增速加快，新的投资增长点正在形成，但房地产市场变数较大，将在一定程度上影响投资增速。消费对经济增长的拉动作用不断增强，但汽车消费能否保持高增长还有待观察，如果汽车消费降温，将会对消费增速产生影响。随着人民币升值压力的加大以及生产成本的上升，外贸出口依然面临一定压力，但新兴市场拥有较大潜力，因而出口有望保持一定规模。随着经济的企稳向好，财政收入、企业利润和城乡居民收入都将继续保持平稳较快增长。国内外通胀预期日益增强，食品价格持续上涨，原材料成本、用工成本上升带来传导压力，保持物价温和上涨难度将进一步加大。

2011 年是实施“十二五”规划的第一年，天津经济社会发展也正处于转型升级的关键时期，开好局、起好步至关重要。着眼于“十二五”规划布局，加强经济运行调节和调控，着力解决经济运行中的突出矛盾和问题，努力巩固经济回升向好势头，建议重点抓好以下几方面工作。

1. 加快结构优化调整，培育新的经济增长点

依靠科技创新加快培育航空航天、新能源、信息网络、生物医药技术等战略性新兴产业，完善配套，形成产业链条， 强化先发优势，增强新兴产业对经济增长的拉动作用。加快重大服务业项目建设，推动服务业大发展。积极培育新兴金融业态，促其形成规模，弥补传统金融业务增速回落的不足。打造一批专业特色楼宇，加快发展楼宇经济。抓住“后危机”时代知识密集型、服务外包型等国际高端服务业加快向我国转移的契机，大力引进外资服务业企业，带动服务业转型升级。

2. 坚持扩大内需，增强经济发展的内生动力

继续推进好项目、大项目建设，做到投产达产、开工建设、储备报批项目源源不断，以扩大增量促调整、促转型、促升级。进一步拓宽建设资金融资渠道，激发民间投资热情，鼓励民间资本进入基础设施、社会事业、市政公用等领域，着力提高投资质量和效益。努力扩大消费对经济增长的贡献份额。大力开发农村市场，抓住汽车消费升温的有利时机，改善通行能力，力促汽车消费增长。制定落实差别化的房地产政策，正确引导房地产市场平稳健康发展。继续改善市容市

貌，增添新的城市景观，活跃休闲旅游，带动旅游消费增长。

3. 促进出口增长，不断深化对内对外开放水平

加大对出口企业的扶持力度，鼓励和引导企业加快产业、产品、技术水平的调整和提高，优化出口产品结构，继续实施市场多元化战略和以质取胜战略。加强国际贸易相关信息研究和发布，引导企业及时调整出口战略和方向，规避出口风险，努力实现出口增幅的持续回升。完善引资促进机制，构建高水平引资平台，加快“走出去”步伐，努力保持吸引内外资的活跃态势。下力气整合招商信息资源，将目光瞄准大企业、大项目，鼓励外资投向高端制造业、高技术产业、现代服务业、节能环保等领域。

4、统筹兼顾，处理好节能减排与稳定增长的关系

把淘汰落后产能与培育新的经济增长点结合起来，努力在保持经济平稳增长的同时，确保节能减排目标的完成。注重推进结构调整来实现节能减排，加快发展低耗能、低污染产业。以重大工业项目为着力点，加强节能减排评估和审查，积极实施节能减排的技术改造。以发展低碳经济、循环经济为契机，改善能源结构，开发新能源和可再生能源，倡导节俭的消费方式，加快构建资源节约型和环境友好型社会。针对二氧化碳排放强度等约束性指标纳入国家考核的新情况，加强监测预警，做好节能减排进度分析评估。

5、加快收入分配改革，千方百计改善民生

在目前通胀压力日渐增大的情况下，加快调整国民收入分配结构，增加城乡居民收入，逐步提高居民收入在国民收入分配中的比重。继续加强价格监管调控力度，规范市场价格秩序，保障重要农产品市场供应和价格基本稳定。进一步调整财政支出结构，着力解决就业、教育、医疗、公共卫生、社会保障、安全生产等社会民生问题，加大对困难群体、弱势群体的支持，健全社会保障制度。加快保障性住房建设，继续支持居民自住和改善型住房消费，逐步提高居民在居住方面的生活质量。

（撰稿人：杜西平　天津市统计局局长）

天津市曙光信息产业股份有限公司研发生产的“星云”高性能计算机每秒实测 Linpack 值达 1.271 万亿次，位居世界前列。
（天津市科委提供）

河北省经济社会发展报告

2010 年，面对复杂的国际国内形势，河北省各地各部门在省委、省政府的正确领导下，深入贯彻落实科学发展观，紧紧围绕“既保持经济平稳较快发展、又在转变发展方式上取得突破”这一核心，认真贯彻落实国家和省的各项政策措施，科学决策，强化调控，狠抓落实，巩固和扩大应对国际金融危机冲击成果，国民经济保持平稳较快发展，各项社会事业全面进步，全年各项任务及“十一五”规划目标如期实现，为实施“十二五”规划奠定了坚实基础。

一、2010 年经济社会发展主要特点

（一）经济保持平稳较快发展，逐步趋向稳定正常轨道

2010 年，全省生产总值实现 20197.1 亿元，比上年增长 12.2%，增速同比加快 2.2 个百分点。从经济运行轨迹观察，上半年呈逐季加快态势，一季度、上半年分别增长 13.3% 和 14.1%，二季度增速快于一季度。进入下半年，经济增速出现回落，前三季度和全年分别增长 13.1% 和 12.2%，全年运行态势前高后低。这种走势，既有经济自身调整和上年基数的影响，也是河北省加大节能减排、淘汰落后产能主动调控的结果，还有整体经济环境不宽松的因素，但经济总体保持了平稳较快发展，回升向好的势头得到巩固，并逐步趋向稳定正常轨道。

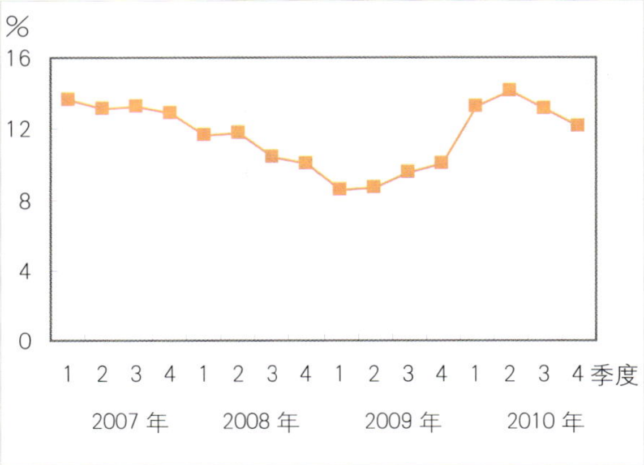

2007 年以来 GDP 季度累计增长率

三次产业对经济增长的支撑呈现第二产业提高、一三产业回落态势。第一产业增加值 2562.8 亿元，增长 3.5%，同比加快 0.2 个百分点，对经济增长的贡献率为 3.1%，同比回落 0.7 个百分点；第二产业增加值 10705.7 亿元，增长 13.4%，加快 2.9 个百分点，贡献率为 59.7%，提高 2.6 个百分点；第三产业增加值 6928.6 亿元，增长 13.1%，加快 1.7 个百分点，贡献率为 37.2%，回落 1.9 个百分点。

农业生产稳步发展。认真落实强农惠农政策，强力推进粮食生产核心区和蔬菜产业示范县建设，取得明显成效。粮食生产连续七年获得丰收，总产量达 2975.9 万吨，增长 2.3%，创历史最高水平。粮食生产核心区 86 个产粮大县粮食产量增长 4.8%，快于全省 2.5 个百分点。蔬菜生产加快发展，播种面积 1707.9 万亩，增长 3.4%；总产量 7073.6 万吨，增长 4.9%，同比加快 4.0 个百分点。24 个蔬菜示范县生产优势初显，蔬菜播种面积 33.5 万公顷，产量 2115.9 万吨，占全省蔬菜产量近三分之一。畜牧业生产得到恢复，牛奶产量 439.8 万吨，基本实现恢复性增长，奶牛规模饲养比例达到 90% 以上。林业和渔业生产平稳增长，全年造林面积 28.4 万公顷，完成全年计划的 106.5%；水产品产量 106.3 万吨，增长 5.9%。

工业生产保持较快增长。全部工业增加值 9554.0 亿元，比上年增长 13.5%，其中规模以上工业增加值增长 16.5%，增速同比分别加快 3.9 和 3.1 个百分点。多数行业保持较快增长，在统计的 38 个行业大类中，有 36 个行业实现增长，其中 19 个行业增速在 20% 以上。高耗能行业生

产增速明显放缓。六大高耗能行业完成增加值4023.8亿元，增长10.7%，增速比上年回落3.0个百分点，低于规模以上工业增速5.8个百分点；占规模以上工业的49.2%，比上年降低1.4个百分点。

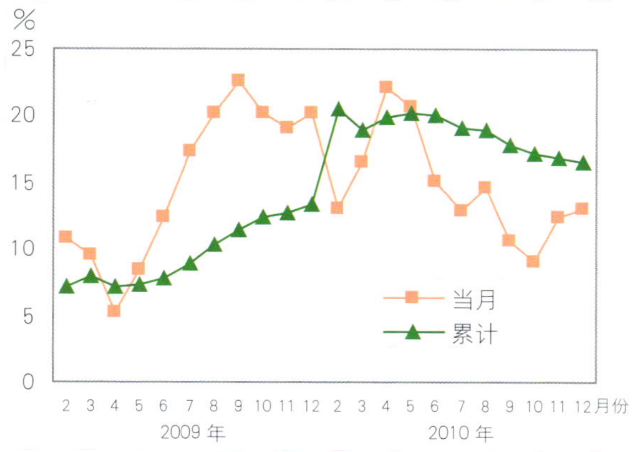

2009年以来规模以上工业增加值增长率

服务业加快发展。服务业增加值增长13.1%，同比加快1.7个百分点。其中交通运输、仓储和邮政业增加值增长26.0%，同比加快19.2个百分点；对经济增长的贡献率为16.2%，提高10.9个百分点。

（二）消费需求贡献提高，三大需求拉动出现积极变化

三大需求对经济增长的拉动呈现消费、外需提高，投资回落的态势。消费需求对经济增长的贡献率为47.6%，比上年提高4.2个百分点；投资需求贡献率为51.7%，回落6.9个百分点；外需贡献率由2009年的-2%转为0.7%，三大需求正在向协调拉动转变。

固定资产投资平稳较快增长。全社会固定资产投资完成15082.5亿元，增长22.9%。其中城镇投资12921.8亿元，增长23.3%；农村投资2160.7亿元，增长20.5%。投资结构出现积极变化。一是大项目投资比重提高。计划总投资亿元以上项目3476个，同比增加965个；完成投资6759.0亿元，增长44.0%，占城镇投资的52.3%，同比提高7.7个百分点，对城镇投资增长的贡献率为86.0%。其中亿元以上新开工项目1772个，同比增加317个；完成投资3224.6亿元，增长20.7%。二是城镇面貌三年大变样推动城市基础设施和房地产开发投资快速增长，分别增长27.1%和49.0%。三是服务业和战略性新兴产业投资快速增长。服务业投资增长34.0%，占城镇投资的54.2%，同比提高4.5个百分点。高新技术产业投资增长22.3%，其中生物技术与现代医药、新材料、航空航天投资分别增长42.2%、30.8%和3.7倍。四是高耗能行业投资得到控制。六大高耗能行业投资仅增长6.9%，同比回落4.3个百分点，低于城镇投资增长16.4个百分点。

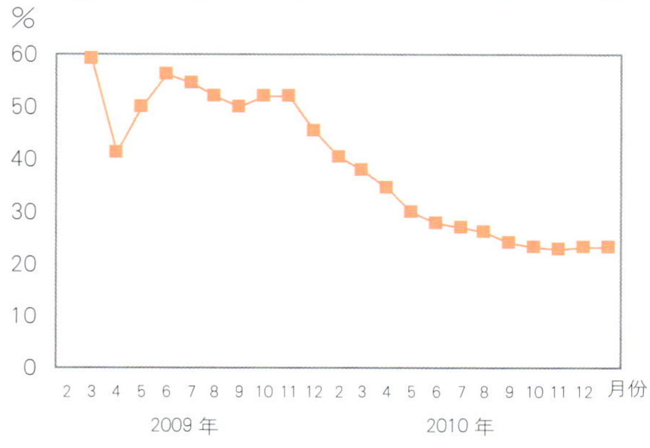

2009年以来城镇固定资产投资累计增长率

消费品市场平稳较快发展。“家电以旧换新”、“家电下乡”、“夜经济”等政策措施效应显著，消费品市场繁荣活跃。社会消费品零售总额实现6821.8亿元，增长18.3%，增速同比加快2.8个百分点。城乡市场均保持较快增长。城镇消费品零售额5112.3亿元，增长19.3%；乡村消费品零售额1618.8亿元，增长16.3%。消费结构升级加快。限额以上批发零售贸易业化妆品、金银珠宝、体育娱乐用品、书报杂志、电子出版物及音像制品、通讯器材、家用电器和音像器材、石油及制品和汽车等九大类商品实现零售额占限额以上批发零售贸易企业零售额比重达63.1%，同比提高2.5个百分点。其中汽车类商品零售额增长28.5%，家用电器和音像器材类增长27.5%，比2009年分别加快1.0和16.7个百分点。

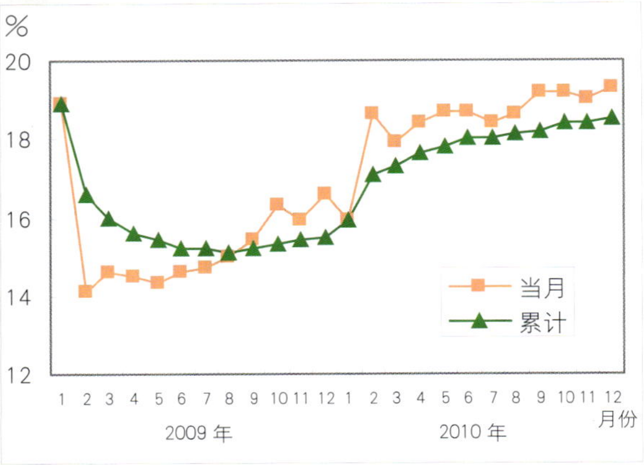

2009 年以来社会消费品零售总额增长率

进出口快速增长。进出口总值完成 419.3 亿美元，比上年增长 41.5%。其中，出口总值 225.7 亿美元，增长 43.9%；进口总值 193.6 亿美元，增长 38.9%。出口商品结构继续改善，机电产品出口 83.4 亿美元，增长 44.2%，占全省出口总值的 37.0%，比上年提高 0.1 个百分点；高新技术产品出口 35.7 亿美元，增长 74.5%，占全省出口总值的 15.8%，比上年提高 2.8 个百分点。传统大宗商品出口保持了快速增长，服装及衣着附件出口 28.7 亿美元，增长 42.2%；钢材出口 34.2 亿美元，增长 93.0%。

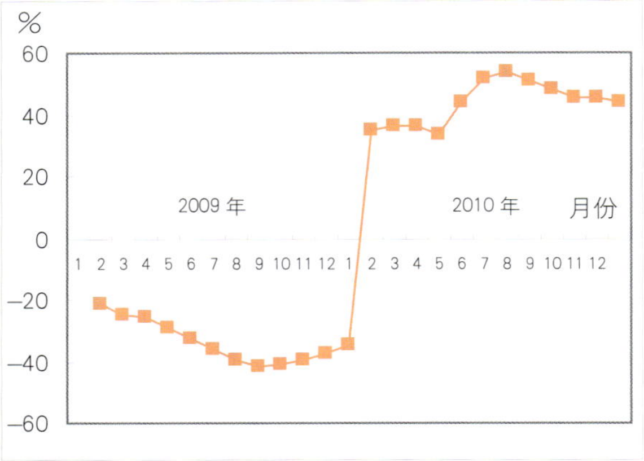

2009 年以来出口总值累计增长率

（三）结构调整取得新进展，节能降耗成效显著

结构调整取得可喜成效，突出表现在传统产业改造升级加快和战略性新兴产业发展壮大。装备制造业加快发展。装备制造业完成增加值 1409.8 亿元，比上年增长 26.7%；占规模以上工业增加值比重为 17.2%，同比提高 1 个百分点；对工业生产增长的贡献率超过钢铁工业，达 26.8%，比上年提高 8.4 个百分点，是贡献率最大的行业。战略性新兴产业发展迈出新步伐，规模以上高新技术产业完成增加值 804.9 亿元，比上年增长 28.5%，快于全省工业 12 个百分点。其中新能源、电子信息、先进制造三大领域分别增长 62%、38.8% 和 31.4%。产品结构进一步优化。科技含量、附加值高的产品产量快速增长。钢材板带比为 57.7%，比上年提高 1.3 个百分点；冷轧薄板、冷轧薄宽钢带产量分别增长 91.5% 和 69.7%；单晶硅、太阳能电池、汽车等高附加值产品产量增长 80.4%、65.0% 和 38.1%。

节能降耗成效显著。省委、省政府制定了严控"两高"行业过快增长、坚定有序淘汰落后产能等节能减排"十项措施"，有效推进"双三十"节能减排示范工程，适时启动关停预案，开展节能减排大会战活动，取得明显成效，完成了 2010 年和"十一五"节能降耗目标任务。单位 GDP 能耗下降 3.50%，单位工业增加值能耗 2.733 吨标准煤 / 万元，同比下降 8.88%，其中六大高耗能行业单位增加值能耗同比下降 4.12%。

（四）经济运行质量同步提高，企业效益和财政收入较快增长

在经济保持平稳较快发展的同时，运行质量得到同步提高。企业效益较快增长。规模以上工业实现利润 1754.5 亿元，增长 41.9%。在统计的 38 个行业大类中，有 34 个行业增长。其中黑色金属矿采选、非金属矿物制品、电气机械及器材制造、化学原料及化学制品制造等 4 个行业实现利润分别为 278.9 亿元、114.6 亿元、112.3 亿元和 102.1 亿元，分别增长 1.1 倍、50.8%、64.0% 和 73.5%。亏损企业亏损额 143.6 亿元，比上年下降 7.8%。

财政收入增长较快，占 GDP 比重提高。全部财政收入完成 2410.5 亿元，增长 19.3%，增速同

比加快 8.5 个百分点。其中地方一般预算收入完成 1330.8 亿元，增长 24.7%，加快 12.1 个百分点。全部财政收入占 GDP 比重由上年的 11.7% 上升到 11.9%，提高 0.2 个百分点。支出结构进一步优化，财政支出 2778.9 亿元，增长 18.4%。其中，医疗卫生、城乡社区事务、住房保障、社会保障和就业等支出快速增长，分别增长 28.8%、23.9%、22.1% 和 19.7%。

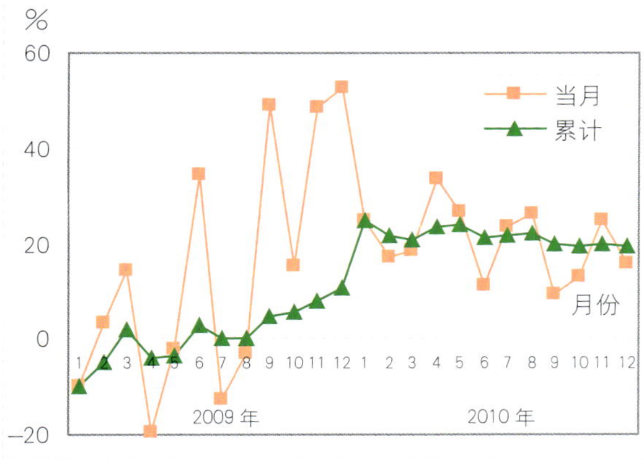

2009 年以来全部财政收入增长率

（五）经济发展的活力增强，民营经济和利用外资较快增长

认真贯彻落实促进民营经济增长的各项措施，民营经济加快发展，实现增加值 11579.8 亿元，增长 14.1%，增速同比加快 3.2 个百分点，比全省生产总值快 1.9 个百分点；占全省生产总值的比重为 57.3%，同比提高 1.8 个百分点。实缴税金 1279.3 亿元，增长 26.5%；占全部财政收入的 53.1%，同比提高 3.0 个百分点。民营经济出口 159.0 亿美元，增长 53.0%，增速比全省出口总值快 9.1 个百分点；占全省出口总值的 70.4%，同比提高 4.2 个百分点。

利用外资较快增长。实际利用外资 43.7 亿美元，增长 18.2%，同比加快 16.6 个百分点。其中外商直接投资 38.3 亿美元，增长 6.5%，加快 1.2 个百分点。新批外商投资企业合同项目 246 个，合同外资额 32.9 亿美元，增长 26.3%。支撑外资增长的主要因素：一是大项目支撑作用显著。合同外资 1000 万美元以上项目到位外资 31.7 亿美元，增长 4.1%，占全省外商直接投资的 82.9%；合同外资 27.0 亿美元，增长 26.6%，占全省合同外资的 82.1%.。二是装备制造业和高新技术产业外资快速增长。装备制造业到位外资 8.6 亿美元，增长 41.4%，占全省外商直接投资的 22.4%，提高 5.6 个百分点；合同外资 8.8 亿美元，增长 1.1 倍，占全省合同外资的 26.7%，同比提高 10.9 个百分点。高新技术产业合同外资 6.1 亿美元，增长 1.2 倍。三是服务业外资比重提高。服务业到位外资 9.2 亿美元，增长 1.6 倍，占全省外商直接投资的 23.9%，同比提高 14.2 个百分点；新批合同外资 11.0 亿美元，增长 57.7%，占全省合同外资 33.4%，同比提高 6.7 个百分点。

（六）城乡居民收入继续增加，民生进一步改善

农村居民收入增速快于城镇。城镇居民人均可支配收入 16263.4 元，增长 10.5%，增速同比加快 1.0 个百分点。农民人均纯收入 5958.0 元，增长 15.7%，同比加快 8.3 个百分点，高于城镇居民人均可支配收入 5.2 个百分点，这是 2005 年以来首次超过城镇收入，也是 14 年来最快增速。

就业形势基本稳定。全省城镇新增就业人员 67.8 万人，下岗失业人员再就业 27.4 万人，就业困难人员再就业 9.8 万人，分别完成年度目标任务的 113.0%、124.5% 和 122.5%。12 月末，全省城镇登记失业率为 3.86%，控制在年度目标之内。

（七）统筹经济和社会协调发展，各项社会事业全面进步

在推动经济发展的基础上，更加注重社会事业发展，呈现经济较快增长、各项社会事业全面发展的良好态势。教育事业加快发展。2010 年，研究生教育招生 11326 人，比上年增长 5.0%；普通高等学校在校学生 110.5 万人，增长 4.2%。科技队伍发展壮大，年末从事科技活动人员 20

万人，增长7.3%。科技投入增加，R&D经费支出增长18.7%，占GDP比重为0.79%，同比提高0.01个百分点。科技成果成效显著，省级登记的科技成果2903项，其中，国际领先的48项，国际先进的507项，国内领先的1858项，国内先进的487项；专利申请量12300件，授权量10061件，技术市场成交额19.3亿元，分别比上年增长8.3%、47.1%和12.1%。文化、卫生等社会事业进一步发展，年末全省共有卫生机构14823个，卫生技术人员26.9万人，卫生机构床位24.7万张，农村有医疗点的村数占总村数的97%，乡村医生和卫生员9.5万人。

2010年全省经济社会呈现良好发展态势，这是在国内外环境复杂、不确定因素较多的情况下取得的，是省委、省政府带领全省人民，深入贯彻落实科学发展观，结合河北实际适时推出一系列重大举措，积极应对各种挑战，狠抓落实的结果，成绩来之不易。

二、制约经济发展的突出问题

2010年，河北省经济虽然保持了较快增长，但下半年增速回落较大，深入分析主要在于经济结构不合理，长期积累的产业结构偏重、对能源资源的依赖较大、发展方式粗放等深层次矛盾依然突出。在不断加大节能减排、淘汰落后产能力度等政策调控的情况下，结构不合理的矛盾更加明显地暴露出来。

第一，结构不合理，对保持经济平稳较快发展带来压力。三次产业结构层次低，服务业比重偏低。2010年，服务业增加值占全省生产总值的比重为34.3%，比上年降低0.9个百分点，低于全国平均水平低8.7个百分点。行业结构不合理，高耗能行业比重高。六大高耗能行业增加值占规模以上工业增加值的49.2%，而耗能总量占规模以上工业能耗总量的90.0%，这些行业的走势直接影响工业乃至整体经济走势。全年六大高耗能行业增加值增长10.7%，比上半年回落8.1个百分点，影响全省规模以上工业增速3.9个百分点。虽然装备制造业、高新技术产业增长较快，但由于比重较低，难以弥补高耗行业低速增长对规模以上工业的影响。同时，由于结构不合理，影响到企业盈利水平。河北省对资源原材料的依赖程度较高，大量需要进口，国际原材料价格上涨，不仅造成输入型价格上涨，也压缩了企业利润空间。以钢铁行业为例，2010年全省进口铁矿砂及其精矿7570万吨，均价为129美元/吨，同比上涨61.2%，同比多支出37.1亿美元，按2010年末人民币兑美元6.6227的汇率计算，折合人民币245.4亿元，相当于钢铁行业全年实现利润的50.0%。

保持经济平稳较快发展，应避免在经济回升向好过程中落后产能死灰复燃现象的发生，突破经济在原有不合理结构上的循环，通过产业结构调整优化、传统产业改造升级、新兴服务业的大发展，巩固和扩大应对国际金融危机冲击的成果。

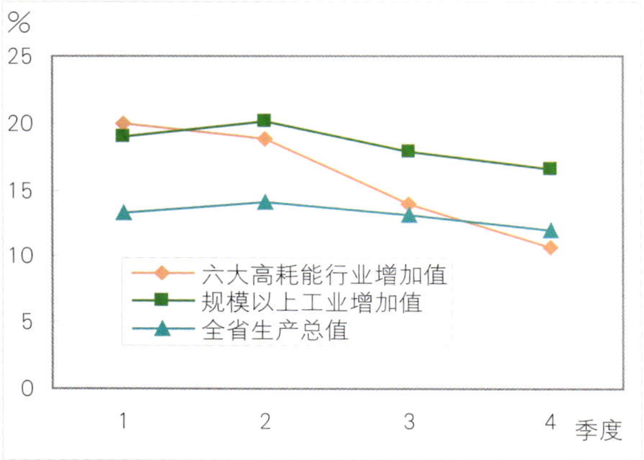

2010年GDP、工业及高耗能行业增加值季度累计增长率

第二，物价涨幅较大，对企业增效和居民生活带来压力。2010年全省居民消费价格上涨3.1%。八大类商品五升三降，与居民生活密切相关的食品类价格涨幅最高，为7.8%，影响居民消费价格涨幅2.4个百分点，是影响CPI上涨的主要因素。调查的16个食品小类全部呈现上涨态势，其中粮食价格自2009年1月份上涨以来，已连续24个月保持逐月上涨态势，对居民生活特别是低收入群体的生活产生很大影响。同时，工业品价格涨幅较大，不仅助推了CPI的上涨，也造成企业成本上升。工业品出厂价格同比上涨9.0%，涨幅比上年扩大19.9个百分点；原材料、燃料、动力购进价格同比上涨10.9%，扩大17.4个百分点。自2010年下半年以来，购进价格涨幅持续大于出厂价格涨幅，全年"高进低出"差为1.9个百分点，增加了企业成本，挤压了企业盈利空间。

当前，企业劳动力成本上升，原油、铁矿石等国际大宗商品价格涨幅依然较高，输入型通胀压力较大，受异常天气等因素影响，居民通胀预期依然较强。消除居民通胀预期，从企业层面来说，关键是要通过提高劳动生产率、通过企业内部挖潜消化成本上升压力。消除输入型通胀压力，还要靠产业结构的调整，对资源依赖大的企业要实施"走出去"战略，减少输入型通胀。从政府层面来说，应努力增加居民收入特别是低收入群体的收入，使居民收入增幅高于物价涨幅。

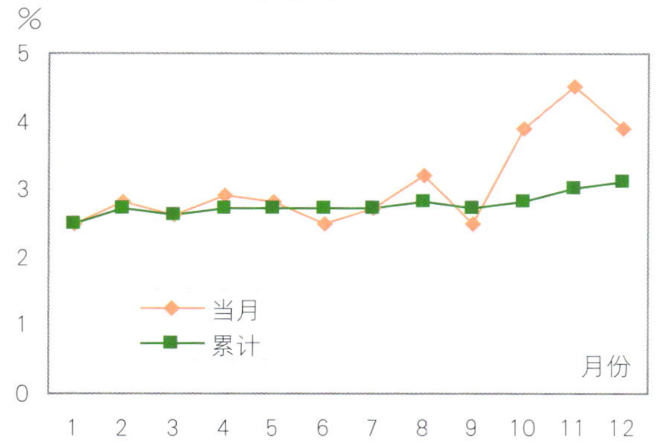

2010年居民消费价格涨幅

第三，工业投资力度偏弱，对传统产业改造升级带来压力。2010年，河北省对工业的投资增幅呈逐步降低的态势，全年工业完成投资5531.4亿元，增长10.0%，增速同比回落14.8个百分点，占城镇投资的42.8%，回落5.0个百分点。在工业39个行业大类中有13个行业投资下降，12行业投资增速低于全省城镇投资增速。企业自我改造升级不足。在全省城镇固定资产投资中，改建和技术改造投资1112.7亿元，下降5.1%。其中工业改建和技术改造投资656.0亿元，下降8.6%；占工业投资的11.9%，同比回落2.4个百分点。钢铁、纺织服装、装备制造等三个主要行业改建和技术改造投资分别下降40.0%、21.6%和18.2%。

投资结构决定着未来产业结构，目前这种状况不利于产业结构调整和优化升级。在调整结构过程中，既要注重投资增量的优化，也应注重对存量的改造升级。从河北经济发展所处的阶段看，投资仍然是支撑经济增长的主要动力，发挥好投资的导向作用，加大工业投资，特别是传统产业、高耗能行业的技术改造，不仅是拉动经济增长的重要力量，也是提升整体产业水平、转变发展方式的根本之策。

三、2011年经济走势展望

展望2011年，经济发展中的有利因素与国内外形势的不确定性相互交织，面临的环境仍然错综复杂，但经济增长的内生动力依然较强，宏观调控更加注重针对性、灵活性和有效性，有利于巩固和扩大经济平稳较快发展的良好态势。综合分析，2011年全省经济将保持平稳较快发展态势，有望实现"十二五"良好开局。

（一）国内外宏观形势继续向好

从国际环境观察，世界主要经济体的系列调控政策措施取得了阶段性效果，世界经济复苏的趋势已经基本形成。但世界经济还没有进入稳步增长的良性循环轨道，金融危机的深层次影响尚未完全消除，经济运行中的系统性和结构性风险仍然比较突出。据联合国2010年12月1日发表的《2011年世界经济形势与展望》报告预测，世界经济增长率预计为3.1%，将保持较缓慢的增长速度。

从国内形势分析，国家继续实施积极的财政政策和稳健的货币政策，宏观经济政策注重突出"积极稳健、审慎灵活"，有利于解决经济运行中的突出问题。"十二五"规划的启动，将迎来经济社会发展的重要战略机遇期，工业化、城镇化进程将快速推进，国内投资需求和消费需求有望保持强劲增长态势，居民消费结构、产业结构升级加快，新的经济增长点将不断涌现。但产业结构不合理、科技创新能力不强、资源环境约束进一步增强等将是影响经济发展的突出因素。从目前经济发展阶段和制定的各项措施看，有利于保持经济的平稳较快发展。

（二）河北经济内生动力持续增强

从河北发展分析，省委、省政府把“稳增长、调结构、控物价、惠民生”作为主攻方向和着力点，重点实施“四个一”战略部署，加快建设环首都绿色经济圈、沿海经济隆起带和冀中南经济区，加快培育一批千亿元级工业聚集区和大型企业集团，谋划了一批大项目，这些都将推动经济社会加快发展。

农业方面，省委、省政府高度重视农业、农村工作，粮食直补、农资综合直补、良种补贴和农机具购置补贴等各项惠农政策落实有力，将有利于充分发挥惠农政策的放大效应。针对粮食生产核心区建设，省政府出台了《关于加强粮食生产能力建设的实施意见》，以粮食生产核心区为载体，加快推进粮食生产能力建设，建立健全粮食生产核心区利益补偿机制，将充分调动农民种粮和地方政府抓粮积极性。加强市场调控，积极安排农资综合补贴资金，启动政府冻肉储备的收储措施，落实粮食最低保护价收购政策，强力推进24个蔬菜产业示范县建设，有效保护了肉、菜、粮生产者的积极性。同时，农产品价格不断上涨，有利于农业生产效益的提高和农民生产积极性的调动。预计农业将继续保持稳定发展势头。

工业方面，省委、省政府出台了加快和促进工业聚集区建设等一系列决策部署，随着各项具体措施的陆续落实到位，将带动相关区域及产业发展提速。新建投产的一批大企业和重点项目，在2011年产能将逐步释放，形成新的增长点，将对工业经济产生较强的拉动。但是，部分原材料和大宗商品价格高位运行、加强房地产市场调控以及金融方面资金收紧等因素将影响一些关联度较高的行业发展。综合分析，预计全省工业经济继续平稳较快增长。

服务业方面，省委、省政府把大力发展现代服务业摆到更加突出的位置，通过发展现代物流、金融保险、信息服务等产业，形成服务业与制造业相互促进的发展格局，着力改变服务业比重偏低的状况，构筑现代产业体系，一系列优惠政策的出台是促进服务业发展的有力保证。伴随居民收入的不断增加，人们的消费结构逐步发生变化，科技含量高、休闲娱乐性强的消费日益成为新的需求热点，并带动服务业相关行业迅速发展。河北省独特的环京津、环渤海的区位优势，为旅游产业、文化产业、商贸物流、服务外包、金融保险、会展商务等行业发展提供了广阔的发展空间和有利条件。预计服务业平稳较快增长。

投资方面，继续加大农村基础设施、农田水利、保障住房建设的投入力度，特别是“战略性新兴产业振兴计划”、“区域发展规划”、“民生工程”等都将带来强烈的宏观经济刺激效应。省委、省政府实施环首都绿色经济圈、发展沿海地区重大战略部署，环首都13县（市、区）和沿海地区11县（市、区）投资建设将保持较快发展，城镇建设三年上水平重大举措将推动全省基础设施及房地产开发投资快速增长。有50%的2010年在建项目将结转到2011年，为确保投资建设规模打下了基础。预计固定资产投资仍将保持较快增长。

消费方面，促进居民消费增长是经济社会发展的目标之一，加大民生投入、加快服务业发展和支持发展战略性新兴产业将是政策调控的重点；城镇面貌三年大变样带来的许多商业项目扩大了居民消费平台，方便居民消费；夜经济成为消费市场重要支撑点，近年来，河北省通过财政政策导向、资金引导等积极撬动夜经济市场，积极争取中央预算内基建投资、地方政府债券，全部落实到公共基础设施建设项目，省财政在未来三年仍将投入巨额资金助力夜经济发展。预计消费需求对经济增长的贡献率将提高。

对外贸易方面，2010年，省政府出台了《河北省关于扩大对外开放加快开放型经济发展的意见》，在财政、用地、融资等方面制定了鼓励和支持措施，将推动外向型经济的发展。但世界经

河北省旅游工作电视电话会议（省委省政府高度重视旅游业发展，把旅游业作为调结构、转方式的重要切入点和突破口加快培育，全省合力兴旅的氛围更加浓厚。）
（河北省旅游局提供）

济复苏步伐放缓，人民币升值压力增加，国内劳动力、原材料等成本上涨，企业经营成本上升，将增加2011年对外经贸增长的难度。

四、促进发展的对策建议

2011年是“十二五”开局之年，确保经济平稳较快发展对顺利实施“十二五”规划至关重要，应认真贯彻落实中央、省经济工作会和“两会”精神，以科学发展为主题，以加快转变经济发展方式为主线，围绕“稳增长、调结构、控物价、惠民生”主攻方向和着力点，落实“四个一”战略部署，力争在以下几个方面取得突破和成效。

第一，保持经济平稳较快发展，力争在增强经济内生动力上实现突破。加大农业基础设施投入力度，继续发挥粮食生产核心区建设和蔬菜示范县的带动作用，加快农业产业化步伐，做好应对极端气候和自然灾害的影响工作，制定应急预案，确保农业形势稳定。加快工业生产聚集区建设，培育新的增长点。加强工业经济运行调节和跟踪监测，发挥要素的调节作用，完善煤电油运气保障工作机制，加大对重点企业支持力度。确保工业生产较快发展。大力发展物流业、金融业、旅游业，壮大现代服务业规模。

第二，努力扩大内需，力争在重大项目建设和消费拉动上实现突破。以城镇建设三年上水平为抓手，加强项目谋划和储备，抓好重点项目、大项目建设，加大城镇基础设施投入力度，保障项目要素需求，优化投资环境，鼓励民间投资，促进投资规模合理、结构优化。增强消费拉动作用，着力增加居民收入，提高消费意愿，改善消费环境，扩大消费热点，促进消费结构升级，提高消费需求对经济增长的贡献率。

第三，加快结构调整，力争在转变发展方式上实现突破。加强传统产业改造升级力度，重点提高六大高耗能行业的技术装备水平，发挥传统行业新优势。大力培育战略性新兴产业，壮大产业基地规模。继续加大节能减排和环境保护力度，加强对“双三十”单位的监督检查，坚决淘汰落后产能。大力发展低碳经济，积极推广应用清洁能源，严格实施环境影响评价制度，强化环境监管，提高可持续发展能力。

第四，加快规划落实，力争在环首都绿色经济圈建设上实现突破。按照“一年打基础、三年见成效、五年大发展”的要求，加快与首都地区在发展空间、产业功能、资源要素、基础设施、产业政策等方面的对接融合。强化机制保障，充分调动各地推进环首都绿色经济圈建设的积极性。举全省之力，在政策扶持、项目安排、资金支持、人才使用等方面向环首都地区倾斜，早动手，早见成效。

第五，加快对外开放，努力在提升出口和利用外资水平上实现突破。实施走出去战略，加大对外开放力度，扩大出口规模，优化出口产品结构，培育出口产业集群，积极参与国际现代产业体系分工和市场竞争。完善招商引资政策，改进招商活动方式，加强与跨国公司特别是世界500强的对接，注重引进大公司、大企业，把引进大项目作为新的增长点，提高利用外资规模和水平。

第六，加快社会事业发展，力争在改善民生上实现突破。拓宽就业渠道，解决好就业困难群体、高校毕业生的就业问题，推动创业带动就业实验区建设，建立城乡一体化的就业援助机制。进一步完善社会保障体系，提高社会保障水平。大力发展卫生事业，提高医疗保障水平。深入实施保障性安居工程，加大廉租房建设力度。统筹发展各类教育，大力促进教育公平，全面实施素质教育。

注：部分数据为快报数。

（撰稿人：郭洪波 河北省统计局局长）

南戴河之碧海金沙（河北省旅游局提供）

山西省经济社会发展报告

2010年是经济形势极为复杂的一年，也是山西继续应对国际金融危机冲击、保持经济平稳较快发展取得显著成绩的一年。面对复杂形势和繁重任务，省委、省政府团结带领山西人民，认真贯彻中央决策部署，创新发展思路，着力推动转型跨越发展，山西经济实现平稳较快发展。

一、2010年山西经济运行基本情况

（一）山西经济步入稳定较快增长区间

初步测算，全年山西生产总值达到9088.1亿元，按可比价格计算，比上年增长13.9%，增速比上年加快8.5个百分点，快于全国（10.3%）3.6个百分点。其中，第一产业增加值563.5亿元，增长6.1%；第二产业增加值5161.2亿元，增长18.6%；第三产业增加值3363.4亿元，增长9.1%。

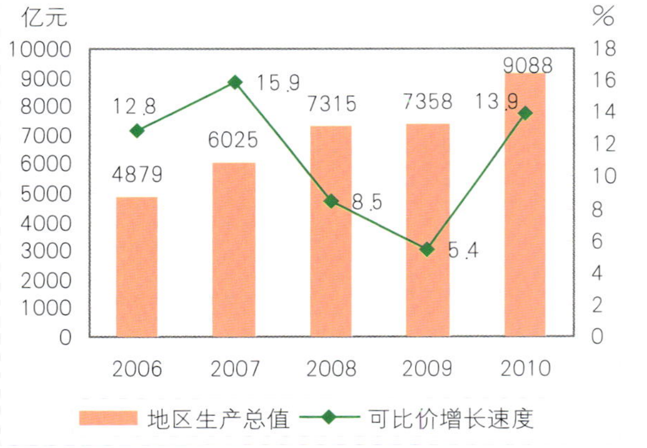

2006–2010年地区生产总值及增速

农业基础进一步增强，粮食产量创历史最好水平。全年山西粮食总产量为108.5亿公斤，比上年增长15.2%，比历史最高的1998年高0.3亿公斤。全年粮食播种面积为4858.8万亩，比上年增加139万亩，为近7年来最高。

工业经济创“十一五”新高。山西规模以上工业当月增加值屡创新高。特别是10月份以来，各月实现增加值攀上400亿元以上，12月份当月达到475.3亿元。全年规模以上工业增加值达到4446.3亿元，同比增长23.2%，快于全国7.5个百分点，创“十一五”以来新高。山西11市中，忻州、吕梁、运城、临汾、大同5市超过山西平均增速。

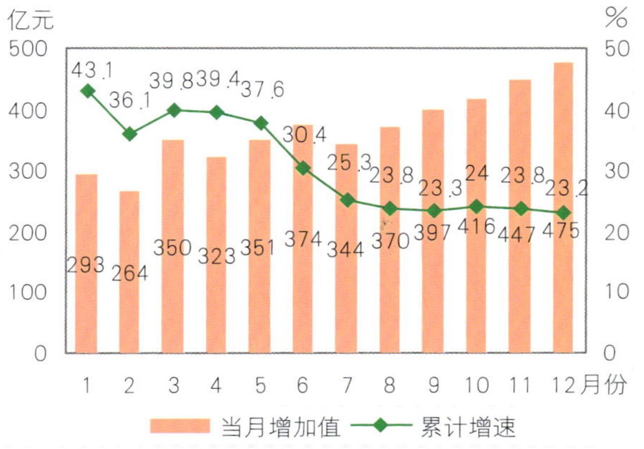

2010年各月规模以上工业增加值及累计增速

主要工业产品产量大幅增长。全年原煤产量达7.4亿吨，同比增长20.4%；焦炭8476万吨，

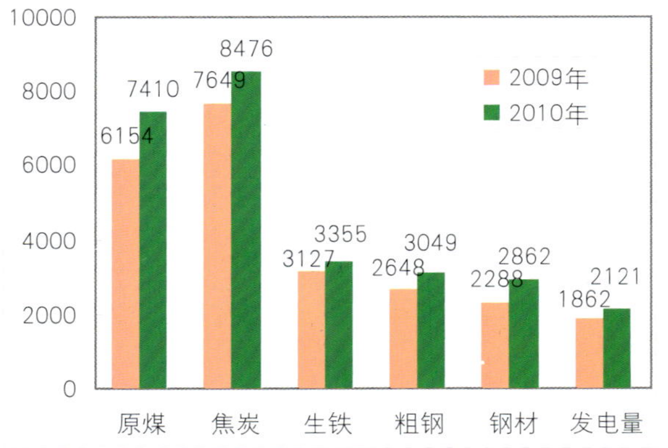

2009年与2010年主要工业产品产量对比

注：上图中原煤产量单位为十万吨，发电量单位为亿千瓦时，其余产品产量单位为万吨。

增长 11.1%；钢材 2862 万吨，增长 25%；发电量 2121 亿千瓦时，增长 14.1%。太原铁路局铁路货运量突破 5 亿吨，公路货运量达 6.1 亿吨，分别增长 18.8% 和 11%。

（二）投资、消费、出口需求动力持续强劲，发展协调性增强

固定资产投资持续快速增长。全年全社会固定资产投资完成 6352.6 亿元，同比增长 26.2%，较上年回落 12.3 个百分点，快于全国 2.4 个百分点。其中，城镇固定资产投资完成 5816 亿元，同比增长 26.4%；农村固定资产投资完成 536.6 亿，增长 23.7%。城镇新开工项目达到 10064 个，比上年增加 2675 个。

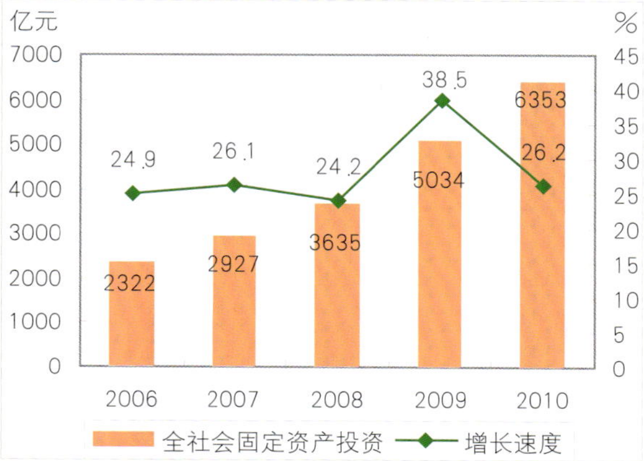

2006-2010 年各年全社会固定资产投资及增速

投资领域呈现诸多亮点。第一、第三产业投资继续保持较快增长，投资比重上升。在全社会固定资产投资中，第一、二、三产业投资分别完成 282.6 亿元、2617.5 亿元和 3452.5 亿元，增速为 28.2%、21% 和 30.3%。山西三次产业投资比例由上年的 4.4:43:52.6 转变为 4.5:41.2:54.3，第一、第三产业投资比重分别上升 0.1 和 1.8 个百分点。国有投资贡献突出，非国有投资增速不断加快。在城镇固定资产投资中，国有投资增速达到 28.3%，占城镇投资比重由上年的 52.8% 上升到 53.6%，对城镇投资增长贡献率达到 56.6%。非国有投资累计增速由一季度的 18.4% 加快至 12 月末的 24.3%；基础设施投资在上年高增长基础上继续较快发展，占城镇固定资产投资比重比上年上升。

城乡消费市场持续较快发展。在省政府继续实施家电下乡、汽车下乡政策、农机具购置补贴政策、加大文化旅游消费支持力度等 12 项促进消费政策的推动下，山西城乡消费市场持续较快发展，全年实现社会消费品零售额 3207.9 亿元，同比增长 18.4%，低于上年 0.8 个百分点，与全国增速持平。其中，城市市场增长 18.9%，乡村市场增长 16.7%。消费结构向高层次转化。在限上企业零售额中，化妆品类增长 32.4%，金银珠宝类增长 31.4%，家用电器和音像器材类增长 25.5%，石油及制品类增长 26.7%；汽车类增长 26.8%。

外需增长较快。全年山西海关进出口总额完成 125.8 亿美元，同比增长 46.8%，快于全国 12.1 个百分点。其中，出口完成 47.1 亿美元，增长 66%；进口完成 78.7 亿美元，增长 37.3%。主要出口商品中的钢材、焦炭、金属镁出口增长较快，铁矿石进口放缓，机电产品进口增长明显。

（三）企业利润、财政收入较快增长，经济运行质量显著提高

工业利润总体快速增长。全年山西规模以上工业实现利税 1688.9 亿元，同比增长 56.4%。山西 37 个行业大类中 30 个行业利润实现不同程度增长。

财政收入加快增长。全年实现财政总收入 1810.7 亿元，同比增长 17.8%，一般预算收入完成 969.7 亿元，增长 20.3%，增幅分别比上年加快 16.5 和 12.6 个百分点。

（四）财政支出、金融贷款稳定增加，物价在可控范围，经济运行环境总体宽松

财政支出较快增长。全年一般预算支出完成 1928.4 亿元，同比增长 23.9%，比上年加快 5.3 个百分点。其中，社会保障和就业、环境保护、教育、医疗卫生分别增长 29.2%、18.5%、17.8%、12.1%、18.4%。

金融贷款增加。12 月末，山西金融机构本外

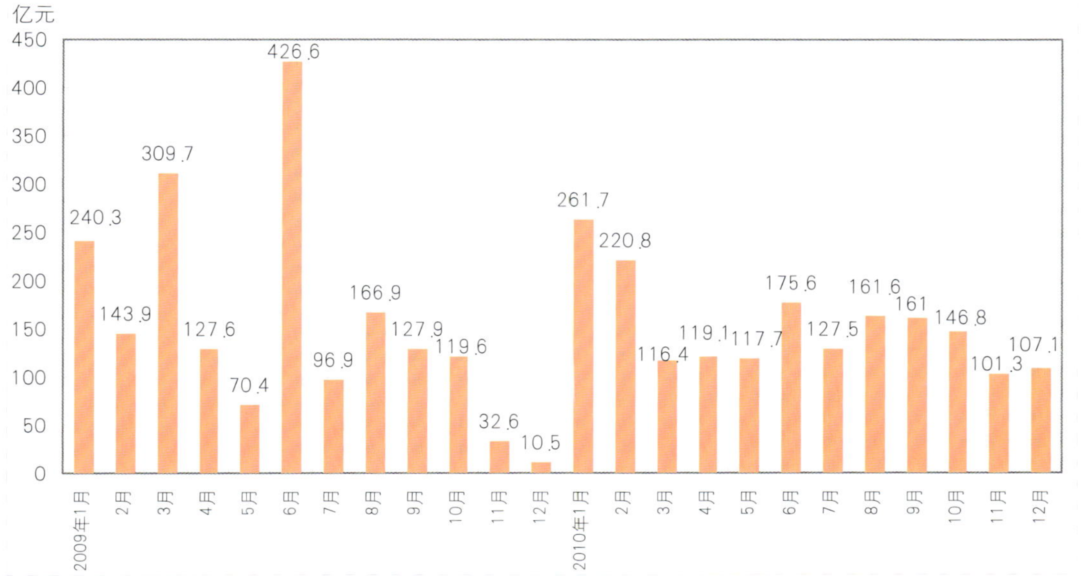

2009年以来金融机构各月环比新增贷款额

币各项贷款余额9728.7亿元，比年初新增1816.4亿元。在新增贷款中，中长期贷款占到82.2%。

居民消费价格总水平控制在3%。全年山西居民消费价格总水平上涨3%，比上年涨幅扩大3.4个百分点，低于全国0.3个百分点。12月份上涨4.6%，较11月回落0.7个百分点。涉及调查的八大类商品及服务呈现“五升三降”。原材料燃料动力购进价格、工业品出厂价格、农业生产资料价格均呈上涨态势，分别上涨9.5%、9.0%和2.0%，涨幅分别比上年提高17.5、12.4和0.4个百分点。

（五）结构调整扎实有效推进，经济运行的稳定性增强

煤炭资源整合、安全生产成效显著。煤炭资源整合煤矿兼并重组取得重大成果。矿井总数已减少到1053座，办矿主体减少到130个，70%的矿井生产规模达到90万吨以上，30万吨以下煤矿全部淘汰，全年煤炭产量达到7.4亿吨，是历史最好水平。山西规模以上煤炭工业增加值2559.7亿元，增长24.7%。随着产业集中度和技术水平大幅提升，煤矿安全保障能力明显增强，全年山西煤矿发生伤亡事故起数和死亡人数同比分别下降11.1%和30.1%。

新兴产业发展步伐明显加快。全年装备制造业增加值同比增长41.7%，增速稳居行业之首，超过山西工业增幅18.5个百分点。化学、建材工业分别增长26.6%、36.5%，增速明显超过山西工业增速。服务业较快发展，全年增长9.1%，占地区生产总值比重为37%。旅游总收入突破1000亿元，达到1083.5亿元，同比增长21.4%，其中，入境旅游创汇达到4.6亿美元，增长23%；国内旅游收入达1052.3亿元，同比增长21.5%。

节能减排取得重大突破。今年是“十一五”节能减排攻坚之年，全年山西六大高耗能行业投资占山西城镇工业投资比重比上年下降9.7个百分点，六大高耗能行业工业增加值增速自4月份以来持续下降。山西万元GDP综合能耗 完成“十一五”下降22%的目标。化学需氧量提前一季度完成“十一五”减排目标、二氧化硫排放量提前一年完成“十一五”任务。蓝天碧水工程、造林绿化工程、生态环境治理修复工程取得新进展。截至12月26日，山西11个重点城市空气质量优良天数平均达到343天，优良天数比例达到95.3%。

（六）民生保障和改善力度继续加大

“五个全覆盖”工程圆满完成。实现村通水

泥（油）路、农村安全饮水、村级卫生室、中小学校舍安全改造、村通广播电视全覆盖。两年来，新建通村水泥（油）路 2.5 万公里，改造中小学校舍 9483 所，建成 6971 个村级卫生室，建成各类饮水工程 1.2 万处，完成 9638 个村的村通广播电视任务。

就业形势总体稳定。全年城镇新增就业 49.6 万人，城镇登记失业率 3.58%，低于 4.2% 的年度控制目标。

城乡居民收入较快增长。全年山西城镇居民家庭人均可支配收入达到 15648 元，同比增长 11.8%，比上年加快 5.3 个百分点，快于全国 0.5 个百分点；农村居民人均纯收入 4736.3 元，增长 11.6%，比上年加快 8 个百分点，低于全国 3.3 个百分点。

二、2011 年山西经济走势展望

2011 年，山西面临的经济发展形势仍较为复杂，宏观经济的下行力量和上行力量互相角力、同时存在。

从世界来看，全球经济温和复苏，特别是新兴经济体彼此之间经贸合作加强、对发达经济体依赖程度下降，经济复苏势头明显好于发达经济体。IMF10 月份发布的《全球经济展望》预计，全球经济将曲线向上，2011 年世界经济将增长 4.2%。

从全国来看，全国经济摆脱金融危机的负面影响，进入常规增长轨道。中央经济工作会议定调 2011 年宏观经济政策的基本取向是“积极稳健、审慎灵活”，积极的财政政策和稳健的货币政策的新组合，释放出加快经济结构调整的强烈信号，重点放到加快转变经济发展方式上来。2011 年也是“十二五”规划的开局之年，新规划中的“战略性新兴产业振兴计划”、“区域发展规划”、“民生工程”、收入分配政策的调整和可能出现的新的消费刺激政策等，都将有效地起到极强的宏观经济刺激效应。

从山西来看，加快发展面临诸多机遇。一是全球技术创新提速、产业转移加快给山西转变发展方式带来了机遇，特别是山西成为全国第九个综合配套改革试验区，转型发展上升到国家战略层面，政策支撑更有力，方向更明确。二是经过这两年的煤炭资源整合以及大投资和大建设，产业基础和基础设施逐步完善，为承接产业转移、借助外力加快发展积蓄了动能。三是山西上下在谋转型、促跨越，再造一个新山西上形成共识，凝聚了力量。

但我们也要充分认识到，世界经济形势依旧极为复杂，美国货币政策“外部性”问题、发达国家债务风险、新兴市场通胀趋势等，都可能对全球宏观经济运行产生重大影响；国内经济平稳运行仍然面临复杂形势，未来货币市场、房地产市场调控政策可能进一步趋紧；从山西自身发展来看，调整产业结构、加快转型发展的任务仍然十分艰巨。从经济运行态势来看，还存在以下突出问题需要关注：

一是农业稳定生产的基础尚不牢固，丰产增收的保障还比较脆弱。2010 年入冬以来，受降水量持续偏少的影响，山西冬小麦种植区受旱情况不容乐观。再加上农业生产资料价格持续上涨，农业生产成本上升势头不减，以及游资炒作等因素影响，农产品市场价格存在异常波动风险。未来改善农业基础设施、加大流通环境管理的任务仍然艰巨。

二是工业经济高增长背后的深层次结构矛盾依然突出。一是煤炭独领工业增长，行业发展不均衡现象仍在加重。山西规模以上工业中，煤炭行业增加值比重占到一半以上，装备制造业、建材、食品新兴产业合计占增加值比重仅为 10.9%。二是产品竞争力不强，产销率下降，产成品、应收账款占用资金大。全年工业产品产销率 95.87%，同比下降 1.37 个百分点，比全国低 2.03 个百分点。37 个行业大类中，产销率超过 95% 仅 24 个行业。规模以上工业产成品应收账款两项占流动资产比重超过 20%。大量的资金沉淀，企业流动资金较为紧张。三是原材料购进价格“紧逼”工业品出厂价格，企业盈利空间有限。全年工业品出厂价格和原材料购进价格分别上涨 9.5% 和 9.0%，企业原材料等生产要素价格不断上涨，

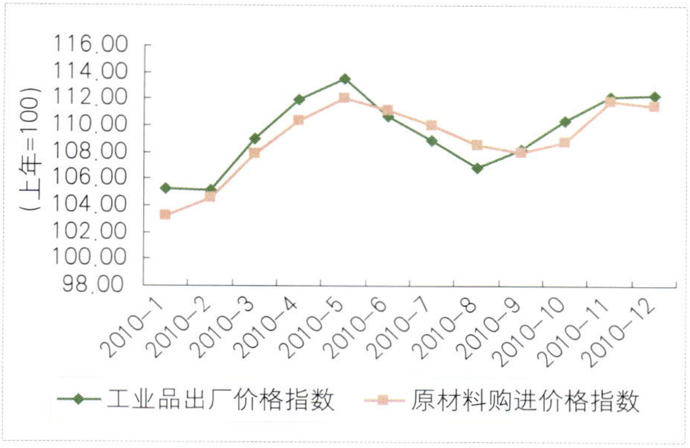

2010年各月工业品出厂价格与原材料购进价格

一定程度上压缩了企业盈利空间，可能会造成企业增产不增收，增收不增利。

三是投资大项目不足。全年山西新开工项目平均规模仅6000多万，且多集中于煤炭、公路和铁路建设、房地产等行业。今天的投资决定明天的发展，争取大项目储备、落地，对于“十二五”时期实现转型发展、跨越发展至关重要。

四是货币政策趋紧恐对当前及未来山西发展产生一定影响。2010年，山西本外币新增贷款1816.4亿元，比上年减少56.8亿元，相比全国新增贷款8.36万亿，所占比重2.17%，仍不达31个省的平均份额。2010年年内央行2次加息、6次提高存款准备金率，收缩流动性意图明显。对于新增贷款份额偏少、民间投资比重偏低的山西来说，货币政策回归“稳健”，对未来发展恐产生一定制约作用。

五是居民消费价格持续走高，通胀预期管理难度加大。全年CPI涨幅维持在3%，是因为上半年物价较低，上涨主要集中在下半年，所以实际物价水平已有大幅抬升。11月份同比上涨5.3%，12月份上涨4.6%。临近春节，食品价格上涨压力较大，加之大宗商品价格也仍有较大上升空间，未来居民消费价格上涨压力持续，通胀预期管理的难度也较大，2011年管理通胀将是经济工作的一大重点。

六是加快居民增收任务艰巨。“十一五”以来，山西城乡居民收入有较大幅度增长，但相比全国和其他各省的增收步伐，仍显缓慢。2010年，城镇居民收入在全国的位次由2006年的15位后移至20位，农村居民收入由19位后移至22位，占全国平均水平比重分别下降3.3和8.7个百分点。城镇职工工资收入也偏低，2010年山西在

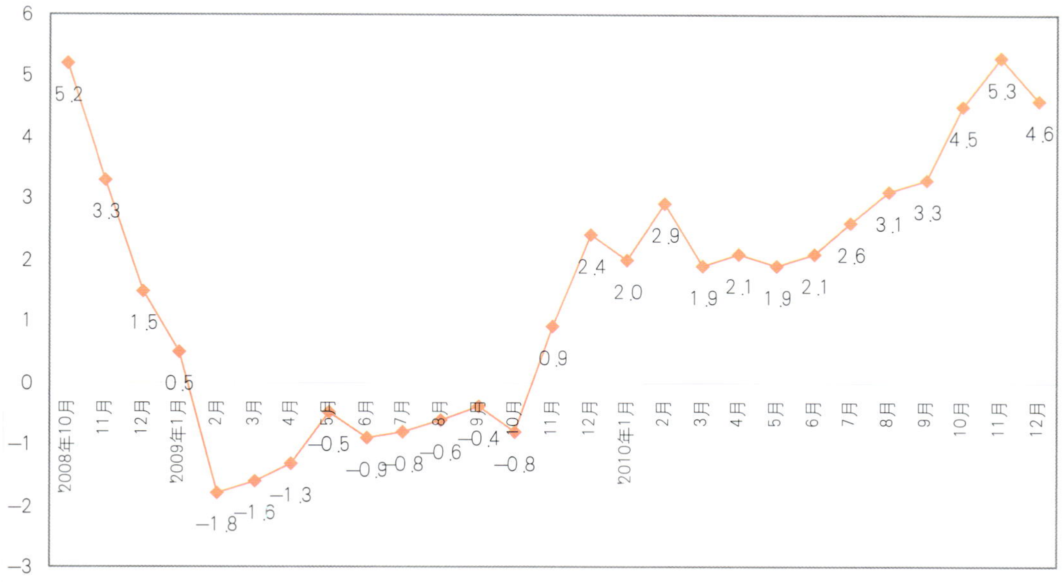

2008年10月-2010年11月山西CPI当月增长速度

2006 年与 2010 年山西城乡居民收入与全国对比

	2006 年		2010 年	
	城镇居民人均可支配收入	农民人均纯收入	城镇居民人均可支配收入	农民人均纯收入
绝对量（元）	10028	3181	15648	4736.3
占全国比重(%)	85.2%	88.7%	81.9%	80%
在全国位次	15	19	20	22
在中部位次	2	5	6	6

岗职工平均工资居全国第 16 位，其中事业、机关单位在岗职工工资均居全国倒数第 1 位。

综合分析，预计 2011 年山西经济将呈现前低后稳，并逐步回归常态的运行态势。

三、继续保持山西经济平稳较快发展的建议

2011 年是“十二五”规划的开局之年，是全面落实省委九届十一次全会部署，巩固山西经济平稳较快发展势头，深入推进转型跨越发展的关键一年。一定要围绕加快转变经济发展方式这一主线，以推进国家资源型经济转型综合配套改革试验区建设为统揽，大力推进工业新型化、农业现代化、市域城镇化、城乡生态化，促进山西经济平稳较快发展、社会全面进步和民生进一步改善。

一要坚持深入调查研究，准确研判形势，把握经济工作的主动权。要掌握政策和市场的最新变化，把握好发展的有利时机和机遇，及时制定切实有效的应对措施，增强经济运行监测工作的前瞻性、预见性和有效性。要处理好保持经济平稳较快发展、调整经济结构、管理通胀预期的关系。深入了解企业生产经营的最新情况，加强对重点行业、骨干企业和主导产品的发展态势的研究，围绕提升企业竞争力、提升产品优势强化政策指导，着力化解经济发展中遇到的矛盾和问题，保持经济平稳较快健康运行。

二要以资源型经济转型综合配套改革试验区为契机，加快构建现代产业体系。要抓紧上一批优化经济结构的大项目好项目，加大发展循环经济和培育新兴产业的力度，推进传统产业兼并重组整合，加大科技创新力度，推进支柱产业多元化。

三要坚持以发展现代农业为重点，提升农业效益、促进农民增收。“十二五”时期，要保证居民收入增长与经济增长同步，实现这一目标的难点和关键在于加快农村居民收入增长。用现代物质条件装备农业，用现代科学技术改造农业，用现代产业体系提升农业，用现代经营形式推进农业。加大财政和政策支农惠民力度，落实各项补贴政策，稳定粮食播种面积。大力发展设施农业，强化科技服务保障，培育壮大农产品加工企业，打造具有山西特色的农产品产业链。加强市场流通体系建设，确保农产品有效供给。着力加强农村基础设施建设，扎实推进新农村建设，确保农民收入增长不低于经济增长。

四要以加快市域城镇化和城乡生态化为重点，推动资源型城市转型。积极稳妥推进城镇化，使“一核一圈三群”各个方面都取得新进展；推动经济社会、城乡、区域协调发展，推进节能减排和生态环境保护，加强区域创新体系建设；要先行先试，大胆探索，充分借鉴其他综合配套改革试验区的成功经验，突出重点和特色；同时要积极争取国家支持，确保试验区工作顺利推进、取得实效。

五要强化信心，确保“十二五”良好开局。省委书记袁纯清在山西省十一届人大五次会议闭

幕会上的讲话中指出：“信心是事业成功的基石，是发展的引擎，是在希望和信赖的前提下‘奔赴伟大荣誉之路的感情’”。山西经济基础并不差，江苏人均 GDP 从 1998 年 10049 元，上升到 2004 年的 20223 元，用了 6 年时间，山西用了 4 年时间；江苏、山西从 20000 元到 30000 元都用了 3 年时间。随着 2011 年山西经济总量突破 1 万亿，山西将进入一个新的起飞阶段。因此，要增强发展信心，按照转型试验区整体框架，按照“十二五”规划的思路、目标和任务，努力工作，奋发进取，为再造一个新山西起好步、开好局。

（撰稿人：杨文章 山西省统计局局长）

山西银监局与山西省旅游局签署《推进旅游业合作框架协议》，山西省常务副省长李小鹏、省政协副主席令政策等出席签约仪式。（山西省银监局提供）

内蒙古自治区经济社会发展报告

进入“十一五”以来，在自治区党委、政府的领导下，全区各地区深入贯彻落实科学发展观，始终坚持发展这个第一要务不动摇，紧紧抓住国家西部大开发、振兴东北老工业基地和保增长、扩内需、调结构等有利时机，认真执行国家宏观调控的各项政策措施，继续深化改革，扩大开放，调整优化经济结构，加快转变发展方式，坚持以人为本，努力构建社会主义和谐社会，克服金融危机等各种不利因素影响，经过全区上下的共同努力，圆满完成了“十一五”规划主要预期目标和任务，经济社会实现了又好又快的发展，综合实力跨上了新台阶。为“十二五”时期经济社会实现更好更快的发展奠定了雄厚的基础。

一、“十一五”内蒙古经济社会发展回顾

（一）经济发展大跨越，综合实力再上新台阶

“十一五”期间，全区生产总值由2005年的3905.03亿元增加到2010年的11655亿元，在全国的位次由第21位前移至第15位，跨上了新台阶，跻身于万亿元俱乐部。人均生产总值由2005年的2029美元增加到2009年的5897美元，在全国的位次由第10位前移至第7位，2011年达到7070美元。地方财政一般预算收入由2005年的277.46亿元增加到2009年的850.86亿元，在全国的位次由第20位前移至第13位，2010年突破千亿元，达到1070亿元。“十一五”时期，经济总量年均增长17.6%，高出“十一五”规划目标4.6个百分点，也高于“十五”时期平均增幅0.5个百分点以上。在全区生产总值中，一、二、三产业的比重由2005年15.1：45.4：39.5调整为2010年的9.5：54.6：35.9。 2010年，全区第一产业增加值1101.38亿元，增长5.8%；第二产业增加值6365.79亿元，增长18.2%；第三产业增加值4187.83亿元，增长12.1%。第一产业对经济增长的贡献率为3.6%，第二产业对经济增长的贡献率为67.1%，第三产业对经济增长的贡献率为29.3%。

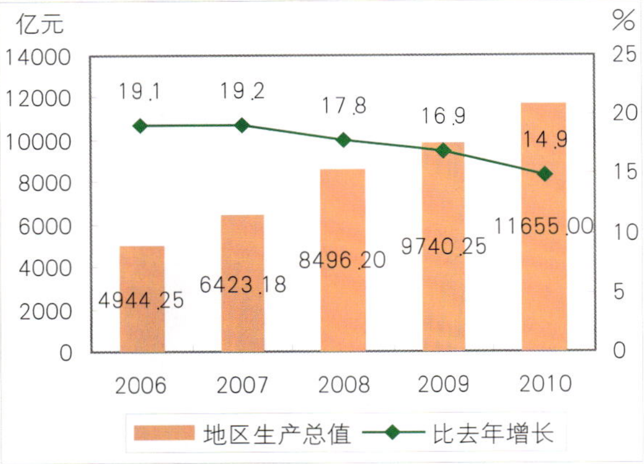

2006—2010年地区生产总值及其增长速度

（二）产业结构大调整，新型产业基地建设取得新进展

农牧业基础地位更加稳固。全区农业、林业、牧业、渔业及农林牧渔服务业的构成由2005年的48.3：4.1：45.4：0.7：1.5调整为2009年的46.6：5：45.9：0.8：1.7。2010年，国家及自治区重点推进“三农三牧”工作，推出了系列优惠政策，大力推动了全区第一产业的发展，农牧业基础地位得以巩固。2010年，全区粮食总产量达到2158万吨，比2005年增加496万吨，已超过“十一五”规划目标1750万吨粮食综合生产能力。全年肉类总产量248.93万吨，比上年增长6.4%；牛奶产量905.15万吨，增长0.2%；山羊绒产量8104吨，增长9.9%；禽蛋产量50万吨，增长2.3%；水产品产量11.38万吨，增长7.4%。牛奶、羊肉、羊绒产量稳居全国首位。农牧业产业经营水平不断提升。

工业化进程不断加快。“十一五”时期，

“十一五”以来内蒙古主要农畜产品产量及在全国位次

种类	2006 年		2007 年		2008 年		2009 年	
	总量	位次	总量	位次	总量	位次	总量	位次
牛奶（万吨）	869.20	1	909.30	1	934.93	1	903.12	1
羊肉（万吨）	75.97	1	80.80	1	81.39	1	88.23	1
山羊绒（吨）	6853	1	6689	1	7642	1	7375	1
绵羊毛（吨）	98691	1	95753	1	96385	1	102027	1
粮食（万吨）	1806.7	13	1811.1	13	2131.3	11	1981.7	12
小麦（万吨）	172.2	12	175.9	12	154.0	12	171.2	12
玉米（万吨）	1134.6	7	1161.4	7	1410.7	6	1341.3	6
薯类（万吨）	178.6	2	153.9	8	195.7	5	161.3	7
油料（万吨）	101.1	9	79.4	10	117.5	9	119.6	8

全区大力推进新型工业化，充分发挥资源优势和后发优势，以经济结构调整为主线，加快转变发展方式，加大重点工业项目投资力度，着力推进产业多元、产业延伸和产业升级，大力培育和壮大主导产业集群和特色产业，工业化进程明显加快。“十一五”时期，全区规模以上工业增加值年均增长 25.4%，对经济增长的贡献率 60%。能源、冶金、化工、装备制造、农畜产品加工和高新技术六大优势特色产业的增加值占全区规模以上工业增加值的 90%，成为拉动工业生产快速增长的主要动力。全区涌现出了伊利、蒙牛等 34 个中国驰名商标，拥有 30 多项处于国际国内领先地位的工艺和设备。2010 年全部工业增加值 5618.40 亿元，比上年增长 18.8%。其中，规模以上工业企业增加值比上年增长 19%。在规模以上工业企业中，轻工业增加值增长 16.8%；重工业增加值增长 19.5%。从工业产品产量看，全区原煤产量首次突破 7 亿吨，达 7.87 亿吨，比上年增长 26.3%；发电量达到 2483.88 亿千瓦小时，增长 13.1%，其中，风力发电量 199.25 亿千瓦小时，增长 73.2%；羊绒衫、载货汽车产量分别为 2021.16 万件和 41646 辆，分别增长 48.5% 和 67.6%。今年以来工业企业效益一直处于稳中趋好的状态。2010 年前 11 个月，全区规模以上工业企业实现主营业务收入 11845.26 亿元，比上年同期增长 31.6%；实现利润总额取得新突破，首次突破了千亿元大关，规模以上工业企业实现利润 1074.26 亿元，比上年同期增长 67.1%。

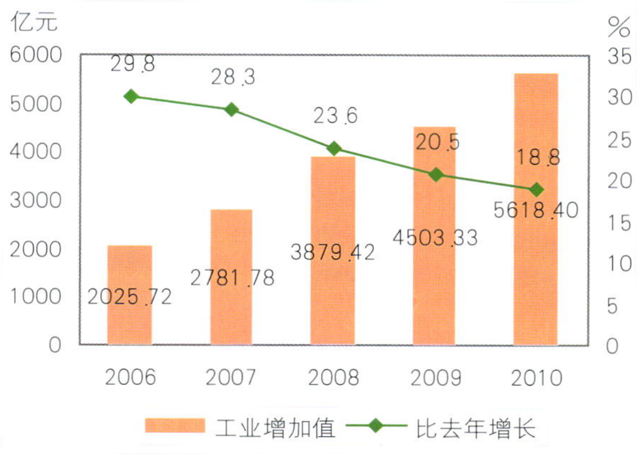

2006-2010 年工业增加值及其增长速度

服务业规模不断扩大，现代服务业驶入快车道。全区服务业增加值由 2005 年的 1542.26 亿元增加到 2010 年的 4187.83 亿元，年均增长 14.9%。以信息传输、计算机服务和软件业，金融业，房地产业，租赁和商务服务业等为代表的现代服务业成为新的增长点，占服务业增加值的比重由 2005 年的 17.3% 提高到 2009 年的 21.7%。围绕自治区工业化发展，先后建设了一批大型物流枢纽、物流园区，从而带动了自治区经济社会发展。分几个行业看，房地产业延续着较快的发展劲头，对第三产业增长的带动作用明显。2010 年，全区房地产开发投资达 1120.02 亿元，同比增长 37.4%，比全部固定资产投资增速高 18.3 个百分点。商品房销售有新突破，销售面积和销售额分别突破 3000 万平方米和 1000 亿元。2010 年，全区商品房销售面积达 3020.54 万平方米，同比增长 22.6%；销售额 1065.03 亿元，同比增长 45.3%，分别快于 2009 年增速 7.6 个和 6.4 个百分点。年末全区金融机构各项人民币存款余额 10278.69 亿元，首次突破万亿元，全年新增存款 1905.18 亿元，比上年末增长 22.8%。年末全区金融机构各项人民币贷款余额 7919.47 亿元，全年新增贷款 1626.97 亿元，比上年末增长 25.9%。

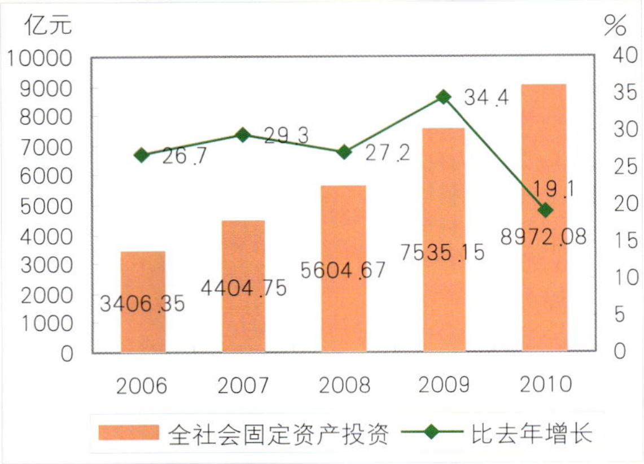

2006—2010 全社会固定资产投资及其增长速度

（三）内需外需大拉动，经济发展不断增添新动力

投资规模不断扩大，重点项目建设硕果累累。“十一五”时期，全社会固定资产投资年均增长 27.3%，累计完成近 3 万亿元。内蒙古认真贯彻落实国家宏观调控政策，投资结构进一步优化，加强了以生态、水利、电力、交通及市政设施为重点的基础设施建设，有力地拉动了国民经济的快速增长。“十一五”时期，全区工业投资年均增长 25.7%，累计完成投资 14992 亿元，占全社会固定资产投资的 50%；用于农林牧渔水利业累计完成固定资产投资 1147 亿元，年均增长 33.5%；用于交通运输、仓储和邮政业累计完成投资 3347 亿元，年均增长 25.3%。2010 年，全区全社会固定资产投资完成 8972.08 亿元，比上年增长 19.1%，较 2009 年增速回落 15.3 个百分点，也低于全国平均增速 4.7 个百分点。全区城乡 50 万元以上项目完成固定资产投资额 8880.86 亿元，同比增长 19.2%。全年新开工项目 10115 个，比上年下降 8.5%；在建项目投资总规模 22107.68 亿元，比上年增长 18.9%。

城乡市场繁荣活跃，消费需求日趋成为经济增长的源头与动力。全区城乡市场开拓成效显著。2010 年，全区社会消费品零售总额一直在高位上平稳运行，扩内需政策效应明显。社会消费品零售总额由 2005 年的 1358.1 亿元增加到 2010 年的 3337 亿元，年均增长 19.7%。其中，城镇消费品零售额由 2005 年的 1190 亿元增加到 2010 年的 2914.6 亿元，年均增长 19.6%；乡村消费品零售额由 2005 年的 168.2 亿元增加到 2010 年的 422.7 亿元，年均增长 20.2%。消费品市场呈现的主要特点：一是城镇消费品市场主导地位明显，乡村市场增速缓慢。二是随着城乡居民生活水平提高，消费质量不断上升，以汽车、住房为主导的消费升级，有力推动了社会消费品零售总额的增长。大宗商品拉动作用突出。2010 年限额以上汽车类零售额 277.2 亿元，比上年增长 32.4%；商品房销售的快速增长，居住、家庭装饰等消费增长较快。全年建筑装潢材料零售额增长 21.9%。三是一系列保障、改善民生措施得力，对消费品市场较快增长形成有力支撑，加速了居民消费结构的升级，特别是“家电下乡”政策的实施，有力带动了全区农村牧区的消费市场。全年家用电器、音像器材类和通讯器材类零售额增长较快，分别比上年增长 25.9% 和 58.7%。

（四）对内对外大开放，外向型经济发展取得新成绩

“十一五”以来，全区在积极应对国际金融危机而产生不利局面，化危机为机遇，努力应对国内产业调整和转移的同时，积极转变外贸增长方式，扩大对外贸易。全区进出口总额由 2005 年的 51.62 亿美元增加到 2010 年的 87.2 亿美元。其中，出口总额由 2005 年的 20.65 亿美元增加到 2010 年的 33.3 亿美元。“走出去”战略加快推进，2010 年新批准设立境外投资企业 25 家，

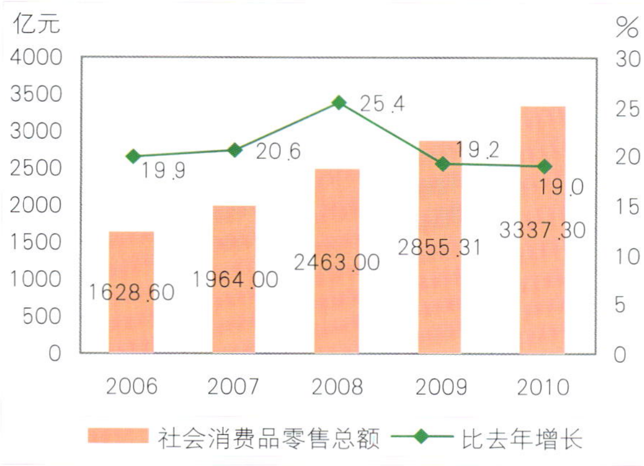

2006—2010 年社会消费品零售总额及其增长速度

中方协议投资 5.8 亿美元。从主要贸易伙伴看，我区在与俄罗斯、蒙古等传统贸易伙伴贸易额保持平稳增长的同时，也加快了与香港、澳大利亚等新型贸易伙伴的贸易增长，贸易主体呈多元化趋势。2010 年，我区与俄罗斯、蒙古的贸易额分别达 25.49 和 16.85 亿美元，同比分别增长 6.3% 和 36.8%；与香港地区、澳大利亚的贸易额同比分别增长 7.92 倍和 84.8%。2010 年实际利用外商直接投资 33.85 亿美元，比上年增长 13%。年内全区在工商部门注册的"三资"企业 3693 家，比上年增加 18 家。"十一五"时期，累计外商直接投资 129.1 亿美元，比"十五"时期增长 4.1 倍。

（五）城乡区域大统筹，区域经济发展构筑新格局

内蒙古西部和东部两大区域发展战略的带动和辐射逐步增强，正逐步形成与周边省区市、腹地良性互动、协调发展的新格局。2010 年以呼包鄂为核心的西部七个盟市生产总值达到 8837.68 亿元，财政一般预算收入达到 617.46 亿元，分别占全区的 68.6% 和 57.7%。东部五盟市生产总值达到 4041.07 亿元，财政一般预算收入达到 228.97 亿元，分别占全区的 31.4% 和 21.4%。

城乡经济一体化发展不断加快，县域经济发展势头强劲。2009 年，内蒙古 80 个旗县及县级市生产总值达到 4864.14 亿元，占全区的 50%。在 2009 年第九届中国西部百强县市中，内蒙古有 20 个旗县（市）名列其中，占西部百强县市的 1/5。2010 年末，全区城镇化率达到 55%，比 2005 年提高 7.8 个百分点。

（六）社会事业大发展，和谐内蒙古建设迈出新步伐

民生工程见成效，民生状况明显改善。全区城镇参加基本养老保险人数由 2005 年的 339 万人增加到 2010 年的 430 万人；参加基本医疗保险人数由 292 万人增加到 886 万人。全区有 200 万人得到国家最低生活保障救济。"十一五"时期，城镇新增就业 114.2 万人。

节能减排和环境保护取得明显成效。重点区域、重点流域和重点行业环境治理得到加强，环境质量明显改善。目前全区 92.3% 的城市空气质量达到良好或者较好，城市空气质量好于二级以上天数普遍增加。"十一五"全区节能耗目标有望实现。2010 年全区监测的 15 个城市空气质量达到二级标准的 14 个，达到三级标准的 1 个。

各项社会事业全面进步。到 2010 年末，全区共有普通高等学校 44 所，比 2005 年增加 11 所。全年招收学生 11.65 万人，比 2005 年增加 4.63 万人。2010 年，全区广播、电视人口覆盖率分别达 96.6% 和 95.38%，分别比 2005 年提高 3.96 和 5.23 个百分点。全区年末医疗卫生单位拥有病床 9.73 万张，拥有卫生技术人员 14.5 万人。2010 年开展新型农村合作医疗试点的旗县达到 98 个，覆盖农村牧区人口 1309.37 万人。

城乡居民生活水平不断提高。全区城镇单位在岗职工平均工资由 2005 年的 15985 元增加到 2010 年的 35507 元，在全国的位次由 2005 年的第 15 位上升至 2009 年的第 10 位。全区城镇居民人均可支配收入由 2005 年的 9137 元增加到 2010 年的 17698 元，年均实际增长 11.1%；农牧民人均纯收入由 2005 年的 2989 元增加到 2010 年的 5530 元，年均实际增长 9.8%。内蒙古城镇居民人均可支配收入和农牧民人均纯收入由 2005 年的第 14 位和第 17 位，前移到 2009 年的第 10 位和第 16 位。居民消费结构不断升级，家用轿车、信息通信产品、住房等消费热点持续升温。

综上所述，"十一五"时期是我区综合经济

实力提升最快、城乡面貌变化最大、社会建设成就最好、人民群众得到实惠最多的时期之一。全区各族人民团结奋斗，推动我区经济社会发展跨上了一个新台阶。

二、“十二五”时期展望

“十二五”时期是全面建设小康社会的关键时期，是深化改革开放、加快转变经济发展方式的攻坚时期。深刻认识并准确把握国内外形势新变化新特点，科学谋划“十二五”，对于继续抓住和用好发展的重要战略机遇期、促进经济长期平稳较快发展，夺取全面建设小康社会新胜利具有十分重要的意义。

（一）“十二五”时期我区经济社会发展面临的环境

“十二五”时期，我区机遇和挑战并存，且处于可以大有作为的重要战略机遇期。世界多级化、经济全球化深入发展，我国与世界各国和地区的经济合作不断深化，为我们加快发展营造了良好外部环境。随着国家扩大内需战略的实施，将为我区特色优势产业发展提供了潜在的市场空间。国家西部大开发、振兴东北等老工业基地战略的深入实施和促进内蒙古经济社会又好又快发展意见的出台，将为我区实现新一轮发展创造良好的政策条件。

同时，我们也清醒的注意到，我区未来发展还面临不少挑战和困难。国际经济形势复杂多变，不确定因素增多。把内蒙古放在全国经济社会发展大格局中去审视，欠发达的基本区情没有根本改变，发展不足仍是主要矛盾，主要表现是：产业结构调整有待进一步深化，投资、消费、出口三大需求对经济增长的拉动力不够协调，地区发展也不够平衡；城乡居民人均收入水平还比较低，特别是农牧民收入水平与全国平均水平还存在较大差距，民生状况有待进一步改善；节能降耗压力较大；科技创新能力不强，统筹经济社会协调发展的任务还比较艰巨等问题，这些需要在今后发展中逐步加以解决。

（二）“十二五”时期经济社会发展的目标和重点任务

全区要以科学发展为主题，以加快转变经济发展方式为主线，深化改革开放，保障和改善民生，巩固和扩大应对国际金融危机冲击成果，促进经济长期平稳较快发展和社会和谐稳定。 我们在综合考虑未来发展趋势和条件，认为今后五年我区经济社会发展的主要预期目标是：地区生产总值年均增长 12% 以上，地方财政总收入年均增长 15%，固定资产投资和社会消费品零售总额年均分别增长 15% 和 18%，城镇居民人均可支配收入和农牧民人均纯收入年均分别增长 12%，单位生产总值能耗降低 15%。同时社会建设明显加强，改革开放不断深化，促进经济平稳较快发展和社会和谐稳定，为全面建成小康社会的基础更加牢固。为此，“十二五”时期，结合内蒙古的实际，我们建议重点在加快发展方式转变，推进经济结构调整；加强生态环境和基础设施建设，促进可持续发展；加强交通基础设施建设，构建适应经济社会发展的交通运输网络；加大改善民生方面的投入力度，实现富民与强区并重的目标等四个方面发展实现新突破。

（三）“十二五”时期实现经济社会又好又快发展的对策建议

“十二五”时期，全区要以党的十七大和十七届三中、四中、五中全会精神为指导，全面深入贯彻落实科学发展观，紧紧抓住机遇，积极应对各种挑战，贯彻实施好有关国家扩大内需一系列政策措施，认真解决存在的突出矛盾和问题，推动科学发展，促进社会和谐，为全面建设小康社会奠定坚实的基础。为此，我们建议采取以下六个方面的重要举措：

1. 坚持以科学发展观统领经济社会发展全局，切实转变经济发展方式。全面落实科学发展观，增强发展的稳定性、协调性和可持续性，在保障和改善民生方面下功夫，在进一步解决“三农三牧”问题上下功夫。在调整结构上下功夫。加快发展能耗低、技术含量高的新材料产业、高新技术产业、装备制造业，促进工业结构的根本

内蒙古育肥羊小区（内蒙古农牧业厅提供）

性转变。要切实采取措施，从政策配套、营造环境、完善制度等方面支持服务业加快发展，促进服务业在扩大规模和提高比重上取得突破。继续加大和提高技术改造投资在全社会投资中的比重，提高投资项目的技术含量，提升建设项目的层次，促进投资结构的优化，培育经济新的增长点，促进经济持续较快发展。

2. 加大产业结构调整的力度，促进经济稳步增长。要继续促进经济增长由主要依靠第二产业向依靠一二三产业协同带动转变。大力发展现代农牧业，调整优化农牧业结构，提高农牧业综合生产能力。巩固提升传统能源和农畜产品加工产业，做大做强新型煤化工和冶金建材产业，积极培育战略性新兴产业，以稀土高新、电子信息、生物制药为主的高新技术产业，大力发展非资源型产业，加快以运输机械、工程机械、风力发电设备为主的装备制造业。要进一步明确服务业发展的战略定位，加强政策扶持和引导力度，提升生产型服务业规模和层次，打破服务行业垄断，引进市场竞争机制，推进事业单位改革，提高服务业的对外开放水平，主动承接国际服务业转移。大力推进信息化与工业化的融合。重视中小企业发展，采取有效措施，从融资、技术、就业培训等环节给予支持，不断优化中小企业发展环境。

3. 提高自主创新能力，形成后发优势加快发展。大力提高原始创新能力，形成创新的重要基础和科技竞争力的主要源泉。加快引进消化吸收再创新，充分利用全球科技存量，形成后发优势加快发展。为了提高自主创新能力，必须确立企业在自主创新中的作用，加快建设产学研相结合的技术创新体系，努力实现新技术的产业化。发挥政府的战略导向、综合协调和服务功能，创造更好的创新环境。强有力的创新激励体系是增强自主创新能力的根本性制度保障，深化科技体制改革，加快建立以保护知识产权为核心的激励体制框架，建立和完善创业风险投资，增强税收制度对创新的激励作用，努力吸引集聚高层次创新领军人才，为提高自主创新能力提供强大的动力来源。

4. 加强节能减排和环境保护的力度，实现可持续发展。继续推动资源和环境领域的市场化改革；建立符合市场化改革要求、有约束力的现代资源和环境产权制度；完善自然资源有偿开采、有偿使用制度；加快用水、用地、用电以及二氧化碳排放权交易制度建设，使利益相关者和受影响者共同分担由于资源开采所带来的影响。严把高能耗行业准入关。从严控制高能耗项目，管好土地和信贷两个闸门，把能耗标准作为项目审批、

格根塔拉草原旅游中心
（内蒙古自治区统计局提供）

核准的强制性门槛，严把能耗增长的源头关；依法淘汰落后生产能力，压缩部分耗能高、污染大、附加值低的行业规模。要坚决贯彻落实承接产业转移的基本原则，更加注重资源环境保护，防止高污染、低效益的产业向我区转移；大力发展服务业和高新技术产业；积极开辟能源供给新领域。积极实施能源多样化方针，大力发展太阳能、风能、生物质能等新能源和替代能源的开发利用。要强化节能减排的监管力度，实行严格的目标责任制和行政问责制，建立节能减排激励机制和污染浪费惩罚机制，增强节能减排实效。

5. 促进区域协调发展，优化区域空间布局。积极稳妥推进城镇化，实施自治区东部和西部两大区域发展总体战略，实施主体功能区战略，完善城市化布局和形态，加强城镇化管理，鼓励西部地区率先发展，支持东部地区加快发展，扶持老少边穷地区发展，构筑区域经济优势互补、主体功能定位清晰、国土空间高效利用、人与自然和谐相处的区域发展格局。

6. 切实增加城乡居民收入，将解决民生问题放在突出位置来抓。要着力保障和改善民生，真正做到富民与强区并重，不断提高城乡居民的收入水平，让经济发展成果惠及广大人民群众。一是要提高居民收入，提高劳动报酬在初次分配中的比重，促进收入来源多样化、增收稳定化、分配公平化，务必使农牧民收入水平不徘徊，逐步缩小与城镇居民收入的差距，切实保证社会的公平正义。着力扩大消费需求特别是居民消费需求，努力消除制约消费的制度和政策障碍，加快完善城乡商品商业网络，重点加强农村牧区市场商品流通体系建设，鼓励产品与服务创新，满足多层次消费需求。规范市场秩序，加大市场秩序监管力度。二是要把就业工作摆在更加重要的位置，要采取积极的就业政策，支持以创业带动就业，多渠道开发就业岗位，提高就业吸纳能力。稳定现有就业岗位。要重点做好高校毕业生和生活困难人员的就业工作。三是进一步完善社会保障制度，按照推进城乡基本公共服务均等化的要求，健全覆盖城乡居民的社会保障体系。要积极扶持革命老区、少数民族聚居区、边疆地区、贫困地区加快发展，加大扶贫开发力度，提高自主发展能力，改善人民群众的生产生活条件，让各族人民共享自治区经济社会发展的成果。

（撰稿人：胡敏谦 内蒙古自治区统计局局长）

辽宁省经济社会发展报告

2010年是“十一五”的收官之年，也是国内外发展环境复杂多变的一年。在省委、省政府的正确领导下，全省各地区、各部门深入贯彻落实科学发展观，紧紧抓住国家进一步实施东北老工业基地振兴战略、辽宁沿海经济带开发开放上升为国家战略和沈阳经济区获批国家新型工业化综合配套改革试验区的历史机遇，加快推进产业结构调整，着力转变经济发展方式，全省经济继续保持较快增长，增速高于振兴以来的平均水平，高于我国东部地区的平均水平，为“十二五”良好开局、实现又好又快发展夯实了基础。

一、全省经济运行态势

（一）经济运行的特点

1. 从走势看，经济呈现高开趋稳的运行态势

初步核算，2010年全省生产总值18278.3亿元，按可比价格计算，比上年增长14.1%，增速比上年加快1个百分点，高于振兴以来平均增幅0.8个百分点，高于东部地区十省市平均增幅1.3个百分点。分季度看，全省经济呈现高开趋稳的运行态势，一季度生产总值增速达到近年来最高值15.3%，上半年及前三季度趋于稳定，生产总值增速分别为14.6%和14.4%。表明全省经济持续向好的势头进一步巩固，转方式、调结构的政策效应开始显现。

2. 从生产看，三次产业协调发展，共同支撑经济较快增长

农业生产稳定增长，粮食再获丰收。2010年，农林牧渔业增加值1631.1亿元，按可比价格计算，比上年增长5.8%，增幅比上年加快2.7个百分点。全省农作物总播种面积4184.9千公顷，比上年增长3%。克服春季低温、夏季洪涝、阴雨寡照等自然灾害影响，粮食生产获得较好收成，总产量达1765.4万吨，比上年增加174.4万吨，增长11%。蔬菜产量2668.2万吨，增长2.4%。水果产量641.3万吨。畜牧业、渔业生产持续增长。全年肉类总产量407.2万吨，比上年增长4.6%。牛奶产量121.2万吨，增长10.2%。禽蛋产量275.7万吨，增长4.8%。水产品产量（不含远洋渔业产量）412.85万吨，增长6.7%。

工业生产增长较快。2010年，工业增加值8684.7亿元，按可比价格计算，比上年增长16.8%。规模以上工业增加值增长17.8%，增幅比上年加快1个百分点。一是工业企业产业集中度进一步提高。装备制造业、冶金、石化和农产品加工业四大行业占规模以上工业增加值的比重由上年的86.3%提高到87.2%。全年装备制造业增加值比上年增长27%，高于规模以上工业增加值平均增幅9.2个百分点；农产品加工业增加值增长23.9%，高于规模以上工业增加值平均增幅6.1个百分点；石化工业增加值增长13.4%；冶金工业增加值增长14.7%。二是股份制企业增幅较高。全年股份制企业增加值比上年增长20.5%，高于规模以上工业增加值平均增幅2.7个百分点；外商及港澳台商投资企业增加值增长17.5%；股份合作企业增加值增长14.8%；集体企业增加值增长16.7%；国有及国有控股企业增加值增长11.4%。三是77.3%的主要工业产品产量实现不同程度增长。全年原油加工量比上年增长12.1%，生铁产量增长8.2%，粗钢产量增长6.6%，钢材产量增长13.9%，十种有色金属产量增长25.5%，水泥产量增长7.1%；金属切削机床产量增长25.6%，汽车产量增长39.2%，民用钢质船舶产量增长48.7%，交流电动机产量增长26.8%；乙烯产量增长80.8%，塑料制品产量增长19.6%，彩色电视机产量增长27.1%，化学纤维产量增长6.7%，服装产量增长19.1%，机制纸及纸板产量增长28.1%。四是产销衔接状况较好。

全年规模以上工业企业产品销售率97.7%，比上年提高0.1个百分点。其中，国有企业产品销售率98.2%，集体企业产品销售率97.1%，股份制企业产品销售率97.8%，股份合作企业产品销售率96.9%，外商及港澳台商投资企业产品销售率98.3%。

服务业持续较快发展。2010年，服务业增加值6774.9亿元，按可比价格计算，比上年增长12.2%。其中，批发和零售业增加值1645.3亿元，增长13.2%；住宿和餐饮业增加值372.2亿元，增长14.3%；交通运输、仓储及邮政业增加值922.6亿元，增长13.4%。全年货运量、港口货物吞吐量和集装箱吞吐量分别比上年增长17.6%、22.4%和19.2%。全年邮电业务总量1153.1亿元。金融存贷款规模持续扩大，年末金融机构本外币各项存款余额28057.4亿元，比年初增加4706.2亿元；金融机构本外币各项贷款余额19622亿元，比年初增加3399.9亿元。商品房销售增长较快，全年商品房销售面积达6798.2万平方米，实现销售额3059.9亿元，分别比上年增长26.5%和41.1%。旅游产业持续活跃，全年旅游总收入2686.9亿元，比上年增长20.7%。其中，国内旅游收入2533.4亿元，增长20.7%；旅游外汇收入22.6亿美元，增长21.7%。

3. 从需求看，内需外需齐头并进，为经济较快增长增添了动力

投资规模进一步扩大。2010年，全社会固定资产投资完成16043亿元，比上年增长30.5%。一是投向第三产业的比重上升。全年第一产业投资358.3亿元，比上年增长11%；第二产业投资7493.1亿元，增长28.2%；第三产业投资8191.6亿元，增长33.7%。投资三次产业构成由上年的2.6:47.5:49.9调整为2.2：46.7：51.1。二是用于基础设施建设的投资继续加大。全年基础设施建设完成投资3839.1亿元，比上年增长37%。其中，交通运输、仓储和邮政业投资1080.4亿元，增长48.9%；水利、环境和公共设施建设投资1377.4亿元，增长49.4%；文化、体育和娱乐业投资186.6亿元，增长41.2%。三是房地产开发投资保持较快增长。全年房地产开发完成投资3465.8亿元，比上年增长31.3%。其中，住宅投资2481.1亿元，增长28.4%；商业营业用房开发投资588.8亿元，增长35.9%。四是一批重大项目开工兴建，带动了投资规模的扩大。全省新开工项目个数由上年的19951个增加到25022个，完成投资7484.5亿元，比上年增长27.9%。其中，施工计划总投资亿元以上新开工项目1559个，完成投资3857.4亿元，分别增长46.5%和82.4%；10亿元以上新开工项目166个，完成投资1134.9亿元，分别增长93%和1.3倍。

消费市场稳步发展，热点商品销售旺盛。2010年，社会消费品零售总额实现6809.6亿元，比上年增长18.6%，增幅比上年加快0.4个百分点。一是城镇市场引领消费走势。全年城镇市场零售额6280.3亿元，比上年增长18.8%，对社会消费品零售总额增长的贡献率达到93.1%，拉动消费增长17.3个百分点；乡村市场零售额529.3亿元，增长16.2%。二是住宿和餐饮业持续活跃。全年住宿和餐饮业实现零售额755.3亿元，比上年增长24.5%，高于社会消费品零售总额增速5.9个百分点。其中，住宿业零售额61.1亿元，增长20.8%；餐饮业零售额694.2亿元，增长24.8%。三是热点商品销售旺盛。限额以上批发零售业零售额中，汽车类商品零售额比上年增长43%；石油及制品类商品零售额增长35.8%；建筑及装潢材料类商品零售额增长46.2%；家具类商品零售额增长41.8%。

进出口全面提速。2010年，进出口总额实现806.7亿美元，比上年增长28.2%。其中，出口总额431.2亿美元，增长28.9%；进口总额375.5亿美元，增长27.4%。一是高附加值产品出口快速增长。在出口总额中，高新技术产品出口增长40.5%；机电产品出口增长30.8%。二是一般贸易、加工贸易出口保持同步增长。一般贸易出口180亿美元，比上年增长29.2%；加工贸易出口206.1亿美元，增长26.5%。三是钢材、船舶等商品出口增幅较大。全年钢材出口比上年增长1.1倍，成品油出口增长34.7%，船舶出口增长49.1%，铝材出口增长40%。四是主要出口市场均保持较快增长。全年对亚洲出口268亿美元，比上年增长27.3%。对欧盟出口56.3亿美元，增长36.7%。对美国出口47.4亿美元，增长20.1%。对拉丁美洲出口22.9亿美元，增长77%。

利用内外资再创佳绩。2010年，实际使用外商直接投资207.5亿美元，比上年增长34.4%。一是房地产业实际使用外资大幅增长，达70.3亿美元，增长99%。二是香港地区在辽宁投资继续加大，达114.8亿美元，比上年增长70.2%，占全省实际使用外资的55.3%。全年引进内资4103.1亿元，比上年增长65.1%。

4. 从收入和就业看，城乡居民收入稳步增长，就业形势稳定

全年城镇居民人均可支配收入17713元，比上年增长12.4%，扣除价格因素，实际增长9.3%；农村居民人均可支配收入6908元，比上年增长15.9%，扣除价格因素，实际增长11.5%。

实施更加积极的就业政策，千方百计扩大就业规模，继续保持了全省就业形势的总体稳定。全年新增实名制就业115.6万人，城镇登记失业率3.7%，低于全年控制目标。

（二）经济运行的亮点

1. 三大区域竞相发展。加快实施三大区域发展战略，形成了区域经济竞相发展、沿海与腹地良性互动的新格局，带动了全省经济又好又快发展。初步核算，全年沿海经济带（包括大连、丹东、锦州、营口、盘锦、葫芦岛6市）实现生产总值9249.9亿元，按可比价格计算，比上年增长15.9%；沈阳经济区（包括沈阳、鞍山、抚顺、本溪、营口、阜新、辽阳、铁岭8市）实现生产总值11365.9亿元，增长15.2%；辽西北（包括阜新、铁岭、朝阳3市）实现生产总值3171.7亿元，增长15.9%。

2. 科技创新能力增强。一是科技投入不断增加。全年地方财政一般预算支出中，科技支出达68.6亿元，比上年增长19.4%，增幅比上年提高2个百分点。全年R&D经费支出达271.4亿元。二是科技产出成效明显。全年高新技术产品增加值按现价计算比上年增长26.4%，增幅比上年加快3.4个百分点，占规模以上工业增加值的31.2%。规模以上工业实现新产品产值2747.1亿元，比上年增长31.4%，增幅比上年加快22.2个百分点。其中，装备制造业新产品产值1768.4亿元，增长16.2%；冶金工业新产品产值561.6亿元，增长1.3倍；石化工业新产品产值294.1亿元，增长30.6%；农产品加工业新产品产值62.9亿元，增长41%。

3. 经济运行质量提升。一是企业经济效益大幅增长。全年规模以上工业企业实现主营业务收入36821.8亿元，比上年增长33%；实现利税2992.6亿元，增长44%；实现利润1506.3亿元，增长59.9%；亏损企业亏损额下降12%，亏损面从上年的12.3%下降至11.1%。二是地方财政收入突破2000亿元大关。全年地方财政一般预算收入2004.8亿元，比上年增长26%。其中，各项税收1516.6亿元，增长28.1%。

4. 进出口总额创历史新高。受国际金融危机的冲击，2009年外贸进出口处于低迷状态，全省进出口、出口、进口分别下降13.1%、20.5%和3%。进入2010年以来，随着全球经济的逐步复苏，全省进出口开始走出困境，并呈现出恢复性大幅增长的态势。到去年10月份，全省进出口总额累计达到656.4亿美元，超过2008年的同期水平。全年进出口总额突破800亿美元，出口和进口总额均超过2008年爆发国际金融危机前的水平，创历史新高。

5. 主要经济指标增速超过全国及东部平均水平。全年生产总值增速高于全国3.8个百分点；高于东部十省市平均水平1.3个百分点，在东部十一省市中居第3位。规模以上工业增加值增速高于全国2.1个百分点；高于东部十省市平均水平0.1个百分点，在东部十一省市中居第5位。城镇固定资产投资增速高于全国5.7个百分点；高于东部十省市平均水平8.3个百分点，在东部十一省市中居第4位。社会消费品零售总额增速高于全国0.2个百分点；高于东部十省市平均水平0.1个百分点，在东部十一省市中居第6位。地方财政一般预算收入增速高于全国1.4个百分

点；高于东部十省市平均水平 0.4 个百分点，在东部十一省市中居第 4 位。

6. 圆满完成了“十一五”规划的各项目标任务。“十一五”，全省生产总值年均增长 14%，超过“十一五”规划目标 3 个百分点。全社会固定资产投资累计超过 5 万亿元，超过“十一五”规划确定的 3.5 万亿元的目标。社会消费品零售总额年均增长 17.8%，超过“十一五”规划目标 5.8 个百分点。实际使用外商直接投资提前 3 年完成了“十一五”规划确定的 90 亿美元的目标。地方财政一般预算收入年均增长 24.3%，超过“十一五”规划目标 12.3 个百分点。城镇居民人均可支配收入和农村居民人均纯收入，扣除价格因素，年均增长 11.4% 和 9.3%，分别超过“十一五”规划目标 2.4 个和 1.3 个百分点。

（三）经济运行的难点

1. 市场价格上涨压力加大。一是居民消费价格逐渐走高。去年四季度以来，全省居民消费价格持续上涨，10 月份、11 月份和 12 月份当月同比分别上涨 4.2%、6% 和 5%。全年居民消费价格累计上涨 3%，其中，城市上涨 2.8%，农村上涨 4%。居民消费价格的逐步走高，对城乡居民生活尤其是低收入群体带来不同程度的影响。二是生产领域价格高位运行。全年工业品出厂价格比上年上涨 7.4%，原材料、燃料、动力购进价格上涨 8.6%。随着资源环境税费和资源性产品价格改革，以及原油、铁矿石、有色金属等国际贸易中的大宗商品继续延续 2009 年以来的上涨势头，国内工业品出厂价格和原材料、燃料、动力购进价格上涨势头不减，导致农业生产资料价格上升，直接推高农产品价格，或间接经过工业加工进入消费领域，推高居民消费价格。

2. 企业生产经营成本上升压力加大。一是企业用资成本增加。去年央行六次上调存款准备金率、二次加息，国家财政政策由“适度宽松”转向“稳健”，导致企业用资成本增加。全年规模以上工业企业管理费用比上年增长 17.6%，增幅较上年提高 6.5 个百分点；财务费用增长 21.5%，提高 17.3 个百分点，其中，利息支出增长 14.2%，提高 10.7 个百分点。二是企业运营成本增加。能源、资源等大宗商品的国际市场价格波动幅度不断加大，油价的上涨导致运费增加，均提高了企业的运营成本。全年规模以上工业企业主营业务收入增幅比上年提高了 18.7 个百分点，但主营业务成本增幅比上年提高了 22 个百分点，两者相差 3.3 个百分点。生产价格指数呈上涨趋势，原材料、燃料、动力购进价格当月涨幅自 4 月份开始高于工业品出厂价格，两项价格涨幅逐步拉大，原材料、燃料、动力购进价格涨幅由年初的低于出厂价格 0.7 个百分点扩大到 12 月份当月的高于 3.3 个百分点。“高进低出”增加了企业生产成本，挤占了利润空间。

3. 节能降耗压力依然较大。一是节能降耗的难度日益增大。辽宁高耗能行业为主的产业结构对能源需求程度高。“十一五”前四年，辽宁工业部门的能耗占全社会能耗总量的 73.4%。短期内，冶金、石油化工等以基础原材料为主体的工业仍是辽宁经济发展的支柱产业，能源消费将进一步增长。同时，辽宁能源消费以煤炭为主。“十一五”前四年，煤炭消费占能源消费总量的比重超过 70%。发展低碳经济及保护生态环境的形势更加紧迫。二是能源需求的增长速度超过能源生产的增长速度，能源供需缺口日益拉大。辽宁传统资源开发已进入中晚期，从而导致各种能源资源的对外依存度逐年提高。目前，外省调入量已超过全省能源消费总量的 70% 以上。

4. 居民收入增长与经济发展不同步的矛盾相对突出。“十一五”期间，城镇居民人均可支配收入和农村居民人均纯收入年均实际增长分别低于生产总值年均增速 2.6 个和 4.7 个百分点。2010 年，全省城镇居民人均可支配收入低于生产总值增速 4.8 个百分点，而全国城镇居民人均可支配收入低于生产总值增速 2.5 个百分点；农村居民人均纯收入实际增速低于生产总值增速 2.6 个百分点。从城镇居民人均可支配收入看，主要是工资性收入的增长相对低于经济增长。工资性收入占城镇居民可支配收入的 66.1%，但实际增速仅为 9.3%，低于经济增速 4.8 个百分点。从农村居民人均纯收入看，家庭经营净收入增长相对较慢是导致农村居民人均纯收入实际增长低于经济增长的主要因素之一。家庭经营净收入占农村居民人均纯收入的 50.5%，但实际增速仅为 11.1%，低于经济增速 3 个百分点。

二、2011 年全省经济走势展望

总体看，全省经济运行呈现良好的发展态势，进入了快速上升的通道。今年是“十二五”规划的开局之年，保持全省经济平稳较快发展，具有许多有利条件，但也面临着诸多不确定性因素。

有利条件：一是从国际环境看，影响全球经济持续向好的积极因素不断积累。其一，消费者信心指数高位运行。2010 年 12 月份全球制造业采购经理指数（PMI）达到 55%，表明全球制造业正在逐步恢复。其二，东南亚国家和新兴亚洲国家在内的新兴经济体增长强劲，将对世界经济产生强有力的带动作用。2011 年 1 月 6 日，国际货币基金组织（IMF）最新在线调研显示：2011 年亚洲地区将保持强劲增长，预计全年增长率为 7%，中国和印度将继续领导亚洲的经济增长。在发达国家经济仍受金融危机困扰之际，新兴经济体正成为“世界经济稳定的来源”，新兴市场国家力量步入上升期。二是从国内环境看，我国正朝着宏观调控的预期方向平稳向好发展。经济运行态势良好，宏观政策“积极稳健、审慎灵活”。2009 年我国实施应对国际金融危机、刺激经济增长的一揽子计划，全年经济延续和保持了 2009 年四季度以来较快增长的态势，企业经营状况明显改善，三大需求全面增长，经济整体在上升通道中运行。2009 年 3 月份起，我国制造业采购经理指数（PMI）已连续 22 个月位于临界点（50%）以上的扩张区间，2010 年 12 月份达到 53.9%。中央经济工作会议提出，2011 年将实施积极的财政政策和稳健的货币政策，经济的主线是“保增长、调结构、管通涨”，并确定了六大重点工作，为今年经济发展明确了方向和任务。三是从省内情况看，其一，辽宁经济已进入较快发展的通道。受国际金融危机影响较大的外贸等领域已恢复到历史较好水平。进出口、出口、进口总额均超过 2008 年水平。主要经济指标均保持较快增长，全年生产总值增速超过振兴以来的平均水平 0.8 个百分点，这些都为“十二五”开好局创造了条件。其二，经济运行的先行指标表现良好。2010 年，全社会固定资产投资增长 30.5%，实际使用外商直接投资增长 34.4%，地方财政一般预算收入增长 26%，金融机构本外币贷款余额比年初增加 3399.9 亿元，全社会工业用电量增长 16.1%，货运量增长 17.6%，港口货物吞吐量增长 22.4%。企业景气指数为 132.2，创 2008 年四季度国际金融危机以来的新高；企业家信心指数为 131.7，连续三个季度保持在 130 以上高景气区间。全省经济运行基础持续稳固，经济发展空间较大。其三，经济多点支撑格局业已形成。装备制造、冶金、石化和农产品加工业四大支柱产业继续发挥支撑和带动作用，形成重点产业有效支撑经济增长的发展格局。辽宁三大区域战略向纵深推进，形成了沿海经济带、沈阳经济区、突破辽西北三大区域良性互动、竞相发展的新格局，为全省经济发展注入了活力。县域经济与城区经济共撑全省经济发展。2010 年，44 个县（市）地方财政一般预算收入净增 201.8 亿元。在 2010 年全国百强县评比中，辽宁入围 7 个县（市），比上年增加 2 个。56 个城区中，地方财政一般预算收入超过 20 亿元的数量由上年的 9 个增至 13 个。2011 年，辽宁将实施新一轮的县域经济和城区经济三年倍增计划，县域和城区对全省经济的支撑作用将进一步增强。

不利因素：一是从国际环境看，世界经济增长有所放缓，复苏进程依然缓慢，全球总体经济低速增长的态势对全省外向经济的影响不可低估。其一，发达经济体增长疲软。美国、日本、欧元区等主要经济体复苏缓慢，面临着产能继续过剩、失业率居高不下、居民储蓄率提高和不良资产仍待消化等问题。其二，外需拉动经济增长的困难依然较大。贸易摩擦不断、贸易保护主义抬头与人民币升值对全省外需产生诸多影响。二是从国内环境看，在经济增长过程中还存在许多矛盾和困难。如管理通胀预期的压力仍然较大，输入型通胀因素依然存在，价格上涨压力仍不可轻视；企业融资和用工成本增加、能源原材料支出增加，推高生产经营成本。2010年以来，央行多次上调金融机构人民币存款准备金率和存贷款利率，预示着未来货币政策将进一步趋紧。三是从省内情况看，辽宁经济发展中的结构性、体制性深层次矛盾还比较突出，转方式、调结构的任务仍然较重，在发展中还面临着价格上涨、企业运营成本上升、节能降耗等方面的压力，需要引起高度的重视。

三、关于促进全省经济平稳较快发展的建议

2011年是"十二五"开局之年，做好今年的经济工作至关重要。当前，要深入贯彻中央经济工作会议精神，按照省委十届十一次全会和全省经济工作会议的部署，把握好国内外形势的新变化新趋势，加强和改进宏观调控，把注意力更多地放在保持经济平稳较快发展、着力解决影响经济发展的突出矛盾上来，努力实现"十二五"良好开局。为此，提出以下对策建议：

1. 要以资金筹措、抓好大项目为着力点，努力提高投资的效益和质量。一是多方筹资，确保投资资金及时到位。紧跟国家扩内需的各项政策，创造条件争取尽可能多的国家政策性资金。在充分利用本区域社会资本的基础上，创新融资方式和开发新的融资产品，同时引导和鼓励金融机构增加信贷投放。二是加快重大项目投资建设，增强经济发展的后劲。积极争取并尽快落实一批大的投资项目，重点抓好亿元以上大项目建设，以大项目引导和带动投资快速增长。三是打造优势产业与培育新兴产业并举。要加大传统优势产业的投资力度，重在加强技术改造和科技创新，使辽宁传统产业在国内的优势地位不断巩固。同时，投资要向九大类新兴产业有所侧重，积极培育新型潜力型产业。四是重视和发展民间投资。要认真研究和贯彻落实国务院《关于鼓励和引导民间投资健康发展的若干意见》，引入市场化运作机制，采取多种融资渠道，拓宽民间投资的领域和范围，保持民间投资持续高增长的势头。

2. 要以招商引资、扩大出口为途径，增强经济发展的外生助力。一是继续做好"走出去"、"请进来"等招商活动，以三大区域、重点产业为整体吸引外资，制定统一招商引资、信息共享的政策与调度机制，促进产业集群化；调整优化产业布局，引导外资投向高端服务业、高新技术产业、高附加值产业和环保节能产业等领域，鼓励外资并购和增资扩股，鼓励外商创业投资和股权投资，促进利用外资规模稳定高质增长；优化招商环境，提升后续服务功能和服务质量。二是进一步扩大出口规模。利用当前外贸回升的有利时机，引导外向型企业积极主动加快产业、产品结构调整，努力提高技术水平，以加工贸易转型升级带动一般贸易发展；继续落实好出口退税、出口信贷、出口保险等稳定外需的政策措施，切实帮助企业解决实际困难，支持企业巩固传统市场，积极开拓新兴市场，培育周边市场，保持出口回升向好的势头。

3. 要以工业为支撑，充分发挥工业经济的主导作用。一是全力抓好企业提升工程。通过采取招商引资、合资合作、上市融资、并购重组和打造优势企业等措施，推动企业做大做强。二是全力建设产业集群工程。加快重点产业集群和特色产业基地建设。三是全力推进项目工程。抓好投资规模大、科技含量高、牵动作用强的重大项目。四是全力促进企业并购工程。以装备制造业、电子信息等行业为重点，实施"走出去"发展战略，充分发挥基础条件好、外向度高、行业优势强的骨干企业的作用，加大政策扶持力度，紧紧抓住欧美、日、韩等先进发达国家并购目标企业，增强企业国际市场竞争力。五是着力抓好节能减排与淘汰落后产能工作。要以重点耗能企业为重点，引导和鼓励企业开展节能减排技术改造和技术创新。继续强化目标考核和行政问责，加强检查和监督。六是对重点行业产品销售和原料采购要做好协调，帮助企业改善盈利能力，降低原料采购成本，提升整体效益水平。

4. 要以推动新农村建设、打造县域产业集群为重点，激活县域经济发展的活力。一是加快新农村建设。切实转变农业发展方式，大力发展

高效农业，加大强农惠农力度，把保证农产品供应、提高农业综合生产能力放在首位，支持各地根据本地实际发展特色产业。继续加强农业基础设施建设，加大水利基础设施建设力度，除了要改造维修大中型水利设施外，还要集中财力投向农田水利配套设施，提高旱涝保收高标准粮田标准。加强对生猪、奶牛、蛋鸡等畜禽产品价格预警及市场需求分析，指导和帮助农民稳定畜牧业生产，避免畜禽产品价格出现大的波动。二是巩固和发展县域经济。实施新一轮县域经济倍增计划，坚持工业化主导地位，大力发展农产品深加工业，做大做强县域特色主导产业，形成新农村产业集聚区，打造更多全国百强县。

5. 要以打造沿海经济带、开发开放沈阳经济区、突破辽西北为依托，促进三大区域协调发展。一是进一步加强沿海经济带建设。加快大连东北亚国际航运中心建设，以大连港为中心，带动丹东、锦州、营口、盘锦、葫芦岛五市的港口建设，优化港口资源，建设现代港口集群；全力抓好沿海新区建设，以新区建设为载体，加强基础设施建设使其具备引资条件，全面提升沿海经济带的外向规模。二是提升以沈阳为中心经济区的发展水平。发挥沈阳作为中心城市的带动作用，同时加快沈阳经济区一体化进程，在交通、市场、就业和社会保障、基础设施和公用设施等方面联合实施一体化改革措施，形成以中心城市向外辐射，城市联动的一体化新格局；加快新城、新市镇建设步伐，以科技创新优化产业升级，整合区域内产业、资源和基础设施建设，推动产业分工和集群化发展，尽快形成沈阳经济区域内的产业优势互补、错位发展的新格局。三是加强对辽西北的政策支持力度。在财税、优惠政策等方面重点加强工业园区基础设施建设及重点产业建设；积极争取国家矿产资源勘查资金，并利用省本级矿产资源补偿费和两权价款收益，重点用于辽西北矿产资源勘查；扎实推进荒山荒地造林绿化工程；做好人才引进工作，采取更加优惠的政策鼓励高校毕业生到辽西北工作。

6. 要以促进就业、完善保障、增加收入为突破口，扎实推进民生工程。一是继续落实就业政策，拓宽就业渠道。加大劳动密集型产业特别是中小企业和服务业的发展力度。向就业困难群体提供长期帮扶，继续保持零就业家庭动态为零。在政策、资金等方面提供有力支持，鼓励企业吸纳高校毕业生，完善高校毕业生深入基层工作的优惠政策。研究执行税费减免、创业补贴、创业基金、小额担保贷款等优惠扶持政策，创业实现就业。二是完善社会保障体系。按照《关于实行城镇企业职工基本养老保险省级统筹制度的通知》的文件要求，尽快出台包括农民工在内的城镇企业职工养老保险关系转移接续办法；在全省开展新型农村社会养老保险试点的基础上，继续扩大农村养老保险覆盖面；健全覆盖城乡居民的基本医疗保障体系，健全医疗保险关系转移接续制度；继续实施保障性住房建设和农村危房改造工程，保障低收入群众住房需求。三是千方百计提高居民收入。加强工资宏观调控，指定工资增长指导线，实现工资增长与经济发展同步，建立最低工资标准动态增长机制；推进工资集体协商制度，推动职工收入与企业效益增长同步；用好国家扶持政策和措施，注重提高低收入群体收入水平；控制物价水平，积极有效地管理通胀，确保居民的购买能力不降低。

（撰稿人：张晶 辽宁省统计局局长）

吉林省经济社会发展报告

2010年是吉林经济发展史上非同寻常的一年。一年来，在省委、省政府的正确领导下，全省人民全面贯彻党的十七大、十七届三中、四中、五中全会和中央经济工作会议精神，坚持以邓小平理论和“三个代表”重要思想为指导，深入贯彻落实科学发展观，高举科学发展、加快振兴、富民强省的旗帜，突出扩大经济总量、调整优化结构、保障改善民生，着力在增强发展活力、夯实发展基础、转变发展方式、提高发展质量上下功夫，克服了国际金融危机的不利影响，战胜了百年不遇的洪涝灾害，有效化解了宏观经济运行中各种复杂因素和困难的干扰，实现了全省经济的持续健康发展。全省经济运行主要指标数据完成情况大都好于预期，为全面实现省九次党代会确定的发展目标和“十二五”规划的良好开局创造了极为有利的条件。

一、2010年全省较高质量实现“保增长”的目标

（一）经济总量跃上新的台阶

2010年，全省实现地区生产总值8577.06亿元，比上年增长13.7%，比全国增长10.3%的平均水平快3.4个百分点；比我省上年13.3%的增幅快0.4个百分点。分别以577亿元的增量和0.7个百分点的增幅，超过2010年的规划预期。初步测算，我省人均GDP为31306元，增长13.6%。

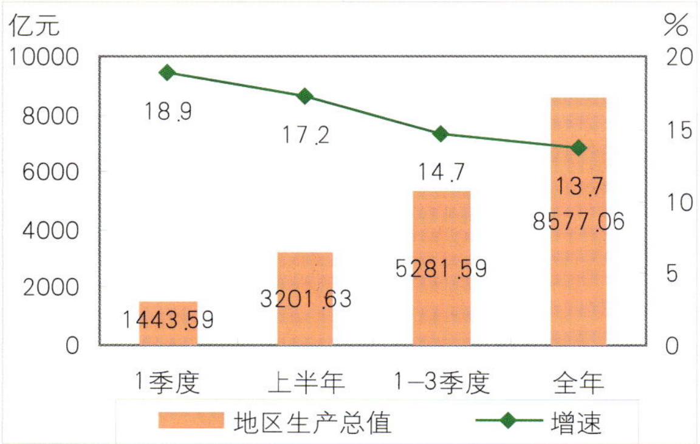

2010年分季度全省地区生产总值及增速情况

从总量看，2010年，我省8577.06亿元的GDP总量，不仅表明我省经济总体跃上了一个较大的平台，更为2011年进入万亿元GDP“俱乐部”打下坚实的基础。同时，我省人均GDP简略估算为4734美元，比上年增加946美元，2011年我省人均GDP也将迈上5000美元的新台阶。

从产业看，2010年我省第一产业增加值1050.15亿元，增长3.5%，比全国平均增速慢0.8个百分点，但比上年增速快0.7个百分点；第二产业增加值4417.39亿元，增长18.9%，增速比全国平均水平快6.7个百分点，比上年快1.8个百分点；第三产业增加值3109.52亿元，增长10.4%，增度比全国水平快0.9个百分点，比上年慢2.6个百分点。2010年，全省一、二、三产业增加值占GDP的比例分别为12.2:51.5:36.3，而2009年的比例为13.5:48.6:37.9；全国2010年的比例为10.2:46.8:43.0。从数据的对比中，清楚地证明我省振兴老工业基地成效显著，第二产业占GDP的比重上升了2.9个百分点，这是自2004年实施振兴战略以来首次突破50%，第二产业已经占据了半壁江山。

（二）粮食生产创造新高

2010年，我省粮食总产量达到2842.50万吨，比上年增长15.5%。去年我省夏季遭遇特大洪涝灾情，全省上下对粮食生产高度重视，先后出台多项“抗灾保产”的具体政策措施，将灾情降低到最小，在极其不利的气候条件下创造了粮食产量的新高。粮食的保产对于经济的企稳向好发挥了重要的基础作用，对保障农民收入、稳定粮食价格、确保国家粮食安全发挥了重要作用。

（三）工业经济引领吉林经济实现加快发展

据初步核算，2010年，全部工业对GDP增长的贡献率达59.6%，比上年提高了8.9个百分点。规模以上工业实现增加值比上年增长19.9%，圆满完成了年初的计划目标。

从各月当月的情况看，2010年全省工业生产呈现出前高后低的局面。受到汽车产业强劲拉动和2009年同期基数较低的双重影响，2010年开局之时全省工业经济实现了超高的增长率，1月份规模以上工业增加值同比增长率达到39.1%，此后逐渐回落，但到4月份时依旧保持了24.0%的高增长率。此后，随着上年同期基数的不断增大和全省经济呈现出“常态回稳”的发展态势，规模以上工业增加值的增速逐渐回稳，进入下半年始终保持在15%左右的增长率。

2010年各月全省规模以上工业增加值增长速度情况

2010年全省工业经济发展的主要特点：

一是汽车产业贡献增强。2010年以来，全国汽车市场尤其是乘用车市场需求旺盛，以一汽大众为龙头的我省交通运输设备制造业产销两旺，带动了全省工业经济持续高速增长。2010年，交通运输设备制造业累计实现工业增加值1121.09亿元，比上年同期增长24.6%，对全省工业增长的贡献率为37.6%，比上年提高17.8个百分点。

二是民营工业增速提高。2010年以来我省民营工业保持了持续高速增长，增长幅度波动不大，对全省工业增长的贡献率稳步提高。2010年，规模以上民营工业实现增加值1861.61亿元，同比增长24.0%，增长速度比全省工业快4.1个百分点。

三是高耗能行业比重降低。2010年以来，我省高耗能行业低速运行，发展速度持续放缓，产出规模所占比重降低。2010年，全省六大高耗能行业增长14.3%，低于全省工业增速5.6个百分点，增速又比上半年回落3.2个百分点；实现增加值806.29亿元，占全省工业比重为21.5%，比2009年末下降1.7个百分点，我省行业结构得到进一步改善。

四是工业企业实现利润接近800亿元。2010年，全省规模以上工业实现利润达到794.74亿元，创历史最高水平，与上年同期相比增长66.4%，39个大类行业中有34个行业利润同比呈现增长态势，企业获利能力再上新台阶。与全国比较，2010年以来我省工业企业实现利润增长幅度始终高于全国平均水平，1—11月份我省工业利润增幅高于全国14.1个百分点。

五是工业经济效益综合水平全面提升。2010年，我省规模以上工业经济效益综合指数为289.32%，同比提高了37.1个百分点。其中，总资产贡献率15.72%，同比提高2.6个百分点；资本保值增值率144.48%，同比提高39.3个百分点；资产负债率52.08%，同比下降6.1个百分点；成本费用利润率6.95%，同比提高1.5个百分点；全员劳动生产率264761元，同比增长16.7%；产品销售率95.43%，同比提高0.8个百

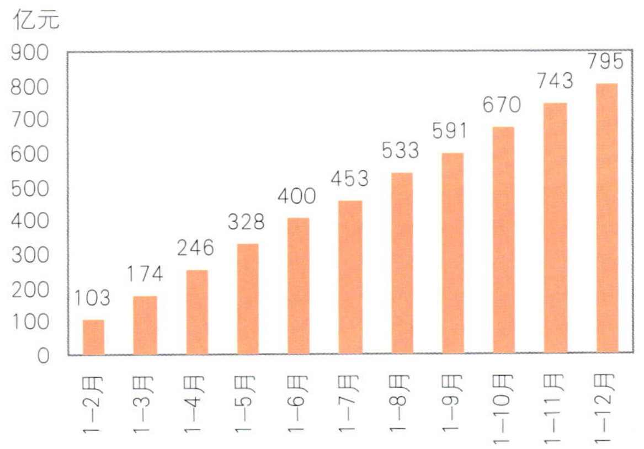

2010年各月全省累计实现工业利润额

分点。流动资产周转率 2.94 次，周转速度同比减慢 0.2 次。

（四）项目带动效果明显，固定资产投资继续保持旺盛增长

2010 年，我省全年完成全社会固定资产投资 7870.39 亿元，比上年增长 22.8%。人均投资达到 2.87 万元。其中，城镇以上固定资产投资 7395.23 亿元，比上年增加 1436.28 亿元，增长 24.1%，固定资产投资继续保持高位高速增长。

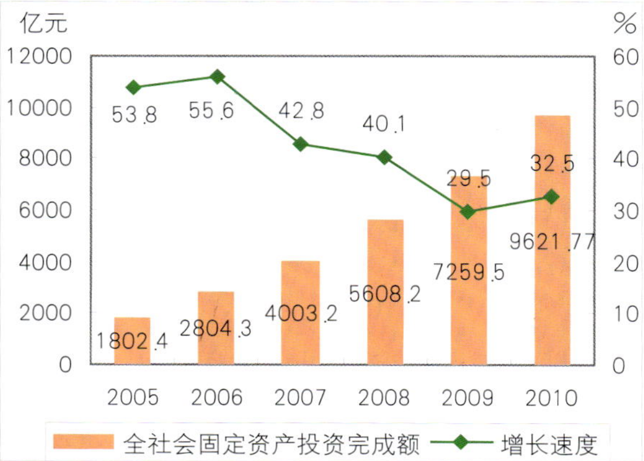

我省近年全社会固定资产投资完成额及增长速度情况

从产业构成看，2010 年，完成第一产业投资额 167.10 亿元，增长 64.1%，增速比上年加快 36.4 个百分点，第一产业固定资产投资增速大大加快；完成第二产业投资额 4610.03 亿元，增长 37.2%，增速比上年加快 5.0 个百分点，第二产业固定资产投资增速明显加快；完成第三产业投资额 3148.59 亿元，增长 26.1%。

从大项目构成看，2010 年，我省亿元及以上项目个数 1001 个，比上年 881 个增加 20 个，同比增长 13.6%；除去中央项目外，地方亿元项目个数 919 个，比上年 773 个增加 146 个，同比增长 29.9%；地市县亿元项目个数 869 个，同比增长 63.6%。亿元项目遍地开花，项目带动战略效果明显。

从大项目投资状况看，2010 年，我省亿元及以上项目投资完成 2855 亿元，比上年 1889.2 亿元增加 965.8 亿元，同比增长 51.1%；除去中央项目外，地方项目也完成投资 2210 亿元，比上年 1392.3 亿元增加 817.7. 亿元，同比增长 58.7%；地市县完成投资 2021 亿元，同比增长 63.6%。亿元项目高数增长，大项目投资的导向作用使全年我省城镇固定资产投资保持了 33% 的增长速度，并大大高于全国的 24.5% 增长水平，进而有效地支撑了全省经济的较快增长。

（五）社会消费需求稳定增长，对经济发展拉动作用进一步增强

2010 年，我省全年实现社会消费品零售总额 3501.82 亿元，比上年同期增长 18.5%，其中实现城镇社会消费品零售总额 3104.07 亿元，同比增长 18.6%；实现农村社会消费品零售总额 397.74 亿元，同比增长 17.8%。城乡消费需求基本实现同步增长。2010 年一季度我省社会消费品零售总额增长 17.9%，上半年 18.5%，前三季度

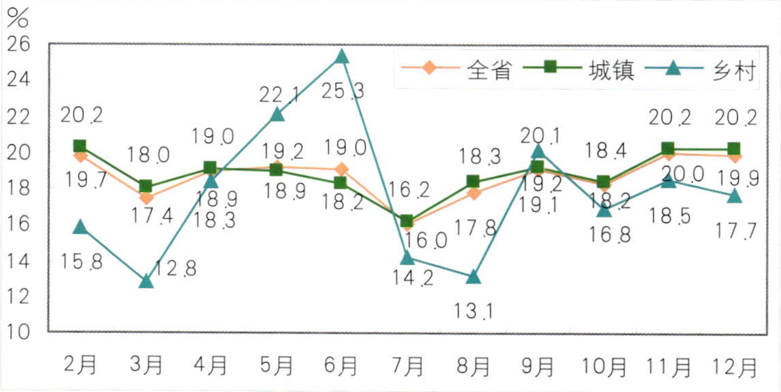

2010 年各月全省城市和农村社会消费品零售额增速情况

18.2%，全年为18.5%。全省全年实现社会消费品零售总额完成计划（3460亿元）的101.2%，增速超过计划（17%）1.5个百分点。2010年社会消费品零售总额各季度基本上保持在18%-18.5%水平的增长平台上，并已连续两年保持18.5%-19%的增长平台上，且基本上均高于全国平均水平，从而使我省消费需求持续稳定增长，并略高于全国的增长水平，从而成为我省经济较快增长的又一支柱。

从行业构成看，批发、零售、住宿和餐饮业分别实现社会消费品零售总额400.51亿元，2751.66亿元、31.92亿元和317.72亿元，分别同比增长18.1%、18.5%、23.0%和19.3%，增长水平均在18%以上。

从限额以上四种主要商品零售分类情况看，粮油、食品、饮料、烟酒类，服装、鞋帽、针纺织品类，石油及制品类和汽车类分别实现社会消费品零售总额976.90亿元，152.08亿元、239.34亿元和226.99亿元，分别同比增长32.1%、35.9%、27.2%和35.8%，增长水平基本上在30%以上，有力地推动消费需求的平稳增长。

（六）对外贸易高速发展，外贸依存度进一步提升

2010年，在全省经济的持续稳定健康发展中，外贸经济实现了高速增长，其出口和进口的增长率均超过40%。据长春海关提供的数据显示，2010年全省累计完成外贸进出口总值168.46亿美元，超过年度规划目标32.16亿美元，比上年增加50.99亿美元，增长43.5%，超过规划增长率目标27.5个百分点，高于当年全国平均增长水平8.8个百分点。其中，全年累计完成出口总值44.76亿美元，超过年度规划目标7.16亿美元，比上年增加13.45亿美元，增长43.2%，超过规划增长率目标23.2个百分点，高于当年全国平均增长水平4.5个百分点；累计完成进口总值123.70亿美元，比上年增加37.54亿美元，增长43.5%，高于当年全国平均增长水平12.2个百分点。

全年外贸进出口总值的迅速增长，带来了我省经济发展外向度的明显提高，其外贸依存度由2009年的11.0%提高到2010年的13.0%，扩大了2个百分点。其中，出口依存度由2.9%提升到3.5%，扩大了0.6个百分点。

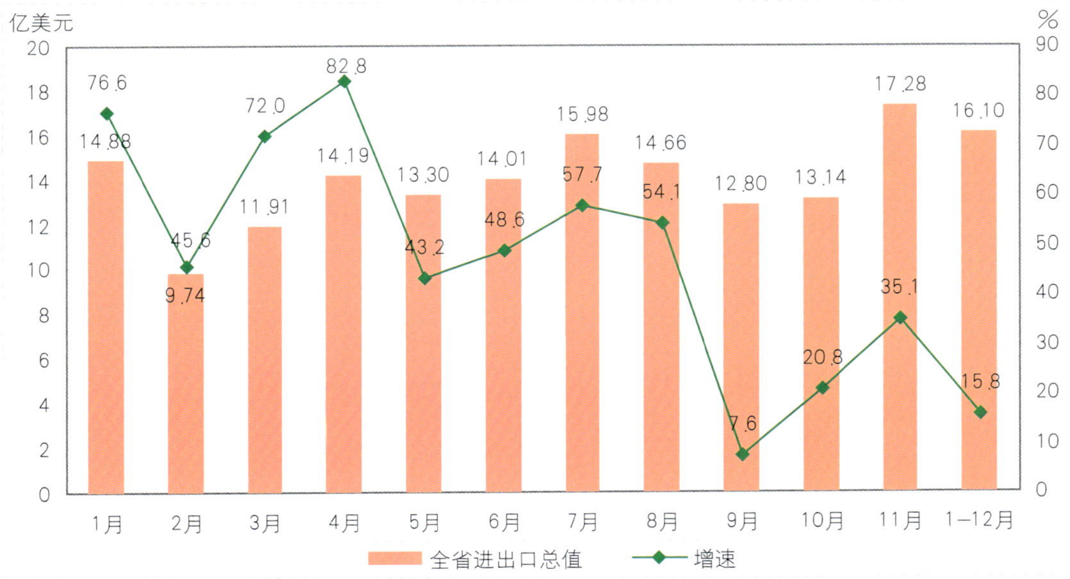

2010年各月全省进出口总值及增速情况

（七）实际利用域外资金规模实现新的突破

2010年，在各级政府的高度重视和大力支持下，全省各级经济组织始终把加大域外资金利用力度作为促进自身加快发展的重要手段，采取多种形式和措施，努力扩大利用域外资金规模，取得了明显的成果。统计资料显示，全年全省实际利用外资规模首次突破40亿美元，达到41.65亿美元，超过年度规划目标0.65亿美元，比上年增加5.98亿美元，增长16.8%，超过年度规划增速目标1.8个百分点。其中，全年外商直接投资12.80亿美元，超过年度规划目标0.60亿美元，比上年增加1.41亿美元，增长12.3%，超过年度规划增速目标5.3个百分点。

在实际利用外资实现较快增长的同时，全省实际利用外省资金规模也首次突破2000亿元，达到2209.75亿元，比上年增加553.74亿元，增长33.4%。实际利用外资和实际利用外省资金的双双快速增长，为加快吉林经济发展提供了强有力的项目和资金支持。

（八）财政收入和财政支出

2010年，我省全口径财政收入1206亿元，同比增长23.4%，其中，地方级财政收入602.41亿元，同比增长23.7%。全口径财政收入和地方级财政收入增幅均高于全国财政收入21.3%的增幅。税收收入在企业利润回升的拉动下稳步回升，保障了财政收入的稳定增长。全省税收收入达到439.31亿元，同比增长21.7%，其中企业所得税收入达到60.82亿元，增长23.6%。税收收入占地方级财政收入的比重达到72.9%。

从各月的情况看，年初在工业经济强势增长的带动下，全省地方级财政收入呈现出在30%、40%以上水平高速增长的势头，此后工业经济逐渐回稳，财政收入的增势也逐渐平稳，但也始终保持了25%左右的水平增长。

全年完成地方财政支出1787.25亿元，增长20.8%。其中教育支出增长15.3%；社会保障和就业支出增长25.6%；环境保护支出44.6%；住房保障支出38.8%；交通运输支出增长55.7%，城乡社区事务支出34.9%。

（九）交通运输业务量大幅增加，对经济增长的拉动作用有所增强

2010年，全省公路货物运输量达33013万吨，比上年同期增长22.1%，货物周转量为683.14亿吨公里，同比增长14.6%；铁路货物发送量达7674万吨，同比增长7.1%，货物周转量为

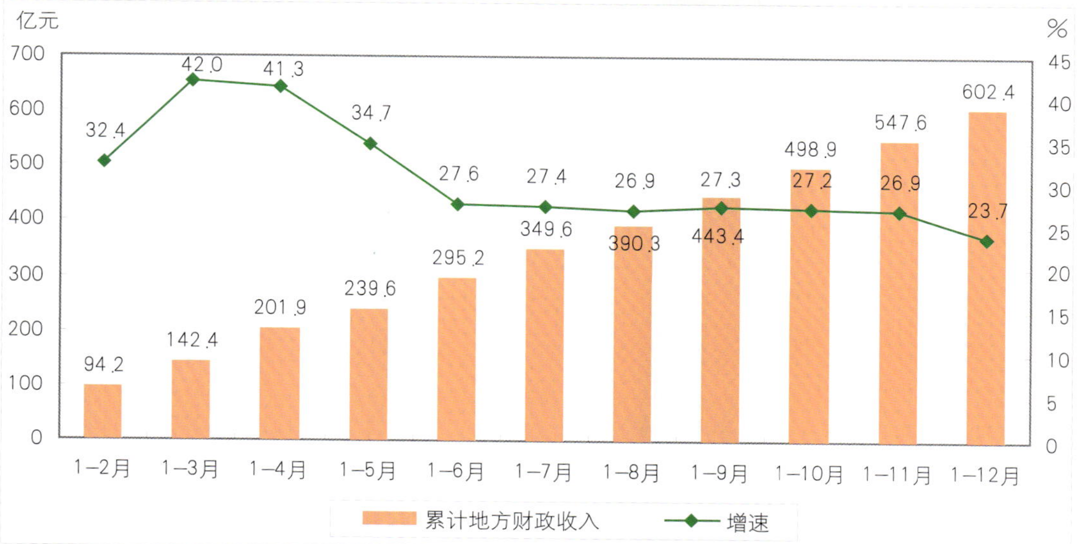

2010年全省各月累计地方财政收入及增速情况

565.9 亿吨公里，同比增长 4.9%；民航货物发送量达 2.30 万吨，同比增长 25.3%，货物周转量为 4948.7 万吨公里，同比提高 18.9%。

据测算，2010 年全省交通运输、仓储、邮政业实现增加值对地区生产总值增长的贡献率为 2.8%，比上年提高了 0.2 个百分点，对经济增长的拉动作用有所增强。

（十）金融信贷规模稳步扩大

金融业平稳运行。截至 2010 年末，全省境内金融机构本外币存款余额 9702.55 亿元，比年初增加 1296.93 亿元；其中，居民储蓄存款余额 5203.16 亿元，比年初增加 524.42 亿元。金融机构本外币贷款余额 7279.62 亿元，比年初增加 979.19 亿元；其中，中长期贷款余额 4310.84 亿元，比年初增加 937.27 亿元，中长期贷款余额的大幅增长为我省项目建设提供了有力的资金保障。

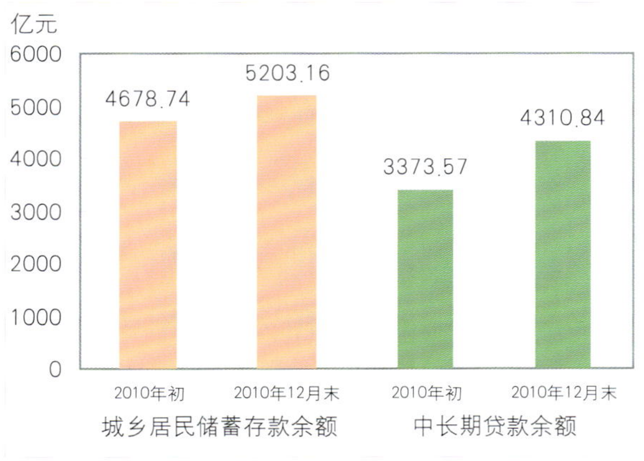

2010 年全省城乡居民储蓄存款余额和中长期贷款余额年初和年末比较

（十一）城乡居民收入稳定增加，民生得到有效改善

2010 年，在全省经济实现持续较快发展的同时，城乡居民收入水平也得到了稳定提高，民生继续得到显著改善。全年全省城镇居民人均可支配收入达到 15411.47 元，略高于全年规划目标 15407 元的水平，比上年增加 1405.20 元，增长 10.0%，其增幅高于上年水平 0.8 个百分点，但低于当年全国平均增长水平 1.3 个百分点；全年全省农村居民人均纯收入达到 6237.44 元，超过全年规划目标 550.44 元，比上年增加 971.53 元，增长 18.4%，其增幅高于上年水平 11.6 个百分点，超过全年增长率规划目标 10.4 个百分点，高于当年全国平均增长水平 3.5 个百分点。

（十二）物价水平

全年居民消费价格上涨 3.7%。其中，农村上涨 4.1%，城市上涨 3.4%。分八大类别看，食品类价格上涨 9.2%（粮食价格上涨 13.9%），烟酒及用品类价格上涨 0.7%，衣着类价格上涨 0.7%，医疗保健及个人用品类价格上涨 1.8%，居住类价格上涨 2.4%，娱乐教育文化用品及服务类价格上涨 0.5%，家庭设备用品及维修服务类价格下降 0.4%，交通和通信类价格下降 0.9%。

从各月当月的情况看，2010 年上半年各月全省价格涨幅稳定在 3.0% 左右，下半年随着全国物价水平的普遍大幅增高，我省物价水平的上涨幅度也明显增大，8 月份和 10 月份达到 4.2%，11 月份更是达到 5.6%，年底随着多项稳定物价的政策措施发挥作用，物价水平又有所回落，12 月份我省物价涨幅有回落到 4.2%。

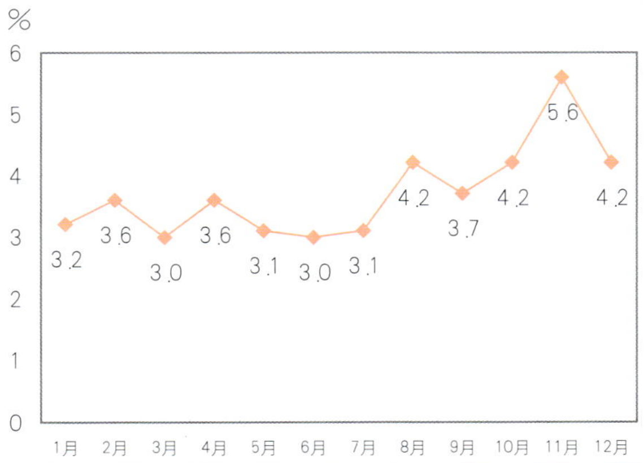

2010 年全省各月同比价格水平涨跌变动情况

农业生产资料价格下降 0.9%；工业品出厂价格上涨 5.2%；原材料、燃料、动力购进价格上涨 8.6%；固定资产投资价格上涨 3.4%。

二、全年经济运行中反映的基本问题

从一些重要的统计监测数据中不难发现，我省经济运行中仍存在一些值得关注的问题。

（一）第三产业增加值比重连年下降的趋势尚没有得到有效遏制

“十一五”以来，我省第三产业增加值比重形成了连年下降的趋势。已经由2006年的39.5%下降到2010年的36.3%，下降了3.2个百分点，而且下降幅度有扩大的趋势，由2007年比上年下降1.1个百分点扩大到了2010年比上年下降1.6个百分点。2010年与全国比较，比全国下降0.4%的幅度快了1.2个百分点。

（二）出口总值没有恢复到金融危机前的水平

2010年我省实现出口总值44.76亿美元，

2010年吉林省主要指标完成情况和全国对比

经济指标	吉林省			全国	
	指标值	占全国比重%	同比增长（%）	指标值	同比增长（%）
地区生产总值（亿元）	8577.06		13.7	397983	10.3
其中：第一产业	1050.15		3.5	40497	4.3
第二产业	4417.39		18.9	186481	12.2
第三产业	3109.52		10.4	171005	9.5
粮食产量（万吨）	2842.5	5.2	15.5	54641	2.9
规模以上工业增加值（亿元）	3755.11		19.9		15.7
轻工业增加值（亿元）	1047.32		21.2		13.6
重工业增加值（亿元）	2707.8		19.4		16.5
规模以上工业产品销售率（%）	98.5		0.7	97.9	0.2
工业经济综合效益指数	289.32		37.1		
规模以上工业净利润（亿元）	794.74		66.4		
全社会固定资产投资（亿元）	7870.39	2.8	22.8	278140	23.8
城镇固定资产投资（亿元）	7393.23	3.1	24.1	241415	24.5
第一产业（亿元）	167.1	4.2	64.1	3966	18.2
第二产业（亿元）	4610.03	4.6	37.2	101048	23.2
第三产业（亿元）	3148.59	2.3	26.1	136401	25.6
社会消费品零售总额（亿元）	3501.82	2.3	18.5	154554	18.4
城镇消费品零售总额（亿元）	3104.07	2.3	18.6	133689	18.8
农村消费品零售总额（亿元）	397.74	1.9	17.8	20865	16.1
地方级财政收入（亿元）	602.41	0.7	23.7	83080	21.3
财政支出（亿元）	1787.25	2.0	20.8	89575	17.4
海关进出口总值（亿美元）	168.5	0.6	43.5	29728	34.7
其中：进口总值（亿美元）	123.7	0.8	43.5	15779	31.3
出口总值（亿美元）	44.76	0.3	43.2	13948	38.7
城镇居民人均可支配收入（元）	15411.47		10.0	19109	11.3
农民人均纯收入（元）	6237.44		18.4	5919	14.9
居民消费价格总指数（上年为100）	103.7		3.7	103.3	3.3
食品价格指数（上年为100）	109.2		9.2	107.2	7.2

虽比上年增长43.2%，但比2008年的47.72亿美元下降6.2%；其占全国出口总值的比重，也由2008年的0.34%下降到0.30%，下降了0.04个百分点。

（三）居民消费价格总指数涨幅高于全国平均水平

2010年我省CPI涨幅为3.7%，高于全国平均水平0.4个百分点。其中食品价格涨幅为9.2%，高于全国平均水平2.0个百分点，这虽与我省第一产业的资源结构状况相关，但也应引起我们的高度关注。

（四）城镇居民人均可支配收入与全国平均水平的差距逐年拉大

“十一五”以来，我省城镇居民人均可支配收入与全国平均水平的差距逐年拉大，由2006年低于全国平均水平1984.38元扩大到2010年3697.53元，差距扩大了1713.15元。2010年与2006年相比较，我省城镇居民人均可支配收入低于全国平均水平的差额增长了86.3%。2010年，我省城镇居民人均可支配收入同比增长10.0%，比全国平均增速低1.3个百分点。这种状况如不尽快改观，与全国平均水平的差距还将会继续拉大。

（撰稿人：冯巍 吉林省统计局局长）

北方客车（张安能 摄）

（孙亚海 摄）

黑龙江省经济社会发展报告

2010年是"十一五"收官之年和制定"十二五"规划的关键一年，面对国内外比较复杂的形势，省委、省政府审时度势，迎难而上，带领全省上下一心一意谋发展，聚精会神搞建设，大力推进"八大经济区"和"十大工程"建设，紧紧围绕"双一"目标这条主线，全力加快结构调整和发展方式转变，筑牢经济发展基础，巩固社会发展成果，增强产业发展动力，全省宏观经济运行保持平稳较快增长，"双一"目标如期实现，主要经济指标完成或超额完成了"十一五"规划目标，为实现"十二五"规划良好开局，加快建设全面小康社会奠定了坚实基础。

一、经济发展实现新突破，重要领域创历史最好水平

1. 经济总量突破万亿元大关

2008年下半年，国际金融危机爆发后，2009年全省宏观经济触底回升，2010年延续了逐季加速回升的良好运行态势，全年地区生产总值超过10000亿元，达到10235亿元，按可比价格计算比上年增长12.6%，增速比上年提高1.5个百分点，高于年初计划1.6个百分点，高于全国平均水平2.3个百分点。从三次产业看，第一产业增加值1302.3亿元，增长6.2%，增幅比上年快1个百分点；第二产业增加值5100.1亿元，增长14.4%，比上年快1.4个百分点；第三产业增加值3832.6亿元，增长11.6%，比上年快1.5个百分点。

经济发展先行指标继续保持稳步增长。微观景气度呈现积极向好势头，四季度企业景气指数为134，同比提高7.1点；企业家信心增强，企业家信心指数为133.5，同比提高6.9点。交通运量平稳增加，全省货运量增长8.6%，其中：公路、铁路分别增长11.2%和5.5%，三者增幅同比分别提升8.7、8.2和10.9个百分点。全社会用电量747.8亿千瓦时，比上年增长8.6%，增速比上年提高5.8个百分点。

2. 生产供给持续增加

（1）粮食生产首次登上千亿斤台阶。2010年，我省大力推进千亿斤粮食产能工程，克服了前期的不利气象条件，加大投入，农业实现大丰收。全省农作物播种面积2.14亿亩，比上年增长2.7%；粮食总产量首次突破千亿斤台阶，达到1002.6亿斤，比上年增加132亿斤，增量占全国的42.3%，连续七年喜获农业丰收，成为全

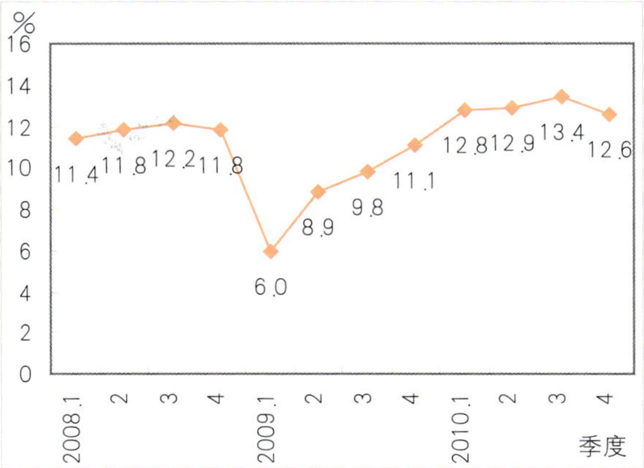

全省地区生产总值各季累计增幅

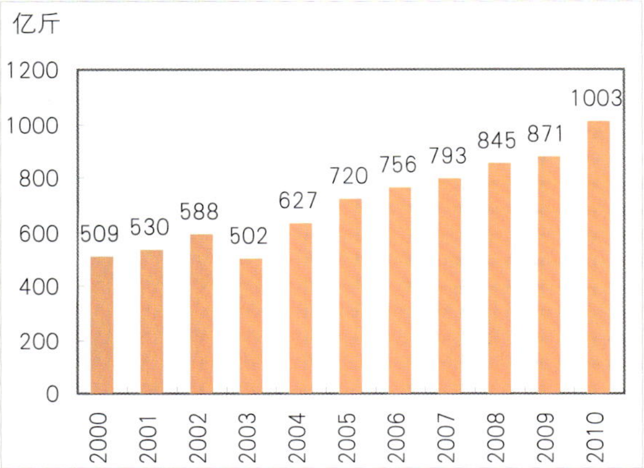

2000年以来全省粮食产量

国第 2 个超千亿斤省份。

畜牧业生产保持平稳增长。我省畜牧业生产克服了上半年生猪价格下跌，饲料原料价格上涨，效益下滑等不利因素的影响，保持良好的发展势头。2010 年，全省畜牧业实现增加值 335.7 亿元，比上年增长 3.2%。全省猪、牛、羊、禽、牛奶产量分别为 114.5、39、12.1、30.1 和 552.5 万吨，比上年分别增长 5.8%、6.1%、4.8%、4% 和 4.5%。从生产效益看，受假日刺激和消费环境改善等因素影响，生猪生产走出低谷，由亏转盈，活猪价格由三月份的 8.42 元 / 公斤最低点回升至 11 月份的 14.04 元 / 公斤，12 月末小幅回落至 12.54 元 / 公斤。鸡蛋价格上半年基本稳定，三季度开始攀升并屡创新高，11 月第四周达到 8.62 元 / 公斤。牛肉、羊肉价格稳中有升，12 月份第四周价格分别达到 31.18 元 / 公斤、30.28 元 / 公斤，分别增长 3.7% 和 9.4%。牛奶价格大幅上升，平均价格达到 3.02 元 / 公斤，比上年同期上涨 23.5%。

（2）工业生产保持较快增长。年初以来，省委、省政府在进一步巩固主导产业的基础上，加大对中小企业特别是新兴产业扶持力度，加快产业结构调整步伐，使全省工业生产再上新台阶，生产总量连创历史新高。2010 年，全省规模以上工业（下同）实现增加值比上年增长 15.2%，是自 2008 年以来最高累计增速，增幅比上年提高 3.1 个百分点。非油行业对经济增长的贡献不断增强，全省非油工业实现增加值 2500.2 亿元，比上年增长 27.5%。各项分组指标增加值均保持较快增长。分登记注册类型看，国有及国有控股企业实现增加值 2938.6 亿元，增长 14.5%；股份制企业实现增加值 3202.8 亿元，增长 15%。多数重点产品产量增加，在统计的 28 种重点产品中增长的有 19 种，所占比重达 67.9%。增幅较大的产品有：机制纸及纸板（76.6%）、水泥（35.6%）、大米（31.3%）、工业锅炉（29%）、橡胶轮胎外胎（27.8%）、金属切削机床（20.5%）、焦炭（17.2%）。一次能源生产总量为 12951.3 万吨标准煤，增长 3.5%。

主导和新兴产业支撑作用明显。全省四大主

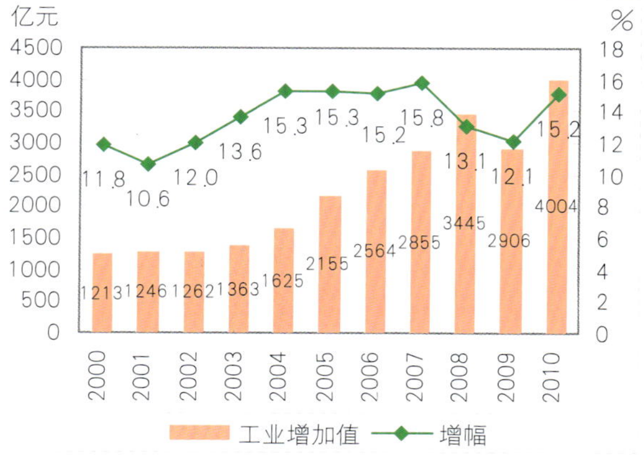

2000 年以来全省规模以上工业增加值及增幅

导产业（装备、石化、能源、食品）实现工业增加值 3509.9 亿元，比上年增长 13.7%，占规模以上工业的 87.7%；六大新兴产业（新能源、新材料、新型环保、生物、信息、现代装备制造）实现增加值 308 亿元，比上年增长 22.1%，高于全省规模以上工业增加值增速 6.9 个百分点。100 户重点企业实现工业总产值 5646.5 亿元，同比增长 25.2%，占规模以上工业的 56.8 %。其中，有 80 户企业实现增长，增长 1 倍以上的有 7 户企业，增长 50% 以上的有 9 户企业。实现工业总产值 100 亿元以上的企业有 10 户。

（3）第三产业发展加快。坚持市场化、产业化、社会化和国际化方向，以冰雪、生态、边境等北国特色旅游产业为突破口，以此带动现代服务业加快发展。2010 年，全省实现第三产业增加值 3832.6 亿元，比上年增长 11.6%，增幅同比提高 1.5 个百分点，以现代服务业为主的营利性服务业发展加快，实现增加值 578.4 亿元，增长 20.1%。邮电业持续较快发展，实现业务总量 811 亿元，增长 17.8%。旅游业再创佳绩，全年共接待旅游人数 15874 万人次，实现国内旅游收入 831.6 亿元，增长 37.2%，旅游外汇收入 76250 万美元，增长 19.4%。

3. 三大需求协同拉动经济增长

（1）固定资产投资持续快速增长。年初以来，全省不断强化产业项目建设，加大社会基础设施建设的投资力度和项目督查力度，有力地推动了项目建设进程，在 2009 年较快增长的基础上，全省固定资产投资持续保持快速增长势头。2010年，全省全社会固定资产投资完成6812.6亿元，比上年增长35.5%，高于年初目标0.5个百分点。其中，城镇固定资产投资完成6292.7亿元，比上年增长34%。大项目数量增加明显。全省城镇在建亿元以上建设项目1157个，比上年增加266个；投资完成2878.3亿元，增长33.8%，拉动全省投资增长21.7个百分点，占城镇投资比重47.7%，同比提高5.1个百分点。工业为主的产业项目投资力度加大。工业投资2737.2亿元，增长41.7%，比上年提高9.2个百分点，在工业项目中，“四大主导产业”项目完成投资2077.1亿元，增长37.6%，拉动全省工业投资增长30.2个百分点。民间投资快速增长，完成3035.3亿元，增长52.4%；国有及国有控股投资完成3093.6亿元，增长19.2%；外商及港澳台投资完成163.8亿元，增长49.3%。

房地产开发建设保持较快增长。2010年，全省房地产开发投资843.1亿元，比上年增长49.5%，增速比上年提高21.3个百分点。商品房建设继续保持较快增长态势。商品房施工面积7543.7万平方米，增长27.6%；商品房竣工面积2166.8万平方米，增长15.5%。商品房销售面积2718.1万平方米，增长34.9%；商品房销售额1010.1亿元，增长54.8%。

（2）城乡市场购销两旺。年初以来，随着城乡居民收入的不断增加，居民消费能力持续增强，特别是在国家刺激性消费政策的刺激下，城乡市场消费市场持续活跃，全省消费品市场继续保持平稳较快增长。2010年，全省实现社会消费品零售总额4001亿元，比上年增长19.0%，增幅高于年初目标4个百分点，增幅比上年提高2.8个百分点。城乡消费市场持续旺销，城镇零售额3547.7亿元，增长19%（其中，城区零售额2828.1亿元，增长19.5%）；乡村零售额增长18.8%。批发零售业稳步发展，支撑作用明显，实现零售额3509.1亿元，增长19.0%，占全省零售总额的87.7%，拉动零售总额增长16.7个百分点；住宿餐饮业实现零售额491.9亿元，增长19%。在限额以上批发零售企业销售24大类商品中，与居民生活密切相关的粮油食品、服装鞋帽针纺织品和日用品类分别增长26.1%、23.3%和39.5%；娱乐、休闲和享受型等热点商品持续畅销，家具、金银珠宝和汽车零售额分别增长42.5%、31.3%和29.8%。

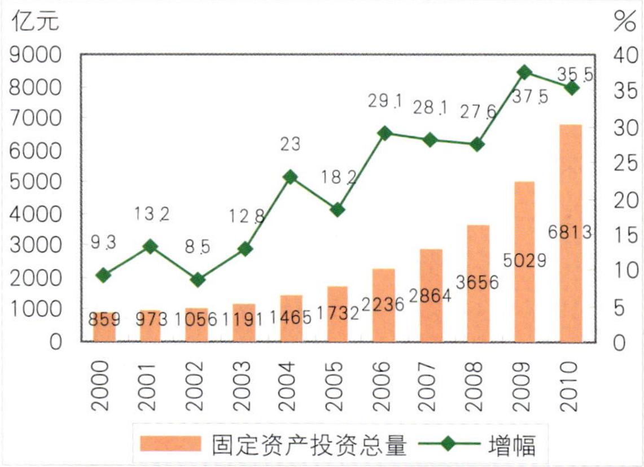

2000年以来全省全社会固定资产投资总量及增幅

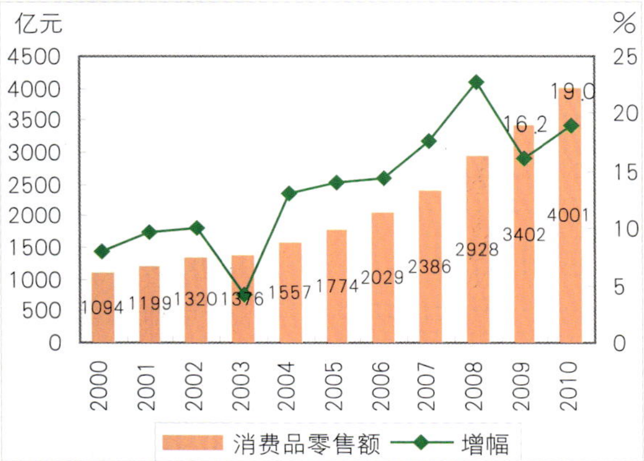

2000年以来全省社会消费品零售额及增幅

年初以来，我省继续贯彻落实“家电下乡”、“以旧换新”等扩大内需政策，对消费品市场拉动作用明显。2010年，全省累计销售家电下乡产品147.7万台，销售额31.6亿元，完成兑付补贴138.8万台，兑付补贴资金3.6亿元。汽车摩托车下乡产品销售13.5万台，实现销售额32.7亿元，占全省乡村消费品零售额的14.2%。

（3）对外贸易快速回升。年初以来，坚持对内对外开放并举，进一步拓展开放的广度和深度，推进对俄贸易适应性战略调整，实施市场多元化战略，扭转外贸颓势，对外贸易全方位格局初步形成。我省对外贸易从2010年1月结束了11个月的下降趋势，2月份开始增速呈现出大幅回升态势。据海关统计，2010年，全省实现进出口总额255亿美元，比上年增长57.1%，增速同比提高87个百分点，高于全国平均水平22.4个百分点。其中出口162.8亿美元，增长61.5%；进口92.2亿美元，增长50%。从贸易方式看，一般贸易进出口178亿美元，增长73.7%，占全省进出口的69.8%；边境小额贸易进出口50.2亿美元，增长44.3%。从注册企业类型看，私营企业进出口192.3亿美元，增长75.8%；外商投资企业进出口11.1亿美元，增长42.3%；国有企业进出口50.5亿美元，增长16.4%。

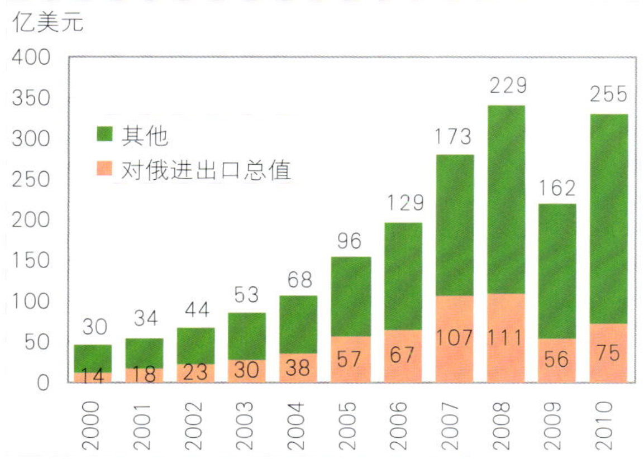

2000年以来全省进出口总值及对俄进出口总值

年初以来，我省在加强对俄贸易的同时，加大了对亚、非、拉等新兴市场的开拓力度，安哥拉、印度、马来西亚等国后来居上，成为我省主要贸易伙伴。对俄贸易持续回升，实现进出口总额74.7亿美元，增长34%，占全省进出口的29.3%。对美国、安哥拉、印度和马来西亚分别实现进出口22.4亿美元、14.3亿美元、7.9亿美元和7.9亿美元，分别增长65.4%、2.2倍、1.7倍和1.1倍。

利用外资稳步增长。坚持“走出去”和“引进来”相结合，加大招商引资力度，鼓励支持有条件的国企和大型民企扩大对外直接引资力度，利用外资保持平稳较快增长。2010年，实际利用外资27.6亿美元，增长9.9%，比上年提高15.4个百分点，其中外商直接投资26.6亿美元，增长12.7%。

4. 经济运行质量持续向好

（1）企业生产效益大幅提高。省委、省政府在国际金融危机爆发后出台的“一揽子”措施和政策逐步显效，同时，以原油为主的国际大宗商品价格持续回升，确保了全省工业效益保持快速发展，为全省财税增长做出了贡献。2010年，全省规模以上工业企业实现利税2065.9亿元，比上年增长42.1%，其中利润1071.6亿元，增长25.2%。经济效益综合指数为345.4，增加52.5点。地方工业企业实现利税577.5亿元，增长42.9%，其中利润309亿元，增长54.6%；经济效益综合指数211.5，增加39.5点。四大主导产业实现利税1873.4亿元，占全省利税的90.7%，增长43.5%，其中利润973.1亿元，增长24%。100户重点企业实现主营业务收入6137.8亿元，比上年增长22.4%，其中有80户企业实现同比增长。

（2）地方财政收入突破千亿元，重点支出得到有力保障。年初以来，随着全省经济的快速回升，各项经济指标保持平稳较快增长，全省地方财政收入首次突破千亿元，实现了历史性突破。2010年，全省完成地方财政收入1073.3亿元，比上年增长21.2%，增幅比上年提高5.8个百分点。其中，一般预算收入755.6亿元，增长17.8%，增幅比上年提高6.9个百分点。四大主税种快速增长，营业税、个人所得税、企业所得税、

2000年以来全省地方财政收入及增幅

国内增值税分别增长 31.7%、20.9%、20.6%、18.4%。基金收入 317.7 亿元，增长 30.2%。

地方财政支出进一步向重点领域倾斜。2010 年，全省地方财政支出 2540.6 亿元，增长 21.3%，其中一般预算支出 2253.3 亿元，增长 20%，农林水事务、环境保护、城乡社区服务、科学技术等重点支出增长较快，分别比上年增长 75.7%、50.7%、40.1%、38.8%。

（3）经济发展的活力不断增强。非公有制经济增长较快。2010 年，非公经济实现增加值 4946 亿元，增长 23%（现价），占全省经济总量达到 48.3%，比上年提高 1.5 个百分点。私营外贸发展势头强劲，私营企业进出口额达到 192.3 亿美元，增长 75.8%，占全省的 75.4%。民间投资保持较快增长，达到 3035.3 亿元，增长 52.4%。六大新兴产业发展迅猛。改善发展环境，引导社会资源向战略性新兴产业的投入。我省六个战略性新兴产业（包括新能源、新材料、新型环保、生物、信息、现代装备制造等）实现增加值 308 亿元，比上年增长 22.1%，高于规模以上工业增速 6.9 个百分点。

（4）物价调控在年初目标之内。2010 年，我省认真贯彻国家关于物价调控各项政策，有针对性地出台一系列调控措施，加强对市场的监控监测，积极增加市场供给，稳定市场秩序，物价总体仍处在年初控制目标范围之内。全省居民消费价格同比上涨 3.9%，低于年初 4% 的调控目标。从商品类别看，呈现“四升一平三降”，食品价格上涨 8.1%，医疗保健和个人用品上涨 6.5%，居住价格上涨 5.6%，烟酒及用品上涨 1.2%；家庭用品及服务价格持平；衣着下降 2%，文教娱乐用品及服务下降 1.2%，交通和通信价格下降 0.2%。

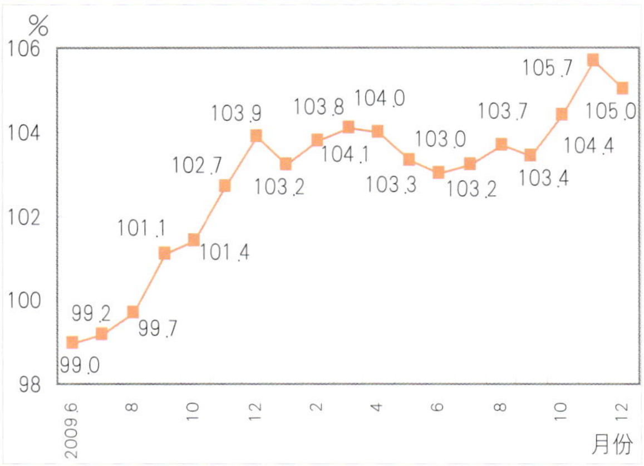

各月居民消费价格总指数 （上年同月 =100）

5. 区域经济协调发展，新的经济增长点频现

我省实施“八大经济区”和“十大工程”的发展战略以来，区域经济发展十分活跃，对经济发展的贡献进一步增强。2010 年，牡丹江、佳木斯、鸡西、七台河、双鸭山、鹤岗等东部煤电化基地经济发展活力增强，主要经济指标明显快于全省平均水平。全年六市 GDP 增速快于全省平均水平 3.5—12.5 个百分点；地方财政一般预算收入增幅快于全省平均水平 6.2—25.7 个百分点；规模以上工业增加值增幅快于全省平均水平 15.7—23.5 个百分点；城镇固定资产投资平均增幅高于全省平均水平 5.7 个百分点。县域经济稳中有快，前三季度，全省县域地区生产总值比上年增长 18.8%，工业增加值增长 31.8%，分别快于全省平均水平 5.4、16.3 个百分点。

6. 民生得到进一步改善

（1）新增就业人员稳步增加。坚持就业优先，拓展就业领域，广开就业门路，扩大就业容量，鼓励支持发展非公有制经济，加快现代服务业发展，大力开发公益性岗位，千方百计增加就业岗位，城乡就业保持稳定增长。截止 2010 年末，全省城镇新增就业 75.8 万人，下岗再就业 61 万人。城镇登记失业率为 4.27%，比控制目标低 0.33 个百分点。

（2）城乡居民收入继续增加。在加快经济建设的同时，及时出台一系列惠民政策，让广大人民尽享改革和发展的成果，城乡居民收入水平保持较快增长。2010 年，全省城镇居民人均可支配收入 13856.5 元，比上年增长 10.3%，高于年初目标 2.3 个百分点。工资性收入是城镇居民收入的主要来源。城镇居民工资性收入增长 8.7%，所占比重达 60.2%；社会保障体系的进一步完善，使转移性收入增长 15.4%，所占比重为 30.7%，上升 1.4 个百分点；财产性收入增长 14.7%；经营性收入增长 3.5%。城镇居民人均消费性支出

10683.9 元，增长 10.9%，支出增幅高于收入增幅 0.6 个百分点。

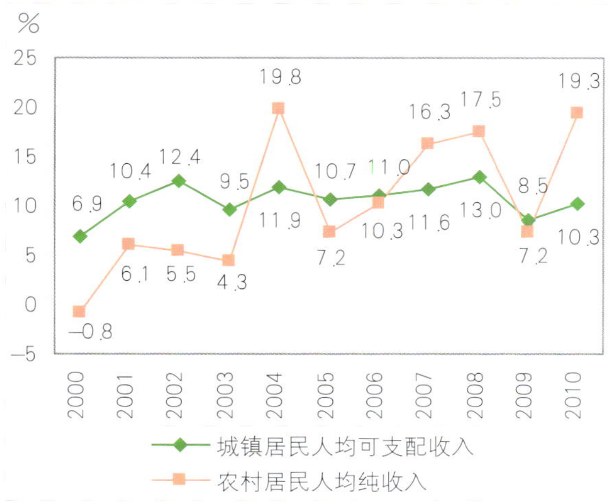

2000 年以来城乡居民收入增幅

农村居民人均纯收入大幅增加。2010 年，由于粮食价格持续攀升，我省粮食再获大丰收，实现了粮食增产，农民增收，进一步拉动农村居民收入大幅提高，全省农村居民人均纯收入 6210.7 元，比上年增长 19.3%，高于年初目标 13.3 个百分点。其中，家庭经营性收入和工资性收入分别为 3941.6 元、1241.6 元，分别增长 18.5%、21.8%。

（3）城镇社会保障工作取得可喜成绩。坚持广覆盖、保基本、多层次、可持续方针，加快

截至 2010 年底，黑龙江省已完成 1200 余所标准化学校建设任务，受益学生达百万人以上。图为焕然一新的哈尔滨市和兴小学教学楼。（黑龙江省教育厅提供）

健全全社会保障体系，保障水平稳步提高。截止 2010 年末，全省参加基本养老保险人数达 953.6 万人，比上年末增加 36 万人；参加失业保险人数 472.9 万人，增加 1.6 万人；参加医疗保险人数 1560.8 万人，增加 16.5 万人；参加生育保险人数 290.1 万人，增加 11.3 万人。2010 年，全省财政用于城乡社区服务支出 141.1 亿元，比上年增长 40.1%。

二、经济发展仍面临一些困难，转变发展方式任重道远

总体上看，2010 年全省宏观经济增长基础不断巩固，经济增长的内生动力不断增强，经济结构调整效果逐步显现，但在经济运行中面临全球经济增幅放缓、国内调整经济结构和转变发展方式的多重挑战，以及深化改革调整深层次利益关系等重大问题，我省科学发展、加快发展形势迫切，任务艰巨。受金融危机影响，国际竞争更加激烈，贸易保护主义抬头，不确定因素增多，我省将面临扩大对外开放新的压力。区域经济格局不断调整变化，集群化发展趋势日益明显，围绕市场、资源、人才、技术竞争更加激烈，各地发展势头迅猛，我省将面临较大的区域竞争压力等等，特别是经济运行中存在的一些问题，需要引起有关部门高度重视。

1. 横向比较经济发展还要加强。客观上看，我省 2010 年主要经济指标达到了历史最好水平，为实现经济更好更快发展奠定了坚实基础，但是与其他省份相比较仍需奋进。

一是经济总量不高、增度不快。2010 年我省地区生产总值在全国仍居第 16 位，经济增长速度为 12.6%，位居全国 19 位；地方财政一般预算收入位居全国 23 位，其增长速度位居全国第 29 位，而且位次逐年后移。

二是产业结构不合理，第三产业比重偏低。2010 年我省第三产业占地区生产总值的比重只有 37.4%，低于全国 5.6 个百分点。

三是要加强工业发展后劲。我省规模以上工业增加值增幅，比全国平均水平（15.7%）低 0.5

个百分点，而且我省工业中新兴产业的比重偏低。

2. 物价上涨压力仍然较大。2010 年以来，由于世界各国为尽快恢复金融危机给经济带来的巨大冲击，积极采取量化宽松的货币政策，特别是以石油、粮食和原材料等国际大宗商品价格持续走高，对我国特别是我省物价带来较大的冲击，呈现出结构性和输入性价格持续上涨，居民消费价格在高位运行，12 月份，全省居民消费价格（CPI）比上年同月上涨 5%，涨幅高于上年同月 1.1 个百分点。居民消费价格环比增长 1.2%，涨幅连续五个月呈现扩大趋势。1-12 月，我省 CPI 比上年上涨 3.9%，涨幅居全国第 7 位。以粮食等资源类价格上涨为主的物价上涨，一方面增加了农民的收入和采掘业的效益，另一方面加剧了下游产业的涨价压力，消费者尤其是低收入困难群体生活也受到影响。农业生产资料价格上涨 5.6%，涨幅比上年同期提高 11.4 个百分点。工业品出厂价格上涨 15%，涨幅比上年同期提高 27.6 个百分点。

3. 节能减排的压力进一步加大。今年以来，我省各地、各部门进一步加大节能降耗工作的力度，节能减排取得一定成效。但是我省重工业在工业中的比重达到 83.4%，能源消耗巨大，以原煤为主的能源消费结构短期内难以从根本上改变，新增高耗能项目对节能目标的完成影响较大，“十二五”时期节能降耗任务相当艰巨。2010 年，我省规模以上工业企业能耗 5796.4 万吨标准煤，比上年增长 8%，增幅比上年提高 6.7 个百分点。

4. 改善民生任务繁重。2010 年我省人民生活水平随着经济较快发展有了很大提高，但是这与人民群众的期待还有差距，一些涉及群众切身利益的问题亟待解决，保障和改善民生任务繁重。一是收入水平不高，2010 年我省城镇人均可支配收入在全国排在第 28 位。二是就业形势依然不容乐观。高校毕业生、农民工、困难群体就业压力仍然很大。三是医疗、养老、教育等公共服务和社会保障体系不健全。城乡居民医疗保险财政补助水平只有 120 元；机构养老床位不足老年人总数的 2%。四是住房难。“三棚一草”改造任务尚需大力推进。房价上涨速度仍然很快，2010 年全省商品房销售平均价格 3716 元 / 平方米，比上年涨 14.1%。

三、迎难而上，凝聚力量，努力实现“十二五”良好开局

2011 年是“十二五”规划和产业项目建设决战开局之年，全省上下一以贯之推进“八大经济区”和“十大工程”建设，始终坚持发展这一中心，全力解决经济运行中的困难和矛盾，改善经济增长的内外部条件，把工作重点放在谋划带动全局的大项目、不断优化经济结构、提高经济增长的质量上，确保全省经济保持平稳较快增长，实现经济发展良好开局。针对当前我省经济发展中的重点和难点问题，着力抓好五个方面工作：

1. 统一思想，明确任务，努力实现“十二五”良好开局。2011 年是“十二五”规划的开局之年，我们肩负经济社会更好更快发展的艰巨任务。在复杂局面下，完成好今年各项既定的目标任务，必须做到“六个坚持”，即坚持科学发展、坚持加快发展、坚持协调发展、坚持创新发展、坚持绿色发展、坚持共享发展。全面贯彻落实中央经济工作会议精神和省委经济工作会议精神。增强大局观念，提高整体推进的能力。增强改革意识，努力提高创新体制机制的能力。增强责任意识，努力提高执行能力。紧紧围绕科学发展、加快发展方式要求，与全面建设小康社会战略目标紧密相接，与实现老工业基地振兴衔接，与国家重大战略部署紧密衔接，确保我省“十二五”期间国民经济和社会保持平稳持续较快增长。

2. 推动三大需求协同拉动经济。按照“十二五”规划总体要求，在优化结构、提高效益、降低消耗、保护环境的基础上，实现经济持续快速健康发展。一是增加消费需求。扩大消费需求，促进经济增长由投资拉动向消费拉动转变是经济实现更好更快发展的关键因素。2010 年，我省人均消费品零售额比全国约低 1000 元，所以刺激消费拉动经济发展的潜力巨大。尤其要大力开拓农村消费市场，2010 年我省乡村消费零售额增速仍然慢于城镇 0.2 个百分点，仅占全社会零售

哈尔滨市太阳岛风景区（哈尔滨市统计局提供）

额的 11.3%，其发展潜力很大。其次，进一步完善医疗、住房、养老等方面的社会保障体系建设，财政支出向公共服务领域倾斜，使消费者敢于消费。二是保持固定资产投资合理较快增长。投资需求在拉动经济增长和促进结构调整中发挥着重要作用，要加强项目的论证、储备，推动工业项目、农业农村基础设施和产业化项目、公共基础设施项目、各类园区承载能力建设。三是加快对外开放。充分发挥地处东北亚腹地的区位优势，坚持引进来、走出去相结合，充分利用国内国际两种资源、两个市场，调整开放政策，创新开放方式，加快建设以出口产品为导向的加工园区面向东北亚经济卖艺开发区，全面提升我省对外开放水平和国际竞争力。2010 年，我省外贸依存度比全国低 30 多个百分点，提高对外开放层次，推动本地产品出口，拉动经济增长的潜力巨大。

3. 加快结构调整，转变经济增长方式。“十二五”时期是我省经济发展方式实现重大转变时期，抢抓机遇，在加快经济发展的同时，努力实现经济结构调整上的新突破。一是发展现代农业，积极发展绿色食品产业和林产品加工业，提高农业效益。二是加快传统产业和高新技术的融合，推动新型工业化进程，加快发展新能源、新材料、新型环保、生物、信息、现代装备制造等新兴产业，努力改变过于依赖自然资源的产业格局。三是加快发展第三产业，加快发展现代物流业、会展经济、社区服务业、信息服务业、文化产业、旅游产业等现代服务业。四是大力发展非公有制经济。加快构建中小企业社会化服务体系，着力解决融资、人才、项目、管理、技术等难题。

4. 继续全力推进节能减排，加快生态文明建设。国家将我省大小兴安岭生态保护区上升到国家发展战略，以及国家加大对资源型地区转型发展替代产业的扶持力度，为我省建设资源节约型和环境友好型社会提供了新的契机。一是继续淘汰落后产能，提高耗能污染行业准入门槛，积极推进节能减排重点工程建设。二是抓好生态保护和修复。促进大小兴安岭生态功能保护区经济转型，加大湿地保护力度，加快草原生态功能恢复，建设低碳经济示范区。三是充分发挥石油、煤炭、粮食等资源相对丰富，产业基础良好的优势，以延长产业链为主攻目标，以大项目为载体，合理布局、有序开发，科学高效利用资源，大力发展石油、煤炭、粮食深加工产业、接续替代产业和循环经济，推动资源型城市转型，打造新的经济增长极。

5. 确保收入与经济发展同步增长，让城乡居民共享发展成果。在经济更好更快发展的基础上努力提高城乡居民的收入水平和生活质量，保障全体人民共享改革发展成果。一是扩大城乡社会保险的覆盖面，提高养老金和最低工资标准。二是做好“稳价保供”工作，通过确保食品供应、降低流通成本、发放价格补贴、加强物价监管等措施稳定物价。三是完善最低生活保障制度，适时提高城镇居民最低生活保障标准，积极扶持生活困难群体自主脱贫。四是促进农民增收。促进农产品更新换代，提高产品附加值；加快特色产业基地建设，做大做强龙头企业，提升农业产业化经营程度；开展劳务对接，鼓励和引导农民工向城市有序流动。

（撰稿人：李玉涛 黑龙江省统计局局长）

上海市经济社会发展报告

2010年是上海世博会的举办年，也是实施“十一五”规划的最后一年。面对复杂多变的国内外经济环境，上海全市人民在党中央、国务院和上海市委、市政府的坚强领导下，深入贯彻落实科学发展观，坚决执行中央应对国际金融危机的一揽子计划，按照“五个确保”的要求，全力以赴办好世博会，扎实推进各项工作，全市社会经济发展呈现良好态势，“十一五”各项目标任务全面完成。

一、应对金融危机冲击成效巩固，经济保持平稳较快增长

总体经济平稳较快增长。2010年，初步核算，全市实现生产总值16872.42亿元，按可比价格计算，比上年增长9.9%。其中，第一产业增加值114.15亿元，下降6.6%；第二产业增加值7139.96亿元，增长16.8%；第三产业增加值9618.31亿元，增长5%。第三产业增加值占全市生产总值的比重为57%。

应对危机冲击成效巩固。2010年，曾受金融危机严重影响的工业生产、企业利润，外贸进出口等经济指标实现了较快增长。全年工业总产值（规模以上口径，下同）比上年增长23.1%，比2008年增长27%；外贸进口和出口分别比上年增长38.5%和27.4%，比2008年增长23.1%和6.8%；工业企业利润总额比上年增长56.7%，比2008年增长1.3倍。

表1　主要经济指标恢复情况

单位：%

指　标	2009年比上年增长	2010年比上年增长	2010年比2008年增长
工业总产值	3.2	23.1	27.0
工业利润	43.8	56.7	1.3倍
外贸进口	-11.1	38.5	23.1
外贸出口	-16.2	27.4	6.8
地方财政收入	7.7	13.1	21.8

宏观经济运行质量良好。2010年，工业企业实现利润快速增长。全市规模以上工业企业完成主营业务收入31915.32亿元，比上年增长26%；实现利润总额2216.55亿元，增长56.7%；工业产品销售率达到99%。地方财政收入平稳较快增长。2010年，全市实现地方财政收入2873.58亿元，增长13.1%；地方财政支出3302.89亿元，增长10.5%。

资源节约取得明显成效。2010年，全市能源消费总量1160.22万吨标准煤，比上年增长7.65%，单位GDP能耗0.712吨标准煤/万元，比2005年下降20.01%，如期完成“十一五”既定目标。积极开展循环经济试点，大力推进节水、节地和资源综合利用工作，全市万元生产总值用水量从“十五”末的125立方米减少到76立方米，工业园区单位土地产值从47亿元/平方公里提高到63亿元/平方公里。

二、世博会举办成功精彩难忘，对经济发展带动效应明显

世博会举办成功、精彩、难忘。2010年上海世博会成功举办，精彩演绎了“城市，让生活更美好”的主题，充分展示城市文明成果、交流城市发展经验、传播先进城市理念、探讨城乡互动发展，成功展现我国改革开放的辉煌成就，全面促进国际国内经济文化交流，实现了成功、精彩、难忘的目标。中国2010年上海世博会是第一次在发展中国家举办的注册类世博会，创下了多项历史新纪录。参展国家和国际组织达到246个，累计入园参观人次7308万，其中，外来客流6000万，包括境外参观者425万。8万名园区志愿者、10万名城市服务站点志愿者、197万

名城市文明志愿者提供志愿服务，成为世博会历史上参与度最广泛的一次盛会。

世博对主要服务行业的拉动效应明显。上海世博会的巨大客流量直接带动相关服务行业的快速增长。2010 年，全市批发和零售业实现增加值 2512.89 亿元，比上年增长 13.1%；住宿和餐饮业实现增加值 266.45 亿元，增长 6.8%。全年商品销售总额实现 37383.25 亿元，增长 24.2%，增幅比上年提高 4.9 个百分点。限额以上住宿和餐饮业实现营业额 599.52 亿元，增长 31.1%。星级饭店客房平均出租率为 66%，比上年提高 15.8 个百分点。国际旅游入境人数达到 851.12 万人次，增长 35.3%。其中，5 月份到 10 月份的世博期间，限额以上住宿和餐饮业实现营业额各月同比增幅保持 50% 左右；星级宾馆客房出租率均超过 75%。其中，世博园区商业零售额达到 45 亿元，世博特许商品销售额达到 310 亿元。

三、经济发展转型稳步推进，经济结构升级取得积极进展

2010 年，上海海着力调结构促转型，经济结构转型结构升级取得积极进展，现代服务业和先进制造业发展取得新成效，经济需求结构协调性增强。

服务经济继续稳步推进。2010 年，全市第三产业实现增加值 9618.31 亿元，按可比价格计算，比上年增长 5%。第三产业占全市经济的比重为 57%，第三产业从业人员占全市从业人员比重超过 50%，第三产业投资占全市固定资产投资的比重超过 70%。服务经济发展过程中的产业融合不断深化，服务业结构升级加快，旅游产业、信息产业、物流产业和文化产业等重点服务产业的融合发展对服务业增长起到重要支撑作用。

制造业结构不断优化。2010 年，全市工业总产值完成 30003.57 亿元，比上年增长 23.1%，工业增加值增长 18.4%，增幅比上年分别提高 19.9 个和 15.4 个百分点。分轻重工业看，重工业产值增长 24.6%，轻工业产值增长 17.7%。分经济类型看，国有经济工业产值增长 22.4%，外商及港澳台工业产值增长 27.7%。其中，六个重点发展工业行业完成产值 19863.27 亿元，占全市工业产值的比重达到 64%；高技术产业完成产值 6958.01 亿元，占 22.4%。

三大需求结构趋向协调。2010 年，社会销售品零售总额首次超过全社会固定资产投资规模。全市全社会消费品零售总额达到 6036.86 亿元，比上年增长 17.5%，增幅同比提高 4.5 个百分点，剔除价格因素后，实际增长 15.5%，增幅提高 1.8 个百分点。全市全社会固定资产投资额 5317.67 亿元，增长 0.8%。从投资产业看，第二产业完成投资 1435.37 亿元，增长 0.6%；第三产业完成投资 3865.9 亿元，增长 0.8%。全年保障性住房完成投资 335.4 亿元，增长 72.3%，占整个房地产开发投资的比重为 16.9%。全市外贸出口商品总额 1807.84 亿美元，增长 27.4%。外贸出口结构进一步优化高新技术产品和机电产品出口分别达到 841.11 亿美元和 1311.14 亿美元，占全市出口的比重为 46.5% 和 72.5%。

四、“四个中心”建设继续推进，城市服务功能持续提升

国际金融中心建设取得新突破。金融创新和开放步伐加快，沪深 300 股指期货平稳推出，信贷转让市场正式上线，融资融券、境外机构投资境内银行间市场等创新业务正式启动，跨境贸易人民币结算业务稳步扩大。2010 年，上海证券交易所各类有价证券成交金额达到 39.84 万亿元，其中，股票成交金额 30.4 万亿元，股票成交量跃居全球第三位。上海期货交易所各品种总成交金额达到 123.48 万亿元，上海黄金交易所总成交金额达到 2.02 万亿元，黄金现货交易量跃居全球第一位。中国金融期货交易所总成交金额达到 41.07 万亿元；全国银行间货币和债券市场成交金额达到 179.82 万亿元。2010 年末，全市各类金融单位达到 910 家，其中，银行业 140 家，证券业 138 家，保险业 320 家，全国三分之二的法人银行落户上海，在沪经营性外资金融单位数达到 173 家。2010 年，上海金融产业实现增加

值 1931.73 亿元，按可比价格计算，比上年增长 4.9%，占全市生产总值的比重为 11.5%。

国际航运中心建设深入推进。国际航运发展综合试验区建设取得进展，特案减免税、启运港退税等试点启动实施，上海浦东机场综合保税区一期封闭运作。2010 年，上海港口货物吞吐量达到 6.53 亿吨，比上年增长 10.4%，连续 6 年保持世界第一位；国际标准集装箱吞吐量达到 2906.9 万标准箱，增长 16.3%，跃居全球第一位。上海浦东、虹桥两大国际机场进出港旅客达到 7187.74 万人次，增长 26.1%，其中国际航线进出港旅客达到 1517.4 万人次。浦东国际机场货邮吞吐量跃居世界第三位。

国际贸易中心建设全面推进。虹桥商务区和外高桥国际贸易示范区建设加快推进，深化贸易便利化措施，新型国际贸易试点启动实施。2010 年，上海关区进出口总额达到 6846.45 亿美元，比上年增长 32.8%。服务贸易总额突破 1000 亿美元，服务贸易总额相当于货物贸易的比例接近 30%。2010 年，全市商品销售总额达到 37383.25 亿元，增长 24.2%。

五、人民生活持续改善，社会保障体系更趋完善

城乡居民收入稳步提高。2010 年，城市居民家庭人均可支配收入为 31838 元，比上年增长 10.4%，农村居民家庭人均可支配收入 13746 元，增长 11.5%，增幅比上年分别提高 2.3 个和 3.3 个百分点。全年城乡居民收入的特点为：工资性收入增长稳步提高，政府保障为主体的转移性收入增长较快（见表 2）。全年城乡居民收入的特点为：工资性收入增长稳步提高，政府保障为主体的转移性收入增长较快。城市居民家庭人均工资性收入 21745 元，增长 9.8%，转移性收入 7954 元，增长 11.7%；农村居民家庭人均工资性收入 9606 元，增长 10.1%，转移性收入 2581 元，增长 24%。

城乡居民消费水平持续提高。2010 年，全年城乡居民家庭人均消费支出分别为 23200 元

表 2　2010 年城市和农村居民家庭人均可支配收入情况

指　标	农村居民		城市居民	
	绝对值（元）	比上年增　长（%）	绝对值（元）	比上年增　长（%）
居民家庭人均可支配收入	13746	11.5	31838	10.4
工资性收入	9606	10.1	21745	9.8
经营净收入	589	-0.2	1628	13.4
财产性收入	970	4.1	511	8.0
转移性收入	2581	24.0	7954	11.7

和 10225 元，分别增长 10.5% 和 4.3%。城乡居民家庭恩格尔系数分别为 33.5% 和 37.3%。城乡居民服务性消费占消费支出的比重分别为 30% 和 28.9%。

城乡社会保障更趋完善。市民各类基本社会保险覆盖面达到 98%，其中城镇居民基本实现基本医疗保障全覆盖。2010 年末，参加城镇基本养老保险人数 894.89 万人；参加失业保险人数 556.2 万人；参加生育保险人数 657.3 万人；参加工伤保险人数 556.12 万人，增加 32.41 万人。小城镇社会保险参保人数达到 154.58 万人，外来从业人员综合保险参保人数达到 404.84 万人。城镇职工基本医疗保险参保人数达到 999.74 万人，增加 565.23 万人。2010 年末，全市共有养老机构 625 家，床位 97841 张。职工最低工资标准从 2005 年的 690 元 / 月提高到 2010 年的 1120 元 / 月。

住房保障体系初步建立。探索构建以经济适用住房、公共租赁住房、廉租住房、动迁安置房“四位一体”的住房保障体系。全年拆除住宅建筑面积 389.9 万平方米，动迁居民 3.84 万户；完成旧住房综合改造 1055 万平方米。全年新开工和筹措各类保障性住房 1300 万平方米。至年末，廉租住房受益家庭达到 7.5 万户。其中，年内新增 0.9 万户；经济适用住房购房家庭达到 0.19 万户。至年末，城镇居民人均住房建筑面积 34.6 平方米；折合人均住房居住面积 17.5 平方米。

公共服务体系加快完善。2010 年，全市地方财政支出达到 3302.89 亿元，比上年增长

轿车生产装配线（王溶江 摄）

10.5%，其中，教育支出达到417.28亿元，增长20.3%，占地方财政支出的比重为12.6%；医疗卫生支出160.07亿元，增长20.5%，占4.8%；社会保障和就业支出362.56亿元，增长8.6%，占11%。

六、自主创新能力持续增强，社会公共服务加快发展

自主创新能力不断增强。2010年，全社会研究与试验发展（R&D）经费支出477亿元，相当于全市生产总值比例为2.83%。专利申请量和授权量分别达到7.12万件和4.82万件。高技术成果产业化加快推进，2010年末，全市认定高新技术企业总数3129家，高新技术成果转化项目7215项，71.6%的项目已实现产业转化。2010年，全市签订各类技术交易合合同金额525.45亿元，比2005年增长1.3倍。

教育事业持续发展。2010年末，全市共有普通高等学校66所；普通中等学校856所；普通小学766所；特殊教育学校29所。普通高校在校生和毕业生数持续扩大。2010年，普通高等学校在校人数51.57万人，比2005年增长16.5%；普通高等学校毕业人数13.37万人，增长29.3%。全市九年义务教育入学率保持在99.9%以上；高中阶段教育新生入学率保持在97%左右；高考录取率保持在85%左右。47万来沪务工人员随迁子女全部在公办学校或政府委托民办小学就读。

公共卫生事业稳步推进。医药卫生体制改革稳步推进，促进公共卫生服务均等化，加强医疗服务体系建设等方面取得明显进展，城乡医疗卫生条件得到改善。2010年末，全市共有卫生机构3270所；卫生技术人员13.54万人；卫生机构床位数达到10万张左右。2010年，婴儿死亡率保持在降3‰以下。市民平均期望寿命保持在81岁以上。

文化事业取得新成果。2010年末，全市艺术表演团体112个，公共图书馆28个，档案馆50个，博物馆114个；公共广播节目21套，公共电视节目25套。广播、电视综合覆盖率均达到100%。2010年，公共出版报纸16.14亿份，各类期刊1.77亿册，图书2.87亿册。

七、城市建设和管理加快推进，生态环境质量明显改善

城市公共交通设施和运能持续提高。2010年末，上海轨道交通运营线路总数达到12条，总长度达到452.57公里，比2005年增加300多

公里；公交运营车辆达到1.74万辆；运营出租车达到5万辆。

城市信息化网络建设不断深化。2010年末，集约化信息管线累计敷设5821沟公里；3G宏基站4300个；国际互联网出口带宽达300Gbps；WLAN无线热点7400个；宽带接入用户达499.2万户，其中家庭宽带用户达440万户；数字电视用户达227万户；IPTV用户达130万户。

城市生态环境建设取得显著成效。2010年，全市环境保护投入总额507.54亿元，相当于全市生产总值比例保持为3.01%。全市水环境质量和空气质量持续改善，城镇污水处理率超过80%，生活垃圾无害化处理率达到84.9%，环境空气质量优良率由2005年的88.2%提高到92.1%，绿化覆盖率达到38.15%。

2010年，上海经济和社会发展取得了来之不易的辉煌成绩，谱写了改革开放和现代化国际大都市建设的新篇章，实现了“十一五”规划的圆满收官。同时应清醒地认识到，上海的发展依然存在不少困难和挑战：世界经济不稳定和难以确定因素增多，外部形势较为复杂；上海自身的资源环境约束趋紧，改革攻坚和转型发展任务紧迫艰巨；物价上涨压力较大，部分群众生活仍然比较困难。

（撰稿人：王志雄 上海市统计局局长）

世博园中国馆夜景（上海市人民政府新闻办公室提供）

江苏省经济社会发展报告

2010年，在省委、省政府的正确领导下，全省深入贯彻科学发展观，认真落实党中央、国务院的决策部署，统筹推进稳增长、调结构、抓创新、惠民生各项工作，经济实现平稳较快增长，转变发展方式取得显著进展，发展质量进一步提升，民生得到持续改善，改革开放向纵深推进，各项社会事业全面进步，在科学发展道路上迈出了坚实步伐。2010年江苏实现生产总值40903.3亿元，比上年增长12.6%；其中，第一产业增加值2539.6亿元，增长4.3%；第二产业增加值21753.9亿元，增长13%；第三产业增加值16609.8亿元，增长13.1%。

一、经济平稳快速增长，三次产业实现新发展

农业生产和农村形势较好。江苏不断加大农业投入，全面落实强农惠农政策，强化科技支撑，扎实开展高标准农田建设，积极推进适度规模经营，大力发展高效设施农业，农业综合生产能力稳步提高。粮食连续七年丰收，全年总产量达3235.1万吨，比上年增加5万吨，增长0.2%。全年粮食面积为528.2万公顷，比上年增加1万公顷；棉花面积为23.6万公顷，减少1.7万公顷；油料面积57.4万公顷，减少1.9万公顷。新增高效农业面积19.7万公顷，新增高效渔业面积7.7万公顷，新增设施农业面积8.6万公顷。林牧渔业稳定发展。全年造林面积11万公顷。全年肉类总产量366.6万吨，比上年增长6.5%，其中猪牛羊肉产量224万吨，增长4.1%；禽肉产量132.7万吨，增长10.2%。新农村建设成果显著。农田有效灌溉面积达381.8万公顷，新增节水灌溉面积4.4万公顷；年末农业机械总动力3937.3万千瓦，比上年末增长3.3%。农村合作经济组织蓬勃发展，农村专业合作经济组织登记成员达253万户，入社农户比例达42%，出资额490.4亿元，三项指标均居全国首位。全面实施新一轮农村六件实事工程，社会主义新农村建设跃上新台阶。

工业生产运行良好。全年实现规模以上工业增加值比上年增长16%，比上年加快1.4个百分点。分登记注册类型看，国有工业增加值1319.4亿元，增长11.1%；集体工业增加值266.9亿元，增长4.2%；股份制工业增加值9709.4亿元，增长15.9%；外商港澳台投资工业增加值8683.9亿元，增长16.5%。在规模以上工业中，国有控股工业增加值2729.1亿元，增长13.6%；私营工业增加值6971.4亿元，增长17.9%。先进制造业增长较快。在规模以上工业中，交通运输设备制造业产值6449亿元，比上年增长35%；医药制造业产值1399.1亿元，增长28.6%；专用设备制造业产值3218.4亿元，增长32%；电气机械及器材制造业产值8689.6亿元，增长33.1%；通信设备制造业产值6108.3亿元，增长29.2%；通讯设备、计算机及其他电子设备制造业产值12951.5亿元，增长25.3%。产品结构继续优化，实现工业新产品产值7853.8亿元，比上年增长27.5%。分行业看，在38个大类行业中，37个行业产值实现比上年增长。工业生产与工业用电走势保持同步。全年工业用电量3052.1亿千瓦时，比上年增长16%。

服务业较快增长。江苏全年实现服务业增加值16731.4亿元，比上年增长13%，高于GDP增幅0.4个百分点；占GDP比重40.9%，提高1个百分点。服务业税收增速快于全部税收，全年服务业税收收入2473.3亿元，比上年增长28.3%，增速比全部税收高6.4个百分点，占全省国地税收入比重由上年的38.1%提高到40.1%。服务业投资平稳增长，全年服务业完成投资9123.5亿元，增长22.4%，占城镇固定资产投资比重为

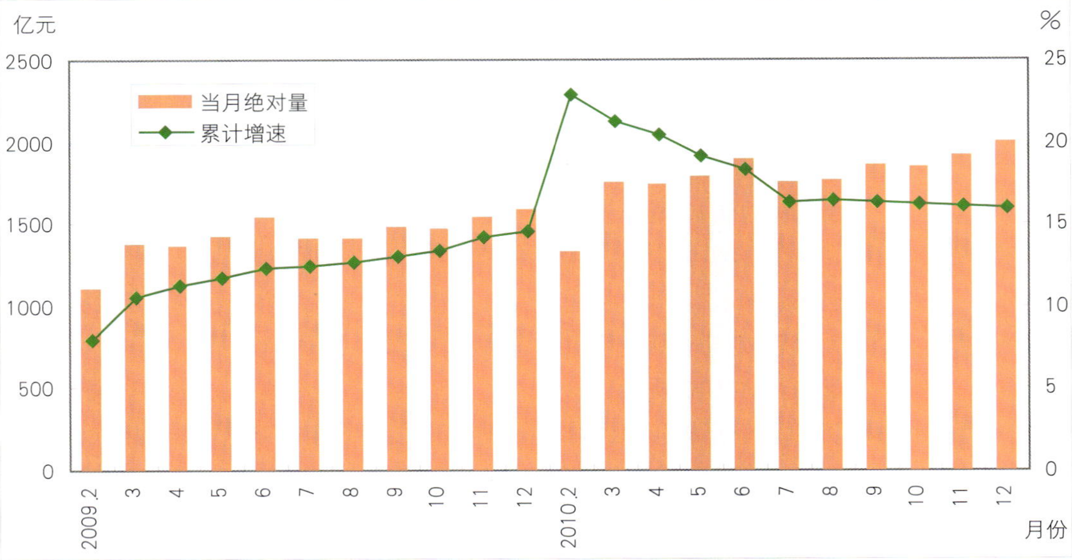

图 1　2009—2010 年规上工业增加值当月绝对量及累计增速

52.4%。加快培育重点企业，加大服务业集聚区建设力度，服务业外包、软件、物流等现代服务业增长较快。交通运输业加快发展。全年完成旅客运输量、货物运输量分别比上年增长 12.7% 和 17%，旅客周转量、货物周转量增长 13.1% 和 18.6%。完成港口货物吞吐量 15.9 亿吨，增长 19.6%，其中外贸货物吞吐量 2.4 亿吨，增长 18.2%。港口货物吞吐量中，集装箱吞吐量达 1134.6 万标准集装箱，增长 29.2%。全年邮政电信业务总量 2194.6 亿元，比上年增长 21.1%。其中邮政业务总量 188.3 亿元，电信业务总量 2006.3 亿元，分别增长 21.5% 和 20.9%。邮政电信业务收入 798.2 亿元，比上年增长 8.3%。其中邮政业务收入 111.1 亿元，电信业务收入 687.1 亿元，分别增长 22.7% 和 7.3%。

二、自主创新能力提升，结构转型获得新突破

创新能力进一步增强。区域创新能力继续保持全国第一。全省科技进步贡献率达 54%。全年申请专利 23.6 万件，比上年增长 35.3%，其中发明专利 5 万件，增长 58.2%；授权专利 13.8 万件，增长 58.5%，其中发明专利 7210 件，增长 35.5%。企业专利产出大幅提高，全省企业共申请专利 12.5 万件，授权专利 7.2 万件，分别比上年增长 57.4% 和 53.3%。全省有 46 项成果获国家科技奖，其中自然科学奖 4 项、技术发明奖 1 项、科技进步奖 41 项。全年共签订各类技术合同 2 万项，技术合同成交额达 317.1 亿元，比上年增长 12.4%。科技研发投入比重继续提升。全社会研究与发展（R&D）活动经费 840 亿元，占地区生产总值的 2.1%。全省从事科技活动人员 68 万人，其中研究与发展（R&D）人员 38 万人。全省拥有中国科学院和中国工程院院士 98 人。各类科学研究与技术开发机构 6300 个，其中政府部门属独立研究与开发机构 149 个，高等院校属科研机构 450 个，大中型工业企业办科研机构 2350 个。已建国家和省级高技术研究重点实验室、重大研发机构、工程技术研究中心、科技公共服务平台等科技基础设施 2048 个，比上年增加 987 个，经国家认定企业技术中心 46 个。年底，江苏各类科技企业孵化器达 301 家，其中国家级科技企业孵化器达 71 家，占全国国家级孵化器总数的 20.5%。加快培养和集聚高层次人才、高水平创新创业团队、高技能实用人才，新引进高层次人才 2.6 万名。

高新技术及新兴产业加快发展。2010 年，

江苏实现高新技术产业产值30354.8亿元，增长38.1%，占规模以上工业比重达33%，比上年提高3个百分点。全省组织实施省重大科技成果转化专项资金项目158项，总投入12.7亿元。全省按国家新标准认定高新技术企业累计达3093家。当年认定省级高新技术产品4923项，国家重点新产品201项，自主创新产品516项。已建国家级高新技术特色产业基地77个，其中当年新建9个。全省国家和省级高新技术产业开发区实现技工贸总收入29522亿元，比上年增长21.9%。加大对新兴产业和现代服务业发展的支持力度，战略性新兴产业快速增长，全年六大新兴产业销售收入超过2万亿元，达20647亿元，比上年增长38%。其中新能源产业销售收入2906亿元、新材料产业销售收入7566亿元、医药及生物技术产业销售收入3195亿元、环保产业销售收入3410亿元、软件业销售收入2300亿元、服务业外包销售收入460亿元、传感网销售收入810亿元。全年高新技术产业完成投资2188.3亿元，增长44.6%，占工业投资的比重达26.7%。高新技术产品出口加快，全年实现出口1256.9亿美元，比上年增长46.5%。

三、扩大内需成效显著，发展引擎增添新动力

消费品市场稳步增长。江苏全年实现社会消费品零售总额13482.3亿元，比上年增长18.7%。城乡市场均保持良好增长。城镇消费品市场实现零售额11965.5亿元，增长19.2%；乡村消费品市场实现零售额1516.8亿元，增长15.1%。按消费形态分，批发和零售业零售额12207.2亿元，增长18.5%；住宿和餐饮业零售额1275.1亿元，增长20.1%。限额以上批发和零售企业经营状况良好，全年实现商品销售额20185.8亿元，增长29.4%，其中批发业15321.8亿元，零售业4864亿元，分别增长30.2%和26.7%。热点商品销售旺盛。在限额以上批发和零售企业的消费品中，金银珠宝零售额140.7亿元，比上年增长40.2%；汽车零售额1630亿元，增长38.4%；石油及制品零售额786.8亿元，增长35.2%；通讯器材零售额84.2亿元，增长25.6%；服装、鞋帽、针纺织品零售额535.8亿元，增长23.1%；中西药品零售额303.6亿元，增长23.1%；家用电器和音像器材零售额461.8亿元，

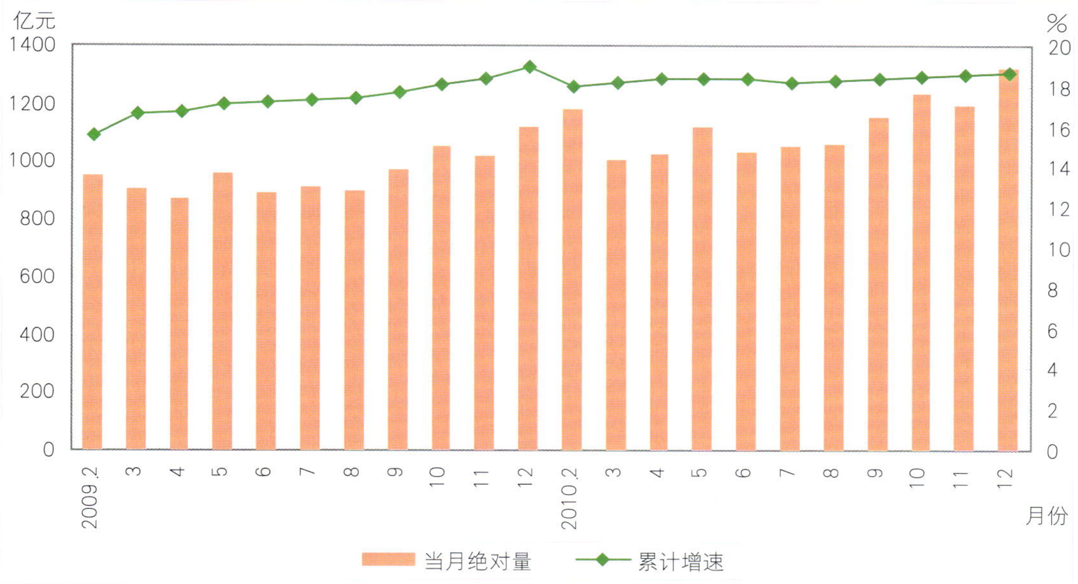

图2　2009—2010年社会消费品零售总额当月绝对量及累计增速

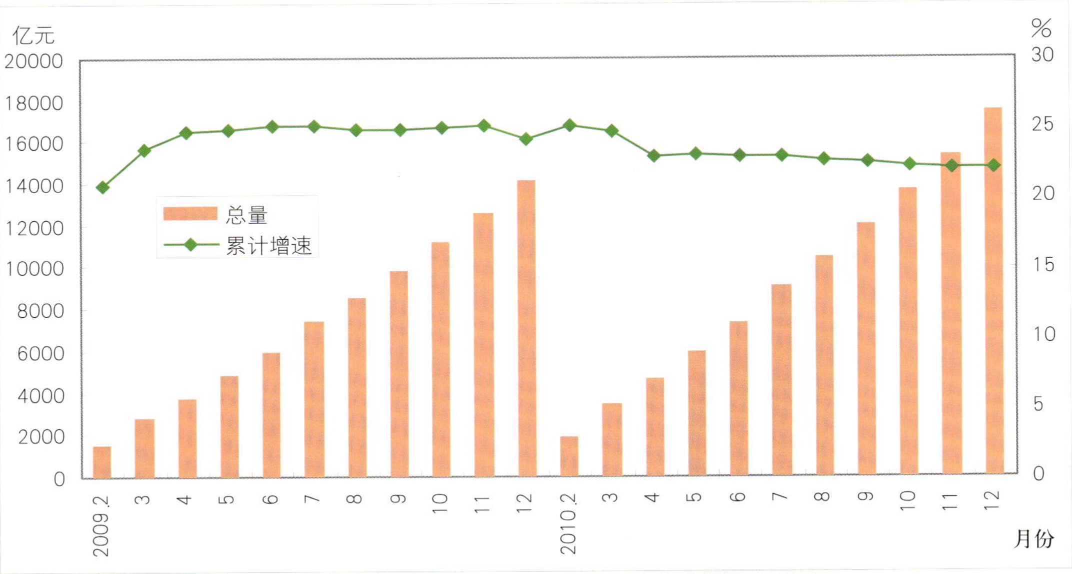

图 3　2009—2010 年城镇固定资产投资总量及累计增速

增长 21.7%；食品、饮料、烟酒零售额 662.4 亿元，增长 19.4%。

投资保持高位运行。全年实现全社会固定资产投资 23186.8 亿元，比上年增长 22.4%。全年实现城镇固定资产投资 17418.9 亿元，比上年增长 22.1%；其中房地产投资 4301.9 亿元，增长 28.9%，占城镇投资的比重提高到 24.7%。在城镇固定资产投资中，第一产业投资 55.2 亿元，比上年增长 22.5%；第二产业投资 8250.8 亿元，增长 21.7%；第三产业投资 9113 亿元，增长 22.4%。主要工业行业投资中，化学原料及化学制品制造业 825.9 亿元，专用设备制造业 525.4 亿元，电气机械及器材制造业 767.1 亿元，通信设备、计算机及其他电子设备制造业 904.4 亿元，仪器仪表及文化、办公用机械制造业 254.7 亿元，分别增长 27.4%、26.5%、48.9%、50.9% 和 50.4%。全年新开工项目个数增加到 14135 个，新开工项目的计划总投资达 12575.9 亿元，增长 40.8%；完成投资 6985.3 亿元，增长 38.4%，新开工项目完成投资占城镇项目投资的比重由 2009 年的 46.2% 提高到 53.3%。在新开工项目中，亿元项目个数、计划总投资和完成投资分别为 2040 个、7866.7 亿元、2966 亿元，分别增长 67.4%、59.7%、69.7%。商品房销售面积下降，全年商品房销售 9377.7 万平方米，比上年下降 8.5%。民间投资步伐进一步加快，全年民间投资达 14881.4 亿元，比上年增长 25.5%；占全社会固定资产投资的比重为 64.2%，比上年提高 1.6 个百分点。重点项目建设力度加大，200 个省级重点项目进展顺利，一批重大项目顺利竣工或加快推进。江都至海安、无锡至张家港等高速公路建成通车；沪宁城际高速铁路建成通车；南京地铁 1 号线南延线、2 号线东延线建成投入运营，3 号线开工建设；淮安涟水机场正式通航，无锡硕放机场飞行区扩建工程基本完成；连云港港疏港航道工程全线贯通；南汽轿车及发动机、无锡海力士三期、镇江恒神碳纤维、张家港道康宁有机硅、徐工机械基地、盐城华锐风电设备等项目顺利竣工；“川气东送”管道建成并实现供气，如东 LNG 外输管线与冀宁联络线和西气东输一线全面贯通，田湾核电项目建设继续加快推进，海上风电加快发展。

四、改革开放取得新进展，发展活力有新增强

体制改革取得新突破。深化行政管理体制改革，加快服务型政府建设，省市县政府机构改革

基本完成，事业单位改革逐步推进。扩权强县、扩权强镇改革稳步进行，省直管县财政体制进一步完善。稳步推进金融体制改革，地方金融机构继续发展壮大。有序推进医药卫生体制改革，城乡基本医疗保障和公共卫生服务水平明显提高。文化体制改革取得新成效。国有企业在改革中进一步发展。民营经济加快发展，年末全省工商部门登记的私营企业达104.8万户，比上年增长15%，注册资本27996.4亿元，增长39%；工商部门登记的个体户300.6万户。

对外贸易快速回升。全年实现进出口总额4657.9亿美元，增长37.5%，其中出口总额2705.5亿美元、增长35.8%，进口总额为1952.4亿美元，同比增长39.9%。与2008年全年相比，进出口、出口、进口分别增长18.7%、13.7%和26.6%。出口商品结构进一步优化，高技术含量产品出口增加。机电产品、高新技术产品出口额为1883.4亿美元和1256.9亿美元，分别占出口总额的69.6%和46.5%。其中计算机与通信技术产品出口840.1亿美元，占高新技术产品出口额的66.8%。外商投资企业出口1923.2亿美元，增长31.1%，占出口总额的71.1%。私营企业出口额为483.4亿美元，增长55%，占出口总额的17.9%。对欧盟、美国、日本、香港特别行政区出口额分别为698.1亿美元、583.4亿美元、254.6亿美元和179.5亿美元，比上年分别增长41.6%、29.2%、30.1%和26.2%；对东盟、韩国、台湾省市场出口额分别为210.7亿美元、137.2亿美元和71.9亿美元，分别增长26.3%、36%和46.7%；对拉丁美洲、非洲、俄罗斯出口额分别为145.5亿美元、63亿美元和36.5亿美元，分别增长61.4%、32.9%和105%。

利用外资继续保持全国第一。全年新批外商投资企业4661家，新批协议外资568.3亿美元；实际到帐外资285亿美元，比上年增长12.5%。新批及净增资3000万美元以上的大项目660个。全年服务业新批外商直接投资企业1490家，协议外资140.7亿美元；实际到帐外资81.5亿美元，增长22.8%。开发区建设取得新进展。全省开发区完成进出口总额3585.9亿美元，其中出口总额2027.3亿美元，分别增长37.1%和36.2%，占全省总量的77%和74.9%；实际到帐外资222.3亿美元，增长16.6%，占全省总量的77.9%。

“走出去”步伐加快。全年共核准对外投资项目408个，中方协议投资额为21.8亿美元，同比分别增长22.9%和104.6%；对外承包工程和劳务合作完成营业额59.7亿美元，同比增长17.5%，新签合同额62.1亿美元，同比增长23.3%。其中，共核准民营企业对外投资项目269个，中方协议金额15亿美元，分别占全省

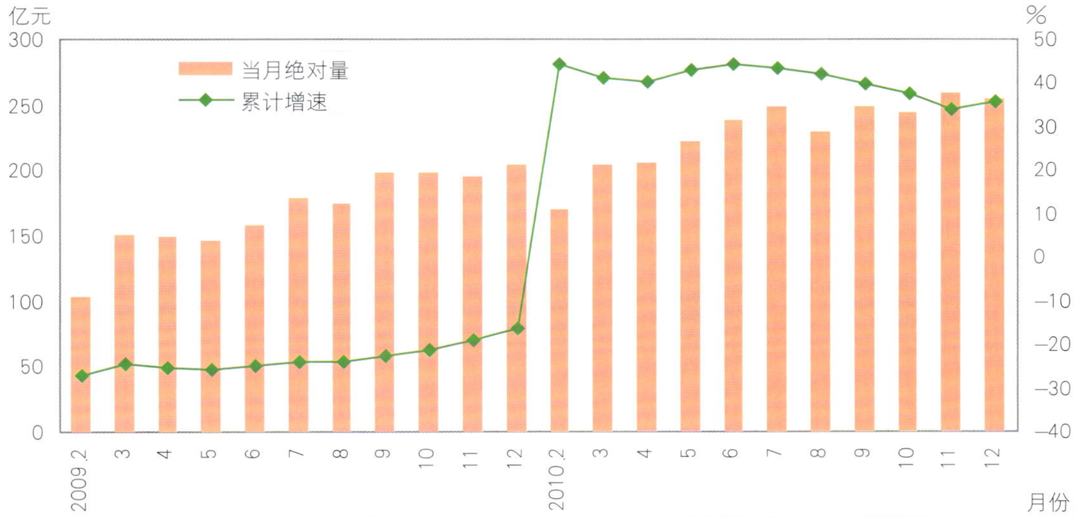

图4 2009—2010年出口总额当月绝对量及累计增速

总额的 65.9% 和 68.7%。在全年的新批项目中，千万美元以上境外投资项目 36 个，比上年增加 10 个，中方协议投资额 14.1 亿美元，同比增长 174.5%，其中，5000 万美元以上项目为 10 个。对外承包工程新签 5000 万美元以上大项目 23 个，1 亿美元以上大项目 10 个，分别比去年增加 5 个和 3 个，单个项目平均规模不断增大。

五、收入增加民生改善，运行质量达到新水平

财政收入增长较快。2010 年，全省实现财政一般预算收入 4079.9 亿元，同比增长 26.4%，比去年提高 8.2 个百分点。一般预算收入中，税收收入 3312.6 亿元，同比增长 24.8%，增速比 2009 年提高 8.3 个百分点；税收收入占一般预算收入的比重为 81.2%，比 2009 年下降 1 百分点。一是增值税和个人所得税增长提速。2010 年，全省增值税收入 562.6 亿元，同比增长 8.9%，增幅同比提高 2 个百分点；个人所得税收入 180.9 亿元，同比增长 29.1%，增幅同比提高 20.6 个百分点。二是营业税和企业所得税较快增长。2010 年营业税和企业所得税分别为 1023.9 亿元和 554.4 亿元，同比分别增长 22.8% 和 35.9%。三是房地产相关税收增速较高。2010 年，全省契税、土地增值税同比分别增长 32.3% 和 73.5%，保持平稳较快增长。四是非税收入强劲增长。2010 年，全省财政一般预算收入中非税收入 767.3 亿元，同比增长 33.7%，增幅同比提高 6.9 个百分点。五是苏北财政一般预算收入继续保持高速增长，苏南比重下降。2010 年，苏北地区一般预算收入 785.9 亿元，同比增长 45.3%，增幅同比提高 10.2 个百分点。苏南和苏中一般预算收入分别为 2355.5 亿元和 624.1 亿元，同比分别增长 23.1% 和 34.8%。苏南地方财政一般预算收入占全省总量比重有所下降，全年比重为 57.7%，比 2009 年下降 1.6 个百分点。六是财政支出结构进一步优化。一般预算支出 4843.8 亿元，同比增长 18.6%；基金预算支出 3340.4 亿元，增长 95.3%。全年教育支出 854.6 亿元，同比增长 25.6%；公共安全支出 321 亿元，增长 12.7%；社会保障和就业支出 355.4 亿元，增长 18.8%；城乡社区事务支出 605.2 亿元，科学技术支出 146.8 亿元，分别增长 27.4% 和 25.5%。

居民生活稳步改善。2010 年，江苏城镇居民人均可支配收入为 22944 元，同比增长 11.6%，扣除价格因素，实际增长 7.8%。其中，人均工资性收入 14817 元，比上年增加 1336 元，增长

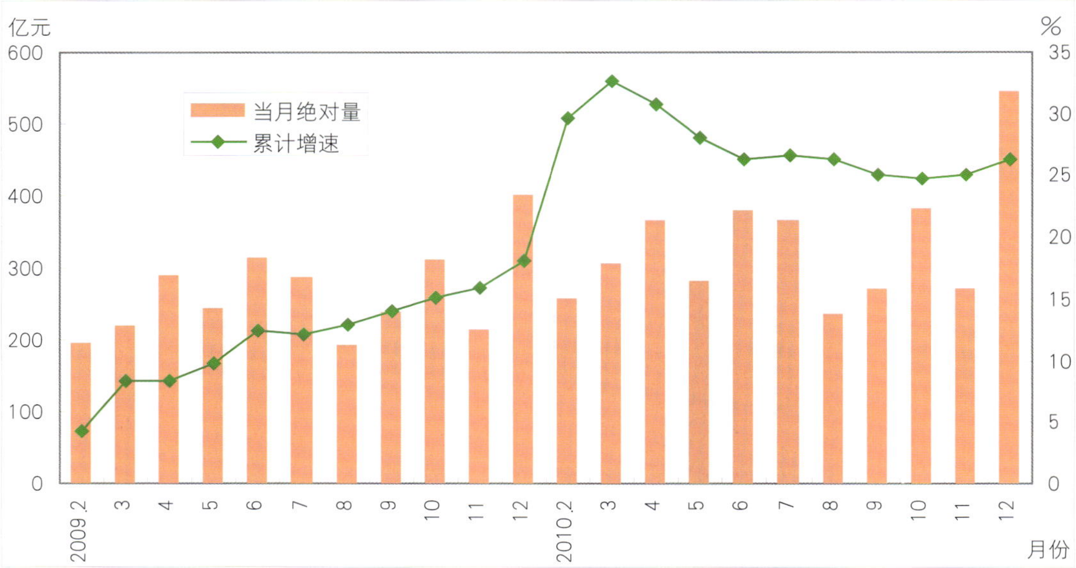

图 5 2009—2010 年财政一般预算收入当月绝对量及累计增速

9.9%，拉动家庭总收入增长5.3个百分点；人均经营净收入为2519元，增长17.7%，增幅比上年提高10.7个百分点；人均财产性收入为471元，增长23.4%，增幅位列四项收入首位；人均转移性收入为7309元，增长12.6%，其中养老金及离退休金收入为6282元，增长16.2%。2010年，江苏农民人均纯收入9118元，同比增长13.9%，高于上年5.1个百分点，为1997年以来最高，城乡收入比也由上年的2.57∶1降为2.52∶1，也是14年来的首次缩小。从收入结构看，2010年，农民人均工资性收入为4896元，同比增加658元，增长15.5%，增速比上年提高6.7个百分点，拉动农民人均纯收入增长8.2个百分点；人均家庭经营收入为3215元，同比增加276元，增长9.4%；人均财产性收入为399元，同比增加73元，增长22.5%；人均转移性收入为608元，同比增加107元，增长21.4%，其中离退休金、养老金收入300元，增长24.5%。城乡居民居住条件进一步改善。2010年末，全省城镇居民人均住房建筑面积为33.4平方米，农村居民人均住房建筑面积为46.3平方米。加大保障性住房建设力度，实现城市低保家庭申请廉租住房实物配租和租赁补贴应保尽保、低收入家庭申请购买经济适用房和廉租住房补贴应保尽保。加快完善社会保障体系，社会保障体系不断完善。年末全省企业职工基本养老保险、城镇职工基本医疗保险、失业保险参保人数分别达1921.4万人（含参保离退休人员）、1843.3万人（含参保退休人员）和1153.8万人，分别比上年末增加149.7万人、142.2万人和74.6万人。年末享受企业职工基本养老保险离退休人员418万人，享受城镇职工基本医疗保险退休人员441.5万人。年末企业职工基本养老保险、城镇职工基本医疗保险、新型农村社会养老保险覆盖面均达97%以上。城镇居民基本医疗保险参保人数达1396.8万人，比上年增加66.9万人。

企业效益大幅提升。2010年，全省规模以上工业累计实现主营业务收入90635亿元，比上年增长27.3%，实现利税总额8897.2亿元，增长34.9%，其中实现利润总额5705.9亿元，增长43.6%，增速同比分别提高15.9个、13.7个、19.3个百分点，并呈现出利润增幅高于利税增幅、利税增幅高于销售增幅的良好发展态势。亏损面由上年11.7%下降到8.6%，亏损企业亏损额由上年290.3亿元下降到186.9亿元。企业盈利能力得到改善，成本费用利润率达6.8%、资产贡献率达16.2%，分别较上年提高0.8个、1.8个百分点。工业经济效益综合指数为241，提高18.9个百分点。

六、城乡区域协调性增强，统筹发展开创新局面

城乡经济均保持快速增长。农村消费品市场发展加快。江苏全年城镇市场实现零售额11965.5亿元，同比增长19.2%；乡村市场实现零售额1516.8亿元，同比增长15.1%，两者增速分别比上半年提高0.3个和1.2个百分点。第一产业投入增速继续领先。全年城镇投资中第一产业完成投资55.2亿元，比上年增长22.5%，比同期城镇投资增速快0.4个百分点。

区域协调发展水平继续提升。2010年，全省三大区域协调发展水平进一步提升，苏南经济继续保持平稳发展态势，苏中、苏北大部分经济指标增幅继续超过全省平均水平。2010年，苏南、苏中、苏北实现生产总值比上年分别增长13.1%、13.2%、13.7%；规模以上工业增加值分别增长15.5%、15.4%、18.3%；工业用电量分别增长13.7%、13.8%、22.8%；城镇固定资产投资分别增长21.3%、22.7%、23.2%；社会消费品零售总额分别增长18.6%、18.6%、19%；进出口总额分别增长37%、37.7%、49.4%，其中，出口总额分别增长35.6%、34.1%、44.2%；地方财政一般预算收入分别增长23.1%、34.8%和45.3%。

七、教育卫生等全面发展，社会事业取得新进步

教育事业蓬勃发展。年末，江苏共有普通高校124所，普通高等教育招生43.3万人，在

昆山液晶彩电生产线（江苏省统计局提供）

校生 164.9 万人，毕业生 47.9 万人；研究生教育招生 4.3 万人，在校研究生 12.6 万人，毕业生 3 万人。高等教育毛入学率达 42%。全省中等职业教育在校生达 102 万人（不含技工学校）。小学在校生年巩固率达 100.01%，初中在校生年巩固率达 98.7%，高中阶段教育毛入学率达 96%，基本普及高中阶段教育。初中毕业生升学率 97.5%。小学学龄儿童入学率 99.96%。特殊教育招生 0.5 万人，在校生 3 万人。幼儿园在园幼儿 205.7 万人。城乡免费义务教育全面实行，各级各类学校政府财政经费投入不断加大。

卫生事业加快发展。城乡基层卫生服务网络基本形成。年末共有各类卫生机构 30964 个，其中医院、卫生院 2447 个，卫生防疫和防治机构 176 个，妇幼卫生保健机构 103 个。各类卫生机构拥有病床 27 万张，其中医院、卫生院病床 24.8 万张。共有卫生技术人员 32.9 万人，其中执业医师、执业助理医师 12.9 万人，注册护士 12.3 万人，卫生防疫和防治机构卫生技术人员 0.7 万人，妇幼卫生机构卫生技术人员 0.5 万人。乡镇卫生院 1283 个，床位 5.2 万张，卫生技术人员 5.8 万人，乡村医生和卫生员 7 万人。新型农村合作医疗人口覆盖率达 95% 以上。

文化事业蓬勃发展。文艺创作、广播影视、新闻出版和哲学社会科学事业取得新成绩。年末全省共有文化馆、群众艺术馆 117 个，公共图书馆 109 个，博物馆 182 个，档案馆 168 个，向社会开放档案 366 万卷（件、册）；共有广播电台 14 座，中短波广播发射台和转播台 21 座，电视台 14 座，广播综合人口覆盖率和电视综合人口覆盖率分别达 99.99% 和 99.88%。有线电视用户 1885.9 万户，比上年增长 9.3%。生产故事影剧片 13 部。全年报纸出版 27.1 亿份，杂志出版 10051 万册，图书出版 52290 万册。

八、节能减排稳步推进，生态文明取得新成效

节能减排进展顺利。随着企业技术创新、改造的深入推进，加上实施强有力的调控措施，节能减排成效明显。全年关停化工生产企业 403 家，累计关停 5034 家。完成“十一五”单位 GDP 能耗降低率的总目标。化学需氧量、二氧化硫排放量分别比上年削减 3% 和 2.2%。2010 年，全省规模以上工业企业累计综合能源消费量 1.9 亿吨标准煤，同比增长 9.1%，季度增幅呈现出较为明

显的“前高后低”趋势。七大高耗能行业累计综合能源消费量同比上升8.9%，小于全省平均水平。

环境保护能力提高。以生态省建设为载体，以城乡环境综合整治、建设绿色江苏为重要内容，全面推进环境保护工作。新建“一池三改”户用沼气池36.5万处、无害化卫生户厕390万座、规模化畜禽养殖场沼气治理工程2256处，完成村庄河塘清淤8.1亿方。全省已有300个乡镇、涉农街道以及2600个村庄建成生活污水处理设施，乡镇污水处理设施覆盖率达30%，2/3的县（市）建立了生活垃圾四级转运处理机制。太湖流域率先实现建制镇污水处理设施、区域供水和生活垃圾运转处理“三个全覆盖”，成为“十一五”农村生态保护的最大亮点。进一步加大生态建设和修复力度，划分和重点保护559个重要生态功能区。大力推进绿色江苏建设，森林覆盖率每年增加1个百分点。累计建成12个国家生态市和19个国家环保模范城市，生态文明建设走在了全国前列。2010年末，江苏设立自然保护区31个，其中国家级自然保护区3个，自然保护区面积56.5万公顷。重点流域污染治理和城乡环境综合整治取得重要进展，水资源供给和水环境保护能力明显加强，太湖湖体水质持续改善，实现了确保饮用水安全、确保不发生大面积湖泛。工业废水排放总量25.2亿吨，工业废气排放总量26855.7亿标立方，工业粉尘排放量16.1万吨，空气质量监测达到二级标准的城市11个。

2010年，江苏经济社会发展取得显著成绩的同时，也存在一些矛盾和问题，主要是：经济结构仍不尽合理，服务业发展相对滞后，粗放型经济增长方式尚未根本改变，经济持续增长的资源约束加剧、环境压力加大；内需持续均衡增长存在较大制约，特别是消费对经济增长的贡献率有待进一步提高；世界经济走向的不确定性较大，对外向度较高的江苏经济影响将更为深刻；城乡二元结构仍是制约发展的重要瓶颈因素，城乡、区域发展差距比较明显；社会建设相对滞后于经济发展，城乡居民增收的基础不够稳固，在就业、医疗、住房、市场物价、劳动保障、食品药品安全等方面的一些突出问题尚待有效解决等。

（撰稿人：朱晓明　江苏省统计局局长）

江南丝竹争摆文化大省盛宴（江苏省统计局提供）

浙江省经济社会发展报告

2010年，浙江深入贯彻落实科学发展观，认真贯彻落实中央一系列大政方针和宏观调控政策，全面实施“八八战略”和“创业富民、创新强省”总战略，扎实推进“全面小康六大行动计划”，坚持调结构促转型谋发展、抓统筹惠民生保稳定，全省经济保持平稳增长，继续朝着宏观调控的预期方向发展，转型升级步伐有所加快，内生动力和活力持续增强，社会民生进一步改善，节能降耗取得成效，年初确定的预期目标和“十一五”规划的主要目标任务顺利完成，为全面建成惠及全省人民的小康社会打下了坚实基础。

一、经济运行的基本态势

2010年，全省生产总值为27226.8亿元，比上年增长11.8%（见图1），“十一五”期间年均增长11.8%，其中，第一产业增加值1360.7亿元，增长3.2%；第二产业增加值14121.3亿元，增长12.3%；第三产业增加值11744.8亿元，增长12.1%。三次产业比例为5 ∶ 51.9 ∶ 43.1，与上年相比，一产比重下降0.1个百分点，二产比重上升0.1个百分点，三产比重持平。人均生产总值超过5万元（7500美元左右），比上年增长10%左右。

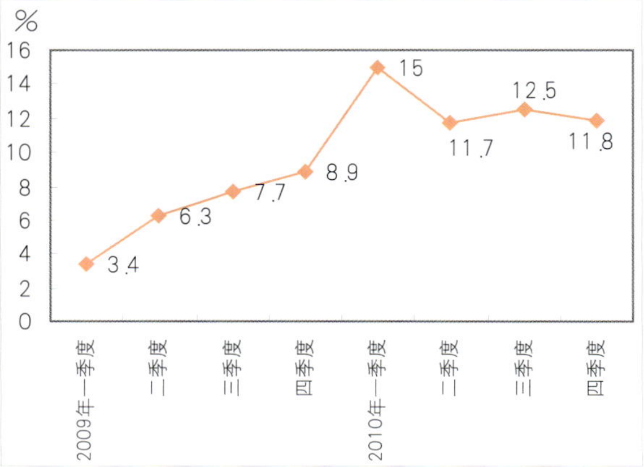

图1 GDP累计增速

（一）工业和服务业较快增长

1. 工业生产、出口和利润保持平稳较快增长。2010年，规模以上工业增加值比上年增长16.2%，增速比上年提高10个百分点，其中四季度各月分别增长15.1%、13.6%和14.1%，比最低点6月明显回升（见图2）。出口交货值10683亿元，增长27.6%，增速比上年加快25.5个百分点，拉动销售产值增长（30.2%）6个百分点，增长贡献率为19.8%。实现利润3003.6亿元，增长47.3%；利税总额4799.6亿元，增长37.5%；亏损企业6293家，亏损面为9.9%，比上年缩小4.5个百分点，亏损企业亏损额121.6亿元，减亏31.1%。

2. 货运、邮电、商贸、金融、旅游等服务业增长较快。2010年，第三产业对GDP增长的贡献为5.2个百分点，贡献率为43.7%，除房地产业有所回落外，各行业都保持较快发展。全社会铁、公、水路货运量和货物周转量分别比上年增长12.7%和25.7%，增速分别比上年加快10.1和25个百分点。邮电业务总量1972亿元，增长18.3%，增速比上年加快10.5个百分点。移动电话交换机容量8666万户，比上年增加693万户；本地电话用户1998.5万户，其中城市电话用户1213万户，农村电话用户785.5万户；移动电话用户5047万户，新增611万户；互联网用户数为3670万户。批发零售贸易商品销售总额增长28.6%，住宿和餐饮业零售额分别增长20.7%和16.5%。金融机构本外币存、贷款余额分别增长20.8%和19.7%。实现旅游总收入3312.6亿元，比上年增长25.3%，其中，接待国内旅游者2.95亿人次，增长20.8%，实现国内旅游收入3045.5亿元，增长25.7%；接待入境旅游者685万人次，

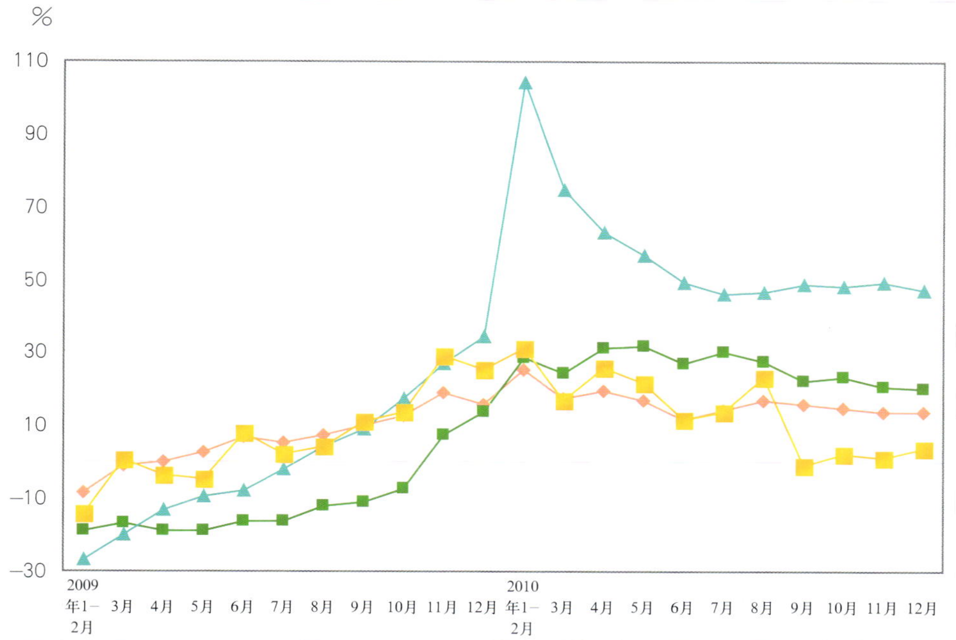

	2009年1–2月	3月	4月	5月	6月	7月	8月	9月	10月	11月	12月	2010年1–2月	3月	4月	5月	6月	7月	8月	9月	10月	11月	12月
工业增加值	–8.2	–1.0	0.2	3.0	7.1	5.2	7.6	10.1	12.6	19.0	16.2	25.3	17.3	19.8	17.0	11.7	14.6	17.2	16.0	15.1	13.6	14.1
出口交货值	–19.0	–17.0	–19.0	–19.0	–16.0	–16.0	–12.0	–11.0	–7.5	7.4	13.6	28.7	24.4	31.4	31.7	26.9	30.1	27.6	22.3	23.6	20.5	20.2
工业利润(累计)	–27.0	–20.0	–13.0	–9.3	–7.6	–1.8	4.5	9.0	17.3	27.0	34.4	104.0	74.6	62.8	56.5	49.1	45.9	46.6	48.6	48.3	49.0	47.3
工业用电量	–14.0	0.7	–3.4	–4.4	8.0	2.4	4.4	11.1	14.0	29.0	25.3	31.5	17.0	26.2	21.6	11.7	14.1	23.1	–1.2	2.3	1.3	3.9

图 2 工业增加值、出口交货值、工业用电量当月增速和工业利润累计增速

增长 20%，实现旅游外汇收入 39.3 亿美元，增长 21.9%。

3. 农业生产基本稳定。2010 年，农作物播种面积 2484.7 千公顷，比上年减少 0.8%，其中粮食播种面积为 1275.8 千公顷，减少 1.1%；棉花面积增长 3.5%，油料面积减少 0.6%。受春季持续低温阴雨不利气候及种植结构调整影响，粮食总产量 770.7 万吨，比上年下降 2.3%，春茶、春茧量减价升。蔬菜、药材、花卉苗木面积分别增长 1.4%、6.3% 和 4.1%，其余经济作物面积有不同程度的下降。肉类总产量 175.1 万吨，比上年增长 2.8%；国内渔业产量 461.4 万吨，增长 7.4%，其中，海洋捕捞增长 5.8%，海水养殖增长 8%，淡水产量增长 11.8%；远洋渔业产量 21 万吨，增长 31%。现代农业继续发展。全年净增有效灌溉面积 3.5 千公顷，新增旱涝保收面积 3.9 千公顷。农业机械总动力 2428 万千瓦，比上年增长 2.0%。

（二）三大需求协同拉动

1. 投资增长平稳，房地产销售略有回升。2010 年，全社会固定资产投资 12488 亿元，比上年增长 16.3%，增幅与上年基本持平，扣除价格因素实际增长 11.1%。前三季度全社会投资累计增速分别为 20.5%、17.7%、17.0%，呈逐季回落态势。限额以上固定资产投资 11564 亿元，比上年增长 16.7%（见图 3）。施工项目 31780 个，其中新开工项目 16963 个，同比分别增长 6.2% 和 6.6%。从投资领域看，基础设施投资增长 6.8%；工业投资增长 9.3%，工业技术改造投资增长 10.4%，占工业投资的 60%，制造业投资 4045.7 亿元，增长 10.7%，增速比上年加快 3.3 个百分点；房地产开发投资 3030 亿元，增长 34.4%，增速比上年加快 23 个百分点，商品房新开工面积增长 40.7%，本年购置土地面积增长 40.2%。商品房销售额略有增长，销售面积降幅继续收窄。商品房销售额 4448.7 亿元，增长 2.6%（前三季

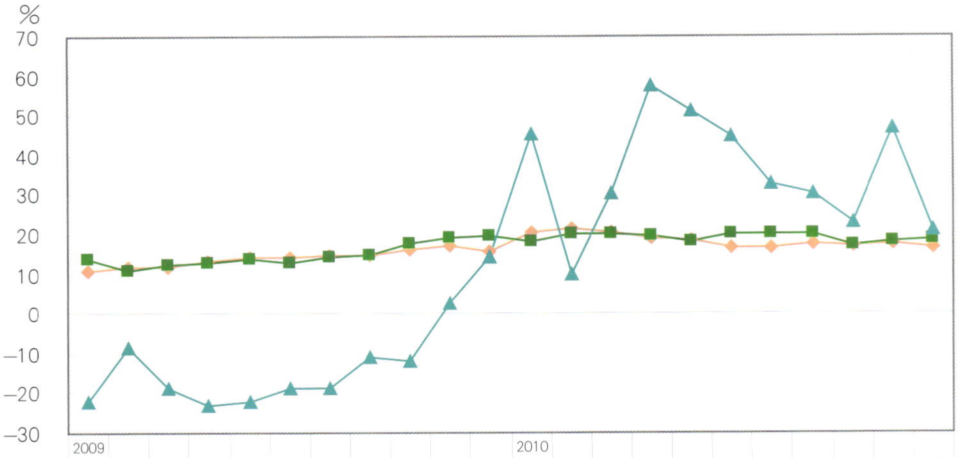

	2009年1–2月	3月	4月	5月	6月	7月	8月	9月	10月	11月	12月	2010年1–2月	3月	4月	5月	6月	7月	8月	9月	10月	11月	12月
限额以上投资	10.6	11.6	11.8	13.3	14.2	14.0	14.6	14.9	16.2	17.1	15.8	20.7	21.5	20.7	19.0	18.5	16.7	16.8	17.7	17.2	17.7	16.7
消费	13.5	10.9	12.1	12.8	13.9	12.9	14.2	14.6	17.7	18.9	19.3	18.3	19.9	20.2	19.4	18.1	19.9	20.0	19.9	17.3	17.9	18.6
出口	−22.0	−8.8	−19.0	−23.0	−22.0	−19.0	−19.0	−11.0	−12.0	2.3	14.3	45.1	9.9	30.3	57.2	50.9	45.0	32.5	30.0	22.9	46.5	20.9

图 3 投资累计增幅、社会消费品零售额和出口当月增速

度下降 1%），销售面积下降 13.1%，降幅比前三季度收窄 4.9 个百分点，其中住宅销售面积下降 19.5%。

2. 消费品市场销售增长较快。2010 年，社会消费品零售总额 10163 亿元，比上年增长 19%，扣除价格因素，实际增长 14.5%。城镇和乡村市场零售额分别增长 19.2% 和 17.9%。从限额以上贸易企业分类商品零售额看，金银珠宝类增长 52.8%，增速居 25 个大类之首，服装鞋帽针纺织品、日用品、家用电器和音像器材、中西药、通讯器材、石油及制品类分别增长 25.3%、21.2%、22.2%、18.3%、42.7%、33.6%；汽车销售较旺，零售额达 1808 亿元，增长 37.2%，拉动全社会消费品零售总额增长 5.7 个百分点，月均零售 150.7 亿元。年末全省有商品交易市场 4146 家，全年有形市场成交额 12717 亿元，比上年增长 18.4%。成交额超亿元的市场 675 个，超十亿元的市场 202 个，超百亿元的市场 22 个。

3. 出口规模创历史新高。随着世界经济缓慢复苏，国际市场需求回升，浙江出口出现恢复性增长。2010 年，全省进出口总额 2535 亿美元，比上年增长 35%，其中，出口 1805 亿美元，增长 35.7%，增速比上年提高 49.5 个百分点，两年平均增长 8.2%；进口 730 亿美元，增长 33.4%。出口规模连续 3 个月创历史新高（5-7 月分别为 157.9、166.8 和 180.4 亿美元），月均出口 150.4 亿美元，超过国际金融危机前的 2008 年 128.6 亿美元的水平。浙江出口总额占全国的比重从上年的 11.1% 提高到 11.4%；出口增幅高于全国（31.3%）4.4 个百分点，在出口前六大省市中增幅靠前，高于上海（27.5%）、山东（31.1%）、广东（26.3%）、福建（34.1%），略低于江苏（35.8%）。对欧盟、美国、东盟、日本出口分别增长 34%、32.1%、37% 和 18.5%。

实际利用外资增速明显回升，对外投资力度加大。2010 年，全省新批外商投资企业 1944 家，比上年增加 206 家，增长 11.9%，合同外资 200.5 亿美元，增长 25.2%，实际使用外资 110 亿美元，增长 10.7%，增速比上年提高 35.3 和 12 个百分点。大力实施“走出去”战略，支持企业在境外开发资源、收购品牌、拓展市场。2010 年，对外承包工程、对外劳务合作、对外设计咨询完成营业额 29.1 亿美元，比上年增长 21.6%；经审批和核准的境外企业和机构共计 630 家，投资总额 40.2 亿美元，中方投资 33.6 亿美元，同比分别增长 2.6 和 2.2 倍。全年实际对外直接投资为 26.2 亿美元，继续居全国各省市第一。

（三）财政金融稳定运行

1. 财政收入较快增长。2010 年，财政一般预算总收入 4895.4 亿元，比上年增长 18.8%，地方一般预算收入 2608.5 亿元，增长 21.7%，增速分别比上年提高 8.3 和 10.9 个百分点，营业税、企业所得税和个人所得税增长较快，同比分别增长 23.1%、26.8% 和 21.7%，增值税增长有所加快，增长 8.2%，比前三季度加快 5.4 个百分点。

2. 存贷款增长稳定。2010 年末，金融机构本外币各项存款余额 54478 亿元，比上年末增长 20.8%，其中人民币存款余额增长 20.5%。全部金融机构本外币各项贷款余额 46939 亿元，比上年末增长 19.7%，其中人民币贷款余额增长 19.2%。年末城乡居民本外币储蓄存款余额 21094 亿元，比上年末增长 16.1%。

3. 加快发展创业投资、产业投资，拓展企业上市等融资渠道。2010 年，新增上市公司 56 家，其中境内上市 45 家，境外上市 11 家。到 2010 年末，全省共有境内上市公司 186 家，位居全国第二，累计融资 1820 亿元；其中中小板上市公司 91 家，占全国中小板上市公司总数的 17.1%，位居全国第二；创业板上市公司 16 家，占全国创业板上市公司总数的 10.5%。全省现有境外上市公司 56 家，累计融资 490 亿元。

4. 保险业加快发展。2010 年，保险业实现保费收入 834.4 亿元，比上年增长 29.3%。其中，财产险公司保费收入 334.5 亿元，比上年增长 30.9%；人身险公司保费收入 499.9 亿元，增长 26.2%。支付各类赔款及给付 216.1 亿元。其中，财产险公司赔付支出 147.5 亿元，人身险公司赔付支出 68.6 亿元。

（四）价格指数高位运行

1. CPI 同比涨幅创两年多新高，环比持续上涨。2010 年，全省居民消费价格比上年上涨 3.8%，其中，11 月同比上涨 5.5%，涨幅创 2008 年 8 月以来 28 个月的新高，12 月回落至 4.9%（见图 4）；环比已连续 6 个月上涨，7-12 月分别上涨 0.7%、

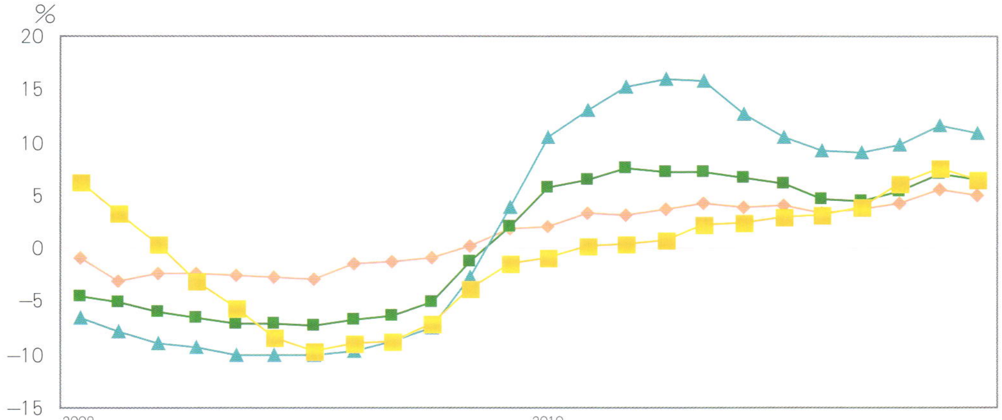

	2009年1月	2月	3月	4月	5月	6月	7月	8月	9月	10月	11月	12月	2010年1月	2月	3月	4月	5月	6月	7月	8月	9月	10月	11月	12月
居民消费价格	−0.8	−3.0	−2.3	−2.4	−2.6	−2.8	−2.9	−1.4	−1.3	−0.9	0.3	1.9	2.1	3.3	3.1	3.7	4.2	3.8	4.1	3.4	3.6	4.2	5.5	4.9
工业品出厂价格	−4.6	−5.1	−6.1	−6.5	−7.1	−7.2	−7.3	−6.7	−6.3	−5.1	−1.2	2.0	5.7	6.4	7.6	7.2	7.2	6.7	6.0	4.6	4.5	5.4	6.9	6.4
原材料购进价格	−6.5	−7.8	−9.0	−9.4	−10.0	−10.0	−10.0	−9.7	−8.8	−7.4	−2.8	3.9	10.4	13.1	15.3	16.0	15.8	12.6	10.4	9.2	9.0	9.8	11.6	10.9
农业生产资料价格	6.3	3.3	0.4	−3.0	−5.6	−8.4	−9.6	−8.9	−8.7	−7.1	−3.9	−1.5	−0.8	0.3	0.4	0.7	2.3	2.4	3.0	3.2	3.9	6.0	7.5	6.5

图 4 各类价格月度涨幅

0.4%、0.4%、0.4%、1.1%和0.3%。所调查的八大类价格同比七涨一跌，涨幅较高的是食品、居住、医疗保健，分别上涨7.3%、6%、5.4%，烟酒、交通和通信、娱乐教育文化用品及服务、家庭设备用品及维修服务分别上涨0.7%、0.3%、1.6%和0.4%，衣着类下降0.7%，食品类价格涨幅再度扩大，全年比前三季度扩大1.2个百分点。商品零售价格同比上涨3.9%；农业生产资料价格同比上涨2.9%。

2. PPI持续高位，进出涨幅差加大。2010年，工业品出厂价格和原材料购进价格分别比上年上涨6.2%和12%，进出涨幅差为5.8个百分点，而上年原材料购进指数低于出厂价格2.3个百分点，其中，12月上涨6.4%和10.9%，涨幅分别比11月回落0.5和0.7个百分点（见图4），环比分别上涨0.3%和0.9%。从15个工业部门的工业品出厂价格同比涨幅看，石油工业涨幅居首，上涨19.7%，冶金和化学工业分别上涨15%和10.2%。从9大类原材料购进价格同比涨幅看，有色金属类涨幅居首，上涨25.2%，燃料动力、化工原料类价格分别上涨13.9%和13.2%。

3. 房价同比涨幅在较高水平上有所回落。全省房屋销售价格同比涨幅较高，12月上涨4.6%。从分月数据看（见图5），4月份为2010年最高（16.7%），随着国家及时出台新一轮房地产市场调控措施，5月开始涨幅逐步有所回落，但房价仍然比去年同期高，且新建普通住宅价格比二手普通住宅价格走势坚挺。从环比走势看，1、3、4月上涨，其中4月上涨幅度最大（2.4%），5月开始下跌并延续到8月，9月随着传统销售旺季的到来，房价环比又出现小幅上涨。从全省房地产企业的平均销售价格看，2010年为9249元/平方米，比上年增加1424元，上涨18.2%。

12月份，在70个大中城市中，浙江4城市房价同比涨幅比上月略有回落，环比1涨2平1跌，基本低于全国平均涨幅。杭州、宁波、温州和金华市的房屋销售价格同比分别上涨0.5%、0.8%、8.8%和6.5%，涨幅分别比11月回落1.9、1.9、1.8和0.9个百分点，除温州外均低于全国平均涨幅（6.4%），在70个大中城市中分别列第68、67、7、28位。从环比看，温州、金华分别上涨0.7%和0.4%，高于全国平均涨幅（0.3%），宁波持平，杭州下降0.2%，低于全国平均涨幅，在70个大中城市中，温州、金华分别居第18和30位，宁波、杭州分别居第66和末位。

二、发展方式转变取得积极进展

（一）转型升级步伐加快

1. 节能减排和生态文明建设成效显现。随

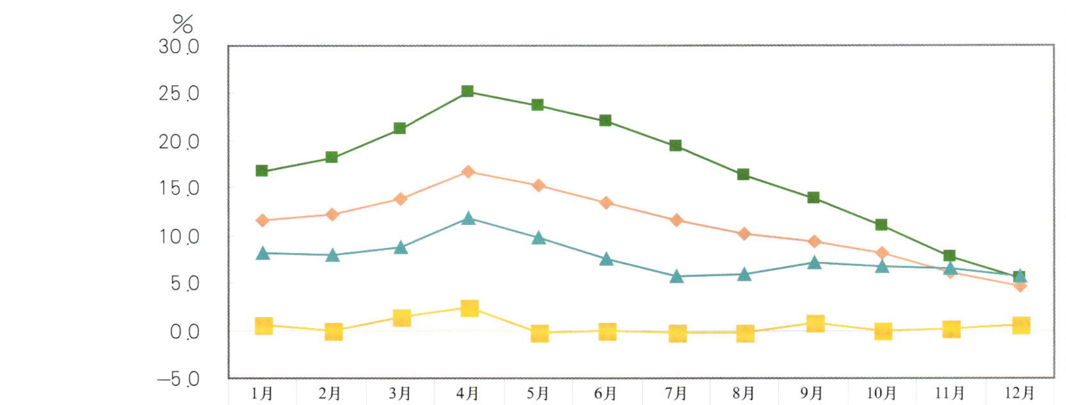

	1月	2月	3月	4月	5月	6月	7月	8月	9月	10月	11月	12月
房屋销售价格同比涨幅	11.6	12.2	13.9	16.7	15.2	13.5	11.6	10.1	9.4	8.0	6.1	4.6
新建普通住宅同比涨幅	16.6	18.1	21.1	25.1	23.7	22.1	19.3	16.3	13.8	11.0	7.7	5.4
二手普通住宅同比涨幅	8.1	7.8	8.8	11.7	9.7	7.5	5.6	5.8	7.0	6.7	6.4	5.6
房屋销售价格环比涨幅	0.5	0.0	1.3	2.4	-0.3	-0.1	-0.3	-0.3	0.8	-0.1	0.2	0.5

图5 2010年各月全省房屋销售价格涨幅

着省政府对高耗能行业有序用电方案的出台，从严控制能耗大户用电，高能耗行业的生产得到抑制，对推动工业结构性节能发挥了较好的作用。2010年，全社会用电量和工业用电量分别增长14.1%和13.9%，增速比上半年回落6.5和8个百分点。全年单位GDP能耗降为0.72吨标准煤/万元，比上年降低3.21%，圆满完成“十一五”期间单位GDP能耗降低20%的目标任务。化学需氧量、二氧化硫排放量均比上年分别下降5.26%和3.28%，五年累计下降18.15%和21.16%，超额完成“十一五”减排任务。环境质量继续改善。32个省控城市环境空气质量均达到二级标准占93.8%，八大水系、运河和湖库地表水省控断面Ⅰ～Ⅲ类水质比例达到74.3%，达到年度目标要求。跨行政区域河流交接断面满足功能要求比例为61.1%，比2009年上升7.4个百分点。土地集约利用取得积极成效。万元GDP用地量从2009年末的49.7平方米/万元下降到2010年的41.9平方米/万元，单位建设用地GDP从2009年末的13.4亿元/万亩上升为2010年的15.9亿元/万亩。2010年，全省累计建成1个国家生态县、30个省级生态县、43个国家级生态示范区、7个国家环境保护模范城市、7个省级环保模范城市、238个全国环境优美乡镇。城市建成区绿化覆盖率达37.5%，人均公园绿地面积10.9平方米。2010年，新增治理水土流失面积812平方公里。全年近岸海域共发生赤潮22次，累计面积约3682平方千米，与上年相比，赤潮发生次数和面积均有所下降。

2. 创新驱动力持续增强。2010年，全社会科技活动经费超过830亿元，比上年增长15.7%，研究与试验发展经费占GDP的比例从上年的1.73%提高到1.82%；地方财政中用于科技支出121.4亿元，增长22.3%。规模以上工业企业科技活动经费支出增长26%，购置技术成果费用增长10.5%，分别比上年提高19.7和27.8个百分点。全年专利申请12.07万件，专利授权11.46万件，分别比上年增长11.2%和43.4%。全年技术市场合同登记12826份，技术交易额59.1亿元。产品升级换代速度加快，2010年，规模以上工业企业新产品产值10143亿元，比上年增长42.9%，新产品产值率为19.6%，比上年上升1.7个百分点，新产品对全省规模以上工业总产值增长的贡献率为25.1%。

3. 产业结构调整取得新进展。积极调整优化产业结构，淘汰落后产能，加快战略性新兴产业规划和推进工作，各地的产业集聚区规划陆续制定。装备制造业拉动作用明显。2010年，装备制造业工业增加值3639亿元，比上年增长22%，增速比规模以上工业高5.8个百分点，装备制造业占规模以上工业增加值的比重为35%，比上年提高1.4个百分点，对工业生产增长的贡献率达45.7%；装备制造业实现利润1143.8亿元，增长49.6%，拉动规上工业利润增长18.6个百分点，增长贡献率为39.3%，比重为38.1%，比上年提高0.6个百分点。2010年，高新技术产业增加值2396亿元，增长18.5%，比重为23%，比上年提高0.5个百分点。在限额以上投资中，装备制造业投资1877亿元，增长12.8%。服务业投资比重上升。2010年，服务业投资6806亿元，增长22.4%，高于限额以上投资平均增速5.7个百分点，所占比重达58.9%。

4. 城镇化水平提高，新农村建设成效明显。据2010年第六次全国人口普查，浙江常住人口中居住在城镇的人口为3354.06万人，占61.6%，完成了60%的“十一五”规划目标；居住在乡村的人口为2088.6万人，占38.38%，与2000年人口普查相比，城镇人口比重上升12.95个百分点，表明浙江大中城市和城镇的集聚辐射能力不断增强。同时，新农村建设成效进一步显现。2010年，全省完成环境综合整治村3197个，全省85%以上的村实现生活垃圾集中收集处理，74%农户家庭实现卫生改厕，45%村庄开展了生活污水治理。完成各类农村劳动力培训108万人。农家乐休闲旅游业发展较快。累计发展农家乐休闲旅游特色村（点）2490个，从业人员8.77万人，营业收入54.4亿元。农民下山搬迁工程稳步推进，欠发达地区完成山区农民和库区移民下山搬迁累计10.78万户，37.2万人。

（二）经济增长的内在动力和活力明显增强

1. 私营企业生产增速较快，民间投资增势较好。2010 年，规模以上私营企业工业增加值比上年增长 18.4%，高于规模以上工业 2.2 个百分点，占规模以上工业的 40.9%。限额以上非国有投资 7615 亿元，增长 21.6%，占投资总额的比重从上年的 63.2% 上升到 65.9%，其中，民间投资 6606 亿元，增长 24.7%，增速比国有投资高 16.3 个百分点，占投资总额的 57.1%，国有控股投资 3949 亿元，增长 8.4%。

2. 经济增长质量和效益明显提高。2010 年，规模以上工业实现利润增速比上年上升 12.9 个百分点；总资产贡献率为 12.8%，成本费用利润率为 6.5%，分别比上年提高 1.6 和 0.8 个百分点，全员劳动生产率达 12.9 万元 / 人，提高 22.6%。市场需求明显回升。2010 年，工业品出厂价格上涨 6.2%，规模以上工业企业产品销售率达 97.5%。据企业景气调查，企业家信心指数在二季度回落后连续两季回升，四季度为 138.2，分别比三季度和上年同期回升 4 和 7 点，比全国同期高 1.2 点。综合反映企业生产经营状况的企业景气指数为 142.1，比三季度和上年同期回升 2.3 和 7.5 点，呈逐季上升趋势，并创 2008 年危机以来的新高，表明企业生产经营状况稳定向好。工业企业景气指数自 2008 年四季度触底以来持续回升，2010 年四季度为 141.1，比三季度和上年同期分别上升 1 和 8.7 点；工业产品订货景气指数为 132.4，订货较多和一般的企业比重分别为 41.8% 和 48.8%，订货较少的仅占 9.4%。房地产企业景气指数为 134.1，比三季度回升 11.5 点。

三、社会民生进一步改善

1. 财政对民生支出得到重点保障。2010 年，地方财政一般预算支出 3208.4 亿元，比上年增长 20.9%，财政支出增量的三分之二以上用于民生，其中，用于环境保护、社会保障和就业、医疗卫生、农林水事务支出、科技、城乡社区事务、文化体育与传媒、公共安全、教育、一般公共服务支出分别增长 48.3%、34.8%、26.8%、23.2%、22.3%、21.2%、20.4%、20.1%、16.8% 和 9.2%。

2. 居民收入稳定增长、差距缩小，生活质量提高。2010 年，城镇居民人均可支配收入 27359 元，比上年增长 11.2%，扣除价格因素实际增长 7%，收入水平已连续 10 年居 31 个省市区第 3 位，列上海、北京之后，居省区第 1 位。农村居民人均纯收入 11303 元，增长 12.9%，增速比上年加快 4.8 个百分点，扣除价格因素实际增长 8.6%。农村居民收入水平自 1985 年开始已连续 26 年居各省区首位，人均纯收入比全国平均水平高出近 1 倍。农村居民人均纯收入实际增幅比城镇居民人均可支配收入增幅高出 1.6 个百分点，城乡居民收入比为 1 ∶ 2.42，低于上年的 1 ∶ 2.46，更低于 2006-2007 年的 2.49 倍，城乡收入差距是“十一五”时期最小的一年。就业增加和政府转移支付力度的加大使城镇居民低收入家庭人均收入首次超万元，20% 的低收入家庭人均可支配收入为 10981 元，比上年增长 12.3%，高于平均增幅。据对全省 2007 年人均纯收入低于 2500 元的 111 万户低收入农户统计监测调查，2010 年人均纯收入已达 4220 元，比上年增长 16.3%，高出全省农村居民人均纯收入增幅 3.4 个百分点。地区之间的收入差距也有所缩小，11 市中，城镇居民人均可支配收入最高的宁波市（29977 元）是最低的丽水市（21093 元）的 1.42 倍，比上年缩小 0.01 倍，农村居民人均纯收入最高的宁波市（14261 元）是最低的丽水市（6537 元）的 2.18 倍，比上年缩小 0.04 倍。

居民生活质量改善，消费升级变化明显。2010 年，城镇、农村居民人均消费性支出分别为 17858 和 8390 元，比上年增长 7% 和 13.8%。从城镇居民消费情况看，人均服务性支出 4998 元，比上年增长 7.0%，占消费支出的 28.0%，人均文化、娱乐消费支出 1352 元，增长 22.5%，所占比重从上年的 6.7% 提高到 7.6%；汽车成为消费热点，每百户家庭汽车拥有量为 26.4 辆，比上年增加 2.7 辆；信息化程度提高，每百户家庭拥有家用电脑 89.8 台，接入互联网的 77.7 台，分别增长 6.4% 和 6.3%；拥有移动电话 198 部，增长

3.4%；网络消费发展迅猛，人均网上购物或服务支出93元，增长30.7%。从农村居民消费情况看，人均服务性消费2548元，占消费支出的30.4%；人均交通通讯支出比上年增长23.3%，拉动消费支出增长2.7个百分点，其中购买交通工具支出增长48.8%，每百户家用汽车拥有量达7.8辆，比上年增加1.6辆；每百户家庭拥有家用电脑35.6台，增长24.4%。居住状况有所改善。城、乡居民人均住房建筑面积分别为35.3和58.5平方米，有91.3%的城镇居民拥有自己的住房，每百户城镇居民家庭有25户拥有两套及以上住房。

3. 就业形势稳定向好，社会保障体系建设进一步加强。2010年末，城镇登记失业率为3.2%，比上年末下降0.06个百分点。新增就业人员90.65万人，帮助40.68万名城镇失业人员实现再就业。城乡养老和医疗保障制度实现全覆盖，最低生活保障制度实现“应保尽保”。企业养老、城镇职工基本医疗、工伤、失业、生育保险参保人数分别有1580、1334、1465、864、856万人，比上年末新增148、160、134、80、105万人，参加城乡居民养老保险1170万人，其中农村1029万人，城镇141万人，已有578万人领取基础养老金。418万名被征地农民参加社会保障。社会保障待遇稳步提高。企业退休人员基本养老金达到月人均1595元，居全国省区前列。新型农村合作医疗机制进一步完善，社会保障水平不断提高。2010年，参合人数2965.5万人，参合率为92%，人均筹资水平237元，所有县（市、区）人均筹资全部达到185元以上。所有县（市、区）全部实行门诊统筹，最高支付限额均达到全国农民人均纯收入6倍以上，新农合政策范围内住院补偿率达41.6%，比上年提高5个百分点。其中统筹区域（县域）内报销比例达46%。第三轮参合农民健康体检率达33.9%。全省在册低保对象70万人，其中城镇9万人，农村61万人，平均保障标准为城镇376.7元/月人、农村245.2元/月人。全面实施医疗分类救助模式，开展即时救助。81个县（市、区）已实现即时救助，各级共安排医疗救助资金6.03亿元，支出6.15亿元，救助困难群众58.8万人次，资助困难群众参加新农合和城镇居民基本医疗保险105.7万人。五保、“三无”对象集中供养率分别为96.9%和99.4%。新增各类养老机构床位数1.5万张，新建市、县（市、区）养老服务指导中心40个、乡镇（街道）养老服务中心313个、城市社区居家养老服务站521个、农村“星光老年之家”3220个。

4. 公共事业加快发展，社会保持和谐稳定。率先实行城乡免费义务教育，2010年，十五年教育普及率达到97%；普通高考录取率83.8%，高等教育毛入学率为45%，分别比上年提高1.3和2个百分点。有卫生机构1.6万个（不包括村卫生室），其中医院、卫生院2260个。每千人执业医生数、床位数达到2.1人和3.4张，公共卫生体系建设工作和重大传染病防控工作进一步加强。城乡医疗服务能力明显提升，人均预期寿命由75.8岁提高到76.9岁。广播、电视综合覆盖率分别达到99.17%和 99.35%。有线电视用户数1190.7万户，比上年增加80.6万户，入户率为 74.2%，全省所有乡镇和99.3%以上的行政村实现了有线电视联网，农村有线电视入户数810万余户。县级图书馆和文化馆、乡镇综合文化站基本实现全覆盖，城乡公共文化服务能力明显增强。全民健身理念更加深入人心。竞技体育成绩喜人。浙江运动健儿共取得世界冠军6个、亚洲冠军36个、全国冠军79个。社会公共安全体系进一步健全，各类事故总量继续下降，连续7年实现“零增长”的目标。全年发生各类事故起数、死亡人数、直接经济损失分别比上年下降7.8%、5.1%和3.3%。

四、经济社会发展中需要关注的情况和问题

（一）改善民生和建设和谐社会任务艰巨

1. 居民收入增速仍低于财政收入和企业利润的增速，也低于GDP增速。2010年，城镇居民人均可支配收入和农村居民人均纯收入分别比上年增长11.2%和12.9%，扣除价格因素实际增长7%和8.6%，GDP比上年增长11.8%，人均GDP

增长10%左右，规模以上工业企业劳动报酬和利润分别增长27.6%和47.3%，地方财政收入增长21.7%，增速相差仍然较大，居民收入增长不快也使消费持续扩大缺乏有效支撑。

2. 城乡之间差距仍然较大。一方面，农村与城市相比，所拥有的基础设施、公用设施如道路交通、商贸服务等很不健全，社区服务缺失、环境保护乏力，在养老、失业保障、医疗、教育、居住环境等方面也与城市存在较大差距，农村居民的保障起步迟、起点低，人口多，医疗保险实行的是农村合作医疗，保障水平与城市的差距仍较大。另一方面，按照目前统计口径作为城市人口的部分农村区域（如湖州、舟山、金华市区以及萧山、余杭等地的部分镇村），还存在相当数量的农村人口，离真正的城市化还有较大距离。

3. 居民收入差距扩大之势仍未根本扭转。虽然2010年城乡收入差距是"十一五"时期最小的一年，但城乡居民内部的差距还在扩大，城镇居民收入的基尼系数从2009年的0.2935扩大到2010年的0.325，农村居民收入的基尼系数从0.3634扩大到0.365。据抽样调查，2010年城镇就业者行业间收入差距比上年有所扩大，收入最高的行业是金融业，人均收入为64369元，比上年增长13.6%；就业收入最低的行业是居民服务和其他服务业，人均收入27690元，最高收入行业人均就业收入是最低收入行业的2.32倍，比上年的2.24倍又有所扩大。

（二）保持经济持续平稳健康发展难度加大

1. 国际环境变化的不确定性和人民币升值等因素影响出口。国际金融危机影响深远，世界经济格局正在发生深刻复杂变化。明年世界经济有望继续恢复增长，但不稳定不确定因素仍然较多。联合国经济与社会事务部发布的《2011年世界经济形势与展望》报告指出，从2010年年中开始，全球经济增长出现明显减速，2011年的增长很可能将更加缓慢，世界经济增长率预计将从2010年的3.6%下滑到2011年的3.1%。虽然12月份美国非农业部门失业率从11月的9.8%降至9.4%，但之前已连续16个月维持在9.5%以上，创1948年有记录以来的最长纪录。美联储主席伯南克在公布了12月份失业率后表示，美国经济复苏开始加速，但增长仍过于疲弱，尚不能真正拉低失业率。欧元区成员国在债务危机的阴云下经济增长乏力。日本政府在12月经济月报中表示经济仍然停滞不前，高失业率导致境况艰困，消费萎缩。2010年，浙江对欧盟、美国、日本等主要贸易伙伴国的出口增速分别低于全省出口总额增速1.7、3.6和17.2个百分点。另一方面，人民币升值幅度较大，2010年末比年初升值3%。浙江出口额中有97%左右是用美元计价对外结算，出口企业不敢接大单、长单，使下阶段出口增长的不确定性增加。据省商务厅对浙江1500家重点联系企业的监测，年末企业尚未执行的在手出口订单同比增长的占43.3%，比11月末略有回升，但比10月末仍下降1.3个百分点；同比持平的占34.4%，出口订单下降的占22.3%，部分企业接单和国外客户下单出现一定程度的观望。

2. CPI高位运行，粮、肉、油涨幅较大。2010年，全省居民消费价格比上年上涨3.8%，除1月外已连续11个月超过3%。食品价格上涨是拉动CPI上涨的首要因素，拉动价格总水平上涨2.24个百分点，16类食品价格全面上涨。粮食价格自2009年2月起连续22个月上涨，且从2010年2月开始连续两位数上涨，全年上涨14.3%，涨幅为近6年新高；猪肉价格同比上涨3.2%，月度同比自5月份转降为升，12月上涨12.7%，环比上涨1.3%；油脂价格累计上涨2.7%，其中，11、12月同比分别上涨18%和16.3%，环比上涨8.6%和2.5%；蛋类价格同比上涨8.3%，其中，12月同比上涨18.5%，环比上涨1.1%。其次是居住类价格上涨拉动价格总水平上涨0.84个百分点。PPI的上涨也会逐渐传导到CPI上，水电油气等公共基础商品价格上调压力，企业和消费者较强的通胀预期等，对CPI的走势都将产生影响。

3. 产业层次较低，服务业比重提高不快。服务业比重的"十一五"规划目标是45%，前三

舟山与大陆联网输电线路工程大猫山 370 米世界第一高塔顺利结顶．该工程创造了中国乃至世界电网建设史上的多项纪录（浙江省能源局提供）

年从 40% 提高到 41%，2009 年由于国际金融危机影响，工业大幅下滑和三产较快发展，使三产比重提高至 43.1%，但 2010 年随着工业经济的加速回升以及金融业务的回落和商品房销量的大幅下降，三产比重与 2009 年持平，仍为 43.1%，离“十一五”目标相差 1.9 个百分点，三产比重成为连续两个五年计划都未能完成的任务，是浙江经济发展中突出“短板”和“弱项”，亟待“十二五”解决。从制造业内部看，轻纺产业比重仍然较大，装备制造业比重不高。2010 年，规模以上企业轻工业增加值比重为 42.7%，从行业大类总产值看，浙江总量最大的仍是纺织业，占 10.8%，食品、服装、皮毛羽、家具、化纤、塑料制品业产值占到 16.4%。市场占有率下降。1-11 月，浙江规模以上工业主营业务收入占全国的比重为 7.0%，比上年同期下降 0.1 个百分点，比 2005 年下降 2.5 个百分点。农业生产规模小、经营方式散、要素投入少、劳动生产率低，农业产业化和现代化水平低，农产品知名品牌少，品牌整合难，经营管理粗放，使用违禁药物（添加剂、防腐剂等）、农药超标现象时有发生，农业综合生产能力还不适应国民经济发展的要求。

4. 企业经营压力加大。企业资金供需矛盾逐渐加大，用资成本上升。2010 年央行 6 次提高存款准备金率，2 次上调存贷款基准利率，浙江中小企业首当其冲受到影响，融资更趋困难，利息成本增加。2010 年，全省金融机构新增本外币贷款 7714 亿元，同比少增 1883 亿元。规模以上工业企业利息支出 656.6 亿元，比上年增长 23.6%，应收账款高达 6604.9 亿元，增长 22.9%，资金拖欠现象增多。生产价格指数自 2009 年 12 月开始进入上升区间，原材料购进价格增幅明显高于工业品出厂价格，两项价格之间的差距逐步拉大。2010 年，原材料购进价格高于出厂价格 5.8 个百分点，而 2009 年最低时（7 月）为低于 3.5 个百分点。“高进低出”增加了企业生产成本，且能源、资源等大宗商品的国际市场价格波动幅度不断加大，运费等随着油价和用工成本上升也在增加，企业成本管理难度陡增。企业成本上升和利率、汇率变化等加大企业经营难度将是今后一段时期的突出问题。

5. 资源环境制约和节能减排压力较大。浙江人均资源占有量远低于全国平均水平，随着经济的快速发展，资源能源紧缺的状况进一步加剧。能源供需缺口长期存在，节能减排任务仍然较重。经过“十一五”节能降耗工作的大力推进，2010 年浙江 0.72 吨标煤 / 万元的 GDP 能耗水平，已在全国处于较低水平，“十二五”节能降耗空间和潜力减小，但国家确定的浙江节能降耗目标要高于全国 2 个百分点，将对企业家的投资意愿和全省经济平稳较快增长带来新的压力。2010 年下半年采取区域有序用电总量控制、限制高耗能企业生产等一系列措施，一批高能耗企业进行设备检修或停炉、减产，2011 年恢复生产后能耗肯定回升。产业结构总体趋于重型化，居民个人拥有汽车数快速增长，节能降耗和城市空气质量改善面临着新的更大挑战。2010 年，32 个省控城市环境空气质量均达到二级标准占 93.8%，比 2009 年下降 3.1 个百分点；八大水系、运河和湖库地表水省控断面Ⅰ～Ⅲ类水质比例为 74.3%，比 2009 年下降 0.6 个百分点。

此外，创新能力不够强、“招工难”与“就业难”并存和劳动力供需结构性矛盾相互交织等问题依然突出，环境污染和食品安全问题时有发生，一些长期积累的结构性、素质性等深层次矛盾和问题与当前经济运行中的新的矛盾和问题相互交织，影响经济平稳较快增长和社会和谐稳定。

2011 年是实施“十二五”规划的第一年，浙江经济社会发展正处于转型升级的关键时期，既面临难得的历史机遇，也面临诸多风险和挑战。当前世界经济正在缓慢复苏，全球总需求不足，流动性过剩、金融市场动荡，不稳定不确定因素仍然较多。国际金融危机影响深远，以及输入性通胀给中国经济带来的隐忧等挑战，都表明中国宏观经济平稳运行将面临复杂形势。中央经济工作会议确定今年经济工作要以科学发展为主题，以加快转变经济发展方式为主线，实施积极的财政政策和稳健的货币政策，保持经济平稳较快发展，促进社会和谐稳定。但我国经济社会发展中的短期问题和长期问题交织，结构性问题和体制性问题并存，国内问题和国际问题互联。省委十二届八次全会提出浙江“十二五”发展仍处于可以大有作为的重要战略机遇期，既面临难得的历史机遇，也面临诸多风险和挑战。必须进一步增强推进科学发展的自觉性和坚定性、加快经济转型升级的机遇意识和忧患意识、实现富民强省的责任感和紧迫感。提出要按照“稳增长、抓转型、控物价、惠民生、促和谐”的工作要求，突出发展海洋经济、推进“四大建设”、抓好节能减排、统筹城乡区域发展、创新社会管理、加强自主创新、深化改革开放，确保经济平稳较快发展和社会和谐稳定，确保“十二五”开好局、起好步，以优异的成绩迎接建党 90 周年。综合分析世界及国内经济发展环境，中央宏观调控政策取向、浙江经济工作思路以及“十二五”规划目标，预计 2011 年浙江经济将保持平稳增长。

（撰稿人：金汝斌 浙江省统计局局长）

华能玉环电厂是我国首座自行建设的百万千瓦超超临界机组电厂，是目前全球唯一一座拥有四台百万千瓦超超临界机组的火力发电厂。（浙江省能源局提供）

安徽省经济社会发展报告

2010年，面对极为复杂的宏观环境，全省上下认真落实中央决策部署，深入贯彻科学发展观，多策并举，攻坚克难，不断扩大应对国际金融危机冲击成果、奋力巩固经济回升向好势头，国民经济呈现出增长较快、结构优化、效益提升、民生改善、后劲增强的良好发展态势。初步核算，全年全省生产总值12263.4亿元，按可比价格计算，比上年增长14.5%，连续7年保持两位数增长，增幅比上年提高1.6个百分点，为1995年以来最好水平。但当前宏观环境更加复杂多变，不确定性、不稳定性增强，经济平稳较快发展仍面临诸多制约因素。展望明年，机遇与挑战并存，如何趋利避害、努力夯实经济增长基础，是确保经济继续保持平稳较快增长的关键。

2010年经济运行的基本情况及主要特点

一、整体运行快中趋稳

动态看，主要指标保持较高增幅。3-12月份（1、2月份增幅因对比基数原因不可比），规模以上工业增加值月度增幅均保持在20%及以上，财政收入月度增幅均在23%以上，社会消费品零售总额月度增幅均在19%左右；固定资产投资月度累计增幅均在30%以上，实际利用外商直接投资月度累计增幅除3月份（为18.5%）外均在21%以上；居民消费价格月度涨幅为2.3%-5.4%。

横向看，主要指标增长领先全国，增幅位次靠前。全年我省GDP、规模以上工业、财政收入、城镇固定资产投资、消费、出口和利用外资等指标增幅比全国分别高4.2个、7.9个、11.7个、4.9个、0.8个、8.4个和11.7个百分点。其中，GDP、消费、工业、投资、地方财政收入增幅分别居全国第8、第3、第4、第11和第5位。在中部六省中，GDP增幅低于湖北，与湖南并列居中部第2位；消费增幅与江西并列居中部第1位；规模以上工业增加值增幅与湖北并列居中部第1位；投资增幅低于湖北、江西，居中部第3位；地方财政收入增幅低于江西，居中部第2位。

2010年安徽与全国主要指标增幅比较

指　标	安徽增长（%）	全国增长（%）	安徽比全国高（百分点）
生产总值	14.5	10.3	4.2
规模以上工业增加值	23.6	15.7	7.9
社会消费品零售总额	19.2	18.4	0.8
财政收入	33.0	21.3	11.7
进出口总额	54.8	34.7	20.1
#出口	39.7	31.3	8.4
实际利用外商直接投资	29.1	17.4	11.7
城镇固定资产投资	29.4	24.5	4.9
城镇居民人均可支配收入	12.1	11.3	0.8
农民人均纯收入	17.3	14.9	2.4
居民消费价格指数	3.1	3.3	-0.2

纵向看，主要指标两年平均增幅呈升势。全年规模以上工业增加值两年平均增长23.1%，比上半年、前三季度分别提高2个和1.7个百分点；财政收入两年平均增长24.7%，分别提高3.7个和3.3个百分点；进出口两年平均增长9.5%，分别提高6.3个和4.5个百分点；利用外资两年平均增长19.9%，分别提高5.2个和3.4个百分点；社会消费品零售总额两年平均增长17.5%，比上半年、前三季度分别提高0.3个和0.1个百分点。

二、产业发展较为平稳

农业生产保持稳定。克服极端异常天气对农业生产的不利影响，我省农业生产保持稳定。全年粮食播种面积9924.6万亩，比上年增加16.2万亩。全年粮食产量616.1亿斤，比上年增产2.1亿斤，总产再创历史新高。全年主要肉类产量375.4万吨，增长4.1%；水产品产量193.3万吨，增长5.6%。

工业生产增势较强。全年全部工业增加值增长21.9%，增幅比上年提高4.5个百分点，对GDP增长的贡献率由上年的54.5%提高到63.5%。全年规模以上工业增加值增长23.6%，比上年提高1个百分点。分行业看，37个工业行业同比全部增长，16个行业增速在30%以上。分产品看，十种有色金属产量增长20.7%，汽车增长35.9%，洗衣机、电冰箱、空调分别增长29.3%、32.1%和62.9%。

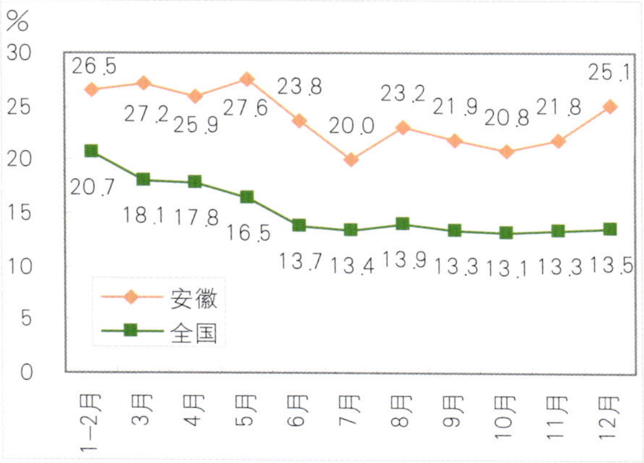

2010年规模以上工业增加值增长速度

服务业稳定增长。全年服务业增加值增长10%，增幅同比回落1.1个百分点。其中，交通运输仓储和邮政业、营利性服务业分别增长9.6%和16.1%，增幅同比提高4.5个和2.7个百分点；批发和零售业、住宿和餐饮业、金融业、房地产业、非营利性服务业增加值分别增长14%、12%、7.9%、0.3%和8.8%，同比回落1.3个、2.9个、4.8个、10.1个和0.4个百分点。

三、需求增长高位运行

投资持续高速增长。全年固定资产投资11849.4亿元，增长33.6%，增幅比上年回落3.3个百分点。其中，房地产投资2251.8亿元，增长34.9%，比上年提高12.4个百分点。从产业看，一、二、三产投资分别为221.6亿元、5617.4亿元和6010.5亿元，增长21.2%、40.5%和28.1%。全年共新开工项目32157个，增长22.6%；新开工项目计划总投资9568.9亿元，增长22.7%。

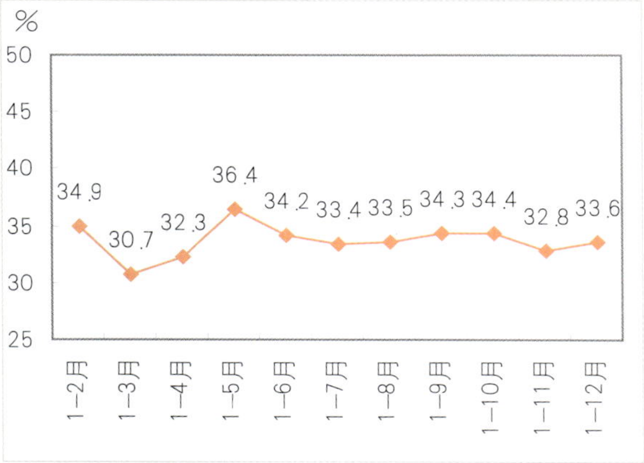

2010年固定资产投资增长速度

消费增速稳中加快。全年社会消费品零售总额4151.5亿元，增长19.2%，城镇消费品市场实现零售额3481亿元，增长19.3%，乡村消费品市场实现零售额670.5亿元，增长19.1%。限额以上批发零售业零售额中，汽车、石油及制品、家用电器和音像器材、金银珠宝、建筑及装潢材料等分别增长47.5%、43.1%、42.7%、32.9%和88%。

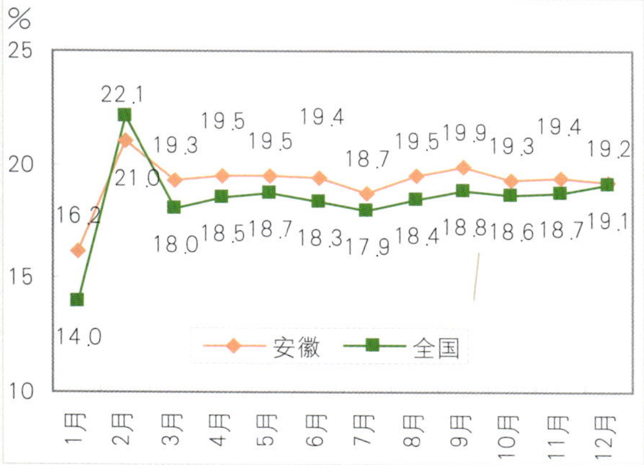

2010年社会消费品零售总额增长速度

出口恢复性较快增长。全年进出口总额242.8亿美元，增长54.8%。其中，出口124.2亿美元，增长39.7%，比上半年提高3.3个百分点；进口118.6亿美元，增长74.6%，比上半年回落14.9个百分点，与2008年相比，三者增幅分别为18.8%、9.4%和30.6%，进出口总额超过国际金融危机前的水平。

四、经济效益大幅提升

财政收入快速增长。全年财政收入2063.8亿元，其中地方财政收入1149.4亿元，同比增幅均为33%。地方财政收入中，增值税、营业税、企业所得税等主体税种分别增长22%、32.8%和33.4%，比上年提高12.3个、9.1个和26.5个百分点。

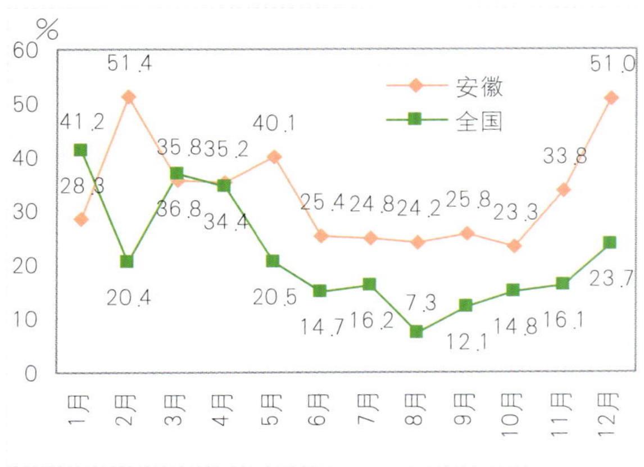

2010年财政收入增长速度

企业效益大幅提升。全年规模以上工业实现主营业务收入17851.5亿元，增长45.9%，增幅同比提高29.1个百分点；实现利润843.1亿元，增长62.7%，同比提高12.6个百分点。37个行业中有36个实现利润同比增长。规模以上工业经济效益综合指数为260.1，再创历史新高。

居民收入增长加快，全年城镇居民人均可支配收入15788元，增长12.1%，增幅比上年提高3.7个百分点。其中，工资性收入11442.4元，增长10.4%。农民人均纯收入突破5000元，达5285元，增长17.3%，增幅比上年提高10.1个百分点。其中，家庭经营收入2626.4元，增长17.3%；工资性收入2203.9元，增长17.1%。

五、内生动力稳中趋强

非公经济表现活跃。从投资看，全年民间投资7512.9亿元，增长45.9%，增幅比全部投资高12.3个百分点；投资总量占比由上年的58.1%提高到63.4%。从工业看，全年规模以上非公工业实现增加值3222.4亿元，增长30.8%，对规上工业增长的贡献率为70.2%，增加值占比为57.5%，比上年提高2.9个百分点；规模以上小企业实现增加值2310.1亿元，增长35.8%，高于规上工业12.2个百分点。

利用外资较快增长。全年新批外商投资企业281家，下降4.4%；合同利用外资21.6亿美元，增长50.1%；实际利用外商直接投资50.1亿美元，增长29.1%，增幅比上年提高17.8个百分点。全年实际利用省外资金6863.7亿元，增长47.9%。

企业景气保持升势。四季度企业家信心指数、企业景气指数分别为148.1和147.3，比三季度分别上升2.1点和0.4点，比上年同期上升11.7点和6.4点。有52.3%的企业家认为宏观经济形势比上季度偏好，43.5%认为持平，只有4.2%认为偏差。

六、转型升级稳中趋进

创新驱动力增强。全年规模以上高新技术产业增加值1623.3亿元，增长27.4%，同比提高2.5个百分点；规模以上工业企业新产品产值1565.5亿元，增长51.5%，同比提高26.7个百分点。自主创新取得积极进展。全年共申请专利37780件，增长130.6%，总量居全国第7位，增幅居全国第1位；授权专利16012件，增长86.3%，总量居全国第12位，增幅居全国第1位。

产业结构调整优化。装备制造业增势强劲，全年实现增加值1670.7亿元，增长30.1%，增幅比全部规模以上工业高6.5个百分点；六大高耗能行业增速放缓，实现增加值1598.5亿元，增长 19.3%，比全部规模以上工业低 4.3 个百分点。装备制造业投资稳定增长，全年完成 1951.5 亿元，增长 49.5%，占总投资比重由上年的 14.7% 提高到 16.5%。

节能降耗成效显著。全年我省万元生产总值能耗为 0.968 吨标准煤，同比下降 4.78%，降幅比上半年、前三季度分别高 1.2 个和 0.47 个百分点，比全国高 0.77 个百分点。其中，万元工业增加值能耗为 1.82 吨标准煤，下降 12.94%，降幅比上年高 1.81 个百分点。

七、区域发展趋于协调

从示范区看，全年皖江示范区九市（不含金安区、舒城县）规模以上工业增加值、固定资产投资、社会消费品零售额、财政收入分别增长 23.8%、34.5%、19.4% 和 31.8%，其中前三项指标增幅比全省高 0.2 个、0.9 个和 0.2 个百分点。

从皖北看，全年阜阳、亳州、宿州、淮南、淮北和蚌埠六市固定资产投资、财政收入、规模以上工业增加值、社会消费品零售额分别增长 36.8%、36%、21% 和 19.1%，其中前两项指标增幅比全省高 3.2 个和 3 个百分点。

从试验区看，全年合芜蚌试验区规模以上工业增加值、固定资产投资、财政收入、社会消费品零售额分别增长 23.1%、32.9%、37.4% 和 19.6%，其中后两项指标增幅比全省高 4.4 个和 0.4 个百分点。

从县域看，前 11 个月全省县域规模以上工业增加值 1954 亿元，占全省份额由上年同期的 38.1% 提高到 39.3%；财政收入 474.2 亿元，增长 33.9%，增幅比全省高 2.8 个百分点；固定资产投资 4638.9 亿元，增长 36.9%，比全省高 4.1 个百分点；出口 27.1 亿美元，增长 52.3%，比全省高 12.3 个百分点；利用外商直接投资 12.9 亿美元，增长 35.5%，比全省高 1.1 个百分点。

八、要素保障逐步改善

贷款保持较高增幅。年末人民币各项贷款余额 11452.3 亿元，增长 23.3%；余额比年初增加 2162.3 亿元，比上年少增 176.4 亿元。其中，短期贷款多增 5.5 亿元，中长期贷款多增 137.5 亿元。人民币各项存款余额 16366.1 亿元，比年初增加 3057.4 亿元，比上年多增 61.3 亿元；余额增长 23%。

财政支出倾向民生。全年财政支出 2583.5 亿元，增长 20.6%，新增地方财力的 80% 用于民生投入，教育、社会保障和就业、住房保障、城市社区事务等民生支出增长较快，增幅分别

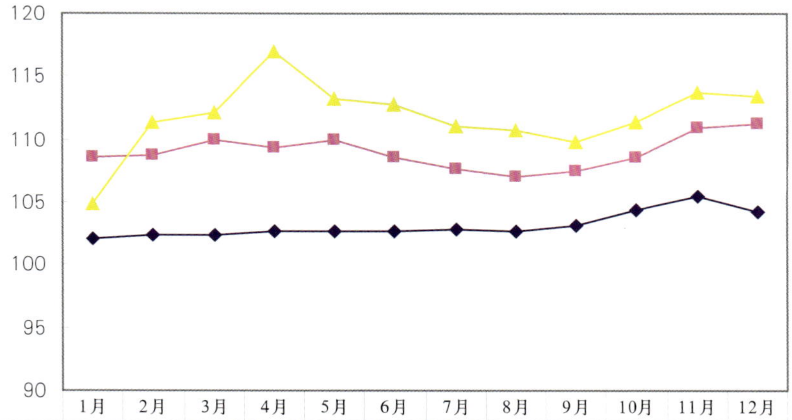

	1月	2月	3月	4月	5月	6月	7月	8月	9月	10月	11月	12月
居民消费价格指数	102.0	102.4	102.3	102.7	102.7	102.7	102.9	102.7	103.2	104.4	105.4	104.2
工业品出厂价格指数	108.5	108.7	109.9	109.3	110.0	108.5	107.7	107.0	107.4	108.6	110.9	111.2
原材料燃料动力购进价格指数	104.9	111.4	112.1	116.9	113.2	112.8	111.0	110.7	109.8	111.3	113.7	113.3

2010 年主要价格指数（上年同期 =100）

达 16.4%、23.9%、46.3% 和 46.5%，四项累计支出 1037.4 亿元，占比由上年的 38.1% 提高到 40.4%。

物价涨势总体稳定。全年居民消费价格平均上涨 3.1%，涨幅比上半年、前三季度分别上升 0.6 个和 0.5 个百分点。分类别看，食品上涨 6.6%，居住上涨 5.5%，医疗保健和个人用品上涨 3.3%，烟酒及用品上涨 2%，娱乐教育文化用品及服务上涨 0.5%，衣着下降 1.9%，家庭设备用品及维修服务下降 1.1%，交通和通信下降 0.4%。全年工业品出厂价格上涨 9%，涨幅比上半年回落 0.2 个百分点，比前三季度上升 0.4 个百分点；全年原材料、燃料、动力购进价格上涨 11.8%，涨幅比上半年回落 0.1 个百分点，比前三季度上升 0.4 个百分点。

以上特点表明，当前我省经济运行正处于平稳性较好、持续性较强的良好状态，正逐步进入创新驱动、内生增长的良性运行轨道。

经济运行中值得关注的问题

当前，在整体经济运行状况良好的同时，经济的后续增长也存在着一些隐忧，须引起高度重视。

1. 持续的旱情对农业生产影响大。自去年 9 月下旬以来，我省沿淮淮北地区持续无有效降雨，旱情持续加重并向江淮地区蔓延。受持续旱情影响，小麦出苗不理想，苗情长势较弱。据省农技总站近期监测，小麦未出苗面积仍在 100 万亩以上，缺苗断垄面积 288.1 万亩。其中，缺苗断垄 10% 以上的占 16.5%，比上年上升 2.1 个百分点；缺苗断垄 5-10% 的占 33.9%，比上年上升 7.8 个百分点。此外，化肥等农资价格从 10 月份开始急剧上涨，增加了秋种成本。

2. 企业生产经营面临不少困难。其一，企业经营成本上升快。去年全年，全省规模以上工业企业主营业务生产成本增长 47.3%，增幅比主营业务收入高 1.4 个百分点。其二，部分企业流动资金仍然紧。近来，银行存款准备金率多次上调，后期信贷增速进一步放慢，将对部分企业融资产生直接影响。其三，产品出口的不确定性大。主要是人民币升值压力大，加之贸易摩擦和保护主义不断升温等，将对出口产生较大影响。

3. 后续投资稳定增长的压力较大。突出表现为新开工项目规模偏小、资金约束大。去年全年，我省城镇投资中新开工项目计划平均投资规模为 3937 万元，低于全国 5781 万元的平均水平，居中部地区第 5 位；固定资产投资到位资金增长 33.7%，比上年同期低 11.4 个百分点，特别是占大头的自筹资金（占 68.8%）增幅（35.5%）比上年同期低 5 个百分点，说明后期投资资金来源不乐观。此外，随着房地产调控政策效应的进一步显现，其对投资的影响也逐步增大。

4. 房地产市场降温对整体经济的影响不容忽视。去年全年，商品房销售面积增长 2.1%，增幅比上半年、前三季度分别回落 22.4 个和 6.1 个百分点；销售额增长 25.7%，增幅比上半年、前三季度分别回落 26.9 个和 10.5 个百分点。由于房地产投资在我省固定资产投资中占近 20%，其波动必然影响全省投资增长。随着调控政策效应的显现，不排除房地产投资进一步大幅下滑并对投资增长形成较大冲击的可能。同时，房地产市场的降温，对建材、钢铁等相关工业品的影响已从三季度开始显现。以非金属矿制品业（建材）为例，去年 7 月份全省非金属矿制品业增长 24.1%，增幅比 6 月份回落 10.3 个百分点，8、9、10 三个月分别增长 23.1%、23.9%、26.3%，均远低于上半年 34.7% 的增幅；水泥产量 7、8、9 分别增长 19.6%、10.3% 和 6%，增幅呈连续回落态势，10 月份已转变为下降 14.9%。

5. 通胀压力趋于增强。一是前期积累的大量流动性消化仍需一个过程。目前全国 M2 达 69.9 万亿元，相当于 GDP34 万亿的两倍多（而美国 M2 只有 GDP 的 80%）。二是短期内粮食等主要农产品价格延续惯性上涨的可能较大。主要是俄罗斯、欧洲、澳大利亚等地区粮食减产，造成国际粮食价格大幅上涨，或多或少地对我国粮食价格产生影响。三是国内投机资金已介入部分农副产品炒作，仍会推动部分农副产品价格大幅度上涨。四是工资上涨将逐步从制造业向服务业传导，以及资源类产品价格改革等，成本推动型物价上涨压力加大。五是全球经济温和复苏，美元等主要货币贬值趋势明显，有可能推动国际市场初级产品价格再度上涨，输入型通胀因素不可忽视。

对今年经济走势的初步分析预测

总体上看，国内宏观经济政策取向和世界经济复苏的可持续性、均衡性将是影响今年经济运行的主要因素。

有利因素主要有：第一，去年下半年以来，美国、日本等发达国家先后启动了新一轮经济刺激计划，特别是美国继三季度先后出台税收减免、基础设施整修、出口翻番等刺激计划后，去年年末又启动了规模达6000亿美元的量化宽松货币政策，其政策效应有望在今年显现。第二，基于巩固和扩大应对国际金融危机成果、抵御外需可能下降带来的冲击，今年积极的财政政策延续。第三，货币政策转向稳健，将重点支持经济结构调整的需要。第四，“十二五”经济结构战略性调整，将有利于改善经济发展的薄弱环节。第五，在城镇化进程和消费品升级换代加快的影响下，消费需求仍有较大的上升空间等。此外，随着皖江示范区和合芜蚌试验区两大平台建设步伐的加快，吸纳外力、借力发展将有力促进我省经济发展。

不利因素主要有：一是美元流动性过度泛滥和币值走弱，加剧全球通胀预期、资产泡沫化、贸易摩擦和汇率相争，国际金融市场体系不稳定因素增多，各国宏观政策相向或更为明显，这些都有可能给全球经济可持续性、均衡性复苏蒙上阴影。二是管理通胀，货币供给回归适度增长区间，注重信贷速度、重点，并严格控制对高耗能、高排行业和产能过剩行业的贷款，不利于我省传统产业发展。三是金融危机过后，各国都在大力发展低碳经济，对全球能源使用和污染排放逐渐加大控制。预计“十二五”我国对节能减排工作会常抓不懈，由此会影响我省部分行业发展。四是国际大宗商品价格大幅波动，受国内自然灾害影响和游资炒作，部分农产品价格轮番上涨将渐趋常态化，也不利于经济稳定增长等。

综合以上有利和不利因素分析，总体上看支撑我省经济发展的有利因素居多，预计今年经济仍有望保持平稳较快增长态势，但增长速度可能低于去年。

（撰稿人：钱晓康　安徽省统计局局长）

马　钢（马鞍山市统计局提供）

福建省经济社会发展报告

2010年，在中共中央、国务院和中共福建省委、福建省人民政府的正确领导下，全省上下全面贯彻党的十七大、十七届三中、四中、五中全会和胡锦涛总书记等中央领导同志来闽考察重要讲话精神，深入落实科学发展观，认真实施国务院关于支持福建省加快建设海峡西岸经济区的若干意见，按照中共福建省委八届九次、十次全会的部署，坚持“先行先试、加快转变、民生优先、党建科学”，全力推动科学发展、跨越发展，经济社会发展取得新的成效。

一、综合实力进一步增强

初步核算，2010年，全省地区生产总值达14357.12亿元，比上年增长13.8%，增幅同比提高1.5个百分点，比2005年翻一番多（现价）；“十一五”期间实现年均增长13.8%，比改革开放以来年均增速高1.1个百分点。人均地区生产总值接近4万元，增长13.0%，增幅同比提高1.4个百分点，比2005年翻一番多（现价）；人均地区生产总值在全国的排位从1978年的第23位上升到目前的第10位。财政总收入为2056.01亿元，增长21.3%，增幅同比提高9.6个百分点，比2005年增长1.6倍，年均增长21.1%，比改革开放以来年均增速高4.7个百分点；财政总收入占地区生产总值的比重，由2005年的12.0%上升到2010年的14.9%。

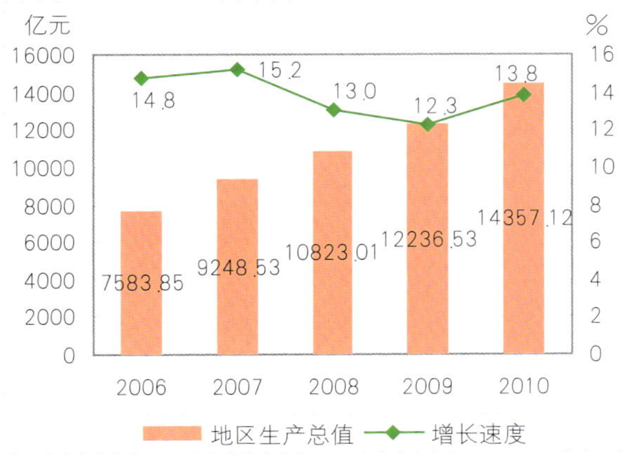

图1 “十一五”时期地区生产总值（GDP）及其增长速度

二、经济结构调整取得进展

（一）三次产业结构调整取得成效。三次产业结构由2005年的12.6 ∶ 48.5 ∶ 38.9调整为2010年的9.5 ∶ 51.3 ∶ 39.2，一产所占比重下降，二产和三产上升。

（二）农业内部结构趋于优化。2010年，全省农林牧渔业总产值2307.06亿元，比上年增长3.5%；“十一五”期间年均增长3.9%。其中农业产值977.19亿元，增长2.7%；林业产值188.72亿元，增长6.9%；牧业产值380.28亿元，增长2.4%；渔业产值674.15亿元，增长4.2%；农林牧渔服务业产值86.72亿元，增长4.6%。农业、林业、牧业、渔业和农林牧渔服务业产值结构为42.4:8.2:16.5:29.2:3.7。与上年相比，农业、林业和渔业产值占比分别提高1.1、0.1和1.0个百分点，牧业和服务业产值占比下降1.9和0.3个百分点。一是农作物播种面积稳中微升，经济作物品种结构优化。2010年，全年农作物播种面积为3406.33万亩，同比扩大19.32万亩，增长0.6%，其中粮食作物播种面积为1848.45万亩，扩大1.93万亩，增长0.1%，粮食作物播种面积占农作物总播面积的54.3%。非粮作物播种面积1557.68万亩，扩大17.11万亩，增长1.1%。全省继续加大经济作物品种结构优化力度，培育优势产区，发展特色产品，加快品牌开发与市场开拓取得成效。各地大力发展特色蔬菜、精细蔬菜和高山反季节蔬菜生产，推进以钢架大棚设施为主的蔬菜生产，增强均衡供应能力；在市场行情的推动下，食用菌增长较快，全省食用菌产量76.27万吨，增长5.6%；充分发挥多茶类、多品种的优势，大力发展具有特色的名优茶生产，2010年，全省茶叶产量27.26万吨，增长2.6%；加大果树品种结构调整力度，大力发展适销对路和市场前景好的特色果品，调整早、中、晚熟品种比例。二是林种结构不断调整。2010年，全省共完成植树造林总面积230万亩，超额完成全年220万亩的造林任务。各级林业部门积极通过实施沿海防护林、交通主干线一重山造林绿化、珍贵树种培育和油茶、无患子等生物质原料林等林业重点项目建设，进一步加大了林种、树种结构调整力度，共完成防护林人工造林更新31.42万亩，增长3.3%，完成油茶、无患子等经济林人工造林更新面积12.06万亩，增长53.8%。三是渔业养殖结构调整。全省渔业生产在充分利用资源优势的基础上，注重数量与质量的同步提高，进一步调整优化养殖品种结构，积极促进渔业结构调整。全省水产品总产量为587.42万吨，同比增长3.1%，其中海水产品产量为513.26万吨，增长3.1%；淡水产品产量为74.16万吨，增长3.4%。随着市场上优质水产品需求量增大，各地不断调整渔业养殖结构，优良品种不断扩大，良种覆盖率不断提高，优势区域名优品种养殖成为各地重要增长点。石斑鱼、大黄鱼、对虾、梭子蟹、鲍鱼和海参等高优品种产量增长较快。

（三）工业经济的主导地位不断巩固，产业层次提升。2010年，全省全部工业增加值6242.33亿元，比上年增长18.4%，其中规模以上工业增加值增长20.5%。工业产品销售率97.84%，比上年提高0.50个百分点。“十一五”时期，全省工业增加值年均增长16.1%，比GDP年均增长率高2.3个百分点。与“十五”期间比，工业、建筑业对经济增长的累计贡献率分别提高0.4个、3.3个百分点，使全省第二产业在“十一五”期间占GDP比重平均提高2.6百分点，2010年，工业对经济增长的贡献率达到61.0%，比上年提高13.4个百分点，比2005年提高了15.0个百分点，工业占GDP的比重从42.7%提高到43.5%，工业化加速成为经济发展的主要推动力。2010年，三大主导产业完成工业增加值2204.32亿元，增长26.3%，比上年提升14.9个百分点，占规模以上工业增加值的36.4%，比上年提升1.8个百分点。高技术产业实现增加值591.97亿元，增长28.7%，比规模以上工业增幅高8.4个百分点，对规模以上工业增长的贡献率为13.4%，拉动规模以上工业增长2.7个百分点。

图2 “十一五”时期全部工业增加值及其增长速度

（四）服务业层次有所提升。2010年，全省交通运输、住宿餐饮和批发零售等传统服务业增加值占服务业比重为40.6%，比2005年下降4.1个百分点；现代服务中的金融保险业所占的比重为12.4%，比2005年提高5.1个百分点。

（五）投资结构不断优化，民间投资所占比重提高。三次产业投资结构优化，全省第一产业投资158.92亿元，比上年增长28.1%，“十一五”年均增长21.2%，其中农林牧渔服务业年均增长42.8%。第二产业投资2968.21亿元，增长25.3%，年均增长26.2%。第三产业投资5146.29亿元，增长33.0%，年均增长30.6%，三次产业投资的比重由2005年的2.6：39.6：57.8调整为2009年的2.0：37.2：60.8，2010年进一步调整为0.9：35.6：63.5，第一产业、第二产业比重下降，第三产业比重上升。

民间投资不断活跃，成为城镇投资的主力军。城镇民间投资由2005年的777.73亿元增加到2010年的3797.75亿元，城镇民间投资占城镇投资的比重由2005年的39.2%提高至2010年的49.9%，2010年比2009年提高4.4个百分点，

“十一五”时期年均提高2.2个百分点。

（六）对外经贸结构改善。2010年，全省一般贸易进出口630.80亿美元，比上年增长37.6%，占全省进出口总值的58.0%，比上年提高0.5个百分点，比2005年提高13.3个百分点。按历史可比口径统计，2010年，合同外资121.2亿美元，增长33.5%；实际到资103.16亿美元，增长2.5%。全省吸收港、台合同外资69.45亿美元，增长40.6%，占全省合同外资总额的比重达94.2%，比上年提高2.1个百分点。产业结构明显优化，主导产业吸收合同外资20.57亿美元，增长39.0%，占制造业吸收外资的46.5%。

（七）城乡结构调整，城镇化进程加快。全省城镇人口从2005年的1672万人快速增加到2009年的1864万人，增加了192万人，城镇人口规模增长了11.5%；城镇化水平由47.3%提高到51.4%；2010年全省城镇化水平为52.6%，“十一五”时期年均提高1.06个百分点。

（八）收入分配结构趋向合理。从2005-2009年福建国民收入初次分配结构变化看，2009年企业收入所占比重比2005年提高3.8个百分点，政府和居民收入所占比重分别下降1.2个和2.6个百分点。但从2008年和2009年的分配结构看，居民收入所占比重提高，2008年为56.5%，比上年提高2.9个百分点；2009年为56.7%，比上年提高0.2个百分点。劳动者报酬在初次分配中的比重提高较快。2006-2009年，福建劳动者报酬年均增长22.6%，年均增速高于同期国民收入增速5.7个百分点；劳动者报酬占初次分配的比重从2005年的44.0%提高至2009年的53.2%，平均每年提高2.3个百分点。

三、经济发展方式转变取得成效

党的十七大明确提出：“促进经济增长由主要依靠投资、出口拉动向依靠消费、投资、出口协调拉动转变，由主要依靠第二产业带动向依靠第一、第二、第三产业协同带动转变，由主要依靠增加物质消耗向主要依靠科技进步、劳动者素质提高、管理创新转变。”中共福建省委、福建省人民政府按照中央的统一部署，以“等不起”、“慢不得”、“坐不住”的紧迫感、责任感，紧密结合福建省实际，坚持辩证思维，统筹兼顾，遵循规律，把握关键，努力在推动经济发展方式转变上取得实质性进展，实现福建发展和海西建设新跨越。

（一）现代农业持续发展。2010年，全年粮食总产量662万吨，农林牧渔业总产值增长3.5%，大灾之年仍保持了农业的持续发展。大力推进农业产业化，农业“五新”加快进村入户，省级重点龙头企业销售收入增长19.6%。实施土地整理31.5万亩，加固病险水库139座，除险加固海堤150公里，改造农村公路2850公里。新批和组建8家农村商业银行和村镇银行。十大防灾减灾工程基本建成，重大动植物疫病防控不断加强，农产品质量安全监管机制继续完善。全省水产品质量安全监督抽查，产地水产品抽检合格率为98.3%，水产品批发市场水产品抽检合格率为95.7%，均高于全国平均水平。

（二）产业升级步伐加快。推进重点产业调整振兴，建设21个成长型产业集群，抓好950个制造业重点项目和300个重点技改项目，央企在闽新一轮投资洽谈项目超过8000亿元、其中签约5000多亿元。全省重点产业调整和振兴规划涉及的工业行业完成增加值5231.32亿元，增长21.5%，增幅比规模以上工业高1.2个百分点，其中汽车、电子信息、装备制造分别完成工业增加值198.57亿元、467.44亿元、1507.15亿元，增长43.2%、32.6%、36.0%。电子信息、机械装备、石油化工三大主导产业完成工业增加值2204.32亿元，增长26.3%，比上年提升14.9个百分点。物流、创意等服务业加快发展，软件业销售收入增长40%。全省旅游总收入增长17.8%。全年本外币贷款余额增长23.4%，小企业贷款增量是全国5个超千亿的省份之一，金融服务发展更加有力。

（三）三大需求协同拉动。2010年，资本形成总额对经济增长的贡献率为73.7%，最终消费支出对经济增长的贡献率为21.6%，货物和服务净输出对经济增长的贡献率为4.7%。

1. 固定资产投资稳步提升。全年全社会固定资产投资完成8273.42亿元，比上年增长30.0%，增幅比上年提高10.0个百分点，“十一五”期间年均增长28.7%。在五大战役的有力推动下，城镇投资增速呈现逐月提升的态势，1-7月至1-12月城镇投资增幅分别为28.7%、29.0%、30.2%、32.0%、32.9%和31.4%。

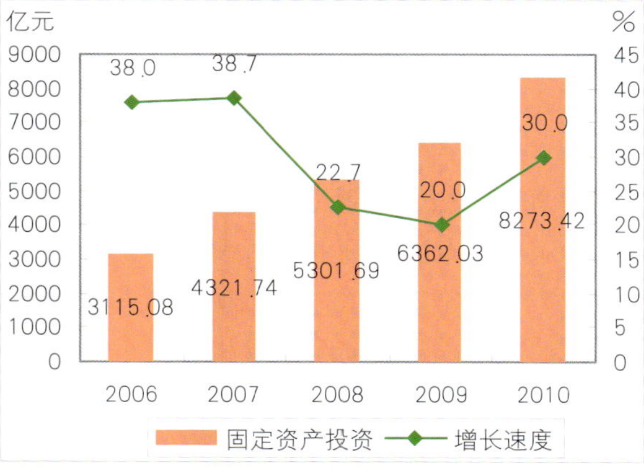

图3 “十一五”时期全社会固定资产投资及其增长速度

2. 社会消费保持较快增长。2010年，全年社会消费品零售总额5310.01亿元，比上年增长18.5%。分地域看，城镇消费品零售额4725.87亿元，增长19.6%；乡村消费品零售额584.14亿元，增长10.2%。“十一五”期间，全省累计实现社会消费品零售总额19587.64亿元，相当于“十五”时期的2.1倍，五年间社会消费品零售总额年均增长17.7%，比“十五”时期提高5.5个百分点。

3. 对外贸易快速回升。实施扶持外贸发展措施，建设重点商品出口基地，开展跨境贸易人民币结算试点，全年进出口总额1087.82亿美元，比上年增长36.6%，增幅比上年提高42.7个百分点。其中，出口714.97亿美元，增长34.1%；进口372.86亿美元，增长41.6%。顺差为342.11亿美元，比上年增加72.22亿美元。机电、高新技术产品出口分别增长32.8%和25.8%。厦门保税港区正式封关运作，福州保税港区获批设立，武夷山“陆地港”投入试运行，电子口岸覆盖面

图4 “十一五”时期货物出口总额及其增长速度

扩大。新批项目合同外资平均规模达1064万美元，提高10%。闽港闽澳合作取得实效，加强金融、物流等服务推介，推动闽企通过港澳进入国际采购体系、拓展葡语国家市场。全年实际利用港澳资金增长15.8%，闽港闽澳贸易额增长30.8%。外事、侨务工作继续加强。世界投资论坛、“9•8”、“5•18”、世界闽商大会、泛珠大会、上海世博会福建展馆及活动周等重大活动成功举办。

（四）创新能力稳步增强。落实鼓励企业创新政策，多渠道增加科技投入。新增5个国家级研发平台，新认定高新技术企业224家。中科院海西研究院加快建设，厦门、福州成为国家创新型试点城市。新大陆物联网条码识别、瑞芯个人移动信息终端SOC、优讯光通讯用户端收发一体、联拓数字对讲机SOC基带等一批具有完全自主知识产权的芯片成功研制并产业化，标志着我省芯片设计研发能力进入国内先进行列。新能源汽车驱动总成等关键技术取得突破，戊肝疫苗、细菌农药等7项科研成果获国家科技进步和技术发明奖。第八届“6•18”成功对接5358个科技成果转化项目。农村信息化等“数字福建”重点项目进展顺利，电子政务外网覆盖所有乡镇。出台人才引进培养政策，实施重大人才工程。R&D经费占GDP的比重持续提高，由2005年的0.82%提高至2010年的1.15%；专利授权量由2005年的0.51万件增加到2010年的1.81万件。

（五）生态建设力度加大。严格落实节能减排和环保监管责任制，开展重点企业节能行动，完成重点行业脱硫等重大工程。淘汰落后产能年度任务全面完成，万元地区生产总值能耗下降明显，由2005年的0.937吨标煤/万元（按2005年价计算），2009年下降至0.811吨标煤/万元，2010年为0.783吨标煤/万元，顺利完成“十一五”节能降耗目标任务。县县建成污水处理厂，设市城市污水、垃圾无害化处理率分别提高到82%和92%，市县污水、垃圾无害化处理率分别提高到77%和83%。207家企业实施清洁生产。加强重点流域、重点行业和工业园区污染治理，对皮革等行业实行最严格的环保治理措施，妥善处置重大环境突发事件，集中开展环境污染隐患排查整治。实施新一轮造林绿化，实行最严格耕地保护制度，连续11年实现耕地占补平衡。

四、“五大战役”①扎实推进

全省围绕推动跨越发展，认真落实拉练式工作检查成果，学习借鉴天津、广东、江西等省市先进经验，大干150天，打好“五大战役”，形成比学赶超的热潮。

（一）重点项目建设效果明显。完成投资1936亿元，建成投产和开工项目分别达到166个和177个。开工5条快速铁路，福厦动车组开通运营；开工13条高速公路，建成7条攻速公路，新增高速公路通车里程389功力；港口新增吞吐能力超过3000 万吨，电力新增装机容量445万千瓦，机场扩能改造全面实施。

（二）新增长区域发展有力。完成投资2742亿元，一批基础设施和产业项目加快推进，区域集聚效益显现。

（三）城市建设日新月异。完成投资252亿元，新增城市绿地2620公顷、公园22座，更新公交车2582辆，景观整治、立面再造、缆线下地、道路改造等取得阶段性成效。

（四）小城镇改革有序开展。试点镇规划编制基本完成，启动784个项目，完成投资308亿元，基础设施和公用事业加快建设，“三旧”改造有序推进，各项配套政策逐步实施。

（五）民生工程稳步推进。在实施校安、医改、文化、养老、安居等工程基础上，新增10件惠民实事，一批重大社会事业项目加快建设，中共福建省委、福建省人民政府确定的25项为民办实事项目如期完成。

五、经济发展要素保障有力

（一）劳动者素质提高。出台人才引进培养政策，实施重大人才工程。随着教育资源的持续增加和高等院校扩大招生，15岁以上人口大专及以上学历所占比重由2005年的8.2%提高到2009年的11.1%，大专及以上学历人口数达到330.06万人；15岁以上人口平均受教育年限由2005年的8.22年提高到2009年的8.83年，2010年预计达9年左右。

（二）金融支持经济发展有力。截至2010年末，全省金融机构本外币存款余额18753.23亿元，增长24.2%，增幅比上年末提高0.2个百分点；其中人民币存款余额18309.45亿元，增长24.5%；外汇存款余额67.01亿美元，同比增长16.5%。全省金融机构本外币贷款余额15920.84亿元，增长23.4%，增幅比上年末回落7.1个百分点；其中人民币贷款余额15231.36亿元，增长23.2%；外汇贷款余额104.11亿美元，增长30.3%。

（三）基础设施全面改善。2010年，铁路新增快速干线里程504公里、在建里程和运营里程均突破2000公里、其中快速铁路在建和运营里程超过1500公里，高速公路新增通车里程实现翻番、总里程达2403公里、在建里程超过2000公里，港口新增吞吐能力1.8亿吨、吞吐量由2005年的1.98亿吨增加到3.27亿吨，机场旅客吞吐量接近翻番，电力新增装机容量实现翻番、累计达3480万千瓦，形成500千伏大环网。

① “五大战役”是指重点项目建设战役、新增长区域发展战役、城市建设战役、小城镇改革发展战役和民生工程战役。

（四）煤电满足经济发展需要。全年的煤炭库存方面基本上平均可可供满负荷发电16天左右。全年全社会发电1356.32亿千瓦时，增长15.9%，增速同比提高8.0个百分点；全社会用电1315.09亿千瓦时，增长15.9%，增速同比提高10.2个百分点，其中工业用电892.81亿千瓦时，增长16.6%，增速同比提高13.3个百分点。

六、经济运行质量明显提高

（一）财政收入稳定增长，支出结构优化。2010年，全省财政总收入完成2056.01亿元，比上年增长21.3%，增幅比上年提高9.6个百分点；其中，地方一般预算收入完成1151.49亿元，增长23.5%，增幅提高11.6个百分点。税收收入与非税收入实现较快增长，税收收入增长24.2%，增幅提高11.4个百分点；非税收入增长20.2%，增幅提高0.5个百分点。全省财政支出1678.71亿元，比上年增长18.9%。从增支重点看，教育支出增支47.58亿元，增长17.1%；农林水事务增支35.92亿元，增长29.7%；城乡社区事务增支26.16亿元，增长33.9%；社会保障和就业增支22.74亿元，增长18.2%；医疗卫生增支20.23亿元，增长20.3%。

（二）企业经济效益稳步提高。2010年，全省规模以上工业经济效益综合指数为220.0，比2005年提高63.87个点。实现利润总额增长55.6%，“十一五”期间年均增长26.7%；企业亏损面为9.3%，比2005年下降6.8个百分点。

（三）城乡居民收入持续增加。2010年，全省城镇居民人均可支配收入21781.31元，增长11.3%，“十一五”期间年均增长12.1%；扣除价格因素后实际增长8.0%；其中工资性收入、经营净收入、财产性收入和转移性收入分别增长10.4%、3.9%、21.2%和15.5%。全省农民人均纯收入7426.86元，增长11.2%，“十一五”期间年均增长10.8%，扣除价格因素实际增长7.5%；其中工资性收入、家庭经营收入、财产收入和转移性收入分别增长15.5%、6.9%、22.6%和12.1%。

（四）物价上涨得到有效控制。2010年，全省居民消费价格上涨3.2%，控制在年初计划的3%左右。其中城市上涨3.1%，农村上涨3.4%；消费品价格上涨3.8%，服务项目价格上涨1.2%。从类别看，八大类商品呈现“五升三降”的态势；其中食品类价格上涨7.8%，居住类价格上涨5.4%，两者共拉动价格水平上涨3.35个百分点。全年工业品出厂价上涨3.2%，比上年提高7.7个百分点，扭转了自2008年11月至2009年12月的下降走势；原材料、燃料、动力购进价格上涨7.7%，比上年提高14.5个百分点；两价涨幅剪刀差为4.5个百分点。全省固定资产投资价格上涨3.3%。分季度看，涨幅逐季扩大，第一至第四季度涨幅分别为1.5%、2.6%、2.9%和6.3%。福州、厦门、泉州三市房屋销售价格分别比上年上涨3.3%、5.7%、2.8%，涨幅分别比上年提高3.1个、5.9个、3.8个百分点；其中福州、厦门、泉州三市新建商品住宅售价分别上涨6.3%、6.7%、3.5%，涨幅分别比上年提高6.8个、7.8个、4.3个百分点。

七、闽台合作先行先试取得进展

（一）闽台经贸合作纵深拓展。闽台交流合作先行先试，平潭开放开发全力推开，前沿平台功能更加凸显。对台优势进一步发挥，利用台资增长加快。2010年，合同利用台资增长1.4倍，闽台贸易额增长48.7%。“十一五”时期，闽台双边贸易累计达371.38亿美元，比“十五”时期翻了一番，年均增长16.3%。主动对接两岸产业搭桥计划，海峡产业投资基金正式运作，兴业银行等获准开展新台币兑换业务。闽台率先实现特殊监管区、电子商务对接。

（二）闽台交流交往更加密切。成功举办第二届海峡论坛。省经贸文化交流团赴台“走亲访友做生意”取得积极成效。闽台107对特色乡镇实现对接。直接“三通”全面实现，启动闽台乡村游，经我省赴台旅游人数突破18万人次。新增福州、厦门两个空中货运直航航点，开通闽台邮政货运航线。“小三通”客运量达144.2万人次，闽台空中直航每周往返 120 个航班，全年运送旅客 53.9 万人次，泉州成为两岸空中直航新航点。率先在事业单位招聘台湾专才，闽台联合培养职教人才 4000 多人，科技、文化、卫生、体育等领域交流合作继续深化。

八、社会建设加快推进

（一）就业和社会保障工作继续加强。2010 年末，全省城镇新增就业人数 65.69 万人，完成全年任务的 101.1%；下岗失业人员再就业 12.59 万人，比上年增长 33.9%，完成全年任务的 167.9%，困难人员再就业 6.22 万人，增长 59.5%，完成全年任务的 259.2%，上述三个主要指标均超额完成全年任务数和省政府下达的目标任务数，城镇登记失业率为 3.77%，比上年回落 0.13 个百分点，控制在计划目标 4% 以内。农村劳动力转移就业 45.6 万人。建立职工工资正常增长机制，全省最低工资标准平均提高 138 元。医疗、工伤、生育保险实现设区市统筹，养老保险关系实现跨省、跨市转移接续，医保实行异地就医和结算，企业退休人员养老金水平继续提高。33 个县开展新型农村社会养老保险试点。社保卡就诊一卡通工作持续推进。2010 年末，参加城镇基本养老保险人数 634.78 万人，比上年增加 49.25 万人。其中参保职工 521.38 万人，参保的离退休人员 113.4 万人。全省企业参加基本养老保险离退休人员为 93.33 万人，全部实现养老金按时足额发放。全省参加城镇基本医疗保险人数 1226.25 万人，其中参保职工 554.67 万人，参保的城镇居民 671.58 万人。全省参加失业保险人数 374.18 万人，比上年增加 26.04 万人。

（二）社会事业加快进步。一是教育事业稳步发展。全省财政用于教育事业支出五年年均增长 23.9%，财政预算内教育经费占财政支出的比例连续 9 年居全国首位。制定实施中长期科技、人才规划纲要。全面实城乡免费义务教育，基本建成从义务教育到高等教育完整的助学体系。2010 年，全省普通高中在校生 70.64 万人，比 2005 年减少 2.61 万人；普通高等学校在校生 64.78 万人，比 2005 年增长 59.2%。基本建成从义务教育到高等教育完整的助学体系，72 个县市区实现“双高普九”，高中阶段毛入学率达 83.4%，实现每个设区市都有一所公办本科高校，高等教育毛入学率超过全国平均水平。二是医疗卫生事业发展加快。全省财政用于医疗卫生事业支出五年累计 368.69 亿元。基本医疗保障制度基本覆盖全省居民，国家基本药物制度加快实施，基层医疗卫生机构基础设施明显改善，公立医院改革试点稳步推开，基本公共卫生服务均等化步伐加快，药品供应保障能力进一步提升。医药卫生体制改革完成阶段性目标，新增床位 6700 张，

福建龙州工业园区一角（福建省龙岩市新罗区统计局提供）

城乡医疗卫生服务体系逐步完善，建成500个社区居家养老服务中心。三是文化产业已逐渐成为国民经济发展新的增长点。持续实施文化惠民工程，覆盖城乡的公共文化服务体系初步形成，文学艺术、广播影视、新闻出版、哲学社会科学等事业进一步繁荣，文化惠民工程深入实施，十大文化产业迅速发展。泰宁丹霞世界自然遗产、宁德世界地质公园、福州中国温泉之都申报成功。2005年全省文化产业增加值为163.39亿元，2006至2009年分别210.05亿元、276.51亿元、352.36亿元和461.05亿元，预计"十一五"期间年均增长速度在20%以上。四是竞技体育与群众体育齐发展。2010年，在第16届亚运会上，全省32名运动员参赛，取得21金5银8铜历史最好成绩。在世锦赛、世界杯等国际大赛中，共获得15项冠军、12项亚军。在全国最高级别的比赛中，共获得23枚金牌、15枚银牌、18枚铜牌。成功举办第14届全省运动会。成功举办厦门国际马拉松赛、全省第十三届全民健身节。

（三）社会保持安定稳定。新一轮平安创建活动深入推进，人民群众对社会治安满意和基本满意率达94.9%。加强重大建设项目社会稳定风险评估，建立预防和处置医患纠纷"五位一体"长效机制，开展校园安全专项整治行动，推进和谐社区建设。信访总量明显下降。强化安全生产"一岗双责"，各类事故发生起数下降5.3%。各类生产安全事故四项指标均有下降，其中事故数下降5.3%；死亡人数下降5.1%；受伤人数下降7.0%；经济损失下降3.5%。

总的来看，2010年，全省经济保持平稳快速发展，综合实力进一步增强，全方位开放格局进一步形成，发展优势进一步突显。在跨越发展的同时仍面临不少困难，主要是：农业基础仍不稳固，城乡差距仍然较大，结构性矛盾比较突出，稳定物价的难度加大，宽松货币政策的逐步转向，对今后全省经济走势将产生更多的不确定因素。2011年，是"十二五"的开局之年，也是推进海峡西岸经济区建设的重要一年，全省经济发展机遇与挑战并存，继续保持经济平稳较快增长仍是2011年福建经济工作的首要任务。从全省近年来的发展看，福建经济发展正处在一个快速上升区间，预计2011年全省经济仍将保持两位数的增幅。

（撰稿人：陈建 福建省统计局局长）

江西省经济社会发展报告

2010年，是极不平凡的一年。面对极为复杂的经济社会发展环境和历史罕见的特大洪涝灾害，在省委、省政府的坚强领导下，全省上下坚持以科学发展观为指导，以鄱阳湖生态经济区建设为龙头，紧紧围绕科学发展、进位赶超、绿色崛起的奋斗目标，齐心协力，开拓创新，顽强拼搏，全省经济实现了平稳较快发展，各项社会事业取得了新的进展。

一、经济增速实现新突破，综合实力显著增强

经济增速创新高。自2003年以来，我省经济增速一直徘徊在12.0%—13.2%之间，2010年，全省经济增速实现了新突破，达到14.0%，这一增速不仅是近年来新高，也是1993年以来新高。

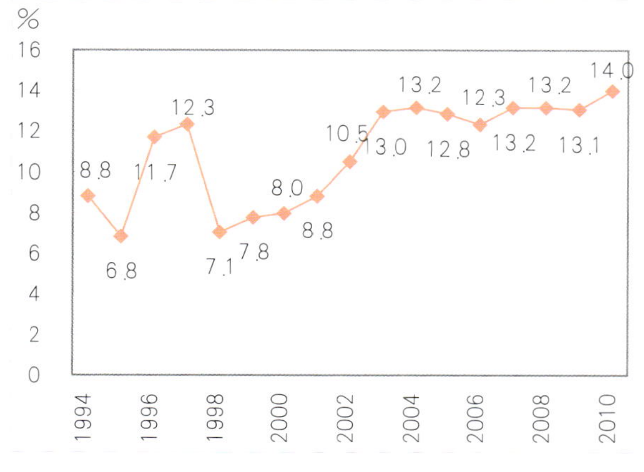

1994–2010年全省经济增长速度走势图

经济规模快速扩张。2010年，全省生产总值达9435.0亿元，比上年增加1779.8亿元。其中，第一产业增加值1205.9亿元，增长4.0%；第二产业增加值5194.7亿元，增长18.3%；第三产业增加值3034.4亿元，增长10.8%。人均生产总值跨过3000美元大关，超过3100美元，标志着我省经济迈入一个新的发展阶段。

财政总收入突破千亿元大关。2010年，财政总收入达1226.0亿元，比上年增长32.0%，创1994年分税制改革以来的最高增幅。其中，地方财政收入777.9亿元，增长33.8%。财政总收入占生产总值的比重达到13%，同比提高0.9个百分点；税收收入1033.3亿元，增长32.9%，占财政总收入的比重达到84.3%，同比提高0.6个百分点。县域财力显著增强。财政总收入超10亿元的县（市、区）达到22个，其中南昌县超30亿元，丰城市、贵溪市、青山湖区超20亿元。

二、三次产业协调发展，产业结构日趋优化

2010年，三次产业结构由上年的14.4:51.2:34.4调整为12.8:55.0:32.2，一产比重下降1.6个百分点，二产上升3.8个百分点，三产回调2.2个百分点。“二三一”的产业格局得到进一步巩固和发展，三次产业内部结构也在不断优化。

农业基础地位进一步巩固。去年年初的持续低温阴雨天气和特大洪涝灾害对早稻生产影响较大，面对早稻减产的罕见灾情，全省上下齐心协力，及时、有效采取各项应对措施，早稻损失晚稻补、水稻损失旱粮补，晚稻产量实现稳定增长。全年粮食种植面积3639.1千公顷，比上年增长1.0%，其中二晚种植面积增长2.5%；粮食总产量390.9亿斤，连续第三年保持在390亿斤以上，大灾之年仍获丰收，其中二晚178.8亿斤，增长5.2%。在粮食生产保持平稳发展的同时，肉类总产量、生猪存出栏、家禽、水产品产量等都有较快增长。全年肉类总产量308.2万吨，增长2.4%；年末生猪存栏1757.3万头，增长4.6%；全年生猪出栏2897.5万头，增长3.0%；牛奶产量12.2

万吨，增长3.0%；禽蛋产量51.1万吨，增长1.2%；水产品产量215.3万吨，增长4.9%。扎实推进“双十双百双千”工程，农业产业化步伐加快。全省形成了以27家国家级龙头企业和472家省级以上龙头企业为骨干、一大批市县乡产业化组织为基础的农业发展格局。2010年，省级以上龙头企业实现销售收入1303亿元，增长8.6%；实现利润58.2亿元，增长20.0%；规模以上农产品加工企业2500家，增长14.1%；实现销售收入1680亿元，增长29.9%。通过订单、合同方式直接带动农户356万户。农民专业合作组织11975个，增长42.3%；合作组织成员12.9万户，增长44.7%。全省超过一半农户的三分之一以上纯收入来自农业产业化经营。

工业主导地位进一步增强。2010年，我省坚持以新型工业化为核心，采取有力措施抓好工业发展。全年全部工业增加值4359.2亿元，比上年增长20.0%，对经济增长的贡献达65.2%，占生产总值的比重达46.2%。其中，规模以上工业增加值增长21.7%。工业内部结构进一步优化。在规模以上工业中，装备制造业实现增加值647.7亿元，增长35.4%，高于全省平均13.7个百分点，其中电气机械及器材制造业增长47.1%，通信设备、计算机及其他电子设备制造业增长33.2%，通用设备制造业增长32.6%，金属制品业增长30.4%。

企业效益大幅提升。规模以上工业实现主营业务收入14196.7亿元，增长43.8%；实现利税

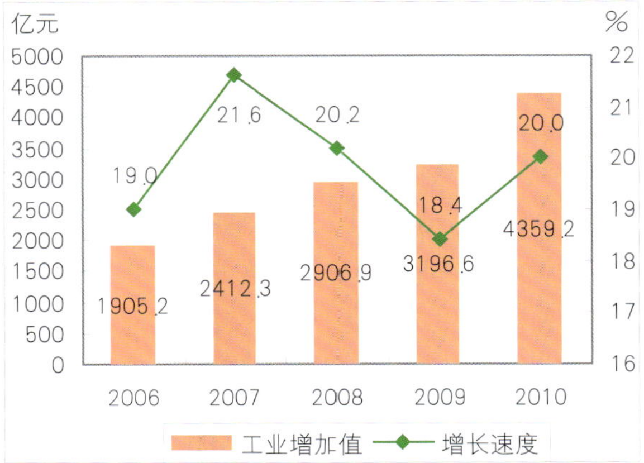

2006—2010年工业增加值及其增长速度

1446.0亿元，增长52.9%，其中利润856.8亿元，增长72.7%。在37个行业中，有35个行业实现了盈利。工业经济效益综合指数275.1%，同比提高37.1个百分点。园区经济快速发展。年末94个工业园区投产企业达8108家，比上年增长2.2%；安置从业人数164.5万人，增长17.6%。全年园区完成工业增加值2309.9亿元，增长21.6%；主营业务收入、利润、利税分别完成9832.7亿元、593.2亿元和973.3亿元，分别增长43.0%、69.9%和55.9%。年主营业务收入超100亿元的园区达34家，比上年增加14家，其中南昌高新技术产业开发区达683.0亿元，南昌经济技术开发区419.3亿元。

服务业发展势头良好。随着经济平稳较快增长，服务业发展不断加快。2010年，服务业增加值突破3000亿元，达3034.4亿元，比上年增长10.8%。交通运输业发展提速。全年铁路、公路、水运完成旅客运输量76446.8万人，增长8.4%；完成货物运输量100324.9万吨，增长17.2%，同比分别提高1.4个和10.5个百分点。机场旅客吞吐量561.7万人，增长18.8%，其中昌北机场旅客吞吐量474.9万人，增长20.6%。邮电通信业快速发展，邮电通信业的服务能力、服务水平和服务质量均有了较大的提升。全年完成邮电业务总量684.1亿元，比上年增长9.6%。固定电话实现了城乡全覆盖，全年新增移动电话用户264.0万户，年末达到1811.3万户。年末互联网用户数达256.1万户，增长4.1%。旅游产业大省建设扎实推进，旅游消费进一步扩大。全年接待国内旅游人数10705.1万人次，比上年增长15.1%；国内旅游收入794.8亿元，增长21.3%。接待入境旅游人数114.1万人次，增长18.3%；旅游外汇收入3.46亿美元，增长19.5%。

三、三大需求发展加快，拉动作用明显增强

投资力度不断加大。2010年，在中央扩大投资和我省实施项目带动战略的双重作用下，固定资产投资快速增长。全年全社会固定资产投资

8775.5 亿元，比上年增长 32.1%。其中，城镇固定资产投资 7856.7 亿元，增长 30.8%。分产业看，第一产业投资 250.9 亿元，增长 9.0%；第二产业投资 5046.2 亿元，增长 38.1%，其中工业投资 5002.1 亿元，增长 37.6%；第三产业投资 3478.5 亿元，增长 26.1%。民间投资持续活跃。非国有投资 6596.9 亿元，增长 35.0%，其中民间投资 6134.4 亿元，增长 40.7%。重点项目建设进展顺利。省重点工程项目完成投资突破 1000 亿元，达 1008.4 亿元，增长 24.4%，其中计划建成投产的 38 个项目完成投资 196.6 亿元，续建的 68 个项目完成投资 557.4 亿元，计划新开工项目完成投资 254.4 亿元。

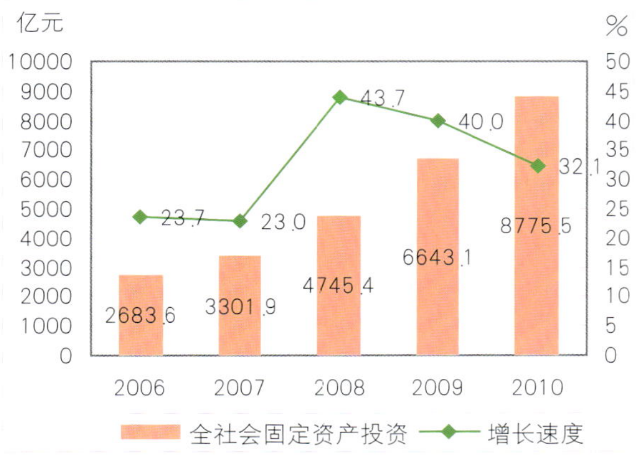

2006—2010 年全社会固定资产投资及其增长速度

消费市场持续活跃。2010 年，全省城乡市场活跃，热点商品持续旺销。全年社会消费品零售总额 2932.9 亿元，比上年增长 19.2%。分城乡看，城镇消费品零售额 2442.6 亿元，增长 19.3%；乡村消费品零售额 490.2 亿元，增长 18.5%。分行业看，批发业零售额 474.1 亿元，增长 20.0%；零售业零售额 2110.7 亿元，增长 17.8%；住宿业零售额 35.9 亿元，增长 23.6%；餐饮业零售额 312.2 亿元，增长 27.2%。消费热点增势强劲。在限额以上批发零售业零售额中，汽车类零售额 173.3 亿元，增长 43.0%；家具类 4.9 亿元，增长 22.0%；金银珠宝类 9.9 亿元，增长 38.5%；建筑及装潢材料类 6.2 亿元，增长 82.7%。

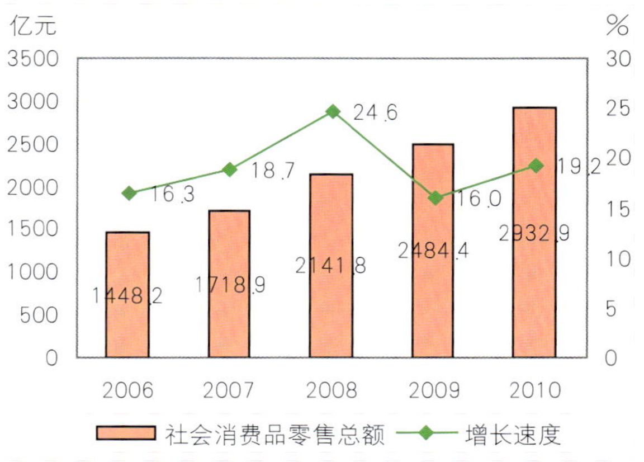

2006—2010 年社会消费品零售总额及其增长速度

对外贸易大幅度增长。2010 年，进出口总额首次突破 200 亿美元，达 214.53 亿美元，比上年增长 67.9%。其中，出口 134.16 亿美元，增长 82.1%；进口 80.37 亿美元，增长 48.5%。在出口中，外商投资企业出口额 49.95 亿美元，增长 54.8%；私营及其他企业出口额 70.25 亿美元，增长 1.3 倍；国有企业出口额 13.96 亿美元，增长 34.2%。出口质量进一步提高。机电产品出口 45.40 亿美元，增长 1.3 倍；以多晶硅为主的高新技术产业出口 27.09 亿美元，增长 94.7%，占出口总值的比重达 20.2%；对欧盟、东盟等国家或地区出口快速增长，分别增长 1.3 倍和 92.5%。

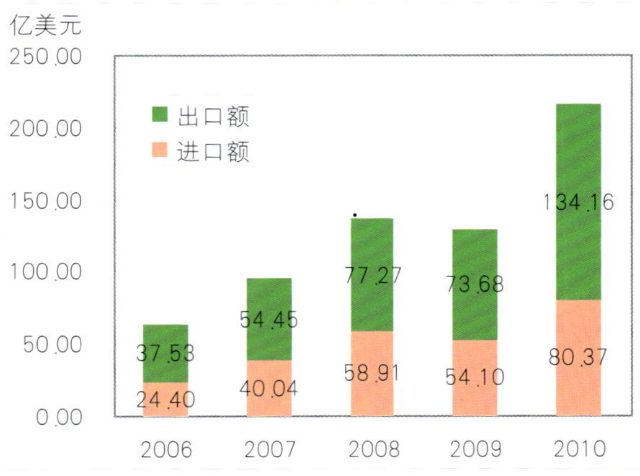

2006—2010 年进出口总额

四、基础设施建设取得实效，城镇化进程稳步推进

基础设施有了根本性改善。铁路方面，我省构成了连通长三角、珠三角和闽东南沿海发达地区以及华东、华南、中南地区的铁路大通道。随着去年9月20日中部地区第一条城际高铁——昌九城际铁路正式开通运营，我省迈入高铁时代。2010年末，铁路总营业里程达2735公里。公路方面，基本构筑起以省会南昌为中心，国、省道为骨架，省、市、县、乡相通的公路“三纵四横”网络，不仅实现了全部出省公路及省会南昌至各设区市公路的高速化，并且逐渐向县域延伸。2010年末，高速公路通车总里程突破3000公里，达到3088公里。航空方面，新建和扩建了一批民用机场，民航旅客年吞吐量543.5万人次。电力方面，统调电力装机达1349万千瓦，基本形成500千伏输变电主网架。

城镇化水平快速提高。2010年，我省把促进新型城镇化又好又快发展，作为贯彻落实科学发展观、实现崛起新跨越的重大课题来研究部署，加大力度推进新型城镇化建设。有序扩大城市规模，改善居住环境，省会城市南昌及各中心城市辐射能力和承载力明显增强，带动一批中心镇、示范镇迅速发展。2010年，全省城镇化率44.8%，比上年提高 1.6个百分点。随着经济的持续增长，经济规模的不断扩大，全省城市规模结构的升级进程明显加快。人口在200万以上的特大城市有1个；50－100万人的大城市2个；20－50万人的中等城市达10个。

五、体制改革取得突破性进展，对外开放水平迅速提高

体制改革取得突破性进展。一是从实际出发，大力推进国企改革，针对企业不同情况，采取整体上市、产权多元化、政策性破产、依法破产和整体出让等多种方式，让国有企业活力迸发。二是继续深化财政预算改革，逐步建立公共财政体制，在不断扩大经济规模、提高经济效益的同时，严格依法理财、依法治税，壮大财政实力，努力改变各级财政拮据状况，加大对经济社会发展的支持力度。三是积极推动非公有制经济发展，非公有制经济总量扩张迅速，在国民经济中发挥越来越重要的作用。2010年，非公有制经济实现增加值5152.2亿元，增长16.1%，占GDP的比重达54.6%，对GDP增长的贡献率达64.3%。

对外开放水平迅速提高。2010年，我省继续坚持大开放主战略，开放型经济的发展为全省经济发展提供了强大动力支撑。2010年，全省开放型经济实现增加值3380亿元，占GDP的比重达35.8%。招商引资成效明显。2010年，实际利用外商直接投资突破50亿美元，达51.01亿美元，增长26.8%，增幅创近5年来新高。全年新增具有世界500强投资背景的企业3家，总数达40家。实际引进省外单项投资5000万元以上项目资金1927.4亿元，增长41.0%。

对外交流与合作进一步扩展。2010年，在南昌举办的第五届中国中部投资贸易博览会上，我省成功签约重大项目239个，项目总投资2090.3亿元，签约项目和金额均创历次中博会新高，项目主要集中在太阳能光伏、电子信息、锂电、旅游等重点产业，为“十二五”我省招商引资奠定了良好的基础。对外经济合作加快。2010年，对外承包工程、劳务合作和设计咨询合同项目198个，合同金额13.92亿美元，增长30.5%；完成营业额11.09亿美元，增长46.8%。

六、居民收入稳步提高，民生工程扎实推进

城乡居民收入增加。2010年，随着国民经济的平稳快速发展，人民群众得到了更多的实惠，居民收入水平快速提高，向建设小康社会又迈进了坚实一步。全年农民人均纯收入5789元，比上年增长14.1%；城镇居民人均可支配收入15481元，增长10.4%。年末城乡居民储蓄存款余额达6113.2亿元，增长20.0%。

城乡居民生活水平提高。随着城乡居民收入不断增加，居民生活水平也不断提高，生活条件

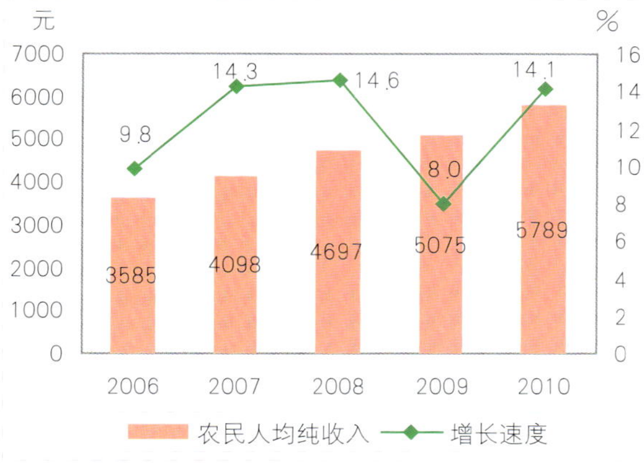

2006–2010 年农民人均纯收入及其增长速度

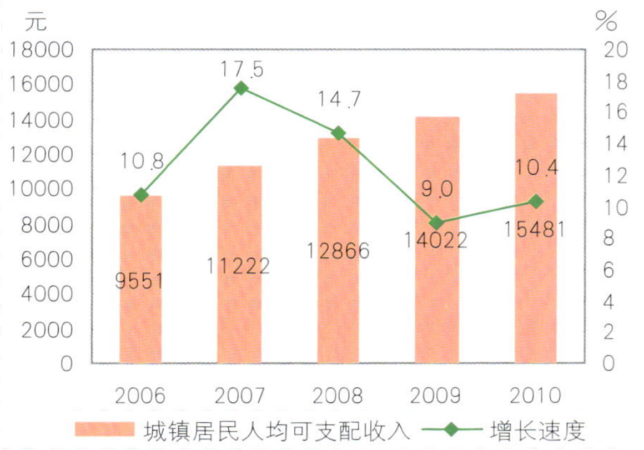

2006–2010 年城镇居民人均可支配收入及其增长速度

不断改善，生活消费支出中用于食品的比重下降。2010 年，城镇居民恩格尔系数为 39.5%，农村居民恩格尔系数为 46.3%。居民耐用物品不断增加。2010 年末，城镇住户平均每百户拥有家用汽车 5.3 辆，移动电话 181.2 部，家用电脑 59.9 台，空调器 107.7 台。农村住户平均每百户拥有摩托车 60.5 辆，移动电话 141.0 部，彩电 106.9 台，电冰箱 45.8 台。城乡住房条件明显改善。年末城镇居民人均住房建筑面积 38.9 平方米，农村居民人均住房使用面积 40.3 平方米，比上年末分别增加 0.3 平方米和 0.7 平方米。

民生工程扎实推进。2010 年，我省高度重视民生、关注民生，按照新增财力向困难群众、向农村、向基层、向社会事业倾斜的原则，围绕就业、社会保障等八个方面，大力实施民生工程。全年发放小额担保贷款 48.5 亿元，直接扶持个人创业 7.2 万人次，带动就业人数 23.3 万人次，累计总额达 172.4 亿元，连续 8 年保持全国领先。“4050”人员实现再就业 6.9 万人。年末参加城镇基本养老保险人数为 607.6 万人，比上年末增长 4.4%。实现了新型农村合作医疗、城镇居民基本医疗保险、城镇职工基本医疗保险等医疗保障“三张网”的全覆盖。全年向城市低保户发放低保金 20.5 亿元，月人均补差 252 元；向农村低保户发放低保金 13.7 亿元，月人均补差 75 元。为全省城乡 609 万名义务教育阶段公办学校学生全面免除学杂费和免费提供教课书。2010 年，建设廉租住房 5.97 万套、经济适用住房 3533 套，改造城市棚户区 1344 万平方米，完成农村危房改造 3.1 万户。

七、社会事业全面进步，经济社会协调发展

2010 年，我省在教育、科技、文化、卫生等社会各项事业方面均取得较大成绩。

教育事业蓬勃发展。2010 年，研究生教育在校研究生 2.1 万人，比上年增长 16.7%。普通高校在校生 81.6 万人。普通高中、初中、小学在校生分别达 74.0 万人、200.0 万人和 426.0 万人。特殊教育在校生 2.4 万人。幼儿园在园幼儿 123.5 万人。高等教育毛入学率达到 25.5%，比上年提高 1.5 个百分点；高中阶段毛入学率 76.0%，提高 5.9 个百分点；初中适龄人口入学率为 98.7%；小学适龄儿童入学率为 99.9%。

科技创新能力增强。2010 年，研究与试验发展（R&D）经费支出 94.5 亿元，比上年增长 24.5%，占生产总值的 1.0%。年末拥有国家级重点实验室 1 家，省级重点实验室 52 家；国家工程（技术）研究中心 5 家，省工程（技术）研究中心 84 家。全年通过省级科技主管部门鉴定的科技成果 207 项，获得国家级科学技术进步奖的科技成果 8 项。全年受理专利申请 6307 件，增长 20.7%；授权专利 4351 件，增长 49.3%。全年技术市场合同成交金额 23.1 亿元，增长 1.3 倍。

高新技术产业增加值737.9亿元，增长30.7%，占GDP的7.8%。科技进步对经济增长的贡献率由2005年的45.6%提高到50.1%。

文卫体全面进步。2010年，全省广播、电视综合人口覆盖率进一步提高，广播节目综合人口覆盖率为96.8%，电视节目综合人口覆盖率为98.0%。有线电视用户439.5万户，有线数字电视用户41.4万户。公共医疗卫生服务能力明显提高。年末有各类医疗卫生机构7172个。卫生技术人员15.5万人。医院和卫生院床位10.3万张。深入开展全民健身运动，群众体育运动进一步普及，有效增强了国民身体素质。年末有全民健身中心7个，青少年俱乐部100个，晨晚炼健身活动点6320个。农民体育健身工程2470个，老区和贫困地区“雪炭工程”设施建设项目15个。全民健身活动广泛开展，健身意识不断加强，全年参加健身活动人数达2300万人次。全年在国际和国内的重大比赛中共获得36枚金牌、26枚银牌和33枚铜牌。

八、生态建设有效实施，节能减排目标圆满完成

鄱阳湖生态经济区建设加速推进。在省委、省政府多年的谋划和努力下，2009年12月12日，国务院批准实施《鄱阳湖生态经济区规划》。我省鄱阳湖生态经济区建设上升为国家战略，赣鄱大地获得加速崛起的“国家动力”。规划的全面实施，对我省探索科学发展、绿色崛起之路具有重要的意义。一年来，鄱阳湖生态经济区建设取得了明显成效。2010年，鄱阳湖生态经济区实现生产总值5554.6亿元，占全省的58.9%。投资环境不断优化。区内39个园区招商实际到位资金1151亿元，占全省园区的58.3%，增长51.2%，高于全省平均增幅12.8个百分点。工业企业贡献较大。区内规模以上工业企业实现主营业务收入8699.1亿元，增长42.5%，占全省的61.2%，对主营业务收入增长的贡献率达60.0%。全省围绕推进鄱阳湖生态经济区建设，坚持在保护中发展、在发展中保护，融经济发展与生态保护为一体，走出一条科学发展、绿色崛起的路子。

生态环境有效保护。2010年，在加快经济发展过程中，我省高度重视资源节约和环境保护，认真实施可持续发展战略，切实加强污染防治和生态保护。环境质量继续位居全国前列。全面推进造林绿化“一大四小”工程建设，全省森林覆盖率继续提高。全年完成荒山荒地造林面积301.2万亩，森林覆盖率达63.1%。主要河流监测断面水质达标率80.5%。11个设区市城市空气环境质量全部达到国家二级标准。城镇污水集中处理率和生活垃圾无害化处理率分别达到67.8%、51.6%。

节能减排目标圆满完成。2010年，我省高度重视节能减排工作，通过强化节能减排目标责任落实，加大淘汰落后产能力度，大力改进生产工艺技术，减少主要污染物的排放，不断提高资源回收利用效率，全省节能减排目标任务的顺利完成。初步核算，全年能源消费总量6354.9万吨标准煤，比上年增长9.3%。全年二氧化硫排放量削减1.27%，化学需氧量排放量削减0.94%。“十一五”期间，单位GDP能耗降低20%的目标任务圆满完成，二氧化硫排放量下降9.1%，化学需氧量排放量下降5.7%，二氧化硫和化学需氧量两项指标均超额完成国家下达的“十一五”减排目标任务。

（撰稿人：王建农 江西省统计局局长）

山东省经济社会发展报告

2010年，在省委、省政府的正确领导下，山东积极应对极为复杂的国内外经济发展环境，以科学发展观为指导，积极作为、科学务实，认真贯彻落实国家宏观调控政策，正确处理保持经济平稳较快发展、调整经济结构和管理好通胀预期的关系，更加注重提高经济增长质量和效益，更加注重推动经济发展方式转变和经济结构调整，全省主要经济指标保持平稳较快增长，经济发展质量进一步提升，转方式调结构取得积极成效。展望2011年，虽然面临各种不确定、不稳定因素的影响，但随着全球经济的缓慢复苏，宏观调控政策的逐步落实，以及经济发展内在动力的增强，促进经济发展的有利条件和积极因素增多，全省经济仍将保持平稳较快的发展势头，转方式调结构将逐步推向深入。

一、2010年山东经济发展的主要特点

（一）经济发展健康良好，运行态势总体趋稳

2010年，山东认真贯彻落实各项宏观调控政策和措施，积极应对极为复杂的国内外环境，经济发展健康良好，顺利实现了宏观调控的主要目标。

从经济增长率看，全省经济实现平稳较快增长。虽然国内外经济形势复杂多变，全省始终坚持把保持经济平稳较快发展与转方式调结构相结合，经济运行高开稳走，实现了平稳较快增长，积极向好较快增长的格局基本形成。一季度、上半年、前三季度全省生产总值分别增长15.2%、13.6%和12.9%。全年全省实现生产总值39416.2亿元，按可比价格计算，增长12.5%，比上年加快0.3个百分点。其中第一产业实现增加值3588.3亿元，增长3.6%；第二产业实现增加值21398.9亿元，增长13.4%；第三产业实现增加值14429.0亿元，增长13.0%。

从失业率看，全省就业形势基本保持稳定。随着经济的平稳较快发展，劳动力需求稳步扩大，就业形势积极向好，城镇登记失业率继续回落，一季度、上半年、前三季度末分别为3.42%、3.4%、3.37%，年末城镇登记失业率为3.36%，比上年末降低0.04个百分点，低于全年控制在4%以内的目标。全年城镇新增就业115.3万人，新增农村劳动力转移就业129.4万人，均超额完成全年目标任务，连续7年实现“双过百万”。

从物价上涨率看，全省物价走势基本平稳。在“稳物价、保民生”等一系列价格调控措施的积极作用下，加之翘尾因素的消失，全省居民消费价格月度同比涨幅自7月份连续5个月攀涨后出现回落。12月份全省居民消费价格同比上涨3.9%，涨幅较上月回落0.9个百分点。食品类中的鲜菜价格同比下降3.5%，较上月涨幅回落38.7个百分点，影响价格总水平回落0.4个百分点，是带动价格总水平涨幅回落的主要因素。全年CPI走势基本平稳，累计上涨2.9%，稳定在3.0%的警戒线之内。八大类消费品价格四升四降，食品、烟酒及用品、医疗保健和个人用品、居住分别上涨8.3%、2.5%、1.9%和3.6%；衣着、家庭设备用品及维修服务、交通和通信、娱乐教育文化用品及服务依次下降2.4%、0.4%、0.7%和0.3%。从生产价格看，工业品出厂价格和原材料燃料动力购进价格月度同比涨幅分别自9月份和10月份连续3个月、2个月攀升后，双双出现回落。12月份同比分别上涨8.1%和10.3%，分别比上月回落0.6和1.2个百分点。全年累计分别上涨7.2%和9.3%。

（二）转方式调结构取得积极进展，经济发展可持续性提高

2010年，全省坚持把转方式调结构作为重

大而紧迫的战略任务，坚定不移地加以推进，着力解决制约发展的结构性矛盾，加快经济转型升级步伐，为转方式调结构、提高经济发展的可持续性奠定了基础。

产业结构稳步调整。农村经济稳定发展，粮食总产连续8年增产，并创历史最高水平。全年粮食播种面积10627.2万亩，比上年增长0.8%；实现总产4335.7万吨，增长0.45%。第二产业尤其是工业依然是拉动经济增长的主要力量，工业对经济增长的贡献率为58.3%，比上年提高2.4个百分点，拉动经济增长7.3个百分点。面对复杂多变的经济形势，全省规模以上工业增速总体趋向稳定，一季度增长19.7%，二季度回调至14.1%，三、四季度增速趋稳，均增长12.1%。全年增长15.0%，比上年提高0.1个百分点，为全省经济平稳较快增长奠定了良好的基础。先进制造业增势良好，装备制造业增长23.1%，比上年提高5.0个百分点，比规模以上工业增速快8.1个百分点。服务业发展速度明显加快，比重进一步提升，全省服务业增加值增长13.0%，比GDP增速快0.5个百分点；占GDP的比重达到36.6%，比上年提高1.9个百分点；对经济增长的贡献率为33.9%，比上年提高3.7个百分点，拉动经济增长4.2个百分点。服务业中，批发零售业、住宿餐饮业、信息传输计算机服务等营利性服务业增长较快，分别增长15.8%、16.4%和16.5%，依次比服务业增速快2.8、3.4和3.5个百分点。

节能降耗取得阶段性成果。针对节能降耗面临的严峻形势，全省不断加大工作力度，严格落实目标责任制，强力推进节能降耗工作，取得明显成效。高耗能行业生产放缓，增速逐月回落。全年十大高耗能行业增加值增长11.0%，增幅较上年回落2.4个百分点，较年初回落5.1个百分点。其中，石油和天然气开采业由年初增长6.1%转为下降2.2%，回落8.3个百分点；石油加工炼焦及核燃料加工业、黑色金属冶炼及压延加工业分别增长7.6%和6.3%，增幅依次比年初回落8.0和7.5个百分点。工业能耗增速逐步回落。万吨以上重点用能工业企业综合能耗20260.0万吨标准煤，增长3.8%，增幅比年初回落13.0个百分点。其中，十大高耗能行业综合能耗18559.2万吨标准煤，增长3.7%，增幅比年初回落12.6个百分点。经初步测算，万元生产总值能耗能够全面完成国家下达的“十一五”规划的任务目标。

投资结构继续优化。服务业投资增势强劲，完成投资11376.8亿元，增长26.9%，比全社会投资增速快4.6个百分点，分别比第一、二产业投资增速快5.4和8.8个百分点。三次产业投资结构由上年的3.2∶51.1∶45.7调整为2.4∶48.7∶48.9。改建和技术改造完成投资5553.0亿元，增长31.8%，比全社会投资增速快9.5个百分点。高新技术产业完成投资3163.8亿元，增长36.7%，比全社会投资增速快14.4个百分点。十大高耗能行业投资增势明显减弱，全年完成投资3837.8亿元，增长16.1%，低于全社会投资增速6.2个百分点，比上年回落9.4个百分点；占全社会投资的16.4%，比年初回落1.8个百分点，比上年回落1.2个百分点。民间投资完成18478.9亿元，增长25.7%，增速比国有投资快12.1个百分点，占全社会投资的79.4%。

企业创新能力增强。研发投入进一步加大，全省规模以上工业企业研究开发费总计投入238.2亿元，增长30.9%，高于主营业务收入增幅4.1个百分点。大中型企业成为研发投入的主体，研发投入占规模以上工业企业的88.0%。这为今后提升工业产业层次、增强产品竞争力打下了坚实基础。高新技术领域效益快速增长，电子信息、生物技术及制药、新材料三大高新技术领域实现利润和利税分别增长42.6%和38.4%，依次比规模以上工业利润、利税增速快5.0和4.3个百分点。

（三）重点区域带动战略初见成效，经济发展空间得到拓展

2010年，在区域发展战略实施过程中，山东着眼于培植区域发展优势，尤其重视突出重点，强化带动，实施重点区域带动战略，经济发展的空间得到有效拓展。

山东半岛蓝色经济区形成新的增长极。全省

全面落实胡锦涛总书记的重要指示，加快推进山东半岛蓝色经济区规划建设，着力打造具有国际先进水平的海洋经济改革发展示范区和我国东部沿海地区重要的经济增长极，为其上升为国家战略奠定了坚实基础。2010 年，区域内实现生产总值 18724.9 亿元，增长 13.3%；实现社会消费品零售额 5894.9 亿元，增长 18.7%；增速分别高于全省同期平均水平 0.8 和 0.1 个百分点。

黄河三角洲高效生态经济区进入快速发展轨道。《黄河三角洲高效生态经济区发展规划》上升为国家战略的一年来，全省以资源高效利用和生态环境改善为主线，扎实推进黄河三角洲高效生态经济区建设。2010 年，区域内实现生产总值 5678.5 亿元，增长 13.6%；规模以上工业增加值增长 15.1%；固定资产投资完成 3177.3 亿元，增长 24.9%；实现社会消费品零售额 1364.1 亿元，增长 18.8%；实现进出口总额 189.5 亿美元，增长 67.3%；实现地方财政收入 308.1 亿元，增长 29.3%；增速分别高于全省同期平均水平 1.1、0.1、2.6、0.2、31.4 和 4.2 个百分点。

省会城市群经济圈蓬勃发展。省会城市群经济圈抓住机遇，大力提高省会综合服务功能，充分发挥省会经济的辐射作用，区域内部联系密切，联动发展优势突出，城市面貌焕然一新，综合实力持续增强，成为山东中西部经济增长的重要引领力量。2010 年，该区域实现生产总值 14191.4 亿元，增长 13.2%；规模以上工业增加值增长 16.2%；实现社会消费品零售额 5214.2 亿元，增长 18.7%；实现进出口总额 291.1 亿美元，增长 43.2%；实现地方财政收入 828.1 亿元，增长 25.4%；增速分别高于全省同期平均水平 0.7、1.2、0.1、7.3 和 0.3 个百分点。

鲁南经济带影响力增强。该区域以鲁南临港产业区为龙头，充分发挥港口资源、自然资源、区位等优势，加快日照钢铁精品基地建设，带动鲁南地区加速崛起。2010 年，该区域实现生产总值 8480.5 亿元，增长 13.0%；规模以上工业增加值增长 16.1%；完成固定资产投资 4938.8 亿元，增长 22.5%；实现社会消费品零售额 3498.9 亿元，增长 18.8%；实现进出口总额 253.4 亿美元，增长 51.7%；实现地方财政收入 501.7 亿元，增长 28.3%；增速分别高于全省同期平均水平 0.5、1.1、0.2、0.2、15.8 和 3.2 个百分点。

（四）内外需求平稳扩大，经济发展均衡性增强

2010 年，全省继续执行中央、省一系列保增长、扩内需的政策措施，着力增强经济发展的内生动力，同时积极加大稳定和促进外经贸发展的配套跟进措施，为实现经济平稳较快发展发挥了至关重要的作用。

投资增长高位趋稳。面对国家严控“两高一资”新开工建设项目的形势，全省固定资产投资增速高位趋稳，基本稳定在 21% 左右。全社会投资完成 23279.1 亿元，增长 22.3%，增幅比上年回落 1.0 个百分点。房地产开发投资增速平稳，完成投资 3251.8 亿元，增长 33.9%，增幅比上年提高 14.8 个百分点，比年初提高 1.6 个百分点。

消费市场销售旺盛。在宏观经济平稳向好、扩内需促消费政策有效落实以及物价持续走高等多重因素推动下，全省消费品市场继续保持平稳较快增长。实现社会消费品零售额 14211.6 亿元，增长 18.6%，比上年提高 2.6 个百分点。城镇市场增势较强，实现零售额 11388.4 亿元，增长 19.5%；乡村市场实现零售额 2823.2 亿元，增长 15.2%。商品零售占绝大份额，实现商品零售 12717.9 亿元，增长 18.5%，占社会消费品零售总额的 89.5%；实现餐饮收入 1493.7 亿元，增长 19.7%。

出口保持较快增势。随着世界经济的缓慢复苏，以及全省稳定和促进外经贸发展各项措施的逐步落实，对外贸易稳步快速恢复，增速由上年的负增长全面转正，并保持平稳较快增势。全省实现进出口总额 1889.5 亿美元，增速由年初的 49.1% 平稳回落至 35.9%。外部需求明显扩大，实现出口 1042.5 亿美元，增速由年初的 19.3% 扩大至 31.1%。进口保持较高增速，实现进口 847.0 亿美元，增长 42.2%。主要出口市场份额发生变化，对传统市场出口份额缩减，美、日、韩三大市场的出口份额为 43.4%，比上年缩减 3.5

个百分点；对欧洲市场出口份额提高，由上年的19.6%提高至20.1%，其中对德意志联邦共和国、俄罗斯和意大利出口份额依次提高了0.7、0.6和0.3个百分点。

（五）三大收入稳步提高，经济发展质量明显提升

2010年，随着宏观经济平稳较快发展基础的逐步增强，全省政府、企业、居民增收速度逐步加快，经济发展的质量进一步提升。

地方财政收入增势良好。实现地方财政收入2749.3亿元，增长25.1%，比上年提高12.8个百分点。税收收入2149.9亿元，增长25.0%，比上年提高12.8个百分点，其中营业税和企业所得税增长较快，增速分别达到34.2%和33.3%，比上年依次提高15.4、37.4个百分点。税收收入占地方财政收入的比重为78.2%，与上年持平。

工业企业效益增长较快。全省规模以上工业企业实现主营业务收入89168.0亿元，增长26.8%，增幅比上年提高12.5个百分点；实现利润6040.3亿元，增长37.6%，增幅比上年提高23.2个百分点；实现利税9689.6亿元，增长34.1%，增幅比上年提高21.2个百分点。亏损局面进一步好转，亏损企业数下降9.5%，亏损面由年初的7.7%缩小至5.1%，亏损额减少5.2%。

城乡居民收入保持两位数增长。全年城镇单位在岗职工平均工资33691元，增长13.5%，增幅比上年提高1.1个百分点。城镇居民人均可支配收入19945.8元，增长12.0%，增幅比上年提高2.8个百分点，其中经营净收入和工资性收入增长较快，分别增长23.5%和12.5%，依次比上年提高8.0和4.4个百分点。农民人均纯收入6990.3元，增长14.2%，增幅比上年提高5.7个百分点，其中工资性收入和财产性收入增长较快，分别增长18.5%和21.5%，依次比上年提高8.2和1.9个百分点。

（六）财政金融支持比较有力，经济发展环境保持良好

2010年，全省认真贯彻执行积极的财政政策和适度宽松的货币政策，努力发挥财政、金融在稳定增长、改善结构、调节分配、促进和谐等方面的作用，为经济发展创造了良好的条件。

财政支出规模不断扩大，重点支出得到较好保障。全年完成地方财政支出4144.5亿元，增长26.8%，增幅比上年提高6.0个百分点。其中，科学技术支出增长33.1%，医疗卫生支出增长32.9%，环境保护支出增长46.8%，商业服务业等事务支出增长77.3%，国土资源气象等事务支出增长71.2%。

金融市场运行平稳，存贷款增量呈缩减态势。年末全省金融机构本外币存款余额41653.7亿元，比年初增加6483.1亿元，新增额比上年下降17.8%。其中，企事业单位新增存款1825.1亿元，新增额比上年下降43.9%，占全部新增存款的28.2%；居民新增储蓄2549.6亿元，新增额比上年下降6.1%，占全部新增存款的39.3%。年末金融机构本外币贷款余额32536.3亿元，比年初增加5150.4亿元，新增额比上年下降20.3%。其中，新增短期贷款2284.5亿元，比上年增长17.2%；新增中长期贷款3471.0亿元，比上年下降16.7%。

二、2011年山东经济发展形势展望

2011年是“十二五”时期开局之年，也是巩固和扩大应对国际金融危机成果的关键一年。从未来影响山东经济发展的多种因素看，不利因素和有利因素并存。

（一）从不利因素看，经济运行中面临一些可以预见和难以预见的困难和挑战，外部环境仍比较复杂

第一，全球经济复苏仍然脆弱，国际经济运行环境依然严峻。国际金融危机爆发后，世界各经济体空前一致地采取了大力度的财政、金融刺激政策，以期刺激国内需求，推动经济增长。但各经济体的内部需求并未完全恢复，随着刺激政策的陆续退出，实体经济的发展仍然缺乏活力。美、日等发达经济体，虽然继续实行量化宽松的

货币政策，并直接或间接地干预汇率，但外部需求增长远远低于他们的预期，国际收支的不平衡依然存在。经济增长对就业市场的带动作用仍显乏力，高失业率仍是发达国家未来面临的主要社会经济挑战。比如美国，虽然 2 月份失业率已连续第三个月下降，创下自 2009 年 4 月以来的最低水平，但仍处于 8.9% 的较高水平；日本 2010 年完全失业率达 5.1%，创仅次于 2002 年和 2003 年的第三高之后，今年 1 月仍维持在 4.9% 的较高水平。国际大宗商品价格高位震荡，新兴市场资产泡沫和通胀压力加大。国际贸易保护主义继续升温，国际市场竞争更加激烈，不稳定不确定因素仍然较多。国际货币基金组织（IMF）最新预测，2011 年，全球经济增速将由上年的 4.8% 回落到 4.2%，世界商品和服务贸易量增长将由上年的 11.4% 回落到 7%。国际经济和国际市场的波动与回调对我国乃至山东经济发展将带来不容忽视的负面影响。

第二，我国经济发展中不平衡、不协调、不可持续的问题依然突出，近期经济平稳较快发展的基础还不稳固。国家宏观调控的政策效应逐步显现，经济增长格局面临不同程度调整，经济发展中不平衡、不协调、不可持续的问题依然突出。主要是：经济增长的资源环境约束强化，投资与消费关系失衡，收入分配差距较大，科技创新能力不强，产业结构不合理，农业基础仍然薄弱，城乡区域发展不协调，就业总量压力和结构性矛盾并存，制约科学发展的体制机制障碍依然较多，服务业增加值和就业比重、研究与试验发展经费支出占国内生产总值比重偏低，等等。

第三，山东经济发展短期问题和长期问题交织，结构性问题和体制性问题并存，全省经济社会发展面临很多困难和挑战。主要表现在：产业结构层次偏低，产业转型升级面临诸多制约，“十一五”时期我省加快发展服务业，期末服务业占生产总值的比重达到 36.6%，较“十五”期末提高 4.3 个百分点，要达到“十二五”规划确定的 45% 目标，任务比较艰巨。资源环境约束强化，能源资源消耗总量偏大，“十一五”时期全省认真贯彻落实节能减排的各项政策措施，努力完成了国家下达的各项目标任务，但我省经济发展方式仍较粗放，经济发展对资源、能源依赖性较高，高能耗、高污染、高排放压力依然较大，节能降耗减排、可持续发展受到严峻挑战。居民消费价格环比连续 8 个月上涨，物价上涨预期加强，稳定物价任务比较艰巨，国际市场大宗商品价格的持续上涨，对稳定工业生产者价格也带来一定压力。另外，消费能力不足、城乡区域发展不协调等问题也亟待解决。

（二）从有利因素看，随着世界经济缓慢曲折地复苏，国内经济仍处于大有作为的重要战略机遇期，促进山东经济平稳较快发展的积极因素也在不断增加

第一，世界经济继续缓慢曲折地复苏。近期，世界经济面临的下行风险虽有所上升，但仍处于缓慢的复苏回升通道，全球经济保持温和复苏增长态势。据国际货币基金组织（IMF）发布的最新《世界经济展望》报告，预计 2011 年世界经济增长 4.2%。其中，发达经济体经济 2.2%，新兴和发展中经济体继续保持强劲复苏势头，增长 6.4%。世界银行预测全球经济正显现稳步复苏迹象，2011 年将增长 3.3%。G20 首尔峰会已达成共识，将会进一步为巩固全球经济、加速就业岗位创造提供帮助，为更加稳定的金融市场提供保障，为缩小发展差距并广泛地促进超越危机的共同增长提供支持。世界经济预期的缓慢复苏，有助于增强全球范围内的需求拉动力量和供给支持条件，为我国及山东经济发展创造良好的机会和条件。

第二，国内经济保持平稳较快向好态势。我国通过加强完善各项宏观调控政策措施的方向、力度、节奏，坚定不移地促进经济发展方式的转变，积极处理好扩大内需与稳定外需的关系，协调好增加投资与扩大消费的关系，增强了经济发展的内生动力，进一步稳固了经济回升的基础，经济总体保持了平稳较快发展形势，仍处于大有作为的重要战略机遇期，经济发展长期向好的趋势没有改变，各种有利条件依然存在。2011 年宏观经济政策的基本取向是积极稳健、审慎灵活，

诸城市体育馆、游泳馆（诸城市统计局提供）

重点是更加积极稳妥地处理好保持经济平稳较快发展、调整经济结构、管理通胀预期的关系，加快推进经济结构战略性调整，把稳定价格总水平放在更加突出的位置，切实增强经济发展的协调性、可持续性和内生动力，保持经济平稳健康运行。IMF 和世界银行分别预测 2011 年中国经济将增长 9.6% 和 8.7%，也从一个侧面反映出中国经济平稳较快向好的发展态势。

第三，山东经济积极向好较快增长格局基本形成。2010 年山东经济发展实现了平稳较快增长，经济发展是健康良好的，积极向好较快增长的格局基本形成。从三次产业看，在国家和省里一系列强农惠农政策的推动下，农业发展形势持续向好，将继续保持平稳增长。从工业关联指标和运行环境看，市场需求仍处于回暖状态，需求对工业的拉动力依然较强，工业生产有望保持平稳较快增长。服务业投资力度不断加大，服务业投资占比持续提高，为服务业的持续较快发展奠定了基础，服务业仍将保持较快增长。从国内外需求看，扩大内需的政策效果继续显现，国内需求保持旺盛势头；外需在国家和我省积极经济政策刺激和世界经济缓慢复苏的双重推动下，将保持平稳发展。投资方面，民间投资活跃，到位资金仍能满足需要，全社会投资将保持适度较快的增长势头；房地产业在优化住房有效供给结构、加大保障性住房建设等有利措施的促动下，仍能呈现平稳发展态势。消费方面，宏观经济稳定向好，提振了居民消费信心；消费政策的大力引导，旅游业的迅猛发展，农村住房改造、棚户区改造工程的加快推进，都进一步促进了消费市场繁荣发展，消费需求稳中趋强，对经济增长的贡献份额将进一步加大。外部需求方面，随着全球经济的缓慢复苏，2010 年以来月度出口规模持续扩大，已恢复到国际金融危机前水平，外经贸发展已开始走出低谷进入复苏回升通道。

综合上述，2011 年，促进全省经济发展的有利因素仍占主导，全省将全面优化经济发展的战略布局，以扩大内需为战略基点促进经济平稳较快发展，以结构调整为主攻方向加快转变经济发展方式，以实施重点带动战略为总抓手促进区域协调发展，全省经济有望继续保持平稳较快、积极向好的发展态势，转方式调结构将逐步推向深入。

三、2011 年促进山东经济平稳较快发展的对策建议

第一，坚定不移扩内需，努力保持经济平稳较快发展。要准确把握国家“积极稳健、审慎灵活”的宏观经济政策，贯彻实施好积极的财政政策和稳健的货币政策，积极创造条件，想法设法扩大内需，努力保持经济平稳较快发展。消费方面，要切实抓好扩大消费总量和完善消费持续增长长效机制工作，进一步释放消费潜力，增强消费对经济增长的拉动力。认真落实中央关于收入分配制度改革的要求，着力提高城乡低收入群众收入，扩大中等收入群体，努力实现居民收入增长与经济发展同步、劳动报酬增长与劳动生产率提高同步。同时，大力发展文化消费、老龄消费、信用消费、健身消费等，促进消费结构升级。投资方面，要把握投资重点和投向，促进投资稳步增长。尤其是要加快推进投资结构调整，引导投资进一步向社会民生、“三农”、技术改造、中小企业、现代服务业、战略性新兴产业等重点行业、关键领域和薄弱环节倾斜，严格执行投资项目用地、节能、环保、安全等准入标准，提高投资效益。

第二，坚定不移调结构，加快推进经济发展方式转变。经济结构战略性调整是加快转变经济发展方式的重要途径和主要内容，也是今后一个时期经济工作的重点任务，必须坚定不移地向前推进。第一产业方面，要大力发展现代农业，加快构建高产、优质、高效、生态、安全的新型农业产业体系。以提质增效为中心，以发展高效特色农业和生态循环农业为重点，建设一批高标准生产基地和产业园区，推进农业产业化经营。第二产业方面，要一手抓传统产业转型升级，一手抓战略性新兴产业培育，推动工业稳定增长。要把抢抓机遇、抢占先机、抢占制高点作为经济工作的重要取向，解放思想，放宽条件，加强规划引导，舍得投入和补贴，将发展战略性新兴产业放到优先位置，积极研究制定特殊政策，发挥高新技术产业和先进制造业的引领和支撑作用；将作为经济发展主体的传统产业列入产业优化升级重点，大规模开展技术改造，加快淘汰落后生产能力，促进绿色经济、低碳经济和循环经济发展。第三产业方面，要把发展服务业作为产业结构优化升级的重点和主要经济增长点，扩大总量与优化结构并重，推动服务业实现跨越发展。大力发展生产性服务业和生活性服务业，推进发展农村服务业。特别要加快发展与现代制造业密切相关的高技术服务业，积极发展投资和管理咨询、现代物流、信息服务、服务外包业。以推动金融产业化为目标，以推动产融结合为重点，大力发展金融业。

第三，千方百计稳物价，有效管理通胀预期。价格的变化与经济发展、民生改善息息相关，必须高度重视价格监测。当前引起价格上涨的因素较多，稳定物价的难度加大。要充分认识保持物价总水平基本稳定的重要性，把稳定价格总水平放在更加突出的位置，坚持“立足当前、着眼长远，综合施策、重点治理，保障民生、稳定预期”的原则，以经济和法律手段为主，辅之以必要的行政手段，全面加强价格调控监管工作，竭尽全力稳定物价。一方面必须合理控制信贷投向，不断完善金融监管制度，有效防范和控制资产风险，同时积极增加有效供给，尽可能使虚拟经济与实体经济保持较好的衔接，避免虚拟经济泡沫对经济平稳较快增长所产生的不利影响。另一方面，要加强市场价格监测预警，特别是加强价格环比监测，建立和完善调节机制，制定切实可行的措施，及时应对价格变化和平抑可能出现的物价过快上涨，并坚决查处哄抬价格扰乱经济正常秩序的行为。

第四，坚定不移惠民生，不断提高城乡居民生活水平。要将惠民生作为经济工作的着力点和落脚点，紧紧围绕保障和改善民生，提高政府保

障能力，推进基本公共服务均等化，使社会公众更好分享经济发展成果，切实提高城乡居民的生活质量和水平。一方面，实施更加积极的就业政策，促进就业稳定增长。实施就业优先发展战略，多渠道开发就业岗位，最大限度增加就业容量。坚持以创业带动就业，推动劳动技能振兴工程，大力开发各类就业岗位特别是公益性就业岗位。健全促进就业扶持机制，加快建立统一规范的人力资源市场，强化就业创业培训和城乡就业服务，鼓励自谋职业和自主创业，有针对性开展城乡就业困难人员就业援助。另一方面，继续健全完善社会保障体系，以基本养老、基本医疗、最低生活保障制度为重点，逐步提高统筹层次和保障水平，同时加强社会公共服务体系建设，按照人人享有基本公共服务的目标要求，着力扩大公共产品和公共服务的供给。

（撰稿人：刘俭仆　山东省统计局局长）

滕州市龙泉文化广场（滕州市统计局提供）

河南省经济社会发展报告

2010年，全省上下深入贯彻落实科学发展观，坚持“四个重在”实践要领，大力推进“一个载体、三个体系”建设，以“坚持三保、突出转型、强化态势”为着力点，以“落实完善、创新机制、提高能力”为关键环节，抢抓机遇，开拓进取，持续增强内生动力和发展活力，全省经济在非常复杂的运行环境中保持了积极增长态势。展望2011年，不确定性因素依然较多、结构性矛盾仍很突出，宏观运行环境依然十分复杂，保持全省经济平稳较快发展仍需付出艰辛努力。

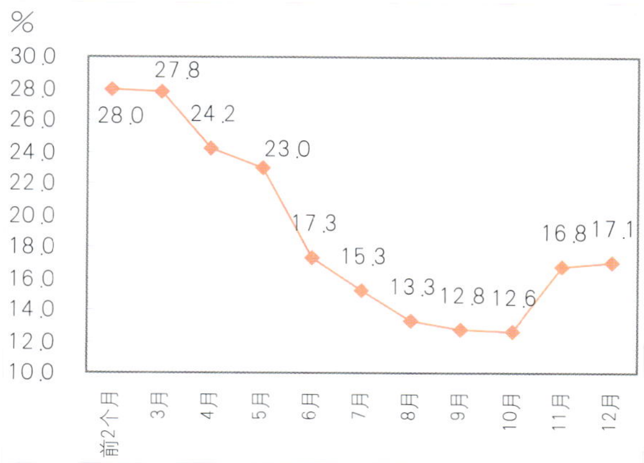

2010年以来各月份全省规模以上工业增加值增速

一、河南经济运行的基本情况

2010年，面对复杂多变的发展环境和挑战，全省努力在发展中转变，在转变中发展，多策并举，破解瓶颈，全省经济保持平稳较快增长。全年经济增长12.2%，涨幅较上年同期提高1.3个百分点，较全国平均水平高1.9个百分点。其中，第一产业增长4.5%，第二产业增长14.8%，第三产业增长10.5%。

（一）主要经济指标由回落趋于平稳

工业经济克服各种不利影响保持较快增长。2010年，面对国际金融危机持续影响、国家调结构转方式力度加大、结构性矛盾突出等多重困难相互叠加、共同作用的复杂形势，省委、省政府围绕“保增长、保稳定、保态势”和破解瓶颈约束，积极主动采取多项应对措施，工业生产增长速度回落的幅度逐渐缩小，工业运行的稳定性逐步增强。全年工业增加值同比增长15.4%，其中规模以上工业增长19.0%，增幅比上年加快4.4个百分点。在规模以上工业中，轻工业增长20.0%，增幅比上年加快6.3个百分点；重工业增长18.8%，增速比上年加快3.8个百分点。非公有制工业增加值增长21.8%，快于全省平均水平2.8个百分点，增幅比上年加快3.5个百分点。

固定资产投资回稳趋升。2010年，全省上下高度重视固定资产投资建设，积极推动重大项目开工建设，全省投资在比较困难的形势下保持快速增长，呈现出“前高中低后稳”的增长曲线。全年全社会固定资产投资比上年增长21.0%，增幅虽比上年回落9.6个百分点，但仍处于高速增长区间。其中，第一产业投资增长8.2%，第二产业投资增长18.1%，第三产业投资增长26.1%。城镇投资增长21.6%，增幅较上年回落9.7个百分点。在城镇投资中，民间投资增长24.2%，较上年回落16.1个百分点。

销售市场保持稳定。2010年，全省实现社会消费品零售总额7893.46亿元，比上年增长19.0%。其中，城镇增长19.4%，农村增长16.3%。分类别看，除电子出版物和音像制品类下降4.2%外，其余类别均保持增长。其中，家用电器和音像器材类增长39.2%，体育、娱乐用品类增长30.4%，金银珠宝类增长26.7%，化妆品类增长26.0%，日用品类增长23.9%，服装、鞋帽、针纺织品类增长 21.8%。

（二）经济效益总体保持了回升势头

从财政收入看，2010 年，全省地方财政一般预算收入比上年增长 22.6%，增幅同比加快 11 个百分点。地方财政一般预算支出增长 17.5%。增幅同比回落 9.7 个百分点。

从城乡居民收入看，2010 年，全省城镇居民家庭人均可支配收入比上年增长 10.8%，较上半年提高 2 个百分点。扣除价格因素实际增长 7.2%，较上半年提高 0.9 个百分点；农民人均现金收入增长 14.9%，较上半年提高 4.4 个百分点。扣除物价因素实际增长 11.0%，比上半年提高 2.8 个百分点。

从工业企业效益看，2010 年，全省规模以上工业实现主营业务收入比上年增长 29.3%，比上年加快 17.2 个百分点；实现利润增长 35.9%，比上年加快 25.2 个百分点；亏损企业亏损额下降 33.7%，较上年多下降 32.1 个百分点。

（三）转方式、调结构步伐加快

农业生产形势良好。2010 年，全省粮食播种面积比上年增长 0.6%。全年粮食总产量 1087.4 亿斤，比上年增加 9.6 亿斤，增产 0.9%，粮食总产再创历史新高，连续 5 年超千亿斤，连续 11 年保持全国第一。全省生猪生产形势明显好转，牛羊生产稳步发展，禽、蛋、奶快速增长。全年肉类总产量、蛋、牛奶分别增长 3.8%、1.5% 和 3.2%。

结构调整步伐加快。装备制造业生产明显加速。2010 年，装备、有色冶金、化工、食品、纺织服装等五大战略支撑产业实现增加值占全省工业的比重为 54.3%，比 2009 年提高 2.6 个百分点。2010 年，全省高技术制造业实现增加值比上年增长 31.9%，增速高于全省平均水平 12.9 个百分点。2010 年，全省高技术产业投资增长 42.6%，增速比上半年加快 15.7 个百分点，分别高于全省城镇投资、工业投资增速 21.0 个和 25 个百分点。

节能减排和生态建设取得新成效。2010 年，全省不断加大淘汰落后产能工作力度，持续加强重点领域、重点区域、重点行业污染综合整治。全年单位生产总值能耗比上年下降 3.5%，化学需氧量和二氧化硫排放量分别下降 0.8% 和 1.2%。

总体分析，2010 年，河南经济平稳较快增长的基础不断稳固，发展态势总体符合国家宏观调控预期。这表明省委、省政府积极贯彻落实中央宏观调控政策，坚持“四个重在”，努力保增长、调结构、转方式，大力开展大招商、招大商活动，积极推进产业集聚区建设等一系列政策措施是积极有效的。

二、经济运行中存在的主要困难与问题

尽管2010年全省经济向好的基础不断巩固，经济趋稳的态势比较明显。但必须同时看到，全省经济增长的结构性矛盾依然突出，经济回升过程中各层面不平衡、不均衡问题交织并发，经济增长的内在动力仍显不足。

第一，经济对传统产业依赖性依然较强。纵观全年规模以上工业增长曲线可以发现，工业增长波动曲线与传统行业特别是六大高耗能行业增速波动曲线走势大致一致。即全省工业增长受传统行业特别是六大高耗能行业影响较大。2010 年，伴随着六大高耗能行业对规模以上工业增长的贡献率由一季度的 49.3% 下降至 30.1%，全省工业增加值增速也由一季度的 27.9% 回落至 19.0%。12 月份，六大高耗能工业增加值增速从 10 月份的同比下降 0.3% 转为增长 5.6%，其对全省工业增长的贡献率由 10 月份的 0.1% 提高到 15.5%，全省工业增长也由 10 月份的 12.6% 回升至 12 月份的 17.1%。

第二，企业生产经营难度增加。一是原材料价格持续上涨，导致利润空间缩小。2010 年，全省工业品出厂价格比上年同期上涨 7.8%，涨幅低于原材料、燃料和动力购进价格 2.4 个百分点。由于原煤、钢材、油等原材料、燃料价格上涨，对企业经营成本造成较大冲击，致使企业盈利空间缩小，经济效益下滑。二是融资难、流动资金短缺，特别是中小企业对这一问题反映最为强烈。四季度，据平顶山有关部门对规模以下企业的调查结果表明，虽然地方政府出台了多项贷款优惠措施，但目前关停并转的规模以下企业中，

因资金短缺而停产关闭的企业还是占到了21%。三是劳动力成本上升，企业劳动力流失严重。据调查和农户反映，目前在东部沿海地区务工月收入一般在1800元左右，比上年增加了200元，在本地务工月收入一般在1400元左右，也比上年增加了200元。部分地区出现结构性、阶段性的"招工难"现象。开封调查队2010年三季度开展的一项用工调查表明，被调查的86家企业存在5188个用工缺口，平均每个企业有60个岗位虚位以待。

第三，在经济尚处在调整复苏之时，CPI出现了加快上涨势头。

1—12月，全省CPI比上年上涨3.5%。较去年同期提高3.9个百分点，高出国家平均水平0.2个百分点。从单月看，12月份CPI上涨5.2%，涨幅虽有所下降，但环比仍上升0.2%。同比涨幅连续五个月超全国平均水平，环比出现连续六个月上涨的态势。八大类商品中，只有家庭设备用品及维修服务类下降0.4%，交通和通信类下降0.6%，其余均上涨。其中，食品类上涨7.9%。物价的持续上涨可能给低收入阶层的生活造成压力，影响城乡居民实际收入的增加。

三、2011年河南经济面临的机遇与挑战

展望2011年，有利因素与潜在风险同时存在，短期矛盾和长期问题相互交织，下行和上拉两股力量相互角逐，系统性和结构性风险仍比较突出，运行环境依然复杂，河南经济在由回升迈向复苏的过程中仍有反复调整振荡的可能。

（一）宏观环境总体缓慢改善

1. 全球经济总体将保持缓慢复苏。从2009年三季度到2010年，美、欧、日等经济体已实现连续四个季度环比正增长，按照传统经济学定义，发达经济体经济衰退已经结束，并进入复苏状态。世界大型企业联合会18日公布的数据显示，美国10月份先行经济指数环比上升0.5%，表明未来几个月美国经济将缓慢增长。根据历次重大危机后各国经济复苏的一般特点，结合近期美、欧、日等经济指标的表现和政策取向，综合判断，2011年发达经济体将保持缓慢复苏状态。2010年以来，新兴经济体彼此之间经贸合作加强、对发达经济体依赖程度下降，经济复苏势头明显好于发达经济体。预计2011年新兴经济体将平稳较快发展。

2. 国内经济自主增长动力进一步恢复。2010年以来，在前期刺激性政策的惯性释放、外部环境恢复性改善、消费高位运行等因素的作用下，中国宏观经济正由政策刺激下的较快增长转为稳定增长阶段，国民经济自主增长动力的进一步恢复有助于国民经济保持平稳较快增长。

第一，"十二五"规划的开局之年，着眼于2011年经济社会平稳较快发展，宏观调控政策将保持连续性，增强针对性和灵活性。保持经济平稳较快发展、推进结构调整和发展方式转变，确保"十二五"规划开好局、起好步，是2011年的宏观调控的基本政策取向。2011年世界各国经济表现和货币政策将出现进一步分化。虽然受制于流动性过剩与降低通胀预期，我国货币政策不大可能比前两年宽松，但在经济自主增长能力没有全面恢复的形势下，货币政策也不可能全面紧缩，更多地转向稳健，回归常态化。2011年，以加强调结构、转方式为政策引导，以完成在建项目，增加低收入群体收入，加强"三农"、教育、科技、社会保障和就业、医疗卫生、保障性住房、节能减排等经济社会发展关键环节以及对民族地区、边疆地区的支持为目标，积极的财政政策仍有将持续。加上前两年适度宽松货币政策的持续效应，2011年货币流动性总体上仍能满足经济社会平稳较快发展需要。

第二，在调结构、转方式政策引导下，内需仍将保持增长。一是以科学发展为主题、以加快转变经济发展方式为主线的规划思路，预示着"十二五"时期，我国将进一步加快发展方式转变，推进经济结构战略性调整，节能环保、新一代信息技术、生物、高端装备制造、新能源、新材料和新能源汽车等七个战略性新兴产业发展规划将全面启动，有利于带动河南相关产业的发展。二是消费保持平稳增长具备诸多有利因素。2011

年国家扩大消费政策将沿着增强居民消费能力的方向进一步强化。近年来就业形势和工资水平变化为扩大消费增强了后劲，社会保障制度建设也有助于减轻居民消费的后顾之忧，消费结构加速升级将带动汽车、房地产及高档消费品等逐渐更多地进入到居民家庭。消费需求在较长一段时期内仍将保持较快增长的势头。三是投资需求仍将在较高平台上保持较快增长。2011 年，出口和消费实际增长水平即使有所降低，也仍会处于正常、合理水平，这将为制造业投资增长提供一定的需求基础。同时，2011 年是我国“十二五”规划的开局之年，各地重大规划项目陆续开工建设，特别是中西部地区基础设施建设空间较大，对投资增长将形成重要支撑。

（二）需求增长缓慢将是宏观经济持续回升的主要制约因素

1，世界经济走向持续复苏尚需时日。目前多数发达国家实体经济恢复缓慢，失业率居高不下，消费者信心不足，房地产市场持续低迷，完全消化危机冲击尚需时日。希腊、爱尔兰主权债务危机发生以后，部分欧洲国家开始降低公务员工资和政府福利支出等，以削减财政赤字、化解债务风险，加上刺激性政策的力度和效果明显减弱，复苏进程不平衡，新一轮宏观调控政策自顾性加剧，协调难度增加，均不利于世界经济整体复苏。加之，美国连续推出的量化宽松货币政策，将会加剧美元向全球的溢出效应，给其他国家带来汇率波动，对国际金融体系造成严重冲击，同时也给世界经济复苏的前景蒙上了一层“浓重阴影”，使我国外贸出口增长面临诸多不确定性。

2，经济稳定增长的压力依然很大。2011 年中国经济的自主增长动力将进一步增强，但保持稳定增长的压力依然很大，宏观经济将面临许多两难矛盾和问题。既要推动经济平稳较快增长，又要有效防止产能过剩继续扩大；既要把控制价格过快上涨、管理好通货膨胀预期作为调控的重点，又要加快资源价格改革、疏导价格矛盾；既要严格执行稳健的货币政策，又要避免由于资金链断裂伤害中小企业的稳定发展；既要坚持房地产调控政策不动摇，又要防止造成房地产企业健康发展的过度损害等等。与此同时，支撑中国经济摆脱危机影响、率先复苏的要素条件也在发生变化，市场需求对经济持续稳定增长的约束力有可能进一步强化。一是国内需求热点尚未形成，投资、消费增速可能会稍有回落。2011 年，国家应对危机的四万亿投资将进入扫尾阶段，对经济增长的支撑作用将明显减弱。为应对国际金融危机两年国家出台了一系列的刺激消费政策，消费市场出现了“寅吃卯粮”现象。由于当前我国城乡二元结构仍然突出，前两年消费快速增长的局面特别是某些商品排浪式需求增长局面将不大可能持续。二是房地产市场调整的压力加大。2010 年以来，国家出台了一系列抑制房价过快上涨的政策举措，但收效甚微。进入 2010 年三季度以来，全国房地产市场仍然呈现价涨量升的态势。以此为前提，抑制房地产投机需求政策将在持续中进一步加码，使房地产市场出现实质性调整，房地产市场短期“软着陆”诱发宏观经济下行的力量将进一步强化。三是国内流动性持续收紧，将抑制社会总需求的快速扩张。为对冲国外热钱的流入，抑制国内流动性过剩对商品市场与房地产市场的冲击，国家收缩流动性的政策举措将更加坚决并不断强化，从而在短期内影响市场需求。

（三）在复杂形势下，只要处置得当，河南经济仍有望继续运行在较高平台上

总的来看，尽管宏观经济运行环境异常复杂，不确定因素仍然较多。但综合分析，2011 年河南经济持续平稳较快增长潜力大、机遇多、后劲强的特征没有改变，仍处于难得的重要战略机遇期。

一是产业转移步伐加快，将进一步增强河南经济发展动力。在后国际金融危机时代，我们正在经历新一轮境内外产业加快转移的大潮。独特的区位优势、基础产业优势、丰富的劳动力资源优势与省委、省政府持续开展“大招商、招大商”活动、产业集聚区建设效应相互叠加，使得河南经济社会跨越式发展的内在动能正在有效累积。

二是中原经济区战略的起步实施。在对中原

崛起战略进一步持续、延伸、深化和拓展的基础上，省委、省政府提出了以河南为主体，建设中原经济区、加快中原崛起和河南振兴的战略构想，将使河南经济社会发展能够在新的历史时期谋求新优势、争取新发展，进一步拓展河南经济社会发展的战略空间。

三是城镇化快速推进，将为经济发展提供强有力的内需支撑。一般认为，人均生产总值达到3000美元，城镇化水平应该在60%左右。河南是全国第一人口大省，2009年，全省城镇化率只有37.7%，比全国平均水平低8.9个百分点，居全国各省市区倒数第5位、中部地区倒数第1位，全省农村有大量的劳动力需要转移，城市化发展的空间巨大。根据诺塞姆曲线来判断，一般城市人口占全部人口的比重在30%-70%之间为城市化发展的加速阶段，在此阶段，人口、资金等生产要素将迅速向城镇集聚，城镇化水平也将迅速提高，进而推动工业化加快发展，将会为全省经济发展提供强有力的内需支撑。

四是从人均GDP来看，2010年全省人均GDP已经超过3000美元，根据国际经验正处于1000-6000美元的黄金发展期。若比照全国其他部分省份人均GDP2000-3000美元所经过的平均时间推算，河南将于2015年达到5000美元水平，而在3000-5000美元这个阶段，各省的GDP年均增速多在13%-15%之间，明显快于人均GDP1000-2000美元阶段的增速。根据中国社会科学院经济学部课题组关于工业化阶段指标对河南工业化进程的测度，目前乃至“十二五”时期，河南处于工业化中期阶段，是快速发展的黄金时期。

五是省委、省政府采取的一系列打基础、管长远政策举措效应将逐步显现。近年来，围绕着中原崛起、河南振兴的总目标，省委、省政府坚持以开放招商、产业集聚区、项目建设三项重点工作带动全局，以加快城乡建设扩大内需，以改革创新破解发展难题，多策并举，实施了一系列打基础、管长远的政策举措。2006-2010年，全省城镇投资年均增长33.5%，实际利用外商直接投资年均增长38.4%。财政一般预算支出年均增长25.1%，高于收入4.3个百分点。从建设周期看，这些项目将陆续发挥作用，为全省经济社会平稳较快发展注入新动力。

展望2011年，制约河南经济发展的结构性问题与深层次矛盾仍非常突出，资源约束进一步强化，国家宏观调控政策对河南经济增长的拉动力仍然较弱，保持全省经济平稳较快发展，在区域竞争中保先争位仍面临较大压力。

第一，国家扩大内需政策对河南经济的带动作用相对较弱。2011年乃至整个“十二五”时期，国家将实施一系列持续扩大内需的政策，不断提高国内消费对经济增长的贡献水平。但与中部其他省份相比，河南消费品工业产品种类偏少，档次偏低、竞争力偏弱，国家刺激消费的一系列政策措施短期内对我省的拉动作用较小。以“家电下乡、汽车下乡”为例，近年来，湖北省汽车工业发展迅猛，已经成为拉动工业增长的新兴主导力量，拥有东风汽车等在全国同行业中排名相当靠前的大型知名企业。安徽电器、汽车、通用设备制造业发展势头强劲，拥有西门子、日立、荣事达、美菱、康佳、江淮汽车、奇瑞汽车等一批在国内外具有较高知名度的企业，成为全国重要的家电制造、汽车制造基地。而目前，河南在全国排名靠前的工业产品主要是煤、铝、纱、水泥等初级产品，汽车、空调、冰箱等终端工业品产量较少，如2009年河南汽车产量12.46万辆，而安徽一个月产量即达到10.5万辆，东风集团一个月产量更超过20万辆。因此国家实行的“家电下乡、汽车下乡”等一系列刺激消费的政策措施，对河南经济直接的、即期的带动作用较弱。

第二，国家节能减排政策对河南抑制作用大。“十二五”时期，国家将进一步加快调结构、促转型工作力度，节能减排将在持续中加强。据相关报道，“十二五”时期，国家不仅有节能硬性指标，更有减排硬性指标，在操作上将改变“十一五”时期“一刀切”的工作方式，在行业、地区、企业等方面更加强调针对性，在时空安排上更强调均衡性，在力度上更追求有效性。河南“两高”行业所占比重明显高于湖北、湖南、安徽和江西等省份，相当一部分企业经营规模小，资金实力弱，落后产能比重大，中央宏观调控控制“两高”行业的政策对河南的抑制作用仍很突出。

第三，经济运行困难多。其一，2010年新开工项目的数量减少将影响未来一段时间内河南投资的增长。河南投资项目的建设周期平均为1.5-2.5年左右，开工的第二年是投资的高潮期，2010年全省新开工项目个数比上年减少5180个。新开工项目投资规模增长27.3%，增速比一季度回落33.8个百分点。因此2010年新开工项目对来年投资增长的贡献将有所走低；当前，房地产业投资占全省城镇投资的21%以上，房地产业调整预期增强也将影响下一步投资的增长。其二，资金供给趋紧。2011年，国家货币政策将由适度宽松向稳健过渡，资金全国性趋紧的形势已经明朗。但河南将面临更为严峻的资金紧张局面。一是金融生态环境相对较差。据中国社科院最新研究成果，河南金融生态环境相对较差，在全国列第29位，在中部地区居末位。二是金融体系不完善，资金掌控能力不足。目前，河南尚缺乏全省性的独立法人金融机构，而安徽、湖南、湖北等省均成立有具有独立法人的金融机构，资金调控的空间大，优势明显。三是吸引外资能力相对较弱。2010年，安徽实际到位外省资金6863.70亿元，增长47.9%。而河南实际到位省外资金2743亿元，增长24.6%。

第四，产业竞争力不足。在调结构、转方式的关键时期，科技支撑无疑是非常重要的。但2010年，河南研发投入（R&D）占GDP的比重仅为0.9%左右，低于“十二五”预期目标的0.6个百分点，居全国23位，在中部地区排名最后。河南综合科技进步水平指数在全国排名25位，在中部地区排名仅高于江西，居第5位。据中国社会科学院日前对全国各地综合竞争力研究结果，近年河南综合竞争力在全国的位次呈现出下移的态势。

综合分析各种因素，虽然我们还面临不少困难，宏观环境不确定、不稳定的因素依然很大，但总体上机遇大于挑战的格局没有改变。2011年，河南经济将呈现在调整中逐步迈向复苏，经济增长的稳定性将有所增强。

四、保持2011年河南经济又好又快发展的对策建议

2011年是实施“十二五”规划和中原经济区规划实施的起步之年，同时也处于河南经济由回升向好向稳定增长转变的关键时期，全省经济工作应以加快转变经济发展方式为主线，以自主创新为驱动力，以保障和改善民生为根本目的，着力处理好保增长、调结构与管理通胀预期之间的关系，进一步增强调控的针对性和灵活性，巩固和扩大应对国际金融危机的成果，努力提高经济增长的质量与效益，确保“十二五”规划开好局、起好步。

（一）高度关注宏观环境变化，确保经济社会发展的稳定性。在认真落实国家宏观调控政策的同时，密切关注经济形势特别是一些先行指标的变化，加强对经济运行的调控，着力解决突出问题，处理好稳增长、调结构与管理通胀预期的关系

（二）加大项目与投资工作力度，确保投资对全省经济发展的支撑作用。坚持“三具两基一抓手”，把实施项目带动作为加快经济发展方式转变和经济结构调整的重要抓手，围绕“一个载体、三个体系”建设，在先进制造业、新兴产业、基础设施、农村公益、民生等领域，加大项目谋划推进力度，健全项目协调推进机制，加快项目建设进度，切实提高投资效益。抓好中央新增投资计划项目续建实施。制定出台鼓励引导民间投资政策的配套措施，引导民间资本参与我省重点工程建设，以优化投资结构促进产业结构升级、增强发展后劲。

（三）继续把招商引资、承接产业转移作为重大举措。坚持以城市新区和产业集聚区建设为主要抓手，把承接产业转移与推动产业升级紧密结合起来，进一步放大示范效应。积极抓好招商推介、基础设施建设、资金筹措和管理升级，促进资源、产业和人气的快速集聚

（四）统筹城乡发展。一是扎实做好农业农村工作。全面落实强农惠农政策，巩固和加强农

业农村发展基础。大力发展现代高效农业，推进农村劳动力培训和转移，不断推进农业组织形式和经营方式创新拓宽农民增收渠道。二是加快推进城乡一体化发展。以破除城乡二元结构为突破口，大力推进城乡规划、产业布局、基础设施、公共服务、劳动就业“五个一体化”。进一步推进户籍制度改革，完善社会保障制度，让有条件的农民有序转为市民，进一步拓展全省经济社会发展空间。

（五）加强和改善民生。要借国家新一轮惠民政策的东风，把为民办实事做得更好。一是增加居民收入。努力实现居民收入增长和经济发展同步、劳动报酬增长和劳动生产率提高同步，切实落实中央和省“十二五”规划建议精神。二是努力扩大就业。要注意引导吸纳劳动力潜力大的传统产业、服务业、中小企业、民营经济的发展，广开就业门路。三是完善住房保障体系。统筹推进房地产业发展与城镇化进程，建立既促进房地产业健康、有序、快速发展，又降低农民入城成本、加快城镇化进程的长效机制。四是改善社会事业。要特别注意继续加强基层医疗卫生服务体系和基层计划生育服务体系建设，继续改造建设一批县级医院和乡镇、社区卫生服务设施，完成重点中医院建设，启动实施精神卫生防治体系建设规划。

（撰稿人：刘永奇　河南省统计局局长）

洛河南（洛阳市统计局提供）

湖北省经济社会发展报告

2010 年，湖北省委省政府统筹做好促进经济平稳较快增长、调整经济结构、加强通胀预期管理等各方面工作，巩固和扩大了应对国际金融危机冲击成果。全省经济保持了 2009 年下半年以来的回升向好态势，虽然经济增速逐季回调，但总体处于高速增长区间。年初确定的主要目标全面实现，“十一五”规划主要发展目标提前和超额完成。初步判断 2011 年全省经济将保持平稳较好的运行态势，但主要经济指标增速可能低于 2010 年。

一、2010 年湖北经济运行的主要特点

（一）宏观经济运行呈现“高开稳走”态势

全年全省实现地区生产总值15806.09亿元，按可比价格计算比上年增长 14.8%，虽然增速比一季度回落 1.1 个百分点，比上半年回落 0.8 个百分点，比前三季度回落 0.1 个百分点，但增幅比上年提高 1.3 个百分点，比全国平均水平高出 4.5 个百分点。

（二）三大产业保持稳定较快增长

1. 农业稳中有升

全年全省实现农林牧渔业增加值2147亿元，增长 4.6%，比全国平均水平高出 0.3 个百分点。粮食实现增产。全年粮食作物播种面积增长1.4%，粮食总产2315.8万吨（463.16亿斤），增长0.3%，连续 7 年增产。棉花因灾减产，总产 47.18 万吨，比上年减产 1.8%。油料生产保持稳定，总产 311.80 万吨，比上年略减 0.7%。畜牧水产稳步增长。全省有专业养殖小区 2648 个，万头以上养猪场 427 个，全年生猪出栏 3827.39 万头，增长 2.5%，规模养殖比重不断上升。全省水产养殖面积继续扩大，精养和名特优养殖比重进一步提高。全年实现水产品产量353.90万吨，增长6.0%，淡水产品产量继续保持全国第一。蔬菜茶叶水果产量保持增长。全年蔬菜产量达到 3131.53 万吨，增长 5.1%，水果产量 437.13 万吨（园林水果），增长 8.7%，茶叶产量 16.57 万吨，增长 14.9%。

2. 第二产业稳中加快

（1）工业生产平稳较快增长

2010 年，全省完成规模以上工业增加值 6136.51 亿元，增长 23.6%，增速比上年提高 3.5 个百分点。

一是轻工业增速快于重工业 1.9 个百分点。全年轻工业完成增加值 1844.10 亿元，增长 25.0%；重工业完成增加值 4292.41 亿元，增长 23.1%。

二是多数行业实现增长。全年全省工业 38 个行业大类实现正增长，行业增长覆盖面为 97.4%。其中交通运输设备制造业完成增加值首次过千亿元，达到 1051.3 亿元，增长 44.4%，对工业增长贡献率达 23.4%，拉动工业增长 5.5 个百分点。非金属矿物制品、化学原料及化学制品制造、黑色金属冶炼及压延加工、农副食品加工业等行业分别实现增加值 334.0 亿元、415.4 亿元、450.2 亿元和 392.9 亿元，增速分别为 46.6%、26.9%、27.6% 和 35.0%，对工业增长的贡献率合计达 26.8%，拉动工业增长 6.32 个百分点。

三是重点产品产量平稳增长。全年汽车产量达到 172.29 万辆，增长 47.6%，增幅比上年提高 8.5 个百分点；水泥 8982.87 万吨，增长 32.9%，增幅比上年提高 15.3 个百分点；钢材 2894.72 万吨，增长 33.7%，增幅比上年提高 32.9 个百分点；发电量增长 14.1%，增幅比上年提高 11.3 个百分点。

四是产销衔接较好。全年全省工业产品销售率 97.48%，比上年提高 0.02 个百分点。

（2）建筑业较快增长

2010 年，全省建筑业实现增加值 1038.12 亿元，按可比价格计算比上年增长 12.9%。

3. 第三产业稳中放缓

全年全省第三产业实现增加值 5894.44 亿元，增长 10.1%，增幅比上年回落 2.2 个百分点。其中交通运输、仓储和邮政业实现增加值 748.91 亿元，增长 10.6%；批发零售业实现增加值 1136.68 亿元，增长 9.5%；住宿餐饮业实现增加值 385.08 亿元，增长 11.1%；金融业、房地产业因上年增速较快基数较高，本年增幅趋缓，全年金融业实现增加值 530.91 亿元，增长 6.7%；房地产业实现增加值 613.30 亿元，增长 7.3%；营利性服务业实现增加值 971.64 亿元，增长 18.2%，非营利性服务业实现增加值 1507.92 亿元，增长 8.1%。

金融机构存贷款较快增长。年末全省金融机构存款余额 21769 亿元，比年初新增 4091 亿元，增长 23.1%。其中，城乡居民储蓄余额 9851 亿元，比年初新增 1628 亿元， 增长 19.8%。年末全省金融机构贷款余额 14648 亿元，比年初新增 2591 亿元，增长 21.5%。其中，短期贷款和中长期贷款余额分别为 4233 亿元和 9158 亿元，分别比年初新增 547 亿元和 2077 亿元，增长 14.8% 和 29.3%。

全年全省接待旅游总人数 21128.22 万人次，增长 39%，增幅比上年提高 10.2 个百分点；实现旅游总收入 1460.53 亿元，增长 45.4%，增幅比上年提高 10.4 个百分点。

（三）三大需求协同拉动作用增强

1. 固定资产投资保持高位运行

2010 年，全省投资在上年和年初较高增长的基础上，增幅呈现高位运行逐月走低趋势。全年全社会固定资产投资首次突破万亿元，达 10802.69 亿元，增长 31.6%，增幅比上年下降 10 个百分点。其中，城镇以上固定资产投资 9934.71 亿元（下同），增长 31.3%，增幅比上年下降 10.6 个百分点。投资结构进一步优化。

一是第二产业投资增长处于领跑地位。全年全省第一产业累计完成投资 204.16 亿元，增长 23.6%，增速低于全省投资平均水平 7.7 个百分点，占全省投资比重为 2.1%。第二产业投资受制造业投资增长较快影响，全年完成 3954.68 亿元，增长 33.3%，高于全省投资平均水平 2.0 个百分点，占全省投资比重达 39.8%。其中：工业中制造业完成投资 3248.24 亿元，增长 39.9%，高于全省投资平均水平 8.6 个百分点。第三产业完成投资 5775.87 亿元，增长 30.2%，低全省投资平均水平 1.1 个百分点，占全省投资比重为 58.1%。

二是地方项目投资占全省投资的九成以上。2010 年，全省投资主体仍依赖于地方项目，全省地方项目累计完成投资 9217.93 亿元，增长 36.4%，高于全省投资平均水平 5.1 个百分点，占全省投资的比重达到 92.8%，所占比重比上年提高 3.5 个百分点。

三是民间投资占全省投资的“半壁河山”。全年全省民间投资累计完成 5289.99 亿元，增长 43.1%，高于全省投资平均水平 11.8 个百分点，占全省投资的比重为 53.2%，创近几年新高，主导地位进一步增强。其中：集体经济投资 807.30 亿元，增长 35.3%，私营个体投资 4482.69 亿元，增长 44.6%。投资主要依赖国有投入的格局已经发生根本性改变，民间投资主体活力明显增强。

四是房地产开发投资呈高开低走逐月回落趋势。受上半年影响，全年全省完成房地产开发投资 1618.24 亿元，增长 34.8%，高于全省投资平均水平 3.5 个百分点，其中：住宅完成投资 1040.86 亿元，增长 29.4%。完成房屋施工面积 11620.91 万平米，增长 21.7%。其中，住宅房施工面积 9170.94 万平米，增长 18.5%。新开工房屋施工面积 5765.52 万平米，增长 45.0%。其中，新开工住宅房屋施工面积 4483.91 万平米，增长 39.5%。

商品房销售面积和销售额增幅下降，商品房待售面积增幅回升。全年全省商品房销售面积达 3513.63 万平方米，增长 29.3%，其中商品住宅销售面积 3241.90 万平方米，增长 25.8%，增幅分别比上年下降 10.7 和 15.7 个百分点。全年实现商品房销售额1313.14亿元，增长36.8%，其中商品住宅销售额1134.64亿元，增长29.0%，增幅分别比上年下降28和37.6个百分点。受商品房销售市场影响，商品房待售面积继续增加。全年全省房屋空置面积1050.66万平米，增长38.3%，增幅比上年提高7.3个百分点，其中住宅待售面积753.05万平米，增长39.4%，增幅比上年下降3.5个百分点。

2. 消费品市场增势平稳

全年全省社会消费品零售总额过6000亿元，达到6719.44亿元，增长19.0%，增幅比上年提高3.0个百分点。城乡消费品市场均保持较快增长。城镇实现零售额5643.33亿元，增长19.6%，占社会消费品零售总额的84.0%；乡村市场实现零售额1076.11亿元，增长15.8%，增速比城镇低3.8个百分点。

限额以上贸易业高速增长，主力作用明显。限额以上企业实现零售额2650.33亿元，增长38.8%，增幅高于全省水平19.8个百分点，占全省社会消费品零售总额的比重达39.4%，所占份额比上年提高13.2个百分点。限额以上企业对社会消费品零售总额的贡献率达69.1%，拉动社会消费品零售总额增长13.1个百分点。

食品类、服装类和日用品类消费持续快速增长。据对限额以上企业统计，粮油、食品、饮料、烟酒类实现社会消费品零售额586.9亿元，增长44.1%，其中粮油类和肉禽蛋类分别增长35.9%和36.9%；服装鞋帽、针、纺织品类实现社会消费品零售额300.5亿元，增长26.2%；日用品类实现社会消费品零售额101.7亿元，增长28.8%。

居住类商品继续热销。全省家具类和建筑装饰材料类零售额分别增长92.7%和68.1%。文化消费彰显亮点。全省文化办公用品类和书报杂志类零售额分别增长40.7%和20.6%。

汽车、家电消费拉动了市场较快增长，成为消费市场的最大亮点。全省汽车类商品实现零售额 427.7 亿元，增长39.7%，增幅快于上年5.1个百分点。家用电器及音像器材类商品实现零售额 184.1亿元，增长 33.8%，增幅比上年加快19个百分点。汽车、家电对全省零售总额增长贡献率达到 15.7%，拉动零售总额增长 3个百分点。

3. 外贸出口恢复性高位运行

全年全省累计完成进出口总额259.07亿美元，增长50.2%，增幅比上年提高67个百分点。其中，出口144.41亿美元，增长44.7%，增幅比上年提高59.5个百分点；进口114.65亿美元，增长57.7%，增幅比上年提高77.1个百分点。

（四）三大收入稳定增长，运行质量明显改善

1. 宏观效益稳定提高，财政收入增长加快

全年全省完成财政总收入1918.94亿元，增长25.1%，增幅比上年提高10.5个百分点，其中全省完成地方一般预算收入1011.23亿元，增长24.1%，增幅比上年提高9.4个百分点。完成税收收入777.96亿元，增长26.3%，增幅比上年提高15.5个百分点。税收收入占地方一般预算收入的比重达76.9%，比上年提高1.3个百分点。

2. 微观效益明显改善，工业效益明显回升

2010年，全省工业运行质量进一步改善，经济效益继续回升。工业利润、主营业务收入等核心效益指标同比大幅增长。2010年全省规模以上工业实现利润1209.73亿元，增长74.5%，增幅比上年加快49.3个百分点。其中交通运输设备制造实现利润364.81亿元，增长81.8%；钢铁利润为57.9亿元，增长50.6%；有色为7.87亿元，增长71.8%；化学原料制造为73.9亿元，增长95.6%。钢铁、汽车、有色等支柱行业效益的大幅提升有力推动了全省工业经济效益的快速增长。企业亏损面、亏损额双双下降。全年全省亏损企业个数为1749户，下降11.6%；亏损面为11.0%，下降2.9个百分点；亏损企业亏损额68.02亿元，下降33.3%。

3. “惠民生”效应显现，居民收入加快增长

全年全省城镇居民人均可支配收入达到16058元，增长11.8%，增幅比上年提高2.6个百分点；农民人均纯收入达5832元，增长15.8%，增幅比上年提高7.7个百分点。增幅比

全国平均水平高4.9个百分点，与全国农民人均纯收入的差距由上年的118元缩减到87元。

（五）自主创新能力不断增强

1. 高技术产业发展较快，主导产业全面向好。全年共完成增加值1702.4亿元，增长26.5%，比规模以上工业增速快2.9个百分点。其中，电子信息产业完成增加值303.72亿元，增长24.2%；先进制造产业完成增加值622.37亿元，增长34%；新材料产业完成增加值357.34亿元，增长30.4%；生物医药与医疗器械产业完成增加值100.61亿元，增长19.8%。

2. 科技投入力度加大，新增长点拉动作用增强。全年全省陆续培育与引进的一批高新产业项目在2010年逐步建成投产或达产，产生了较好的拉动效应。全年全省高新技术产业完成投资288.90亿元，增长35.1%，高于全省投资平均水平3.8个百分点。其中，武汉东湖高新区的富士康项目全年完成产值161.2亿元，增长127%；中芯国际项目累计完成产值3.87亿元，增长108%；宜昌高新区的全通涂镀板项目完成产值103亿元，增长9.2倍；宜昌高新区的南玻多晶硅项目完成产值8.1亿元，增长3.5倍。据初步测算，新增长点对全省高新产业增长的贡献率达到20%左右。

3. 先进制造产业、骨干企业支撑作用明显。2010年，国家继续推行的1.6升以下小排量汽车购置税优惠、汽车下乡等政策，对我省以汽车零部件为主的先进制造业发展起到了良好的提振作用。2010年全省先进制造业实现增加值619.52亿元，增长33.6%，占全省高新产业的比重达到36.5%，比上年提升2个百分点，拉动全省高新产业增长11.7个百分点。其中汽车及关件零部件产业是最重要的推动力之一，据测算，汽车及关件零部件产业占先进制造业的比重达到了76.4%，对先进制造产业增长的贡献率达到了81%。全省高新产品产值过10亿元的企业有77家，产值合计3630亿元，增长34.7%，比全省高新产业产值平均增速快6个百分点。

（六）市场物价温和上涨

全年全省居民消费价格总水平上涨2.9%，涨幅比1-11月上升0.1个百分点，比上年上升3.3个百分点。其中，食品类价格上涨5.8%，医疗保健和个人用品类上涨3.2%，居住类上涨3.4%，烟酒及用品上涨1.5%，娱乐教育文化用品及服务类上涨0.2%，衣着类上涨0.9%，交通和通信类上涨0.2%，家庭设备用品及维修服务类上涨1.4%；食品类价格上涨较快，涨幅比上年提高5.3个百分点。

全年全省工业品出厂价格总水平上涨4.9%，涨幅与1-11月持平，比上年上升9.3个百分点。

全年全省原材料购进价格总水平上涨10.4%，涨幅比1-11月上升0.1个百分点，比上年上升16.8个百分点。

二、经济运行存在的突出问题

2010年，湖北经济发展呈现了平稳较快增长。实现了“十一五”规划的胜利收官。面对不进则退，慢进亦退的竞相发展局面，我们既要看到我省经济社会发展正处在“提档进速”的关键时期，有利条件较多，同时也应客观冷静看到制约湖北经济发展的不利因素。

1. 宏观经济运行持续增长的难度越来越大

从需求来看，政府投资明显放缓，投资持续高增长难以为继。消费扩张受收入水平、社会保障、消费环境等诸多因素影响，要成为经济增长的主要动力，还有一个较长的过程。出口在人民币升值的背景下难以保持高增长。从产业来看，随着投资放缓，我省传统支柱产业如钢铁、水泥等将会受到一定影响，而新兴产业从培育到壮大需要经历较长的阶段，服务业受制于产业发展阶段、消费水平等短期内难有大突破。从运行环境来看，由于通胀压力增大，金融信贷投放减缓，货币政策稳中趋紧；节能减排约束继续强化，能源保障偏紧，要素成本不断上升。宏观经济运行持续稳定增长的难度进一步加大。

2. 经营环境日趋复杂，企业成本上升压力加大一是价格剪刀差不断压缩企业利润空间。全年全省工业品出厂价格同比上涨 4.9%，而同期原材料、燃料和动力购进价格上涨 10.4%，工业品价格"剪刀差"达 5.5 个百分点，"高进低出"现象依然严重。全省工业企业主营业务成本增速持续快于主营业务收入，导致企业利润增速逐月放缓。1—11 月全省规模以上工业实现主营业务收入同比增长 44.1%，增幅慢于同期主营业务成本增幅 0.8 个百分点。二是用工成本上升，部分企业用工难。2010 年在东部沿海地区务工和在本地务工月收入均比上年增加了 200 元。部分地区和企业出现结构性、阶段性的"招工难"现象。三是中小企业融资成本和用资成本不断加大。近年来中小企业融资难问题仍没有得到实质性改善。2010 年央行 2 次加息，6 次上调存款准备金率。新年伊始不足 1 月，央行即出手紧缩。从 2011 年 1 月 20 日起，央行再次上调存款类金融机构人民币存款准备金率 0.5 个百分点。这是央行年内首次也是在最近三个月内第四次上调存款准备金率。如果就此步入加息周期，中小企业融资成本和用资成本将持续增加。

3. 通胀预期有所增强，推动价格上涨的因素依然较多

2010 年全省居民消费价格上涨 2.9%，涨幅较上年高出 3.3 个百分点，其中城市上涨 2.8%，农村上涨 3.1%。推动价格上涨的因素依然较多。一是食品价格年内仍可能保持较高涨幅。2010 年下半年以来粮食价格保持两位数涨幅，12 月高达 17.5%，未来数月粮价仍有可能维持高位。二是资源产品价格改革的影响。近期资源性产品价格和环保收费改革，将直接或间接推高价格总水平。三是上游产品价格上涨的传导作用将逐渐显现。全年能源、原材料、动力购进价格摆脱上年负增长后持续攀升，从 2 月份开始保持 10% 以上的涨幅。原材料价格的持续攀升将会通过对工业品出厂价格的传导最终推动居民消费价格的上涨。此外，劳动力成本持续刚性上涨也是推动价格上涨不可忽视的力量。

4. 结构调整依然艰巨，资源环境承载压力加大

湖北服务业比重较低已成为"十一五"以来存在的重要问题。经过近年来的发展，三产比重从 2006 年的 40.8% 降至 2010 年的 37.3%。湖北新兴产业、高端产业、品牌企业规模还比较小。原始创新和集成创新偏少，科技综合实力有待提升。在当前经济发展与土地、劳动力、能源等要素短缺和原材料价格上升的矛盾加剧的情况下，资源环境承载压力继续加大。一方面节能减排的硬约束将继续强化，越来越有限的环境承载能力难以支撑经济的持续高增长。另一方面人民群众对环境质量要求逐步提高，环境损害成本将进一步提高，一些项目将难以实施。

5. 收入分配结构不合理的深层次问题未能得到根本解决

我省城乡居民收入增速远低于同期财政收入和企业利润增速。全年城镇居民人均可支配收入和农村居民的人均纯收入增速（11.8% 和 15.8%）仅为同期地方财政收入（25.1%）的一半左右，不到规模以上工业企业利润增速（1-11 月份增长 71.1%）的四分之一。扣除物价因素之后城乡居民收入的实际增速分别为 8.8% 和 12.3%，也分别低于同期地区生产总值增速 6.1 个和 2.6 个百分点。居民收入相对增长较慢影响民生改善，也使消费持续快速增长缺乏有效支撑。

这些长期积累的结构性、素质性等深层次矛盾和问题与当前经济运行中的新的矛盾和问题相互交织，影响全省经济的健康发展。

三、2011 年经济形势展望及调控建议

（一）2011 年形势展望

2011 年是实施"十二五"规划的第一年，湖北经济社会发展也正处于转型升级的关键时期，不确定的因素仍然很多。综合分析国际及国内经济发展环境，结合中央宏观调控政策取向以及"十二五"规划目标，预计 2011 年全省主要经济指标增速有可能低于 2010 年，整体经济将保持平稳健康运行态势。

从产业看，2011 年在国家政策利好的预期下，如果气候正常，农业生产还会保持稳定增长

势头，全年农业生产将实现较快增长；随着新引进和改扩建的一批项目建成投产发挥效益，战略性新兴产业规划的逐步启动，预计2011年全省工业经济仍将持续增长，但在全球经济复苏仍然脆弱、国家宏观调控政策趋紧以及企业生产要素成本上升、资源环境约束增强等因素的影响下，增幅将有所放缓。从需求看，投资将在全省加快工业化、城市化发展进程，加大内外资招商力度，以及6140亿元结转项目的带动下，仍将保持一定的增长态势，但同时在基数不断加大、中央投资持续下滑、新开工项目下降和房地产调控新政的影响下，增幅将比2010年有所回落；消费在国家扩大内需政策影响下，已经越来越成为拉动经济的重要力量，预计2011年全省消费市场仍将保持稳定增长，但消费刺激政策效应不断弱化的情况下，速度将会略为放缓；外贸出口在2010年恢复性高增长之后，受制于人民币继续升值的压力和国际市场的较大不确定性，2011年将保持小幅增长的局面。

（二）调控建议

2011年，全省上下要积极贯彻落实党的十七届五中全会和省委九届九次会议精神，按照中央和全省经济工作会议的部署，以科学发展为主题，以转变经济发展方式为主线，着眼于“十二五”规划布局，着力解决经济运行中的突出矛盾和问题，努力巩固经济回升向好势头。

1. 加强监测，及时预警，搞好经济运行调节，防止出现大的波动。要认真贯彻落实各项宏观调控政策，密切关注宏观调控政策对湖北的传导影响，采取针对性措施尽早化解，防止出现大的波动。农业：进一步抓好新农村建设；继续调整农业结构，提高农产品的技术含量和附加值；加大农业基础设施建设力度。工业：持续加大对企业的服务力度，搞好煤电油运保障，努力缓解中小企业的资金紧张状况，继续帮助企业开拓市场。投资：做好后续项目尤其是亿元以上项目的储备和前期准备工作，加快在建项目的施工进度，强力推进重大项目尽快开工建设并尽快形成施工高潮。进一步拓宽建设资金融资渠道，激发民间投资热情，着力提高投资质量和效益，努力实现投资较快增长。

全国油菜基地（湖北省襄樊市统计局提供）

2. 切实转变经济发展方式，大力发展战略新兴产业和现代服务业。加快转变经济发展方式，是“十二五”时期经济工作的主线。要实现经济“跨越式”的发展，就要牢固树立可持续发展的理念，优化现有产业结构，增强高新技术的贡献率。一要大力调整优化结构。这是转变发展方式的主攻方向。一方面，要加快化工、建材、钢铁、机械制造等传统产业的改造升级步伐，促进产品升级换代，推动传统产业由弱向强转变。另一方面，要依托强势产品，加强产业链的谋划和建设，向上延伸更高附加值的产品，向下拉长相关配套产品，促进产业聚集，带动产业结构优化升级。二要加大科技创新力度。这是转变发展方式的重要支撑。建立以企业为主体、市场为导向、品牌为目标、产学研相结合的技术创新体系。着眼于传统优势产业的改造提升和新兴产业的培育，选择关键技术领域，进行重点攻关，开展技术创新。用高新技术改造主导产业，提升技术水平，大力发展战略新兴产业。大力实施名牌战略，鼓励支持企业争创名牌产品、驰名商标和著名商标。积极推进特色产业技术创新和现代服务业的大发展，增强区域经济发展动力。三要提高节能减排准入门槛。这是转变发展方式的重要抓手。突出抓好重点领域、重点企业的治理。完善落后产能退出机制，淘汰落后产能，同时还要着眼长远，大力发展新能源产业。

3. 进一步调整收入分配格局，努力提高居民收入，增强消费需求对经济增长的拉动作用。要加快调整国民收入分配结构，增加城乡居民收入，逐步提高居民收入在国民收入分配中的比重。进一步调整财政支出结构，加大财政对公共服务和社会保障的投入，增加对困难群体、弱势群体的支持，健全社会保障制度。通过提高居民收入来提高居民的消费能力，从而进一步扩大内需。在促进经济发展的同时，着力解决就业、教育、医疗、公共卫生、社会保障、安全生产等社会民生问题，注重优化配置公共服务资源，使优质公共服务资源进一步向农村基层、弱势群体覆盖。要把我省居民消费的升级转型过程与经济结构调整和转变经济发展方式的进程有机交织与融合，互为促进，形成良性互动。

4. 积极管理通胀预期，保持物价总水平基本稳定。密切关注粮油、生猪、禽蛋等与居民生活息息相关的市场物价变动情况。继续落实稳定价格优惠政策措施，完善补贴制度，确保供给。搞好价格的预测预警，进一步扩大监测的品种和范围，把重要农业生产资料、工业生产资料、建材和部分日常生活用品纳入监测的范围，提高监测的准确性、及时性和预见性。坚决打击囤积居奇，人为投机炒作，维护正常的价格秩序。

5. 坚持城乡统筹发展，推进城乡一体化进程。要把城乡一体化作为全省加快经济发展方式转变的重要抓手，让农民享受到与城镇居民同样的文明和实惠，最终实现城乡经济社会全面、快速、协调、可持续发展。一要提高体制机制创新水平，突出重点领域和关键环节改革，彻底破除城乡一体化发展的制度障碍。二要提高城乡统筹规划水平，将城市带动农村和农村融入城市有机结合起来，做到规划共绘、设施共建、产业共兴、市场共盈、服务共享。三要提高现代农业发展水平，强化现代农业在国民经济体系中的基础性地位。四要通过产业经济的发展带动城镇化建设，提升中小城镇的承载能力，使中小城镇逐渐成为吸纳农民进城的主渠道。

（撰稿人：毛凤藻 湖北省统计局局长）

丹江水库小太平洋（十堰市统计局提供）

湖南省经济社会发展报告

2010年，面对复杂多变的形势和挑战，湖南省委、省政府领导全省人民深入贯彻落实科学发展观和中央各项决策部署，大力推进“四化两型”建设，有效巩固和扩大了经济总体向好的势头。做好2011年的经济工作，为“十二五”发展开好局，有许多有利条件，也面临一些新旧问题，必须抢抓重要战略机遇期，加快结构调整和发展方式转变，保持经济平稳较快发展，促进社会和谐稳定。

一、全年回顾：经济总体向好的势头得到有效巩固

（一）经济增长已基本恢复“危机”冲击前的较高水平，经济实力再上新的台阶

2010年一季度、上半年和前三季度湖南省地区生产总值同比分别增长13.6%、15.1%和14.8%。尽管因上年同期基数走高、本年节能降耗、粮食减产等因素，下半年增速有所减缓，但全年增速仍达到14.5%，连续6个季度保持13%以上的增速，高于国际金融危机冲击较重的2008年、2009年分别增长13.9%和13.7%的水平，接近2007年增长15%的幅度，是改革开放以来第3个增长最快的年份（见图1）。与经济增长密切相关的一些同步指标均呈较快增长态势，如：2010年，全社会用电量、货物周转量、财政总收入分别增长16.0%、16.3%和23.3%，同比提高5.8个、10.7个和8.8个百分点。从总量指标看，2010年，湖南省地区生产总值突破15000亿元，达到15902.12亿元；地方财政收入突破1000亿元，达到1065.96亿元。分市州看，郴州市的地区生产总值登上1000亿元台阶，加上往年已上此台阶的长沙、岳阳、常德、衡阳、株洲，全省过1000亿元的市达到6个。

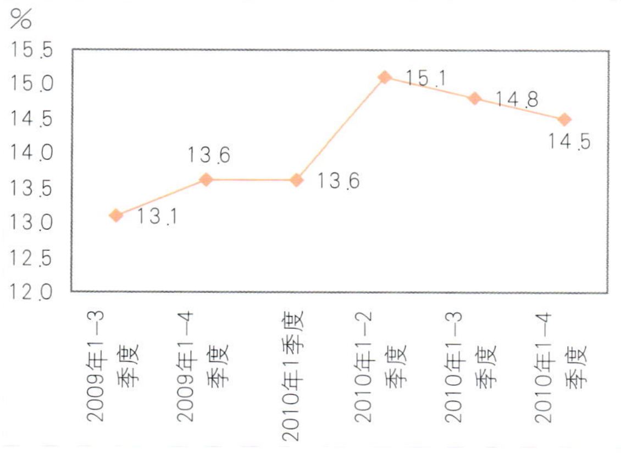

图1　2009前三季度至2010年四季度湖南省GDP增速

（二）结构调整进入了提速阶段，新的发展动力不断增强

一是工业的推动力持续提升。2010年，湖南省第一、二、三次产业增加值分别增长4.3%、20.2%和11.5%，对经济增长的贡献率分别为3.5%、62.3%和34.2%（见图2）。其中，工业增加值的贡献率在上年已达到50.3%的较高水平上，又提升到56.1%；工业增加值占全省地区生产总值的比重提高到39.5%，刷新了历史新高，与全国平均水平的差距由2005年的8.5个百分点，缩小到0.7个百分点。工业内部结构也进一步向好。全省规模工业完成增加值5890.29亿元，增长23.4%，同比提高2.9个百分点。其中，高加工度工业增加值增长33.5%，高技术产业增加值增长30.9%，分别比规模工业平均增速高10.1个和7.5个百分点；占规模工业增加值的比重分别达32.0%和4.6%，同比提高1.9个和0.2个百分点。二是新兴服务业发展向好。2010年，湖南省旅游总收入达到1425.80亿元，增长29.7%。全省限额以上服务业实现收入8374.49亿元，增长22.5%。其中，新兴服务业中的仓储业、租赁和商务服务业、房地产中介业、广播电视电影

和音像服务业分别增长66.8%、24.5%、23.0 %和50.4%，发展势头强劲。三是高新产品开发不断加快。2010年，湖南省高新技术产业增加值1951.08亿元，增长36.4%，同比提高11.7个百分点；高新技术产业增加值占地区生产总值的比重为12.3%，同比提高1.4个百分点。全省规模工业完成新产品产值2489.70亿元，增长41.3 %，占规模工业总产值的比重达13.2 %，同比提高2.8个百分点。四是需求的拉动趋向协调。2010年，除投资、消费保持较快增长外，湖南省出口也快速回升。湖南省投资、消费、净出口对经济增长的贡献率分别为56.8%、46.3%和-3.1%，与上年的64.0%、40.2%和-4.2%相比，相对协调合理一些。全省完成固定资产投资9821.06亿元，增长27.6%。其中，城镇投资8775.51亿元，增长27.5%。全省实现社会消费品零售总额5775.26亿元，增长19.1%。居民消费正沿着由“吃、穿”向“住、行、乐”方向升级。全省出口总额达到79.55亿美元，增长44.8%。但出口额与金融危机冲击初期的2008年同期水平相比，尚有一定差距。五是非公有制经济继续壮大。2010年，湖南省非国有投资6498.75亿元，增长36.2%，比国有投资快22.6个百分点；占全社会固定资产投资的比重为66.2%，对全省投资增长的贡献率达81.2%。全省非公有制经济实现增加值8936.75亿元，占全省地区生产总值的比重达56.2%，同比提高 0.7个百分点；非公有制工业实现增加值4123.72亿元，增长24.0%，增速比全省非公有制经济快8.2个百分点。

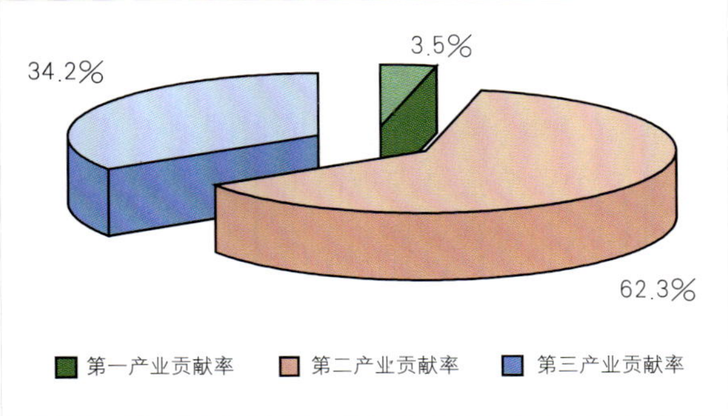

图2 2010年湖南省三次产业对经济增长的贡献率

（三）投资建设保持平稳较快，发展基础得到新的巩固

一是大批项目建成投产。12月末，湖南省施工项目达 2.27 万个，增长19.8%。新开工项目计划总投资7564.69亿元，增长27.2%。2010年，全省已投产项目1.24万个，增长26.0%；房屋施工面积2.18亿平方米，增长12.8%；新增固定资产4455.52亿元，增长24.7%。二是基础设施正在加快建设。2010年，湖南省完成基础设施投资2485.67亿元，增长15.4%。其中，水利、环境和公共设施管理业完成投资941.85亿元，增长18.6%。新开工高速公路9条，长株、宜凤、衡邵等高速公路建成通车，高速公路通车里程达2386公里，比上年增加160公里。三是制造业得到重点支持。从制造业投资看，2010年，湖南省制造业投资2877.04亿元，增长33.8％，占城镇固定资产投资的比重达32.8%，同比提高1.6个百分点。其中，家具制造业投资增长122.4%，通信设备、计算机及其他电子设备制造业投资增长1倍以上。四是技术改造投资力度加大。2010年，湖南省高新技术产业投资247.35亿元，技术改造投资 3052.88亿元，占城镇固定资产投资的比重分别达2.8%和 34.8%，同比提高0.5个和1.2个百分点。

（四）经济效益继续向好，运行质量有新的提升

一是财政收入增势较好。2010年，湖南省财政总收入1862.88亿元，增长23.3%，同比提高8.6个百分点。其中，地方财政收入1065.96亿元，增长25.8%，同比提高8.9个百分点。从地方财政收入项目来看，非税收入336.53亿元，增长20.5%；税收收入729.43亿元，增长28.4%，比非税收入增速高7.9个百分点，收入结构进一步改善。二是企业效益明显提高。2010年，湖南省规模工业企业主营业务收入18104.44亿元，增长40.0%，同比提高21.3个百分点；盈亏相抵后实现利润855.49亿元，增长46.1%。全省38个大类行业全部实现盈利，其中35个行业利润同比增长。截至12月底，规模工业企业亏损面为

5.8%，同比下降3.6个百分点。亏损企业累计亏损63.91亿元，同比减少11.3%。全省规模工业产销率为98.6%。三是节能降耗目标有望完成。2010年，特别是下半年以来节能降耗工作力度加大，湖南省单位GDP能耗由一季度上升1.33%转为上半年下降0.72%、前三季度下降2.4%。其中，万元规模工业增加值能耗下降11.9%，六大高耗能行业单位增加值能耗下降11.4%。“十一五”全省单位GDP能耗降低20%的目标基本完成。四是内联外引成效明显。2010年，湖南省实际利用外商直接投资51.84亿美元，增长12.8%；利用内资1733.13亿元，增长20.1%，同比提高2.8个百分点。

（五）为民办实事工作不断推进，社会事业取得新的发展

一是就业有增加。2010年，湖南省新增城镇就业人员70.83万人，城镇零就业家庭就业援助保持动态清零。二是收入有增长。据国家统计局湖南调查总队调查，2010年，湖南省城镇居民人均可支配收入16566元，增长9.8%；农民人均纯收入5622元，增长14.5%。三是消费有提升。2010年，湖南省社会消费品零售总额同比增长达到19.1%。住房、家电、汽车、奢侈品、文化、旅游等消费保持旺势，相关行业的销售额和营业额增长均大大快于社会消费品零售总额的增速。四是住房有改善。2010年，湖南省商品房销售额和销售面积分别达到1406.52亿元和4472.97万平方米，增长49.4%和27.3%。全省用于民生工程的投资达364.39亿元。新增廉租住房10.9万套，支持农村危房改造44386户。五是社保有加强。2010年，湖南省城镇居民基本医疗保险住院医疗费补偿率达54.4%，新型农村合作医疗住院医疗费补偿率达65.6%；城市低保对象月人均补助155元，农村低保对象月人均补助55元。六是环境有优化。2010年，湖南省民生工程覆盖面扩大到28项，社会保障与就业、城乡社区事务、医疗卫生、住房保障等重点民生建设合计投入财政资金835.09亿元，占财政支出的比重为30.9%，同比提高0.4个百分点。全省解决农村314.19万人的饮水不安全问题，新建乡镇到村水泥（沥青）路13546公里，改扩建乡镇敬老院186所，新增通电话自然村1494个，8100家农家书屋全部竣工，各项为民办实事的年度目标任务有望全面完成。

客观分析，2010年以来经济运行中新出现的一些较突出问题有：一是经济高耗能行业一度快速反弹，节能降耗形势严峻；二是粮食受灾有所减产，农民增产增收基础不够牢固；三是原材料和食品等价格逐步攀升，影响部分企业经营和低收入阶层居民生活。

二、2011年展望：保增长、调结构、管通胀，决定经济发展的基本走势

根据中央经济工作会议的精神，综合国内外有关分析预测，以及湖南省经济社会发展的阶段性特征和情况，我们对2011年湖南省经济发展的基本走势判断如下：

（一）经济增长速度可能进一步回调，但仍有望保持平稳较快

一是世界经济有望继续恢复增长。虽然从2010年二季度开始，受美、日等发达国家经济增速下滑的影响，世界经济复苏放缓，并且这一势头还可能延续，但已基本排除第二次探底的可能。国际货币基金组织预测2011年世界经济增长4.2%，明显高于2008年增长3.0%和2009年下降0.6%的情况。世界经济继续恢复增长，有利于我国扩大出口和引进外资。二是中央仍有“保增长”的要求。2010年以来，全国经济增速逐季减缓，从一季度的11.9%，回落到第四季度的10.3%。并且，由于此轮房地产调控可能会继续对经济产生下行压力，清理地方融资平台会使地方政府投资放缓，实现节能减排目标也会对高耗能行业产生一定的抑制作用，2010年年内连续6次提高法定存款准备金率还使得信贷收缩，预计2011年经济增速仍会继续回落。中央经济工作会议强调了“把稳定价格总水平放在更加突出的位置”。但是，也强调了“要巩固和扩大应对国

际金融危机冲击成果，保持经济平稳较快发展，促进社会和谐稳定”，并明确了2011年经济增长的目标。各界普遍的判断是，我国经济出现深度回调的可能性不大，2011年乃至“十二五”时期，仍将保持8-9%左右的增速。其中，国际货币基金组织预计，2011年增长9.6%。三是湖南省发展的潜力和空间依然较大。湖南省土地面积、人口数量分别居全国第10、第7位。2010年人均GDP有望达3400美元左右，按照国际经验和湖南省的实际判断，正处于经济结构快速转换和升级的历史阶段，投资建设和消费升级的空间很大，正是新型工业化、新型城镇化、农业现代化、信息化加速推进，以及资源节约型、环境友好型社会建设迅速展开的重要战略机遇期。预计2011年，全省经济增速力争稳定在10%左右是有可能的。

（二）经济结构调整势必进一步加快，但实现转型发展的任务繁重

金融危机冲击后，世界经济结构已进入了新的一轮调整期。中央要求，坚持把经济结构战略性调整作为加快转变经济发展方式的主攻方向。事实上，各地已经在把加快结构调整，作为破解资源环境制约、抢抓新一轮发展机遇的途径。但湖南省由于历史和资源的原因，转变发展方式的难度很大。一是产业结构“高低”转换难。“高”是高耗能行业比重较高。2010年，湖南省规模工业中六大高耗能行业增加值占规模工业增加值的比重达34.9%。“低”是附加值高、能耗少的行业比重低。如，在规模工业中，高新技术含量较高的医药制造业、通信设备、计算机及其他电子设备制造业所占比重仅为1.9%和1.7%。高耗能产业比重高导致能源消耗大。2009年，湖南单位GDP能耗水平比全国高11.6%，分别为广东的1.76倍、江苏的1.58倍。而湖南省无油无气缺煤，能源对外依存度超过40%，能源供需矛盾比较突出。二是发展对投资的依赖大。2006-2010年，投资对湖南省经济增长的年均贡献率达到58.0%，年均拉动经济增长8.1个百分点。2010年，全省投资率为53.4%，比2005年提高14.3个百分点；消费率为49.3%，则比2005年降低11.7个百分点；出口规模历来偏小，2010年全省出口额仅为全国的0.5%。投资的主导地位短期内难以撼动。三是科技创新投入不足。2009年，湖南省研究与试验发展（R&D）支出为153.5亿元，投入强度为1.18%，低于全国平均1.7%的水平。从科技进步统计监测相关指数来看，2009年，全省综合科技进步水平指数为44.22%，比全国平均水平低12.77个百分点；全省科技促进经济社会发展指数为56.11%，比全国平均水平低6.54个百分点。

（三）管理通胀预期的力度有望进一步加大，但国际因素的影响可能引发经济动荡

2010年，全国CPI同比上涨3.3 %，其中，12月份上涨4.6%。湖南省居民消费价格总水平逐月的同比涨幅分别为0.6%、2.1%、2.1%、2.7%、3.1%、3.3%、3.5%、3.4%、3.5%、4.0% 、4.6%和4.6%，呈不断上升之势，累计上涨3.1%，同比多上涨3.5个百分点。当前，资源价格改革正在有序推进，国际大宗商品价格上涨势头短期内也难以出现逆转，通胀预期明显上升，影响企业生产和居民生活。基于管理通胀的考虑，2011年国家货币政策由“适度宽松”转为“稳健”，就是要管理通胀预期，但也将减少新增贷款额度，很可能进一步引起经济增长下滑。况且，管理通货膨胀预期能否成功，还将受到国际多重不确定、不稳定因素的影响。一是国际市场大宗产品价格高位振荡。截止到2010年12月下旬，全球小麦价格已经上涨41.5%，玉米上涨39.6%，大豆上涨30.7%。2010年12月14日，布伦特原油价格为每桶91.21美元，比2009年均价上涨45.5%。国际三大港口动力煤价格指数全面回升，南非理查德港、欧洲三港和澳大利亚纽卡斯尔港口动力煤价格分别比2010年年初上涨32.9%、39.2%和31.3%。二是各种贸易保护主义措施不断出台。国际上，有人以“全球经济再平衡”为借口，加大贸易投资保护力度，逼迫人民币升值，贸易摩擦和国际产业竞争加剧。在碳排放方面，美国、欧盟等发达国家采取道义指责、政治施压

以及设置低碳贸易门槛等保护主义措施，不利扩大出口。三是美国新的量化宽松货币政策给世界经济复苏蒙上阴影。2010 年 11 月 3 日，美联储正式宣布启动第二阶段量化宽松货币政策，在未来 8 个月内购买 6000 亿美元长期国债，这是美联储自 2008 年 12 月以来采取资产购买行动用以刺激经济之后的又一举措，以期加快疲软的美国经济增长步伐。这一政策进一步推动美元流动性过度泛滥和币值走弱，加剧全球通胀预期和资产泡沫化。反过来，各国为管理通胀预期而收紧货币政策，则又可能导致经济增长下滑。IMF、世界银行、经合组织均已纷纷调低 2011 年发达国家和全球经济增长预期。如：国际货币基金组织 2011 年增长 4.2%，增速回落 0.6 个百分点；联合国则预计 2011 年世界经济增速将从 2010 年的 3.6% 下滑到的 3.1%。

三、宏观建议：紧紧围绕中央精神，结合湖南实际，走好平稳较快发展之路

按照中央经济工作会议精神，2011 年经济社会发展的各项工作都要紧紧围绕科学发展这个主题和加快转变经济发展方式这条主线。湖南省是后发地区，发展不足和发展不优的矛盾十分突出，宜在加快发展的基础上实现转型，在扩大总量的基础上提升质量，坚定不移地走好平稳较快发展之路。

（一）强力扩大内外需求，增强发展动力

一是狠抓投资推动。历史经验表明：每次五年规划开局之时，各地都争着“大干快上”。2011 年中央经济工作会议要求，“坚决防止借‘十二五’时期开局盲目铺摊子、上项目”，主要是着眼于管理通胀，降低资源环境消耗。但湖南省面临的却是投资还不足的问题。2009 年，湖南省人均城镇固定资产投资 10740 元；重大项目投资贡献率一直徘徊在 30% 左右，低于全国 50% 以上的平均水平。当前湖南省要加快发展，关键还是要抓投资建设上水平。据测算，2011 年湖南省经济要增长 10%，全社会固定资产投资需达到 12000 亿元左右，比 2010 年增加 2000 亿元以上，需金融机构贷款总额增长 17% 左右。应全力推进“三个一”的基本构想，即：在“十二五”期间累计完成 10 万亿投资总量，组织实施 100 项重大工程，加快推进 1000 个重大项目。2011 年是“十二五”的开局之年，宜及早谋划和实施。在国家货币政策转向稳健、信贷回归常态的情况下，投资建设资金更需要通过多渠道解决，包括：争取国家更多的支持，放宽民间投融资渠道，加强招商引资工作，努力承接产业转移。二是狠抓消费拉动。2009 年，湖南省人均社会消费品零售额为 7686 元，水平偏低，且农村居民消费水平与城镇居民消费水平相差约 3.1 倍。据测算，2011 年湖南省经济增长 10%，要求社会消费品零售总额相应增长 15% 左右。中央要求“重点提升居民消费能力、改善居民消费条件、培育新的消费热点”。并指出“要研究制定收入分配方案，努力扭转收入差距扩大趋势”。应及早研究政策机遇，结合各项民生工程，抓紧谋划和出台促进消费的工作方案。三是狠抓出口带动。湖南省外贸依存度仅为 7% 左右，比全国平均水平低近 60 个百分点，且以附加值低的低端产品为主。2010 年，湖南省附加值较高的机电产品占出口总额的比重为 34.0%，比全国平均水平低 25.2 个百分点。努力扩大出口，是一条需要下大功夫拉长的“短腿”。根据中央精神，针对日益严峻的国际贸易保护和反倾销，2011 年要注意坚持出口和进口并重、吸收外资和对外投资并重。在提高出口产品的技术含量和附加值，优化出口产品结构的同时，抓住人民币升值的时机，发挥进口对经济结构调整的重要作用，提高出口产品竞争力，以进口促出口。

（二）扎实调整经济结构，增强发展能力

一是强力推进新型工业化，整体提升工业竞争力。湖南历史上工业结构的突出特点是重化工业和传统工业比重大。要实现结构优化升级，现阶段必须做好传统产业与新兴产业的共同发展。一方面，要切实强化企业在技术创新中的主体地位，推进产学研紧密结合，扎实发展战略性新兴

产业。另一方面，要加快改造提升传统制造业，培育一批适应市场需要、拥有核心技术、重视创新、机制灵活的优势企业和产业，提高产业集中度。二是着力发展现代农业，促进农业提质增效。根据中央精神，做好 2011 年的“三农”工作，有利的政策机遇很多。可重点抢抓好其中的三条：其一，确保农产品有效供给。通过抓“米袋子”、“菜篮子”供应，稳定物价，并进一步优化和提高湖南省粮食、生猪、蔬菜、水产品等大宗农产品的生产能力。其二，加强农村基础设施建设。中央要求“加大对农村水利、电网和危房改造、环境整治投入力度，继续推进农村公路、沼气建设；把水利作为农村基础设施建设的重点，多方筹集资金，切实增加投入”。湖南省将受益较大，十分有利于增强农业、农村抗击自然灾害的能力。其三，加快转变农业发展方式。切实推进农业产业化进程，配套的农产品加工业、服务业都还存在较大的发展空间。三是加快发展服务业，全面提升产业结构层次。2010 年，湖南省服务业增加值占 GDP 的比重为 39.3%，低于全国平均水平 3.7 个百分点，与国际公认的服务型经济国家水平（服务业增加值占 GDP 的 60% 以上）尚有很大差距。中央要求 2011 年“加快壮大服务业规模，全面提高服务业特别是现代服务业发展水平”；“推动文化产业成为国民经济支柱性产业”；“完善基本公共服务”。这些新的提法，预示着现代服务业发展将迎来更好的发展机遇，湖南省要加快促进服务业上规模、上层次、上水平。

（三）坚持推进新型城镇化，努力提高城镇综合承载能力

2009 年，湖南省城镇化率达 43.2%，仍比全国平均水平低 3.4 个百分点。据测算，城镇化每提高 1 个百分点，可直接拉动消费增长 1.5 个百分点；每增加 1 个城镇人口，可带动 10 万元建设投资。城镇化是加快经济结构调整，保持经济平稳较快发展的重要引擎，必须大力推进新型城镇化。在城镇化问题上，中央要求“形成基本公共服务和基础设施一体化、网络化发展的城镇化新格局”。为此，要科学规划，合理确定城乡空间结构、产业布局、功能区划以及城市发展规模和建设速度，特别是推进长株潭“两型社会”综合配套改革试验区建设，尽早建成全国有影响力的城市群。同时，抓好县级市和以县城为重点的小城镇发展，推动大中小城市和小城镇协调发展。并注意在工业化、城镇化推进过程中，要始终把加强生态环境保护放在首位，注重人与自然和谐，发挥好山水优势，做好生态文章。解决好市容环境、交通秩序、社会治安等问题，创新城市管理方式，防止城市快速发展产生“城市病”。

（四）继续加快改善民生，促进社会和谐稳定

中央要求，2011 年在改善民生上要扎扎实实办七件事。安排的重点包括：加强教育重点领域建设；加快构建覆盖城乡的公共文化服务体系；实施积极的就业政策；建设覆盖城乡居民的社会保障体系；扎实推进医药卫生体制五项重点改革；加快推进住房保障体系建设；加强和改进新形势下群众工作。这些工作的落实过程，既是改善民生的过程，也是创造需求，拉动供给增长的过程。湖南省宜从稳定社会和推动经济长远发展的大局来谋划，及时注意抓好配套投资、产业、市场的发展，在扩大就业、公平分配、稳定物价、住房保障等方面，让人民群众得到更多实惠。

（撰稿人：张世平 湖南省统计局党组书记、局长）

广东省经济社会发展报告

2010年，面对复杂的国内外经济环境，广东省委、省政府深入贯彻落实科学发展观，全面实施珠三角《规划纲要》，坚持调结构促转型谋发展，抓统筹惠民生保稳定。广东宏观经济运行已经成功摆脱国际金融危机的负面冲击，回归正常轨道，内外需动力相对均衡，内生动力稳中趋强，社会民生进一步改善；下一阶段需关注通胀压力增强、企业生产成本上升、转型升级和增长方式转变的任务仍较艰巨等问题。2011年，广东各项促进经济发展的政策措施效应进一步显现，世界经济走势总体回升但是仍充满变数，中央宏观经济政策稳中偏紧，预计全年经济走势继续保持平稳增长。

2010年经济运行情况

一、整体运行回归正常增长轨道

经国家统计局核定，2010年，广东实现地区生产总值45472.83亿元，比“十一五”目标高6898亿元（按2005年价测算），经济总量连续22年居全国首位；按可比价格计算，同比增长12.2%，增幅提高2.5个百分点，比全年预期目标高3.2个百分点（见图1）。第一、二、三产业分别完成增加值2286.86亿元、22918.07亿元和20267.90亿元，同比增长4.4%、14.5%和10.1%。产业结构呈螺旋式上升，三次产业结构为5.0：50.4：44.6，第三产业比重虽然比2009年低1.1个百分点，但比2008年提高0.3个百分点。

从规模以上工业增加值、全社会固定资产投资、社会消费品零售总额、出口、地方财政一般预算收入等主要经济指标的增长态势看，一季度增速均在16%以上；二季度在国内外宏观环境有所变化和去年同比基数抬高的影响下，增速略有回调；第三季度主要经济指标出现明显回升，阻止了年中经济减速下滑；第四季度延续并巩固三季度以来的良好态势。

从横向对比看，主要指标增势有所加强。广东全年GDP增速居全国第24位，比上半年提

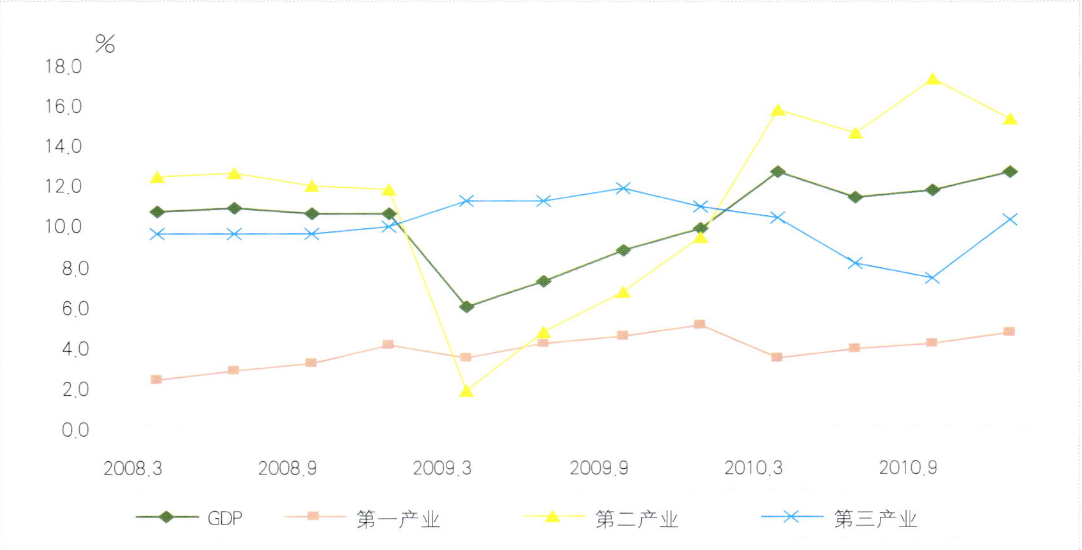

图1　2008—2010年广东GDP逐季累计增速曲线图

表 1 2010 年上半年以及全年粤鲁苏浙沪主要经济指标增长情况表

单位：%

	广东		江苏		山东		浙江		上海	
	上半年	全年	上半年	全年	上半年	全年	上半年	全年	上半年	全年
GDP 增速	11.2	12.2	13.2	12.6	13.6	12.5	11.7	11.8	12.7	9.9
规模以上工业增加值	15.9	16.8	18.6	16.0	18.6	15.0	18.8	16.2	23.3	18.4
城镇以上固定资产投资	22.5	23.2	23.0	22.1	20.8	22.1	14.1	14.4	−2.0	0.3
社会消费品零售总额	17.1	17.3	18.4	18.7	18.6	18.6	19.0	19.0	17.5	17.5
出口总额	27.5	26.3	44.4	35.8	34.0	31.1	39.7	35.7	33.5	27.5
实际利用外商直接投资	0.6	2.6	9.9	18.2	22.0	13.7	8.3	13.7	4.6	5.3
地方财政一般预算收入	21.5	23.8	26.4	26.4	25.3	25.1	29.7	21.7	23.3	13.1

注：广东规模以上工业增加值用国家统计局的反馈数据。

升 4 位。全年广东 GDP 总量比居第二位的江苏多 4569.49 亿元，增幅差距从上半年的低 2 个百分点缩小到 0.4 个百分点。与上半年相比，广东全年的规模以上工业增加值、城镇以上固定资产投资增速在粤鲁苏浙沪中领先。（见表 1）

二、“三驾马车”动力相对均衡

从拉动经济增长的三大动力看，国际金融危机中内外需失衡的局面有所改善。2010 年全社会固定资产投资、社会消费品零售总额和出口额分别从 2009 年增长 19.5%、16.3%、下降 11.5% 变为 20.7%、17.3% 和 26.3%，出口扭转下降态势。

（一）投资增长平稳较快

2010 年，广东全社会固定资产投资每月增速均在 19% 以上，与全国的差距由上年的 10.5 个百分点缩小到 3.1 个百分点。全年完成全社会固定资产投资 16113.19 亿元，增长 20.7%（见图 2）。农业投资保持高速增长，制造业投资重新活跃。第一产业投资自上半年以来增速一直保持在 40% 以上。第二产业投资中，工业投资 5204.29 亿元，增长 17.2%。其中：制造业投资 3788.78 亿元，增长 22.0%，同比提高 20.3 个百

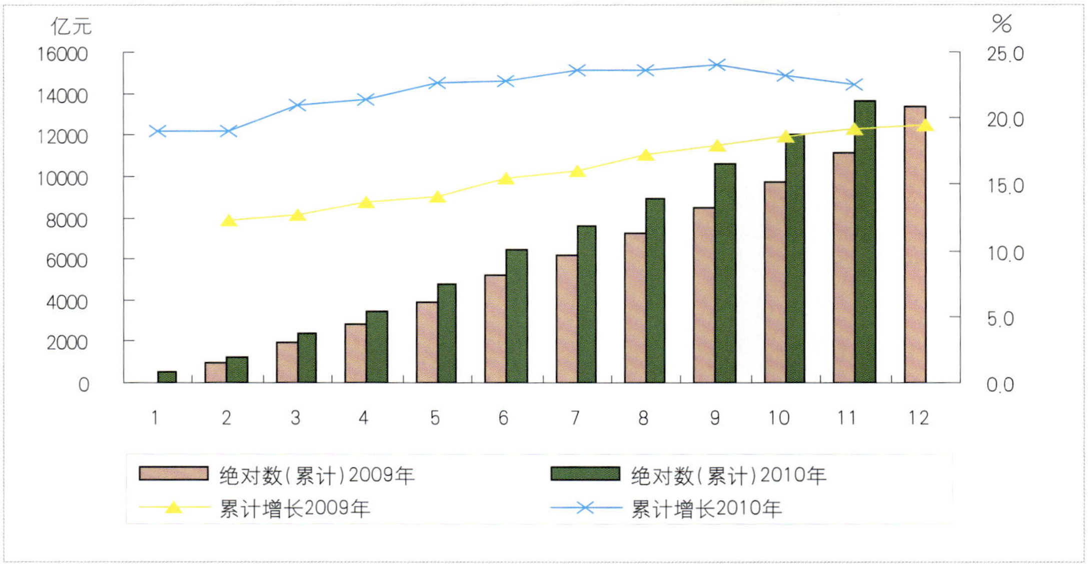

图 2 全社会固定资产投资额及增长速度曲线图

分点；高技术产业投资增长36.9%。电力、燃气及水的生产和供应业投资增幅则回落54个百分点。第三产业投资突破万亿，达10696.44亿元，金融业、科研技术服务和地质勘查业投资分别增长76.9%、46.8%。虽然受亚运场馆项目完工影响，城市建设投资在第四季度增幅回落，但全年仍增长40.3%。房地产开发投资3659.69亿元，增长23.6%，增幅比上半年回落9.2个百分点。房地产企业用于土地购置费用大幅增长35.3%，增幅同比提高37.2个百分点，拉动房地产开发投资增长5.6个百分点。政府加大保障性住房建设力度，经济适用房完成投资24.66亿元，增长55.9%。

（二）消费增长保持强劲

在汽车、家电、家具、旅游等消费热点带动下，居民自主消费动力较强，全年每季的社会消费品零售总额增速均在17%以上。2010年实现社会消费品零售总额17414.66亿元，增长17.3%，扣除价格因素，实际增长13.6%。其中城市市场增长17.5%，增幅同比提高1.4个百分点，比农村市场高1.5个百分点。在应对危机过程中，消费刺激政策效果显著，家电下乡和家电“以旧换新”取得良好成效，销售量分别是上年的2.45倍、9.31倍。限额以上企业商品零售额6419.40亿元，增长28.7%。热点消费快速增长，其中汽车类增长36.3%、石油及制品类增长30.2%、家具类增长30.3%、家用电器和音像器材类增长31.8%、中西药品类增长26.9%。汽车类销售拉动限额以上批发零售贸易业企业零售额增长11.1个百分点。广东积极开展“产品全国行”，在外省建立广东商品销售基地，全年工业内销产品完成销售产值58177.21亿元，同比增长29.5%，增幅比出口交货值高4.9个百分点。内外销产品销售产值的比例由上年同期的67.6：32.4转变为68.5:31.5，内销比重提高近1个百分点。

（三）进出口明显好于预期

2010年广东进出口总值低开高走，下半年屡创单月历史新高，进出口规模全面超过2008年。12月份进口、出口规模分别达325.8亿美元和471.1亿美元。全年累计实现外贸进出口总额7846.6亿美元，增长28.4%，占全国进出口总值的26.4%。其中：出口4532.0亿美元，增长26.3%；进口3314.6亿美元，增长31.5%。进出口、出口、进口总额分别比2008年增长14.8%、12.1%和18.7%。贸易结构有所改善，一般贸易出口和加工贸易出口为2755.71亿美元、1492.28亿美元，分别增长23.5%和35.9%，两者占出口总额比重由上年同期的30.6：62.2转为32.9：60.8。广东在保持传统市场的同时，积极开拓新兴市场。对美国和欧盟出口分别增长21.8%和23.6%；对巴西、俄罗斯和墨西哥出口分别增长68.4%、84.2%和49.3%，增速居各出口市场前列。在经历了2009年负增长的洗礼后，2010年广东机电产品和高新技术产品出口分别增长26.2%、25.8%。主要传统劳动密集型产品保持平稳较好增势，服装及衣着附件出口增长23.1%，家具、鞋类、箱包和玩具出口分别增长35.8%、24.2%、24.1%和29.7%。

三、社会总供给能力增强

2010年，广东农业生产保持稳定，工业生产摆脱国际金融危机影响，走上正常的轨道，服务业发展水平不断提升。

（一）农业农村经济平稳发展

粮食播种面积、产量均超额完成全省下达的计划目标任务。2010年，广东努力克服灾害性天气的不利影响，加大农业生产补贴力度，全力抓好农业生产。全年人均种粮直接补贴收入44.7元，增长18.7%。经国家统计局核定：2010年广东粮食播种面积同比下降0.3%；亩产346.6公斤，增加1.4公斤；粮食总产量1316.5万吨，增长0.2%。园林水果量增价涨，预计全年全省园林水果产量同比增长9.8%；据国家统计局广东调查总队调查数据，2010年全省水果价格上涨13.1%。畜牧业平稳发展，从第三季度开始，畜禽价格回升，畜牧生产呈现恢复性增长，扭亏增盈，全年生猪出栏增长3.6%，肉类总产量增长2.8%。渔业稳步发展，全省水产品产量同比增长3.9%。

（二）工业生产恢复到正常轨道

2010年广东规模以上工业完成增加值超两万亿，达20063.62亿元，增长16.8%，增幅同比提高7.9个百分点，工业对经济增长的贡献率由上年的45.2%提高到59.9%，增长速度和贡献率回到2008年上半年国际金融危机影响前的较快发展水平；两者数据表明国际金融危机对工业经济的负面影响已基本化解，广东工业经济已走上正常运行轨道。受内需扩大影响，与高技术、先进制造业、房地产投资和房屋装修、基础设施建设、基础产业、居民消费升级有关的工业行业都获得较快的增长。工业结构向高级化、均衡化发展。重工业比重提高，工业经济的重型化特征进一步强化，全年重工业完成增加值增长17.1%，快于轻工业0.7个百分点，轻重工业结构由2009底的40.7：59.3调整为2010年底的39.9:60.1，轻工业的比重跌破四成。小型工业企业快速发展，累计完成增加值7216.48亿元，增长22.2%，增幅逐季加快，比重提升。大中小工业增加值结构比例由2009年的28.6：36.5：34.9调整为28.3：35.7：36.0。主要产品产量较快增长，原油加工量增长19.4%、钢材增长23.3%、汽车增长21.6%、手机增长59.6%；其中轿车、汽车产量分别居全国第二、五位，整车生产能力达140万辆/年。

（三）服务业发展水平进一步提升

2010年，广东第三产业增幅前低后高，对经济增长的贡献率从上半年的31.0%提高到全年的35.4%，拉动经济增长4.3个百分点。全省运输生产实现较快增长，邮电业务呈现高位平稳运行，全年全省货运量和货物周转量分别同比增长13.0%和19.7%。主要港口完成货物吞吐量大幅增长20.0%，邮政业务高速增长25.0%。交通运输仓储和邮政业增加值增长11.9%，增幅同比提高6.1个百分点。信息传输计算机服务业和软件业实现增加值增长15.1%。随着公共管理服务支出增加，公共管理和社会组织实现增加值增长13.8%。房地产业理性回调，商品房屋销售额、销售面积分别增长19.1%和3.7%，增幅同比回落40.1个、42.1个百分点；全年房地产业完成增加值增长2.1%，增幅同比回落19.2个百分点。

四、社会民生着力改善

2010年，广东着力保障和改善民生工作，提高城乡居民收入，让发展的成果惠及全民，促进社会和谐进步。

（一）财政收入稳步增长，民生支出重点保障

经济平稳较快增长使地方财政实力增强，2010年来源于广东的财政总收入超过1万亿元，达到11841.99亿元，增长30.8%。地方一般预算收入4515.72亿元，增长23.8%，增幅高出年度预期目标14.8个百分点；其中税收收入3801.88亿元，增长21.5%。地方财政一般预算支出5414.76亿元，同比增长25.8%；快于地方财政一般预算收入2个百分点。财政民生投入占一般预算支出比重为57.2%。一般公共服务支出693.02亿元，同比增长18.3%，增幅同比提高20.7个百分点；用于环境保护、住房保障支出、文化体育与传媒和城乡社区事务分别增长193.9%、105.1%、83.2%、49.6%。财政超收的91亿元，约63%用于改善社会民生事业，以及推进基本公共服务均等化。养老保险关系实现省内转移，全年农村居民人均离退休金、养老金收入分别增长25.9%和30.7%，新型农村合作医疗参合率达99%。

（二）就业形势总体良好，城乡居民收入增加

初步预计，2010年末，实现城镇新增就业186.3万人。规模以上工业企业平均从业人数1490.44万万人，同比增长8.2%，已经超过金融危机前2007年末规模。城乡居民收入不断增加，2010年城乡居民人均收入分别达23898元和

7890元，增长10.8%和14.2%；扣除物价因素影响，实际增长7.5%、10.3%。城乡居民收入比差距有所缩小，城乡居民人均收入比由上年的3.15降至3.03。城乡居民储蓄存款余额36965.75亿元，同比增长15.0%。

五、发展方式转变取得积极成效

在各项政策措施、国内外经济形势“倒逼”机制和经济发展内在需求等多重效应影响下，广东经济转型升级步伐有所加快，经济增长内在动力和活力明显增强。

（一）转型升级步伐有所加快

1. 部分高耗能行业的产能得到抑制，节能降耗工作取得阶段性成果。预计可完成“十一五”时期及2010年节能降耗总目标。从工业生产看，2010年广东规模以上工业综合能源消费量同比增长8.8%，增幅比上半年回落7.2个百分点。规模以上工业单位产值能耗同比下降13.8%，“十一五”期间工业增加值能耗下降29.4%。六大高耗能行业生产增速逐季下调。2010年单位工业增加值能耗0.753吨标煤/万元，下降6.9%。从投资情况看，高耗能工业投资低于整体工业投资增幅3.4个百分点，同比回落23.6个百分点。

2. 创新驱动持续增强。自主创新能力增强，广东组建首批12家省级工程实验室，新增3家企业国家重点实验室、10家国家企业技术中心，国家高新技术产业开发区总数达9个，居全国第一。专利申请量和授权量同比增长21.7%和42.7%，发明专利授权量居全国首位。在东莞市，新设研发中心或内设研发机构150个，比历年总量还多52家；出口的产品中，超过总额60%的产品是ODM（原始设计制造商）产品。广东新产品生产开发能力明显加强，2010年新产品产值比上年增长33.7%（未扣价格因素），新产品产值率7.4%，同比提高0.6个百分点。

3. 产业结构调整取得新进展。广东淘汰落后产能，加快战略性新兴产业规划和推进工作。预计全年淘汰落后钢铁产能169万吨、水泥产能超过682万吨、小火电125万千瓦，全部超额完成年度关停目标任务。现代工业产业发展较快，有力地推动工业的转型升级，先进制造业和高技术产业发展加快发展。2010年广东规模以上先进制造业实现增加值占规模以上工业的47.2%，同比增长16.9%，对工业增长的贡献率为47.3%；高技术制造业实现增加值占规模以上工业的20.6%，同比增长17.8%，对工业增长的贡献率为22.5%。高技术产业和先进制造业占规模以上工业增加值的比重由2009年的66.1%上升到2010年的67.8%。

4. 区域发展差距逐步收窄。随着产业和劳动力“双转移”继续稳步推进，粤东西北地区加快发展。2010年东翼、西翼和山区市的GDP增长速度分别比珠三角地区高2.9个、2.2个和2.6个百分点；粤东西北地区GDP占全省比重为21.2%，提高0.6个百分点。珠三角一体化取得实质性进展，出台推进珠三角区域经济一体化指导意见和“四年大发展”工作方案，广佛、广珠城轨铁路开通运营，公交IC卡实现五市互联互通。

（二）经济增长的内在动力和活力明显增强

1. 民营企业快速增长，市场驱动型投资成为主动力。2010年广东民营经济完成增加值19620.96亿元，同比增长13.1%，占GDP的43.1%。其中：民营工业企业完成工业增加值5533.69亿元，累计增长22.0%，高于规模以上工业增加值5.2个百分点，占规模以上工业的27.6%，比重同比提高1.2个百分点。民间投资发展加快，取代国有投资成为经济增长的主要拉动力。2010年民间投资8625.20亿元，增长24.0%，增幅高于全社会投资3.3个百分点，拉动全社会投资增长3.6个百分点。民营经济投资占全社会投资53.5%，同比提高1.4个百分点。

2. 经济增长建立在市场需求回升、企业效益改善和景气上升基础上。中国物流与采购联合会（CFLP）发布的2010年12月份中国制造业采购经理指数（PMI）为53.9%，继续保持较高水平；出口订单指数为 53.5%，环比上升 0.3 个百分点。市场需求回升，工业品出厂价格指数累计增长 3.2%。工业企业经营质量较好，2010 年 1-11 月，规模以上工业企业实现利润总额同比增长 36.5%。全年企业家信心和企业景气指数均运行于 130 以上的景气区间，四季度企业景气指数达到 142.8 的全年高位，比全国高 4.8 点。

2011 年广东经济运行走势研判

2011 年，是广东实施“十二五”规划的第一年，经济发展也正处于调结构促转型的关键时期。“十二五”规划的实施将给经济注入新动力，但考虑到世界经济复苏乏力，国内货币政策收紧等各方面因素影响，综合判断广东经济增速将继续保持平稳。

一、国际环境不确定性增强，国内有利因素较多

（一）世界经济复苏仍较为乏力

2011 年，世界经济总体有望延续复苏态势，但国际金融危机的深层次影响还没有完全消除，世界经济还没有进入稳定增长的良性循环，系统性和结构性风险仍然比较突出。全球经济的回补存货周期在 2010 年二季度开始主要经济体先后出现增速回落趋势；设备更新周期由于缺乏新的经济增长点，处在“产业换挡”调整期；欧美等国的房地产周期仍处于深度调整期；技术创新经济周期尚未出现重大技术突破，经济处于这四重周期下行的叠加期。欧洲主权债务危机隐患尚未消除，各国经济政策将明显分化。发达国家采用的“二次政策刺激”来对冲“二次衰退风险”，全球性货币超发正给发展中国家带来输入性通胀压力。IMF 在最新的《世界经济展望》中分别下调欧元区、日本及英国等主要发达经济体 2011 年经济增速。并认为美国经济增长也低于 2010 年。

（二）国内环境进一步好转

2011 年，我国宏观经济政策的基本取向：积极稳健、审慎灵活，更加积极稳妥地处理好保持经济平稳较快发展、调整经济结构、管理通胀预期的关系，加快推进经济结构战略性调整，把稳定价格总水平放在更加突出的位置，继续实行积极的财政政策，着力调整财政支出结构。在通胀压力不断增强下，货币政策从适度宽松转向稳健，信贷投放将更加注重促进经济结构调整和转型升级。

2011 年，广东拉动经济增长的基本面没有改变。2011 年也是“十二五”规划的开局之年，广东将进一步加快发展方式转变，推进经济结构战略性调整，经济发展面临诸多有利条件。从战略性新兴产业发展规划的全面启动将带来一大批产业升级投资项目的开工，投资的产业结构进一步优化。区域内部要素整合、区域经济协调发展的新布局是支持经济增长的重要因素，必将带动珠三角、东西北地区间经济实现较快增长，并推动区域经济结构不断优化，形成区域轮动的新格局。随着“新非公 36 条”政策不断细化和落实，民间投资领域逐步拓宽，投资环境不断优化。“十二五”规划的实施和收入分配改革启动将使居民收入增长加快有了体制性保障。就业的增加和收入分配的改善将推动城乡居民消费进一步活跃，消费品市场有望继续保持繁荣局面。

二、目前经济运行中存在的困难和挑战

在民间资本和居民消费的带动下，广东经济自主性复苏动力不断恢复，对 2011 年经济增速形成有效支撑。与此同时，经济发展还面临一些深层次的矛盾和不少新的困难和挑战。

（一）通胀预期仍在增强

2010 年，居民消费价格总水平四季度同比涨幅达 4.0%，超出年初预期。预计 2011 年上半年物价上涨压力仍将较大：一是农产品价格上涨势头较为强劲。广东农业相对薄弱，新世纪以来出现的三次通货膨胀压力，2003 年、2007 年和 2010 年的突破口都是在农业上。2011 年受春节、低温雨雪天气以及国家粮价上涨影响，估计一季

度粮食、蔬菜、猪肉价格上涨将引领食品价格上升势头。二是经济进入结构调整期，成本上升推动物价上涨。经济结构调整将推动劳动力和资源品价格上行。三是国内流动性依然宽裕。2009 年新增贷款规模接近 10 万亿元人民币，2010 年新增贷款规模接近 8 万亿元人民币，信贷增长大大超过实体经济的增长。有关经验数据表明，信贷对经济经济的影响大约滞后半年，而物价上涨又滞后于经济增长大约半年时间，2010 年新增贷款将在 2011 年上半年推高物价。另外美国推出的第二轮量化宽松政策，国际短期资本流入中国的可能性大大提升，会使国内流动性依然保持较为宽裕的局面。四是美元持续贬值推动国际大宗商品价格上涨，输入性通胀压力较大。我国 PMI 中的购进价格指数在2010年下半年以来大幅上升。

（二）转型升级任务艰巨

转变发展方式和实现结构调整面临诸多体制性结构性障碍。转方式、调结构面临财税体制、资源价格管制、政府过度介入投融资领域等体制性障碍，也受到高耗能行业产能总规模过大的结构性限制。广东的自主创新能力仍不高，专利申请、审理授权增速分别落后于江苏 13.6 个和 15.8 个百分点。一些行业产能过剩和重复建设问题仍较突出，节能减排和资源环境的约束将继续加剧。外贸出口虽然明显恢复，但出口质量和水平仍较低，劳动密集型产品的出口依然较大。

收入分配结构不合理，城乡居民增速远低于同期财政收入和企业利润增速。2010 年，城镇居民人均可支配收入和农村居民的人均纯收入名义增速（10.8% 和 14.2%），大大低于同期地方财政一般预算收入、规模以上工业企业利润增速(36.5%)。最高和最低收入组的贫富差距未出现根本扭转。以农村为例，2010 年 20% 最低、最高收入户人均纯收入分别增长 12.0% 和 12.8%，收入比（以最低收入组为 1）由上年的 5.34:1 扩大到 5.37:1。

（三）资金供应趋紧与企业经营成本增加并存

2011 年，国家货币政策从适度宽松转向稳健，货币政策的正常化意味着明年信贷政策的收紧力度不可能放松，央行可能运用数量型工具对冲流动性势必降低商业银行的放贷能力，广东投资建设项目所需要的资金缺口可能会加大。存贷款利率不断上调对广东一些微利的低端加工、制造和装配企业来说，在劳动力价格、土地价格等要素价格飞涨的同时，无疑是雪上加霜。

工业企业面临的成本压力依然较大。2010 年以来，原材料价格持续攀升，工业品出厂价格指数与原材料、燃料、动力购进价格指数的“剪刀差”逐季加深，从而导致工业企业的生产成本上升。1-12 月，广东原材料购进价格指数为 107.3%，比工业品出厂价格指数（103.2%）高 4.1 个百分点。同时，各地最低工资标准的提高和部分企业加薪也推高企业的人工成本，对企业的生产经营带来压力。1-11 月，规模以上工业主营业务成本增幅比主营业务收入高 0.8 个百分点。工业企业主营业务成本、管理费用、营业费用、财务费用合计占主营业务收入的比重为 93.0%，比 1-5 月高 0.1 个百分点。

（四）存在投资增速下调引致经济增长放缓的隐忧

从改革开放以来的广东经济增长周期看，每次大的周期都存在二次探底的情况，时间大约出现在第一次探底后 3、4 年左右时间（见图 3）。这主要与投资项目建设周期有密切联系，国家的 4 万亿刺激政策启动于 2008 年末，广东新十大工程建设启动在 2008 年中，基建项目建设周期一般大约为 3 年时间，这些项目在 2010 年下半年和 2011 年上半年陆续完工，对整体投资的提振效应递减。另外“十二五”投资项目的相对滞后可能使得短期经济增长缺乏动力，这些规划大体都是在 2011 年颁布实施，很多规划投资项目要到 2011 年下半年直至 2012 年较全面出台，广东的经济运行的“五年”规划效应通常是前一两年安排投入，后两三年普遍见效，因此有可能经济 2011 年会较缓，2012 年会走高，2012 年后进入新一轮循环的上升阶段。

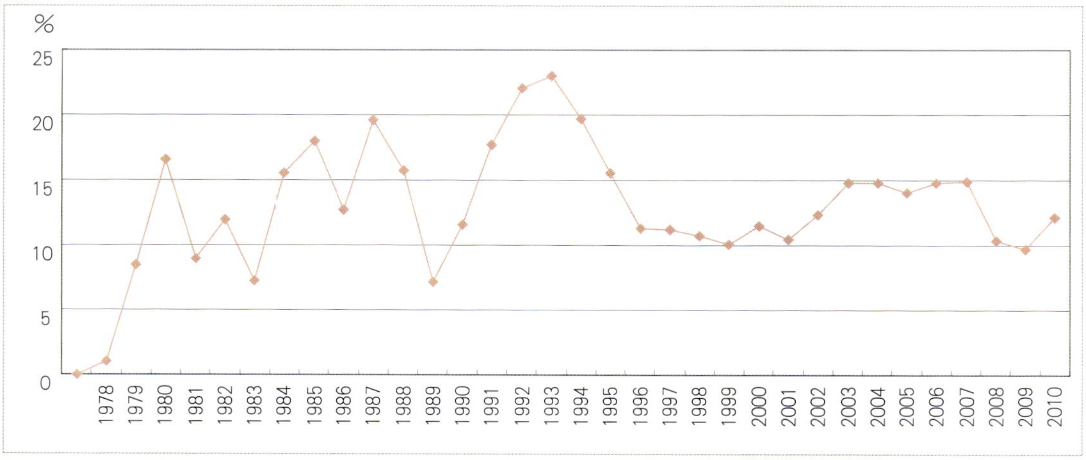

图 3　1978—2010 年广东地区生产总值曲线图

三、2011 年总体宏观经济形势预测

综合目前国内外经济形势和全省面临的主要问题分析，展望 2011 年，广东经济可望在结构调整中保持平稳较快增长态势。对主要经济指标的预测如下：

农业增长 4% 左右。农产品价格上涨带动农户农业生产积极性较高。粮食面积稳定在 3800 万亩左右，生猪出栏稳步增长，生猪存栏受猪肉价格回升带动有所增加，粮食、猪肉生产保持稳定供应。但农业生产基础设施仍较薄弱，受自然灾害影响大，稳定粮食面积压力增加。

工业生产增幅略有回落。2010 年工业生产的加快回升，有一定的恢复性增长因素，2011 年低基数效应消失，经济增速将回归到正常增长。从内因看，促进工业保持平稳增长的因素增多，包括工业投资增幅逐渐提高、新兴战略性产业逐渐成为新的增长点、省委省政府加快推进多个重点项目等。从外因看，世界经济总体保持复苏态势，工业品出口有望保持平稳增长。但世界经济变数增多、人民币升值和企业经营成本压力加大等加剧了工业经济运行的不确定性。企业生产、订货、劳动力需求等先行指标在四季度出现下降趋势，预计一季度工业生产增幅稳中略有回落。

固定资产投资增长 16% 左右。2011 年广东大力推动现代产业体系建设和城市化进程，投资增速有望保持平稳增长。广州 LGD8.5 代液晶面板、珠海 LNG 项目、潮州三百门电厂 3 － 4 号机组扩建工程等 21 个重大项目获国家批准建设。但受宏观调控和亚运会工程完工影响，投资增幅将有所回落。初步预计，2011 年固定资产投资平稳增长，增幅为 16% 左右。

2011 年消费保持平稳增长。近年来就业形势和工资水平变化为扩大消费增强了后劲，社会保障制度建设有助于减轻居民消费的后顾之忧，储蓄消费型增长模式使广东消费有较强稳定性，但房价、物价上涨对部分城乡居民消费能力和消费意愿有较大负面影响，家电下乡、家电和汽车摩托车以旧换新等扩大消费政策出现效应递减现象，预计 2011 年全省社会消费品零售总额超过 2 万亿元，增长 16% 左右。

外贸出口增长面临诸多不确定性。发达国家高失业率使居民消费增长疲弱，将在一定程度上影响对广东商品的需求；贸易保护主义进一步加剧，贸易摩擦明显增多。广东经济结构调整将减弱对原材料进口的新增需求，人民币一定幅度的升值对贸易结构调整有较大影响，对新兴市场国家的出口可望继续保持较快增长。初步预计全省外贸增长在上年恢复性增长的基础上回落，增幅为 10% 左右。实际利用外资稳步增加，增长 5% 左右。

东莞市长安镇（长安镇人民政府提供）

相关政策建议

2011年，为实现“十二五”加快转型开好局，应着重关注以下几个方面，处理好几个关系。

一、密切关注国内外经济形势走势和政策动向

处理好全省经济与世界经济走势的关系。2011年广东经济走势与世界经济能否稳定复苏密切相关。高度关注欧洲主权债务危机发展态势，美国利率、汇率和债券等相关政策变化。据此对人民币兑美元走势及变化、国内资本市场和房地产市场变化、国内出口及相关政策等做出预判和反映，及早消化外向度高对我省经济波动的影响，切实防止经济大起大落，实现平稳发展。

二、切实稳定农业生产和经济效益

处理好城市化进程加快和耕地保护制度的关系，严格保护基本农田。加快对农业基础设施和城乡水利防灾减灾工程的建设力度，切实提高抵御自然灾害的能力，稳定农产品产量和效益，稳步、有效提高农村居民收入。加强农产品价格监管，杜绝农产品价格炒作现象，防止农产品价格大起大落，稳定居民对通胀的预期。

三、坚决抓好节能减排和环境治理

处理好节能减排和经济发展的关系。坚决淘汰落后产能，控制高投入、高耗能、低效益行业的盲目投资和低水平扩张。大力发展循环经济，推进清洁能源技术发展及使用。关注产业转移过程中的污染转移、重大重化项目地区能耗需求增加现象，杜绝为了完成节能降耗目标对居民拉闸限电的现象发生。不断完善环境整治相关制度，稳步推进排污权有偿使用与交易试点。

四、合理引导信贷投放节奏

处理好货币投放与经济增长、物价水平的关系。控制好投放节奏，优化投放结构，防范“一刀切”。部分中小企业融资难、税负重现象较为突出，应继续加大中小企业专项资金和信用担保

体系建设力度。切实加强对战略性新兴产业、“三农”和粤西北地区等薄弱环节的信贷支持，限制产能较为过剩的行业投资。加快资金周转速度，有效引导资金进入实体经济。全面清理地方融资债务平台，防范地方政府债务危机。

五、积极推动收入分配改革

处理好政府、企业和居民在国民收入分配中的关系。继续实施积极的劳动就业政策，健全工资集体谈判机制，稳步提高城乡居民收入水平。提高低收入人群工资增长幅度，继续完善并落实农民工最低工资增长机制，控制部分行业、部分群体不合理、不公平的高收入，有效缩小贫富差距。加大再分配调节力度，增加对低收入群体转移性收入的财政支持力度。

六、进一步改善社会民生

处理好经济发展与民生事业的关系，让群众共享改革发展的成果。围绕以医疗、教育、住房、物件等民生问题为核心，大力发展各项社会事业，增强居民幸福感。加快完善覆盖城乡居民的社会保障体系。促进义务教育均衡发展，提高职业教育质量和水平，加大对学前教育的投入力度。加大保障性住房建设力度，坚决遏制房价过快上涨。加大对医疗卫生的投入，继续推进中医药强省建设。

（撰稿人：幸晓维 广东省统计局局长）

广东省中山市三乡镇景貌（三乡镇人民政府提供）

广西壮族自治区经济社会发展报告

2010年，面对严峻复杂的经济形势，面对罕见特大干旱和严重洪涝灾害，自治区党委、政府团结带领全区各族人民，以科学发展观统领经济社会发展全局，坚决贯彻胡锦涛总书记“保增长、保民生、保稳定，保持广西发展良好势头”的重要指示精神，全面贯彻落实《国务院关于进一步促进广西经济社会发展的若干意见》，继续以“四个非常”积极应对经济运行中的新情况新问题，全力加快经济发展方式转变，全年经济总量再上新台阶，连续9年实现两位数增长；经济运行质量和效益明显提高，财政收入突破千亿元，工业企业实现利润创历史新高；产业结构优化，工业化步入中期阶段；全部工业总产值突破万亿元；民生继续改善，就业人数稳定增加，居民收入较快增长；物价控制在预期目标范围之内。2010年广西保持和扩大了经济社会发展的良好势头，为“十一五”发展划上了圆满的句号，为“十二五”开局谋篇打下了坚实的基础。

一、经济社会发展的主要特点

初步测算，全年全区生产总值（GDP）突破9000亿元，达到9502.39亿元，直逼万亿元大关，

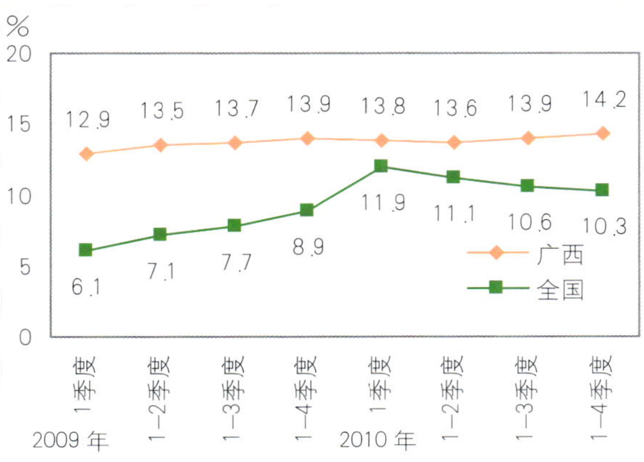

广西与全国GDP累计增长速度

按可比价格计算，比上年增长14.2%，增速比上年加快0.3个百分点，比全国快3.9个百分点，创近三年来新高、1995年以来第二高，连续9年保持两位数增长。

全区经济社会发展呈现以下特点：

（一）第二产业较快增长，第一、第三产业平稳发展

全年第一产业增加值1670.37亿元，增长4.6%；第二产业增加值4510.83亿元，增长20.5%；第三产业增加值3321.19亿元，增长11.1%。三次产业对经济增长的贡献率分别为5.5%、64.8%和29.7%。三次产业结构由2009年的18.8:43.6:37.6调整为2010年的17.6:47.5:34.9。

农业生产平稳发展。全年种植业、林业、牧业、渔业增加值分别为910.7亿元、129.5亿元、426.5亿元和168.3亿元，分别比上年增长2.9%、15.5%、5.0%和5.6%。甘蔗、木薯和蚕茧产量分别为7119.6万吨、173.2吨和27万吨，均居全国第一位。植树造林13.7万公顷，木材采伐量增长25%。肉类总产量387万吨，增长4.3%；生猪出栏3230万头，增长3.5%；生猪存栏2344.0万头，增长0.5%；家禽出栏7.7亿只，增长5.8%。水产品产量275.1万吨，增长5.1%。

工业生产快速增长。全年工业总产值突破万亿元，达到11638亿元，工业增加值3860.46亿元，增长20.4%，工业对经济增长贡献率达54.5%，工业化率提高到2.3，工业化由初期阶段步入中期阶段。规模以上工业增加值比上年增长23.7%，增速比上年加快5.5个百分点，比全国快8个百分点。在规模以上工业中，重工业增势强劲。重工业增加值增长27.2%，拉动规模以上工业增长18.7个百分点；轻工业增加值增长16.1%。非公有制工业贡献突出。非公有制工业

对规模以上工业增长的贡献率为64.5%，成为拉动规模以上工业增长的主要力量。高耗能行业增长放缓。全区38个工业行业大类中有36个行业增加值同比增长，占行业面的95%。化工、电力、非金属矿物制品、黑色金属冶炼、有色金属冶炼、造纸六大高耗能行业增加值增长20.5%，增幅低于规模以上工业3.2个百分点。千亿元产业培育取得新成效。继食品产业2008年率先成为千亿元产业之后，2010年汽车、冶金产业主营业务收入双双突破1000亿元，达1262.56亿元和1133.37亿元，使广西千亿元产业达到3个。主要产品产量增长较快。汽车136.61万辆，增长15.3%；氧化铝528.84万吨，增长16.2%；钢材1554.23万吨，增长29.0%；水泥7455.53万吨，增长16.7%；发电量1001.59亿千瓦时，增长12.1%。工业产销衔接较好。规模以上工业产品销售率94.6%，汽车、水泥、烟草等行业产销率均在95%以上。工业企业利润总额创历史新高。全年规模以上工业企业实现利润465.76亿元，增长75.8%，比上年提高30.1个百分点。有色金属冶炼、化学原料及制品、非金属矿物制品、农副食品加工等行业利润分别增长7.4倍、3.9倍、1.0倍和1.0倍。工业能耗形势继续好转。规模以上工业企业综合能源消费量4549.11万吨标准煤，增长10.0%，比1-11月回落2.3个百分点；万元工业增加值能耗下降11.1%，降幅比1-11月扩大1.7个百分点。

第三产业平稳增长。全年交通运输仓储邮政业增加值比上年增长16.9%，增速比上年加快9.3个百分点。营利性、非营利性服务业增加值分别增长11.2%和12.8%。货物运输量增速加快。全区货运周转量增长23.3%，增幅比上年提高9.4个百分点。受国家宏观调控政策影响，房地产和金融行业增幅回落。房地产业增加值增长3.6%，金融业增加值增长10.0%，分别比上年回落15.8和26.3个百分点。

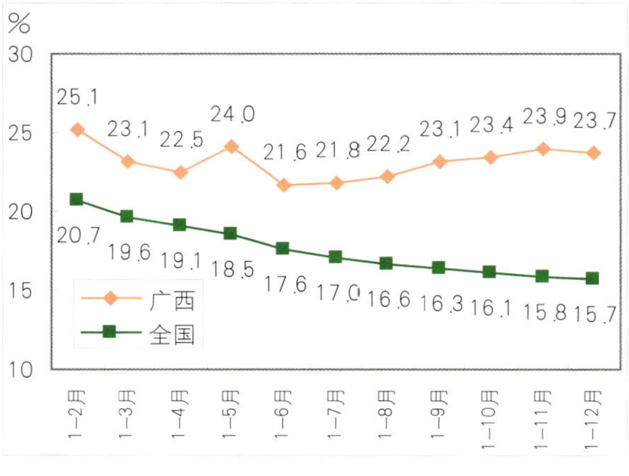

2010年广西与全国规模以上工业增加值累计增速

（二）内需较快增长，外需持续恢复

投资规模再上新台阶。全年全社会固定资产投资越过7000亿元，达7859.07亿元，继上年投资总额突破5000亿元之后再上新台阶，比上年增长37.7%。其中，城镇投资7161.84亿元，增长38.8%，高于全国14.3个百分点。农村投资697.23亿元，增长27.4%。基本建设、更新改造和房地产投资较快增长。全年基本建设投资3479.48亿元，增长33.1%；更新改造投资2215.9亿元，增长42.7%，其中工业技改投资达1763.98亿元，增长48.4%；房地产投资首次突破1000亿元，达1206.22亿元，增长48.2%。第二、第三产业投资增长较快。城镇第一、二、三产业投资分别增长13.3%、38.4%和40.2%，其中工业投资2627.33亿元，增长38.7%。民间投资活力增强。国有投资增长29.5%，非国有投资增长46.2%，其中民间投资3836.54亿元，增长49.0%，占城镇投资的53.6%，比重比上年提高3.7个百分点。民生领域投资得到加强。水利环境公共设施管理、卫生社会保障和社会福利、教育等行业投资分别增长49.4%、44.4%和51.6%，增速分别高于全区全社会固定资产投资11.7、6.7和13.9个百分点。建设资金保障有力。城镇投资到位资金7609.14亿元，比上年增长37.6%。其中自筹资金增长53.4%，国内贷款增长20.5%。

消费品市场较快增长。全年社会消费品零售总额突破3000亿元，达到3271.81亿元，比上年增长19.0%。城乡消费市场同步增长。城镇、乡村消费品零售额分别增长19.1%和18.2%。批发零售业和住宿餐饮业稳定增长。住宿餐饮业零售额增长20.0%，批发零售业零售额增长

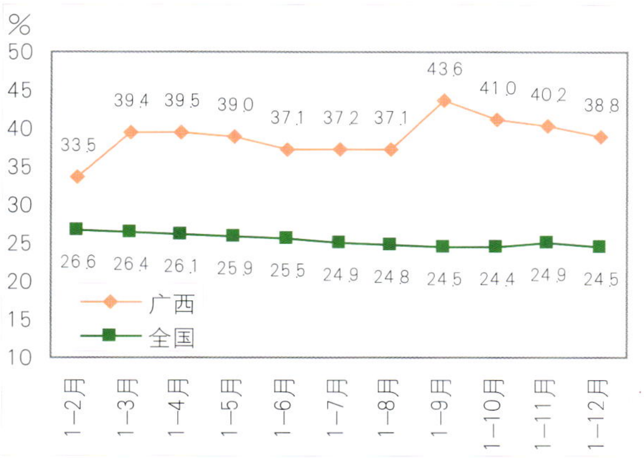

2010 年广西与全国城镇固定资产投资累计增速

18.8%。家电下乡政策继续发挥积极作用。家电下乡产品销量 272.41 万台，实现销售金额 57.04 亿元，分别比上年增长 1.3 倍和 1.6 倍。车市、楼市、旅游市场表现活跃。限额以上批发和零售企业汽车类商品零售额 240.85 亿元，增长 33.8%。商品房销售面积 2793.92 万平方米，增长 17.2%；销售额 995.19 亿元，增长 28.1%。全年入境旅游者 250.24 万人次，增长 19.2%；国际旅游外汇收入 8.07 亿美元，增长 25.5%。旅游总收入 898.10 亿元，增长 36.7%。

外贸进出口较快增长，与东盟双边贸易规模进一步扩大。全年外贸进出口总额 177.06 亿美元，进出口规模创历史新高，比上年增长 24.3%。其中，出口 96.10 亿美元，增长 14.8%；进口 80.96 亿美元，增长 37.8%。边境小额贸易快速增长。一般贸易总额 106.89 亿美元，增长 15.5%；边境小额贸易总额 42.41 亿美元，增长 35.9%；加工贸易总额 17.46 亿美元，增长 32.3%。东盟连续第 10 年保持广西第一大贸易伙伴地位。与东盟双边贸易总额 65.26 亿美元，比上年增长 32.0%，其中对东盟出口 45.88 亿美元，增长 27.1%；自东盟进口 19.37 亿美元，增长 45.2%。在东盟国家中与越南进出口总额 51.28 亿美元，增长 28.7%。高新技术产品出口高速增长。高新技术产品出口增长 78.1%，机电产品出口增长 32.6%，农产品出口增长 11.8%。

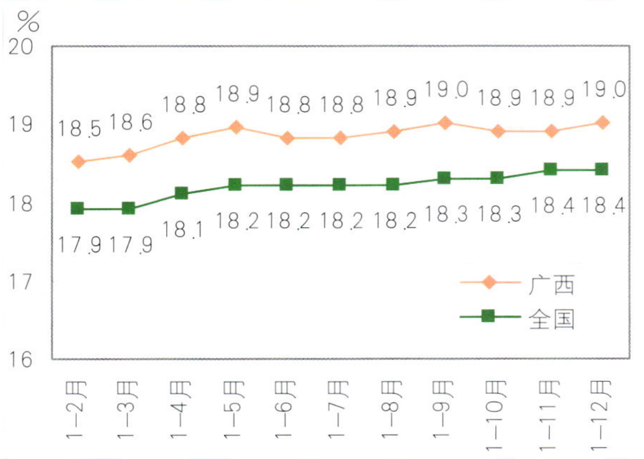

2010 年广西与全国社会消费品零售总额累计增速

（三）财政收入创历史新高，金融稳定运行

财政收入突破千亿元。全年全区财政收入 1228.75 亿元，比上年增长 27.1%。其中一般预算收入 772.30 亿元，增长 24.4%。在一般预算收入中，税收收入 534.02 亿元，增长 27.9%；非税收入 238.28 亿元，增长 17.2%。全区一般预算支出 1994.42 亿元，增长 23.0%。

金融稳定运行。年末全区金融机构本外币存款余额 11813.90 亿元，全年新增存款 2175.01 亿元；金融机构本外币贷款余额 8979.87 亿元，全年新增贷款 1619.43 亿元。新增贷款主要投向广西北部湾经济区，全年经济区新增本外币贷款 873.6 亿元，占全区信贷增量的 53.9%。

（四）就业规模不断扩大，社会保障体系进一步完善

就业规模不断扩大。全年城镇新增就业人数 45.61 万人，比上年增长 6.8%。城镇下岗失业人员实现再就业 10.56 万人，其中就业困难人员再就业 3.41 万人。新增农村劳动力转移就业 92.69 万人。年末城镇登记失业率为 3.7%。

社会保障体系进一步完善。年末全区参加城镇基本养老保险人数 449.29 万人，比上年末增加 37.97 万人；失业保险 238.4 万人，增加 1.4 万人；城镇职工基本医疗保险 413.52 万人，增加 24.72 万人；工伤保险 235.66 万人，增加 13.97 万人；生育保险 218.45 万人，增加 19.44 万人。领取失业保险金人数 6.21 万人。

有 27 个县（市、区）开展了新型农村社会养老保险试点，全区新型农村社会养老保险参保人数为 220.36 万人，领取新型农村社会保险养老金人数为 59.56 万人。

（五）居民收入稳步增长，生活质量不断提高

居民收入稳步增长，收入差距有所缩小。全年城镇居民人均可支配收入 17064 元，比上年增长 10.4%。其中，人均工薪收入、经营净收入、财产性收入、转移性收入分别为比上年增长 7.8%、6.4%、16.9% 和 16.9%。全年农民人均纯收入 4543 元，增长 14.1%，高于城镇居民收入增速 3.7 个百分点，为近四年来首次超过城镇居民收入增速。其中，人均工资性收入、家庭经营纯收入、转移性收入分别增长 16.5%、12.7% 和 19.1%，人均财产性收入下降 18.6%。城乡居民收入比由上年的 3.88 ∶ 1（以农民人均纯收入为 1）缩小为 3.76 ∶ 1。

居民消费支出继续增长，恩格尔系数下降。居民消费支出继续增长。农民人均生活消费支出 3455 元，比上年增长 6.9%。农民消费支出中衣着类和家庭设备用品及服务类增长最快，增速分别为 20.3% 和 22.1%，其次是交通和通讯类和医疗保健类，分别增长 12.6% 和 11.6%。城镇居民人均消费性支出 11490 元，增长 11.0%。交通和通讯消费成为热点，增长 23.4%，其中人均购买汽车支出增长约 50%。医疗保健、居住、家庭设备用品及服务、娱乐教育文化用品及服务类支出增长也超过两位数。城乡居民恩格尔系数双双下降，其中农村居民家庭恩格尔系数为 48.5%，比上年下降 0.2 个百分点；城镇居民家庭恩格尔系数为 38.1%，比上年下降 1.8 个百分点，表明居民生活质量不断提高。

居民消费价格同比上涨，但涨幅低于全国水平。全年全区居民消费价格（CPI）同比上涨 3.0%，比全国（3.3%）低 0.3 个百分点。与全国相比，食品、家庭设备及用品服务、医疗保健和个人用品、娱乐教育文化用品及服务分别低于全国 0.1、1.2、1.7、2.2 个百分点。

2010 年广西居民消费价格指数

（以上年同期为 100）

指　　标	12 月	1-12 月累计
居民消费价格指数	104.6	103.0
#城市	104.4	102.9
农村	105.4	103.4
#食品	110.5	107.1
其中：粮食	114.2	106.8
烟酒及用品	101.6	101.6
衣着	101.8	99.8
家庭设备用品及服务	99.5	98.8
医疗保健及个人用品	103.3	101.5
交通和通讯	100.4	100.4
娱乐教育文化用品及服务	98.7	98.4
居住	105.7	105.7

（六）社会事业全面进步，和谐社会建设迈出新步伐

科技教育事业稳步推进。启动实施“千亿元产业重大科技攻关工程”，建设 23 个自治区级的千亿元产业研发中心。全年取得省部级以上登记科技成果 500 项，获广西科学技术进步奖 142 项。申请专利 5117 件，比上年增加 840 件；授权专利 3647 件，增加 945 件。共签订技术合同 258 项，技术合同成交金额 41361.65 万元，比上年增长 1.3 倍。三年职业教育攻坚胜利完成，教育发展十项重点工程和教育体制十项改革试点项目启动实施。

文化体育事业进一步发展。年末全区共有专业艺术表演团体 141 个，比上年增加 1 个；县级以上公共图书馆 104 个，文化馆 99 个，博物馆 64 个，各级各类档案馆 149 个，分别比上年增加 4 个、1 个、4 个和 1 个。全区报纸出版量 6.20 亿份，期刊出版量 0.43 亿册，图书出版量 2.44 亿册。年末电视综合人口覆盖率 97%，比上年末提高 1.7 个百分点；广播综合人口覆盖率 95%，提高 2.2 个百分点。全年广西体育健儿在世界三大赛中获 5 枚金牌，3 枚银牌，在第 16 届亚运会上广西运动员以 6 枚金牌、2 枚银牌的战绩超越上届。

医疗卫生体系建设继续加强。年末全区卫生技术人员18.57万人，比上年增长9.6%。其中执业（助理）医师6.73万人，增长5.7%；注册护士6.99万人，增长11.8%。全区医院和卫生院床位13.39万张，增加1.11万张。其中，医院床位8.89万张，增加0.70万张；卫生院床位4.50万张，增加0.41万张。实际参加农村合作医疗农民3811.34万人，增长1.7%；参合率93.11%，比上年提高1.89个百分点。

（七）节能减排任务全面完成，生态环境继续改善

全面完成国家下达的“十一五”节能减排和淘汰落后产能目标任务。全年植树造林面积27.74万公顷，比上年增长6.53%，森林覆盖率提高到58%。全区已获批准的国家级生态示范区22个。全区建成各类自然保护区78个，其中国家级自然保护区16个，自然保护区面积145.10万公顷。公园绿地面积12160.57公顷，增长15.0%。建成区绿化覆盖率30%，提高1.22个百分点。人均公园绿地面积8.99平方米，增长11.0%。全区设市城市和县城供水综合生产能力811.83万立方米/日，比上年增长0.7%。生活垃圾无害化处理率61.22%，提高9.41个百分点。农村沼气入户率提高到46.4%。

（八）各地经济竞相发展，重点区域保持领先势头

全年广西北部湾经济区生产总值3021.73亿元，比上年增长15.6%，增速比全区快1.4个百分点，比全国快5.3个百分点。中石油钦州千万吨炼油厂、钦州金桂林浆纸一体化等项目建成投产。钦州保税港区、南宁保税物流中心、北海出口加工区有序运营，凭祥综合保税区一期工程建成。钦州港经济开发区升格为国家级经济技术开发区，防城港大西南临港工业园、北海工业园区、钦州石化产业园区产值超百亿元。西江经济带沿江7市生产总值5003.63亿元，增长15.3%，高于全区增速1.1个百分点。西江黄金水道建设深入推进，西江经济带规划建设全面启动，内河港口货物吞吐能力超5500万吨。桂西地区生产总值1420.27亿元，增长13.6%。桂西地区优势资源开发步伐加快，糖业循环经济等项目建设加快推进。

二、经济社会发展中存在的突出问题

2010年广西经济社会保持良好发展态势，但也应清醒地看到，制约经济社会发展的矛盾和问题还相当突出。主要表现在：

（一）产业结构层次仍然较低

从三次产业结构看，2010年广西第一产业比重比全国高7.4个百分点，第二产业比全国高0.6个百分点，第三产业比全国低8.0个百分点。从产业内部结构看，第一产业中种植业比重过大，畜牧业比重有待提高；工业多为传统资源型、高耗能、低附加值产品，同时2010年广西六大高耗能行业投资占工业投资比重高达43.4%，加大了“十二五”转方式、调结构的压力。服务业中批发零售和住宿餐饮、交通运输仓储邮政等传统服务业比重高，新兴服务业比重偏低。

（二）投资资金来源单一

2010年广西城镇投资到位资金情况虽然良好，但是建设资金主要来自银行贷款，缺少信托公司、财务公司及金融租赁公司等非银行金融机构的贷款，组建的投融资平台融资、上市公司融资少，未能更好发挥其作用。同时，资金来源仍以自筹为主，2010年城镇投资到位资金中自筹资金占62.5%，国内贷款占15.3%，国家预算内资金占5.0%，利用外资占0.9%，债券占0.8%，其他资金占15.4%。

（三）能源资源压力进一步增大

广西是典型的“缺煤少油无气”地区，煤炭、石油、天然气等能源对外依存度分别高达85%以上、95%以上和100%，能源资源瓶颈将对经济持续较快发展形成制约。同时，广西资源型产业比重大，工业结构偏重且高耗能行业比重大，加大

了能源消费总量，推高了发展经济的能耗代价。从工业内部结构看，2010 年广西轻、重工业比例为 3:7，六大高耗能行业增加值占规模以上工业的 41.2%，能耗占 84%。

（四）居民收入与全国平均水平差距继续扩大

广西城乡居民收入均明显低于全国平均水平，2005 年城镇居民人均可支配收入和农民人均纯收入分别比全国低 1576 元和 760 元，2010 年差距分别扩大到 2045 元和 1376 元。同时，城乡居民收入差距较大。2010 年广西城乡居民收入比为 3.76 ∶ 1，虽比 2009 年有所缩小，但与全国的 3.23：1 相比城乡居民收入差距仍然偏高，与 2005 年的 3.57:1 相比差距也在扩大。

（五）工业生产资料价格过快上涨

受国际国内经济回升带动需求增加和甘蔗、有色金属矿、棉花等原材料价格上涨等因素影响，全年全区工业品出厂价格比上年上涨 12.0%，比全国（5.5%）高 6.5 个百分点；原材料燃料动力购进价格上涨 11.2%，比全国（9.6%）高 1.6 个百分点。其中 12 月份，工业品出厂价格上涨 12.7%，原材料燃料动力购进价格上涨 13.0%。工业生产资料价格过快上涨，将加大增加企业成本和经营困难，同时随着生产资料价格上涨传导至生活消费品价格，也对 2011 年居民消费价格上涨形成压力。

三、对策建议

2011 年乃至今后一段时期，广西发展处于重要战略机遇期，发展具备很多有利条件：一是广西经济已连续 9 年保持两位数增长，综合实力显著增强，为持续快速发展打下了坚实基础；二是国家实施新一轮西部大开发战略和《国务院关于进一步促进广西经济社会发展的若干意见》出台的新优惠政策较多；三是经过前几年的建设，一批重大项目相继竣工投产，为加快发展提供有力的支撑；四是连续成功举办了七届中国－东盟博览会，中国一东盟自贸区如期建成，提升了广西的战略地位，提升了广西的对外开放水平。同时，明年广西发展仍面临较多不利因素：一是转变经济发展方式、调整产业结构任务仍然艰巨；二是货币政策进一步趋紧，央行多次上调存款准备金率，信贷管控更趋严格，广西发展经济的融资难度将加大；三是国家宏观调控政策取向将影响重大项目建设进度。国家继续严厉控制“两高”行业和产能过剩行业发展，将放缓各类重大项目的投资许可审批手续，资源型产业获得的信贷支持也将受到更大限制；四是受主要发达国家实行量化宽松的货币政策、国内货币存量规模大、水电气价格的改革直接推动居住类价格上涨等因素影响，物价上涨的后续压力仍然很大；五是节能减排压力仍然较大。但总体上看，广西发展面临的机遇大于挑战，全区经济有望继续平稳较快发展。为进一步保持和扩大经济社会发展的良好势头，建议如下：

（一）着力调整优化产业结构

坚持把经济结构调整作为加快转变经济发展方式的主攻方向。一是大力发展畜牧业。着力建设好生猪、家禽、草食动物、奶业等畜牧业产业基地，努力提高畜牧业总产值占农业总产值的比重。二是全力做大做强做优工业。深入实施千亿元产业发展战略。继续实施大企业大集团战略，积极引进中央企业、跨国企业和有实力的民营企业对广西企业进行重组改造。深入实施中小企业成长工程，引导中小企业为大企业配套，延伸产业链。加大工业投入，推动工业结构优化升级。力争工业投资占全社会投资的比重达 50% 以上，同时要进一步优化工业投资结构，通过工业投资结构的调整推动工业结构优化升级。三是积极发展现代服务业。大力发展物流业、旅游业、金融服务业、会展业、文化产业、商贸流通业，快速提升信息与科技服务业。

（二）全力保持投资较快增长

一是抓好项目筹资。继续加强与金融机构对接，争取多贷款。继续做好公司债券申请发行和借用国外贷款工作。二是鼓励和带动社会民间资本，增强投资增长的内生动力。三是把握好房地产调控的力度和节奏，完善房地产市场监测和调控协调机制，努力保持房地产投资平稳增长。四是努力破解项目用地制约。加强与国土资源部的沟通协调，争取更多建设用地指标。走集约用地的路子，加强园区和企事业单位闲置土地的整合利用。

（三）努力提高城乡居民收入

一是建立促进城镇居民收入增长的长效机制。实施更加积极的就业政策、适时调整地方性最低工资标准，适当提高离退休人员工资。继续完善社会保险制度和最低生活保障制度，扩大社会保障覆盖范围，逐步提高保障标准。二是加大“三农”投入。加大对农业的投入，夯实农业发展基础。加大对农民劳动技能的培训力度，培养更多新型农民，增加农民工资性收入。加速农业产业化进程，多层次提高农产品附加值，增加农民家庭经营收入。全面落实完善强农惠农政策，增加农民转移性收入和财产性收入。

（四）切实加强节能减排

一是大力推进技术节能。把节能减排作为政府科技投入、推进高技术产业化的重点领域，大力发展循环经济，优先支持拥有自主知识产权的节能减排关键技术和高效节能产品的推广应用。二是全力支持机械、电子、轻工、第三产业等低能耗产业加快发展。三是健全节能降耗公众参与机制。要广泛开展创建节约型城市、节约型政府、节约型企业、节约型社会的活动，增强全民参与节约能源资源和保护生态环境的积极性与自觉性。

（五）加大物价调控力度

认真落实国务院 16 条控价措施，进一步加强市场和价格监管。积极稳妥推进资源性产品价格改革，健全大宗农产品、初级产品供求价格变动的监测预警。加强粮油肉糖等重点生活物资储备。加强对糖料蔗收购、国家粮食最低收购价格等民生价格和涉农价格监管，遏制生产资料尤其是农业生产资料价格过快上涨。清理和取消不合理收费，严厉打击恶意囤积等违法行为，及时制定和实施对低收入群体实行价格补贴措施。

（撰稿人：邱祖强 广西壮族自治区统计局局长）

中国西部第一大港——防城港港口一角 黄嵩和 摄
（中共防城港市委宣传部提供）

海南省经济社会发展报告

2010年，我省认真贯彻执行国家的各项宏观调控政策措施，按照省委、省政府的一系列决策部署，紧紧抓住国际旅游岛建设上升为国家战略这一重大机遇，进一步推进改革开放，着力转变经济发展方式和加快经济结构调整，开创了科学发展新局面。整体经济快速增长，经济总量跨上新台阶，经济效益大幅提高，经济结构升级转型，三次产业全面协调发展，投资和消费需求增长强劲，多项主要经济指标增速位居全国前茅，经济发展方式出现积极转变，经济运行呈现出速度、结构和效益同步提升的良好态势，民生状况明显改善，是建省以来经济社会发展最好的一年。

一、2010年海南经济社会快速协调健康发展

（一）经济保持快速增长，经济总量跨上新台阶，经济效益大幅提高

2010年，在国际旅游岛建设上升为国家战略的政策利好作用下，我省经济增长速度明显加快，创下1994年以来新高，增速位居全国前茅。全省生产总值突破2000亿元大关，达到2052.12亿元，比上年增长15.8%，同比提高4.1个百分点，比全国GDP增速高5.5个百分点。其中，第一产业增加值539.32亿元，增长6.3%；第二产业增加值566.55亿元，增长19.2%；第三产业增加值946.25亿元，增长19.6%。

在经济快速增长的同时，经济效益也大幅提高。从宏观经济效益看，地方财政一般预算收入保持大幅增长，房地产业税收收入对财政贡献近四成。全年全口径一般预算收入528.64亿元，比上年增长40.4%。其中，地方一般预算收入271.06亿元，增长52.1%，增速比全国财政收入增长21.3%高30.8个百分点，增幅全国第一。在地方一般预算收入中，税收收入237.11亿元，增长56.8%，占地方一般预算收入的87.5%，同比提高2.6个百分点，税收收入对财政收入贡献进一步提升。从微观经济效益看，全省列入统计监测的420家规模以上工业企业综合效益指数310.5%，同比提高14.0个百分点，创历年新高；盈亏相抵后实现利润总额117.28亿元，同比增长31.1%。

（二）经济结构升级转型，三次产业全面协同发展

从三次产业结构变化看，第二产业发展明显提速，增加值占GDP的比重提高到27.6%，超过第一产业1.3个百分点；第三产业快速发展，增加值占GDP的比重提高到46.1%，比去年提高0.8个百分点，经济结构调整实现历史性转型，由“三一二”转变为“三二一”。

从三次产业运行情况看，三次产业全面协同发展：

农业生产平稳较快发展。2010年，我省各市县、各部门认真贯彻落实中央和全省农村工作会议精神，继续加大强农惠农政策力度，着力调整和优化农业结构，积极推广先进生产技术，大力发展设施农业，积极推动农业生产规模化、基地化、专业化合作、产业化发展，成功处置豇豆质量事件，克服了特大洪涝灾害的影响，农业生产保持平稳较快发展。全年农业完成增加值539.32亿元，比上年增长6.3%。分产业看，一是渔业生产获得好收成。渔业完成增加值133.18亿元，比上年增长7.5%。临高县深水网箱养殖扩建，已发展成为亚洲最大的深海抗风浪网箱养殖基地。二是林业生产较快发展。林业完成增加值为83.21亿元，比上年增长10.8%。干胶产量33.35万吨，增长8.6%。三是种植业生产保持平稳发展。种植业完成增加值218.80亿元，比上年增长5.0%。瓜菜产量528.05万吨，增长7.2%；

水果产量286.25万吨，增长6.8%。南繁育种业和花卉业、桑蚕业等特色绿色产业不断发展壮大。四是畜牧业生产稳定增长。畜牧业完成增加值91.41亿元，增长4.3%。肉类总产量68.49万吨，比上年增长3.7%。温氏、罗牛山、海平达、鹏翔、禾牧、永茂等大型龙头企业的生猪标准化养殖规模迅猛扩大，有10多个标准化养殖场被农业部列入首批示范项目。新建万头养猪场47个，全省万头以上猪场已达到153个。全年瓜果菜出岛540万吨，生猪出岛量173万头，水产品出口12.9万吨，创历史新高。

工业生产明显提速。2010年，随着世界经济走出衰退、复苏进程加快，外需不断回暖；国内经济明显回升，内需保持较快增长。在国内外市场需求较快增长的共同拉动下，海南工业产品销售状况明显好转，汽车、水泥、机制纸及纸板、纸浆、原盐等产品快速增长，石油、天然原油、铁矿石、化肥、纸浆、制糖、橡胶制品、医药、酒精、玻璃等工业品出厂价格明显回升，促进工业生产增速明显加快。全年工业完成增加值380.76亿元，比上年增长17.6%。从企业生产情况看，部分大中型企业生产增势强劲，推动了工业加快增长。全年累计完成产值10亿元以上的16家大中型企业中，一汽海马、金海浆纸、海南矿业、海口供电公司、中海石油化学公司、海宇锡板、红塔卷烟、海洋石油富岛股份等8家企业生产增速超过20%，对规模以上工业总产值增长的贡献率近六成，达到59.2%。

服务业快速增长。全年服务业完成增加值946.25亿元，比上年增长19.6%，对经济增长贡献率达56.0%，引领经济快速发展。其中，在国际旅游岛建设的利好概念推动下，房地产业、批发零售业等行业呈现快速发展势头。全年房地产业增加值187.78亿元，增长27.1%；批发零售业增加值217.99亿元，增长23.2%。

（三）三大需求增势强劲，对经济增长拉动作用明显

固定资产投资快速增长。狠抓项目扩大投资促发展，东环高铁、金海160万吨造纸一期、100兆瓦多晶硅太阳能电池一期、中航特玻一期、80万吨甲醇、威隆船舶、华盛水泥三期、海马10万台发动机技改、海南生态软件园一期、海口综合保税区、省人民医院扩建一期、省文化艺术中心等一批重点项目建成投产；大广坝二期、海南会展中心、解放军总医院海南分院、昌江核电、海南电网建设与改造、海口至屯昌高速公路、三亚绕城公路、三亚湾新城、海南生态软件园、三亚海棠湾旅游酒店建设等重点项目，神州半岛、石梅湾、铜鼓岭、海棠湾等开发区，一大批旅游房地产项目等正在加快建设，以及各市县保障性住房大规模开工建设，促进了投资快速增长。全年全社会固定资产完成投资总额1331.46亿元，比上年增长32.8%，比全国增长23.8%快9个百分点，增速全国第一。

房地产开发投资迅猛增长，成为拉动投资增长的主导力量。全年房地产开发完成投资467.87亿元，同比增长62.5%，占城镇固定资产投资额的37.2%，是拉动投资快速增长的主力。全年房屋销售面积854.73万平方米，增长52.3%。

消费需求保持旺盛势头。2010年，我省积极开展各种促销活动和营造消费热点，实施更加优惠、范围更广的汽车摩托车、家电下乡的政策，农垦系统及林场职工也纳入实施范围，以及国际旅游岛建设利好概念带旺了旅游消费，有效地扩大了消费需求，消费品市场持续旺销，社会消费品零售增幅全国第一。全年实现社会消费品零售总额623.82亿元，比上年增长19.5%。

热点商品持续旺销。全年限额以上企业的汽车零售额比上年增长50.8%，汽车销售快速增长带旺了石油及制品销售额同比增长39.4%，实施家电下乡优惠政策及商家开展多种促销活动推动家用电器销售额增长42.6%，房地产业迅猛发展带动建筑装潢材料销售额增长82.7%，金银珠宝、通讯器材等销售额分别比上年增长50.1%和40.8%等。

外贸出口实现快速增长。在全球市场需求缓慢复苏的背景下，我省外贸出口呈现快速增长的良好势头。全年全省进出口总额108.02亿美元，比上年增长21.2%。其中，进口总额84.11

亿美元，增长20.0%；出口总额23.91亿美元，增长25.8%。从主要出口商品看，机电产品增长66.0%、化肥增长45.7%、天然气增长33.0%、农产品增长16.5%、成品油增长13.3%等。

（四）区域经济发展势头强劲，发展活力明显增强

大力发展区域特色经济，加快区域经济结构调整，着力构筑区域经济优势互补的发展格局；积极支持东部地区率先发展，加快西部地区开发开放，加大对中部地区和贫困、落后地区的扶持力度，统筹东中西部良性互动共同发展；进一步深化扩权强县改革，区域经济发展活力明显增强。一是大部分市县地区生产总值快速增长。在全省18个县市中，有14个市县地区生产总值增速在15%及以上，其中，增长20%以上的有2个。二是大部分市县投资增长势头强劲。在全省18个县市中，有14个市县城镇固定资产投资增速在30%以上，尤其是中部6个市县增速全部在30%以上，其中，增长50%以上的有7个，增长1倍以上的有4个。三是绝大多数市县财政收入大幅度增长。在全省18个市县中，收入增幅在50%以上的有13个市县，增长1倍以上的有3个。

（五）改善民生力度加大，居民生活水平明显提高

改善民生力度加大。保障性住房建设进展顺利。2010年省委、省政府把保障性住房建设作为改善民生的一号工程，保障性住房建设力度明显加大。截止12月底，全省已开工12.63万套，开工率125.2%，其中竣工7.4万套；建设面积1057.19万平方米，占计划总面积的147.6%，其中竣工面积561.72万平方米。以改善民生为重点的公共财政投入力度进一步加大。全年全省地方财政一般预算支出578.45亿元，比上年增长19.3%。其中，教育支出增长31.5%、城乡社区事务支出增长31.2%、医疗卫生支出增长16.6%、社会保障和就业支出增长13.8%等。

城乡居民收入较快增长。2010年，在政府大幅度提高困难群众生活补助标准和上调最低工资标准，实行事业单位绩效工资，企业效益好转、职工薪酬提高，以及国际旅游岛建设利好政策促进居民财产性收入明显增加等作用下，全年城镇居民人均可支配收入达15581元，比上年增长13.3%，扣除价格因素实际增长8.4%。全年农民人均纯收入5275元，比上年增长11.2%，扣除价格因素实际增长5.1%。农民收入较快增长的主要原因是经济形势好转，外出务工人数明显增加，加上企业增加薪酬，促使工资性收入快速增长，比上年增长29.7%；另一个原因是部分农产品市场需求较旺，粮食、水果、橡胶等产品价格明显上升，促进了农民增收。

总的来看，2010年海南经济社会实现了又好又快发展，是建省以来发展最好的一年，是省委、省政府以科学发展观统揽全局、科学决策、正确领导的结果，是全省广大干部群众齐心协力、顽强拼搏的结果。

但也要看到经济社会发展中也存在一些问题，主要表现在：

一是经济增长速度持续减缓。由于国家继续加强宏观调控力度，六次上调存款准备金率、二次加息，尤其是去年四月以来，国家从批地、融资、信贷、限购等多方面出台一系列遏制楼市调控措施，对主要靠房地产拉动经济加快增长的我省来说，影响相当明显。从GDP增速看，一季度全省经济增长25.1%、上半年增长19.4%、前三季度增长17.6%、全年增长15.8%，呈现明显减缓态势。其中，房地产业增加值增幅由上半年的56.2%回落到全年的27.1%，回落了29.1个百分点。

二是房地产开发投资和商品房销售面积增速均明显回落。国家连续出台的一系列遏制楼市措施，对海南房地产影响非常明显，购房者普遍持观望情绪，房地产市场交易量大幅减少，导致房地产业主要指标增速出现明显回落，尤其房地产市场交易量大幅减少，从年初楼市销售火爆场面步入了交易较淡态势。全年全省房地产开发投资比上年增长62.5%，增幅比上半年回落16.4个百分点；房屋销售面积增长52.3%，增幅比上半年回落69.4个百分点。

三是物价涨幅较大。全年居民消费价格（CPI）

比上年上涨 4.8%，超过了全年预期目标 1.8 个百分点。分类别看，结构性上涨特征明显。受房地产迅猛发展的拉动，建房及装修材料、租房、水电、燃料等居住类价格明显上涨，涨幅达 9.7%，居八大类价格之首，其次是食品类上涨 7.6%，其他类价格保持稳定。

二、2011 年海南经济发展趋势预测

2011 年是“十二五”规划的开局之年，开好局、起好步，对于保持经济持续平稳较快发展具有十分重要的意义。2011 年又是海南国际旅游岛建设进入新的重要发展时期，各项重大项目和重要政策措施将付诸实施，我省支撑经济增长的积极因素仍较多，经济可望继续保持快速增长势头，但经济增速会有所回落。

从国内外形势看。一是 2011 年世界经济复苏向好趋势不变，全球贸易继续保持较快增长。国际货币基金组织（IMF）在世界经济展望最新预测的报告中指出，预计今年世界经济增长 4.3%，全球贸易增长 8.3%。二是 2011 年我国经济运行仍将保持较快增长态势，国内需求持续旺盛。从政治层面看，今年是“十二五”的开局之年，党的十七届五中全会把转变经济发展方式、保持经济平稳较快发展、调整经济结构等作为宏观调控的核心，努力实现以内需拉动为导向的增长，各地也都努力实现“十二五”的良好开局；2011 年又是中国共产党建党 90 周年需要经济又好又快发展来献礼。从经济层面看，4 万亿投资中的很多项目的拉动效应将在今年充分释放，经济增长动力仍较充足；随着一系列宏观经济政策的实施，物价涨幅将趋稳。总的来看，2011 年海南面临的外部经济发展环境仍较好，有利于经济增长。

从生产角度看。在农业方面，去年第四季度发生严重洪涝灾害后，政府明显加大了对农业的扶持力度，生产投入大幅增加，补种改种扩种的大部分农业产品将今年初收获，同时政府部门还继续加大强农惠农政策力度，积极推广优良品种、设施农业等先进生产技术，加上部分农产品价格看好，预计 2011 年农业生产仍将保持较快增长。

十一五期间，海南省以推行公司化经营、品牌化服务为突破口，改革旅游客运管理体制，旅游客运车辆朝着高档化、豪华化发展（海南省交通运输厅提供）

在工业方面，金海 160 万吨造纸一期、英利 100 兆瓦多晶硅太阳能电池一期、海南生态软件园、中航特玻一期、海马 10 万台发动机技改、80 万吨甲醇、威隆造船一期、叉河 100 万吨水泥二期、华盛水泥三期等一批去年投产项目有翘尾增长因素；“十二五”规划即将启动，一批重大工业产业项目抓紧落实，其中东方电厂二期、中航特玻二期、30 万箱红塔卷烟、200 万头生猪肉联加工项目等一批在建工业项目将在 2011 年内陆续建成投产，成为工业经济新的增长点；市场需求有望保持继续回暖态势、工业品出厂价格回升等，将促进工业企业生产较快发展。预计 2011 年工业仍将保持较快增长势头。在服务业方面，进一步贯彻实施《海南国际旅游岛建设发展规划纲要》，服务业对外开放水平不断提高，服务业发展潜力和空间巨大，仍将是海南经济增长的重要力量。随着大力推动大型免税购物商场加快建设，境外游客购物退税、“国人”离岛免税政策等付诸实施，竞猜型体育彩票和大型国际赛事即开彩票即将试行，将吸引大量游客来琼旅游消费，促进商业、住宿餐饮业等繁荣发展，也利好海南房地产业发展；岛外居民看好海南宜居环境，对在海南购房有长远预期，如果今年观望气氛转淡，购房信心提升的话，商品房销售前景仍看好；龙湾港国际旅游岛先行试验区建设将带动海南旅游

文化娱乐产业发展；游艇水域开放，促进游艇经济产业逐步发展形成新增长点；随着海南生态软件园及三亚动漫基地建设不断推进，将促进软件、动漫创意等产业加快发展。预计 2011 服务业仍将保持快速增长。

从需求角度看。在投资领域，受国家宏观调控政策影响，2011 年我省房地产开发投资增速将会继续减缓，带动整体投资增长出现一定幅度回落，成为影响今年投资增长减速的主要因素。但国际旅游岛建设发展规划和“十二五”规划系列重点项目陆续开工建设，项目支撑投资增长力度仍较大。海口—屯昌高速公路、昌江核电、红岭水库枢纽、中海油精细化工、东方电厂二期、中航特玻材料生产基地等一大批续建项目，以及神州半岛、海棠湾、铜鼓岭、石梅湾、龙沐湾等开发区的投资规模较大；西环铁路、博鳌机场、中石化成品油储备项目、200 万吨 PTA 等重大项目也将在今年开工；保障性住房建设力度加大，也会弥补房地产投资规模缩小对房地产投资增长的负面影响；打击房地产开发企业囤地行为和严格控制开、竣工时间，将会刺激房地产开发企业加快开发进度。预计 2011 年全社会固定资产投资增长将有所减缓，但仍能够保持 25% 以上的增长速度。在消费领域，一是近年来居民收入水平持续较快增长为扩大消费增强了后劲；二是 2010 年海海南大幅上调最低工资标准、提高财政供养人员的工资水平、困难群众生活补贴标准，实施事业单位绩效工资，医改新方案、城镇从业人员基本养老保险纳入省级统筹、农村养老保险全覆盖等社会保障制度实施，住房、就业、教育、养老保险等民生保障水平进一步提高，将极大提升城乡居民的消费信心；三是汽车消费呈现由大城市向中小城市梯度扩散态势，城市化水平提高和住房的刚性需求还会刺激住房消费；四是随着国际旅游岛建设实施更加开放的政策，对消费将产生直接而巨大的拉动效应。离境退税已正式实施，国人离岛免税购物政策、竞猜型和即开型彩票等即将付诸实施，将会进一步吸引大量游客来琼旅游消费。预计 2011 年全省社会消费品零售额继续保持快速增长态势。

同时也要看到我省经济发展面临的困难和问题：一是去年来国家不断加强宏观调控力度，连续出台了一系列遏制楼市的政策措施，购房者对未来房价存在下降预期，持币观望情绪较浓，可能会对我省商品房销售产生较大影响。当前房地产业作为我省重要的支柱产业，商品房的销售增长状况会直接影响我省经济的增速。二是为控制楼市和防通胀预期，央行多次调高存款准备金率和加息，加上当前房价仍较高，信贷货币政策收紧的可能性仍较大。三是今年内竣工投产并能带动工业增长的大项目少，新增能力不足。

总的看，今年我省经济发展既面临挑战，也面临许多有利条件，机遇与挑战并存，机遇大于挑战，处于发展上升期的基本面不变。

三、2011 年海南经济发展的几点建议

今年是“十二五”规划的开局之年，又恰逢中国共产党成立 90 周年，保持经济平稳较快发展意义重大。在促进经济快速增长的同时，更应采取有力措施，加快经济结构的调整，促进经济发展方式的转变，真正实现转型发展、创新发展、跨越发展。

（一）大力推进产业结构调整，促进经济发展方式转变

一是狠抓国际旅游岛建设各项政策落实，加快发展以旅游业为龙头的服务业。全面贯彻落实《海南国际旅游岛建设发展规划纲要》，尽快推动国际旅游岛建设各项任务。加快建设大型免税购物商场，在已实施离境退税的基础上，尽快推动实施离岛免税购物政策和推行竞猜型和即开型彩票。全面启动建设国际旅游岛先行实验区，加快培育新经济业态。加快海洋主题公园、航天主题公园、铜鼓岭国际化生态旅游区、海棠湾旅游度假区等一批重要旅游项目建设。以洋浦保税港区和海口综合保税区为依托，努力打造面向东南亚的航运枢纽、物流中心，促进物流产业快速发展。充分利用《海南省游艇管理试行办法》的实施，促进海南游艇经济加快发展形成新兴产业。优先

海南省积极构建现代综合运输体系，创造性地提出开辟水上旅游航道、构建水上交通、打造“水上海南”的总体构想，完善了“四方五港”格局。（海南省交通运输厅提供）

发展支持经济高效运行的生产性服务业，培育壮大现代物流、会展、创意、信息服务、中介服务、金融保险证券等现代服务业，改造提升商贸流通、餐饮娱乐、港口、航运等服务业，培育服务业骨干项目和知名品牌，提升服务业发展层次和水平，促进第三产业快速发展。

二是着力发展大型现代工业，提升工业化比重。要继续大力实施“大企业进入、大项目带动、高科技支撑”发展战略，发展一批具有带动效应作用的现代工业。海南要高度重视抓好大企业建设问题，坚持把发展先进制造业作为经济结构调整的重点。一是通过利用本地特色资源优势，推动上马一批大型现代工业项目建设，特别是要重点发展一批具有带动效应作用的现代新型工业项目，积极培育上百亿的大型企业。加快推进 1200 万吨炼油、260 万吨烯烃、160 万吨造纸二期、海马三期、中海油精细化工、中航特玻二期、200 万吨 PTA 等一批重点项目。二是进一步发展壮大油气化工、汽车、纸浆、矿产资源加工、制药等，培育发展节能环保新一代信息技术、生物、高端装备、新材料、新能源、新能源汽车等战略性新兴产业，增强工业经济实力。三是以大企业为主体，引导现有大企业与国际大公司对标发展，在核心领域、关键行业中拥有自主知识产权，进入产业价值链高端。要以建立行业领先优势为目标，引导龙头企业实施品牌运营战略，以成熟的品牌资源推进跨行业跨地区的兼并、收购，扩大企业规模，加快核心项目与配套产业的引进和建设，发挥骨干企业和龙头项目的集聚带动作用，推动产业链向上下游延伸，打造一批高端产业集群，实现规模效益。抓好工业园区建设，形成同类产业集中布局、上下游产业互动发展、污染集中治理、资源循环利用的发展格局，促使园区成为现代产业集聚区。

三是做大做强热带现代农业，建设国家热带现代农业生产基地。进一步完善现代农业产业体系，发展高产、优质、高效、生态、安全农业，加快发展设施农业，促进农业生产经营产业化、标准化、规模化、集约化。大力推进农业科技创新，健全公益性农业技术推广体系。积极推进现代农业示范区建设，培育休闲观光农业。在种植方面的企业，要大力发展热带名特优水果、花卉、反季节瓜菜、优质水稻、热带作物等，大力培育和发展南繁育种业；在养殖方面，充分利用“无规定动物疫病区”品牌，发展壮大特色畜牧业，进一步做大文昌鸡、东山羊、加积鸭等品牌，积极发展畜牧种苗等；在渔业方面，要积极发展远海、深海捕捞、深海养殖，大力发展淡水养殖等。

（二）狠抓项目建设，以项目推动经济快速发展

现阶段，海南经济增长仍依赖于投资扩张。要以科学发展观为指导，把项目工作贯穿到经济社会发展的方方面面，大力实施项目推进战略，大抓项目、抓大项目，以项目建设改善基础条件，以项目建设调整经济结构，以项目建设保障和改善民生，努力形成以项目建设带动就业、促进增收、助推发展的良好格局。继续按照建成投产一批、加快建设一批、争取开工一批、前期准备一批的要求，努力开创项目建设更好更快更大发展的新局面。对于竣工的项目，要尽快促其按时完工投产，形成新的生产能力，发挥经济效益；对于正在建设的项目，要切实做好项目的跟踪服务工作，及时排除影响工程进度的各种因素，督促建设单位千方百计抢工期、赶进度，确保项目早竣工、早投产、早见效；对于已批准的项目，要全力以赴帮助业主单位解决用地、用电、环评、融资等方面的困难，为尽早开工创造条件。继续抓好大项目前期谋划。充分利用资源优势，下大力谋划一批产业发展的大项目、好项目。

（三）扩大消费需求，增强消费对经济增长的拉动作用

要以扩大内旅游消费和增强居民消费能力为重点，但促进消费持续快速增长要将促进就业作为居民增收的主渠道，促进工资收入较快增长；要加大国民收入分配调整力度，增强居民特别是低收入群众消费能力。要建立全覆盖、保基本、缩差距、可转续的社会保障体系，改善消费预期。要保持政策连续性，进一步做好家电、汽车摩托车下乡工作，继续实施家电和汽车以旧换新政策，增加农机购置补贴，增加普通商品住房供给，支持居民自住和改善性购房需求，加大农村危房改造支持力度。要适应群众生活多样性、个性化的需要，引导消费结构升级。大力发展社区商业、物业、家政等便民消费，大力发展旅游休闲消费，扩大文化娱乐、体育健身等服务消费。尽快推动海南“国人离岛免税”政策实施，扩大旅游消费。

（四）进一步加强对房地产市场的宏观调控和管理，大力推动房地产业转型升级

在加大保障性住房和普通商品住房有效供给的同时，要合理引导住房消费，抑制投资投机性购房需求，进一步加大市场监管力度，整顿和规范房地产市场秩序，通过加强对房地产市场的宏观调控和管理，巩固和促进房地产市场健康平稳发展。第一，在严格贯彻执行国家宏观调控政策的同时，要结合海南当前的实际情况，采取具有针对性和灵活性的一些弹性措施，充分利用生态岛、健康岛和国际旅游岛品牌，加大宣传促销力度，促进商品房销售。第二，从长远看，要切实加强对土地供应和房地产项目开发管理，控制房地产开发节奏，推动房地产业转型升级。海南作为热带岛屿，决定了海南房地产在全国具有唯一性、稀缺性和不可再生性，在全国具有不可比拟的优势。海南是全国第一个生态示范省，一流的人居环境成为居民“二次置业”的选择。随着国内休闲度假房地产市场的兴起，海南房地产市场升值潜力巨大。为了切实提高房地产开发水平和质量，引导房地产业长期健康有序发展，应着力抓好以下几个方面的工作：一是立足于全国唯一性、稀缺性、不可再生性，强化土地供应监管，节约集约利用土地，建立起优质土地储备机制，更有秩序、更有效率地调控土地利用。二是着力提高房地产开发建设的档次和水平，重点开发面向中高端消费群体的中高档商品房。三是大力推动房地产开发由一般商住房向旅游休闲度假村、酒店式公寓等转变。

（五）加强价格监管，保持市场物价稳定

今年我省物价上涨压力仍较大，要切实加强市场价格监管，重点加强灾区食品、医药、燃料、建材、农资等商品的价格监督检查工作。要搞好市场调节，保障市场供应，做好商品特别是与人

民生活密切相关的肉禽蛋、水产品、蔬菜等供应。强化价格监督检查，严厉打击哄抬价格、串通涨价、价格欺诈、价格垄断、恶意囤积等价格违法行为。加强对重要商品市场价格变动情况的监测分析，密切关注可能引发市场价格异动的倾向性、苗头性问题，及时采取针对性的政策措施，保持市场稳定。

（六）着力保障和改善民生，促进社会和谐稳定

保障和改善民生是国际旅游岛建设发展的根本目标。要把改善民生、发展社会事业作为扩大内需、调整经济结构的重点，坚定不移加以推进。要坚持更加积极的就业政策，努力扩大就业。引导和促进劳动密集型企业、中小企业、民营经济、各种服务业加快发展，积极鼓励和支持劳动者自主创业和自谋职业，鼓励高校毕业生到城乡基层、中部地区、中小企业就业和自主创业。要完善社会保障体系，提高社会保障水平。加大对低收入群众的帮扶救助力度，进一步提高城乡低保标准，提高企业退休人员基本养老金和部分优抚对象待遇水平。加快落实医药卫生体制改革近期重点实施方案，提高应对突发公共卫生事件能力。加强廉租住房等保障性住房建设，支持棚户区改造。要优先发展教育，改善教育办学条件。要大力发展文化事业和文化产业，把满足人民日益增长的文化需求作为扩大内需的重要组成部分。

（撰稿人：符国瑄 海南省统计局局长）

“十一五”期间，海南交通部门不断加大公路交通基础设施投资力度，建设岛内公路交通主渠道。图为被誉为岛东部“黄金通道”的 G98 海南环岛高速公路。
（海南省交通运输厅提供）

重庆市经济社会发展报告

2010 年，重庆人民在市委、市政府的带领下、深入贯彻科学发展观，全面落实“314”总体部署；加快转变经济发展方式，走民生导向发展之路；主动适应国内外形势变化，以内陆开放高地和金融高地建设、民生工程、“两翼”农户万元增收工程等项目为抓手，扩内需、调结构、控通胀、惠民生，实现经济又好又快发展。

一、2010 年重庆市经济运行特征分析

（一）经济发展再创新高

2010 年，重庆市经济发展取得良好成绩，经济增速再创新高。地区生产总值达到 7894.24 亿元，同比增长 17.1%，是直辖以来发展最快的一年。经济增速居全国第 2，西部第 1 位，连续两年居全国前 3 位。

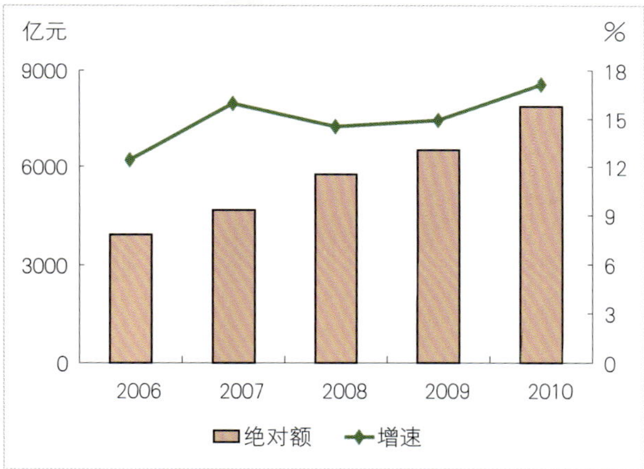

图 1　2006 – 2010 年重庆市地区生产总值

（二）调结构：工业成为推动经济发展主动力

2010 年重庆市经济结构进一步优化，工业化程度进一步加深。全年第一产业实现增加值 685.39 亿元，增长 6.1%；第二产业 4356.41 亿元，增长 22.7%；第三产业 2852.44 亿元，增长 12.4%。三次产业结构为 8.7：55.2：36.1；非农产业比重超过 90%，较上年提高 0.6 个百分点；第二产业比重提高 2.4 个百分点。

1. 工业支柱产业集群发展壮大

2010 年，重庆市工业经济总量首次突破万亿元大关，全口径总产值达 10332.45 亿元，开启工业发展“万亿时代”。全年工业实现增加值 3697.83 亿元，同比增长 22.9%，占 GDP 的 46.8%，对经济发展的贡献率达到 59.1%，工业成为推动全市经济发展的主动力。

支柱产业集群发展壮大。2010 年汽车摩托车产业总产值达 2781.71 亿元，同比增长 23.7%，仍是支柱产业中份额最大的产业；笔记本电脑基地建设的快速推进，促进电子信息产业的高速发展，全年总产值达 400.90 亿元，增长 48.1%，在五大支柱产业中增速最快（见表 1）。

工业结构出现新的可喜变化。一方面体现在工业规模化、集群化程度大幅提高，2010 年规模以上工业总产值占全口径工业总产值的比例为 88.0%，较上年提高 2.8 个百分点。规模以上工业企业数达到 7130 家，较上年增加 718 家。另一方面体现在工业产业结构的优化，汽车摩托车“一业独大”的局面在逐步改变，2010 年汽车摩托车总产值占规模以上工业的比重较上年下降

表 1　2010 年重庆市规模以上工业总产值

	绝对额（亿元）	增速（%）	占比（%）
规模以上工业总产值	9087.99	28.6	--
#汽车摩托车	2781.71	23.7	30.6
天然气石油化工	533.86	29.7	5.9
装备制造	1655.41	38.0	18.2
材料工业	1334.68	37.3	14.7
电子信息	400.90	48.1	4.4

2.5 个百分点，其他支柱产业比重均有不同程度的提升，其中装备制造业提高 1.9 个百分点。

2. 金融业对经济发展贡献日益增强

2010 年，重庆市金融业快速发展，存贷款余额较快增长，金融对经济增长的贡献率日益增强。全年金融业实现增加值 481.22 亿元，同比增长 19.8%，占 GDP 的 6.1%；金融业上缴营业税 35.79 亿元，增长 27.4%；金融机构年末存贷额余额达到 24613.84 亿元，增长 23.4%。

随着金融资产交易所等 7 个金融要素市场相继成立，加工贸易离岸结算开始运转，企业上市直接融资规模扩大，重庆市建设长江上游地区金融中心工作正快速推进。一是贷款余额与 GDP 比例进一步提高，2010 年末全市本外币贷款余额 10999.87 亿元，同比增长 24.2%；贷款余额与 GDP 的比例达到 139.3：100，较上年提高 3.7 个百分点。二是金融资金分布形态进一步优化，2010 年末本外币存款余额 13613.97 亿元，同比增长 22.8%；企业存款余额 4666.88 亿元，居民储蓄存款余额 5839.66 亿元，企业存款与居民存款的比例达到 79.9：100，较上年提高 3.1 个百分点。三是存贷比突破 80%，达到 80.8%，较上年提高 0.9 个百分点，信贷资金“洼地效应”进一步显现。四是金融机构加大对中小企业扶持力度，中小企业融资环境不断改善。2010 年有 72.9% 的规模以下工业企业将银行贷款作为融资的主要渠道，占比较上年提高 36.3 个百分点。

3. 房地产业健康发展

“低端有保障、中端有市场、高端有约束”的双轨制住房体制建设，促进了重庆市房地产市场的健康发展。总体上看，2010 年重庆市房地产市场投资性和投机性不强，刚性需求稳定，房地产业呈现较为平稳发展的态势。

2010 年，重庆市销售商品房 4314.39 万平方米，增长 7.8%；从各月累计增速看，全年呈现“先高后低再企稳”的态势，1－2 月因基数较低带来 26.3% 的较快增长，之后增幅逐步下滑，8 月触底后平稳回升（见图 2）。全年商品房销售额为 1846.94 亿元，增长 34.1%。

公租房成为潜在住宅供给的重要增长点。2010 年重庆市公租房项目新开工面积达到 1300 万平方米，占全市新开工面积的比重为 20.6%。

4. 建筑业产业化程度不断提高

在固定资产投资快速增长的推动下，重庆市建筑业生产形势良好。2010 年实现增加值 658.58 亿元，同比增长 21.4%，增长速度仅次于工业居各行业第 2 位。全年上缴营业税 52.10 亿元，增长 69.8%。

建设业产业化程度不断提高。大型建筑业企业生产规模、市场份额逐年增长。2010 年，重

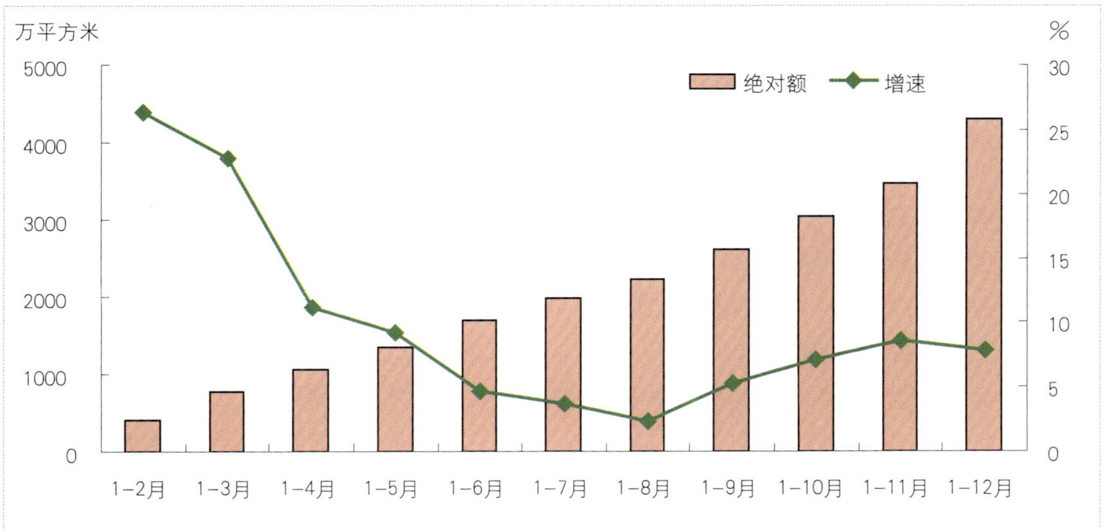

图 2　2010 年各月重庆市商品房累计销售量及同比增速

庆市施工总承包一级资质及以上完成建筑业总产值 1208.59 亿元，增长 36.9%，占建筑业总产值的 48.4%，比上年提高 2.3 个百分点；签订合同额 2513.10 亿元，占比为 57.0%，比上年提高 3.0 个百分点。

随着市场竞争力不断增强，重庆市建筑企业“走出去”步伐不断加快。2010 年全市建筑企业在外省完成产值 484.91 亿元，同比增长 43.6%，高出建筑业总产值增速 13.2 个百分点。

5. 交通运输业快速增长

宏观经济的持续向好促进了交通运输业的快速增长。2010 年重庆市交通运输邮电业实现增加值 389.55 亿元，同比增长 13.8%。

2010 年全市完成客运周转量 549.12 亿人公里，同比增长 14.1%；货物周转量 2011.03 亿吨公里，增长 22.3%。随着“二环八射”高速公路网全面建成，全市公路运输能力不断提高。全年公路完成货物周转量 610.31 亿吨公里，增长 21.3%；客运周转量 351.03 亿人公里，增长 16.5%。随着货物运输船只数量及载重量的增加和运距的延长，水上运输全年完成货物周转量 1219.28 亿吨公里，增长 25.9%。

6. 农业平稳发展

2010 年，在“两翼”农户万元增收工程大力助推下，各项支农惠农政策及时落实到位，重庆市农业、农村呈现良好的发展态势。全年农业实现增加值 685.39 亿元，增长 6.1%；粮食总产量 1156.1 万吨，增长 1.7%；油料总产量 44.4 万吨，增长 9.6%；蔬菜总产量 1309.5 万吨，增长 11.2%；肉类总产量 192.46 万吨，增长 2.5%。

值得关注的是，大规模畜禽养殖成为“两翼”区县农户万元增收致富的重要项目，产量快速增大，须加强产品营销和适时监测预警。否则可能造成销售价格的下滑，给养殖户带来损失。同时，应注意农产品生产过程中的质量控制，避免农产品工业化生产带来的食品安全问题。

（三）扩内需：投资、消费推动经济快速发展

2010 年，重庆市投资和消费保持高位快速增长，拉动经济持续快速发展。

1. 投资：持续快速增长

2010 年，随着一大批重大项目开工建设，促进重庆市固定资产投资在高位持续增长。全年完成固定资产投资 6934.80 亿元，同比增长 30.4%，增速连续两年超过 30%。

2010 年重庆市城镇完成投资 6342.98 亿元，同比增长 27.9%；农村投资呈现迅猛发展态势，在 2009 年高速增长的背景下，投资增速再创新高，全年农村投资完成 591.81 亿元，增长 64.8%，连续 3 年增速超 30% 和超同期城镇投资增速（见图 3）。

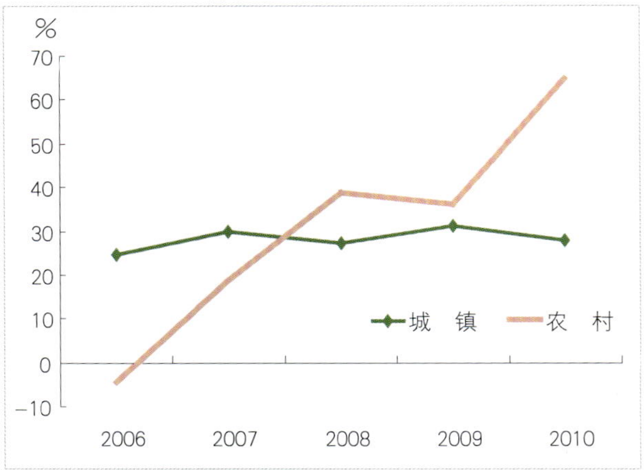

图 3　2006 - 2010 年重庆市城乡投资增长速度

2. 消费：平稳较快增长

2010 年，国家一系列促消费政策持续发挥效应，城乡居民消费意愿不断增强，消费水平不断提高，重庆市消费品市场保持平稳较快发展。全年实现社会消费品零售总额 2878.04 亿元，同比增长 19.0%。“吃穿用”等刚性消费规模稳定扩张，全年零售额分别为 216.63 亿元、181.50 亿元、60.83 亿元，分别增长 34.2%、25.7%、16.1%。家电、汽摩下乡和家电以旧换新工作成效显著，共完成销售额 119.2 亿元。居民个人消费意愿强烈，2010 年末个人短期消费贷款余额达 72.53 亿元，同比增长 95.0%。

随着“长江上游购物之都、西部会展之都、中国美食之都”建设的稳步推进，重庆市商业流

通市场发展迅速，对周边地区的聚集辐射能力进一步增强。2010年全市商品销售总额7760.18亿元，同比增长28.5%；其中批发额5329.43亿元，增长33.2%，贡献率达77.1%，是销售额快速增长的主动力；批发额增速已连续两年高于零售额，且差距由2009年的3.3个百分点扩大到13.9个百分点。

3. 内陆开放高地建设稳步推进

2010年，重庆市对外开放步伐进一步加快，充分聚集国内外先进要素，稳步推进内陆开放高地的建设。

进出口额突破百亿元，保持快速增长态势。2010年重庆市完成进出口总值124.26亿美元，同比增长61.1%；其中出口74.89亿美元，增长75.0%。“内陆型加工贸易”发展迅速，全年实现进出口总值15.87亿美元，增长122.5%；其中出口12.01亿美元，增长107.0%。

利用外来资金快速增长。2010年，重庆市外商投资实际到位63.44亿美元，同比增长58.0%；新签外商投资合同额62.59亿美元，增长68.5%。全年实际利用内资2638.29亿元，增长79.7%。利用外来资金呈现项目规模扩大的趋势，全市合同利用内资1亿元及以上项目有1097个；实际利用内资2259.87亿元，同比增长81.4%，占全市实际利用内资的85.7%；平均每个项目利用内资2.06亿元，增长14.2%。

（四）惠民生：居民生活质量稳步提高

2010年重庆市委三届七次全委会决定，用两年半时间投入3000亿元解决全市群众最关心的十大民生问题上取得重大突破。财政对民生投入不断加大，保障了“民生十条”的贯彻实施，有力地促进了市民生活质量的稳步提高。

1. 城乡居民收入较快增长

2010年，重庆市农民收入呈现快速增长的态势，全年人均纯收入5277元，同比增长17.8%，高出全国水平高2.9个百分点。其中，农民工务工工价提高及就业岗位的增加，拉动工资性收入快速增长，全年人均工资性收入2335元，增长21.7%。随着农村养老保险试点的扩大、农村居民最低生活保障线标准的提高、户籍制度改革一次性补偿的发放，农民转移性收入大幅增加，全年人均转移性收入527元，增长39.1%。2010年农村居民生活水平不断提高，全年人均生活消费性支出3625元，同比增长15.4%。农民“吃、穿、住”等消费较快增长，全年人均食品消费支出1750元，增长13.5%；恩格尔系数为48.3%，较上年下降0.8个百分点；人均衣着消费支出224元，增长12.9%；人均居住消费支出548元，增长34.9%。家电下乡政策效应持续显现，家庭设备消费档次不断提升。全年人均家庭设备用品及服务消费支出为261元，增长24.5%。

重庆市城镇居民人均可支配收入17532元，同比增长11.3%。四项收入中，除工资性收入增速（7.7%）较低以外，经营净收入、财产性收入、转移性收入增速均超过20%，分别为24.0%、23.1%和20.1%。全市开展的一系列“送温暖惠民生”工程带来低收入群体收入的较快增长。全年城镇居民10%的最低收入户人均可支配收入为7506元，增长11.1%；最高10%收入户与最低10%收入户的可支配收入比由上年的4.92：1缩小至4.88：1。全年城镇居民人均消费支出13335元，同比增长9.8%。食品、衣着、居住等八大类消费呈现全面增长态势。其中，人均食品消费支出5013元，增长9.5%；恩格尔系数为37.6%，较上年降低0.1个百分点。得益于医疗体制改革和覆盖全体城乡居民的医保制度的建立，全市城镇居民医疗保健支出增速放缓，全年为1021元，增长3.9%，增速较上年下降8.0个百分点。

2. 财政投入向民生领域倾斜

2010年，重庆市地方财政收入1990.62亿元，同比增长70.8%，其中一般预算收入1018.36亿元，增长49.4%。地方财政支出2749.53亿元，增长48.4%；其中一般预算支出1770.96亿元，增长29.1%。

2010年，重庆市财政在教育、社保、医疗、公租房等民生工程上共投入917亿元，占一般预算支出的51.8%，使居民“学有所教、劳有所得、病有所医、老有所养、住有所居”，同时生态保护和城乡建设力度也进一步提高。

（五）控通胀：价格上涨略低于全国水平

1. 居民消费价格指数略低于全国水平

2010 年，重庆市市场物价在 2009 年相对较低水平基础上呈现逐月温和上涨、累计涨幅持续扩大的态势。全年居民消费价格总水平比上年上涨 3.2%，较全国水平低 0.1 个百分点。价格总水平 3.2% 的涨幅略高于 3% 的通货膨胀警戒线，在全市居民消费价格指数水平近十年的变动中居第 4 位，属于可控的温和通胀（见图 4）。

2010 年，新涨价因素对全市价格总水平上升起主导作用，占比达到 72.1%。与居民生活密切相关的食品、居住、服务项目等类别上涨较快。受粮食和蔬菜等价格上涨影响，食品价格同比上涨 6.5%，拉动居民消费价格总水平上涨 2.07 个百分点，是价格总水平上涨的最主要推动力。受房贷利率、房租价格上涨影响，全年居住价格同比上涨 5.4%。受学杂托幼费、家庭服务、交通费等上涨影响，全年服务项目价格同比上涨 4.6%。

2. 工业品出厂价格指数低于全国水平

2010 年，重庆市工业品价格在上年负增长的基础上，受国际市场原油价格和有色金属价格上涨等输入性因素以及原材料和人工成本上涨等内生性因素共同影响呈现较快上涨的态势，全年工业品出厂价格同比上涨 3.1%，原材料、燃料、动力购进价格上涨 6.9%，涨幅分别较全国低 2.4 和 2.7 个百分点。

受投资需求快速增长的影响，2010 年生产资料价格同比上涨 3.9%，对工业品价格上涨的贡献率为 95.8%，是价格上涨最主要的推动力。同期处于价格链下游的生活资料价格上涨 0.5%，保持平稳发展态势。

（六）增效率：节能降耗全面完成“十一五”目标

2010 年，重庆市能耗水平不断下降，能源利用效率得到明显改善和提高。全年规模以上工业综合能源消费量 3204.09 万吨标准煤，同比增长 15.4%；单位工业增加值能耗下降 6.7%。全社会电力消费量共 625.05 亿千瓦时，增长 17.1%。

“十一五”期间，重庆市节能政策和措施得到充分落实，节能成效明显，单位 GDP 能耗累计下降 20.97%，单位工业增加值能耗下降 36.02%，单位 GDP 电耗下降 9.81%，全面完成“十一五”期间节能降耗总体目标。

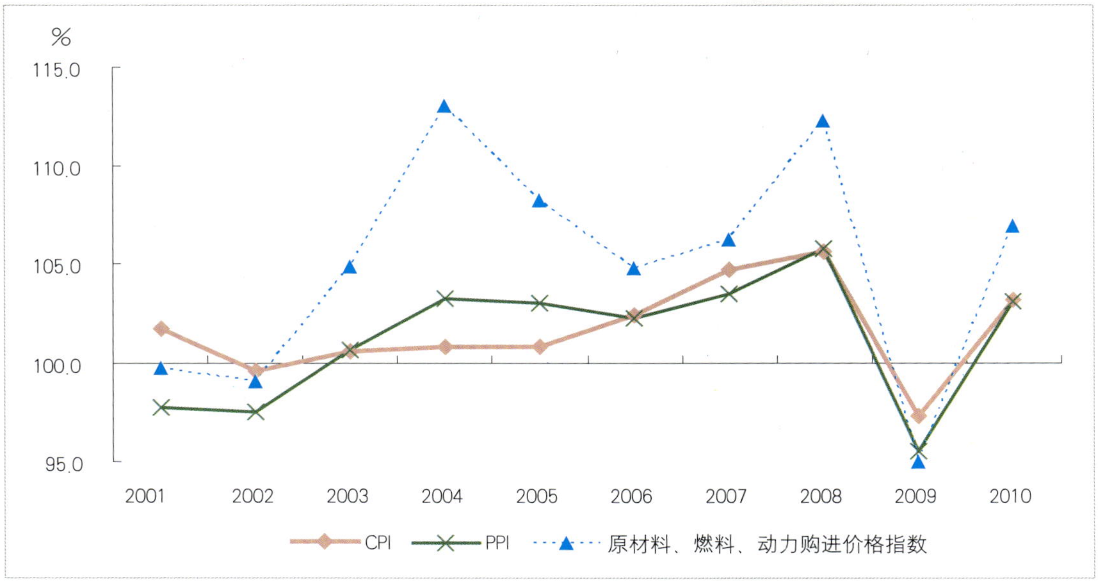

图 4　2001 – 2010 年重庆市主要价格指数走势

渝香203—米粒．渝香203：国家审定品种，优质高产耐高温杂交水稻新品种，米质达国颁二级优质米标准，平均亩产可达580公斤，适宜在长江上游高温伏旱区种植。（重庆市农科院提供）

二、对2011年经济运行形势的展望

2011年是“十二五”时期开局之年，也是完成“314”总体部署，实现科学发展，加快转变经济发展方式，走民生导向发展之路的重要一年。“五个重庆”建设、十大民生工程、内陆开放高地和金融中心建设等将继续支撑全市经济持续较快发展。

综合分析国内外形势，2011年经济发展环境将延续2010年的良好态势。主要表现在：一是国外环境尽管仍具有不确定性，但截至目前为止，美国和欧盟等主要发达经济体继续延续着温和复苏状态；二是随着我国“十二五”时期扩内需、调结构、加快经济发展方式的转变等重大战略性调整，全国区域经济发展格局或将发生重大变化，东部产业转移将加快，西部优势将进一步凸现。三是全市工业化、城镇化、信息化进程将进一步加快，经济发展内生动力依然强劲。“十一五”期间2万多亿投资的综合效应将持续释放，汽摩产业、电子信息、装备制造、化工等支柱产业的发展壮大将保障全市工业继续在健康快速的轨道中运行；“五个重庆”建设，将进一步提升城市形象，改善发展环境，吸引各种资源要素，促进内陆开放高地、长江上游金融中心的推进；2011年是十大民生工程和“两翼”农户万元增收工程的关键之年，随着民生的改善，居民消费需求进一步稳固，内需进一步增强。

从不利因素来看，一是货币政策由适度宽松转为稳健，国内信贷规模有可能趋紧。二是食品价格长期上涨趋势短期不可能扭转，物价上涨压力仍然突出，通货膨胀预期仍然存在。三是房地产和汽车消费调控政策有可能对相关工业和商贸行业的发展带来一定的负面影响。

总体而言，2011年重庆市经济发展将呈现“先低后高再企稳”的态势。

（撰稿人：蓝庆华 重庆统计局局长）

渝早橙：重庆市品种审定。早熟丰产稳产甜橙新品种。亩产达2500公斤以上，加工出汁率高达62.4%，可提早鲜果采收和橙汁加工原料供应期1个月左右。（重庆市农科院提供）

四川省经济社会发展报告

2010年，在党中央、国务院的领导下，省委、省政府带领全省各族人民，围绕“两个加快”，紧紧抓住扩大内需、灾后恢复重建和实施西部大开发的重大机遇，坚持“巩固回升、加快发展”的工作基调，大力实施“三个全面推动”，灾后恢复重建任务基本完成，全省经济发展加快。

一、经济运行的基本态势

一年来，农业和农村经济稳定发展，工业增长较快，投资和消费需求继续扩大，财政增收步伐加快，城乡居民收入水平明显提高，全省经济呈现基础巩固、发展加快、质量提高的良好运行态势。全省实现地区生产总值（GDP）16898.6亿元，超过上海市26.2亿元，居全国第8位，比上年上升1位；比上年增长15.1%，增幅比上年提高0.6个百分点，比全国高4.8个百分点，增速居全国第5位，在17个GDP总量过万亿的省份中居第1位。其中，第一产业2483亿元，增长4.4%；第二产业8565.2亿元，增长22%；第三产业5850.4亿元，增长10%。

表1　2010年全省主要经济指标

指　标	12月	同比增长(%)	全年累计	累计增长(%)
GDP(亿元)	—	—	16898.6	15.1
规模以上工业增加值(亿元)	—	—	6840	23.5
全社会固定资产投资(亿元)	1237.3	5.1	13582.0	13.0
社会消费品零售总额(亿元)	652.2	19.9	6634.7	18.7
城镇居民可支配收入（元）	—	—	15461	11.7
农民人均纯收入（元）	—	—	5140	15.1
居民消费价格指数(%)	104.7	4.7	103.2	3.2
工业品出厂价格指数(%)	107.5	7.5	105.0	5.0
城乡居民储蓄存款余额(亿元)	—	—	13650.8	17.9
进出口总额（亿美元）	31.1	-16.3	327.8	35.6

经济运行的主要特征：

一是灾后恢复重建快速推进，灾区经济加快恢复发展

截至去年9月，灾后恢复重建两年，“三年目标任务两年基本完成”要求如期实现。据调查，71.7%的灾区居民已住进安全可靠、经济适用、功能齐全、设施配套、环境优化的重建住房，26.6%的灾区居民已住进经修复加固、符合抗震设防要求的住房，基本实现了“家家有房住”的目标。重灾地区共帮助近160万受灾居民实现就业或再就业，成都、德阳、绵阳、广元、雅安、阿坝6个重灾市州就业状况已基本恢复到震前水平。两年来，重灾地区经济加快恢复发展，经济发展能力显著增强，主要经济指标增幅持续高于全省平均水平。

二是农业生产稳定，工业增长较快，生产发展加快

农业方面：2010年，全省农业生产克服了干旱、暴雨、泥石流、病虫害等多种因素的不良影响，实现了稳定增长。初步统计，全年实现农林牧渔业总产值4082亿元，增长4.5%；实现农业增加值2483亿元，增长4.4%，增速比上年同期提高0.4个百分点。粮食产量连续4年增产，全年粮食总产量比上年增产0.9%。油菜籽实现连续9年增产，总产量首次突破200万吨，达到205.2万吨，增长2.7%。畜牧业生产稳定发展，全年出栏肉猪增长3.8%。全年水产品产量105万吨，增长4.5%。林业生态建设速度加快，全年完成造林总面积601万亩。

工业方面：在扩大内需、灾后恢复重建等因素的促进作用下，工业生产延续2009年以来的恢复回升态势，实现了加快发展。全年规模以上工业增加值增长23.5%，增速比上年提高2.3

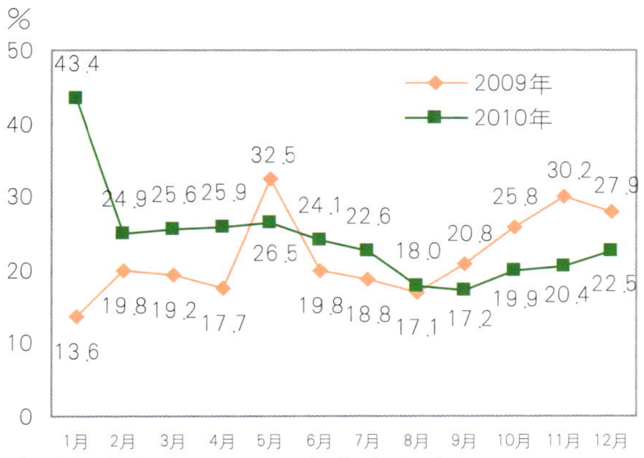

图 1　分月规模以上工业增加值增长速度

个百分点，增速列第 3（天津、广西和重庆增长 23.7%，增速并列第 1；安徽、湖北两省增长 23.6%，增速并列第 2；四川增长 23.5%，增速列第 3），在工业总量前 10 位的省（市）中四川规上工业增速位居第 1 位。

工业运行的主要特征：

1. 工业企业规模扩大。2010 年末，四川规模以上工业企业户数达 13806 户，占全国 3.1%，比“十五”末期比重提高 0.2 个百分点。全年新建投产规模以上工业企业 1115 户，对全省规上工业增速贡献 12.2%。

2. 优势产业发展加快。资源工业类、农副产品加工类和重装设备制造类产业优势明显；优势产品产量增加，其中水电发电量占全国 17%，天然气产量占全国 24%，铁矿石产量占全国 9%。承接东部产业转移初见成效，信息产业发展良好，富士康、戴尔、仁宝等全球 IT 产业领军企业纷纷布局成都、辐射四川，将带动 IT 产业链的形成。

3. 工业出口高速增长。全年有出口实绩的规上工业企业 665 户，实现出口交货值 855.7 亿元，增长 66.7%；占全省规上工业销售产值 3.7%，比重较去年提高 0.6 个百分点；占全省出口总额的 67.1%，是全省出口的主力军。其中，工业制成品出口居主导地位，占全省对外出口总量的 96.0%。

4. 工业增长快于全国。2010 年，全省工业持续快速增长，增速始终高于全国平均水平，一季度、上半年和前三季度，四川规模以上工业增加值增速分别比全国平均水平高 10.8 个、10 个和 7.8 个百分点，全年增速比全国高 7.8 个百分点。

三是投资规模扩大，消费市场稳定增长，需求继续扩大

投资方面：2010 年，全省投资规模继续扩大，月投资规模始终保持在千亿以上，全年累计完成固定资产投资 13582.0 亿元，比上年增长 13.0%。

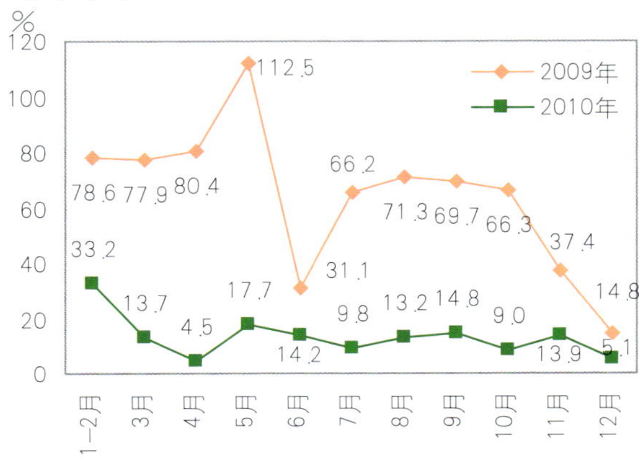

图 2　分月全社会固定资产投资增长速度

投资增长的主要方面：

1. 重大项目带动作用增强。500 万元以上项目完成投资 10746.6 亿元，增长 17.7%，增速比同期全社会投资快 4.7 个百分点，占全社会投资的比重由上年同期的 76% 提升到 79.1%。

2. 工业和第三产业投资增长较快。第二产业完成投资 5169.5 亿元，增长 12.7%。其中，工业投资 5110.8 亿元，增长 14.2%，比全社会投资快 1.2 个百分点。同时，第三产业投资加快增长，完成投资 7911.6 亿元，增长 14.6%，比全社会投资快 1.4 个百分点，占全社会投资的 58.3%，比上年同期提高 0.9 个百分点。其中，交通运输业完成投资 1805.6 亿元，增长 31.1%。

3. 民营企业投资力度增强。民营企业自主投资力度增强，成为替代灾后恢复重建投资、推动四川投资保持稳定增长的重要动力。2010 年，

民营企业投资增长 24.2%，增速比国有控股投资快 7.7 个百分点。

4. 资金到位情况良好。2010 年，全省固定资产投资到位资金 15383.9 亿元，增长 19.1%。其中，国家预算内资金增长 22.3%，国内贷款增长 38.9%，自筹资金增长 17.4%。

消费方面：受城乡居民收入增长和家电下乡等促进消费政策等有利因素影响，消费品零售市场实现较快增长。2010 年，全省实现社会消费品零售总额 6634.7 亿元，比上年增长 18.7%，增速比上年提高 2.2 个百分点，增速居全国第 17 位。

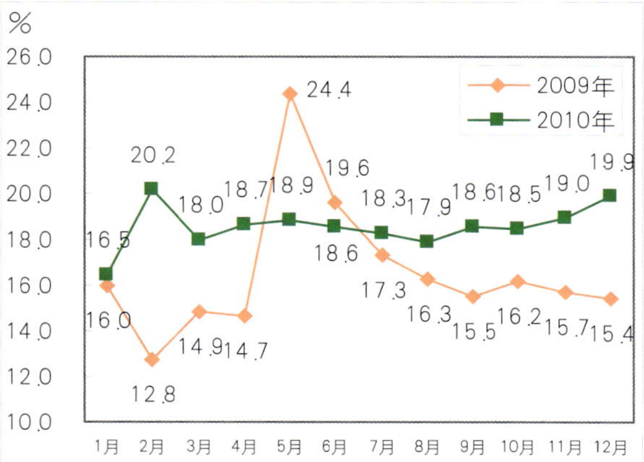

图 3　分月社会消费品零售总额增长速度

消费品零售市场的主要特点：

一是批发零售业稳定发展。全年批发零售业零售额增长 17.9%，拉动消费品市场增长 15.3 个百分点，住宿餐饮业零售额增长 23.3%。

二是城乡市场共同繁荣。城镇市场实现零售额 5318.0 亿元，增长 18.6%；乡村市场实现零售额 1316.7 亿元，增长 18.9%，快于城镇市场 0.3 个百分点。

三是汽车、家电等消费热点产品持续旺销。汽车类销售实现零售额 622.5 亿元，增长 22.2%，拉动社会消费品零售总额增长 2.0 个百分点。家电下乡产品持续热销，全年销售下乡产品 493.9 万台（部），增长 36.8%，销售额突破百亿元大关，达到 109.7 亿元，增长 76.6%。

外贸方面：随着国际宏观经济形势的逐步好转，外贸进出口总额大幅恢复回升，全省实现外贸进出口总额 327.8 亿美元，居全国第 11 位；比上年增长 35.6%，增幅比上年同期提高 26.0 个百分点，增幅居全国 21 位。其中，出口 188.5 亿美元，居全国第 11 位；比上年增长 33.0%，增幅提高 25.2 个百分点，增幅居全国第 23 位。

四是财政增收步伐加快，工业利润大幅增长，经济运行质量提高

2010 年，完成地方财政一般预算收入 1561 亿元，增长 32.9%。工业利润突破千亿大关，全年规模以上工业企业实现利润总额 1469.5 亿元，增长 51.6 %，增幅比上年高 17.2 个百分点，增幅创近十年新高；全省规模以上工业企业上缴税金 1260.2 亿元，增长 39.9%。

受最低工资标准上调、企业效益好转及改善民生、扩大内需政策措施等因素的影响，城乡居民收入稳定增加。2010 年，城镇居民人均可支配收入 15461 元，增长 11.7%，增幅比上年提高 1.6 个百分点。农民人均纯收入 3087 元，增长 14.0%。

五是劳动就业扩大，物价总体稳定，经济运行环境较好

去年以来，各地进一步加大贯彻落实省委、省政府促进就业各项优惠政策力度，城乡就业不断增加。2010 年末，全省城乡就业人员达 4773 万人，比年初增加 16.4 万人，城乡就业结构由年初的 28.3:71.7 调整为 29：71，就业结构继续改善。社会保障规模继续扩大，全省参加养老保险人数 1301.1 万人，比上年末增加 124.9 万人；参加基本医疗保险人数 2065.9 万人，比上年末增加 72.7 万人；参加失业保险人数 464.7 万人；参加工伤保险人数 583.8 万人；参加生育保险人数 484.2 万人。参加农村新型社会养老保险人数为 669.6 万人，比上年末增加 430.5 万人，超年度目标的 86%。

2010 年末，全社会金融机构人民币各项存款余额 30299.7 亿元，增长 21.3%，增幅比上年回落 12.5 个百分点。其中，城乡居民储蓄存款余额 13650.8 亿元，增长 17.9%。全社会金融

机构人民币各项贷款余额19129.8亿元，增长22.4%，增幅比上年回落17.8个百分点。

去年以来，我省市场物价总体稳定，但月度涨幅逐步提高，居民消费价格指数从1月的上涨0.8%，提高到12月份上涨4.7%；全年，CPI上涨3.2%，涨幅比上年扩大2.4个百分点，涨幅居全国第14位。居民消费价格中的八大类商品呈“七涨一跌”态势，其中食品价格上涨6.1%。

表2 2010年居民消费价格指数

单位：%

类别及品名	同比	环比	累计比
居民消费价格总指数	104.7	100.3	103.2
一、食品	109.3	100.5	106.1
其中：粮食	114.9	101.5	109.8
油脂	110.8	102.5	101.1
猪肉	114.8	104.1	102.9
二、烟酒及用品	101.3	100.1	101.8
三、衣着	99.2	100.1	99.1
四、家庭设备用品及维修服务	102.0	100.2	100.8
五、医疗保健和个人用品	104.9	100.1	104.3
六、交通和通讯	101.0	100.0	100.7
七、娱乐教育文化用品及服务	100.4	100.0	100.6
八、居住	104.7	100.6	103.1

受工业经济快速恢复回升影响，工业品出厂价格稳步上涨。全年PPI同比上涨5.0%，涨幅比上年回升8.5个百分点。原材料、燃料、动力购进价格同比上涨6.1%。

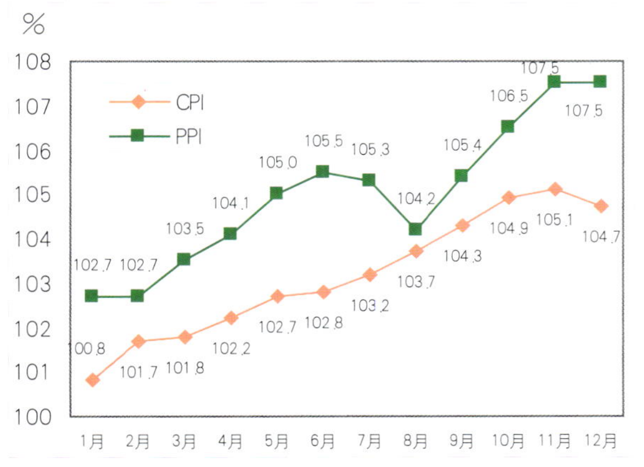

图4 2010年分月CPI、PPI走势

二、当前值得关注的几个问题

2010年全省经济加快发展的形势较好，但在经济运行中依然存在一些值得关注的矛盾和问题。主要表现为：

一是通货膨胀压力较大。尽管去年市场物价总体平稳，但受货币供应增加、全球极端气候和“量化宽松”货币政策刺激全球大宗商品价格上涨等因素的影响，居民消费价格涨幅自年初以来持续上扬，其中食品类价格上涨幅度较大，推动居民消费价格上涨2个百分点。同时，PPI涨幅扩大对CPI传导预期增强，通胀压力有所增大。

二是结构调整压力较大。尽管2010年我省产业结构调整取得进展，但总体产业层次依然较低。尤其是当前我省正处于工业化加速发展阶段，第三产业比重有所降低，2010年第三产业比重比上年下降2.4个百分点。同时，工业内部结构性矛盾突出，电力、化工、水泥、煤炭4个高耗能、资源性行业增加值占全省规模以上工业增加值的28.6%，工业用电量占73%，结构调整压力较大。

三是城乡居民收入水平相对较低。尽管2010年城乡居民收入增长幅度提高，但总体上低于经济增长速度，收入水平与全国平均水平的差距仍然较大。2010年，我省城镇居民人均可支配收入落后全国平均水平3648元，农民人均纯收入落后全国平均水平832元，预计均在全国排位靠后。按照“十二五”居民收入与经济增长同步的发展要求，加快城乡居民增收和缩小城乡居民收入差距的难度较大。

四是加快民族地区发展任务艰巨。目前，我省地区发展不平衡的现象较为突出，地区生产总值和地方财政收入占全省的比重均不到7%，农民人均纯收入仅为全省的70%左右。其中，甘孜州农民人均纯收入仅相当于全省平均水平的54%左右。加快民族地区经济发展，实现藏区跨越式发展的任务十分艰巨。

三、对今年经济走势的基本分析和判断

去年，全省经济加快发展，基础更加牢固。

展望今年，保持平稳较快增长的趋势较强。主要基于以下因素分析：

（一）加快发展的有利因素较多

一是宏观环境继续好转。世界经济呈现发达经济体增长较迟缓、新兴市场和发展中经济体增长迅速的“双速”复苏特征，我国实施积极财政政策和稳健货币政策，将促进国民经济保持平稳较快增长。国际货币基金组织预测，2011 年世界经济将增长 4.2%，中国经济增长 9.6%。

二是面临新的发展机遇。在面临新一轮西部大开发、扩大内需、灾区振兴发展和国家支持民族地区实现跨越式发展等重大发展机遇的同时，与华南华中、西南西北以及中亚、东南亚交通走廊的形成，交通瓶颈将进一步改善突；中国 - 东盟自由贸易区建设，将进一步拓展我省工业和贸易的市场空间；成渝经济区的建设与发展将进一步增强对全省的辐射作用，城市工业集群空间布局的均衡性将进一步增强工业竞争能力。条件改善和市场空间扩大，给我省工业、贸易、物流等产业带来了新的发展机遇。

三是内生动力明显增强。财政收入增长，工业利润提高，劳动就业扩大，城乡居民增收，经济增长动力增强。同时，新开工项目增多，重大项目建设对投资增长的支撑带动作用增强，基础设施、优势资源开发、特色优势产业等投资建设力度将进一步增大，投资需求扩大势头增强。

四是企业信心上升。在经济增长加快的同时，企业家信心、企业生产景气持续上行。去年四季度，企业家信心指数和企业景气指数在中度景气区间均比上季度上升 2.8 点，分别升至 132.1 点和 130.9 点，企业生产经营将进一步好转。

（二）影响经济增长的不利因素依然存在

主要表现是在稳健货币政策条件下，资金投放力度减弱，生产和投资资金筹措难度将有所增大；我省工业生产高载能、资源性特征明显，高耗能行业比重较大，结构调整的难度较大；工业产品在全国市场占有率不高，工业竞争力依然较弱；输入型和成本型推动通胀压力增大，物价涨幅呈现扩大趋势。

（三）经济增长周期表现出未来平稳发展趋势

从经济增长周期趋势来看，世界经济处于金融危机后恢复增长周期，深层次结构调整以及去杠杆化的长期过程使经济增长将低于过去平均水平；我国经济处于转变经济发展方式周期，结构调整贯穿始终，经济将保持平稳较快增长。在两个周期叠加运行的格局中，我省正处于灾后全面恢复、加快发展的新一轮经济增长周期，经过连续两年的加快发展，经济增长进入平稳较快发展阶段。

综合以上分析，今年全省经济仍将保持平稳较快的发展态势。

（撰稿人：刘晓华 四川省统计局局长）

贵州省经济社会发展报告

2010年，全省人民在省委、省政府的正确领导下，坚持以邓小平理论和“三个代表”重要思想为指导，深入贯彻落实科学发展观，按照中央转方式、调结构的总体要求，全面贯彻中央的各项决策部署，努力克服特大旱灾等自然灾害带来的不利影响，国民经济保持平稳较快增长，社会事业全面进步。

一、经济社会发展的总体情况

初步核算，2010年全省生产总值为4593.97亿元，比上年增长12.8%。分季度看，1季度增长12.2%，1-2季度增长10.3%，1-3季度增长11.5%，呈现高开低走后逐步走高的态势。分产业看，第一产业增加值630.33亿元，增长4.7%；第二产业增加值1800.06亿元，增长16.6%；第三产业增加值2163.58亿元，增长12.1%。第一、第二、第三产业占生产总值的比重分别为13.7%、39.2%和47.1%，与上年相比，第一、第三产业比重分别下降0.4个和1.1个百分点，第二产业比重提高1.5个百分点。

从生产总值、规模以上工业增加值、城镇固定资产投资、社会消费品零售总额、出口总额、一般预算收入、城镇居民人均可支配收入、农民人均纯收入等8项主要经济指标看，均实现不同程度增长，增长速度与上年相比呈现“六高二低”的态势。加快增长的指标有生产总值、规模以上工业增加值、社会消费品零售总额、出口总额、一般预算收入和农民人均纯收入，增速分别比上年提高1.4个、5.2个、2.9个、69.8个、9.1个和3.4个百分点；增速有所降低的指标有城镇固定资产投资和城镇居民人均可支配收入，分别比上年降低1.1个和3.9个百分点。

除一般预算收入外，其余七项主要经济指标2010年增长速度与全国相比呈现“六快一慢”的格局。增速快于全国的有生产总值、规模以上工业增加值、城镇固定资产投资、社会消费品零售总额、出口总额和农民人均纯收入，增速分别比全国高2.5个、0.1个、2.8个、0.8个、10.2个和0.7个百分点，其中规模以上工业增加值、城镇固定资产投资、出口总额和农民人均纯收入等四项指标的增速均由上年的低于全国转为高于全国；增速低于全国的是城镇居民人均可支配收入，由上年的高于全国0.6个百分点，转为低于全国1.3个百分点。

从七项指标增速在全国各省份的位次看，2010年与上年比呈现“四升二降一不变”的格局：位次上升的有生产总值、城镇固定资产投资、社会消费品零售总额和农民人均纯收入等四项指标的增速，分别由上年的第20位、第22位、第13位、第24位上升到2010年的第18位、第13位、第5位和第13位；位次下降的有规模以上工业增加值和城镇居民人均可支配收入两项指标的增速，分别由第23位、第9位下降到第25位和第27位；位次不变的是出口总额增速，均为第18位。从七项指标增速在西部各省份的位次看，2010年与上年比呈现“五升二降”的格局：位次上升的有生产总值、规模以上工业增加值、城镇固定资产投资、社会消费品零售总额和农民人均纯收入等五项指标的增速，分别由第9位、第10位、第10位、第7位、第11位上升到第8位、第9位、第5位、第1位和第6位；位次下降的是出口总额和城镇居民人均可支配收入两项指标的增速，分别由第6位、第5位下降到第9位和第10位。

整体上看，2010年贵州经济发展多数指标增速快于上年、高于全国，且在全国各省份及西部各省份的位次均有所提升，是经济加快发展的一年。

二、经济社会发展的主要特点

（一）农业、工业、服务业全面发展，社会总供给能力进一步增强

1. 农业生产形势总体稳定。2010 年，面对特大旱灾等自然灾害的不利影响，全省上下沉着应对，积极实施各项强农惠农政策措施，全力抓好农业生产。在上半年受夏粮减产影响，全省农业增加值比上年同期下降 2.2% 的情况下，通过秋粮的弥补和畜牧业发展的带动，全年农业增加值仍突破 600 亿元，达到 630.33 亿元，比上年增长 4.7%，增速比上年提高 0.4 个百分点，与“十一五”时期农业增加值年平均增速持平。

主要农作物种植面积继续扩大，全年粮食作物、油料和蔬菜种植面积分别比上年增长 1.8%、3.1% 和 8.1%。主要农产品中，茶叶、中药材、蔬菜产量增长较快，分别比上年增长 24.8%、22.5% 和 11.5%；受旱灾影响，粮食、油料分别比上年减产 4.8% 和 23.3%。畜牧业较快发展，全年猪、牛、羊出栏数分别比上年增长 5.8%、4.8% 和 4.5%，肉类总产量增长 5.6%。林业稳步发展，竹笋片、五倍籽、核桃、板栗等主要林产品产量增长较快，分别比上年增长 47.9%、40.2%、17.0% 和 11.8%。渔业较快增长，全年水产品产量 8.79 万吨，比上年增长 9.5%。

2. 工业经济实现较快增长。2010 年，全省规模以上工业增加值比上年增长 15.8%，增速比上年提高 5.2 个百分点。其中，轻工业增长 15.9%，重工业增长 15.7%，分别比上年提高 4.3 个和 5.5 个百分点。从月度情况看，受节能减排目标约束影响，工业生产在前三季度整体上逐月趋缓，但自 10 月份起企稳回升，全年仍实现了较快增长。规模以上工业增加值增速与上年同期比，除 1-2 月累计增速略低于上年外，其余月份累计增速均明显高于上年，较快增长的态势进一步巩固。

在 18 个主要工业行业中，除非金属矿采选业增加值比上年下降 3.3% 外，其余均实现增长，其中，非金属矿物制品业、煤炭开采和洗选业、黑色金属冶炼及压延加工业、饮料制造业等行业

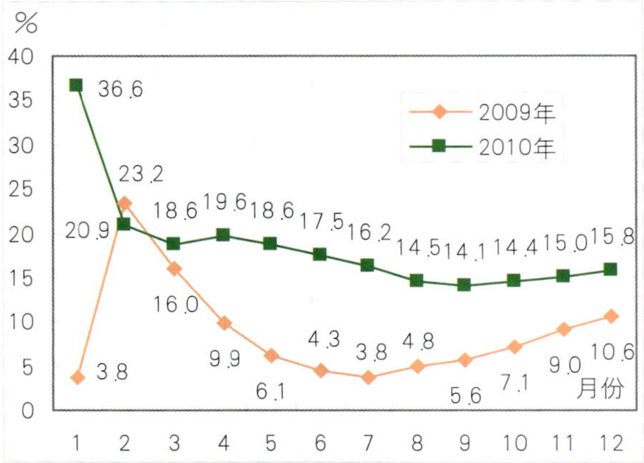

图 1　2009 及 2010 年规模以上工业增加值逐月累计增速比较

增长较快，分别比上年增长 37.1%、23.9%、20.4% 和 17.2%。在 30 种主要工业产品中，有 22 种实现增长，增长较快的有水泥、磷酸铵肥、集成电路、硫酸、化肥、饮料酒等，分别比上年增长 37.7%、25.2%、23.9%、19.8%、17.9% 和 17.2%。产销衔接情况好于上年，全年规模以上工业产销率为 95.4%，比上年提高 0.4 个百分点。

3. 服务业继续保持较快增长。2010 年，全省服务业增长呈现前低后高的态势。一季度服务业增加值比上年同期增长 9.1%，上半年增长 9.2%，前三季度增长 10.8%，全年服务业增加值突破 2000 亿元，达到 2163.58 亿元，比上年增长 12.1%。其中交通运输、仓储和邮政业平稳较快发展，全年铁路、公路、水运货物周转量、旅客周转量分别比上年增长 11.3% 和 16.8%，邮电业务总量增长 24.5%，交通运输、仓储和邮政业实现增加值 472.71 亿元，增长 15.2%，增速比上年提高 9.9 个百分点；旅游业实现快速发展，据省旅游局统计，2010 年全省接待旅游总人数为 12913.02 万人次，比上年增长 23.7%，实现旅游总收入 1061.23 亿元，比上年增长 31.8%；批发和零售业、住宿和餐饮业继续保持较快发展，行业增加值分别比上年增长 21.6% 和 16.6%，增速分别比上年提高 0.8 个和 0.61 个百分点。

（二）“三驾马车”拉动经济增长的基本面得以保持，社会总需求扩张步伐加快

1. 固定资产投资平稳快速增长。2010 年，全省固定资产投资延续了上年快速增长势头，投资规模不断扩大。全年全社会固定资产投资完成额突破 3000 亿元关口，达到 3186.28 亿元。分季度看，1 季度累计比上年同期增长 23.4%，1-2 季度累计增长 27.7%，1-3 季度累计增长 28.5%，全年累计增长 30%，呈现不断加快发展的态势。分城乡看，全年城镇固定资产投资完成 2699.86 亿元，比上年增长 29%；农村投资完成 486.42 亿元，增长 36.1%。

从月度情况看，城镇固定资产投资完成情况较为平稳。各月度城镇固定资产投资累计增速虽低于上年同期，但仍保持在 20% 之上的较快速度增长，且与上年同期增速的差距逐步收窄。

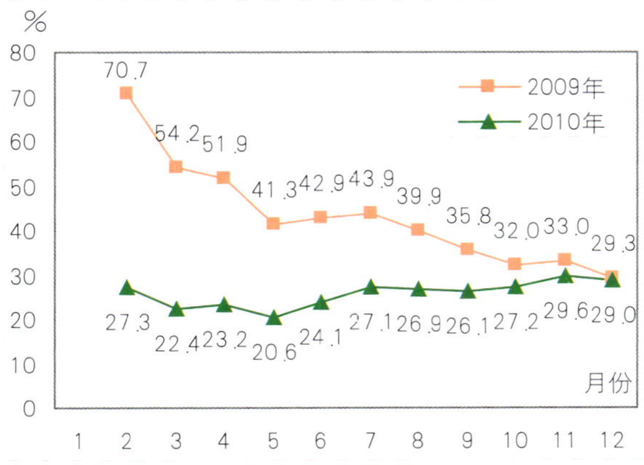

图 2　2009 及 2010 年城镇固定资产投资逐月累计增速比较

在城镇固定资产投资中，基本建设投资完成 1588.05 亿元，比上年增长 25.5%；更新改造投资完成 468.95 亿元，增长 24.8%；房地产开发投资完成 556.69 亿元，增长 49.9%。以交通和水利为重点的基础设施建设继续快速推进。全年城镇固定资产投资中用于交通运输、仓储和邮政业的投资 589.65 亿元，比上年增长 41.4%，其中，公路、铁路建设投资分别完成 434.58 亿元和 128.46 亿元，增长 40.6% 和 44.8%；用于水利、环境和公共设施管理业的投资 315.13 亿元，比上年增长 49.7%，其中用于水利管理业的投资 39.26 亿元，增长 77.7%。社会事业和民生领域薄弱环节投资快速增长。全年城镇固定资产中用于教育事业的投资 51.58 亿元，比上年增长 33.4%；用于卫生、社会保障和社会福利业的投资 21.87 亿元，增长 43.3%。

2. 消费品市场继续保持活跃态势。2010 年以来，全省消费需求延续了去年以来平稳较快增长的良好势头。随着城乡居民收入的不断增加，以及“家电下乡”、“以旧换新”等各项促进消费政策进一步推进落实，加上节假日消费的带动，全省城乡消费品市场发展较快。全年实现社会消费品零售总额 1482.68 亿元，比上年增长 18.9%。按经营地统计，城镇消费品零售额 1213.66 亿元，增长 19.6%；乡村消费品零售额 269.02 亿元，增长 15.9%。分行业看，批发业 122.69 亿元，增长 22.5%；零售业 1206.82 亿元，增长 19.0%；住宿业 11.68 亿元，增长 16.6%；餐饮业 141.50 亿元，增长 15.2%。

从月度情况看，社会消费品零售总额运行情况较为平稳，各月度累计保持在 19% 左右，与上年的运行态势基本保持一致。

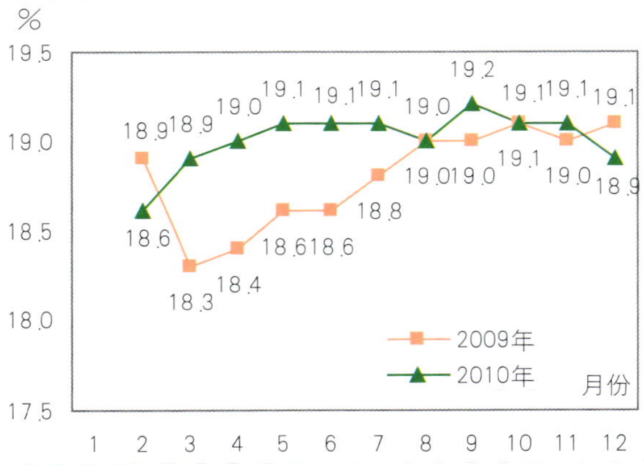

图 3　2009 及 2010 年社会消费品零售总额逐月累计增速比较

3. 进出口贸易大幅度增长。随着国际经济形势逐渐向好和全国经济持续回暖，以及开拓国际市场力度的加大，2010 年全省进出口贸易全面扭转了上年持续下滑的局面，实现大幅度增长。全年完成进出口总额 31.38 亿美元，比上年增长 36.0%。其中，进口总额 12.19 亿美元，增长 28.5%；出口总额 19.19 亿美元，增长 41.3%。

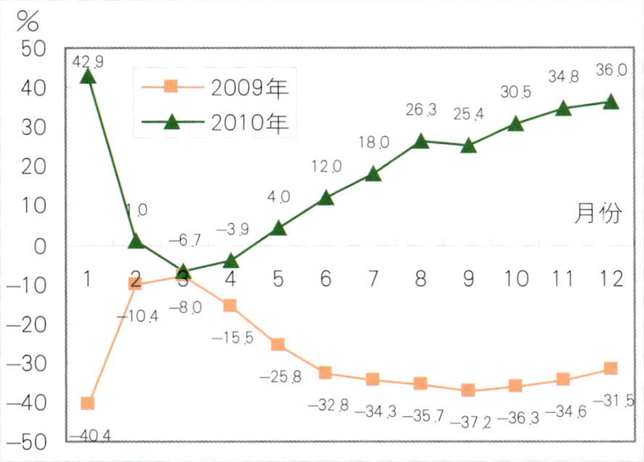

图 4　2009 及 2010 年进出口总额逐月累计增速比较

从月度情况看，进出口贸易呈现高开骤降后逐步走高的态势。

（三）财政收入、企业利润和居民收入继续增长，经济运行质量进一步改善

1. 财政总收入和一般预算收入增长速度明显加快，双双达到改革开放以来历史次高位。全年完成财政总收入 969.73 亿元，比上年增长 24.4%，增速比上年提高 8.8 个百分点，自改革开放以来仅次于 2005 年的 25.3%。其中，一般预算收入 533.89 亿元，比上年增长 28.2%，增速比上年加快 9.1 个百分点，自改革开放以来仅次于 1985 年的 28.5%。一般预算支出中用于医疗卫生、农林水事务以及社会保障和就业等方面的支出增长幅度较大，分别比上年增长 28.7%、23.9%、22.1%。

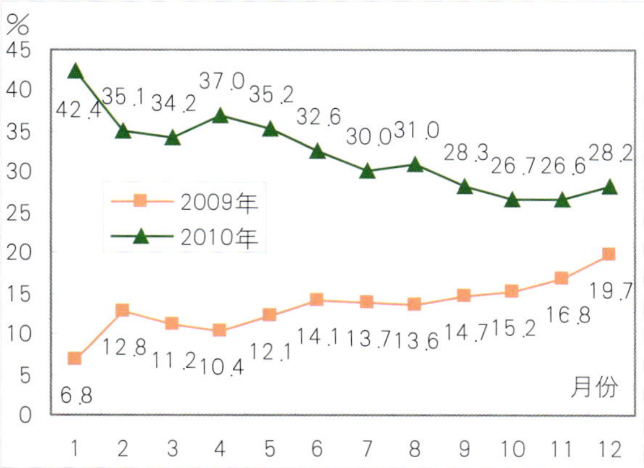

图 5　2009 及 2010 年一般预算收入逐月累计增速比较

从月度情况看，一般预算收入各月累计增速均保持在 26% 以上，明显高于上年同期。

2. 企业利润大幅提高。伴随着工业平稳向好的生产形势，工业经济效益也保持了持续向好态势。2010 年，全省规模以上工业企业实现主营业务收入 3933.19 亿元，比上年增长 22.8%，增速比上年加快 12.1 个百分点；盈亏相抵后的利润总额 258.70 亿元，增长 44.0%，增速比上年加快 40.3 个百分点。企业亏损面比上年下降 4.5 个百分点。

3. 城镇居民收入稳步增长，农民人均纯收入增长速度创 1985 年以来历史新高。2010 年，全省城镇居民人均可支配收入 14142.74 元，扣除物价因素，比上年增长 7%。在财产性收入和工资性收入大幅增长的带动下，2010 年，全省农民人均纯收入 3471.93 元，扣除物价因素，比上年增长 12.6%，增速比上年提高 3.4 个百分点，为 1985 年以来的最高增速。

（四）教育、科技、文化、卫生等各项社会事业全面进步，经济社会发展的协调性继续增强

1. 教育事业继续发展。全年全省财政一般预算支出中用于教育事业的支出达到 290.82 亿元，比上年增长 14.3%。师资力量进一步加强，各级各类学校专任教师达到 38.85 万人，比上年增长 1.2%。全省小学适龄儿童入学率、初中阶段毛入学率分别为 97.9% 和 96.7%；高中阶段毛入学率 55.0%，比上年提高 1.6 个百分点。高等教育规模不断扩大，普通高等学校在校生达 32.33 万人，比上年增长 8.1%；高等教育毛入学率达 20%，比上年提高 1.6 个百分点。

2. 科技事业取得新成绩。通过不断加大科技投入，科技创新体系建设进一步加强，科研能力得到提升。全年全省财政一般预算支出中用于科学技术的经费 16.56 亿元，比上年增长 17.7%。启动实施了一批国家科技支撑计划和省重大科技专项。全省有“973”计划项目 3 项，国家重点新产品试产项目14项。省部级以上科技成果登记数125项，签订技术合同650项，成交金额7.72亿元，比上年增长3.2倍。知识产权意识增强，全年专利申请量达到4414件，比上年增长19.0%；授权专利3086件，增长48.1%。

3. 文化事业稳步发展。优秀民族民间文化开发保护力度进一步加大，基层文化重点工程建设得到加强，文化体制改革取得新进展。年末，全省有艺术表演团体64个，博物馆、纪念馆59个，文化馆95个，公共图书馆93个，档案馆107个。广播综合人口覆盖率为87.6%，比上年提高1个百分点；电视综合人口覆盖率为92.6%，提高1.3个百分点。全年共出版全国性和省级报纸3.6亿份，杂志1360万份，图书9300万册。

4. 医疗卫生服务能力继续提高。全省财政一般预算支出中用于医疗卫生的支出达到127.65亿元，比上年增长28.7%。新建和改扩建34个县级医院、58个中心乡镇卫生院、34个社区卫生服务中心，新建4590个村卫生室，扩建2个地级以上重点中医院。农村有医疗点的村占总村数的比重达到90.6%，比上年提高2.7个百分点。

（五）生态建设、环境保护和节能减排扎实推进，经济社会发展的可持续性进一步增强

1. 生态建设力度进一步加强。全省积极推进退耕还林（还草）、天然资源林保护、珠江防护林保护、石漠化治理、自然保护区建设等重点工程，以退耕还林、石漠化治理为重点的生态建设取得新成绩。全年完成营造林面积18.63万公顷（279.50万亩），石漠化治理面积11.15万公顷（167.25万亩），综合治理水土流失面积11.20万公顷（168万亩）。至2010年末，共有自然保护区130个，其中国家级自然保护区9个；自然保护区面积96.10万公顷（1441.50万亩），占全省国土面积的5.5%。

2. 环境保护工作取得新进展。新建成一批城镇污水处理项目，年末城市污水日处理能力达173.60万立方米，比上年末增长85.7%；城市污水处理率76.4%，提高31.2个百分点。城市生活垃圾无害化处理率45.1%，比上年末提高5.3个百分点。重点流域和重点领域污染治理得到加强，饮用水源地水质达标率为100%。

3. 节能降耗取得新的成绩。全年化学需氧量、二氧化硫排放量分别为20.78万吨和114.88万吨，分别比上年削减3.79%和2.26%，全面完成“十一五”主要污染物减排目标任务。节能降耗成效显著，经初步核算，完成国家下达的节能降耗目标任务。

（六）民生继续改善，和谐社会建设取得新的成绩

1. 就业人员继续增加。2010年，全省城镇新增就业人数21.89万人，比上年增长10.6%，其中下岗失业人员再就业9.61万人，增长46.9%。年末，城镇人口登记失业人数12.18万人，比上年末减少1.3%，城镇登记失业率3.6%，比上年下降0.2个百分点。

2. 社会保障水平进一步提高。2010年，全省参加基本养老保险人数比上年增长9.2%，基本医疗保险参保人数增长7.3%，工伤保险参保人数增长13.1%，生育保险参保人数增长7.7%，失业保险参保人数增长5.4%。新型农村社会养老保险试点工作取得新成绩，参保人数达到223.72万人。新型农村合作医疗参合农民3029.17万人，农民参合率达96.3%，比上年提高2.2个百分点。城市低保动态管理下的应保尽保、分类施保进一步巩固，共有53.9万人享受城市低保。农村居民低保人数520.6万人，比上年增长61.2%。廉租住房建设步伐加快，新建廉租住房7.29万套，新增租赁补贴3.1万户。完成30.46万户农村危房改造，比上年增加6.5万户。

3. 居民生活水平稳步提高。2010年，全省城镇居民人均消费性支出突破1万元，达到10058.29元，扣除物价因素，比上年增长7.8%。城镇居民家庭恩格尔系数为39.9%，比上年降低1.6个百分点。年末，每百户城镇居民家庭拥有家用汽车、家用电脑、摄像机等耐用消费品的数量分别比上年增长22.9%、8.2%和4.2%。农民人均生活消费支出2852.48元，实际增长14.8%。

农村居民家庭恩格尔系数为46.2%，比上年降低2.2个百分点。年末，每百户农村居民家庭拥有电冰箱、热水器、移动电话、摩托车、洗衣机数量分别增长40.9%、44.2%、23.8%、14.9%和13.3%。

三、存在的主要问题和困难

2010年，贵州经济社会发展取得重要成绩，但由于历史、地理等方面的原因，发展水平相对滞后的局面仍未发生根本性转变，在一些方面与全国及其他省份的差距还有所拉大，经济社会发展仍存在一些困难。

（一）经济发展速度慢仍然是当前面临的主要矛盾

近年来，贵州经济持续较快增长，但与全国及其他省份比较，发展速度慢的问题仍较为突出。2010年，贵州生产总值增长速度列全国各省份第18位，比增速最高的天津低4.6个百分点，分别比周边的重庆、四川、湖南、广西低4.3个、2.3个、1.7个和1.4个百分点。从“十一五”时期来看，贵州生产总值年平均增速列全国第20位，比增速最高的内蒙古低5.0个百分点，分别比周边的重庆、四川、湖南、广西低2.3个、1.1个、1.4个和1.3个百分点。

发展速度慢导致贵州经济仍处于相对落后的位置。2010年，贵州生产总值仅占全国的1.2%，在全国31个省份中列第26位，在西部12个省份中列第8位。与此相对应的是，贵州人口规模占全国的近3%，居全国第16位、西部第4位。在人口规模与贵州相近的省份中，贵州生产总值仅相当于辽宁的四分之一，福建的三分之一，不到黑龙江和陕西的一半。经济总量与人口规模的不相匹配，使得贵州人均生产总值长期居于全国最末的位置，约相当于全国平均水平的40%。

（二）投资规模小、增速低，不利于经济的加快发展

在拉动经济增长的投资、消费、进出口三大因素中，毫无疑问，要朝着三大因素协调拉动的方向努力。但就贵州具体情况而言，在相当长的时间内，经济发展仍主要靠投资拉动。这是由贵州基本省情决定的，因为贵州城乡居民收入不高，消费市场不是很大，要提高消费在全省经济增长中的贡献率还需要较长时间的努力；而进出口规模小，对经济总量的影响很小，要在短期内实现大幅度增长，成为拉动经济增长的主导因素更不可能。因此，投资仍然是拉动贵州经济增长的决定性因素。

近年来，贵州投资规模不断扩大，先后于2005年、2009年及2010年突破1000亿元、2000亿元及3000亿元关口，但与全国及西部其他省份作横向比较，投资规模仍然偏小，投资增速相对较低。2010年，贵州投资规模仅相当于全国的1.1%、西部地区的4.9%，位列西部12个省份第9位，远远落后于四川、内蒙古、陕西、广西、重庆、云南等西部省份。2009年，贵州人均固定资产投资仅6457.62元，不到全国水平的40%，居全国最末一位。

（三）居民收入水平低，城乡居民收入差距大

近年来，贵州居民生活水平得到切实改善，但与全国水平比，仍存在较大差距。2010年，贵州城镇居民人均可支配收入仅相当于全国的74.0%，居全国倒数第五位；农民人均纯收入仅相当于全国的58.7%，居全国倒数第二位。另外，贵州城乡居民收入差距近年来虽然有所缩小，但与全国水平相比，仍然较大。2010年贵州城镇居民人均可支配收入与农民人均纯收入之比达到4.1：1，高于全国3.2：1的水平，是全国城乡收入差距最大的省份。

四、有关工作建议

（一）积极实施工业强省战略，推进支柱产业和特色优势产业做大做强

一是继续做大能源产业。重点抓好清镇、兴义、都匀、桐梓电厂建设，推进盘县电厂改建及

六枝电厂、织金电厂等项目前期工作，争取国家核准并开工建设一批电源项目。加大煤矿资源整合和大矿建设力度，打造大型煤炭企业集团。二是继续做强优势原材料产业发展。推进毕（节）清（镇）、六（枝）兴（义）、黔北等煤化工基地建设，加强开磷、瓮福、织金等精细磷化工基地建设，抓好贵阳、遵义等铝工业基地建设。提升改造钢铁工业，调整优化铁合金产业。三是加快装备制造业发展。推进安顺民用航空产业国家高技术产业基地建设，重点抓好民用无人机制造等民用航空产业项目。大力推进毕节力帆12万辆载货汽车生产线、贵阳航空电机公司汽车电机电器高技术产业化等项目建设。四是推进特色优势轻工产品发展。做强做优贵烟品牌，做大做强白酒产业，推进制药企业发展，加快建设特色食品和旅游商品生产基地。五是积极发展具有比较优势的战略性新兴产业。重点在生物、新材料、高端装备制造、节能环保、新一代信息技术、新能源、新能源汽车等领域加快自主创新及产业化发展。

（二）努力扩大投资，以投资的快速增长拉动经济加速发展

一是抓好重大项目谋划。谋划一批带动力强的重大工业项目和城镇基础设施项目，谋划一批能够带动区域经济和县域经济快速发展的重大项目，谋划一批重大基础设施项目，谋划一批民生和社会事业发展的重大项目，从而形成滚动机制，使投资强度在较长时期保持较高水平。二是抓好项目建设。狠抓在建项目进度，在确保工程质量和安全生产的前提下，抢工期、抓进度，形成尽可能多的实物工作量。收尾项目要确保按期竣工交付使用，尽早发挥效益。三是多渠道筹措项目建设资金。积极争取国家更多的资金支持，同时加大各级政府的投入力度，引导社会资金加大投入。四是加大招商引资力度。紧紧围绕我省发展的重点领域，谋划一批带动性强、关联度高、产业链长的项目对外开展招商引资，千方百计引进省外、国境外有实力的投资者到我省投资兴业。五是优化投资环境。切实增强各级政府服务意识，加快由管理型政府向服务型政府转变。坚持依法行政，严格按照法定权限和程序履行职责，规范行政执法检查，切实保护投资者合法权益。

（三）大力实施民生工程，切实提高人民生活水平

一是实施扶贫脱贫攻坚工程。深入推进扶贫开发，按照新的扶贫标准全面实施扶贫政策，做到扶贫到户、措施到人，应保尽保、应扶尽扶。二是实施就业和创业工程。发挥政府投资、重大项目和劳动密集型产业对就业的带动作用，做好高校毕业生、农民工和就业困难人员就业工作，支持自主创业、自谋职业，抓好就业技能培训，积极引导和促进劳务输出。三是实施社会保障体系建设工程。继续完善覆盖城乡居民的社会保险体系，提高各级财政对城镇居民基本医疗保险和新型农村合作医疗的补助标准，统筹推进城乡社会救助体系建设，积极发展社会福利事业。四是实施基础设施向县以下延伸工程，推进国省干线改造和农村公路建设，切实解决商品运输难、农村行路难问题，加快农村水利建设，加大农村地区网络建设和改造力度。

（撰稿人：陶谋立 贵州省统计局局长）

云南省经济社会发展报告

2010年，在云南省委、省政府坚强领导下，各族人民团结拼搏，扎实工作，努力克服百年罕见的特大干旱和国际金融危机后续影响的严峻挑战，全省农业大灾之年保增长，工业平稳较快发展，投资和消费需求迅速扩大，对外贸易恢复强劲增长势头，金融运行良好，全省国民经济总体呈现平稳较快发展的态势，全面完成或超额完成省十一届人大三次会议审议通过的宏观调控主要预期目标，为“十一五”云南又好又快发展画上了圆满的句号。

一、2010年云南国民经济呈现较快增长势头

2010年全省生产总值（GDP）达到7220.14亿元，比上年增长12.3%，比全国高2.0百分点，经济总量突破7000亿元大关，其中：第一产业增加值1105.81亿元，增长4.0%；第二产业增加值3223.93亿元，增长15.8%；第三产业增加值2890.40亿元，增长11.5%。全省三次产业结构比为15.3 ∶ 44.7 ∶ 40.0。全省人均GDP达到15749元，比上年增长11.6%。全省非公经济蓬勃发展，创造增加值约2931.38亿元，占全省GDP比重达40.6%，比上年提高1.5个百分点。

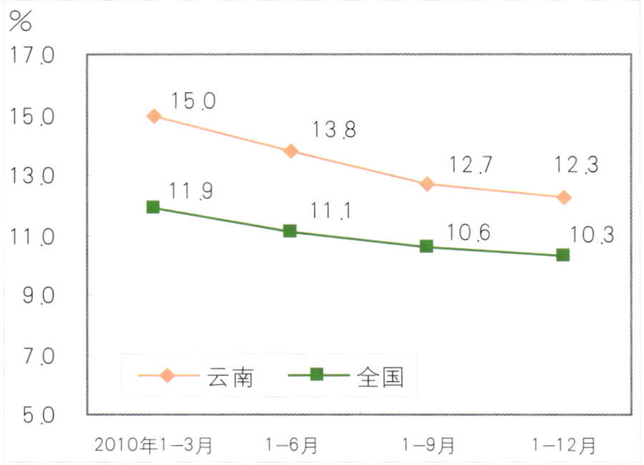

图1　2010年全国和云南经济（GDP）增长走势图

（一）农业和粮食生产再夺丰收

2010年，全省积极应对百年罕见的特大干旱，开展了一场“抗大旱、保民生、抓春耕、促发展”的攻坚战，及时研究采取积极有效的减灾工作措施，将旱灾带来的损失减小到最低，再夺取农业生产丰收。全年实现农业总产值1821亿元，比上年增长5.5%。一是主要农产品生产再获丰收。2010年全省蔬菜产量1243.24万吨，比上年增长0.4%，烤烟产量95.99万吨，增长9.0%，油料产量37.60万，甘蔗产量1739.69万吨，茶叶19.72万吨，增长7.8%，橡胶产量32.96万吨，增长10.5%，水果产量360.33万吨，增长5.1%，鲜切花产量60.50亿枝，增长8.0%。二是畜牧业生产保持良好发展态势，成为农民增收的一个重要支柱产业。2010年肉类总产量达500万吨，比上年增长8%左右。其中，猪肉产量411万吨，增长8.9%，牛肉产量39万吨，增长7.4%，羊肉产量14万吨，增长5%。三是林业生产形势良好。2010年全省林业产业总产值510亿元，比上年增长10%以上。全年新育苗面积56824亩，低效林改造111.99万亩，造林预整地335.97万亩，全年完成900万亩的营造林任务。

（二）工业经济平稳发展

2010年全省工业经济企稳向好，全省工业增加值完成2606.04亿元，比上年增长14.7%，其中：规模以上工业实现工业增加值增长15.0%，有力地带动了全省经济的快速增长。其主要特点：

（1）轻、重工业同步增长。全年规模以上轻工业增加值比上年增长15.0%，提高2个百分点。全年规模以上重工业增加值比上年增长15.0%，提高5.2个百分点。全省卷烟结构进一步优化，烟草业效益平稳增长。2010年省内烟

草企业产量完成714.76万箱，增长3.4%；实现税利677.86亿元，增长9.8%；烟草制品业增加值完成797.2亿元，增长16.0%。一、二、三类烟产量分别增长28.0%、91.7%和10.8%，比重分别比上年提高3.1、0.3和3.2个百分点；重点知名品牌集中度进一步提高，“玉溪”、“云烟”、“红塔山”、“红河”四个品牌省内产量占总产量比重为78.4%，提高6.1个百分点。

（2）支柱产业促经济增长作用明显。2010年全省规模以上工业企业中，烟草制品业增加值比上年增长16.0%；电力、热力的生产和供应业增加值增长19.9%；化学原料及化学制品制造业增加值增长17.1%；医药制造业增加值增长12.0%；有色金属冶炼及压延加工业增加值增长11.0%；黑色金属冶炼及压延加工业增加值增长18.7%；这六大行业增加值合计占规模以上工业增加值的69.6%。除因自然灾害影响，制糖业增加值比上年下降7.5%外，其他几大行业均保持平稳增长，对全省工业增长起到较好的支撑作用。

（3）规模以上工业经济效益大幅提升。2010年全省规模以上工业经济效益综合指数为267.8%，比上年提高28.3个百分点。全省规模以上工业企业实现主营业务收入5602.82亿元，比上年增长27.6%；实现利税1165.2亿元，增长23.8%，其中：利润377.95亿元，增长47.4%。

（三）固定资产投资保持快速增长

2010年云南抓住扩大内需的发展机遇，全省全社会固定资产投资规模达5528.71亿元，比上年增长22.1%，跃上了5500亿元的新台阶，比上年净增1001.69亿元，如期实现了省政府年初确定的固定资产投资规模新增1000亿元的目标。

（1）固定资产投资结构优化。一是三次产业投资结构发生变化。2010年全省第一产业投资225.89亿元，增长14.6%；第二产业投资1773.18亿元，增长16.3%；第三产业投资3529.64亿元，增长25.8%；三次产业投资结构比为4.1：32.1：63.8，三次产业投资结构明显改善；二是经济类型投资结构改善。2010年全省国有经济投资2623.07亿元，比上年增长22.3%，占全社会固定资产投资比重达47.4%；民间投资2795.78亿元，增长23.7%，占全社会投资规模比重达50.6%；外商及港澳台投资109.86亿元，下降10.6%，投资比重仅占2%，民间投资占据了半壁江山，重新取得了投资主体地位。

（2）重点行业和重大项目发挥支撑作用。首先，重点行业投资发挥支柱作用。2010年全省工业固定资产投资1765.35亿元，比上年增长16%，其中非电工业投资1051.1亿元，增长28.3%；全省公路投资达702.06亿元，增长88%；航空业投资81.31亿元，增长7.7%；教育业投资181.2亿元，增长44.2%，重点行业成为全省固定资产投资发展的主要动力。其次，重大基础设施建设成效显著。全省铁路在建项目达13个，9条高速公路、59条二级干线公路、农村公路建设全面推进，新开工建设42件骨干水源工程，建成40万件“五小水利”工程，新增发电装机容量500多万千瓦，昆明市轨道交通工程等市政基础设施项目加快推进，全省实施“大项目带动大建设，大建设促进大发展”战略取得成效。

（3）房地产业迅速发展，楼市成交活跃。2010年全省房地产开发投资900.44亿元，比上年增长22.1%，占全社会固定资产投资比重达16.3%。全省商品房施工面积8784.97万平方米，比上年增长28.5%。全省商品房楼市交易活跃。2010年全省商品房销售面积2959.43万平方米，增长32.7%，商品房销售额934.6亿元，增长43.0%。房地产业成为改善民生，促进全省经济发展的一大“亮点”。

（4）建设资金总体到位情况较好。2010年全省建设项目到位建设资金6544亿元，比上年增长35.8%，其中，国内贷款1365.79亿元，增长23.7%；自筹资金2984.82亿元，增长44.5%；其他资金1037.04亿元，增长32.4%，建设资金总体到位情况良好，为全省固定资产投资增长提供了重要支撑条件。

（四）消费品市场持续活跃

2010年国家实施一揽子扩大消费的刺激政

策，全省消费品市场呈现日趋活跃态势。全省实现社会消费品零售总额2500.25亿元，比上年增长21.9%，提高2.6个百分点。其中城镇实现社会消费品零售额1992.72亿元，增长22.8%；农村实现零售额507.52亿元，增长18.5%。消费品市场的主要特点：

（1）批发零售业迅速发展。2010年全省批发和零售业业实现零售额2023.62亿元，比上年增长24%，占社会消费品零售总额的比重80.9%，拉动全省社会消费品零售总额增长17.7个百分点。随着全省城乡居民生活水平提高及现代生活节奏加快，住宿餐饮市场规模持续扩大。全省住宿和餐饮业实现零售额达362.84亿元，比上年增长19%，占社会消费品零售总额比重为14.5%，拉动全省社会消费品零售总额增长3.2个百分点。住宿餐饮业市场需求空间巨大，逐渐成为新经济增长点，并成为全省消费品市场发展的主要力量。

（2）居民消费升级加快，消费热点突出。2010年受汽车下乡、小排量汽车购置税优惠等政策影响，汽车消费的快速增长。限额以上批发零售企业实现汽车类零售额比上年增长31.6%。健康消费、知识消费、娱乐消费成为消费时尚，文体产品需求量逐渐攀升，限额以上批发和零售企业实现体育娱乐用品类零售额比上年增长39.8%，书报杂志类比上年增长41.7%；以追求丰富精神生活、提高生活质量的化妆品及金银珠宝类等商品销售成为近年消费品市场的热点领域，限额以上批发零售企业实现化妆品和金银珠宝类商品零售额比上年分别增长17.4%和31.2%。

（3）大型商场和连锁超市销售稳中趋旺。2010年全省限额以上批发和零售业法人企业零售额888.30亿元，比上年增长30.0%，限额以上批发零售贸易企业占社会消费品零售额比重为35.5%，拉动社会消费品零售总额增长7.7个百分点。大型商场、购物中心正日益发挥强大的吸聚效应和提升商业消费能力的作用。

（五）财政收支较快增长，金融运行良好

2010年全省财政总收入完成1809.2亿元，比上年增长21.4%，突破1800亿元大关；全省财政一般预算收入达871.19亿元，增长24.8%，其中，各项税收收入702.16亿元，增长28.1%；全省一般预算支出2285.57亿元，增长17.1%。

金融机构贷款较快增长，有力地支撑了全省经济增长。2010年末全省金融机构人民币各项存款余额为13411.49亿元，增长20.6%；其中：居民储蓄存款5719.55亿元，增长22.5%；企业存款4462.42亿元，增长13.2%。全省金融机构人民币各项贷款余额10568.78亿元，增长20.4%；其中：中长期贷款7724.47亿元，增长28.1%；短期贷款2671.12亿元，增长7.7%。

（六）对外贸易恢复性快速增长，旅游业蓬勃发展

2010年全省外贸进出口总额完成133.68亿美元，比上年增长66.7%，其中：出口完成76.06亿美元，增长68.5%，进口完成57.62亿美元，比上年增长64.4%。从贸易方式来看。一般贸易进出口累计完成111.74亿美元，比上年增长72.2%；加工贸易完成4.59亿美元，增长66.7%；边境小额贸易17.36亿美元，增长37.7%。

深入推进旅游二次创业，旅游业蓬勃发展。全年接待海外入境游客662.81万人次，实现旅游外汇收入13.24亿美元，比上年分别增长14.7%和13.0%；接待国内旅游者1.4亿人次，增长15.1%；实现国内旅游收入916.82亿元，增长25.5%。全省实现旅游业总收入1006.83亿元，增长24.2%。

二、全省经济运行的困难与挑战

2010年全省经济发展企稳回升势头得到进一步巩固和加强，随着国家应对金融危机的货币政策回归常态，实行积极财政政策和稳健的货币政策，宏观经济调控仍面临诸多的“两难”选择，结构性矛盾、不确定性因素依然存在，转方式、调结构、稳物价的任务依然艰巨。

（一）加快经济发展方式转变的难题。当前，

全省“三驾马车”对经济发展的拉动不协调；农业基础地位不牢固，尚未摆脱靠天吃饭的传统农业发展之路；工业经济实力不强，粗放发展特征明显，尚未进入新型工业化发展轨道；服务业比重低，传统服务业多，现代服务业发展滞后等问题突出，难以适应经济发展方式转变的迫切要求。

从经济增长结构看，“三驾马车”出力极不均衡，投资与消费的比例不协调。“十一五”全省全社会固定资产投资规模年均增长26.2%，社会消费品零售总额年均增长19.1%，消费明显落后投资的增长速度。另外，云南城镇居民消费支出滞后收入水平，影响消费的拉动作用。2010年城镇居民人均可支配收入列全国第15位，而人均消费性支出列全国第20位，巨大消费需求潜力有待进一步释放。

从三次产业结构看，2010年全省三次产业结构为15.3：44.7：40.0，服务业比重比全国平均水平低3个百分点，第二产业比全国平均比重低2.1个百分点，而第一产业的比重比全国高5.1个百分点。非农产业比重过低是云南经济中的一个“短板”，工业结构单一，转变发展方式紧迫而繁重。

从就业结构看，2009年全省就业人员产业构成62.3：12.0：25.7，与产业结构相比，就业结构转型明显滞后。目前全省第一产业就业人员比重过大，比全国平均水平高24.2个百分点，农村富余劳动力转移任务十分艰巨，第二产业就业比重还不到全国平均水平的1/2，第三产业就业比重比全国平均水平低8.4个百分点。

（二）保持固定资产投资快速增长难度加大。当前制约投资增长主要因素：一是国家宏观政策影响。2010年下半年央行在两个多月的时间内三次上调国内存款类金融机构人民币存款准备金率、两次上调金融机构人民币存贷款基准利率。业界普遍预计，货币政策转向稳健，为加强通胀预期管理、防范资产价格泡沫，加息通道或将正式开启；加上近年来，国家采取了一系列针对高房价的调控措施，房地产楼市预期或将发生改变，减缓房地产投资增长速度；三是现实条件制约。云南要在固定资产投资高基数上保持持续快速增长，对重大项目数量与质量大增，对土地和资金需求急剧增长，导致投资快速增长的难度加大。

（三）煤电油运趋紧，能源“瓶颈”制约加剧。随着汛期的结束及冬季用电高峰的到来，云南煤电油气运趋紧，受节能减排及用电供需矛盾的影响，2010年11月总限电量约为2.4亿千瓦时，平均缺电率约为3.7%；全国“柴油荒”的波及以及全省成品油企业自采柴油“批零倒挂”问题突出，自采量下降等因素的叠加影响，全省各地陆续出现不同程度的柴油供应紧张、限量供应、排队加油状况，油气供需紧张影响了工业生产及交通运输的正常运行；制约经济发展的能源“瓶颈”依然存在。

（四）居民收入分配问题倍受社会关注。2010年云南城乡居民收入比4.1：1（全国3.2：1），而1978年为2.5：1（全国2.6：1），城乡居民收入差距有不断扩大的趋势。据西蒙·库兹涅茨研究，西方国家国民收人中由物质资本所贡献的份额已从45%降到25%，而劳动对国民收入的贡献从55%升到75%。2009年云南的生产总值中，劳动者报酬仅占49.6%。目前全省居民收入分配问题突出表现为行业、地区、城乡差距过大。2009年5个州（市）城镇非私营单位在岗职工平均工资高于全省平均水平，11个州（市）低于全省平均水平；垄断性行业、新兴产业与传统产业间在岗职工工资水平差距逐步拉大，如金融业是住宿和餐饮业的3.8倍。由此可见，全省居民收入在国民收入中的比重偏低，劳动报酬在初次分配中的比重偏低，这是消费度低、投资率高的症结所在。

（五）自主创新能力较弱，导致科技对经济发展的贡献较低。一是科技研发经费投入较低。2009年云南省R&D经费内部支出37.23亿元，R&D投入强度为0.6%，与全国1.7%的平均水平差距较大，仅列全国第27位；二是研发机构较少，高层次人才少。2009年全省有各类技术开发机构576个，研发人员1.3万人，列全国第23位，其中博士和硕士0.3万人；三是研发水平有待提高。2009年全省各类单位共申请专利2299件，其中发明专利1164件，列全国第21位，万名就业人员专利申请量 1.53 项，列全国第 29 位；四是科技实力较低。云南科技活动产出水平为 35.1%，列全国第 20 位，高新技术产业化水平 14.9%，列全国第 23 位，科技促进经济社会发展指数 48.1%，列全国 27 位。云南省综合科技进步水平指数 33.8%，指数值较上年下降 0.3%，列全国第29位，西部地区第10位，处于落后的位置。

（六）通胀风险加剧，控胀压力加大。2010 年因受国内外诸多因素作用，全省居民消费价格指数涨幅为 3.7%，控制物价上涨的压力日趋加大。一是全球极端天气因素直接影响粮食生产，农产品供给减少，价格上涨；二是国际大宗商品价格上涨，输入型通胀压力较大；三是劳动力成本上升引起的成本推进；四是资源性产品价格改革的不断推进进一步推动物价上涨；五是美国实施“量化宽松”政策造成全球经济通胀预期加剧。

三、2011 年云南经济发展形势分析与展望

2011 年将是世界经济形势最复杂的一年，也是我国经济运行面对诸多挑战的一年。据联合国经济与社会事务部《2011 年世界经济形势与展望》报告：2011 年世界经济预期增长率为 3.1%；亚行则预测中国 2011 年经济增长率为 9.1%。世界经济尚未彻底已走出危机阴影，欧元区债务危机不断加剧；美国实施“量化宽松”政策并没有重振美国经济，国际油价走高给全球经济带来“滞胀”风险。总的看法，世界经济今明两年仍将保持增长，但增速会有所放缓。因此，2011 年全球经济复苏言之尚早，但中国经济的发展将是世界经济复苏最重要的引擎之一。

结合云南实际分析，2011 年云南经济发展既有一些有利因素，也仍将面临许多不稳定性，不确定性的因素影响。总的判断是，云南发展的机遇大于挑战。特别是在深入实施新一轮西部大开发和建设“两强一堡”发展战略的机遇期，云南的区位优势、资源和劳动力比较优势将逐步凸显，各种有利因素和支撑条件将强力推动全省经济保持平稳较快发展。

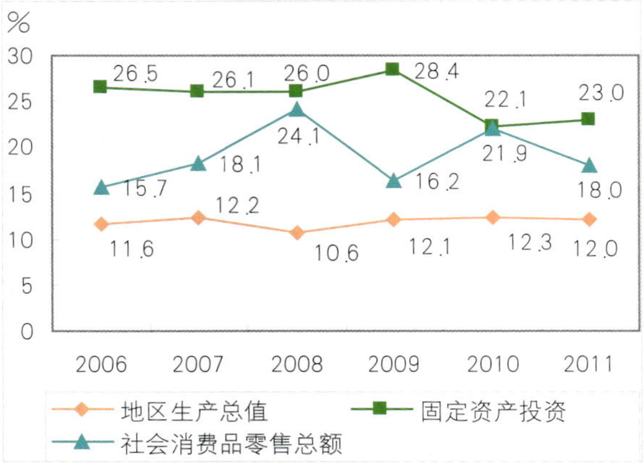

注：2011 年统计数据为初步预测数。

2011 年云南经济增长趋势分析图

据此初步判断，2011 年云南固定资产投资（不含农户）规模预期增长 23% 以上，全社会消费品零售总额预期增长 18% 以上，全年经济（GDP）预期增长 12% 左右，全省将能够实现又好又快的发展目标。

四、加快云南又好又快发展的建议

第一，抓住机遇，加快转变云南经济发展方式。当前必须高度重视国家实施新一轮西部大开放战略，以及把云南建设成为中国面向西南开放“桥头堡”的战略布局的重大历史契机，站在国家战略层面制定好全省科学的发展规划，将全省“两强一堡”发展战略化作具体行动，认真落实到位。要按照科学发展观的要求，转变经济发展理念和观念，加快促进经济发展方式的转变，着力打造“外向型经济”和“开放型经济”，全面提升全省经济发展实力和竞争力。

第二，建立扩大内需的长效机制，着力增强消费对经济增长的拉动作用。要“坚持扩大国内需求、特别是消费需求的方针”。一方面，要增强居民消费能力。首先，要积极稳妥推进城镇化，大力发展服务业和中小企业，增加就业创业机会。第二，政府加大对养老、医疗、失业等社会保障的投入，形成良好的居民消费预期。加快推进新型农村养老保险制度，提高养老保险覆盖面；巩固和提高新型农村合作医疗水平；增加企业离退

个旧建市以来，累计生产锡148.96万吨，占全国锡产量70%、世界40%以上，成为名符其实的“世界锡都”。图为云锡锡精炼车间（中共个旧市委提供）

休职工工资；提高城乡居民最低生活保障水平，让社会保障不仅覆盖城市，而且也覆盖农村。第三，增加居民支付能力，着力提高城乡中低收入居民收入水平。

另一方面，要努力保持固定资产投资适度较快增长。一是要用好用足新一轮西部大开发和“两强一堡”战略机遇期的各项优惠政策，积极争取更多资金和项目支持，以大项目带动大发展；二是创新完善投融资体制机制，改善投资环境，搭建融资平台，做好招商引资和选资，鼓励和启动社会民间资本，增强投资增长的内生动力；三是把握好全省房地产调控力度和节奏，完善房地产市场调控机制，努力保持房地产市场健康发展；四是加改善民生力度，加快培育水利和新兴战略产业形成新投资大热点。

第三，调整产业内部结构，大力培育新兴产业。落实好国务院相继出台的十大产业调整振兴规划，按照“控制总量、淘汰落后、兼并重组、自主创新”的要求，综合运用经济、法律、技术、标准、行政手段，协调产业、环保、土地、价格、税收和金融政策，形成引导产业健康发展的合力。引领能源、矿产类工业企业向深加工、精加工方向发展，提升产品附加值，拓展产业链，同时，加快培育发展战略性新兴产业，努力抢占制高点，加快发展光电子、新材料、新能源、节能环保、高端装备制造以及生物产业。

第四，优化国民收入分配结构，缩小收入分配差距。合理的收入分配制度是社会公平正义的重要体现。一方面要逐步提高居民收入在国民分配中比重和劳动报酬在初次分配中的比重，努力促使城乡居民收入增长“跑过”经济增长和企业收入增长；另一方面，逐步缩小城乡居民收入差距，充实完善强农惠农政策，健全劳动、资本、技术、管理等生产要素按贡献分配制度，规范垄断行业收入，加强高收入的税收调节，促进收入分配结构合理化。

第五，提高科技自主创新能力，增强核心竞争力。自主创新能力是国家竞争力的核心，是推动科技事业发展的根本立足点，应始终把提高自主创新能力摆在首位。一是加快科研机构和自主创新人才队伍建设，发展壮大全省现有的科研机构，继续加大对高校、科研院所、实验室等重点科研机构的研发投入力度，培育扶持新生的研发机构。通过培养、引进、留住、用活高层次人才，解决科技发展中人才不足的瓶颈问题，从而实现科技创新的新发展。二是创造自主创新良好氛围，引导企业增加研发投入。充分发挥政府在科技创新中引导作用，制定有关政策措施，健全企业科技投入激励机制，调动全社会进行自主创新的积极性，建立风险投资的支持系统及市场运作机制，为创新型企业在境内外资本市场融资创造条件，提供方便。三是加快科技体制和机制改革，提高科技管理效率，促进科技成果的转化。

第六，千方百计地扩大就业，优化就业结构。就业乃民生之本，是保障和改善民生的头等大事。必须把促进就业放在经济社会发展优先位置，实施更加积极的就业政策，多渠道创造和提供就业岗位与机会，提高劳动者就业能力，促进充分就业。其次，要进一步加大职业技能培训，提升人员整体素质，满足劳动力市场需要的职业技能、水平，尽量减少结构性失业。第三，承接产业转移应与云南人力资源比较优势结合起来，优先考虑劳动力密集型产业。第四，加快城镇化步伐，加大农村劳动力转移的力度。

第七，采取有效措施，加强和改善通胀预期管理。保持物价稳定是市场经济条件下政府最基本的职能之一。从当前的情况看，通胀预期仍继续加剧，通胀水平仍有上升趋势。今后应按照国家的部署要求，采取有效措施保持物价水平基本稳定。一是要强化政府及职能部门责任，签订责任书；二是完善储备，稳定生产，增加供给，保障市场供应；三是完善价格干预机制，使用经济、法律、行政等调控手段；四是加强市场和价格秩序监管，严厉打击各种价格违法行为，维护全省经济健康稳定和谐发展。

（撰稿人：姚堂文 云南省统计局局长）

“十一五”期间，个旧先后实施了“七彩云南·精品个旧”建设、“创建国家环境保护模范城市”等环保工程，今日的个旧已成为一座蓝天碧水、山翠草绿、空气清新、生态优良的新型城市。图为个旧全景（中共个旧市委提供）

西藏自治区经济社会发展报告

2010年是西藏贯彻落实中央第五次西藏工作座谈会精神的第一年，也是实施“十二五”规划的收官之年，具有承上启下的重要意义。一年来，自治区党委、政府带领全区各族人民，坚持以科学发展观为统领，认真贯彻落实党的十七届五中全会和中央第五次西藏工作座谈会及西部大开发工作会议精神，按照区党委七届七次全委会和区党委工作会议、全区经济工作会议、自治区九届人大三次会议的部署，坚持走有中国特色、西藏特点的发展路子，大力实施“一产上水平、二产抓重点、三产大发展”的经济发展战略，突出重点，统筹兼顾，狠抓首要任务，着力改善民生，努力扩大投资消费，积极推动特色产业发展，确保全区经济社会保持科学发展、跨越式发展的强劲势头，顺利完成了“十一五”规划目标，为实施“十二五”规划奠定了坚实基础。

一、2010年西藏经济社会发展实现新跨越

2010年，全区上下紧紧围绕推动科学发展、保障和改善民生、促进社会和谐稳定等重点任务，坚持把加快转变经济发展方式作为深入贯彻落实科学发展观的重要目标，坚持把发展特色优势产业、推动经济结构调整作为提高经济增长质量和效益的重要举措，坚持把推进改革开放和优化发展环境作为提升经济增长动力与活力的重要保障，抢抓机遇，扎实工作，实现了全区经济社会更好更快更大发展，在科学发展、跨越式发展的道路上迈出了坚实的步伐，为“十一五”划上了一个圆满的句号。

（一）宏观调控扎实有力，经济发展持续快速

2010年，国际金融危机的阴霾逐渐散去，国内经济增长势头企稳向好，经济发展大环境明显改善，给西藏的经济发展带来了生机。一年来，通过深入贯彻落实中央第五次西藏工作座谈会精神，充分利用投资、财政和金融等手段强化宏观调控，积极扩大内需，促进消费，全力“保增长、保民生、保稳定”，稳定和提升了市场信心，经济活跃程度持续升高，社会预期不断改善，经济增速稳步加快，有力地推动了西藏经济的科学发展、跨越式发展。

2010年第一季度和上半年，全区生产总值分别仅增长8.9%和11.1%，总体经济运行速度低于预期，增加了实现全年经济增长目标的难度。面对这种局面，自治区党委、政府审时度势，果断决策，及时出台一系列促进经济增长的政策措施，并要求宏观经济部门加强对经济运行情况的监测，有效解决经济发展中的不利因素和问题，取得了良好成效，前三季度生产总值增长速度一举突破12%，达到了12.2%，全年实现全区生产总值更是攀上了500亿元的新台阶，达到507.46亿元，同比增长12.3%，顺利实现了年初制定的12%以上的经济增长目标。全年完成地方财政收入42.11亿元，按同比口径计算，比上年增长36.2%。其中：一般预算收入36.65亿元，增长21.8%，经济运行成果得到了充分体现，运行质量明显提升，经济发展实现了新的跨越。

（二）投资消费对经济的拉动作用明显，对外贸易增势强劲

2010年，自治区党委、政府紧紧抓住中央第五次西藏工作座谈会召开和国家继续扩大内需的有利机遇，积极与国家相关部委汇报衔接，加大投资落实力度，夯实经济发展基础，投资拉动经济增长的作用进一步增强。全年共落实国家投资253亿元，同比增长20.5%，超过年度目标33亿元，再创历史新高。在国家投资的有力带动

下，完成全社会固定资产投资总额463.26亿元，比上年增长22.1%。特别是民间投资在总量上继续实现了较大突破，继2009年站上100亿元新台阶后，2010年再突破110亿元，达到118.02亿元，增长10.8%，占全社会固定资产投资比重达25.5%，扭转了2008年拉萨“3•14”严重暴力事件后民间投资一度下滑的局面呈现出逐步升温的良好势头。

在抓好投资拉动经济增长的同时，全面落实各项扩大消费的政策措施，加快培育消费市场，通过发放消费券，加大家电、家具、农机具、汽车、摩托车下乡活动力度，扩大消费补贴范围，提高补贴标准，极大地刺激了城乡消费。全年实现社会消费品零售总额180.84亿元，比上年增长18.7%。其中，城镇消费品零售额133.25亿元，增长17.3%；乡村消费品零售额47.59亿元，增长22.6%。城市和农牧区消费市场消费呈现出齐头并进、同步增长的良好格局。

随着全球金融危机影响的逐渐减弱，经济呈现逐步复苏的态势，有力促进了我区进出口贸易总额的强势增长。据海关统计，全年进出口总额达到83594万美元，比上年增长1.1倍。其中：出口总额77102万美元，增长1.1倍；进口总额6492万美元，增长1.4倍。在进出口总额中，边境小额贸易实现进出口总额50055万美元，比上年增长1.0倍，占进出口贸易总额的59.9%，有效拉动了对外贸易的快速增长。良好的对外贸易形势，不仅扭转了2009年大幅下降颓势，还在2008年达到最高点后，创造了又一个历史最高水平。

（三）三次产业增长明显，经济结构进一步优化

随着国民经济的持续较快发展，经济结构调整继续迈出重要步伐。三次产业构成由2009年的14.5:30.9:54.6调整为2010年的13.4:32.3:54.3，第一产业下降1.1个百分点，第二产业提高1.4个百分点，第三产业下降0.3个百分点，产业结构更趋合理，经济发展自生能力显著提高。

1. 第一产业的基础地位进一步巩固

2010年，全区上下始终紧紧围绕农牧民增收、改善农牧民生产生活条件这一主要任务，狠抓惠民政策的落实，扎实推进传统农牧业向现代化农牧业转变，积极调整种植和养殖结构，千方百计加大商品率，促进第一产业实现持续稳定发展，在国民经济中的基础地位继续得以巩固。全年全区实现农林牧渔业总产值100亿元，同比增长3.7%。农作物种植面积240.02千公顷，比上年增加4.95千公顷。其中：青稞面积117.95千公顷，比上年增长0.1%；小麦面积37.06千公顷，增加0.29千公顷；油菜籽面积23.92千公顷，减少0.50千公顷；蔬菜面积21.33千公顷，增加0.89千公顷，种植业结构更趋合理。粮食总产量达91.2万吨，比上年增长1.6%；油菜籽5.80万吨，增长0.3%；蔬菜55.78万吨，增长1.2%。年末牲畜存栏总数2321万头（只、匹），比上年末减少3万头（只、匹）；全年实现猪牛羊肉产量达26.29万吨，比上年增长3.0%；奶类产量30.28万吨，增长2.9%，牲畜出栏率进一步提高。

2. 第二产业呈现加快发展的良好态势

2010年，西藏第二产业发展始终紧紧围绕自治区的经济发展战略，坚持走有“中国特色、西藏特点”的新型工业化道路，紧密结合西藏经济社会发展的阶段性特点，坚持“统筹兼顾、协调发展、突出特色、带动优势”的原则，综合考虑工业现状、基础条件、产业特色、资源分布等因素，以资源优势为依托，逐步做大做强优势产业，提升改造传统产业，着力培育一批支撑作用强、带动面广、产业链长、产品有特色、市场竞争力强、能扩大就业的重点产业。2010年，第二产业实现增加值163.92亿元，增长14.1%，不仅高于总体经济的增长速度，也是三次产业中发展最快的产业。

工业经济的发展潜力得以挖潜，规模和效益双提高。2010年，实现工业增加值39.73亿元，按可比价格增长14.0%。规模以上工业企业实现增加值比上年增长14.0%。其中：轻工业增加值增长8.2%；重工业增加值增长17.2%。国有及国有控股企业全年增加值比上年增长13.6%。按登

记注册类型分，国有企业增加值增长 19.1%；集体企业增加值下降 3.3%；股份制企业增加值增长 19.5%；股份合作企业增加值下降 32.6%；外商及港澳台企业增加值下降 2.1%；其他经济类型企业增加值下降 7.7%。全年规模以上工业企业实现利润总额 9.36 亿元，比上年增长 70.1%。其中：国有及国有控股企业实现利润 2.82 亿元，增长 3.0 倍；集体企业实现利润 0.18 亿元，下降 18.6%；股份制企业实现利润 5.88 亿元，增长 1.0 倍。规模以上工业企业产品销售率 96.5%。主要工业产品中，水泥、发电量、啤酒、瓶（罐）装饮用水增速分别达到 15.4%、9.7%、17.9% 和 27.7%。

建筑业增势强劲，后劲十足。在固定资产投资规模快速扩大的带动下，给建筑业的发展带来极大机遇。全年建筑业实现增加值 124.19 亿元，比上年增长 14.4%，实现了快速发展。

3. 第三产业对国民经济的贡献大

2010 年，西藏第三产业在改造提升传统服务业的同时，加快发展旅游、物流、金融、信息传输等多重现代服务业，促进第三产业快速发展。2010 年，第三产业实现增加值 275.41 亿元，增长 13.7%，对总体经济的贡献率达 62.2%，拉动经济增长 7.7 个百分点，是对国民经济保持较快增长贡献最大、拉动力最强的产业。第三产业中，部分行业优势凸显，旅游业发展势头强劲，金融保险业对经济发展的支持力度不断加大。

通过积极整顿旅游市场，加大旅游宣传和促销力度，优化旅游接待服务，组建旅游集团，狠抓冬季旅游和农村旅游，加之稳定的社会环境，极大地提升了旅游市场信心，激发了旅游者进藏旅游的热情，进藏旅游正逐步成为国内外游客首选目的地。2010 年，全年接待国内外旅游者 685.14 万人次，比上年增长 22.1%。其中：接待国内旅游者 662.31 万人次，增长 21.8%；接待入境旅游者 22.83 万人次，增长 30.5%。旅游总收入 71.44 亿元，增长 27.6%；旅游外汇收入 10359 万美元，增长 31.6%。与此同时，各种融传统和现代特色于一体的少数民族文化盛宴有效地整合和开发了西藏的旅游资源。拉萨的“雪顿节”、日喀则的“珠峰文化旅游节”、林芝的“雅鲁藏布大峡谷文化旅游节”、藏北的赛马节等，更加有力地促进了西藏旅游市场的繁荣。

2010 年，西藏金融部门认真贯彻落实中央赋予西藏的特殊优惠金融政策，着力提高金融服务水平。2010 年年末，全部金融机构本外币各项存款余额1296.73亿元，比上年末增长26.1%。其中：城乡居民储蓄存款 267.60 亿元，增长 18.0%。全部金融机构本外币各项贷款余额301.82亿元，增长 21.5%。金融机构累计现金收入 1025.52 亿元，增长 12.5%；累计现金支出 1071.75 亿元，增长 11.8%。现金净投放 46.23 亿元，比上年少投放 0.46 亿元。自 2006 年开始农牧业保险试点以来，目前全区政策性涉农保险已扩展覆盖至七地市。随着“政策性三农保险”工作在西藏的不断开展，农牧区广大群众“抗风险、保稳定、保民生”的能力明显增强。2010 年全年保险公司保费收入 5.06 亿元，比上年增长 26.0%。其中：财产险保费收入 4.54 亿元，比上年增长 20.4%；人寿险保费收入 0.52 亿元，增长 1.1 倍；意外险保费收入 0.31 亿元，增长 42.1%；机动车辆险保费收入 3.14 亿元，增长 22.2%；健康险保费收入 0.21 亿元，增长 18.0%。全年共支付各类赔款 2.22 亿元，比上年增长 2.5%。西藏金融保险业服务水平不断提高，对第三产业稳定增长的贡献能力持续增强。

（四）经济运行质量和效益不断提升，环境不断改善

通过不断地加强产业建设，培育新的经济增长点，市场主体得到了明显扩张，自我发展能力大大增强，经济运行的质量和效益有效提升。同时，全面增强服务意识，强化宏观调控，加大基础设施的建设力度，使经济运行的环境得到了明显改善。

1. 劳动生产率和经济效益稳步提高

2010 年全区人均生产总值突破了 17000 元大关，达到 17319 元，比上年增加了 2024 元，增长 11.2%，劳动生产率显著提高。规模以上工业企业实现利润达到 9.36 亿元，比上年增长

70.1%，企业效益显著提高。全区地方财政收入突破了40亿元，达到42.11亿元，增长36.2%，经济发展效果充分显现。

2. 城乡居民收入快速增加

2010年，全区城镇居民人均可支配收入达14980元，比上年增长10.6%；农牧民人均纯收入4138.71元，增长17.2%，均实现了两位数以上的增长。尤其是农牧民收入，通过深入推进整乡扶贫和集中连片开发，加大政府补贴力度，大力加强农牧民专业合作经济组织建设，着力加强农牧民实用技能培训，农牧民人均纯收入连续8年保持两位数增长，2010年更是高出13%增收目标4.2个百分点，使城乡收入比由2009年的3.8∶1下降到2010年的3.6∶1，城乡收入差距正在逐步缩小。

与此同时，进一步加大新农村建设力度，农牧民的生活质量明显改善。截止到2010年底，完成农牧民安居工程建设27.48万户，140万农牧民住上了宽敞、明亮、舒适、适用的新房。水、电、路、讯、气、广播电视、邮政等农村综合配套设施建设扎实推进，基本实现乡乡通光缆（宽带）、村村通电话，乡镇通邮率、通公路率和行政村通公路率分别达到85.7%、99.7%、81.2%。累计解决153.24万农牧民安全饮水问题，15万户农牧民用上清洁的沼气能源。全区碘盐配送网络建成，农牧区碘盐覆盖率达91.2%，基本实现消除碘缺乏病目标。

3. 基础设施明显改善

通过近年来的建设，“十一五”重点建设项目全部开工，并且多数完工，基础设施得到了前所未有的改善。全区公路通车里程年末公路总通车里程58249公里，比上年增加4404公里，阿里昆莎、日喀则和平机场相继通航，拉日铁路正式开工建设，综合立体交通网络格局初步形成；阿里光伏电站和青藏直流联网工程开始建设，老虎嘴水电站首台机组投产发电，拉萨、阿里过渡电源建成投产，全区电力装机总容量97.4万千瓦，用电人口覆盖率大幅提高；广播、电视综合人口覆盖率均提高了5.4个百分点，全区基础设施“瓶颈”制约得到较大缓解。

4. 市场物价得到有效控制

自治区党委、政府高度重视市场物价问题，密切跟踪价格走势，适时进行宏观调控，在不利的价格形势下保持了市场价格的基本稳定。2010年，全区居民消费价格总水平比上年上涨2.2%，低于全国平均上涨3.3%的幅度，其中：城市上涨2.2%，农村上涨2.2%。

（五）社会事业全面进步，保民生取得重大进展

2010年，深入实施科教兴藏战略，全面发展医疗卫生事业，积极活跃人民群众的文化娱乐活动，协调全面发展社会事业。同时坚持群众利益无小事，广泛了解民情、体察民意，想民之所想，倾心倾力解决群众最关心、最直接、最现实的利益问题，大幅度增加保障和改善民生的投入，使发展成果充分惠及人民群众。

1. 优先发展教育，加快发展医疗卫生事业

全面完成了“两基”攻坚任务，义务教育覆盖全区城乡，内地办学规模不断扩大，中高等学校在校学生数不断增加，小学适龄儿童入学率达到99.2%，比上年提高0.4个百分点。基层医疗卫生服务体系进一步完善，2010年全区共有72个县卫生服务中心和672个乡镇卫生院，孕产妇和婴儿死亡率进一步下降，每千人病床数和卫生技术人员数分别达到3.02张和3.44人，疾病治疗和防控能力全面提升。

2. 科技事业不断发展，文化市场日益繁荣

深入实施科技特派员制度，建立了林周、白朗、乃东等8个农牧业科技成果转化示范基地，大力引进推广先进适用技术。“西新工程”、村村通工程等项目加快推进，重点文物和非物质文化遗产保护成效显著，藏戏和“格萨尔”成功入选世界非物质文化遗产名录。扎什伦布寺等22处重点文物维修工程进展顺利，历史文化遗产得到有效保护。

3. 大力开发公益性岗位，积极促进就业与再就业工作

全力促进高校毕业生自谋职业和自主创业，及时兑现困难企业社保补贴和岗位补贴专项资金

达7220万元，减轻困难企业负担，稳定就业岗位。加大公益性岗位开发力度，突出解决零就业家庭、城镇失业人员等就业困难群体的就业问题，为1.4万名就业困难人员提供了公益性就业岗位。高校毕业生就业率达到80%以上，动态消除了“零就业家庭”。2010年年末，全区从业人员178.55万人，比上年末增加6.41万人，增长3.7%。城镇新增就业2.1万人，城镇登记失业率控制在4.0%以内。

4. 社会保障制度继续完善，覆盖面进一步提高

社会保障事业全面发展，各项社会保险制度进一步完善，覆盖面进一步扩大，保障水平不断提高。新农保试点覆盖全区所有乡镇，在全国率先实现新型农村养老保险制度全覆盖。全年农牧民每人医疗筹资180元，共有4.20万城镇居民、23万人农村居民享受政府最低生活保障，发放低保救助金分别达1.12亿元和1.47亿元。2010年年末，全区参加基本养老保险的职工9.62万人，参加失业保险10.31万人，参加工伤保险8.46万人，参加生育保险14.71万人。城镇职工参加基本医疗保险23.52万人，城镇居民参加基本医疗保险15.12万人。各类社会福利机构共有236个，公办儿童福利院9所，民办儿童福利院4所，集中收养1042人；供养五保户15428人，其中孤残儿童713人。

过去的一年，在中央关心、全国支援下，我区经济建设取得了可喜成就，不仅走出了拉萨“3•14”事件的消极影响，也克服了全球金融危机对我们的冲击，我区经济已经走上了健康有序、平稳较快发展的轨道，为“十二五”奠定了良好的基础。

二、2011年西藏经济社会发展面临的形势和展望

2011年是我区启动“十二五”发展规划的开局之年，也是深入贯彻落实中央第五次西藏工作座谈会精神的关键一年。分析当前面临的形势，在前进道路上的有利机遇前所未有，促进经济社会持续快速发展的动力十足，只要抓住机遇，深化改革，科学发展、跨越式发展的目标就一定能够实现。

（一）中央第五次西藏工作座谈会的召开，为西藏经济社会良性发展提供了重要保障

中央第五次西藏工作座谈会是在我国全面建设小康社会进入关键时期、西藏跨越式发展进入关键阶段，召开的一次十分重要的会议。会议全面总结了西藏发展稳定取得的成绩和经验，深刻分析了西藏工作面临的形势和任务，明确了当前和今后一个时期做好西藏工作的指导思想、主要任务、工作要求，对推进西藏实现跨越式发展和长治久安作出了战略部署，在西藏发展史上具有重要的里程碑式的意义，也为西藏经济社会实现更好更快更大发展提供了难得的历史性机遇。随着本次会议精神的深入贯彻、全面落实，国家将在政策、资金、项目、人才上的支持力度进一步加大，对口支援力度和领域将继续向纵深拓展，不仅对西藏的发展具有巨大的推动作用，也将进一步鼓舞和激励全区各族人民砥砺奋进，顽强拼搏，为推动西藏科学发展、跨越式发展和长治久安作出更大的贡献。

（二）世界经济形势好转，我国经济趋势企稳向好，为西藏经济社会发展创造了有利的外部环境

近年来，世界各国陆续出台刺激经济恢复增长的政策措施，有效遏制了世界经济滑坡的态势。党中央、国务院高度重视国际金融危机对我国经济的影响和冲击，审时度势，果断决策，坚持把保持经济平稳较快发展作为经济工作的首要任务，大力实施积极的财政政策和适度宽松的货币政策，有效遏制了经济增长的下滑态势，在全球率先实现经济形势总体回升向好的良好局面。国际和国内经济形势的逐步改善，不仅将拉动西藏对外贸易和利用外资的增长，同时也能进一步扩大内需增长，有力提升我区消费水平，为我区经济持续稳定快速发展奠定良好的内外部环境。

（三）西藏“十二五”规划的实施，经

济增长的内部条件的逐步改善，为保持科学发展、跨越式发展的强劲势头提供了强大的内在动力

2010年，自治区党委、政府准确判断形势，牢牢把握良机，完美地打赢了“十一五”收官战役。2011年是“十二五”规划的编制并批准实施，各类重大建设项目陆续开工建设，投资对经济增长的拉动作用将继续增强。旅游业加速发展，消费水平继续提升，消费结构不断优化，消费对经济的拉动作用将更为凸显。拉日铁路、干线公路、口岸和边境公路等的加快建设，区内机场体系的日渐完善，南亚陆路大通道建设的稳步推进，电力资源的大力开发，基础设施条件得到了前所未有的改善。特色产业的加快发展，资源优势逐渐转化为经济优势，投资环境进一步改善。经济发展内部条件的不断改善，为西藏经济社会发展提供了源源不竭的内在动力。

（四）宏观调控措施的不断完善和有力，持续保持较快的发展势头，为经济社会继续保持更好更快更大发展积累了弥足珍贵的经验

自1993年以来，西藏经济已经连续18年保持了两位数增长，成为西藏发展历史上速度最快、稳定性最好、效益和质量最佳的重要时期。通过不断总结，我们找到了一条科学的发展道路，形成了对路的经济发展战略，宏观调控的体系不断完善和健全，应对复杂局面的能力得到全面提高，对经济发展的掌控力不断增强，新的经济增长点得到了很好的培育，积累了弥足珍贵的成熟发展经验，这些宝贵财富将会极大地促进经济管理和宏观调控水平的进一步提高，进而推动经济社会在科学发展、跨越式发展的道路上取得更加辉煌的成绩。

当然，在把握有利机遇的同时，前进道路上的不利因素和挑战同样不容忽视。一是基础设施建设仍然比较落后，依然是制约西藏经济社会发展的主要瓶颈之一；二是经济开放程度不高，投资环境还欠理想，引进外资总量偏小，缺少龙头企业，产业集聚效应不足，将使经济活力的进一步增强受到影响；三是经济增长方式单一，产业建设依然不足，过于依赖国家投资来繁荣经济，自我发展能力不强，增加了持续发展的难度；四是反分裂斗争形势依然十分严峻，达赖集团图谋“西藏独立”、分裂祖国的顽固立场依然没有改变，维稳任务异常艰巨，仍是阻碍西藏繁荣发展的重要因素。这些不利因素固然存在，但我们的应对措施和应急机制已经十分完善，发展机遇总是大于挑战，推进国民经济更好、更快发展的条件和能力已经具备，只要我们认真做好实施“十二五”规划的衔接工作，积极培育好新的经济增长热点，继续采取措施扩大投资和消费需求，密切关注市场物价走势，解决好前进道路中的新问题和新矛盾，就一定能够很好的实现2011年的经济增长目标。

（撰稿人：刘柏呈　西藏自治区统计局局长、国家统计局西藏调查总队总队长）

陕西省经济社会发展报告

2010年，是极不寻常的一年，也是后危机时代的开启之年。一年来，面对国际国内宏观经济环境复杂多变的不利局面，省委省政府带领全省人民认真贯彻落实中央各项宏观调控方针政策，以科学发展富民强省为主题，以加快经济发展方式转变为主线，正视困难、迎接挑战，克服国内外各种复杂的矛盾和困难，努力探寻促进发展新契机，经济保持了平稳较快增长，经济总量和财政收入大幅扩张，经济结构调整成效显著，民生改善向纵深推进，主要经济指标实绩远超预期，为全省"十一五"规划画上了圆满的句号，为"十二五"实现科学跨越奠定了坚实的基础。

经济总量迈上新台阶，跻身于10000亿元俱乐部。2010年国际国内经济环境极其复杂，起伏不定，保持经济平稳较快增长与加快经济转型升级以及管理通货膨胀的压力和难度极其罕见，省委省政府带领全省人民妥善应对、克难攻坚，确保了全省经济增长实现高点起步，逐步平稳回归到正常的快速发展轨道。2010年全省生产总值突破万亿元大关，达10021.53亿元，比上年增长14.5%，成功跻身全国万亿元俱乐部省份。人均GDP在上年突破3000美元的基础上，再次突破4000美元，比上年增长14.2%。三次产业呈现加快发展态势。第一产业完成增加值988.45亿元，增长5.8%，增速比上年加快0.9个百分点；第二产业完成增加值5403.53亿元，增长18%，加快4.2个百分点，其中工业增加值4516.4亿元，增长18.7%，加快6个百分点；第三产业增加值3629.55亿元，增长11.7%。非公经济比重提升。已逐步形成了以个体私营、港澳台、外资等多元化发展新格局。2010年，全省非公经济实现增加值4959亿元，占全省经济总量的比重达到49.5%，较上年末提高0.9个百分点，在全省经济发展中占据半壁江山。

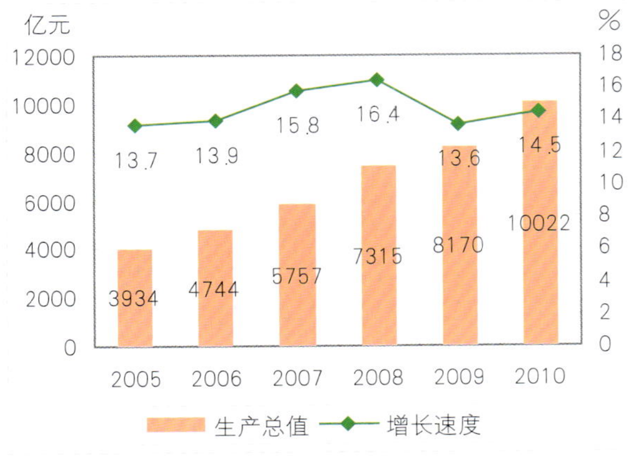

陕西生产总值及增速

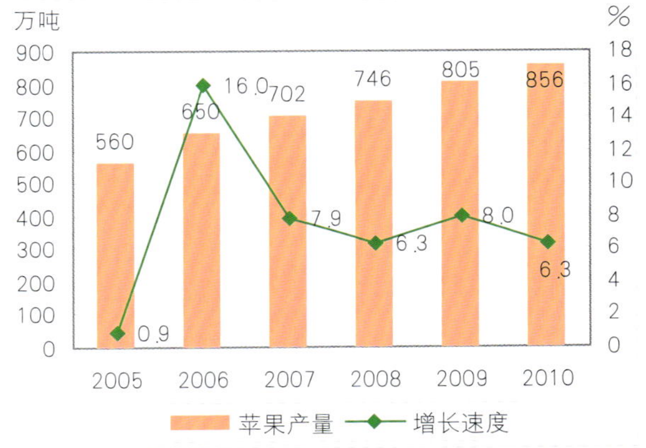

陕西苹果产量及增速

农业再续丰收，粮食产量连续七年过千万吨。随着各项惠农政策逐步落实，以及市场导向作用等因素的共同推动，农业生产实现丰产又丰收。2010年，粮食生产再次取得好收成，连续七年超过1000万吨，全年总产量达到1164.9万吨，比上年增长3%；油料总产量56.1万吨，增长3.1%。果业生产稳步发展。虽受前期气象灾害影响，但以苹果为龙头的果业仍持续发展，全省水果总产量1476.5万吨，增长7.4%。其中，苹果产量达856万吨，增长6.3%。畜牧业逐渐恢复。2010年，全省生猪存栏884.4万头，比上年下降3.9%，但降幅比前三季度缩小4.4个百分点；家禽存栏

5726.7万只，增长2.4%。肉类总产量102.5万吨，增长4%，其中，猪肉产量79.1万吨，增长5.5%。

工业总产值突破万亿，利润越过千亿元大关。工业是我省经济增长的主力军，占据全省经济近半壁江山，也是我省经济成功抵御金融危机的中坚力量。2010年，全省工业延续了2009年四季度的向好势头，各月均保持两位数的增长。全省规模以上工业完成工业总产值突破万亿大关，达到11147.09亿元，增长33.5%，高于上年20.5个百分点；工业增加值增长19.7%，增速加快4.9个百分点，工业增加值占全省经济总量的比重达到45.1%，比上年提高2.2个百分点。能源、装备制造等特色优势产业拉动明显。2010年，能源化工业总产值增长34.3%，高于上年30.1个百分点，拉动工业增长15.6个百分点；装备制造业拉动8.1个百分点。主要产品产量持续增加。2010年，在统计的64种主要产品中，多数产品产量保持了增长态势。十种有色金属112.74万吨，增长32.4%；汽车65.97万辆，增长28.8%；水泥5463.79万吨，增长23.9%；发电量1101.91亿千瓦小时，增长21.7%；原煤36115.5万吨，增长13.1%；天然气223.47亿立方米，增长12.2%；天然原油3017.28万吨，增长11.9%。

固定资产投资较快增长，投资结构不断优化。2010年，我省认真执行国家各项宏观调控措施，结合经济结构优化和产业升级，积极实施项目带动战略，着力加大基础设施和民生项目的

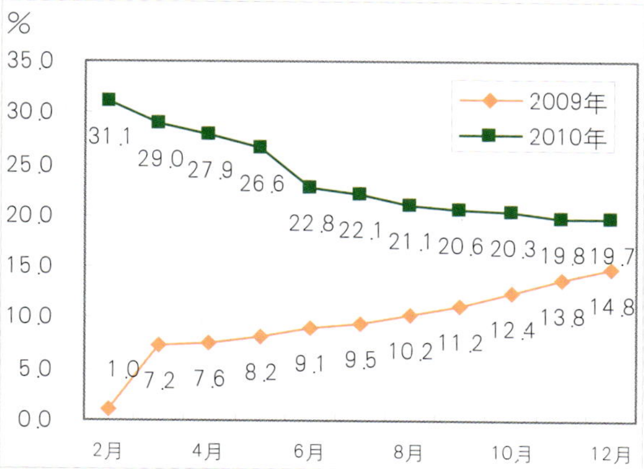

陕西规模以上工业工业增加值累计增速

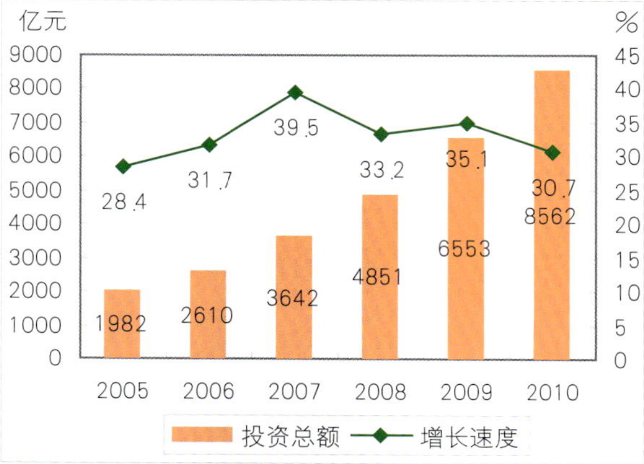

陕西全社会固定资产投资总额及增速

投资力度，大力扶持符合国家调控政策，有市场、有效益的重点项目，坚持“有保有压”，投资在优化结构中保持了一定的规模和较快增速，有力地拉动了经济增长。全省全社会固定资产投资8562.04亿元，增长30.7%，增幅较上年回落4.4个百分点，但高速增长的势头不减。其中，城镇投资8168.23亿元，增长31.9%，增幅回落5.1个百分点。基础设施投资增长较快。2010年，全省基础设施投资2054.38亿元，增长44.6%，占全社会投资比重为23.9%，比上年提高1.5个百分点。房地产开发投资稳中回落。2010年，全省房地产开发投资1160.23亿元，增长23.2%，比上年回落0.6个百分点。商品房屋施工面积9965.18万平方米，增长20.6%，回落22.1个百分点；商品房销售面积2590.18万平方米，增长24.1%，回落13.6个百分点。

国内市场需求畅旺，物价涨幅高于上年。与投资增长的波动性相比，消费增长相对较为稳定。2010年全省社会消费品零售总额3147.67亿元，再创新高，增长18.7%，增幅比上年提高2.2个百分点。从各月增幅看，增幅除3月份外，月均在19.0%左右平稳增长。汽车成为推动市场消费新热点，并带动汽油销售量增加。2010年小轿车销售27.14万辆，增长30.2%，日均销售为744辆；汽油423.33万吨，增长22.3%，日均销售约为1.16万吨。居民消费价格较快上涨。2010年，我省居民消费价格水平呈现出前底后高的运行态势，尤其是进入三季度以来，由于受持续高温、洪水

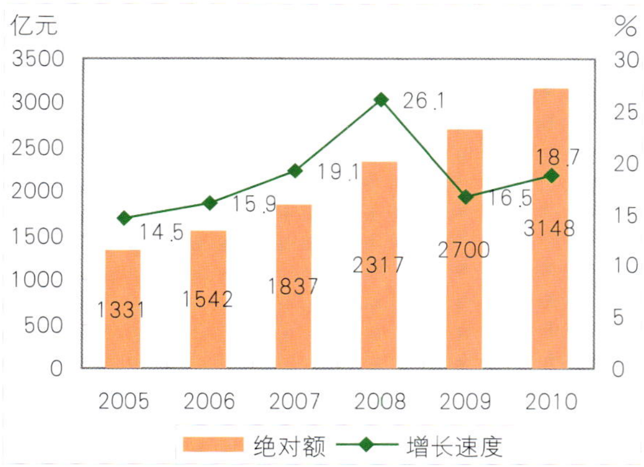

陕西社会消费品零售总额及增速

灾害、供需变化、基期因素，以及国际国内复杂环境等影响，居民消费价格逐月上升，11月达到年内最高水平，上涨6.2%，12月涨幅回落到5.3%，全年平均上涨4%，高于全国平均水平0.7个百分点。涉及调查的八大类商品和服务价格呈现“五升一平二降”态势，其中食品价格上涨8.5%，是推动价格上涨的主要因素。

经济运行质量明显提高，财政收入和工业效益均创最好水平。2010年全省完成财政总收入1800.85亿元，比上年增长29.5%，增幅高于上年3.5个百分点，地方一般预算收入957.92亿元，增长30.3%，高于上年6个百分点，分别高于“十一五”年均增速1.7和2个百分点。工业效益创历史最好水平。2010年，规模以上工业经济效益综合指数为347.26，比上年提高63.5个百分点，创历史最好水平。工业利润突破1000亿元，利润总额1370.6亿元，增长66.7%，利润过亿元企业148户，比上年新增110户。工业企业经济效益指数综合指数347.26，比上年提高63.5个百分点。

对外开放取得积极成效，进出口规模突破百亿美元。2010年，我省不断优化投资环境，充分利用国际市场，全方位扩大对外开放，对外开放取得新成效。进出口总值突破百亿美元，出口总值超过60亿美元，分别达120.8亿美元和60.1亿美元，比上年分别增长43.7%和55.6%，增幅均为1990年以来最高水平。利用外资规模不断扩大。实际利用外资18.2亿美元，增长20.5%。旅游人数大幅增加。全年接待境内外游客14565.97万人次，比上年增长26.1%；旅游总收入983.99亿元，增长28.1%。其中接待入境旅游者212.17万人次，增长46.3%；旅游外汇收入10.16亿美元，增长31.8%；接待国内游客14353.8万人次，增长25.8 %；国内旅游收入915.92 亿元，增长28.1%。

农民收入增幅显著加快，城乡居民收入比缩小。随着各项民生项目的积极实施和惠民政策的相继出台，城乡居民收入不断提高，农村居民收入较快增长，城镇居民收入稳步增加。2010年，全省城镇居民人均可支配收入15695元，增长11.1%，增幅比上年提高1.2个百分点，农民人均纯收入4105元，增长19.4%，为近14年来最高增速，高于上年9.8个百分点，高于城镇居民8.3个百分点，为20年来农民收入增速高于城

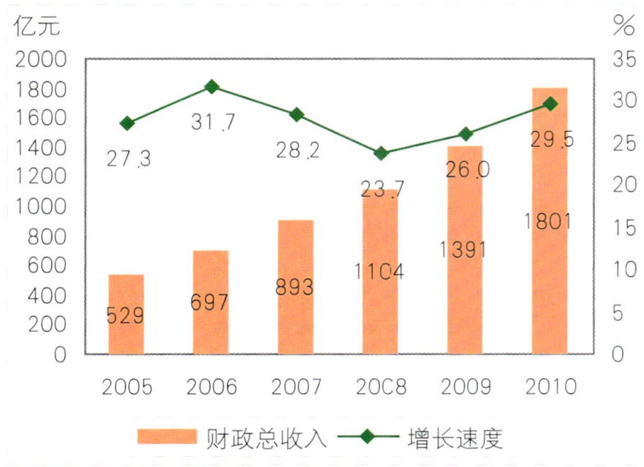

陕西财政总收入及增速

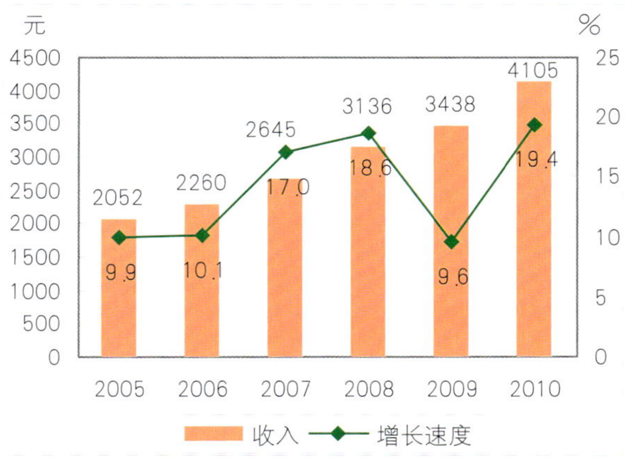

陕西农民人均纯收入及增速

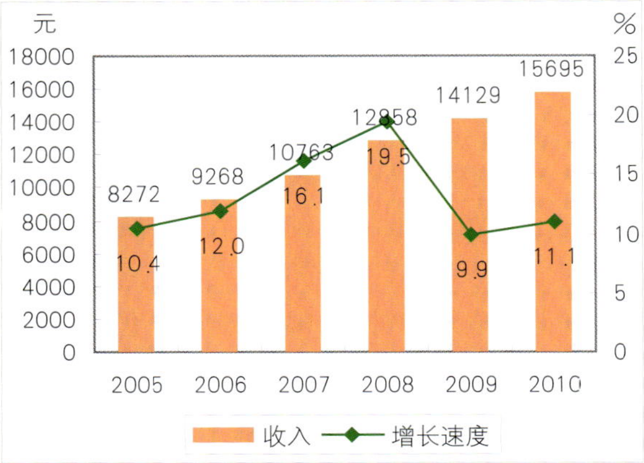

陕西城镇居民人均可支配收入及增速

镇6次中的最好水平。城乡收入比自2002年以来首次缩小，由上年的4.1：1缩小到3.8：1。

社会保障进一步完善，城乡居民生活水平普遍提高。陕西始终把提高人民生活水平作为经济发展的根本出发点和落脚点，坚持以人为本，各项社会保障逐步健全，社会事业全面进步。年末全省实行新型农村合作医疗104个县（区），参合农民2581万人，参合率达95%。全年为270万城乡65岁以上老人免费体检，27.2万农村孕产妇免费住院分娩，农村改厕22.6万户，开展贫困白内障患者复明手术1.94万例。全年参加失业保险职工人数335.97万人，比上年增加4.67万人；参加城镇养老保险人数492.62万人；参加城镇基本医疗保险人数947.21万人。全年累计实施城乡医疗救助68万人次，人均救助1110元。在居民收入较快增长的同时，消费保持了同步增长，城镇居民人均消费支出11822元，增长10.4%；农民人均生活消费支出3794元，增长13.3%。

生态建设力度加大，经济社会发展的协调性增强。全省坚持以科学发展观为指导，不断加大生态建设力度，全省生态环境逐步好转，经济社会协调可持续性进一步增强。10个地级城市空气质量优良天数为304-357天，6条主要河流和11条支流水质继续呈现稳定好转趋势，渭河干流水质持续好转，汉江、丹江水质稳定保持在Ⅱ－Ⅲ标准内；全省城市集中式饮用水源地水质状况安全良好，27个城市水源地全部达标。全省二氧化硫排放量、化学需氧量排放量分别比上年下降3.2%和3.3%，完成“十一五”两项减排任务的129.6%和121.8%。全省森林覆盖率达到41.42%，植被覆盖率达到71.1%。

实现了“十一五”完美收官，存在问题值得关注。经济总量、财政收入、人均GDP、城镇居民收入等均提前2年完成“十一五”规划目标，固定资产投资、农村居民收入提前1年完成目标。2010年，经济总量和人均生产总值均为“十五”末的2.5倍；财政收入为“十五”末的3.6倍；全社会固定资产投资为“十五”末的4.3倍；城镇居民可支配收入和农村居民人均纯收入分别是“十五”末的1.9倍和2倍。

2010年，为全省“十一五”规划画上了圆满的句号，为“十二五”实现科学跨越奠定了坚实的基础。但是，国际金融危机对全球影响尚未消除，外部不确定因素明显增多，国内各省份竞相追赶，区域竞争日益激烈。我省经济发展中不平衡、不协调、不可持续的矛盾比较突出，欠发达仍然是基本省情，物价上涨压力加大，城乡居民收入水平仍然较低，城镇化水平、经济外向度依然偏低。目前经济社会发展要求更高，实现目标任重道远。

攻难克艰保持经济较快增长，实现“十二五”的良好开局。有利条件：从全国看，国家坚持扩大内需方针，着力保障和改善民生，推进城乡统筹发展，把深入推进西部大开发战略放在区域发展总体战略的优先地位，落实《关中—天水经济区发展规划》，加快资源转化步伐，强化生态环境保护，再实施一批区域发展规划等，为我省加快发展创造了诸多有利条件。从自身发展看，经过多年努力，我省成功探索出了一条具有陕西特色的发展路子，为全省持续发展奠定了坚实的物质基础，蓄积了巨大的发展潜能，完全能够在新的起点上实现新跨越。我省“十二五”规划提出的总体目标：实现“三个上台阶”，即经济综合实力、人民生活水平和质量、生态环境保护上台阶；“三个大幅提升”，即生产总值、财政收入、城乡居民收入大幅提升；“两个明显改善”，即基础设施和公共服务保障水平明显改善，社会和谐程度和人民群众幸福指数明显改善；“一个大跨越”，即从经济欠发达省份跨进中等发达省份行列。要实现这一目标，调整优化产业结构，促进发展方式转变，做大做强第二产业，加快第三产业发展，将是陕西经济突破万亿元大关后，实现长期可持续发展的必然选择。具体为以下几点：

一是加大培育新兴产业，提升现代服务业比重。陕西第二产业对经济增长的贡献率达到64.2%，第三产业、特别是现代服务业发展相对滞后。在人均GDP实现 4000美元后，陕西经济正处于转型提升的关键时期，必需加快经济发展方式转变和产业结构优化升级，提升改造传统服务业，培育战略性新兴产业，着力提高现代服务业比重。要按照陕西省“十二五”规划的要求，创建有利于战略性新兴产业发展的体制和环境，培育新的经济增长点。

二是壮大民营企业，提高经济发展市场化水平。民营经济是经济发展活跃程度和市场化程度的重要标志。2010年，陕西非公有制经济比重达到49.5%，比“十五”末提高了6.2个百分点，但与东部发达地区80%左右的比重相比，仍有较大差距。要把加快发展民营经济作为跨入中等发达省份的突破口，壮大民营经济实力，激活企业创新水平，提升经济发展活力。

三是提高自主创新能力，以科技为支点撬动经济较快增长。实现“陕西配套”、“陕西制造”向“陕西创造”、“陕西服务”转变，关键是发挥科技优势，提高自主创新能力，增强科技贡献率。要加快建立以企业为主体、市场为导向、产学研相结合的技术创新体系，用先进技术改造提升陕西传统产业，打造拥有自主知识产权的优势产业，实现以科技撬动经济增长的新格局。

四是提高居民收入，实现富民强省。2010年陕西城镇居民人均可支配收入和农民人均纯收入与全国平均水平的绝对差距分别为3414元和1814元。GDP突破万亿元大关，为陕西实现“十二五”规划提出的富民强省目标奠定了坚实的经济基础。必需按照科学发展观的要求，科学合理调整国家、集体和个人的利益分配格局，切实提高居民收入水平，实现经济发展与城乡居民收入水平同步增长。

五是提高城镇化水平，积极承接产业转移。“十一五”时期，陕西城镇化水平快速提高，2010年达到46.5%，5年提高了9.3个百分点，同全国平均水平的差距有所缩小，但仍低3个百分点左右。城镇化是承载产业转移，发展第三产业的重要载体，陕西要缩小与其他发达省份的差距，必需不断提高城镇化水平，以有效带动第二、三产业发展，加快推进经济形态由传统向特色经济、产业经济、工业经济和城镇经济跃升，逐步缩小城乡二元差距。

六是优化资源环境，实现可持续发展。对于重工业特别是能源工业成分较大的陕西而言，资源对经济发展的约束日益突出。要按照科学发展观要求，在保持经济发展的同时，不断优化资源环境，有效降低资源消耗，促进人与自然的和谐，实现可持续发展。

在“十二五”规划开局之年的2011年，只要我们认真贯彻中省各项宏观调控政策，进一步解放思想、开拓创新，克服国际国内经济运行各种困难和挑战，加快经济转型升级，全省经济将继续巩固和延续上年较快发展的良好态势，实现“十二五”的稳健起步。

（撰稿人：丁云祥 陕西省统计局党组书记、局长）

甘肃省经济社会发展报告

2010年以来，全省上下进一步深入贯彻落实国家扩大内需的各项政策措施，按照省委“四抓三支撑”的总体工作思路和“中心带动，两翼齐飞，组团发展，整体推进”的区域发展战略，加快经济发展方式转变和经济结构调整，全省经济平稳较快增长。2010年全省实现生产总值4119.46亿元，比上年增长11.7%，其中：第一产业完成增加值599.0亿元，增长5.5%；第二产业完成增加值1984.97亿元，增长15.3%；第三产业完成增加值1535.49亿元，增长9.8%。

一、经济运行的基本特点

（一）粮食产量创历史新高，工业增速加快

1. 粮食产量创历史新高，连续七年保持在800万吨以上水平

虽然上半年的严重干旱导致全省夏粮面积和产量双双下降，但由于全膜双垄沟播技术在旱作农业区的进一步推广，全省秋粮播种面积比上年增加176.93万亩，增幅达7.24%，为全年粮食丰收奠定了良好的基础。全年粮食产量958.3万吨，再创历史新高。

畜牧业生产继续稳步增长。年末大牲畜存栏645.09万头，比上年末增长3.51%，其中牛存栏485.06万头，增长4.43%；猪存栏614.4万头，增长2.3%；羊存栏1818.4万只，增长5.31%。肉类总产量达到86.78万吨，比上年增长4.16%。

农产品价格继续上涨。2010年，全省农产品价格总体呈现上涨态势，农产品生产价格比上年上涨13.8%。其中，种植业产品生产价格上涨19.46%。谷物、蔬菜、水果、药材四大类产品价格全部上涨，马铃薯、蔬菜、玉米、小麦价格分别上涨85.02%、14.18%、19.35%和6.78%。

2. 工业增速加快，实现利润较快增长

全年全省规模以上工业企业工业增加值比上年增长16.6%，增幅比上年加快6.0个百分点。

重点行业对全省工业拉动明显。2010年在全省38个大类行业中，正增长的有31个行业，高于全省平均增速的有19个行业。其中：石油和天然气开采业、电气机械及器材制造业、电力热力的生产和供应业、黑色金属冶炼及压延加工业等四个行业占全省规模以上工业总量的35.86%，平均增长30.84%，高出全省平均增速14.24个百分点，拉动全省工业增长9.75个百分点，对全省工业增长的贡献率达到58.72%。其中：石油和天然气开采业对全省工业增长的贡献率为16.18%，电气机械及器材制造业贡献率为16.04%，电力热力的生产和供应业贡献率为14.23%，黑色金属冶炼及压延加工业贡献率为12.27%。

风光电及风光电装备制造业成为工业增长的亮点。随着省委、省政府提出的“建设河西‘风电走廊’、再造西部‘陆上三峡’”战略的实施，全省风光电及相关产业有了较快的发展。全年风光电及风光电装备制造业工业增加值占全省总量的6.99%，比2009年提高4.49个百分点，同比增长75.0%，高于全省平均增速58.4个百分点，拉动全省规模以上工业增加值增长4.23个百分点，对全省工业增长的贡献率达到25.48%。

轻工业增速快于重工业。全年全省轻工业工业增加值占全省总量的14.09%，比上年增长19.9%，快于重工业3.9个百分点，拉动全省工业增加值增长2.95个百分点，对全省工业增长的贡献率为17.81%。其中：农副食品加工业增加值增长24.13%；烟草制品业增加值增长27.1%。

出口交货值高速增长。2010年全省完成出口交货值54.04亿元，较上年增长50.49%，拉动全省工业增长0.4个百分点，对全省工业增长的贡献率为2.1%。其中：有色金属冶炼及压延

加工业完成出口交货值 18.21 亿元，占全省总量的 33.7%，较上年增长 118.96%；农副食品加工业完成 7.65 亿元，占全省总量的 14.16%，较上年增长 40.33%；黑色金属冶炼及压延加工业完成 4.59 亿元，占全省总量的 8.49%，较上年增长 102.09%。

实现利润较快增长。全年全省规模以上工业企业实现利润总额 216.31 亿元，比上年增长 40.13%。全省规模以上工业综合效益指数为 215.95，比上年提高 28.51 点。

（二）内需增势强劲，进出口总值高速增长

1. 固定资产投资继续保持高位运行，房市调控成效显现

全年全省全社会固定资产投资完成 3378.10 亿元，比上年增长 36.24%。其中，城镇固定资产投资完成 2808.55 亿元，增长 35.26%；农村固定资产投资完成 349.78 亿元，增长 22.03%。

在建项目规模不断扩大。近年来，在机遇和政策的拉动下，甘肃项目投资的规模不断提升。2005 年施工项目和新开工项目的平均投资规模分别是 3060 万元和 1674 万元，2009 年分别是 5259 万元和 3350 万元，而 2010 年，施工项目和新开工项目平均投资规模已分别达到 6235 万元和 3404 万元。

高耗能行业投资回落明显，第三产业投资增速加快。2010 年，在城镇固定资产投资中，第一产业完成投资 82.56 亿元，增长 10.69%；第二产业完成投资 1448.51 亿元，增长 32.99%，其中：工业投资完成 1168.87 亿元，增长 29%；第三产业完成投资 1277.48 亿元，增长 39.98%。受节能减排压力的影响，甘肃高耗能行业投资快速回落。全省高耗能工业完成投资 814.25 亿元，比上年增长 23.93%，分别比一季度、上半年和前三季度回落 31.81、22.76 和 8.81 个百分点。第三产业投资在公共管理和社会组织业、交通运输和仓储业、房地产业、水利设施和公共环境管理业四大行业的带动下，增幅一直居高不下，这四大行业完成投资占第三产业投资的比重达到 56.52%。其中，公共管理和社会组织完成投资 256.75 亿元，增长 26.82%；交通运输、仓储和邮政业完成投资 187.35 亿元，增长 29.17%；房地产业完成投资 149.20 亿元，增长 1.44 倍；水利设施和公共环境管理业完成投资 128.72 亿元，增长 37%。

房市调控成效显现，商品房竣工和销售面积增速明显回落。全年全省完成房地产开发投资 266.41 亿元，比上年增长 30.51%。商品房竣工面积增长 9.81%，较年内最高点（1-4 月）回落 45.23 个百分点；销售面积仅增长 8.65%，较年内最高点（1-4 月）回落 30.16 个百分点。

从资金到位情况看，2010 年城镇固定资产投资到位资金 2893.34 亿元，比上年增长 38.09%，绝对量比投资完成额高 85 亿元，增幅高于完成投资 2.83 个百分点。从资金构成来看，国内贷款 490.12 亿元，增长 45.35%；国家预算内资金 491.20 亿元，增长 48.17%；自筹资金到位 1559.23 亿元，增长 36.31%；其他资金 334.41 亿元，增长 26.50%；利用外资 16.55 亿元，增长 11.03%。

2. 消费品市场快速增长，主要热点商品销售增势明显

全年全省实现社会消费品零售总额 1369.40 亿元，比上年增长 18.3%，增幅比上年提高 1.7 个百分点。

城市市场较快增长，农村市场增幅稳定。2010 年城镇实现社会消费品零售总额 1098.17 亿元，比上年增长 18.4%，占社会消费品零售总额比重 80.2%。其中，城区实现社会消费品零售总额 809.58 亿元，增长 20.0%。乡村实现社会消费品零售总额 271.22 亿元，增长 17.7%，占社会消费品零售总额比重 19.8%。

主要热点商品销售增势明显。一是受节日气氛影响，食品消费呈明显增长之势，粮油、食品类商品零售额比上年增长 21.5%，其中，粮油类增长 29.2%；二是个人享受及婚庆带动的商品销售较快增长，金银珠宝类零售额增长 30.7%，化妆品类零售额增长 30.8%，家用电器和影像器材类零售额增长 15.4%，家具类零售额增长 99.4%，体育、娱乐用品类零售额增长 41.4%；

三是受需求增长和消费政策刺激，汽车销售持续看好，零售额增长 36.2%，石油及其制品零售额增长 27.7%。

3. 进出口总值高速增长

全年全省完成进出口总值 73.25 亿美元，比上年增长 89.67%。其中，出口总值 16.39 亿美元，增长 1.23 倍；进口总值 56.86 亿美元，增长 81.88%。

主要产品出口全面增长，结构进一步优化。一是 2010 年甘肃资源型产品出口 5.12 亿美元，比上年增长 199%。其中：镍出口 1.12 亿美元，增长 3771%；钴及其制品出口 8824 万美元，增长 8%；硅铁出口 7806 万美元，增长 109%；钢材出口 4220 万美元，增长 83%；碳化硅出口 1494 万美元，增长 204%。二是机电产品出口 3.17 亿美元，比上年增长 177%。其中：集成电路出口 4335 万美元，增长 217%；钻机出口 2187 万美元，增长 20%；轴承出口 3881 万美元，增长 74%。三是农产品出口 2.77 亿美元，比上年增长 19%。其中：苹果汁出口 4478 万美元，增长 19.8%；番茄酱出口 2669 万美元，下降 17%；蔬菜种子出口 2353 万美元，增长 14.7%；柠檬酸出口 2084 万美元，增长 46%；杂豆出口 1940 万美元，增长 40%；鲜苹果出口 1833 万美元，增长 9%；干酪素出口 1778 万美元，增长 253%；肠衣出口 1133 万美元，增长 73%；洋葱出口 810 万美元，增长 23%；葵花籽出口 533 万美元，增长 8%。

（三）财政收支稳定增长，金融机构贷款增幅明显回落

1. 财政收支稳定增长，改善民生投入保障有力

全年全省完成大口径财政收入 745.25 亿元，比上年增长 23.39%。完成一般预算收入 353.56 亿元，增长 23.37%。其中，税收收入增长 25.13%。在主体税种中，营业税、个人所得税、国内增值税和企业所得税分别增长 33.09%、23.78%、18.81% 和 17.91%。

全年全省完成一般预算支出 1466.66 亿元，比上年增长 21.36%。改善民生投入保障有力。全省各级政府多方筹资，千方百计改善民生，2010 年，全省教育支出 227.9 亿元，比上年增长 10.43%；医疗卫生支出 100.3 亿元，增长 13.6%；社会保障和就业支出 214.7 亿元，增长 25.9%；拨付自然灾害救助资金 29.1 亿元，有效地解决了灾区群众的生活困难问题；安排资金 41 亿元，确保了省委省政府承诺的“14 件 23 项”为民办实事，着力促进了全省和谐社会建设。

其他社会事业支出不断提高。其他社会事业支出大幅增加，有力地保障了各项社会事业的正常运行和基础环境的改善。2010 年，全省一般公共服务支出 145 亿元，比上年增长 19%；公共安全支出 69.8 亿元，增长 21.4%；科学技术支出 10.9 亿元，增长 7.0%；文体传媒支出 29.5 亿元，增长 20.6%；环境保护支出 68.4 亿元，增长 28.6%；城乡社区事务支出 57.3 亿元，增长 26%；交通运输支出 64 亿元，增长 4.6%，全力支持了全省保畅通工程的顺利进行。

2. 金融机构贷款增幅明显回落，存款增势平稳

2010 年末，全省金融机构人民币各项贷款余额为 4433.05 亿元，比上年末增长 21.47%，增幅比上年回落 12.12 个百分点。其中，短期贷款 1616.77 亿元，增长 1.71%；中长期贷款 2700.94 亿元，增长 46.62%。金融机构贷款呈现出以下特点：一是非金融性公司和其他部门贷款增量明显。分贷款部门看，金融机构加大了高速公路、铁路、机场及农村民生工程、保障性安居工程、循环经济等重点项目的信贷支持力度，非金融性公司及其他部门贷款增量明显，本年新增 512.11 亿元，占新增各项贷款的 65.37%。二是居民户贷款稳步增长。居民户贷款本年新增 271.32 亿元，较上年多增 62.46 亿元，占新增各项贷款的 34.63%。从信贷增长变化看，贷款增速较快，1、2 月份分别为 34.69% 和 34.23%，从 3 月份开始，由于上年基数较高，贷款增速有所回落，基本稳定在 30% 左右，年末，因农村合作金融机构贷款迅速减少，全省贷款增速随之下降到 21.47%。三是居民经营性贷款减少。2010 年末，全省金融机构居民户经营性贷款余额为 668.73 亿元，

增长41.04%，当月居民户经营性贷款减少70.54亿元。

2010年末，全省金融机构人民币各项存款余额为7115.37亿元，比上年末增长20.97%，增幅比上年回落3.41个百分点。其中，企业存款1819.25亿元，增长7.20%；储蓄存款3598.24亿元，增长18.87%。

（四）居民消费价格涨幅不断扩大，工业品出厂价格大幅上涨

1. 居民消费价格涨幅不断扩大，食品类价格涨幅最高

全年全省居民消费价格总水平比上年上涨4.1%。2010年以来，全省居民消费价格涨幅呈持续走高的态势，从元月份的2.1%上升到11月份的7.3%，创25个月以来新高。受政府价格调控的影响，12月份居民消费价格总水平上涨6.0%，比11月份回落1.3个百分点。

八大类商品和服务项目同比价格呈现“六升一平一下降”的运行态势。2010年，食品、居住、医疗保健及个人用品、烟酒及用品、家庭设备用品及维修服务、娱乐教育文化用品及服务类价格分别比上年上涨9.4%、4.1%、3.5%、2.8%、0.6%、0.4%；衣着类价格与上年持平；交通和通信类价格下降0.7%。其中食品价格上涨影响居民消费价格总水平上涨3.1个百分点。

居民消费价格变动特点与原因分析。一是食品类价格涨幅最大。2010年全省食品类价格上涨9.4%，影响居民消费价格总水平上涨3.1个百分点。食品类中以粮食、干豆涨幅为最高。全年粮食上涨20.8%，其中大米价格上涨29.1%，面粉价格上涨19.9%，粮食制品价格上涨9.7%；干豆价格上涨51.1%。影响粮食类价格上涨主要是受政策推动、成本推动的影响。一方面受国家提高粮食最低收购价格、实行临时收储政策等因素影响，2010年粮食价格持续上涨。另一方面随着种子、化肥、农药、电、油等价格的上涨，农业生产成本加大，致使粮食价格水涨船高。二是资源价格上涨。2010年国际原油价格仍在高位运行，国内成品油价格居高不下，成品油被称为工业经济的血液，油价上涨会使原材料、运输价格跟着上涨，从而带动消费品价格上涨。受国际原油价格连续走高的影响，汽油、液化石油气等能源价格涨幅明显。2010年汽油、柴油和液化石油气的价格分别上涨14.1%、14.9%和15.7%。由于受到成品油价格上涨的冲击影响，城市间交通费价格上涨2.6%，其中飞机票价格上涨14.6%，火车票价格上涨2.1%，长途汽车票价格上涨0.7%。三是居住类价格“涨”声不减。受国际市场消费品价格变化及国家宏观政策调控影响，甘肃居住类价格继续攀升，2010年累计上涨4.1%。受政策因素影响，居住类中的物业管理费及维护修理费收费价格普遍上涨，其中物业管理费用上涨1.9%，维护修理费用上涨3.2%。同时，在房地产价格居高不下的影响下，房屋租赁市场活跃，拉动租房费上涨13.7%，其中公房房费上涨34.1%，私房房费上涨10.3%。四是生产成本增加，推动消费品价格上涨。由于原材料、运输、人工费价格的上涨，企业生产成本增加，推动了消费品价格的上涨。2010年，餐具价格上涨2.7%，床上用品上涨1.0%，文具上涨1.9%，电影票上涨5.2%。受干旱等多因素的影响，中药材价格大幅上涨，上涨14.4%。另外，木材、水泥、玻璃等建材价格受工业品出厂价格上涨的影响也有不同程度的上涨。

2. 工业品出厂价格大幅上涨，主要工业行业及产品出厂价格涨势明显

全年全省工业品出厂价格总水平比上年上涨15.0%，而2009年为下降9.0%。其中有色金属冶炼及压延加工业、石油和天然气开采业、石油加工炼焦及核燃料加工业、黑色金属冶炼及压延加工业是影响工业品出厂价格同比上涨的主导因素，同比分别上涨33.1%、22.6%、19.8%、7.5%，分别拉动总指数上涨6.7、1.1、4.9、1.0个百分点，对工业品出厂价格总指数上涨的贡献率分别为44.7%、7.3%、32.7%、6.7%。

（五）城镇居民人均可支配收入稳定增长，农村居民人均纯收入快速增长

1. 城镇居民人均可支配收入稳定增长

全年全省城镇居民人均可支配收入为13188.55元，比上年增长10.55%，增幅比上年提高1.8个百分点。

工资性收入平稳增长。2010年，甘肃城镇居民人均工资性收入为9882.5元，比上年增加700.26元，增长7.63%，占可支配收入的74.93%，仍是居民收入的主要来源。工资性收入增长的主要因素：一是全省经济持续稳定发展，企业效益进一步好转，企业收入增加，职工奖金增加、福利待遇提高。酒钢公司2010年9月为在职职工和内退职工发放了半年奖，12月发放部分全年奖金。酒泉市效益较好的公司为职工发放奖金或兑现绩效工资，从2000元至10000元不等。2010年10月，天水市事业单位职工工资改革全面完成，实行绩效工资和效益挂钩，行政事业单位和部分企业职工工资增幅较高。二是各级政府加大就业帮扶力度，居民就业面拓宽，收入增加；各市最低工资标准均有提高。三是全省行政事业单位和部分企业全额发放第十三个月工资。四是定西、天水、酒泉等市行政事业单位职工增加津补贴。五是全省12月中旬以前发放了5个月的取暖补贴，比上年多发半个月，取暖补贴标准也有所提高。

转移性收入快速增长，成为拉动家庭总收入增长的新动力。2010年，甘肃继续加大转移支付力度，人均养老金和离退休金及社会救济收入均有所增加，带动转移性收入快速增长。全年城镇居民人均转移性收入为3664.59元，比上年增加678.69元，增长22.73%，对家庭总收入的贡献较大。一是增资政策带动养老金增长21.47%。2010年全省城镇居民人均养老金或离退休金3208.63元，比上年增长21.47%。主要是因为全省继续完善社会保障制度，加大社会保障力度，扩大低保范围，提高保障标准，企业、行政事业单位离退休人员养老金标准的进一步提高，有力地推动了离退休金的增长。二是惠民政策暖人心，社会救济收入增长16.71%。2010年全省城镇居民人均社会救济收入为157.23元，比上年增长16.71%，其中最低社会保障收入为131.41元，增长19.05%。增长原因是全省低保标准再次提高，城镇低保范围扩大，同时12月开始对城镇低保居民发放人均100元左右的物价补贴。

财产性收入较快增长。2010年，甘肃城镇居民人均财产性收入为72.23元，比上年增长21.42%。其中出租房屋收入为30.39元，增长74.45%，出租房屋收入成为居民财产性收入的主要来源。

2. *农村居民人均纯收入快速增长*

全年全省农村居民人均纯收入为3424.7元，比上年增长14.9%，增幅比上年提高5.5个百分点。

家庭经营收入较快增长，为农村居民增收提供了有力支撑。2010年，甘肃农村居民人均家庭经营收入为1856.0元，比上年增长17.2%，对农村居民人均纯收入增长的贡献率达到61.4%。其中，第一产业纯收入人均为1585.8元，增长17.7%；第三产业纯收入人均为218.2元，增长20.1%。一是农产品价格上涨，使农村居民从中获益。农村居民第一产业纯收入的增长主要缘于农业纯收入快速增长，农业纯收入比上年增长25.1%。2010年甘肃农产品生产价格全面上涨，累计比上年上涨13.8%，其中，小麦价格上涨6.8%，玉米价格上涨19.4%，油料价格上涨7.1%，蔬菜价格上涨14.2%，水果价格上涨27.6%。农业纯收入的增长主要依托粮、油、菜等农产品价格的大幅上扬。二是经济加快发展，推动第三产业收入增长。2010年甘肃各地采取一系列措施，招商引资，加大农业、农村基础设施等投入力度，加快乡村经济的快速发展；同时随着城镇建设、道路改造、新农村建设等投资规模加大，给农村居民提供了大量从事第三产业的机会，拓宽了农村居民增收空间。2010年批零贸易业及饮食业收入人均比上年增长47.5%；社会服务业人均增长78.8%。

工资性收入仍是农村居民收入增长的重要组成部分。2010年甘肃农村居民人均工资性收入1199.5元，比上年增长20.6%，对农村居民人均纯收入增长的贡献率达到46.0%。其中，农村居民在非企业组织中劳动得到的收入增长16.4%；在本乡地域内劳动得到的收入增长16.0%；外出务工收入增长 24.3%。就业机会增多、工资水平提高是工资性收入较快增长的主要原因。一是外出务工时间增长。受一系列刺激经济和稳定就业的政策措施的影响，全社会用工明显增加，农村居民外出就业机会增多，外出务工时间增长。2010 年农村居民人均外出务工时间比上年增长 5%。二是本地就业机会增多。各种刺激经济和稳定就业的政策措施对农村居民本地就业产生了积极作用，特别是农业基础设施建设力度和土地转移力度的加大，为农村劳动力提供了大量方便快捷的就业岗位。另外随着工业化、城镇化、新农村建设进程的加快，农村劳动力在本地就业的机会增多，从本地务工得到的收入增长较快。三是工资水平有所提高。由于受全社会用工增加和局部地区用工紧张的影响，全省农民工工资水平有所提高。据调查，2010 年，部分地区的建筑业技工工资标准由上年的 80-90 元上涨到 80-100 元，小工工资由上年的 40-50 元上涨到 50-70 元。

惠农政策的落实让农村居民直接受益。2010 年各级政府全面落实惠农政策，继续加大对农村居民的扶持力度。调查显示，报销医疗费、粮食直接补贴、购置和更新大型农机具补贴、良种补贴等惠农政策使农村居民人均比上年增加 27.7 元，增长 34.8%，对纯收入增长的贡献率为 6.2%。

财产性收入增长。2010 年甘肃农村居民人均财产性收入 39.9 元，比上年增长 17.1%，对农村居民人均纯收入增长的贡献率为 1.3%。财产性收入的增长主要是由于租金（43.0%），利息（58.0%）和其他收入（1.8 倍）的较快增长。救灾资金大幅下降对农村居民增收影响较大。随着灾后重建任务的基本完成，各种政策性补贴逐步退出，使得 2010 年转移性收入呈现负增长。调查显示，全年农村居民获得的救灾资金比上年减少 84.5 元，下降 84.2%，对纯收入增长的负面影响达到 19.0%。

二、经济运行中存在的问题

（一）大型企业、重点企业增速较低，重点支柱行业发展不均衡

全年全省大型企业共完成工业增加值 805.22 亿元，增长 10.3%，比全省平均增速低 6.3 个百分点；增加值占全省总量的 58.50%，但对全省工业增长的贡献率仅为 37.35%。

23 户重点企业完成工业增加值 618.28 亿元，占全省总量的 44.92%，增长 4.6%，比全省平均增速低 12 个百分点。

全年全省石油和天然气开采业、电气机械及器材制造业、电力热力的生产和供应业、黑色金属冶炼及压延加工业四个行业共完成工业增加值 493.62 亿元，占全省总量的 35.86%，对全省工业增长的贡献率达到 58.72%。而有色工业和石油加工业共完成工业增加值 357.2 亿元，占全省总量的 25.95%，平均下降 2.1%，对全省工业增长的贡献率为 -3.61%。

（二）居民消费价格持续走高，食品、资源、居住价格大幅上涨拉动居民消费价格上涨

全年全省居民消费价格呈持续走高的态势，10 月份以来不断创出两年来新高，其中 11 月份的 7.3% 达到年内最高点。

一是食品类价格涨幅最大。受国家提高粮食最低收购价格、实行临时收储等政策因素影响，以及受土地、劳动力和生产资料等成本价格因素影响，全年食品类价格上涨 9.4%，影响居民消费价格总水平上涨 3.1 个百分点。食品类中粮食、干豆价格涨幅最高。全年粮食价格上涨 20.8%，其中大米价格上涨 29.1%，面粉价格上涨 19.9%，粮食制品价格上涨 9.7%；干豆价格上涨 51.1%。

二是资源价格上涨。受国际原油价格连续走高的影响，汽油、液化石油气等能源价格涨幅明显。2010 年汽油、柴油和液化石油气的价格分别上涨 14.1%、14.9% 和 15.7%。受成品油价格上涨的影响，城市间交通费价格上涨 2.6%，其中飞机票价格上涨 14.6%。

三是居住类价格“涨”声不减。全年居住类价格上涨 4.1%，居住类中的物业管理费及维护修理费的收费价格普遍上涨，其中物业管理费用

上涨 1.9%，维护修理费用上涨 3.2%。房屋租赁市场活跃，拉动租房费上涨 13.7%，其中公房房费上涨 34.1%，私房房费上涨 10.3%。

（三）物价不断攀升，影响居民生活质量

随着甘肃居民消费价格总水平不断攀升，增加了居民的日常生活开支。2010 年全省城镇居民食品消费支出名义增长 10.21%，扣除食品价格上涨因素，实际下降 0.08%，由于食品价格上涨，城镇居民人均食品消费比上年多支出 345.72 元。其中，城镇居民最低收入组人均消费性支出 4376.22 元，消费倾向为 95.36%，高出全省平均水平 20.33 个百分点。城镇居民最低收入组恩格尔系数达到 45.67%，比全省平均水平高出 8.26 个百分点，食品价格的上涨，使低收入家庭人均多支出 221.71 元。食品支出的大幅增加制约了其他支出的快速增长，衣着支出、家庭设备用品及服务支出分别仅增长 7.35% 和 6.92%。

（四）农村投资、内涵性投资建设仍需加强

2010 年全省投资发展的突出问题集中在农村和农业投资领域。2006 年农村投资接近 100 亿，占比接近 10%；2008 年下半年开始的灾后重建使全省农村投资总量达到 200 亿，占到全社会投资总量的 11.64%；2009 年保持了 11.54% 的占比。但 2010 年，农村投资在上半年一直下降，年底虽恢复到 22.03% 的增长，比重却下降到 10.35%。

2010 年，从城镇项目投资建设性质看，新建投资增长 40.18%，扩建投资增长 28.71%，改建和技术改造投资增长 3.80%；另外，从构成看，建筑工程增长 39.62%，安装工程增长 63.55%，设备工器具购置增长 26.22%。可以看出，以内涵性建设投资为主的改建投资和设备工器具购置投资增速都是最低的。季度监测的大中型工业企业技术改造投资报表数据显示，2010 年，全省大中型工业企业技术改造投资完成 136.03 亿元，下降 22.37%。

三、对策建议

（一）多方面促进工业生产快速增长

一是积极引导，强化企业开拓市场营销渠道。帮助企业拓宽市场销售渠道，建立相关信息平台，提高产品市场反应速度。帮扶企业稳定国外市场份额，充分利用中央企业出口渠道，加大工业品的外销。

二是开展专项治理，减轻企业负担。全面清理和规范涉及企业的收费项目，治理各种摊派等加重企业负担的问题。通过专项治理，取消不合理收费项目，降低过高的收费标准，规范行业协会和市场中介组织涉企服务及收费行为，杜绝向企业乱收费、乱拉赞助和各种摊派行为，为企业创造良好的外部环境。

三是密切关注国内外政治经济形势，确保工业经济平稳发展。当前世界经济复苏势头仍然十分脆弱，中东及北非局势冲击世界经济，在这种形势下，政府有关部门和企业要密切关注企业库存和社会库存的变化情况，密切关注产品价格走势，按市场需求安排生产，有效控制总量，提高经济运行的质量和效益。

（二）多渠道加大投资发展后劲

一是加大现代农业投资力度。在农村基础设施建设不断加强的基础上，要着力加强和支持以张掖、武威、酒泉等为代表的现代农业投资建设，增强定西、天水、陇南的特色农业产业投资，支持临夏、甘南等地的农、林、牧业投资建设，加快第一产业投资步伐。二是加大传统工业行业升级改造的投资力度。做好中心城市和工业化城市的投资规划，加大项目储备，加快城市化建设进程和增强工业企业的技术改造能力是近阶段投资应该倾斜的领域。三是提升地方投资配套能力，根据能力上项目，避免出现依赖性投资项目后续资金吃紧的问题，加快项目投资进度。

（三）多手段遏制物价过快上涨

一是加大蔬菜生产基地建设力度。加大对重点蔬菜生产基地建设的资金和政策支持力度，提

高蔬菜生产水平和重要时节的应急供应能力。抓紧建立覆盖主要蔬菜品种生产、流通、消费各个环节的信息监测、预警和发布制度，强化对蔬菜生产、市场和价格走势的分析预警，引导蔬菜种植户、经营者合理安排生产经营活动。二是建立并完善重要商品储备体系，做好应对预案，防范供求关系逆转。一旦重要商品如食品、棉花等价格出现重大波动，超出警戒数值，要及时启动市场平衡预案，适度抛售储备商品。三是促进副食品生产和流通。已建立价格调节基金的地区要积极运用价格调节基金，扶持农副产品生产，保障市场供应。

（四）想方设法提高城乡居民收入

在城镇，一是积极鼓励创业，培育收入新增长点。应出台鼓励百姓创业的若干政策，优化创业环境，扶持自主创业和自谋职业，积极促进收入多元化，培育发掘城镇居民收入新的增长点。二是努力提高城镇居民工资性收入。2009 年我省工资性收入占可支配收入的比重近 70%，这一比重在全国列第 6 位。同时，2006 年工资改革以来，我省在岗职工平均工资在全国的位次逐步后移，由 2005 年的第 20 位后移至 2010 年的第 29 位，仅高于吉林和江西。因此，增加职工的工资性收入是提高城镇居民人均可支配收入的重要途径。三是建立最低工资标准上调机制，逐渐提高工资待遇。尽快出台最低工资标准调增相关制度，建立最低工资标准年度上调机制。

在农村，一是创新农民培训方式，丰富培训内容。以农民的务农技能培训、就地创业培训和外出务工技能培训为重点，开展多形式、多层次的农民培训，要特别重视对外出务工农民的技能培训，以尽快改变我省外出农民工“苦力型”比重过大、“技能型”人才不足的局面。二是重视农产品流通促销工作。加大农产品产销情况的监测和预测，及时掌握市场动态及趋势，加大农产品营销促销力度，帮助农民和企业寻找客户、联系订单，实现产销对接。三是积极扶持农民专业合作组织加快发展。充分发挥农民专业合作组织在提高农民组织化程度、降低农产品交易成本、促进农产品顺畅销售、增加农民收入等方面的作用，最大限度保护农民利益，确保农业增产，农民增收。

（五）多措并举降低农业生产成本

一是由政府对省内的农资生产企业实行直补，降低生产成本，让农业生产者受惠。二是加强政府宏观调控能力，加大对农资市场的监管力度。三是建立省内农资企业销售绿色通道，力争实现农资产品企业与农户直销。四是简化相关手续，及早将农资直补资金落实到农户，解决农民春耕生产的燃眉之急。

（六）千方百计发展现代服务业

以资本密集型、技术密集型和知识密集型为主要特征的现代服务业，主要包括金融保险、房地产、信息咨询业和娱乐服务业等。一要大力发展金融业，为各行业的发展保驾护航，更好地为甘肃经济发展服务；二要规范房地产一级市场，开放房地产二级市场，搞活房地产三级市场；三要高起点发展信息服务业，以信息化带动工业化，发挥后发优势，实现社会生产力跨越式发展；四要大力发展教育产业，探索多种办学方式，促进非义务教育及培训产业成长；五要积极推进旅游基础设施建设的社会化，提高旅游服务质量，不断开辟新的旅游消费领域。同时，运用现代营销技术、信息技术等现代经营方式和服务技术，对交通运输、仓储和邮政业，批发零售业，住宿餐饮业等传统服务业进行改组改造，提高服务水平和技术含量，带动服务业整体水平提高。

（撰稿人：樊怀玉 甘肃省统计局局长）

青海省经济社会发展报告

2010年，是青海省极不寻常、极其难忘的一年，是攻坚克难、夺取胜利的一年。面对玉树突发强烈地震和复杂多变的国内外经济环境，在党中央、国务院和中共青海省委省政府的坚强领导下，全省上下深入贯彻落实科学发展观，全面贯彻中央加强和改善宏观调控的各项政策措施，和衷共济、顽强拼搏，抢抓机遇，开拓进取，战胜了金融危机及玉树地震带来的重大挑战和考验，全省经济呈现速度加快、质量提高、民生改善的良好态势。

一、经济速度创新高

2010年青海省地区生产总值1350.43亿元，比上年增长15.3%，比上年增速高5.2个百分点，增速创30年来最高。

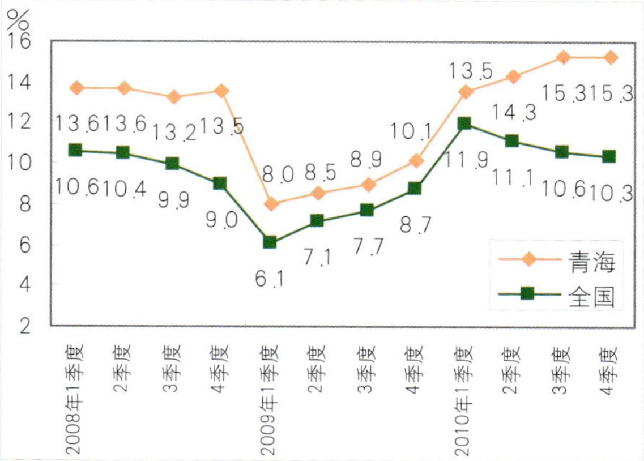

地区生产总值增速　(2008-2010)

（一）农牧业生产与结构调整协调推进

2010年，青海省认真贯彻中央、省委1号文件和全省农村牧区工作会议精神，启动建设黄河谷地百万亩土地开发整理项目，加快建设河湟特色农业百里长廊，大力推动农业示范园区建设和设施农业发展，各项支农、惠农政策措施到位，农牧业产出效益提高，结构进一步优化。全年第一产业增加值134.92亿元，增长5.9%，比上年增速提高0.9个百分点，创20年来最高速度。

全年全省农作物总播种面积516.3千公顷，比上年增长0.4%。全年粮食总产量102万吨，比上年下降0.6%，但仍是2002年以来的第2个高产年；粮食减产的主要原因是7月份雨水偏多、8月份出现罕见的持续高温少雨天气，致使部分农作物千粒重下降，单位面积产量减少。油料总产量36.9万吨，比上年增长0.8%；蔬菜产量大幅度增加，达134.43万吨，增长13.1%，创历年好水平。

全年全省育活仔畜720.85万头只，比上年增长2.55%，成活率为90.69%，比上年提高1.35个百分点；出栏率为34.88%，同比提高2.1个百分点。肉类总产量29.51万吨，比上年增长9.71%；牛奶产量26.18万吨，比上年增长3.48%。

（二）第二产业继续发展壮大。全年全省第二产业完成增加值744.63亿元，比上年增长19.3%，比上年同期增速提高8个百分点，创近年来最高增速。

1. 工业生产增速稳步攀升

2010年，通过强化工业经济运行综合协调，优化生产要素配置，积极培育市场主体，努力调整产业产品结构，全省工业保持快速回升态势。分月看，增速波动小，工业增长的稳定性增强。全年全省工业完成增加值613.65亿元，比上年增长19.3%，其中规模以上工业增加值比上年增长20.6%，增速比上年提高9.6个百分点。其中，轻工业增加值增长23.0%，重工业增加值增长20.4%。从经济类型看，股份制企业增加值增长20.6%；国有企业增加值增长42.8%；外商及港澳台投资企业增加值增长14.1%。

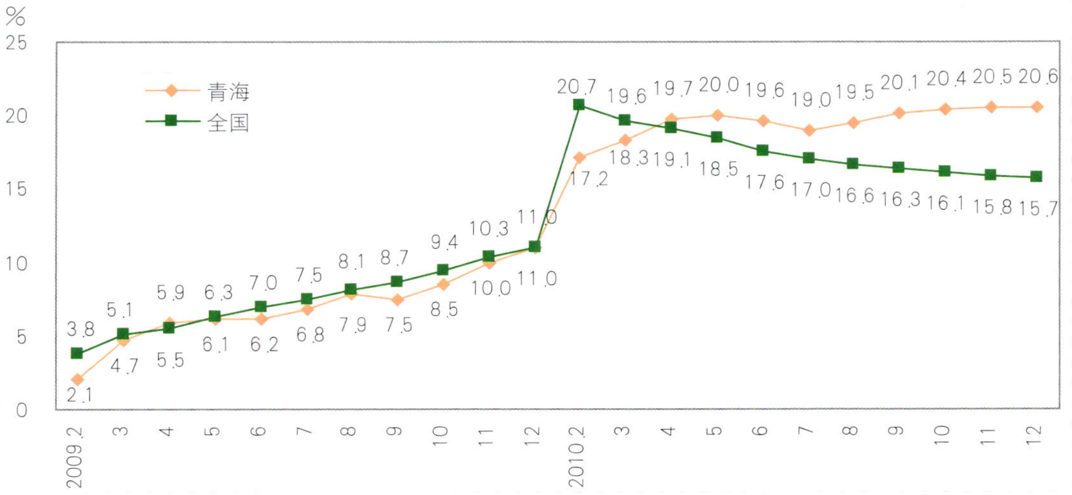

工业增加值累计增速

八大行业贡献突出。在全省 33 个大类行业中，26 个行业同比保持增长，其中 11 个行业增速超过全省平均水平。在重工业中，有色冶金工业增加值增长 24.6%，煤炭开采和洗选业增加值增长 47.6%，石油加工及炼焦业增加值增长 31.0%，电力、热力的生产和供应业增加值增长 30.9%，黑色冶金工业增加值增长 15.9%，化学工业增加值增长 8.7%，石油和天然气开采业增加值增长 5.8%；非金属矿物制品业增长 34%。以上八个行业占全省规上工业增加值的比重为 86.1%，拉动规上工业增长 18%。在轻工业中，食品制造业增加值增长 47.1%，饮料制造业增加值增长 35.6%，医药制造业增加值增长 18.4%，纺织业增加值增长 18.6%。

全省 2009 年及 2010 年新投产工业企业达到 55 家，占全省规上工业增加值总量的 12.9%，对全省规上工业生产的贡献率达到 38.8%，拉动全省规上工业生产增长 8.0 个百分点。

园区经济增加值增长 27.3%，实现利润 17.12 亿元，增长 37.6%。截止到 2010 年底，园区内已建成投产工业企业 218 户，园区在建工业企业 98 户。全年全省园区工业增加值按可比价计算，比上年增长 27.3%，高出全省规模以上工业增加值增速 6.7 个百分点；实现产品销售收入 425.25 亿元，增长 62.7%。园区工业企业利润逐步增加，全省园区工业实现利润总额 17.12 亿元，比上年增长 37.6%，税金总额 9.37 亿元，增长 61.2%。

主要产品产量保持快速增长。原煤增长 45.2%，原盐增长 75.1%，原油加工量增长 56.1%，硫酸增长 64.6%，烧碱增长 18.5%，电解铝增长 36.2%，铜材增长 1.2 倍，水力发电量增长 34.6%，碳化硅增长 4.0 倍，铬铁增长 19.3%，水泥增长 33.0%，平板玻璃增长 2.0 倍，精制食用植物油增长 27.3%，乳制品增长 95.6%，饲料增长 62.2%，软饮料增长 1.7 倍，机制地毯、挂毯增长 4.3 倍，塑料制品增长 1.0 倍。

产销率提高。全年全省规模以上工业产销率为 97.8%，比上年提高 2.1 个百分点。其中：重工业产销率提高 2.3 个百分点。

2. 建筑业保持较快增长

2010 年，全省建筑业在上年较快增长的基础上继续保持快速发展势头。全年全省建筑业实现增加值 130.98 亿元，比上年增长 19.4%，增速比上年提高 2.5 个百分点。具有资质等级的总承包和专业承包建筑企业 439 个，利润总额 5.63 亿元，比上年增长 1.8%。

（三）第三产业展现勃勃生机

2010 年以来，青海省委、省政府全面贯彻落

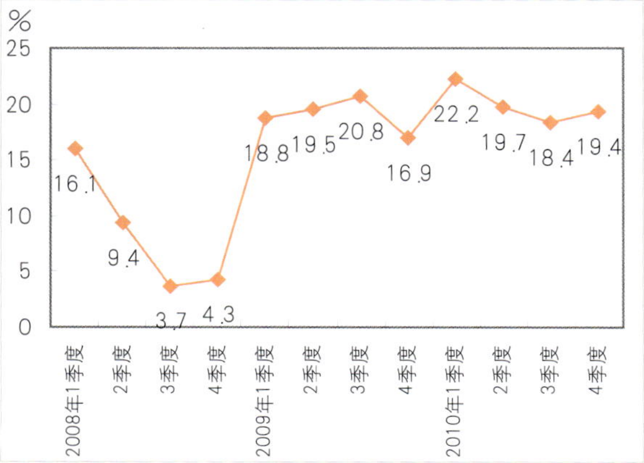

建筑业增加值增速 （2008–2010）

实中央加快转变经济发展方式的各项政策措施，相继出台了《关于促进消费升级推动经济发展的意见》等措施，加大财政支持力度，大力发展第三产业，第三产业呈现加快发展的势头。全年全省第三产业实现增加值 470.88 亿元，比上年增长 12.1%，比上年增速提高 2.3 个百分点。其中批发和零售业增加值增长 18.1%；金融业增加值增长 14.4%；营利性服务业增加值增长 17.2%；交通运输仓储和邮政业增加值增长 9.7%。

全年全省接待国内游客 1221.5 万人次，比上年增长 10.5%，入境游客 4.67 万人，增长 29.4%；国内旅游收入 69.63 亿元，增长 17.8%，旅游外汇收入 2044.9 万美元，增长 32.6%，旅游总收入 71.02 亿元，增长 18.1%。

12 月末，全省金融机构人民币各项存款余额 2319.64 亿元，同比增长 29.9%，增幅比上年高 0.8 个百分点。其中：企业存款余额增长 12.1%，储蓄存款余额增长 22.1%，农业存款余额增长 75.6%。金融机构人民币各项贷款余额 1822.65 亿元，同比增长 30.3%。其中：短期贷款余额增长 7.2%，中长期贷款余额增长 37.9%。

全年全省完成客运量 10997.49 万人，比上年增长 8.9%，增速比上年提高 2.0 个百分点；完成货物运输量 11426.37 万吨，比上年增长 13.6%。全省完成电信业务量 119.8 亿元，比上年增长 36.4%；完成邮政业务量 2.33 亿元，增长 16.1%。全省移动电话用户达 397.8 万户，增长 28%。

二、需求持续增加

（一）固定资产投资突破千亿大关，结构有所优化

2010 年，全省上下抢抓国家扩大内需和支持藏区发展的“双重机遇”，全力争取国家支持，优化项目布局，开展项目前期“千人百天”攻坚和“投资促进月”活动，掀起了新一轮抓项目、促发展的高潮，使全省投资继续保持较高增长速度，推动了经济较快发展。全年全省完成全社会固定资产投资 1068.73 亿元，比上年同期增长 33.5%。从总量看，前九个月的投资额（816.31 亿元）就已超过上年全年投资总量（800.51 亿元）。

农村投资快速增长。城镇固定资产投资 890.01 亿元，增长 28.7%；农村固定资产投资

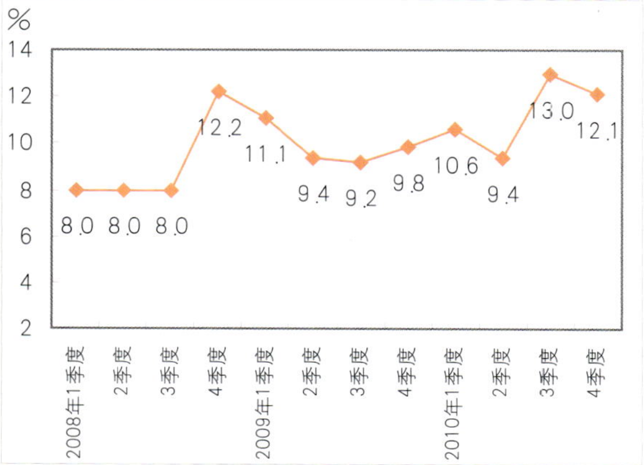

第三产业增加值增速 （2008–2010）

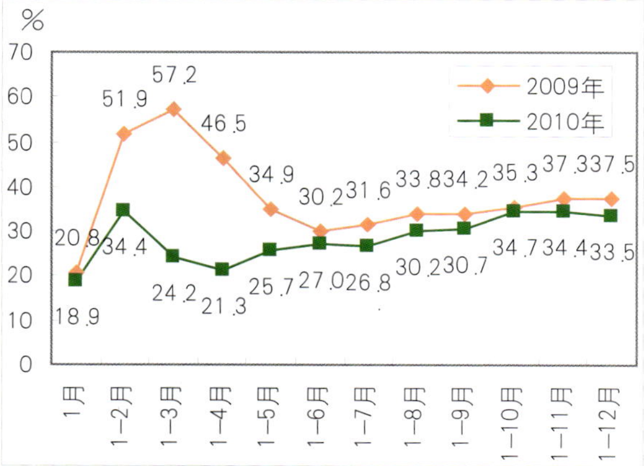

全省全社会固定资产投资累计增速

178.71 亿元，增长 63.7%。

民间投资增速提高。全年国有及国有控股投资 644.87 亿元，增长 25.8%；港澳台及外商投资 21.52 亿元，增长 2.0 倍；民间投资 402.34 亿元，增长 43.3%，增速比全社会固定资产投资高 9.8 个百分点。

第三产业投资增速提高。全年第一产业完成投资 77.62 亿元，增长 44.4%，增速为三次产业之首；第二产业完成投资 465.00 亿元，增长 22.3%；第三产业完成投资 526.11 亿元，增长 43.6%。在加快发展第三产业相关政策措施的带动下，第三产业投资不断增加，从 8 月以来，投资总量开始超过第二产业，占全社会投资的比重也不断提高，全年第三产业投资占全部投资的 49.2%，比重比上年提高 3.4 个百分点。

资金到位良好。全年全省全社会固定资产投资本年到位资金 1043.06 亿元，比上年增长 31.6%。其中：自筹资金 542.68 亿元，增长 51.6%；国内贷款 178.51 亿元，增长 21.6%；国家预算内资金 141.51 亿元，下降 7.8%。

亿元以上投资项目平稳增长。全省亿元以上项目投资完成 537.78 亿元，增长 22.6%。其中，新开工亿元以上项目完成投资 105.13 亿元，增长 20.8%。

全年 62 个重点项目累计完成投资 345 亿元，同比增长 48.7%。拉西瓦水电站 5 台机组、积石峡水电站 3 台机组全部实现并网发电，格尔木大型光伏电站并网投运，西宁西过境高速公路建成通车，北货场中心应急工程、22 所中小学校舍安全工程建成竣工，格尔木至察尔汗公路、兰新铁路第二双线、西格段增建二线、西宁机场二期扩建、格尔木至拉萨直流联网工程、750 千伏西宁至格尔木双回线路等项目进展顺利。

房地产投资保持快速增长。全年全省房地产投资完成 108.19 亿元，增长 48.5%。全省新开工房屋面积增长 38.7%，竣工房屋面积增长 50.3%，商品房销售面积增长 28.7%，商品房销售额增长 53.7%。

（二）城乡消费市场活跃

2010 年，及时出台促进消费升级推动经济发展的政策措施，提高了“家电、农机、汽车下乡”补贴标准，特别是把住房建设作为拉动消费的重点，在全面推进城乡各类保障性住房工程的同时，出台了支持 5 万户农民新建或改造住房的奖励补助政策，带动了城乡消费大幅增长。全年全省实现消费品零售总额 346.03 亿元，比上年增长 16.9%。按销售单位所在地分，城镇 299.60 亿元，增长 17.7%；乡村 46.43 亿元，增长 12.4%。按销售形态分，批发业 51.03 亿元，增长 17.3%；零售业 261.65 亿元，增长 16.1%；住宿和餐饮业 33.35 亿元，增长 23.4%。市场信心持续增强，重点商品继续热销。限额以上批发和零售业商品零售额中服装、鞋帽、针织品类零售额比上年增长 52.1%，金银珠宝类增长 57.4%，家用电器和音像器材类增长 45.3%，汽车类增长 47.9%。

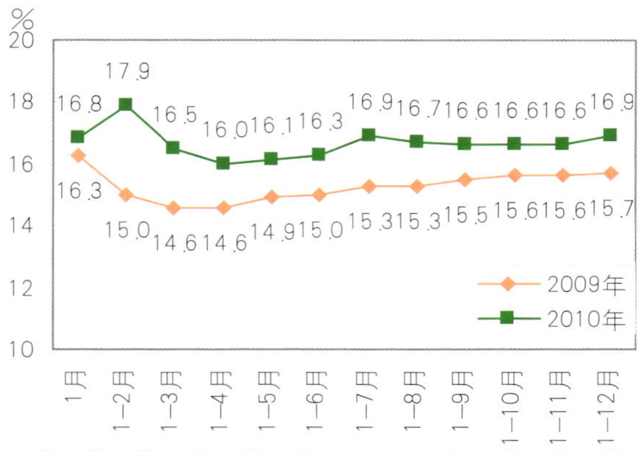

全省全社会消费品零售总额累计增速

（三）对外贸易回升

2010 年以来，随着世界经济的缓慢复苏，全省对外贸易逐步摆脱金融危机不利因素的影响，进出口总值实现恢复性增长，增速最高时达到上半年的 59.5%。据海关统计，全年全省进出口总值 7.89 亿美元，同比增长 34.7%，其中：出口 4.66 亿美元，增长 85.8%；进口 3.23 亿美元，下降 3.6%。全年全省出口硅铁 20655 万美元，同比增长 1.5 倍；出口纺织纱线、织物及制品 7423 万美元，增长 52.3%；出口服装及衣着附件类 6701 万美元，增长 17.8%。在进口商品中，机电产品

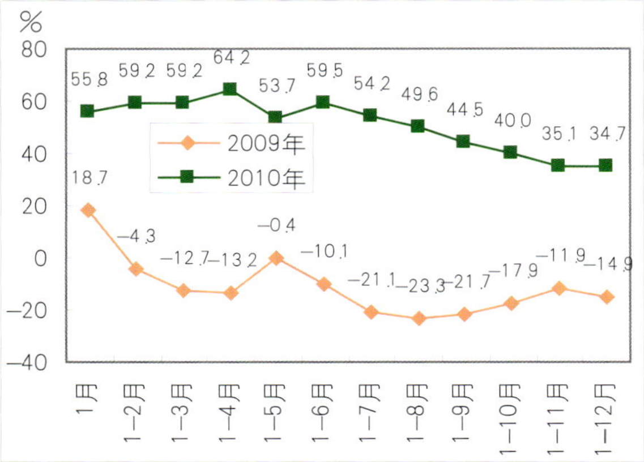

进出口总值累计增速

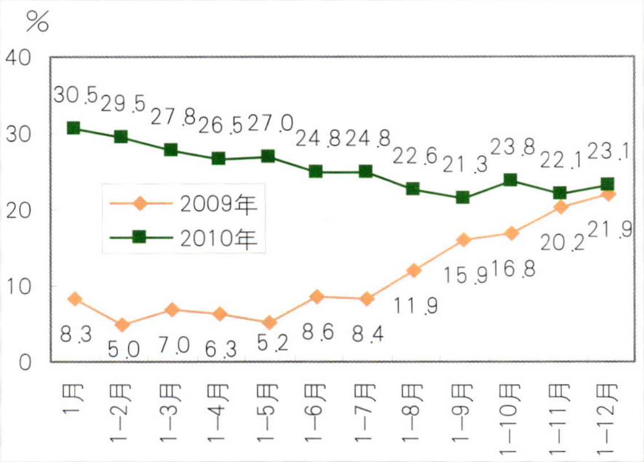

财政一般预算收入累计增速

进口 17942 万美元，增长 19.9%；高新技术产品进口 3335 万美元，增长 2.8 倍。

三、经济效益提高，运行质量改善

（一）企业利润快速增长

全年规模以上工业企业实现利润 180.69 亿元，比上年增长 91.8%。从行业看，35 个大类行业中 30 个盈利，其中，煤炭开采和洗选业、石油和天然气开采业、有色金属矿采选业、化学工业、有色冶金工业等五个行业实现利润 151.37 亿元，比上年增长 72.4%，占全部规模以上利润总额的 83.8%，拉动全省规模以上工业利润增长 67.5 个百分点。从企业规模看，大型企业实现利润 102.66 亿元，增长 88.5%，占利润总额的 56.8%，中小型企业实现利润 78.03 亿元，增长 96.3%。亏损企业个数比上年减少 29%；亏损企业亏损额比上年下降 28.2%。

（二）财政收入突破 200 亿元

2010 年全省财政一般预算收入突破 200 亿元，达到 204.97 亿元，比上年增长 23.1%。其中：地方一般预算收入 110.21 亿元，增长 25.6%；中央一般预算收入 94.75 亿元，增长 20.4%。分税种看，增值税 73.26 亿元，增长 16.7%；营业税 34.44 亿元，增长 36.3%；企业所得税 30.67 亿元，增长 14.8%。

（三）城镇居民收入稳步增长

全年全省城镇居民家庭人均可支配收入 13854.99 元，比上年增长 9.16%。其中，人均工资收入 10061.58 元，增长 7.7%；人均转移性收入 4410.37 元，增长 12.1%；人均经营净收入 943.96 元，增长 13.0%；人均财产性收入 73.90 元，增长 61.7%。城镇居民家庭人均消费性支出为 9613.79 元，比上年增长 9.42%，增幅高于人均可支配收入 0.26 个百分点。

（四）农牧民收入较快增长

全年全省农牧民人均纯收入 3862.68 元，比上年增长 15.44%，为近年来最高增幅。其中，人均工资性收入 1295.26 元，增长 10.9%；人均家庭经营收入 1991.71 元，增长 16.4%；人均转移性收入 499.07 元，增长 25.8%；人均财产性收入 76.64 元，增长 10.1%。农牧民家庭人均生活消费支出 3858.5 元，比上年增长 19.0%。

四、惠民投入不断增加

在全省固定资产投资中用于惠民方面投资增速加快。全年全省惠民投资中农村基础设施投资 27.66 亿元，增长 19.0%；卫生、社会保障和社会福利业投资 7.63 亿元，增长 31.0%；教育投资 22.04 亿元，增长 55.3%；居民服务和其他服务业投资 1.54 亿元，增长 1.5 倍；农村文化、体育和娱乐业投资 0.90 亿元，增长 83.7%。

在财政支出中用于民生的支出也快速增长。

2010 年，社会保障与就业支出 189.71 亿元，比上年增长 1.5 倍；教育支出 82.39 亿元，增长 33.3%；医疗卫生支出 38.86 亿元，增长 23.4%；住房保障支出 61.07 亿元，增长 2.1 倍；环境保护支出 36.44 亿元，增长 25.7%；城乡社区事务支出 30.29 亿元，增长 31.5%，以上六项支出共 438.76 亿元，占财政一般预算支出的 59.0%，比重比上年提高 9.6 个百分点。

逐步完善社会保障制度。全面提高城乡低保、社会救助、企业退休人员基本养老金和失业保险金标准，基本解决城镇职工基本养老保险历史遗留问题。年末全省城镇职工参加基本养老保险、医疗保险、失业保险和工伤保险人数分别达到 74.4 万人、78.7 万人、36.7 万人和 43.2 万人，分别增长 4.3%、4%、1.8% 和 7.9%。城镇居民参加医疗保险人数 61.2 万人，参保率达到 80%。城乡居民低保人数分别为 22.5 万人和 38 万人。努力扩大新农保覆盖范围，率先在全国实现了新农保试点全覆盖。提高新农合筹资标准，年底新农合参合人数达到 340.8 万人，参合率达到 96.3%。

千方百计扩大就业。不断完善和拓展各项就业政策，重点扶持零就业家庭、特困家庭、“4050”人员等困难群体就业。全面实施“农民工就业援助行动”，加大劳动力技能培训力度，组织农民工到新疆摘棉花、赴海西摘枸杞。全年实现城镇新增就业 3.6 万人，超年度计划目标 0.4 万人，城镇登记失业率为 3.8%，农牧民劳务输出规模达到 100 万人（次）以上。

五、价格调控初见成效

2010 年，受国际市场原油、粮食等大宗商品价格大幅上涨、国内市场行情以及气候等因素的共同影响，居民消费价格持续上涨。11 月份，居民消费价格比上年同月上涨 8.1%，是 2008 年 10 月以来月同比最高涨幅。为了保障民生、控制通胀，10 月份以来，省政府及时对保障供给、稳定物价作出重要部署，11 月份，省政府全面贯彻国务院《关于稳定消费价格总水平保障群众基本生活的通知》精神，进一步采取落实责任制、涉及生产、销售、流通、储备、价格监控等各环节的 14 项措施，切实控制物价，保障群众生活，这些政策措施于当年 12 月初发挥明显效果，粮食、肉类主要食品价格基本趋稳，蔬菜价格明显下降，12 月当月居民消费价格月同比涨幅回落

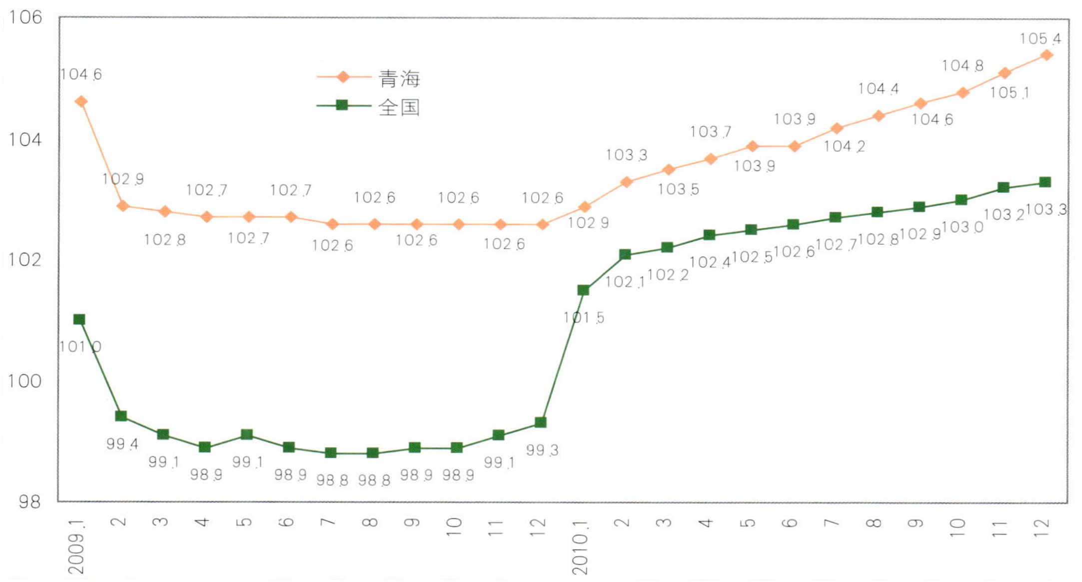

居民消费价格指数（累计比）　（2009.1–2010.12）

到 7.8%。

全年居民消费价格总水平上涨 5.4%。其中：城市上涨 5.1%，农村上涨 5.8%。从类别看，食品类价格上涨 8.3%，烟酒及用品上涨 1.1%；衣着上涨 6.7%；家庭设备用品及维修服务上涨 1.5%；医疗保健和个人用品上涨 4.9%；交通和通信上涨 3.0%；娱乐教育文化用品及服务上涨 4.7%；居住上涨 2.8%。

（撰稿人：侯碧波 青海省统计局局长）

（张冰 摄）

宁夏回族自治区经济社会发展报告

2010 年是“十一五”时期的收官之年，也是新世纪以来经济社会发展最为复杂的一年。面对复杂的国内外经济环境，在自治区党委政府的坚强领导下，全区上下认真贯彻落实中央和自治区的各项决策部署，坚持以科学发展观为指导，围绕转方式、调结构、促发展、惠民生的主线，沉着应对，奋力攻坚，坚决实施应对国际金融危机冲击的一揽子计划和各项政策措施，加快推进经济发展方式转变和经济结构调整，全区经济持续向好的基础更为坚实稳固，各项社会事业持续进步，人民生活继续改善，全区经济社会在科学发展、跨越发展的进程中取得了新成就。

一、国民经济快速增长，经济总量显著增加

坚持把加快转变经济发展方式和巩固扩大应对金融危机冲击成果作为经济工作的首要任务，在国际经济环境总体趋于好转、中央和自治区应对国际金融危机冲击的一揽子计划和各项政策措施及 2009 年全区经济运行呈现“前低后稳”等因素的共同作用下，全区宏观经济呈现快速回升、逐步趋稳的积极运行态势，经济总量显著增加。初步核算， 2010 年全区实现地区生产总值 1643.41 亿元，按可比价格计算，比上年增长 13.4%，增速创我区 1986 年以来新高。其中，第一产业实现增加值 160.28 亿元，同比增长 7.0%，第二产业实现增加值 833.16 亿元，同比增长 16.0%，第三产业实现增加值 649.97 亿元，同比增长 11.6%。三次产业增加值构成由 2009 年的 9.4:48.9:41.7 调整为 2010 年的 9.8:50.7:39.5。三次产业对经济增长的贡献率分别为 5.0%、60.9%、34.1%。随着经济总量的较快增加，全区人均 GDP 大幅提升。经初步预计，2010 年全区人均 GDP 达到 26160 元左右，比 2009 年增加 4000 多元，按汇率法计算，达到 3800 美元左右。

财政收入快速增长。2010 年，全区完成财政一般预算总收入 286.83 亿元，同比增长 34.3%。其中，完成地方一般预算收入 153.64 亿元，同比增长 37.8%。在地方财政收入中，主体税种增长较快。2010 年，营业税、企业所得税、资源税、耕地占用税分别增长 44.3%、51.8%、27.5%、117.8%。

财政政策积极稳定，重点支出保障有力。2010 年，全区财政一般预算支出 555.87 亿元，同比增长 29.9%。其中，用于农林水事务、商业服务业等事务、资源勘探电力信息等事务、城乡社区事务、医疗卫生、环境保护支出快速增长，增速分别为 29.3%、64.1%、45.8%、55.2%、54.4%、36.7%。

全区市场价格呈现上扬态势。全区居民消费价格比上年上涨 4.1%，比 2009 年扩大 3.4 个百分点。调查的八大类商品价格呈现全面上涨。其中，食品类上涨 8.3%，烟酒及其用品上涨 1.4%，衣着上涨 1.3%，家庭设备用品及维修类上涨 0.9%，医疗保健和个人用品类上涨 1.8%，交通和通讯类上涨 0.1%，居住类上涨 3.4%，娱乐教育文化用品及服务类上涨 3.9%。全年全区工业品出厂价格同比上涨 9.1%，原材料购进价格同比上涨 14.1%。农产品生产价格上涨 17.0%；农业生产资料价格上涨 4.4%。固定资产投资价格上涨 4.2%。

二、农村经济稳定增长，特色产业优势明显

2010 年全区农业农村工作认真贯彻落实中央、国务院“三农”工作精神，以农民增收为主线，着力推进农业经济结构战略性调整，以三大示范区建设、“四个百万亩”工程为抓手，强化

各项惠农政策落实，加快发展特色优势产业和现代设施农业，初步统计，2010 年全区完成农业总产值 305.6 亿元，比上年增长 7.8%，连续 4 年增长 7.0% 以上。实现农业增加值 160.28 亿元，比上年增长 7.0%。

各项强农惠农政策力度加大。宁夏坚持不懈地开展大规模的农田水利基本建设，农业投入逐年增多，不断加大对灌区农业综合开发、山区小流域综合治理、山区基本农田建设和沃土工程的实施力度。2010 年，全区改造中低产田 64 万亩，新增旱作基本农田 20 万亩，新增节水灌溉面积 52 万亩，使全区耕地质量明显提高，生产条件得到有力改善。全区落实粮食直补、良种补贴、农机购置补贴、农资综合补贴资金 9.4 亿元，比上年增长 13.8%。

粮食生产七年连增。2010 年，全区粮食播种面积 1266.1 万亩，增长 2.1%；粮食总产量 356.5 万吨，比上年增加 15.8 万吨，增长 4.6%，再创历史新高，并实现连续 7 年增产。2010 年全区粮食综合单产 281.6 公斤 / 亩，比上年增产 7 公斤，提高 2.5%。

农业优势特色产业增势强劲。初步测算，2010 年全区农业优势特色产业实现总产值 256 亿元，比上年增长 12.2%，占全区农业总产值的 83.7%。

优势特色种植业产品产量均实现增长。初步统计，2010 年全区枸杞产量（干果）6.9 万吨，比上年增长 9.1%；葡萄产量 13.8 万吨，增长 18.8%；红枣产量 5.7 万吨，增长 38.0%；苹果产量 35.4 万吨，增长 8.2%；西甜瓜产量 161.8 万吨，增长 11.7%；地道中药材（不含枸杞）4.8 万吨，增长 3.7%；马铃薯（鲜薯）210 万吨，增长 9.0%；蔬菜产量 407.4 万吨，增长 15.1%。

清真牛、羊产业发展势头良好。2010 年，全区肉牛出栏 52.1 万头，增长 2.2%；肉羊出栏 425.3 万头，增长 7.6%；牛、羊肉产量 14.8 万吨，增长 5.0%；牛奶产量 84.6 万吨，增长 4.2%；棉羊毛产量 6436 吨，增长 6.9%。

“适水产业”规模迅速扩大。2010 年，全区“适水产业”面积 66.0 万亩，增长 31.7%；水产养殖面积 60.6 万亩，增长 21.2%；稻田养蟹面积由 2009 年的 1000 亩发展到 53790 亩；水产品产量 9.0 万吨，增长 10%。

生态林业建设取得新成就。全年共完成荒山荒（沙）地造林面积 94.9 千公顷，其中，经济林面积 25.2 千公顷。2010 年末实有封山（沙）育林面积 233.7 千公顷。

三、工业经济较快增长，经济效益显著提高

工业经济在中央和自治区一系列稳增长、转方式、调结构等政策措施的积极作用下，继续把加快新型工业化作为富民强区的重要推动力，全区工业经济呈现持续快速增长态势。2010 年，全区规模以上工业增加值按可比价格计算，同比增长 16.8%。在规模以上工业中，国有及国有控股企业实现增加值增长 18.3%；股份制企业增长 15.7%；外商及港澳台商投资企业增长 17.1%。全区大中型企业完成工业增加值 426.3 亿元，增长 15.4%。

重工业增长速度明显快于轻工业。重工业增加值同比增长 18.2%，轻工业增加值同比增长 9.8%。重工业增速高于轻工业 8.4 个百分点，拉动全区工业增长 15.3 个百分点，对工业经济增长的贡献率达 90.6%。

全部工业行业实现增长，重点行业发展势头强劲。2010 年，全区 14 个工业行业增加值全部实现了增长，其中增速超过 20% 的有 7 个，占全部工业行业 50.0%；增幅超过 25% 的 5 个，占全部工业行业 35.7%。其中，烟草增长 38.5%、建材增长 35.3%、其他增长 29.4%、电力增长 25.9%、机械增长 25.5%、电子增长 24.0%。

公有制工业快速增长，发展后劲不断增强。2010 年，公有制工业增加值增长 17.8%，增速比全区工业平均增速高 1 个百分点，高出非公有制工业增速 2.1 个百分点；对工业增长的贡献率达 57.8%，拉动全区工业增长 9.7 个百分点，成为拉动全区工业增长的重要力量。其中，国有及国有控股企业完成工业增加值增长 18.3%，增速高

于全区平均水平1.5个百分点，拉动工业增长9.6个百分点。

七成以上工业产品实现增长，重点产品产量增长较多。主要工业产品产量增长面为72.9%。其中，原煤6613.61万吨，增长20.1%；发电量585.82亿千瓦小时，增长21.0%；原油加工量220.37万吨，增长14.5%；焦炭426.71万吨，增长39.3%；电石237.41万吨，增长0.3%；子午线轮胎外胎210.44万条，增长78.2%；铁合金107.32万吨，增长22.3%；原铝91.51万吨，增长39.6%；金属切削机床5741台，增长95.6%；数控机床3304台，增长86.0%；轴承230.64万套，增长24.6%。

企业经济效益显著提高，运行质量明显改善。2010年全区规模以上工业企业实现销售产值1860.24亿元，比上年增长36.3%，工业产品销售率为96.69%；全区规模以上工业经济效益综合指数为247.03，同比提高50.6点。实现主营业务收入1858.4亿元，同比增长34.0%。全区规模以上工业企业盈亏相抵后实现利润125.7亿元，同比增长60.8%。全区14个工业部门中12个实现盈利，其中：煤炭、电力行业盈亏相抵后分别实现利润53.1亿元和22.1亿元，分别增长1倍和1.7倍；全区规模以上工业企业实现税金总额102.2亿元，同比增长31.5%，全年全区规模以上工业实现利、税双超百亿元，创历史新高。

四、固定资产投资增势强劲，非国有投资快速增长

全区上下抓住中央积极财政政策和适度宽松的货币政策这一有利时机，围绕重点领域，谋划项目、争取资金，全区固定资产投资呈现持续、稳定、快速的增长势头。全年全社会完成固定资产投资1464.7 亿元，同比增长30.9%。其中，基本建设投资875.53亿元，增长26.1%；更新改造投资165.12亿元，增长25.3%；房地产开发投资254.37亿元，增长56.3%。城镇投资1313.34亿元，增长30.4%，农村投资151.36亿元，增长35.4%。

投资结构继续优化。在城镇投资中，第一产业投资19.45亿元，下降26.0%。第二产业投资699.77亿元，增长21.0%，其中，工业投资694.26亿元，增长20.8%。分行业看，采矿业投资126.28亿元，增长3.3%；制造业投资342.95亿元，增长27.0%；电力燃气及水的生产和供应业投资225.03亿元，增长23.4%；工业投资在城镇投资中所占比重为52.9%，对全区城镇投资增长的贡献达39.1%。第三产业投资594.11亿元，增长47.5%。

优势产业投资带动作用明显。2010年，全区城镇工业完成投资694.26亿元，同比增长20.8%。工业投资在城镇投资中所占比重为52.9%。电力、化工、煤炭、有色、冶金以及非金属制造等六大传统优势行业投资551.64亿元，占工业投资的比重达79.5%，成为工业投资的主体。其中：电力工业投资206.99亿元，占工业投资的29.8%；煤炭工业投资110.69亿元，占15.9%；化学工业投资58.87亿元，占8.5%；有色工业投资111.43亿元，占16.1%；冶金工业投资26.86亿元，占3.9%；非金属矿物制品业投资36.79亿元，占5.3%。

技术改造投资保持平稳增长。2010年，全区工业技术改造完成投资161.37亿元，比上年增长26.6%，技术改造投资的较快增长，对加快推动全区发展方式转变，增强企业抵御金融危机的能力将产生积极影响。

非国有投资快速增长。2010年，全区城镇投资中非国有投资610.38亿元，同比增长75.6%，增速高于全社会固定资产投资44.7个百分点。其中，民间投资594.57亿元，同比增长79%，增速高于全社会固定资产投资48.1个百分点。非国有投资占城镇投资比重由上年的34.5%上升为46.5%，提高了12个百分点。2010年，国有及国有控股投资702.96亿元，同比增长6.5%，所占比重为53.5%，继续保持城镇投资的主体地位。

重点建设项目建设进展顺利。2010年，全区重点项目共完成投资449.86亿元，完成年度计划的101.8%，占全社会固定资产投资的比重为

30.7%，对全社会投资增长的贡献率为16.0%，拉动全社会投资增长4.9个百分点。集中开展宁东、黄河金岸等项目建设大会战，重点推进50个事关全局和长远的重大项目。建成了宁东至山东直流输电、神华宁煤煤基烯烃一期一套等一批投资过百亿元的重大工程；贯通了银川至石嘴山、孟家湾至营盘水高速公路和吴忠黄河公路大桥；完成了太中银铁路建设等工程，新增铁路里程375公里；六盘山机场建成通航，河东机场三期扩建、包兰铁路复线、银川火车站改造加速推进；一批城镇道路、供排水、污水和垃圾处理等基础设施建成投用；贺兰山体育场、宁夏大剧院、儿童医院、防沙治沙技术学院一期等一批社会事业工程加快实施；灌区续建配套与节水改造、盐环定扬黄续建、中北部土地开发整理和"六个百万亩"生态林业等项目加紧建设。

房地产开发继续保持较快增长。完成投资254.37亿元，同比增长56.3 %，增幅比上年高17.9个百分点。对全社会投资增长的贡献率为26.5%，拉动全社会投资8.2个百分点。其中，住宅投资187.29亿元，增长48.5%；商业营业用房投资35.56亿元，增长56.5%。商品房施工面积2940.53万平方米，增长50.6%，竣工面积936.86万平方米，增长26.4%。

全年商品房销售面积935.98万平方米，比上年增长20.7%。其中，住宅销售面积 816.79万平方米，增长20.5%；商品房销售额309.22亿元，增长29.1%。其中，住宅销售额253.76亿元，增长32.5%。

五、建筑业加快发展，劳动生产率进一步提高

2010年，全区建筑业生产保持良好的发展势头，建筑业总产值再创新高，劳动生产率进一步提高。2010年，全区建筑业企业完成建筑业总产值342.69亿元，比上年增加83.48亿元，增长32.2%。从建筑业总产值构成看，建筑工程产值316.02亿元，增长32.5%，占建筑业总产值的比重为92.2%；安装工程产值21.39亿元；其他产值5.29亿元。按建筑业总产值计算的劳动生产率为147877元／人，比上年增加21286元／人。

签订合同额持续增加，建筑业持续发展得到保障。2010年，全区全社会固定资产投资完成1464.70亿元，比上年增长30.9%，由于投资总额的快速增长，带动了建筑企业施工任务的增加。全区建筑业企业签订合同额510.29亿元，增加130.66亿元，增长34.4%。其中：上年接转合同额127.71亿元，本年新签合同额382.58亿元，分别比上年增加34.98亿元和95.68亿元，分别增长37.7%和33.3%。签订建筑合同的增加，为全区建筑业的持续发展奠定了良好的基础。

招投标面进一步扩大，建筑市场秩序更加规范。2010年，全区建筑业企业房屋建筑施工面积2596.93万平方米，比上年增加483.42万平方米，增长22.9%。其中，实行招投标面积2492.74万平方米，同比增长23.7%，按施工房屋建筑面积计算的招投标面为96.0%。

房屋建筑竣工面积持续扩大，竣工价值较快增长。2010年，全区建筑业企业房屋建筑竣工面积1047.67万平方米，比上年增加99.7万平方米，增长10.5%；竣工房屋价值111.18亿元，增加17.47亿元，增长18.6%。

六、政策刺激效应继续显现，消费市场保持持续活跃

2010年全区城乡消费市场呈现出购销两旺、稳中加快的积极态势。全年实现社会消费品零售总额403.6亿元，同比增长19.0%。

城市消费稳中趋旺，增速快于乡村。2010年，城镇实现消费品零售额366.3亿元，比上年增长19.7%，高出全区社会消费品零售总额0.7个百分点，拉动全区社会消费品零售总额增长17.8个百分点；乡村实现消费品零售额37.3亿元，同比增长12.4%。

批发零售业占主导地位，限额以上企业（单位）拉动作用明显。2010年，批发和零售贸易业实现零售额337.6亿元，同比增长20.1%，占

社会消费品零售总额的83.6%，对全区社会消费品总额的贡献率达87.6%。其中，限额以上批发和零售业企业（单位）实现零售额196.3亿元，同比增长32%，拉动全区社会消费品零售总额增长14.1个百分点。全区住宿和餐饮业企业（单位）实现零售额66亿元，同比增长13.8%。其中，限额以上住宿业和餐饮业实现零售额比上年增长10.3%。

各类商业业态互补，非公有制经济成为拉动市场增长的主要动力。2010年，国有经济实现零售额26.85亿元，增长35.1%；集体经济实现零售额4.84亿元，增长12.8%；个体经济实现零售额149.9亿元，同比增长8.8%；私营经济实现零售额104.9亿元，同比增长22.1%；股份制经济实现零售额115.2亿元，同比增长28.5%。

热点商品持续旺销。吃、穿、用类等商品均保持稳定增长的趋势。吃类商品增长29.5%，穿类商品增长23.5%，用类商品增长33.2%。家用电器类、化妆品类和金银珠宝类零售额分别增长19.4%、23.4%和36.7%；汽车消费持续升温，油品消费处于高位。汽车类零售额增长44.2%，石油类增长45%。

七、对外贸易增势强劲，利用外资快速增长

受国际市场恢复、工业品价格上扬等因素推动，全区外贸市场保持快速恢复性增长。全年外贸实现进出口总额19.6亿美元，同比增长63.2%。其中，出口11.7亿美元，同比增长57.5%，进口7.9亿美元，同比增长72.3%，对外贸易累计实现顺差3.8亿美元。全区监测的18种重点出口商品出口额同比增长42.5%，占全区出口总值的73.6%。

全年高新技术产品出口3.82亿美元，比上年增长31.6%，占全区出口总额的 32.6%；机电产品出口1.31亿美元，增长50.2%；碳化硅出口增长2倍；金属镁、钽铌铍及制品和铁合金出口分别增长87.6%、79.9%和59.3%。

全年实际利用外资2.32亿美元，比上年增长63.4%，其中，实际利用外商直接投资0.81亿美元，比上年增长15.7%。2010年全区新批准外商直接投资项目25个，合同外资金额2.84亿美元。其中，制造业签订利用外商直接投资项目11个，合同额0.91亿美元。截止2010年底，全区注册登记外商投资企业累计达到165家。其中，中外合资企业占37.6%。

八、交通、邮电长足发展，旅游业较快增长

年末铁路通车里程1032公里，公路通车里程22518公里，增长3.3%。高速公路里程1159公里，比上年增长13.4%。全年各种运输方式完成货物周转量845.9亿吨公里，增长10.7%；完成旅客周转量116.38亿人公里，增长11.4%。机场旅客吞吐量301.25万人，增长30.6%。

全年完成邮政业务总量4.18亿元，比上年增长2.1%；全年订销报刊累计数7090万份，增长11.1%；函件2087.6万件，下降12.8%；特快专递475万件，增长33.4%。

年末全区固定电话用户达111.87万户，比上年下降2.3%；本地局用交换机容量125.1万门。每百人拥有电话17.89部。

年末全区移动电话用户达到450.8万户，增长15.5%。互联网用户数48.8万户。每百人拥有移动电话72.1部，净增8.9部。

全年共接待国内外游客达到1020.6万人次，实现旅游总收入67.8亿元，分别比上年增长12.1%和26.9%。

九、金融信贷投放积极稳妥，保险、证券平稳较快增长

全区金融运行呈现存贷继续增加，增速趋稳。截止2010年末，全区金融机构本外币各项存款余额2586.66亿元，比年初增加519.03亿元，同比多增47.98亿元。金融机构人民币各项存款余额2573.64亿元，增长25.03%，比去年同期低4.39个百分点，比年初增加515.94亿元，多

增47.21亿元，其中，企业存款余额722.78亿元，比年初增加123.48亿元；居民储蓄存款余额1170.25亿元，比年初增加202.54亿元。全区金融机构本外币各项贷款余额2419.89亿元，比年初增加491.37亿元，同比少增23.89亿元。全区金融机构人民币各项贷款余额2398.70亿元，增长25.1%，比去年同期低11.61个百分点，比年初增加481.49亿元，同比少增34.16亿元。

2010年末上市公司12家，总股本31.74亿股，总市值535.67亿元，比上年增长35.6%。其中，流通市值471.89亿元，增长33.0%。全区有21家证券公司分支机构，全年证券交易额1469.08亿元。

2010年实现保费收入52.75亿元，比上年增长34.3%。其中，财产险17.5亿元，增长47.8%；人寿险29.46亿元，增长31.2%；健康险4.36亿元，增长12.5%；意外伤害险1.42亿元，增长28.4%。全年支付各项赔款和给付11.68亿元，增长21.0%。其中，财产险7.65亿元，增长31.3%；人寿险2.40亿元，下降1.6%；健康险1.27亿元，增长15.2%；意外伤害险0.35亿元，增长26.9%。

十、城乡居民生活改善，社会保障进一步加强

随着经济的较快增长和保障改善民生力度加大，城乡居民收入继续平稳增长。2010年全区城镇居民人均可支配收入达到15344.5元，比上年增加1320元，增长9.4%，其中人均工资性收入10821元，增长12.8%；人均经营净收入2238元，增长9.9%；人均财产性收入190元，下降32.6%；人均转移性收入4288元，增长17.9%。人均消费性支出11334元，增长10.3%。城镇居民家庭恩格尔系数为33.2%，比上年下降0.14个百分点。城镇10%最高收入户人均可支配收入37041元，城镇10%最低收入户人均可支配收入3086元。城镇居民人均现住房建筑面积29.1平方米，比上年增加0.4平方米。

2010年全区农民人均纯收入4674.89元，比上年增加626.6元，增长15.5%。农民人均生活消费支出4013.2元，增长19.9%。农村居民家庭恩格尔系数为38.4%，比上年下降3.3个百分点。农村20%最高收入户人均纯收入9917.8元，农村20%最低收入户人均纯收入1539.9元。农村居民人均住房面积25.7平方米，比上年增加1.2平方米。

年末全区参加基本养老保险人数为107.7万人，比上年增长16.1%，其中参保职工77.3万人，参保离退休人员30.4万人。离退休人员养老金社会化发放率继续保持在100%。参加失业保险的人数55.7万人，增长16.1%。参加基本医疗保险人数177.94万人，增长4.2%。其中，参保职工67.72万人，参保退休人员26.36万人。截止2010年末，全区养老保险、失业保险、医疗保险、工伤保险和生育保险五项保险基金收入108.48亿元，较上年末增加38.66亿元，增长55.4%。年末五项社保基金累计结余142.31亿元，较上年末增加44.76亿元，增长45.9%。到2010年底，全区享受低保救济的困难群众达53.82万人。其中，城镇20.63万人，农村33.19万人。全区共发行销售福利彩票6.37亿元，筹集公益资金1.99亿元。

年末全区共有各类收养性社会福利单位数80个，床位数6676张，收养各类人员5319人。

十一、保障改善民生力度进一步加大，经济协调发展继续增强

始终坚持发展为了人民、发展依靠人民，发展成果由人民共享的理念。10项民生计划全面落实，30件为民实事超额完成。全年投入民生和社会事业资金389亿元，占全区一般预算支出的70%。全民创业深入开展，培育小企业3658个、小老板8830个，创造新岗位4.76万个，1.97万名高校毕业生实现就业，新增城镇就业6.9万人，输转农村劳动力75.5万人次，城镇登记失业率控制在4.35%。社会保障体系不断完善，妥善解决12.1万人的养老和2万人的医保遗留问题；率先在全国开展统筹城乡居民基本医疗保

险试点；率先在全国建立孤儿养育津贴制度，7000多名孤儿生活得到保障。居住条件得到改善，首创廉租房配建制度，补助标准西部最高，新建廉租房1.4万套、经适房1.9万套、棚户区住房9170户，改造危窑危房3.4万户，7.6万户城市低收入家庭实现住有所居，30多万农民喜迁新居。

十二、社会事业稳步推进，各项社会建设取得新成就

自治区党委政府更加重视社会建设，不断深化改革，加大投入力度，全区各项社会事业建设取得新成就，促进全区经济社会协调发展。

教育事业稳步发展。坚持优先发展教育，推动教育事业科学发展。新建改造加固校舍120万平方米，新增教学班800个；营养早餐工程惠及山区37.5万中小学生；教育强县（区）达18个。2010年末全区各级各类学校2796所，教职工84260人。高等教育健康发展各类普通高校15所，招生数26394人，在校生83415人，毕业生20013人。职业教育基础能力明显增强。中职招生增速全国第一，年末中等职业教育学校36所，在校生101878人，毕业生28493人。普通中学337所，全区普通高中招生47399人，在校生142392人，毕业生44858人，高中阶段教育毛入学率84.5%。全区普通初中招生103767人，初中阶段毛入学率104.25%，小学学龄儿童入学率99.86%。特殊学校7所，特殊教育招生242人，在校生1516 人。幼儿园373所，在园幼儿137856人。

科技创新取得新成果。全年登记区级科技成果167项，比上年减少18.9%。其中，基础理论成果37项，应用技术成果109项，软科学成果21项。全年申请专利量739件。其中，发明专利268件，增长47.3%。专利授权量1081件，增长18.8%。其中，发明专利授权量61件，增长17.3%。年末全区拥有国家级工程研究中心3个，自治区级工程研究中心 24个；国家重点实验室1个，省部共建国家重点实验室培育基地3个，自治区级重点实验室15个；国家级企业（集团）技术中心9个，自治区级企业（集团）技术中心 40个。

文化事业加快发展。推进文化惠民工程，公共文化服务水平不断提升。文学艺术和哲学社会科学进一步繁荣，《月上贺兰》、《花儿》等剧目荣获国家级大奖。2010年末全区共有各类艺术表演团体46个，公共图书馆 20个，文化馆24个，博物馆6个。广播综合人口覆盖率92.9%；电视综合人口覆盖率98.2%；有线广播电视用户705692户。全年地方出版报纸15种，出版量9400万份；出版杂志36种，出版量1331.7万册；出版图书1100种，出版量2123万册。

体育事业又有新收获。成功举办黄河金岸国际马拉松赛、第十三届全区运动会和第七届全区少数民族传统体育运动会，在第五届全国特奥会上实现奖牌和总分双突破。全年举办青少年单项比赛12项，举办大型全民健身活动13次，参加活动的人数总计达到19万人。全区运动员在世界比赛中取得金牌9枚、银牌1枚、铜牌2枚；在全国比赛取得金牌17枚、银牌19枚、铜牌22枚；全年有47人达国家一级运动员等级标准，240人达国家二级运动员等级标准，72人获得国家一级裁判员等级称号。

基本医疗卫生服务不断改善。新建改扩建县以上医院9所、中心乡镇卫生院9所、社区和村卫生室77所； 2010年末全区共有卫生机构1585个，床位 23659张；卫生技术人员29746人。其中，执业（助理）医师12084人，护师、护士10308人。疾病预防控制中心25个，卫生工作人员1123人；妇幼保健机构22个，卫生工作人员1532人；卫生院233个，卫生工作人员3275人。全区有22个县（市）开展新型农村合作医疗工作，参加农民人数372万人，参合率95.8%，比上年提高1.2个百分点。

十三、节能减排取得新进展，安全生产取得新成效

全区一次能源生产量为4912.4万吨标准煤（当量值），比上年增长19.9%，能源消费量比

上年增长 8.6%。单位 GDP 能耗继续保持下降态势，如期实现了“十一五”单位 GDP 能耗降低 20% 的目标任务。

2010 年末全区环境保护系统人员 1008 人，各级环境监测站 15 个，环境监测人员 306 人。全区自然保护区 13 个，面积 53.42 万公顷；国家级自然保护区 6 个。2010 年化学需氧量、二氧化硫排放量分别比上年削减 2.56%、1.02%。

全年各类事故死亡人数 492 人，比上年下降 16.75%。亿元地区生产总值生产安全事故死亡率 0.299 人，下降 32.4%；煤矿百万吨死亡率为 0.22 人；道路交通万车死亡率为 3.38 人，下降 29.58%。

从总体情况看，面对如此复杂的国际国内环境和多年来少有的复杂局面，全区经济保持平稳较快发展，各项社会事业全面进步。但也清醒地认识到，当前我区经济运行中仍存在一些不容忽视的矛盾和问题，产业层次比较低，资源型经济比重过大，调整经济结构的压力还比较大，保持经济社会科学发展、跨越发展与完成节能减排任务的矛盾依然突出，保障和改善民生的压力还比较大，基本公共服务保障水平有待进一步提高。展望 2011 年，站在新的历史起点上，按照中央和自治区的决策部署，以科学发展为主题，以加快转变经济发展方式为主线，着力推进经济结构战略性调整，着力保障改善民生，着力处理好保增长、调结构与管理通胀预期之间的关系，进一步增强调控的针对性和灵活性，确保社会稳定，努力实现全区经济社会科学发展、跨越发展。

（撰稿人：梅廷彦 宁夏回族自治区统计局局长）

封山禁牧（宁夏回族自治区统计局提供）

新疆维吾尔自治区经济社会发展报告

2010年，是中央新一轮西部开发序幕开启之年，也是“十一五”收官之年，中央支持新疆政策机遇前所未有，经济社会发展成果振奋人心。自治区党委、人民政府科学研判经济社会发展形势，带领全区各族人民，全面落实中央精神，解放思想、抢抓机遇，务求“新疆效率”，突出“民生优先”，努力推动经济社会各项事业全面发展，经济运行总体呈现良好态势。

经济增长回归常态　发展成果振奋人心

2010年以来，国际经济处于复苏通道，国内经济率先走出低谷，尽管新疆经济回暖滞后全国，但巩固回升态势已很明朗。

一、经济平稳较快增长　总体实力实现新突破

2010年，全区实现生产总值（GDP）5418.81亿元，比上年增加1141.76亿元，突破5000亿元大关。按可比价格计算，比上年增长10.6%，增速比上年加快2.5个百分点，比全国高0.3个百分点。

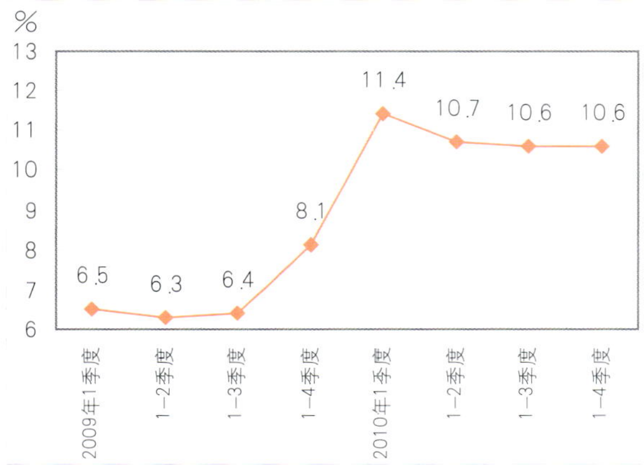

2009年以来地区生产总值增速

分产业看，第一产业增加值1078.61亿元，增长4.5%，与上年持平；第二产业增加值2533.69亿元，增长12.6%，增速比上年加快4.1个百分点；第三产业增加值1806.51亿元，增长10.9%，增速比上年加快1.7个百分点。

三次产业对GDP增长的贡献率分别为7.0%、55.2%、37.8%，分别拉动GDP增长0.7、5.9和4.0个百分点。第二产业依然是推动经济增长的主要动力。

人均生产总值24978元，按可比价格计算，增长9.4%，以当年平均汇率折算，达到3690美元，首次突破3000美元大关。

二、农业生产形势向好　农产品产量稳步增长

农业生产克服灾害影响，总体保持平稳发展。全年实现农林牧渔业总产值1846.18亿元，比上年增长4.9%，其中，农业产值1376.89亿元，增长4.7%；林业产值35.27亿元，增长6.4%；畜牧业产值375.79亿元，增长5.1%；渔业产值12.66亿元，增长5.5%；农林牧渔服务业产值45.57亿元，增长6.1%。

农作物播种面积7137.96万亩，增长1.0%，其中，粮食播种面积3042.91万亩，增长1.8%；棉花播种面积2190.90万亩，增长3.6%；油料播种面积410.06万亩，增长1.2%；甜菜播种面积112.91万亩，增长18.1%；蔬菜播种面积455.39万亩，增长15.8%。

粮食产量连续4年增收，全年粮食产量1170.70万吨，增长1.6%。棉花产量247.90万吨，下降1.8%。油料产量66.62万吨，增长4.2%。甜菜产量486.97万吨，增长16.4%。蔬菜产量1734.40万吨，增长25.4%。水果（含果用瓜）产量1028.85万吨，下降2.6%，其中，园林水

果 593.85 万吨，增长 5.1%。

年末牲畜存栏 3722.12 万头（只），下降 3.2%；全年牲畜出栏 3498.52 万头（只），增长 6.6%。肉类总产量 122.05 万吨，增长 5.8%，其中，羊肉产量 46.95 万吨，增长 7.2%；牛肉产量 35.47 万吨，增长 4.7%；猪肉产量 23.05 万吨，增长 4.6%。牛奶产量 128.60 万吨，增长 6.4%。水产品产量 10 万吨，增长 3.1%。

三、工业生产呈现乐观局面 实现利税超千亿元

全部工业增加值 2105 亿元，增长 13.5%，增速比上年加快 7.3 个百分点。规模以上工业增加值增长 13.6%，增速比上年加快 6.4 个百分点，其中，轻工业增长 14.9%，重工业增长 13.0%。

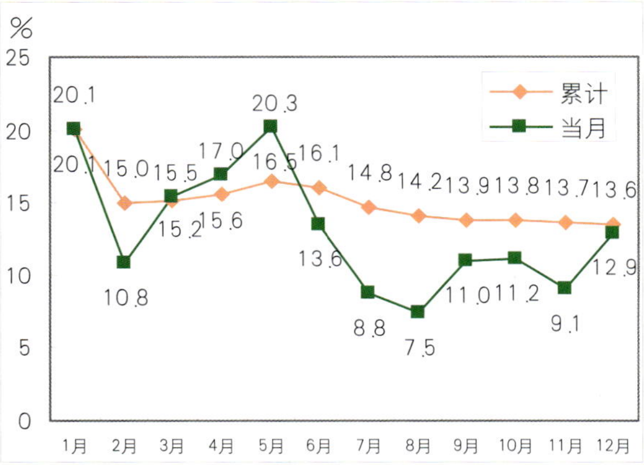

2010 年规模以上工业增加值增速

地方和非石油工业增长强劲。在规模以上工业企业中，地方工业增加值增长 20.0%，占 30.8%；非石油工业增长 22.2%，占 41.1%。

九成以上行业保持增长。在 36 个行业大类中，有 33 个保持增长，15 个行业增幅超过 20%。在自治区重点监测的十大产业中，煤炭工业增长 11.1%；石油工业增长 6.7%；钢铁工业增长 30.7%，有色工业增长 10.4%；纺织工业增长 6.5%；化学工业增长 43.4%；电力工业增长 18.8%；汽车工业增长 38.3%；装备制造工业增长 31.0%；农副食品加工工业增长 16.2%。

产销衔接状况良好。规模以上工业企业实现销售产值 5226.31 亿元，增长 37.5%，产销率 97.9%，比上年提高 2.3 个百分点。其中，轻工业 94.3%，比上年提高 1.4 个百分点；重工业 98.4%，比上年提高 2.5 个百分点。出口交货值 55.98 亿元，增长 25.6%。

经济效益大幅攀升。全年经济效益综合指数 408.06，比上年提高 99.8 点。主营业务收入 5252.07 亿元，增长 35.8%；规模以上工业企业实现利税总额 1302.63 亿元，增长 59.4%；实现利润 788.33 亿元，增长 74.7%，比全国平均增速高 25.3 个百分点。

中小型企业快速成长。中小型企业实现主营业务收入 2126.85 亿元，占规模以上工业企业主营业务收入总额的 40.5%，增长 37.7%，比大型企业收入增速高 3.2 个百分点；实现利润 201.77 亿元，增长 83.6%，比大型企业利润增速高 11.7 个百分点，占规模以上工业企业利润总额的 25.6%。

四、投资增速逐季攀升 投资结构进一步优化

全社会固定资产投资 3539 亿元，增长 25.2%，比全国平均增速高 1.4 个百分点。其中，一季度增长 3.4%，上半年增长 20.7%，前三季度增长 23.2%，全年增长 25.2%。

分三次产业看，第一产业投资 211.96 亿

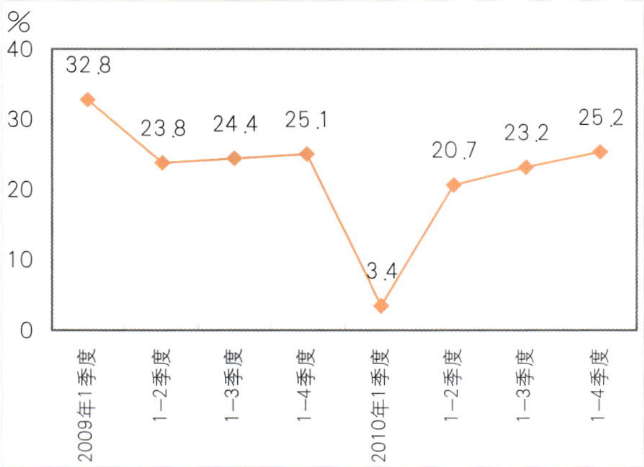

2009 年以来全社会固定资产投资增速

元，增长 23.0%；第二产业投资 1648.25 亿元，增长 27.3%；第三产业投资 1678.79 亿元，增长 23.5%。

从投资方向看，结构进一步优化。工业投资增长 26.9%，其中，制造业投资增长 37.0%。交通运输业投资增长 27.0%。

从投资主体看，地方和民间投资积极活跃。地方项目投资 2436.05 亿元，增长 32.2%。民间投资 1207.86 亿元，增长 58.8%。

从资金来源看，企业自筹资金占主导地位。企业自筹资金 1729.45 亿元，占资金来源总额的 48.9%，增长 33.9%，增速比上年加快 21.9 个百分点。

房地产开发投资 344.93 亿元，增长 46.2%。房屋施工面积 3997.24 万平方米，增长 30.4%；竣工面积 896.76 万平方米，下降 13.2%。商品房销售面积 1504.96 万平方米，增长 7.0%；销售额 466.02 亿元，增长 27.2%。

五、消费全面启动 外贸加快回升 旅游大幅增长

消费品市场自 6 月份以来保持平稳回升的良好态势，全年实现社会消费品零售总额 1324.47 亿元，增长 17.1%。扣除物价上涨因素，实际增长 12.0%。按城乡划分，城镇零售额 1181.26 亿元，增长 17.4%；乡村零售额 143.21 亿元，增长 14.9%。按行业划分，批发和零售业零售额 1156.62 亿元，增长 16.7%；住宿和餐饮业零售额 167.85 亿元，增长 20.5%。

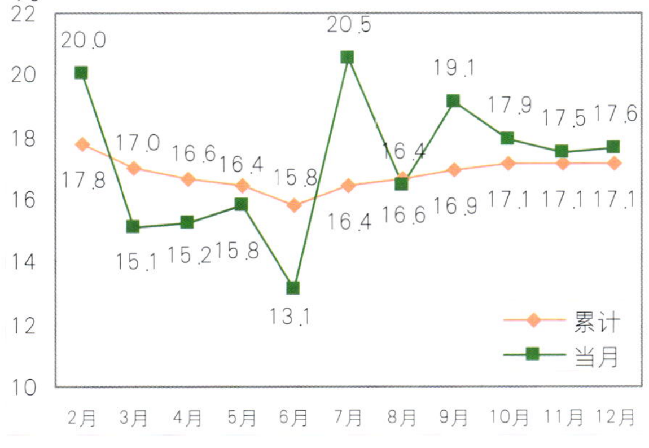

2010 年社会消费品零售总额增速

全年外贸进出口总额 171.28 亿美元，比上年增长 22.8%。其中，出口 129.70 亿美元，增长 18.6%；进口 41.58 亿美元，增长 38.0 %。

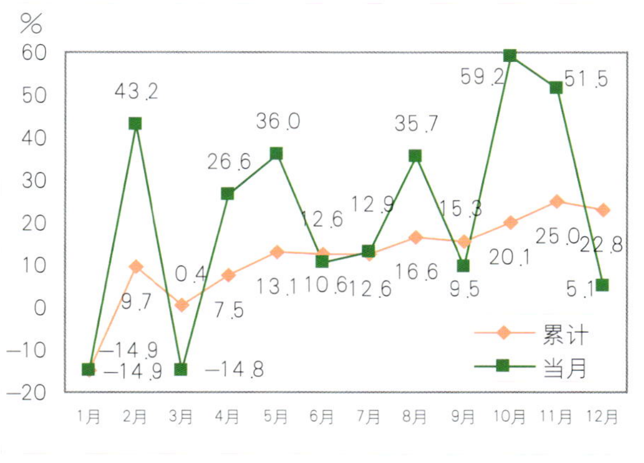

2010 年以来对外贸易增速

新批准设立外商直接投资企业 51 个，增长 18.6%。合同使用外商直接投资项目数 59 个，比上年增长 7.3%。实际利用外商直接投资 2.37 亿美元，增长 10.1%。

全年接待国内旅游人数 3037.84 万人次，增长 44.8%；国内旅游收入 281.13 亿元，增长 59.1%。国际旅游人数 106.53 万人次，增长 43.5%；实现旅游外汇收入 3.68 亿美元，增长 40.8%。

六、城乡居民全面受惠 农民增收跨上新台阶

今年以来，自治区党委、人民政府贯彻落实中央新疆工作座谈会精神，坚持民生优先的发展理念，相继出台提高最低工资标准，提高离退休人员的养老金收入和城镇居民低保标准等一系列措施，城镇居民收入呈现出全面增长的良好态势。全年城镇居民人均可支配收入 13644 元，比上年增长 11.3%，增幅比上年提高了 4.1 个百分点。增速在全国的排名由上年的第 30 位跃升至第 12 位。城镇居民人均消费性支出 10197 元，比上年

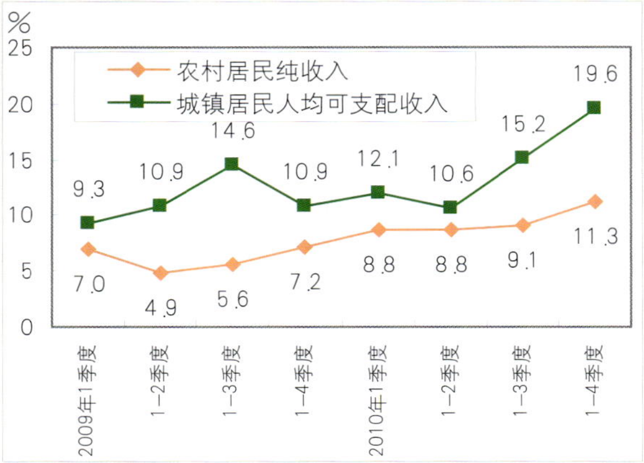

2009年以来城乡居民收入增速

增长9.3%。

全区各地大力发展农业生产，积极落实强农惠农政策，实施“安居富民”和“定居兴牧”工程，农牧民普遍受益。全年农村居民人均纯收入4643元，比上年增加760元，增长19.6%，创2000年以来新高，比全国平均增速快4.7个百分点，增速位居全国首位。从收入构成看，工资性收入556元，增长20.5%；家庭经营纯收入3650元，增长18.9%；转移性纯收入310元，增长34.3%；财产性纯收入127元，增长4.3%。人均生活消费支出3458元，增长17.2%。农产品价格全面普涨，尤其是棉花价格每吨突破2万元，比上年上涨了81%，创历史新高，瓜果价格也比上年上涨了35%，成为今年农民增收的主要因素，对农民增收的贡献率达到50%以上。

七、财政增长强劲 金融支撑有力 民生改善力度加大

全口径财政收入1190.80亿元，比上年增长34.8%。地方财政收入693.27亿元，增长40.6%。地方财政一般预算收入500.58亿元，增长28.8%，其中，各项税收收入416.23亿元，增长38.2%。在税收收入中，国内增值税75.31亿元，增长30.7%；营业税151.27亿元，增长34.6%；资源税32.47亿元，增长1.6倍。

地方财政支出1885.56亿元，增长27.9%。地方财政一般预算支出1698.91亿元，增长26.1%，其中，住房保障支出90.02亿元，增长63.1%；社会保障和就业支出166.40亿元，增长19.7%；教育支出313.84亿元，增长30.8%；医疗卫生支出103.56亿元，增长22.1%。

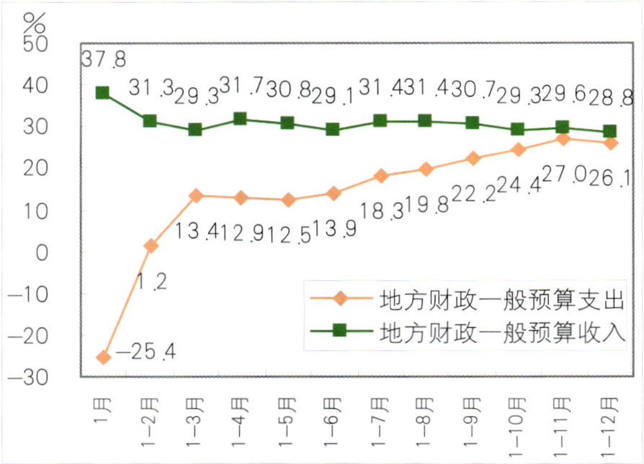

2010年地方财政一般预算收入和支出增速

年末金融机构（含外资）人民币各项存款余额8870.02亿元，比年初增加2019亿元，比上年增长29.5%。其中，企业存款余额2791.72亿元，增长36.3%；储蓄存款余额3713.47亿元，增长21.7%。

金融机构（含外资）人民币各项贷款余额4973.16亿元，比年初增加1183.76亿元，增长31.3%，其中，短期贷款1845.60亿元，增长20.9%；中长期贷款2924.31亿元，增长43.5%。个人消费贷款457.76亿元，增长46.7%。

八、物价水平总体上升 农产品价格涨幅较大

居民消费价格指数（CPI）上涨4.3%，八大类商品和服务“六涨、一平、一降”。其中，食品类价格上涨10.7%；居住类上涨2.7%；烟酒类上涨2.0%；医疗保健类上涨2.0%；家庭设备及服务类上涨1.2%；娱乐教育文化用品类上涨1.2%；交通和通讯类持平；衣着类下降0.8%。

工业品出厂价格（PPI）上涨25.3%；原材料购进价格上涨23.9%；农业生产资料价格上涨3.1%；农产品生产价格上涨31.5%。

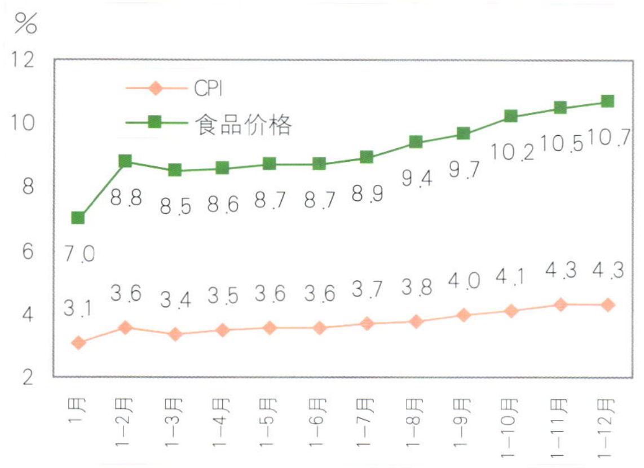

2010 年居民消费价（CPI）和食品价格涨幅

九、劳动就业侧重困难群体，社保覆盖程度稳步提高

年末就业人员 889.35 万人，比上年净增 21.99 万人，增长 2.7%。通过各种途径实现城镇就业再就业 51.68 万人，其中，下岗职工再就业 9.70 万人。21902 户“零就业”家庭中 24414 人实现就业。城镇登记失业率 3.2%，比上年降低 0.6 个百分点。年末全区参加失业保险 169.60 万人。参加基本养老保险 259.67 万人，增加 27.59 万人。企业离退休人员参加基本养老保险 64.83 万人，增加 12.10 万人。城镇职工参加基本医疗保险 296.72 万人，增加 17.61 万人。城镇居民中有 85.10 万人得到政府最低生活保障救济，比上年增加 20.60 万人。开展新型农村合作医疗工作的县（市）89 个，实际参加新型农牧区合作医疗的农牧民 1019.03 万人，增加 25.45 万人，参合率 98.6%。新型农村养老保险试点扩大到 56 个县（市），参保人员 357.93 万人，已领取养老保险待遇 58.03 万人。

发展环境趋于乐观　政策利好效应凸显

2010 年，中央先后召开全国对口支援新疆工作会议和中央新疆工作座谈会，举全国之力，推进新疆跨越式发展和长治久安。自治区党委贯彻中央精神，在七届九次、十次全委（扩大）会议上明确新疆经济社会发展的指导思想、目标任务和战略选择。随后，一系列政策措施密集颁布，推动新疆进入大建设、大开放、大发展的建设热潮。

一、政策保障有力

（一）中央务实改善新疆发展环境

中央新疆工作座谈会召开后，中央出台系列政策，全面保障新疆跨越式发展和长治久安。中央决定，在新疆率先进行油气资源税费改革，将原油、天然气资源税由从量计征改为从价计征；对新疆困难地区符合条件的企业给予企业所得税“两免三减半”优惠；中央投资额继续向新疆倾斜，“十二五”期间新疆全社会固定资产投资规模将比“十一五”期间翻一番多；鼓励银行机构在偏远地区设立服务网店，鼓励股份制商业银行和外资银行到新疆设立分支机构；适当增加建设用地规模和新增建设用地占用未利用地指标；适当放宽在新疆具备资源优势，在本地区和周边地区有市场需求行业的准入限制；逐步放宽天然气利用政策，增加当地天然气规模等。

（二）19 省市援疆给力新疆经济发展

按照中央部署，新一轮全国对口援建工作以前所未有的规模展开，19 个援疆省市和中央有关部委、国内大企业集团密集赴疆进行调研和全面对接，形成了对口援疆基本思路，一批援建项目迅速启动。新一轮对口援疆成为推动新疆实现跨越式发展和长治久安的强大动力。

（三）自治区党委全力贯彻中央精神

自治区党委七届九次、十次全委（扩大）会议，对推进新疆跨越式发展和长治久安做出了一系列具体部署。自治区党委以“民生优先”和提升自我发展能力为导向，密集出台了一系列促进新疆经济快速健康发展的方针和政策，“富民安居”和“富民兴牧”两大工程全面启动，为新疆经济实现持续、协调、快速、健康发展打牢基础。

二、政策利好效应凸显

（一）资源税改革推动财政收入大幅增长。2010年5月，财政部、国家税务总局印发《新疆原油天然气资源税改革若干问题的规定》文件，规定自6月1日起，自治区实行原油、天然气资源税从价计征，税率为5%。得益于资源税从价计征，在全国经济企稳回升，资源特别是原油价格不断上涨的市场环境中，全区财政收入增幅明显。2010年，全区地方财政收入比上年增长40.6%，其中，资源税增长1.6倍。

（二）“特区”经济形成辐射效应。中央新疆工作座谈会提出，在喀什、霍尔果斯各设一个经济开发区，赋予特殊政策和灵活措施，将其建设成为我国向西开放的窗口和新疆经济新的增长点。政策出台后，两地房地产市场表现火爆，投资大幅增加，对促进消费、拉动区域经济增长发挥积极作用。2010年，南疆喀什地区房地产投资额比上年增长85.4%，商品房销售面积增长2.24倍，南疆区域经济正迎来加快发展的新时期。

（三）民间投资释放潜力。新一轮对口援疆、中央新疆工作座谈会召开以及《国务院关于鼓励和引导民间投资健康发展的若干意见》的实施，激发了民间投资的活力和动力，新疆民间投资进入新的快速发展时期。2010年，城镇民间投资增速高于城镇固定资产投资33.6个百分点，增速比上年提高近50个百分点，占城镇固定资产投资的比重提高近10个百分点，打破了近10年来民间投资仅占25%左右的僵局。在全社会固定资产投资中，自筹资金占资金来源总额的48.9%，增长33.9%，增速比上年加快21.9个百分点，充分表明新疆主要依靠政府投资的单一局面正在逐步改变，投资环境趋好已为新疆带来现实的经济效益。

（四）金融机构支持新疆发展力度增强。2010年以来，全区各金融机构抓住国家出台各项援疆政策的有利时机，进一步加大信贷投放力度。从贷款投向看，加快推进了重点项目、重点行业和民生工程类的建设，配套贷款投放持续增加，续建和新建项目资金需求得到优先保证，加大对涉农和中小企业的支持和服务力度，涉农贷款和中小企业贷款高速增长。2010年，新疆金融机构（含外资）人民币各项贷款增速居全国第一，全年新增人民币各项贷款1184亿元，是2009年增量的1.2倍，同比多增223.6亿元。

历史机遇弥足珍贵　科学跨越只争朝夕

新疆要实现跨越式发展，就必须始终按照科学发展观的要求，把中央的决策部署同新疆的实际紧密结合起来，转变发展观念、创新发展方式、破解发展难题、提高发展质量，把人心和力量凝聚到科学发展上来，把立足点放在切实增强自我发展能力上来，充分利用国家政策支持和全国各地的支援，充分发挥自身比较优势和后发优势，力争科学跨越、后发赶超。

一、加快农业产业化步伐，提高产业化水平，促进农业结构调整

一是通过农业产业化生产、经营带动农业结构调整。目前，新疆粮食、棉花、畜产品、特色林果四大基地建设已初具规模，但基地化、规模化、规范化、品牌化水平依然不高。近年来，由于公司与农户之间缺乏建立牢固关系的纽带，同时也缺乏规范有效的制约机制，全区以“公司＋农户＋基地”为主的产业化发展模式仍然较为脆弱，抵御市场风险和自然灾害风险的能力较弱。因此，要尽快通过制度创新，吸收内地省区的先进经验，转变农业产业化经营模式，加快推进农业产业化进程，使龙头企业和农户在产业化生产经营中，“有所为有所不为”，促动种植结构、产品结构、品种结构调整优化。

二是通过农业产业化水平的快速提高，带动农村二、三产业发展。目前，随着农业产业化的发展，农村各类经纪人组织、经销商队伍、专业合作组织、产业协会正在不断兴起，农产品仓储、保鲜、运输、加工、销售企业不断增加，并日渐成为农村二、三产业的重要组成部分。但是，与内地先进省区相比，农村二、三产业无论是在发

展规模、运行质量方面，还是在发展速度方面都明显落后。因此，只有通过快速提高农业产业化水平，促进专业分工与合作，使一部分农民跳出土地，参与其中，壮大并分享二、三产业发展成果，推进农业产业化进程与农村二、三产业发展的良性互动。

三是通过农业产业化发展，带动农村劳动力就地、就近转移。尽管近年来新疆加大了农村劳动力向内地转移的力度，但地理位置、语言文字、宗教信仰、生活习俗依然是制约新疆农村劳动力向内地转移的一个非常重要的原因。从新疆农业生产的实际来看，棉花、工业番茄、工业辣椒、林果产品的采摘每年都有大量的用工缺口，仅棉花一项，每年就有超过百万的内地“拾花大军”从新疆带走几十亿的现金收益，几乎相当于新疆农民全年工资性收入。因此，应当通过加快农业产业化的发展，加大县与县、地区与地区之间的区域合作与联合，在考虑农村劳动力向内地、城镇转移的同时，挖掘区内转移、就近转移、就地转移、农村内部转移潜力，提高农村劳动力转移的可操作性和实用性。

二、提升结构，集群发展，加快推进新型工业化进程

一是把农产品加工业放在重要地位，增强工业反哺农业的能力。2010 年，全区规模以上工业中，以农产品为原料的轻工业仅占 9.1%，与新疆农副产品加工业特色优势明显的现状极不相符。因此，只有大力发展以农产品为原料的轻工业及以农产品为原料的精细化工业，才能真正实现“以工带农，以农促工，农工联动”。所以，适时调整新疆经济发展战略，把大力发展农产品加工工业作为一项战略举措已成为一个必然的选择。

二是加快资源性产品的加工产业发展，延长产业链，提高附加值。“西部大开发输出资源，东部加工制造”，在一定程度上不仅促进了西部经济的发展，也带来了全国经济的发展，但这种分工使西部各省区得不到资源加工提供的高附加值和相应的税后利润、就业机会等，使西部经济发展缺乏后劲，财政收入增长水平无法满足西部经济发展和城乡居民生活水平不断提高的需要。因此，应当积极争取国家政策支持，在新疆适当发展资源性产品加工业，就地把一部分资源转化为具有高附加值的产品，加快工业发展步伐，加速增加地方财政收入，加速资源优势向经济优势的转化进程。

三是加快推进以煤制气为重点的煤化工基地建设，把煤制气、煤制油、煤制烯烃、煤制二甲醚、煤基多联产等项目作为发展现代煤化工产业的制高点，积极推进，大力发展。新疆煤炭资源十分丰富，资源量占全国陆上资源量的 40%，2010 年，全区煤炭产量仅占全国的 3.0%，只有山西的 12.8%，产量与拥有的资源量很不相称，煤炭产量增长空间巨大；新疆作为全国重要的能源和资源输出大省，铁路运力不足长期以来都是困扰新疆货物出疆的主要瓶颈，尽管近几年来，铁路建设取得长足的进展，但随着经济特别是工业经济的加快发展，铁路运力不足的矛盾再次显现，当前依赖疆煤外运发展经济制约因素很大。“十二五”期间，国家高度重视环境保护，清洁能源必将成为各地的“宠儿”，发展油、天然气等清洁能源前景广阔。因此，必须尽快在解决人才、技术、环保等方面实现突破，加快重点项目建设，切实把煤炭资源优势转化为经济发展的优势。

四是大力引进和发展高技术产业，改造提升传统优势产业，壮大新兴产业。以产业联动发展为主线，加快产业集群发展。重点发展煤电煤化工产业群、石化产业集群、农产品加工产业集群，突出核心竞争力。

五是以大企业、大项目为牵引，带动中小企业发展。坚持“扶持与引进”并举的发展思路，通过申报项目争取资金、招商引资引进合作伙伴、配套优惠政策措施创造条件等方式，积极争取资金，扶持企业做大、做强、做优，发展一批大企业、大集团，在提高大企业、大集团生产集中度的同时，带动中小企业参与专业化分工、配套与合作，提高中小企业的生存能力和发展能力。

三、拓展服务业发展思路，促进现代服务业发展水平，引导第三产业全面健康发展

一是加大政府对旅游业的投资导向作用。充分发挥新疆旅游资源优势、航空区位优势、口岸优势，利用区内外的各种媒体，增加对旅游资源的公益性宣传推广，形成品牌效应。在财力有限、资金不足的情况下，出台优惠政策，吸引国内大型民营企业投资参与新疆旅游业开发经营，采取政府主导、企业动作的方式，试行拍卖旅游景点的开发权和经营权，以景招商，以商招商。打破区域分割，整合区域旅游资源，加快旅游企业的自主兼并和联合，形成具有较大规模和实力的旅游集团，开发一批在国内国际市场上具有竞争力的精品线路和旅游产品。使旅游服务业成为吸引外商投资、创造就业机会、丰富第三产业体系、促进新疆与国际国内交流与合作的重要新兴产业。

二是大力发展现代物流业，推进流通业现代化进程。随着向西开放进程的不断加快，新疆部分区域中心城市和边境城市产生向国际商贸中心城市和商贸集散地转变的主观动力，疆内铁路和高等级公路的快速发展，为现代物流业的发展提供可行的保障。因此，必须加快保鲜、仓储、运输、流通等行业的整合步伐，实现资源的优化配置，尽快形成现代化的物流配送体系，为一、二产业服务，减少流通环节，提高流通效率，建立与外贸需求和农村消费品市场需求相适应的流通组织，促进大流通产业的发展。

三是大力发展金融业、房地产业、社会服务业、职业教育产业、文化产业，丰富社会化服务业的内涵。扩大金融保险服务业的社会覆盖面，加快建立顺应“三农”发展需要的农村金融、保险、担保服务体系；进一步推动城乡房地产业发展，推广和规范牧业管理，优化提升社区服务水平；培育信息服务产业，加快通信及信息服务业的市场开放程度，规范逐步建立结构合理、专业化水平较高、适应现代市场需求的各类社会中介服务产业，形成第三产业发展的新亮点。

四、改善投资环境，强化投资导向作用，提升经济发展动力

一是改善投资环境，吸引更多投资。一方面要加快改善投资“硬环境”。尽管 2009 年以来随着国家“扩内需，保增长”等一系列宏观调控措施的实施，新疆基础设施投资大幅上升，但由于基础设施建设长期滞后，历史欠帐较多，投资“硬环境”竞争力依然不高。因此，应当积极争取国家信贷政策倾斜与资金支持，持续提升投资“硬环境”水平。另一方面要优化投资“软环境”。

新疆乌洽会（新疆维吾尔自治区统计局提供）

通过不断强化政府服务意识，提高行政效率，营造顺心的政务环境等具体举措，努力打造投资“软环境”实力。二是紧密结合产业发展目标，优化调整投资结构。当前，要加大对农产品加工业的招商引资和投资力度，引导投资投向能够促进农业增效、农民增收的产业中去；加大对资源性产品加工业和制造业的招商引资和投资力度，引导投资投向既能延长产业链，又能提升价值链的产业中去。第三，要加大现代服务业的招商引资和投资力度，投向能够促进第三产业发展、带动农村劳动力转移、增加就业机会的产业中去。

五、发挥地缘优势，提升向西开放水平，积极发展对外贸易

新疆地处亚欧大陆腹地，是亚欧大陆桥的桥头堡和“丝绸之路”的要冲，是我国全面向西开放的前沿和陆路通道，要实现跨越式发展，必须充分发挥这一优势，全方位向西开放，努力扩大产品出口规模，积极进口国内急需的资源性产品，把新疆打造成我国向西出口商品加工基地和商品中转集散地、进口能源资源的国际大通道和区域性国际商贸中心。充分利用地缘、资源优势，主动吸引和承接东部地区产业转移，发展面向周边国家的外向型产业，提高一般贸易和加工贸易在出口结构中的比重。紧紧抓住国家将乌洽会升格为“中国—亚欧经贸博览会”的大好机遇，从国家层面上进一步扩大新疆对内对外开放，提升向西开放水平。紧紧抓住国家将喀什和伊犁霍尔果斯设立特殊经济特区这一千载难逢的历史机遇，依托“特区”的特殊扶持政策，面向东亚、南亚特别是西亚广阔市场，加快超常规发展步伐，把喀什和伊犁建设成为国际化的大都市。

（撰稿人：王忠山 新疆自治区统计局副局长）

纺织厂（新疆维吾尔自治区统计局提供）

新疆生产建设兵团经济社会发展报告

2010年，是兵团经济和社会发展极不平凡的一年，中央召开新疆工作座谈会，集全党之智，举全国之力，推动新疆和兵团实现跨越式发展和长治久安。在中央新疆工作座谈会和全国对口支援新疆工作会议精神鼓舞下，兵团各级解放思想、抢抓机遇，求真务实、开拓进取，经济实现持续较快增长，发展质量明显提高。

一、经济运行主要特点

在一系列利好政策的推动和我国经济朝着宏观调控预期方向发展的有利条件下，兵团经济生产扩大，需求旺盛，发展质量提高，发展环境向好，经济增长的基础不断巩固，支撑面不断扩大，活力不断增强，发展前景继续看好。

（一）生产扩大，结构调整积极推进，经济增长基础不断巩固

1. 经济增速逐季加快，总量实现新突破，综合实力明显增强。2010年，兵团生产总值累计增速逐季加快，第一季度以12.8%的速度高开，第二季度持续加快达到13.1%，第三季度攀升至13.8%，全年达到13.9%，比上年加快0.3个百分点，创改革开放三十年以来年度最高增长水平。

经济总量实现新突破，达到770.62亿元。其中，第一产业增加值278.81亿元，增长11.8%；第二产业262.27亿元，增长21.1%；第三产业229.54亿元，增长9.0%。受棉花价格走高拉动，第一产业比重上升，三次产业结构为36：34：30。三次产业对经济增长的贡献率分别为28.4%、50.2%和21.4%，分别拉动经济增长3.9、7.0和3.0个百分点。第二产业是拉动经济增长的主要动力。

人均生产总值29964元，比上年增长14.0%，按当年平均汇率计算，突破4000美元大关，达到4427美元。

2. 农业基础稳固，传统作物优势突出，特色农业效应显现。兵团农业基础积累较好，农业科技应用水平高，抵御自然灾害能力不断增强。2010年，按照兵团党委提出的“加大力度、突出重点、形成优势、体现特色”的总体要求，兵团大力发展优质、高产、高效、生态、现代农业，有效应对异常灾害性天气影响，完成农业总产值569.28亿元，比上年增长7.2%。

种植业结构调整按照“稳粮、优棉，突出特色”的思路，棉花遇到多年不遇的大好市场行情，特色林果业和设施农业也获得全面丰收。2010年棉花播种面积746.97万亩，比上年增长2.1%，总产115.01万吨，增长1.4%，棉花创造产值占农业总产值44.8%。年末实有果园面积264.67万亩，增长36.5%，本年新增果园面积75.57万亩，结果面积136.00万亩，增长28.9%。红枣和葡萄分别占果园年末实有面积57.8%和19.3%，水果生产基本形成“南枣北葡”的发展格局。全年水果产量达到122.54万吨，增长18.9%，水果创造产值占农业总产值10.3%，比上年提高2.2个百分点。

畜牧业规模化养殖水平提高，主要产品产量大幅增长。按照“增畜”的结构调整方针，兵团畜牧业以推进规模化养殖为重点，初步形成了奶牛、肉羊、肉牛、商品猪、家禽等特色畜产品育肥加工优势产业。2010年，畜牧规模化养殖率达到68%，畜牧业产值76.85亿元，比上年增长14.4%。年末牲畜存栏头数624.06万头（只），增长6.5%。全年肉类总产31.99万吨，增长20.2%，其中猪肉产量17.11万吨，增长28.4%；牛肉3.72万吨，增长20.8%；羊肉8.17万吨，增长6.8%；禽肉2.44万吨，增长12.2%。牛奶产量44.31万吨，增长15.3%。

农业科技推广应用达到新水平，“三大基

地”建设积极推进。2010年，兵团节水灌溉面积1023.24万亩，增长4.5%，占农作物播种面积61.0%。农业综合机械化率89%，机械总动力369.33万千瓦，增长9.1%。耕作、播种、腹膜和中耕机械化程度达到100%。机械收获面积1037.22万亩，机收水平提高到52%。实现机收棉257万亩，增长47.7%，占棉花播种面积34.4%。精准农业六项技术，种植业、畜牧业、果蔬园艺三个“十大主体技术”推广普及率不断提高，农业产品质量安全、质量追溯体系建设进一步加强，农业科技贡献率达到57.9%。全国节水灌溉示范基地、农业机械化推广基地和现代农业示范基地建设积极推进。

3. 工业生产扩张，资源优势发挥，支柱行业快速增长。在市场需求驱动和新增产能带动下，工业生产规模扩张。2010年实现全部工业增加值186.29亿元，比上年增长18.5%，其中规模以上工业增长25.4%。规模以上工业中，国有及国有控股企业增长14.4%，股份制企业增长27.5%，外商及港澳台商投资企业增长47.1%。按轻重工分，轻工业增长24.9%，重工业增长28.2%。

资源优势转换战略积极推进，传统优势行业和资源转换加工行业快速增长。规模以上工业中，煤炭开采和洗选业增加值比上年增长82.0%；饮料制造业增长52.3%；非金属矿物制品业增长45.0%；食品制造业增长25.2%；纺织业增长22.2%；电力、热力的生产和供应业增长17.0%；农副食品加工业增长10.1%。

新增产能带动原煤、发电、水泥等行业产品产量较快增长。全年生产原煤925.83万吨，比上年增长36.4%；水泥966.89万吨，增长37.0%；发电量134.87亿千瓦时，增长18.2%；焦炭167.65万吨，增长1.7倍；初级形态塑料73.33万吨，增长10.9%；纱22.52万吨，增长14.2%。因市场价格偏低，食用植物油和番茄酱产量分别比上年下降4.3%和4.2%。

4. 建筑业生产提速，立足疆内拓展海外，境外产值持续增长。建筑企业紧紧抓住新疆和兵团大建设、大开放、大发展的良好机遇，围绕城镇化、新型工业化和农业现代化建设，不断提高经营管理水平、增加科技投入，突出主业，拓展辅业，打造专业板块企业集团，增强竞争力，提高市场占有率，建筑业生产提速。2010年实现建筑业增加值75.98亿元，比上年增长28.4%，增速较上年加快4.5个百分点，为改革开放以来年度最高增长水平。建筑施工企业完成总产值298.47亿元，增长34.1%。

房屋建筑施工面积大幅增长，全年房屋建筑施工面积2059.97万平方米，增长36.7%，其中本年新开工面积1496.29万平方米，增长36.5%，房屋建筑竣工面积1115.28万平方米，增长47.9%。

兵团建筑企业拓展疆内市场的同时，积极实施“走出去”战略，海外产值持续增长。2010年兵团建筑企业在国外完成产值20.38亿元，增长6.5%。

（二）需求旺盛，多重因素同向拉动，经济支撑面更加广泛

1. 投资增速高位运行，重点领域和薄弱环节不断加强。全年全社会固定资产投资跨上400亿元新台阶，达到448.27亿元，增长40.8%，增速比上年提高5.8个百分点。其中第一产业完成投资39.16亿元，增长9.8%；第二产业完成投资230.47亿元，增长55.6%；第三产业完成投资178.64亿元，增长33.3%。南疆垦区完成投资88.05亿元，增长6.9%，北疆垦区360.22亿元，增长52.6%。

工业投资增速领先，投资总额占全社会固定资产投资半壁江山。2010年，工业完成投资228.27亿元，占全社会固定资产投资总额的51%，比上年增长55.4%，增速比上年加快14.5个百分点，高于全社会固定资产投资增速14.6个百分点，其中，制造业完成投资157.18亿元，增长71.3%；电力、燃气及水的生产和供应业62.95亿元，增长45.6%。在制造业中有色金属冶炼及压延加工业投资23.13亿元，增长6.9倍；饮料制造业6.03亿元，增长4.4倍；农副食品加工业12.37亿元，增长1.1倍；非金属矿物制品业28.08亿元，增长1.0倍。建筑业投资

21.97 亿元，增长 77.0%。

服务业投资保持快速增长，部分基础设施行业投资下降。住宿和餐饮业投资比上年增长 2.2 倍，金融业增长 1.8 倍，房地产业增长 57.7%，批发和零售业增长 50.0%，信息传输、计算机服务和软件业增长 41.1%。教育投资 9.52 亿元，增长 1.3 倍。交通运输业投资 34.19 亿元，增长 5.9%。农田水利及水利工程投资 19.86 亿元，下降 22.3%。

新增固定资产持续增长，生产能力不断扩大。全年新增固定资产 331.76 亿元，比上年增长 5.2%。主要新增生产能力：原煤开采 60 万吨，水泥 265 万吨，棉纺锭 40.06 万锭，焦炭 100 万吨，电解铝 20 万吨，石墨及碳素制品 30 万吨，氮肥 21.5 万吨，发电装机容量 17.02 万千瓦，输电线路 1354 千米，医院 1009 个床位 /4.31 万平方米，各类学校 28152 个学生席位 /14.62 万平方米。

建设资金到位率高，自筹资金比重大。全年固定资产投资建设资金总额 464.89 亿元，本年资金来源 450.80 亿元，比上年增长 37.6%，资金到位率 103.7%。本年资金来源中自筹资金 232.84 亿元，占资金来源 51.7%，国内贷款 80.70 亿元，占 17.9%。

2. 商贸流通市场运行平稳，服务业发展形势良好。2010 年实现社会消费品零售总额 202.87 亿元，比上年增长 19.4%，扣除物价因素实际增长 14.1%。其中，批发和零售业零售额 171.71 亿元，增长 19.1%；住宿和餐饮业零售额 31.16 亿元，增长 21.0%。

大宗商品销售保持较快增长。全年实现商品销售总额 649.36 亿元，增长 8.8%。限额以上批发和零售业商品销售类值中，棉麻类销售额比上年增长 5.5%，石油及制品类增长 17.0%，建筑及装璜材料类增长 18.0%。

旅游市场升温。全年接待旅游者 401 万人次，比上年增长 21.0%。其中接待入境旅游游客 13 万人次，增长 29.0%，出境旅游 0.51 万人次，增长 50.0%。旅游总收入 16.90 亿元，增长 65.0%。

公路运输业稳步发展。全年道路运输旅客周转量 66.60 亿人公里、货物周转量 106.75 亿吨公里，分别比上年增长 14.9% 和 23.5%。

3. 对外贸易形势好转，招商引资成果丰硕。上年受国际金融危机影响，进出口下降 47.4%。2010 年，进出口扭转上年下降趋势，恢复增长，全年实现货物进出口总额 55.89 亿元，比上年增长 19.3%。其中货物出口 49.80 亿美元，增长 16.2%；货物进口 6.09 亿美元，增长 52.5%。出口总额中兵团自产品出口额 10.00 亿美元，增长 15.7%。

招商引资成果丰硕，项目投资规模大幅提高。全年招商引资项目 483 个，当年引进兵团以外到位资金 199.26 亿元，增长 39.3%，占兵团全社会投资总额 42.9%。引进资金中，城市、开发区、园区招商引资项目到位资金 137.35 亿元，增长 59.0%，占招商引资到位资金 68.9%。

（三）增长质量提高，企业增效民生改善，经济发展活力增强

1. 企业经营能力提高，效益大幅增长。随着生产规模扩大，结构不断调整优化，经济增长质量进一步提高，企业效益大幅增长。规模以上工业企业实现利润总额 54.27 亿元，增长 1.3 倍。93% 以上工业行业实现盈利。其中，化学原料及化学制品制造业增利 7.73 亿元、纺织业增利 6.25 亿元、非金属矿物制品业增利 4.25 亿元、电力、热力的生产和供应业增利 1.99 亿元。规模以上工业经济效益综合指数超过 190，比上年提高 20 个点以上。具有资质等级的总承包和专业承包建筑企业实现利润 3.91 亿元，增长 26.9%。限额以上批发零售业实现利润 7.15 亿元，增长 38.6%。

全年兵团上缴各类税费 90.74 亿元，比上年增长 24.3%。

2. 城镇居民和团场农牧工收入增加，消费水平提高。工资性收入快速增长带动城镇居民收入提高。2010 年，兵团城镇居民人均可支配收入 14559 元，比上年增长 12.6%，扣除价格因素实际增长 8.7%。受机关事业单位提高艰边津补贴和教育系统绩效工资兑现推动，城镇居民家庭人均工资性收入 12987 元，增长 14.1%，占居民家庭总收入 79.8%，比上年上升 1.2 个百分点。

农产品价格普遍上涨助推农牧工家庭人均纯收入增长。2010 年，兵团农牧工家庭人均纯收入 8782 元，比上年增长 14.5%，扣除价格因素实际增长 8.2%。在农作物丰产丰收，农产品价格大幅上涨的推动下，农牧工家庭经营纯收入增长 15.2%，达到 6874 元，对农牧工家庭人均纯收入增长贡献率达 81.5%。农工农业人均纯收入 6850 元，增长 19.5%，占家庭经营人均纯收入 99.6%。

消费支出大幅增长，消费水平不断提高。2010 年，兵团城镇居民家庭人均消费支出 11793 元，比上年增长 21.6%，扣除价格因素实际增长 17.4%，恩格尔系数 29.7%，比上年下降 2.7 个百分点。团场农牧工家庭人均支出 39765 元，增长 36.0%，恩格尔系数 26.7%，下降 4.3 个百分点。

（四）运行环境向好，积极因素积累，经济发展信心进一步提振

1. 企业家信心增强，企业经营预期看好。2010 年四个季度企业家信心指数和企业景气指数均处于较景气区间。一至四季度企业家信心指数分别为 144.2、139.0、137.0 和 144.6，分别比上年同期提高 39.4 点、24.5 点、25.5 点和 17.3 点；企业景气指数分别为 124.9、125.5、138.5 和 135.6，分别比上年同期提高 6.6 点、3.6 点、16.3 点和 15.0 点。

2. 工农业产品价格上涨，给力经济总量增长和效益提高。2010 年，农产品生产价格上涨 31.5%，远高于农业生产资料价格 3.1% 的涨幅。工业品出厂价格上涨 25.3%，也高于原材料、燃料、动力购进价格 23.9% 的涨幅。价格低进高出，既增加了农工和企业盈利空间，也助推经济总量提高，2010 年第一产业比重上升，主要原因是农产品价格上涨尤其是棉花价格高涨作用推高。

3. 信贷和证券融资快速增长，金融支持力度加大。2010 年末，驻疆各银行对兵团贷款余额 875.46 亿元，比年初增长 25.1%。其中，中长期贷款 443.26 亿元，增长 33.5%；短期贷款 433.20 亿元，增长 17.8%。当年西部牧业在深交所创业板上市，募集资金 3.57 亿元。百花村、新中基、天康生物和青松建化 4 家公司再融资，共募集资金 22.46 亿元。

二、经济运行中值得关注的问题

2010 年，兵团经济总体保持良好发展态势，但也要清醒地意识到，制约经济社会发展的一些矛盾和问题仍然比较突出，积极因素和不利因素并存。

（一）产业层次较低，经济结构单一。2010 年三次产业结构，全国为 10：47：43，新疆为 20：47：33，兵团为 36：34：30，兵团产业层次不仅低于全国而且低于新疆自治区，虽然“十一五”二产比重五年提高 9 个百分点，但“一、二、三”产业构架没有得到根本性改变。2010 年，兵团农副产品加工业、化学原料及化学制品制造业、纺织业、食品制造业和非金属矿物制品业五个行业企业数占全部工业企业的 47%，完成工业产值占全部工业总产值 64% 以上。兵团经济发展依赖农副产品加工和矿产开发利用等资源性行业程度较高，经济增长点比较单一。

（二）资金来源渠道窄，投资能力不强。2010 年，兵团自筹资金占当年资金来源 51.7%，兵团经济发展目前主要依赖兵团自身积累来实现。兵团除了设有市的四个师有财政和税收外，其他师包括兵团本级尚没有完全意义上的财政税收，缺乏稳定的资金来源渠道。兵团资本市场较为短缺，投融资体系不完善，投融资平台、上市公司融资较少，建设资金主要来自银行贷款，未能更好发挥资本市场资金放大作用。依赖政策性投资较强，国有及国有控股投资占 52%，民间投资不够活跃。

（三）跨越式发展基础薄弱，资源环境约束突出。兵团团场两周一线的地理分布，环境艰苦，基础薄弱，建设维护难度大。水利基础设施建设不足，主要河流缺乏调蓄工程。疆内交通运输体系建设不能满足新疆及兵团经济社会发展需要，铁路、公路运力紧张。新疆丰富的资源优势，兵团掌控有限，资源瓶颈仍是制约今后经济持续增长的重要因素。资源环境承载力加大，高载能行

业快速发展，节能降耗压力增大。2010 年兵团高耗能工业占规模以上工业能源消费 86.2%。

（四）宏观经济形势面临新挑战，职工增收产业基础不稳固。受主要发达国家量化宽松货币政策、国内大规模流动性及水电气等居住类价格上涨等因素影响，通胀预期加大，给居民生活，特别是低收入群体生活带来困难。2005 年至今，兵团实施职工减负政策，随着政策的全面落实，减负效应逐渐减弱，进一步减负的空间有限。团场农牧工增收仍以家庭经营性收入为主，农业产业化相对于兵团大农业发展水平仍然不高，产品订单收购，农工和企业利益联接机制尚不完善，抵御市场风险能力不强，农工增收易受市场行情波动，团场二、三产业发展不足，职工持续增收的产业基础不够稳固，多渠道增收机制尚未形成。

三、经济发展对策建议

（一）着力加快发展方式大转变，推进产业升级。构建战略性新兴产业体系，聚焦产业发展重点，突出特色，错位发展，避免产业雷同。既要发挥新疆丰富的矿产能源资源优势积极参与开发，又要立足光热水土资源、生物资源和旅游资源，建设新能源产业发展基地和重要旅游目的地。能源矿产产业发展要实现高碳产业、低碳发展。促进传统产业升级，支持引导传统产业通过产品技术的换代升级，延伸产业链条进入新兴产业领域。加快建设高产、优质、高效、生态、安全的农业现代化体系，提升优质特色农业发展规模、质量和效益。服务业充分抓住石河子市作为首批国家服务业综合改革试点单位的契机，加快发展，形成带动辐射作用，推进产业升级。

（二）拓宽资金来源渠道，提高投资能力。继续利用国家支持新疆和兵团发展的政策机遇，积极向国家部委汇报衔接工作，争取更大资金项目支持。培育壮大资本市场，完善金融组织体系，扶持具有兵团特色的国民村镇银行、保险、担保、典当、信托业发展。深化国有企业改革，优化国有经济布局和结构，促进非公有制经济发展，激活民间资本。完善发展措施，加强协调配合，尽快把政策效应转化为投资动力。创新资金使用方式，充分发挥对口援助资金项目的撬动作用，更多的运用市场手段引导和带动社会资本参与实体经济发展，形成政府、企业和社会多元投资格局。

（三）加大基础设施建设，构筑跨越式发展基石。借助国家和支援省市在民生和基础设施建设方面的大力支持，集中力量建设一批事关兵团经济社会发展全局的重大项目，为兵团跨越式发展奠定基础。切实搞好生态环境保护和建设，保障国家生态安全和新疆及兵团社会经济可持续发展。积极参与自治区塔里木河等流域综合治理工程，加快建设一批重点山区控制性水利工程。加快兵团城市和团场小城镇基础设施建设。落实资源共享，推进互利共赢。扎实推进霍尔果斯和喀什两个经济特区兵团分区建设。始终把节能减排工作放在突出位置，高起点、高标准发展高载能行业，健全节能降耗公众参与机制，增强全民参与节约能源资源和保护生态环境的积极性与自觉性。

（四）加强宏观经济运行监测，着力保障改善民生。加大经济运行调控和监测力度，协调解决生产要素供需矛盾。加强对重点生活用品、农资产品的市场监测，保障市场供给和价格基本稳定。努力提高城镇居民和团场农牧工收入与劳动报酬，缩小不同社会群体间收入差距，扩大中等收入阶层人数。实施更加积极的就业政策，多渠道开发就业岗位。建立健全零就业家庭动态清零工作机制。通过调整产业结构、加快发展服务业、建设发达的公共就业服务体系、加大扶持就业的政策力度等多种措施，增加新就业机会和就业岗位。通过加强职业培训、强化劳动合同监督、提供优质高效的就业服务等，提升就业质量，促进劳动关系和谐稳定。完善社会保障体系，促进基本公共服务均等化。

四、2011 年经济发展形势展望

2010 年兵团国民经济跃上新的台阶，总量突破 770 亿元，实现连续 9 年两位数增长，培育和增强了经济自我发展能力，为经济持续发展奠定了基础。2011年兵团经济将延续2010年良好发展势头，继续保持健康发展之势。主要基于如下判断：

（一）良好的国内宏观经济环境依然存在。中央经济工作会议提出2011年实施稳健、审慎灵活的宏观经济政策，更加积极稳妥地处理好保持经济平稳较快发展、调整经济结构、管理通胀预期的关系，加快推进经济结构战略性调整，把稳定价格总水平放在更加突出的位置，切实增强经济发展的协调性、可持续性和内生动力，这为兵团国民经济发展创造了良好的国内宏观经济环境。

（二）国家政策支持和全国各地支援力度进一步加大。西部大开发第二个10年规划向纵深推进、对口支援新疆和兵团项目全面实施、力度不断加大，国家"十二五"规划明确提出"支持新疆生产建设兵团建设和发展"，这是国家五年规划中首次单独提出支持兵团建设和发展，意义重大，必将为兵团经济发展提供前所未有的战略机遇。

（三）投资后发效应将在2011年及今后发展中进一步显现。"十一五"时期兵团五年累计完成固定资产投资1345亿元，是"十五"时期的2.3倍，年均增速达23.4%，比"十五"时期提高7.9个百分点。投资规模持续扩张，增强了兵团经济发展后劲。

2011年是"十二五"规划的开局之年，积极因素不断积累，在良好的内外发展环境和各种有利政策的强力支持下，将拉开兵团经济大建设、大开放、大发展的序幕，促进经济健康快速发展。

（撰稿人：孙法臣　新疆生产建设兵团统计局局长
国家统计局兵团调查总队总队长）

天业北泉化工园区20万吨聚氯乙稀厂（新疆生产建设兵团统计局提供）

Important Documents

2011中国发展报告 China Development Report

一、主题报告篇

二、地区报告篇

三、重要文献篇

四、宏观政策篇

五、统计图表篇

政府工作报告

—2011年3月5日在第十一届全国人民代表大会第四次会议上

国务院总理 温家宝

各位代表：

现在，我代表国务院，向大会作政府工作报告，请各位代表审议，并请全国政协委员提出意见。

一、“十一五”时期国民经济和社会发展的回顾

“十一五”时期是我国发展进程中极不平凡的五年。面对国内外复杂形势和一系列重大风险挑战，中国共产党团结带领全国各族人民，全面推进改革开放和现代化建设，国家面貌发生了历史性变化。

——这五年，我国社会生产力、综合国力显著提高。我们有效应对国际金融危机冲击，保持经济平稳较快发展，胜利完成“十一五”规划的主要目标和任务，国民经济迈上新的台阶。国内生产总值达到39.8万亿元，年均增长11.2%，财政收入从3.16万亿元增加到8.31万亿元。载人航天、探月工程、超级计算机等前沿科技实现重大突破。国防和军队现代化建设取得重大成就。

——这五年，各项社会事业加快发展、人民生活明显改善。教育、科技、文化、卫生、体育事业全面进步。城镇新增就业5771万人，转移农业劳动力4500万人；城镇居民人均可支配收入和农村居民人均纯收入年均分别实际增长9.7%和8.9%；覆盖城乡的社会保障体系逐步健全。

——这五年，改革开放取得重大进展。重点领域和关键环节改革实现新突破，社会主义市场经济体制更加完善。去年对外贸易总额达到2.97万亿美元，开放型经济水平快速提升。

——这五年，我国国际地位和影响力显著提高。我们在国际事务中发挥重要的建设性作用，有力维护国家主权、安全和发展利益，全方位外交取得重大进展。我们成功举办北京奥运会、上海世博会，实现了中华民族的百年梦想。

这些辉煌成就，充分显示了中国特色社会主义的优越性，展现了改革开放的伟大力量，极大增强了全国各族人民的自信心和自豪感，增强了中华民族的凝聚力和向心力，必将激励我们在新的历史征程上奋勇前进。

五年来，我们主要做了以下工作：

（一）加强和改善宏观调控，促进经济平稳较快发展。我们注重把握宏观调控的方向、重点和力度，牢牢掌握经济工作的主动权。“十一五”前期，针对投资增长过快、贸易顺差过大、流动性过剩，以及结构性、输入性物价上涨等问题，采取正确的政策措施，有效防止了苗头性问题演变成趋势性问题、局部性问题演变成全局性问题。近两年，面对百年罕见的国际金融危机冲击，我们沉着应对，科学决策，果断实行积极的财政政策和适度宽松的货币政策。坚持实施一揽子计划，大规模增加政府支出和实行结构性减税，大范围实施重点产业调整振兴规划，大力推进自主创新和加强科技支撑，大幅度提高社会保障水平。坚持扩大内需的战略方针，采取鼓励消费的一系列政策措施，增加城乡居民特别是低收入群众收入，消费规模持续扩大，结构不断升级。实施两年新增4万亿元的投资计划，其中，新增中央投资1.18万亿元。保障性安居工程、农村民生工程和社会事业投资占43.7%，自主创新、结构调整、节能减排和生态建设占15.3%，重大基础设施建设占23.6%，灾后恢复重建占14.8%。政府投资引导带动社会投资，国内需求大幅增加，有效弥补外需缺口，较短时间内扭转经济增速下滑趋势，在世界率先实现回升向好，既战胜了特殊困难、有力地保障和改善了民生，又为长远发展奠定了坚

实基础。

（二）毫不放松地做好“三农”工作，巩固和加强农业基础。中央财政“三农”投入累计近3万亿元，年均增幅超过23%。彻底取消农业税和各种收费，结束了农民种田交税的历史，每年减轻农民负担超过1335亿元。建立种粮农民补贴制度和主产区利益补偿机制，农民的生产补贴资金去年达到1226亿元。对重点粮食品种实行最低收购价和临时收储政策，小麦、稻谷最低收购价提高了25%到40%。严格保护耕地。着力推进农业科技进步。粮食产量屡创历史新高，去年达到54641万吨，连续7年增产；农民人均纯收入达到5919元，实现持续较快增长。农村综合改革稳步推进，集体林权制度改革、国有农场管理体制改革全面推开。农业农村基础设施加快建设，完成7356座大中型和重点小型水库除险加固，解决2.15亿农村人口饮水安全问题，农民的日子越过越好，农村发展进入一个新时代。

（三）大力推进经济结构调整，提高经济增长质量和效益。一是加快产业结构调整和自主创新。积极推进企业技术改造和兼并重组，工业特别是装备制造业总体水平和竞争力明显提高。战略性新兴产业迅速成长。加快建设国家创新体系，实施知识创新工程和技术创新工程，突破了一批产业发展急需的前沿技术、核心技术和关键装备技术，一大批科研成果实现了产业化。服务业快速发展，在国内生产总值中占比提高2.5个百分点。基础设施建设明显加快，五年建成铁路新线1.6万公里，新增公路63.9万公里，其中高速公路3.3万公里，新建、改扩建机场33个，新建和加固堤防1.7万公里。二是扎实推进节能减排、生态建设和环境保护。提出到2020年我国控制温室气体排放行动目标和政策措施，制定实施节能减排综合性工作方案。大力发展清洁能源，新增发电装机容量4.45亿千瓦，其中水电9601万千瓦、核电384万千瓦。关停小火电机组7210万千瓦，淘汰了一批落后的煤炭、钢铁、水泥、焦炭产能。推进林业重点生态工程建设，完成造林2529万公顷。综合治理水土流失面积23万平方公里，加强重点流域水污染防治、大气污染防治和工业“三废”治理。大力发展循环经济。五年累计，单位国内生产总值能耗下降19.1%，化学需氧量、二氧化硫排放量分别下降12.45%、14.29%。三是促进区域经济协调发展。落实区域发展总体战略，颁布实施全国主体功能区规划，制定西部大开发新十年指导意见和一系列区域发展规划，推出促进西藏和四省藏区、新疆等民族地区跨越式发展的新举措。中西部和东北地区发展加快，经济增速等主要指标超过全国平均水平；东部地区经济结构不断优化，自主创新和竞争力逐步提高；地区间基本公共服务差距趋于缩小，各具特色的区域发展格局初步形成。

（四）坚定不移深化改革开放，增强经济社会发展内在活力。财政转移支付制度逐步完善，县级基本财力保障机制初步建立。增值税转型全面实施，成品油价格和税费改革顺利推进，资源税改革启动试点，内外资企业税制全面统一。国有大型商业银行股份制改革顺利完成，政策性金融机构改革、农村信用社改革积极推进；平稳解决上市公司股权分置问题，创业板、股指期货和融资融券顺利推出，债券市场稳步发展；深入推进保险业改革开放；人民币汇率形成机制改革有序推进，跨境贸易人民币结算试点不断扩大。国有企业公司制股份制改革、国有资产监管体制改革取得积极进展。邮政体制改革加快推进。制定实施促进中小企业发展和民间投资的一系列政策，非公有制经济发展环境不断改善，多种所有制经济共同发展。

不断拓展对外开放的广度和深度。进出口总额年均增长15.9%，结构不断优化。贸易顺差连续两年下降，2010年比上年减少6.4%。利用外资水平进一步提高。企业“走出去”步伐明显加快，累计对外直接投资2200亿美元，对外工程承包和劳务合作营业额3352亿美元。积极参与全球经济治理机制改革和区域合作机制建设，多边、双边经贸合作继续深化。对外援助规模持续扩大。对外开放有力促进了经济发展和结构调整，增加了就业，吸收了先进技术和管理经验，大大提高了我国的国际地位。

（五）加快发展社会事业，切实保障和改

善民生。始终坚持经济发展与社会发展相协调，围绕改善民生谋发展。把就业放在经济社会发展的优先位置。加强职业培训和就业服务，促进高校毕业生、农村转移劳动力、城镇就业困难人员就业，做好退役军人就业安置工作。实施劳动合同法和就业促进法，普遍提高最低工资标准，推动建立和谐劳动关系。覆盖城乡的社会保障体系建设取得突破性进展，城镇职工基本养老保险实现省级统筹，实施养老保险关系跨省转移接续办法，连续7年提高企业退休人员基本养老金水平，年均增长10%，新型农村社会养老保险试点覆盖24%的县。积极稳妥推进医药卫生体制改革，全面建立城镇居民基本医疗保险制度、新型农村合作医疗制度，惠及12.67亿城乡居民。最低生活保障制度实现全覆盖，城乡社会救助体系基本建立，社会福利、优抚安置、慈善和残疾人事业取得新进展。全国社会保障基金积累7810亿元，比五年前增加5800多亿元。大力实施保障性住房建设和棚户区改造，使1100万户困难家庭住上了新房。我们要持之以恒，努力让全体人民老有所养、病有所医、住有所居。

制定和实施国家中长期教育改革和发展规划纲要。五年全国财政教育支出累计4.45万亿元，年均增长22.4%。全面实现城乡免费义务教育，所有适龄儿童都能“不花钱、有学上”。义务教育阶段教师绩效工资制度全面实施。中等职业教育对农村经济困难家庭、城市低收入家庭和涉农专业的学生实行免费。加快实施国家助学制度，财政投入从2006年的18亿元增加到2010年的306亿元，覆盖面从高等学校扩大到中等职业学校和普通高中，共资助学生2130万名，还为1200多万名义务教育寄宿生提供生活补助。加快农村中小学危房改造和职业教育基础设施建设。全面提高高等教育质量和水平，增强高校创新能力。制定并实施国家中长期科学和技术发展规划纲要，中央财政科技投入6197亿元，年均增长22.7%，取得了一系列重大成果。大力加强基层医疗卫生服务能力建设。国家财政安排专项资金，改造和新建2.3万所乡镇卫生院、1500所县医院、500所县中医院和1000所县妇幼保健院，建立了2400所社区卫生服务中心。制定并实施国家中长期人才发展规划纲要。人口规划目标顺利实现。文化体制改革取得重要进展。公共文化服务体系建设明显加快，文化产业蓬勃发展。哲学社会科学和新闻出版、广播影视、文学艺术繁荣进步。城乡公共体育设施建设加快，全民健身活动蔚然成风。法制建设全面推进，“五五”普法顺利完成。创新和加强社会管理，社会保持和谐稳定。

抗击汶川特大地震等严重自然灾害的斗争取得重大胜利，汶川灾后恢复重建三年任务两年基本完成，玉树强烈地震和舟曲特大山洪泥石流灾后恢复重建有序推进。经过灾难的洗礼，中国人民更加成熟、自信、坚强，中华民族百折不挠、自强不息的伟大精神不可战胜。

五年来，我们不断深化行政管理体制改革，加快转变政府职能，全面完成了新一轮政府机构改革，深入推进依法行政，建设法治政府和服务型政府，推进政务公开，加强行政问责，坚持不懈地开展反腐败斗争，政府自身建设取得积极进展。

过去五年，我们是一步一个脚印走过来的，中国人民有理由为此感到自豪！五年的成绩来之不易。这是以胡锦涛同志为总书记的党中央总揽全局、正确领导的结果，是全党全国各族人民共同努力奋斗的结果。在这里，我代表国务院，向全国各族人民，向各民主党派、各人民团体和各界人士，表示诚挚感谢！向香港特别行政区同胞、澳门特别行政区同胞、台湾同胞和海外侨胞，表示诚挚感谢！向关心和支持中国现代化建设的各国政府、国际组织和各国朋友，表示诚挚感谢！

我们清醒地认识到，我国发展中不平衡、不协调、不可持续的问题依然突出。主要是：经济增长的资源环境约束强化，投资与消费关系失衡，收入分配差距较大，科技创新能力不强，产业结构不合理，农业基础仍然薄弱，城乡区域发展不协调，就业总量压力和结构性矛盾并存，制约科学发展的体制机制障碍依然较多；服务业增加值和就业比重、研究与试验发展经费支出占国内生产总值比重没有完成“十一五”规划目标。一些群众反映强烈的问题没有根本解决，主要是：优质教育、医疗资源总量不足、分布不均；物价上涨压力加大，部分城市房价涨幅过高；违法征地拆迁等引发的社会矛盾增多；食品安全问题比较突出；一些领域腐败现象严重。我们一定要以对国家和人民高度负责的精神，通过艰苦细致的工作和坚持不懈的努力，加快解决这些问题，让人民满意！

回顾“十一五”时期的政府工作，我们进一步加深了以下几个方面的认识和体会。

一是必须坚持科学发展。我们战胜各种严峻挑战，靠的是发展；各领域取得的一切成就和进步，靠的是发展；解决前进道路上的困难和问题，仍然要靠发展。我国仍处于并将长期处于社会主义初级阶段，必须坚持以经济建设为中心，坚持科学发展。要以人为本，把保障和改善民生作为一切工作的出发点和落脚点，坚定不移走共同富裕道路，使发展成果惠及全体人民；坚持统筹兼顾，促进城乡、区域、经济社会协调发展；加快转变经济发展方式，大力推进自主创新，节约资源和保护环境，使经济社会发展与人口资源环境相协调，提高发展的全面性、协调性和可持续性。

二是必须坚持政府调控与市场机制有机统一。健全的市场机制，有效的宏观调控，都是社会主义市场经济体制不可或缺的重要组成部分。市场作用多一些还是政府作用多一些，必须相机抉择。在应对国际金融危机冲击中，我们加强和改善宏观调控，及时纠正市场扭曲，弥补市场失灵，防止经济出现大的起落，实践证明是完全正确的。我们必须不断完善社会主义市场经济体制，充分发挥市场在资源配置中的基础性作用，激发经济的内在活力，同时，科学运用宏观调控手段，促进经济长期平稳较快发展。

三是必须坚持统筹国内国际两个大局。在经济全球化深入发展和对外开放不断深化的条件下，我国经济同世界经济的联系日益紧密，互动和依存不断增强。必须树立世界眼光，加强战略思维，善于从国际形势发展变化中充分把握发展机遇，稳妥应对风险挑战，利用好国内国际两个市场、两种资源，统筹处理好国内发展与对外开放关系，真正做到内外兼顾、均衡发展。

四是必须坚持把改革开放作为经济社会发展的根本动力。改革开放是实现国家强盛、人民幸福的必由之路，必须贯穿社会主义现代化建设全过程。我们要以更大的决心和勇气推进改革，提高改革决策的科学性，增强改革措施的协调性，全面推进经济、政治、文化、社会等各方面改革创新，从根本上破除体制机制障碍，最大限度解放和发展生产力，促进社会公平正义。要坚持把改善人民生活作为正确处理改革发展稳定关系的结合点，把改革的力度、发展的速度和社会可承受的程度统一起来，以改革促进和谐稳定，确保人民安居乐业、社会安宁有序、国家长治久安。

二、“十二五”时期的主要目标和任务

根据《中共中央关于制定国民经济和社会发展第十二个五年规划的建议》，我们编制了《国民经济和社会发展第十二个五年规划纲要（草案）》，提交大会审议。

“十二五”是全面建设小康社会的关键时期，是深化改革开放、加快转变经济发展方式的攻坚时期。从国际看，世界多极化、经济全球化深入发展，和平、发展、合作仍是时代潮流。国际金融危机影响深远，世界经济结构加快调整，全球经济治理机制深刻变革，科技创新和产业转型孕育突破，发展中国家特别是新兴市场国家整体实力步入上升期。从国内看，我国发展的有利条件和长期向好的趋势没有改变，工业化、信息化、城镇化、市场化、国际化深入发展，市场需求潜力巨大，资金供给充裕，科技和教育水平整体提升，劳动力素质提高，基础设施日益完善，政府宏观调控和应对重大挑战的能力明显增强，社会大局保持稳定。综合判断国际国内形势，我国发展仍处于可以大有作为的重要战略机遇期。

我们要高举中国特色社会主义伟大旗帜，以邓小平理论和“三个代表”重要思想为指导，深入贯彻落实科学发展观，适应国内外形势新变化，顺应各族人民过上更好生活新期待，以科学发展为主题，以加快转变经济发展方式为主线，深化改革开放，保障和改善民生，巩固和扩大应对国

际金融危机冲击成果，促进经济长期平稳较快发展和社会和谐稳定，为全面建成小康社会打下具有决定性意义的基础。

——我们要推动经济发展再上新台阶。今后五年，我国经济增长预期目标是在明显提高质量和效益的基础上年均增长7%。按2010年价格计算，2015年国内生产总值将超过55万亿元。要继续加强和改善宏观调控，保持价格总水平基本稳定，把短期调控政策和长期发展政策结合起来，坚持实施扩大内需战略，充分挖掘我国内需的巨大潜力，加快形成消费、投资、出口协调拉动经济增长的新局面。

——我们要加快转变经济发展方式和调整经济结构。坚持走中国特色新型工业化道路，推动信息化和工业化深度融合，改造提升制造业，培育发展战略性新兴产业。加快发展服务业，服务业增加值在国内生产总值中的比重提高4个百分点。积极稳妥推进城镇化，城镇化率从47.5%提高到51.5%，完善城市化布局和形态，不断提升城镇化的质量和水平。继续加强基础设施建设，进一步夯实经济社会发展基础。大力发展现代农业，加快社会主义新农村建设。深入实施区域发展总体战略和主体功能区战略，逐步实现基本公共服务均等化。促进城乡、区域良性互动，一二三产业协调发展。

——我们要大力发展社会事业。坚持优先发展教育，稳步提升全民受教育程度。坚持自主创新、重点跨越、支撑发展、引领未来的方针，完善科技创新体系和支持政策，着力推进重大科学技术突破。研究与试验发展经费支出占国内生产总值比重达到2.2%，促进科技成果更好地转化为生产力。适应现代化建设需要，加强人才培养，努力造就规模宏大的高素质人才队伍。大力加强文化建设，推动文化改革发展实现新跨越，满足人民群众不断增长的精神文化需求。大力发展体育事业。进一步深化医药卫生体制改革，健全基本医疗卫生制度，加快实现人人享有基本医疗卫生服务的目标。创新社会管理体制机制，加强社会管理法律、体制、能力建设，确保社会既充满活力又和谐稳定。

——我们要扎实推进资源节约和环境保护。积极应对气候变化。加强资源节约和管理，提高资源保障能力，加大耕地保护、环境保护力度，加强生态建设和防灾减灾体系建设，全面增强可持续发展能力。非化石能源占一次能源消费比重提高到11.4%，单位国内生产总值能耗和二氧化碳排放分别降低16%和17%，主要污染物排放总量减少8%至10%，森林蓄积量增加6亿立方米，森林覆盖率达到21.66%。切实加强水利基础设施建设，推进大江大河重要支流、湖泊和中小河流治理，明显提高基本农田灌溉、水资源有效利用水平和防洪能力。

——我们要全面改善人民生活。坚持把增加就业作为经济社会发展的优先目标，为全体劳动者创造公平的就业机会，五年城镇新增就业4500万人。坚持和完善按劳分配为主体、多种分配方式并存的分配制度，努力实现居民收入增长和经济发展同步、劳动报酬增长和劳动生产率提高同步，逐步提高居民收入在国民收入分配中的比重，提高劳动报酬在初次分配中的比重，加快形成合理的收入分配格局。城镇居民人均可支配收入和农村居民人均纯收入年均实际增长超过7%。提高扶贫标准，减少贫困人口。加快完善社会保障制度，进一步提高保障水平。城乡基本养老、基本医疗保障制度实现全覆盖，提高并稳定城乡三项基本医疗保险参保率，政策范围内的医保基金支付水平提高到70%以上，全国城镇保障性住房覆盖面达到20%左右。坚持计划生育基本国策，逐步完善政策，促进人口长期均衡发展，人均预期寿命提高1岁，达到74.5岁。

——我们要全面深化改革开放。更加重视改革顶层设计和总体规划，大力推进经济体制改革，积极稳妥地推进政治体制改革，加快推进文化体制、社会体制改革，不断完善社会主义市场经济体制，扩大社会主义民主，完善社会主义法制，使上层建筑更加适应经济基础发展变化，为科学发展提供有力保障。坚持和完善基本经济制度，营造各种所有制经济依法平等使用生产要素、公平参与市场竞争、同等受到法律保护的体制环境。加快财税金融体制改革，积极构建有利于转变经济发展方式的财税体制，构建组织多元、服务高效、监管审慎、风险可控的金融体系。深化资源性产品价格和环保收费改革，建立健全能够灵活反映市场供求关系、资源稀缺程度和环境损害成本的资源性产品价格形成机制。实施更加积极主动的开放战略，培育参与国际合作与竞争新优势，进一步形成互利共赢的开放新格局。

——我们要不断加强政府自身改革建设。政府的一切权力都是人民赋予的，必须对人民负责，为人民谋利益，接受人民监督；必须最广泛地动员和组织人民依法管理国家和社会事务，管理经济和文化事业；必须坚持依法治国基本方略，加强维护群众利益的法制建设，推进依法行政；必须实行科学、民主决策，建立健全决策、执行、监督既相互制约又相互协调的运行机制，确保权力正确行使；必须从制度上改变权力过分集中而又得不到制约的状况，坚决惩治和预防腐败；必须保障人民的民主权利和合法权益，维护社会公平正义。

总之，经过未来五年努力，实现“十二五”规划的各项目标，我国的综合国力就会有更大的提升，人民生活就会有更大的改善，国家面貌就会发生更大的变化。

三、2011 年的工作

2011 年，是“十二五”开局之年，做好今年的工作对于完成“十二五”各项目标任务至关重要。过去一年，我们的各项工作取得了很大成绩。国内生产总值增长 10.3%，居民消费价格涨幅控制在 3.3%，城镇新增就业 1168 万人，国际收支状况有所改善。这为做好今年的工作打下了良好基础。

今年，我国发展面临的形势仍然极其复杂。世界经济将继续缓慢复苏，但复苏的基础不牢。发达经济体经济增长乏力，失业率居高难下，一些国家主权债务危机隐患仍未消除，主要发达经济体进一步推行宽松货币政策，全球流动性大量增加，国际大宗商品价格和主要货币汇率加剧波动，新兴市场资产泡沫和通胀压力加大，保护主义继续升温，国际市场竞争更加激烈，不稳定不确定因素仍然较多。我国经济运行中一些长期问题和短期问题相互交织，体制性矛盾和结构性问题叠加在一起，加大了宏观调控难度。我们要准确判断形势，保持清醒头脑，增强忧患意识，做好应对风险的准备。

今年国民经济和社会发展的主要预期目标是：国内生产总值增长 8% 左右；经济结构进一步优化；居民消费价格总水平涨幅控制在 4% 左右；城镇新增就业 900 万人以上，城镇登记失业率控制在 4.6% 以内；国际收支状况继续改善。总的考虑是，为转变经济发展方式创造良好环境，引导各方面把工作着力点放在加快经济结构调整、提高发展质量和效益上，放在增加就业、改善民生、促进社会和谐上。

实现上述目标，要保持宏观经济政策的连续性、稳定性，提高针对性、灵活性、有效性，处理好保持经济平稳较快发展、调整经济结构、管理通胀预期的关系，更加注重稳定物价总水平，防止经济出现大的波动。

继续实施积极的财政政策。保持适当的财政赤字和国债规模。今年拟安排财政赤字 9000 亿元，其中中央财政赤字 7000 亿元，继续代地方发债 2000 亿元并纳入地方预算，赤字规模比上年预算减少 1500 亿元，赤字率下降到 2% 左右。要着力优化财政支出结构，增加“三农”、欠发达地区、民生、社会事业、结构调整、科技创新等重点支出；压缩一般性支出，严格控制党政机关办公楼等楼堂馆所建设，出国（境）经费、车辆购置及运行费、公务接待费等支出原则上零增长，切实降低行政成本。继续实行结构性减税。依法加强税收征管。对地方政府性债务进行全面审计，实施全口径监管，研究建立规范的地方政府举债融资机制。

实施稳健的货币政策。保持合理的社会融资规模，广义货币增长目标为 16%。健全宏观审慎政策框架，综合运用价格和数量工具，提高货币政策有效性。提高直接融资比重，发挥好股票、债券、产业基金等融资工具的作用，更好地满足多样化投融资需求。着力优化信贷结构，引导商业银行加大对重点领域和薄弱环节的信贷支持，严格控制对“两高”行业和产能过剩行业贷款。进一步完善人民币汇率形成机制。密切监控跨境资本流动，防范“热钱”流入。加强储备资产的投资和风险管理，提高投资收益。

今年，重点要做好以下几方面工作。

（一）保持物价总水平基本稳定

当前，物价上涨较快，通胀预期增强，这个问题涉及民生、关系全局、影响稳定。要把稳定物价总水平作为宏观调控的首要任务，充分发挥我国主要工业品总体供大于求、粮食库存充裕、外汇储备较多等有利条件，努力消除输入性、结构性通胀因素的不利影响，消化要素成本上涨压力，正确引导市场预期，坚决抑制价格上涨势头。要以经济和法律手段为主，辅之以必要的行政手段，全面加强价格调控和监管。一是有效管理市场流动性，控制物价过快上涨的货币条件。把握好政府管理商品和服务价格的调整时机、节奏和力度。二是大力发展生产，保障主要农产品、基本生活必需品、重要生产资料的生产和供应。落实“米袋子”省长负责制和“菜篮子”市长负责制。三是加强农产品流通体系建设，积极开展“农超对接”，畅通鲜活农产品运输“绿色通道”。完善重要商品储备制度和主要农产品临时收储制度，把握好国家储备吞吐调控时机，搞好进出口调节，增强市场调控能力。四是加强价格监管，维护市场秩序。特别要强化价格执法，严肃查处恶意炒作、串通涨价、哄抬价格等不法行为。五是完善补贴制度，建立健全社会救助和保障标准与物价上涨挂钩的联动机制，绝不能让物价上涨影响低收入群众的正常生活。

（二）进一步扩大内需特别是居民消费需求

扩大内需是我国经济发展的长期战略方针和基本立足点，也是促进经济均衡发展的根本途径和内在要求。

积极扩大消费需求。继续增加政府用于改善和扩大消费的支出，增加对城镇低收入居民和农民的补贴。继续实施家电下乡和以旧换新政策。加强农村和中小城市商贸流通、文化体育、旅游、宽带网络等基础设施建设。大力促进文化消费、旅游消费和养老消费。推动农村商业连锁经营和统一配送，优化城镇商业网点布局，积极发展电子商务、网络购物、地理信息等新型服务业态。大力整顿和规范市场秩序，切实维护消费者权益。深入开展打击侵犯知识产权和制售假冒伪劣商品的专项治理行动。

大力优化投资结构。认真落实国务院关于鼓励引导民间投资新 36 条，抓紧制定公开透明的市场准入标准和支持政策，切实放宽市场准入，真正破除各种有形和无形的壁垒，鼓励和引导民间资本进入基础产业和基础设施、市政公用事业、社会事业、金融服务等领域，推动民营企业加强自主创新和转型升级，鼓励和引导民间资本重组联合和参与国有企业改革，加强对民间投资的服务、指导和规范管理，促进社会投资稳定增长和结构优化。充分发挥政府投资对结构调整的引导作用，优先保证重点在建、续建项目的资金需求，有序启动“十二五”规划重大项目建设。防止盲目投资和重复建设。严格执行投资项目用地、节能、环保、安全等准入标准，提高投资质量和效益。

（三）巩固和加强农业基础地位

坚持把“三农”工作放在重中之重，在工业化、城镇化深入发展中同步推进农业现代化，巩固和发展农业农村好形势。

确保农产品供给，多渠道增加农民收入。要把保障粮食安全作为首要目标，毫不放松地抓好农业生产。稳定粮食种植面积，支持优势产区生产棉花、油料、糖料等大宗产品。大力发展畜牧业、渔业、林业。切实抓好新一轮“菜篮子”工程建设，大中城市郊区要有基本的菜地面积和生鲜食品供给能力。强化农业科技支撑，发展壮大农作物种业，大规模开展高产创建。继续实施粮食最低收购价政策，今年小麦最低收购价每 50 公斤提高 5 到 7 元，水稻最低收购价每 50 公斤提高 9 到 23 元。大力发展农村非农产业，壮大县域经济，提高农民职业技能和创业、创收能力，促进农民就地就近转移就业。提高扶贫标准，加大扶贫开发力度。

大兴水利，全面加强农业农村基础设施建设。重点加强农田水利建设、中小河流治理、小型水库和病险水闸除险加固以及山洪地质灾害防治。完善排灌设施，发展节水灌溉，加固河流堤岸，搞好清淤疏浚，消除水库隐患，扩大防洪库容。通过几年努力，全面提高防汛抗旱、防灾减灾能力。大力推进农村土地开发整理，大规模建设旱涝保收高标准农田，加快全国新增千亿斤粮食生产能力建设。加强农村水电路气房建设，大力改善农村生产生活条件，努力为农民建设美好家园。

加大“三农”投入，完善强农惠农政策。财政支出重点向农业农村倾斜，确保用于农业农村的总量、增量均有提高；预算内固定资产投资重点用于农业农村基础设施建设，确保总量和比重进一步提高；土地出让收益重点投向农业土地开发、农田水利和农村基础设施建设，确保足额提取、定向使用。今年中央财政用于“三农”的投入拟安排9884.5亿元，比上年增加1304.8亿元。继续增加对农民的生产补贴，新增补贴重点向主产区、重点品种、专业大户、农民专业合作组织倾斜。增加中央财政对粮食、油料、生猪调出大县的一般性转移支付，扩大奖励补助规模和范围。引导金融机构增加涉农信贷投放，确保涉农贷款增量占比不低于上年。加大政策性金融对“三农”的支持力度。健全政策性农业保险制度，建立农业再保险和巨灾风险分散机制。

深化农村改革，增强农村发展活力。坚持和完善农村基本经营制度，健全覆盖耕地、林地、草原等家庭承包经营制度。有序推进农村土地管理制度改革。探索建立耕地保护补偿机制。继续推进农村综合改革。全面实施村级公益事业建设一事一议财政奖补，大幅增加奖补资金规模。加快发展农民专业合作组织和农业社会化服务体系，提高农业组织化程度。年底前，在全国普遍建立健全乡镇或区域性农业技术推广、动植物疫病防控、农产品质量监管等公共服务机构。

解决13亿中国人的吃饭问题始终是头等大事，任何时候都不能掉以轻心。我们有信心也有能力办好这件大事。

（四）加快推进经济结构战略性调整

这是转变经济发展方式的主攻方向。要推动经济尽快走上内生增长、创新驱动的轨道。

调整优化产业结构。加快构建现代产业体系，推动产业转型升级。一是改造提升制造业。加大企业技术改造力度，重点增强新产品开发能力和品牌创建能力，提高能源资源综合利用水平、技术工艺系统集成水平，提高产品质量、技术含量和附加值。推动重点行业企业跨地区兼并重组。完善落后产能退出机制和配套政策。二是加快培育发展战略性新兴产业。积极发展新一代信息技术产业，建设高性能宽带信息网，加快实现“三网融合”，促进物联网示范应用。大力推动节能环保、新能源、生物、高端装备制造、新材料、新能源汽车等产业发展。要抓紧制定标准，完善政策，加强创新能力建设，发挥科技型中小企业作用，促进战略性新兴产业健康发展，加快形成生产能力和核心竞争力。三是大力发展服务业。加快发展生产性服务业，积极发展生活性服务业。大力发展和提升软件产业。着力营造有利于服务业发展的市场环境，加快完善促进服务业发展的政策体系。尽快实现鼓励类服务业用电、用水、用气、用热与工业基本同价。四是加强现代能源产业和综合运输体系建设。积极推动能源生产和利用方式变革，提高能源利用效率。推进传统能源清洁利用，加强智能电网建设，大力发展清洁能源。统筹发展、加快构建便捷、安全、经济、高效的综合运输体系。坚持陆海统筹，推进海洋经济发展。

促进区域协调发展。全面落实各项区域发展规划。坚持把实施西部大开发战略放在区域发展总体战略的优先位置，认真落实西部大开发新十年的政策措施和促进西藏、新疆等地区跨越式发展的各项举措。全面振兴东北地区等老工业基地，继续推进资源型城市转型。大力促进中部地区崛起，进一步发挥承东启西的区位优势。积极支持东部地区率先发展，在体制机制创新和发展方式转变上走在全国前列。更好发挥深圳等经济特区、上海浦东新区、天津滨海新区在改革开放中先行先试的作用。加大力度支持革命老区、民族地区、边疆地区发展，颁布实施 2011-2020 年中国农村扶贫开发纲要，启动集中连片特殊困难地区扶贫开发攻坚工程，加快贫困地区脱贫致富步伐。

积极稳妥推进城镇化。坚持走中国特色城镇化道路，遵循城市发展规律，促进城镇化健康发展。坚持科学规划，严格管理。加强城市基础设施和公共服务设施建设，增强城镇综合承载能力，提高管理和服务水平。因地制宜，分步推进，把有稳定劳动关系并在城镇居住一定年限的农民工，逐步转为城镇居民。对暂不具备落户条件的农民工，要解决好他们在劳动报酬、子女就学、公共卫生、住房租赁、社会保障等方面的实际问题。要充分尊重农民在进城和留乡问题上的自主选择权，切实保护农民承包地、宅基地等合法权益。城镇化要同农业现代化和新农村建设相互促进，这是必须坚持的正确方向。

加强节能环保和生态建设，积极应对气候变化。突出抓好工业、建筑、交通运输、公共机构等领域节能。继续实施重点节能工程。大力开展工业节能，推广节能技术，运用节能设备，提高能源利用效率。加大既有建筑节能改造投入，积极推进新建建筑节能。大力发展循环经济。推进低碳城市试点。加强适应气候变化特别是应对极端气候事件能力建设。建立完善温室气体排放和节能减排统计监测制度。加快城镇污水管网、垃圾处理设施的规划和建设，推广污水处理回用。加强化学品环境管理。启动燃煤电厂脱硝工作，深化颗粒物污染防治。加强海洋污染治理。加快重点流域水污染治理、大气污染治理、重点地区重金属污染治理和农村环境综合整治，控制农村面源污染。继续实施重大生态修复工程，加强重点生态功能区保护和管理，实施天然林资源保护二期工程，落实草原生态保护补助奖励政策，巩固退耕还林还草、退牧还草等成果，大力开展植树造林，加强湿地保护与恢复，推进荒漠化、石漠化综合治理。完善防灾减灾应急预案，加快山洪地质灾害易发区调查评价、监测预警、防治应急等体制建设。

（五）大力实施科教兴国战略和人才强国战略

科技、教育和人才是国家发展的基础和根本，必须始终放在重要的战略位置。

坚持优先发展教育。推动教育事业科学发展，为人们提供更加多样、更加公平、更高质量的教育。2012 年财政性教育经费支出占国内生产总值比重达到 4%。加快发展学前教育。公办民办并举，增加学前教育资源，抓紧解决“入园难”问题。促进义务教育均衡发展。加强义务教育阶段学校标准化建设，公共资源配置重点向农村和城市薄弱学校倾斜。以流入地政府和公办学校为主，切实保障农民工随迁子女平等接受义务教育。支持民族地区教育发展，做好“双语”教学工作。全面推进素质教育。加快教育改革，切实减轻中小学生过重课业负担，注重引导和培养孩子们独立思考、实践创新能力。保证中小学生每天一小时校园体育活动。大力发展职业教育。引导高中阶段学校和高等学校办出特色，提高教育质量，增强学生就业创业能力。加强重点学科建设，加快建设一批世界一流大学。支持特殊教育发展。落实和完善国家助学制度，无论哪个教育阶段，都要确保每个孩子不因家庭经济困难而失学。

全面加强人才工作。以高层次和高技能人才为重点，加快培养造就一大批创新型科技人才和急需紧缺人才。加大人才开发投入，推进重大人才工程。深化选人用人制度改革，努力营造平等公开、竞争择优的制度和社会环境，激励优秀人才脱颖而出，创造人尽其才的良好局面。

大力推进科技创新。加快实施国家科技重大专项，突破一批核心关键技术，提升重大集成创新能力。加强基础研究、前沿技术研究，增强原始创新能力。推动建立企业主导技术研发创新的体制机制。鼓励企业共同出资开展关键共性技术研发，共担风险、共享成果，对符合国家战略方向的项目，政府要从政策和资金上给予支持。深化科技管理体制改革，促进科技资源优化配置、高效利用和开放共享。激励科研院所、高等学校和广大科技人员以多种形式与企业合作。保持财政科技投入稳定增长，提高科研经费使用效率。坚定不移地实施国家知识产权战略，提升知识产权的创造、应用、保护、管理能力，激发全社会创新活力。

（六）加强社会建设和保障改善民生

经济越发展，越要重视加强社会建设和保障改善民生。

千方百计扩大就业。继续实施更加积极的就业政策。今年中央财政拟投入423亿元，用于扶助和促进就业。要适应我国劳动力结构特点，大力发展劳动密集型产业、服务业、小型微型企业和创新型科技企业，努力满足不同层次的就业需求。继续把高校毕业生就业放在首位，做好重点人群就业工作。加强职业技能培训，鼓励自主创业。加强公共就业服务，健全统一规范灵活的人力资源市场。加快就业信息网络建设，实现全国互联互通。加强劳动保障监察执法，完善劳动争议处理机制，依法维护劳动者权益，构建和谐劳动关系。

合理调整收入分配关系。这既是一项长期任务，也是当前的紧迫工作。今年重点采取三方面措施：一是着力提高城乡低收入群众的基本收入。稳步提高职工最低工资、企业退休人员基本养老金和城乡居民最低生活保障标准。建立健全职工工资正常增长机制，严格执行最低工资制度。二是加大收入分配调节力度。提高个人所得税工薪所得费用扣除标准，合理调整税率结构，切实减轻中低收入者税收负担。有效调节过高收入，加强对收入过高行业工资总额和工资水平的双重调控，严格规范国有企业、金融机构高管人员薪酬管理。三是大力整顿和规范收入分配秩序。坚决取缔非法收入。加快建立收入分配监测系统。通过持续不断的努力，尽快扭转收入分配差距扩大趋势，努力使广大人民群众更多分享改革发展成果。

加快健全覆盖城乡居民的社会保障体系。将新型农村社会养老保险试点范围扩大到全国40%的县。推进城镇居民养老保险试点，解决集体企业退休人员养老保障的历史遗留问题，建立企业退休人员基本养老金正常调整机制。积极推进机关和事业单位养老保险制度改革。将国有企业、集体企业"老工伤"人员纳入工伤保险制度。完善城乡低保制度。继续多渠道增加社会保障基金。将孤儿养育、教育和残疾孤儿康复等纳入财政保障范围。继续推进残疾人社会保障体系和服务体系建设。加快推进社会保障管理信息化。发挥商业保险在完善社会保障体系中的作用。大力发展慈善事业。

坚定不移地搞好房地产市场调控。加快健全房地产市场调控的长效机制，重点解决城镇中低收入家庭住房困难，切实稳定房地产市场价格，满足居民合理住房需求。一是进一步扩大保障性住房建设规模。今年要再开工建设保障性住房、棚户区改造住房共1000万套，改造农村危房150万户。重点发展公共租赁住房。中央财政预算拟安排补助资金1030亿元，比上年增加265亿元。各级政府要多渠道筹集资金，大幅度增加投入。抓紧建立保障性住房使用、运营、退出等管理制度，提高透明度，加强社会监督，保证符合条件的家庭受益。二是进一步落实和完善房地产市场调控政策，坚决遏制部分城市房价过快上涨势头。制定并向社会公布年度住房建设计划，在新增建设用地计划中，单列保障性住房用地，做到应保尽保。重点增加中小套型普通商品住房建设。规范发展住房租赁市场。严格落实差别化住房信贷、税收政策，调整完善房地产相关税收政策，加强税收征管，有效遏制投机投资性购房。加强房地产市场监测和市场行为监管，严厉查处各类违法违规行为。三是建立健全考核问责机制。稳定房价和住房保障工作实行省级人民政府负总责，市县人民政府负直接责任。有关部门要加快完善巡查、考评、约谈和问责制度，对稳定房价、推进保障性住房建设工作不力，从而影响社会发展和稳定的地方，要追究责任。

推进医药卫生事业改革发展。今年是医改三年实施方案的攻坚年，要确保完成各项目标任务。一是在基层全面实施国家基本药物制度。建立完善基本药物保障供应体系，加强药品监管，确保用药安全，切实降低药价。二是抓好公立医院改革试点。鼓励各地在医院管理体制、医疗服务价格形成机制和监管机制等方面大胆探索。完善医疗纠纷调处机制，改善医患关系。三是提高基本医疗保障水平。稳定提高城镇职工、居民医保参保率和新农合参合率。今年要把新农合和城镇居民医保财政补助标准提高到200元。四是完成农村三级卫生服务网络和城市社区卫生服务机构建设任务。今年全国人均基本公共卫生服务经费标准提高到25元。加强重大传染病、慢性病、职业病、地方病和精神疾病的预防控制和规范管理。加强妇幼保健工作，继续推进妇女宫颈癌、乳腺癌免费检查和救治保障试点。认真做好艾滋病防治工作。大力发展中医药和民族医药事业，落实各项扶持政策。五是鼓励社会资本举办医疗机构。放宽社会资本和外资举办医疗机构的准入范围。完善和推进医生多点执业制度，鼓励医生在各类医疗机构之间合理流动和在基层开设诊所，为人民群众提供便捷的医疗卫生服务。

全面做好人口和计划生育工作。继续稳定低生育水平。做好流动人口计划生育服务管理工作。加强出生缺陷干预，进一步扩大免费孕前优生健康检查试点，做好孕产妇和婴幼儿保健工作。农村妇女住院分娩率达到95%以上。实施新一轮妇女儿童发展纲要，切实保护妇女和未成年人权益。加快建立健全老年人社会服务体系，加强公益性养老服务设施建设。

加强和创新社会管理。强化政府社会管理职能，广泛动员和组织群众依法参与社会管理，发挥社会组织的积极作用，完善社会管理格局。以城乡社区为载体，以居民需求为导向，整合人口、就业、社保、民政、卫生、文化等社会管理职能和服务资源，实现政府行政管理与基层群众自治有效衔接和良性互动。加快建立健全维护群众权益机制、行政决策风险评估和纠错机制，加强信访、人民调解、行政调解、司法调解工作，拓宽社情民意表达渠道，切实解决乱占耕地、违法拆迁等群众反映强烈的问题。加强和完善公共安全体系。健全突发事件应急体制，提高全社会危机管理和抗风险能力。加强信息安全和保密工作，完善信息网络管理。加强社会治安综合治理，严密防范、依法打击各类违法犯罪活动。落实企业安全生产和产品质量主体责任，坚决遏制重特大安全生产事故。完善食品安全监管体制机制，健全法制，严格标准，完善监测评估、检验检测体系，强化地方政府监管责任，加强监管执法，全面提高食品安全保障水平。

各级政府一定要把社会管理和公共服务摆到更加重要的位置，切实解决人民群众最关心最直接最现实的利益问题。

（七）大力加强文化建设

文化对民族和国家的影响更深刻、更久远。要更好地满足人民群众多层次多样化文化需求，发挥文化引导社会、教育人民、推动发展的功能，增强民族凝聚力和创造力。加强公民道德建设，在全社会树立中国特色社会主义的共同理想和信念，加快构建传承中华传统美德、符合社会主义精神文明要求、适应社会主义市场经济的道德和行为规范。加强诚信体系建设，建立相关制度和法律法规。增强公共文化产品供给和服务能力，重点加强中西部地区和城乡基层的文化基础设施建设，继续实施文化惠民工程。扶持公益性文化事业，加强文化遗产保护、利用和传承。进一步繁荣哲学社会科学。发展新闻出版、广播影视、文学艺术、档案事业。加强对互联网的利用和管理。深化文化体制改革，积极推进经营性文化单位转企改制。大力发展文化产业，培育新型文化业态，推动文化产业成为国民经济支柱性产业。大力开展全民健身活动，促进群众体育和竞技体育协调发展。加强对外文化体育交流与合作，不断扩大中华文化国际影响力，让博大精深的中华文化再展辉煌。

（八）深入推进重点领域改革

继续推进国有经济战略性调整，健全国有资本有进有退、合理流动机制。完善国有金融资产、非经营性资产和自然资源资产监管体制，加强境外国有资产监管。继续鼓励、支持和引导非公有制经济发展。健全财力与事权相匹配的财税体制，清理和归并专项转移支付项目，增加一般性转移支付，健全县级基本财力保障机制。在一些生产性服务业领域推行增值税改革试点，推进资源税改革。深化预算管理制度改革，全面编制政府性基金预算，扩大国有资本经营预算范围，试编社会保险基金预算。继续深化金融企业改革，加快建立现代金融企业制度。加快培育农村新型金融机构。继续大力发展金融市场，鼓励金融创新。推进利率市场化改革。扩大人民币在跨境贸易和投资中的使用。推进人民币资本项下可兑换工作。加强和改善金融监管，建立健全系统性金融风险防范预警体系和处置机制。完善成品油、天然气价格形成机制和各类电价定价机制。推进水价改革。研究制定排污权有偿使用和交易试点的指导意见。价格改革要充分考虑人民群众特别是低收入群众的承受能力。按照政事分开、事企分开、管办分开、营利性与非营利性分开的要求，积极稳妥地分类推进事业单位改革。

（九）进一步提高对外开放水平

中国的发展离不开世界。要积极发展互利互惠的多双边经贸关系，不断拓展新的开放领域和空间。继续推动多哈回合谈判，反对各种形式的保护主义，促进国际经济秩序朝着更加公正、合理、共赢的方向发展。

切实转变外贸发展方式。在大力优化结构和提高效益的基础上，保持对外贸易稳定增长。无论是一般贸易还是加工贸易出口，都要继续发挥劳动力资源优势，都要减少能源资源消耗，都要向产业链高端延伸，都要提高质量、档次和附加值。积极扩大自主品牌产品出口。大力发展服务贸易和服务外包，不断提高服务贸易的比重。坚持进口和出口并重，扩大先进技术设备、关键零部件和能源原材料进口，促进从最不发达国家和主要顺差来源国增加进口，逐步改善贸易不平衡状况，妥善处理贸易摩擦。

推动对外投资和利用外资协调发展。加快实施“走出去”战略，完善相关支持政策，简化审批手续，为符合条件的企业和个人到境外投资提供便利。鼓励企业积极有序开展跨国经营。加强对外投资的宏观指导，健全投资促进和保护机制，防范投资风险。坚持积极有效利用外资的方针，注重引进先进技术和人才、智力资源，鼓励跨国公司在华设立研发中心，切实提高利用外资的总体水平和综合效益。抓紧修订外商投资产业目录，鼓励外资投向高新技术、节能环保、现代服务业等领域和中西部地区。

（十）加强廉政建设和反腐败工作

建设廉洁的政府是一项持久而又紧迫的任务，是人民的殷切期望。要加快解决反腐倡廉建设中的突出问题，扎实推进惩治和预防腐败体系建设，把查办大案要案作为反腐败的重要举措，同时更加注重制度建设。一是认真治理政府工作人员以权谋私和渎职侵权问题。针对工程建设、土地使用权出让和矿产资源开发、国有产权交易、政府采购等重点领域存在的问题，加大查处违法违纪案件工作力度，坚决惩处腐败分子。二是切实加强廉洁自律，认真贯彻执行《廉政准则》，落实领导干部收入、房产、投资以及配偶子女从业、移居国（境）外等情况定期报告制度，自觉接受监督。加强审计和监察工作。加大对行政机关领导干部和国有企业、事业单位负责人的监督力度。三是坚决反对铺张浪费和形式主义。要精简会议、文件，清理和规范各种达标、评比、表彰以及论坛、庆典等活动，从经费上严加控制。规范公务用车配备管理并积极推进公务用车制度改革。加快实行财政预算公开，让人民知道政府花了多少钱，办了什么事。各级政府都要努力为人民办事；每一个公务员都要真正成为人民的公仆。

各位代表！

巩固和发展各民族大团结，是国家长治久安、繁荣昌盛的根本保证，是各族人民的根本利益所在。要坚持和完善民族区域自治制度，全面落实中央支持少数民族和民族地区发展的政策措施。制定实施扶持人口较少民族发展、推进兴边富民行动和发展少数民族事业五年规划。让我们团结奋进，共同谱写中华民族繁荣发展的历史新篇章！

全面贯彻党的宗教工作基本方针，深入落实

《宗教事务条例》，发挥宗教界人士和信教群众在促进经济发展、社会和谐中的积极作用。

继续加强侨务工作，保护侨胞的正当权益，保护归侨和侨眷的合法权益，充分发挥他们在促进祖国统一和民族振兴中的独特作用。

各位代表！

建立巩固的国防，建设强大的人民军队，是维护国家主权、安全、发展利益和全面建设小康社会的重要保障。要紧紧围绕党和国家工作大局，着眼有效履行新世纪新阶段我军历史使命，全面加强军队革命化现代化正规化建设，不断提高以打赢信息化条件下局部战争能力为核心的完成多样化军事任务的能力。坚持把思想政治建设摆在首位。积极开展信息化条件下的军事训练。加快全面建设现代后勤步伐。推动军民融合式发展，加强国防科研和武器装备建设。积极稳妥地推进国防和军队改革。坚持依法治军、从严治军。坚决完成抢险救灾等急难险重任务。建设现代化武装警察力量，增强执勤、处置突发事件和反恐维稳能力。加强国防动员和后备力量建设，巩固和发展军政军民团结。

各位代表！

我们将坚定不移地贯彻“一国两制”、“港人治港”、“澳人治澳”、高度自治的方针，全力支持香港、澳门两个特别行政区发展经济，改善民生。支持香港巩固和提升国际金融、贸易、航运中心地位。支持澳门建设世界旅游休闲中心，促进经济适度多元发展。充分发挥香港、澳门在国家整体发展战略中的独特作用。进一步提高内地与港澳合作的机制化水平，支持粤港澳深化区域合作，实现互利共赢。在中华民族伟大复兴的历史进程中，祖国内地人民将与港澳同胞携手奋进，共享伟大祖国的尊严与荣耀！

我们将坚持新形势下发展两岸关系、促进祖国和平统一的大政方针和各项政策。继续推进两岸协商，积极落实两岸经济合作框架协议，加强产业合作，加快新兴产业、金融等现代服务业合作发展，支持有条件的大陆企业赴台投资。支持海峡西岸经济区在推进两岸交流合作中发挥先行先试作用。深入开展两岸社会各界交流，积极拓展两岸文化教育合作。增进两岸政治互信，巩固两岸关系和平发展的政治基础，共同维护两岸关系和平发展的良好局面。我们坚信，只要海内外中华儿女继续共同努力奋斗，祖国和平统一大业一定能够实现！

各位代表！

我们将继续高举和平、发展、合作的旗帜，坚持独立自主的和平外交政策，坚持走和平发展道路，坚持奉行互利共赢的开放战略，坚持推动建设持久和平、共同繁荣的和谐世界，为我国现代化建设创造更加有利的外部环境和条件。

我们要保持与主要大国关系健康稳定发展，积极推进对话合作，扩大共同利益和合作基础。坚持“与邻为善，以邻为伴”的周边外交方针，深化同周边国家的睦邻友好合作关系，推进区域次区域合作进程。增进同广大发展中国家的传统友好合作关系，进一步落实和扩大合作成果，推进合作方式创新和机制建设。积极开展多边外交，以二十国集团峰会等为主要平台，加强宏观经济政策协调，推动国际经济金融体系改革，促进世界经济强劲、可持续、平衡增长，在推动解决热点问题和全球性问题上发挥建设性作用，履行应尽的国际责任和义务。中国政府和人民愿与国际社会一道，共同应对风险挑战，共同分享发展机遇，为人类和平与发展的崇高事业做出新贡献！

各位代表！

回顾过去，我们创造了不平凡的光辉业绩；展望未来，我们对国家的锦绣前程充满信心！让我们在以胡锦涛同志为总书记的党中央领导下，紧紧抓住历史机遇，勇敢面对各种挑战，开拓进取，团结奋斗，扎实工作，努力实现“十二五”时期良好开局，把中国特色社会主义伟大事业继续推向前进！

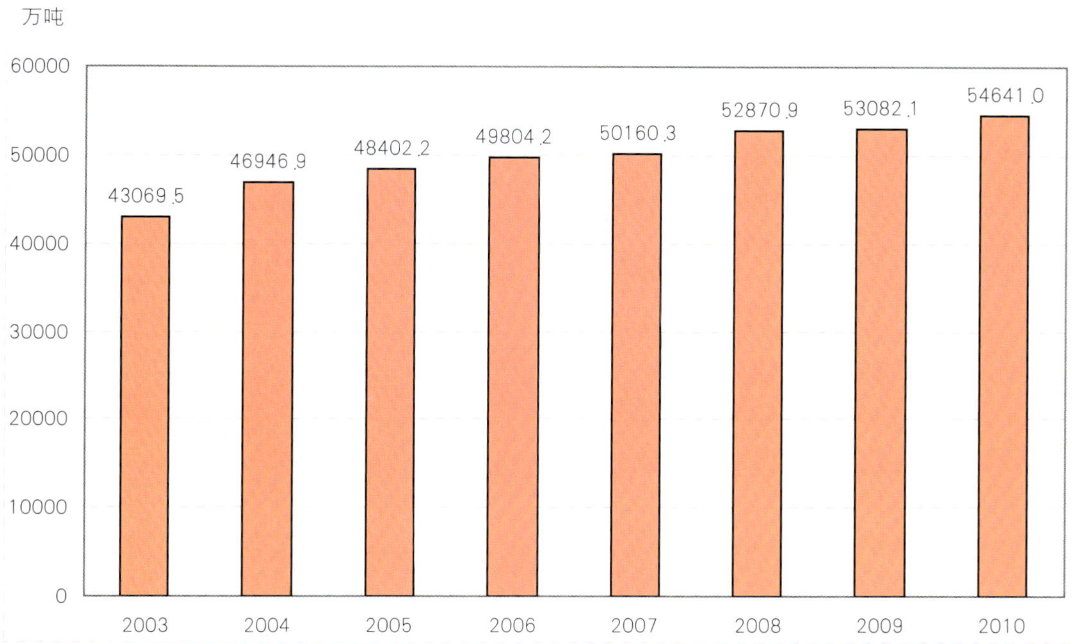

图表三：粮食产量七连增情况

供应较为充足。对种粮农民实行“四项补贴”的规模达到1226亿元。

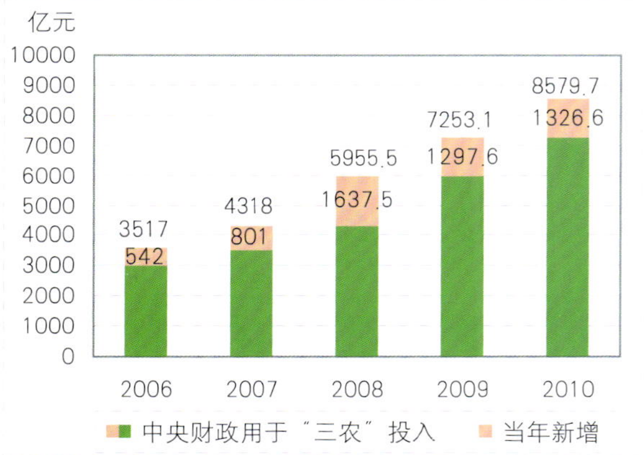

图表四：“十一五”时期中央财政用于“三农”的投入增长情况

农村生产生活条件继续改善。2010年，解决了6186万农村居民和农村学校师生的饮水安全问题，农村安全饮水普及率达到71.3%。新增农村电网线路30万公里。乡镇、建制村的油路通畅率分别达到96%和81%。支持建设大中型沼气工程1343处，全国新增沼气用户500万户。农村危房改造120万户，完成计划目标。新建万村千乡农家店10万家，农村连锁经营网络初步形成。

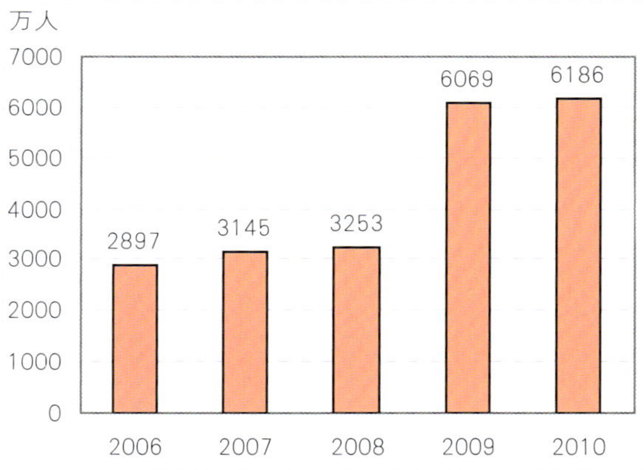

图表五：“十一五”时期引水安全工程受益人数增加情况

（三）经济结构调整积极推进

自主创新能力增强。16个国家科技重大专项与973、863、支撑计划顺利实施，上海光源、国家纳米科学中心等重大科学工程建成并通过验收，中科院知识创新三期工程基本完成，数字电视、下一代互联网等50个国家工程中心、32个国家工程实验室、在企业设立的56个国家重点实验室以及高世代液晶显示面板、大规模集成电路、支线飞机等重大项目建设顺利推进。大型飞机研制取得新进展。认定国家级企业技术中心93家，国家创新型试点企业达到550家，创新型试点城市45个。自主研发的高效能计算机“天河一号”运算速度跃居世界第一。

高技术产业发展加快。全年高技术制造业增加值增长16.6%，提高8.9个百分点。集成电路、电子元件、微型计算机设备、移动通信手持机等主要高技术产品产量分别增长57.4%、30.1%、35%和46.4%；软件销售收入1.3万亿元，增长30%。技术市场交易额突破3000亿元。加快培育和发展战略性新兴产业决定颁布实施，现代中药等7个高技术产业化专项积极推进，新建了18个国家高技术产业基地，设立了13只创业投资基金。

工业结构调整取得新进展。重点行业调整振兴规划进一步实施，安排200亿元重点产业振兴和技术改造专项资金，支持了5051个技术改造项目。首钢搬迁顺利完成，鞍钢与攀钢重组取得实质性进展。加快医药行业结构调整的指导意见颁布实施。淘汰落后产能任务全面完成。火电、炼钢、炼铁、水泥、平板玻璃、造纸等行业分别淘汰落后产能1210万千瓦、931万吨、4000万吨、11619万吨、1105万重箱和472万吨，超过计划目标210万千瓦、331万吨、1500万吨、6619万吨、505万重箱和419万吨。

服务业稳定发展。启动了服务业综合改革试点，运用服务业发展引导资金，支持重点领域和薄弱环节加快发展，颁布实施了促进节能服务产业发展的意见。2010年，服务业就业人数占就业总人数比重达到34.8%，服务业增加值占国内生产总值的比重为43%。

基础设施和基础产业保障能力提升。全国铁路营业里程9.1万公里，增加4986公里；公路通车总里程398万公里，增加12万公里；内河高等级航道里程1万公里，增加500公里，沿海港口深水泊位1774个，新增125个；民用运输

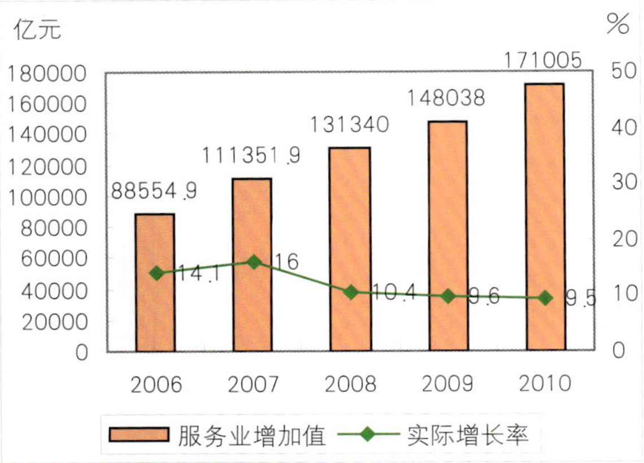

图表六：“十一五”时期服务业增加值增长情况

机场通航175个，新增9个。光缆线路长度995万公里，增加166万公里；互联网宽带接入端口1.88亿个，增加4924万个。能源重点项目、能源基地和储运设施建设得到加强。13个大型煤炭基地已有11个产能达到亿吨，一批清洁能源项目竣工投产，石油储备二期项目加快建设，西电东送工程北、中、南通道的总输送能力超过7800万千瓦。全年原煤产量32.4亿吨，增长8.9%；原油产量2.03亿吨，增长7.1%；天然气产量967.6亿立方米，增长13.5%；发电量42065亿千瓦小时，增长13.2%。

区域发展的协调性增强。区域发展总体战略向纵深推进，全国主体功能区规划发布实施。深入实施西部大开发战略的若干意见顺利出台，推进西藏、新疆跨越式发展和长治久安的意见，以及加快四川、云南、甘肃、青海四省藏区发展的意见颁布实施，重庆两江新区批准设立。新开工建设西部大开发重点工程23项，投资总规模6822亿元。对东北地区工业结构优化升级和现代服务业发展的支持力度加大，扶持东北建设现代农业的指导意见制定出台，资源型城市可持续发展的政策体系进一步完善。促进中部地区崛起规划全面落实，“三基地、一枢纽”建设步伐加快，促进中部地区城市群发展的指导意见以及皖江城市带承接产业转移示范区规划出台，武汉城市圈、长株潭城市群、中原城市群、鄱阳湖生态经济区、太原城市圈的辐射带动作用进一步增强。中西部地区承接产业转移工作取得新进展。东部地区产

业结构升级和自主创新积极推进，深圳等经济特区、上海浦东新区、天津滨海新区改革开放步伐加快，促进长江三角洲地区发展的规划颁布实施，全国海洋经济发展试点开始启动。对革命老区、民族地区、边疆地区和贫困地区的扶持力度进一步加大。2010 年，安排中央以工代赈投资 55 亿元和易地扶贫搬迁试点资金 20 亿元，易地扶贫搬迁人口 87 万人，超过计划目标 11 万人，又有 909 万农村贫困人口脱贫，基本完成计划目标。

（四）节能环保和应对气候变化成效明显

节能减排目标基本实现。2010 年，用于节能减排方面的中央预算内投资 333 亿元，中央财政专项资金 518 亿元，分别比上年增长 1.4 倍和 73%。积极推进十大重点节能工程，形成节能能力 3310 万吨标准煤。大力实施节能产品惠民工程，推广高效节能空调近 3000 万台、节能汽车 100 多万辆、高效照明产品 1.6 亿只。新能源汽车示范推广试点启动实施。国家“城市矿产”示范基地建设积极推进。支持城镇污水垃圾处理设施建设，全年新增城镇污水日处理能力 1900 万立方米、城市生活垃圾日处理能力 6.8 万吨；城市污水处理率、城市生活垃圾无害化处理率分别达到 76.9% 和 72.5%，比上年提高 1.6 个和 1.2 个百分点。2010 年，单位国内生产总值能耗下降 4.01%，二氧化硫、化学需氧量排放量分别下降 1.32% 和 3.08%；万元工业增加值用水量下降 9.6%，工业固体废物综合利用率提高 2 个百分点。过去五年，单位国内生产总值能耗累计下降 19.06%，二氧化硫和化学需氧量排放量分别下降 14.29% 和 12.45%，万元工业增加值用水量下降 36.7%，基本或超额完成“十一五”规划目标。

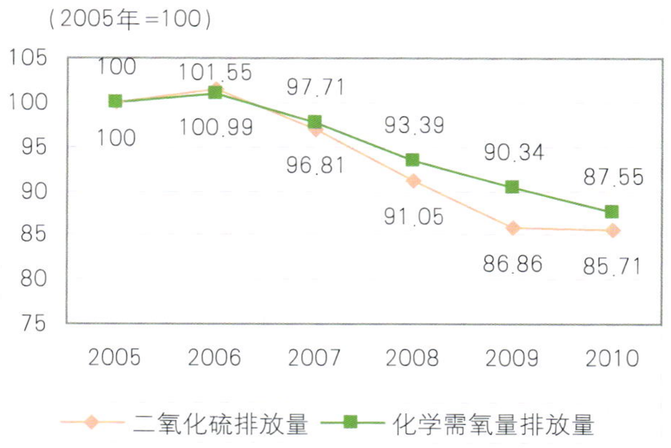

图表八：“十一五”时期二氧化硫、化学需氧量排放量减少情况

生态环境保护迈出新步伐。退耕还林、退牧还草成果进一步巩固，天然林资源保护一期工程全面完成，长江上游、黄河上中游全面停止了天然林的商品性采伐，生物多样性得到保护和恢复。2010 年，全国新增造林面积 592 万公顷，实施退牧还草 666.7 万公顷，综合治理水土流失面积 4.2 万平方公里。全国水资源综合规划颁布实施，“三河三湖”、黄河中上游、三峡库区及上游、

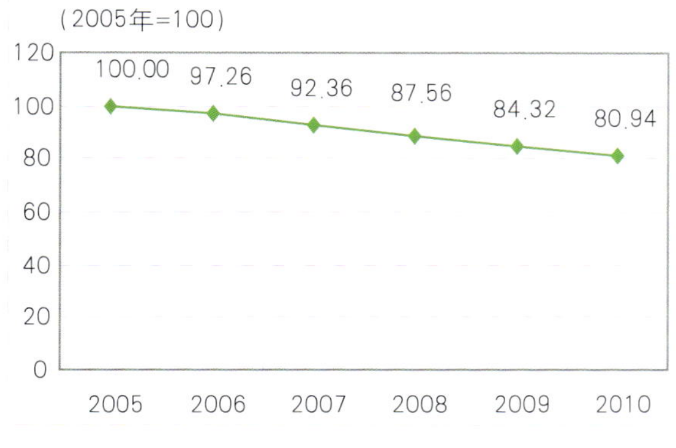

图表七：“十一五”时期单位国内生产总值能耗下降情况

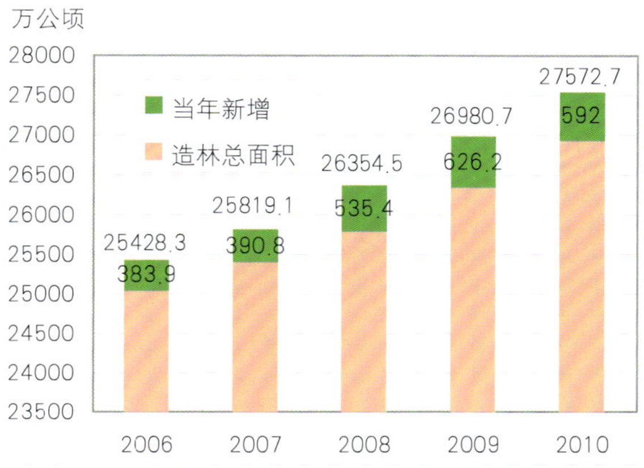

图表九：“十一五”时期造林总面积增加情况

渤海、松花江、丹江口库区及上游等重点流域污染治理积极推进，太湖流域水环境综合治理总体方案全面实施。

应对气候变化工作进一步加强。国家方案得到有效实施，低碳技术创新积极推进，低碳省区和低碳城市试点工作进展顺利。成功举办联合国气候变化谈判天津会议，积极开展和参与全方位的国际交流与合作。

（五）改革开放进一步深化

重点领域和关键环节改革取得新突破。农村改革方面，集体林权制度改革有序开展，80% 以上的集体林确权到户，国有林场林区改革试点、农垦管理体制改革稳步推进。企业改革方面，中央企业及其下属企业改制面超过 70%，规范董事会试点扩大到 32 家。电力、邮政、市政公用事业等改革取得新进展。多项促进非公有制经济和中小企业发展的配套政策颁布实施。财税体制改革方面，27 个省份 970 个县实行了省直管县财政管理方式改革，油气等资源税改革在西部地区试点，统一了内外资企业和个人城市维护建设税、教育费附加制度。金融体制改革方面，国家开发银行、政策性金融机构、资产管理公司改革稳步推进，中国农业银行成功上市，股指期货顺利推出，企业债券稳步发展，人民币汇率形成机制改革继续推进，跨境贸易人民币结算范围扩大。资源性产品价格改革方面，城市供水成本公开试点、农业水价综合改革试点进展顺利，对超能耗限额产品实行了惩罚性电价，制定统一的农林生物质发电上网电价。社会事业改革方面，医药卫生体制五项重点改革深入推进，国家基本药物制度在 60% 的政府办基层医疗卫生机构实行，公立医院改革在 16 个国家试点城市及 37 个省级试点地区积极探索并不断深化，出台了进一步鼓励和引导社会资本举办医疗机构意见。国家教育体制改革试点全面启动，义务教育学校绩效工资改革深入实施。文化体制改革有序推进，国有文艺院团转企改制省级试点和经营性出版单位转企改制基本完成。全国综合配套改革试点取得积极成效。

开放型经济发展水平进一步提高。坚持实施市场多元化战略和以质取胜战略，加强对“两高一资”产品出口调控，增加国内紧缺的原材料、高载能产品、先进技术及关键零部件进口，贸易不平衡状况得到改善。全年外贸进出口总额 29727.6 亿美元，增长 34.7%，其中，出口增长 31.3%，进口增长 38.7%；顺差比上年减少 6.4%。出台进一步做好利用外资工作的意见，引导外资投向高端制造业、高技术产业、现代服务业、新能源、节能环保产业和中西部地区。全年利用外商直接投资（不含银行、证券、保险领域）1057.4 亿美元，增长 17.4%。借用国外贷款 205 亿美元，增长 57%。积极实施“走出去”战略，一批重点境外投资项目取得新进展。全年非金融类对外直接投资 590 亿美元，增长 36.3%。对外承包工程完成营业额 922 亿美元，增长 18.7%。

（六）保障和改善民生工作全面加强

城乡居民收入继续增加。城镇居民人均可支配收入和农村居民人均纯收入分别达到 19109 元和 5919 元，增加 1934 元和 766 元，剔除价格因素，比上年实际增长 7.8% 和 10.9%，超过预期目标 1.8 个和 4.9 个百分点。这是 1998 年以来首次农村居民收入增速快于城镇居民。

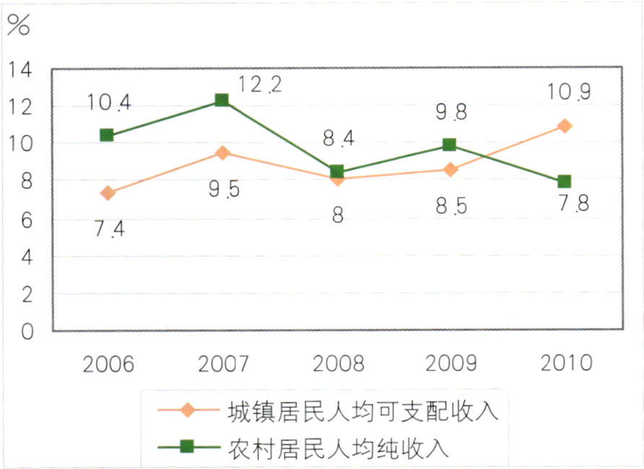

图表十：“十一五”时期城乡居民收入实际增长情况

就业稳定增长。积极就业政策实施力度加大，基层公共就业和社会保障服务设施建设得到加强，在中西部地区建设了162个县级服务中心和610个乡级服务中心。全年城镇新增就业1168万人，超过预期目标268万人；城镇登记失业率4.1%，实现预期目标。

社会保障水平进一步提高。到2010年底，城镇参加基本养老保险人数25673万人，超过计划目标1673万人；新型农村社会养老保险试点范围扩大到24%的县。城镇企业职工基本养老保险、流动就业人员基本医疗保障关系转移接续办法顺利实施。城镇参加基本医疗保险人数43206万人，比上年增加3059万人；新型农村合作医疗参合人数8.35亿人，参合率96.3%，比上年扩大2.1个百分点。提高了城乡最低生活保障、失业保险、企业退休人员基本养老金、优抚对象抚恤和生活补助、家庭经济困难学生资助等保障和救助标准。灾后恢复重建工作进展顺利，汶川地震灾后恢复重建实现三年任务两年基本完成目标，玉树、舟曲灾后恢复重建全面展开。

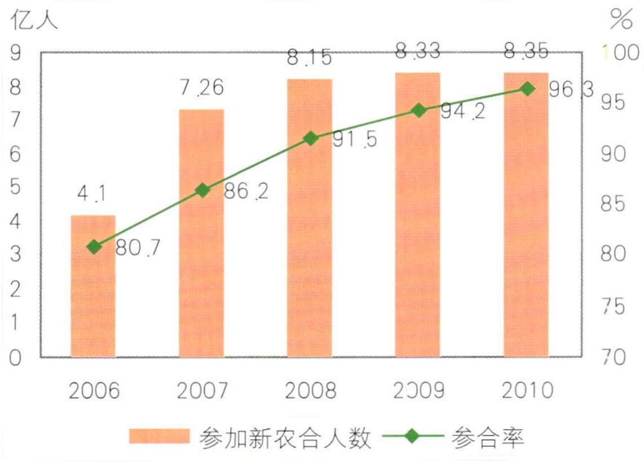

图表十一：“十一五”时期新型农村合作医疗参合率提高情况

保障性安居工程建设大规模推进。进一步提高了中西部地区新建廉租住房和农村危房改造中央补助标准，加快发展公共租赁住房，并将其纳入保障性安居工程建设规划。2010年，全国保障性住房和棚户区改造住房开工590万套，超过计划目标10万套，其中，保障性住房322万套，棚户区改造268万户；全年基本建成370万套。

社会建设得到加强。国家中长期教育改革和发展规划纲要、人才发展规划纲要颁布实施。改造农村中小学校舍1325万平方米，建设中等职业学校校舍212万平方米。全国“两基”人口覆盖率达到100%，初中阶段三年保留率94%；高中阶段毛入学率达到82.5%，提高3.3个百分点；高等教育毛入学率26.5%，普通本专科招生661.8万人，研究生招生53.8万人。医疗卫生服务体系建设进展顺利。支持建设和改造了891所县级医院、1620所中心乡镇卫生院、1228所社区卫生服务中心和116所精神卫生防治机构。人口自然增长率5‰左右，完成计划目标，年末总人口13.41亿人。广播电视村村通工程、乡镇综合文化站建设、西新工程和文化资源信息共享工程稳步推进。国家博物馆、国家话剧院等重大文化工程进展顺利，全国免费开放的公共博物馆、纪念馆和爱国主义教育基地达到1743家。重点旅游景区基础设施建设得到加强，海南国际旅游岛建设积极推进。哲学社会科学、新闻出版、文学艺术等事业繁荣发展。上海世博会圆满成功，有246个国家和国际组织参展，是世博会历史上参展单位最多的一届。广州亚运会、亚残运会成功举办。群众体育工作迈上新台阶，全国已建成农民体育健身工程超过23万个。社会福利事业发展加快，社会服务机构床位数达到312.3万张，增长4.3%。

在国际经济环境复杂多变、国内自然灾害多发重发的情况下，国民经济保持平稳较快发展，回升向好态势进一步巩固，取得的成绩来之不易。这是党中央国务院统揽全局、坚强领导的结果，是各地区各部门认真执行中央方针政策、密切配合、扎实工作的结果，是全国各族人民迎难而上、共同努力的结果。经过五年的努力，“十一五”规划《纲要》确定的22个经济社会发展主要指标中，8个约束性指标全部实现，14个预期性指标除服务业就业比重、服务业增加值占国内生产总值比重和研发支出占国内生产总值比例3个指标没有完成外，其余都已顺利实现。

在看到成绩的同时，我们也清醒地认识到，国内发展依然面临着一些突出矛盾和问题。一是粮食稳定增产和农民持续增收基础不牢固。耕地、淡水等资源约束加剧，水利基础设施依然薄弱，农业科技水平总体不高，比较效益长期偏低，农民外出务工仍面临制度性障碍。二是经济结构调整任务艰巨。提高自主创新能力面临激励机制不完善、核心技术和高端人才缺乏等制约，一些领域盲目投资、产能过剩问题进一步暴露，淘汰落后产能工作难度加大，服务业发展仍然滞后，城乡区域发展不平衡、不协调问题依然突出。三是物价上涨压力较大。输入性通胀压力上升，市场流动性宽松，游资投机炒作现象增多，资源、土地、劳动力等要素成本上升已成为推动价格上涨的长期性因素。去年物价上涨构成中，70%左右是由食品价格上涨引起的，加大了城乡居民特别是中低收入家庭生活压力。部分大中城市房价涨幅过高，普通居民通过市场解决住房问题的难度依然较大。四是资源环境约束强化。能源资源消耗总量偏大、增长偏快，主要污染物排放量大。节能减排长效机制尚未建立，“两高”行业增长依然偏快，节能减排和应对气候变化压力加大，可持续发展面临较大挑战。五是社会矛盾增多。收入分配、社会保障、上学、就医等方面与人民群众要求还有较大差距，食品药品安全、征地拆迁、安全生产等方面损害群众利益的行为时有发生。同时，世界经济复苏进程艰难曲折，部分国家债务沉重，失业率居高难下，全球流动性继续增加，国际市场大宗商品价格和主要货币汇率持续动荡，这些不稳定不确定因素也增加了做好国内工作的难度。对于上述问题，我们将高度重视，采取有效措施，认真加以解决。

二、2011年经济社会发展的总体要求和主要目标

今年的经济社会发展工作，要全面贯彻党的十七大和十七届三中、四中、五中全会精神，以邓小平理论和“三个代表”重要思想为指导，深入贯彻落实科学发展观，正确把握国内外形势新变化新特点，以科学发展为主题，以加快转变经济发展方式为主线，实施积极的财政政策和稳健的货币政策，增强宏观调控的针对性、灵活性、有效性，加快推进经济结构调整，大力加强自主创新，切实抓好节能减排，不断深化改革开放，着力保障和改善民生，巩固和扩大应对国际金融危机冲击成果，保持经济平稳较快发展，促进社会和谐稳定。

按照上述总体要求，考虑到需要和可能，并与“十二五”规划《纲要》相衔接，提出2011年经济社会发展主要目标：

——保持经济稳定增长。国内生产总值增长8%左右。主要考虑是：一方面，增加就业、改善民生，巩固和扩大应对国际金融危机冲击成果，需要保持合理的经济增长速度。另一方面，8%左右的增长目标比去年实际增长速度要低，主要是为了把各方面的注意力和工作重点引导到加快转变经济发展方式上来，使经济增长速度与结构质量效益相统一，经济发展与人口资源环境相协调，切实做到在发展中促转变、在转变中谋发展。而且在外部环境变数较多、资源环境约束增强、生产要素成本提高的情况下，实现高质量、高效益的8%，还需付出很大的努力。另外，8%左右的增长目标是就全国来讲的，是一个预期性、指导性目标，各地应结合自身实际，把需要和可能结合起来，科学确定增长目标，切不可盲目追求和攀比高速度，更不要层层加码。

——优化经济结构。研究与试验发展经费支出占国内生产总值的比例提高到1.85%；培育战略性新兴产业取得积极进展，服务业加快发展；技术改造、淘汰落后、兼并重组取得新成效；单位国内生产总值能耗比上年下降3.5%，二氧化碳排放强度下降3.5%左右，二氧化硫、化学需氧量、氨氮和氮氧化物四项主要污染物排放量均减少1.5%，生态建设和环境治理进一步加强；城镇化率提高到48.3%。提出这个组合目标的主要考虑是：加快转变经济发展方式是当前和今后一个时期的主线，必须贯穿于经济社会发展的全过程和各领域，要在“十二五”开局之年迈出坚实步伐，必须坚持把经济结构战略性调整作为主攻方向，进一步加大研发投入，着力推进自主创新，培育和发展战略性新兴产业，促进传统产业

转型升级，加大统筹城乡区域协调发展的力度，积极稳妥地推进城镇化，强化节能减排和生态环境保护，提高增长的科技含量和质量效益，提高发展的协调性和可持续性。

——保持物价总水平基本稳定。居民消费价格涨幅4%左右。当前，我国总供给与总需求基本平衡，绝大多数产品供应充足，特别是粮食连续7年丰收、库存充裕，有利于保持物价总水平基本稳定。但是，去年下半年消费价格的较快上涨，会对今年上半年形成较大的翘尾影响，同时引起价格上涨的因素仍然较多：全球流动性大量增加，国际市场大宗商品价格上涨将继续形成较大的输入性通胀压力；国内货币存量规模较大，能源、原材料、土地、劳动力等要素成本逐渐上升，资源性产品价格和环保收费改革也要积极稳妥地推进，这都在一定程度上加大了价格上涨的压力。把居民消费价格涨幅确定为4%左右，既考虑了上述涨价因素和群众的承受能力，同时也为价格改革预留了一定空间。

——保障和改善民生。城镇新增就业900万人以上，城镇登记失业率控制在4.6%以内；努力实现居民收入增长和经济发展同步、劳动报酬增长和劳动生产率提高同步，城镇居民人均可支配收入和农村居民人均纯收入均实际增长8%以上；社会保障制度继续完善，开工建设保障性住房和棚户区改造住房1000万套；人口自然增长率控制在6.5‰以内。保障和改善民生是推动科学发展、促进社会和谐的必然要求，是不断满足人民群众过上更好生活新期待的迫切需要，也是加快转变经济发展方式的根本出发点和落脚点。坚持发展经济与改善民生的内在统一、加快转变经济发展方式与保障和改善民生的有机结合，把解决好就业、收入分配、社会保障等涉及广大人民群众切身利益的突出问题放在更加重要的位置，完善制度安排，健全体制机制，加大投入力度，务求取得新的成效，使改革发展成果惠及全体人民。

——改善国际收支状况。促进货物出口转型升级，服务贸易发展加快，积极扩大进口，进出口贸易总额增长10%左右；利用外资保持增长，结构进一步优化；对外投资稳步扩大。尽管今年世界经济环境依然严峻复杂，各种形式的保护主义抬头，国际市场竞争更趋激烈，但只要有效发挥我国在国际经济分工中的比较优势，坚持出口和进口并重、吸收外资和对外投资并重，加快转变外贸方式和对外投资方式，就能够继续保持外需的稳定增长，并进一步改善国际收支状况。

三、2011年经济社会发展的主要任务和措施

今年是实施“十二五”规划的开局之年，做好经济社会发展各项工作，对于继续抓住和用好重要战略机遇期，以优异成绩迎接中国共产党成立90周年，具有十分重要的意义。要继续加强和改善宏观调控，更加积极稳妥地处理好保持经济平稳较快发展、调整经济结构、管理通胀预期的关系，把稳定物价总水平作为宏观调控的首要任务。继续实施积极的财政政策，并在政策力度上进行微调。适当减少财政赤字和国债规模，今年财政赤字拟安排9000亿元，比上年预算减少1500亿元，其中中央财政赤字7000亿元，代地方发债2000亿元并纳入地方预算，赤字率下降到2%左右。实施稳健的货币政策，今年广义货币供应量M2预期增长16%，保持合理的社会融资规模。要把握好政策实施的力度、节奏和重点，加强政策之间的协调配合，统筹考虑短期调控政策和长期发展政策，既要着力解决当前发展中的突出问题，防止经济出现较大波动，又要切实推进解决深层次矛盾和化解潜在风险，增强发展的协调性、可持续性和内生动力。2011年重点做好以下九方面工作：

（一）强化价格调控监管，保持物价总水平基本稳定。（1）保障市场供应。切实落实“米袋子”省长负责制和“菜篮子”市长负责制。完善重要商品储备制度和主要农产品临时收储制度，科学把握储备吞吐时机，搞好进出口调节。畅通农产品流通渠道，加强“农超对接”，规范和降低城市农贸市场摊位费和超市进场费，支持骨干批发市场升级改造和大型粮食物流节点、蔬菜批发市

场、社区菜店、冷链物流建设。（2）增强调控针对性。加强流动性管理。建立健全重要农副产品市场监测预警体系，完善重点商品市场和价格调控预案。把握好政府管理商品和服务价格的调整时机、节奏和力度。依法建立和完善价格调节基金。（3）强化价格监管。加强农产品期货市场监管，清理整顿农产品电子交易市场，遏制过度投机。严格粮食收购资格审核，规范农产品经营和深加工秩序。认真执行《价格违法行为行政处罚规定》和《反价格垄断规定》，严肃查处囤积居奇、哄抬价格、变相涨价、串通涨价等违法行为。（4）完善补贴制度。继续对优抚对象、城乡低保对象、农村五保供养对象发放价格临时补贴。按照隶属关系，增加对大中专院校家庭经济困难学生和学生食堂补贴。尽快建立和完善最低生活保障、失业保险标准与物价上涨挂钩的联动机制，保障低收入群体基本生活。（5）改善价格环境。落实治理和规范收费的各项规定，继续取消不合理收费项目，降低偏高的收费标准，严禁擅自收费、超标准收费和变相收费。（6）加强舆论引导。正确报道价格形势，阐释价格政策，严厉查处捏造事实、传播虚假信息等恶性炒作事件。

（二）坚持扩大内需特别是消费需求战略，保持经济平稳较快发展。（1）进一步增加居民消费需求。全年社会消费品零售总额预期增长16%。加大收入分配调节力度，增加政府用于改善和扩大消费的支出，增加对城镇低收入群众和农民的补贴。继续实施家电下乡和以旧换新政策，落实促进节能与新能源汽车消费的优惠政策，扩大节能产品推广范围。积极发展电子商务等新型消费业态，促进文化、旅游、健身等消费。推动农村商业连锁经营和统一配送，优化城镇商业网点布局。整顿和规范市场秩序，维护消费者合法权益。（2）在优化结构的前提下保持合理的投资规模。2011 年全社会固定资产投资预期增长18%。充分发挥政府投资对结构调整的引导作用。拟安排中央预算内投资 3826 亿元，比上年减少100 亿元，优先保证重点在建、续建项目的资金需求，有序启动“十二五”规划重大项目建设。中央预算内投资主要用于支持保障性安居工程，水利设施，农业和农村基础设施，教育卫生基础设施，自主创新、节能减排和生态环保，中西部地区特别是西藏及四省藏区、新疆等经济社会发展。认真落实国务院关于鼓励和引导民间投资发展的政策，继续抓紧制订配套措施，促进社会投资稳定增长和结构优化。坚持分类指导、有保有压，坚决控制“两高”和产能过剩领域的盲目重复建设，提高投资质量和效益。（3）搞好经济运行调节。加强煤炭产运需衔接，强化电力需求侧管理，搞好原油、成品油、天然气总量平衡和应急调度，保证重点物资运输。

（三）进一步做好“三农”工作，巩固农业农村发展和农民增收的基础。（1）促进粮食稳定增产，力争夺取第 8 个丰收年。全面强化促进粮食和农业生产发展的各项措施，实施全国粮食稳定增产行动，完善产粮大县奖励政策，深入开展高产创建活动，增加“一事一议”奖励补贴资金，充分调动各级政府重农抓粮和农民务农种粮的积极性，夺取全年农业丰收。2011 年，力争粮食产量保持在 5 亿吨以上；棉花、油料、糖料、肉类、水产品产量分别达到 680 万吨、3250 万吨、12500 万吨、8000 万吨、5430 万吨，比上年增长 13.9%、0.3%、3.8%、0.9% 和 1.2%。（2）加强以水利为重点的农业和农村基础设施建设。认真贯彻落实党的十七届五中全会和中央 1 号文件精神，制订水利改革发展的重大政策。加快中小河流治理、病险水库除险加固，加强山洪地质灾害防治、蓄滞洪区建设和西南等地区重点水源工程建设。加快实施灌区续建配套和节水改造，全面加强农田水利骨干和田间工程建设。推进高标准农田和水资源配置工程建设。继续做好农村土地整治工作。改善农村生产生活条件。2011 年，拟再解决 6000 万农村人口的饮水安全问题，农村安全饮水普及率达到 77%；积极发展农村沼气，力争年末农村沼气户数达到 4325 万户，比上年增加 325 万户；实施新一轮农村电网改造，加快无电地区电力建设；继续支持农村公路建设；加大农村危房改造力度，今年拟安排 150 万户以上；实施好游牧民定居工程。（3）提高农业综合生产能力。严格保护耕地，稳定播种面积，努力增加单产。加快实施全国新增千亿斤粮食生产能力规划，支持东北地区提高粳稻和玉米生产能力。加强糖料生产基地、旱作农业示范基地、新疆优质棉和黄淮海、长江流域棉花生产基地建设。着力建设长江流域油菜籽、黄淮海榨油花生和东北及内蒙古大豆生产基地。支持大城市建设蔬菜保障基地。支持生猪、奶牛标准化规模养殖小区和畜禽、水产良种繁育体系建设。积极发展设施农业。增加农业科研推广投入。推进农作物病虫害专业化统防统治，综合防控重大动物疫病。强化农产品质量安全监管。加强渔政渔港建设。（4）努力促进农民持续增收。提高主要粮食品种最低收购价，从新粮上市起，小麦每 50 公斤提高 5 到 7 元，水稻每 50 公斤提高 9 到 23 元。继续扩大农业补贴规模，提高补贴标准。落实化肥、柴油等农资价格上涨与农资综合补贴挂钩的动态调整机制。大力扶持农民专业合作社、农村社会化服务组织和农业产业化龙头企业，积极发展优势特色农业、农产品加工业。壮大县域经济。加强农民工职业技能培训、就业指导服务和权益保护。

（四）加快产业结构调整，着力提高核心竞争力。（1）大力推进自主创新和战略性新兴产业发展。研究制订自主创新能力建设规划和国家重大科技基础设施中长期规划。深入推进知识创新工程、技术创新工程和重大科技基础设施建设，加快实施重大科技专项，推进国家创新型城市试点示范。抓紧制订实施战略性新兴产业发展规划和配套政策，设立产业发展专项资金，扩大新兴产业创投计划实施规模，研究制订产业发展指导目录和重要新兴产业行业标准。组织实施宽带中国、云计算、物联网、集成电路、平板显示、空间基础设施、支线飞机和通用飞机产业化等产业创新发展工程，以及全民健康、信息惠民等重大应用示范工程。推进国家信息化试点示范。（2）积极改造和提升传统产业。继续实施重点产业调整和振兴规划。颁布实施新的产业结构调整指导目录。大力支持企业技术改造。积极推进钢铁、石化、有色金属、造船等重点产业生产力布局调整。加快装备制造、汽车零部件、轻工、纺织等行业现代产业集群建设。促进食品工业结构调整和产业升级，加强食品安全监测能力建设，提升食品安全保障能力。引导企业兼并重组，提升产业集中度。建立健全促进落后产能退出的政策体系，继续依法淘汰火电、炼钢、炼铁、水泥、造纸、平板玻璃等行业的落后产能，启动热电联产替代燃煤小锅炉试点。加快中小企业公共服务基础设施建设，拓宽融资渠道，营造有利于中小企业发展的良好环境。（3）促进服务业加快发展。继续推进服务业综合改革试点，建立生产性服务业集聚发展示范区，创新生活性服务业发展方式。重点发展面向农村的服务业，加快发展与现代制造业密切相关的高技术服务业，积极发展新兴服务业。拓宽服务业企业融资渠道，尽快实现鼓励类服务业用电、用水、用气、用热与工业基本同价。积极推进海南国际旅游岛建设。2011 年，城镇社区服务设施预期达到 18.5 万个，增长 2.2%。加快信息通信基础设施建设，全国光缆线路达到 1095 万公里，增加 100 万公里；互联网宽带接入端口 2.23 亿个，增加 3500 万个。（4）加强现代能源产业和综合运输体系建设。积极推动能源生产和利用方式变革，构筑安全稳定经济清洁的现代能源产业体系。加快煤矿企业兼并重组，有序推进大型煤炭基地和大中型现代化煤矿建设。加强大型油气基地建设，优化炼化工业布局。大力发展可再生能源，促进新能源开发利用。2011 年，原煤产量预期增长 4.9%，原油基本维持现有水平，天然气增长 10.1%；发电量增长 8%，其中，水电、核电分别增长 6.1% 和 13.3%，并网风力发电装机规模增长 45%。加快建设重要通道和综合交通枢纽，重点支持客运专线铁路、西部干线铁路、国家高速公路、国省干线公路、长江干线航道、内河高等级航道和中西部港口、中西部支线机场、西部干线机场建设，加强道路养护。2011 年，全国铁路营业里程、公路通车总里程预期分别达到 9.9 万公里和 410 万公里，增长 8.8% 和 3%，其中快速铁路、高速公路的通车里程为 1.3 万公里和 8.3 万公里，分别增加 4700 公里和 9000 公里；内河高等级航道里程 10400 公里，增加 400 公里；通航机场达到 181 个，增加 6 个。

（五）优化区域发展格局，提高发展的协调性和城镇化水平。（1）继续实施区域发展总体战略。坚持把深入实施西部大开发战略放在区域发展总体战略优先位置，落实新十年西部大开发的重点任务和政策，制订西部大开发“十二五”规划，颁布西部地区鼓励类产业目录，加大对基础设施和生态环境建设的支持力度，促进特色优势产业发展，加快国家重点开发开放试验区建设，落实好促进西藏和四省藏区以及新疆跨越式发展的各项政策，启动实施西部地区生态文明示范工程。完善东北现代产业体系，编制东北地区“十二五”振兴规划，组织实施中俄地区合作规划纲要和大小兴安岭林区生态保护与经济转型规划，开展资源型城市可持续发展试点。深入实施促进中部地区崛起规划，研究制订新时期促进中部地区崛起的政策措施，发挥承东启西的区位优势，进一步增强中部地区城市群和长江中游经济带辐射带动作用。积极支持东部地区体制机制创新和发展方式转变，继续率先发展。进一步加大对革命老区、民族地区、边疆地区和贫困地区的扶持力度，深入开展兴边富民行动，启动集中连片特殊困难地区扶贫开发攻坚工程，做好以工代赈和易地扶贫工作。（2）推动主体功能区建设。全面落实全国主体功能区规划，细化分类指导的区域政策，加强国家专项规划、区域规划与全国主体功能区规划的衔接，建立健全绩效考核评价体系。加快省级主体功能区规划编制。（3）积极稳妥推进城镇化。编制实施促进城镇化健康发展规划，合理确定大中小城市和小城镇的功能定位、产业布局、开发边界。同时要在就业、教育、社会保障、医疗、保障性住房等方面充分考虑农民工进城需要，有序推进符合条件的农业转移人口落户城镇。

（六）坚持不懈地推进节能减排，加强生态文明建设。(1)严格落实目标责任。做好“十二五”节能减排地区目标分解，完善节能减排统计和考核办法。组织对省级政府“十一五”节能减排目标完成情况的评价考核，落实奖惩措施。（2）加快重点工程建设。实施重点节能改造工程、节能产品惠民工程。加强节能减排共性和关键技术研发，实施好重大节能环保技术产业化示范和推广应用。推进城镇污水、垃圾处理设施建设，启动燃煤电厂脱硝，提高污染治理设施投运率。2011 年，城市污水处理率、城市生活垃圾无害化处理率达到 80% 和 74%，分别比上年提高 3.1 个和 1.5 个百分点。（3）强化节能减排管理。制订并实施高耗能行业能耗限额标准和终端用能产品能效标准。严格执行投资项目节能评估审查制度。开展能耗总量控制和节能量交易试点。突出抓好重点耗能企业节能管理，组织开展万家企业节能低碳行动和绿色建筑行动。严格执行新建建筑节能标准，加快北方采暖地区既有建筑节能改造和供热计量改革，扩大可再生能源建筑应用规模。加大合同能源管理、节能发电调度、电力需求侧管理、能效标识、节能产品认证和政府采购等节能机制的实施力度。加强节能管理能力建设和执法监督检查。（4）大力发展循环经济。完善和落实鼓励支持循环经济发展的政策措施，深化循环经济试点示范。加快大宗固体废物综合利用，推进海水淡化。抓好“城市矿产”示范基地建设，推动再制造产业化及餐厨废弃物资源化利用。全面推行清洁生产。2011 年，万元工业增加值用水量下降 7%，工业固体废物综合利用率提高 1 个百分点。（5）加强生态环境保护。加大重点流域特别是大江、大河、大湖水污染防治，以及重点地区重金属污染治理和农村环境综合整治力度，开展农村垃圾收集处理系统建设，控制农村面源污染。加强海洋污染治理。实施天然林资源保护二期工程，加快构建青藏高原生态安全屏障，继续推进京津风沙源、岩溶地区石漠化综合治理、重点防护林体系建设工程，启动黄土高原地区、祁连山冰川与水源涵养区生态环境保护和综合治理。实施好退牧还草工程，支持重要水源补给区生态保护建设。建立健全生态补偿机制，推进重点生态功能区补偿试点，出台三江源国家生态保护综合试验区总体方案。加强水土流失综合治理。加大重点区域地质灾害治理力度。（6）积极应对气候变化。落实控制温室气体排放行动目标。2011 年，新增造林面积 600 万公顷，增加森林蓄积量，增强固碳能力。建立温室气体排放统计和核算体系。扩大低碳试点。加强应对气候变化国际合作。

（七）着力保障和改善民生，建立健全基本公共服务体系和社会管理机制。（1）坚持实施更加积极的就业政策。把促进就业放在经济社会发展优先位置，大力发展劳动密集型产业、小型微型企业、现代服务业和家庭服务业，鼓励自主创业和自谋职业。着力做好高校毕业生、农村转移劳动力、城镇就业困难人员、退役军人就业工作。继续加强基层就业和社会保障服务设施建设，健全统一规范灵活的人力资源市场，强化职业培训。完善劳动争议处理机制。（2）合理调整收入分配关系。研究制订收入分配改革方案，调整国民收入分配格局，缩小收入分配差距。建立健全企业职工工资正常增长机制，稳步推进工资集体协商，逐步提高最低工资标准，坚决防止拖欠职工工资特别是农民工工资。分步实施个人所得税制度改革，适当提高工薪所得税费用扣除标准，降低中低收入者税负，完善对高收入行业工资总额和工资水平双重调控政策。整顿和规范收入分配秩序。（3）切实做好社会保障工作。落实养老、医疗保险关系转移接续办法，提高社会保险统筹层次。健全企业退休人员基本养老金、城乡居民低保标准正常调整机制。积极推进机关和事业单位养老保险制度改革，扩大新型农村社会养老保险试点范围。2011 年，城镇参加养老、医疗、失业和工伤保险人数分别增加 827 万人、794 万人、124 万人和 827 万人。加快发展社会救助、社会福利事业，加强儿童福利院、残疾人康复及养老服务设施建设。2011 年，每千名老人拥有养老床位数 20 张，增长 9.9%；残疾人服务设施数达到 3230 个，增长 8.6%。（4）加快推进住房保障体系建设。加大保障性安居工程建设力度，大规模开展公共租赁住房等保障性住房建设，加快城市、工矿、林区、垦区等棚户区改造，建立稳定的政府投入机制和社会资金偿还保障机制，优先安排供地和建设计划，鼓励社会资金参与公共租赁住房建设和运营。继续增加商品住房有效供给，提高中小套型、中低价位住房比重，规范发展住房租赁市场。进一步落实和完善房地产调控政策，抑制投机投资性需求，遏制房价过快上涨。抓紧完善符合国情的住房体制和政策体系，形成有效调节住房供应和需求的长效机制。（5）加强教育重点领域建设。全面落实国家中长期教育改革和发展规划纲要。加快农村中小学薄弱学校改造，继续推进中西部农村初中校舍改造工程、全国中小学校舍安全工程和职业教育基础能力建设。大力发展农村学前教育，重视特殊教育，完善高中和职业教育，支持民族院校建设和民族地区“双语”教育。推进边远艰苦地区农村学校教师周转宿舍建设。提升高等教育质量，加快一流大学和一流学科建设。解决好经济困难家庭子女上学问题。2011 年，高中阶段教育毛入学率预期达到 84%，普通高校计划招收本专科生 675 万人，研究生 56 万人。（6）推进医疗卫生事业发展。加强以基层为重点的医疗卫生服务体系建设，实施全科医生培养基地项目，开展卫生监督体系、农村急救体系、精神卫生防治体系建设。加强妇幼保健工作，继续推进妇女宫颈癌、乳腺癌免费检查和救治保障试点。加大对农村特别是中西部边远地区医疗基础设施投入。2011 年，人均基本公共卫生服务经费标准由 15 元提高到 25 元，新型农村合作医疗、城镇居民基本医疗保险财政补助标准年人均由 120 元提高到 200 元。每千人口病床数力争达到 3.42 张，提高 5.6%。完善人口和计划生育服务体系。（7）大力发展文化事业和文化产业。加快构建覆盖城乡的公共文化服务体系。积极推进文化惠民工程，加快重点文化设施建设。繁荣发展哲学社会科学，推进广播影视、新闻出版等领域重大文化建设项目和产品创新。规范发展文化产业基地，强化文化遗产和自然遗产保护，进一步推进美术馆、图书馆、文化馆（站）、博物馆、纪念馆、科技馆免费开放。加强旅游基础设施建设，启动实施红色旅游二期规划。全面发展公共体育事业。2011 年，广播、电视人口覆盖率预期分别达到 96.71%、97.43%；国内旅游者人数 23.1 亿人次，增长 7.4%。（8）创新社会管理。整合社区管理资源，进一步畅通群众利益诉求表达渠道，积极预防和妥善处理各类群体性事件，加强社会治安综合管理。强化食品药品安全监督管理。坚决遏制重特大安全事故发生。（9）继续搞好灾后恢复重建。全面完成汶川灾后恢复重建任务，扎实推进玉树、舟曲灾后恢复重建工作。

（八）加大改革攻坚力度，增强经济社会发展的动力和活力。（1）坚持和完善公有制为主体、多种所有制经济共同发展的基本经济制度。继续推进国有经济战略性调整，健全国有资本有进有退、合理流动机制，培育具有国际竞争力的大公司、大企业集团。深化电力、石油、盐业等行业改革。鼓励、支持和引导非公有制经济发展，营造各种所有制经济依法平等使用生产要素、公平参与市场竞争、同等受到法律保护的体制环境。（2）积极稳妥地推进资源性产品价格和环保收费改革。适时推进成品油价格市场化改革。改革和完善天然气价格形成机制，理顺天然气与可替代能源比价关系。择机实施居民阶梯电价，完善水电、核电、可再生能源价格形成机制。推进水价改革。进一步推动排污权有偿使用和交易试点。（3）加快医药卫生体制改革。深入推进五项重点改革，基本完成三年重点工作任务。2011 年城镇职工和城镇居民医保参保率、新农合参合率保持在 90% 以上。在政府办基层医疗卫生机构全面实施基本药物制度，建立规范基本药物采购机制，推进基层医疗卫生机构综合改革，建立长效稳定的补偿机制。抓好公立医院改革试点。落实鼓励和引导社会资本举办医疗机构的政策。（4）深化财税、金融、投资体制改革。完善财政转移支付制度，增加一般性转移支付规模和比例，健全县级基本财力保障机制。深化预算管理制度改革，积极推进预算公开。扩大资源税改革实施范围。开展生产性服务业改征增值税改革试点。健全多层次资本市场体系，加快发展债券、期货市场，提高直接融资比重。积极培育农村新型金融机构。进一步完善人民币汇率形成机制。抓紧制订政府投资条例、企业投资项目核准和备案管理条例。（5）继续推进农村综合改革。研究制订农村征地条例。深化集体林权制度改革，继续开展国有林场林区改革试点。积极推进综合配套改革试点。

（九）坚持实施互利共赢开放战略，拓展国际经济合作空间。（1）优化对外贸易结构。坚持实施市场多元化战略，巩固传统市场，大力开拓新兴市场，稳定和拓展外需。加快加工贸易转型升级，支持成套设备、文化、软件等潜力较大的商品和服务出口，大力发展服务外包，继续控制“两高一资”产品出口。完善进口促进政策，扩大先进技术设备、关键零部件、能源原材料和节能环保产品进口。加强和改善多双边经贸关系，妥善应对贸易摩擦。（2）提高利用外资质量和水平。修订出台外商投资产业指导目录和中西部地区外商投资优势产业目录，鼓励外资投向高端制造业、高技术产业、现代服务业、节能环保等领域和中西部地区，支持外资以多种方式参与国内企业改组改造和兼并重组。积极稳妥扩大服务领域对外开放。进一步完善全口径外债管理。（3）深入实施“走出去”战略。完善支持企业“走出去”的财税、金融、保险政策。扩大人民币在跨境贸易和投资中的使用。健全境外风险防控机制。继续推动境外能源、矿产资源和农业合作。做好对外经济援助工作。

加强内地和香港、澳门交流合作，继续实施更紧密经贸关系安排。支持香港巩固和提升国际金融、贸易、航运中心地位，增强金融在全球的影响力。支持澳门建设世界旅游休闲中心，促进经济适度多元发展。深化粤港澳合作，促进区域经济发展。深化两岸经济合作，落实两岸经济合作框架协议，促进双向投资，加强新兴产业、金融等现代服务业和文化、教育等领域的交流合作。充分发挥海峡西岸经济区在推动两岸交流合作中的先行先试作用。

各位代表，做好 2011 年经济社会发展各项工作，任务艰巨，责任重大。我们要更加紧密地团结在以胡锦涛同志为总书记的党中央周围，坚持以邓小平理论和“三个代表”重要思想为指导，深入贯彻落实科学发展观，自觉接受全国人大的监督，虚心听取全国政协的意见和建议，奋发有为，锐意进取，扎实工作，为顺利完成经济社会发展目标，实现“十二五”良好开局而努力奋斗！

关于2010年中央和地方预算执行情况与2011年中央和地方预算草案的报告

——2011年3月5日在第十一届全国人民代表大会第四次会议上

财 政 部

各位代表：

受国务院委托，现将2010年中央和地方预算执行情况与2011年中央和地方预算草案提请十一届全国人大四次会议审议，并请全国政协各位委员提出意见。

一、2010年中央和地方预算执行情况

2010年，在中国共产党的坚强领导下，全国各族人民团结奋进，顽强拼搏，各地区、各部门坚持以邓小平理论和“三个代表”重要思想为指导，深入贯彻落实科学发展观，全面贯彻中央的决策部署，认真落实第十一届全国人民代表大会第三次会议的有关决议，国民经济平稳较快发展，社会保持和谐稳定，改革开放和社会主义现代化建设取得新的重大成就。在此基础上，财政发展改革稳步推进，由公共财政预算、政府性基金预算、国有资本经营预算组成的政府预算体系框架基本形成，社会保险基金预算开始试编，预算完成情况较好。

（一）公共财政预算执行情况

全国财政收入83080.32亿元，比2009年（下同）增长21.3%。加上预算安排从中央预算稳定调节基金调入100亿元，使用的收入总量为83180.32亿元。全国财政支出89575.38亿元，增长17.4%。加上补充中央预算稳定调节基金2248亿元和地方财政结转下年支出1356.94亿元，支出总量为93180.32亿元。全国财政收支总量相抵，差额10000亿元。

其中：中央财政收入42470.52亿元，完成预算的111.6%，增长18.3%。加上从中央预算稳定调节基金调入100亿元，使用的收入总量为42570.52亿元。中央财政支出48322.52亿元，完成预算的103.6%，增长10.3%。其中：中央本

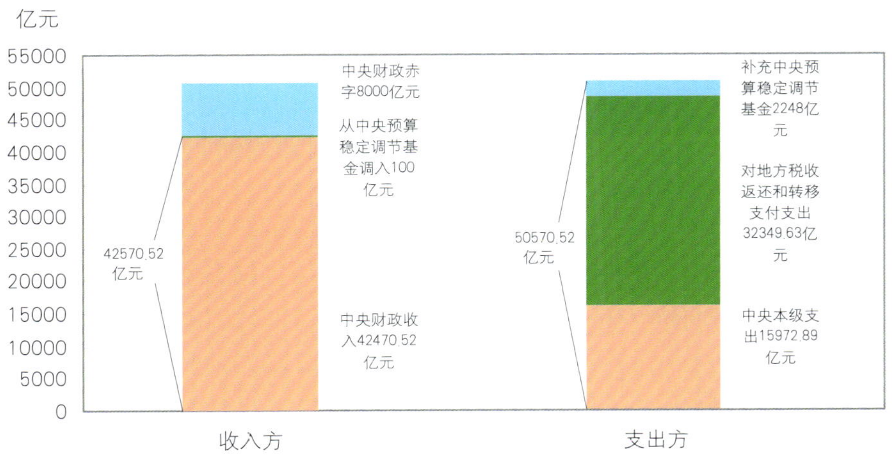

图1　2010年中央财政平衡关系

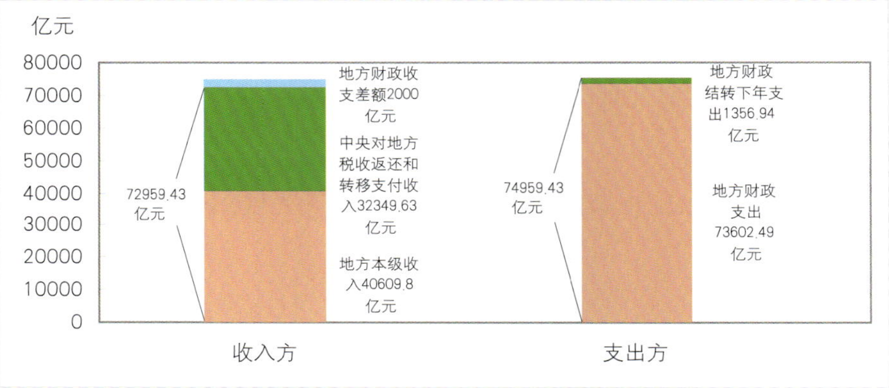

图 2　2010 年地方财政平衡关系

级支出 15972.89 亿元，增长 4.7%；中央对地方税收返还和转移支付支出 32349.63 亿元，增长 13.3%。加上补充中央预算稳定调节基金 2248 亿元，支出总量为 50570.52 亿元。收支总量相抵，赤字 8000 亿元，比预算减少 500 亿元。2010 年末中央财政国债余额 67526.91 亿元，控制在年度预算限额 71208.35 亿元以内。

地方本级收入 40609.8 亿元，加上中央对地方税收返还和转移支付收入 32349.63 亿元，地方财政收入总量 72959.43 亿元，增长 19.3%。地方财政支出 73602.49 亿元，增长 20.6%，加上结转下年支出 1356.94 亿元，支出总量为 74959.43 亿元。收支总量相抵，差额 2000 亿元，经国务院同意由财政部代理发行地方政府债券弥补。

2010 年中央财政预算主要执行情况如下:

1. 中央财政收入预算执行及超收使用情况

2010 年中央财政收入总体增长较快，是经济发展、物价上涨以及 2009 年财政收入基数相对较低等因素的综合反映。中央财政收入超过预算 4410 亿元，主要是年初收入预算安排是根据相关经济预期指标测算的，执行中一些指标超过预期较多，导致收入超过预算。2010 年外贸进出口总额增长 34.7%（其中进口增长 38.7%），超过年初 8% 的增幅预期，进口环节税收比预算超收 2865 亿元；2010 年汽车销售量增长 32.4%，消费税和车辆购置税比预算超收 1285 亿元。这两项超收合计占中央财政超收额的 94.1%。其他各项收入与预算基本持平。

中央财政主要收入项目。国内增值税 15895.59 亿元，完成预算的 103.6%，增长 14.2%。国内消费税 6071.54 亿元，完成预算的 115.8%，增长 27.5%。进口货物增值税、消费税 10487.46 亿元，完成预算的 130%，增长 35.7%；关税 2027.45 亿元，完成预算的 128.3%，增长 36.6%。出口货物退增值税、消费税 7327.31 亿元（账务上作冲减收入处理），完成预算的 103.6%，增长 13%。企业所得税 7794.25 亿元，完成预算的 96.7%，增长 2.3%。个人所得税 2902.85 亿元，完成预算的 114.2%，增长 22.6%。证券交易印花税 527.82 亿元，完成预算的 102.3%，增长 6.6%。车辆购置税 1792.03 亿元，完成预算的 133.9%，增长 54%。非税收入 1968.01 亿元，完成预算的 94.8%，下降 22.9%。

中央财政超收收入使用。根据有关法律法规和第十一届全国人民代表大会第三次会议有关决议要求，在中央财政超收的 4410 亿元中，用于增加对地方税收返还和一般性转移支付 650 亿元，增加对地方公路养护等经费转移支付 242 亿元；增加教育支出 260 亿元，增加科学技术支出 56 亿元，增加公路建设支出 454 亿元。其余 2748 亿元，用于削减中央财政赤字 500 亿元，补充中央预算稳定调节基金 2248 亿元，留待以后年度预算安排使用。2010 年中央财政超收收入安排使用情况，国务院已向十一届全国人大常委会第 18 次会议报告。

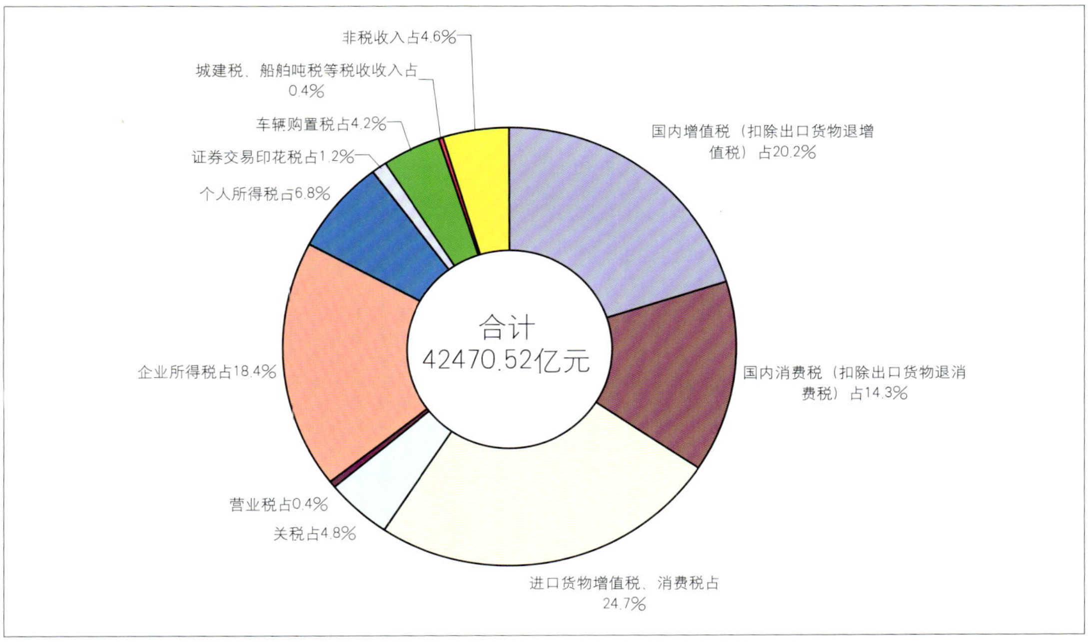

图 3　2010 年中央财政收入结构

2. 中央财政主要支出项目执行情况

按照中央的决策部署，并经全国人大审议批准，2010 年中央财政加大了对农业、教育、医疗卫生、社会保障和就业、保障性安居工程、科学技术、环境保护等方面的投入，各项重点支出（包括中央本级支出和中央对地方转移支付支出）得到较好保障。

（1）教育支出 2547.34 亿元，完成预算的 117.9%，增长 28.6%。其中，中央本级支出 720.96 亿元，对地方转移支付 1826.38 亿元。完善农村义务教育经费保障机制，支出 731.8 亿元，全国 1.3 亿名农村义务教育阶段学生全部享受免除学杂费和免费教科书政策，中西部地区约 1228 万名农村义务教育阶段家庭经济困难寄宿生获得生活费补助。免除 2900 多万名城市义务教育阶段学生的学杂费。落实农村义务教育薄弱学校改造计划。全面清理化解农村义务教育债务。将普通高中家庭经济困难学生纳入国家资助政策体系，提高高校国家助学金资助标准。加强职业教育基础能力建设，免除 440 万名中等职业学校家庭经济困难学生和涉农专业学生学费，继续实施中等职业学校国家助学金政策等，共支出 209.09 亿元。启动新一轮“985 工程”建设，推进“211 工程”、高校本科教学质量与教学改革工程等，共支出 606.63 亿元。加大对地方高校改革发展的支持力度，支出 200.67 亿元。

（2）科学技术支出 1728.34 亿元，完成预算的 105.8%，增长 14.3%。其中，中央本级支出 1661.3 亿元，对地方转移支付 67.04 亿元。实施国家科技重大专项，支出 302 亿元。支持国家自然科学基金、“973 计划”、国家重点实验室建设运行等基础研究，支出 244.39 亿元。加强前沿技术研究、社会公益研究和重大共性关键技术研究开发等应用研究，支出 904.13 亿元。实施重点产业调整振兴规划，促进企业技术改造和自主创新，支出 200 亿元。推动区域科技创新体系建设，促进产学研用有机结合。

（3）文化体育与传媒支出 316 亿元，完成预算的 100.5%。其中，中央本级支出 150.13 亿元，对地方转移支付 165.87 亿元。加强乡镇综合文化站、农家书屋、农村电影放映等重点文化惠民工程建设，丰富农村文化生活，改善基层公共文化体育设施条件。全国向社会免费开放的公共博物馆、纪念馆达到 1743 家。大遗址、重点文物和非物质文化遗产保护工作继续加强。强化新闻媒体传播能力建设，促进深化文化体制改革，推动文化产业发展。

（4）医疗卫生支出1485.35亿元，完成预算的106.9%，增长16.7%。其中，中央本级支出73.56亿元，对地方转移支付1411.79亿元。新型农村合作医疗参合人数达到8.35亿人，城镇居民基本医疗保险参保人数达到1.95亿人，财政补助标准达到人均120元，中央财政共补助560亿元。支持未参保的关闭破产国有企业退休人员和困难企业职工参加城镇职工基本医疗保险，补助63亿元。进一步提高城乡医疗救助水平，补助94亿元。加强基层医疗卫生服务体系建设，支出225亿元。在60%的政府举办的基层医疗卫生机构实施国家基本药物制度，推进体制机制综合改革。支持向城乡居民免费提供9类基本公共卫生服务，实施重大公共卫生服务项目，共补助295.69亿元。启动公立医院改革试点。

（5）社会保障和就业支出3784.99亿元，完成预算的105.7%，增长14.8%。其中，中央本级支出428.25亿元，对地方转移支付3356.74亿元。全国新型农村社会养老保险试点覆盖面达到24%，补助资金120亿元。开展做实企业职工基本养老保险个人账户试点，继续提高企业退休人员基本养老金水平，基本养老金月人均标准达到1400元，对企业职工基本养老保险基金共补助1561亿元。提高城乡低保补助标准，支出633.01亿元。提高优抚对象等人员抚恤和生活补助标准，支出215.62亿元。建立孤儿基本生活保障制度。切实保障受灾地区群众的基本生产生活，适当提高因灾农户倒损住房恢复重建中央补助标准，支出137.69亿元。做好国有企业政策性关闭破产相关工作，补助资金71.75亿元。落实更加积极的就业政策，积极推行以工代赈，鼓励企业吸纳下岗失业人员，促进高校毕业生就业，对返乡农民工等实施特别职业培训计划。加大小额担保贷款财政贴息力度，扩大扶持范围。

（6）住房保障支出1125.73亿元，完成预算的113.4%，增长15%。其中，中央本级支出386.48亿元，对地方转移支付739.25亿元。加强保障性安居工程建设，全国保障性住房和棚户区改造住房开工590万套，基本建成370万套，加快推进农村危房改造和游牧民定居工程，中央财政保障性安居工程支出764.86亿元，增长38.9%。行政事业单位职工住房公积金等支出352.16亿元。

（7）农林水事务支出3879.66亿元，完成预算的102.7%，增长10.5%。其中，中央本级支出387.89亿元，对地方转移支付3491.77亿元。落实农资综合补贴动态调整机制，农作物良种补贴覆盖地域和品种范围进一步扩大，农机购置补贴范围增加到12大类180个品目，共补贴1074.9亿元。促进农业科技成果转化和先进适用农业技术推广应用，扶持农民专业合作组织发展，推动优势特色和安全高效农业发展，支出114亿元。农业综合开发支出192亿元，改造中低产田、建设高标准农田2411.72万亩，增加粮食综合生产能力311.2万吨。农业林业保险保费补贴支出67.77亿元，累计参保农户达到1.3亿户次。创新财政扶贫开发机制，支持贫困地区发展特色优势产业，补助资金260亿元，覆盖扶贫对象3597万人。农业农村基础设施建设支出1352亿元，完成第一轮病险水库除险加固三年规划任务，启动第二轮重点小型病险水库除险加固，新增450个县实施小型农田水利重点县建设，推进大中型灌区续建配套节水改造等重点工程以及农村电网改造。村级公益事业建设一事一议财政奖补试点范围扩大到27个省份，支出102.67亿元，5.3亿农民受益。中央财政森林生态效益补偿基金支持的国家级公益林扩大到10.49亿亩，支出75.81亿元。

（8）国土气象等事务支出370.04亿元，完成预算的110%，增长51.4%，主要是探矿权采矿权使用费及矿产资源补偿费收入增加较多，按有关规定专项用于矿产资源开发和利用。其中，中央本级支出176.39亿元，对地方转移支付193.65亿元。支持实施与地质和矿业有关的重大项目，进一步加强基础性调查、矿山环境治理及矿产资源节约与综合利用等方面。

（9）环境保护支出1443.1亿元，完成预算的102.1%，增长25.3%。其中，中央本级支出69.48亿元，对地方转移支付1373.62亿元。推动节能减排，支出851.25亿元。扶持1184个重点节能项目，促进773户企业开展节能技术改造，支持经济欠发达地区1689户企业淘汰落后产能。推动532个环境监测站和691个环境监察执法机构开展标准化建设，实施三河三湖及松花江流域水污染防治等重大减排工程，支持城镇污水处理设施配套管网建设8.7万公里。在8个省份约4100个村庄推进农村环境连片整治示范工作，改善农村生活环境。扩大节能产品惠民工程实施范围，推广高效节能空调近3000万台、高效照明产品1.6亿只。公共领域节能与新能源汽车示范推广试点城市扩大到25个，在6个城市启动私人购买新能源汽车补贴试点。加快发展可再生能源，支出106.31亿元。实施金太阳工程，积极推进光伏发电国内规模化应用。促进生物质能源、风电等发展，在26个城市、62个县启动可再生能源建设应用示范。巩固退耕还林、退牧还草成果，推进林业重点工程和草原生态建设，支出468.06亿元。

（10）交通运输支出2599.25亿元，完成预算的122.7%，增长19.3%。其中，中央本级支出1489.58亿元，对地方转移支付1109.67亿元。推进国省干线等公共交通基础设施建设，新建、改造30万公里农村公路，支出1512亿元。对城市公交等部分公益性行业给予油价补贴，支出187.11亿元。取消政府还贷二级公路收费，补助地方260亿元。推进铁路、高速公路、机场等项目建设，支出125亿元。

（11）资源勘探电力信息等事务支出827.77亿元，完成预算的118.9%，下降2.8%。其中，中央本级支出488.38亿元，对地方转移支付339.39亿元。推进资源勘探电力信息等基础设施建设，支出484亿元。促进中小企业发展，支出93.43亿元。

（12）粮油物资储备管理事务支出793.24亿元，完成预算的73.6%，下降28.2%，主要是据实结算的粮油利息费用等补贴减少。其中，中央本级支出495.12亿元，对地方转移支付298.12亿元。实施粮食直补支出151亿元。提高粮食最低收购价，补贴利息费用109亿元。加强粮油以及石油、有色金属等重要物资储备体系建设，支出257.9亿元。

（13）商业服务业等事务支出802.85亿元，完成预算的94.2%，增长29.9%，与预算的差异主要是据实结算的石油、棉花等物资储备费用减少。其中，中央本级支出140.91亿元，对地方转移支付661.94亿元。继续实施家电汽车下乡以及家电、汽车以旧换新政策，补贴403.58亿元。国家储备棉、糖、肉等补贴支出31.93亿元。推进新农村现代流通服务网络工程建设，促进商贸流通服务业发展，支出81亿元。

（14）地震灾后恢复重建支出794.34亿元，完成预算的101.8%。其中，中央本级支出37.9亿元，对地方转移支付756.44亿元。汶川地震灾后恢复重建三年任务两年基本完成。2008-2010年，汶川地震灾后恢复重建支出累计2330.88亿元，加上中央国有资本经营预算等安排的支出655.82亿元和结转下年支出46.57亿元，合计3033.27亿元，实现三年中央财政对地震灾后恢复重建投入3000亿元的规划目标。

（15）国防支出5182.27亿元，完成预算的99.8%，增长7.3%。与预算的差异主要是据实结算的退役士兵安置经费低于预计。其中，中央本级支出5176.35亿元，对地方转移支付5.92亿元。支持改善军队官兵生活待遇，加强信息化建设，适当增加装备及配套设施，提高军队抢险救灾应急能力等。

（16）公共安全支出1475.42亿元，完成预算的106.1%，增长14.6%。其中，中央本级支出875.2亿元，对地方转移支付600.22亿元。推进政法经费保障体制改革，不断提高保障水平。防灾减灾和灾害应急救援体系建设得到加强。

（17）一般公共服务支出992.7亿元，完成预算的97.8%，下降8.3%，主要用于保障机关正常运转，以及支持地方落实自主择业军转干部退役金。其中，中央本级支出837.24亿元，对地方转移支付155.46亿元。

（18）国债付息支出1512.36亿元，完成预

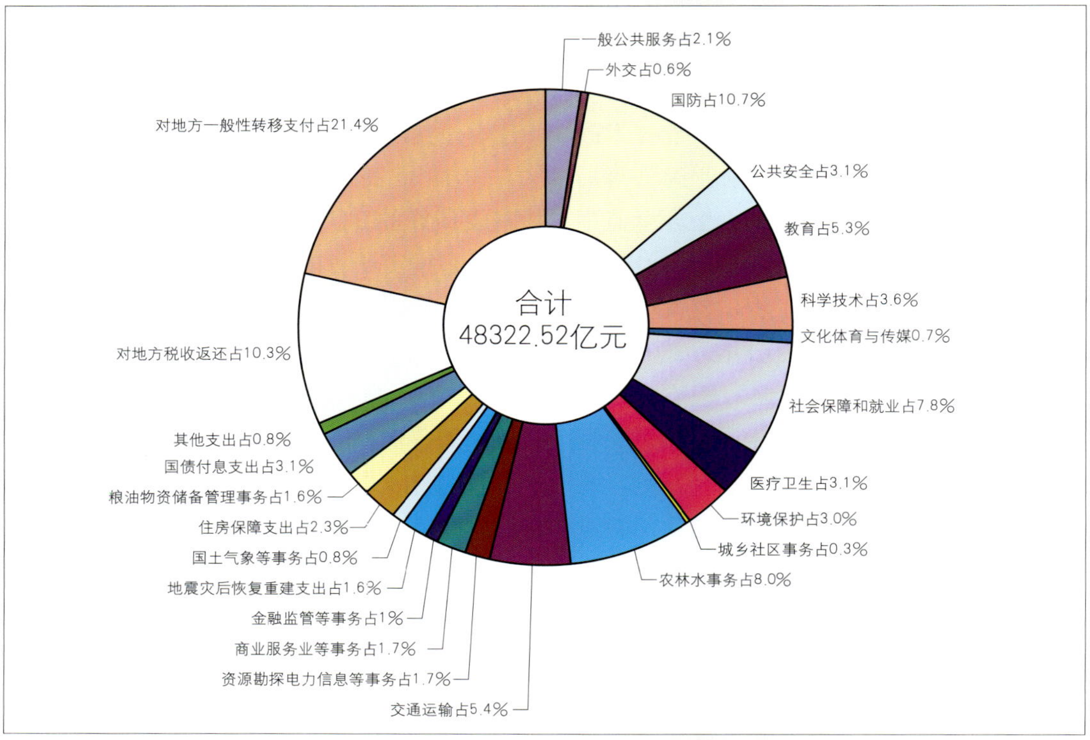

图 4　2010 年中央财政支出结构

算的 98.5%，增长 14.5%。

汇总以上各项支出，2010 年中央财政用在与人民群众生活直接相关的教育、医疗卫生、社会保障和就业、住房保障、文化方面的民生支出合计 8898.54 亿元，增长 19.9%。农业水利、交通运输和环境保护等支出也与民生密切相关，中央财政对地方的税收返还和一般性转移支付大部分也用于民生支出。2010 年中央财政用于“三农”的支出合计 8579.7 亿元，增长 18.3%。其中：支持农业生产支出 3427.3 亿元，对农民的粮食直补、农资综合补贴、良种补贴、农机购置补贴支出 1225.9 亿元，促进农村教育、卫生等社会事业发展支出 3350.3 亿元，农产品储备费用和利息等支出 576.2 亿元。需要说明的是，民生和“三农”支出不是单独的预算科目，为了便于审议，将与民生和“三农”相关的支出项目综合反映出来，因而存在一些交叉重复。

（二）政府性基金预算执行情况

2010 年全国政府性基金收入 35781.94 亿元，全国政府性基金支出 32582.64 亿元。

中央政府性基金收入 3175.57 亿元，完成预算的 124.3%。其中：三峡工程建设基金收入 59.16 亿元，铁路建设基金收入 616.92 亿元，港口建设费收入 114.44 亿元，民航机场管理建设费收入 136.41 亿元，彩票公益金收入 247.73 亿元，大中型水库移民后期扶持基金收入 183.44 亿元，中央农网还贷资金收入 91.44 亿元等。加上 2009 年结转收入 631.34 亿元，2010 年使用的中央政府性基金收入总量 3806.91 亿元。中央政府性基金支出 3016.75 亿元，完成预算的 94%。其中：中央本级支出 2284.05 亿元，包括三峡工程建设支出 69.89 亿元，铁路建设支出 582 亿元，港口建设支出 87.15 亿元，民航机场管理建设支出 46.76 亿元，彩票公益金用于社会福利、体育、教育等社会公益事业支出 139.1 亿元，大中型水库移民后期扶持基金支出 0.45 亿元，中央农网还贷资金支出 102.87 亿元等；对地方转移支付 732.7 亿元，增加 133.4 亿元，增长 22.3%。中央政府性基金结转下年支出 790.16 亿元。

地方政府性基金本级收入 32606.37 亿元，完成预算的 201.9%。其中：国有土地使用权出让收入 29109.94 亿元，完成预算的 213.2%，主要是土地供应增加、地价总体水平上升以及收入管理加强等因素所致。城市基础设施配套费收入 610.87 亿元。彩票公益金收入 243.64 亿元。地方教育附加收入 242.82 亿元。加上中央政府性基金对地方转移支付 732.7 亿元，地方政府性基金收入为 33339.07 亿元。地方政府性基金支出 30298.59 亿元，完成预算的 175%。其中：国有土地使用权出让收入安排的支出 26975.79 亿元，包括征地拆迁补偿等成本性支出 13395.6 亿元、农村基础设施建设和补助农民等支出 2248.27 亿元、廉租住房保障支出 463.62 亿元、破产或改制企业土地出让收入用于安置职工支出 3336.63 亿元、按城市房地产管理法有关规定用于城市建设的支出 7531.67 亿元。彩票公益金支出 288.19 亿元，用于社会福利、体育、教育等社会公益事业。城市基础设施配套支出 479.68 亿元。地方教育附加支出 177.41 亿元。地方政府性基金收入大于支出部分结转下年使用。

（三）中央国有资本经营预算执行情况

2010 年收取中央企业国有资本收益 558.7 亿元，完成预算的 132.7%。超过预算主要是将国有股减持收入纳入国有资本经营预算管理。加上 2009 年结转收入 18.9 亿元，使用的收入总量为 577.6 亿元。中央国有资本经营支出 563.43 亿元，其中：补充全国社会保障基金支出 148.54 亿元，地震灾后恢复重建支出 9.32 亿元，国有经济和产业结构调整支出 179.5 亿元，中央企业改革脱困补助支出 121.96 亿元，重大科技创新支出 32 亿元，重大节能减排支出 30 亿元，境外投资支出 22.41 亿元，社会保障等支出 4.7 亿元，调入公共财政预算用于民生方面的支出 10 亿元，新疆生产建设兵团产业发展资金支出 5 亿元。

以上有关预算执行的具体情况详见《中华人民共和国 2010 年全国预算执行情况 2011 年全国预算（草案）》。

（四）积极的财政政策实施情况

认真落实积极的财政政策，促进国民经济继续朝着宏观调控的预期方向发展，进一步巩固经济向好势头。

提高城乡居民收入，扩大居民消费需求。增加对农民的补贴，加强农业基础设施和农业综合生产能力建设，促进农民增收。提高对城乡低保对象、企业退休人员和优抚对象等群体的补助水平，增强居民消费能力。继续实施家电汽车下乡以及家电、汽车以旧换新等鼓励消费的一系列政策。

安排使用好政府公共投资，优化投资结构。通过统筹使用公共财政预算拨款、政府性基金收入、国有资本经营收益等，中央政府公共投资支出 10710 亿元，主要用于农业基础设施及农村民生工程、教育卫生等社会事业、保障性安居工程、节能减排和生态建设、自主创新和结构调整等方面。继续代理发行 2000 亿元地方政府债券，优先用于公益性项目续建和收尾。

落实结构性减税政策，引导企业投资和居民消费。巩固增值税转型改革以及成品油税费改革成果。对部分小型微利企业实施所得税优惠政策。对 1.6 升及以下排量乘用车减按 7.5% 的税率征收车辆购置税。继续执行各项税费减免政策，严格行政事业性收费和政府性基金项目的审批管理。

（五）财税改革进展情况

优化转移支付结构，提高一般性转移支付规模和比例，归并和清理专项转移支付项目。完善民族地区转移支付办法，健全生态功能区转移支付制度，资源枯竭城市转移支付规模逐步扩大。建立完善县级基本财力保障机制，增强基层政府公共服务保障能力。27 个省份 970 个县实行了省直管县财政管理方式改革，2.86 万个乡镇实行了乡财县管财政管理方式改革。健全公共财政预算，全面编制中央和地方政府性基金预算，继续扩大国有资本经营预算制度试点范围，启动试编社会保险基金预算。深化部门预算、国库集中收付、政府采购等预算管理制度改革。资源税改革相继在新疆和西部地区试点。统一了内外资企业和个人城市维护建设税、教育费附加制度。积极推动收入分配制度改革。义务教育学校绩效工资政策全面落实。公共卫生与基层医疗卫生事业单位绩效工资政策加快实施。

（六）落实全国人大预算决议有关情况

按照第十一届全国人民代表大会第三次会议有关决议，以及十一届全国人大财政经济委员会的审查意见，加强和改善财政宏观调控，着力保障重点支出，完善预算编制，严格预算执行，推进财税体制改革，加强政府债务管理。深入推进财政科学化精细化管理。预算法、注册会计师法修订和车船税立法工作取得重要进展。进一步细化预算编制，减少代编预算规模，预算年初到位率有所提高。积极开展重大项目预算评审，增强项目支出预算的准确性和科学性。提前通知中央转移支付预计数额，地方预算编制的完整性明显增强。提高预算执行的均衡性和效率，12 月份全国财政支出占全年支出的比重，从 2009 年的 26.3% 下降到 2010 年的 20.1%。制定加强地方政府融资平台公司管理具体实施方案，完善相关政策，组织清理核实融资平台公司债务。预算编制、执行、决算和监督相互协调、相互促进的机制不断健全。“小金库”专项治理工作不断深入。组织开展强农惠农资金专项清理和检查，促进管理机制的创新和完善。预算公开全面推进，对外公开的中央财政预算表格从 2009 年的 4 张增加到 2010 年的 12 张，支出预算表细化到了款级科目。74 个中央预算部门公开了部门预算。地方预算公开取得新的进展。加强支出标准体系建设等财政管理基础工作。不断规范乡镇财攻管理，监管力度逐步增强。顺利完成全国人大常委会对 2009 年中央决算询问的应询工作，年中向全国人大常委会报告预算执行情况，并根据审议意见落实相关改进措施，有关情况国务院已向十一届全国人大常委会报告。

2010 年是“十一五”的最后一年。回顾过去的五年，财政发展改革呈现新的面貌。

财政收支规模不断扩大，支出结构进一步优化。“十一五”时期，全国公共财政总收入 30.3 万亿元，年均增长 21.3%；全国公共财政总支出 31.9 万亿元，年均增长 21.4%。国家财政用于民生方面的投入大幅增加，城乡免费义务教育全面实现，城乡居民基本医疗保障水平显著提高，覆盖城乡的社会保障制度框架基本形成，公共文化服务体系建设明显加快。“十一五”时期全国公共财政用于教育、医疗卫生、社会保障和就业、文化方面的支出达到 4.45 万亿元、1.49 万亿元、3.33 万亿元和 5600 亿元，分别比“十五”时期增长 1.6 倍、2.6 倍、1.3 倍和 1.4 倍。中央财政用于“三农”的支出累计近 3 万亿元。

财税政策不断完善，财政宏观调控进一步加强。根据国内外经济形势的发展变化，先后实施了稳健的财政政策和积极的财政政策，并与货币政策、产业政策等协调配合，健全了社会主义市场经济条件下的宏观调控体系，有效应对了国际金融危机的冲击，并为长期可持续发展奠定了基础。

财税改革不断深化，公共财政体系进一步健全。财政转移支付制度逐步完善，县级基本财力保障机制初步建立，政府预算体系框架基本形成。农业税全面取消，增值税转型改革全面实施，内外资企业税制全面统一，消费税制度继续完善，成品油税费改革顺利推进，资源税改革启动试点，地方税改革稳步推进。

财政管理不断加强，管理水平进一步提高。依法理财深入推进，政府收支分类科目体系不断健全，预算编制和执行管理得到加强，预算公开工作加快推进，财政监督机制不断完善，财务会计制度进一步健全，较好保障了财政职能作用的发挥。

上述成绩的取得，是党中央、国务院统揽全局、正确领导的结果，是各地区、各部门密切配合、扎实工作的结果，是全国各族人民团结奋斗、共同努力的结果。同时，我们也清醒地认识到，财政运行和管理工作中还存在一些突出问题，主要是：一些县乡基层财政仍比较困难，基本财力保障力度还需加大；财力与事权相匹配的财政体制尚需完善，推进地区、城乡之间基本公共服务均等化任务相当艰巨；促进经济发展方式转变的财税政策还不够健全，财政调节收入分配的作用需要进一步增强；地方政府性债务风险不容忽视；土地出让收支管理亟待加强；财政管理仍比较薄弱，支出进度还不够均衡，资金使用效益尚需提高。我们将高度重视这些问题，继续采取有效措施，努力加以解决。

二、2011年中央和地方预算草案

（一）当前我国财政形势

2011年我国发展面临的形势仍然极其复杂。世界经济将继续缓慢复苏，但复苏的基础不牢。我国经济向好趋势没有改变，但面临的矛盾和问题也不少。从财政看，收支矛盾依然比较突出。收入方面，经济持续平稳较快发展为财政收入增长奠定了基础，同时，由于2010年收入基数较高，加上外贸进出口快速增长的态势难以持续，车市逐步降温，以及实施个人所得税改革、调整增值税和营业税征收范围、继续对部分小型微利企业实施所得税优惠政策等，也会减少一些收入。2011年财政收入增幅将比上年有所回落。支出方面，完成公共投资在建项目，加强农业、水利等基础设施建设，需要保持一定的投资规模。加快经济结构调整和发展方式转变，推进教育、医药卫生和社会保障等重点领域改革，切实保障和改善民生，应对通货膨胀压力，加大对低收入群体的补助力度等，需要进一步加大财政投入，支出压力很大。

（二）财政预算编制和财政工作总体要求

根据中央决策部署，结合面临的经济财政形势，2011年财政预算编制和财政工作的指导思想是：全面贯彻党的十七大和十七届五中全会精神，以邓小平理论和“三个代表”重要思想为指导，深入贯彻落实科学发展观，紧紧围绕科学发展主题和加快转变经济发展方式主线，继续实施积极的财政政策，深化财税制度改革，推进国民收入分配格局调整，优化财政支出结构，加大对“三农”、教育、医疗卫生、社会保障和就业、保障性安居工程、节能环保以及欠发达地区的支持力度，切实保障和改善民生，推动经济增长、结构调整、区域协调和城乡统筹发展。坚持依法理财和统筹兼顾、增收节支的方针，加强财政科学管理，从严控制一般性支出，提高财政资金使用效益，促进经济平稳较快发展与社会和谐稳定。

根据这一指导思想，2011年继续实施积极的财政政策，主要体现在以下几个方面：

一是提高城乡居民收入，扩大居民消费需求。促进调整国民收入分配格局，增加财政补助规模，提高城乡低收入群体的基本收入，增强其消费能力。完善各项强农惠农政策，努力扩大就业，支持建立健全企业职工工资正常增长机制，提高企业退休人员基本养老金和城乡居民最低生活保障标准，落实义务教育学校、公共卫生和基层医疗卫生事业单位绩效工资等政策。完善家电下乡和以旧换新等有利于扩大消费的政策。

二是着力优化投资结构，加强经济社会发展的薄弱环节。中央基建投资主要用于支持保障性安居工程、以水利为重点的农业基础设施、教育卫生基础设施建设，节能减排和生态环保，新疆、西藏及四省藏区经济社会发展，自主创新和战略性新兴产业发展等方面，优先保证重点在建、续建项目的资金需求，有序启动“十二五”规划重大项目建设。同时，进一步鼓励和引导民间投资健康发展。

三是调整完善税收政策，促进企业发展和引导居民消费。继续改革和完善税制，清理规范行政事业性收费和政府性基金，更好地发挥税收调节经济和收入分配的作用，促进加快转变经济发展方式。开展增值税改革试点，完善消费税制度，分步实施个人所得税制度改革，推进资源税改革。继续对部分小型微利企业实施所得税优惠政策，支持中小企业发展。实施有利于节能减排、环境保护和增加就业的税收优惠政策。

四是进一步优化财政支出结构，保障和改善民生。增加“三农”、欠发达地区、社会事业、结构调整、科技创新等重点支出，促进民生改善和各项社会事业发展，让群众得到更多看得见、摸得着的实惠。大力支持玉树、舟曲灾后恢复重建。压缩一般性支出，切实降低行政成本。

五是大力支持经济结构调整和区域协调发展，推动经济发展方式转变。加大对科技创新的支持力度，推进科技成果转化。促进战略性新兴产业发展，支持中小企业和服务业发展，积极推进产业结构调整、企业兼并重组和技术改造。鼓励并扩大关键零部件及先进设备进口，引进先进技术。大力支持节能减排，加快建立生态环境补偿机制，全面建立草原生态保护补助奖励机制。增加中央对地方一般性转移支付，加大对革命老区、民族地区、边疆地区和贫困地区的支持力度，实施促进区域协调发展的相关财税政策。

2011 年要在促进经济平稳较快发展的基础上，集中财力办几件保障和改善民生的大事：一是全面落实国家中长期教育改革和发展规划纲要要求，加大教育投入力度，提高教育资金使用效率；二是大力支持医药卫生体制改革，提高医疗服务和保障水平；三是加大保障性安居工程投入力度，推进公共租赁房、廉租房建设和农村危房及各类棚户区改造；四是支持加快建立覆盖城乡居民的社会保障体系，进一步扩大新型农村社会养老保险试点范围，并将试点地区城镇无收入居民纳入保障范围；五是加强农业农村基础设施建设，大力推进农田水利建设、中小河流治理、小型病险水库除险加固、山洪灾害防治等，切实改善农村生产生活条件；六是支持节能减排和科技创新，促进经济结构调整和发展方式转变。

（三）2011 年公共财政预算安排情况

根据中央经济工作会议确定的 2011 年经济发展预期指标、经济社会政策和财政预算编制的总体要求，2011 年公共财政预算主要指标拟安排如下：中央财政收入 45860 亿元，比 2010 年执行数（下同）增长 8%。从中央预算稳定调节基金调入 1500 亿元。合计收入总量为 47360 亿元。中央财政支出总量 54360 亿元，增长 12. 5%。其中，中央本级支出 17050 亿元，增长 6. 7%；中央对地方税收返还和转移支付支出 37310 亿元，增长 15. 3%。中央财政收支总量相抵，赤字 7000 亿元，比 2010 年预算数减少 1500 亿元。中央财政国债余额限额 77708. 35 亿元。

根据地方预算初步安排情况，中央财政代编的地方本级收入 43860 亿元，增长 8%，加上中央对地方税收返还和转移支付收入 37310 亿元，地方财政收入合计 81170 亿元，地方财政支出 83170 亿元，收支相抵，差额 2000 亿元，国务院同意由财政部代理发行地方政府债券弥补，并列入省级预算管理。地方财政收支安排以同级人民代表大会批准的预算为准。

汇总中央预算和地方预算安排，全国财政收

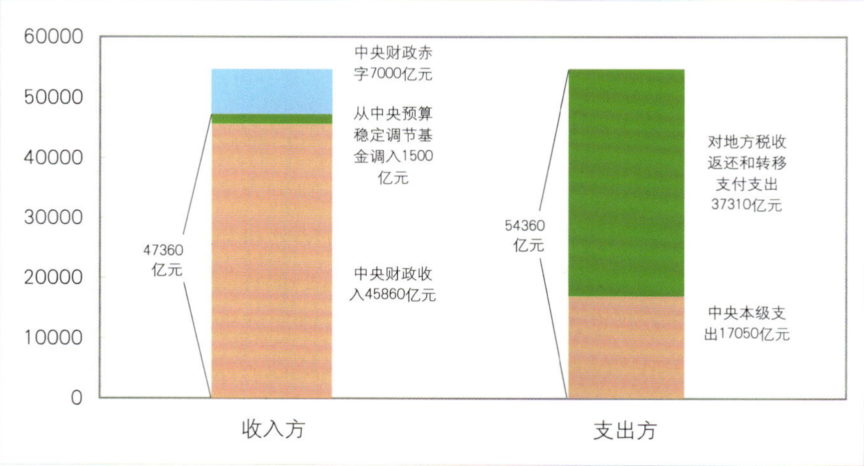

图 5　2011 年中央财政预算平衡关系

入89720亿元，增长8%，加上从中央预算稳定调节基金调入1500亿元，可安排的收入总量为91220亿元；全国财政支出100220亿元，增长11.9%。全国财政收支差额9000亿元，占GDP的比重由2010年的2.5%下降到2%左右。这样安排，既考虑了巩固和发展应对国际金融危机冲击成果、保持经济平稳较快发展的需要，也体现了促进财政可持续发展的要求。

中央预算稳定调节基金情况。2010年底余额为2368.13亿元，2011年预算调入使用1500亿元，剩余868.13亿元。

1. 中央财政主要收入项目安排情况

国内增值税17570亿元，增长10.5%。国内消费税6500亿元，增长7.1%。进口货物增值税、消费税11220亿元，增长7%。关税2170亿元，增长7%。企业所得税8380亿元，增长7.5%。个人所得税3120亿元，增长7.5%。证券交易印花税550亿元，增长4.2%。出口退税8005亿元，增长9.2%，相应冲减财政收入。车辆购置税1927亿元，增长7.5%。非税收入2080亿元，增长5.7%。

2. 中央财政主要支出项目安排情况

进一步优化财政支出结构，优先保障加强“三农”、改善民生、发展社会事业、促进经济结构调整、深化改革等方面的支出。中央财政主要支出项目（包括中央本级支出和中央对地方转移支付）拟安排如下：

（1）教育支出2963.57亿元，增长16.3%。其中，中央本级支出786.45亿元，对地方转移支付2177.12亿元。重点支持中西部地区和民族地区发展农村学前教育，安排补助30亿元。完善农村义务教育经费保障机制，提高农村中小学公用经费生均基准定额，继续实施免除城市义务教育阶段学生学杂费政策，解决进城务工人员子女平等接受义务教育问题，共安排921.24亿元。继续实施农村义务教育薄弱学校改造计划等，安排资金165.14亿元。落实中等职业学校家庭经济困难学生和涉农专业学生免学费政策，加强职业教育基础能力建设，安排资金134亿元。健全普通高中、普通本科高校、高等和中等职业学校家庭经济困难学生资助政策体系，安排补助经费271亿元。实施“985工程”、“211工程”等，

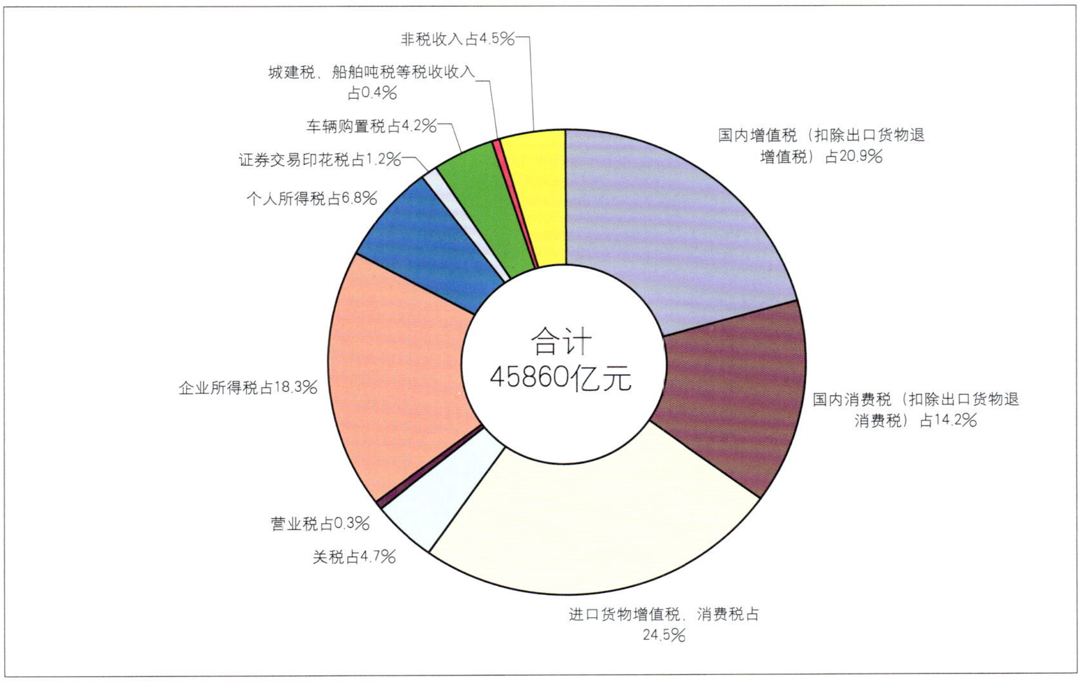

图6 2011年中央财政收入结构

加快建设一流大学和一流学科，开展优势学科创新平台建设，安排资金717.25亿元。支持提高地方高校生均拨款水平，推动地方高校发展改革，安排资金200亿元。促进特殊教育、民族地区教育发展。

（2）科学技术支出1944.13亿元，增长12.5%。其中，中央本级支出1901.59亿元，对地方转移支付42.54亿元。加快实施国家科技重大专项，安排435亿元，增长44%。增加对国家自然科学基金的投入，推动国家重点实验室和基础科研机构科研能力建设，安排基础研究资金257.19亿元。重点支持前沿技术研究、社会公益研究和重大共性关键技术研究开发，安排应用研究资金990.63亿元。扩大重大科研装备自主研制试点范围。加大对区域创新能力建设的引导支持，推动科技成果向现实生产力转化。

（3）文化体育与传媒支出374.43亿元，增长18.5%。其中，中央本级支出188.4亿元，对地方转移支付186.03亿元。优先支持涉及农村和基层群众切身利益的文化建设项目。保障博物馆、纪念馆等公益性文化设施免费开放。加大国家重点文物和大遗址保护力度。积极推动文化体制改革和文化事业、产业发展。加强新闻媒体国际传播能力建设。

（4）医疗卫生支出1727.58亿元，增长16.3%。其中，中央本级支出63.56亿元，对地方转移支付1664.02亿元。加上2009年安排的1273.21亿元和2010年安排的1485.35亿元，完成中央财政支持深化医药卫生体制改革的三年新增投入计划。将城镇职工基本医疗保险、城镇居民基本医疗保险和新型农村合作医疗保险参保率提高到90%以上，将新型农村合作医疗和城镇居民基本医疗保险的财政补助标准由人均120元提高到200元，中央财政安排760亿元，增长35.7%。支持在政府举办的基层医疗卫生机构全面实施国家基本药物制度，推进基层医疗卫生机构综合改革。将城乡居民人均基本公共卫生服务经费标准由15元提高到25元，继续支持实施重大公共卫生服务项目，安排346亿元。推动公立医院改革试点。加大城乡医疗救助力度，安排80亿元。

（5）社会保障和就业支出4414.34亿元，增长16.6%。其中，中央本级支出484.79亿元，对地方转移支付3929.55亿元。支持将新型农村社会养老保险试点范围由全国24%的县扩大到40%的县，并将城镇无收入居民纳入养老保险范围，安排补助资金131亿元。对全国城乡低保对象、农村五保户等8600多万困难群众发放一次性生活补贴，安排资金104亿元。将企业退休人员月人均基本养老金水平提高140元左右，完善企业职工基本养老保险省级统筹制度，妥善解决未参保集体企业退休人员的基本养老保障问题，安排企业职工基本养老保险补助资金1796亿元，增长15.1%。提高城乡最低生活保障标准，中央财政共安排补助资金749亿元，增长18.3%。调整优抚对象等人员抚恤和生活补助标准，安排补助资金257.7亿元，增长19.5%。适当提高孤儿基本生活补助标准，安排36亿元。安排自然灾害生活救助资金106.5亿元。继续做好国有企业政策性关闭破产收尾工作，安排补助资金60亿元。扩大鼓励创业政策的扶持范围，做好就业帮扶、职业技能培训和创业培训等。

（6）住房保障支出1292.66亿元，增长14.8%。其中，中央本级支出291.63亿元，对地方转移支付1001.03亿元。通过加大各级财政投入、积极引导社会资金参与，加快公共租赁房和廉租房建设，推进城市、工矿、林区、垦区、煤矿等棚户区改造，以及农村危房改造和游牧民定居工程，中央财政安排保障性安居工程支出1030亿元，增长34.7%。行政事业单位职工住房公积金等支出安排262.66亿元。

（7）农林水事务支出4588.83亿元，增长18.3%。其中，中央本级支出424.19亿元，对地方转移支付4164.64亿元。强化以水利为重点的农业农村基础设施建设，大力支持中小河流治理、小型病险水库除险加固和山洪地质灾害防治，扩大小型农田水利重点县建设和国家水土保持重点建设工程实施范围，推进大中型灌区续建配套节水改造以及农村电网改造等，安排资金1575.4亿元。农资综合补贴安排860亿元，增长20.1%。健全农作物良种补贴制度，提高补贴标准，安排资金220亿元。增加农机购置补贴规模，安排175亿元。推动现代农业建设和优势特色产业发展，安排资金90亿元。以粮食主产区为重点，加快全国新增千亿斤粮食生产能力建设，加强中低产田改造，推进高标准农田建设，促进农业产业化经营，提高农业综合生产能力，安排农业综合开发资金230亿元，增长19.8%。建立草原生态保护补助奖励机制，安排资金136.6亿元。支持集中连片特殊类型贫困地区实施扶贫攻坚，发展贫困地区特色优势产业，安排资金306亿元，增长17.7%。完善农业保险保费补贴政策，安排资金94.06亿元。全面实施村级公益事业建设一事一议财政奖补，安排奖补资金160亿元，增长55.8%。全面清理化解农村义务教育债务，继续实施其他公益性乡村债务清理化解试点。

（8）国土资源气象等事务支出454.89亿元，增长22.9%，增幅较高主要是探矿权采矿权使用费及矿产资源补偿费收入预计增加较多，按有关规定专项用于矿产资源开发和利用。其中，中央本级支出167.48亿元，对地方转移支付287.41亿元。加强矿产资源勘查、矿山地质环境恢复治理以及矿产资源节约和综合利用，支持开展海域使用监管和保护等工作。

（9）节能环保支出1591.85亿元，增长10.3%。其中，中央本级支出74.37亿元，对地方转移支付1517.48亿元。加强重点节能工程建设，促进清洁生产、节能技术改造、节能产业发展，继续支持淘汰落后产能，推进建筑节能，进一步加大节能产品惠民工程实施力度，扩大对购买节能和新能源汽车的补贴范围，加强重金属污染治理以及重点地区、重点流域生态综合治理，推进农村环境综合整治，安排节能减排资金945亿元。支持实施金太阳工程，加强生物质能源综合利用，推动可再生能源建筑应用示范，鼓励企业生产循环化、物资再制造和利用，安排122亿元。推动实施天然林资源保护二期工程，安排资金140.84亿元，增长1.2倍。支持实施重大生态修复工程，巩固退耕还林成果，安排327亿元。鼓励重要能源、资源、原材料进口，严格控制“两高一资”产品出口。促进重点领域低碳技术研究推广，支持实施《应对气候变化国家方案》。

（10）交通运输支出2866.91亿元，增长10.3%。其中，中央本级支出400.24亿元，对地方转移支付2466.67亿元。推进农村公路、国省干线等公共交通基础设施建设，安排1966.4亿元。继续对城市公交、农村客运等部分公益性行业给予油价补贴，安排296.47亿元。支持地方取消政府还贷二级公路收费，安排补助资金260亿元。

（11）资源勘探电力信息等事务支出744.86亿元，下降10%，主要是相关基建支出减少。其中，中央本级支出410.88亿元，对地方转移支付333.98亿元。推进资源勘探电力信息等基础设施建设，安排资金381亿元。安排专项资金35亿元，支持战略性新兴产业技术研发和示范等工作。促进各类中小企业发展，安排专项资金103.44亿元。

（12）粮油物资储备事务支出1130.5亿元，增长23.9%。其中，中央本级支出796.28亿元，对地方转移支付334.22亿元。取消粮食主产区粮食风险基金地方配套，增加中央财政补助规模，安排粮食风险基金293亿元。支持稳步提高小麦、稻谷最低收购价，增加粮油、石油、有色金属等重要物资储备，安排703.87亿元。

（13）商业服务业等事务支出706.14亿元，增长3.3%。其中，中央本级支出24.66亿元，对地方转移支付681.48亿元。完善家电下乡和以旧换新政策，安排补贴资金426亿元。继续推进新农村现代流通服务网络工程建设，促进商贸流通服务业发展，安排资金94亿元。

（14）国防支出5835.91亿元，增长12.6%。其中，中央本级支出5829.56亿元，对地方转移支付6.35亿元。主要用于支持军队现代化建设和改善军队官兵生活待遇。

（15）公共安全支出1617.32亿元，增长9.6%。其中，中央本级支出1024.53亿元，对地方转移支付592.79亿元。继续推进政法经费保障体制改革，提高基层政法机关装备水平和办案能力。

（16）一般公共服务支出1118.84亿元，增长 4.3%。严格控制一般性支出，对出国（境）经费、车辆购置及运行费、公务接待费等三项经费支出按不超过 2009 年压缩后的规模安排。其中，中央本级支出 876.85 亿元，对地方转移支付 241.99 亿元。

（17）国债付息支出 1839.84 亿元，增长 21.7%。

汇总以上各项支出，2011 年中央财政用在与人民群众生活直接相关的教育、医疗卫生、社会保障和就业、住房保障、文化方面的支出安排合计 10509.92 亿元，增长 18.1%。农业水利、交通运输和环境保护等支出也与民生密切相关，中央财政对地方的税收返还和一般性转移支付大部分也将用于保障和改善民生，民生支出合计将占中央财政支出的 2/3 左右。中央财政用于“三农”的支出安排合计 9884.5 亿元，增长 15.2%。其中：支持农业生产支出 3938.7 亿元，对农民的粮食直补、农资综合补贴、良种补贴、农机购置补贴支出 1406 亿元，促进农村教育、卫生等社会事业发展支出 3963.6 亿元，农产品储备费用和利息等支出 576.2 亿元。中央基建投资安排合计 3826 亿元。

3. 中央对地方税收返还和转移支付支出安排情况

进一步优化转移支付结构，2011 年中央对地方税收返还和转移支付支出 37310 亿元，增长 15.3%。其中：税收返还 5067.99 亿元，增长 1.4%；一般性转移支付 17336.77 亿元，增长 18.5%；专项转移支付 14905.24 亿元，增长 17.1%。在一般性转移支付中，均衡性转移支付安排 6609.11 亿元，增长 21.2%。其中：安排县级基本财力保障机制奖补资金 775 亿元，增强基层政府提供基本公共服务的能力；安排资金 300 亿元，提高三江源等生态功能区的财政保障能力。民族地区转移支付安排 370 亿元，支持西藏、新疆等少数民族地区实现跨越式发展。继续实施资源枯竭城市转移支付制度，安排资金 135 亿元。成品油税费改革转移支付安排 581 亿元。

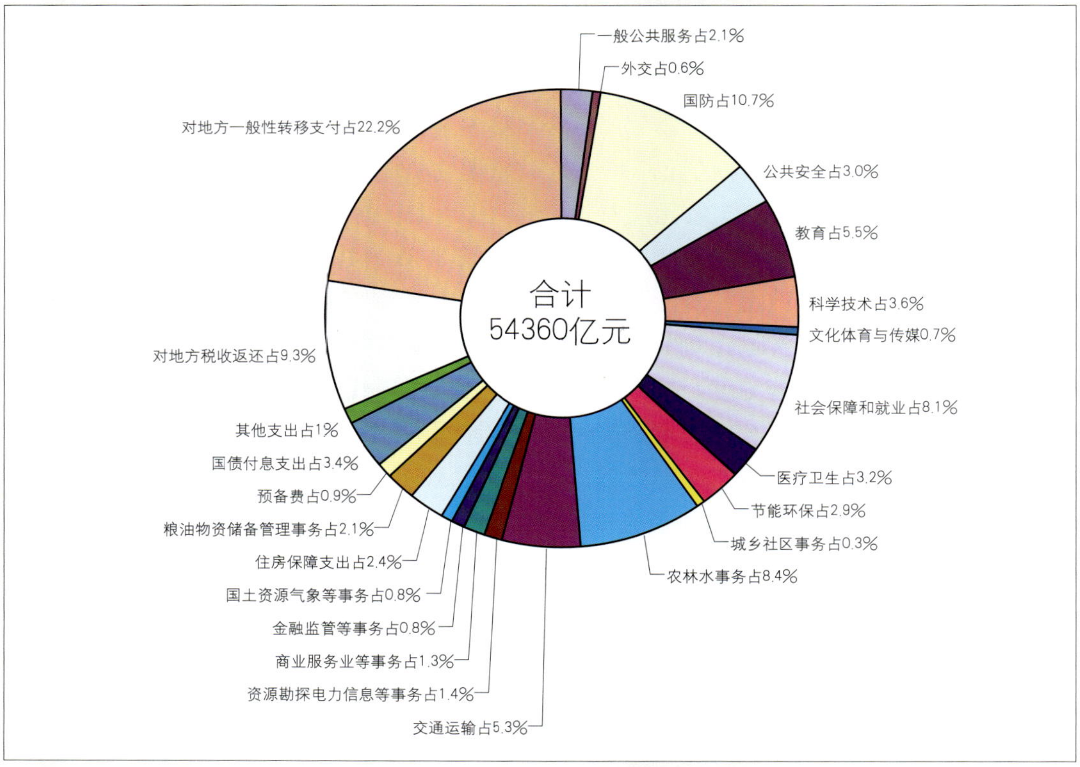

图 7　2011 年中央财政支出结构

（四）政府性基金预算安排情况

2011年中央政府性基金预算收入2826.27亿元，下降11%。其中：铁路建设基金收入648亿元，港口建设费收入123.93亿元，民航机场管理建设费收入147.32亿元，彩票公益金收入261.5亿元，大中型水库移民后期扶持基金收入198.11亿元，中央农网还贷资金收入96.01亿元等。加上上年结转收入790.16亿元，可安排的中央政府性基金收入总量为3616.43亿元。中央政府性基金预算支出3616.43亿元，增长19.9%。其中：中央本级支出2384.93亿元，增长4.4%，包括铁路建设支出682.92亿元，港口建设支出101.71亿元，民航机场管理建设支出87.77亿元，彩票公益金用于社会福利、体育、教育等社会公益事业支出244.02亿元，大中型水库移民后期扶持基金支出0.47亿元，中央农网还贷资金支出105.95亿元等；对地方转移支付1231.5亿元，增长68.1%。

中央财政代编的地方政府性基金本级收入22995.47亿元，下降29.5%，主要是预计土地相关政府性基金收入减少。其中：国有土地使用权出让收入19753.41亿元，城市基础设施配套费收入446.67亿元，彩票公益金收入261.5亿元，地方教育附加收入274.13亿元。加上中央政府性基金对地方转移支付1231.5亿元，地方政府性基金收入为24226.97亿元。地方政府性基金支出24226.97亿元，下降20%。其中：用国有土地使用权出让收入安排的征地拆迁补偿成本性支出、城市建设等支出20339.57亿元；彩票公益金用于社会福利、体育、教育等社会公益事业支出351.4亿元；城市基础设施配套费安排的支出446.67亿元；地方教育附加安排的支出274.13亿元。

汇总中央和地方政府性基金收支，全国政府性基金收入25821.74亿元，下降27.8%，加上上年结转收入790.16亿元，可安排的全国政府性基金收入总量为26611.9亿元；全国政府性基金支出26611.9亿元，下降18.3%。

（五）中央国有资本经营预算安排情况

2011年，中央国有资本经营预算编制范围在原有基础上，新增教育部、中国国际贸易促进委员会所属企业，农业部、文化部、国家广播电影电视总局直属企业，中国出版集团公司以及中国对外文化集团公司，并适当提高中央企业国有资本收益收取比例。中央企业国有资本经营预算收入844.39亿元，增长51.1%。加上上年结转收入14.17亿元，可安排的预算支出858.56亿元。主要用于：国有经济和产业结构调整支出495.5亿元，中央企业改革脱困补助支出30.5亿元，重大科技创新支出35亿元，重大节能减排支出35亿元，境外投资支出30亿元，安全生产保障能力建设支出10亿元，兼并重组支出80亿元，新兴产业等发展支出45亿元，补充全国社会保障基金支出50亿元，社会保障等支出5亿元，调入公共财政预算用于民生方面的支出40亿元。随着国有资本经营预算制度的不断完善，今后将逐步增加对社保等民生方面的投入。同时，积极推进地方加快试编国有资本经营预算。

以上有关预算安排的具体情况详见《中华人民共和国2010年全国预算执行情况2011年全国预算（草案）》。

三、依法理财，加强管理，圆满完成2011年预算

（一）加强和改善财政宏观调控，促进经济社会又好又快发展。加强对经济运行情况的监测分析，密切跟踪积极财政政策的实施情况，适时调整和完善相关政策措施，强化财政政策与货币、产业等政策的协调配合。把稳定物价总水平放在更加突出的位置，大力支持粮油、蔬菜、棉花等基本生活必需品生产，稳定化肥、煤炭、成品油等供应，做好必需商品进口以及储备物资投放等，促进市场供求平衡和物价基本稳定，保障低收入群体的基本生活。

（二）加快财税体制改革，积极构建有利于转变经济发展方式的财税体制机制。完善政府间财力与事权相匹配的财政体制。健全财政转移支

付制度，提高转移支付资金使用效益。完善省以下财政体制，做好健全县级基本财力保障机制相关工作。推进省直管县和乡财县管财政管理方式改革。完善公共财政预算，细化政府性基金预算，扩大国有资本经营预算实施范围并完善相关政策措施，继续试编全国社会保险基金预算。全面取消预算外资金，将所有政府性收入全部纳入预算管理。深入推进部门预算、国库集中收付、政府采购等预算管理制度改革。建立健全预算绩效管理制度。研究推进政府会计改革，探索试编政府资产负债表。在一些生产性服务业领域推行增值税改革试点，相应调减营业税，从制度上逐步解决货物与劳务税收政策不统一的问题。完善消费税制度，将部分容易产生环境污染、大量消耗资源的产品以及部分高档消费品纳入消费税的征收范围。健全个人所得税制度，提高个人所得税工薪所得费用扣除标准，合理调整税率结构，降低中低收入者税负，强化对高收入的调节。进一步推进资源税改革。按照“正税清费”的原则，清理政府非税收入，提高税收收入占财政收入的比重。

（三）加强财政科学化精细化管理，努力提高财政资金绩效。加强财政法制体系建设，加快预算法、个人所得税法修订和增值税立法。进一步规范预算编制程序，细化预算编制内容，切实减少代编预算规模，继续提高预算年初到位率，严格部门预算管理。将预算编制与预算执行、结余结转资金管理和行政事业单位资产管理有机结合。狠抓预算执行管理，提高预算执行的及时性、均衡性和有效性。完善财政资金管理制度，严格财政监督，健全覆盖所有政府性资金和财政运行全过程的监督机制，切实维护资金安全。继续开展重大财税政策实施情况专项检查。积极推进全过程财政预算绩效管理试点。加快推进预算公开，进一步细化预算公开内容，推进基层财政部门和有关部门向社会公开重点民生支出情况，抓紧做好行政经费等支出公开的有关工作。继续推进“小金库”专项治理，切实抓好强农惠农资金和重点民生资金的监督检查工作。加强财政管理基础工作和基层建设。强化地方政府性债务管理，努力防范财政风险。抓紧建立融资平台公司债务全口径动态监控制度，规范融资平台公司债务管理。加快构建地方政府性债务规模控制和风险预警机制，促进地方政府举债融资的规范化。

（四）坚持勤俭节约，狠抓增收节支。强化收入形势监测，依法加强税收征管，坚决制止和纠正越权减免税收，强化非税收入管理，严厉打击发票违法犯罪活动，努力做到依法征管、应收尽收，确保完成财政收入预算。压缩一般性支出，对出国（境）经费、车辆购置及运行费、公务接待费等支出原则上实行零增长，严格控制党政机关办公楼等楼堂馆所建设，严禁超标准装修办公用房，努力降低行政成本。牢记“两个务必”，树立过紧日子的思想，严肃财经纪律，坚决反对铺张浪费。

各位代表，完成2011年预算意义重大。我们要在以胡锦涛同志为总书记的党中央领导下，高举中国特色社会主义伟大旗帜，坚持以邓小平理论和“三个代表”重要思想为指导，深入贯彻落实科学发展观，自觉接受全国人大的监督，虚心听取全国政协的意见和建议，开拓进取，扎实工作，确保圆满完成预算，为全面实现2011年经济社会发展各项目标做出积极贡献！

中华人民共和国 2010 年国民经济和社会发展统计公报[1]

中华人民共和国国家统计局

2011 年 2 月 28 日

2010 年，面对复杂多变的国内外经济环境和各种重大挑战，全国各族人民在党中央、国务院的坚强领导下，以邓小平理论和“三个代表”重要思想为指导，深入贯彻落实科学发展观，坚持实施应对国际金融危机冲击的一揽子计划，加快转变经济发展方式和经济结构战略性调整，国民经济保持了平稳较快发展，各项社会事业取得新的进步。

一、综合

初步核算，全年国内生产总值[2]397983 亿元，比上年增长 10.3%。其中，第一产业增加值 40497 亿元，增长 4.3%；第二产业增加值 186481 亿元，增长 12.2%；第三产业增加值 171005 亿元，增长 9.5%。第一产业增加值占国内生产总值的比重为 10.2%，第二产业增加值比重为 46.8%，第三产业增加值比重为 43.0%。

居民消费价格一季度同比上涨 2.2%，二季度上涨 2.9%，三季度上涨 3.5%，四季度上涨 4.7%，

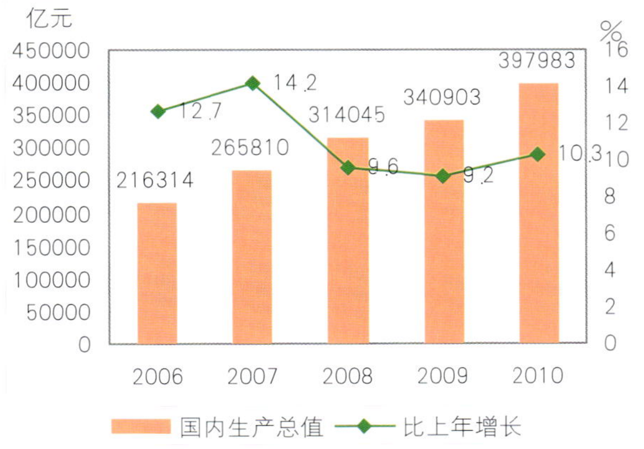

图 1 2006—2010 年国内生产总值及其增长速度

全年平均比上年上涨 3.3%，其中食品价格上涨 7.2%。固定资产投资价格上涨 3.6%。工业品出厂价格上涨 5.5%。原材料、燃料、动力购进价格上涨 9.6%。农产品生产价格上涨 10.9%。

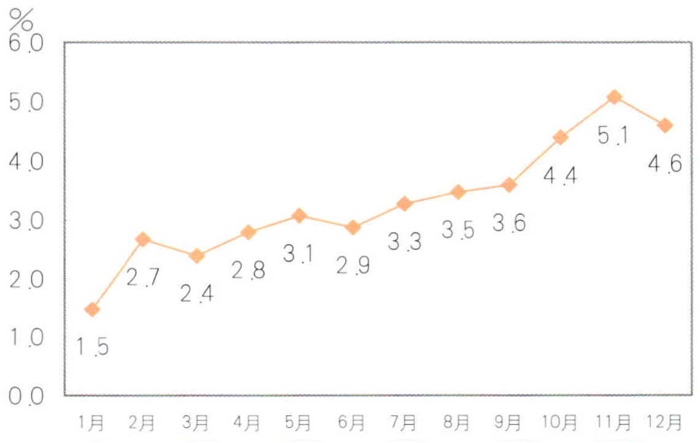

图 2 2010 年居民消费价格涨跌幅度（月度同比）

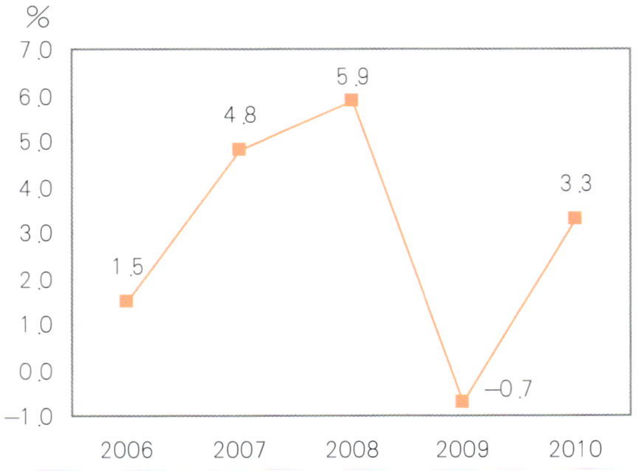

图 3 2006—2010 年居民消费价格涨跌幅度

70 个大中城市房屋及新建商品住宅销售价格月度同比涨幅呈现先上升后回落趋势。

全年城镇新增就业 1168 万人，比上年增加 66 万人。年末城镇登记失业率为 4.1%，比上

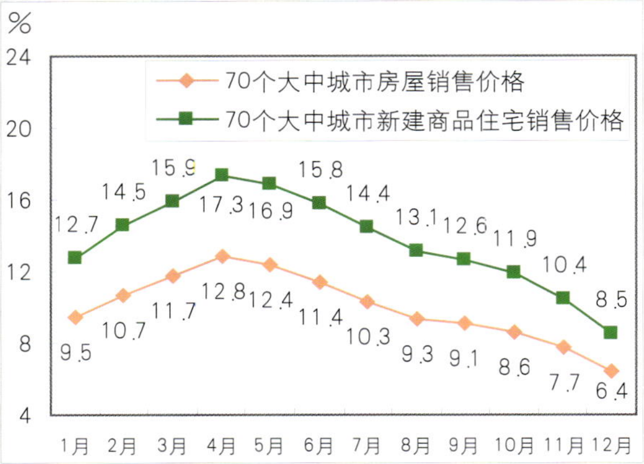

图 4　2010 年 70 个大中城市房屋及新建商品住宅销售价格涨跌幅度（月度同比）

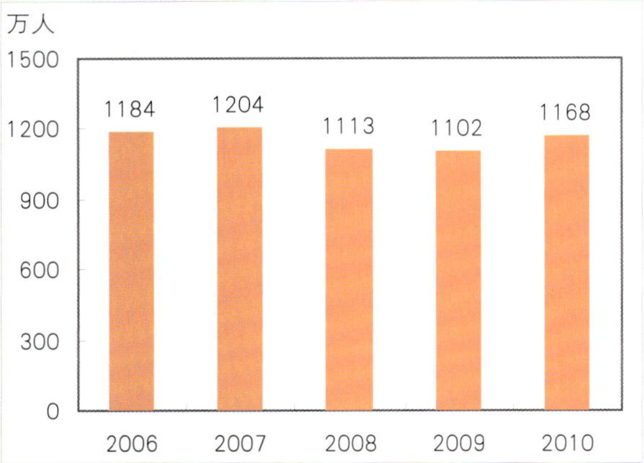

图 5　2006–2010 年城镇新增就业人数

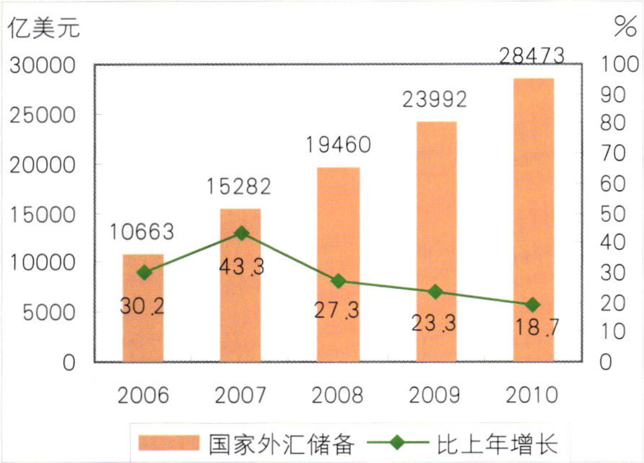

图 6　2006–2010 年年末国家外汇储备及其增长速度

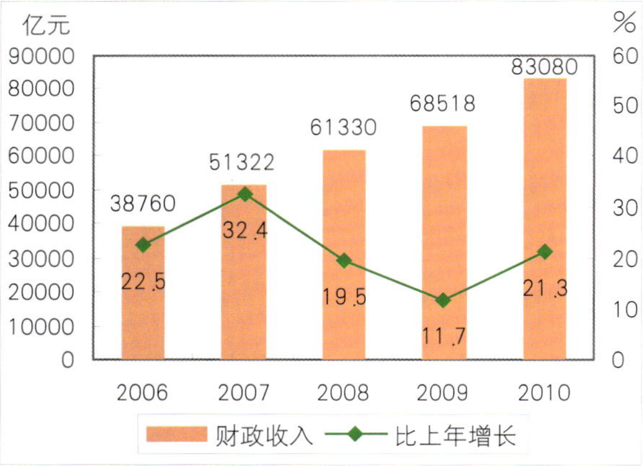

图 7　2006–2010 年财政收入及其增长速度

表 1　2010 年居民消费价格比上年涨跌幅度

单位：%

指　标	全国	城市	农村
居民消费价格	3.3	3.2	3.6
食品	7.2	7.1	7.5
其中：粮食	11.8	11.5	12.3
肉禽及其制品	2.9	2.6	3.5
油脂	3.8	3.4	4.4
蛋	8.3	8.4	8.2
鲜菜	18.7	17.8	21.3
鲜果	15.6	15.0	17.5
非食品	1.4	1.3	1.8
其中：家庭设备用品及维修服务	0.0	−0.1	0.1
医疗保健和个人用品	3.2	3.2	3.2
交通和通信	−0.4	−0.6	0.3
居住	4.5	4.5	4.5

年末下降 0.2 个百分点。全年农民工 [3] 总量为 24223 万人，比上年增长 5.4%。其中，外出农民工 15335 万人，增长 5.5%；本地农民工 8888 万人，增长 5.2%。

年末国家外汇储备 28473 亿美元，比上年末增加 4481 亿美元。年末人民币汇率为 1 美元兑 6.6227 元人民币，比上年末升值 3.0%。

全年财政收入 83080 亿元，比上年增加 14562 亿元，增长 21.3%；其中税收收入 73202 亿元，增加 13680 亿元，增长 23.0%。

二、农业

全年粮食种植面积 10987 万公顷，比上年增加 89 万公顷；棉花种植面积 485 万公顷，减少 10 万公顷；油料种植面积 1397 万公顷，增加 32

万公顷;糖料种植面积192万公顷,增加3万公顷。

全年粮食产量54641万吨,比上年增加1559万吨,增产2.9%。其中,夏粮产量12310万吨,减产0.3%;早稻产量3132万吨,减产6.1%;秋粮产量39199万吨,增产4.8%。

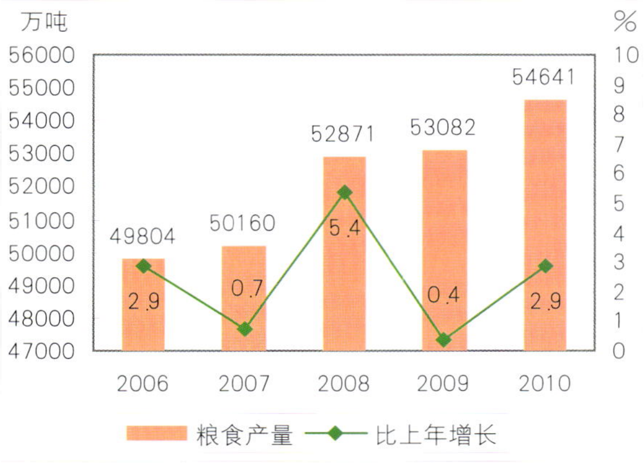

图8 2006—2010年粮食产量及其增长速度

全年棉花产量597万吨,比上年减产6.3%。油料产量3239万吨,增产2.7%。糖料产量12045万吨,减产1.9%。烤烟产量271万吨,减产3.9%。茶叶产量145万吨,增产6.4%。

全年肉类总产量7925万吨,比上年增长3.6%。其中,猪肉产量5070万吨,增长3.7%;牛肉产量653万吨,增长2.7%;羊肉产量398万吨,增长2.2%。生猪年末存栏46440万头,下降1.2%;生猪出栏66700万头,增长3.3%。禽蛋产量2765万吨,增长0.8%。牛奶产量3570万吨,增长1.5%。

全年水产品产量5366万吨,增长4.9%。其中,养殖水产品产量3850万吨,增长6.3%;捕捞水产品产量1516万吨,增长1.4%。

全年木材产量7284万立方米,比上年增长3.1%。

全年新增有效灌溉面积163.4万公顷,新增节水灌溉面积197.5万公顷。

三、工业和建筑业

全年全部工业增加值160030亿元,比上年增长12.1%。规模以上工业增加值增长15.7%。在规模以上工业中,国有及国有控股企业增长13.7%;集体企业增长9.4%,股份制企业增长16.8%,外商及港澳台商投资企业增长14.5%;私营企业增长20.0%。轻工业增长13.6%,重工业增长16.5%。

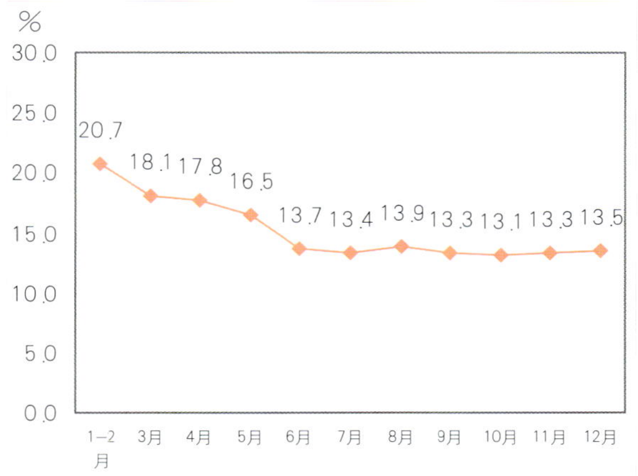

图9 2010年规模以上工业增加值增长速度(月度同比)

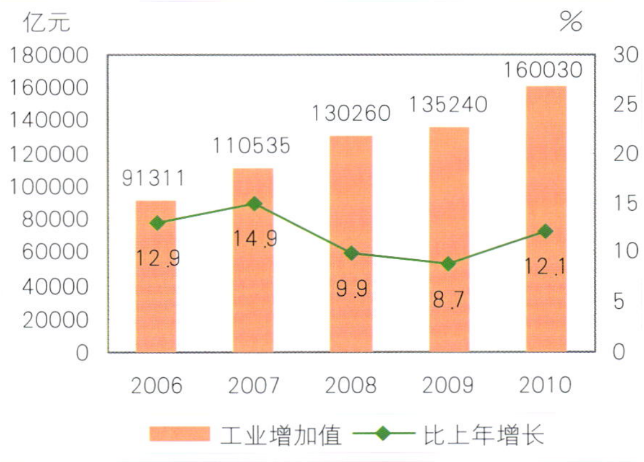

图10 2006—2010年全部工业增加值及其增长速度

全年规模以上工业中,农副食品加工业增加值比上年增长15.0%;纺织业增长11.6%;通用设备制造业增长21.7%;专用设备制造业增长20.6%;交通运输设备制造业增长22.4%,其中汽车制造增长24.8%,铁路运输设备制造增长25.4%;通信设备、计算机及其他电子设备制造业增长16.9%;电气机械及器材制造业增长18.7%。六大高耗能行业[4]比上年增长13.5%,其中,非金属矿物制品业增长20.3%,化学原料及化学制品制造业增长15.5%，有色金属冶炼及压延加工业增长13.2%，黑色金属冶炼及压延加工业增长11.6%，电力、热力的生产和供应业增长11.0%，石油加工、炼焦及核燃料加工业增长9.6%。高技术制造业增加值比上年增长16.6%。

表2　2010年主要工业产品产量及其增长速度

产品名称	单位	产量	比上年增长%
纱	万吨	2717.0	13.5
布	亿米	800.0	6.2
化学纤维	万吨	3090.0	12.5
成品糖	万吨	1102.9	–17.6
卷烟	亿支	23752.6	3.7
彩色电视机	万台	11830.0	19.5
其中：液晶电视机	万台	8937.5	32.1
家用电冰箱	万台	7300.8	23.1
房间空气调节器	万台	10899.6	34.9
一次能源生产总量	亿吨标准煤	29.9	8.7
原煤	亿吨	32.4	8.9
原油	亿吨	2.03	7.1
天然气	亿立方米	967.6	13.5
发电量	亿千瓦小时	42065.4	13.2
其中：火电	亿千瓦小时	33301.3	11.6
水电	亿千瓦小时	7210.2	17.1
核电	亿千瓦小时	738.8	5.3
粗钢	万吨	62695.9	9.6
钢材[5]	万吨	79775.5	14.9
十种有色金属	万吨	3092.6	16.8
其中：精炼铜（电解铜）	万吨	457.3	10.6
原铝（电解铝）	万吨	1565.0	21.4
氧化铝	万吨	2893.9	21.6
水泥	亿吨	18.8	14.4
硫酸	万吨	7090.8	19.0
纯碱	万吨	2029.3	4.3
烧碱	万吨	2086.7	13.9
乙烯	万吨	1418.9	32.3
化肥（折100%）	万吨	6740.6	5.6
发电机组（发电设备）	万千瓦	12880.2	9.8
汽车	万辆	1826.99	32.4
其中：轿车	万辆	957.6	27.9
大中型拖拉机	万台	38.4	3.3
集成电路	亿块	652.5	57.4
程控交换机	万线	3133.3	–24.5
移动通信手持机	万台	99827.4	46.4
微型计算机设备	万台	24584.5	35.0

1–11月规模以上工业企业累计实现利润38828亿元，比上年同期增长49.4%。

表3　2010年1–11月规模以上工业企业实现利润及其增长速度

单位：亿元

指　标	利润总额	比上年同期增长%
规模以上工业	38828	49.4
其中：国有及国有控股企业	11924	59.1
其中：集体企业	689	34.6
股份制企业	21100	49.4
外商及港澳台商投资企业	11131	46.3
其中：私营企业	10430	49.4

全年全社会建筑业增加值26451亿元，比上年增长12.6%。全国具有资质等级的总承包和专业承包建筑业企业实现利润3422亿元，增长25.9%，其中国有及国有控股企业990亿元，增长35.0%。

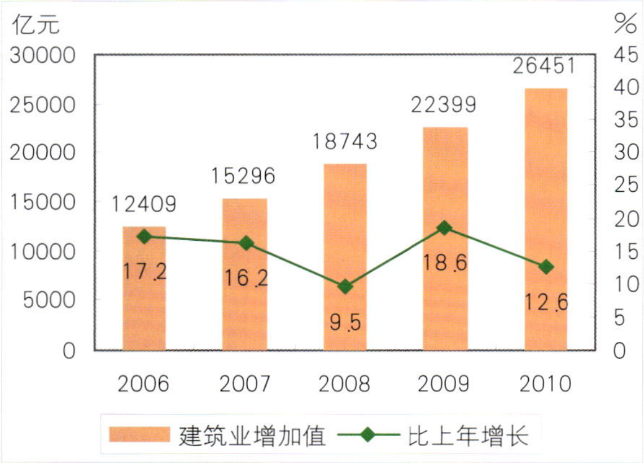

图11　2006–2010年建筑业增加值及其增长速度

四、固定资产投资

全年全社会固定资产投资278140亿元，比上年增长23.8%，扣除价格因素，实际增长19.5%。其中，城镇投资241415亿元，增长24.5%；农村投资36725亿元，增长19.7%。东

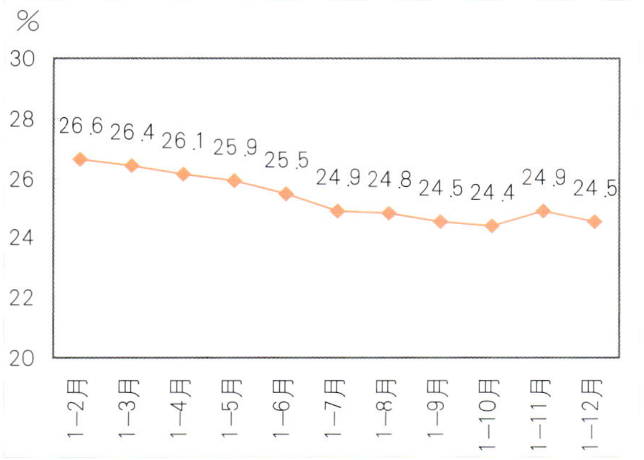

图 12　2010 年城镇固定资产投资增长速度（累计同比）

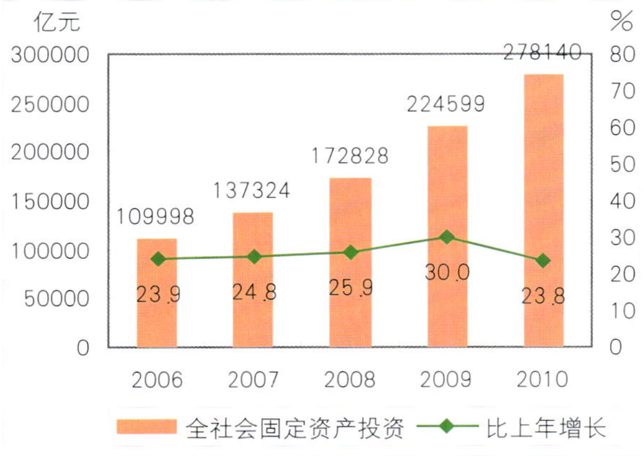

图 13　2006–2010 年全社会固定资产投资及其增长速度

部地区投资[6]115970 亿元，比上年增长 21.4%；中部地区投资 62894 亿元，增长 26.2%；西部地区投资 61875 亿元，增长 24.5%；东北地区投资 30726 亿元，增长 29.5%。

在城镇投资中，第一产业投资 3966 亿元，比上年增长 18.2%；第二产业投资 101048 亿元，增长 23.2%；第三产业投资 136401 亿元，增长 25.6%。

全年房地产开发投资 48267 亿元，比上年增长 33.2%。其中，商品住宅投资 34038 亿元，增长 32.9%；办公楼投资 1807 亿元，增长 31.2%；商业营业用房投资 5599 亿元，增长 33.9%。

全年各类保障性住房和棚户区改造住房开工 590 万套，基本建成 370 万套。

表 4　2010 年分行业城镇固定资产投资及其增长速度

单位：亿元

行　业	投资额	比上年增长%
总计	241415	24.5
农、林、牧、渔业	3966	18.2
采矿业	9653	18.1
其中：煤炭开采及洗选业	3770	23.3
石油和天然气开采业	2893	3.6
制造业	74528	27.0
其中：农副食品加工业	3626	28.1
食品制造业	1944	28.8
纺织业	2230	26.4
纺织服装、鞋、帽制造业	1412	34.4
石油加工、炼焦及核燃料加工业	2076	12.9
化学原料及化学制品制造业	6863	14.8
非金属矿物制品业	7556	28.0
黑色金属冶炼及压延加工业	3465	6.1
有色金属冶炼及压延加工业	2924	35.8
金属制品业	3622	28.6
通用设备制造业	5459	22.4
专用设备制造业	4154	35.1
交通运输设备制造业	6554	31.7
电气机械及器材制造业	4996	40.4
通信设备、计算机及其他电子设备制造业	3889	48.2
电力、燃气及水的生产和供应业	14535	7.3
其中：电力、热力的生产与供应业	11869	6.6
建筑业	2332	48.6
交通运输、仓储和邮政业	27820	19.5
信息传输、计算机服务和软件业	2392	–6.0
批发和零售业	5216	16.2
住宿和餐饮业	2971	27.6
金融业	476	36.5
房地产业[7]	57557	33.5
租赁和商务服务业	2490	32.4
科学研究、技术服务和地质勘查业	1288	18.8
水利、环境和公共设施管理业	22261	24.5
居民服务和其他服务业	758	46.1
教育	3717	14.6
卫生、社会保障和社会福利业	1967	15.9
文化、体育和娱乐业	2596	22.1
公共管理和社会组织	4891	21.2

表 5　2010 年固定资产投资新增主要生产能力

指　标	单位	绝对数
新增发电机组容量	万千瓦	9118
新增 22 万伏及以上变电设备	万千伏安	25816
新建铁路投产里程	公里	4986
其中：高速铁路	公里	1554
增建铁路复线投产里程	公里	3747
电气化铁路投产里程	公里	5948
新建公路	公里	104457
其中：高速公路	公里	8258
港口万吨级码头泊位新增吞吐能力	万吨	27202
新增光缆线路长度	万公里	166
新增数字蜂窝移动电话交换机容量	万户	6433

表 6　2010 年房地产开发和销售主要指标完成情况

指　标	单位	绝对数	比上年增长%
投资完成额	亿元	48267	33.2
其中：商品住宅	亿元	34038	32.9
其中：90 平方米以下住宅	亿元	10665	27.4
房屋施工面积	万平方米	405539	26.6
其中：商品住宅	万平方米	314943	25.3
房屋新开工面积	万平方米	163777	40.7
其中：商品住宅	万平方米	129468	38.8
房屋竣工面积	万平方米	75961	4.5
其中：商品住宅	万平方米	61216	2.7
商品房销售面积	万平方米	104349	10.1
其中：商品住宅	万平方米	93052	8.0
本年资金来源	亿元	72494	25.4
其中：国内贷款	亿元	12540	10.3
其中：个人按揭贷款	亿元	9211	7.6
本年购置土地面积	万平方米	40970	28.4
完成开发土地面积	万平方米	21254	-7.7
土地购置费	亿元	9992	65.9

五、国内贸易

全年社会消费品零售总额 156998 亿元，比上年增长 18.3%，扣除价格因素，实际增长 14.8%。按经营地统计[8]，城镇消费品零售额 136123 亿元，增长 18.7%；乡村消费品零售额 20875 亿元，增长 16.2%。按消费形态统计，商

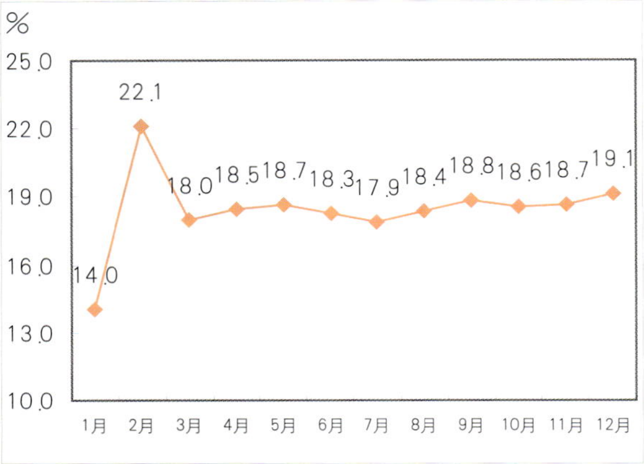

图 14　2010 年社会消费品零售总额增长速度（月度同比）

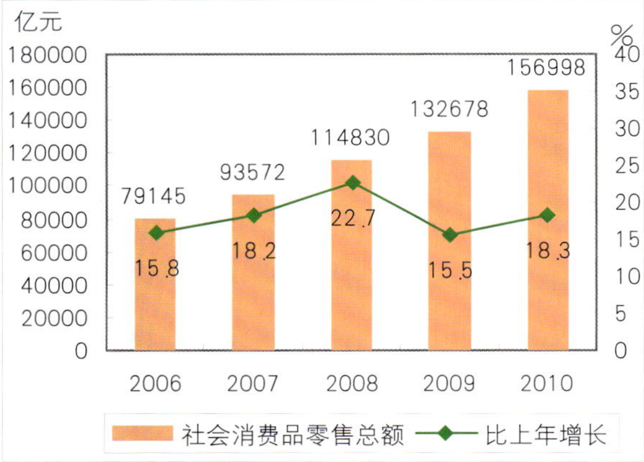

图 15　2006—2010 年社会消费品零售总额及其增长速度

品零售额 139350 亿元，增长 18.4%；餐饮收入额 17648 亿元，增长 18.1%。

在限额以上企业商品零售额中，汽车类零售额比上年增长 34.8%，粮油类增长 27.9%，肉禽蛋类增长 21.7%，服装类增长 25.8%，日用品类增长 25.1%，文化办公用品类增长 23.5%，通讯器材类增长 21.8%，化妆品类增长 16.6%，金银珠宝类增长 46.0%，中西药品类增长 23.5%，家用电器和音像器材类增长 27.7%，家具类增长 37.2%，建筑及装潢材料类增长 32.3%。

六、对外经济

全年货物进出口总额 29728 亿美元，比上年增长 34.7%。其中，货物出口 15779 亿美

表 7 2010 年货物进出口总额及其增长速度

单位：亿美元

指 标	绝对数	比上年增长%
货物进出口总额	29728	34.7
货物出口额	15779	31.3
其中：一般贸易	7207	36.0
加工贸易	7403	26.2
其中：机电产品	9334	30.9
高新技术产品	4924	30.7
其中：国有企业	2344	22.7
外商投资企业	8623	28.3
其他企业	4813	42.2
货物进口额	13948	38.7
其中：一般贸易	7680	43.7
加工贸易	4174	29.5
其中：机电产品	6603	34.4
高新技术产品	4127	33.2
其中：国有企业	3876	34.3
外商投资企业	7380	35.3
其他企业	2693	56.6
进出口差额（出口减进口）	1831	—

元，增长 31.3%；货物进口 13948 亿美元，增长 38.7%。进出口差额（出口减进口）1831 亿美元，比上年减少 126 亿美元。

全年非金融领域新批外商直接投资企业 27406 家，比上年增长 16.9%。实际使用外商直接投资金额 1057 亿美元，增长 17.4%。

全年非金融类对外直接投资额 590 亿美元，比上年增长 36.3%。

全年对外承包工程业务完成营业额 922 亿美元，比上年增长 18.7%；对外劳务合作完成营业额 89 亿美元，与上年持平。

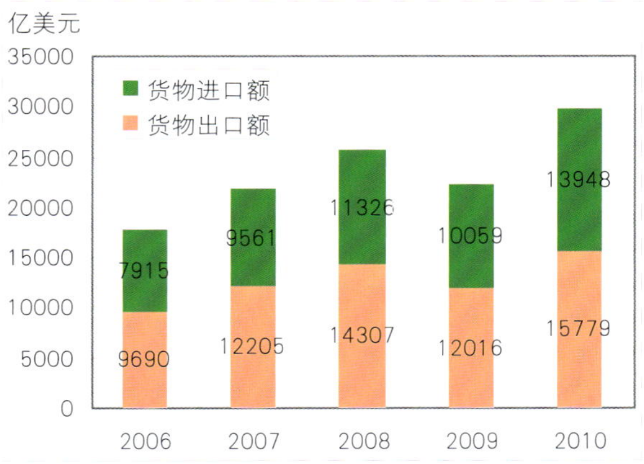

图 16 2006—2010 年货物进出口总额

表 8 2010 年主要商品出口数量、金额及其增长速度

商品名称	单位	数量	比上年增长%	金额（亿美元）	比上年增长%
煤	万吨	1903	-15.0	23	-5.2
钢材	万吨	4256	73.0	368	65.3
纺织纱线、织物及制品	——	—	—	771	28.4
服装及衣着附件	——	—	—	1295	20.9
鞋类	——	—	—	356	27.1
家具及其零件	——	—	—	330	30.3
自动数据处理设备及其部件	万台	166724	27.4	1640	34.0
手持或车载无线电话	万台	75789	30.0	467	18.2
集装箱	万个	250	263.7	72	274.9
液晶显示板	万个	224976	16.9	265	37.7
汽车（包括整套散件）	万辆	54	53.2	62	32.1

表 9　2010 年主要商品进口数量、金额及其增长速度

商品名称	数量（万吨）	比上年增长（%）	金额（亿美元）	比上年增长（%）
谷物及谷物粉	571	81.2	15	70.1
大豆	5480	28.8	251	33.5
食用植物油	687	-15.8	60	2.2
铁矿砂及其精矿	61863	-1.4	794	58.4
氧化铝	431	-16.1	15	14.9
煤	16478	30.9	169	60.1
原油	23931	17.5	1352	51.4
成品油	3688	-0.1	223	31.3
初级形状的塑料	2391	0.4	436	25.2
纸浆	1137	-16.9	88	28.8
钢材	1643	-6.8	201	3.3
未锻造的铜及铜材	429	0.0	327	44.4

表 10　2010 年对主要国家和地区货物进出口额及其增长速度

单位：亿美元

国家和地区	出口额	比上年增长（%）	进口额	比上年增长（%）
欧盟	3112	31.8	1685	31.9
美国	2833	28.3	1020	31.7
中国香港	2183	31.3	123	40.9
东盟	1382	30.1	1546	44.8
日本	1211	23.7	1767	35.0
韩国	688	28.1	1384	35.0
印度	409	38.0	208	51.8
中国台湾	297	44.8	1157	35.0
俄罗斯	296	69.0	258	21.7

表 11　2010 年非金融领域外商直接投资及其增长速度

行　业	企业数（家）	比上年增长（%）	实际使用金额（亿美元）	比上年增长（%）
总计	27406	16.9	1057.4	17.4
其中：制造业	11047	13.1	495.9	6.0
电力、燃气及水的生产和供应业	210	-11.8	21.2	0.6
交通运输、仓储和邮政业	396	0.3	22.4	-11.2
信息传输、计算机服务和软件业	1046	-3.2	24.9	10.7
批发和零售业	6786	33.1	66.0	22.4
房地产业	689	21.1	239.9	42.8
租赁和商务服务业	3418	19.3	71.3	17.3
居民服务和其他服务业	217	4.8	20.5	29.4

七、交通、邮电和旅游

全年货物运输总量320亿吨，比上年增长13.4%。货物运输周转量137329亿吨公里，增长12.4%。

表12 2010年各种运输方式完成货物运输量及其增长速度

指标	单位	绝对数	比上年增长(%)
货物运输总量	亿吨	320.3	13.4
铁路	亿吨	36.4	9.3
公路	亿吨	242.5	14.0
水运	亿吨	36.4	14.0
民航	万吨	557.4	25.1
管道	亿吨	4.9	10.3
货物运输周转量	亿吨公里	137329.0	12.4
铁路	亿吨公里	27644.1	9.5
公路	亿吨公里	43005.4	15.6
水运	亿吨公里	64305.3	11.7
民航	亿吨公里	176.6	39.9
管道	亿吨公里	2197.6	8.7

表13 2010年各种运输方式完成旅客运输量及其增长速度

指标	单位	绝对数	比上年增长(%)
旅客运输总量	亿人	328.0	10.2
铁路	亿人	16.8	9.9
公路	亿人	306.3	10.2
水运	亿人	2.2	-0.7
民航	亿人	2.7	15.8
旅客运输周转量	亿人公里	27779.2	11.9
铁路	亿人公里	8762.2	11.2
公路	亿人公里	14913.9	10.4
水运	亿人公里	71.5	3.1
民航	亿人公里	4031.6	19.4

全年规模以上港口完成货物吞吐量80.2亿吨，比上年增长15.0%，其中外贸货物吞吐量24.6亿吨，增长13.6%。港口集装箱吞吐量14500万标准箱，增长18.8%。

年末全国民用汽车保有量达到9086万辆（包括三轮汽车和低速货车1284万辆），比上年末增长19.3%，其中私人汽车保有量6539万辆，增长25.3%。民用轿车保有量4029万辆，增长28.4%，其中私人轿车3443万辆，增长32.2%。

全年完成邮电业务总量[9]32940亿元，比上年增长20.6%。其中，邮政业务总量1985亿元，增长21.6%；电信业务总量30955亿元，增长20.5%。全年局用交换机容量减少2707万门，总容量46559万门；新增移动电话交换机容量[10]6433万户，达到150518万户。固定电话年末用户29438万户。其中，城市电话用户19662万户，农村电话用户9776万户。新增移动电话用户11179万户，年末达到85900万户。其中，3G移动电话用户[11]4705万户。年末全国固定及移动电话用户总数达到115339万户，比上年末增加9244万户。电话普及率达到86.5部/百人。互联网上网人数4.57亿人，其中宽带上网人数4.50亿人；互联网普及率达到34.3%。

全年国内出游人数达21.0亿人次，比上年增长10.6%；国内旅游收入12580亿元，增长23.5%。入境旅游人数13376万人次，增长5.8%。其中，外国人2613万人次，增长19.1%；香港、澳门和台湾同胞10764万人次，增长3.0%。在入

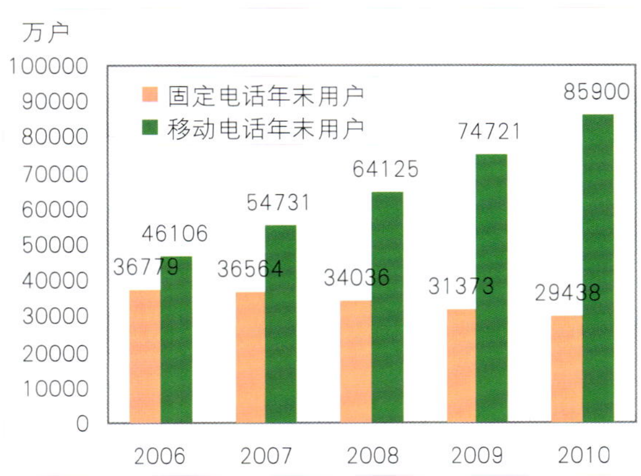

图17 2006—2010年年末电话用户数

境旅游者中，过夜旅游者5566万人次，增长9.4%。国际旅游外汇收入458亿美元，增长15.5%。国内居民出境人数达5739万人次，增长20.4%。其中因私出境5151万人次，增长22.0%，占出境人数的89.8%。

八、金融

年末广义货币供应量（M2）余额为72.6万亿元，比上年末增长19.7%；狭义货币供应量（M1）余额为26.7万亿元，增长21.2%；流通中现金（M0）余额为4.5万亿元，增长16.7%。

年末全部金融机构本外币各项存款余额73.3万亿元，比年初增加12.1万亿元。其中人民币各项存款余额71.8万亿元，增加12.0万亿元。全部金融机构本外币各项贷款余额50.9万亿元，增加8.4万亿元。其中人民币各项贷款余额47.9万亿元，增加7.9万亿元。

表14　2010年全部金融机构本外币存贷款及其增长速度

单位：亿元

指　标	年末数	比上年末增长%
各项存款余额	733382	19.8
其中：企业存款	252960	12.7
城乡居民储蓄存款	307166	16.0
其中：人民币	303302	16.3
各项贷款余额	509226	19.7
其中：短期贷款	171236	13.1
中长期贷款	305127	29.5

全年农村金融合作机构（农村信用社、农村合作银行、农村商业银行）人民币贷款余额5.7万亿元，比年初增加9655亿元。全部金融机构人民币消费贷款余额7.5万亿元，增加18866亿元。其中，个人短期消费贷款余额1.0万亿元，增加2935亿元；个人中长期消费贷款余额6.5万亿元，增加15931亿元。

全年上市公司通过境内市场累计筹资10257亿元，比上年增加5666亿元。其中，首次公开发行A股347只，筹资4883亿元，增加3004亿元；A股再筹资（包括配股、公开增发、非公开增发、认股权证）筹资4072亿元，增加2057亿元；上市公司通过发行可转债、可分离债、公司债筹资1320亿元，增加605亿元。全年公开发行创业板股票117只，筹资963亿元。

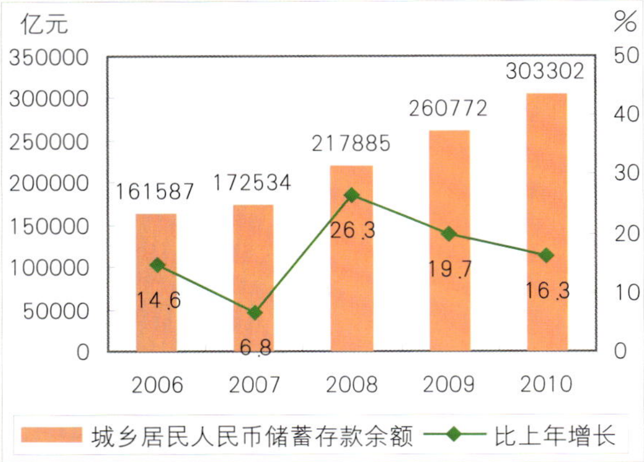

图18　2006—2010年城乡居民人民币储蓄存款余额及其增长速度

全年发行非上市公司企业（公司）债券3627亿元，比上年减少625亿元。企业发行短期融资券6742亿元，增加2130亿元；中期票据4924亿元，减少1961亿元。发行中小企业集合票据47亿元。

全年保险公司原保险保费收入[12]14528亿元，比上年增长30.4%，其中寿险业务原保险保费收入9680亿元；健康险和意外伤害险业务原保险保费收入952亿元；财产险业务原保险保费收入3896亿元。支付各类赔款及给付3200亿元，其中寿险业务给付1109亿元；健康险和意外伤害险赔款及给付335亿元；财产险业务赔款1756亿元。

九、教育、科学技术和文化

全年研究生教育招生53.8万人，在学研究生153.8万人，毕业生38.4万人。普通高等教育本专科招生661.8万人，在校生2231.8万人，毕业生575.4万人。各类中等职业教育招生868.1万人，在校生2231.8万人，毕业生659.2万人。全国普通高中招生836.2万人，在校生

2427.3万人，毕业生794.4万人。全国初中招生1716.6万人，在校生5279.3万人，毕业生1750.4万人。普通小学招生1691.7万人，在校生9940.7万人，毕业生1739.6万人。特殊教育招生6.5万人，在校生42.6万人。幼儿园在园幼儿2976.7万人。

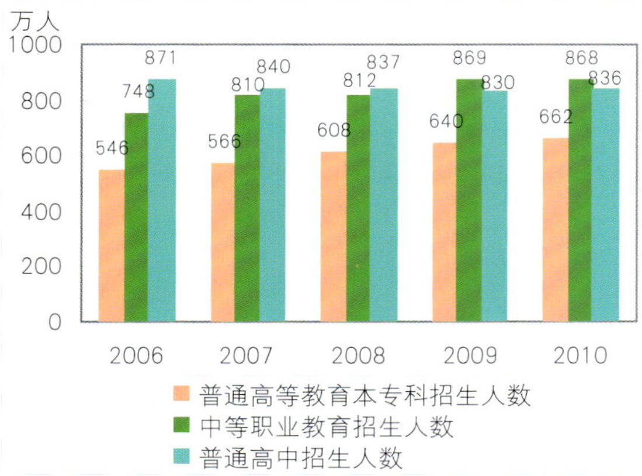

图19　2006–2010年普通高等教育、中等职业教育及普通高中招生人数

全年研究与试验发展（R&D）经费支出6980亿元，比上年增长20.3%，占国内生产总值的1.75%，其中基础研究经费328亿元。全年国家安排了326项科技支撑计划课题，308项"863"计划课题。累计建设国家工程研究中心127个，国家工程实验室91个。国家认定企业技术中心达到729家。省级企业技术中心达到5532家。实施新兴产业创投计划，累计支持设立20家创业投资企业，投资创业企业46家。全年受理境内外专利申请122.2万件，其中境内申请108.4万件，占88.7%。受理境内外发明专利申请39.1万件，其中境内申请28.1万件，占71.9%。全年授予专利权81.5万件，其中境内授权71.9万件，占88.2%。授予发明专利权13.5万件，其中境内授权7.4万件，占54.8%。截至年底，有效专利221.6万件，其中境内有效专利173.2万件，占78.2%；有效发明专利56.5万件，其中境内有效发明专利23.0万件，占40.7%。全年共签订技术合同23.0万项，技术合同成交金额3906亿元，比上年增长28.5%。全年成功发射卫星15次。嫦娥二号卫星成功发射。

年末全国共有产品检测实验室27000个，其中国家检测中心443个。全国现有产品质量、体系认证机构171个，已累计完成对79850个企业的产品认证[13]。全国共有法定计量技术机构3309个，全年强制检定计量器具4467万台（件）。全年制定、修订国家标准2860项，其中新制定2123项。全年中央气象台和省级气象台共发布气象预警信号5149次，警报6559次。全国共有地震台站1477个，地震遥测台网32个。全国共有海洋观测站71个。测绘部门公开出版地图1944种，测绘图书806种。

年末全国文化系统共有艺术表演团体2515个，博物馆2141个，全国共有公共图书馆2860个，文化馆3258个。广播电台227座，电视台247座，广播电视台2120座，教育电视台44个。有线电视用户18730万户，有线数字电视用户8798万户。年末广播节目综合人口覆盖率为96.8%；电视节目综合人口覆盖率为97.6%。全年生产电视剧436部14685集，动画电视221456分钟。全年生产故事影片526部，科教、纪录、动画和特种影片[14]95部。出版各类报纸448亿份，各类期刊32亿册，图书74亿册（张）。年末全国共有档案馆4077个，已开放各类档案9035万卷（件）。

全年运动健儿在22个项目中共获得108个世界冠军，8人5队15次创15项世界纪录。在第十六届广州亚运会上，中国体育代表团共获得199枚金牌、119枚银牌、98枚铜牌，奖牌总数416枚。在广州亚残运会上，中国体育代表团共获得185枚金牌、118枚银牌、88枚铜牌，奖牌总数391枚。

新中国第一次承办了世界博览会。上海世博会历时184天，共有246个国家和国际组织参展，其中国家190个，国际组织56个。全国31个省（区、市）和港澳台地区全部参展。累计参观者7308万人次。

十、卫生和社会服务

年末全国共有卫生机构[15]93.9万个，其中医院、卫生院6.0万个，社区卫生服务中心（站）3.1万个，诊所（卫生所、医务室）17.4万个，村卫生室65.1万个，疾病预防控制中心3491个，卫生监督所（中心）2851个。卫生技术人员584万人，其中执业医师和执业助理医师237万人，注册护士205万人。医院和卫生院床位437万张。乡镇卫生院3.8万个，床位100万张，卫生技术人员96.4万人。全年甲、乙类法定报告传染病发病人数341.4万例，报告死亡15950人；报告传染病发病率255.80/10万，死亡率1.20/10万。

年末全国共有各类提供住宿的收养性社会服务机构4.0万个，床位312.3万张，收养各类人员236.5万人。其中，农村养老服务机构3.1万个，床位213.9万张，收养各类人员170.4万人。各类社区服务设施18.0万个，其中，社区服务中心11400个，社区服务站5.1万个。全年救助城市医疗困难群众373.6万人次，救助农村医疗困难群众813.8万人次；资助1237.4万城镇困难群众参加城镇医疗保险，资助4223.7万农村困难群众参加新型农村合作医疗。

十一、人口、人民生活和社会保障

初步预计，年末全国总人口[16]134100万人。

全年农村居民人均纯收入5919元，剔除价格因素，比上年实际增长10.9%；城镇居民人均可支配收入19109元，实际增长7.8%。农村居民家庭食品消费支出占消费总支出的比重为41.1%，城镇为35.7%。按2010年农村贫困标准1274元测算，年末农村贫困人口为2688万人，比上年末减少909万人。

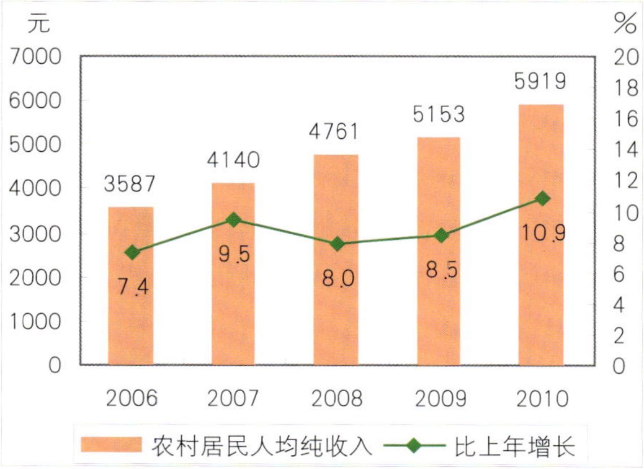

图20 2006-2010年农村居民人均纯收入及其增长速度

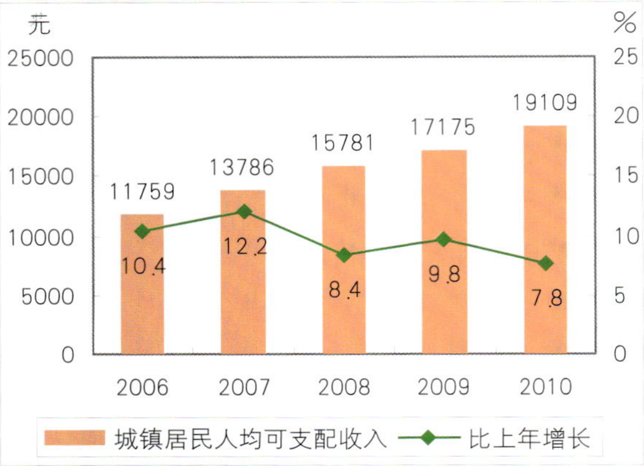

图21 2006-2010年城镇居民人均可支配收入及其增长速度

年末全国参加城镇基本养老保险人数25673万人，比上年末增加2123万人。其中参保职工19374万人，参保离退休人员6299万人。参加城镇基本医疗保险的人数43206万人，增加3059万人。其中，参加城镇职工基本医疗保险[17]人数23734万人，参加城镇居民基本医疗保险人数19472万人。参加城镇医疗保险的农民工4583万人，增加249万人。参加失业保险的人数13376万人，增加660万人。参加工伤保险的人数16173万人，增加1278万人。其中参加工伤保险农民工6329万人，增加741万人。参加生育保险的人数12306万人，增加1430万人。2678个县（市、区）开展了新型农村合作医疗工作，新型农村合作医疗参合率96.3%。新型农村合作医疗基金支出总额为832亿元，累计受益7.0亿人次。全国列入国家新型农村社会养老保险试点地区参保人数10277万人。年末全国领取失业保险金人数为209万人。

全年2311.1万城市居民得到政府最低生活保障，比上年减少34.5万人；5228.4万农村居民得到政府最低生活保障，增加468.4万人；554.9万农村居民得到政府五保救济[18]，增加1.5万人。

十二、资源、环境和安全生产

全年全国国有建设用地土地供应总量[19]42.8万公顷，比上年增长18.4%。其中，工矿仓储用地15.3万公顷，增长7.9%；商服用地3.9万公顷，增长40.4%；住宅用地11.4万公顷，增长40.3%；基础设施等其他用地12.2万公顷，增长10.2%。全年全国105个重点监测城市综合地价[20]比上年上涨8.6%，其中商业地价上涨10.0%，居住地价上涨11.0%，工业地价上涨5.3%。

全年水资源总量28470亿立方米，比上年增加17.7%。全年平均降水量682毫米，增加15.4%。年末全国422座大型水库蓄水总量2091亿立方米，比上年末多蓄水284亿立方米。全年总用水量5990亿立方米，比上年增加0.4%。其中，生活用水增加2.9%，工业用水增加1.4%，农业用水减少0.6%，生态补水增加6.8%。万元国内生产总值用水量[21]190.6立方米，比上年下降9.1%。万元工业增加值用水量105.0立方米，下降9.6%。

全年完成造林面积592万公顷，其中人工造林389万公顷。林业重点工程完成造林面积346万公顷，占全部造林面积的58.4%。截至年底，自然保护区达到2588个，其中国家级自然保护区319个。新增综合治理水土流失面积4.2万平方公里，新增实施水土流失地区封育保护面积2.5万平方公里。截至年底，已确权集体林地面积为16204万公顷，其中发放林权证的面积为13396万公顷。

全年平均气温为9.5℃，共有7个台风登陆。

初步核算，全年能源消费总量32.5亿吨标准煤，比上年增长5.9%。煤炭消费量增长5.3%；原油消费量增长12.9%；天然气消费量增长18.2%；电力消费量增长13.1%。全国万元国内生产总值能耗下降4.01%。主要原材料消费中，钢材消费量7.7亿吨，增长12.4%；精炼铜消费量792万吨，增长5.1%；电解铝消费量1526万吨，增长6.0%；乙烯消费量1419万吨，增长32.3%；水泥消费量18.6亿吨，增长14.5%。

七大水系的408个水质监测断面中，Ⅰ～Ⅲ类水质断面比例占59.6%，比上年提高2.2个百分点；劣Ⅴ类水质断面比例占16.4%，下降2.0个百分点。七大水系水质总体上持续好转，部分流域污染仍然严重。

近岸海域298个海水水质监测点中，达到国家一、二类海水水质标准的监测点占62.8%，比上年下降10.1个百分点；三类海水占14.1%，上升8.1个百分点；四类、劣四类海水占23.2%，上升2.1个百分点。

在监测的330个城市中，有273个城市空气质量达到二级以上（含二级）标准，占监测城市数的82.7%；有53个城市为三级，占16.1%；有4个城市为劣三级，占1.2%。在监测的331个城市中，城市区域声环境质量好的城市占6.3%，较好的占67.4%，轻度污染的占25.4%，中度污染的占0.9%。

年末城市污水处理厂日处理能力达10262万立方米，比上年末增长13.4%；城市污水处理率达到76.9%，提高1.6个百分点。集中供热面积39.1亿平方米，增长3.0%。建成区绿地率达到34.5%，提高0.3个百分点。

全年各类自然灾害造成直接经济损失5340亿元，比上年增加1.1倍。全年农作物受灾面积3743万公顷，减少20.7%。其中，绝收486万公顷，减少1.1%。全年因洪涝、滑坡和泥石流灾害造成直接经济损失3505亿元，增加4.4倍；死亡3101人。全年因旱灾造成直接经济损失757亿元，下降31.2%。全年因低温冷冻和雪灾造成直接经济损失318亿元，死亡51人。全年因海洋灾害造成直接经济损失149.4亿元，增加49.1%。全年累计发生赤潮面积10892平方公里，减少22.8%。全年大陆地区共发生5级以上地震17次，成灾10次，造成直接经济损失235.7亿元，死亡2705人。全年共发生森林火灾7723起，下降12.8%。

全年各类生产安全事故共死亡79552人，比上年下降4.4%。亿元国内生产总值生产安全事故死亡人数为0.201人，下降19.0%；工矿商贸企业就业人员10万人生产安全事故死亡人数为2.13人，下降11.3%；道路交通万车死亡人数为

3.2人，下降11.1%；煤矿百万吨死亡人数为0.749人，下降16.0%。

注释：

[1] 本公报中数据均为初步统计数。各项统计数据均未包括香港特别行政区、澳门特别行政区和台湾省。部分数据因四舍五入的原因，存在着与分项合计不等的情况。

[2] 国内生产总值、各产业增加值绝对数按现价计算，增长速度按不变价格计算。

[3] 年度农民工数量包括年内在本乡镇以外从业6个月以上的外出农民工和在本乡镇内从事非农产业6个月以上的本地农民工两部分。

[4] 六大高耗能行业分别为：化学原料及化学制品制造业、非金属矿物制品业、黑色金属冶炼及压延加工业、有色金属冶炼及压延加工业、石油加工炼焦及核燃料加工业、电力热力的生产和供应业。

[5] 钢材产量及消费量数据中均含部分使用钢材加工成其他钢材的重复计算因素。

[6] 固定资产投资按东部、中部、西部和东北地区计算的合计数据小于全国数据，是因为有部分跨地区的投资未计算在地区数据中。其中：东部地区是指北京、天津、河北、上海、江苏、浙江、福建、山东、广东和海南10省市；中部地区是指山西、安徽、江西、河南、湖北和湖南6省；西部地区是指内蒙古、广西、重庆、四川、贵州、云南、西藏、陕西、甘肃、青海、宁夏和新疆12省（区、市）；东北地区是指辽宁、吉林和黑龙江3省。

[7] 房地产业投资除房地产开发投资外，还包括建设单位自建房屋以及物业管理、中介服务和其他房地产投资。

[8] 从2010年起，社会消费品零售总额统计采用新的分组，即将经营单位所在地分组由“市”、“县”、“县以下”改为“城镇”、“乡村”；取消按行业分组，新设按“商品零售额”和“餐饮收入额”两种消费形态的分组。

[9] 邮电业务总量按2000年不变价格计算。

[10] 移动电话交换机容量是指移动电话交换机根据一定话务模型和交换机处理能力计算出来的最大同时服务用户的数量。

[11] 3G是指第三代蜂窝移动通信系统（3rd-generation，简称3G），3G移动电话用户是指报告期末在计费系统拥有使用信息、占用3G网络资源的在网用户。

[12] 原保险保费收入是指保险企业确认的原保险合同保费收入。

[13] 完成产品认证的企业口径有所调整，原口径仅包括强制性产品认证，2010年增加了非强制性产品认证。

[14] 特种影片是指那些采用与常规影院放映在技术、设备、节目方面不同的电影展示方式，如巨幕电影、立体电影、立体特效（4D）电影、动感电影、球幕电影等。

[15] 卫生机构口径有所调整，2010年数据含村级卫生室。

[16] 2010年末人口数为初步预计数，有关最终总人口数和结构数据以拟于2011年4月发布的第六次全国人口普查公报为准。

[17] 城镇职工基本医疗保险人数包括参保职工和参保退休人员。城镇居民基本医疗保险的参保对象是不属于城镇职工基本医疗保险覆盖范围的城镇非从业人员。

[18] 农村五保救济是指老年、残疾和未满16周岁的村民，无劳动能力、无生活来源又无法定赡养、抚养、扶养义务人，或者其法定赡养、抚养、扶养义务人无赡养、抚养、扶养能力的村民，在吃、穿、住、医、葬方面得到的生活照顾和物质帮助。

[19] 建设用地供应总量是指报告期市、县人民政府根据年度土地供应计划依法以出让、划拨、租赁等方式将国有建设用地使用权提供给单位或个人使用的国有建设用地总量。

[20] 地价是指根据国土资源部《城市地价动态监测技术规范》，以城市监测点地价为基础，综合土地市场和房地产市场交易价格测算反映城

市整体状况的土地价格水平。综合地价是指同一城市或地区的不同用途土地的平均价格水平。

[21] 万元国内生产总值用水量、万元国内生产总值能耗按2005年不变价格计算。

资料来源：

本公报中城镇新增就业、登记失业率、社会保障数据来自人力资源社会保障部；外汇储备和汇率数据来自外汇局；财政数据来自财政部；水产品产量数据来自农业部；木材产量、林业、森林火灾数据来自林业局；灌溉面积、水资源数据来自水利部；新增发电机组容量、新增22万伏及以上变电设备数据来自中电联；新建铁路投产里程、增建铁路复线投产里程、电气化铁路投产里程、铁路运输数据来自铁道部；新建公路、港口万吨级码头泊位新增吞吐能力、公路运输、水运、港口货物吞吐量数据来自交通运输部；新增光缆线路长度、新增数字蜂窝移动电话交换机容量、电话用户、上网人数等通信数据来自工业和信息化部；保障性住房、城市污水处理、集中供热面积、建成区绿地率来自住房城乡建设部；货物进出口数据来自海关总署；外商直接投资、对外直接投资、对外承包工程、对外劳务合作等数据来自商务部；民航数据来自民航局；管道数据来自中石油、中石化；民用汽车数据来自公安部；邮政业务总量数据来自邮政局；旅游数据来自旅游局；货币金融数据来自人民银行；上市公司数据来自证监会；企业债券、国家工程研究中心、企业技术中心、新兴产业创投等数据来自发展改革委；保险业数据来自保监会；教育数据来自教育部；安排科技计划课题、技术合同等数据来自科技部；专利数据来自知识产权局；发射卫星数据来自国防科工局；质量检验、国家标准制定修订数据来自质检总局；气象预警、平均气温、登陆台风数据来自气象局；地震数据来自地震局；测绘数据来自测绘局；海洋观测站、海洋灾害造成直接经济损失、发生赤潮面积来自海洋局；艺术表演团体、博物馆、公共图书馆、文化馆数据来自文化部；广播、电视、电影数据来自广电总局；报纸、期刊、图书数据来自新闻出版总署；档案数据来自档案局；体育数据来自体育总局，其中亚残运会数据来自中国残联；世博会数据来自上海世博会事务协调局；卫生、新农合数据来自卫生部；社会服务、低保和五保救济数据、各类自然灾害造成直接经济损失、农作物受灾面积、洪涝滑坡和泥石流灾害造成直接经济损失及死亡人数、旱灾造成直接经济损失、低温冷冻和雪灾造成直接经济损失及死亡人数来自民政部；国有建设用地土地供应、综合地价等数据来自国土资源部；环境监测数据来自环境保护部；安全生产数据来自安全监管总局；其他数据均来自国家统计局。

Macro Policy

一、主题报告篇

二、地区报告篇

三、重要文献篇

四、宏观政策篇

五、统计图表篇

【财政政策】

财政部 商务部
关于允许汽车以旧换新补贴与车辆购置税减征政策同时享受的通知

（财建〔2010〕1号 2010年1月4日）

各省、自治区、直辖市、计划单列市财政厅（局）、商务主管部门，新疆生产建设兵团财务局、商务主管部门

为进一步完善汽车以旧换新政策，实现扩大消费与促进节能减排并举的目标，经国务院批准，现决定从2010年1月1日起，允许符合条件的车主同时享受汽车以旧换新补贴和1.6升及以下乘用车车辆购置税减征政策。2010年购买新车的车主申请汽车以旧换新补贴资金，不需要再提供车辆购置税完税凭证原件及复印件。

各地财政、商务主管部门要认真做好有关宣传和解释工作，推动汽车以旧换新工作顺利开展。

财政部关于切实落实相关财政政策积极推进城市和国有工矿棚户区改造工作的通知

（2010年2月5日）

各省、自治区、直辖市、计划单列市财政厅（局），新疆生产建设兵团财务局：

城市和国有工矿棚户区改造是保障性安居工程的重要组成部分，党中央、国务院对此高度重视。最近，经国务院同意，住房城乡建设部、国家发展改革委、财政部、国土资源部、中国人民银行联合印发了《关于推进城市和国有工矿棚户区改造工作的指导意见》（建保[2009]295号），对推进城市和国有工矿棚户区改造（以下简称棚户区改造）工作提出了明确要求。为切实做好这项工作，现就有关事项通知如下：

一、进一步提高对棚户区改造重要性的认识

推进棚户区改造，是保障和改善民生、实现党的十七大提出“住有所居”目标的重大举措，是促进社会和谐、走中国特色城镇化道路的客观需要，也是保持经济平稳较快发展的有效途径。实施棚户区改造，不仅有利于加快解决低收入居民住房困难问题，而且有利于促进房地产市场平稳健康发展；不仅有利于改善城市面貌和城市环境，而且有利于促进社会稳定，是一项一举多得的重大民生工程。各级财政部门要站在保持国家长治久安的角度，从社会主义和谐社会建设的高度，认识棚户区改造的重要意义，要以高度的政治责任感和历史使命感，积极参与推进棚户区改造工作，确保各项财政政策落实到位。

二、积极主动参与制定棚户区改造规划等相关配套措施

各级财政部门要按照建保[2009]295号文件规定，积极主动参与制定本地区棚户区改造规划、年度计划、项目实施方案、拆迁补偿安置方案等相关配套措施。

（一）参与制定棚户区改造规划和年度计划。棚户区改造规划和年度计划制定得是否科学合理，能否有效组织实施，与财政等相关政策的支持密不可分。各级财政部门要积极参与棚户区改造规划和年度计划制定工作，充分考虑当地经济社会发展水平和财政承受能力，结合本地区城市规划、土地利

用规划和住房建设规划，科学划定集中成片棚户区的规模范围，配合有关部门对集中成片棚户区进行调查摸底，在此基础上，按照5年左右时间完成改造任务的要求，合理制定本地区棚户区改造规划和年度计划。有条件的地区争取用3年时间基本完成棚户区改造任务。同时，省级财政部门要积极主动配合有关部门，按照建保[2009]295号文件要求，抓紧汇总编制本地区棚户区改造规划和年度计划，报省级人民政府批准后报送住房城乡建设部、国家发展改革委、财政部、国土资源部备案。

（二）参与制定棚户区改造项目实施方案。棚户区改造规划和年度计划确定后，必须抓紧制定棚户区改造项目实施方案，确保规划和年度计划的顺利实施。市、县财政部门在参与制定棚户区改造规划和年度计划的基础上，要积极配合有关部门区分轻重缓急、因地制宜地制定棚户区改造项目实施方案，参与有计划、有步骤地组织实施棚户区改造项目，优先安排集中连片规模较大、住房条件困难、安全隐患严重、群众要求迫切的棚户区改造项目。

（三）参与制定棚户区改造拆迁安置补偿方案。棚户区改造工作的核心环节是制定拆迁安置补偿方案，拆迁安置补偿方案关系到棚户区改造中被拆迁居民的切身利益，市、县财政部门要积极配合有关部门，按照国家有关规定制定棚户区改造拆迁安置补偿方案，依法保护被拆迁居民的合法权益，使拆迁安置工作得以顺利进行，使棚户区改造工作得到顺利实施，使这项工程真正做到顺民意、得民心、惠民生。

三、多渠道筹集和落实棚户区改造资金

按照建保[2009]295号文件规定，棚户区改造采取财政补助、银行贷款、企业支持、群众自筹、市场开发等多渠道筹集资金。各级财政部门要根据同级人民政府批准的棚户区改造年度计划，按照规定的资金来源渠道，积极筹措和落实棚户区改造资金。

（一）市、县财政部门要按照国家规定安排好棚户区改造资金。棚户区改造是城市建设的一项重要内容。目前，市、县可用于城市建设的资金来源包括城市维护建设税、城镇公用事业附加、城市基础设施配套费以及土地出让收入等，市、县财政部门可从上述资金来源中安排资金支持棚户区改造。具体如何安排、安排多少，应当根据当地城市建设资金总体需要、相关资金来源状况以及棚户区改造资金需要等，按照统筹兼顾的原则，通过市、县财政预算统筹安排。有条件的市、县可对棚户区改造项目给予贷款贴息。

（二）省级财政部门采取以奖代补方式推进棚户区改造工作。根据建保[2009]295号文件规定，省级人民政府对本地区棚户区改造工作负总责，对市、县人民政府实行目标责任制管理，并负责监督考核。为支持市、县做好棚户区改造工作，省级财政部门应当安排适当补助资金，按照“多干多补，少干少补”的原则分配补助资金，对本地区棚户区改造工作干得好、干得多的市、县给予更多的资金奖励和倾斜，鼓励市、县积极推进棚户区改造工作。省级财政部门要抓紧制定省级棚户区改造以奖代补资金分配办法，报送财政部备案。

（三）市、县可以利用廉租住房建设资金支持棚户区改造工作。目前，居住在棚户区中的居民，有相当一部分属于低收入住房困难家庭，符合当地廉租住房保障条件。为切实解决好这部分居民的住房困难问题，国家鼓励在棚户区改造项目中配建廉租住房项目。对于在棚户区改造项目中配建的廉租住房项目，不仅可以使用市、县安排的廉租住房建设资金，也可以使用中央和省级安排的廉租住房建设补助资金。

（四）中央将采取适当方式鼓励和支持各地做好棚户区改造工作。为鼓励和支持各地推进棚户区改造，从2010年起，中央将根据各地棚户区改造规划和年度计划，每年安排适当资金，采取适当方式，支持各地做好棚户区改造工作。具体补助办法将另行制定。

四、确保棚户区改造各项税费优惠政策落实到位

建保［2009］295号文件已明确规定了支持棚户区改造的税费优惠政策，各级财政部门要认真贯彻执行，确保各项税费优惠政策落实到位。

（一）切实免收各项收费基金优惠政策。按照《国务院关于解决城市低收入家庭住房困难的若干意见》（国发［2007］24号）和建保［2009］295号文件规定，棚户区改造免收各项行政事业性收费和政府性基金。其中，免收的全国性行政事业性收费包括防空地下室易地建设费、白蚁防治费等项目；免收的全国性政府性基金包括城市基础设施配套费、散装水泥专项资金、新型墙体材料专项基金、城市教育附加费、地方教育附加、城镇公用事业附加等项目。在此基础上，省级财政部门要公布免收本地区出台的涉及棚户区改造的行政事业性收费项目，严格执行政府性基金审批程序，未经国务院或财政部批准，严禁越权设立政府性基金项目。

（二）严格按照规定免收土地出让收入。按照建保［2009］295号文件规定，棚户区改造安置住房中涉及的经济适用住房和廉租住房建设项目可以划拨方式供地。各地在贯彻落实过程中，要制定具体操作办法。对于按照规定采取划拨方式供地的，除依法支付土地补偿费、拆迁补偿费外，一律免收土地出让收入。

（三）认真贯彻落实相关税收优惠政策。按照建保［2009］295号文件规定，棚户区改造安置住房建设和通过收购筹集安置房源的，执行经济适用住房的税收优惠政策。目前，财政部正在会同国家税务总局抓紧制定相关税收优惠政策，有关税收优惠政策出台后，各级财政部门要认真贯彻落实。

五、加强棚户区改造资金的使用管理和监督

棚户区改造资金来源于多渠道，市、县财政部门应统筹安排，加强各项资金的使用管理和监督，确保棚户区改造资金专项用于棚户区改造工作，提高棚户区改造资金使用效益。

（一）抓紧制定棚户区改造资金使用管理办法。市、县财政部门要统筹考虑各项棚户区改造资金来源，细化和明确棚户区改造资金的使用方向，确保棚户区改造资金专项用于棚户区改造工作，不得用于其他开支。省级财政部门要指导市、县财政部门做好棚户区改造资金使用管理办法的制定工作。

（二）按照棚户区改造工作进度及时下达资金。市、县财政部门要按旬按月跟踪和掌握棚户区改造工作进程，包括棚户区改造拆迁安置方案具体实施和进展情况，棚户区改造安置住房建设进展情况等，加强棚户区改造工作相关数据统计分析，根据棚户区改造工作进度及时下达棚户区改造资金。

（三）加强棚户区改造资金使用管理的监督检查。各级财政部门要加强棚户区改造资金使用管理情况的监督检查，确保棚户区改造资金安全有效使用。对于违反规定截留、挤占、挪用棚户区改造资金的，要严格按照《财政违法行为处罚处分条例》（国务院令第427号）等有关规定进行处理，并依法追究有关责任人员的行政责任。

棚户区改造是一项重要的惠民工程，时间紧、任务重、意义重大。各级财政部门要不折不扣地按照中央有关规定和同级人民政府的要求，充分发挥公共财政职能作用，积极配合有关部门抓紧抓实各项工作，为做好棚户区改造工作、推动和谐社会建设做出应有的贡献。

财政部 国家税务总局
关于延长下岗失业人员再就业有关税收政策审批期限的通知

（2010 年 3 月 4 日）

各省、自治区、直辖市、计划单列市财政厅（局）、国家税务局、地方税务局，新疆生产建设兵团财务局：

经国务院批准，《财政部国家税务总局关于延长下岗失业人员再就业有关税收政策的通知》（财税［2009]23 号）规定的税收优惠政策的审批期限于 2009 年 12 月 31 日到期后，继续执行至 2010 年 12 月 31 日。

请遵照执行。

财政部 国家税务总局关于农村金融有关税收政策的通知

（财税〔2010〕4 号 2010 年 5 月 13 日）

各省、自治区、直辖市、计划单列市财政厅（局）、国家税务局、地方税务局，新疆生产建设兵团财务局：

为支持农村金融发展，解决农民贷款难问题，经国务院批准，现就农村金融有关税收政策通知如下：

一、自 2009 年 1 月 1 日至 2013 年 12 月 31 日，对金融机构农户小额贷款的利息收入，免征营业税。

二、自 2009 年 1 月 1 日至 2013 年 12 月 31 日，对金融机构农户小额贷款的利息收入在计算应纳税所得额时，按 90% 计入收入总额。

三、自 2009 年 1 月 1 日至 2011 年 12 月 31 日，对农村信用社、村镇银行、农村资金互助社、由银行业机构全资发起设立的贷款公司、法人机构所在地在县（含县级市、区、旗）及县以下地区的农村合作银行和农村商业银行的金融保险业收入减按 3% 的税率征收营业税。

四、自 2009 年 1 月 1 日至 2013 年 12 月 31 日，对保险公司为种植业、养殖业提供保险业务取得的保费收入，在计算应纳税所得额时，按 90% 比例减计收入。

五、本通知所称农户，是指长期（一年以上）居住在乡镇（不包括城关镇）行政管理区域内的住户，还包括长期居住在城关镇所辖行政村范围内的住户和户口不在本地而在本地居住一年以上的住户，国有农场的职工和农村个体工商户。位于乡镇（不包括城关镇）行政管理区域内和在城关镇所辖行政村范围内的国有经济的机关、团体、学校、企事业单位的集体户；有本地户口，但举家外出谋生一年以上的住户，无论是否保留承包耕地均不属于农户。农户以户为统计单位，既可以从事农业生产经营，也可以从事非农业生产经营。农户贷款的判定应以贷款发放时的承贷主体是否属于农户为准。

本通知所称小额贷款，是指单笔且该户贷款余额总额在 5 万元以下（含 5 万元）的贷款。

本通知所称村镇银行，是指经中国银行业监督管理委员会依据有关法律、法规批准，由境内外金融机构、境内非金融机构企业法人、境内自然人出资，在农村地区设立的主要为当地农民、农业和农村经济发展提供金融服务的银行业金融机构。

本通知所称农村资金互助社，是指经银行业监督管理机构批准，由乡（镇）、行政村农民和农村小企业自愿入股组成，为社员提供存款、贷款、结算等业务的社区互助性银行业金融机构。

本通知所称由银行业机构全资发起设立的贷款公司，是指经中国银行业监督管理委员会依据有关法律、法规批准，由境内商业银行或农村合作银行在农村地区设立的专门为县域农民、农业和农村经济发展提供贷款服务的非银行业金融机构。

本通知所称县（县级市、区、旗），不包括市（含直辖市、地级市）所辖城区。

本通知所称保费收入，是指原保险保费收入加上分保费收入减去分出保费后的余额。

六、金融机构应对符合条件的农户小额贷款利息收入进行单独核算，不能单独核算的不得适用本通知第一条、第二条规定的优惠政策。

七、适用暂免或减半征收企业所得税优惠政策至2009年底的农村信用社执行现有政策到期后，再执行本通知第二条规定的企业所得税优惠政策。

八、适用本通知第一条、第三条规定的营业税优惠政策的金融机构，自2009年1月1日至发文之日应予免征或者减征的营业税税款，在以后的应纳营业税税额中抵减或者予以退税。

九、《财政部 国家税务总局关于试点地区农村信用社税收政策的通知》(财税[2004]35号)第二条、《财政部国家税务总局关于进一步扩大试点地区农村信用社有关税收政策问题的通知》(财税[2004]177号）第二条规定自2009年1月1日起停止执行。

请遵照执行。

财政部关于扩大农村金融机构定向费用补贴政策范围的通知

（财金〔2010〕41号　2010年5月18日）

各省、自治区、直辖市、计划单列市财政厅（局），新疆生产建设兵团财务局，财政部驻各省、自治区、直辖市、计划单列市财政监察专员办事处：

2009年以来，各地财政部门积极落实新型农村金融机构定向费用补贴政策，引导社会资金投向“三农”，支持城乡统筹协调发展，取得了较好的效果。根据《中共中央国务院关于加大统筹城乡发展力度进一步夯实农业农村发展基础的若干意见》（中发[2010]1号）精神，为巩固和扩大新型农村金融机构定向费用补贴工作成果，现就有关事项通知如下：

一、为稳步扩大政策覆盖面，进一步改善农村金融服务，更好地支持城乡统筹发展，从2010年至2012年，将费用补贴范围扩大到基础金融服务薄弱地区。

二、中央财政对基础金融服务薄弱地区银行业金融机构网点，按照该网点当年贷款平均余额的2%给予费用补贴。补贴资金在下一年度拨付。基础金融服务薄弱地区的范围，按照《中央财政农村金融机构定向费用补贴资金管理暂行办法》（财金[2010]42号）执行。当年已经享受新型农村金融机构定向费用补贴的金融机构不重复享受补贴。

三、2009年度新型农村金融机构补贴资金的申请、审核和拨付工作，继续执行《中央财政新型农村金融机构定向费用补贴资金管理暂行办法》（财金[2009]31号）。2010年度起，农村金融机构（含新型农村金融机构）补贴资金的申请、审核和拨付工作，统一执行财金[2010]42号文件。

财政部　国家税务总局关于取消部分商品出口退税的通知

（财税〔2010〕57号　2010年6月22日）

各省、自治区、直辖市、计划单列市财政厅（局）、国家税务局、新疆生产建设兵团财务局：

经国务院批准，自2010年7月15日起取消下列商品的出口退税：

1. 部分钢材；
2. 部分有色金属加工材；
3. 银粉；

4. 酒精、玉米淀粉；
5. 部分农药、医药、化工产品；
6. 部分塑料及制品、橡胶及制品、玻璃及制品。
取消出口退税的具体商品名称和商品编码见附件。
具体执行时间，以“出口货物报关单（出口退税专用）”海关注明的出口日期为准。

附件：取消出口退税的商品清单（略）

国务院关于统一内外资企业和个人城市维护建设税和教育费附加制度的通知

（国发〔2010〕35号 2010年10月18日）

各省、自治区、直辖市人民政府，国务院各部委、各直属机构：

为了进一步统一税制、公平税负，创造平等竞争的外部环境，根据第八届全国人民代表大会常务委员会第五次会议通过的《全国人民代表大会常务委员会关于外商投资企业和外国企业适用增值税、消费税、营业税等税收暂行条例的决定》，国务院决定统一内外资企业和个人城市维护建设税和教育费附加制度，现将有关问题通知如下：

自2010年12月1日起，外商投资企业、外国企业及外籍个人适用国务院1985年发布的《中华人民共和国城市维护建设税暂行条例》和1986年发布的《征收教育费附加的暂行规定》。1985年及1986年以来国务院及国务院财税主管部门发布的有关城市维护建设税和教育费附加的法规、规章、政策同时适用于外商投资企业、外国企业及外籍个人。

凡与本通知相抵触的各项规定同时废止。

财政部 国家税务总局
关于支持和促进就业有关税收政策的通知

（财税〔2010〕84号 2010年10月22日）

各省、自治区、直辖市、计划单列市财政厅（局）、国家税务局、地方税务局，新疆生产建设兵团财务局：

为扩大就业，鼓励以创业带动就业，经国务院批准，现将支持和促进就业有关税收政策通知如下：

一、对持《就业失业登记证》（注明“自主创业税收政策”或附着《高校毕业生自主创业证》）人员从事个体经营（除建筑业、娱乐业以及销售不动产、转让土地使用权、广告业、房屋中介、桑拿、按摩、网吧、氧吧外）的，在3年内按每户每年8000元为限额依次扣减其当年实际应缴纳的营业税、城市维护建设税、教育费附加和个人所得税。

纳税人年度应缴纳税款小于上述扣减限额的，以其实际缴纳的税款为限；大于上述扣减限额的，应以上述扣减限额为限。

本条所称持《就业失业登记证》（注明“自主创业税收政策”或附着《高校毕业生自主创业证》）

人员是指：1. 在人力资源和社会保障部门公共就业服务机构登记失业半年以上的人员；2. 零就业家庭、享受城市居民最低生活保障家庭劳动年龄内的登记失业人员；3. 毕业年度内高校毕业生。高校毕业生是指实施高等学历教育的普通高等学校、成人高等学校毕业的学生；毕业年度是指毕业所在自然年，即1月1日至12月31日。

二、对商贸企业、服务型企业（除广告业、房屋中介、典当、桑拿、按摩、氧吧外）、劳动就业服务企业中的加工型企业和街道社区具有加工性质的小型企业实体，在新增加的岗位中，当年新招用持《就业失业登记证》（注明“企业吸纳税收政策”）人员，与其签订1年以上期限劳动合同并依法缴纳社会保险费的，在3年内按实际招用人数予以定额依次扣减营业税、城市维护建设税、教育费附加和企业所得税优惠。定额标准为每人每年4000元，可上下浮动20%，由各省、自治区、直辖市人民政府根据本地区实际情况在此幅度内确定具体定额标准，并报财政部和国家税务总局备案。

按上述标准计算的税收扣减额应在企业当年实际应缴纳的营业税、城市维护建设税、教育费附加和企业所得税税额中扣减，当年扣减不足的，不得结转下年使用。

本条所称持《就业失业登记证》（注明“企业吸纳税收政策”）人员是指：1. 国有企业下岗失业人员；2. 国有企业关闭破产需要安置的人员；3. 国有企业所办集体企业（即厂办大集体企业）下岗职工；4. 享受最低生活保障且失业1年以上的城镇其他登记失业人员。以上所称的国有企业所办集体企业（即厂办大集体企业）是指20世纪70、80年代，由国有企业批准或资助兴办的，以安置回城知识青年和国有企业职工子女就业为目的，主要向主办国有企业提供配套产品或劳务服务，在工商行政机关登记注册为集体所有制的企业。厂办大集体企业下岗职工包括在国有企业混岗工作的集体企业下岗职工。

本条所称服务型企业是指从事现行营业税“服务业”税目规定经营活动的企业。

三、享受本通知第一条、第二条优惠政策的人员按以下规定申领《就业失业登记证》、《高校毕业生自主创业证》等凭证：

（一）按照《就业服务与就业管理规定》（中华人民共和国劳动和社会保障部令第28号）第六十三条的规定，在法定劳动年龄内，有劳动能力，有就业要求，处于无业状态的城镇常住人员，在公共就业服务机构进行失业登记，申领《就业失业登记证》。其中，农村进城务工人员和其他非本地户籍人员在常住地稳定就业满6个月的，失业后可以在常住地登记。

（二）零就业家庭凭社区出具的证明，城镇低保家庭凭低保证明，在公共就业服务机构登记失业，申领《就业失业登记证》。

（三）毕业年度内高校毕业生在校期间凭学校出具的相关证明，经学校所在地省级教育行政部门核实认定，取得《高校毕业生自主创业证》（仅在毕业年度适用），并向创业地公共就业服务机构申请取得《就业失业登记证》；高校毕业生离校后直接向创业地公共就业服务机构申领《就业失业登记证》。

（四）本通知第二条规定的人员，在公共就业服务机构申领《就业失业登记证》。

（五）《再就业优惠证》不再发放，原持证人员应到公共就业服务机构换发《就业失业登记证》。正在享受下岗失业人员再就业税收优惠政策的原持证人员，继续享受原税收优惠政策至期满为止；未享受税收优惠政策的原持证人员，申请享受下岗失业人员再就业税收优惠政策的期限截至2010年12月31日。

（六）上述人员申领相关凭证后，由就业和创业地人力资源和社会保障部门对人员范围、就业失业状态、已享受政策情况审核认定，在《就业失业登记证》上注明“自主创业税收政策”或“企业吸纳税收政策”字样，同时符合自主创业和企业吸纳税收政策条件的，可同时加注；主管税务机关在《就业失业登记证》上加盖戳记，注明减免税所属时间。

四、本通知规定的税收优惠政策的审批期限为2011年1月1日至2013年12月31日，以纳税人到税务机关办理减免税手续之日起作为优惠政策起始时间。税收优惠政策在 2013 年 12 月 31 日未执行到期的，可继续享受至 3 年期满为止。下岗失业人员再就业税收优惠政策在 2010 年 12 月 31 日未执行到期的，可继续享受至 3 年期满为止。

五、本通知第三条第（五）项、第四条所称下岗失业人员再就业税收优惠政策是指《财政部国家税务总局关于下岗失业人员再就业有关税收政策问题的通知》（财税［2005]186 号）、《财政部国家税务总局关于延长下岗失业人员再就业有关税收政策的通知》（财税［2009]23 号）和《财政部国家税务总局关于延长下岗失业人员再就业有关税收政策审批期限的通知》（财税［2010]10 号）所规定的税收优惠政策。

本通知所述人员不得重复享受税收优惠政策，以前年度已享受各项就业再就业税收优惠政策的人员不得再享受本通知规定的税收优惠政策。如果企业的就业人员既适用本通知规定的税收优惠政策，又适用其他扶持就业的税收优惠政策，企业可选择适用最优惠的政策，但不能重复享受。

六、上述税收政策的具体实施办法由国家税务总局会同财政部、人力资源和社会保障部、教育部另行制定。

各地财政、税务部门要加强领导、周密部署，把大力支持和促进就业工作作为一项重要任务，贯彻落实好相关税收优惠政策。同时，要密切关注税收政策的执行情况，对发现的问题及时逐级向财政部、国家税务总局反映。

财政部关于统一地方教育附加政策有关问题的通知

（财综［2010］98 号　2010 年 11 月 7 日）

各省、自治区、直辖市财政厅（局），新疆生产建设兵团财务局：

为贯彻落实《国家中长期教育改革和发展规划纲要（2010—2020 年）》，进一步规范和拓宽财政性教育经费筹资渠道，支持地方教育事业发展，根据国务院有关工作部署和具体要求，现就统一地方教育附加政策有关事宜通知如下：

一、统一开征地方教育附加。尚未开征地方教育附加的省份，省级财政部门应按照《教育法》的规定，根据本地区实际情况尽快研究制定开征地方教育附加的方案，报省级人民政府同意后，由省级人民政府于 2010 年 12 月 31 日前报财政部审批。

二、统一地方教育附加征收标准。地方教育附加征收标准统一为单位和个人（包括外商投资企业、外国企业及外籍个人）实际缴纳的增值税、营业税和消费税税额的 2%。已经财政部审批且征收标准低于 2% 的省份，应将地方教育附加的征收标准调整为 2%，调整征收标准的方案由省级人民政府于 2010 年 12 月 31 日前报财政部审批。

三、各省、自治区、直辖市财政部门要严格按照《教育法》规定和财政部批复意见，采取有效措施，切实加强地方教育附加征收使用管理，确保基金应收尽收，专项用于发展教育事业，不得从地方教育附加中提取或列支征收或代征手续费。

四、凡未经财政部或国务院批准，擅自多征、减征、缓征、停征，或者侵占、截留、挪用地方教育附加的，要依照《财政违法行为处罚处分条例》（国务院令第 427 号）和《违反行政事业性收费和罚没收入收支两条线管理规定行政处分暂行规定》（国务院令第 281 号）追究责任人的行政责任；构成犯罪的，依法追究刑事责任。

财政部 国家税务总局
关于居民企业技术转让有关企业所得税政策问题的通知

（财税〔2010〕111 号 2010 年 12 月 31 日）

各省、自治区、直辖市、计划单列市财政厅（局）、国家税务局、地方税务局，新疆生产建设兵团财务局：

根据《中华人民共和国企业所得税法》（以下简称企业所得税法）及《中华人民共和国企业所得税法实施条例》（国务院令第 512 号，以下简称实施条例）的有关规定，现就符合条件的技术转让所得减免企业所得税有关问题通知如下：

一、技术转让的范围，包括居民企业转让专利技术、计算机软件著作权、集成电路布图设计权、植物新品种、生物医药新品种，以及财政部和国家税务总局确定的其他技术。

其中：专利技术，是指法律授予独占权的发明、实用新型和非简单改变产品图案的外观设计。

二、本通知所称技术转让，是指居民企业转让其拥有符合本通知第一条规定技术的所有权或 5 年以上（含 5 年）全球独占许可使用权的行为。

三、技术转让应签订技术转让合同。其中，境内的技术转让须经省级以上（含省级）科技部门认定登记，跨境的技术转让须经省级以上（含省级）商务部门认定登记，涉及财政经费支持产生技术的转让，需省级以上（含省级）科技部门审批。

居民企业技术出口应由有关部门按照商务部、科技部发布的《中国禁止出口限制出口技术目录》（商务部、科技部令 2008 年第 12 号）进行审查。居民企业取得禁止出口和限制出口技术转让所得，不享受技术转让减免企业所得税优惠政策。

四、居民企业从直接或间接持有股权之和达到 100% 的关联方取得的技术转让所得，不享受技术转让减免企业所得税优惠政策。

五、本通知自 2008 年 1 月 1 日起执行。

【货币政策】

存款准备金政策

中国人民银行决定，从2010年1月18日起，上调存款类金融机构人民币存款准备金率0.5个百分点。为增强支农资金实力，支持春耕备耕，农村信用社等小型金融机构暂不上调。

中国人民银行决定，从2010年2月25日起，上调存款类金融机构人民币存款准备金率0.5个百分点。为加大对“三农”和县域经济的支持力度，农村信用社等小型金融机构暂不上调。

中国人民银行决定，从2010年5月10日起，上调存款类金融机构人民币存款准备金率0.5个百分点，农村信用社、村镇银行暂不上调。

中国人民银行决定，从2010年11月16日起，上调存款类金融机构人民币存款准备金率0.5个百分点。

为加强流动性管理，适度调控货币信贷投放，中国人民银行决定，从2010年11月29日起，上调存款类金融机构人民币存款准备金率0.5个百分点。

利率政策

中国人民银行决定，自2010年10月20日起上调金融机构人民币存贷款基准利率。金融机构一年期存款基准利率上调0.25个百分点，由现行的2.25%提高到2.50%；一年期贷款基准利率上调0.25个百分点，由现行的5.31%提高到5.56%；其他各档次存贷款基准利率据此相应调整（见附表）。

附表：

金融机构人民币存贷款基准利率调整表

单位：%

	调整前利率	调整后利率
一、城乡居民和单位存款		
（一）活期存款	0.36	0.36
（二）整存整取定期存款		
三个月	1.71	1.91
半　年	1.98	2.20
一　年	2.25	2.50
二　年	2.79	3.25
三　年	3.33	3.85
五　年	3.60	4.20
二、各项贷款		
六个月	4.86	5.10
一　年	5.31	5.56
一至三年	5.40	5.60
三至五年	5.76	5.96
五年以上	5.94	6.14

中国人民银行决定，自 2010 年 12 月 26 日起上调金融机构人民币存贷款基准利率。金融机构一年期存贷款基准利率分别上调 0.25 个百分点，其他各档次存贷款基准利率相应调整（见附表）。

附表：

金融机构人民币存贷款基准利率调整表

单位：%

	调整后利率
一、城乡居民和单位存款	
（一）活期存款	0.36
（二）整存整取定期存款	
三个月	2.25
半　年	2.50
一　年	2.75
二　年	3.55
三　年	4.15
五　年	4.55
二、各项贷款	
六个月	5.35
一　年	5.81
一至三年	5.85
三至五年	6.22
五年以上	6.40

【产业政策】

国务院关于进一步做好利用外资工作的若干意见

（国发〔2010〕9号 2010年4月6日）

各省、自治区、直辖市人民政府，国务院各部委、各直属机构：

利用外资是我国对外开放基本国策的重要内容。改革开放以来，我国积极吸引外商投资，促进了产业升级和技术进步，外商投资企业已成为国民经济的重要组成部分。目前，我国利用外资的优势依然明显。为提高利用外资质量和水平，更好地发挥利用外资在推动科技创新、产业升级、区域协调发展等方面的积极作用，现提出如下意见：

一、优化利用外资结构

（一）根据我国经济发展需要，结合国家产业调整和振兴规划要求，修订《外商投资产业指导目录》，扩大开放领域，鼓励外资投向高端制造业、高新技术产业、现代服务业、新能源和节能环保产业。严格限制"两高一资"和低水平、过剩产能扩张类项目。

（二）国家产业调整和振兴规划中的政策措施同等适用于符合条件的外商投资企业。

（三）对用地集约的国家鼓励类外商投资项目优先供应土地，在确定土地出让底价时可按不低于所在地土地等别相对应《全国工业用地出让最低价标准》的70%执行。

（四）鼓励外商投资高新技术企业发展，改进并完善高新技术企业认定工作。

（五）鼓励中外企业加强研发合作，支持符合条件的外商投资企业与内资企业、研究机构合作申请国家科技开发项目、创新能力建设项目等，申请设立国家级技术中心认定。

（六）鼓励跨国公司在华设立地区总部、研发中心、采购中心、财务管理中心、结算中心以及成本和利润核算中心等功能性机构。在2010年12月31日以前，对符合规定条件的外资研发中心确需进口的科技开发用品免征进口关税和进口环节增值税、消费税。

（七）落实和完善支持政策，鼓励外商投资服务外包产业，引入先进技术和管理经验，提高我国服务外包国际竞争力。

二、引导外资向中西部地区转移和增加投资

（八）根据《外商投资产业指导目录》修订情况，补充修订《中西部地区外商投资优势产业目录》，增加劳动密集型项目条目，鼓励外商在中西部地区发展符合环保要求的劳动密集型产业。

（九）对符合条件的西部地区内外资企业继续实行企业所得税优惠政策，保持西部地区吸收外商投资好的发展势头。

（十）对东部地区外商投资企业向中西部地区转移，要加大政策开放和技术资金配套支持力度，同时完善行政服务，在办理工商、税务、外汇、社会保险等手续时提供便利。鼓励和引导外资银行到中西部地区设立机构和开办业务。

（十一）鼓励东部地区与中西部地区以市场为导向，通过委托管理、投资合作等多种方式，按照优势互补、产业联动、利益共享的原则共建开发区。

三、促进利用外资方式多样化

（十二）鼓励外资以参股、并购等方式参与国内企业改组改造和兼并重组。支持A股上市公司引入境内外战略投资者。规范外资参与境内证券投资和企业并购。依法实施反垄断审查，并加快建立外

资并购安全审查制度。

（十三）利用好境外资本市场，继续支持符合条件的企业根据国家发展战略及自身发展需要到境外上市，充分利用两个市场、两种资源，不断提高竞争力。

（十四）加快推进利用外资设立中小企业担保公司试点工作。鼓励外商投资设立创业投资企业，积极利用私募股权投资基金，完善退出机制。

（十五）支持符合条件的外商投资企业境内公开发行股票、发行企业债和中期票据，拓宽融资渠道，引导金融机构继续加大对外商投资企业的信贷支持。稳步扩大在境内发行人民币债券的境外主体范围。

四、深化外商投资管理体制改革

（十六）《外商投资产业指导目录》中总投资（包括增资）3 亿美元以下的鼓励类、允许类项目，除《政府核准的投资项目目录》规定需由国务院有关部门核准之外，由地方政府有关部门核准。除法律法规明确规定由国务院有关部门审批外，在加强监管的前提下，国务院有关部门可将本部门负责的审批事项下放地方政府审批，服务业领域外商投资企业的设立（金融、电信服务除外）由地方政府按照有关规定进行审批。

（十七）调整审批内容，简化审批程序，最大限度缩小审批、核准范围，增强审批透明度。全面清理涉及外商投资的审批事项，缩短审批时间。改进审批方式，在试点并总结经验的基础上，逐步在全国推行外商投资企业合同、章程格式化审批，大力推行在线行政许可，规范行政行为。

五、营造良好的投资环境

（十八）规范和促进开发区发展，发挥开发区在体制创新、科技引领、产业集聚、土地集约方面的载体和平台作用。支持符合条件的省级开发区升级，支持具备条件的国家级、省级开发区扩区和调整区位，制定加快边境经济合作区建设的支持政策措施。

（十九）进一步完善外商投资企业外汇管理，简化外商投资企业外汇资本金结汇手续。对依法经营、资金紧张暂时无法按时出资的外商投资企业，允许延长出资期限。

（二十）加强投资促进，针对重点国家和地区、重点行业加大引资推介力度，广泛宣传我国利用外资政策。积极参与多双边投资合作，把“引进来”和“走出去”相结合，推动跨国投资政策环境不断改善。

国务院各有关部门、地方各级人民政府要统一认识，坚持积极有效利用外资的方针，坚持以我为主、择优选资，促进“引资”与“引智”相结合，不断提高利用外资质量。要总结改革开放经验，结合新形势、新要求，进一步加大改革创新力度，提高便利化程度，创造更加开放、更加优化的投资环境，全面提高利用外资工作水平。

国务院关于鼓励和引导民间投资健康发展的若干意见

（国发〔2010〕13 号　2010 年 5 月 7 日）

各省、自治区、直辖市人民政府，国务院各部委、各直属机构：

改革开放以来，我国民间投资不断发展壮大，已经成为促进经济发展、调整产业结构、繁荣城乡市场、扩大社会就业的重要力量。在毫不动摇地巩固和发展公有制经济的同时，毫不动摇地鼓励、支持和引导非公有制经济发展，进一步鼓励和引导民间投资，有利于坚持和完善我国社会主义初级阶段基本经济制度，以现代产权制度为基础发展混合所有制经济，推动各种所有制经济平等竞争、共同发展；

有利于完善社会主义市场经济体制，充分发挥市场配置资源的基础性作用，建立公平竞争的市场环境；有利于激发经济增长的内生动力，稳固可持续发展的基础，促进经济长期平稳较快发展；有利于扩大社会就业，增加居民收入，拉动国内消费，促进社会和谐稳定。为此，提出以下意见：

一、进一步拓宽民间投资的领域和范围

（一）深入贯彻落实《国务院关于鼓励支持和引导个体私营等非公有制经济发展的若干意见》（国发〔2005〕3号）等一系列政策措施，鼓励和引导民间资本进入法律法规未明确禁止准入的行业和领域。规范设置投资准入门槛，创造公平竞争、平等准入的市场环境。市场准入标准和优惠扶持政策要公开透明，对各类投资主体同等对待，不得单对民间资本设置附加条件。

（二）明确界定政府投资范围。政府投资主要用于关系国家安全、市场不能有效配置资源的经济和社会领域。对于可以实行市场化运作的基础设施、市政工程和其他公共服务领域，应鼓励和支持民间资本进入。

（三）进一步调整国有经济布局和结构。国有资本要把投资重点放在不断加强和巩固关系国民经济命脉的重要行业和关键领域，在一般竞争性领域，要为民间资本营造更广阔的市场空间。

（四）积极推进医疗、教育等社会事业领域改革。将民办社会事业作为社会公共事业发展的重要补充，统筹规划，合理布局，加快培育形成政府投入为主、民间投资为辅的公共服务体系。

二、鼓励和引导民间资本进入基础产业和基础设施领域

（五）鼓励民间资本参与交通运输建设。鼓励民间资本以独资、控股、参股等方式投资建设公路、水运、港口码头、民用机场、通用航空设施等项目。抓紧研究制定铁路体制改革方案，引入市场竞争，推进投资主体多元化，鼓励民间资本参与铁路干线、铁路支线、铁路轮渡以及站场设施的建设，允许民间资本参股建设煤运通道、客运专线、城际轨道交通等项目。探索建立铁路产业投资基金，积极支持铁路企业加快股改上市，拓宽民间资本进入铁路建设领域的渠道和途径。

（六）鼓励民间资本参与水利工程建设。建立收费补偿机制，实行政府补贴，通过业主招标、承包租赁等方式，吸引民间资本投资建设农田水利、跨流域调水、水资源综合利用、水土保持等水利项目。

（七）鼓励民间资本参与电力建设。鼓励民间资本参与风能、太阳能、地热能、生物质能等新能源产业建设。支持民间资本以独资、控股或参股形式参与水电站、火电站建设，参股建设核电站。进一步放开电力市场，积极推进电价改革，加快推行竞价上网，推行项目业主招标，完善电力监管制度，为民营发电企业平等参与竞争创造良好环境。

（八）鼓励民间资本参与石油天然气建设。支持民间资本进入油气勘探开发领域，与国有石油企业合作开展油气勘探开发。支持民间资本参股建设原油、天然气、成品油的储运和管道输送设施及网络。

（九）鼓励民间资本参与电信建设。鼓励民间资本以参股方式进入基础电信运营市场。支持民间资本开展增值电信业务。加强对电信领域垄断和不正当竞争行为的监管，促进公平竞争，推动资源共享。

（十）鼓励民间资本参与土地整治和矿产资源勘探开发。积极引导民间资本通过招标投标形式参与土地整理、复垦等工程建设，鼓励和引导民间资本投资矿山地质环境恢复治理，坚持矿业权市场全面向民间资本开放。

三、鼓励和引导民间资本进入市政公用事业和政策性住房建设领域

（十一）鼓励民间资本参与市政公用事业建设。支持民间资本进入城市供水、供气、供热、污水和垃圾处理、公共交通、城市园林绿化等领域。鼓励民间资本积极参与市政公用企事业单位的改组改制，

具备条件的市政公用事业项目可以采取市场化的经营方式，向民间资本转让产权或经营权。

（十二）进一步深化市政公用事业体制改革。积极引入市场竞争机制，大力推行市政公用事业的投资主体、运营主体招标制度，建立健全市政公用事业特许经营制度。改进和完善政府采购制度，建立规范的政府监管和财政补贴机制，加快推进市政公用产品价格和收费制度改革，为鼓励和引导民间资本进入市政公用事业领域创造良好的制度环境。

（十三）鼓励民间资本参与政策性住房建设。支持和引导民间资本投资建设经济适用住房、公共租赁住房等政策性住房，参与棚户区改造，享受相应的政策性住房建设政策。

四、鼓励和引导民间资本进入社会事业领域

（十四）鼓励民间资本参与发展医疗事业。支持民间资本兴办各类医院、社区卫生服务机构、疗养院、门诊部、诊所、卫生所（室）等医疗机构，参与公立医院转制改组。支持民营医疗机构承担公共卫生服务、基本医疗服务和医疗保险定点服务。切实落实非营利性医疗机构的税收政策。鼓励医疗人才资源向民营医疗机构合理流动，确保民营医疗机构在人才引进、职称评定、科研课题等方面与公立医院享受平等待遇。从医疗质量、医疗行为、收费标准等方面对各类医疗机构加强监管，促进民营医疗机构健康发展。

（十五）鼓励民间资本参与发展教育和社会培训事业。支持民间资本兴办高等学校、中小学校、幼儿园、职业教育等各类教育和社会培训机构。修改完善《中华人民共和国民办教育促进法实施条例》，落实对民办学校的人才鼓励政策和公共财政资助政策，加快制定和完善促进民办教育发展的金融、产权和社保等政策，研究建立民办学校的退出机制。

（十六）鼓励民间资本参与发展社会福利事业。通过用地保障、信贷支持和政府采购等多种形式，鼓励民间资本投资建设专业化的服务设施，兴办养（托）老服务和残疾人康复、托养服务等各类社会福利机构。

（十七）鼓励民间资本参与发展文化、旅游和体育产业。鼓励民间资本从事广告、印刷、演艺、娱乐、文化创意、文化会展、影视制作、网络文化、动漫游戏、出版物发行、文化产品数字制作与相关服务等活动，建设博物馆、图书馆、文化馆、电影院等文化设施。鼓励民间资本合理开发旅游资源，建设旅游设施，从事各种旅游休闲活动。鼓励民间资本投资生产体育用品，建设各类体育场馆及健身设施，从事体育健身、竞赛表演等活动。

五、鼓励和引导民间资本进入金融服务领域

（十八）允许民间资本兴办金融机构。在加强有效监管、促进规范经营、防范金融风险的前提下，放宽对金融机构的股比限制。支持民间资本以入股方式参与商业银行的增资扩股，参与农村信用社、城市信用社的改制工作。鼓励民间资本发起或参与设立村镇银行、贷款公司、农村资金互助社等金融机构，放宽村镇银行或社区银行中法人银行最低出资比例的限制。落实中小企业贷款税前全额拨备损失准备金政策，简化中小金融机构呆账核销审核程序。适当放宽小额贷款公司单一投资者持股比例限制，对小额贷款公司的涉农业务实行与村镇银行同等的财政补贴政策。支持民间资本发起设立信用担保公司，完善信用担保公司的风险补偿机制和风险分担机制。鼓励民间资本发起设立金融中介服务机构，参与证券、保险等金融机构的改组改制。

六、鼓励和引导民间资本进入商贸流通领域

（十九）鼓励民间资本进入商品批发零售、现代物流领域。支持民营批发、零售企业发展，鼓励

民间资本投资连锁经营、电子商务等新型流通业态。引导民间资本投资第三方物流服务领域，为民营物流企业承接传统制造业、商贸业的物流业务外包创造条件，支持中小型民营商贸流通企业协作发展共同配送。加快物流业管理体制改革，鼓励物流基础设施的资源整合和充分利用，促进物流企业网络化经营，搭建便捷高效的融资平台，创造公平、规范的市场竞争环境，推进物流服务的社会化和资源利用的市场化。

七、鼓励和引导民间资本进入国防科技工业领域

（二十）鼓励民间资本进入国防科技工业投资建设领域。引导和支持民营企业有序参与军工企业的改组改制，鼓励民营企业参与军民两用高技术开发和产业化，允许民营企业按有关规定参与承担军工生产和科研任务。

八、鼓励和引导民间资本重组联合和参与国有企业改革

（二十一）引导和鼓励民营企业利用产权市场组合民间资本，促进产权合理流动，开展跨地区、跨行业兼并重组。鼓励和支持民间资本在国内合理流动，实现产业有序梯度转移，参与西部大开发、东北地区等老工业基地振兴、中部地区崛起以及新农村建设和扶贫开发。支持有条件的民营企业通过联合重组等方式做大做强，发展成为特色突出、市场竞争力强的集团化公司。

（二十二）鼓励和引导民营企业通过参股、控股、资产收购等多种形式，参与国有企业的改制重组。合理降低国有控股企业中的国有资本比例。民营企业在参与国有企业改制重组过程中，要认真执行国家有关资产处置、债务处理和社会保障等方面的政策要求，依法妥善安置职工，保证企业职工的正当权益。

九、推动民营企业加强自主创新和转型升级

（二十三）贯彻落实鼓励企业增加研发投入的税收优惠政策，鼓励民营企业增加研发投入，提高自主创新能力，掌握拥有自主知识产权的核心技术。帮助民营企业建立工程技术研究中心、技术开发中心，增加技术储备，搞好技术人才培训。支持民营企业参与国家重大科技计划项目和技术攻关，不断提高企业技术水平和研发能力。

（二十四）加快实施促进科技成果转化的鼓励政策，积极发展技术市场，完善科技成果登记制度，方便民营企业转让和购买先进技术。加快分析测试、检验检测、创业孵化、科技评估、科技咨询等科技服务机构的建设和机制创新，为民营企业的自主创新提供服务平台。积极推动信息服务外包、知识产权、技术转移和成果转化等高技术服务领域的市场竞争，支持民营企业开展技术服务活动。

（二十五）鼓励民营企业加大新产品开发力度，实现产品更新换代。开发新产品发生的研究开发费用可按规定享受加计扣除优惠政策。鼓励民营企业实施品牌发展战略，争创名牌产品，提高产品质量和服务水平。通过加速固定资产折旧等方式鼓励民营企业进行技术改造，淘汰落后产能，加快技术升级。

（二十六）鼓励和引导民营企业发展战略性新兴产业。广泛应用信息技术等高新技术改造提升传统产业，大力发展循环经济、绿色经济，投资建设节能减排、节水降耗、生物医药、信息网络、新能源、新材料、环境保护、资源综合利用等具有发展潜力的新兴产业。

十、鼓励和引导民营企业积极参与国际竞争

（二十七）鼓励民营企业“走出去”，积极参与国际竞争。支持民营企业在研发、生产、营销等

方面开展国际化经营，开发战略资源，建立国际销售网络。支持民营企业利用自有品牌、自主知识产权和自主营销，开拓国际市场，加快培育跨国企业和国际知名品牌。支持民营企业之间、民营企业与国有企业之间组成联合体，发挥各自优势，共同开展多种形式的境外投资。

（二十八）完善境外投资促进和保障体系。与有关国家建立鼓励和促进民间资本国际流动的政策磋商机制，开展多种形式的对话交流，发展长期稳定、互惠互利的合作关系。通过签订双边民间投资合作协定、利用多边协定体系等，为民营企业“走出去”争取有利的投资、贸易环境和更多优惠政策。健全和完善境外投资鼓励政策，在资金支持、金融保险、外汇管理、质检通关等方面，民营企业与其他企业享受同等待遇。

十一、为民间投资创造良好环境

（二十九）清理和修改不利于民间投资发展的法规政策规定，切实保护民间投资的合法权益，培育和维护平等竞争的投资环境。在制订涉及民间投资的法律、法规和政策时，要听取有关商会和民营企业的意见和建议，充分反映民营企业的合理要求。

（三十）各级人民政府有关部门安排的政府性资金，包括财政预算内投资、专项建设资金、创业投资引导资金，以及国际金融组织贷款和外国政府贷款等，要明确规则、统一标准，对包括民间投资在内的各类投资主体同等对待。支持民营企业的产品和服务进入政府采购目录。

（三十一）各类金融机构要在防范风险的基础上，创新和灵活运用多种金融工具，加大对民间投资的融资支持，加强对民间投资的金融服务。各级人民政府及有关监管部门要不断完善民间投资的融资担保制度，健全创业投资机制，发展股权投资基金，继续支持民营企业通过股票、债券市场进行融资。

（三十二）全面清理整合涉及民间投资管理的行政审批事项，简化环节、缩短时限，进一步推动管理内容、标准和程序的公开化、规范化，提高行政服务效率。进一步清理和规范涉企收费，切实减轻民营企业负担。

十二、加强对民间投资的服务、指导和规范管理

（三十三）统计部门要加强对民间投资的统计工作，准确反映民间投资的进展和分布情况。投资主管部门、行业管理部门及行业协会要切实做好民间投资的监测和分析工作，及时把握民间投资动态，合理引导民间投资。要加强投资信息平台建设，及时向社会公开发布国家产业政策、发展建设规划、市场准入标准、国内外行业动态等信息，引导民间投资者正确判断形势，减少盲目投资。

（三十四）建立健全民间投资服务体系。充分发挥商会、行业协会等自律性组织的作用，积极培育和发展为民间投资提供法律、政策、咨询、财务、金融、技术、管理和市场信息等服务的中介组织。

（三十五）在放宽市场准入的同时，切实加强监管。各级人民政府有关部门要依照有关法律法规要求，切实督促民间投资主体履行投资建设手续，严格遵守国家产业政策和环保、用地、节能以及质量、安全等规定。要建立完善企业信用体系，指导民营企业建立规范的产权、财务、用工等制度，依法经营。民间投资主体要不断提高自身素质和能力，树立诚信意识和责任意识，积极创造条件满足市场准入要求，并主动承担相应的社会责任。

（三十六）营造有利于民间投资健康发展的良好舆论氛围。大力宣传党中央、国务院关于鼓励、支持和引导非公有制经济发展的方针、政策和措施。客观、公正宣传报道民间投资在促进经济发展、调整产业结构、繁荣城乡市场和扩大社会就业等方面的积极作用。积极宣传依法经营、诚实守信、认真履行社会责任、积极参与社会公益事业的民营企业家的先进事迹。

各地区、各部门要把鼓励和引导民间投资健康发展工作摆在更加重要的位置，进一步解放思想，

转变观念，深化改革，创新求实，根据本意见要求，抓紧研究制定具体实施办法，尽快将有关政策措施落到实处，努力营造有利于民间投资健康发展的政策环境和舆论氛围，切实促进民间投资持续健康发展，促进投资合理增长、结构优化、效益提高和经济社会又好又快发展。

国务院关于促进农业机械化和农机工业又好又快发展的意见

（国发〔2010〕22号 2010年7月5日）

各省、自治区、直辖市人民政府，国务院各部委、各直属机构：

农业机械是发展现代农业的重要物质基础，农业机械化是农业现代化的重要标志。当前，我国正处于从传统农业向现代农业转变的关键时期，加快推进农业机械化和农机工业发展，对于提高农业装备水平、改善农业生产条件、增强农业综合生产能力、拉动农村消费需求等具有重要意义。为促进农业机械化和农机工业又好又快发展，现提出以下意见：

一、指导思想、基本原则和发展目标

（一）指导思想。深入贯彻落实科学发展观，全面实施《中华人民共和国农业机械化促进法》，坚持走中国特色农业机械化道路，着力推进技术创新、组织创新和制度创新，着力促进农机、农艺、农业经营方式协调发展，着力加强农机社会化服务体系建设，着力提高农机工业创新能力和制造水平，进一步加大政策支持力度，促进农业机械化和农机工业又好又快发展。

（二）基本原则。

——因地制宜，分类指导。根据不同区域的自然禀赋、耕作制度和经济条件，采取相应的技术路线和政策措施，推进不同地区农业机械化发展，鼓励有条件的地方率先实现农业机械化。

——重点突破，全面发展。以促进农机农艺结合、实现重大装备技术突破等为重点，加快实现粮食主产区、大宗农作物、关键生产环节机械化，加大协同攻关和工作力度，带动农业机械化全面协调发展。

——鼓励创新，完善机制。创新农机服务形式，完善农机社会化服务机制，提高农机利用效率和效益。加快农机工业现代企业制度建设，以企业为核心，搭建科技创新平台，提高研发能力和制造水平。

——市场引导，政府扶持。以市场需求为导向，引导社会资本、技术和人才等要素投入，继续加大对农机购置、使用和农机工业的财税、金融等扶持力度，调动企业研发生产和农民购机用机积极性。

（三）发展目标。到2015年，农机总动力达到10亿千瓦，其中灌排机械动力达到1亿千瓦，主要农作物耕种收综合机械化水平达到55%以上。粮棉油糖等大宗农作物机械化水平明显提高，养殖业、林果业、农产品初加工机械化协调推进。农业机械化服务体系不断完善，服务能力进一步增强。建成协调有效的农机工业自主创新平台，形成若干具有自主知识产权的产品和技术，部分产品达到国际先进水平。

到2020年，农机总动力稳定在12亿千瓦左右，其中灌排机械动力达到1.1亿千瓦，主要农作物耕种收综合机械化水平达到65%。其中，小麦耕种收机械化水平达到90%以上，水稻种植、收获环节机械化水平分别达到60%和85%，玉米机收水平达到50%左右，油菜机播、机收水平分别达到15%和20%以上，基本解决甘蔗种植、收获机械化关键技术问题。农机工业技术创新体系得到完善，重点领域的关键技术取得突破，形成若干具有国际竞争力和品牌影响力的大型企业集团，基本建成现代化农机流通体系和完善的农机售后服务网络。

二、促进农业机械化发展的主要任务

（四）加快重点地区农业机械化进程。在东北地区、新疆棉区及华南蔗区重点发展大马力、高性能农机，提高大型农机配套比和使用效率，率先实现粮食生产全程机械化；大幅提高棉花机收水平；突破甘蔗收获机械化瓶颈制约，提升甘蔗耕种收机械化水平。在黄淮海地区巩固小麦生产全程机械化发展成果，进一步优化改善装备结构，提高作业效益；着力提升玉米机收水平，逐步实现玉米生产全程机械化；加大花生收获机械化示范和推广力度，扩大花生机收面积。在长江中下游地区重点普及水稻育插秧机械化技术，加快推进水稻生产全程机械化；积极发展油菜种植和收获机械化，加大直播机械和联合收获机械推广力度，推动油菜生产全程机械化。在南方丘陵山区推广轻便、耐用、低耗中小型耕种收和植保机械，推进丘陵山区主要粮油作物和特色农产品生产机械化；加大灌排设备更新改造力度，加快节水灌溉和小型抗旱设备推广，提高灌排设备装备水平。在其他地区加快提升水稻、玉米、马铃薯、油菜等主要农作物关键环节机械化水平，因地制宜发展特色经济作物、畜禽水产养殖等机械化。

（五）促进农机农艺协调发展。建立农机和农艺科研单位协作攻关机制，制定科学合理、相互适应的机械作业规范和农艺标准，将机械适应性作为科研育种、栽培模式推广的重要指标，有针对性地推广一批适合机械化作业的品种和种植模式。统筹规划，整合现有农机院所的科研力量，针对重点农作物建立农业机械化实验室，加强农业机械化生产技术研发工作。加强农机与水、肥、种、药等因素协调作用的机理研究，完善农业机械化、种子、土肥、植保等推广服务机构紧密配合的工作机制，组织引导农民统一农作物品种、播期、行距、行向、施肥和植保，为机械化作业创造条件。

（六）推进农机服务组织建设和社会化服务。创新农业机械化服务组织形式，大力发展农机专业合作社，培育发展一批设施完备、功能齐全、特色鲜明的示范农机合作社，带动大型、复式、高性能农机和先进农业技术的推广应用。加强抗旱排涝服务队伍建设。鼓励发展农机专业大户和联户合作，探索发展农机作业公司，促进农机服务主体多元化。培育农机作业、维修、中介、租赁等市场，扶持引导农机大户及各类农机服务组织购置先进适用的农机。继续抓好农机跨区作业，加强组织引导，推动农机跨区作业由小麦向水稻、玉米等大宗农作物延伸，由机收向机耕、机插、机播等环节拓展。加强机耕道路建设，改善农机作业、通行条件。保障重要农时农机作业、排灌及抗旱用油。

（七）加强农业机械化实用人才培养。充分利用高等院校、农业机械化（农业）技术学校，培养农业机械化专业人才。结合阳光工程等各类农民培训项目，大力培养农机作业和维修能手。开展农机使用等技能培训和科普宣传，提高农民对先进生产工具及技术的接受能力和操作水平。定期对农机推广、监理和试验鉴定人员进行培训，提升农业机械化公共服务水平。

（八）加强农业机械化技术推广。建立健全运行高效、服务到位、支撑有力、充满活力的农业机械化推广体系，创新推广机制，提高推广能力。加快普及主要农作物重点环节和关键农业机械化技术，促进先进适用、技术成熟、安全可靠、节能环保、服务到位的农机装备广泛应用。加快灌排设备更新改造进度，实现安全、高效、节能运行，及时满足农田灌排需要。大力推广保护性耕作、节水灌溉、土地深松、精量播种、化肥深施、高效植保和农作物秸秆综合利用等增产增效、资源节约、环境友好型农业机械化技术。不断探索农业机械化发展模式，提出农机研发和改进需求，提高农业机械化技术集成和装备配套水平，满足农业生产需求。

（九）强化农机安全使用监督管理。健全农机作业质量、维修质量标准体系，规范农机作业、维修服务，提高农机应用和保障水平。组织开展在用农机质量调查，强化对财政补贴农机的质量监督和跟踪调查。加强农机试验鉴定和质量认证工作。加强农机市场监管，完善农机质量投诉网络，严厉打击制售假冒伪劣农机产品等坑农害农行为，营造竞争有序、充满活力的市场环境，切实维护农民利益。建立农机报废更新制度，抓紧研究以旧换新办法，加快淘汰老旧及高耗能农机，促进安全、节能、环保型农机的推广应用。建立健全农机安全使用法规和制度，开展农机使用安全教育，加强基层农机安全监理队伍建设，提高装备水平和监管能力，预防和减少农机事故发生。

三、促进农机工业发展的主要任务

（十）推进农机工业行业改革。坚持市场化改革的导向，鼓励和引导农机制造企业优化产权结构，建立产权明晰、权责明确、管理科学的现代企业制度，强化农机制造企业的市场主体地位。抓紧研究制定农机工业产业政策，建立农机行业准入制度和市场退出机制，整顿行业秩序，优化产业结构，逐步淘汰落后产能，杜绝低水平重复制造。鼓励农机制造企业战略重组，加快集团化、集约化进程，形成若干个具有先进制造水平和较强竞争力的大型企业集团和产业集群。完善产业组织结构，形成以大型企业为龙头、中小企业相配套的产业体系和产业集群，提升产业集中度和专业化分工协作水平。鼓励中小企业走专业化、科技型发展道路，提高企业竞争实力。建立健全农机科研联合协作机制，改革农机科研立项和业绩评价机制，打破区域和学科界限，将解决农业机械化实际需求作为科研首要目标和科技成果评价标准，提高农机科研整体水平。

（十一）着力解决农机产品结构性矛盾。优化农机产品结构，改变目前高端产品不足、低端产品过剩，大马力拖拉机进口依存度高、小型农机质量差的局面。要从家庭承包经营、户均土地规模小的国情出发，在开发大型农机的同时，积极发展适合家庭经营需要的中小型、轻简化农机，形成适应我国不同地区经济水平、高中低端产品共同发展的格局。鼓励农机主机生产企业由单机制造为主向成套装备集成为主转变，积极开发生产高效节能环保、多功能、智能化、经济型农机，重点突破水稻插秧、玉米收获、油菜种植和收获机械，以及节水灌溉设备等瓶颈，优先发展100马力以上大型拖拉机、50-70马力节能环保型水田拖拉机、高地隙拖拉机、多功能谷物联合收割机、玉米收获机、甘蔗收获机、棉花收获机、大中型动力机械配套机具、高效植保机械、高效节能机泵设备、节水灌溉设备、小型抗旱排涝机械、适合丘陵山区使用的小型机械等。加快农业清淤设备研究开发。

（十二）增强农机工业科技创新能力。坚持自主开发和引进、消化、吸收、再创新相结合的发展道路，建立以企业为主体、市场为导向、产学研相结合的农机工业技术创新体系。围绕大马力拖拉机、多功能收割机、高效节能大中型水泵、喷灌机等重大产品开发，加快产业升级和产品更新换代；围绕发动机、传动、电控、液压等核心部件研发，增强农机工业自主创新和核心竞争力；围绕科研手段和条件改善，提升农机新技术和新产品开发、试验试制能力；围绕科研机制创新，支持重点企业技术进步，带动行业发展。依托农机制造企业和科研院所，抓紧建设拖拉机、多功能收割机等重点农机产品开发企业技术中心，以及公益性的农机重大、关键、共性技术实验室和工程中心，凝聚优秀研发人才，加快急需的关键性农机和重大共性技术研发，集中力量攻克困扰产业发展的工艺材料、基础部件、关键作业装置等技术瓶颈，形成一批具有自主知识产权的核心技术成果。新技术和新产品的开发要充分考虑农作物品种、耕作制度和经营体系的需要，提高农机的适用性。支持高等院校加强农机工程学科建设，强化农机工程基础教育。完善农机培训体系，利用中等职业学校，加强农机制造等专业实用人才培养。

（十三）提升农机工业制造水平和产品质量。加大农机制造企业技术改造力度，改善企业研发和生产条件，应用精密成型、智能数控等先进加工装备和柔性制造、敏捷制造等先进制造技术，提高农机制造工艺及装备水平。完善农机产品质量标准体系，加快制（修）订农机产品技术标准，实现动力机械与配套农具、主机与配件的标准化、系列化和通用化开发生产。加快新技术、新工艺、新设备和新材料应用，提高关键零部件加工精度，提升农机产品质量，逐步淘汰消耗高、污染重、技术落后的工艺和产品。强化企业质量和社会责任意识，进一步完善企业质量保证体系，加强外购零部件的检测和可靠性分析，规范新产品和新技术鉴定验收工作。建立农机制造企业质量监督检查制度，组织开展产品质量抽检。加强生产技术工人培训，提高工人使用现代化机械加工设备的能力，不断提升企业制造水平和产品质量。

（十四）构建现代农机流通体系。建立健全农机制造企业品牌营销网络、专业农机流通企业销售网络相结合的新型农机市场体系。实施农机流通服务品牌工程，优化市场布局，发展连锁经营，培育一批辐射面广、服务质量好的大型农机流通企业、品牌农机店和区域性农机市场，健全农机零配件供应网络，提高农机产品流通效率，方便农民购机。建立农机产品售后服务体系和信息服务平台，依托重点生产企业、专业流通企业建立售后服务中心，提高服务能力。完善农机产品“三包”制度，健全和规范农机修理市场，明确产品售后维修责任，规范服务程序，提高维修能力和服务质量。

（十五）扩大农机工业国际合作。鼓励大型农机制造企业与国外合作开发和建立技术研究中心，提升核心技术、关键部件的研究开发能力。通过与国外企业合资、合作生产等方式，积极引进国外先进技术，逐步降低高端产品进口依赖程度。吸引海外科技人才加入我国农机行业，加快动力机械、配套机具研发制造人才的引进，增加技术储备，培养一批具有创新能力的人才和团队，提高农机产品开发、制造和管理水平。实施农机装备“走出去”战略，大力开拓国际市场，鼓励企业参与对外援助和国际合作项目，扩大优势农机产品出口，引导有条件的农机制造企业到国外投资办厂。

四、加大政策扶持力度

（十六）加大财政支持力度。继续实施农机购置补贴政策，合理确定补贴资金规模，并向粮食主产区、非主产区产粮大县，以及农民专业合作社等倾斜。适当支持适宜地区购置国内尚不能批量制造的大马力拖拉机、大型喷灌机等农机。逐步加大农业机械化重大技术推广支持力度。在适宜地区实施保护性耕作、节水灌溉、深松整地、秸秆还田、高效植保等农机作业补贴试点。积极开展农机保险业务，有条件的地方可对参保农机给予保费补贴。中央财政要加大投入力度，支持农机工业技术创新能力建设、科技成果产业化以及技术和智力引进。国家技术改造投资要对农机工业技术改造给予倾斜和重点扶持，地方政府也要按照一定比例落实配套资金。

（十七）完善农机购置补贴制度。按照科学、公开、公平、高效的原则，完善农机购置补贴管理办法，合理确定补贴产品种类，及时公布年度实施方案和补贴资金等，提高政策实施的透明度和公平性。简化农机购置补贴审批程序，改进审批方式，缩短审批时间。完善经销商管理制度，在由企业推荐经销商的基础上，严格经销商资格审查，将售后服务能力作为选择经销商的重要标准。严禁农机化事业单位通过成立公司等手段经销补贴产品。进一步扩大省级自选补贴产品的品种范围，满足不同区域和不同层次购机需求。缩短补贴资金结算时限，增加结算频次，加快企业资金回笼速度。加强监管，安排专门机构受理农民投诉，严肃查处倒卖补贴指标和补贴产品、套取补贴资金、借补贴之机乱涨价和乱收费等违规行为。保障农民选择权和议价权，允许农民对实行统一定额补贴的同一种类、同一档次产品在本省范围内跨县自主购机，允许农民在签订购机协议后调换机型。

（十八）加强和改进金融服务。进一步加大对农民和农机服务组织的信贷扶持力度，创新金融产品和服务方式，扩大购机信贷规模，积极满足合理信贷资金需求，做好融资支持和配套金融服务。在保障信贷资金安全的前提下，积极推动农机抵押贷款业务，合理审慎确定抵押率，采取灵活的贷款期限与还款方式，为农民和农机服务组织多元化融资提供便利。对符合产业政策和信贷原则的农机制造企业技术改造、新产品开发和农机流通设施建设，给予信贷支持。中小农机制造企业可享受国家扶持中小企业发展的相关政策。创新型企业试点向农机制造企业倾斜，加大支持力度。

（十九）切实落实税费优惠政策。继续免征农机机耕和排灌服务营业税、农机作业和维修服务项目的企业所得税。继续对跨区作业的联合收割机、运输联合收割机（包括插秧机）的车辆免收车辆通行费。进一步落实关于企业研发投入税前扣除政策。对生产国家支持发展的新型、大马力农机装备和产品，确有必要进口的关键零部件及原材料，免征关税和进口环节增值税。属于国家重点扶持高新技术企业中的农机制造企业，按照企业所得税法的规定，减按15%的税率征收企业所得税。按照现行规定对批发和零售的农机实行免征增值税政策。

（二十）支持基础设施建设。将基层农业机械化推广体系、机耕道路、排灌及抗旱设施等建设内容纳入相应规划，与规划内的项目同步实施。抓紧实施保护性耕作工程建设规划，落实年度建设投资。实施农业机械化推进工程，加大对农机安全监理、农机推广鉴定等公益性设施建设的支持力度，增强农业机械化公共服务能力。在规划、用地等方面积极支持农机合作社建设农机停放场（库、棚），改善农机保养条件。将农机科研开发基础设施建设纳入国家工程（技术）实验室、国家工程研究中心、国家级企业技术中心等项目建设范围，加大投资支持力度，在高新技术产业化示范项目安排中，对农机科研新技术和新产品予以倾斜。将农机流通纳入农村市场体系建设规划，加强现代农机流通体系建设，支持农机销售市场、配送中心电子统一结算、信息采集发布系统和区域性售后维修服务中心等农机流通基础设施建设。

五、加强组织领导

（二十一）明确部门分工。有关部门要高度重视促进农业机械化和农机工业发展工作，按照职责分工，密切配合，加强指导。农业机械化主管部门要认真履行规划指导、监督管理、协调服务职能，做好技术推广、生产组织、安全监理等工作，抓紧修订农业机械化统计指标体系，会同有关部门提出有关法律法规的修订意见、农机推广目录和补贴产品种类。农机工业主管部门要认真履行农机工业行业管理职能，加快制定农机工业发展规划、产业政策和行业准入办法，抓好产品质量管理。水利部门要做好灌排设备更新改造规划，推广普及节水灌溉设备，协助农机工业主管部门做好大型灌排设备研发工作。发展改革部门要落实扶持农业机械化和农机工业发展的基本建设投资。财政部门要落实扶持农业机械化和农机工业发展的资金，加强农机购置补贴政策实施的监管。商务部门要加强对农机流通行业的指导，加快农机流通体系建设。科技部门要加大对农业机械化和农机工业科研开发支持力度。银行业和保险业监管部门要督促银行业金融机构和保险公司积极开展农机信贷、保险业务。其他部门也要根据职责积极支持农业机械化和农机工业发展。有关行业协会要当好政府与企业、农户的桥梁，充分发挥协调、服务、维权、自律的作用。

（二十二）落实地方政府责任。地方各级人民政府要统一思想，提高认识，把发展农业机械化和农机工业提上重要议事日程。深入学习宣传和贯彻实施《中华人民共和国农业机械化促进法》、《农业机械安全监督管理条例》等有关法律法规，不断提高依法促进农业机械化发展的能力和水平。建立工作责任制，结合本地情况，制定发展规划，明确发展目标，加强组织协调和相关机构队伍建设，充实力量，改善工作条件，保障工作经费，切实解决农机科研、生产、流通、推广应用、社会化服务等方面存在的突出问题，扎实推进本地区农业机械化和农机工业又好又快发展。

国务院关于加快培育和发展战略性新兴产业的决定

（国发〔2010〕32 号 2010 年 10 月 10 日）

各省、自治区、直辖市人民政府，国务院各部委、各直属机构：

战略性新兴产业是引导未来经济社会发展的重要力量。发展战略性新兴产业已成为世界主要国家抢占新一轮经济和科技发展制高点的重大战略。我国正处在全面建设小康社会的关键时期，必须按照科学发展观的要求，抓住机遇，明确方向，突出重点，加快培育和发展战略性新兴产业。现作出如下决定：

一、抓住机遇，加快培育和发展战略性新兴产业

战略性新兴产业是以重大技术突破和重大发展需求为基础，对经济社会全局和长远发展具有重大引领带动作用，知识技术密集、物质资源消耗少、成长潜力大、综合效益好的产业。加快培育和发展战略性新兴产业对推进我国现代化建设具有重要战略意义。

（一）加快培育和发展战略性新兴产业是全面建设小康社会、实现可持续发展的必然选择。我国人口众多、人均资源少、生态环境脆弱，又处在工业化、城镇化快速发展时期，面临改善民生的艰巨任务和资源环境的巨大压力。要全面建设小康社会、实现可持续发展，必须大力发展战略性新兴产业，加快形成新的经济增长点，创造更多的就业岗位，更好地满足人民群众日益增长的物质文化需求，促进资源节约型和环境友好型社会建设。

（二）加快培育和发展战略性新兴产业是推进产业结构升级、加快经济发展方式转变的重大举措。战略性新兴产业以创新为主要驱动力，辐射带动力强，加快培育和发展战略性新兴产业，有利于加快经济发展方式转变，有利于提升产业层次、推动传统产业升级、高起点建设现代产业体系，体现了调整优化产业结构的根本要求。

（三）加快培育和发展战略性新兴产业是构建国际竞争新优势、掌握发展主动权的迫切需要。当前，全球经济竞争格局正在发生深刻变革，科技发展正孕育着新的革命性突破，世界主要国家纷纷加快部署，推动节能环保、新能源、信息、生物等新兴产业快速发展。我国要在未来国际竞争中占据有利地位，必须加快培育和发展战略性新兴产业，掌握关键核心技术及相关知识产权，增强自主发展能力。

加快培育和发展战略性新兴产业具备诸多有利条件，也面临严峻挑战。经过改革开放 30 多年的快速发展，我国综合国力明显增强，科技水平不断提高，建立了较为完备的产业体系，特别是高技术产业快速发展，规模跻身世界前列，为战略性新兴产业加快发展奠定了较好的基础。同时，也面临着企业技术创新能力不强，掌握的关键核心技术少，有利于新技术新产品进入市场的政策法规体系不健全，支持创新创业的投融资和财税政策、体制机制不完善等突出问题。必须充分认识加快培育和发展战略性新兴产业的重大意义，进一步增强紧迫感和责任感，抓住历史机遇，加大工作力度，加快培育和发展战略性新兴产业。

二、坚持创新发展，将战略性新兴产业加快培育成为先导产业和支柱产业

根据战略性新兴产业的特征，立足我国国情和科技、产业基础，现阶段重点培育和发展节能环保、新一代信息技术、生物、高端装备制造、新能源、新材料、新能源汽车等产业。

（一）指导思想。

以邓小平理论和“三个代表”重要思想为指导，深入贯彻落实科学发展观，把握世界新科技革命和产业革命的历史机遇，面向经济社会发展的重大需求，把加快培育和发展战略性新兴产业放在推进产业结构升级和经济发展方式转变的突出位置。积极探索战略性新兴产业发展规律，发挥企业主体作

用，加大政策扶持力度，深化体制机制改革，着力营造良好环境，强化科技创新成果产业化，抢占经济和科技竞争制高点，推动战略性新兴产业快速健康发展，为促进经济社会可持续发展作出贡献。

（二）基本原则。

坚持充分发挥市场的基础性作用与政府引导推动相结合。要充分发挥我国市场需求巨大的优势，创新和转变消费模式，营造良好的市场环境，调动企业主体的积极性，推进产学研用结合。同时，对关系经济社会发展全局的重要领域和关键环节，要发挥政府的规划引导、政策激励和组织协调作用。

坚持科技创新与实现产业化相结合。要切实完善体制机制，大幅度提升自主创新能力，着力推进原始创新，大力增强集成创新和联合攻关，积极参与国际分工合作，加强引进消化吸收再创新，充分利用全球创新资源，突破一批关键核心技术，掌握相关知识产权。同时，要加大政策支持和协调指导力度，造就并充分发挥高素质人才队伍的作用，加速创新成果转化，促进产业化进程。

坚持整体推进与重点领域跨越发展相结合。要对发展战略性新兴产业进行统筹规划、系统布局，明确发展时序，促进协调发展。同时，要选择最有基础和条件的领域作为突破口，重点推进。大力培育产业集群，促进优势区域率先发展。

坚持提升国民经济长远竞争力与支撑当前发展相结合。要着眼长远，把握科技和产业发展新方向，对重大前沿性领域及早部署，积极培育先导产业。同时，要立足当前，推进对缓解经济社会发展瓶颈制约具有重大作用的相关产业较快发展，推动高技术产业健康发展，带动传统产业转型升级，加快形成支柱产业。

（三）发展目标。

到 2015 年，战略性新兴产业形成健康发展、协调推进的基本格局，对产业结构升级的推动作用显著增强，增加值占国内生产总值的比重力争达到 8% 左右。

到 2020 年，战略性新兴产业增加值占国内生产总值的比重力争达到 15% 左右，吸纳、带动就业能力显著提高。节能环保、新一代信息技术、生物、高端装备制造产业成为国民经济的支柱产业，新能源、新材料、新能源汽车产业成为国民经济的先导产业；创新能力大幅提升，掌握一批关键核心技术，在局部领域达到世界领先水平；形成一批具有国际影响力的大企业和一批创新活力旺盛的中小企业；建成一批产业链完善、创新能力强、特色鲜明的战略性新兴产业集聚区。

再经过十年左右的努力，战略性新兴产业的整体创新能力和产业发展水平达到世界先进水平，为经济社会可持续发展提供强有力的支撑。

三、立足国情，努力实现重点领域快速健康发展

根据战略性新兴产业的发展阶段和特点，要进一步明确发展的重点方向和主要任务，统筹部署，集中力量，加快推进。

（一）节能环保产业。重点开发推广高效节能技术装备及产品，实现重点领域关键技术突破，带动能效整体水平的提高。加快资源循环利用关键共性技术研发和产业化示范，提高资源综合利用水平和再制造产业化水平。示范推广先进环保技术装备及产品，提升污染防治水平。推进市场化节能环保服务体系建设。加快建立以先进技术为支撑的废旧商品回收利用体系，积极推进煤炭清洁利用、海水综合利用。

（二）新一代信息技术产业。加快建设宽带、泛在、融合、安全的信息网络基础设施，推动新一代移动通信、下一代互联网核心设备和智能终端的研发及产业化，加快推进三网融合，促进物联网、云计算的研发和示范应用。着力发展集成电路、新型显示、高端软件、高端服务器等核心基础产业。提升软件服务、网络增值服务等信息服务能力，加快重要基础设施智能化改造。大力发展数字虚拟等

技术，促进文化创意产业发展。

（三）生物产业。大力发展用于重大疾病防治的生物技术药物、新型疫苗和诊断试剂、化学药物、现代中药等创新药物大品种，提升生物医药产业水平。加快先进医疗设备、医用材料等生物医学工程产品的研发和产业化，促进规模化发展。着力培育生物育种产业，积极推广绿色农用生物产品，促进生物农业加快发展。推进生物制造关键技术开发、示范与应用。加快海洋生物技术及产品的研发和产业化。

（四）高端装备制造产业。重点发展以干支线飞机和通用飞机为主的航空装备，做大做强航空产业。积极推进空间基础设施建设，促进卫星及其应用产业发展。依托客运专线和城市轨道交通等重点工程建设，大力发展轨道交通装备。面向海洋资源开发，大力发展海洋工程装备。强化基础配套能力，积极发展以数字化、柔性化及系统集成技术为核心的智能制造装备。

（五）新能源产业。积极研发新一代核能技术和先进反应堆，发展核能产业。加快太阳能热利用技术推广应用，开拓多元化的太阳能光伏光热发电市场。提高风电技术装备水平，有序推进风电规模化发展，加快适应新能源发展的智能电网及运行体系建设。因地制宜开发利用生物质能。

（六）新材料产业。大力发展稀土功能材料、高性能膜材料、特种玻璃、功能陶瓷、半导体照明材料等新型功能材料。积极发展高品质特殊钢、新型合金材料、工程塑料等先进结构材料。提升碳纤维、芳纶、超高分子量聚乙烯纤维等高性能纤维及其复合材料发展水平。开展纳米、超导、智能等共性基础材料研究。

（七）新能源汽车产业。着力突破动力电池、驱动电机和电子控制领域关键核心技术，推进插电式混合动力汽车、纯电动汽车推广应用和产业化。同时，开展燃料电池汽车相关前沿技术研发，大力推进高能效、低排放节能汽车发展。

四、强化科技创新，提升产业核心竞争力

增强自主创新能力是培育和发展战略性新兴产业的中心环节，必须完善以企业为主体、市场为导向、产学研相结合的技术创新体系，发挥国家科技重大专项的核心引领作用，结合实施产业发展规划，突破关键核心技术，加强创新成果产业化，提升产业核心竞争力。

（一）加强产业关键核心技术和前沿技术研究。围绕经济社会发展重大需求，结合国家科技计划、知识创新工程和自然科学基金项目等的实施，集中力量突破一批支撑战略性新兴产业发展的关键共性技术。在生物、信息、空天、海洋、地球深部等基础性、前沿性技术领域超前部署，加强交叉领域的技术和产品研发，提高基础技术研究水平。

（二）强化企业技术创新能力建设。加大企业研究开发的投入力度，对面向应用、具有明确市场前景的政府科技计划项目，建立由骨干企业牵头组织、科研机构和高校共同参与实施的有效机制。依托骨干企业，围绕关键核心技术的研发和系统集成，支持建设若干具有世界先进水平的工程化平台，结合技术创新工程的实施，发展一批由企业主导，科研机构、高校积极参与的产业技术创新联盟。加强财税政策引导，激励企业增加研发投入。加强产业集聚区公共技术服务平台建设，促进中小企业创新发展。

（三）加快落实人才强国战略和知识产权战略。建立科研机构、高校创新人才向企业流动的机制，加大高技能人才队伍建设力度。加快完善期权、技术入股、股权、分红权等多种形式的激励机制，鼓励科研机构和高校科技人员积极从事职务发明创造。加大工作力度，吸引全球优秀人才来华创新创业。发挥研究型大学的支撑和引领作用，加强战略性新兴产业相关专业学科建设，增加急需的专业学位类别。改革人才培养模式，制定鼓励企业参与人才培养的政策，建立企校联合培养人才的新机制，促进

创新型、应用型、复合型和技能型人才的培养。支持知识产权的创造和运用，强化知识产权的保护和管理，鼓励企业建立专利联盟。完善高校和科研机构知识产权转移转化的利益保障和实现机制，建立高效的知识产权评估交易机制。加大对具有重大社会效益创新成果的奖励力度。

（四）实施重大产业创新发展工程。以加速产业规模化发展为目标，选择具有引领带动作用，并能够实现突破的重点方向，依托优势企业，统筹技术开发、工程化、标准制定、市场应用等环节，组织实施若干重大产业创新发展工程，推动要素整合和技术集成，努力实现重大突破。

（五）建设产业创新支撑体系。发挥知识密集型服务业支撑作用，大力发展研发服务、信息服务、创业服务、技术交易、知识产权和科技成果转化等高技术服务业，着力培育新业态。积极发展人力资源服务、投资和管理咨询等商务服务业，加快发展现代物流和环境服务业。

（六）推进重大科技成果产业化和产业集聚发展。完善科技成果产业化机制，加大实施产业化示范工程力度，积极推进重大装备应用，建立健全科研机构、高校的创新成果发布制度和技术转移机构，促进技术转移和扩散，加速科技成果转化为现实生产力。依托具有优势的产业集聚区，培育一批创新能力强、创业环境好、特色突出、集聚发展的战略性新兴产业示范基地，形成增长极，辐射带动区域经济发展。

五、积极培育市场，营造良好市场环境

要充分发挥市场的基础性作用，充分调动企业积极性，加强基础设施建设，积极培育市场，规范市场秩序，为各类企业健康发展创造公平、良好的环境。

（一）组织实施重大应用示范工程。坚持以应用促发展，围绕提高人民群众健康水平、缓解环境资源制约等紧迫需求，选择处于产业化初期、社会效益显著、市场机制难以有效发挥作用的重大技术和产品，统筹衔接现有试验示范工程，组织实施全民健康、绿色发展、智能制造、材料换代、信息惠民等重大应用示范工程，引导消费模式转变，培育市场，拉动产业发展。

（二）支持市场拓展和商业模式创新。鼓励绿色消费、循环消费、信息消费，创新消费模式，促进消费结构升级。扩大终端用能产品能效标识实施范围。加强新能源并网及储能、支线航空与通用航空、新能源汽车等领域的市场配套基础设施建设。在物联网、节能环保服务、新能源应用、信息服务、新能源汽车推广等领域，支持企业大力发展有利于扩大市场需求的专业服务、增值服务等新业态。积极推行合同能源管理、现代废旧商品回收利用等新型商业模式。

（三）完善标准体系和市场准入制度。加快建立有利于战略性新兴产业发展的行业标准和重要产品技术标准体系，优化市场准入的审批管理程序。进一步健全药品注册管理的体制机制，完善药品集中采购制度，支持临床必需、疗效确切、安全性高、价格合理的创新药物优先进入医保目录。完善新能源汽车的项目和产品准入标准。改善转基因农产品的管理。完善并严格执行节能环保法规标准。

六、深化国际合作，提高国际化发展水平

要通过深化国际合作，尽快掌握关键核心技术，提升我国自主发展能力与核心竞争力。把握经济全球化的新特点，深度开展国际合作与交流，积极探索合作新模式，在更高层次上参与国际合作。

（一）大力推进国际科技合作与交流。发挥各种合作机制的作用，多层次、多渠道、多方式推进国际科技合作与交流。鼓励境外企业和科研机构在我国设立研发机构，支持符合条件的外商投资企业与内资企业、研究机构合作申请国家科研项目。支持我国企业和研发机构积极开展全球研发服务外包，在境外开展联合研发和设立研发机构，在国外申请专利。鼓励我国企业和研发机构参与国际标准的制定，鼓励外商投资企业参与我国技术示范应用项目，共同形成国际标准。

（二）切实提高国际投融资合作的质量和水平。完善外商投资产业指导目录，鼓励外商设立创业投资企业，引导外资投向战略性新兴产业。支持有条件的企业开展境外投资，在境外以发行股票和债券等多种方式融资。扩大企业境外投资自主权，改进审批程序，进一步加大对企业境外投资的外汇支持。积极探索在海外建设科技和产业园区。制定国别产业导向目录，为企业开展跨国投资提供指导。

（三）大力支持企业跨国经营。完善出口信贷、保险等政策，结合对外援助等积极支持战略性新兴产业领域的重点产品、技术和服务开拓国际市场，以及自主知识产权技术标准在海外推广应用。支持企业通过境外注册商标、境外收购等方式，培育国际化品牌。加强企业和产品国际认证合作。

七、加大财税金融政策扶持力度，引导和鼓励社会投入

加快培育和发展战略性新兴产业，必须健全财税金融政策支持体系，加大扶持力度，引导和鼓励社会资金投入。

（一）加大财政支持力度。在整合现有政策资源和资金渠道的基础上，设立战略性新兴产业发展专项资金，建立稳定的财政投入增长机制，增加中央财政投入，创新支持方式，着力支持重大关键技术研发、重大产业创新发展工程、重大创新成果产业化、重大应用示范工程、创新能力建设等。加大政府引导和支持力度，加快高效节能产品、环境标志产品和资源循环利用产品等推广应用。加强财政政策绩效考评，创新财政资金管理机制，提高资金使用效率。

（二）完善税收激励政策。在全面落实现行各项促进科技投入和科技成果转化、支持高技术产业发展等方面的税收政策的基础上，结合税制改革方向和税种特征，针对战略性新兴产业的特点，研究完善鼓励创新、引导投资和消费的税收支持政策。

（三）鼓励金融机构加大信贷支持。引导金融机构建立适应战略性新兴产业特点的信贷管理和贷款评审制度。积极推进知识产权质押融资、产业链融资等金融产品创新。加快建立包括财政出资和社会资金投入在内的多层次担保体系。积极发展中小金融机构和新型金融服务。综合运用风险补偿等财政优惠政策，促进金融机构加大支持战略性新兴产业发展的力度。

（四）积极发挥多层次资本市场的融资功能。进一步完善创业板市场制度，支持符合条件的企业上市融资。推进场外证券交易市场的建设，满足处于不同发展阶段创业企业的需求。完善不同层次市场之间的转板机制，逐步实现各层次市场间有机衔接。大力发展债券市场，扩大中小企业集合债券和集合票据发行规模，积极探索开发低信用等级高收益债券和私募可转债等金融产品，稳步推进企业债券、公司债券、短期融资券和中期票据发展，拓宽企业债务融资渠道。

（五）大力发展创业投资和股权投资基金。建立和完善促进创业投资和股权投资行业健康发展的配套政策体系与监管体系。在风险可控的范围内为保险公司、社保基金、企业年金管理机构和其他机构投资者参与新兴产业创业投资和股权投资基金创造条件。发挥政府新兴产业创业投资资金的引导作用，扩大政府新兴产业创业投资规模，充分运用市场机制，带动社会资金投向战略性新兴产业中处于创业早中期阶段的创新型企业。鼓励民间资本投资战略性新兴产业。

八、推进体制机制创新，加强组织领导

加快培育和发展战略性新兴产业是我国新时期经济社会发展的重大战略任务，必须大力推进改革创新，加强组织领导和统筹协调，为战略性新兴产业发展提供动力和条件。

（一）深化重点领域改革。建立健全创新药物、新能源、资源性产品价格形成机制和税费调节机制。实施新能源配额制，落实新能源发电全额保障性收购制度。加快建立生产者责任延伸制度，建立和完善主要污染物和碳排放交易制度。建立促进三网融合高效有序开展的政策和机制，深化电力体制改革，

加快推进空域管理体制改革。

（二）加强宏观规划引导。组织编制国家战略性新兴产业发展规划和相关专项规划，制定战略性新兴产业发展指导目录，开展战略性新兴产业统计监测调查，加强与相关规划和政策的衔接。加强对各地发展战略性新兴产业的引导，优化区域布局、发挥比较优势，形成各具特色、优势互补、结构合理的战略性新兴产业协调发展格局。各地区要根据国家总体部署，从当地实际出发，突出发展重点，避免盲目发展和重复建设。

（三）加强组织协调。成立由发展改革委牵头的战略性新兴产业发展部际协调机制，形成合力，统筹推进。

国务院各有关部门、各省（区、市）人民政府要根据本决定的要求，抓紧制定实施方案和具体落实措施，加大支持力度，加快将战略性新兴产业培育成为先导产业和支柱产业，为我国现代化建设作出新的贡献。

财政部 国家税务总局 商务部 科技部 国家发展改革委
关于技术先进型服务企业有关企业所得税政策问题的通知

（财税〔2010〕65 号　2010 年 11 月 5 日）

北京、天津、大连、黑龙江、上海、江苏、浙江、安徽、厦门、江西、山东、湖北、湖南、广东、深圳、重庆、四川、陕西省（直辖市、计划单列市）财政厅（局）、国家税务局、地方税务局、商务主管部门、科技厅（委、局）、发展改革委：

根据国务院有关文件精神，现就技术先进型服务企业有关企业所得税政策问题通知如下：

一、自 2010 年 7 月 1 日起至 2013 年 12 月 31 日止，在北京、天津、上海、重庆、大连、深圳、广州、武汉、哈尔滨、成都、南京、西安、济南、杭州、合肥、南昌、长沙、大庆、苏州、无锡、厦门等 21 个中国服务外包示范城市（以下简称示范城市）实行以下企业所得税优惠政策：

1. 对经认定的技术先进型服务企业，减按 15% 的税率征收企业所得税。

2. 经认定的技术先进型服务企业发生的职工教育经费支出，不超过工资薪金总额 8% 的部分，准予在计算应纳税所得额时扣除；超过部分，准予在以后纳税年度结转扣除。

二、享受本通知第一条规定的企业所得税优惠政策的技术先进型服务企业必须同时符合以下条件：

1. 从事《技术先进型服务业务认定范围（试行）》（详见附件）中的一种或多种技术先进型服务业务，采用先进技术或具备较强的研发能力；

2. 企业的注册地及生产经营地在示范城市（含所辖区、县、县级市等全部行政区划）内；

3. 企业具有法人资格，近两年在进出口业务管理、财务管理、税收管理、外汇管理、海关管理等方面无违法行为；

4. 具有大专以上学历的员工占企业职工总数的 50% 以上；

5. 从事《技术先进型服务业务认定范围（试行）》中的技术先进型服务业务取得的收入占企业当年总收入的 50% 以上。

6. 从事离岸服务外包业务取得的收入不低于企业当年总收入的 50%。

从事离岸服务外包业务取得的收入，是指企业根据境外单位与其签订的委托合同，由本企业或其直接转包的企业为境外单位提供《技术先进型服务业务认定范围（试行）》中所规定的信息技术外包服务（ITO）、技术性业务流程外包服务（BPO）和技术性知识流程外包服务（KPO），而从上述境外单位取得的收入。

三、技术先进型服务企业的认定管理

1. 示范城市人民政府科技部门会同本级商务、财政、税务和发展改革部门根据本通知规定制定具体管理办法，并报科技部、商务部、财政部、国家税务总局和国家发展改革委及所在省（直辖市、计划单列市）科技、商务、财政、税务和发展改革部门备案。

示范城市所在省（直辖市、计划单列市）科技部门会同本级商务、财政、税务和发展改革部门负责指导所辖示范城市的技术先进型服务企业认定管理工作。

2. 符合条件的技术先进型服务企业应向所在示范城市人民政府科技部门提出申请，由示范城市人民政府科技部门会同本级商务、财政、税务和发展改革部门联合评审并发文认定。认定企业名单应及时报科技部、商务部、财政部、国家税务总局和国家发展改革委及所在省（直辖市、计划单列市）科技、商务、财政、税务和发展改革部门备案。

3. 经认定的技术先进型服务企业，持相关认定文件向当地主管税务机关办理享受本通知第一条规定的企业所得税优惠政策事宜。享受企业所得税优惠的技术先进型服务企业条件发生变化的，应当自发生变化之日起15日内向主管税务机关报告；不再符合享受税收优惠条件的，应当依法履行纳税义务。主管税务机关在执行税收优惠政策过程中，发现企业不具备技术先进型服务企业资格的，应暂停企业享受税收优惠，并提请认定机构复核。

4. 示范城市人民政府科技、商务、财政、税务和发展改革部门及所在省（直辖市、计划单列市）科技、商务、财政、税务和发展改革部门对经认定并享受税收优惠政策的技术先进型服务企业应做好跟踪管理，对变更经营范围、合并、分立、转业、迁移的企业，如不符合认定条件的，应及时取消其享受税收优惠政策的资格。

四、示范城市人民政府财政、税务、商务、科技和发展改革部门要认真贯彻落实本通知的各项规定，切实搞好沟通与协作。在政策实施过程中发现的问题，要及时逐级反映上报财政部、国家税务总局、商务部、科技部和国家发展改革委。

五、《财政部 国家税务总局 商务部 科技部 国家发展改革委关于技术先进型服务企业有关税收政策问题的通知》（财税［2009］63号）自2010年7月1日起废止。

附件：技术先进型服务业务认定范围（试行）（略）

国家发展改革委 科技部 工业和信息化部 公安部 财政部 环境保护部 商务部 海关总署 税务总局 工商总局 质检总局 关于推进再制造产业发展的意见

（2010年5月13日）

各省、自治区、直辖市、计划单列市及新疆生产建设兵团发展改革委、经贸委（经委、经信委、工信委、工信厅）、科技厅（委、局）、公安厅（局）、财政厅（局）、环境保护厅（局）、商务厅（局）、国税局、地税局、工商局、各出入境检验检疫局、质量技术监督局，海关总署广东分署、天津、上海特派办，各直属海关，国务院有关部门：

为全面贯彻落实《循环经济促进法》，培育新的经济增长点，促进我国循环经济尽快形成较大规模，建设资源节约型环境友好型社会，现提出推进我国再制造产业发展的意见：

一、推进再制造产业发展的重大意义

再制造是指将废旧汽车零部件、工程机械、机床等进行专业化修复的批量化生产过程，再制造产品达到与原有新品相同的质量和性能。再制造是循环经济“再利用”的高级形式。

加快发展再制造产业是建设资源节约型、环境友好型社会的客观要求。再制造与制造新品相比，可节能60%，节材70%，节约成本50%，几乎不产生固体废物，大气污染物排放量降低80%以上。再制造有利于形成“资源－产品－废旧产品－再制造产品”的循环经济模式，可以充分利用资源，保护生态环境。

加快发展再制造产业是培育新的经济增长点的重要方面。我国汽车、工程机械、机床等社会保有量快速增长，再制造产业发展潜力巨大。2008年汽车保有量达4957万辆（不含低速汽车），机床保有量达700多万台，14种主要型号的工程机械保有量达290万台。其中大量装备在达到报废要求后将被淘汰，新增的退役装备还在大量增加。发展再制造产业有利于形成新的经济增长点，为社会提供大量的就业机会。

加快发展再制造产业是促进制造业与现代服务业发展的有效途径。再制造是制造与修复、回收与利用、生产与流通的有机结合。汽车零部件再制造产品主要用于维修，既能提高维修技术质量，又能提高维修效率和效益。国外经验表明，当再制造零部件占维修配件市场的65%时，汽车维修速度将增加8倍。发展再制造产业还能使制造企业有能力投入更多精力进行新产品研发和设计，形成良性循环，对推动我国制造业的产业结构调整、产品更新换代、技术进步和人员素质提高十分有利。

二、我国再制造产业发展现状

2005年，国务院在《关于加快发展循环经济的若干意见》中明确提出支持发展再制造。2005年，经国务院批准，国家第一批循环经济试点将再制造作为重点领域。2008年，《循环经济促进法》将再制造纳入法律范畴进行规范。目前，我国汽车零部件再制造试点取得了初步成效，到2009年底，已形成汽车发动机、变速箱、转向机、发电机共23万台套的再制造能力，并在探索旧件回收、再制造生产、再制造产品流通体系及监管措施等方面取得积极进展。再制造基础理论和关键技术研发取得重要突破，开发应用的自动化纳米颗粒复合电刷镀等再制造技术达到国际先进水平。工程机械、机床等再制造试点工作也已开展。

目前我国再制造产业发展面临的突出问题是：再制造产业发展尚处于起步阶段，再制造作为新的理念还没有被消费者及社会广泛认同；再制造旧件来源及再制造产品销售渠道不够畅通；再制造技术和管理水平不高，产品质量良莠不齐；报废汽车回收管理等相关法规亟待修订，有关管理制度急需健全，技术标准还不完善；缺乏政策激励。

三、推进再制造产业发展的指导思想和基本原则

（一）指导思想。以邓小平理论和“三个代表”重要思想为指导，深入贯彻科学发展观，落实节约资源和保护环境的基本国策，紧紧围绕提高资源利用效率，从提高再制造技术水平、扩大再制造应用领域、培育再制造示范企业、规范旧件回收体系、开拓国内外市场着手，加强法规建设，强化政策引导，逐步形成适合我国国情的再制造运行机制和管理模式，实现再制造规模化、市场化、产业化发展，努力将再制造产业培育成为新的经济增长点，推动循环经济形成较大规模，加快建设资源节约型、环境友好型社会。

（二）基本原则。一是坚持政府引导与市场机制相结合。通过法规规范、政策引导，发挥市场配置资源的基础性作用，调动市场主体的积极性。二是坚持统筹规划与重点突破相结合。加强规划指导，防止低水平重复建设，继续推进再制造试点示范，由点到面，有序推进。三是坚持科技创新与体系建

设相结合。鼓励科技创新，解决再制造共性、关键技术问题，加强再制造标准体系、旧件回收体系、再制造产品流通体系等建设。四是坚持严控质量与加强监管相结合。不断提高产品质量，降低产品成本，加强对再制造产品和市场监管，维护消费者权益。

四、推进再制造产业发展的重点领域

（一）深化汽车零部件再制造试点。以推进汽车发动机、变速箱、发电机等零部件再制造为重点，加大资金投入，消除制度瓶颈，完善回收体系，规范流通市场，努力做大做强。在此基础上，将试点范围扩大到传动轴、压缩机、机油泵、水泵等部件。同时，继续推进大型旧轮胎翻新。

（二）推动工程机械、机床等再制造。组织开展工程机械、工业机电设备、机床、矿采机械、铁路机车装备、船舶及办公信息设备等的再制造，提高再制造水平，加快推广应用。

五、加强再制造技术创新

（一）加快再制造重点技术研发与应用。加强再制造产品设计技术和产品剩余寿命评估、经济环保的拆解和清洗、微纳米表面工程、无损检测等技术的研发，开展旧件性能评价、再制造产品安全检测等方面的技术攻关。鼓励生产企业、研究设计单位开展有利于再制造的环境友好设计。

（二）加强再制造技术研发能力建设。依托国内有基础的技术研发单位和企业，加快建立再制造国家工程研究（技术）中心和再制造产品质量检验检测中心，鼓励科研院所和企业开展联合攻关和产业化示范。做好国外先进技术与国内成熟适用技术的衔接，形成再制造关键设备生产研发体系。

六、加快再制造产业发展的支撑体系建设

（一）完善再制造旧件回收体系。加快完善有利于再制造产业发展的废旧汽车零部件、工程机械、机床等的逆向回收物流体系，加强有效分类和回收管理，形成与再制造规模相匹配的旧件收集能力。

（二）建立再制造产业发展标准体系。研究建立再制造标准体系，制定再制造技术标准和规范，包括再制造技术通则、旧件检测与评价技术标准、再制造工艺技术规范和再制造管理标准等。

（三）规范再制造环保安全保障体系。根据国家相关标准和技术规范，对再制造过程中产生的各类废物分类储存管理，提高后续废物再利用潜力，减少废物的处理处置量，消除再制造产品的安全环保隐患。

（四）推动再制造服务体系建设。在部分定点维修网点（含汽车“4S”店）设立再制造产品专柜，建立再制造产品连锁示范店和售后服务点。选择若干制造企业和维修企业，开展再制造产品生产与售后服务一体化试点。

七、完善再制造产业发展的政策保障措施

（一）编制再制造产业发展规划。按照《循环经济促进法》的要求，组织编制再制造产业发展规划，明确近期中期发展目标和重点，提出促进再制造产业健康发展的政策措施，分步骤、分阶段组织实施。

（二）完善促进再制造产业发展相关法规。尽快修订《报废汽车回收管理办法》，适当取消对报废汽车“五大总成”强制回炉的限制。根据再制造产品原料自身的安全环保风险及国内实际需要，建立鼓励、限制、禁止进口的分类管理制度，制定再制造旧件和再制造产品的进出口管理目录及管理办法，并规范再制造企业管理，强化企业社会责任意识。

（三）完善促进再制造产业发展的经济政策。制定发布《再制造产品目录》，研究对列入目录的再制造产品的财政税收优惠政策；推动银行业金融机构为再制造提供信贷、担保等投融资服务。循环

经济专项资金要将再制造技术研发、示范和推广项目作为支持重点，推动再制造产业发展。鼓励政府机关、事业单位优先采用再制造产品。

（四）建立再制造监督管理制度。完善再制造产品标识制度，有效保护知识产权和消费者权益，建立再制造信息管理系统，加强对拆解企业的监管，防止可再制造的旧件流失，加强进出口旧机电产品检验和监管。

（五）培养专业人才。鼓励在高等院校和职业技术学校有关专业课程中设立再制造课程，通过校企合作、订单式培训、在岗人员技能培训等多种模式，加快培养技术人才，为再制造产业发展提供人才保障。

（六）加大宣传力度。广泛宣传再制造在节约资源、保护环境中的重要意义。通过编写针对不同用户和消费群体的宣传资料，设立再制造产品体验馆，举办再制造技术、产品、工艺设备展览会和再制造发展论坛，召开现场会、经验交流会等多种形式，普及再制造知识，引导用户和消费者使用再制造产品。

八、加强对再制造产业发展的组织领导

（一）建立协调机制。各级循环经济发展综合管理部门要充分发挥牵头作用，切实履行循环经济组织协调、监督管理的职责，工信、科技、公安、财政、环保、商务、海关、税务、工商、质检等各有关部门要按照各自职责，密切配合，建立再制造产业发展协调机制，及时解决再制造产业发展中的问题，促进再制造产业健康发展。

（二）充分发挥行业协会和中介组织的作用。要充分发挥行业协会和中介组织在政府与企业之间的桥梁和纽带作用，开展再制造产业发展预测分析、法规政策研究、提供咨询服务、加强技术推广、宣传培训和国际交流与合作。

国家发展改革委关于规范煤制天然气产业发展有关事项的通知

（2010 年 6 月 2 日）

各省、自治区、直辖市及计划单列市发展改革委、能源局、经贸委（经委）、大唐、中电投、华能、国开投、神华、中煤公司、中石油、中石化集团公司、中海油总公司：

近年来，国内天然气需求快速增长，激发了各地投资建设煤制天然气项目的热情，由于煤制天然气是新兴产业，国家尚未制定明确的产业政策，目前，正在进行项目示范工作。为了加强对煤制天然气产业的规范和引导，促进煤制天然气行业健康发展，根据国发 [2009]38 号文件精神，对煤制天然气产业发展有关事项通知如下：

一、煤制天然气是以煤为原料，采用气化、净化和甲烷化技术制取的合成天然气。煤制天然气是资源、资金、技术密集型产业，项目建设需要的外部配套支持条件较多，不仅涉及煤炭开采与转化、水资源保障、技术的集成与优化，还需要配套建设天然气管网、培育用气市场等，是一个复杂的系统工程，必须在国家能源规划指导下统筹考虑、合理布局。

二、根据我国国情，煤制天然气产业的发展思路是：综合考虑资源承载、能源消耗、环境容量、天然气管网、区域市场容量等配套条件，合理布局煤制天然气气源点，优先安排煤炭调出区煤制天然气项目；鼓励采用自主知识产权技术和国产化设备项目；鼓励节能节水降耗新工艺、新技术的应用，贯彻循环经济理念，做好环境保护工作；发展煤、电、气、化多联产，最大限度地提高能效；与天然

气管道规划衔接，落实外输通道和天然气销售市场，大力开发和推广天然气终端高效利用方式。

三、在国家出台明确的产业政策之前，煤制天然气及配套项目由国家发展改革委统一核准。各级地方政府应加强项目管理，不得擅自核准或备案煤制天然气项目。对于本通知下发前已经备案和核准的项目，各地发展改革委应进行认真筛选和清理，对不具备资源、技术、资金等条件的项目严禁开工建设，符合上述发展思路的项目上报国家发展改革委审核。

各级发展改革部门和能源主管部门要按照通知精神，认真做好规范煤制天然气产业发展的工作。

中国人民银行 国家发展改革委 工业和信息化部 财政部 税务总局 证监会关于促进黄金市场发展的若干意见

（2010 年 7 月 22 日）

中国人民银行上海总部；各分行、营业管理部；各省会（首府）城市中心支行，各副省级城市中心支行；各省、自治区、直辖市、计划单列市发展改革委、工业和信息化主管部门、财政厅（局）、国家税务局、证监局；上海黄金交易所，上海期货交易所；各国有商业银行、股份制商业银行：

为促进黄金市场健康发展，进一步完善金融市场体系，发挥黄金市场在促进黄金产业发展中的重要作用，现提出如下意见：

一、充分认识促进黄金市场健康发展的重要意义

黄金市场是金融市场的重要组成部分。黄金兼具金融和商品两种属性，大力发展黄金市场，有利于发挥黄金不同于其他金融资产的独特作用，形成与其他金融市场互补协调发展的局面，进一步完善我国金融市场体系，扩大金融市场的深度和广度，深化金融市场功能，提高金融市场的竞争力和应对危机的能力，维护金融稳定和安全。

黄金产业的发展，既有利于提高我国黄金产业竞争力，也有利于带动其他矿产资源的发展。改革开放以来，我国黄金产业稳步发展，形成了黄金勘探、开采、选冶、交易、投资、加工和零售完整的产业链条，黄金生产能力、加工能力和消费水平不断提高。功能完善的黄金市场能够满足产业的融资需求和规避风险的需要，降低企业生产成本，向企业提供市场信息，有利于企业制定合理的生产经营计划，促进产业结构调整和升级，提高产业竞争力。

我国居民有消费和投资黄金的文化传统，随着国民经济健康快速的发展和人民生活水平的提高，居民对黄金首饰、金币和投资性黄金的需求稳步增长。品种丰富的黄金市场，有利于拓宽投资渠道，满足投资者多样化的投资需求，帮助投资者合理配置资产，提高投资收益，保障资产安全。

二、进一步明确黄金市场发展定位

统购统配政策取消后，我国黄金市场发展迅速，初步形成了上海黄金交易所黄金业务、商业银行黄金业务和上海期货交易所黄金期货业务共同发展的市场格局，形成了与黄金产业协同发展的良好局面。未来黄金市场的发展，要服务于我国黄金产业发展大局，立足于提高我国金融市场竞争力，着力发挥黄金市场在完善金融市场中的重要作用。要加大沟通协调力度，建立上海黄金交易所和上海期货交易所合作协调机制。要切实加大创新力度，积极开发人民币报价的黄金衍生产品，丰富交易品种，完善黄金市场体系，进一步深化市场功能，提高市场的规范性和开放性，促进形成多层次的市场体系。

上海黄金交易所要尽快明确未来发展方向和市场定位，改善和加强服务体系建设，完善各项制度，保障市场规范运行。要围绕市场需求开发新的产品，丰富交易品种。按法规规章和市场需要调整会员

结构，扩大参与主体范围。要认真听取会员的意见和建议，切实做好对会员的相关服务工作。要加强和改善交易、黄金和资金清算、合格金锭认证、黄金仓储及运输服务。要深入研究国内国际黄金产业和黄金市场的发展变化规律，切实发挥上海黄金交易所在促进产业发展，完善黄金市场体系建设中的重要作用。

上海期货交易所要充分利用期货市场价格发现和管理风险的功能，不断加强市场基础性制度建设，稳步推进我国黄金风险管理市场健康发展。要围绕着市场功能发挥，不断完善黄金期货合约与业务规则，做深做细黄金期货，提升服务国民经济发展的能力。要不断提高市场风险控制能力，加强对会员的自律管理，有效防范和化解市场风险。优化黄金市场投资者结构。支持黄金企业积极参与和利用期货市场进行套期保值，积极引导金融机构运用黄金期货管理风险。

商业银行要围绕黄金开采、生产加工和销售等整个产业链条，切实创新金融产品，着力改善金融服务，努力提高服务成效，向黄金产业提供多方位的金融服务。结合产业和市场发展需要，加大产品创新力度，开展实物金销售、黄金租赁、黄金远期和黄金期权等业务，丰富市场品种，满足企业融资需求和规避风险的需要。鼓励和引导商业银行开展人民币报价的黄金衍生品交易。引导更多的金融机构参与黄金市场，扩大黄金市场的广度和深度。

三、切实加强黄金市场服务体系建设

加强黄金市场系统建设。上海黄金交易所要进一步加强交易系统建设，加大创新力度，完善黄金市场体系。丰富市场交易模式，引入做市商制度，提高黄金市场流动性。要加快灾备系统建设，完善备份系统。要进一步完善资金管理系统，保障客户资金安全。

健全完善黄金市场标准认定体系。结合我国黄金产业和市场发展实际，借鉴国际主要黄金市场经验，进一步完善我国黄金市场合格金锭申请、认定、鉴定和检查制度，提高我国黄金市场认定体系的影响力，推动建立我国黄金市场标准认证体系。综合考虑国家资源战略，结合黄金产业特点，合理确定合格金锭金条入库企业。

完善黄金市场仓储运输体系。综合考虑我国黄金生产和消费实际及黄金市场发展等因素，合理布局黄金交割库。统筹考虑商业银行和会员的经营成本，合理设定出入库费用和仓储费用。完善黄金运输服务体系，向市场提供快速低成本的运输服务。

完善黄金市场清算服务体系。根据黄金市场发展需要，切实加强黄金账户服务体系建设，向市场提供更便捷的黄金账户和黄金实物清算服务，进一步完善黄金实物清算服务体系。借鉴国际经验，研究推动多种黄金账户服务。完善黄金市场资金清算服务。

四、完善黄金市场法律法规和相关政策支持体系

加快黄金市场法律法规制度建设。推动出台《黄金市场管理条例》。制定出台黄金及其制品进出口管理办法。加强对金融机构黄金业务的管理，引导并推动金融机构黄金业务稳步规范发展。

落实黄金市场相关税收政策。对上海黄金交易所和上海期货交易所黄金的税收政策继续按现行规定执行。研究推动完善投资性黄金和商业银行黄金业务税收政策。

研究扩大黄金市场实物供给渠道。结合我国黄金市场发展实际，根据市场需求状况，扩大有进出口黄金资格的商业银行数量，推动市场创新，提高市场流动性。在市场化原则基础上，进一步发展黄金租借市场。

切实做好黄金市场融资服务。对符合黄金行业规划和产业政策要求的大型企业，商业银行要按照信贷原则扩大授信额度。要重点支持大型黄金集团的发展和实施“走出去”战略，切实做好支持大型

黄金集团"走出去"的相关金融服务工作。支持大型企业集团发行企业债券、公司债券、中期票据和短期融资券，拓宽企业融资渠道，降低企业融资成本。为具备条件的企业发放并购贷款，促进产业整合，实现集约化经营。结合黄金加工企业和零售企业的产业特点、生产加工周期，形成从流动资金贷款到货物销售等一系列的金融服务体系。通过应收账款质押和存货抵押等方式，创新信贷产品，改善服务。鼓励金融机构开展黄金质押融资服务。对黄金加工企业和零售企业遇到的信贷问题，银行要结合实际情况，认真研究，提出具体的解决办法。

完善外汇政策。进一步完善当前黄金市场外汇管理政策。为鼓励引导商业银行开展人民币报价的黄金衍生品交易，结合上海黄金交易所询价系统建设，允许开展黄金衍生品人民币报价的商业银行，在没有真实贸易背景下，在境外对冲境内黄金交易头寸，并研究将开展黄金衍生品人民币报价交易所涉汇率敞口头寸纳入结售汇综合头寸进行境内平补的可行性。

推动黄金市场对外开放。稳步增加上海黄金交易所外资类会员数量。研究推动允许境外合格金锭提供商向上海黄金交易所提供合格金锭。研究推动境外机构参与上海黄金交易所进行交易。

五、切实防范黄金市场风险

加大黄金市场监管力度。各相关部门应认真履行监督管理黄金市场相关职责，加大沟通协调力度，形成合力，切实维护市场主体利益，促进市场规范协调发展。

商业银行要加大风险控制力度。要制订相关业务规划，保证合规开展业务。要加强相关系统建设，切实保障交易安全。要根据各种业务特点和风险特点，采取相应措施，防范风险。

中介机构要加强自律性管理。上海黄金交易所和上海期货交易所要结合产品上线和系统建设等情况，完善交易、交割、清算和黄金账户服务等制度，保证各项服务的安全性。规范会员行为，维护市场秩序。要根据市场变化情况，及时采取应对措施，防范市场风险。

六、切实保护投资者利益

采取多种形式，切实加强对投资者的教育，培育成熟的黄金市场投资群体。加大对黄金市场从业人员的培训力度，提高从业人员素质。切实加强黄金市场的风险教育，提高市场参与主体的风险意识。市场主体要从维护投资者利益和维护黄金市场健康发展的大局出发，发现问题及时报告。规范黄金市场参与者行为，严禁参与地下炒金活动。对参与地下炒金活动的市场主体，相关部门应予以严惩，并将相关信息录入征信系统。

中央宣传部 中国人民银行 财政部 文化部
广电总局 新闻出版总署 银监会 证监会 保监会
关于金融支持文化产业振兴和发展繁荣的指导意见

(银发〔2010〕94号 2010年3月19日)

各省、自治区、直辖市党委宣传部，中国人民银行上海总部、各分行、营业管理部、各省会（首府）城市中心支行，各省、自治区、直辖市财政厅（局）、文化厅（局）、广播影视局、新闻出版局、银监局、证监局、保监局，各政策性银行、国有商业银行、股份制商业银行、中国邮政储蓄银行：

为贯彻落实《国务院关于印发文化产业振兴规划的通知》（国发〔2009〕30号）精神，进一步改进和提升对我国文化产业的金融服务，支持文化产业振兴和发展繁荣，现提出以下指导意见：

一、充分认识金融支持文化产业发展的重要意义

（一）文化产业快速发展迫切需要金融业的大力支持。金融是现代经济的核心，在全面建设小康社会、加快现代化建设的进程中，金融引导资源配置、调节经济运行、服务经济社会，对国民经济的持续、健康、稳定发展具有重要作用。文化产业是国民经济的重要组成部分，近年来，中央实施重要战略部署和政策措施，深化文化体制改革，加快发展文化产业，文化产业呈现出良好的发展态势，正成为经济发展新的增长点，在保增长、扩内需、调结构、促发展中发挥着重要作用。加大金融业支持文化产业的力度，推动文化产业与金融业的对接，是培育新的经济增长点的需要，是促进文化大发展大繁荣的需要，是提高国家文化软实力和维护国家文化安全的需要。各金融部门要把积极推动文化产业发展作为一项重要战略任务，作为拓展业务范围、培育新的盈利增长点的重要努力方向，大力创新和开发适合文化企业特点的信贷产品，努力改善和提升金融服务水平，促进我国文化产业实现又好又快发展。

二、积极开发适合文化产业特点的信贷产品，加大有效的信贷投放

（二）推动多元化、多层次的信贷产品开发和创新。对于处于成熟期、经营模式稳定、经济效益较好的文化企业，要优先给予信贷支持。积极开展对上下游企业的供应链融资，支持企业开展并购融资，促进产业链整合。对于具有稳定物流和现金流的企业，可发放应收账款质押、仓单质押贷款。对于租赁演艺、展览、动漫、游戏，出版内容的采集、加工、制作、存储和出版物物流、印刷复制，广播影视节目的制作、传输、集成和电影放映等相关设备的企业，可发放融资租赁贷款。建立文化企业无形资产评估体系，为金融机构处置文化类无形资产提供保障。对于具有优质商标权、专利权、著作权的企业，可通过权利质押贷款等方式，逐步扩大收益权质押贷款的适用范围。

（三）积极探索适合文化产业项目的多种贷款模式。对于融资规模较大、项目较多的文化企业，鼓励商业银行以银团贷款等方式提供金融支持。探索和完善银团贷款的风险分担机制，加强金融机构之间的合作，有效降低单个金融机构的信贷风险。对处于产业集群或产业链中的中小文化企业，鼓励商业银行探索联保联贷等方式提供金融支持。

三、完善授信模式，加强和改进对文化产业的金融服务

（四）完善利率定价机制，合理确定贷款期限和利率。各金融机构应在风险可控、商业可持续原则的基础上，根据不同文化企业的实际情况，建立符合监管要求的灵活的差别化定价机制。针对部分文化产业项目周期特点和风险特征，金融机构可根据项目周期的资金需求和现金流分布状况，科学合理确定贷款期限。对于列入国家规划重点支持的文化产业项目或企业，金融机构在有效防范风险的基础上可适当延长贷款期限。

（五）建立科学的信用评级制度和业务考评体系。各金融机构在确定内部评级要素，设计内部评级指标体系、评级模型和计分标准的过程中，应充分考虑文化企业的特点，建立和完善科学、合理的信用评级和信用评分制度。要充分借鉴外部评级报告，建立内外部评级相结合的评级体系。要进一步改进和完善业务考评程序和考核方法，建立专门针对文化产业金融服务的考评体系，将加强信贷风险管理和积极促进文化产业发展相结合，建立正向激励机制。在落实工作责任和考核整体质量及综合回报的基础上，对中小文化企业的贷款项目，根据实际情况和有关规定追究或免除有关责任人的相应责任，做到尽职者免责，失职者问责。

（六）进一步改进和完善对文化企业的金融服务。各金融机构要增强服务意识，设立专家团队和专门的服务部门，主动向文化企业提供优质的金融服务。对于国家重点支持的文化企业和项目，要优化简化审批流程，提高贷款审批效率。在满足金融机构授信客户准入标准的前提下，可对举办培训的

企业和接受培训的人员予以信贷支持。银行业金融机构与非银行金融机构应积极加强合作，综合利用多种金融业务和金融产品，推出信贷、债券、信托、基金、保险等多种工具相融合的一揽子金融服务，做好文化企业从初创期到成熟期各发展阶段的融资方式衔接。

（七）积极开发文化消费信贷产品，为文化消费提供便利的支付结算服务。各金融机构应积极培育文化产业消费信贷市场，通过消费信贷产品创新，不断满足文化产业多层次的消费信贷需求。可通过开发分期付款等消费信贷品种，扩大对演艺娱乐、会展旅游、艺术品和工艺品、动漫游戏、数字产品、创意设计，图书、报刊、音像制品、电子出版物、网络出版、数字出版等出版产品与服务、印刷、复制、发行，高清电视、付费广播电视、移动多媒体广播电视、电影产品等综合消费信贷投放。加强网上银行业务推广，提高软件、网络及计算机服务，设计服务和休闲娱乐等行业的网络支付应用水平。进一步发挥人民银行支付清算和征信系统的作用，加快完善银行卡刷卡环境，推动文化娱乐、广播影视、新闻出版、旅游广告、艺术品交易等行业的刷卡消费，促进文化市场的繁荣发展。

（八）继续完善文化企业外汇管理，提高文化产业贸易投资便利程度。便利文化企业的跨境投资，满足文化企业对外贸易、跨境融资和投资等合理用汇需求，提高外汇管理效率，简化优化外汇管理业务流程，促进文化企业提高外汇资金使用效率，降低财务成本，提高我国文化企业核心竞争力。

四、大力发展多层次资本市场，扩大文化企业的直接融资规模

（九）推动符合条件的文化企业上市融资。支持处于成熟期、经营较为稳定的文化企业在主板市场上市。鼓励已上市的文化企业通过公开增发、定向增发等再融资方式进行并购和重组。探索建立宣传文化部门与证券监管部门的项目信息合作机制，加强适合于创业板市场的中小文化企业项目的筛选和储备，支持其中符合条件的企业上市。

（十）支持文化企业通过债券市场融资。支持符合条件的文化企业通过发行企业债、集合债和公司债等方式融资。积极发挥中债信用增进投资股份有限公司等专业机构的作用，为中小文化企业通过发行短期融资券、中期票据、集合票据等方式融资提供便利。对符合国家政策规定的中小文化企业发行直接债务融资工具的，鼓励中介机构适当降低收费，减轻文化企业的融资成本负担。对于运作比较成熟、未来现金流比较稳定的文化产业项目，可以以优质文化资产的未来现金流、收益权等为基础，探索开展文化产业项目的资产证券化试点。

（十一）鼓励多元资金支持文化产业发展。发挥保险公司机构投资者作用和保险资金融资功能，在风险可控的前提下，鼓励保险公司投资文化企业的债权和股权，引导符合条件的保险公司参与文化产业投资基金。适当放宽准入条件，鼓励风险投资基金、私募股权基金等风险偏好型投资者积极进入处于初创阶段、市场前景广阔的新兴文化业态。

五、积极培育和发展文化产业保险市场

（十二）进一步加强和完善保险服务。在现有工作基础上，各保险机构应根据文化企业的特点，积极开发适合文化企业需要的保险产品，并按照收益覆盖风险的原则合理确定保险费率。对于宣传文化部门重点扶持的文化企业和文化产业项目，应建立承保和理赔的便捷通道，对于信誉好、风险低的，可适当降低费率。加快培育和完善文化产业保险市场，提高保险在文化产业中的覆盖面和渗透度，有效分散文化产业的项目运作风险。

（十三）推动保险产品和服务方式创新。各保险机构应在现有保险产品的基础上，探索开展知识产权侵权险，演艺、会展、动漫、游戏、各类出版物的印刷、复制、发行和广播影视产品完工险、损失险，团体意外伤害保险等适合文化企业特点和需要的新型险种和各种保险业务。鼓励保险公司探索开展信

用保险业务，弥补现行信用担保体制在支持服务业融资方面的不足。进一步加强和完善针对文化出口企业的保险服务，对于符合《文化产品和服务出口指导目录》条件，特别是列入《国家文化出口重点企业目录》和《国家文化出口重点项目目录》的文化出口企业和项目，保险机构应积极提供出口信用保险服务，鼓励和促进文化企业积极参与国际竞争。

六、建立健全有利于金融支持文化产业发展的配套机制

（十四）推进文化企业建立现代企业制度，完善公司治理结构。按照创新体制、转换机制、面向市场、增强活力的原则，推动文化企业建立现代企业制度，引入现代公司治理机制和现代企业财务会计制度，规范会计和审计流程，提高信息披露透明度，增强财务管理能力，为金融支持文化产业发展奠定良好的制度基础。

（十五）中央和地方财政可通过文化产业发展专项资金等，对符合条件的文化企业，给予贷款贴息和保费补贴。支持设立文化产业投资基金，由财政注资引导，鼓励金融资本依法参与。

（十六）建立多层次的贷款风险分担和补偿机制。鼓励各类担保机构对文化产业提供融资担保，通过再担保、联合担保以及担保与保险相结合等方式多渠道分散风险。研究建立企业信用担保基金和区域性再担保机构，以参股、委托运作和提供风险补偿等方式支持担保机构的设立与发展，服务文化产业融资需求。探索设立文化企业贷款风险补偿基金，合理分散承贷银行的信贷风险。

（十七）完善知识产权法律体系，切实保障各方权益。抓紧制定和完善专利权、著作权等无形资产评估、质押、登记、托管、流转和变现的管理办法，根据《中华人民共和国物权法》修订有关质押登记规定。积极培育流转市场，充分发挥上海文化产权交易所、深圳文化产权交易所等交易平台的作用，为文化企业的著作权交易、商标权交易和专利技术交易等文化产权交易提供专业化服务。进一步加强对文化市场的有效监管和知识产权保护力度，完善各类无形资产二级交易市场，切实保障投资者、债权人和消费者的权益。

七、加强政策协调和实施效果监测评估

（十八）加强信贷政策和产业政策的协调。制定并定期完善《文化产业投资指导目录》，发布更新文化产业发展的项目信息。加大对符合产业政策导向的文化企业的信贷支持，对纳入《文化产业投资指导目录》“鼓励类”的文化产业项目，金融机构优先予以信贷支持，对“限制类”的文化产业项目要从严审查和审批贷款。

（十九）建立多部门信息沟通机制，搭建文化产业投融资服务平台。建立文化企业投融资优质项目数据库，通过组织论坛、研讨会、洽谈会等形式，加强文化项目和金融产品的宣传、推介，促进银、政、企合作，对纳入数据库并获得宣传文化部门推荐的优质项目，金融机构应重点支持。

（二十）加强政策落实督促评估。人民银行各分支机构会同同级宣传文化、财政、银监、证监、保监等部门，根据本指导意见精神，结合辖区实际，制定和完善金融支持文化产业发展的具体实施意见或办法，切实抓好贯彻实施工作。各金融机构要逐步建立和完善金融支持文化产业发展的专项统计制度，加强对文化产业贷款的统计与监测分析。人民银行各分支机构可根据辖区实际情况，建立金融支持文化产业发展的专项信贷政策导向效果评估制度。

中国人民银行 银监会 证监会 保监会关于进一步做好中小企业金融服务工作的若干意见

（银发〔2010〕193 号 2010 年 6 月 21 日）

中国人民银行上海总部，各分行、营业管理部、各省会（首府）城市中心支行、副省级城市中心支行；各省（自治区、直辖市）银监局、证监局、保监局；国家开发银行、各政策性银行、国有商业银行、股份制商业银行，中国邮政储蓄银行：

为深入贯彻落实《国务院关于进一步促进中小企业发展的若干意见》（国发〔2009〕36 号），进一步改进和完善中小企业金融服务，拓宽融资渠道，着力缓解中小企业（尤其是小企业）的融资困难，支持和促进中小企业发展，现提出如下意见：

一、进一步推动中小企业信贷管理制度的改革创新

（一）深化认识、转变观念，切实提高对中小企业的金融服务水平。金融系统要深入学习贯彻《中华人民共和国中小企业促进法》、《国务院关于进一步促进中小企业发展的若干意见》、《国务院关于鼓励和引导民间投资健康发展的若干意见》（国发〔2010〕13 号）等国家法律法规和政策的要求，进一步增强做好中小企业金融服务的责任感和大局意识，切实改变经营和服务理念。要把改进中小企业金融服务、扩大中小企业信贷投放作为各银行业金融机构开展信贷经营业务的重要战略，确保小企业信贷投放的增速要高于全部贷款增速，增量要高于上年。

（二）改造审批流程、提高审批效率，确保符合贷款条件的中小企业获得方便、快捷的信贷服务。各金融机构要对中小企业设立独立的审批和信贷准入标准，压缩中小企业贷款审批流程，切实提升贷款审批效率。鼓励有条件的银行为中小企业开办一站式金融服务。积极推广灵活高效的贷款审批模式。研究推动小企业贷款网络在线审批，建立审批信息网络共享平台。

（三）坚持有保有压、明确支持重点，积极推动符合国家产业政策要求的中小企业健康发展。优先满足中小企业符合国家重点产业调整和振兴规划要求的新技术、新工艺、新设备、新材料、新兴业态项目资金需求，加大对具有自主知识产品、自主品牌和高附加值拳头产品中小企业的支持，提升中小企业自主创新能力和国际竞争力。严格控制过剩产能和“两高一资”行业贷款，鼓励对纳入环境保护、节能节水企业所得税优惠目录投资项目的支持，促进中小企业节能减排和清洁生产。鼓励金融机构支持东部地区先进中小企业通过收购、兼并、重组、联营等多种形式，加强与中西部地区中小企业的合作，有序实现产业转移。加快推动发展文化创意、服务外包以及其他就业吸纳能力强、市场需求大的服务业中小企业发展。

（四）实施小企业金融服务差异化监管。银监会派出机构要因地制宜制定科学、审慎的小金融机构市场准入细则，实行分类监管、差异化监管，不断提高监管技术和监管有效性。小企业金融服务专营机构要进一步落实小企业金融服务“四单”原则，既单列信贷计划、单独配置人力资源和财务资源、单独客户认定与信贷评审、单独会计核算，构建专业化的经营与考核体系。各金融机构要增强风险管理意识，针对小企业客户风险状况，制定风险管理业务规则，培养熟悉小企业业务的风险管理经理，逐步建立与小企业业务性质、规模和复杂程度相适应、完善、可靠的市场风险管理体系。认真贯彻落实对小企业授信工作的相关规定，制定小企业信贷人员尽职免责机制，切实做到尽职者免责，失职者问责。

（五）推动适合中小企业需求特点的金融产品和信贷模式创新。鼓励银行业金融机构在有效防范风险的基础上，推动动产、知识产权、股权、林权、保函、出口退税池等质押贷款业务，发展保理、福费廷、票据贴现、供应链融资等金融产品。探索开展依托行业协会、农村专业经济组织、社会中介

等适合中小企业需求特点的信贷模式创新。加大电子银行业务宣传，引导和督促银行业金融机构提高电子商业汇票在中小企业客户中的使用率。鼓励金融机构依法合规开展同业合作，稳步发展贷款转让业务，合理调剂信贷资源，增加对中小企业的贷款支持。

二、建立健全中小企业金融服务的多层次金融组织体系

（六）提高大型银行对中小企业的服务意识和能力。国有商业银行和股份制商业银行要继续推进中小企业金融服务专营机构建设。大型银行在已建立中小企业金融服务专营机构基础上，要进一步向下延伸服务网点，切实做到单独统计和调控，完善评审机制，使专营机构充分发挥作用，实现中小企业尤其是小企业金融业务的针对性服务。中国邮政储蓄银行要加快改造机构网点，完善小额贷款功能，创新信贷产品，提升对微小企业、个体工商户等重点客户的金融服务。

（七）积极发挥中小商业银行支持中小企业发展的重要作用。中小商业银行要准确把握“立足地方、服务中小”的市场定位，把支持地方经济发展，支持中小企业、私人企业以及个体工商户作为工作重点，努力打造自身“服务中小企业”品牌。充分发挥中小商业银行的地缘优势，挖掘企业信用信息，为降低中小企业融资门槛创造良好环境。建立稳定的信贷员队伍，以适应中小企业特点为标准，探索提供延伸服务，较好满足中小企业的特殊金融服务需求。取消符合条件的中小商业银行分支机构准入数量限制，鼓励其优先到西部和东北地区等金融机构较少、金融服务相对薄弱地区设立分支机构。

（八）推动服务县域中小企业的新型农村金融机构和小额贷款公司稳步发展。鼓励各银行业金融机构到金融服务空白乡镇开设村镇银行和贷款公司。坚持小额贷款公司风险防范和规范发展并重，支持符合条件的小额贷款公司转为村镇银行。大中型商业银行在防范风险的前提下，为小额贷款公司提供批发资金业务，但小额贷款公司从银行业金融机构可获得融资资金的余额，不得超过资本净额的50%。

三、拓宽符合中小企业资金需求特点的多元化融资渠道

（九）完善中小企业股权融资机制，发挥资本市场支持中小企业融资发展的积极作用。鼓励风险投资和私募股权基金等设立创业投资企业，逐步建立以政府资金为引导、民间资本为主体的创业资本筹集机制和市场化的创业资本运作机制，完善创业投资退出机制，促进风险投资健康发展。加大中小企业上市前期辅导培育力度，支持自主创新和有发展前景的中小企业发行上市。积极发展中小板市场，加快发展创业板市场，努力扩大中小企业上市规模。建立和完善中小板和创业板上市公司再融资及并购制度，完善中小企业上市育成机制。积极推进证券公司代办股份转让系统非上市股份有限公司股份报价转让试点，适时将试点扩大到其他具备条件的国家级高新技术园区，完善监管和交易制度，改善科技型中小企业融资环境。

（十）逐步扩大中小企业债务融资工具发行规模。积极推进完善短期融资券、中小企业集合债券和集合票据的试点工作，适当简化审批手续，对中小企业发行债务融资工具实行绿色通道。对符合国家政策规定的中小企业发行直接债务融资工具的，鼓励中介机构适当降低收费，减轻中小企业的融资成本负担。培育银行间债券市场合格投资者，为中小企业直接融资市场创造条件。进一步完善风险控制、信用增进等相关配套机制，为优质中小企业在债务融资工具发行阶段提供信用增进服务。

（十一）大力发展融资租赁业务。扎实推进扩大商业银行设立金融租赁公司试点工作。支持金融租赁公司按照“商业持续”原则，开展中小企业融资租赁业务创新。完善融资租赁公示登记系统，加强融资租赁公示系统宣传，提高租赁物登记公信力和取回效率，为中小企业融资租赁业务创造良好的外部环境。加强对融资租赁业务的指导监督，促进融资租赁行业规范化，管理统一化，合同统一化，

在规避风险的同时保证融资租赁有序、规范发展。

四、大力发展中小企业信用增强体系

（十二）加强对融资性担保公司的日常监管。督促融资性担保公司依法合规审慎经营，严格控制风险集中度和关联方担保。指导融资性担保公司加强资本金管理和内控机制建设，不断提高风险管理水平。将担保机构经营情况纳入人民银行企业征信系统实施统一管理。推动地方政府建立各类小企业贷款风险补偿基金、融资担保基金、非营利性小企业再担保公司、贷款奖励基金，合理分担小企业贷款风险。贯彻落实担保行业各项法规，完善规章制度建设，尽快形成以出资人自我约束为监管基础，以地方政府部门为监管主体，全国统一规范运营的担保体系，提高融资性担保公司资金使用效率。

（十三） 完善创新适合中小企业需求特点的保险产品。继续推动科技保险发展，为高新技术型中小企业提供创新创业风险保障。积极发展信用保险和短期抵押贷款保证保险等新型保险产品，鼓励保险机构积极开发为中小企业服务的保险产品。科学合理地厘定针对中小企业的保险费率，提高保险机构为中小企业提供保险服务的积极性。继续落实对中小商贸企业投保国内贸易信用险给予保费补助政策。

（十四）推进中小企业信用体系建设。加强中小企业信用宣传，增强中小企业信用意识。多渠道采集中小企业信息，扩大、丰富中小企业信用档案信息，结合企业和个人信用信息基础数据库，提高对中小企业的信用信息服务水平。推进中小企业信用制度建设，建立多层次的中小企业信用评估体系，发挥信用担保、信用评级和信用调查等信用中介的作用，增进中小企业信用。开展信用培植、延伸金融服务，提高中小企业融资机会。在有条件的地区开展中小企业信用体系试验区建设，探索建立中小企业征信系统。

（十五）建立健全信息沟通机制，创造良好生态环境。鼓励举办多种银企对接活动，为银行业金融机构和中小企业提供交流合作的机会。向中小企业提供融资辅导和咨询服务，帮助和支持中小企业健全企业制度，强化内部管理，提高生产经营信息的透明度，有效减少借贷双方信息不对称，增强中小企业市场融资能力。建立合作平台，发挥行业协会、民间商会、工商联等在银企对接中的桥梁作用，争取在信息搜集、客户筛选、风险防范等方面取得成效。

五、多举措支持中小企业“走出去”开拓国际市场

（十六）充分发挥中小企业出口信用保险的作用，加大优惠出口信贷对中小企业的支持力度，支持中小企业开拓国际市场。鼓励和支持中小企业在跨境贸易试点地区使用人民币进行计价结算。鼓励金融机构提高服务质量，帮助中小企业降低成本，拓展业务。

（十七）改进中小企业外汇管理，为中小企业提供便利。减少中资企业和外资企业在借用外债政策方面的差别，允许有借款能力和资金需求的各类中资企业对外借款以满足其境外资金需求。支持中小企业购汇对外投资。

六、加强部门协作和监测评估机制建设

（十八）各级金融管理部门要密切配合，加强协作，督促和指导政策的贯彻落实工作，在政策规划、机构建设、人员培训、宣传服务等方面加强合作交流，建立信息共享和工作协调机制，建立定期通报制度。要建立健全中小企业信贷政策导向效果评估制度，将中小企业贷款纳入信贷政策导向效果评估内容，对中小企业信贷业务设立单独的考核指标，定期公布考核结果并上报人民银行总行，督促金融机构提高对中小企业的信贷支持力度。要加强中小企业信贷统计监测与分析，督促各银行业金融

机构认真贯彻落实大中小型企业贷款专项统计制度和国家中小企业划分标准，切实提高数据报送质量，进一步完善中小企业贷款统计制度。

请人民银行上海总部，各分行、营业管理部、省会（首府）城市中心支行会同所在省（区、市）银监局、证监局、保监局将本意见联合转发至辖区内金融机构，并协调做好本意见的贯彻实施工作。

（辽宁省统计局提供）

【区域政策】

国务院关于中西部地区承接产业转移的指导意见

（国发〔2010〕28 号　2010 年 8 月 31 日）

各省、自治区、直辖市人民政府，国务院各部委、各直属机构：

产业转移是优化生产力空间布局、形成合理产业分工体系的有效途径，是推进产业结构调整、加快经济发展方式转变的必然要求。当前，国际国内产业分工深刻调整，我国东部沿海地区产业向中西部地区转移步伐加快。中西部地区发挥资源丰富、要素成本低、市场潜力大的优势，积极承接国内外产业转移，不仅有利于加速中西部地区新型工业化和城镇化进程，促进区域协调发展，而且有利于推动东部沿海地区经济转型升级，在全国范围内优化产业分工格局。为进一步指导中西部地区有序承接产业转移，完善合作机制，优化发展环境，规范发展秩序，现提出以下意见：

一、总体要求

（一）指导思想。深入贯彻落实科学发展观，紧紧抓住国际国内产业分工调整的重大机遇，以市场为导向，以自愿合作为前提，以结构调整为主线，以体制机制创新为动力，着力改善投资环境，促进产业集中布局，提升配套服务水平；着力在承接中发展，提高自主创新能力，促进产业优化升级；着力加强环境保护，节约集约利用资源，促进可持续发展；着力引导劳动力就地就近转移就业，促进产业和人口集聚，加快城镇化步伐；着力深化区域合作，促进要素自由流动，实现东中西部地区良性互动，逐步形成分工合理、特色鲜明、优势互补的现代产业体系，不断增强中西部地区自我发展能力。

（二）基本原则。

——坚持市场导向，减少行政干预。遵循市场规律，尊重各类企业在产业转移中的主体地位，充分发挥市场配置资源的基础性作用；注重规划和政策引导，改善投资环境，完善公共服务，规范招商引资行为。

——坚持因地制宜，加强分类指导。从各地实际情况出发，立足比较优势，合理确定产业承接发展重点，防止低水平重复建设；进一步优化产业空间布局，引导产业集聚，推动重点地区加快发展。

——坚持节能环保，严格产业准入。加强生态建设，注重环境保护，强化污染防治，严禁污染产业和落后生产能力转入；发展循环经济，推进节能减排，促进资源节约集约利用，提高产业承载能力。

——坚持深化改革，创新体制机制。深化重点领域和关键环节改革，突破发展瓶颈，优化发展环境，增强发展活力和动力；扩大对内对外开放，加强区域互动合作，建立利益共享机制，实现良性竞争、互利共赢。

二、因地制宜承接发展优势特色产业

依托中西部地区产业基础和劳动力、资源等优势，推动重点产业承接发展，进一步壮大产业规模，加快产业结构调整，培育产业发展新优势，构建现代产业体系。

（三）劳动密集型产业。承接、改造和发展纺织、服装、玩具、家电等劳动密集型产业，充分发挥其吸纳就业的作用。引进具有自主研发能力和先进技术工艺的企业，吸引内外资参与企业改制改组改造，推广应用先进适用技术和管理模式，加快传统产业改造升级，建设劳动密集型产业接替区。

（四）能源矿产开发和加工业。积极吸引国内外有实力的企业，大力发展能源矿产资源开发和精深加工产业，加快淘汰落后产能。在有条件的地区适当承接发展技术水平先进的高载能产业。加强资源开发整合，允许资源富集地区以参股等形式分享资源开发收益。

（五）农产品加工业。发挥农产品资源丰富的优势，积极引进龙头企业和产业资本，承接发展农产品加工业、生态农业和旅游观光农业。推进农业结构调整和发展方式转变，加快农业科技进步，完善农产品市场流通体系，提升产业化经营水平。

（六）装备制造业。引进优质资本和先进技术，加快企业兼并重组，发展壮大一批装备制造企业。积极承接关联产业和配套产业，加大技术改造投入，提高基础零部件和配套产品的技术水平，鼓励有条件的地方发展新能源、节能环保等产业所需的重大成套装备制造，提高产品科技含量。

（七）现代服务业。适应新型工业化和居民消费结构升级的新形势，大力承接发展商贸、物流、文化、旅游等产业。积极培育软件及信息服务、研发设计、质量检验、科技成果转化等生产性服务企业，发展相关产业的销售、财务、商务策划中心，推动服务业与制造业有机融合、互动发展。依托服务外包示范城市及省会等中心城市，承接国际服务外包，培育和建立服务贸易基地。

（八）高技术产业。发挥国家级经济技术开发区、高新技术产业开发区的示范带动作用，承接发展电子信息、生物、航空航天、新材料、新能源等战略性新兴产业。鼓励有条件的地方加强与东部沿海地区创新要素对接，大力发展总部经济和研发中心，支持建立高新技术产业化基地和产业“孵化园”，促进创新成果转化。

（九）加工贸易。改善加工贸易配套条件，提高产业层次，拓展加工深度，推动加工贸易转型升级，鼓励加工贸易企业进一步开拓国际市场，加快形成布局合理、比较优势明显、区域特色鲜明的加工贸易发展格局。发挥沿边重点口岸城镇区位和资源优势，努力深化国际区域合作，鼓励企业在“走出去”和“引进来”中加快发展。

三、促进承接产业集中布局

加强规划统筹，优化产业布局，引导转移产业向园区集中，促进产业园区规范化、集约化、特色化发展，增强重点地区产业集聚能力。

（十）引导转移产业向园区集中。把产业园区作为承接产业转移的重要载体和平台，加强园区交通、通信、供水、供气、供电、防灾减灾等配套基础设施建设，增强园区综合配套能力，引导转移产业和项目向园区集聚，形成各具特色的产业集群。发挥园区已有重点产业、骨干企业的带动作用，吸引产业链条整体转移和关联产业协同转移，提升产业配套能力，促进专业化分工和社会化协作。

（十一）规范发展产业园区。统筹规划产业园区建设，合理确定产业定位和发展方向，形成布局优化、产业集聚、用地集约、特色明显的产业园区体系。支持符合条件的产业园区扩区升级。支持发展条件好的产业园区拓展综合服务功能，促进工业化与城镇化相融合。因地制宜发展特色产业园区，大力推进园区整合发展，避免盲目圈地布点和重复建设，防止一哄而起。

（十二）发挥重点地区引领和带动作用。按照推动形成主体功能区的要求，合理调整产业布局，在中西部地区着力培育和壮大一批承载能力强、发展潜力大、经济实力雄厚的重点经济区（带），促进产业集聚发展，发挥规模效应，提高辐射带动能力。

四、改善承接产业转移环境

完善基础设施保障，加强公共服务平台建设，打破地区封锁，消除地方保护，为承接产业转移营造良好的环境。

（十三）完善承接地交通基础设施。加强区域间交通干线和区域内基础交通网建设，加快发展多式联运，构建便捷高效的综合交通运输体系。促进物流基础设施资源整合和有效利用，完善现代物流体系，进一步降低物流成本。

（十四）强化公共服务支撑。发展跨区域产业技术创新战略联盟，建立完善公共信息、公共试验、公共检测、技术创新等服务平台，规范发展技术评估、检测认证、产权交易、成果转化等中介机构。加快社会诚信体系建设，建立区域间信用信息共享机制。

（十五）改善营商环境。规范政府行为，防止越位和错位，不得采取下硬性指标等形式招商引资，清理各种变相优惠政策，避免盲目投资和恶性竞争。整顿和规范市场秩序，促进投资贸易便利化。推进依法行政，加强知识产权保护，完善法制环境，保障投资者权益。

五、加强资源节约和环境保护

将资源承载能力、生态环境容量作为承接产业转移的重要依据，加强资源节约和环境保护，推动经济发展与资源、环境相协调。

（十六）严把产业准入门槛。产业承接必须符合区域生态功能定位，严禁国家明令淘汰的落后生产能力和高耗能、高排放等不符合国家产业政策的项目转入，避免低水平简单复制。全面落实环境影响评价制度，对承接项目的备案或核准严格执行有关能耗、物耗、水耗、环保、土地等标准，做好水资源论证、节能评估审查、职业病危害评价等工作。加强承接产业转移中的环境监测。

（十七）推进资源节约集约利用。加强耕地资源保护，防止在承接产业转移中侵占基本农田。制定相关行业建设用地控制标准，推广多层标准厂房建设，提高土地投资强度和用地密度。加强水资源保护和合理利用，建立和推行用水定额管理制度，大力提高废污水处理回用率。鼓励企业采用节能、节水、节材、环保先进适用技术，改造生产流程及实施相关项目建设，降低单位产出的能源资源消耗。鼓励和支持承接产业转移园区发展循环经济。

（十八）加大污染防治和环境保护力度。加强产业园区污染集中治理，建设污染物集中处理设施并保证其正常运行，实现工业废弃物循环利用。大力推行清洁生产，加大企业清洁生产审核力度。严格执行污染物排放总量控制制度，实现污染物稳定达标排放，完善节能减排指标、监测和考核体系。加强对生态系统的保护，着力改善生态环境。

六、完善承接产业转移体制机制

完善政府管理与服务，提高行政效能，深化经济体制改革，推动区域合作向纵深发展，创新产业承接模式，探索建立合作发展、互利共赢新机制。

（十九）深化行政管理和经济体制改革。加快转变政府职能，减少行政审批，简化办事程序，提高服务效率。推动相关行政许可跨区域互认，做好转移企业工商登记协调衔接。继续推进国有企业改革，大力发展非公有制经济，进一步放宽市场准入，扩大民间投资的领域和范围。发展和完善土地、资本、劳动力、技术等要素市场，促进生产要素优化配置。加快资源型产品价格和环保收费改革。

（二十）创新园区管理模式和运行机制。鼓励中西部地区通过委托管理、投资合作等多种形式与东部沿海地区合作共建产业园区，积极探索承接产业转移新模式，实现优势互补、互利共赢。支持中西部毗邻地区之间合作共建产业园区，创新管理体制和运行机制，实现资源整合、联动发展。

（二十一）加强区域互动合作。推动建立省际间产业转移统筹协调机制、重大承接项目促进服务机制等，引导和鼓励东部沿海地区产业向中西部地区有序转移。充分发挥行业协会、商会的桥梁和纽带作用，搭建产业转移促进平台。提升各类大型投资贸易会展活动的质量和水平。在中西部条件较好的地方设立承接产业转移示范区，充分发挥其典型示范和辐射带动作用。做好产业转移与对口支援、对口帮扶工作的衔接。

七、强化人力资源支撑和就业保障

大力发展职业教育和培训，促进农村劳动力转移，加强人才开发和就业服务，完善社会保障制度，为承接产业转移提供必要的人力资源和智力支持。

（二十二）加强职业技能培训。加快职业教育基础能力建设步伐，健全职业教育培训网络，重点建设一批高水平职业院校，推进公共实训基地建设。落实就读中等职业学校逐步免学费政策和职业培训补贴政策。支持职业院校面向产业转移需要，新增和调整相关专业，定向培养中高级技工和熟练工人。落实农民工培训补贴政策，切实做好农民工培训工作。

（二十三）完善就业和社会保障服务。健全就业服务体系，培育和完善统一开放、竞争有序的人力资源市场。鼓励各地引导社会资金投资建设适合农民工租住的住房，改善农民工居住条件。支持农村劳动力转移就业和返乡创业，加快建立和完善社会保险关系转移接续机制。

（二十四）引进高层次人才。创新高层次人才引进、使用、激励和服务保障机制，积极为高层次人才搭建创新创业平台。推动人才合理流动，实行来去自由的政策，吸引东部沿海地区和海外高层次人才根据本人意愿在中西部地区落户。

八、加强政策支持和引导

为进一步改善中西部地区投资环境，引导和支持产业有序转移和科学承接，在财税、金融、投资、土地等方面给予必要的政策支持。

（二十五）财税政策。中央财政通过加大转移支付等政策，支持中西部地区改善民生和促进基本公共服务均等化，优化产业承接环境。对中西部地区符合条件的国家级经济技术开发区和高新技术开发区公共基础设施项目贷款实施财政贴息。对投资中西部地区国家鼓励类产业和外商投资优势产业的项目，在投资总额内进口的自用设备，按规定免征关税。完善和规范物流企业营业税差额纳税办法。

（二十六）金融政策。鼓励和引导金融机构对符合条件的产业转移项目提供信贷支持。鼓励金融机构在风险可控的前提下为东部地区企业并购、重组中西部地区企业提供支持。支持中西部地区金融机构参与全国统一的同业拆借市场、票据市场、债券市场、外汇市场和黄金市场的投融资活动。鼓励和引导外资银行到中西部地区设立机构和开办业务。有序推进村镇银行、贷款公司等新型农村金融机构试点工作。支持符合条件的企业发行企业债券、中期票据、短期融资券、企业集合债券和上市融资。

（二十七）产业与投资政策。修订产业结构调整指导目录和政府核准投资项目目录，强化对产业转移的引导和支持。根据中西部地区产业发展实际，研究制定差别化产业政策，适当降低中西部地区鼓励类产业门槛，适当下放核准权限。根据《外商投资产业指导目录》修订情况，加快修订《中西部地区外商投资优势产业目录》，增加劳动密集型产业类别。对符合国家产业政策的产业转移项目，根据权限优先予以核准或备案。支持在有条件的地方建设国家高技术产业基地。鼓励省级技术改造等财政专项资金优先用于符合条件的产业转移项目。支持中西部地区根据产业发展和自主创业的需要，设立产业投资基金和创业投资基金。

（二十八）土地政策。在坚持节约集约用地的前提下，进一步加大对中西部地区新增建设用地年度计划指标的支持力度，优先安排产业园区建设用地指标。严格执行工业用地最低出让价标准，进一步完善体现国家产业政策导向的最低价标准实施政策。探索工业用地弹性出让和年租制度。

（二十九）商贸政策。支持在条件成熟的地区设立与经济发展水平相适应的海关特殊监管区域或保税监管场所。支持有条件的沿边地区设立边境经济合作区、跨境经济合作区。培育和建设一批加工贸易梯度转移重点承接地。对加工贸易重点企业给予贷款支持。加大对“大通关”建设和口岸建设的支持力度，推进中西部地区与东部省份的区域通关改革。

（三十）科教文化政策。鼓励东部地区转让先进技术，大力发展跨区域产业技术创新联盟，促进中西部地区完善产业技术创新体系。加大对产业园区技术创新体系建设、知识产权运用以及自主知识产权产业化的支持力度，提高集成创新和再创新能力。鼓励东部地区高校、科研机构、企业与中西部地区开展多种形式的产学研合作，推动有条件的企业在中西部地区建立研发机构和中试基地。支持中西部地区高等学校提升人才培养与创新服务能力，结合产业转移重点办好特色专业。支持中西部地区文化产业振兴发展，加强公共文化服务体系建设，合理开发利用和保护历史文化资源，营造良好的人文环境。

引导和支持中西部地区承接产业转移，是深入实施西部大开发和促进中部地区崛起战略的重大任务。各地区、各部门要进一步统一思想，提高认识，切实加强工作指导，认真落实各项政策措施。中西部地区要结合自身实际，制定具体实施方案，完善各项配套措施，有序推进承接产业转移工作。国务院有关部门要按照职能分工，加强协作配合，在政策实施、体制创新等方面给予指导和支持，注意研究新情况、解决新问题，推动中西部地区承接产业转移工作健康开展。

关于在海南开展境外旅客购物离境退税政策试点的公告

（财政部 2010 年 12 月 21 日发布）

为推进海南国际旅游岛建设，国务院决定在海南省开展境外旅客购物离境退税政策（以下简称离境退税政策）试点。离境退税政策是指对境外旅客在退税定点商店购买的随身携运出境的退税物品，按规定退税的政策。财政部经商商务部、海关总署和国家税务总局，现就试点工作的有关事项公告如下：

一、离境退税政策的基本流程和适用条件

（一）离境退税政策的基本流程。离境退税政策的基本流程包括购物申请退税、海关验核确认、代理机构退税和集中退税结算四个环节。

（二）离境退税政策的适用条件。境外旅客要取得退税，应当同时符合以下条件：

1. 在退税定点商店购买退税物品，购物金额达到起退点，并且按规定取得境外旅客购物离境退税申请单等退税凭证；

2. 在离境口岸办理离境手续，离境前退税物品尚未启用或消费；

3. 离境日距退税物品购买日不超过 90 天；

4. 所购退税物品由境外旅客本人随身携运出境；

5. 所购退税物品经海关验核并在境外旅客购物离境退税申请单上签章；

6. 在指定的退税代理机构办理退税。

二、境外旅客、离境口岸、退税定点商店和退税物品

（一）境外旅客。境外旅客是指在我国境内连续居住不超过 183 天的外国人和港澳台同胞。

（二）离境口岸。离境口岸暂为试点地区正式对外开放的空港口岸。

（三）退税定点商店。退税定点商店是指经相关部门认定的，按规定向境外旅客销售退税物品的商店。

（四）退税物品。退税物品是指国家允许携带出境并享受退税政策的个人生活物品，但食品、饮料、水果、烟、酒、汽车、摩托车等不包括在内。退税物品目录详见附件。

三、退税税种、退税率、应退税额计算和起退点

（一）退税税种、退税率和应退税额计算。离境退税税种为增值税，退税率统一为 11%。应退税额计算公式：

应退税额 = 普通销售发票金额（含增值税）× 退税率

（二）起退点。起退点是指同一境外旅客同一日在同一退税定点商店购买退税物品可以享受退税的最低购物金额。起退点暂定为 800 元人民币。

四、退税代理机构、退税方式和币种选择

（一）退税代理机构。退税代理机构是指经相关部门认定的，按规定为境外旅客办理退税的机构。

（二）退税方式和币种选择。境外旅客在办理退税时可按本公告规定自行选择退税方式和币种。退税方式包括现金退税和银行转账退税两种方式。退税币种包括人民币或自由流通的主要外币。

离境退税政策试点管理办法由国家税务总局会同财政部、商务部、海关总署商海南省人民政府另行公布。

本公告自 2011 年 1 月 1 日起执行。

附件：退税物品目录（略）

国家发展改革委关于推进国家创新型城市试点工作的通知

（2010 年 1 月 6 日）

各省、自治区、直辖市及计划单列市、副省级省会城市、新疆生产建设兵团发展改革委：

为深入贯彻科学发展观，全面落实自主创新战略，我委决定在推进深圳市创建国家创新型城市试点工作的基础上，扩大试点范围，围绕完善区域创新体系，增强可持续发展能力，加快实现创新驱动发展，继续指导和推进一批城市开展创建国家创新型城市试点。现将有关工作通知如下：

一、试点城市

原则同意大连、青岛、厦门、沈阳、西安、广州、成都、南京、杭州、济南、合肥、郑州、长沙、苏州、无锡、烟台等城市申报的创建国家创新型城市总体方案，支持以上十六个城市开展创建国家创新型城市试点。

二、指导思想和目标

创建国家创新型城市要以实现创新驱动发展为导向，以提升自主创新能力为主线，以体制机制创新为动力，以营造创新友好环境为突破口，健全创新体系、聚集创新资源、突出效益效率、着眼引领示范，探索区域创新发展模式，培育一批特色鲜明、优势互补的国家创新型城市，形成若干区域创新发展增长极，增强国家综合实力和国际竞争力，为实现创新型国家建设目标奠定坚实基础。

三、主要任务

（一）加强统筹规划协调，强化城市创新功能。制订创新型城市建设规划，以自主创新统筹经济、科技、教育发展，实施创新型城市建设重大工程，系统推进创新型城市技术创新、产业创新、企业创新，加强自主创新基础能力建设，强化城市创新功能，增强城市创新发展能力，实现发展模式转型，促进

经济社会又好又快发展。

（二）健全区域创新体系，突出企业主体地位。增加教育和科技投入，建设和引进高水平教育与研究机构，增强区域创新人才和技术有效供给能力。鼓励和扶持创新公共平台和中介机构发展，增强创新服务能力。探索财政、税收和政府采购政策支持产学研合作创新的新模式，支持企业创新基础能力建设，加速创新要素向企业集聚，强化企业技术创新主体地位，培育有国际影响力的行业龙头企业。

（三）推进城市产业升级，优化区域产业结构。围绕城市主导产业发展需要，实施产业自主创新工程，加大创新能力建设投入力度，推进创新型城市主导产业升级。培育新能源、新材料、生物医药等战略性新兴产业，发展高技术产业和现代服务业，促进产业创新集群发展，加快高新技术改造传统产业进程，优化产业结构。

（四）建设创新友好环境，促进创新创业发展。制订和实施创新型城市相关配套政策与措施，建立创新政策落实效果监测与反馈机制，不断优化区域创新环境，形成创新友好型政策法律制度环境。围绕创新型城市建设总目标，弘扬科学思想，尊重首创精神，激发创造热情，营造鼓励创新、宽容失败的创新文化氛围，促进创新创业发展。

四、工作要求

（一）加强组织领导。各试点城市要成立创建国家创新型城市工作领导小组，加强对城市创新发展的领导，明确相关部门分工，将各项工作分解落实到具体单位。

（二）制定发展规划。请各试点城市根据创建国家创新型城市的总体方案，抓紧研究编制创建国家创新型城市的详细规划，细化和落实建设任务。

（三）认真组织实施。具备条件后请各试点城市抓紧组织实施创建国家创新型城市的总体方案和详细规划，落实专项经费，制定切实可行的政策措施，全面推进创新型城市建设工作。

（四）及时总结经验。请各试点城市在创建国家创新型城市工作中，进一步解放思想、大胆实践、突出特色，积极探索创新驱动发展的新模式。并及时总结经验，将有关情况报告我委。

我委将会同有关部门，加强对创建国家创新型城市工作的指导、监督和考核，并对试点城市的自主创新和高技术产业发展工作优先予以支持。

国家发展改革委关于印发长江三角洲地区区域规划的通知

（2010 年 6 月 7 日）

上海市、江苏省、浙江省人民政府，国务院各部委、各直属机构：

根据《国务院关于长江三角洲地区区域规划的批复》（国函〔2010〕38 号），现将《长江三角洲地区区域规划》（以下简称《规划》）印发你们，并就有关事项通知如下：

一、长江三角洲地区区位条件优越，自然禀赋优良，经济基础雄厚，体制比较完善，城镇体系完整，科教文化发达，一体化发展基础较好，是我国综合实力最强的区域，具有高起点上加快发展的优势和机遇。要认真领会国务院的批复精神，把《规划》实施作为应对国际金融危机、贯彻区域发展总体战略的重要举措，把扩大内需与经济增长、社会建设、民生改善和提高开放水平结合起来，推动发展方式根本性转变，为促进全国经济平稳较快发展发挥更大作用。

二、请上海市、江苏省、浙江省人民政府做好《规划》的组织实施工作，认真落实《规划》提出的各项任务。要加强组织领导，制定实施方案，完善工作机制，落实工作责任。要在国家有关部门的指导下，按照《规划》确定的功能定位和发展重点，做好区域内相关规划的修编调整，抓紧推进相关工作。要充分发挥长江三角洲地区区域合作协调机制的作用，建立健全泛长江三角洲地区合作机制，协调解决《规划》实施过程中遇到的重大问题。要进一步加强与其他地区的紧密合作，促进生产要素跨地区自由流动，实现人口和产业有序转移。

三、请国务院有关部门结合各自职能分工，加强对《规划》实施的指导，研究制定贯彻落实《规划》的具体措施，在专项规划编制、项目安排、体制创新等方面给予积极支持。要加强部门之间的沟通协调，营造良好的政策环境，促进长江三角洲地区加快发展。

四、我委将按照国务院的批复精神，加强对《规划》实施情况的跟踪分析和督促检查，加强《规划》与国家总体规划和相关专项规划的衔接，会同两省一市人民政府做好《规划》实施情况的评估工作，及时向国务院报告实施情况。

附件：长江三角洲地区区域规划（略）

国家发展改革委关于开展低碳省区和低碳城市试点工作的通知

（2010 年 7 月 19 日）

各省、自治区、直辖市及计划单列市和新疆生产建设兵团发展改革委：

去年 11 月国务院提出我国 2020 年控制温室气体排放行动目标后，各地纷纷主动采取行动落实中央决策部署。不少地方提出发展低碳产业、建设低碳城市、倡导低碳生活，一些省市还向我委申请开展低碳试点工作。积极探索我国工业化城镇化快速发展阶段既发展经济、改善民生又应对气候变化、降低碳强度、推进绿色发展的做法和经验，非常必要。经国务院领导同意，我委将组织开展低碳省区和低碳城市试点工作。现将有关事项通知如下：

一、目的意义

气候变化深刻影响着人类生存和发展，是世界各国共同面临的重大挑战。积极应对气候变化，是我国经济社会发展的一项重大战略，也是加快经济发展方式转变和经济结构调整的重大机遇。我国正处在全面建设小康社会的关键时期和工业化、城镇化加快发展的重要阶段，能源需求还将继续增长，在发展经济、改善民生的同时，如何有效控制温室气体排放，妥善应对气候变化，是一项全新的课题。我们必须坚持以我为主、从实际出发的方针，立足国情、统筹兼顾、综合规划，加大改革力度、完善体制机制，依靠科技进步、加强示范推广，努力建设以低碳排放为特征的产业体系和消费模式。开展低碳省区和低碳城市的试点，有利于充分调动各方面积极性，有利于积累对不同地区和行业分类指导的工作经验，是推动落实我国控制温室气体排放行动目标的重要抓手。

二、试点范围

根据地方申报情况，统筹考虑各地方的工作基础和试点布局的代表性，经沟通和研究，我委确定首先在广东、辽宁、湖北、陕西、云南五省和天津、重庆、深圳、厦门、杭州、南昌、贵阳、保定八市开展试点工作。

三、具体任务

（一）编制低碳发展规划。试点省和试点城市要将应对气候变化工作全面纳入本地区“十二五”规划，研究制定试点省和试点城市低碳发展规划。要开展调查研究，明确试点思路，发挥规划综合引导作用，将调整产业结构、优化能源结构、节能增效、增加碳汇等工作结合起来，明确提出本地区控制温室气体排放的行动目标、重点任务和具体措施，降低碳排放强度，积极探索低碳绿色发展模式。

（二）制定支持低碳绿色发展的配套政策。试点地区要发挥应对气候变化与节能环保、新能源发展、生态建设等方面的协同效应，积极探索有利于节能减排和低碳产业发展的体制机制，实行控制温室气体排放目标责任制，探索有效的政府引导和经济激励政策，研究运用市场机制推动控制温室气体排放目标的落实。

（三）加快建立以低碳排放为特征的产业体系。试点地区要结合当地产业特色和发展战略，加快低碳技术创新，推进低碳技术研发、示范和产业化，积极运用低碳技术改造提升传统产业，加快发展低碳建筑、低碳交通，培育壮大节能环保、新能源等战略性新兴产业。同时要密切跟踪低碳领域技术进步最新进展，积极推动技术引进消化吸收再创新或与国外的联合研发。

（四）建立温室气体排放数据统计和管理体系。试点地区要加强温室气体排放统计工作，建立完整的数据收集和核算系统，加强能力建设，提供机构和人员保障。

（五）积极倡导低碳绿色生活方式和消费模式。试点地区要举办面向各级、各部门领导干部的培训活动，提高决策、执行等环节对气候变化问题的重视程度和认识水平。大力开展宣传教育普及活动，鼓励低碳生活方式和行为，推广使用低碳产品，弘扬低碳生活理念，推动全民广泛参与和自觉行动。

四、工作要求

低碳试点工作关系经济社会发展全局，需要切实加强领导，抓好落实，务求实效。试点地区要建立由主要领导负责抓总的工作机制，发展改革部门要负责做好相关组织协调工作；辖区内有试点城市的省级发展改革部门，要加强对试点城市的支持和指导，协调解决工作中的困难；试点工作要结合本地实际，突出特色，大胆探索，注重积累成功经验，坚决杜绝概念炒作和搞形象工程。试点地区要抓紧制定工作实施方案，并于 8 月 31 日前报送我委。

我委将与试点地区发展改革部门建立联系机制，加强沟通交流，定期对试点进展情况进行评估，指导开展相关国际合作，加强能力建设，做好服务工作。对于试点地区的成功经验和做法将及时总结，并加以推广示范。

国家发展改革委
印发关于促进中部地区城市群发展的指导意见的通知

（2010 年 5 月 9 日）

山西、安徽、江西、河南、湖北、湖南省人民政府，国务院有关部门：

为深入实施《促进中部地区崛起规划》，引导和支持中部地区城市群健康发展，我委会同有关方面研究制定了《关于促进中部地区城市群发展的指导意见》（以下简称《意见》）。现将《意见》印发给你们，请结合实际，进一步加强对城市群发展的组织和协调，切实加大对城市群发展的指导和支持，认真落实城市群发展的各项任务，促进中部地区城市群健康发展。《意见》实施过程中的有关情况请及时反馈我委。

附：关于促进中部地区城市群发展的指导意见（略）

国家发展改革委关于印发
促进中部地区崛起规划实施意见的通知

（2010 年 8 月 12 日）

山西、安徽、江西、河南、湖北、湖南省人民政府，国务院有关部门：

根据《国务院关于促进中部地区崛起规划的批复》（国函 [2009] 130 号）精神，为全面贯彻实施《促进中部地区崛起规划》，我委会同有关部门研究制定了《促进中部地区崛起规划实施意见》。现印发你们，请根据部门职责分工，积极落实实施意见中明确的各项任务要求，努力推动中部地区经济社会又好又快发展。

附件：促进中部地区崛起规划实施意见（略）

国家发展改革委　国家林业局
关于印发大小兴安岭林区生态保护与
经济转型规划（2010-2020 年）的通知

（2010 年 12 月 16 日）

黑龙江省、内蒙古自治区人民政府、国务院有关部门：

国家发展改革委、国家林业局会同有关部门编制的《大小兴安岭林区生态保护与经济转型规划（2010—2020 年）》（以下简称《规划》），已经国务院批准，现印发你们。请黑龙江省和内蒙古自治区人民政府认真做好《规划》的组织实施工作，加强组织领导，明确任务分工，制定具体方案，出台配套政策，落实《规划》提出的各项任务。请国务院有关部门结合各自职能，按照国务院批复和《规划》要求，抓紧落实和完善各项政策措施，加大支持力度，为顺利实施《规划》、促进大小兴安岭林区生态保护与经济转型创造良好的政策环境。

附：大小兴安岭林区生态保护与经济转型规划（2010—2020 年）（略）

【节能减排政策】

国务院关于进一步加强淘汰落后产能工作的通知

（国发〔2010〕7号 2010年2月6日）

各省、自治区、直辖市人民政府，国务院各部委、各直属机构：

为深入贯彻落实科学发展观，加快转变经济发展方式，促进产业结构调整和优化升级，推进节能减排，现就进一步加强淘汰落后产能工作通知如下：

一、深刻认识淘汰落后产能的重要意义

加快淘汰落后产能是转变经济发展方式、调整经济结构、提高经济增长质量和效益的重大举措，是加快节能减排、积极应对全球气候变化的迫切需要，是走中国特色新型工业化道路、实现工业由大变强的必然要求。近年来，随着加快产能过剩行业结构调整、抑制重复建设、促进节能减排政策措施的实施，淘汰落后产能工作在部分领域取得了明显成效。但是，由于长期积累的结构性矛盾比较突出，落后产能退出的政策措施不够完善，激励和约束作用不够强，部分地区对淘汰落后产能工作认识存在偏差、责任不够落实，当前我国一些行业落后产能比重大的问题仍然比较严重，已经成为提高工业整体水平、落实应对气候变化举措、完成节能减排任务、实现经济社会可持续发展的严重制约。必须充分发挥市场的作用，采取更加有力的措施，综合运用法律、经济、技术及必要的行政手段，进一步建立健全淘汰落后产能的长效机制，确保按期实现淘汰落后产能的各项目标。各地区、各部门要切实把淘汰落后产能作为全面贯彻落实科学发展观，应对国际金融危机影响，保持经济平稳较快发展的一项重要任务，进一步增强责任感和紧迫感，充分调动一切积极因素，抓住关键环节，突破重点难点，加快淘汰落后产能，大力推进产业结构调整和优化升级。

二、总体要求和目标任务

（一）总体要求。

1. 发挥市场作用。充分发挥市场配置资源的基础性作用，调整和理顺资源性产品价格形成机制，强化税收杠杆调节，努力营造有利于落后产能退出的市场环境。

2. 坚持依法行政。充分发挥法律法规的约束作用和技术标准的门槛作用，严格执行环境保护、节约能源、清洁生产、安全生产、产品质量、职业健康等方面的法律法规和技术标准，依法淘汰落后产能。

3. 落实目标责任。分解淘汰落后产能的目标任务，明确国务院有关部门、地方各级人民政府和企业的责任，加强指导、督促和检查，确保工作落到实处。

4. 优化政策环境。强化政策约束和政策激励，统筹淘汰落后产能与产业升级、经济发展、社会稳定的关系，建立健全促进落后产能退出的政策体系。

5. 加强协调配合。建立主管部门牵头，相关部门各负其责、密切配合、联合行动的工作机制，加强组织领导和协调配合，形成工作合力。

（二）目标任务。

以电力、煤炭、钢铁、水泥、有色金属、焦炭、造纸、制革、印染等行业为重点，按照《国务院关于发布实施〈促进产业结构调整暂行规定〉的决定》（国发〔2005〕40号）、《国务院关于印发节能减排综合性工作方案的通知》（国发〔2007〕15号）、《国务院批转发展改革委等部门关于抑制部分行业产能过剩和重复建设引导产业健康发展若干意见的通知》（国发〔2009〕38号）、《产业结构调整指导目录》以及国务院制订的钢铁、有色金属、轻工、纺织等产业调整和振兴规划等文件规定的

淘汰落后产能的范围和要求，按期淘汰落后产能。各地区可根据当地产业发展实际，制定范围更宽、标准更高的淘汰落后产能目标任务。

近期重点行业淘汰落后产能的具体目标任务是：

电力行业：2010 年底前淘汰小火电机组 5000 万千瓦以上。

煤炭行业：2010 年底前关闭不具备安全生产条件、不符合产业政策、浪费资源、污染环境的小煤矿 8000 处，淘汰产能 2 亿吨。

焦炭行业：2010 年底前淘汰炭化室高度 4.3 米以下的小机焦（3.2 米及以上捣固焦炉除外）。

铁合金行业：2010 年底前淘汰 6300 千伏安以下矿热炉。

电石行业：2010 年底前淘汰 6300 千伏安以下矿热炉。

钢铁行业：2011 年底前，淘汰 400 立方米及以下炼铁高炉，淘汰 30 吨及以下炼钢转炉、电炉。

有色金属行业：2011 年底前，淘汰 100 千安及以下电解铝小预焙槽；淘汰密闭鼓风炉、电炉、反射炉炼铜工艺及设备；淘汰采用烧结锅、烧结盘、简易高炉等落后方式炼铅工艺及设备，淘汰未配套建设制酸及尾气吸收系统的烧结机炼铅工艺；淘汰采用马弗炉、马槽炉、横罐、小竖罐（单日单罐产量 8 吨以下）等进行焙烧、采用简易冷凝设施进行收尘等落后方式炼锌或生产氧化锌制品的生产工艺及设备。

建材行业：2012 年底前，淘汰窑径 3.0 米以下水泥机械化立窑生产线、窑径 2.5 米以下水泥干法中空窑（生产高铝水泥的除外）、水泥湿法窑生产线（主要用于处理污泥、电石渣等的除外）、直径 3.0 米以下的水泥磨机（生产特种水泥的除外）以及水泥土（蛋）窑、普通立窑等落后水泥产能；淘汰平拉工艺平板玻璃生产线（含格法）等落后平板玻璃产能。

轻工业：2011 年底前，淘汰年产 3.4 万吨以下草浆生产装置、年产 1.7 万吨以下化学制浆生产线，淘汰以废纸为原料、年产 1 万吨以下的造纸生产线；淘汰落后酒精生产工艺及年产 3 万吨以下的酒精生产企业（废糖蜜制酒精除外）；淘汰年产 3 万吨以下味精生产装置；淘汰环保不达标的柠檬酸生产装置；淘汰年加工 3 万标张以下的制革生产线。

纺织行业：2011 年底前，淘汰 74 型染整生产线、使用年限超过 15 年的前处理设备、浴比大于 1 ∶ 10 的间歇式染色设备，淘汰落后型号的印花机、热熔染色机、热风布铗拉幅机、定形机，淘汰高能耗、高水耗的落后生产工艺设备；淘汰 R531 型酸性老式粘胶纺丝机、年产 2 万吨以下粘胶生产线、湿法及 DMF 溶剂法氨纶生产工艺、DMF 溶剂法腈纶生产工艺、涤纶长丝锭轴长 900 毫米以下的半自动卷绕设备、间歇法聚酯设备等落后化纤产能。

三、分解落实目标责任

（一）工业和信息化部、能源局要根据当前和今后一个时期经济发展形势以及国务院确定的淘汰落后产能阶段性目标任务，结合产业升级要求及各地区实际，商有关部门提出分行业的淘汰落后产能年度目标任务和实施方案，并将年度目标任务分解落实到各省、自治区、直辖市。各有关部门要充分发挥职能作用，抓紧制定限制落后产能企业生产、激励落后产能退出、促进落后产能改造等方面的配套政策措施，指导和督促各地区认真贯彻执行。

（二）各省、自治区、直辖市人民政府要根据工业和信息化部、能源局下达的淘汰落后产能目标任务，认真制定实施方案，将目标任务分解到市、县，落实到具体企业，及时将计划淘汰落后产能企业名单报工业和信息化部、能源局。要切实担负起本行政区域内淘汰落后产能工作的职责，严格执行相关法律、法规和各项政策措施，组织督促企业按要求淘汰落后产能、拆除落后设施装置，防止落后产能转移；对未按要求淘汰落后产能的企业，要依据有关法律法规责令停产或予以关闭。

（三）企业要切实承担起淘汰落后产能的主体责任，严格遵守安全、环保、节能、质量等法律法规，认真贯彻国家产业政策，积极履行社会责任，主动淘汰落后产能。

（四）各相关行业协会要充分发挥政府和企业间的桥梁纽带作用，认真宣传贯彻国家方针政策，加强行业自律，维护市场秩序，协助有关部门做好淘汰落后产能工作。

四、强化政策约束机制

（一）严格市场准入。强化安全、环保、能耗、物耗、质量、土地等指标的约束作用，尽快修订《产业结构调整指导目录》，制定和完善相关行业准入条件和落后产能界定标准，提高准入门槛，鼓励发展低消耗、低污染的先进产能。加强投资项目审核管理，尽快修订《政府核准的投资项目目录》，对产能过剩行业坚持新增产能与淘汰产能"等量置换"或"减量置换"的原则，严格环评、土地和安全生产审批，遏制低水平重复建设，防止新增落后产能。改善土地利用计划调控，严禁向落后产能和产能严重过剩行业建设项目提供土地。支持优势企业通过兼并、收购、重组落后产能企业，淘汰落后产能。

（二）强化经济和法律手段。充分发挥差别电价、资源性产品价格改革等价格机制在淘汰落后产能中的作用，落实和完善资源及环境保护税费制度，强化税收对节能减排的调控功能。加强环境保护监督性监测、减排核查和执法检查，加强对企业执行产品质量标准、能耗限额标准和安全生产规定的监督检查，提高落后产能企业和项目使用能源、资源、环境、土地的成本。采取综合性调控措施，抑制高消耗、高排放产品的市场需求。

（三）加大执法处罚力度。对未按期完成淘汰落后产能任务的地区，严格控制国家安排的投资项目，实行项目"区域限批"，暂停对该地区项目的环评、核准和审批。对未按规定期限淘汰落后产能的企业吊销排污许可证，银行业金融机构不得提供任何形式的新增授信支持，投资管理部门不予审批和核准新的投资项目，国土资源管理部门不予批准新增用地，相关管理部门不予办理生产许可，已颁发生产许可证、安全生产许可证的要依法撤回。对未按规定淘汰落后产能、被地方政府责令关闭或撤销的企业，限期办理工商注销登记，或者依法吊销工商营业执照。必要时，政府相关部门可要求电力供应企业依法对落后产能企业停止供电。

五、完善政策激励机制

（一）加强财政资金引导。中央财政利用现有资金渠道，统筹支持各地区开展淘汰落后产能工作。资金安排使用与各地区淘汰落后产能任务相衔接，重点支持解决淘汰落后产能有关职工安置、企业转产等问题。对经济欠发达地区淘汰落后产能工作，通过增加转移支付加大支持和奖励力度。各地区也要积极安排资金，支持企业淘汰落后产能。在资金申报、安排、使用中，要充分发挥工业、能源等行业主管部门的作用，加强协调配合，确保资金安排对淘汰落后产能产生实效。

（二）做好职工安置工作。妥善处理淘汰落后产能与职工就业的关系，认真落实和完善企业职工安置政策，依照相关法律法规和规定妥善安置职工，做好职工社会保险关系转移与接续工作，避免大规模集中失业，防止发生群体性事件。

（三）支持企业升级改造。充分发挥科技对产业升级的支撑作用，统筹安排技术改造资金，落实并完善相关税收优惠和金融支持政策，支持符合国家产业政策和规划布局的企业，运用高新技术和先进适用技术，以质量品种、节能降耗、环境保护、改善装备、安全生产等为重点，对落后产能进行改造。提高生产、技术、安全、能耗、环保、质量等国家标准和行业标准水平，做好标准间的衔接，加强标准贯彻，引导企业技术升级。对淘汰落后产能任务较重且完成较好的地区和企业，在安排技术改造资金、节能减排资金、投资项目核准备案、土地开发利用、融资支持等方面给予倾斜。对积极淘汰落后产能企业的土地开发利用，在符合国家土地管理政策的前提下，优先予以支持。

六、健全监督检查机制

（一）加强舆论和社会监督。各地区每年向社会公告本地区年度淘汰落后产能的企业名单、落后工艺设备和淘汰时限。工业和信息化部、能源局每年向社会公告淘汰落后产能企业名单、落后工艺设备、淘汰时限及总体进展情况。加强各地区、各行业淘汰落后产能工作交流，总结推广、广泛宣传淘汰落后产能工作先进地区和先进企业的有效做法，营造有利于淘汰落后产能的舆论氛围。

（二）加强监督检查。各省、自治区、直辖市人民政府有关部门要及时了解、掌握淘汰落后产能工作进展和职工安置情况，并定期向国家有关部门报告。工业和信息化部、发展改革委、财政部、能源局要组织有关部门定期对各地区淘汰落后产能工作情况进行监督检查，切实加强对重点地区淘汰落后产能工作的指导，并将进展情况报告国务院。

（三）实行问责制。将淘汰落后产能目标完成情况纳入地方政府绩效考核体系，参照《国务院批转节能减排统计监测及考核实施方案和办法的通知》（国发〔2007〕36号）对淘汰落后产能任务完成情况进行考核，提高淘汰落后产能任务完成情况的考核比重。对未按要求完成淘汰落后产能任务的地区进行通报，限期整改。对瞒报、谎报淘汰落后产能进展情况或整改不到位的地区，要依法依纪追究该地区有关责任人员的责任。

七、切实加强组织领导

建立淘汰落后产能工作组织协调机制，加强对淘汰落后产能工作的领导。成立由工业和信息化部牵头，发展改革委、监察部、财政部、人力资源社会保障部、国土资源部、环境保护部、农业部、商务部、人民银行、国资委、税务总局、工商总局、质检总局、安全监管总局、银监会、电监会、能源局等部门参加的淘汰落后产能工作部际协调小组，统筹协调淘汰落后产能工作，研究解决淘汰落后产能工作中的重大问题，根据“十二五”规划研究提出下一步淘汰落后产能目标并做好任务分解和组织落实工作。有关部门要认真履行职责，积极贯彻落实各项政策措施，加强沟通配合，共同做好淘汰落后产能的各项工作。地方各级人民政府要健全领导机制，明确职责分工，做到责任到位、措施到位、监管到位，确保淘汰落后产能工作取得明显成效。

附件：淘汰落后产能重点工作分工表（略）

国务院关于进一步加大工作力度
确保实现“十一五”节能减排目标的通知

（国发〔2010〕12号　2010年5月4日）

各省、自治区、直辖市人民政府，国务院各部委、各直属机构：

2006年以来，各地区、各部门认真贯彻落实科学发展观，把节能减排作为调整经济结构、转变发展方式的重要抓手，加大资金投入，强化责任考核，完善政策机制，加强综合协调，节能减排工作取得重要进展。全国单位国内生产总值能耗累计下降14.38%，化学需氧量排放总量下降9.66%，二氧化硫排放总量下降13.14%。但要实现“十一五”单位国内生产总值能耗降低20%左右的目标，任务还相当艰巨。为进一步加大工作力度，确保实现“十一五”节能减排目标，现就有关事项通知如下：

一、增强做好节能减排工作的紧迫感和责任感。“十一五”节能减排指标是具有法律约束力的指标，是政府向全国人民作出的庄严承诺，是衡量落实科学发展观、加快调整产业结构、转变发展方式成效的重要标志，事关经济社会可持续发展，事关人民群众切身利益，事关我国的国际形象。当前，节能减排形势十分严峻，特别是2009年第三季度以来，高耗能、高排放行业快速增长，一些被淘汰的落后产能死灰复燃，能源需求大幅增加，能耗强度、二氧化硫排放量下降速度放缓甚至由降转升，化学需氧量排放总量下降趋势明显减缓。为应对全球气候变化，我国政府承诺到2020年单位国内生产总值二氧化碳排放要比2005年下降40%-45%，节能提高能效的贡献率要达到85%以上，这也给节能减排工作带来巨大挑战。各地区、各部门要充分认识加强节能减排工作的重要性和紧迫性，切实增强使命感和责任感，下更大决心，花更大气力，果断采取强有力、见效快的政策措施，打好节能减排攻坚战，确保实现“十一五”节能减排目标。

二、强化节能减排目标责任。组织开展对省级政府2009年节能减排目标完成情况和措施落实情况及“十一五”目标完成进度的评价考核，考核结果向社会公告，落实奖惩措施，加大问责力度。及时发布2009年全国和各地区单位国内生产总值能耗、主要污染物排放量指标公报，以及2010年上半年全国单位国内生产总值能耗、主要污染物排放量指标公报。各地区要按照节能减排目标责任制的要求，一级抓一级，层层抓落实，组织开展本地区节能减排目标责任评价考核工作，对未完成目标的地区进行责任追究。到“十一五”末，要对节能减排目标完成情况算总账，实行严格的问责制，对未完成任务的地区、企业集团和行政不作为的部门，都要追究主要领导责任，根据情节给予相应处分。各地区“十二五”节能目标任务的确定要以2005年为基数。各省级政府要在5月底前，将本地区2010年节能减排目标和实施方案报国务院。

三、加大淘汰落后产能力度。2010年关停小火电机组1000万千瓦，淘汰落后炼铁产能2500万吨、炼钢600万吨、水泥5000万吨、电解铝33万吨、平板玻璃600万重箱、造纸53万吨。各省级政府要抓紧制定本地区今年淘汰落后产能任务，将任务分解到市、县和有关企业，并于5月20日前报国务院有关部门。有关部门要在5月底前下达各地区淘汰落后产能任务，公布淘汰落后产能企业名单，确保落后产能在第三季度前全部关停。加强淘汰落后产能核查，对未按期完成淘汰落后产能任务的地区，严格控制国家安排的投资项目，实行项目“区域限批”，暂停对该地区项目的环评、供地、核准和审批。对未按规定期限淘汰落后产能的企业，依法吊销排污许可证、生产许可证、安全生产许可证，投资管理部门不予审批和核准新的投资项目，国土资源管理部门不予批准新增用地，有关部门依法停止落后产能生产的供电供水。

四、严控高耗能、高排放行业过快增长。严格控制“两高”和产能过剩行业新上项目。各级投资主管部门要进一步加强项目审核管理，今年内不再审批、核准、备案“两高”和产能过剩行业扩大产能项目。未通过环评、节能审查和土地预审的项目，一律不准开工建设。对违规在建项目，有关部门要责令停止建设，金融机构一律不得发放贷款。对违规建成的项目，要责令停止生产，金融机构一律不得发放流动资金贷款，有关部门要停止供电供水。落实限制“两高”产品出口的各项政策，控制“两高”产品出口。

五、加快实施节能减排重点工程。安排中央预算内投资333亿元、中央财政资金500亿元，重点支持十大重点节能工程建设、循环经济发展、淘汰落后产能、城镇污水垃圾处理、重点流域水污染治理，以及节能环保能力建设等，形成年节能能力8000万吨标准煤，新增城镇污水日处理能力1500万吨、垃圾日处理能力6万吨。各地区要将节能减排指标落实到具体项目，节能减排专项资金要向能直接形成节能减排能力的项目倾斜，尽早下达资金，尽快形成节能减排能力。有关部门要在6月中旬前出台加快推行合同能源管理，促进节能服务产业发展的相关配套政策，对节能服务公司为企业实施节能改造给予支持。

六、切实加强用能管理。要加强对各地区综合能源消费量、高耗能行业用电量、高耗能产品产量等情况的跟踪监测，对能源消费和高耗能产业增长过快的地区，合理控制能源供应，切实改变敞开口子供应能源、无节制使用能源的现象。大力推进节能发电调度，加强电力需求侧管理，制定和实施有序用电方案，在保证合理用电需求的同时，要压缩高耗能、高排放企业用电。对能源消耗超过已有国家和地方单位产品能耗（电耗）限额标准的，实行惩罚性价格政策，具体由省级政府有关部门提出意见。省级节能主管部门组织各级节能监察机构于今年 6 月底前对重点用能单位上一年度和今年上半年主要产品能源消耗情况进行专项能源监察审计，提出超能耗（电耗）限额标准的企业和产品名单，实行惩罚性电价，对超过限额标准一倍以上的，比照淘汰类电价加价标准执行。加强城市照明管理，严格控制公用设施和大型建筑物装饰性景观照明能耗。

七、强化重点耗能单位节能管理。突出抓好千家企业节能行动，公告考核结果，强化目标责任，加强用能管理，提高用能水平，确保形成 2000 万吨标准煤的年节能能力。省级节能主管部门要加强对年耗能 5000 吨标准煤以上重点用能单位的节能监管，落实能源利用状况报告制度，推进能效水平对标活动，开展节能管理师和能源管理体系试点。已经完成“十一五”节能任务的用能单位，要继续狠抓节能不放松，为完成本地区节能任务多做贡献；尚未完成任务的用能单位，要采取有力措施，确保完成“十一五”节能任务。中央和地方国有企业都要发挥表率作用，加大节能投入，加强管理，对完不成节能减排目标和存在严重浪费能源资源的，在经营业绩考核中实行降级降分处理，并与企业负责人绩效薪酬紧密挂钩。

八、推动重点领域节能减排。加强电力、钢铁、有色、石油石化、化工、建材等重点行业节能减排管理，加大用先进适用技术改造传统产业的力度。加强新建建筑节能监管，到 2010 年底，全国城镇新建建筑执行节能强制性标准的比例达到 95% 以上，完成北方采暖地区居住建筑供热计量及节能改造 5000 万平方米，确保完成“十一五”期间 1.5 亿平方米的改造任务。夏季空调温度设置不低于 26 摄氏度。加强车辆用油定额考核，严格执行车辆燃料消耗量限值标准，对客车实载率低于 70% 的线路不得投放新的运力。推行公路甩挂运输，加快铁路电气化建设和运输装备改造升级，优化民航航路航线。开展节约型公共机构示范单位建设活动，2010 年公共机构能源消耗指标要在去年基础上降低 5%。加强流通服务业节能减排工作。加大汽车、家电以旧换新力度。抓好“三河三湖”、松花江等重点流域水污染治理。做好重金属污染治理工作。抓好农村环境综合整治。支持军队加快实施节能减排技术改造。

九、大力推广节能技术和产品。发布国家重点节能技术推广目录（第三批）。继续实施“节能产品惠民工程”，在加大高效节能空调推广的基础上，全面推广节能汽车、节能电机等产品，继续做好新能源汽车示范推广，5 月底前有关部门要出台具体的实施细则。推广节能灯 1.5 亿只以上，东中部地区和有条件的西部地区城市道路照明、公共场所、公共机构全部淘汰低效照明产品。扩大能效标识实施范围，发布第七批能效标识产品目录。落实政府优先和强制采购节能产品制度，完善节能产品政府采购清单动态管理。

十、完善节能减排经济政策。深化能源价格改革，调整天然气价格，推行居民用电阶梯价格，落实煤层气、天然气发电上网电价和脱硫电价政策，出台鼓励余热余压发电上网和价格政策。对电解铝、铁合金、钢铁、电石、烧碱、水泥、黄磷、锌冶炼等高耗能行业中属于产业结构调整指导目录限制类、淘汰类范围的，严格执行差别电价政策。各地可在国家规定基础上，按照规定程序加大差别电价实施力度，大幅提高差别电价加价标准。加大污水处理费征收力度，改革垃圾处理费收费方式。积极落实国家支持节能减排的所得税、增值税等优惠政策，适时推进资源税改革。尽快出台排污权有偿使用和交易指导意见。深化生态补偿试点，完善生态补偿机制。开展环境污染责任保险。金融机构要加大对节能减排项目的信贷支持。

十一、加快完善法规标准。尽快出台固定资产投资项目节能评估和审查管理办法，抓紧完成城镇排水与污水处理条例的审查修改，做好大气污染防治法（修订）、节约用水条例、生态补偿条例的研究起草工作。研究制定重点用能单位节能管理办法、能源计量监督管理办法、节能产品认证管理办法、主要污染物排放许可证管理办法等。完善单位产品能耗限额标准、用能产品能效标准、建筑能耗标准等。

十二、加大监督检查力度。在今年第三季度，国务院组成工作组，对部分地区贯彻落实本通知精神情况进行检查。各级政府要组织开展节能减排专项督察，严肃查处违规乱上“两高”项目、淘汰落后产能进展滞后、减排设施不正常运行及严重污染环境等问题，彻底清理对高耗能企业和产能过剩行业电价优惠政策，发现一起，查处一起，对重点案件要挂牌督办，对有关责任人要严肃追究责任。要组织节能监察机构对重点用能单位开展拉网式排查，严肃查处使用国家明令淘汰的用能设备或生产工艺、单位产品能耗超限额标准用能等问题，情节严重的，依法责令停业整顿或者关闭。开展酒店、商场、办公楼等公共场所空调温度以及城市景观过度照明检查。继续深入开展整治违法排污企业保障群众健康环保专项行动。发挥职工监督作用，加强职工节能减排义务监督员队伍建设。

十三、深入开展节能减排全民行动。加强能源资源和生态环境国情宣传教育，进一步增强全民资源忧患意识、节约意识和环保意识。组织开展好2010年全国节能宣传周、世界环境日等活动。在企业、机关、学校、社区、军营等开展广泛深入的“节能减排全民行动”，普及节能环保知识和方法，推介节能新技术、新产品，倡导绿色消费、适度消费理念，加快形成有利于节约资源和保护环境的消费模式。新闻媒体要加大节能减排宣传力度，在重要栏目、重要时段、重要版面跟踪报道各地区落实本通知要求采取的行动，宣传先进经验，曝光反面典型，充分发挥舆论宣传和监督作用。

十四、实施节能减排预警调控。要做好节能减排形势分析和预警预测。各地区要在6月底前制定相关预警调控方案，在第三季度组织开展“十一五”节能减排目标完成情况预考核；对完成目标有困难的地区，要及时启动预警调控方案。

各地区、各部门要把节能减排放在更加突出的位置，切实加强组织领导。地方各级人民政府对本行政区域节能减排负总责，政府主要领导是第一责任人。发展改革委要加强节能减排综合协调，指导推动节能降耗工作，环境保护部要做好减排的协调推动工作，统计局要加强能源监测和统计。有关部门在各自的职责范围内做好节能减排工作，加强对各地区贯彻落实本通知精神的督促检查，确保实现“十一五”节能减排目标。

国务院办公厅转发发展改革委等部门关于加快推行合同能源管理促进节能服务产业发展意见的通知

（2010年4月2日）

各省、自治区、直辖市人民政府，国务院各部委、各直属机构：

发展改革委、财政部、人民银行、税务总局《关于加快推行合同能源管理促进节能服务产业发展的意见》已经国务院同意，现转发给你们，请认真贯彻执行。

关于加快推行合同能源管理促进节能服务产业发展的意见

发展改革委 财政部 人民银行 税务总局

根据《中华人民共和国节约能源法》和《国务院关于加强节能工作的决定》（国发〔2006〕28号）、

《国务院关于印发节能减排综合性工作方案的通知》（国发〔2007〕15 号）等文件精神，为加快推行合同能源管理，促进节能服务产业发展，现提出以下意见：

一、充分认识推行合同能源管理、发展节能服务产业的重要意义

合同能源管理是发达国家普遍推行的、运用市场手段促进节能的服务机制。节能服务公司与用户签订能源管理合同，为用户提供节能诊断、融资、改造等服务，并以节能效益分享方式回收投资和获得合理利润，可以大大降低用能单位节能改造的资金和技术风险，充分调动用能单位节能改造的积极性，是行之有效的节能措施。我国上世纪 90 年代末引进合同能源管理机制以来，通过示范、引导和推广，节能服务产业迅速发展，专业化的节能服务公司不断增多，服务范围已扩展到工业、建筑、交通、公共机构等多个领域。2009 年，全国节能服务公司达 502 家，完成总产值 580 多亿元，形成年节能能力 1350 万吨标准煤，对推动节能改造、减少能源消耗、增加社会就业发挥了积极作用。但也要看到，我国合同能源管理还没有得到足够的重视，节能服务产业还存在财税扶持政策少、融资困难以及规模偏小、发展不规范等突出问题，难以适应节能工作形势发展的需要。加快推行合同能源管理，积极发展节能服务产业，是利用市场机制促进节能减排、减缓温室气体排放的有力措施，是培育战略性新兴产业、形成新的经济增长点的迫切要求，是建设资源节约型和环境友好型社会的客观需要。各地区、各部门要充分认识推行合同能源管理、发展节能服务产业的重要意义，采取切实有效措施，努力创造良好的政策环境，促进节能服务产业加快发展。

二、指导思想、基本原则和发展目标

（一）指导思想。

高举中国特色社会主义伟大旗帜，以邓小平理论和“三个代表”重要思想为指导，深入贯彻落实科学发展观，充分发挥市场机制作用，加强政策扶持和引导，积极推行合同能源管理，加快节能新技术、新产品的推广应用，促进节能服务产业发展，不断提高能源利用效率。

（二）基本原则。

一是坚持发挥市场机制作用。充分发挥市场配置资源的基础性作用，以分享节能效益为基础，建立市场化的节能服务机制，促进节能服务公司加强科技创新和服务创新，提高服务能力，改善服务质量。

二是加强政策支持引导。通过制定完善激励政策，加强行业监管，强化行业自律，营造有利于节能服务产业发展的政策环境和市场环境，引导节能服务产业健康发展。

（三）发展目标。

到 2012 年，扶持培育一批专业化节能服务公司，发展壮大一批综合性大型节能服务公司，建立充满活力、特色鲜明、规范有序的节能服务市场。到 2015 年，建立比较完善的节能服务体系，专业化节能服务公司进一步壮大，服务能力进一步增强，服务领域进一步拓宽，合同能源管理成为用能单位实施节能改造的主要方式之一。

三、完善促进节能服务产业发展的政策措施

（一）加大资金支持力度。

将合同能源管理项目纳入中央预算内投资和中央财政节能减排专项资金支持范围，对节能服务公司采用合同能源管理方式实施的节能改造项目，符合相关规定的，给予资金补助或奖励。有条件的地方也要安排一定资金，支持和引导节能服务产业发展。

（二）实行税收扶持政策。

在加强税收征管的前提下，对节能服务产业采取适当的税收扶持政策。

一是对节能服务公司实施合同能源管理项目，取得的营业税应税收入，暂免征收营业税，对其无偿转让给用能单位的因实施合同能源管理项目形成的资产，免征增值税。

二是节能服务公司实施合同能源管理项目，符合税法有关规定的，自项目取得第一笔生产经营收入所属纳税年度起，第一年至第三年免征企业所得税，第四年至第六年减半征收企业所得税。

三是用能企业按照能源管理合同实际支付给节能服务公司的合理支出，均可以在计算当期应纳税所得额时扣除，不再区分服务费用和资产价款进行税务处理。

四是能源管理合同期满后，节能服务公司转让给用能企业的因实施合同能源管理项目形成的资产，按折旧或摊销期满的资产进行税务处理。节能服务公司与用能企业办理上述资产的权属转移时，也不再另行计入节能服务公司的收入。

上述税收政策的具体实施办法由财政部、税务总局会同发展改革委等部门另行制定。

（三）完善相关会计制度。

各级政府机构采用合同能源管理方式实施节能改造，按照合同支付给节能服务公司的支出视同能源费用进行列支。事业单位采用合同能源管理方式实施节能改造，按照合同支付给节能服务公司的支出计入相关支出。企业采用合同能源管理方式实施节能改造，如购建资产和接受服务能够合理区分且单独计量的，应当分别予以核算，按照国家统一的会计准则制度处理；如不能合理区分或虽能区分但不能单独计量的，企业实际支付给节能服务公司的支出作为费用列支，能源管理合同期满，用能单位取得相关资产作为接受捐赠处理，节能服务公司作为赠与处理。

（四）进一步改善金融服务。

鼓励银行等金融机构根据节能服务公司的融资需求特点，创新信贷产品，拓宽担保品范围，简化申请和审批手续，为节能服务公司提供项目融资、保理等金融服务。节能服务公司实施合同能源管理项目投入的固定资产可按有关规定向银行申请抵押贷款。积极利用国外的优惠贷款和赠款加大对合同能源管理项目的支持。

四、加强对节能服务产业发展的指导和服务

（一）鼓励支持节能服务公司做大做强。

节能服务公司要加强服务创新，加强人才培养，加强技术研发，加强品牌建设，不断提高综合实力和市场竞争力。鼓励节能服务公司通过兼并、联合、重组等方式，实行规模化、品牌化、网络化经营，形成一批拥有知名品牌，具有较强竞争力的大型服务企业。鼓励大型重点用能单位利用自己的技术优势和管理经验，组建专业化节能服务公司，为本行业其他用能单位提供节能服务。

（二）发挥行业组织的服务和自律作用。

节能服务行业组织要充分发挥职能作用，大力开展业务培训，加快建设信息交流平台，及时总结推广业绩突出的节能服务公司的成功经验，积极开展节能咨询服务。要制定节能服务行业公约，建立健全行业自律机制，提高行业整体素质。

（三）营造节能服务产业发展的良好环境。

地方各级人民政府要将推行合同能源管理、发展节能服务产业纳入重要议事日程，加强领导，精心组织，务求取得实效。政府机构要带头采用合同能源管理方式实施节能改造，发挥模范表率作用。各级节能主管部门要采取多种形式，广泛宣传推行合同能源管理的重要意义和明显成效，提高全社会对合同能源管理的认知度和认同感，营造推行合同能源管理的有利氛围。要加强用能计量管理，督促用能单位按规定配备能源计量器具，为节能服务公司实施合同能源管理项目提供基础条件。要组织实

施合同能源管理示范项目，发挥引导和带动作用。要加强对节能服务产业发展规律的研究，积极借鉴国外的先进经验和有益做法，协调解决产业发展中的困难和问题，推进产业持续健康发展。

国家发展改革委 人民银行 银监会 证监会
关于支持循环经济发展的投融资政策措施意见的通知

（2010年4月19日）

各省、自治区、直辖市及计划单列市、新疆生产建设兵团发展改革委、经贸委（经委、经信委、工信委）；中国人民银行上海总部，各分行、营业管理部，省会（首府）城市中心支行；各省、自治区、直辖市银监局、证监局；各政策性银行，国有商业银行，股份制商业银行，中国邮政储蓄银行：

为贯彻落实《中华人民共和国循环经济促进法》（以下简称《循环经济促进法》）和《国务院关于加快发展循环经济的若干意见》（国发［2005]22号），加大对发展循环经济的投融资政策支持力度，促进循环经济形成较大规模，加快调整经济结构，转变经济发展方式，建设资源节约型和环境友好型社会，现就支持循环经济发展的投资融资政策措施意见通知如下：

一、充分认识加大投融资政策支持对发展循环经济的重要意义

（一）发展循环经济是国家经济社会发展的一项重大战略。循环经济是指在生产、流通和消费过程中进行的减量化、再利用、资源化活动的总称，是最大限度地节约资源和保护环境的经济发展模式，是实施可持续发展战略的重要内容。党中央、国务院高度重视发展循环经济。十六届五中全会指出，“要把节约资源作为基本国策，发展循环经济，保护生态环境，加快建设资源节约型和环境友好型社会。”《国民经济和社会发展第十一个五年规划纲要》把发展循环经济作为重大战略任务。党的十七大提出了促进循环经济形成较大规模的更高要求。《循环经济促进法》将发展循环经济确立为国家经济社会发展的一项重大战略。国务院发布了《关于加快发展循环经济的若干意见》，提出要大力发展循环经济，实现经济、环境和社会效益相统一，并对发展循环经济工作做出了全面部署。

（二）发展循环经济需要建立投融资政策支持体系。发展循环经济既要充分发挥市场机制的作用，又要强调政府的主导作用，需要政府综合运用规划、投资、产业、价格、财税、金融等政策措施，建立一个良性、面向市场、有利于循环经济发展的投融资政策支持体系和环境，形成有效的激励机制，引导社会资金投向循环经济，有效解决发展循环经济投入不足的问题。各地区要把发展循环经济作为贯彻落实科学发展观、建设资源节约型和环境友好型社会的内在要求，作为调整经济结构、转变经济发展方式的突破口和重要抓手，增强紧迫感和责任感，建立健全投融资政策支持体系，加快促进循环经济形成较大规模，实现经济社会又好又快发展。同时，有关金融机构要抓住国家大力发展循环经济的有利时机，充分考虑循环经济企业和项目的特点，稳步有序开展促进循环经济发展的金融服务工作，努力通过加大对循环经济的金融支持，寻求新的盈利增长点。

二、充分发挥政府规划、投资、产业和价格政策的引导作用

（一）制定循环经济发展规划。各地循环经济发展综合管理部门要会同有关部门，按照《循环经济促进法》的要求，因地制宜，制定本地区“十二五”循环经济发展规划。发展规划应当包括规划目标、适用范围、主要内容、重点任务和保障措施等，并规定资源产出率、废物再利用和资源化率等指标。要把发展循环经济作为编制地区“十二五”规划的重要指导原则，放在重要位置，用循环经济理念指导编制各类专项规划、区域规划以及城市规划。要通过编制规划，确定发展循环经济的重点领域、

重点工程和重大项目，为社会资金投向循环经济指明方向。国家发展改革委将适时发布地方循环经济发展规划编制指南。

（二）加大对循环经济投资的支持力度。各地发展改革委在制定和实施投资计划时，要将“减量化、再利用、资源化”等循环经济项目列为重点投资领域。对发展循环经济的重大项目和技术示范产业化项目，要采用直接投资或资金补助、贷款贴息等方式加大支持力度，充分发挥政府投资对社会投资的引导作用。

（三）研究完善促进循环经济发展的产业政策。各地发展改革委要依据国家产业结构调整的有关规定，立足现有基础和比较优势，认真清理限制循环经济发展的不合理规定，制订并细化有利于循环经济发展的产业政策体系，引导社会资金投向资源循环利用产业，加大循环经济技术、装备和产品的示范、推广力度，形成新的经济增长点。

（四）研究促进循环经济发展的相关价格和收费政策。各地发展改革委（价格主管部门）要逐步建立能够反映资源稀缺程度、环境损害成本的价格机制。鼓励实施居民生活用水阶梯式水价制度，合理确定再生水价格，提高水资源重复利用水平。要合理调整污水和垃圾处理费、排污费等收费标准，鼓励企业实现“零排放”。要通过调整价格和完善收费政策，引导消费者使用节能、节水、节材和资源循环利用产品，引导社会资金加大对循环经济项目的投入。

三、全面改进和提升支持循环经济发展的金融服务

（一）明确信贷支持重点。对由国家、省级循环经济发展综合管理部门支持的节能、节水、节材、综合利用、清洁生产、海水淡化和“零”排放等减量化项目，废旧汽车零部件、工程机械、机床等产品的再制造和轮胎翻新等再利用项目，以及废旧物资、大宗产业废弃物、建筑废弃物、农林废弃物、城市典型废弃物、废水、污泥等资源化利用项目，银行业金融机构应当按照商业可持续原则，综合考虑信贷风险评估、成本补偿机制和政府扶持政策等因素，要重点给予信贷支持；对列入国家、省级循环经济发展综合管理部门批准的循环经济示范试点园区、企业，银行业金融机构要积极给予包括信用贷款在内的多元化信贷支持，并做好相应的投资咨询、资金清算、现金管理等金融服务；深化延伸对循环经济产业配套服务的支持，积极支持示范市、县、园区的循环经济基础设施、相关公共技术服务平台、公共网络信息服务平台的建设和运营。同时，对生产、进口、销售或者使用列入淘汰名录的技术、工艺、设备、材料或产品的企业，银行业金融机构不得提供任何新增授信支持，原有的授信要逐步压缩和收回。

（二）积极创新金融产品和服务方式。银行业金融机构要充分利用国家实施循环经济发展战略带来的业务发展机遇，加强金融创新，提高金融服务的质量和效率。通过动态监测、循环授信等具体方式，积极开发与循环经济有关的信贷创新产品。拓宽抵押担保范围，创新担保方式，研究推动应收账款、收费权质押以及包括专有知识技术、许可专利及版权在内的无形资产质押等贷款业务。根据本机构的业务规模、授信行业和客户的风险特点，通过加强人员培训，引进有关专业人才，借助第三方评审或外包等方式，积累与循环经济有关的专业知识，努力提高本机构对涉及“减量化、再利用、资源化”的循环型企业和项目的授信管理能力。

四、多渠道拓展促进循环经济发展的直接融资途径

（一）积极通过各类债权融资产品和手段支持循环经济发展。对于综合经济效益好的国家、省级循环经济示范试点园区、企业，在符合条件的情况下，支持其发行企业（公司）债券、可转换债券和短期融资券、中期票据等直接融资工具。探索循环经济示范试点园区内的中小企业发行集合债券。鼓

行风险分类，该降为不良贷款的要及时坚决调整到位并相应提足拨备，大力加强核销和处置工作。人民银行各分支机构、银监会各派出机构要充分利用现有信息系统和风险预警系统，加大持续风险提示的工作力度；充分发挥银行业协会的作用，引导银行业金融机构建立相关的统计信息共享机制和平台，增强风险预警防控的合力。

六、加强多部门政策协调配合，扎实做好政策实施效果动态监测和评估工作

人民银行各分支机构和银监会各派出机构要加强与所在地的发展改革部门、工业和信息化部门、环境保护部门等政府职能部门的信息沟通和政策协调，进一步完善节能减排和淘汰落后产能信息的交流和共享机制，增强银行业金融机构对政策风险、信贷风险的识别和应对能力。要积极配合做好国家产业政策、环保政策的宣传解释工作。各银行业金融机构要积极探索建立和完善金融支持节能减排及淘汰落后产能的专项统计制度，加强基础数据信息统计和风险动态监测分析。银监会各省级监管局要将辖区银行业金融机构发放的支持节能减排和淘汰落后产能的贷款作为今后实施现场检查的重点内容，对风险突出的地区和违规问题集中的银行基层金融机构加大专项执法检查力度。人民银行各省级分支机构要结合辖区实际情况，积极开展金融支持节能减排和淘汰落后产能的信贷政策导向效果评估，并将评估结果及时报告和披露。

请人民银行各省级分支机构会同所在地银监局将本意见尽快转发至辖区内各银行业金融机构，并协调抓好政策贯彻实施工作。政策实施过程中遇到的新情况、新问题，要及时向人民银行和银监会报告。

【价格政策】

中华人民共和国国务院令

第 585 号

《国务院关于修改〈价格违法行为行政处罚规定〉的决定》已经 2010 年 11 月 29 日国务院第 134 次常务会议通过，现予公布，自公布之日起施行。

总　理　温家宝

二〇一〇年十二月四日

国务院关于修改《价格违法行为行政处罚规定》的决定

国务院决定对《价格违法行为行政处罚规定》作如下修改：

一、将第十四条修改为："本规定第四条至第十一条规定中的违法所得，属于价格法第四十一条规定的消费者或者其他经营者多付价款的，责令经营者限期退还。难以查找多付价款的消费者或者其他经营者的，责令公告查找。

"经营者拒不按照前款规定退还消费者或者其他经营者多付的价款，以及期限届满没有退还消费者或者其他经营者多付的价款，由政府价格主管部门予以没收，消费者或者其他经营者要求退还时，由经营者依法承担民事责任。"

二、在第十五条第二款中增加一项作为第五项，规定："经营者拒不按照本规定第十四条第一款规定退还消费者或者其他经营者多付价款的；"

本决定自 2006 年 5 月 1 日起施行。

价格违法行为行政处罚规定》根据本决定作相应的修改，重新公布。

价格违法行为行政处罚规定

（1999 年 7 月 10 日国务院批准 1999 年 8 月 1 日国家发展计划委员会发布　根据 2006 年 2 月 21 日《国务院关于修改〈价格违法行为行政处罚规定〉的决定》修订）

第一条　为了依法惩处价格违法行为，保护消费者和经营者的合法权益，根据《中华人民共和国价格法》（以下简称价格法）的有关规定，制定本规定。

第二条　县级以上各级人民政府价格主管部门依法对价格活动进行监督检查，并决定对价格违法行为的行政处罚。

第三条　价格违法行为的行政处罚由价格违法行为发生地的地方人民政府价格主管部门决定；国务院价格主管部门规定由其上级价格主管部门决定的，从其规定。

第四条　经营者违反价格法第十四条的规定，有下列行为之一的，责令改正，没收违法所得，可以并处违法所得 5 倍以下的罚款；没有违法所得的，给予警告，可以并处 3 万元以上 30 万元以下的罚款；情节严重的，责令停业整顿，或者由工商行政管理机关吊销营业执照：

（一）相互串通，操纵市场价格，损害其他经营者或者消费者的合法权益的；

（二）除依法降价处理鲜活商品、季节性商品、积压商品等商品外，为了排挤竞争对手或者独占市场，以低于成本的价格倾销，扰乱正常的生产经营秩序，损害国家利益或者其他经营者的合法权益的；

（三）提供相同商品或者服务，对具有同等交易条件的其他经营者实行价格歧视的。

第五条　经营者违反价格法第十四条的规定，捏造、散布涨价信息，哄抬价格，推动商品价格过高上涨的，或者利用虚假的或者使人误解的价格手段，诱骗消费者或者其他经营者与其进行交易的，责令改正，没收违法所得，可以并处违法所得 5 倍以下的罚款；没有违法所得的，给予警告，可以并处2万元以上20万元以下的罚款；情节严重的，责令停业整顿，或者由工商行政管理机关吊销营业执照。

第六条　经营者违反价格法第十四条的规定，采取抬高等级或者压低等级等手段销售、收购商品或者提供服务，变相提高或者压低价格的，责令改正，没收违法所得，可以并处违法所得5倍以下的罚款；没有违法所得的，给予警告，可以并处 1 万元以上 10 万元以下的罚款；情节严重的，责令停业整顿，或者由工商行政管理机关吊销营业执照。

第七条　经营者不执行政府指导价、政府定价，有下列行为之一的，责令改正，没收违法所得，可以并处违法所得 5 倍以下的罚款；没有违法所得的，可以处 2 万元以上 20 万元以下的罚款；情节严重的，责令停业整顿：

（一）超出政府指导价浮动幅度制定价格的；

（二）高于或者低于政府定价制定价格的；

（三）擅自制定属于政府指导价、政府定价范围内的商品或者服务价格的；

（四）提前或者推迟执行政府指导价、政府定价的；

（五）自立收费项目或者自定标准收费的；

（六）采取分解收费项目、重复收费、扩大收费范围等方式变相提高收费标准的；

（七）对政府明令取消的收费项目继续收费的；

（八）违反规定以保证金、抵押金等形式变相收费的；

（九）强制或者变相强制服务并收费的；

（十）不按照规定提供服务而收取费用的；

（十一）不执行政府指导价、政府定价的其他行为。

第八条　经营者不执行法定的价格干预措施、紧急措施，有下列行为之一的，责令改正，没收违法所得，可以并处违法所得 5 倍以下的罚款；没有违法所得的，可以处 4 万元以上 40 万元以下的罚款；情节严重的，责令停业整顿：

（一）不执行提价申报或者调价备案制度的；

（二）超过规定的差价率、利润率幅度的；

（三）不执行规定的限价、最低保护价的；

（四）不执行集中定价权限措施的；

（五）不执行冻结价格措施的；

（六）不执行法定的价格干预措施、紧急措施的其他行为。

第九条　本规定第四条至第八条规定中经营者为个人的，对其没有违法所得的价格违法行为，可以处 5 万元以下的罚款。

第十条　经营者违反法律、法规的规定牟取暴利的，责令改正，没收违法所得，可以并处违法所得 5 倍以下的罚款；情节严重的，责令停业整顿，或者由工商行政管理机关吊销营业执照。

第十一条　经营者违反明码标价规定，有下列行为之一的，责令改正，没收违法所得，可以并处 5000 元以下的罚款：

（一）不标明价格的；

（二）不按照规定的内容和方式明码标价的；

（三）在标价之外加价出售商品或者收取未标明的费用的；

（四）违反明码标价规定的其他行为。

第十二条　拒绝提供价格监督检查所需资料或者提供虚假资料的，责令改正，给予警告；逾期不改正的，可以处 5 万元以下的罚款，对直接负责的主管人员和其他直接责任人员给予纪律处分。

第十三条　政府价格主管部门进行价格监督检查时，发现经营者的违法行为同时具有下列三种情形的，可以依照价格法第三十四条第（三）项的规定责令其暂停相关营业：

（一）违法行为情节复杂或者情节严重，经查明后可能给予较重处罚的；

（二）不暂停相关营业，违法行为将继续的；

（三）不暂停相关营业，可能影响违法事实的认定，采取其他措施又不足以保证查明的。

政府价格主管部门进行价格监督检查时，执法人员不得少于两人，并应当向经营者或者有关人员出示证件。

第十四条　本规定第四条至第十一条规定中的违法所得，属于价格法第四十一条规定的消费者或者其他经营者多付价款的，责令经营者限期退还。难以查找多付价款的消费者或者其他经营者的，责令公告查找。

经营者拒不按照前款规定退还消费者或者其他经营者多付的价款，以及期限届满没有退还消费者或者其他经营者多付的价款，由政府价格主管部门予以没收，消费者或者其他经营者要求退还时，由经营者依法承担民事责任。

第十五条　经营者有行政处罚法第二十七条所列情形的，应当依法从轻或者减轻处罚。

经营者有下列情形之一的，应当从重处罚：

（一）价格违法行为严重或者社会影响较大的；

（二）屡查屡犯的；

（三）伪造、涂改或者转移、销毁证据的；

（四）转移与价格违法行为有关的资金或者商品的；

（五）经营者拒不按照本规定第十四条第一款规定退还消费者或者其他经营者多付价款的；

（六）应予从重处罚的其他价格违法行为。

第十六条　经营者对政府价格主管部门作出的处罚决定不服的，应当先依法申请行政复议；对行政复议决定不服的，可以依法向人民法院提起诉讼。

第十七条　逾期不缴纳罚款的，每日按罚款数额的 3% 加处罚款；逾期不缴纳违法所得的，每日按违法所得数额的 2‰加处罚款。

第十八条　任何单位和个人有本规定所列价格违法行为，情节严重，拒不改正的，政府价格主管部门除依照本规定给予处罚外，可以在其营业场地公告其价格违法行为，直至改正。

第十九条　价格执法人员泄露国家秘密、经营者的商业秘密或者滥用职权、玩忽职守、徇私舞弊，构成犯罪的，依法追究刑事责任；尚不构成犯罪的，依法给予行政处分。

第二十条　本规定自发布之日起施行。

国务院关于进一步促进蔬菜生产保障市场供应和价格基本稳定的通知

（国发〔2010〕26 号　2010 年 8 月 27 日）

各省、自治区、直辖市人民政府，国务院各部委、各直属机构：

党中央、国务院历来高度重视蔬菜生产和市场供应工作，通过实施“菜篮子”工程等政策措施，促进了蔬菜生产和流通快速发展，蔬菜产量大幅增长，品种日益丰富，质量不断提高，市场流通体系逐步完善，基本满足了城乡居民日益增长的消费需要。但近年来，由于一些地区“菜篮子”市长负责制弱化，措施不落实，蔬菜生产水平和组织化程度依然偏低，流通设施能力不足，造成部分大城市蔬菜自给率过低、蔬菜价格大起大落、农民“卖菜难”和居民“买菜贵”并存等问题日益突出。对此，必须充分发挥市场机制的作用，强化“菜篮子”市长负责制，加大政府调控力度，把解决当前问题和建立长效机制结合起来，采取更加有针对性的措施，进一步促进蔬菜生产，保障市场供应和价格基本稳定。现就有关问题通知如下：

一、切实强化“菜篮子”市长负责制

（一）稳定和提高大城市蔬菜自给能力。大城市特别是城区人口在百万以上的大城市人民政府要切实采取有效措施，进一步增加投入，稳定和增加郊区蔬菜种植面积，调动和保护菜农的种菜积极性，切实提高本地应季蔬菜的自给能力。要抓紧制定郊区“菜篮子”建设发展规划，实行菜地最低保有量制度，进一步加强对老菜地的保护，在城市周边地区合理规划建设新菜地。实行更为严格的占补平衡和补偿机制，征占菜地的补偿标准要严格按当地征地统一年产值标准和区片综合地价执行。提高大城市新菜地开发建设基金收取标准，用地单位缴纳的新菜地开发建设基金必须全部用于建设新菜地和发展蔬菜生产。要统筹使用土地出让收入，加大对蔬菜生产设施的支持力度。

（二）加强城市蔬菜批发和零售市场的建设、服务与管理。城市人民政府要高度重视蔬菜批发和零售市场在保障居民消费中的重要作用，合理规划布局蔬菜批发市场、农贸市场和社区菜店，保证批发市场和菜市场建设用地。要增加零售网点，积极推进规范型菜市场发展，在特定时段为流动菜摊开辟专门销售区域，方便居民购买。要对蔬菜农贸市场和社区菜店建设给予必要的补贴，重点整治农贸市场和超市乱收摊位费及其他各种名目收费等不规范行为，切实解决摊位费过高的问题。要督促和引导农贸市场、社区等提高服务意识和水平，为零售商贩经营创造便利。要加大监管执法力度，对经销商销售冒充“无公害”、“绿色”、“有机”蔬菜及哄抬菜价的行为依法严肃查处。要加强对市场销售蔬菜的检验检测，保证质量安全。对符合标准的配送蔬菜等生鲜农产品的厢式货车，要通过发放特别通行证等措施，允许其24小时进城通行和便利停靠。

（三）强化城市蔬菜供给应急能力建设。城市人民政府要抓紧制定和完善本地区蔬菜市场供应的应急预案，保障本城市居民的基本生活和社会稳定。要根据消费需求和季节变化，建立适合本地区的蔬菜储备制度，确保重要的耐贮存蔬菜品种5－7天消费量的动态库存；制定异常情况下保障城市低收入居民蔬菜基本消费需求的救济办法，保证其基本生活水平在蔬菜价格大幅上涨时不降低。

为保证上述措施落到实处，要建立健全“菜篮子”市长负责制的考核评价体系，加强对生产、流通各环节的综合考核，将菜地和种植保有数量、重要蔬菜产品自给率、蔬菜价格异常波动、蔬菜产品质量安全合格率等重要指标进行量化，作为市长负责制的内容。大城市人民政府要抓紧制定落实“菜篮子”市长负责制的具体工作方案，并在2010年10月底前报省级人民政府。11月底前，各省级人民政府要将本地区落实情况报国务院。农业部、商务部、工商总局、发展改革委要会同有关部门开展专项督查。

二、加强蔬菜重点生产基地建设

发展改革委要协调有关部门，在整合现有各类资金和扶持政策的基础上，按照有关规划，进一步加大对重点蔬菜生产基地建设的支持力度，改善菜田基础设施条件，配套建设蔬菜产后预冷处理设施等，提高蔬菜生产水平和重要时节的应急供应能力。鼓励大城市到蔬菜优势产区建立生产基地，保证稳定的供应渠道。鼓励银行金融机构加大对蔬菜生产的信贷支持力度，改进金融服务。保险公司要完善蔬菜保险产品，积极引导菜农投保，有条件的地方可对保费适当给予财政补贴。农业部要会同有关部门加强蔬菜种质资源创新和良种培育，加大先进适用技术推广应用力度，安排一定比例的种子工程投资，用于蔬菜品种改良中心和良种繁育基地建设，提高优良种苗供应能力，完善农技推广服务体系。进一步加强蔬菜质量安全工作，加快建立高产、高效、优质、安全的蔬菜产业约束机制。支持蔬菜标准园创建工作，推进标准化生产。加强对蔬菜病虫害统防统治、菜地质量修复与平衡施肥等技术指导，依法严禁使用高毒高残留农药，推广使用蔬菜良种和高效低残留农药（含生物农药），有条件的可实行重点品种免费供种供药。制定蔬菜种植环境污染物的限量标准，并加强监测。建立质量安全检测及追溯机制，严格产地准出制度。

三、改善蔬菜流通设施条件

加快推进农产品冷链物流发展，发展改革委要安排专项资金加强产地蔬菜预冷设施、批发市场冷藏设施、大城市蔬菜低温配送中心建设，推广节能环保的冷链运输车辆及相关配套设备。发展改革委、商务部、农业部要进一步加大支持力度，继续实施农产品批发市场升级改造工程和“双百”市场工程，加快产地农产品批发市场建设，在产销衔接和市场调控的重要地区，升级改造一批带动能力强、辐射大城市销区的大型蔬菜批发市场。推进标准化菜市场示范工程建设，支持城市菜市场的建设改造。发展改革委、铁道部要加强产销地铁路专用线、铁路冷藏运输车辆及场站设施建设，发挥铁路运输的比较优势，促进大批量、长距离蔬菜的铁路运输。

四、完善“绿色通道”政策

省级人民政府要进一步落实和完善鲜活农产品运输“绿色通道”政策，在全国范围内对整车合法装载运输鲜活农产品的车辆免收车辆通行费。交通运输部要会同有关部门抓紧研究解决扩大“绿色通道”政策覆盖的蔬菜品种范围，以及由于少量超载和少量混装其他农产品而产生的整车全程收费等问题。同时，地方人民政府和有关重点企业要加强与铁路部门的沟通协调，铁路部门要及时掌握蔬菜运输需求，妥善做好运力安排，优化运输组织，适时组织开行蔬菜的班列，支持蔬菜运输。

五、提高蔬菜产销的组织化程度

农业部要进一步加强工作指导，加大支持力度，扶持蔬菜生产合作社的发展，提高蔬菜生产的组织化程度。商务部要以“农超对接”等工作为抓手，积极引导大型零售流通企业以及学校、酒店、大企业等最终用户与产地蔬菜生产合作社、批发市场和龙头企业等直接对接，提高零售环节产销对接的蔬菜流通比重，降低营销费用。为切实解决农民“卖菜难”和居民“买菜贵”的问题，各级人民政府要对各类蔬菜产销对接活动予以积极扶持，引导产区和销区建立稳定的产销关系，促进蔬菜合理有序流通。

六、强化蔬菜信息体系建设

发展改革委、农业部、商务部要根据部门职责分工，协调配合，抓紧研究建立覆盖主要蔬菜品种的生产、流通、消费各个环节的信息监测、预警和发布制度，对种植面积、产量、交易量、库存量及价格进行及时监测，扩大监测品种和范围，在大型蔬菜批发市场建立主要蔬菜品种的交易量、批发价格的日监测制度，提高信息传递效率，强化对蔬菜生产、市场和价格走势的分析预警，按照公开、透明的原则，通过政府和部门网站、主流媒体以及手机报等新兴传播平台，加强舆论引导，及时发布相关信息，积极引导蔬菜种植户、经营者合理安排生产和经营活动，稳定生产者、经营者、消费者的市场预期；要积极引导消费者理性消费，提倡节约，减少浪费。要加大对捏造、散布虚假价格信息的新闻媒体、经营者或个人的监督查处力度，防止不实信息误导市场。

七、统筹抓好当前“菜篮子”产品生产供应

今年入汛以来洪涝灾害频发，也给蔬菜生产供应造成一定影响。地方各级人民政府、各有关部门要积极采取措施，认真做好当前蔬菜恢复生产和市场供应工作，确保价格基本稳定。同时，要继续落实好《国务院办公厅关于统筹推进新一轮“菜篮子”工程建设的意见》（国办发〔2010〕18 号），抓好肉蛋奶和水产品等“菜篮子”产品的生产与市场供应，继续落实好国家关于支持生猪和奶业等稳定发展的政策措施。针对洪涝灾害给蔬菜生产和畜禽水产养殖造成的损失，抓紧制定支持菜地大棚、畜禽圈舍、池塘网箱等灾毁设施修复重建的政策措施，实行种苗补贴，搞好饲料供应，帮助迅速恢复生产。要加强生产和市场监测预警，及时发布信息，积极组织货源，做好区域调剂，及时动用储备，严厉打击囤积居奇、欺行霸市、串谋涨价等不法行为，维护正常市场秩序。

做好促进蔬菜生产保障市场供应和价格基本稳定工作，是当前及今后一个时期的一项重要工作任务。各地区、各有关部门要从管理好通胀预期、进一步贯彻中央“惠民生”方针政策和保护农民利益的高度，充分认识这项工作的重要性和紧迫性，按照职责分工，把各项工作措施尽快落到实处，为经济社会保持平稳较快发展提供坚实保障。

国务院关于稳定消费价格总水平保障群众基本生活的通知

（国发〔2010〕40 号　2010 年 11 月 19 日）

各省、自治区、直辖市人民政府，国务院各部委、各直属机构：

今年以来，按照党中央、国务院关于处理好保持经济平稳较快发展、调整经济结构和管理通胀预期关系的要求，各地区、各部门积极采取措施，发展生产、保障供应、强化监管，保证了市场供应和价格总水平基本稳定。7 月份以来，受国内外多种因素影响，以农产品为主的生活必需品价格上涨较快，价格总水平逐月攀升，加大了城乡居民特别是中低收入群体的生活负担。为切实维护广大人民群众根本利益、保持社会和谐稳定，各地区、各部门要充分认识稳定市场价格的重要性和紧迫性，按照“立足当前、着眼长远，综合施策、重点治理，保障民生、稳定预期”的原则，及时采取有力措施，坚持扶持生产、保障供应与抑制不合理需求相结合，实施短期应急措施与建立长效机制相结合，理顺价格关系与保障群众基本生活相结合，维护企业正常经营活动与打击价格违法行为相结合，以经济和法律手段为主，辅之以必要的行政手段，进一步做好价格调控监管工作，稳定市场价格，切实保障群众基本生活。现就有关问题通知如下：

一、大力发展农业生产

进一步落实扶持农业生产的各项政策措施，巩固和加强农业基础地位，保持农业稳定发展。切实加强蔬菜种植基地和蔬菜大棚建设，南方省区和有关蔬菜主产区要抓好冬季蔬菜的生产，中央和地方各级财政给予必要的支持；各地尤其是城市人民政府要扩大速生蔬菜生产规模，增加越冬蔬菜供应。加强冬季粮油生产田间管理。完善糖料收购价格政策和利益共享机制，稳定榨糖企业生产。

二、稳定农副产品供应

各地区要保持地方储备粮油的投放力度，落实小包装成品粮油储备制度。有关部门要继续把握好

中央储备粮、油、糖投放和轮换的节奏、力度，保障市场供应。城市人民政府要提前做好小包装成品粮油和越冬蔬菜等农副产品储备工作，加快蔬菜批发市场、社区菜店和冷链物流建设，提前做好粮食、食用油、蔬菜等应急保障预案。铁路部门要做好新疆棉花调运工作。

三、降低农副产品流通成本

完善鲜活农产品运输绿色通道政策。自 2010 年 12 月 1 日起，所有收费公路对整车合法装载鲜活农产品的车辆免收通行费；少量混装其他农产品以及超载幅度在合理计量误差范围内的鲜活农产品运输车辆，比照整车合法装载车辆执行；将马铃薯、甘薯、鲜玉米、鲜花生列入绿色通道品种目录。各地区要进一步规范和降低集贸市场摊位费和超市进场费。

四、保障化肥生产供应

继续实行化肥生产用电、用气和铁路运输价格优惠政策，保障化肥企业正常生产用电、用气供应，不得对化肥企业拉闸限电。控制化肥出口，调整化肥出口关税政策和淡旺季划分时段。切实落实化肥淡季储备政策和计划安排。

五、做好煤电油气运协调工作

进一步发挥煤电油气运保障工作部际协调机制作用，加强组织协调，搞好运力衔接，确保冬春季能源供应。煤炭主产区人民政府要组织好煤炭生产，尤其是安排好元旦、春节“两节”期间的生产，不得干预煤炭外运。煤电双方要衔接好 2011 年度电煤供需合同，煤炭行业要加强自律，保持价格稳定。石油企业要采取经济和技术手段提高生产负荷，增加柴油产量，保障市场需求。各地区要确保城乡居民生活和企业正常生产的电力供应，不得随意拉闸限电。

六、发放价格临时补贴

各地区要根据实际情况，对优抚对象、城乡低保对象、农村五保供养对象发放价格临时补贴。对财政有困难的中西部地区，由中央财政给予适当补助。按照隶属关系，增加对大中专院校家庭经济困难学生和学生食堂补贴，各大中专院校要保持学生食堂饭菜价格基本稳定。切实安排好农村寄宿制学校学生的生活。

七、建立社会救助和保障标准与物价上涨挂钩的联动机制

各地区要根据基本生活费用价格指数变动情况，尽快建立和完善最低生活保障、失业保险标准与物价上涨挂钩的联动机制。逐步提高基本养老金、失业保险金和最低工资标准。

八、继续落实规范收费的各项规定

清理和取消不合理收费项目。对各级政府批准的收费项目，根据实际情况适当降低收费标准。

九、积极稳妥推进价格改革

有关部门和地方要把握好政府管理价格的调整时机、节奏和力度，对已经确定的调价方案，要充分考虑社会承受能力，完善配套措施，审慎出台。必要时对重要的生活必需品和生产资料实行价格临时干预措施。

十、规范农产品经营和深加工秩序

整顿主要农产品收购秩序，严格粮食收购资格审核；落实经营者最高库存量的规定，加强粮食收购资金监管；取缔无证照收购加工棉花的行为。各省（区、市）人民政府要对玉米深加工企业进行全面清理，关停违规建设的玉米深加工企业。

十一、加强农产品期货和电子交易市场监管

完善农产品期货市场交易规则，严厉打击操纵市场等违法违规行为，抑制过度投机。研究制定规范农产品电子交易市场管理办法，清理整顿电子交易市场，取缔非法交易。

十二、健全价格监管法规

尽快出台《政府制定价格成本监审条例》，强化成本监管。抓紧修订《价格违法行为行政处罚规定》，将捏造、散布涨价信息的行为纳入价格监管范围，增强处罚的针对性，加大处罚力度。

十三、加强价格监督检查和反价格垄断执法

强化价格监管力量，重点打击恶意囤积、哄抬价格、变相涨价以及合谋涨价、串通涨价等违法行为，严厉查处恶性炒作事件，维护市场和价格秩序。

十四、完善价格信息发布制度

加强价格监测预警，建立健全价格新闻披露机制，及时公布市场价格情况，客观分析价格变动趋势，准确阐释价格政策，澄清不实报道，稳定社会预期。

十五、切实落实“米袋子”省长负责制和“菜篮子”市长负责制

各地区要把稳定价格工作列入重要议事日程，建立协调机制，加强监测预警，及时研究制定价格应急预案，依法完善价格调节基金管理，增强价格调控监管能力。

十六、建立市场价格调控部际联席会议制度

有关部门要加强协调、密切配合，各司其职、各负其责，确保国务院确定的稳定消费价格总水平、保障群众基本生活各项政策措施落实到位。

各地区、各部门要在2010年11月底前将贯彻落实本通知的情况报告国务院。国务院将组织督察组赴各地调查了解各项政策措施的落实和市场物价情况。

国家发展改革委 财政部 农业部 国家粮食局 中国农业发展银行
关于提高2010年稻谷最低收购价格的通知

（2010年2月20日）

各省、自治区、直辖市发展改革委、物价局、财政厅（局）、农业厅（局、委、办）、粮食局、农业发展银行分行：

为贯彻落实十七届三中全会精神，进一步加大对种粮农民的支持力度，保护农民种粮积极性，促进粮食生产发展，经国务院批准，决定从今年新粮上市起适当提高主产区2010年生产的稻谷最低收购价水平。每50公斤早籼稻（三等，下同）、中晚籼稻、粳稻最低收购价格分别提高到93元、97元、105元，比2009年分别提高3元、5元、10元。早籼稻播种在即，各地要做好宣传工作，以调动农民种粮积极性，促进粮食生产稳定发展。

国家发展改革委 财政部 国家粮食局 农业发展银行 中储粮总公司关于做好2010年油菜籽收购有关工作的通知

（2010年5月13日）

各省、自治区、直辖市发展改革委、财政厅、粮食局、物价局、农业发展银行分行，中储粮有关分公司：

根据4月19日国务院常务会议精神，今年国家继续按照有利于保证农民种植油菜籽能够获得基本收益、有利于充分发挥市场机制作用、有利于促进国内食用油产业持续健康发展的原则，在主产区对油菜籽实行托市收购，发挥托市稳价、引导购销的作用。目前国内油菜籽大量上市在即，为做好油菜籽收购工作，保护农民利益和发展油料生产的积极性，经国务院批准，现就做好今年油菜籽托市收购有关工作通知如下：

一、明确托市收购的价格水平、执行区域和时间。今年油菜籽临时收储价格（即托市收购价格，下同）为每市斤1.95元（国标三等），比去年每斤提高0.1元。具体执行区域为湖北、四川、安徽、江苏、湖南、河南、贵州、江西、青海、陕西、浙江、甘肃、重庆、内蒙古、云南、新疆、西藏等17个油菜产区。其中，冬播油菜产区执行期限为2010年5月21日~10月底；春播油菜产区为2010年9月1日~2011年2月底。

二、明确国家临时收储的执行主体和操作方式。中储粮总公司受国家委托，承担国家临时收储任务，安排直属企业或委托有一定资质的国有或民营粮油企业按国家确定的临时收储价格挂牌收购农民交售的油菜籽。具体委托企业名单由中储粮有关分公司负责提出，商地方粮食部门和农发行研究确定，报中储粮总公司备案后对外公布，并抄报省级人民政府和国家有关部门。中储粮总公司委托收购的油菜籽，要适时委托加工企业加工成菜籽油，转入国家临时存储，今后视市场情况再择机安排销售。油菜籽临时收储数量暂按500万吨掌握。

有关省（区、市）人民政府，要按照国家有关部门下达的食用植物油地方储备规模指导性计划（国粮调[2009]50号），指定地方储备粮企业择机入市收购农民交售的油菜籽，加工成菜籽油充实地方储备。地方储备粮企业入市收购油菜籽的价格不得低于国家规定的临时收储价格，以保护农民利益。

三、鼓励和引导油脂加工企业积极入市收购。为鼓励和引导加工企业入市收购，国家委托一部分中央直属粮油企业和上述17个油菜产区地方国有或民营油脂加工企业，按照不低于国家确定的临时收储价格挂牌收购农民交售的油菜籽，并加工成菜籽油自行销售，自负盈亏。中央财政给予委托企业每市斤0.1元的一次性费用补贴，如果油菜籽市场价格回升到每市斤2.1元以上，停止补贴。所有纳入一次性补贴范围的委托油脂加工企业，不得安排油菜籽国家临时收储任务。申领补贴的油菜籽收购总量不超过该企业200天的加工能力，补贴收购期限与国家临时收储政策执行期限一致。具体补贴办法由财政部另行制定下发。

受国家委托的中央直属企业所属油脂加工企业具体名单，由企业总部审核确定，并报国家粮食局、财政部备案。受委托的地方油脂加工企业具体名单，由省级粮食部门会同财政部门、农业发展银行根据“企业自愿、自主申报、自担风险”的原则研究提出，经省级人民政府审核同意后，于5月18日前报国家粮食局、财政部备案。省级人民政府选择确定的油脂加工企业须为当地具有一定资质条件和规模、统计工作规范的加工企业，银行信用等级较好、省级以上产业化龙头企业（含农垦企业）及粮油应急加工企业应优先选用。受委托油脂加工企业的数量可在上年数量基础上适当增加，新增加的企业数量和具体名单（包括油菜籽日处理能力）报国家粮食局会同有关部门审核确定。

各相关省级人民政府也要按照粮食省长负责制的要求，切实采取措施，支持本地其他油脂加工企业入市收购，满足农民交售油菜籽需要，保护农民利益。

四、加强监督检查。各地和各有关部门要按照职责分工，加强对油菜籽托市收购政策执行情况的监督检查，确保国家的惠农政策落到实处。中储粮总公司作为国家临时收储的执行主体，对其收购的油菜籽及加工后的菜籽油数量、质量和库存管理等负总责。各有关省级人民政府要按照粮食省长负责制的要求，切实承担起落实地方储备、保护农民利益的责任，加强对本地区执行油菜籽托市收购政策的地方储备企业、加工企业的监管，并对国家委托的地方加工企业油菜籽收购数量和收购、加工凭证等的真实性负责。各地粮食部门和价格主管部门要会同有关单位组成联合检查组，按照在地原则，加强对本地区油菜籽收购政策执行情况的检查。对违反油菜籽收购质价政策的，要严肃查处； 对有虚报收购数量套取国家补贴行为的，一经查实，从严处理，并追究有关企业负责人的法律责任。国家有关部门将加强督导，并组织巡查。所有执行临时收储政策的收储企业和接受委托、享受中央财政费用补贴的油脂加工企业名单向社会公布，接受社会监督。

五、加强市场监测。中储粮系统和地方各级粮食行政管理部门要加强对油菜籽收购进度的统计，及时汇总报送收购进展情况。各级价格主管部门要加强油菜籽市场价格的监测，及时掌握市场价格变化情况。

各地方、各有关部门要按照通知要求，精心组织、密切配合，认真做好今年油菜籽收购的各项准备和组织实施工作。要加强对今年油菜籽托市收购政策的宣传，明确市场预期，引导加工企业积极入市收购，指导农民合理安排油菜籽出售。各地相关部门要在省级人民政府的统一领导下，认真研究、及时解决油菜籽收购中出现的矛盾和问题，确保收购工作顺利进行。

国家发展改革委关于提高国产陆上天然气出厂基准价格的通知

（2010 年 5 月 31 日）

各省、自治区、直辖市人民政府，中国石油天然气集团公司、中国石油化工集团公司、中国海洋石油总公司：

近年来，随着国际、国内能源市场供求形势变化，国内天然气价格偏低的矛盾日益突出。为促进资源节约，理顺天然气价格与其他可替代能源的比价关系，引导天然气资源合理配置，决定适当提高国产天然气出厂价格，完善天然气相关价格政策和配套措施。现就有关问题通知如下：

一、提高国产天然气出厂价格，完善相关价格政策

（一）适当提高国产陆上天然气出厂基准价格，取消价格“双轨制”。各油气田（含西气东输、忠武线、陕京线、川气东送）出厂（或首站）基准价格每千立方米均提高 230 元。同时将大港、辽河和中原三个油气田一、二档出厂基准价格加权并轨，取消价格“双轨制”。调整后的国产陆上天然气出厂基准价格见附表。

（二）扩大价格浮动幅度。国产陆上天然气一、二档气价并轨后，将出厂基准价格允许浮动的幅度统一改为上浮 10%，下浮不限，即供需双方可以在不超过出厂基准价格 10% 的前提下，协商确定具体价格。

上述出厂（或首站）价格政策自 2010 年 6 月 1 日起执行。

（三）明确今年进口中亚天然气价格政策。鉴于 2010 年进口中亚天然气数量较少，进口中亚天然气价格暂按国产天然气供同类用户价格执行。

二、合理安排天然气销售价格

（一）从紧控制销售价格提价幅度。天然气出厂（或首站）基准价格调整后，各地调整销售价格要按照从紧的原则安排。配气价格和城市燃气公司收益偏高的城市，要适当降低配气价格，缩小提价幅度。

居民用气价格调整，应按有关规定，履行听证等相关程序。

（二）简化气价分类。各地要结合本地实际情况，科学合理划分用户类别，气价分类复杂的城市，要适当归并简化分类。同时，根据《国务院关于加快发展服务业的若干意见》（国发 [2007]7 号）有关精神，进一步落实国家鼓励类服务业用气价格与工业用气同价政策。

（三）研究推行差别气价政策。用气量季节差、峰谷差较大的城市，可以研究推行天然气季节性差价、峰谷差价和可中断气价等差别气价政策，以引导用户合理消费，提高天然气利用效率，缓解天然气供应压力。

（四）理顺车用天然气与汽油比价关系。各地要按照与 90 号汽油最高零售价格不低于 0.75：1 的比价关系，理顺车用天然气价格，保持车用气的合理比价。目前车用天然气价格较低、一步执行到位确有困难的地区，此次可先按不低于 0.6：1 的比价关系调整，两年内调整到位。

三、健全相关配套措施

（一）确保出租车和城市公交行业稳定。车用天然气价格调整后，与用油相比，用气车仍具有明显竞争优势。本次天然气价格调整对出租车的影响，各地可根据当地实际情况和已建立的燃料价格与运价联动机制，通过调整出租车运价或燃料附加标准予以疏导；运价调整前，统筹考虑当地用油、用气车燃料成本差异和补贴情况，以及经营者承受能力，由地方政府采取发放临时补贴等措施，缓解气价提高对出租车行业影响，确保出租车行业稳定。对城市公交，由地方财政给予适当补贴。

各地在合理核定 CNG 加气站购销差价的基础上，车用天然气销售价与购进价之间的价差扣除 CNG 加气站的合理购销差价后形成的收入，上交地方财政，统筹用于天然气价格调整发生的补贴支出，具体办法由地方价格主管部门商财政部门另行确定。

（二）妥善安排低收入群体补助。各地要通过统筹安排对困难群体的各项补助，确保低收入群体不因民用天然气销售价格调整而降低生活水平。

四、加强市场监管和舆论宣传引导

（一）保障市场供应。中石油、中石化、中海油公司以及其他天然气经营企业，要认真做好天然气生产和运输工作，保障市场供应，同时严格执行国家规定的天然气价格政策。

（二）加强价格监督检查和监测。各地价格主管部门要加强天然气价格政策监督检查，严厉打击违反价格政策的行为，维护天然气市场稳定。同时要加强天然气市场动态和价格监测，出现异常情况，及时报告并会同有关部门积极采取应对措施。

（三）做好舆论宣传引导工作。各地要认真做好此次天然气价格调整的宣传解释工作，加强与当地新闻媒体的沟通和联系，引导社会舆论准确把握相关政策规定及政府的决策意图，营造良好舆论环境，争取社会的理解和支持。

附：国产陆上天然气出厂（或首站）基准价格调整表（略）

国家发展改革委关于完善农林生物质发电价格政策的通知

（2010 年 7 月 18 日）

各省、自治区、直辖市发展改革委、物价局：

为促进农林生物质发电产业健康发展，决定进一步完善农林生物质发电价格政策。现将有关事项通知如下：

一、对农林生物质发电项目实行标杆上网电价政策。未采用招标确定投资人的新建农林生物质发电项目，统一执行标杆上网电价每千瓦时 0.75 元（含税，下同）。通过招标确定投资人的，上网电价按中标确定的价格执行，但不得高于全国农林生物质发电标杆上网电价。

二、已核准的农林生物质发电项目（招标项目除外），上网电价低于上述标准的，上调至每千瓦时 0.75 元；高于上述标准的国家核准的生物质发电项目仍执行原电价标准。

三、农林生物质发电上网电价在当地脱硫燃煤机组标杆上网电价以内的部分，由当地省级电网企业负担；高出部分，通过全国征收的可再生能源电价附加分摊解决。脱硫燃煤机组标杆上网电价调整后，农林生物质发电价格中由当地电网企业负担的部分要相应调整。

四、农林生物质发电企业和电网企业要真实、完整地记载和保存项目上网交易电量、价格和补贴金额等资料，接受有关部门监督检查。各级价格主管部门要加强对农林生物质上网电价执行情况和电价附加补贴结算情况的监管，确保电价政策执行到位。

五、上述规定自 2010 年 7 月 1 日起实行。

国家发展改革委 财政部 农业部 国家粮食局 中国农业发展银行 关于提高 2011 年小麦最低收购价格的通知

（2010 年 10 月 11 日）

各省、自治区、直辖市发展改革委、物价局、财政厅（局）、农业厅（局、委、办）、粮食局、农业发展银行分行：

为保护农民种粮积极性，进一步促进粮食生产发展，经国务院批准，决定从明年新粮上市起适当提高主产区 2011 年生产的小麦最低收购价水平。每 50 公斤白小麦（三等，下同）、红小麦、混合麦最低收购价格分别提高到 95 元、93 元、93 元，比 2010 年分别提高 5 元、7 元、7 元。当前正值冬小麦播种季节，各地要做好宣传工作，以调动农民种粮积极性，促进粮食生产稳定发展。

【住房和城乡建设政策】

国务院关于坚决遏制部分城市房价过快上涨的通知

（国发〔2010〕10号 2010年4月17日）

各省、自治区、直辖市人民政府，国务院各部委、各直属机构：

《国务院办公厅关于促进房地产市场平稳健康发展的通知》（国办发〔2010〕4号）印发后，全国房地产市场整体上出现了一些积极变化。但近期部分城市房价、地价又出现过快上涨势头，投机性购房再度活跃，需要引起高度重视。为进一步落实各地区、各有关部门的责任，坚决遏制部分城市房价过快上涨，切实解决城镇居民住房问题，现就有关问题通知如下：

一、各地区、各有关部门要切实履行稳定房价和住房保障职责

（一）统一思想，提高认识。住房问题关系国计民生，既是经济问题，更是影响社会稳定的重要民生问题。房价过高、上涨过快，加大了居民通过市场解决住房问题的难度，增加了金融风险，不利于经济社会协调发展。各地区、各有关部门必须充分认识房价过快上涨的危害性，认真落实中央确定的房地产市场调控政策，采取坚决的措施，遏制房价过快上涨，促进民生改善和经济发展。

（二）建立考核问责机制。稳定房价和住房保障工作实行省级人民政府负总责、城市人民政府抓落实的工作责任制。住房城乡建设部、监察部等部门要对省级人民政府的相关工作进行考核，加强监督检查，建立约谈、巡查和问责制度。对稳定房价、推进保障性住房建设工作不力，影响社会发展和稳定的，要追究责任。

二、坚决抑制不合理住房需求

（三）实行更为严格的差别化住房信贷政策。对购买首套自住房且套型建筑面积在90平方米以上的家庭（包括借款人、配偶及未成年子女，下同），贷款首付款比例不得低于30%；对贷款购买第二套住房的家庭，贷款首付款比例不得低于50%，贷款利率不得低于基准利率的1.1倍；对贷款购买第三套及以上住房的，贷款首付款比例和贷款利率应大幅度提高，具体由商业银行根据风险管理原则自主确定。人民银行、银监会要指导和监督商业银行严格住房消费贷款管理。住房城乡建设部要会同人民银行、银监会抓紧制定第二套住房的认定标准。

要严格限制各种名目的炒房和投机性购房。商品住房价格过高、上涨过快、供应紧张的地区，商业银行可根据风险状况，暂停发放购买第三套及以上住房贷款；对不能提供1年以上当地纳税证明或社会保险缴纳证明的非本地居民暂停发放购买住房贷款。地方人民政府可根据实际情况，采取临时性措施，在一定时期内限定购房套数。

对境外机构和个人购房，严格按有关政策执行。

（四）发挥税收政策对住房消费和房地产收益的调节作用。财政部、税务总局要加快研究制定引导个人合理住房消费和调节个人房产收益的税收政策。税务部门要严格按照税法和有关政策规定，认真做好土地增值税的征收管理工作，对定价过高、涨幅过快的房地产开发项目进行重点清算和稽查。

三、增加住房有效供给

（五）增加居住用地有效供应。国土资源部要指导督促各地及时制定并公布以住房为主的房地产供地计划，并切实予以落实。房价上涨过快的城市，要增加居住用地的供应总量。要依法加快处置闲置房地产用地，对收回的闲置土地，要优先安排用于普通住房建设。在坚持和完善土地招拍挂制度的

同时，探索“综合评标”、“一次竞价”、“双向竞价”等出让方式，抑制居住用地出让价格非理性上涨。

（六）调整住房供应结构。各地要尽快编制和公布住房建设规划，明确保障性住房、中小套型普通商品住房的建设数量和比例。住房城乡建设部门要加快对普通商品住房的规划、开工建设和预销售审批，尽快形成有效供应。保障性住房、棚户区改造和中小套型普通商品住房用地不低于住房建设用地供应总量的70%，并优先保证供应。城乡规划、房地产主管部门要积极配合国土资源部门，将住房销售价位、套数、套型面积、保障性住房配建比例以及开竣工时间、违约处罚条款等纳入土地出让合同，确保中小套型住房供应结构比例严格按照有关规定落实到位。房价过高、上涨过快的地区，要大幅度增加公共租赁住房、经济适用住房和限价商品住房供应。

四、加快保障性安居工程建设

（七）确保完成2010年建设保障性住房300万套、各类棚户区改造住房280万套的工作任务。住房城乡建设部、发展改革委、财政部等有关部门要尽快下达年度计划及中央补助资金。住房城乡建设部要与各省级人民政府签订住房保障工作目标责任书，落实工作责任。地方人民政府要切实落实土地供应、资金投入和税费优惠等政策，确保完成计划任务。按照政府组织、社会参与的原则，加快发展公共租赁住房，地方各级人民政府要加大投入，中央以适当方式给予资金支持。国有房地产企业应积极参与保障性住房建设和棚户区改造。住房城乡建设部要会同有关部门抓紧制定2010-2012年保障性住房建设规划（包括各类棚户区建设、政策性住房建设），并在2010年7月底前向全社会公布。

五、加强市场监管

（八）加强对房地产开发企业购地和融资的监管。国土资源部门要加大专项整治和清理力度，严格依法查处土地闲置及炒地行为，并限制有违法违规行为的企业新购置土地。房地产开发企业在参与土地竞拍和开发建设过程中，其股东不得违规对其提供借款、转贷、担保或其他相关融资便利。严禁非房地产主业的国有及国有控股企业参与商业性土地开发和房地产经营业务。国有资产和金融监管部门要加大查处力度。商业银行要加强对房地产企业开发贷款的贷前审查和贷后管理。对存在土地闲置及炒地行为的房地产开发企业，商业银行不得发放新开发项目贷款，证监部门暂停批准其上市、再融资和重大资产重组。

（九）加大交易秩序监管力度。对取得预售许可或者办理现房销售备案的房地产开发项目，要在规定时间内一次性公开全部销售房源，并严格按照申报价格明码标价对外销售。住房城乡建设部门要对已发放预售许可证的商品住房项目进行清理，对存在捂盘惜售、囤积房源、哄抬房价等行为的房地产开发企业，要加大曝光和处罚力度，问题严重的要取消经营资格，对存在违法违规行为的要追究相关人员的责任。住房城乡建设部门要会同有关部门抓紧制定房屋租赁管理办法，规范发展租赁市场。

各省（区、市）人民政府要对本地区房地产开发企业经营行为进行一次检查，及时纠正和严肃处理违法违规行为，检查处理结果要于2010年6月底之前报国务院。住房城乡建设部要会同有关部门组织抽查，确保检查工作取得实效。

（十）完善房地产市场信息披露制度。各地要及时向社会公布住房建设计划和住房用地年度供应计划。住房城乡建设部要加快个人住房信息系统的建设。统计部门要研究发布能够反映不同区位、不同类型住房价格变动的信息。

国务院各有关部门要根据本通知精神，加快制定、调整和完善相关的政策措施，各司其职、分工协作，加强对各地的指导和监督检查。各地区、各有关部门要积极做好房地产市场调控政策的解读工作。新闻媒体要加强正面引导，大力宣传国家房地产市场调控政策和保障性住房建设成果，引导居民住房理性消费，形成有利于房地产市场平稳健康发展的舆论氛围。

财政部 国家税务总局 住房和城乡建设部
关于调整房地产交易环节契税个人所得税优惠政策的通知

（财税〔2010〕94号 2010年9月29日）

各省、自治区、直辖市、计划单列市财政厅（局）、地方税务局、住房城乡建设厅（建委、房地局），西藏、宁夏、青海省（自治区）国税局，新疆生产建设兵团财务局、建设局：

经国务院批准，现就调整房地产交易环节契税、个人所得税有关优惠政策通知如下：

一、关于契税政策

（一）对个人购买普通住房，且该住房属于家庭（成员范围包括购房人、配偶以及未成年子女，下同）唯一住房的，减半征收契税。对个人购买90平方米及以下普通住房，且该住房属于家庭唯一住房的，减按1%税率征收契税。

征收机关应查询纳税人契税纳税记录；无记录或有记录但有疑义的，根据纳税人的申请或授权，由房地产主管部门通过房屋登记信息系统查询纳税人家庭住房登记记录，并出具书面查询结果。如因当地暂不具备查询条件而不能提供家庭住房登记查询结果的，纳税人应向征收机关提交家庭住房实有套数书面诚信保证。诚信保证不实的，属于虚假纳税申报，按照《中华人民共和国税收征收管理法》的有关规定处理。

具体操作办法由各省、自治区、直辖市财政、税务、房地产主管部门共同制定。

（二）个人购买的普通住房，凡不符合上述规定的，不得享受上述优惠政策。

二、关于个人所得税政策

对出售自有住房并在1年内重新购房的纳税人不再减免个人所得税。

本通知自2010年10月1日起执行。《财政部 国家税务总局关于调整房地产市场若干税收政策的通知》（财税字[1999]210号）第一条有关契税的规定、《财政部 国家税务总局关于调整房地产交易环节税收政策的通知》（财税〔2008〕137号）第一条、《财政部 国家税务总局 建设部关于个人出售住房所得征收个人所得税有关问题的通知》（财税字[1999]278号）第三条同时废止。

特此通知。

住房和城乡建设部 财政部 中国人民银行 中国银行业监督管理委员会
关于规范住房公积金个人住房贷款政策有关问题的通知

（建金〔2010〕179号 2010年11月2日）

各省、自治区、直辖市人民政府，国务院各有关部门，新疆生产建设兵团：

为规范住房公积金个人住房贷款政策，根据《住房公积金管理条例》和《国务院关于坚决遏制部分城市房价过快上涨的通知》（国发〔2010〕10号）的有关规定，经国务院同意，现就有关问题通知如下：

一、住房公积金个人住房贷款只能用于缴存职工购买、建造、翻建、大修普通自住房，以支持基本住房需求。严禁使用住房公积金个人住房贷款进行投机性购房。

二、保持缴存职工家庭（包括借款人、配偶及未成年子女，下同）使用住房公积金个人住房贷款购买首套普通自住房政策的连续性和稳定性。使用住房公积金个人住房贷款购买首套普通自住房，套型建筑面积在90平方米（含）以下的，贷款首付款比例不得低于20%；套型建筑面积在90平方米以上的，贷款首付款比例不得低于30%。

三、第二套住房公积金个人住房贷款的发放对象，仅限于现有人均住房建筑面积低于当地平均水平的缴存职工家庭，且贷款用途仅限于购买改善居住条件的普通自住房。第二套住房公积金个人住房贷款首付款比例不得低于50%，贷款利率不得低于同期首套住房公积金个人住房贷款利率的1.1倍。

四、停止向购买第三套及以上住房的缴存职工家庭发放住房公积金个人住房贷款。

五、城市住房公积金管理委员会要根据当地住房价格、人均住房建筑面积和住房公积金业务发展状况，以支持缴存职工购买普通自住房的贷款需求为原则，合理确定住房公积金个人住房贷款最高额度，并报省级住房城乡建设、财政、人民银行、银监部门备案。直辖市、新疆生产建设兵团住房公积金个人住房贷款最高额度报住房城乡建设部、财政部、人民银行和银监会备案。

六、城市住房公积金管理中心和受委托银行要采取有效措施，加强住房公积金个人住房贷款的调查、审核、抵押、发放、回收等工作，切实加强贷款风险管理，保障资金安全。住房公积金管理中心要会同有关主管部门，抓紧建立信息共享机制，防范骗取住房公积金个人住房贷款等行为。同时，要简化办理手续，提高服务水平。

城市人民政府要结合当地实际，抓紧制定落实本通知精神的具体措施，积极做好政策解释工作。各省、自治区、直辖市人民政府和新疆生产建设兵团有关部门要加强工作指导，加大监督检查力度。政策执行中有关问题，及时报住房城乡建设部、财政部、人民银行和银监会。

财政部 国家发展改革委 住房和城乡建设部
关于保障性安居工程资金使用管理有关问题的通知

（财综〔2010〕95号 2010年10月26日）

各省、自治区、直辖市人民政府，国务院有关部门：

根据国务院关于加快保障性安居工程建设工作部署和近期目标要求，为进一步加快保障性安居工程建设进度，经国务院同意，现就有关资金使用管理问题通知如下：

一、切实落实各类保障性安居工程资金

按照现行规定，保障性安居工程实行“省级负总责，市县抓落实”。截至目前，2010年中央安排的各类保障性安居工程补助资金，均已下达相关省、自治区、直辖市、计划单列市和新疆生产建设兵团（以下简称有关地区）。同时，今年中央财政已追加下达保障性安居工程补助资金，重点用于公共租赁住房等保障性安居工程建设。有关地区要将中央和省级财政安排的各类保障性安居工程补助资金尽快分配下达到市、县或师、团场。各市、县或师、团场要严格按照国家规定的资金来源渠道，切实落实各类保障性安居工程资金，将中央保障性安居工程补助资金与省级保障性安居工程补助资金，以及市、县或师、团场保障性安居工程资金统筹安排，尽快落实到保障性安居工程项目和符合保障性安居工程条件的家庭，确保不因资金不落实、不到位而影响各类保障性安居工程建设进度。

二、允许土地出让净收益用于发展公共租赁住房

为切实解决城市中等偏下收入家庭住房困难，从 2010 年起，各地在确保完成当年廉租住房保障任务的前提下，可将现行从土地出让净收益中安排不低于 10% 的廉租住房保障资金，统筹用于发展公共租赁住房，包括购买、新建、改建、租赁公共租赁住房，贷款贴息，向承租公共租赁住房的廉租住房保障家庭发放租赁补贴。从土地出让净收益安排资金用于发展公共租赁住房支出时，填列《政府收支分类科目》212 类“城乡社区事务”08 款“国有土地使用权出让收入安排的支出”11 项“公共租赁住房支出”科目。

三、允许住房公积金增值收益中计提的廉租住房保障资金用于发展公共租赁住房

按照《住房公积金管理条例》（国务院令第 350 号）的规定，住房公积金的增值收益扣除计提住房公积金贷款风险准备金、住房公积金管理中心的管理费用后，作为建设廉租住房的补充资金。从 2010 年起，各地在完成当年廉租住房保障任务的前提下，可以将住房公积金增值收益中计提的廉租住房保障资金，统筹用于发展公共租赁住房。各地从住房公积金增值收益中安排资金用于发展公共租赁住房支出时，填列《政府收支分类科目》212 类“城乡社区事务”07 款“政府住房基金支出”04 项“公共租赁住房支出”科目。

四、提高中央财政廉租住房保障专项补助资金使用效率

按照现行规定，中央财政廉租住房保障专项补助资金在优先满足发放租赁补贴的前提下，可用于购买、改建或租赁廉租住房支出。其中，购买廉租住房可以购买旧房，也可以购买新房。为了进一步提高中央财政廉租住房保障专项补助资金使用效率，省级财政、住房城乡建设部门要进一步明确本地区年度购买、改建或租赁廉租住房任务。2010 年各地购买、改建或租赁廉租住房任务数，为当年省级人民政府同住房城乡建设部签订的目标责任书确认的新增廉租住房套数，扣除中央预算内投资补助下达新建廉租住房套数之后的套数。2010 年中央财政补助相关地区购买、改建、租赁廉租住房具体任务数详见附件。省级财政、住房城乡建设部门要及时将 2010 年购买、改建、租赁廉租住房任务数分解下达到市、县或师、团场，并加强督促检查，确保按期完成购买、改建、租赁廉租住房任务。从 2011 年开始，财政部、住房城乡建设部在分配下达有关地区中央财政廉租住房保障专项补助资金时，不仅要考虑该地区当年租赁补贴任务完成情况，还要考虑该地区当年购买、改建、租赁廉租住房任务完成情况。在完成当年廉租住房保障任务的前提下，经同级财政部门批准，可以将中央财政廉租住房保障专项补助资金用于购买、新建、改建、租赁公共租赁住房。

五、利用贷款贴息引导社会发展公共租赁住房

为充分调动市场主体和社会机构投资购买、新建、改建、租赁和运营公共租赁住房的积极性，降低社会资金投资公共租赁住房的融资成本，各地可以采取贴息方式，支持市场主体和社会机构从商业银行融资用于发展公共租赁住房。各级人民政府安排的公共租赁住房资金，包括中央补助公共租赁住房资金，均可用于公共租赁住房项目贷款贴息。公共租赁住房贷款贴息幅度、年限等管理办法由省级财政部门会同发展改革、住房城乡建设部门制定，报财政部、国家发展改革委、住房城乡建设部备案。

六、加强政府投资建设的公共租赁住房租金“收支两条线”管理

政府投资建设公共租赁住房取得的租金收入，应按照政府非税收入管理的规定缴入同级国库，实行“收支两条线”管理。租金收入专项用于偿还公共租赁住房贷款，以及公共租赁住房的维护、管理

等支出。公共租赁住房租金收入缴库时，填列《政府收支分类科目》103 类“非税收入”01 款“政府性基金收入”43 项“政府住房基金收入”04 目“公共租赁住房租金收入”科目；使用公共租赁住房租金收入时，填列《政府收支分类科目》212 类“城乡社区事务”07 款“政府住房基金支出”04 项“公共租赁住房租金支出”科目。政府投资建设公共租赁住房租金收入具体缴库办法，按照地方财政部门的有关规定执行。市县财政部门要加强政府投资建设的公共租赁住房租金“收支两条线”管理，确保租金收入及时足额缴库，并严格按照规定用途使用。

七、加快保障性安居工程资金预算执行进度

各地要按照签订的保障性安居工程目标责任书，积极开展各项工作，切实落实保障性安居工程建设用地，加快保障性安居工程项目审批，尽快开工建设并形成实物工作量，根据工作进度及时拨付保障性安居工程资金。要在核实底数的基础上，尽快将租赁补贴资金发放到符合条件的廉租住房保障家庭。同时，要加快保障性安居工程预算执行进度，提高保障性安居工程建设项目投资完成率，确保当年本地区保障性安居工程任务如期完成。对于超计划完成当年保障性安居工程任务的地区，中央在分配下达下一年度相关保障性安居工程补助资金时，将给予适当的资金倾斜和奖励。各地要确保保障性安居工程资金按规定用途使用，不得挤占和挪作他用。

附件：2010 年中央财政补助相关地区购买、改建、租赁廉租住房任务

中国人民银行 中国银行业监督管理委员会
中国证券监督管理委员会 中国保险监督管理委员会
关于全面推进农村金融产品和服务方式创新的指导意见

（银发〔2010〕198 号 2010 年 5 月 19 日）

中国人民银行上海总部，各分行、营业管理部、省会（首府）城市中心支行、副省级城市中心支行；各省（自治区、直辖市）银监局、证监局、保监局；国家开发银行、各政策性银行、国有商业银行、股份制商业银行，中国邮政储蓄银行：

农村金融服务是党和政府联系农村、农民的重要纽带。2008 年 10 月，人民银行和银监会在中部六省和东北三省组织开展了加快推进农村金融产品和服务方式创新试点。一年多来，试点工作取得明显成效，试点实践证明，加快推进农村金融产品和服务方式创新，是全面改进和提升农村金融服务、加强信贷结构调整的重要抓手，是新形势下缓解农村和农民贷款难、促进城乡公共金融服务均等化和支持社会主义新农村建设的有效手段。为贯彻落实党的十七届三中全会、中央农村工作会议和《中共中央国务院关于加大统筹城乡发展力度进一步夯实农业农村发展基础的若干意见》（中发〔2010〕1 号）文件精神，抓紧落实 2010 年《政府工作报告》中提出的切实改善农村金融服务的有关任务，人民银行、银监会、证监会、保监会决定在全国范围内推进农村金融产品和服务方式创新工作。现提出如下意见：

一、突出创新重点，着力满足符合“三农”实际特点的金融服务需求

（一）大力发展农户小额信用贷款和农村微型金融。鼓励和引导金融机构通过零售、批发等多种方式着力扩大农村小额贷款投放，积极发展农户小额信用贷款和农户联保贷款，鼓励开发多样化小额信用贷款产品，努力满足农民多元化信贷需求、支持农民工返乡就业创业和大学生“村官”创业富民。积极扩大农户小额信用贷款和农户联保贷款的覆盖面，努力满足农村商业、服务业、流通业、小手工业和建筑业等专业化、市场化的资金需求。着力研究和解决农村弱势群体的金融服务需求，让更多的

农村中低收入人群能够享受到现代化金融服务。

（二）有效满足发展现代农业和扩大农村消费的资金需求。对符合信贷条件的科研、农资、种养、加工、仓储、运输、营销等整个现代农业产业链和相关农村服务业贷款，要加快审批，及时投放。多方面拓宽有实力、有条件的大型农业产业化龙头企业和农村专业合作组织的融资渠道，加大对跨国涉农贸易和农业投资、海外生产加工基地和营销网络建设的支持力度。积极做好“万村千乡市场”、农村商品配送体系建设、农村社会化服务和农村信息化建设等配套金融服务工作，为农民扩大消费提供融资便利。

（三）切实加强对农业农村基础设施建设的信贷支持。有条件的地方要建立健全涉农中长期信贷投放的激励机制，鼓励和引导银行业金融机构特别是政策性银行围绕农田水利基本建设、农业综合开发、统筹城乡发展、农业商品基地建设等重点领域，针对各类农村基础设施项目的信贷需求特点，创新涉农信贷管理模式，完善涉农信贷管理制度，切实加大信贷投放，积极提供多元化融资便利。

（四）探索开展农村土地承包经营权和宅基地使用权抵押贷款业务。在城镇化和农业产业化程度高的地区，金融部门要积极支持和配合当地党委和政府组织推动的农村土地承包经营权流转和农房用地制度改革，按照依法自愿有偿原则，在不改变土地集体所有性质、不改变土地用途和不损害农民土地承包权益的前提下，探索开展相应的抵押贷款试点，丰富“三农”贷款增信的有效方式和手段。

（五）积极推动和做好集体林权制度改革与林业发展金融服务工作。深入贯彻落实《中国人民银行 财政部 银监会 保监会 林业局关于做好集体林权制度改革与林业发展金融服务工作的指导意见》（银发〔2009〕170号）精神，在加快完善集体林权制度改革配套制度建设的基础上，全面推进林权抵押贷款业务，探索多种贷款偿还方式，加快涉林信贷产品的开发研究，培育一批有市场竞争优势、产业关联度大、带动力强的林业品牌企业和品牌产品，提高林业产业规模化经营水平，带动中小林业企业发展。

（六）加快推进农村金融服务方式创新。涉农银行业金融机构要结合地方实际，改进金融服务流程，完善贷款营销模式，推动农村金融服务方式多样化、多元化。积极开展农户贷款流程再造，促进农户贷款业务流程标准化、规范化，切实提高审批效率，有效控制信贷风险。鼓励银行业金融机构采取信贷员包村服务、金融辅导员制度、“贷款＋技术”等方式，大力推动信贷服务方式创新。

二、拓宽金融服务范围，合理运用多样化的金融工具管理和分散农业行业风险

（七）有效扩大抵押担保范围，加强涉农信贷风险管理。鼓励涉农银行业金融机构根据当地的“三农”金融需求，在国家现行法律允许、财产权益归属清晰、风险有效管理控制的前提下，完善涉农担保贷款业务操作流程，健全涉农贷款担保财产的评估、管理、处置制度，不断创新基于多种信息获取方式上的贷款技术，积极探索建立有效的信用风险分散转移机制，因地制宜、灵活多样创新信用模式和扩大贷款抵押担保物范围。建立健全政府扶持、多方参与、市场运作的农村信贷担保机制，鼓励有条件的地方设立涉农担保资金或成立涉农担保公司。

（八）充分发挥银行间债券市场在有效分散和管理农业风险方面的积极作用。支持符合条件的经营稳健、管理科学、市场有前景的优质涉农中小企业发行短期融资券、中小企业集合票据等非金融企业债务融资工具，进一步拓宽支持“三农”发展的直接融资渠道。加快发展农业高科技企业的高收益债券，引导农业企业通过资本市场融资。

（九）加强涉农信贷与涉农保险的合作，综合发挥银保服务“三农”的功能作用，完善农村金融服务体系，支持农村经济又好又快发展。保险公司要不断提升农业保险覆盖面和渗透度，积极探索开展涉农贷款保证保险。银行业金融机构要将涉农保险投保情况作为授信要素，鼓励借款人对贷款抵押

物进行投保。研究拓展涉农保险保单质押的范围和品种。继续探索发展吸收银行和保险公司参与的多种形式或组合方式的农村信用共同体。

（十）鼓励农产品生产经营企业进入期货市场开展套期保值业务，充分运用期货交易机制规避市场风险。推动期货业经营机构积极开展涉农业务创新，逐步拓展农产品期货交易品种，为农村经济发展服务。

三、加强政策协调配合，营造有利于农村金融创新的配套政策环境

（十一）综合运用多种货币政策工具，拓宽涉农信贷资金来源。鼓励有条件的地方安排一定的再贷款额度，专门用于支持银行业金融机构开展农村金融产品和服务方式创新业务；适当调剂再贴现规模，专门用于支持开展农村金融产品和服务方式创新的银行业金融机构办理涉农企业商业汇票再贴现。

（十二）做好农村地区支付结算工作，提高农村支付结算服务水平。充分发挥农村信用社在农村支付结算服务中的主导作用。加快推进农村地区支付服务基础设施建设，逐步扩展和延伸支付清算网络在农村地区的辐射范围。大力推广非现金工具支付，减少农村地区现金使用。继续加强和完善支付结算业务代理制，促进城乡支付结算服务的互补发展。

（十三）加强农村信用体系建设，改善农村金融生态环境。积极主动配合地方政府或在地方政府的支持指导下，组织各涉农金融机构，灵活采取群众喜闻乐见的多种形式加大农村地区信用法制与信用知识宣传力度。推进农户电子信用档案建设，积极开展农户信用评价工作。加快农村中小企业信用体系建设，探索建立农民专业合作社等农村经济组织的信息采集与信用评价机制。

（十四）改善和实施鼓励创新的市场准入政策。对农村金融产品和服务方式创新取得明显成效的银行业金融机构，支持其优先设立村镇银行等新型农村金融机构、跨区域兼并重组，并在网点布局调整方面实施市场准入绿色通道，对风险可控的新业务实行备案制。对于支农成效显著、风险控制能力强、推动农村金融产品和服务方式有特色的农村信用社，不将支农再贷款纳入存贷比监管指标考核，优先将其改制为农村银行类机构。

（十五）发挥财政性资金对金融资源的杠杆拉动作用。在有条件的试点地区，鼓励地方政府通过增加财政贴息资金、增加担保公司和再担保公司资本金注资或设立风险补偿基金等多种方式，建立涉农贷款风险补偿制度。建立和完善考核制度及奖励机制，鼓励县域内各金融机构法人和各金融机构的分支机构将新增存款主要留在当地使用。

四、把握创新工作原则，确保农村金融产品和服务方式创新取得实效

（十六）务求实效。农村金融创新不能为创新而创新，不能不顾政策规定和风险而盲目创新，要坚持从实际出发，要坚持财务可持续，让管用、有效的农村金融产品和服务更多一些，为农村和农民多干实事、好事。

（十七）因地制宜。要立足当地的省情、县情、乡情和村情，根据当前农村经济社会发展变化趋势和当地“三农”金融需求，积极探索、创新可操作性强的金融产品与服务方式，让农业、农村和农民能够得到更高效、更便捷、更实惠的金融服务，加快推进农业发展方式转变。

（十八）协同配合。农村金融创新要注重财税政策、监管政策、货币政策和农村保险业发展的协调配套，通过多项政策的组合形成合力，进一步调动和激发金融机构参与农村金融市场的内在积极性和创造性，引导更多的金融资源投向“三农”。

（十九）风险可控。坚持市场化和政策扶持相结合的原则，以市场化为导向，以政策扶持为支撑，健全和完善正向激励机制，在审慎稳健开展金融创新的同时，合理分散金融风险，科学防范法律风险，

坚决严控道德风险，有效防控操作风险。

五、加快探索和构建推动农村金融产品和服务方式创新的长效机制

（二十）大力发展和培育富有竞争性的多层次农村金融市场。加快做实中国农业银行“三农金融事业部”，充分发挥政策性银行在支持“三农”发展中的积极作用，继续推进农村信用社深化改革。鼓励和引导商业银行和社会资金投资设立村镇银行、贷款公司和农村资金互助社等新型农村金融机构以及小额贷款公司。鼓励国家控股的大型银行和其他金融机构采取有效措施开办农村金融业务，积极参与农村金融市场竞争，引导更多信贷资金投向农村。鼓励研发设计水平高、抗风险能力强的金融机构设立农村金融产品创新的专门机构。

（二十一）积极建立和完善推动农村金融产品和服务方式创新的工作协调机制。人民银行各分支机构和银监会、证监会、保监会派出机构要参照《中国人民银行中国银行业监督管理委员会关于加快推进农村金融产品和服务方式创新的意见》（银发〔2008〕295号）要求，加强合作，密切配合，牵头建立推动创新的跨部门工作协调机制，加强与发展改革、财政、税务、农业等部门的协作配合，努力协调落实相关配套政策，加强政策指导和创新管理，保证农村金融产品和服务方式创新工作的有序、有力、有效开展。

（二十二）加强创新工作的信息沟通和监测评估。要在摸清底数、做实基础的同时，进一步加强沟通交流，相互学习借鉴，及时总结交流创新的好经验、好做法。加强创新工作的动态信息反映，定期编发创新工作简报。加强创新工作的信贷政策导向效果评估，做好农村金融专题研究和深层次分析。

（二十三）培养和锻炼创新型农村金融人才。要加强涉农银行业金融机构人才队伍建设，加强业务培训和金融法制教育，调动基层创新积极性。注重培育具有涉农金融业务开拓创新能力、熟悉农村金融市场的高素质人才队伍。

（二十四）更加注重做好政策宣传解释工作。要加大政策宣传解释力度，通过多种新闻媒体，面向社会广泛报道农村金融产品和服务方式创新的工作动态、成效经验和先进典型，为推动农村金融产品和服务方式创新创造良好的舆论环境，让农村金融创新得到更多的关注和更好的发展。

中国人民银行 中国银行业监督管理委员会
关于完善差别化住房信贷政策有关问题的通知

（银发〔2010〕275号 2010年9月29日）

中国人民银行上海总部，各分行、营业管理部，各省会（首府）城市中心支行、副省级城市中心支行，各省（自治区、直辖市）银监局，国家开发银行、各政策性银行、国有商业银行、股份制商业银行，中国邮政储蓄银行：

为进一步贯彻落实《国务院关于坚决遏制部分城市房价过快上涨的通知》（国发〔2010〕10号）的有关精神，巩固房地产市场调控成果，促进房地产市场健康发展，现就相关信贷政策通知如下：

一、各商业银行暂停发放居民家庭购买第三套及以上住房贷款；对不能提供一年以上当地纳税证明或社会保险缴纳证明的非本地居民暂停发放购房贷款。

二、对贷款购买商品住房，首付款比例调整到30%及以上；对贷款购买第二套住房的家庭，严格执行首付款比例不低于50%、贷款利率不低于基准利率1.1倍的规定。

三、各商业银行要加强对消费性贷款的管理，禁止用于购买住房。

四、对有土地闲置、改变土地用途和性质、拖延开竣工时间、捂盘惜售等违法违规记录的房地产

开发企业，各商业银行停止对其发放新开发项目贷款和贷款展期。

五、对不认真执行差别化信贷政策的商业银行，一经查实要严肃处理。

六、继续支持房地产开发企业承担中低价位、中小套型商品住房项目和参与保障性安居工程的贷款需求。

七、鼓励金融机构支持保障性安居工程建设，抓紧制定支持公共租赁住房建设的中长期贷款政策。

请人民银行上海总部，各分行、营业管理部、省会（首府）城市中心支行，各省（自治区、直辖市）银监局将本通知联合转发至辖区内城市商业银行、农村商业银行、农村合作银行、城乡信用社及外资银行，并及时上报执行情况。

【其他政策】

国务院关于加强职业培训促进就业的意见

（国发〔2010〕36 号　2010 年 10 月 20 日）

各省、自治区、直辖市人民政府，国务院各部委、各直属机构：

改革开放以来，我国职业培训工作取得了显著成效，职业培训体系初步建立，政策措施逐步完善，培训规模不断扩大，劳动者职业素质和就业能力得到不断提高，对促进就业和经济社会发展发挥了重要作用。与此同时，职业培训工作仍不适应社会经济发展、产业结构调整和劳动者素质提高的需要，职业培训的制度需要进一步健全、工作力度需要进一步加大、针对性和有效性需要进一步增强。为认真落实《国家中长期人才发展规划纲要（2010—2020 年）》、《国家中长期教育改革和发展规划纲要（2010—2020 年）》要求，全面提高劳动者职业技能水平，加快技能人才队伍建设，现就加强职业培训促进就业提出如下意见：

一、充分认识加强职业培训的重要性和紧迫性

（一）加强职业培训是促进就业和经济发展的重大举措。职业培训是提高劳动者技能水平和就业创业能力的主要途径。大力加强职业培训工作，建立健全面向全体劳动者的职业培训制度，是实施扩大就业的发展战略，解决就业总量矛盾和结构性矛盾，促进就业和稳定就业的根本措施；是贯彻落实人才强国战略，加快技能人才队伍建设，建设人力资源强国的重要任务；是加快经济发展方式转变，促进产业结构调整，提高企业自主创新能力和核心竞争力的必然要求；也是推进城乡统筹发展，加快工业化和城镇化进程的有效手段。

（二）明确职业培训工作的指导思想和目标任务。职业培训工作的指导思想是：深入贯彻落实科学发展观，以服务就业和经济发展为宗旨，坚持城乡统筹、就业导向、技能为本、终身培训的原则，建立覆盖对象广泛、培训形式多样、管理运作规范、保障措施健全的职业培训工作新机制，健全面向全体劳动者的职业培训制度，加快培养数以亿计的高素质技能劳动者。

当前和今后一个时期，职业培训工作的主要任务是：适应扩大就业规模、提高就业质量和增强企业竞争力的需要，完善制度、创新机制、加大投入，大规模开展就业技能培训、岗位技能提升培训和创业培训，切实提高职业培训的针对性和有效性，努力实现“培训一人、就业一人”和“就业一人、培训一人”的目标，为促进就业和经济社会发展提供强有力的技能人才支持。“十二五”期间，力争使新进入人力资源市场的劳动者都有机会接受相应的职业培训，使企业技能岗位的职工得到至少一次技能提升培训，使每个有培训愿望的创业者都参加一次创业培训，使高技能人才培训满足产业结构优化升级和企业发展需求。

二、大力开展各种形式的职业培训

（三）健全职业培训制度。适应城乡全体劳动者就业需要和职业生涯发展要求，健全职业培训制度。要统筹利用各类职业培训资源，建立以职业院校、企业和各类职业培训机构为载体的职业培训体系，大力开展就业技能培训、岗位技能提升培训和创业培训，贯通技能劳动者从初级工、中级工、高级工到技师、高级技师的成长通道。

（四）大力开展就业技能培训。要面向城乡各类有就业要求和培训愿望的劳动者开展多种形式就业技能培训。坚持以就业为导向，强化实际操作技能训练和职业素质培养，使他们达到上岗要求或掌握初级以上职业技能，着力提高培训后的就业率。对农村转移就业劳动者和城镇登记失业人员，要重

点开展初级技能培训，使其掌握就业的一技之长；对城乡未继续升学的应届初高中毕业生等新成长劳动力，鼓励其参加 1-2 个学期的劳动预备制培训，提升技能水平和就业能力；对企业新录用的人员，要结合就业岗位的实际要求，通过师傅带徒弟、集中培训等形式开展岗前培训；对退役士兵要积极开展免费职业技能培训；对职业院校学生要强化职业技能和从业素质培养，使他们掌握中级以上职业技能。鼓励高等院校大力开展职业技能和就业能力培训，加强就业创业教育和就业指导服务，促进高校毕业生就业。

（五）切实加强岗位技能提升培训。适应企业产业升级和技术进步的要求，进一步健全企业职工培训制度，充分发挥企业在职业培训工作中的重要作用。鼓励企业通过多种方式广泛开展在岗职工技能提升培训和高技能人才培训。要结合技术进步和产业升级对职工技能水平的要求，通过在岗培训、脱产培训、业务研修、技能竞赛等多种形式，加快提升企业在岗职工的技能水平。鼓励企业通过建立技能大师工作室和技师研修制度、自办培训机构或与职业院校联合办学等方式，结合企业技术创新、技术改造和技术项目引进，大力培养高技能人才。鼓励有条件的企业积极承担社会培训任务，为参加职业培训人员提供实训实习条件。

（六）积极推进创业培训。依托有资质的教育培训机构，针对创业者特点和创业不同阶段的需求，开展多种形式的创业培训。要扩大创业培训范围，鼓励有创业要求和培训愿望、具备一定创业条件的城乡各类劳动者以及处于创业初期的创业者参加创业培训。要通过规范培训标准、提高师资水平、完善培训模式，不断提高创业培训质量；要结合当地产业发展和创业项目，根据不同培训对象特点，重点开展创业意识教育、创业项目指导和企业经营管理培训，通过案例剖析、考察观摩、企业家现身说法等方式，提高受培训者的创业能力。要强化创业培训与小额担保贷款、税费减免等扶持政策及创业咨询、创业孵化等服务手段的衔接，健全政策扶持、创业培训、创业服务相结合的工作体系，提高创业成功率。

三、切实提高职业培训质量

（七）大力推行就业导向的培训模式。根据就业需要和职业技能标准要求，深化职业培训模式改革，大力推行与就业紧密联系的培训模式，增强培训针对性和有效性。在强化职业技能训练的同时，要加强职业道德、法律意识等职业素质的培养，提高劳动者的技能水平和综合职业素养。全面实行校企合作，改革培训课程，创新培训方法，引导职业院校、企业和职业培训机构大力开展订单式培训、定向培训、定岗培训。面向有就业要求和培训愿望城乡劳动者的初级技能培训和岗前培训，应根据就业市场需求和企业岗位实际要求，开展订单式培训或定岗培训；面向城乡未继续升学的应届初高中毕业生等新成长劳动力的劳动预备制培训，应结合产业发展对后备技能人才需求，开展定向培训。

（八）加强职业技能考核评价和竞赛选拔。各地要切实加强职业技能鉴定工作，按统一要求建立健全技能人才培养评价标准，充分发挥职业技能鉴定在职业培训中的引导作用。各级职业技能鉴定机构要按照国家职业技能鉴定有关规定和要求，为劳动者提供及时、方便、快捷的职业技能鉴定服务。完善企业技能人才评价制度，指导企业结合国家职业标准和企业岗位要求，开展企业内职业技能评价工作。在职业院校中积极推行学历证书与职业资格证书“双证书”制度。充分发挥技能竞赛在技能人才培养中的积极作用，选择技术含量高、通用性广、从业人员多、社会影响大的职业广泛开展多层次的职业技能竞赛，为发现和选拔高技能人才创造条件。

（九）强化职业培训基础能力建设。依托现有各类职业培训机构及培训设施，加大职业培训资源整合力度，加强职业培训体系建设，提高职业培训机构的培训能力。在产业集中度高的区域性中心城市，提升改造一批以高级技能培训为主的职业技能实训基地；在地级城市，提升改造一批以中、高级技能培训为主的职业技能实训基地；在经济较发达的县市，提升改造一批以初、中级技能培训为主的职业技能实训基地，面向社会提供示范性技能训练和鉴定服务。完善职业分类制度，加快国家职业技能标准和鉴定题库的开发与更新，为职业培训和鉴定提供技术支持。加强职业培训师资队伍建设，依托有条件的大中型企业和职业院校，开展师资培训，加快培养既能讲授专业知识又能传授操作技能的教师队伍。实行专兼职教师制度，建立和完善职业培训教师在职培训和到企业实践制度。根据职业培训规律和特点，加强职业培训特别是高技能人才培训的课程体系、培训计划大纲以及培训教材的开发。

（十）切实加强就业服务工作。加强覆盖城乡的公共就业服务体系建设，为各类劳动者提供完善的职业培训政策信息咨询、职业指导和职业介绍等服务，定期公布人力资源市场供求信息，引导各类劳动者根据市场需求，选择适合自身需要的职业培训。基层劳动就业和社会保障公共服务平台要了解、掌握培训需求，收集、发布培训信息，积极动员组织辖区内各类劳动者参加职业培训和职业技能鉴定，及时提供就业信息和就业指导，协助落实相关就业扶持政策，促进其实现就业。

（十一）鼓励社会力量开展职业培训工作。各地要根据国家有关法律法规规定，明确民办职业培训机构的师资、设备、场地等基本条件，鼓励和引导社会力量开展职业培训，在师资培养、技能鉴定、就业信息服务、政府购买培训成果等方面与其他职业培训机构同等对待。同时，要依法加强对各类民办职业培训机构招生、收费、培训等环节的指导与监管，进一步提高民办职业培训机构办学质量，推动民办职业培训健康发展。

（十二）完善政府购买培训成果机制。各地要建立培训项目管理制度，完善政府购买培训成果机制，按照“条件公开、自愿申请、择优认定、社会公示”的原则，制定承担政府补贴培训任务的培训机构的基本条件、认定程序和管理办法，组织专家进行严格评审，对符合条件的向社会公示。要严格执行开班申请、过程检查、结业审核三项制度。鼓励地方探索第三方监督机制，委托有资质的社会中介组织对培训机构的培训质量及资金使用情况进行评估。

四、加大职业培训资金支持力度

（十三）完善职业培训补贴政策。城乡有就业要求和培训愿望的劳动者参加就业技能培训或创业培训，培训合格并通过技能鉴定取得初级以上职业资格证书（未颁布国家职业技能标准的职业应取得专项职业能力证书或培训合格证书），根据其获得职业资格证书或就业情况，按规定给予培训费补贴；企业新录用的符合职业培训补贴条件的劳动者，由企业依托所属培训机构或政府认定培训机构开展岗前培训的，按规定给予企业一定的培训费补贴。对通过初次职业技能鉴定并取得职业资格证书或专项职业能力证书的，按规定给予一次性职业技能鉴定补贴。对城乡未继续升学的应届初高中毕业生参加劳动预备制培训，按规定给予培训费补贴的同时，对其中农村学员和城市家庭经济困难学员给予一定生活费补贴。

（十四）加大职业培训资金投入。各级政府对用于职业培训的各项补贴资金要加大整合力度，具备条件的地区，统一纳入就业专项资金，统筹使用，提高效益。各级财政要加大投入，调整就业专项资金支出结构，逐步提高职业培训支出比重。有条件的地区要安排经费，对职业培训教材开发、师资培训、职业技能竞赛、评选表彰等基础工作给予支持。由失业保险基金支付的各项培训补贴按相关规定执行。

（十五）落实企业职工教育经费。企业要按规定足额提取并合理使用企业职工教育经费，职工教育经费的 60% 以上应用于一线职工的教育和培训，企业职工在岗技能提升培训和高技能人才培训所需费用从职工教育经费列支。企业应将职工教育经费的提取与使用情况列为厂务公开的内容，定期或不定期进行公开，接受职工代表的质询和全体职工的监督。对自身没有能力开展职工培训，以及未开展高技能人才培训的企业，县级以上地方人民政府可依法对其职工教育经费实行统筹，人力资源社会保障部门会同有关部门统一组织培训服务。

（十六）加强职业培训资金监管。各地人力资源社会保障部门要会同财政部门加强对职业培训补贴资金的管理，明确资金用途、申领拨付程序和监管措施。2012年底前，各省（区、市）地级以上城市要依托公共就业服务信息系统建立统一的职业培训信息管理平台，对承担培训任务的培训机构进行动态管理，对参训人员实行实名制管理，不断提高地区之间信息共享程度。要根据当地产业发展规划、就业状况以及企业用人需要，合理确定并向社会公布政府补贴培训的职业（工种），每人每年只能享受一次职业培训补贴。要按照同一地区、同一工种补贴标准统一的原则，根据难易程度、时间长短和培训成本，以职业资格培训期限为基础，科学合理地确定培训补贴标准。根据培训对象特点和培训组织形式，在现有补贴培训机构方式的基础上，积极推进直补个人、直补企业等职业培训补贴方式，有条件的地区可以探索发放培训券（卡）的方式。要采取切实措施，对补贴对象审核、资金拨付等重点环节实行公开透明的办法，定期向全社会公开资金使用情况，审计部门依法加强对职业培训补贴资金的审计，防止骗取、挪用、以权谋私等问题的发生，确保资金安全，审计结果依法向社会公告。监察部门对重大违纪违规问题的责任人进行责任追究，涉及违法的移交司法机关处理。

五、加强组织领导

（十七）完善工作机制。地方各级人民政府、各有关部门要进一步提高对职业培训工作重要性的认识，进一步增强责任感和紧迫感，从全局和战略的高度，切实加强职业培训工作。要把职业培训工作作为促进就业工作的一项重要内容，列入重要议事日程，定期研究解决工作中存在的问题。要建立在政府统一领导下，人力资源社会保障部门统筹协调，发展改革、教育、科技、财政、住房城乡建设、农业等部门各司其职、密切配合，工会、共青团、妇联等人民团体广泛参与的工作机制，共同推动职业培训工作健康协调可持续发展。

（十八）科学制定培训规划。各地要根据促进就业和稳定就业的要求，在综合考虑当地劳动者职业培训实际需求、社会培训资源和能力的基础上，制定中长期职业培训规划和年度实施计划，并纳入本地区经济社会和人才发展总体规划。各地人力资源社会保障部门要结合本地区产业结构调整和发展状况、企业用工情况，对劳动力资源供求和培训需求信息等进行统计分析，并定期向社会发布。充分发挥行业主管部门和行业组织在职业培训工作中的作用，做好本行业技能人才需求预测，指导本行业企业完善职工培训制度，落实职业培训政策措施。

（十九）加大宣传表彰力度。进一步完善高技能人才评选表彰制度，并对在职业培训工作中作出突出贡献的机构和个人给予表彰。充分运用新闻媒体，广泛开展主题宣传活动，大力宣传各级党委、政府关于加强职业培训工作的方针政策，宣传技能成才和成功创业的典型事迹，宣传优秀职业院校和职业培训机构在职业培训方面的特色做法和显著成效，营造尊重劳动、崇尚技能、鼓励创造的良好氛围。

Statistical Data

一、主题报告篇

二、地区报告篇

三、重要文献篇

四、宏观政策篇

五、统计图表篇

国内生产总值

年	季	国内生产总值	第一产业	第二产业	第三产业
		累计值(亿元)			
2008	I	66283.8	4678.6	32158.4	29446.8
	I–II	140477.8	11696.6	70543.5	58237.8
	I–III	217026.1	21868.9	105889.2	89268.0
	I–IV	314045.4	33702.0	149003.4	131340.0
2009	I	69816.9	4627.0	32658.5	32531.4
	I–II	148203.6	11830.7	71702.7	64670.2
	I–III	231303.3	22142.2	109101.2	100059.9
	I–IV	340902.8	35226.0	157638.8	148038.0
2010	I	81887.0	5139.0	39243.5	37504.4
	I–II	173615.2	13367.0	85830.0	74418.2
	I–III	270234.2	25600.0	129324.6	115309.7
	I–IV	397983.2	40497.0	186480.8	171005.4
		指数(上年=100)			
2008	I	111.3	102.7	112.0	111.6
	I–II	111.0	103.4	111.9	111.4
	I–III	110.6	104.4	111.2	111.2
	I–IV	109.6	105.4	109.9	110.4
2009	I	106.6	103.5	105.8	107.9
	I–II	107.5	103.8	107.1	108.5
	I–III	108.2	104.0	108.1	109.3
	I–IV	109.2	104.2	109.9	109.6
2010	I	111.9	103.8	114.5	110.2
	I–II	111.1	103.6	113.2	109.6
	I–III	110.6	104.0	112.6	109.5
	I–IV	110.3	104.3	112.2	109.5

规模以上工业增加值增长率

比上年同期增长(%)

年	月	工业增加值	轻工业	重工业	国有及国有控股企业
2008	2	15.4	11.8	16.9	11.5
	3	17.8	15.7	18.7	14.3
	4	15.7	12.1	17.2	11.3
	5	16.0	13.5	17.0	12.6
	6	16.0	13.3	17.1	12.4
	7	14.7	12.2	15.7	11.8
	8	12.8	11.7	13.2	9.7
	9	11.4	11.2	11.5	7.4
	10	8.2	10.3	7.3	4.5
	11	5.4	10.1	3.4	0.7
	12	5.7	8.1	4.7	-0.6
2009	2	11.0	14.4	9.6	3.6
	3	8.3	8.5	8.3	2.7
	4	7.3	8.2	6.9	2.3
	5	8.9	9.7	8.6	2.4
	6	10.7	10.2	10.9	5.7
	7	10.8	9.2	11.3	7.4
	8	12.3	9.8	13.2	8.6
	9	13.9	11.8	14.8	11.8
	10	16.1	11.3	18.1	13.7
	11	19.2	12.6	22.2	19.0
	12	18.5	12.1	21.4	21.7
2010	2	12.8	7.5	15.2	13.3
	3	18.1	13.4	20.0	18.2
	4	17.8	14.1	19.4	17.6
	5	16.5	13.6	17.8	16.8
	6	13.7	12.0	14.5	13.3
	7	13.4	13.5	13.3	11.4
	8	13.9	13.1	14.2	11.7
	9	13.3	13.0	13.4	11.0
	10	13.1	12.9	13.2	10.6
	11	13.3	12.7	13.6	10.9
	12	13.5	13.0	13.7	9.8

货物运输及沿海主要港口货物吞吐量

年	月	货运量总计（万吨）					沿海主要港口货物吞吐量（亿吨）		货物周转量总计（亿吨公里）
			铁路	公路	水运	民用航空		外贸货物吞吐量	
2008	1	18.5	2.7	13.6	2.3	36.5	3.5	1.5	
	2	17.3	2.6	12.7	2.1	25.6	3.2	1.3	8365.4
	3	19.4	2.9	14.2	2.3	36.2	3.7	1.5	7742.1
	4	19.8	2.8	14.7	2.4	36.0	3.7	1.5	8567.4
	5	20.6	2.8	15.3	2.4	35.2	3.7	1.6	8381.2
	6	21.2	2.7	16.0	2.5	32.1	3.7	1.6	8595.8
	7	20.5	2.8	15.3	2.4	34.3	3.7	1.5	8832.4
	8	20.9	2.9	15.4	2.6	32.6	3.7	1.6	8496.2
	9	21.3	2.8	15.9	2.7	36.0	3.5	1.5	9057.5
	10	21.2	2.8	15.9	2.5	34.3	3.5	1.4	9649.7
	11	19.7	2.5	14.8	2.4	32.6	3.3	1.3	8626.3
	12		2.5			30.8			7938.4
2009	1	19.0	2.5	14.5	2.0	26.4	3.3	1.4	
	2	18.2	2.3	13.9	1.9	25.6	3.0	1.2	7182.6
	3	20.4	2.7	15.5	2.3	33.8	3.7	1.5	7037.9
	4	20.9	2.6	15.8	2.5	34.8	3.8	1.5	8448.5
	5	22.8	2.8	17.3	2.6	35.2	4.1	1.7	9132.7
	6	23.3	2.7	18.0	2.5	33.7	4.1	1.7	9705.9
	7	23.9	2.8	18.3	2.8	36.0	4.2	1.7	10080.9
	8	24.7	2.9	19.0	2.8	39.1	4.2	1.8	10218.4
	9	24.2	2.8	18.7	2.7	45.7	4.1	1.7	10379.1
	10	24.6	2.9	18.9	2.8	41.8	4.0	1.7	10769.4
	11	23.3	2.8	17.8	2.6	45.0	3.9	1.7	11035.5
	12		2.9			45.6			10239.0
2010	1	24.4	3.1	18.5	2.9	45.1	4.4	1.9	
	2	21.7	2.8	16.5	2.4	34.3	3.9	1.7	10639.8
	3	25.2	3.2	19.1	2.9	48.0	4.4	1.9	9393.1
	4	25.8	3.0	19.8	3.1	46.6	4.5	1.9	10914.3
	5	26.6	3.1	20.3	3.1	46.7	4.7	1.9	10893.0
	6	26.4	3.0	20.3	3.1	43.6	4.6	1.9	11310.2
	7	27.4	3.1	21.3	3.1	44.5	4.5	1.9	11384.1
	8	27.7	3.1	21.5	3.2	46.3	4.6	1.9	11330.7
	9	27.8	3.0	21.6	3.2	51.6	4.5	1.8	11833.7
	10	28.3	3.1	21.8	3.4	49.6	4.5	1.8	11799.4
	11	27.8	3.0	21.4	3.3	49.8	4.7	2.0	12166.2
	12		3.1			51.4			11954.4

固定资产投资

年	月	固定资产投资完成额(亿元)	比上年同期增长(%)	其中：房地产开发投资完成额(亿元)	比上年同期增长(%)
2008	1-2	8121.3	24.3	2373.7	30.9
	1-3	18316.9	25.9	4687.8	34.3
	1-4	28410.1	25.7	6952.1	34.3
	1-5	40264.2	25.6	9519.3	33.9
	1-6	58436.0	26.8	13195.7	35.1
	1-7	72160.1	27.3	15883.5	32.6
	1-8	84919.7	27.4	18430.0	30.9
	1-9	99870.7	27.6	21277.7	29.0
	1-10	113189.1	27.2	23917.7	27.6
	1-11	127614.1	26.8	26545.7	25.7
	1-12	148167.2	26.1	30579.8	22.4
2009	1-2	10275.8	26.5	2398.2	3.0
	1-3	23562.0	28.6	4880.3	6.2
	1-4	37082.3	30.5	7290.0	7.1
	1-5	53520.3	32.9	10165.2	4.4
	1-6	78098.4	33.6	14505.3	7.3
	1-7	95932.0	32.9	17720.4	8.2
	1-8	112984.8	33.0	21147.3	10.9
	1-9	133176.6	33.3	25050.4	13.3
	1-10	150709.8	33.1	28439.7	14.1
	1-11	168634.2	32.1	31270.9	15.7
	1-12	194138.6	30.5	36231.7	14.2
2010	1-2	13014.0	26.6	3143.6	32.8
	1-3	29792.7	26.4	6594.4	33.0
	1-4	46742.7	26.1	9932.1	34.0
	1-5	67358.3	25.9	13917.4	35.7
	1-6	98047.4	25.5	19747.1	34.4
	1-7	119866.2	24.9	23864.8	34.5
	1-8	140997.7	24.8	28355.0	33.9
	1-9	165869.6	24.5	33511.3	33.8
	1-10	187556.1	24.4	38069.5	33.8
	1-11	210697.8	24.9	42697.3	34.2
	1-12	241414.9	24.5	48267.1	32.9

社会消费品零售总额

年	月	社会消费品零售总额 (亿元)	比上年同期增长 (%)
2008	1	9077.3	21.2
	2	8354.7	19.1
	3	8123.2	21.5
	4	8142.0	22.0
	5	8703.5	21.6
	6	8642.0	23.0
	7	8628.8	23.3
	8	8767.7	23.2
	9	9446.5	23.2
	10	10082.7	22.0
	11	9790.8	20.8
	12	10728.5	19.0
2009	1	10756.6	18.5
	2	9323.8	11.6
	3	9317.6	14.7
	4	9343.2	14.8
	5	10028.4	15.2
	6	9941.6	15.0
	7	9936.5	15.2
	8	10115.6	15.4
	9	10912.8	15.5
	10	11717.6	16.2
	11	11339.0	15.8
	12	12610.0	17.5
2010	1	12718.1	14.0
	2	12334.2	22.1
	3	11321.7	18.0
	4	11510.4	18.5
	5	12455.1	18.7
	6	12329.9	18.3
	7	12252.8	17.9
	8	12569.8	18.4
	9	13536.5	18.8
	10	14284.8	18.6
	11	13910.9	18.7
	12	15329.5	19.1

进出口总值

单位：亿美元

年	月	进出口总值	出口总值	进口总值	进出口差额
2008	1	1998.1	1096.4	901.7	194.7
	2	1661.8	873.7	788.1	85.5
	3	2045.2	1089.6	955.6	134.1
	4	2211.5	1187.6	1023.9	163.7
	5	2213.4	1205.7	1007.7	198.0
	6	2216.4	1211.7	1004.7	207.0
	7	2480.7	1366.4	1114.3	252.1
	8	2408.7	1348.6	1060.1	288.5
	9	2433.0	1363.5	1069.5	294.0
	10	2211.6	1282.3	929.3	353.0
	11	1897.9	1149.8	748.1	401.7
	12	1831.0	1110.6	720.5	390.1
2009	1	1418.7	904.9	513.8	391.1
	2	1249.9	648.7	601.2	47.5
	3	1621.0	902.2	718.8	183.4
	4	1709.1	919.2	789.9	129.4
	5	1643.5	887.0	756.5	130.5
	6	1829.2	954.6	874.6	80.1
	7	2003.8	1053.6	950.1	103.5
	8	1918.0	1036.8	881.2	155.6
	9	2189.5	1158.9	1030.6	128.3
	10	1975.3	1107.4	867.9	239.5
	11	2082.1	1136.5	945.6	190.9
	12	2430.9	1307.4	1123.5	183.9
2010	1	2050.1	1095.0	955.2	139.8
	2	1815.9	944.8	871.1	73.6
	3	2315.4	1120.7	1194.7	-74.0
	4	2383.0	1198.5	1184.5	14.1
	5	2438.7	1316.7	1122.0	194.7
	6	2545.2	1373.4	1171.8	201.6
	7	2622.9	1454.4	1168.5	285.9
	8	2585.6	1392.5	1193.2	199.3
	9	2731.6	1449.4	1282.1	167.3
	10	2448.3	1359.4	1088.8	270.6
	11	2838.8	1533.1	1305.7	227.4
	12	2952.2	1541.5	1410.7	130.8

资料来源：中华人民共和国海关总署。

价格指数

(上年同月=100)

年	月	居民消费价格指数	商品零售价格指数	农业生产资料价格总指数	工业生产者出厂价格指数	工业生产者购进价格指数
2008	1	107.1	106.2	114.3	106.1	108.9
	2	108.7	108.1	116.5	106.6	109.7
	3	108.3	107.8	121.7	108.0	111.0
	4	108.5	108.1	123.6	108.1	111.8
	5	107.7	107.5	123.3	108.2	111.9
	6	107.1	107.1	124.4	108.8	113.5
	7	106.3	106.8	124.8	110.0	115.4
	8	104.9	105.5	123.8	110.1	115.3
	9	104.6	105.3	122.9	109.1	114.0
	10	104.0	104.6	120.6	106.6	111.0
	11	102.4	102.7	115.7	102.0	104.7
	12	101.2	101.4	112.4	98.9	98.7
2009	1	101.0	100.7	109.7	96.7	94.7
	2	98.4	98.4	106.8	95.5	92.9
	3	98.8	98.5	101.3	94.0	91.1
	4	98.5	98.1	98.3	93.4	90.4
	5	98.6	98.1	96.4	92.8	89.6
	6	98.3	97.7	94.2	92.2	88.8
	7	98.2	97.5	92.8	91.8	88.3
	8	98.8	98.0	92.5	92.1	88.6
	9	99.2	98.5	92.7	93.0	89.9
	10	99.5	98.7	93.9	94.2	91.6
	11	100.6	100.0	96.1	97.9	96.4
	12	101.9	101.4	98.1	101.7	103.0
2010	1	101.5	101.8	99.6	104.3	108.0
	2	102.7	102.5	100.3	105.4	110.3
	3	102.4	102.3	100.9	105.9	111.5
	4	102.8	102.8	101.2	106.8	112.0
	5	103.1	103.1	102.1	107.1	112.2
	6	102.9	102.7	102.5	106.4	110.8
	7	103.3	102.8	102.9	104.8	108.5
	8	103.5	103.0	103.5	104.3	107.5
	9	103.6	103.0	103.9	104.3	107.1
	10	104.4	103.9	105.2	105.0	108.1
	11	105.1	104.7	106.5	106.1	109.7
	12	104.6	104.1	106.0	105.9	109.5

价格指数

（续1） （上年同期=100）

年	季	生产价格总指数	种植业产品	粮食	油料	棉花	糖料	烟叶
2008	I	125.5	114.8	111.4	133.4	112.2	96.5	114.2
	II	121.2	113.3	112.6	140.1	112.1	99.3	114.3
	III	112.6	110.0	113.2	132.2	100.6	100.1	119.1
	IV	101.6	101.5	104.3	102.3	86.6	104.3	120.4
2009	I	94.1	95.7	98.4	84.3	78.1	101.5	101.0
	II	93.4	101.0	100.7	75.8	87.6	94.8	100.7
	III	97.3	104.1	102.1	79.6	102.1	100.8	104.2
	IV	103.2	108.4	106.5	95.4	121.0	104.1	105.1
2010	I	106.7	113.7	111.5	107.7	134.8	113.1	108.4
	II	109.0	114.9	114.1	112.4	121.5	97.2	103.5
	III	110.6	113.7	112.7	111.1	125.1	113.1	103.2
	IV	115.9	119.2	114.4	116.5	166.7	125.1	106.1

（续2） （上年同期=100）

年	季	蔬菜	水果	茶叶	林业产品	畜牧业产品	渔业产品
2008	I	123.4	109.7	108.9	113.0	144.9	112.9
	II	108.6	115.0	84.2	111.5	135.2	112.7
	III	99.8	108.6	75.6	112.1	115.9	112.9
	IV	97.6	97.0	82.2	99.5	100.2	107.8
2009	I	101.1	80.8	92.6	88.8	92.2	96.7
	II	110.6	114.4	97.9	86.7	82.7	99.3
	III	118.3	106.4	101.6	96.5	88.3	98.3
	IV	115.4	109.3	105.4	104.1	97.0	100.9
2010	I	111.2	123.0	103.7	108.3	97.4	106.9
	II	116.9	115.5	124.1	122.1	99.6	108.4
	III	117.0	107.9	119.7	122.7	105.4	108.5
	IV	118.5	124.3	121.9	129.2	111.6	109.7

国家财政预算收支

年	月	收入合计 (亿元)	比上年同期增长 (%)	税收收入 (亿元)	比上年同期增长 (%)	支出合计 (亿元)	比上年同期增长 (%)
2008	1-2	11555.4	40.2	10617.0	39.6	5696.9	29.0
	1-3	15971.3	35.5	14519.7	35.5	9506.7	30.4
	1-4	22796.2	29.4	20635.9	28.7	13585.2	29.3
	1-5	29064.4	33.8	26537.3	34.2	17609.8	31.1
	1-6	34808.2	33.3	31425.8	33.5	22882.0	27.7
	1-7	40881.7	30.5	36749.0	30.2	27443.5	29.7
	1-8	44729.6	28.4	40300.2	28.3	31479.2	28.1
	1-9	48946.9	25.8	44093.1	26.1	36428.1	25.5
	1-10	54275.8	22.6	49010.4	22.8	40571.3	24.5
	1-11	58068.2	20.5	52000.8	20.2	45825.3	23.6
2009	1-2	10239.8	-11.4	9237.3	-13.0	7803.5	37.0
	1-3	14642.1	-8.3	13023.6	-10.3	12810.9	34.8
	1-4	20539.2	-9.9	18336.8	-11.1	17889.0	31.7
	1-5	27108.7	-6.7	24046.5	-9.4	22497.0	27.8
	1-6	33976.1	-2.4	29530.1	-6.0	28902.6	26.3
	1-7	40672.1	-0.5	35465.0	-3.5	33888.2	23.5
	1-8	45909.5	2.6	40124.6	-0.4	38625.4	22.7
	1-9	51518.9	5.3	45057.6	2.2	45202.8	24.1
	1-10	58363.8	7.5	51317.7	4.7	49886.0	23.0
	1-11	63393.1	9.2	55687.3	7.1	56236.0	22.7
2010	1-2	13603.6	32.9	12473.5	35.0	8406.0	7.7
	1-3	19627.1	34.0	17702.6	35.9	14330.0	11.9
	1-4	27552.7	34.1	25004.6	36.4	19905.5	11.3
	1-5	35470.4	30.8	32029.9	33.2	25692.2	14.2
	1-6	43349.8	27.6	38611.5	30.8	33811.4	17.0
	1-7	51133.0	25.7	45534.2	28.4	39622.2	16.9
	1-8	56752.3	23.6	50555.8	26.0	46035.9	19.2
	1-9	63039.5	22.4	55957.4	24.2	54505.0	20.6
	1-10	70899.8	21.5	62895.1	22.6	60993.3	22.3
	1-11	76740.5	21.1	68332.4	22.7	71592.9	27.3

资料来源：财政部。

货币供应量期末余额

单位：亿元

年	月	货币和准货币	货币	流通中现金	活期存款	准货币	定期存款	储蓄存款	其他存款
2008	1	417846.2	154872.6	36673.2	118199.4	262973.6	47536.4	174304.2	41133.0
	2	421037.8	150177.9	32454.5	117723.4	270860.0	49351.2	183887.5	37621.2
	3	423054.5	150867.5	30433.1	120434.4	272187.1	52908.4	187547.9	31730.7
	4	429240.9	151681.4	30789.9	120891.5	277559.5	53744.0	188449.2	35366.4
	5	436221.6	153344.8	30169.3	123175.5	282876.9	54554.1	190691.7	37631.0
	6	443141.0	154820.2	30181.3	124638.8	288320.9	56122.0	194400.1	37798.7
	7	446362.2	154992.4	30687.2	124305.3	291369.7	55999.9	196928.6	38441.2
	8	448846.7	156889.9	30851.6	126038.3	291956.8	57430.5	200268.0	34258.3
	9	452898.7	155749.0	31724.9	124024.1	297149.7	61215.5	204687.6	31246.6
	10	453133.3	157194.4	31317.8	125876.5	295939.0	58205.4	207743.8	29989.8
	11	458644.7	157826.6	31607.4	126219.3	300818.0	59041.4	211378.3	30398.4
	12	475166.6	166217.1	34219.0	131998.2	308949.5	60103.1	217885.4	30961.1
2009	1	496135.3	165214.3	41082.4	124132.0	330921.0	63563.1	233225.0	34132.9
	2	506708.1	166149.6	35141.6	131008.0	340558.5	64004.5	237488.5	39065.6
	3	530626.7	176541.1	33746.4	142794.7	354085.6	68478.4	243069.9	42537.2
	4	540481.2	178213.6	34257.3	143956.3	362267.7	72405.4	244235.0	45627.2
	5	548263.5	182025.6	33559.5	148466.1	366237.9	73058.1	246146.8	47032.6
	6	568916.2	193138.2	33641.0	159497.2	375778.1	75760.3	249379.4	50638.4
	7	573102.9	195889.3	34239.3	161650.0	377213.6	75496.4	248942.7	52774.5
	8	576699.0	200394.8	34406.6	165988.2	376304.1	76594.5	248502.9	51206.8
	9	585405.3	201708.1	36787.9	164920.3	383697.2	83668.2	255720.1	44308.9
	10	586643.3	207545.7	35730.2	171815.5	379097.6	79875.0	253047.2	46175.4
	11	594604.7	212493.2	36343.9	176149.3	382111.5	79901.3	253868.8	48341.4
	12	606225.0	220001.5	38246.0	181755.5	386223.5	82284.9	260771.7	43166.8
2010	1	625609.3	229589.0	40758.6	188830.4	396020.3	86605.0	263241.9	46173.4
	2	636072.3	224287.0	42865.8	181421.2	411785.3	89278.2	279086.8	43420.4
	3	649947.5	229397.9	39080.6	190317.4	420549.5	91564.0	281047.2	47938.3
	4	656561.2	233909.8	39657.5	194252.2	422651.5	94670.3	280653.3	47327.8
	5	663351.4	236497.9	38653.0	197844.9	426853.5	96234.6	281171.3	49447.7
	6	673921.7	240580.0	38904.8	201675.2	433341.7	97624.3	288130.1	47587.3
	7	674051.5	240664.1	39543.2	201120.9	433387.4	97736.6	287150.4	48500.5
	8	687506.9	244340.6	39922.8	204417.9	443166.3	100227.1	288794.8	54144.4
	9	696471.5	243821.9	41854.4	201967.5	452649.6	107460.7	299282.9	45906.0
	10	699776.7	253313.2	41646.2	211667.0	446463.6	102869.4	292418.1	51176.1
	11	710339.0	259420.3	42252.2	217168.2	450918.7	103652.3	293966.0	53300.4
	12	725774.1	266621.3	44628.2	221993.2	459152.7	105858.7	303302.2	49991.9

资料来源：中国人民银行。

货币供应量期末余额同比增速

比上年同期增长(%)

年	月	货币和准货币	货币	流通中现金	活期存款	准货币	定期存款	储蓄存款	其他存款
2008	1	18.9	20.7	31.2	17.8	17.9	25.5	7.7	76.3
	2	17.5	19.2	6.0	23.4	16.6	26.9	7.6	66.2
	3	16.3	18.3	11.1	20.2	15.2	32.4	8.8	33.0
	4	16.9	19.1	10.7	21.4	15.8	27.1	10.4	32.8
	5	18.1	17.9	12.9	19.2	18.1	33.3	13.6	22.8
	6	17.4	14.2	12.3	14.7	19.2	33.4	14.7	24.4
	7	16.4	14.0	12.3	14.4	17.7	33.7	16.2	5.9
	8	16.0	11.5	10.9	11.6	18.6	32.0	18.5	1.8
	9	15.3	9.4	9.3	9.5	18.6	26.0	21.1	-5.2
	10	15.0	8.9	10.6	8.4	18.6	30.8	26.8	-27.2
	11	14.8	6.8	9.0	6.3	19.5	30.8	26.9	-24.2
	12	17.8	9.1	12.7	8.2	23.2	28.1	26.3	-1.5
2009	1	18.8	6.7	12.0	5.0	25.9	34.3	33.8	-17.0
	2	20.4	10.6	8.3	11.3	25.8	30.2	29.2	3.8
	3	25.5	17.0	10.9	18.6	30.2	29.9	29.7	34.1
	4	26.0	17.5	11.3	19.1	30.6	35.2	29.6	29.0
	5	25.7	18.7	11.2	20.5	29.6	34.4	29.1	25.0
	6	28.5	24.8	11.5	28.0	30.4	35.5	28.3	34.0
	7	28.4	26.4	11.6	30.0	29.5	35.2	26.4	37.3
	8	28.5	27.7	11.5	31.7	29.0	33.8	24.1	49.5
	9	29.3	29.5	16.0	33.0	29.2	37.1	24.9	41.8
	10	29.5	32.0	14.1	36.5	28.2	37.7	21.8	54.0
	11	29.7	36.6	15.0	39.6	27.2	36.1	20.1	59.0
	12	27.7	32.4	11.8	37.7	25.2	37.7	19.7	39.4
2010	1	26.1	39.0	-0.8	52.1	19.7	36.3	12.9	35.3
	2	25.5	35.0	22.0	38.5	20.9	39.5	17.5	11.2
	3	22.5	29.9	15.8	33.3	18.8	33.7	15.6	12.7
	4	21.5	31.3	15.8	34.9	16.7	30.8	14.9	3.7
	5	21.0	29.9	15.2	33.3	16.6	31.7	14.2	5.1
	6	18.5	24.6	15.7	26.4	15.3	28.9	15.5	-6.0
	7	17.6	22.9	15.5	24.4	14.9	29.5	15.4	-8.1
	8	19.2	21.9	16.0	23.2	17.8	30.9	16.2	5.7
	9	19.0	20.9	13.8	22.5	18.0	28.4	17.0	3.6
	10	19.3	22.1	16.6	23.2	17.8	28.8	15.6	10.8
	11	19.5	22.1	16.3	23.3	18.0	29.7	15.8	10.3
	12	19.7	21.2	16.7	22.1	18.9	28.7	16.3	15.8

资料来源：中国人民银行。

金融机构人民币信贷收支

(期末余额) 单位：亿元

年	月	资金来源总计	各项存款	资金运用总计	各项贷款
2008	1	469120.7	391551.5	469120.7	269695.6
	2	475751.1	404927.6	475751.1	272166.0
	3	482327.7	415693.1	482327.7	275000.2
	4	493240.6	422202.0	493240.6	279639.0
	5	500592.4	431100.9	500592.4	282875.2
	6	505968.3	438989.3	505968.3	286199.4
	7	512668.3	443671.5	512668.3	290017.0
	8	517093.0	450172.3	517093.0	292732.4
	9	524535.8	454941.5	524535.8	296477.1
	10	528720.4	458331.5	528720.4	298295.7
	11	528220.0	462369.2	528220.0	295749.6
	12	538405.6	466203.3	538405.6	303394.6
2009	1	557331.2	481592.1	557331.2	319921.8
	2	569657.7	498100.3	569657.7	330637.7
	3	590692.9	522618.7	590692.9	349554.8
	4	601298.6	532941.1	601298.6	355472.8
	5	613188.5	546300.0	613188.5	362141.7
	6	632463.3	566288.1	632463.3	377446.1
	7	640992.5	570390.7	640992.5	381137.6
	8	648036.9	573939.5	648036.9	385241.2
	9	659463.4	583987.2	659463.4	390407.9
	10	665851.2	586884.0	665851.2	392937.6
	11	674171.6	592719.8	674171.6	395885.3
	12	681874.8	597741.1	681874.8	399684.8
2010	1	697197.0	612877.3	697197.0	413679.6
	2	705516.1	622436.8	705516.1	420678.4
	3	715020.3	638090.4	715020.3	425785.3
	4	727276.1	649915.5	727276.1	433524.9
	5	736923.5	660756.8	736923.5	440018.1
	6	745762.4	674098.0	745762.4	446045.6
	7	753807.0	675706.9	753807.0	451372.5
	8	764507.1	686463.5	764507.1	456818.6
	9	774572.3	701024.5	774572.3	462822.6
	10	786498.9	702793.7	786498.9	468699.9
	11	796588.6	708784.3	796588.6	474389.2
	12	805879.9	718233.2	805879.9	479196.4

资料来源：中国人民银行。

人民币汇率与国家外汇储备

年	月	人民币/100美元(元)	人民币/100日元(元)	人民币/100港币(元)	人民币/100欧元(元)	人民币/100英镑(元)	期末国家外汇储备(亿美元)
2008	1	724.78	6.7136	92.87	1065.73	1426.58	15898.10
	2	716.01	6.6733	91.84	1059.53	1408.54	16471.34
	3	707.52	7.0202	90.93	1096.75	1415.77	16821.77
	4	700.07	6.8264	89.85	1103.66	1386.24	17566.55
	5	697.24	6.6870	89.40	1085.28	1369.82	17969.61
	6	689.71	6.4469	88.34	1072.19	1355.67	18088.00
	7	683.76	6.4024	87.66	1077.94	1359.73	18451.64
	8	685.15	6.2684	87.75	1026.84	1297.01	18841.53
	9	683.07	6.3929	87.67	982.85	1228.25	19055.85
	10	683.16	6.8560	88.04	904.34	1150.86	18796.88
	11	682.86	7.0532	88.10	868.09	1045.57	18847.17
	12	684.24	7.4888	88.28	923.63	1020.12	19460.30
2009	1	683.82	7.5414	88.16	910.43	996.88	19134.56
	2	683.57	7.4097	88.16	874.32	984.47	19120.66
	3	683.41	6.9873	88.14	891.50	970.64	19537.41
	4	683.12	6.9072	88.14	899.57	1002.64	20088.80
	5	682.45	7.0681	88.05	929.22	1048.06	20894.91
	6	683.32	7.0765	88.16	957.89	1117.82	21316.06
	7	683.20	7.2311	88.15	961.45	1118.16	21746.18
	8	683.22	7.1994	88.15	974.67	1131.01	22108.27
	9	682.89	7.4638	88.11	993.54	1114.15	22725.95
	10	682.75	7.5275	88.09	1015.61	1110.19	23282.72
	11	682.74	7.6512	88.09	1018.60	1134.08	23887.88
	12	682.79	7.6101	88.07	997.08	1108.36	23991.52
2010	1	682.73	7.4812	87.95	975.84	1104.26	24152.21
	2	682.70	7.5662	87.90	936.56	1068.96	24245.91
	3	682.64	7.5429	87.95	927.00	1027.97	24470.84
	4	682.62	7.3100	87.94	916.96	1046.77	24905.12
	5	682.74	7.4245	87.68	856.04	999.80	24395.06
	6	681.65	7.5087	87.53	832.20	1004.62	24542.75
	7	677.75	7.7306	87.14	864.38	1034.32	25388.94
	8	679.01	7.9418	87.39	876.24	1063.51	25478.38
	9	674.62	7.9954	86.86	876.92	1048.24	26483.03
	10	667.32	8.1884	86.00	929.09	1057.42	27608.99
	11	665.58	8.0725	85.83	910.78	1063.17	27678.09
	12	665.15	7.9809	85.56	878.37	1037.37	28473.38

资料来源：国家外汇管理局。
注：人民币汇率为月平均汇价；期末国家外汇储备由中国人民银行每季度公布一次。

股票市场主要统计指标

年	月	境内上市公司数(A、B股)(家)	市价总值(亿元)	流通市值(亿元)	总股本(亿股)	股票成交额(亿元)
2008	1	1558	277854.8	84369.4	22497.5	46530.5
	2	1568	281633.0	90740.3	22673.5	21111.7
	3	1571	226789.1	76449.8	22920.5	28532.4
	4	1576	240244.3	79464.5	23370.7	26901.4
	5	1595	224866.7	75911.7	23719.6	29466.9
	6	1607	178035.1	59625.5	23888.2	16862.6
	7	1614	181884.6	61945.7	23996.8	23260.3
	8	1620	155435.3	53145.8	24177.8	11808.8
	9	1625	148164.0	50016.6	24276.5	11541.7
	10	1625	112067.8	37706.1	24325.5	10396.0
	11	1624	122484.2	42945.9	24335.0	17112.3
	12	1625	121366.4	45213.9	24522.9	23588.2
2009	1	1625	133095.5	51845.8	24539.4	14916.8
	2	1625	140389.2	55596.6	24564.5	40390.0
	3	1625	161474.2	68134.9	24584.9	37554.8
	4	1625	169253.3	73450.3	24712.0	45740.1
	5	1623	179786.6	80141.1	24854.9	37075.8
	6	1623	201448.1	91169.1	24896.6	46178.8
	7	1628	235734.8	116696.9	25356.4	70896.2
	8	1638	187095.4	94582.5	25446.9	50537.5
	9	1650	196901.7	100746.9	25698.1	44198.2
	10	1682	215892.0	130920.1	25770.9	32372.2
	11	1693	239503.0	143525.2	25916.0	64011.4
	12	1718	243939.1	151258.7	26162.9	52115.0
2010	1	1754	226361.6	144919.6	26346.6	47901.3
	2	1775	236597.0	150489.7	26557.2	24318.6
	3	1807	244952.6	156605.6	26768.2	44114.9
	4	1837	227905.5	147308.4	26994.8	51929.4
	5	1863	209639.4	136372.7	27307.6	32847.3
	6	1891	195138.7	126761.5	27681.4	25308.0
	7	1916	225922.1	143114.3	31221.7	32673.5
	8	1947	235121.4	148750.3	31795.5	47370.9
	9	1976	238740.4	152413.1	32017.3	44180.1
	10	1997	270133.6	175984.9	32218.2	62837.9
	11	2026	264315.6	190075.2	32663.4	82570.1
	12	2063	265422.6	193110.4	33184.4	49581.8

资料来源：中国证券监督管理委员会。

行政区划数

(年底数)　　　　单位：个

年　份	省　级	地　级	#地级市	县　级	市辖区	县级市	县及其它	乡镇级	#镇数	#乡数	#街　道办事处
1978	30	310	98	2653	408	92	2153	6198	2176		
1979	30	315	104	2690	428	109	2153	10424	2361		4444
1980	30	318	107	2775	511	113	2151				
1981	30	316	108	2780	514	122	2144	11434	2678		4965
1982	30	322	112	2797	527	130	2140				
1983	30	322	144	2785	552	142	2091	49695	2968	35514	5304
1984	30	322	147	2814	595	150	2069	106439	7186	85290	5844
1985	30	327	162	2826	621	159	2046	104900	9140	82450	5402
1986	30	325	166	2830	629	184	2017	84018	10718	61417	5718
1987	30	326	170	2826	632	208	1986	81025	11103	58739	5680
1988	31	334	183	2831	647	248	1936	65345	11481	45195	5099
1989	31	336	185	2829	648	262	1919	65419	11873	44624	5420
1990	31	336	185	2833	651	279	1903	65188	12084	44397	5269
1991	31	338	187	2833	650	289	1894	63391	12455	42654	5186
1992	31	339	191	2833	662	323	1848	54830	14539	33827	5233
1993	31	335	196	2835	669	371	1795	54863	15805	32445	5470
1994	31	333	206	2845	697	413	1735	54605	16702	31463	5372
1995	31	334	210	2849	706	427	1716	53360	17532	29502	5596
1996	31	335	218	2858	717	445	1696	51336	18171	27056	5565
1997	33	332	222	2862	727	442	1693	50967	18925	25966	5678
1998	33	331	227	2863	737	437	1689	50999	19216	25712	5732
1999	34	331	236	2858	749	427	1682	50750	19756	24745	5904
2000	34	333	259	2861	787	400	1674	49668	20312	23199	5902
2001	34	332	265	2861	808	393	1660	45303	20374	19341	5510
2002	34	332	275	2860	830	381	1649	44850	20601	18639	5576
2003	34	333	282	2861	845	374	1642	44067	20226	18064	5751
2004	34	333	283	2862	852	374	1636	43258	19883	17451	5904
2005	34	333	283	2862	852	374	1636	41636	19522	15951	6152
2006	34	333	283	2860	856	369	1635	41040	19369	15306	6355
2007	34	333	283	2859	856	368	1635	40813	19249	15120	6434
2008	34	333	283	2859	856	368	1635	40828	19234	15067	6524
2009	34	333	283	2858	855	367	1636	40858	19322	14848	6686
2010	34	333	283	2856	853	370	1633	40906	19410	14571	6923

注：1.本表资料由民政部提供。
　　2.县及其它包括：县、自治县、旗、自治旗、特区和林区。

人口基本情况

指　　标	单位	1982年	1990年	2000年	2009年	2010年
总人口(年末)	**万人**	**101654**	**114333**	**126743**	**133474**	**133972**
按性别分						
男性人口	万人	52352	58904	65437	68652	68685
女性人口	万人	49302	55429	61306	64822	65287
按城乡分						
城镇人口	万人	21480	30195	45906	62186	66557
乡村人口	万人	80174	84138	80837	71288	67415
人口比重						
按性别分						
男性人口	%	51.5	51.5	51.6	51.4	51.3
女性人口	%	48.5	48.5	48.4	48.6	48.7
按城乡分						
城镇人口	%	21.1	26.4	36.2	46.6	49.7
乡村人口	%	78.9	73.6	63.8	53.4	50.3
出生率	‰	**22.28**	**21.06**	**14.03**	**12.13**	
死亡率	‰	**6.60**	**6.67**	**6.45**	**7.08**	
自然增长率	‰	**15.68**	**14.39**	**7.58**	**5.05**	
各年龄段人口比重						
0-14岁人口	%	33.6	27.7	22.9	18.5	16.6
15-64岁人口	%	61.5	66.7	70.1	73.0	74.5
65岁以上人口	%	4.9	5.6	7.0	8.5	8.9
总抚养比	%	**62.60**	**49.93**	**42.66**	**36.89**	**34.18**
少儿抚养比	%	54.63	41.53	32.67	25.29	22.28
老年抚养比	%	7.97	8.40	9.99	11.60	11.90
各种受教育程度人口占总人口比重						
小学	%	35.4	37.2	35.7	28.2	26.8
初中	%	17.8	23.3	34.0	39.1	38.8
高中	%	6.6	8.0	11.1	12.9	14.0
大专及以上	%	0.6	1.4	3.6	6.8	8.9
平均预期寿命	**岁**	**67.77***	**68.55**	**71.40**		

注：1.总人口包括中国人民解放军现役军人,但不包括香港、澳门特别行政区和台湾地区人口(下表同)。
　　2.城镇人口中包括中国人民解放军现役军人(下表同)。
　　3.表中带“*”号的数字为1981年数据。
　　4.2010年数据为第六次全国人口普查11月1日零时登记人口初步汇总数。

人　口　数

(年末数)　　单位：万人

年　份	总人口	按性别分		按城乡分		人口密度	城镇人口占
		男	女	城镇人口	乡村人口	(人/平方公里)	总人口比重(%)
1978	96259	49567	46692	17245	79014	100	17.92
1979	97542	50192	47350	18495	79047	102	18.96
1980	98705	50785	47920	19140	79565	103	19.39
1981	100072	51519	48553	20171	79901	104	20.16
1982	101654	52352	49302	21480	80174	106	21.13
1983	103008	53152	49856	22274	80734	107	21.62
1984	104357	53848	50509	24017	80340	109	23.01
1985	105851	54725	51126	25094	80757	110	23.71
1986	107507	55581	51926	26366	81141	112	24.52
1987	109300	56290	53010	27674	81626	114	25.32
1988	111026	57201	53825	28661	82365	116	25.81
1989	112704	58099	54605	29540	83164	117	26.21
1990	114333	58904	55429	30195	84138	119	26.41
1991	115823	59466	56357	31203	84620	121	26.94
1992	117171	59811	57360	32175	84996	122	27.46
1993	118517	60472	58045	33173	85344	123	27.99
1994	119850	61246	58604	34169	85681	125	28.51
1995	121121	61808	59313	35174	85947	126	29.04
1996	122389	62200	60189	37304	85085	127	30.48
1997	123626	63131	60495	39449	84177	129	31.91
1998	124761	63940	60821	41608	83153	130	33.35
1999	125786	64692	61094	43748	82038	131	34.78
2000	126743	65437	61306	45906	80837	132	36.22
2001	127627	65672	61955	48064	79563	133	37.66
2002	128453	66115	62338	50212	78241	134	39.09
2003	129227	66556	62671	52376	76851	135	40.53
2004	129988	66976	63012	54283	75705	135	41.76
2005	130756	67375	63381	56212	74544	136	42.99
2006	131448	67728	63720	57706	73742	137	43.90
2007	132129	68048	64081	59379	72750	138	44.94
2008	132802	68357	64445	60667	72135	138	45.68
2009	133474	68652	64822	62186	71288	139	46.59
2010	133972	68685	65287	66557	67415	140	49.68

注：1.本表1982年以前数据为户籍统计数；1982-1989年数据根据1990年人口普查数据有所调整；1990-2000年数据根据2000年人口普查数据进行了调整；2001-2004年和2006-2009年数据根据人口变动抽样调查资料推算；2005年数据根据全国1%人口抽样调查数据推算。2010年数据为第六次全国人口普查11月1日时点初步汇总数。

2.1982年以前的城镇人口是指辖区内全部人口；乡村人口是指县人口，但不包括镇人口。1982-1999年的城镇人口是指设区的市所辖区人口和不设区的市所辖街道人口以及不设区的市所辖镇的居民委员会人口和县辖镇的居民委员会人口；乡村人口是指除城镇人口以外的人口。2000-2005年城乡人口是按国家统计局1999年发布的《关于统计上划分城乡的规定（试行）》计算的。2006、2007年的城乡人口是按国家统计局2006年发布的《关于统计上划分城乡的暂行规定》计算的。2008-2010年的城乡人口是按2008年国家统计局《关于统计上划分城乡的规定》计算的。

就业和工资基本情况

项　　目	单位	1978年	1990年	1995年	2000年	2009年	2010年
就业人员(年底数)	**万人**	**40152**	**64749**	**68065**	**72085**	**77995**	
第一产业	万人	28318	38914	35530	36043	29708	
第二产业	万人	6945	13856	15655	16219	21684	
第三产业	万人	4890	11979	16880	19823	26603	
按城乡分就业人员(年底数)							
城镇就业人员	万人	9514	17041	19040	23151	31120	
#国有单位	万人	7451	10346	11261	8102	6420	6516
城镇集体单位	万人	2048	3549	3147	1499	618	597
其他单位	万人		164	894	2011	5535	5938
乡村就业人员	万人	30638	47708	49025	48934	46875	
#乡镇企业	万人	2827	9265	12862	12820	15588	15893
城镇新增就业人员	**万人**					**1102**	**1168**
城镇登记失业人数(年底数)	**万人**	**530**	**383**	**520**	**595**	**921**	**908**
城镇登记失业率	%	**5.3**	**2.5**	**2.9**	**3.1**	**4.3**	**4.1**
城镇单位就业人员工资总额	**亿元**	**569**	**2951**	**8100**	**10656**	**40288**	**47270**
国有单位	亿元	469	2324	6080	7613	21863	24886
城镇集体单位	亿元	100	581	1182	919	1273	1434
其他单位	亿元		46	638	2124	17152	20950
城镇单位就业人员平均工资	**元**	**615**	**2140**	**5500**	**9371**	**32244**	**36539**
国有单位	元	644	2284	5625	9552	34130	38359
城镇集体单位	元	506	1681	3931	6262	20607	24010
其他单位	元		2987	7463	10984	31350	35801

注：1.2010年就业人员数据暂缺。
2.城镇集体单位就业人员、工资总额、平均工资均不包括城镇私营单位。

按行业分法人单位数

单位：个

行业门类	2005年	2006年	2007年	2008年	2009年
全国总计	**5647823**	**6068912**	**6495064**	**7195210**	**8003868**
农、林、牧、渔业	68800	78205	98546	98546	184764
采矿业	89430	93967	97678	97314	103403
制造业	1451556	1579406	1702455	1818380	1959254
电力、燃气及水的生产和供应业	43148	45922	49052	57923	62038
建筑业	149471	170180	190517	226787	261694
交通运输、仓储和邮政业	91565	104635	117228	157737	175914
信息传输、计算机服务和软件业	85499	100614	115101	153289	176326
批发和零售业	994953	1122489	1246042	1403143	1670315
住宿和餐饮业	101853	109892	118173	145302	154895
金融业	26828	29201	31815	28133	36907
房地产业	148059	165865	187444	214405	244043
租赁和商务服务业	291498	331904	368763	427005	511666
科学研究、技术服务和地质勘查业	153076	166240	176677	201696	233221
水利、环境和公共设施管理业	46847	48811	50953	57553	61740
居民服务和其他服务业	93947	102228	110525	120466	141936
教育	305446	308760	312339	335065	342003
卫生、社会保障和社会福利业	183760	185014	187376	206517	209016
文化、体育和娱乐业	69490	72873	76430	81882	90891
公共管理和社会组织	1252597	1252706	1257950	1364067	1383842

注：1.2008年农、林、牧、渔业数据为2007年基本单位年报数据。
2.统计范围不包括国际组织。

国民经济与社会发展总量指标（一）

指　标	单　位	1978年	1990年	2000年	2009年	2010年
人口						
总人口	万人	96259	114333	126743	133474	133972
城镇人口	万人	17245	30195	45906	62186	66557
乡村人口	万人	79014	84138	80837	71288	67415
就业和失业						
就业人员	万人	40152	64749	72085	77995	
#城镇就业人员	万人	9514	17041	23151	31120	
城镇登记失业人员	万人	530	383	595	921	908
国民经济核算						
国内生产总值	亿元	3645.2	18667.8	99214.6	340902.8	397983.3
第一产业	亿元	1027.5	5062.0	14944.7	35226.0	40497.0
第二产业	亿元	1745.2	7717.4	45555.9	157638.8	186480.9
第三产业	亿元	872.5	5888.4	38714.0	148038.0	171005.4
支出法国内生产总值	亿元	3605.6	19347.8	98749.0	346316.6	394307.6
最终消费支出	亿元	2239.1	12090.5	61516.0	166820.1	186905.3
资本形成总额	亿元	1377.9	6747.0	34842.8	164463.2	191690.8
货物和服务净出口	亿元	-11.4	510.3	2390.2	15033.3	15711.5
固定资产投资						
全社会固定资产投资总额	亿元		4517.0	32917.7	224598.8	278139.8
城　镇	亿元		3274.4	26221.8	193920.4	241414.9
#房地产开发	亿元		253.3	4984.1	36241.8	48267.1
农　村	亿元		1242.6	6695.9	30678.4	36724.9
对外贸易和实际利用外资						
货物进出口总额	亿美元	206.4	1154.4	4742.9	22075.4	29727.6
出口额	亿美元	97.5	620.9	2492.0	12016.1	15779.3
进口额	亿美元	108.9	533.5	2250.9	10059.2	13948.3
外商直接投资	亿美元		34.9	407.2	900.3	1057.3
外商其他投资	亿美元		2.7	86.4	17.7	30.9
财政和金融						
国家财政收入	亿元	1132.3	2937.1	13395.2	68518.3	83080.3
国家财政支出	亿元	1122.1	3083.6	15886.5	76299.9	89575.4
金融机构人民币各项存款余额	亿元	1155	13943	123804	597741	718238
金融机构人民币各项贷款余额	亿元	1890	17511	99371	399685	479196
主要农业、工业产品产量						
粮食	万吨	30476.5	44624.3	46217.5	53082.1	54647.7
棉花	万吨	216.7	450.8	441.7	637.7	596.1
油料	万吨	521.8	1613.2	2954.8	3154.3	3230.1
肉类	万吨			6013.9	7649.9	7925.8
原煤	亿吨	6.18	10.80	13.84	29.73	32.40
原油	万吨	10405	13831	16300	18949	20301
发电量	亿千瓦小时	2566	6212	13556	37147	42065
粗钢	万吨	3178	6635	12850	57218	62696
水泥	万吨	6524	20971	59700	164398	188000

国民经济与社会发展总量指标（二）

指　　标	单　位	1978年	1990年	2000年	2009年	2010年
建筑业						
建筑业企业从业人员	万人		1011	1994	3673	4043
建筑业总产值	亿元		1345	12498	76808	95206
交通和邮电						
客运量	万人	253993	772682	1478573	2976898	3269508
货运量	万吨	248946	970602	1358682	2825222	3241807
沿海主要港口货物吞吐量	万吨	19834	48321	125603	475481	548358
邮电业务总量	亿元	34.1	155.5	4792.7	27193.5	32940.2
移动电话年末用户	万户		1.8	8453.3	74721.4	85900.3
固定电话年末用户	万户	192.5	685.0	14482.9	31373.2	29438.3
国内贸易和旅游						
社会消费品零售总额	亿元	1559	8300	39106	132678	156998
入境过夜旅游者人数	万人次	71.6	1048.4	3122.9	5087.5	5566.5
国际旅游外汇收入	亿美元	2.6	22.2	162.2	396.8	458.1
教育、科技、文化、卫生						
在校学生数						
#普通本、专科	万人	85.6	206.3	556.1	2144.7	2231.8
普通中学	万人	6548.3	4586.0	7368.9	7867.9	7703.2
普通小学	万人	14624.0	12241.4	13013.3	10071.5	9940.7
研究与试验发展经费支出	亿元			895.7	5802.1	6980.0
技术市场成交额	亿元		75	651	3039	3906
图书总印数	亿册(张)	37.7	56.4	62.7	70.4	74.0
期刊总印数	亿册	7.6	17.9	29.4	31.5	32.0
报纸总印数	亿份	127.8	211.3	329.3	439.1	448.0
医院、卫生院数	个	64311	62126	66095	59918	59681
执业(助理)医师	万人	97.8	176.3	207.6	232.9	241.3
医院、卫生院床位数	万张	184.7	259.2	290.8	408.1	440.1

注：1.由于计算误差的影响，按支出法计算的国内生产总值不等于按生产法计算的国内生产总值。
2.本表价值量指标中,邮电业务总量2000年及以前按1990年不变价格计算，2001年起按2000年不变价格计算，其余指标按当年价格计算。

国民经济与社会发展速度指标（一）

指　　标	2010年为下列各年%				平均每年增长%		
	1978年	1990年	2000年	2009年	1979-2010年	1991-2010年	2001-2010年
人口							
总人口(年末)	139.2	117.2	105.7	100.4	1.0	0.8	0.6
城镇人口	386.0	220.4	145.0	107.0	4.3	4.0	3.8
乡村人口	85.3	80.1	83.4	94.6	-0.5	-1.1	-1.8
就业和失业							
就业人员							
#城镇就业人员							
城镇登记失业人员	171.3	237.1	152.6	98.6	1.7	4.4	4.3
国民经济核算							
国内生产总值	2056.8	730.1	270.7	110.3	9.9	10.5	10.5
第一产业	419.1	219.8	151.3	104.3	4.6	4.0	4.2
第二产业	3196.4	1051.1	295.5	112.2	11.4	12.5	11.4
第三产业	2762.3	762.9	288.9	109.5	10.9	10.7	11.2
固定资产投资							
全社会固定资产投资总额		6157.6	845.0	123.8		22.6	23.0
城　镇		7372.8	920.7	124.5		23.8	24.2
#房地产开发		19059.1	968.4	133.2		31.2	25.5
农　村		2955.5	548.5	119.7		18.3	17.3
对外贸易和实际利用外资							
货物进出口总额	14402.9	2575.2	626.8	134.7	16.8	17.6	20.1
出口额	16183.9	2541.4	633.2	131.3	17.2	17.6	20.3
进口额	12808.3	2614.5	619.7	138.7	16.4	17.7	20.0
外商直接投资		3032.1	259.7	117.4		18.6	10.0
外商其他投资		1153.0	35.8	174.5		13.0	-9.8
财政和金融							
国家财政收入	7337.6	2828.7	620.2	121.3	14.4	18.2	20.0
国家财政支出	7982.9	2904.9	563.8	117.4	14.7	18.3	18.9
金融机构人民币各项存款余额	62185.1	5151.3	580.1	120.2	22.3	21.8	19.2
金融机构人民币各项贷款余额	25348.9	2736.5	482.2	119.9	18.9	18.0	17.0
主要农业、工业产品产量							
粮食	179.3	122.5	118.2	102.9	1.8	1.0	1.7
棉花	275.1	132.2	134.9	93.5	3.2	1.4	3.0
油料	619.0	200.2	109.3	102.4	5.9	3.5	0.9
肉类			131.8	103.6			2.8
原煤	524.3	300.0	234.1	109.0	5.3	5.6	8.9
原油	195.1	146.8	124.5	107.1	2.1	1.9	2.2
发电量	1639.3	677.2	310.3	113.2	9.1	10.0	12.0
粗钢	1972.8	944.9	487.9	109.6	9.8	11.9	17.2
水泥	2881.7	896.5	314.9	114.4	11.1	11.6	12.2

国民经济与社会发展速度指标（二）

指　　标	2010年为下列各年%				平均每年增长%		
	1978年	1990年	2000年	2009年	1979–2010年	1991–2010年	2001–2010年
建筑业							
建筑业企业从业人员		400.1	202.7	110.1		7.2	7.3
建筑业总产值		7078.4	761.8	124.0		23.7	22.5
交通和邮电							
客运量	1287.2	423.1	221.1	109.8	8.3	7.5	8.3
货运量	1302.2	334.0	238.6	114.7	8.4	6.2	9.1
沿海主要港口货物吞吐量	2764.7	1134.8	436.6	115.3	10.9	12.9	15.9
邮电业务总量	129688.9	28422.6	922.4	121.1	25.1	32.6	24.9
移动电话年末用户		4694005	1016.2	115.0		71.2	26.1
固定电话年末用户	15289.1	4297.4	203.3	93.8	17.0	20.7	7.4
国内贸易和旅游							
社会消费品零售总额	10073.0	1891.5	401.5	118.3	15.5	15.8	14.9
入境过夜旅游者人数	7774.4	530.9	178.2	109.4	14.6	8.7	6.0
国际旅游外汇收入	17418.3	2065.4	282.4	115.5	17.5	16.3	10.9
教育、科技、文化、卫生							
在校学生数							
#普通本、专科	2607.2	1081.8	401.3	104.1	10.7	12.6	14.9
普通中学	117.6	168.0	104.5	97.9	0.5	2.6	0.4
普通小学	68.0	81.2	76.4	98.7	-1.2	-1.0	-2.7
研究与试验发展经费内部支出			779.3	120.3			22.8
技术市场成交额		5201.1	600.2	128.5		21.8	19.6
图书总印数	196.3	131.2	118.0	105.1	2.1	1.4	1.7
期刊总印数	421.1	178.8	108.8	101.6	4.6	2.9	0.9
报纸总印数	350.5	212.0	136.0	102.0	4.0	3.8	3.1
医院、卫生院数	92.8	96.1	90.3	99.6	-0.2	-0.2	-1.0
执业(助理)医师	246.7	136.9	116.2	103.6	2.9	1.6	1.5
医院、卫生院床位数	238.3	169.8	151.3	107.8	2.8	2.7	4.2

注：本表价值量指标中，国内生产总值和邮电业务总量按可比价格计算，其他按当年价格计算；固定资产投资额平均每年增长速度按累计法计算。

国民经济与社会发展结构指标

单位：%

指　标	1978年	1990年	2000年	2009年	2010年
人口					
城镇	17.9	26.4	36.2	46.6	49.7
乡村	82.1	73.6	63.8	53.4	50.3
就业人员					
第一产业	70.5	60.1	50.0	38.1	
第二产业	17.3	21.4	22.5	27.8	
第三产业	12.2	18.5	27.5	34.1	
国内生产总值					
第一产业	28.2	27.1	15.1	10.3	10.2
第二产业	47.9	41.3	45.9	46.2	46.9
第三产业	23.9	31.6	39.0	43.4	43.0
全社会固定资产投资总额					
城镇		72.5	79.7	86.3	86.8
农村		27.5	20.3	13.7	13.2
货物进出口总额					
出口总额	47.2	53.8	52.5	54.4	53.1
进口总额	52.8	46.2	47.5	45.6	46.9
财政收入					
中央	15.5	33.8	52.2	52.4	51.1
地方	84.5	66.2	47.8	47.6	48.9
财政支出					
中央	47.4	32.6	34.7	20.0	17.8
地方	52.6	67.4	65.3	80.0	82.2
农林牧渔业产值					
#农业	80.0	64.7	55.7	51.0	53.3
林业	3.4	4.3	3.8	3.6	3.7
牧业	15.0	25.7	29.7	32.3	30.0
渔业	1.6	5.4	10.9	9.3	9.3
规模以上工业企业总资产					
大型企业			56.3	39.1	38.1
中型企业			12.9	32.0	30.9
小型企业			30.8	28.9	31.0
在校学生数					
大学生	0.4	1.2	2.7	10.7	11.2
中学生	30.8	26.9	35.2	39.2	38.8
小学生	68.8	71.9	62.2	50.1	50.0
卫生技术人员数					
#执业(助理)医师	39.7	45.2	46.2	42.1	41.1
注册护士	16.4	25.0	28.2	33.5	34.9

人均主要农业产品产量

单位：公斤

年 份	粮食	棉花	油料	糖料	水果	水产品
1978	318.7	2.3	5.5	24.9	6.9	4.9
1980	326.7	2.8	7.8	29.7	6.9	4.6
1985	360.7	3.9	15.0	57.5	11.1	6.7
1990	393.1	4.0	14.2	63.6	16.5	10.9
1995	387.3	4.0	18.7	65.9	35.0	20.9
1996	414.4	3.5	18.2	68.7	38.2	27.0
1997	401.7	3.7	17.5	76.3	41.4	25.4
1998	412.5	3.6	18.6	78.8	43.9	27.2
1999	405.8	3.1	20.8	66.5	49.8	28.5
2000	366.0	3.5	23.4	60.5	49.3	29.4
2001	355.9	4.2	22.5	68.1	52.3	29.8
2002	357.0	3.8	22.6	80.4	54.3	30.9
2003	334.3	3.8	21.8	74.8	112.7	31.6
2004	362.2	4.9	23.7	73.8	118.4	32.8
2005	371.3	4.4	23.6	72.5	123.6	33.9
2006	379.9	5.7	20.1	76.4	130.4	35.0
2007	380.6	5.8	19.5	92.5	137.6	36.0
2008	399.1	5.7	22.3	101.3	145.1	37.0
2009	398.7	4.8	23.7	92.2	153.2	38.4
2010	408.7	4.5	24.2	89.8	160.0	40.2

注：本表计算中所使用的人口数为年平均人口数(下表同)。2003年起水果产量含果用瓜。

人均主要工业产品产量

年 份	布(米)	原煤(吨)	原油(公斤)	发电量(千瓦小时)	粗钢(公斤)	水泥(公斤)
1978	11.5	0.7	108.8	268.4	33.2	68.2
1980	13.7	0.6	108.0	306.4	37.8	81.4
1985	14.0	0.8	118.8	390.8	44.5	138.9
1990	16.6	1.0	121.8	547.2	58.5	184.7
1995	21.6	1.1	124.5	835.8	79.1	394.7
1996	17.2	1.1	129.2	888.1	83.2	403.4
1997	20.2	1.1	130.7	923.2	88.6	416.0
1998	19.4	1.1	129.6	939.7	93.1	431.6
1999	20.0	1.1	127.7	989.3	99.2	457.4
2000	21.9	1.1	129.1	1073.6	101.8	472.8
2001	22.8	1.2	128.9	1164.3	119.2	519.7
2002	25.2	1.2	130.4	1291.8	142.4	566.2
2003	27.4	1.4	131.6	1482.9	172.6	669.1
2004	37.2	1.6	135.7	1700.0	218.3	746.0
2005	37.2	1.8	139.1	1917.8	270.9	819.8
2006	45.7	1.9	140.9	2185.9	319.7	943.4
2007	51.2	2.0	141.4	2490.0	371.3	1032.8
2008	54.6	2.1	143.8	2639.0	379.8	1074.7
2009	56.6	2.2	142.3	2790.1	429.8	1234.8
2010	59.8	2.4	151.8	3145.7	468.8	1405.9

国民经济核算指标

指　　标	单位	1978年	1990年	2000年	2009年	2010年
绝对数						
国民总收入	亿元	3645.2	18718.3	98000.5	341401.5	400041.2
国内生产总值	亿元	3645.2	18667.8	99214.6	340902.8	397983.3
第一产业	亿元	1027.5	5062.0	14944.7	35226.0	40497.0
第二产业	亿元	1745.2	7717.4	45555.9	157638.8	186480.9
第三产业	亿元	872.5	5888.4	38714.0	148038.0	171005.4
人均国内生产总值	元	381	1645	7858	25605	29762
支出法国内生产总值	亿元	3605.6	19347.8	98749.0	346316.6	394307.6
最终消费支出	亿元	2239.1	12090.5	61516.0	166820.1	186905.3
居民消费支出	亿元	1759.1	9450.9	45854.6	121129.9	133290.9
政府消费支出	亿元	480.0	2639.6	15661.4	45690.2	53614.4
资本形成总额	亿元	1377.9	6747.0	34842.8	164463.2	191690.8
固定资本形成	亿元	1073.9	4827.8	33844.4	156679.8	182340.3
存货增加	亿元	304.0	1919.2	998.4	7783.4	9350.5
货物和服务净出口	亿元	-11.4	510.3	2390.2	15033.3	15711.5
指数(1978年=100)						
国民总收入指数		100.0	282.5	750.6	1867.0	2067.5
国内生产总值指数		100.0	281.7	759.9	1864.3	2056.8
第一产业		100.0	190.7	277.0	401.8	419.1
第二产业		100.0	304.1	1081.8	2849.4	3196.4
第三产业		100.0	362.1	956.1	2521.5	2762.3
人均国内生产总值指数		100.0	237.3	575.5	1338.9	1470.7
构成						
支出法国内生产总值=100						
最终消费支出	%	62.1	62.5	62.3	48.2	47.4
资本形成总额	%	38.2	34.9	35.3	47.5	48.6
最终消费支出=100						
居民消费支出	%	78.6	78.2	74.5	72.6	71.3
政府消费支出	%	21.4	21.8	25.5	27.4	28.7
资本形成总额=100						
固定资本形成总额	%	77.9	71.6	97.1	95.3	95.1
存货增加	%	22.1	28.4	2.9	4.7	4.9

注：1.绝对数和构成按当年价格计算，指数按不变价格计算。
2.由于统计误差的影响，按支出法计算的国内生产总值不等于按生产法计算的国内生产总值。

国民总收入和国内生产总值

年　份	国民总收入(亿元)	国内生产总值(亿元)	第一产业	第二产业	第三产业	人均国内生产总值(元)
1978	3645.2	3645.2	1027.5	1745.2	872.5	381
1979	4062.6	4062.6	1270.2	1913.5	878.9	419
1980	4545.6	4545.6	1371.6	2192.0	982.0	463
“六五”时期	**32490.0**	**32401.7**	**10195.7**	**14257.0**	**7948.9**	**631**
1981	4889.5	4891.6	1559.5	2255.5	1076.6	492
1982	5330.5	5323.4	1777.4	2383.0	1163.0	528
1983	5985.6	5962.7	1978.4	2646.2	1338.1	583
1984	7243.8	7208.1	2316.1	3105.7	1786.3	695
1985	9040.7	9016.0	2564.4	3866.6	2585.0	858
“七五”时期	**73081.1**	**73036.8**	**19215.0**	**31326.9**	**22494.8**	**1321**
1986	10274.4	10275.2	2788.7	4492.7	2993.8	963
1987	12050.6	12058.6	3233.0	5251.6	3574.0	1112
1988	15036.8	15042.8	3865.4	6587.2	4590.3	1366
1989	17000.9	16992.3	4265.9	7278.0	5448.4	1519
1990	18718.3	18667.8	5062.0	7717.4	5888.4	1644
“八五”时期	**191942.5**	**193030.5**	**39881.1**	**88381.0**	**64768.4**	**3258**
1991	21826.2	21781.5	5342.2	9102.2	7337.1	1893
1992	26937.3	26923.5	5866.6	11699.5	9357.4	2311
1993	35260.0	35333.9	6963.8	16454.4	11915.7	2998
1994	48108.5	48197.9	9572.7	22445.4	16179.8	4044
1995	59810.5	60793.7	12135.8	28679.5	19978.5	5046
“九五”时期	**417707.3**	**423443.5**	**72989.7**	**196971.6**	**153482.3**	**6816**
1996	70142.5	71176.6	14015.4	33835.0	23326.2	5846
1997	78060.9	78973.0	14441.9	37543.0	26988.1	6420
1998	83024.3	84402.3	14817.6	39004.2	30580.5	6796
1999	88479.2	89677.1	14770.0	41033.6	33873.4	7159
2000	98000.5	99214.6	14944.7	45555.9	38714.0	7858
“十五”时期	**705543.1**	**710626.3**	**93532.7**	**327347.8**	**289745.8**	**11017**
2001	108068.2	109655.2	15781.3	49512.3	44361.6	8622
2002	119095.7	120332.7	16537.0	53896.8	49898.9	9398
2003	135174.0	135822.8	17381.7	62436.3	56004.7	10542
2004	159586.8	159878.3	21412.7	73904.3	64561.3	12336
2005	183618.5	184937.4	22420.0	87598.1	74919.3	14185
“十一五”时期	**1539012.3**	**1535056.2**	**162092.0**	**722674.0**	**650290.2**	**23149**
2006	215883.9	216314.4	24040.0	103719.5	88554.9	16500
2007	266411.0	265810.3	28627.0	125831.4	111351.9	20169
2008	315274.7	314045.4	33702.0	149003.4	131340.0	23708
2009	341401.5	340902.8	35226.0	157638.8	148038.0	25605
2010	400041.2	397983.3	40497.0	186480.9	171005.4	29762

注：本表按当年价格计算。

国内生产总值指数(一)

(上年=100)

年 份	国民总收入	国内生产总值	第一产业	第二产业	第三产业	人均国内生产总值
1978	111.7	111.7	104.1	115.0	113.8	110.2
1979	107.6	107.6	106.1	108.2	107.9	106.1
1980	107.8	107.8	98.5	113.6	106.0	106.5
1981	105.2	105.2	107.0	101.9	110.4	103.9
1982	109.2	109.1	111.5	105.6	113.0	107.5
1983	111.1	110.9	108.3	110.4	115.2	109.3
1984	115.3	115.2	112.9	114.5	119.3	113.7
1985	113.2	113.5	101.8	118.6	118.2	111.9
1986	108.5	108.8	103.3	110.2	112.0	107.2
1987	111.5	111.6	104.7	113.7	114.4	109.8
1988	111.3	111.3	102.5	114.5	113.2	109.5
1989	104.2	104.1	103.1	103.8	105.4	102.5
1990	104.1	103.8	107.3	103.2	102.3	102.3
1991	109.1	109.2	102.4	113.9	108.9	107.7
1992	114.1	114.2	104.7	121.2	112.4	112.8
1993	113.7	114.0	104.7	119.9	112.2	112.7
1994	113.1	113.1	104.0	118.4	111.1	111.8
1995	109.3	110.9	105.0	113.9	109.8	109.7
1996	110.2	110.0	105.1	112.1	109.4	108.9
1997	109.6	109.3	103.5	110.5	110.7	108.2
1998	107.3	107.8	103.5	108.9	108.4	106.8
1999	107.9	107.6	102.8	108.1	109.3	106.7
2000	108.6	108.4	102.4	109.4	109.7	107.6
2001	108.1	108.3	102.8	108.4	110.3	107.5
2002	109.5	109.1	102.9	109.8	110.4	108.4
2003	110.6	110.0	102.5	112.7	109.5	109.3
2004	110.4	110.1	106.3	111.1	110.1	109.4
2005	110.7	111.3	105.2	112.1	112.2	110.7
2006	113.3	112.7	105.0	113.4	114.1	112.0
2007	114.6	114.2	103.7	115.1	116.0	113.6
2008	109.8	109.6	105.4	109.9	110.4	109.1
2009	108.9	109.2	104.2	109.9	109.6	108.7
2010	110.7	110.3	104.3	112.2	109.5	109.8

注：本表按不变价格计算。

国内生产总值指数（二）

(1978年=100)

年份	国民总收入	国内生产总值	第一产业	第二产业	第三产业	人均国内生产总值
1978	100.0	100.0	100.0	100.0	100.0	100.0
1979	107.6	107.6	106.1	108.2	107.9	106.1
1980	116.0	116.0	104.6	122.9	114.3	113.0
1981	122.0	122.1	111.9	125.2	126.2	117.5
1982	133.3	133.1	124.8	132.1	142.6	126.2
1983	148.2	147.6	135.1	145.8	164.3	137.9
1984	170.8	170.0	152.6	166.9	196.0	156.8
1985	193.4	192.9	155.4	197.9	231.7	175.5
1986	209.9	210.0	160.5	218.2	259.6	188.2
1987	234.1	234.3	168.1	248.1	296.8	206.6
1988	260.6	260.7	172.3	284.1	335.9	226.3
1989	271.4	271.3	177.6	294.8	353.9	231.9
1990	282.5	281.7	190.7	304.1	362.1	237.3
1991	308.2	307.6	195.2	346.3	394.3	255.6
1992	351.5	351.4	204.4	419.5	443.3	288.4
1993	399.6	400.4	214.0	502.8	497.4	324.9
1994	452.0	452.8	222.6	595.2	552.5	363.3
1995	494.2	502.3	233.7	677.7	606.9	398.6
1996	544.5	552.6	245.6	759.8	664.1	433.9
1997	596.9	603.9	254.2	839.4	735.3	469.4
1998	640.6	651.2	263.1	914.2	796.8	501.4
1999	691.5	700.9	270.5	988.6	871.2	534.9
2000	750.6	759.9	277.0	1081.8	956.1	575.5
2001	811.1	823.0	284.8	1173.1	1054.2	618.7
2002	888.5	897.8	293.0	1288.4	1164.2	670.4
2003	983.1	987.8	300.3	1451.7	1274.9	733.1
2004	1085.4	1087.4	319.3	1613.0	1403.1	802.2
2005	1201.7	1210.4	336.0	1807.9	1574.7	887.7
2006	1361.1	1363.8	352.8	2050.0	1797.3	994.7
2007	1560.5	1557.0	366.0	2358.8	2084.6	1129.6
2008	1713.6	1707.0	385.6	2591.8	2301.4	1232.1
2009	1867.0	1864.3	401.8	2849.4	2521.5	1338.9
2010	2067.5	2056.8	419.1	3196.4	2762.3	1470.7
平均每年增长(%)						
1979-2010年	9.9	9.9	4.6	11.4	10.9	8.8
1991-2010年	10.5	10.5	4.0	12.5	10.7	9.6
2001-2010年	10.7	10.5	4.2	11.4	11.2	9.8

注：本表按不变价格计算。

支出法国内生产总值

单位：亿元

年　份	支出法国内生产总值	最终消费支出	#居民消费	资本形成总额	#固定资本	货物和服务净出口
1978	3605.6	2239.1	1759.1	1377.9	1073.9	-11.4
1979	4092.6	2633.7	2011.5	1478.9	1153.1	-20.0
1980	4592.9	3007.9	2331.2	1599.7	1322.4	-14.7
“六五”时期	**33254.4**	**22035.3**	**17191.3**	**11426.0**	**9384.8**	**-206.9**
1981	5008.8	3361.5	2627.9	1630.2	1339.3	17.1
1982	5590.0	3714.8	2902.9	1784.2	1503.2	91.0
1983	6216.2	4126.4	3231.1	2039.0	1723.3	50.8
1984	7362.7	4846.3	3742.0	2515.1	2147.0	1.3
1985	9076.7	5986.3	4687.4	3457.5	2672.0	-367.1
“七五”时期	**74833.6**	**47720.6**	**37559.8**	**27183.8**	**20887.5**	**-70.8**
1986	10508.5	6821.8	5302.1	3941.9	3139.7	-255.2
1987	12277.4	7804.6	6126.1	4462.0	3798.7	10.8
1988	15388.6	9839.5	7868.1	5700.2	4701.9	-151.1
1989	17311.3	11164.2	8812.6	6332.7	4419.4	-185.6
1990	19347.8	12090.5	9450.9	6747.0	4827.8	510.3
“八五”时期	**200515.0**	**119185.5**	**90356.7**	**79483.2**	**66090.9**	**1846.3**
1991	22577.4	14091.9	10730.6	7868.0	6070.3	617.5
1992	27565.2	17203.3	13000.1	10086.3	8513.7	275.6
1993	36938.1	21899.9	16412.1	15717.7	13309.2	-679.5
1994	50217.4	29242.2	21844.2	20341.1	17312.7	634.1
1995	63216.9	36748.2	28369.7	25470.1	20885.0	998.6
“九五”时期	**432066.8**	**260801.2**	**197881.7**	**157861.4**	**142953.8**	**13404.2**
1996	74163.6	43919.5	33955.9	28784.9	24048.1	1459.2
1997	81658.5	48140.6	36921.5	29968.0	25965.0	3549.9
1998	86531.6	51588.2	39229.3	31314.2	28569.0	3629.2
1999	91125.0	55636.9	41920.4	32951.5	30527.3	2536.6
2000	98749.0	61516.0	45854.6	34842.8	33844.4	2390.2
“十五”时期	**714069.7**	**403039.8**	**298013.3**	**288322.6**	**274227.9**	**22707.3**
2001	109028.0	66933.9	49435.9	39769.4	37754.5	2324.7
2002	120475.6	71816.5	53056.6	45565.0	43632.1	3094.1
2003	136634.8	77685.5	57649.8	55963.0	53490.7	2986.3
2004	160800.1	87552.6	65218.5	69168.4	65117.7	4079.1
2005	187131.2	99051.3	72652.5	77856.8	74232.9	10223.1
“十一五”时期	**1543599.4**	**750214.0**	**542728.6**	**698376.6**	**659007.3**	**95008.8**
2006	222240.0	112631.9	82103.5	92954.1	87954.1	16654.0
2007	265833.9	131510.1	95609.8	110943.2	103948.6	23380.6
2008	314901.3	152346.6	110594.5	138325.3	128084.4	24229.4
2009	346316.6	166820.1	121129.9	164463.2	156679.8	15033.3
2010	394307.6	186905.3	133290.9	191690.8	182340.3	15711.5

注：本表按当年价格计算。

固定资产投资概况

指　　标	单位	1990年	1995年	2000年	2009年	2010年
全社会固定资产投资额	**亿元**	**4517.0**	**20019.3**	**32917.7**	**224598.8**	**278139.8**
按城乡划分						
城镇	亿元	3274.4	15643.7	26221.8	193920.4	241414.9
农村	亿元	1242.6	4375.6	6695.9	30678.4	36724.9
按登记注册类型分						
内资	亿元		17790.3	30311.5	209111.0	260952.5
港、澳、台商投资	亿元		673.6	1293.0	7091.7	8294.3
外商投资	亿元		1555.3	1313.2	8396.0	8893.0
按资金来源分						
国家预算内资金	亿元	393.0	621.1	2109.5	12685.7	14672.7
国内贷款	亿元	885.5	4198.7	6727.3	39302.8	47022.8
利用外资	亿元	284.6	2295.9	1696.2	4623.7	5025.3
自筹资金	亿元	2954.4	13409.2	22577.1	153514.8	197552.1
其他资金	亿元				40102.6	46060.8
按隶属关系分						
中央项目	亿元		4533.7	6433.8	20697.4	22605.0
地方项目	亿元		15485.6	26483.9	203901.4	255534.8
按构成分						
建筑安装工程	亿元	3008.7	13173.3	20536.3	138758.3	171539.0
设备工器具购置	亿元	1165.5	4262.5	7785.6	50844.2	61627.8
其他费用	亿元	342.7	2583.5	4595.9	34996.2	44973.0
新增固定资产	**亿元**	**3995.3**	**14521.7**	**26842.2**	**138613.3**	**163872.5**
房屋建筑面积						
施工面积	万平方米	137171	215085	263294	754189	884988
#住宅	万平方米		140452	180634	431463	493120
竣工面积	万平方米	107952	145600	181974	302117	294276
#住宅	万平方米	86425	107433	134529	184210	179213
房地产开发						
房地产开发投资额	亿元	253.3	3149.0	4984.1	36241.8	48267.1
新增固定资产	亿元		1434.7	3698.6	18630.7	21654.9
开发房屋竣工住宅面积	万平方米	3527	12525	20603	59629	61216

按城乡分全社会固定资产投资

年 份	固定资产投资(亿元)	城 镇	#房地产	农 村	比上年增长(%)
“六五”时期	**7997.6**	**5770.5**		**2227.1**	**19.4**
1981	961.0	711.1		249.9	5.5
1982	1230.4	900.5		329.9	28.0
1983	1430.1	1014.4		415.7	16.2
1984	1832.9	1279.0		553.9	28.2
1985	2543.2	1865.5		677.7	38.8
“七五”时期	**20593.5**	**14871.3**	**1034.1**	**5722.2**	**16.5**
1986	3120.6	2300.4	101.0	820.2	22.7
1987	3791.7	2730.6	149.9	1061.1	21.5
1988	4753.8	3431.9	257.2	1321.9	25.4
1989	4410.4	3134.0	272.7	1276.4	-7.2
1990	4517.0	3274.4	253.3	1242.6	2.4
“八五”时期	**63808.3**	**49619.0**	**8708.0**	**14189.3**	**36.9**
1991	5594.5	4057.9	336.2	1536.6	23.9
1992	8080.1	6079.7	731.2	2000.4	44.4
1993	13072.3	10303.4	1937.5	2768.9	61.8
1994	17042.1	13534.3	2554.1	3507.8	30.4
1995	20019.3	15643.7	3149.0	4375.6	17.5
“九五”时期	**139033.2**	**109206.6**	**19096.3**	**29826.6**	**11.2**
1996	(22974.0)	(17627.7)	(3216.4)	(5346.3)	14.8
	22913.5	17567.2	3216.4	5346.3	
1997	24941.1	19194.2	3178.4	5746.9	8.8
1998	28406.2	22491.4	3614.2	5914.8	13.9
1999	29854.7	23732.0	4103.2	6122.7	5.1
2000	32917.7	26221.8	4984.1	6695.9	10.3
“十五”时期	**295531.0**	**245425.0**	**53356.4**	**50106.1**	**20.2**
2001	37213.5	30001.2	6344.1	7212.3	13.0
2002	43499.9	35488.8	7790.9	8011.1	16.9
2003	55566.6	45811.7	10153.8	9754.9	27.7
2004	70477.4	59028.2	13158.3	11449.2	26.6
2005	88773.6	75095.1	15909.3	13678.5	26.0
“十一五”时期	**922889.1**	**794906.8**	**160423.8**	**127982.3**	**25.5**
2006	109998.2	93368.7	19422.9	16629.5	23.9
2007	137323.9	117464.5	25288.8	19859.5	24.8
2008	172828.4	148738.3	31203.2	24090.1	25.9
2009	224598.8	193920.4	36241.8	30678.4	30.0
2010	278139.8	241414.9	48267.1	36724.9	23.8
平均每年增长(%)					
1982-2010年	21.2	21.9		18.8	
1991-2010年	22.6	23.8	31.2	18.3	
2001-2010年	23.0	24.2	25.5	17.3	

注：1.1997年起，除房地产投资、农村集体投资、个人投资外，其他固定资产投资的统计起点由5万元提高到50万元。为便于比较，对1996年的相应数据作了全面调整，括号内为原口径数，未加括号的为调整后的新口径数，增长速度按可比口径计算。受经济普查影响，2004年投资额与上年有不可比因素，增长速度按可比口径计算。

2.本表增长速度均未扣除价格因素，平均每年增长速度按累计法计算。

按行业分城镇固定资产投资（一）

行业	投资额（亿元）		2010年比上年增长（%）	2010年比重(%)
	2009年	2010年		
全国总计	**193920.4**	**241414.9**	**24.5**	**100.0**
农林牧渔业	**3356.4**	**3966.1**	**18.2**	**1.6**
#林业	584.3	683.7	17.0	0.3
采矿业	**8170.8**	**9653.0**	**18.1**	**4.0**
煤炭开采及洗选业	3056.9	3770.3	23.3	1.6
石油和天然气开采业	2791.5	2892.5	3.6	1.2
黑色金属矿采选业	843.8	1066.2	26.4	0.4
有色金属矿采选业	830.0	1009.8	21.7	0.4
非金属矿采选业	627.4	879.7	40.2	0.4
其他采矿业	21.3	34.4	61.7	
制造业	**58706.1**	**74527.7**	**27.0**	**30.9**
农副食品加工业	2830.1	3626.3	28.1	1.5
食品制造业	1509.5	1944.4	28.8	0.8
饮料制造业	1078.8	1354.9	25.6	0.6
烟草制造业	216.6	215.8	-0.4	0.1
纺织业	1764.4	2229.8	26.4	0.9
纺织服装、鞋、帽制造业	1050.6	1411.8	34.4	0.6
皮革、毛皮、羽毛(绒)及其制品业	518.2	639.5	23.4	0.3
木材加工及木、竹、藤、棕、草制品业	1016.5	1305.5	28.4	0.5
家具制造业	645.2	838.8	30.0	0.3
造纸及纸制品业	1244.1	1346.4	8.2	0.6
印刷业和记录媒介的复制	567.4	692.0	22.0	0.3
文教体育用品制造业	217.2	274.7	26.5	0.1
石油加工、炼焦及核燃料加工业	1839.8	2076.4	12.9	0.9
化学原料及化学制品制造业	5979.9	6863.1	14.8	2.8
医药制造业	1454.3	1941.2	33.5	0.8
化学纤维制造业	276.1	392.5	42.2	0.2
橡胶制品业	658.2	815.8	23.9	0.3
塑料制品业	1405.7	1790.4	27.4	0.7
非金属矿物制品业	5904.4	7556.4	28.0	3.1
黑色金属冶炼及压延加工业	3264.9	3465.0	6.1	1.4
有色金属冶炼及压延加工业	2153.8	2924.0	35.8	1.2
金属制品业	2817.8	3622.5	28.6	1.5
通用设备制造业	4461.2	5459.0	22.4	2.3
专用设备制造业	3076.0	4154.2	35.1	1.7

按行业分城镇固定资产投资（二）

行业	投资额（亿元）		2010年比上年增长（%）	2010年比重(%)
	2009年	2010年		
交通运输设备制造业	4975.1	6553.5	31.7	2.7
电气机械及器材制造业	3557.8	4996.3	40.4	2.1
通信设备、计算机及其他电子设备制造业	2623.6	3889.2	48.2	1.6
仪器仪表及文化、办公用机械制造业	527.0	711.7	35.0	0.3
工艺品及其他制造业	826.9	1099.3	32.9	0.5
废弃资源和废旧材料回收加工业	244.9	337.2	37.7	0.1
电力、燃气及水的生产和供应业	**13545.4**	**14535.2**	**7.3**	**6.0**
电力、热力的生产与供应业	11139.1	11869.4	6.6	4.9
燃气生产与供应业	650.7	960.5	47.6	0.4
水的生产与供应业	1755.7	1705.2	-2.9	0.7
建筑业	**1569.1**	**2331.9**	**48.6**	**1.0**
交通运输、仓储和邮政业	**23271.3**	**27819.7**	**19.5**	**11.5**
#铁路运输业	6660.9	7494.9	12.5	3.1
道路运输业	10557.6	12761.7	20.9	5.3
城市公共交通业	2034.1	2360.7	16.1	1.0
水上运输业	1670.7	2079.0	24.4	0.9
航空运输业	604.9	885.1	46.3	0.4
信息传输、计算机服务和软件业	**2543.5**	**2392.1**	**-6.0**	**1.0**
批发和零售业	**4491.0**	**5216.4**	**16.2**	**2.2**
住宿和餐饮业	**2328.6**	**2971.5**	**27.6**	**1.2**
金融业	**348.5**	**475.9**	**36.5**	**0.2**
房地产业	**43127.6**	**57557.0**	**33.5**	**23.8**
租赁和商务服务业	**1880.4**	**2489.8**	**32.4**	**1.0**
科学研究、技术服务和地质勘查业	**1084.0**	**1288.2**	**18.8**	**0.5**
水利、环境和公共设施管理业	**17878.9**	**22260.9**	**24.5**	**9.2**
水利管理业	2217.9	2746.8	23.8	1.1
环境管理业	1197.3	1533.5	28.1	0.6
公共设施管理业	14463.6	17980.6	24.3	7.4
居民服务和其他服务业	**518.6**	**757.9**	**46.1**	**0.3**
教育	**3242.5**	**3717.4**	**14.6**	**1.5**
卫生、社会保障和社会福利业	**1698.0**	**1967.4**	**15.9**	**0.8**
#卫生	1447.6	1690.9	16.8	0.7
文化、体育和娱乐业	**2125.4**	**2595.8**	**22.1**	**1.1**
公共管理和社会组织	**4034.2**	**4891.2**	**21.2**	**2.0**
国际组织				

房地产开发企业(单位)概况

指　　标	单位	2005年	2006年	2007年	2008年	2009年	2010年
房地产开发投资额	**亿元**	**15909.3**	**19422.9**	**25288.8**	**31203.2**	**36241.8**	**48267.1**
按工程用途分							
住宅	亿元	10860.9	13638.4	18005.4	22440.9	25613.7	34038.1
办公楼	亿元	763.1	928.1	1035.0	1167.2	1377.2	1806.5
商业营业用房	亿元	2039.5	2353.9	2785.6	3354.5	4180.7	5598.8
其它	亿元	2245.7	2502.6	3462.7	4240.7	5070.2	6823.5
按构成分							
建筑安装工程	亿元	10962.5	13352.9	17205.5	21637.7	25839.3	33085.3
设备工器具购置	亿元	237.4	270.0	340.5	454.1	454.1	554.0
其他费用	亿元	4709.3	5800.1	7742.8	9111.4	9948.4	14627.7
房屋建筑面积及价值							
施工面积	万平方米	166053	194786	236318	283266	320368	405539
#新开工面积	万平方米	68064	79253	95402	102553	116422	163777
竣工面积	万平方米	53417	55831	60607	66545	72677	75961
竣工价值	亿元	7752.2	8729.3	10039.9	11947.6	14689.4	16973.7
商品房销售情况							
商品房销售面积	万平方米	55486	61857	77355	65970	94755	104349
商品房销售额	亿元	17576.1	20826.0	29889.1	25068.2	44355.2	52478.7
资金来源合计	**亿元**	**25497.3**	**32758.3**	**43565.6**	**48491.7**	**66545.5**	**87803.2**
上年末结余资金	亿元	4099.4	5622.7	6087.7	8872.3	8746.5	15308.8
本年资金来源小计	亿元	21397.8	27135.6	37478.0	39619.4	57799.0	72494.3
国内贷款	亿元	3918.1	5357.0	7015.6	7605.7	11364.5	12540.5
利用外资	亿元	257.8	400.2	641.0	728.2	479.4	795.6
#外商直接投资	亿元	171.4	303.0	485.4	635.0	403.3	677.0
自筹资金	亿元	7000.4	8597.1	11772.5	15312.1	17949.1	26704.6
#自有资金	亿元	4022.2	5068.2	6974.1	8849.1	9858.9	14173.0
其他资金	亿元	10221.6	12781.3	18048.8	15973.4	28006.0	32453.7
#定金及预收款	亿元	6954.2	8192.7	10663.2	9756.7	16217.5	19019.8
各项应付款	**亿元**	**2490.8**	**3054.8**	**4133.8**	**6048.0**	**6356.4**	**8220.2**
#工程款	亿元	1424.6	1750.4	2190.2	3219.8	3296.9	4007.7

社会消费品零售总额

年　份	社会消费品零售总额 (亿元)	比上年增长 (%)
1978	1558.6	8.8
1979	1800.0	15.5
1980	2140.0	18.9
"六五"时期	**15450.8**	**15.0**
1981	2350.0	9.8
1982	2570.0	9.4
1983	2849.4	10.9
1984	3376.4	18.5
1985	4305.0	27.5
"七五"时期	**34611.5**	**14.0**
1986	4950.0	15.0
1987	5820.0	17.6
1988	7440.0	27.8
1989	8101.4	8.9
1990	8300.1	2.5
"八五"时期	**76916.4**	**23.3**
1991	9415.6	13.4
1992	10993.7	16.8
1993	14270.4	29.8
1994	18622.9	30.5
1995	23613.8	26.8
"九五"时期	**167744.8**	**10.6**
1996	28360.2	20.1
1997	31252.9	10.2
1998	33378.1	6.8
1999	35647.9	6.8
2000	39105.7	9.7
"十五"时期	**271561.2**	**11.8**
2001	43055.4	10.1
2002	48135.9	11.8
2003	52516.3	9.1
2004	59501.0	13.3
2005	68352.6	14.9
"十一五"时期		
2006	79145.2	15.8
2007	93571.6	18.2
2008	114830.1	22.7
2009	132678.4	15.5
2010	156998.4	18.3
平均每年增长(%)		
1979-2010年		15.5
1991-2010年		15.8
2001-2010年		14.9

注：1.本表按当年价格计算(下表同)。
　　2.1992年及以前为社会商品零售总额；1997年起社会消费品零售总额不含居民购买住房。

对外贸易和利用外资

指　　标	单　位	1990年	1995年	2000年	2005年	2009年	2010年
对外经济贸易							
货物进出口总额	**亿美元**	**1154.4**	**2808.6**	**4742.9**	**14219.1**	**22075.4**	**29727.6**
出口总额	亿美元	620.9	1487.8	2492.0	7619.5	12016.1	15779.3
初级产品	亿美元	158.9	214.9	254.6	490.4	631.1	817.2
工业制成品	亿美元	462.0	1272.9	2237.4	7129.2	11384.8	14962.2
进口总额	亿美元	533.5	1320.8	2250.9	6599.5	10059.2	13948.3
初级产品	亿美元	98.5	244.2	467.4	1477.1	2898.0	4325.6
工业制成品	亿美元	434.9	1076.7	1783.5	5122.4	7161.2	9622.7
进出口差额	亿美元	87.4	167.0	241.1	1020.0	1956.9	1831.0
吸收外商投资							
合同项目	个	7371	37184	22347	44001	23435	27406
#外商直接投资	个	7273	37011	22347	44001	23435	27406
合同金额	亿美元	120.9	1032.1	711.3	1925.9		
#外商直接投资	亿美元	66.0	912.8	623.8	1890.7		
外商其他投资	亿美元	3.9	6.4	87.5	35.3		
实际使用外资额	亿美元	102.9	481.3	593.6	638.1	918.0	1088.2
#外商直接投资	亿美元	34.9	375.2	407.2	603.3	900.3	1057.3
外商其他投资	亿美元	2.7	2.9	86.4	34.8	17.7	30.9
非金融类对外直接投资额	**亿美元**				**122.6**	**565.3**	**590.0**
对外经济合作							
合同金额	亿美元	26.0	96.7	149.4	342.2	1336.8	1430.9
#对外承包工程	亿美元	21.3	74.8	117.2	296.1	1262.1	1343.7
对外劳务合作	亿美元	4.8	20.1	29.9	42.5	74.7	87.2
完成营业额	亿美元	18.7	65.9	113.3	267.8	866.2	1010.5
#对外承包工程	亿美元	16.4	51.1	83.8	217.6	777.1	921.7
对外劳务合作	亿美元	2.2	13.5	28.1	47.9	89.1	88.8

注：1.本表进出口、对外经济数据分别由海关总署和商务部提供(下表同)。
2.2000年起吸收外商投资数据不包括对外借款。
3.非金融类对外直接投资从2002年开始统计。
4.2007年起商务部不再对外公布合同外资金额数据。

国家财政收支和债务收支情况

单位：亿元

指 标	1990年	1995年	2000年	2009年	2010年
财政收入	**2937.1**	**6242.2**	**13395.2**	**68518.3**	**83080.3**
中央	992.4	3256.6	6989.2	35915.7	42470.5
地方	1944.7	2985.6	6406.1	32602.6	40609.8
财政收入指数（上年=100）	110.2	119.6	117.0	111.7	121.3
财政收入按项目分					
#各项税收	2821.9	6038.0	12581.5	59521.6	73202.3
#国内增值税	400.0	2602.3	4553.2	18481.2	21092.0
国内消费税		541.5	858.3	4761.2	6071.5
营业税	515.8	865.6	1868.8	9014.0	11157.6
企业所得税	716.0	878.4	999.6	11536.8	12842.8
个人所得税	21.1	131.3	659.6	3949.4	4837.2
关税	159.0	291.8	750.5	1483.8	2027.5
财政支出	**3083.6**	**6823.7**	**15886.5**	**76299.9**	**89575.4**
中央	1004.5	1995.4	5519.9	15255.8	15972.9
地方	2079.1	4828.3	10366.7	61044.1	73602.5
财政支出指数（上年=100）	109.2	117.8	120.5	121.9	117.4
财政支出按项目分					
一般公共服务				9164.2	9352.6
国防				4951.1	5334.8
教育				10437.5	12449.7
科学技术				2744.5	3226.9
社会保障和就业				7606.7	9081.4
医疗卫生				3994.2	4745.3
环境保护				1934.0	2425.9
城乡事务				5107.7	5979.7
农林水事务				6720.4	8051.7
交通运输				4647.6	5487.7
年末国债余额				**60237.7**	**67526.9**
内债余额				59737.0	66968.7
外债余额				500.7	558.3

注：1.本表及其他各表有关财政数据由财政部提供。2010年全国数据为预算执行数，以前各年数据为财政决算数。
2.财政收支不包括国内外债务收支，2000年起财政支出包括国内外债务付息支出(下表同)。
3.中央、地方财政收支均为本级收支。
4.1990年和1995年企业所得税数据仅包括国有和集体企业所得税。
5.财政支出项目按2007年起实施的《政府收支分类科目》设置。

中央和地方财政收支

单位：亿元

年份	国家财政收入	中央	地方	国家财政支出	中央	地方
1978	1132.26	175.77	956.49	1122.09	532.12	589.97
1979	1146.38	231.34	915.04	1281.79	655.08	626.71
1980	1159.93	284.45	875.48	1228.83	666.81	562.02
“六五”时期	**7402.75**	**2583.02**	**4819.73**	**7483.18**	**3725.64**	**3757.54**
1981	1175.79	311.07	864.72	1138.41	625.65	512.76
1982	1212.33	346.84	865.49	1229.98	651.81	578.17
1983	1366.95	490.01	876.94	1409.52	759.60	649.92
1984	1642.86	665.47	977.39	1701.02	893.33	807.69
1985	2004.82	769.63	1235.19	2004.25	795.25	1209.00
“七五”时期	**12280.60**	**4104.41**	**8176.19**	**12865.67**	**4420.27**	**8445.40**
1986	2122.01	778.42	1343.59	2204.91	836.36	1368.55
1987	2199.35	736.29	1463.06	2262.18	845.63	1416.55
1988	2357.24	774.76	1582.48	2491.21	845.04	1646.17
1989	2664.90	822.52	1842.38	2823.78	888.77	1935.01
1990	2937.10	992.42	1944.68	3083.59	1004.47	2079.12
“八五”时期	**22442.10**	**9038.39**	**13403.71**	**24387.46**	**7323.13**	**17064.33**
1991	3149.48	938.25	2211.23	3386.62	1090.81	2295.81
1992	3483.37	979.51	2503.86	3742.20	1170.44	2571.76
1993	4348.95	957.51	3391.44	4642.30	1312.06	3330.24
1994	5218.10	2906.50	2311.60	5792.62	1754.43	4038.19
1995	6242.20	3256.62	2985.58	6823.72	1995.39	4828.33
“九五”时期	**50774.39**	**25618.37**	**25156.02**	**57043.46**	**17481.55**	**39561.91**
1996	7407.99	3661.07	3746.92	7937.55	2151.27	5786.28
1997	8651.14	4226.92	4424.22	9233.56	2532.50	6701.06
1998	9875.95	4892.00	4983.95	10798.18	3125.60	7672.58
1999	11444.08	5849.21	5594.87	13187.67	4152.33	9035.34
2000	13395.23	6989.17	6406.06	15886.50	5519.85	10366.65
“十五”时期	**115050.69**	**61888.28**	**53162.41**	**128022.85**	**36629.87**	**91392.98**
2001	16386.04	8582.74	7803.30	18902.58	5768.02	13134.56
2002	18903.64	10388.64	8515.00	22053.15	6771.70	15281.45
2003	21715.25	11865.27	9849.98	24649.95	7420.10	17229.85
2004	26396.47	14503.10	11893.37	28486.89	7894.08	20592.81
2005	31649.29	16548.53	15100.76	33930.28	8775.97	25154.31
“十一五”时期	**303010.95**	**159272.57**	**143738.38**	**318672.05**	**66006.31**	**252665.74**
2006	38760.20	20456.62	18303.58	40422.73	9991.40	30431.33
2007	51321.78	27749.16	23572.62	49781.35	11442.06	38339.29
2008	61330.35	32680.56	28649.79	62592.66	13344.17	49248.49
2009	68518.30	35915.71	32602.59	76299.93	15255.79	61044.14
2010	83080.32	42470.52	40609.80	89575.38	15972.89	73602.49

注：中央、地方财政收支均为本级收支。

金融、证券、保险基本情况

(年底数)

项　　目	单位	2005年	2006年	2007年	2008年	2009年	2010年
金融							
金融机构人民币存款余额	亿元	287163	335460	389371	466203	597741	718238
金融机构人民币贷款余额	亿元	194690	225347	261691	303468	399685	479196
金融机构现金收入和支出							
现金收入	亿元	626978	705733	824836	807613	866418	
现金支出	亿元	629542	708774	828139	811456	870445	
投放(+) 回笼(−)	亿元	2563	3041	3303	3844	4027	6381
货币供应量							
货币和准货币(M_2)	亿元	298756	345604	403442	475167	606225	725852
狭义货币(M_1)	亿元	107279	126035	152560	166217	220002	266622
流通中现金(M_0)	亿元	24032	27073	30375	34219	38246	44628
黄金储备	万盎司	1929	1929	1929	1929	3389	3389
外汇储备	亿美元	8189	10663	15282	19460	23992	28473
证券							
境内上市公司（A、B股）	家	1381	1434	1550	1625	1718	2063
境外上市公司（H股）	家	122	143	148	153	159	165
股票发行量	亿股	567.1	1287.8	637.2	180.3	416.0	561.7
股票筹资额	亿元	1882.5	5594.3	8680.2	3852.2	6124.7	8954.9
保险							
保险系统职工人数	万人	36.6	43.4	50.0	59.9	63.1	68.6
保险公司业务经济技术指标							
保费	亿元	4929	5640	7036	9784	11137	14528
赔款及给付	亿元	1137	1438	2265	2971	3125	3200

金融机构本外币存贷款余额

项　目	存款余额	#企　业存　款	#城乡居民储蓄存款	#人民币	贷款余额	#短　期贷　款	#中长期贷　款
年底余额(亿元)							
2003	220364	76785	110695	103618	169771	87398	67252
2004	253188	89438	126196	119555	188566	90808	81010
2005	300209	101751	147054	141051	206838	91157	92941
2006	348065	118881	166617	161587	238519	101762	113173
2007	401051	144814	176213	172534	277747	118900	138579
2008	478444	164386	221503	217885	320049	128571	164160
2009	612006	224357	264761	260772	425597	151353	235579
2010	733382	252960	307166	303302	509226	171236	305127
比上年增长(%)							
2003	20.2	19.4	17.4	19.2	21.4	13.8	30.0
2004	15.3	16.4	14.0	15.4	14.4	7.4	22.1
2005	18.2	13.8	16.5	18.0	12.8	6.5	16.2
2006	16.0	16.8	13.3	14.6	14.7	10.9	21.3
2007	15.2	21.8	5.8	6.8	16.4	16.8	22.4
2008	19.3	13.5	25.7	26.3	17.9	12.3	20.2
2009	27.9	36.5	19.5	19.7	33.0	17.7	43.5
2010	19.8	12.7	16.0	16.3	19.7	13.1	29.5

注：本表中外币存贷余额已折合人民币。

货币供应量和同比增长率

年 份	绝对数(亿元)			同比增长率(%)		
	货币和准货币 (M_2)	狭义货币 (M_1)	流通中现金 (M_0)	货币和准货币 (M_2)	狭义货币 (M_1)	流通中现金 (M_0)
1990	15293.4	6950.7	2644.4			12.8
1991	19349.9	8633.3	3177.8	26.5	24.2	20.2
1992	25402.2	11731.5	4336.0	31.3	35.9	36.4
1993	34879.8	16280.4	5864.7			
1994	46923.5	20540.7	7288.6	34.5	26.2	24.3
1995	60750.5	23987.1	7885.3	29.5	16.8	8.2
1996	76094.9	28514.8	8802.0	25.3	18.9	11.6
1997	90995.3	34826.3	10177.6	17.3	16.5	15.6
1998	104498.5	38953.7	11204.2	14.8	11.9	10.1
1999	119897.9	45837.3	13455.5	14.7	17.7	20.1
2000	134610.3	53147.2	14652.7	12.3	16.0	8.9
2001	158301.9	59871.6	15688.8	17.6	12.7	7.1
2002	185007.0	70881.8	17278.0	16.8	16.8	10.1
2003	221222.8	84118.6	19745.9	19.6	18.7	14.3
2004	254107.0	95969.7	21467.3	14.7	13.6	8.7
2005	298755.7	107278.8	24031.7	17.6	11.8	11.9
2006	345603.6	126035.1	27072.6	17.0	17.5	12.7
2007	403442.2	152560.1	30375.2	16.7	21.0	12.2
2008	475166.6	166217.1	34219.0	17.8	9.1	12.7
2009	606225.0	220001.5	38246.0	27.7	32.4	11.8
2010	725851.8	266621.5	44628.2	19.7	21.2	16.7

注：2001年6月起货币供应量(M_2)含证券公司客户保证金。

国家外债余额和外债风险指标

年份	外债余额 (亿美元)	按偿还期限分		外债风险指标 (%)		
		长期债务	短期债务	偿债率	负债率	债务率
1985	158.3	94.1	64.2	2.7	5.2	56.0
1990	525.5	457.8	67.7	8.7	13.5	91.6
1995	1065.9	946.7	119.2	7.6	15.2	72.4
2000	1457.3	1326.5	130.8	9.2	13.5	52.1
2001	1701.1	1195.3	505.8	7.5	14.7	56.8
2002	1713.6	1155.6	558.0	7.9	13.6	46.1
2003	1936.3	1165.9	770.4	6.9	13.7	39.9
2004	2286.0	1242.9	1043.1	3.2	13.9	34.9
2005	2810.5	1249.0	1561.4	3.1	12.6	33.6
2006	3229.9	1393.6	1836.3	2.1	12.3	30.4
2007	3736.2	1535.3	2200.8	2.0	11.5	27.8
2008	3746.6	1638.8	2107.9	1.8	8.7	23.7
2009	4286.5	1693.9	2592.6	2.9	8.7	32.2
2010	5489.4	1732.4	3757.0	1.6	9.3	29.3

注：1.本表数据由国家外汇管理局提供。2001年起外债余额增加3个月以内贸易项下的对外融资余额。
2.偿债率指偿还外债本息与当年贸易和非贸易外汇收入(国际收支口径)之比；负债率指外债余额与当年国内生产总值之比；债务率指外债余额与当年贸易和非贸易外汇收入(国际收支口径)之比。

各种价格指数

(上年=100)

年 份	居民消费价格指数	商品零售价格指数	农业生产资料价格指数	农产品生产价格指数	工业品出厂价格指数	原材料、燃料、动力购进价格指数	固定资产投资价格指数
1978	100.7	100.7	99.9	103.9	100.1		
1979	101.9	102.0	100.4	122.1	101.5		
1980	107.5	106.0	101.0	107.1	100.5		
1981	102.5	102.4	101.7	105.9	100.2		
1982	102.0	101.9	101.9	102.2	99.8		
1983	102.0	101.5	103.0	104.4	99.9		
1984	102.7	102.8	108.9	104.0	101.4		
1985	109.3	108.8	104.8	108.6	108.7		
1986	106.5	106.0	101.1	106.4	103.8		
1987	107.3	107.3	107.0	112.0	107.9		
1988	118.8	118.5	116.2	123.0	115.0		
1989	118.0	117.8	118.9	115.0	118.6	126.4	
1990	103.1	102.1	105.5	97.4	104.1	105.6	108.0
1991	103.4	102.9	102.9	98.0	106.2	109.1	109.5
1992	106.4	105.4	103.7	103.4	106.8	111.0	115.3
1993	114.7	113.2	114.1	113.4	124.0	135.1	126.6
1994	124.1	121.7	121.6	139.9	119.5	118.2	110.4
1995	117.1	114.8	127.4	119.9	114.9	115.3	105.9
1996	108.3	106.1	108.4	104.2	102.9	103.9	104.0
1997	102.8	100.8	99.5	95.5	99.7	101.3	101.7
1998	99.2	97.4	94.5	92.0	95.9	95.8	99.8
1999	98.6	97.0	95.8	87.8	97.6	96.7	99.6
2000	100.4	98.5	99.1	96.4	102.8	105.1	101.1
2001	100.7	99.2	99.1	103.1	98.7	99.8	100.4
2002	99.2	98.7	100.5	99.7	97.8	97.7	100.2
2003	101.2	99.9	101.4	104.4	102.3	104.8	102.2
2004	103.9	102.8	110.6	113.1	106.1	111.4	105.6
2005	101.8	100.8	108.3	101.4	104.9	108.3	101.6
2006	101.5	101.0	101.5	101.2	103.0	106.0	101.5
2007	104.8	103.8	107.7	118.5	103.1	104.4	103.9
2008	105.9	105.9	120.3	114.1	106.9	110.5	108.9
2009	99.3	98.8	97.5	97.6	94.6	92.1	97.6
2010	103.3	103.1	102.9	110.9	105.5	109.6	103.6

注：居民消费价格指数1985年及以前为职工生活费用价格指数。

居民消费价格指数

(上年=100)

项　　目	2008年	2009年	2010年		
				城　市	农　村
居民消费价格指数	**105.9**	**99.3**	**103.3**	**103.2**	**103.6**
食品	**114.3**	**100.7**	**107.2**	**107.1**	**107.5**
#粮食	107.0	105.6	111.8	111.5	112.3
油脂	125.4	81.7	103.8	103.4	104.4
肉禽及其制品	121.7	91.3	102.9	102.6	103.5
蛋	104.3	101.6	108.3	108.4	108.2
水产品	114.2	102.5	108.1	108.5	106.9
菜	111.0	113.6	118.5	117.8	120.6
糖	104.0	102.5	108.3	106.6	111.1
茶及饮料	103.7	101.8	101.3	101.3	101.4
干鲜瓜果	110.8	107.1	114.6	114.1	116.0
液体乳及乳制品	117.0	101.5	102.8	103.0	102.0
烟酒及用品	**102.9**	**101.5**	**101.6**	**101.7**	**101.4**
#烟草	100.4	100.4	100.5	100.5	100.4
酒	107.5	103.4	103.6	104.1	103.1
衣着	**98.5**	**98.0**	**99.0**	**98.9**	**99.4**
#服装	98.3	97.8	99.1	99.1	99.2
鞋袜帽	98.2	97.8	98.2	97.9	99.0
家庭设备用品及服务	**102.8**	**100.2**	**100.0**	**99.9**	**100.1**
#耐用消费品	101.2	98.1	98.5	98.3	99.1
室内装饰品	100.2	99.7	99.9	99.9	100.1
家庭服务及加工维修服务	109.0	105.2	106.7	107.2	104.8
医疗保健和个人用品	**102.9**	**101.2**	**103.2**	**103.2**	**103.2**
医疗保健	102.2	101.4	103.3	103.2	103.4
个人用品及服务费	104.4	100.8	103.0	103.0	103.0
交通和通信	**99.1**	**97.6**	**99.6**	**99.4**	**100.3**
交通	102.2	98.6	101.7	101.5	102.2
通信	95.6	96.3	97.3	97.1	97.7
娱乐教育文化	**99.3**	**99.3**	**100.6**	**100.4**	**100.9**
文娱用耐用消费品及服务	92.3	90.6	94.3	93.6	96.1
教育	100.5	101.6	101.4	101.2	101.9
文化娱乐用品	101.3	102.5	101.0	101.0	100.9
旅游	101.1	97.5	104.9	105.0	104.3
居住	**105.5**	**96.4**	**104.5**	**104.5**	**104.5**
建房及装修材料	107.1	100.2	103.3	102.9	103.5
租房	103.5	101.6	104.9	105.0	104.3
自有住房	102.8	85.3	103.6	103.7	102.9
水电燃料	106.4	97.9	105.5	105.2	106.2

商品零售价格指数

(上年=100)

项　目	2008年	2009年	2010年	城　市	农　村
商品零售价格指数	**105.9**	**98.8**	**103.1**	**102.8**	**103.6**
食品	**114.4**	**100.9**	**107.6**	**107.5**	**107.9**
#粮食	107.0	105.7	111.7	111.7	111.7
油脂	125.0	81.8	103.7	103.4	104.0
肉禽及其制品	121.7	91.7	103.0	102.7	103.5
蛋	104.3	101.6	108.3	108.4	108.1
水产品	114.5	102.3	108.3	108.9	106.7
菜	110.4	113.2	119.0	118.4	120.4
干鲜瓜果	111.3	106.7	114.3	113.8	115.6
液体乳及乳制品	117.4	101.4	102.9	103.2	101.9
饮料、烟酒	**103.4**	**101.7**	**101.7**	**101.8**	**101.4**
服装、鞋帽	**98.4**	**97.9**	**98.8**	**98.8**	**99.0**
纺织品	**100.5**	**99.6**	**101.2**	**101.0**	**101.7**
家用电器及音像器材	**96.9**	**94.2**	**96.1**	**95.5**	**97.5**
#家庭设备	100.7	97.3	97.5	97.1	98.6
文娱用耐用消费品	91.6	89.4	93.7	92.7	96.0
音像器材	97.2	97.0	97.8	97.4	99.6
文化办公用品	**96.8**	**96.2**	**97.8**	**97.2**	**99.2**
日用品	**103.7**	**102.0**	**100.3**	**100.2**	**100.5**
体育娱乐用品	**97.7**	**97.8**	**98.3**	**97.7**	**99.6**
#体育用品	100.8	101.0	99.9	99.8	100.2
娱乐用品	95.4	95.4	97.1	96.3	99.1
交通、通信用品	**93.2**	**93.7**	**95.6**	**95.3**	**96.6**
#交通运输机械	97.7	97.9	98.8	98.7	99.2
通讯器材	84.4	85.4	89.0	87.3	92.8
家具	**102.6**	**99.7**	**100.1**	**100.2**	**100.0**
化妆品	**100.7**	**100.8**	**100.4**	**100.4**	**100.3**
金银珠宝	**116.8**	**95.6**	**114.5**	**114.3**	**114.8**
中西药品及医疗保健用品	**103.1**	**101.5**	**104.3**	**104.1**	**104.8**
#中药材及中成药	106.9	102.4	111.1	110.8	111.6
西药	101.3	101.1	101.0	101.0	101.2
书报杂志及电子出版物	**101.5**	**105.0**	**101.3**	**101.1**	**101.7**
#教材及参考书	100.7	102.9	102.3	101.8	103.1
书报杂志	103.7	109.5	101.1	101.2	101.1
电子音像制品	98.1	98.7	99.6	99.6	99.7
燃料	**116.0**	**92.7**	**112.3**	**112.3**	**112.5**
#煤炭及制品	127.0	106.8	107.0	107.6	106.4
石油及制品	113.4	89.1	113.9	113.2	116.1
建筑材料及五金电料	**107.9**	**98.4**	**103.5**	**103.4**	**103.8**
#建筑装潢材料	109.5	97.9	104.0	103.8	104.3
五金电料	102.9	100.2	101.9	101.9	101.8

人民生活基本情况

指标名称	单　位	1990年	2000年	2009年	2010年
就业					
城镇居民家庭每一就业者负担人数	人	1.77	1.86	1.94	1.93
农村居民家庭每一劳动力负担人数	人	1.64	1.52	1.40	1.39
城镇登记失业率	%	2.5	3.1	4.3	4.1
收入与支出					
城镇居民人均可支配收入	元	1510	6280	17175	19109
农村居民人均纯收入	元	686	2253	5153	5919
城镇居民人均可支配收入指数	1978年=100	198	384	895	965
农村居民人均纯收入指数	1978年=100	311	483	861	954
城镇居民人均消费性支出	元	1279	4998	12265	13471
农村居民人均生活消费支出	元	585	1670	3993	4382
人均储蓄存款余额	元	623	5076	19537	22639
城镇居民家庭恩格尔系数	%	54.2	39.4	36.5	35.7
农村居民家庭恩格尔系数	%	58.8	49.1	41.0	41.1
住房					
城镇新建住宅面积	亿平方米	1.73	5.49	8.21	8.34
农村新建住宅面积	亿平方米	6.91	7.97	10.21	9.58
城镇居民人均住房建筑面积	平方米			31.3	31.6
农村人均住房面积	平方米	17.8	24.8	33.6	34.1
文化					
城镇每百户彩色电视机拥有量	台	59.0	116.6	135.7	137.4
农村每百户彩色电视机拥有量	台	4.7	48.7	108.9	111.8
城镇每百户家用电脑拥有量	台		9.7	65.7	71.2
农村每百户家用电脑拥有量	台		0.5	7.5	10.4
广播综合人口覆盖率	%	74.7	92.5	96.3	96.8
电视综合人口覆盖率	%	79.4	93.7	97.2	97.6
教育					
小学学龄儿童入学率	%	97.8	99.1	99.4	99.7
每十万人口高等学校在校学生数	人	326	723	2128	2189
卫生和社会服务					
每万人口医院、卫生院床位数	张	23.2	23.8	30.6	32.8
每万人口执业(助理)医师	人	15.6	16.8	17.5	18.0
社区服务设施覆盖率	%	7.7	22.4	25.6	22.4
社会保障					
参加城镇基本养老保险人数	万人	6166	13617	23550	25707
参加城镇基本医疗保险人数	万人		3787	40147	43263
参加失业保险人数	万人		10408	12715	13376
参加工伤保险人数	万人		4350	14896	16161
参加生育保险人数	万人		3002	10876	12336
社会保险基金收入	亿元	187	2645	16116	18823

注：1.本表价值量指标按当年价格计算，指数按可比价格计算。
　　2.城镇居民人均住房建筑面积为城镇住户抽样调查数据(不含集体户)。

城乡居民家庭人均收入和指数

年份	城镇居民家庭人均可支配收入			农村居民家庭人均纯收入		
	绝对数(元)	指数(上年=100)	指数(1978年=100)	绝对数(元)	指数(上年=100)	指数(1978年=100)
1978	343.4		100.0	133.6		100.0
1979	405.0	115.7	115.7	160.2	119.2	119.2
1980	477.6	109.7	127.0	191.3	116.6	139.0
1981	500.4	102.2	129.9	223.4	115.4	160.4
1982	535.3	104.9	136.3	270.1	119.9	192.3
1983	564.6	103.9	141.5	309.8	114.2	219.6
1984	652.1	112.2	158.7	355.3	113.6	249.5
1985	739.1	101.1	160.4	397.6	107.8	268.9
1986	900.9	113.9	182.7	423.8	103.2	277.6
1987	1002.1	102.2	186.8	462.6	105.2	292.0
1988	1180.2	97.6	182.3	544.9	106.4	310.7
1989	1373.9	100.1	182.5	601.5	98.4	305.7
1990	1510.2	108.5	198.1	686.3	101.8	311.2
1991	1700.6	107.1	212.4	708.6	102.0	317.4
1992	2026.6	109.7	232.9	784.0	105.9	336.2
1993	2577.4	109.5	255.1	921.6	103.2	346.9
1994	3496.2	108.5	276.8	1221.0	105.0	364.3
1995	4283.0	104.9	290.3	1577.7	105.3	383.6
1996	4838.9	103.8	301.6	1926.1	109.0	418.1
1997	5160.3	103.4	311.9	2090.1	104.6	437.3
1998	5425.1	105.8	329.9	2162.0	104.3	456.1
1999	5854.0	109.3	360.6	2210.3	103.8	473.5
2000	6280.0	106.4	383.7	2253.4	102.1	483.4
2001	6859.6	108.5	416.3	2366.4	104.2	503.7
2002	7702.8	113.4	472.1	2475.6	104.8	527.9
2003	8472.2	109.0	514.6	2622.2	104.3	550.6
2004	9421.6	107.7	554.2	2936.4	106.8	588.0
2005	10493.0	109.6	607.4	3254.9	106.2	624.5
2006	11759.5	110.4	670.7	3587.0	107.4	670.7
2007	13785.8	112.2	752.5	4140.4	109.5	734.4
2008	15780.8	108.4	815.7	4760.6	108.0	793.2
2009	17174.7	109.8	895.4	5153.2	108.5	860.6
2010	19109.4	107.8	965.2	5919.0	110.9	954.4
平均每年增长(%)						
1979-2010年			7.3			7.3
1991-2010年			8.2			5.8
2001-2010年			9.7			7.0

注：本表绝对数按当年价格计算，指数和平均增长速度按可比价格计算。

城乡居民家庭人均消费支出和住房情况

年 份	城镇居民家庭		农村居民家庭		城镇居民人均住房建筑面积(平方米)	农村人均住房面积(平方米)
	人均消费性支出(元)	恩格尔系数(%)	人均生活消费支出(元)	恩格尔系数(%)		
1978	311.16	57.5	116.06	67.7		8.1
1979			134.51	64.0		8.4
1980	412.44	56.9	162.21	61.8		9.4
1981	456.84	56.7	190.81	59.9		10.2
1982	471.00	58.6	220.23	60.7		10.7
1983	505.92	59.2	248.29	59.4		11.6
1984	559.44	58.0	273.80	59.2		13.6
1985	673.20	53.3	317.42	57.8		14.7
1986	798.96	52.4	356.95	56.4		15.3
1987	884.40	53.5	398.29	55.8		16.0
1988	1103.98	51.4	476.66	54.0		16.6
1989	1210.95	54.5	535.37	54.8		17.2
1990	1278.89	54.2	584.63	58.8		17.8
1991	1453.81	53.8	619.79	57.6		18.5
1992	1671.73	53.0	659.21	57.6		18.9
1993	2110.81	50.3	769.65	58.1		20.7
1994	2851.34	50.0	1016.81	58.9		20.2
1995	3537.57	50.1	1310.36	58.6		21.0
1996	3919.47	48.8	1572.08	56.3		21.7
1997	4185.64	46.6	1617.15	55.1		22.5
1998	4331.61	44.7	1590.33	53.4		23.3
1999	4615.91	42.1	1577.42	52.6		24.2
2000	4998.00	39.4	1670.13	49.1		24.8
2001	5309.01	38.2	1741.09	47.7		25.7
2002	6029.88	37.7	1834.31	46.2	24.5	26.5
2003	6510.94	37.1	1943.30	45.6	25.3	27.2
2004	7182.10	37.7	2184.65	47.2	26.4	27.9
2005	7942.90	36.7	2555.40	45.5	27.8	29.7
2006	8696.55	35.8	2829.02	43.0	28.5	30.7
2007	9997.47	36.3	3223.85	43.1	30.1	31.6
2008	11242.85	37.9	3660.68	43.7	30.6	32.4
2009	12264.55	36.5	3993.45	41.0	31.3	33.6
2010	13471.45	35.7	4381.82	41.1	31.6	34.1

注：城镇居民人均住房建筑面积为城镇住户抽样调查数据(不含集体户)。

城乡居民人民币储蓄存款

单位：亿元

年份	年底余额			年增加额		
	总计	定期	活期	总计	定期	活期
1978	210.6	128.9	81.7	29.0	17.2	11.8
1980	395.8	304.9	90.9	114.8	138.5	-23.7
1985	1622.6	1225.2	397.4	407.9	324.3	83.6
1990	7119.6	5909.4	1210.2	1935.1	1700.9	234.2
1991	9244.9	7634.9	1610.0	2125.3	1725.5	399.8
1992	11757.3	9445.0	2312.3	2512.4	1810.1	702.3
1993	15203.5	12108.3	3095.2	3446.2	2663.3	782.9
1994	21518.8	16838.7	4680.1	6315.3	4730.4	1584.9
1995	29662.3	23778.3	5884.1	8143.5	6939.6	1203.9
1996	38520.8	30873.2	7647.6	8858.6	7095.0	1763.6
1997	46279.8	36226.7	10053.1	7759.0	5353.5	2405.4
1998	53407.5	41791.6	11615.9	7127.7	5564.8	1562.8
1999	59621.8	44955.1	14666.7	6214.4	3163.5	3050.8
2000	64332.4	46141.7	18190.7	4710.6	1186.6	3524.0
2001	73762.4	51434.9	22327.6	9430.1	5293.2	4136.9
2002	86910.7	58788.9	28121.7	13148.2	7354.1	5794.1
2003	103617.7	68498.7	35119.0	16707.0	9709.7	6997.3
2004	119555.4	78138.9	41416.5	15937.7	9640.2	6297.6
2005	141051.0	92263.5	48787.5	21495.6	14124.7	7370.9
2006	161587.3	103011.4	58575.9	20544.0	10777.3	9766.7
2007	172534.2	104934.5	67599.7	10946.9	1923.1	9023.8
2008	217885.4	139300.2	78585.2	45351.2	34365.7	10985.5
2009	260771.7	160230.4	100541.3	42886.3	20930.2	21956.1
2010	303302.5	178413.9	124888.6	42530.8	18183.5	24347.3

农村居民贫困状况

年份	贫困标准（元/人）	贫困人口（万人）	贫困发生率（%）	年份	贫困标准（元/人）	贫困人口（万人）	贫困发生率（%）
1978	100	25000	30.7	1998	635	4210	4.6
1984	200	12800	15.1	1999	625	3412	3.7
1985	206	12500	14.8	2000	625	3209	3.5
1986	213	13100	15.5	2001	630	2927	3.2
1987	227	12200	14.3	2002	627	2820	3.0
1988	236	9600	11.1	2003	637	2900	3.1
1989	259	10200	11.6	2004	668	2610	2.8
1990	300	8500	9.4	2005	683	2365	2.5
1991	304	9400	10.4	2006	693	2148	2.3
1992	317	8000	8.8	2007	785	1479	1.6
1994	440	7000	7.7	2008	1196	4007	4.2
1995	530	6540	7.1	2009	1196	3597	3.8
1997	640	4962	5.4	2010	1274	2688	2.8

注：1.贫困发生率也称贫困人口比重，指低于贫困线标准的人口数占总人口数的比重。
2.2008年起，低收入人口纳入贫困人口统计。

城镇居民家庭基本情况

项　　目	单位	1990年	1995年	2000年	2005年	2009年	2010年
调查户数	**户**	**35660**	**35520**	**42220**	**54496**	**65506**	**65607**
平均每户家庭人口数	人	3.50	3.23	3.13	2.96	2.89	2.88
平均每户就业人口数	人	1.98	1.87	1.68	1.51	1.49	1.49
平均每户就业面	%	56.57	57.89	53.67	51.01	51.56	51.74
平均每一就业者负担人数(含本人)	人	1.77	1.73	1.86	1.96	1.94	1.93
平均每人全部年收入	**元**	**1516.2**	**4279.0**	**6295.9**	**11320.8**	**18858.1**	**21033.4**
工资性收入	元	1149.7	3390.2	4480.5	7797.5	12382.1	13707.7
经营净收入	元	22.5	72.6	246.2	679.6	1528.7	1713.5
财产性收入	元	15.6	90.4	128.4	192.9	431.8	520.3
转移性收入	元	328.4	725.8	1440.8	2650.7	4515.5	5091.9
#可支配收入	元	1510.2	4283.0	6280.0	10493.0	17174.7	19109.4
平均每人每年总支出	**元**	**1413.9**	**4102.9**	**6147.4**	**10579.5**	**17248.3**	**18258.4**
消费性支出	元	1278.9	3537.6	4998.0	7942.9	12264.6	13471.5
非消费性支出	元	37.2	561.1	1146.1	2636.6	4983.8	4786.9
恩格尔系数	%	**54.2**	**50.1**	**39.4**	**36.7**	**36.5**	**35.7**

注：本表为城镇居民家庭抽样调查资料。2002年起城镇住户调查对象由原来的非农业人口改为城市市区和县城关镇区常住人口。

农村居民家庭基本情况

项　　目	单位	1990年	1995年	2000年	2009年	2010年
调查户数	**户**	**66960**	**67340**	**68116**	**68190**	**68190**
调查户常住人口	**人**	**321429**	**301878**	**286162**	**271403**	**269676**
平均每户常住人口	人	4.80	4.48	4.20	3.98	3.95
平均每户整、半劳动力	人	2.92	2.88	2.76	2.85	2.85
平均每个劳动力负担人口(含本人)	人	1.64	1.56	1.52	1.40	1.39
平均每户生产性固定资产原值	元	1258	2774	4673	9971	10706
平均每人经营耕地面积	亩	2.10	2.17	1.98	2.26	2.28
平均每人年收入						
总收入	**元**	**990.4**	**2337.9**	**3146.2**	**7115.6**	**8119.5**
工资性收入	元	138.8	353.7	702.3	2061.3	2431.1
家庭经营收入	元	815.8	1877.4	2251.3	4404.0	4937.5
财产性收入	元	35.8	41.0	45.0	167.2	202.2
转移性收入	元		65.8	147.6	483.1	548.7
纯收入	**元**	**686.3**	**1577.7**	**2253.4**	**5153.2**	**5919.0**
工资性收入	元	138.8	353.7	702.3	2061.3	2431.1
家庭经营收入	元	518.6	1125.8	1427.3	2526.8	2832.8
财产性收入	元	29.0	41.0	45.0	167.2	202.2
转移性收入	元		57.3	78.8	398.0	452.9
现金收入	**元**	**676.7**	**1595.6**	**2381.6**	**6270.2**	**7088.8**
工资性收入	元	136.4	352.9	700.4	2057.8	2427.9
家庭经营收入	元	481.2	1116.7	1498.8	3590.8	3955.4
财产性收入	元	59.1	38.2	38.9	148.4	168.3
转移性收入	元		87.8	143.5	473.2	537.2
平均每人年支出						
总支出	元	903.5	2138.3	2652.4	6333.9	6991.8
#生活消费支出	元	584.6	1310.4	1670.1	3993.5	4381.8
恩格尔系数	%	58.8	58.6	49.1	41.0	41.1
现金支出	元	639.1	1545.8	2140.4	5694.8	6307.4
房屋使用情况						
平均每人年内新建房屋面积	平方米	0.82	0.78	0.87	1.21	0.80
平均每人年末住房面积	平方米	17.83	21.01	24.82	33.58	34.08

农业基本情况

项　　目	单 位	1990年	1995年	2000年	2009年	2010年
农业机械拥有量						
农用机械总动力	万千瓦	28708	36118	52574	87496	92786
大中型拖拉机	万台	81.4	67.2	97.5	351.6	392.2
大中型拖拉机动力	万千瓦	2746	2404	3161	9773	11167
小型拖拉机	万台	698	865	1264	1751	1786
小型拖拉机动力	万千瓦	6231	7848	11664	16923	17278
大中型拖拉机配套农具	万部	97	99	140	542	613
小型拖拉机配套农具	万部	649	958	1789	2881	2993
农用排灌柴油机	万台	411.1	491.2	688.1	924.9	946.3
农用排灌柴油机动力	万千瓦	3348.5	3839.0	5232.6	6795.5	6959.2
渔业机械	万台	32.1	37.7	46.0		247.6
渔业机械动力	万千瓦	696.0	965.7	1338.7		1582.9
灌溉、施肥、用电量						
有效灌溉面积	万公顷	4740.3	4928.2	5382.0	5926.1	6037.8
农用化肥施用量(折纯)	万吨	2590.3	3593.7	4146.4	5404.4	5561.7
乡村办水电站个数	个	52387	40699	29962	44804	44815
乡村办水电站装机容量	万千瓦	428.8	519.5	698.5	5512.1	5924.0
农村用电量	亿千瓦小时	844.5	1655.7	2421.3	6104.4	6632.3
农作物总播种面积	**万公顷**	**14836**	**14988**	**15630**	**15861**	**16067**
粮食	万公顷	11347	11006	10846	10899	10988
谷物	万公顷		8931	8526	8840	8985
豆类	万公顷		1123	1266	1195	1128
薯类	万公顷	912	952	1054	864	875
油料	万公顷	1090	1310	1540	1365	1389
棉花	万公顷	559	542	404	495	485
麻类	万公顷	50	38	26	16	13
糖料	万公顷	168	182	151	188	191
烟叶	万公顷	159	147	144	139	134
蔬菜	万公顷	634	952	1524	1839	1900
茶园面积	**万公顷**	**106**	**112**	**109**	**185**	**197**
果园面积	**万公顷**	**518**	**810**	**893**	**1114**	**1154**
受灾面积和成灾面积						
受灾面积	万公顷	3847	4582	5469	4721	3743
成灾面积	万公顷	1782	2227	3437	2123	1854
成灾占受灾面积的比重	%	46.3	48.6	62.9	45.0	49.5

农林牧渔业总产值

年 份	农林牧渔业总产值	#农 业	#林 业	#牧 业	#渔 业
绝对数(亿元)					
1978	1397.0	1117.5	48.1	209.3	22.1
1980	1922.6	1454.1	81.4	354.2	32.9
1985	3619.5	2506.4	188.7	798.3	126.1
1990	7662.1	4954.3	330.3	1967.0	410.6
1995	20340.9	11884.6	709.9	6045.0	1701.3
1996	22353.7	13539.8	778.0	6015.5	2020.4
1997	23788.4	13852.5	817.8	6835.4	2282.7
1998	24541.9	14241.9	851.3	7025.8	2422.9
1999	24519.1	14106.2	886.3	6997.6	2529.0
2000	24915.8	13873.6	936.5	7393.1	2712.6
2001	26179.6	14462.8	938.8	7963.1	2815.0
2002	27390.8	14931.5	1033.5	8454.6	2971.7
2003	29691.8	14870.1	1239.9	9538.8	3137.6
2004	36239.0	18138.4	1327.1	12173.8	3605.6
2005	39450.9	19613.4	1425.5	13310.8	4016.1
2006	40810.8	21522.0	1611.0	12084.0	3971.0
2007	48893.0	24658.8	1861.6	16125.2	4457.5
2008	58002.2	28044.2	2152.9	20583.6	5203.4
2009	60361.0	30777.5	2193.0	19468.4	5626.4
2010	69319.8	36941.1	2595.5	20825.7	6422.4
指数(1978年=100)					
1978	100.0	100.0	100.0	100.0	100.0
1980	109.1	106.4	113.7	122.6	103.9
1985	161.6	152.2	176.2	203.4	185.1
1990	203.9	186.5	179.5	282.0	346.7
1995	291.9	230.1	257.7	495.4	730.3
1996	319.3	248.0	272.2	551.6	832.4
1997	340.8	259.1	281.2	607.3	928.2
1998	361.1	271.9	289.4	651.9	1009.9
1999	377.9	283.6	298.6	681.6	1082.5
2000	391.5	287.6	314.7	724.5	1152.9
2001	408.1	297.7	315.2	770.1	1197.8
2002	428.1	309.3	337.6	816.3	1270.9
2003	444.8	310.8	360.9	875.9	1338.3
2004	478.2	337.2	368.2	939.0	1418.6
2005	505.5	351.0	380.0	1012.2	1510.8
2006	532.8	370.0	401.3	1062.8	1601.4
2007	553.6	384.8	429.0	1087.3	1678.3
2008	585.3	403.1	463.6	1160.7	1778.4
2009	612.2	418.2	496.7	1228.2	1879.6
2010	639.3	435.2	529.1	1278.4	1983.9

注：本表按当年价格计算，指数按可比价格计算。2003年起总产值包括农林牧渔服务业产值。2009年根据《统计用产品目录》进行了调整。

主要农产品产量（一）

单位：万吨

年份	粮食	谷物	#稻谷	#小麦	#玉米	豆类	薯类
1978	30477		13693	5384	5595		3174
1980	32056		13991	5521	6260		2873
1985	37911		16857	8581	6383		2604
1990	44624		18933	9823	9682		2743
1995	46662	41612	18523	10221	11199	1788	3263
1996	50454	45127	19510	11057	12747	1790	3536
1997	49417	44349	20073	12329	10431	1876	3192
1998	51230	45625	19871	10973	13295	2001	3604
1999	50839	45304	19849	11388	12809	1894	3641
2000	46218	40522	18791	9964	10600	2010	3685
2001	45264	39648	17758	9387	11409	2053	3563
2002	45706	39799	17454	9029	12131	2241	3666
2003	43070	37429	16066	8649	11583	2128	3513
2004	46947	41157	17909	9195	13029	2232	3558
2005	48402	42776	18059	9745	13937	2158	3469
2006	49804	45099	18172	10847	15160	2004	2701
2007	50160	45632	18603	10930	15230	1720	2808
2008	52871	47847	19190	11246	16591	2043	2980
2009	53082	48156	19510	11512	16397	1930	2995
2010	54648	49637	19576	11518	17725	1897	3114

年份	油料	#花生	#油菜籽	#芝麻	棉花	麻类	#黄红麻
1978	521.8	237.7	186.8	32.2	216.7	135.1	108.8
1980	769.1	360.0	238.4	25.9	270.7	143.6	109.8
1985	1578.4	666.4	560.7	69.1	414.7	444.8	411.9
1990	1613.2	636.8	695.8	46.9	450.8	109.7	72.6
1995	2250.3	1023.5	977.7	58.3	476.8	89.7	37.1
1996	2210.6	1013.8	920.1	57.5	420.3	79.5	36.5
1997	2157.4	964.8	957.8	56.6	460.3	74.9	43.0
1998	2313.9	1188.6	830.1	65.6	450.1	49.5	24.8
1999	2601.2	1263.9	1013.2	74.3	382.9	47.2	16.4
2000	2954.8	1443.7	1138.1	81.1	441.7	52.9	12.6
2001	2864.9	1441.6	1133.1	80.4	532.4	68.1	10.6
2002	2897.2	1481.8	1055.2	89.5	491.6	96.4	15.9
2003	2811.0	1342.0	1142.0	59.3	486.0	85.3	10.0
2004	3065.9	1434.2	1318.2	70.4	632.4	107.4	8.7
2005	3077.1	1434.2	1305.2	62.5	571.4	110.5	8.3
2006	2640.3	1273.8	1096.6	66.2	753.3	89.1	8.7
2007	2568.7	1302.7	1057.3	55.7	762.4	72.8	9.9
2008	2952.8	1428.6	1210.2	58.6	749.2	62.5	8.4
2009	3154.3	1470.8	1365.7	62.2	637.7	38.8	7.5
2010	3230.1	1564.4	1308.2	58.7	596.1	31.7	6.9

主要农产品产量（二）

单位：万吨

年 份	糖 料	甘 蔗	甜 菜	茶 叶	烟 叶	#烤 烟
1978	2381.9	2111.6	270.2	26.8	124.2	105.2
1980	2911.3	2280.7	630.5	30.4	84.5	71.7
1985	6046.8	5154.9	891.9	43.2	242.5	207.5
1990	7214.5	5762.0	1452.5	54.0	262.7	225.9
1995	7940.1	6541.7	1398.4	58.9	231.4	207.2
1996	8360.2	6818.7	1541.5	59.3	323.4	294.6
1997	9386.5	7889.7	1496.8	61.3	425.1	390.8
1998	9790.4	8343.8	1446.6	66.5	236.4	208.8
1999	8334.1	7470.3	863.9	67.6	246.9	218.5
2000	7635.3	6828.0	807.3	68.3	255.2	223.8
2001	8655.1	7566.3	1088.9	70.2	235.0	204.5
2002	10292.7	9010.7	1282.0	74.5	244.7	213.5
2003	9641.6	9023.5	618.2	76.8	225.7	201.5
2004	9570.7	8984.9	585.7	83.5	240.6	216.3
2005	9451.9	8663.8	788.1	93.5	268.3	243.5
2006	10010.0	9259.2	750.8	102.8	249.1	224.0
2007	12188.2	11295.1	893.1	116.5	239.5	217.8
2008	13419.6	12415.2	1004.4	125.8	283.8	262.3
2009	12276.6	11558.7	717.9	135.9	306.6	281.4
2010	12008.5	11078.9	929.6	147.5	300.4	273.1

年 份	水 果	#苹 果	#柑 橘	#梨	#香 蕉	蔬 菜
1978	657.0	227.5	38.3	151.7	8.5	
1980	679.3	236.3	71.3	146.6	6.1	
1985	1163.9	361.4	180.8	213.7	63.1	
1990	1874.4	431.9	485.5	235.3	145.6	
1995	4214.6	1400.8	822.5	494.2	312.5	25726.7
1996	4652.8	1704.7	845.7	580.7	253.6	30123.1
1997	5089.3	1721.9	1010.2	641.5	289.2	35962.4
1998	5452.9	1948.1	859.0	727.5	351.8	38491.9
1999	6237.6	2080.2	1078.7	774.2	419.4	40513.5
2000	6225.1	2043.1	878.3	841.2	494.1	44467.9
2001	6658.0	2001.5	1160.7	879.6	527.2	48422.4
2002	6952.0	1924.1	1199.0	930.9	555.7	52860.6
2003	14517.4	2110.2	1345.4	979.8	590.3	54032.3
2004	15340.9	2367.5	1495.8	1064.2	605.6	55064.7
2005	16120.1	2401.1	1591.9	1132.4	651.8	56451.5
2006	17102.0	2605.9	1789.8	1198.6	690.1	54004.0
2007	18136.3	2786.0	2058.3	1289.5	779.7	56452.0
2008	19220.2	2984.7	2331.3	1353.8	783.5	59240.3
2009	20395.5	3168.1	2521.1	1426.3	883.4	61823.8
2010	21401.4	3326.3	2645.2	1505.7	956.1	65099.4

注：2003年起水果产量含果用瓜。

主要林产品、水产品产量

单位：万吨

年份	木材(万立方米)	橡胶	松脂	生漆	油桐籽	油茶籽
1978	5162	10.2	33.8	0.2	39.1	47.9
1980	5359	11.3	42.1	0.3	30.3	49.0
1985	6323	18.8	34.4	0.2	37.9	61.9
1990	5571	26.4	43.5	0.3	35.1	52.3
1995	6767	42.4	54.8	0.3	40.5	62.3
1996	6710	40.2	58.1	0.4	40.8	69.7
1997	6395	45.2	70.1	0.4	45.4	85.7
1998	5966	46.2	54.3	0.5	43.9	72.3
1999	5237	49.0	57.1	0.5	44.8	79.3
2000	4724	48.0	55.1	0.5	45.3	82.3
2001	4552	47.7	56.4	0.5	40.7	82.5
2002	4436	52.7	56.4	0.6	38.9	85.5
2003	4759	56.5	62.6	0.9	37.3	78.0
2004	5197	57.5	67.3	1.0	38.1	87.5
2005	5560	51.4	76.7	1.4	36.9	87.5
2006	6612	53.8	90.9	2.1	38.3	92.0
2007	6977	58.8	96.6	1.3	36.1	93.9
2008	8108	54.8	84.9	1.6	37.1	99.0
2009	7068	61.9	104.7	2.0	36.5	116.9
2010	8090	69.1	111.6	2.0	43.4	109.2

年份	水产品总产量	海水产品			淡水产品	
			天然生产	人工养殖		天然生产
1978	465.4	359.5	314.5	45.0	105.9	29.6
1980	449.7	325.7	281.3	44.4	124.0	33.9
1985	705.2	419.7	348.5	71.2	285.4	47.6
1990	1237.0	713.3	550.9	162.4	523.7	78.3
1995	2517.2	1439.1	1026.8	412.3	1078.1	137.3
1996	3288.1	2012.9	1249.0	763.9	1275.2	176.3
1997	3118.6	1888.1	1196.4	691.7	1230.5	163.5
1998	3382.7	2044.5	1292.6	752.0	1338.1	197.5
1999	3570.1	2145.3	1293.4	851.9	1424.9	198.0
2000	3706.2	2203.9	1275.9	928.0	1502.3	193.4
2001	3795.9	2233.5	1244.1	989.4	1562.4	186.2
2002	3954.9	2298.5	1238.0	1060.5	1656.4	194.7
2003	4077.0	2332.8	1237.0	1095.9	1744.2	213.3
2004	4246.6	2404.5	1253.2	1151.3	1842.1	209.6
2005	4419.9	2465.9	1255.1	1210.8	1954.0	221.0
2006	4583.6	2509.6	1245.4	1264.2	2074.0	220.4
2007	4747.5	2550.9	1243.6	1307.3	2196.6	225.6
2008	4895.6	2598.3	1258.0	1340.3	2297.3	224.8
2009	5116.4	2681.5	1276.3	1405.2	2434.9	218.4
2010	5373.0	2797.5	1315.2	1482.3	2575.5	228.9

牲畜饲养情况

单位：万头(只)

年　份	大牲畜年底头数	牛	马	驴	骡	骆　驼
1996	13360.6	11031.8	871.5	944.4	478.0	34.5
1997	14541.8	12182.2	891.2	952.8	480.6	35.0
1998	14803.2	12441.9	898.1	955.8	473.9	33.5
1999	15024.8	12698.3	891.4	934.8	467.3	33.0
2000	14638.1	12353.2	876.6	922.7	453.0	32.6
2001	13980.8	11809.2	826.0	881.5	436.2	27.9
2002	13672.3	11567.8	808.8	849.9	419.4	26.4
2003	13467.3	11434.4	790.0	820.7	395.7	26.5
2004	13191.4	11235.4	763.9	791.9	374.0	26.2
2005	12894.8	10990.8	740.0	777.2	360.4	26.6
2006	12287.1	10465.1	719.5	730.6	345.1	26.9
2007	12309.3	10594.8	702.8	689.1	298.5	24.2
2008	12250.7	10576.0	682.1	673.1	295.5	24.0
2009	12357.2	10726.1	678.5	648.4	279.3	24.8
2010	12238.5	10626.4	677.1	639.7	269.7	25.6

年　份	肉猪出栏头数	牛出栏头数	猪年底头数	羊年底只数	山　羊	绵　羊
1996	41225.1	2685.9	36283.6	23728.3	12315.8	11412.5
1997	46483.7	3283.9	40034.8	25575.7	13480.1	12095.6
1998	50215.1	3587.1	42256.3	26903.5	14168.3	12735.2
1999	51977.2	3766.2	43144.2	27925.8	14816.3	13109.5
2000	51862.3	3806.9	41633.6	27948.2	14945.6	13002.6
2001	53281.1	3794.8	41950.5	27625.0	14562.3	13062.8
2002	54143.9	3896.2	41776.2	28240.9	14841.2	13399.7
2003	55701.8	4000.1	41381.8	29307.4	14967.9	14339.5
2004	57278.5	4101.0	42123.4	30426.0	15195.5	15230.5
2005	60367.4	4148.7	43319.1	29792.7	14659.0	15133.7
2006	61207.3	4222.0	41850.4	28369.8	13768.0	14601.8
2007	56508.3	4359.5	43989.5	28564.7	14921.1	13643.6
2008	61016.6	4446.1	46291.3	28084.9	15229.2	12855.7
2009	64527.1	4602.2	46983.4	28453.0	15799.6	12653.4
2010	66686.4	4716.8	46460.0	28087.9	14203.9	13884.0

畜产品产量

年份	肉类产量（万吨）	#猪牛羊肉	猪肉	牛肉	羊肉	奶类（万吨）	#牛奶
1996	4584.0	3694.7	3158.0	355.7	181.0	735.8	629.4
1997	5268.8	4249.9	3596.3	440.9	212.8	681.1	601.1
1998	5723.8	4598.2	3883.7	479.9	234.6	745.4	662.9
1999	5949.0	4762.3	4005.6	505.4	251.3	806.9	717.6
2000	6013.9	4743.2	3966.0	513.1	264.1	919.1	827.4
2001	6105.8	4832.1	4051.7	508.6	271.8	1122.9	1025.5
2002	6234.3	4928.4	4123.1	521.9	283.5	1400.4	1299.8
2003	6443.3	5089.8	4238.6	542.5	308.7	1848.6	1746.3
2004	6608.7	5234.3	4341.0	560.4	332.9	2368.4	2260.6
2005	6938.9	5473.5	4555.3	568.1	350.1	2864.8	2753.4
2006	7089.0	5591.0	4650.5	576.7	363.8	3302.5	3193.4
2007	6865.7	5283.8	4287.8	613.4	382.6	3633.4	3525.2
2008	7278.7	5614.0	4620.5	613.2	380.3	3781.5	3555.8
2009	7649.9	5915.5	4890.5	635.5	389.5	3734.6	3520.9
2010	7925.8	6123.2	5071.2	653.1	398.9	3748.0	3575.6

年份	绵羊毛（吨）	#细羊毛	#半细羊毛	山羊毛（吨）	羊绒（吨）	禽蛋（万吨）	蜂蜜（万吨）
1996	298102	121020	74099	35284	9585	1965.2	18.3
1997	255059	116054	55683	25865	8626	1897.1	21.1
1998	277545	115752	68775	31417	9799	2021.3	20.7
1999	283152	114103	73700	31849	10180	2134.7	23.0
2000	292502	117386	84921	33266	11057	2182.0	24.6
2001	298254	114651	88075	34241	10968	2210.1	25.2
2002	307588	112193	102419	35459	11765	2265.7	26.5
2003	338058	120263	110249	36692	13528	2333.1	28.9
2004	373902	130413	119514	37727	14515	2370.6	29.3
2005	393172	127862	123068	36904	15435	2438.1	29.3
2006	388777	131808	116098	40512	16395	2424.0	33.3
2007	363470	123920	106760	38382	18483	2529.0	35.4
2008	367687	123838	104838	44406	17184	2702.2	40.0
2009	364002	127352	113018	49453	16964	2740.6	40.2
2010	386768	123174	114944	42714	18519	2762.7	40.1

规模以上工业企业工业增加值增长速度

单位：%

分　　类	2004年	2005年	2006年	2007年	2008年	2009年	2010年
工业增加值	**16.7**	**16.4**	**16.6**	**18.5**	**12.9**	**11.0**	**15.7**
在总计中:							
#国有及国有控股企业	14.2	10.7	12.6	13.8	9.1	6.9	13.7
在总计中:							
#集体企业	9.9	12.4	11.6	11.5	8.1	10.2	9.4
股份合作企业	12.5	16.0	15.5	17.5	11.4	10.3	14.0
股份制企业	16.5	17.8	17.8	20.6	15.0	13.3	16.8
外商及港澳台投资企业	18.8	16.6	16.9	17.5	9.9	6.2	14.5
在总计中:							
#私营企业	22.8	25.3	24.4	26.7	20.4	18.7	20.0
在总计中:							
轻工业	14.7	15.2	13.8	16.3	12.3	9.7	13.6
重工业	18.2	17.0	17.9	19.6	13.2	11.5	16.5

注：本表按可比价格计算。

规模以上工业企业出口交货值

分　　类	绝对数（亿元）					2010年比上年增长(%)
	2006年	2007年	2008年	2009年	2010年	
出口交货值	**60559.7**	**73393.4**	**82498.4**	**72882.2**	**90764.3**	**25.4**
在总计中:						
#国有及国有控股企业	5981.4	7218.3	8683.6	5958.7	7444.9	30.7
在总计中:						
#集体企业	626.4	617.8	476.7	477.1	555.5	23.2
股份合作企业	309.0	334.8	265.8	233.9	240.2	7.3
股份制企业	14944.9	17915.6	21723.7	18491.7	23354.7	28.4
外商及港澳台投资企业	42009.1	51787.5	57217.3	51145.2	63449.4	24.3
在总计中:						
#私营企业	7094.7	8571.3	10507.9	9894.5	12870.9	28.3
在总计中:						
轻工业	23614.5	27375.9	29147.6	27492.9	33120.1	21.8
重工业	36945.2	46017.5	53350.8	45389.3	57644.2	27.5

注：本表2010年为快报数据，增长速度按可比口径计算。

规模以上工业企业主要经济指标

年 份	企业单位数 (万个)	工业增加值 (亿元)	资产总计 (亿元)	出口交货值 (亿元)
1978	34.8		4525	
1980	37.7		4233	
1985	46.3		6972	
1990	50.4		15953	
1995	59.2	15446	79234	
1996	57.9	18209	90016	
1997	53.4	19835	103400	
1998	16.5	19422	108822	10842
1999	16.2	21565	116969	11545
2000	16.3	25395	126211	14575
2001	17.1	28329	135403	16245
2002	18.2	32995	146218	20055
2003	19.6	41990	168808	26942
2004	27.6	54805	215358	40484
2005	27.2	72187	244784	47741
2006	30.2	91076	291215	60560
2007	33.7		353037	73393
2008	42.6		431306	82498
2009	43.4		493693	72052
2010	45.3		568194	90764

年 份	主营业务收 入 (亿元)	利润总额 (亿元)	税金总额 (亿元)	全部从业人员年平均人数 (万人)
1978				
1980	4459	692	367	5600
1985	7899	929	727	6605
1990	16793	560	1386	7663
1995	52936	1635	3415	8360
1996	57970	1490	3657	8187
1997	63451	1703	4037	7873
1998	64149	1458	4064	6196
1999	69852	2288	4414	5805
2000	84152	4393	5119	5559
2001	93733	4733	5572	5441
2002	109486	5784	6238	5521
2003	143172	8337	7537	5749
2004	198909	11929	9529	6622
2005	248544	14803	11518	6896
2006	313592	19504	14454	7358
2007	399717	27155	18422	7875
2008	500020	30562	23968	8838
2009	542522	34542	26486	8831
2010	624451	38828	27101	9063

注：1.1997年及以前为乡及乡以上独立核算工业企业数据；1998-2006年为全部国有及年主营业务收入在500万元以上非国有工业企业数据；2007年以后为年主营业务收入在500万元以上工业企业(即规模以上工业企业)。
2.2009年以前为年报数据；2010年企业单位数和出口交货值为快报数，其他为1-11月财务快报数据。

主要工业产品产量(一)

年 份	化学纤维(万吨)	纱(万吨)	布(亿米)	卷 烟(亿支)	成品糖(万吨)	原 盐(万吨)
1978	28.5	238.2	110.3	1182.0	227.0	1953.0
1980	45.0	292.6	134.7	1520.0	257.0	1728.0
1985	94.8	353.5	146.7	2370.0	451.0	1479.0
1990	165.4	462.6	188.8	3298.0	582.0	2023.0
1995	341.2	542.2	260.2	3485.0	558.6	2977.7
1996	375.5	512.2	209.1	3401.9	640.2	2903.6
1997	471.6	559.8	248.8	3377.4	702.6	3082.7
1998	510.0	542.0	241.0	3374.0	826.0	2242.5
1999	600.0	567.0	250.0	3340.0	861.0	2812.4
2000	694.0	657.0	277.0	3397.0	700.0	3128.0
2001	841.4	760.7	290.0	3402.1	653.1	3410.5
2002	991.2	850.0	322.4	3467.1	926.0	3602.4
2003	1181.2	983.6	353.5	3580.9	1083.9	3437.7
2004	1699.8	1291.3	482.1	18736.4	1033.7	4043.4
2005	1664.8	1450.5	484.4	19389.1	912.4	4661.1
2006	2073.2	1743.0	598.6	20218.1	949.1	5663.1
2007	2413.8	2068.2	675.3	21438.8	1271.4	6167.0
2008	2453.3	2170.9	723.1	22199.2	1432.6	6664.4
2009	2747.3	2393.5	753.4	22901.5	1338.4	6662.8
2010	3090.0	2717.0	800.0	23752.6	1102.9	6274.8

年 份	家 用 电冰箱(万台)	彩 色 电视机(万台)	房间空气 调节器(万台)	汽 车(万辆)	#轿 车	大中型 拖拉机(万台)
1978	2.8	0.4	0.02	14.9		11.4
1980	4.9	3.2	1.3	22.2	0.5	9.8
1985	144.8	435.3	12.4	43.7	0.9	4.5
1990	463.1	1033.0	24.1	51.4	3.5	3.9
1995	918.5	2057.7	682.6	145.3	33.7	6.3
1996	979.7	2537.6	786.2	147.5	38.3	8.4
1997	1044.4	2711.3	974.0	158.3	48.6	8.2
1998	1060.0	3497.0	1156.9	163.0	50.7	6.8
1999	1210.0	4262.0	1337.6	183.2	57.1	6.5
2000	1279.0	3936.0	1826.7	207.0	60.7	4.1
2001	1351.3	4093.7	2333.6	234.2	70.4	3.8
2002	1598.9	5155.0	3135.1	325.1	109.2	4.5
2003	2242.6	6541.4	4820.9	444.4	207.1	4.9
2004	3007.6	7431.8	6390.3	509.1	227.6	11.4
2005	2987.1	8283.2	6764.6	570.5	277.0	16.3
2006	3530.9	8375.4	6849.4	727.9	386.9	19.9
2007	4397.1	8478.0	8014.3	888.9	479.8	20.3
2008	4800.0	9187.1	8147.4	930.6	503.8	28.4
2009	5930.5	9898.8	8078.3	1379.5	748.5	37.1
2010	7300.8	11830.0	10899.6	1827.0	957.6	38.3

注：1.成品糖指标名称1997年及以前为糖，1998—2004年为机制糖，产量包括土糖。
2.卷烟2003年及以前计量单位为万箱。

主要工业产品产量(二)

年　份	原　煤 (亿吨)	原　油 (万吨)	天然气 (亿立方米)	发电量 (亿千瓦小时)	#火　电	#水　电
1978	6.18	10405.0	137.3	2566.0	2120.0	446.0
1980	6.20	10595.0	142.7	3006.0	2424.0	582.0
1985	8.72	12490.0	129.3	4107.0	3183.0	924.0
1990	10.80	13831.0	153.0	6212.0	4945.0	1267.0
1995	13.61	15005.0	179.5	10070.3	8024.0	1905.8
1996	13.97	15733.4	201.1	10813.1	8777.0	1879.7
1997	13.88	16074.1	227.0	11355.5	9241.0	1959.8
1998	13.32	16100.0	232.8	11670.0	9267.0	1988.9
1999	13.64	16000.0	252.0	12393.0	9868.0	1965.8
2000	13.84	16300.0	272.0	13556.0	10885.0	2224.1
2001	14.72	16395.9	303.3	14808.0	11768.0	2774.3
2002	15.50	16700.0	326.6	16540.0	13274.0	2879.7
2003	18.35	16960.0	350.2	19105.8	15804.0	2836.8
2004	21.23	17587.3	414.6	22033.1	17956.0	3535.4
2005	23.50	18135.3	493.2	25002.6	20473.4	3970.2
2006	25.29	18476.6	585.5	28657.3	23696.0	4357.9
2007	26.92	18631.8	692.4	32815.5	27229.3	4852.6
2008	28.02	19043.1	803.0	34957.6	27072.3	6369.6
2009	29.73	18949.0	852.7	37146.5	29827.8	6156.4
2010	32.40	20301.4	967.6	42065.4	33301.3	7210.2

年　份	生　铁 (万吨)	粗　钢 (万吨)	钢　材 (万吨)	焦　炭 (万吨)	水　泥 (万吨)	平板玻璃 (万重量箱)
1978	3479.0	3178.0	2208.0	4690.0	6524.0	1784.0
1980	3802.0	3712.0	2716.0	4343.0	7986.0	2466.0
1985	4384.0	4679.0	3693.0	4802.0	14595.0	4942.0
1990	6238.0	6635.0	5153.0	7328.0	20971.0	8067.0
1995	10529.3	9536.0	8979.8	13510.0	47560.6	15731.7
1996	10722.5	10124.1	9338.0	13643.0	49118.9	16069.4
1997	11511.4	10894.2	9978.9	13731.0	51173.8	16630.7
1998	11863.7	11559.0	10737.8	12806.0	53600.0	17194.0
1999	12539.2	12426.0	12109.8	12073.7	57300.0	17419.8
2000	13101.5	12850.0	13146.0	12184.0	59700.0	18352.2
2001	15554.3	15163.4	16067.6	13130.7	66104.0	20964.1
2002	17084.6	18236.6	19251.6	14279.8	72500.0	23445.6
2003	21366.7	22233.6	24108.0	17775.7	86208.1	27702.6
2004	26831.0	28291.1	31975.7	20619.0	96682.0	37026.2
2005	34375.2	35324.0	37771.1	25411.7	106884.8	40210.2
2006	41245.2	41914.9	46893.4	29768.3	123676.5	46574.7
2007	47651.6	48928.8	56560.9	33553.4	136117.3	53918.1
2008	47824.4	50305.8	60460.3	32031.5	142355.7	59890.4
2009	55283.5	57218.2	69405.4	35510.1	164397.8	58574.1
2010	59021.8	62695.9	79775.5	38757.1	188000.0	63026.1

注：原煤包括无烟煤、褐煤、烟煤，不包括石煤。

主要工业产品产量(三)

年份	硫酸(万吨)	农用化肥(万吨)	乙烯(万吨)	纯碱(万吨)	烧碱(万吨)	原铝(万吨)
1978	661.0	869.3	38.0	132.9	164.0	29.6
1980	764.3	1232.1	49.0	161.3	192.3	39.6
1985	676.4	1322.2	65.2	201.1	235.3	52.3
1990	1196.9	1879.7	157.2	379.5	335.4	84.7
1995	1811.0	2548.1	240.1	597.7	531.8	167.6
1996	1883.6	2809.0	304.0	669.3	573.8	177.1
1997	2036.9	2821.0	358.6	725.8	574.4	203.5
1998	2171.0	3010.0	377.3	744.0	539.4	233.6
1999	2356.0	3251.0	435.0	766.0	580.1	259.9
2000	2427.0	3186.0	470.0	834.0	667.9	279.4
2001	2696.3	3383.0	480.6	914.4	788.0	337.1
2002	3050.4	3791.0	543.0	1033.2	878.0	432.1
2003	3371.2	3881.3	611.8	1133.6	945.3	554.7
2004	3928.9	4804.8	629.9	1334.7	1041.1	669.0
2005	4544.7	5177.9	755.5	1421.1	1240.0	778.7
2006	5033.2	5345.1	940.5	1560.0	1511.8	926.6
2007	5412.6	5825.0	1027.8	1765.0	1759.3	1234.0
2008	5098.0	6028.1	987.6	1854.6	1926.0	1316.5
2009	5960.9	6385.0	1072.6	1944.8	1832.4	1288.6
2010	7090.8	6740.6	1418.9	2029.3	2086.7	1565.0

年份	微型计算机设备(万台)	复印和胶版印刷设备(万台)	程控交换机(万线)	传真机(万台)	集成电路(亿块)	移动通信手持机(万台)
1978					0.3	
1980					0.2	
1985					0.6	
1990	8.2	2.4			1.1	
1995	83.6	21.8	2091.6	136.1	55.2	
1996	138.8	63.9	2274.8	137.9	38.9	
1997	206.6	107.8	2787.3	162.5	25.5	
1998	291.4	117.9	4219.9	128.7	26.3	
1999	405.0	210.3	4726.0	160.0	41.5	
2000	672.0	156.6	7136.0	196.3	58.8	5247.9
2001	877.7	144.1	7223.5	318.2	63.6	8031.7
2002	1463.5	207.4	5860.7	297.3	96.3	12146.4
2003	3216.7	264.2	7379.9	746.6	148.3	18231.4
2004	5974.9	324.6	7625.2	851.2	235.5	23751.6
2005	8084.9	403.6	7720.9	1068.2	270.0	30354.2
2006	9336.4	467.8	7404.6	1188.6	335.7	48013.8
2007	12073.4	452.4	5387.1	888.5	411.6	54857.9
2008	15853.7	517.7	4584.0	749.4	438.8	55945.1
2009	18215.1	421.0	4152.5	683.5	414.4	68193.4
2010	24584.5	534.7	3133.3	176.9	652.5	99827.4

注：1.农用化肥按有效成分100%计算。2009年起电解铝指标名称改为原铝。
2.2009年起微型电子计算机指标名称改为微型计算机设备，复印机械指标名称改为复印和胶版印刷设备。

能源生产总量和构成

年份	能源生产总量(万吨标准煤)	构成(能源生产总量=100)			
		原煤	原油	天然气	水电、核电、风电
1978	62770	70.3	23.7	2.9	3.1
1980	63735	69.4	23.8	3.0	3.8
1985	85546	72.8	20.9	2.0	4.3
1990	103922	74.2	19.0	2.0	4.8
1995	129034	75.3	16.6	1.9	6.2
1996	133032	75.0	16.9	2.0	6.1
1997	133460	74.2	17.2	2.1	6.5
1998	129834	73.3	17.7	2.2	6.8
1999	131935	73.9	17.3	2.5	6.3
2000	135048	73.2	17.2	2.7	6.9
2001	143875	73.0	16.3	2.8	7.9
2002	150656	73.5	15.8	2.9	7.8
2003	171906	76.2	14.1	2.7	7.0
2004	196648	77.1	12.8	2.8	7.3
2005	216219	77.6	12.0	3.0	7.4
2006	232167	77.8	11.3	3.4	7.5
2007	247279	77.7	10.8	3.7	7.8
2008	260552	76.8	10.5	4.1	8.6
2009	274619	77.3	9.9	4.1	8.7
2010	299000	76.8	9.6	4.3	9.3

能源消费总量和构成

年份	能源消费总量(万吨标准煤)	构成(能源消费总量=100)			
		煤炭	石油	天然气	水电、核电、风电
1978	57144	70.7	22.7	3.2	3.4
1980	60275	72.2	20.7	3.1	4.0
1985	76682	75.8	17.1	2.2	4.9
1990	98703	76.2	16.6	2.1	5.1
1995	131176	74.6	17.5	1.8	6.1
1996	135192	73.5	18.7	1.8	6.0
1997	135909	71.4	20.4	1.8	6.4
1998	136184	70.9	20.8	1.8	6.5
1999	140569	70.6	21.5	2.0	5.9
2000	145531	69.2	22.2	2.2	6.4
2001	150406	68.3	21.8	2.4	7.5
2002	159431	68.0	22.3	2.4	7.3
2003	183792	69.8	21.2	2.5	6.5
2004	213456	69.5	21.3	2.5	6.7
2005	235997	70.8	19.8	2.6	6.8
2006	258676	71.1	19.3	2.9	6.7
2007	280508	71.1	18.8	3.3	6.8
2008	291448	70.3	18.3	3.7	7.7
2009	306647	70.4	17.9	3.9	7.8
2010	325000	70.9	16.5	4.3	8.3

建筑业企业概况

年 份	企 业 单位数 (个)	从 业 人 员 (万人)	总 产 值 绝对数 (亿元)	总 产 值 指 数 (上年=100)	增 加 值 绝对数 (亿元)	增 加 值 指 数 (上年=100)
1980	6604	648.0	286.9			
1985	11150	911.5	675.1	130.5		
1990	13327	1010.7	1345.0	104.8		
1995	24133	1497.9	5793.8	124.5	1668.6	126.2
1996	41364	2121.9	8282.2	142.9	2405.6	144.2
1997	44017	2101.5	9126.5	110.2	2540.5	105.6
1998	45634	2030.0	10062.0	110.3	2783.8	109.6
1999	47234	2020.1	11152.9	110.8	3022.3	108.6
2000	47518	1994.3	12497.6	112.1	3341.1	110.5
2001	45893	2110.7	15361.6	122.9	4023.6	120.4
2002	47820	2245.2	18527.2	120.6	3822.4	116.8
2003	48688	2414.3	23083.9	124.6	4654.7	121.8
2004	59018	2500.3	29021.5	125.7	5615.8	120.6
2005	58750	2699.9	34552.1	119.1	6899.7	122.9
2006	60166	2878.2	41557.2	120.3	8116.4	117.6
2007	62074	3133.7	51043.7	122.8	9944.4	122.5
2008	71095	3315.0	62036.8	121.5	12488.9	121.5
2009	70817	3672.6	76807.7	123.8	15619.8	125.1
2010	70061	4043.4	95205.8	124.0	19269.8	123.4

注：1.本表1980-1992年为全民和集体所有制建筑业企业数据；1993-1995年为各种经济成分的建制镇以上企业数据；1996-2001年为资质等级（旧资质）四级及四级以上建筑业企业数据；2002年起为所有资质等级的施工总承包、专业承包建筑业企业（不含劳务分包建筑业企业）数据(下表同)。

2.2002、2008年建筑业增加值统计口径调整，绝对数与上年度不可比，指数按可比口径计算。

建筑业企业生产完成情况

项 目	单 位	2005年	2006年	2007年	2008年	2009年	2010年
签订的合同额	亿元	55947	67194	83412	104241	133529	169074
上年结转合同额	亿元	19588	24428	29918	37872	48281	61390
本年新签合同额	亿元	36359	42766	53495	66369	85248	107684
竣工产值	亿元	23866	28141	33604	39342	47266	52981
房屋建筑施工面积	万平方米	352745	410154	482006	530519	588594	700572
#本年新开工面积	万平方米	197743	230347	268401	271378	300824	374268
#投标承包面积	万平方米	287582	338919	401821	438752	492144	585000
房屋建筑竣工面积	万平方米	159406	179673	203993	223592	245402	259979
#住宅	万平方米	89471	102940	119325	133881	151881	160645
房屋建筑竣工价值	亿元	12990	15429	18433	21723	26054	29381
#住宅	亿元	6895	8467	10291	12521	15547	17668

交通运输业基本情况

指　　标	单 位	1990年	1995年	2000年	2005年	2009年	2010年
运输线路长度							
铁路营业里程	万公里	5.8	6.2	6.9	7.5	8.6	9.1
公路里程	万公里	102.8	115.7	140.3	334.5	386.1	400.8
内河航道里程	万公里	10.9	11.1	11.9	12.3	12.4	12.4
民航航线里程	万公里	50.7	112.9	150.3	199.9	234.5	276.5
客运量	**万人**	**772682**	**1172596**	**1478573**	**1847018**	**2976898**	**3269508**
#铁路	万人	95712	102745	105073	115583	152451	167609
公路	万人	648085	1040810	1347392	1697381	2779081	3052738
旅客周转量	**亿人公里**	**5628**	**9002**	**12261**	**17467**	**24835**	**27894**
#铁路	亿人公里	2613	3546	4533	6062	7879	8762
公路	亿人公里	2620	4603	6657	9292	13511	15021
货运量	**万吨**	**970602**	**1234938**	**1358682**	**1862066**	**2825222**	**3241807**
#铁路	万吨	150681	165982	178581	269296	333348	364271
公路	万吨	724040	940387	1038813	1341778	2127834	2448052
水运	万吨	80094	113194	122391	219648	318996	378949
货物周转量	**亿吨公里**	**26208**	**35909**	**44321**	**80258**	**122133**	**141838**
#铁路	亿吨公里	10622	13049	13770	20726	25239	27644
公路	亿吨公里	3358	4695	6129	8693	37189	43390
水运	亿吨公里	11592	17552	23734	49672	57557	68428
铁路机车数量	**台**	**13981**	**15554**	**15253**	**17473**	**18922**	**19431**
国家铁路	台	13592	15146	14472	16547	17825	18349
地方铁路	台	389	408	327	348	271	279
合资铁路	台			454	578	826	803
铁路客车数量	**辆**	**27538**	**32663**	**37249**	**41974**	**49354**	**50246**
铁路货车数量	**辆**	**368561**	**436414**	**443902**	**548368**	**601412**	**622284**
民用汽车拥有量	**万辆**	**551.4**	**1040.0**	**1608.9**	**3159.7**	**6280.6**	**7796.4**
#载客汽车	万辆	162.2	417.9	853.7	2132.5	4845.1	6124.1
载货汽车	万辆	368.5	585.4	716.3	955.6	1368.6	1597.6
#私人汽车	万辆	81.6	250.0	625.3	1848.1	4574.9	5938.7
民用运输船舶拥有量	**艘**	**425934**	**364968**	**229676**	**207294**	**176932**	**178407**
#机动船	艘	325888	299717	185018	165900	149367	155624
驳船	艘	82482	57998	44658	41394	27565	22783
#私人运输船舶	艘	231168	196736	142117	95838	52645	45786
沿海规模以上港口							
货物吞吐量	**万吨**	**48321**	**80166**	**125603**	**292777**	**475481**	**548358**

注：1.1993年起铁路货物运输增加行包运量。
2.2005年起公路里程含村道。
3.2008年起全国公路水路运输统计口径有调整。
4.2009年起沿海规模以上港口统计范围有调整。

邮电业务基本情况

指 标	单 位	1990年	1995年	2000年	2005年	2009年	2010年
邮电业务量							
邮电业务总量	亿元	155.5	988.9	4792.7	12028.5	27193.5	32940.2
邮政业务总量	亿元	46.0	113.3	232.8	625.5	1639.9	1985.3
电信业务总量	亿元	109.6	875.5	4559.9	11403.0	25553.6	30954.9
函件	亿件	54.9	79.6	77.7	73.5	75.3	74.0
快递	万件	343	5563	11031	22880	185785	233892
报刊期发数	万份	20078	21689	20090	14601	13910	17158
固定长途电话通话时长	亿分钟		309.9	671.5	894.2	823.4	729.2
移动电话年末用户	万户	1.8	362.9	8453.3	39340.6	74721.4	85900.3
移动短信业务量	亿条				3046.3	7726.5	8250.4
固定电话年末用户	万户	685.0	4070.6	14482.9	35044.5	31373.2	29438.3
城市电话	万户	538.4	3263.6	9311.6	23975.3	21190.0	19662.2
#住宅	万户	152.7	2358.4	7219.4	17201.2	12969.5	11973.4
农村电话	万户	146.6	807.0	5171.3	11069.2	10183.2	9776.1
#住宅	万户	30.7	551.4	4597.8	10023.9	8813.3	8325.0
#公用电话	万部	4.6	85.0	352.0	2681.2	2708.8	2584.8
邮政局所及邮电通信电路							
营业网点	处	53629	61898	58437	65917	65672	72863
邮路及农村投递路线总长度	万公里	498.3	523.2	643.8	697.1	770.4	832.6
长途光缆线路长度	公里	3334	106882	286642	723040	831011	818161
邮电通信设备拥有量							
长途自动交换机容量	万路端	16.1	351.9	563.5	1371.6	1684.9	1643.9
局用电话交换机容量	万门	1232	7204	17826	47196	49266	46559
移动电话交换机容量	万户	5	797	13986	48242	144085	150518
邮电通信服务水平							
电话普及率(含移动)	部/百人	1.11	4.66	19.10	57.22	79.89	86.41
移动电话普及率	部/百人	0.002	0.30	6.72	30.26	56.27	64.36

注：1.邮电业务总量2000年及以前按1990年不变价格计算，2001年起按2000年不变价格计算。
2.1997年及以前城市电话用户为市内电话用户数。
3.1998年及以前邮政局所为邮电局所。
4.2006年及以前邮政业务总量、特快专递和邮政局所统计口径为中国邮政集团，2007年起包括规模以上(年业务收入200万元以上)邮政业法人企业数据。

旅游人数和收入

指　　标	单 位	2005年	2006年	2007年	2008年	2009年	2010年
旅游人数							
入境旅游人数	**万人次**	**12029.2**	**12494.2**	**13187.3**	**13002.7**	**12647.6**	**13376.2**
外国人	万人次	2025.5	2221.0	2611.0	2432.5	2193.8	2612.7
#日本	万人次	339.0	374.6	397.8	344.6	331.8	373.1
韩国	万人次	354.5	392.4	477.7	396.0	319.8	407.6
菲律宾	万人次	65.4	70.4	83.3	79.5	74.9	82.8
新加坡	万人次	75.6	82.8	92.2	87.6	89.0	100.4
英国	万人次	50.0	55.2	60.5	55.2	52.9	60.9
德国	万人次	45.5	50.1	55.7	52.9	51.9	57.5
俄罗斯	万人次	222.4	240.5	300.4	312.3	174.3	237.0
加拿大	万人次	43.0	50.0	57.7	53.5	55.0	68.5
美国	万人次	155.5	171.0	190.1	178.6	171.0	201.0
澳大利亚	万人次	48.3	53.8	60.7	57.2	56.2	66.1
港澳同胞	万人次	9592.8	9831.8	10113.6	10131.7	10005.4	10249.5
台湾同胞	万人次	410.9	441.4	462.8	438.6	448.4	514.1
#过夜旅游者	万人次	4680.9	4991.3	5472.0	5304.9	5087.5	5566.5
国内居民出境人数	**万人次**	**3102.6**	**3452.4**	**4095.4**	**4584.4**	**4765.6**	**5738.6**
#因私出境	万人次	2514.0	2879.9	3492.4	4013.1	4221.0	5150.8
国内旅游人数	**亿人次**	**12.1**	**13.9**	**16.1**	**17.1**	**19.0**	**21.0**
旅游收入							
国际国内旅游总收入	亿元	7686.0	8935.0	10956.5	11585.8	12893.9	15681.1
国际旅游外汇收入	亿美元	293.0	339.5	419.2	408.4	396.8	458.1
国内旅游收入	亿元	5285.9	6229.7	7770.6	8749.3	10183.7	12579.8

注：本表数据由国家旅游局提供。

教育事业基本情况

指　　标	单位	1990年	1995年	2000年	2005年	2009年	2010年
学校数							
普通高等学校	所	1075	1054	1041	1792	2305	2358
普通中学	所	87631	81020	77268	77977	70774	68881
职业中学	所	9164	10147	8849	6423	5805	5273
普通小学	所	766072	668685	553622	366213	280184	257410
特殊教育学校	所	746	1379	1539	1593	1672	1706
学前教育	所	172322	180438	175836	124402	138209	150420
专任教师							
普通高等学校	万人	39.5	40.1	46.3	96.6	129.5	134.3
普通中学	万人	303.3	333.4	400.5	477.1	500.7	504.2
职业中学	万人	22.4	29.2	32.0	30.3	32.6	30.9
普通小学	万人	558.2	566.4	586.0	559.2	563.3	561.7
特殊教育学校	万人	1.4	2.5	3.2	3.2	3.8	4.0
学前教育	万人	75.0	87.5	85.6	72.2	98.6	114.4
招生数							
普通本、专科	万人	60.9	92.6	220.6	504.5	639.5	661.8
普通中学	万人	1619.6	2025.9	2736.0	2854.3	2616.7	2551.7
职业中学	万人	123.2	190.1	182.7	259.3	315.2	279.8
普通小学	万人	2064.0	2531.8	1946.5	1671.7	1637.8	1691.7
特殊教育学校	万人	1.6	5.6	5.3	4.9	6.4	6.5
学前教育	万人			1531.1	1356.2	1546.9	1700.4
在校学生							
普通本、专科	万人	206.3	290.6	556.1	1561.8	2144.7	2231.8
普通中学	万人	4586.0	5371.0	7368.9	8580.9	7867.9	7703.2
职业中学	万人	295.0	448.3	503.2	625.6	785.7	729.8
普通小学	万人	12241.4	13195.2	13013.3	10864.1	10071.5	9940.7
特殊教育学校	万人	7.2	29.6	37.8	36.4	42.8	42.6
学前教育	万人	1972.2	2711.2	2244.2	2179.0	2657.8	2976.7
毕业生数							
普通本、专科	万人	61.4	80.5	95.0	306.8	531.1	575.4
普通中学	万人	1342.1	1429.0	1908.6	2768.1	2618.4	2543.0
职业中学	万人	89.3	124.0	176.3	170.0	232.1	232.0
普通小学	万人	1863.1	1961.5	2419.2	2019.5	1805.2	1739.6
特殊教育学校	万人	0.5	1.9	4.3	4.3	5.7423	5.9
学前教育	万人				1025.4	1041	1058
研究生数							
招生数	人	29649	51053	128484	364831	510953	538177
在校生数	人	93018	145443	301239	978610	1404942	1538416
毕业生数	人	35440	31877	58767	189728	371273	383600
教育经费投入	**亿元**	**659.4**	**1878.0**	**3849.1**	**8418.8**	**14500.7**	**16502.7**
学龄儿童净入学率	%	**97.8**	**98.5**	**99.1**	**99.2**	**99.4**	**99.7**
小学升学率	%	**74.6**	**90.8**	**94.9**	**98.4**	**99.1**	**98.7**
初中升学率	%	**40.6**	**50.3**	**51.2**	**69.7**	**85.6**	**87.5**
高中升学率	%	**27.3**	**49.9**	**73.2**	**76.3**	**77.6**	**83.3**

注：1.普通高等学校指大学本专科。普通中学指普通高中、普通初中。职业中学指职业高中、职业初中。
　　2.高中升学率为普通高校招生数(含电大普通班)与普通高中毕业生数之比，初中升高级中学包括升入技工学校。

科技事业发展情况

指　　标	单位	1991年	1995年	2000年	2009年	2010年
研究与试验发展(R&D)活动						
研究与试验发展折合全时人员	万人年	67.1	75.2	92.2	229.1	252.0
研究与试验发展经费支出	亿元		349	896	5802	6980
研究与试验发展经费支出占国内生产总值比重	%		0.57	0.90	1.70	1.75
技术成果和国家奖励						
科技成果登记数	项	32653	31099	32858	38688	42108
#应用技术成果	项	28258	27431	28843	33905	37029
国家奖励						
#国家自然科学奖	项	53	57	15	28	30
国家技术发明奖	项	209	131	23	55	46
国家科技进步奖	项	502	607	250	282	273
国际科学技术合作奖	项		6	2	7	5
技术市场成交额	亿元	95	268	651	3039	3906
成功发射卫星	次		2	6	6	15
科技服务						
出版地图	种		970	1150	2106	1944
气象观测站点	个	3903	4128	5117	37358	37992
气象科学数据共享服务数据量	GB				245740	358220
地震台站	个	1125	1183	1234	1457	1477
海洋观测站	个				66	71
质量监督						
产品检测实验室	个		5000	5500	25000	27000
#国家检测中心	个		235	230	414	443
抽查产品	种	138	185	235	149	132
抽查产品	批	3902	6713	9705	21382	16357
专利						
专利申请受理量	万件	5.00	8.30	17.07	97.67	122.23
境内	万件	4.40	6.39	12.82	85.40	108.40
境外	万件	0.60	1.91	4.25	12.26	13.83
专利申请授权量	万件	2.46	4.51	10.53	58.20	81.48
境内	万件	2.05	3.72	8.55	48.34	71.94
境外	万件	0.41	0.79	1.99	9.86	9.54

文化、卫生和体育基本情况

项　　目	单　位	1990年	1995年	2000年	2009年	2010年
文化事业						
艺术表演团体	个	2805	2684	2630	2494	2420
艺术表演场馆	个	1955	1918	1863	1499	1175
公共图书馆	个	2527	2608	2677	2850	2885
省级、地市级文化馆	个	366	373	390	361	374
县市级文化馆	个	2955	2886	2907	2862	2890
博物馆	个	1013	1194	1384	2252	2435
广播节目综合人口覆盖率	%	74.7	78.8	92.5	96.3	96.8
电视节目综合人口覆盖率	%	79.4	84.5	93.7	97.2	97.6
有线广播电视用户	万户			7950	17523	18872
国有电影制片及加工单位	个				38	38
电影院线	条				37	37
图书总印数	亿册(张)	56.4	63.2	62.7	70.4	74.0
期刊总印数	亿册	17.9	23.4	29.4	31.5	32.0
报纸总印数	亿份	211.3	263.3	329.3	439.1	448.0
卫生事业						
卫生机构数	万个	101.3	99.4	103.4	91.7	93.7
#医院、卫生院	万个	6.21	6.75	6.61	5.99	5.97
卫生机构床位数	万张	292.5	314.1	317.7	441.6	478.7
每千人口医院卫生院床位	张	2.32	2.39	2.38	3.06	3.28
卫生人员数	万人	613.8	670.4	691.0	778.1	819.7
#卫生技术人员数	万人	389.8	425.7	449.1	553.5	586.6
#执业(助理)医师	万人	176.3	191.8	207.6	232.9	241.3
注册护士	万人	97.5	112.6	126.7	185.5	204.8
每千人口执业(助理)医师	人	1.56	1.62	1.68	1.75	1.80
开展新农合县(市、区)	个				2716	2678
参加新农合人数	亿人				8.33	8.36
新农合参合率	%				94.2	96.0
卫生总费用	亿元	747.4	2155.1	4586.6	17204.8	
体育事业						
新发展等级运动员	万人	6.60	7.94	9.70	4.63	
创造世界纪录	次	16	24	30	22	15
获得世界冠军	个	54	102	110	142	108

社会服务基本情况

指　　标	单位	2010年	指　　标	单位	2010年
提供住宿的社会服务			筹集社会福利基金	亿元	303.8
收养性社会服务单位数	万个	4.1	**婚姻登记服务**		
收养性社会服务床位数	万张	348.1	**结婚登记**	**万对**	**1241.0**
收养人数	万人	252.7	#涉外及港台	万对	4.9
儿童救助			粗结婚率	‰	9.3
领证的孤儿数	万人	25.2	**离婚登记**	**万对**	**267.8**
流浪儿童救助	万人次	14.6	#民政部门登记	万对	201.0
儿童家庭收养	万人	3.5	法院部门办理离婚	万对	66.8
为残疾人提供服务的福利企业			粗离婚率	‰	2.00
单位数	万个	2.2	**殡葬服务**		
残疾职工人数	万人	62.5	火化率	%	
生活困难群众救助			**自然灾害情况**		
城市居民最低生活保障人数	万人	2311	受灾人口	万人次	42610
农村居民最低生活保障人数	万人	5214	因灾死亡人口	人	6541
农村五保供养总人数	万人	556.3	直接经济损失	亿元	5339.9
医疗救助			**成员组织**		
城市医疗救助	万人次	460	**社会组织**		
民政部门资助参加医疗保险人数	万人次	1461	社会团体	万个	24.5
农村医疗救助	万人次	1019	民办非企业单位	万个	19.8
民政部门资助参加新农合人数	万人次	4615	基金会	个	2200
生活无着人员救助	万人次	172	**自治组织**		
农村临时救助	万人次	614	村民委员会	万个	59.5
优抚安置服务			居民委员会	万个	8.7
国家抚恤、补助各类优抚对象	万人	625.0	**社会服务事业费总支出**	**亿元**	**2697.5**
接收军休干部军队退伍士官	人	13451	#社会福利	亿元	149.8
社区服务			城市最低生活保障	亿元	524.7
城镇社区服务设施数	万个	15.3	农村及其他社会救济	亿元	579.6
#社区服务中心(站)	个	56957	自然灾害救济	亿元	237.2
城市便民、利民网点	万个	53.9	抚恤费	亿元	362.7
为弱势群体筹集资金的活动			军队离退休、退职费	亿元	269.0
接收社会捐赠款	亿元	179.8	地方离退休人员	亿元	30.4
福利彩票销售	亿元	968.0	其　他	亿元	544.1

注：粗结(离)婚率计算方法：结(离)婚对数除以当期人口平均数。

环境保护基本概况

项　　目	单　位	2006年	2007年	2008年	2009年	2010年
水环境						
水资源总量	亿立方米	25330	25255	27434	24180	29658
人均水资源量	立方米/人	1932	1916	2071	1816	2218
用水总量	亿立方米	5795	5819	5910	5965	5998
#农业	亿立方米	3664	3600	3664	3723	3707
工业	亿立方米	1344	1403	1397	1391	1407
生活	亿立方米	694	710	729	748	773
生态	亿立方米	93	106	120	103	111
化学需氧量排放量	万吨	1428.2	1381.8	1320.7	1277.5	1238.1
大气环境						
二氧化硫排放量	万吨	2588.8	2468.1	2321.2	2214.4	2185.1
固体废物						
工业固体废物排放量	万吨	1302	1197	782	711	
工业固体废物综合利用量	万吨	92601	110311	123482	138186	
工业固体废物综合利用率	%	60.2	62.1	64.3	67.0	
生态环境						
森林面积	万公顷	17491	17491	17491	19545	19545
森林覆盖率	%	18.21	18.21	18.21	20.36	20.36
当年造林面积	万公顷	384	391	535	626	592
全国自然保护区数	个	2395	2531	2538	2541	2588
#国家级	个	265	303	303	319	319
全国自然保护区面积	万公顷	15154	15188	14894	14775	
全国保护区面积占辖区面积	%	15.2	15.2	15.1	14.7	
全国湿地面积	万公顷	3848.6	3848.6	3848.6	3848.6	3848.6
全国湿地面积占国土面积	%	4.0	4.0	4.0	4.0	4.0
自然灾害						
发生地质灾害次数	次	102804	25364	26580	10580	
发生地震灾害次数	次	10	3	17	8	10
海洋灾害发生次数	次	180	163	128	132	132
#赤潮	次	93	82	68	68	69

注：森林面积和森林覆盖率为第七次全国森林资源清查(2004-2008)资料。

各地区年末总人口

单位：万人

地　区	2004年	2005年	2006年	2007年	2008年	2009年	2010年
全　国	**129988**	**130756**	**131448**	**132129**	**132802**	**133474**	**133972**
北　京	1493	1538	1581	1633	1695	1755	1961
天　津	1024	1043	1075	1115	1176	1228	1294
河　北	6809	6851	6898	6943	6989	7034	7185
山　西	3335	3355	3375	3393	3411	3427	3571
内蒙古	2384	2386	2397	2405	2414	2422	2471
辽　宁	4217	4221	4271	4298	4315	4319	4375
吉　林	2709	2716	2723	2730	2734	2740	2746
黑龙江	3817	3820	3823	3824	3825	3826	3831
上　海	1742	1778	1815	1858	1888	1921	2302
江　苏	7433	7475	7550	7625	7677	7725	7866
浙　江	4720	4898	4980	5060	5120	5180	5443
安　徽	6461	6120	6110	6118	6135	6131	5950
福　建	3511	3535	3558	3581	3604	3627	3689
江　西	4284	4311	4339	4368	4400	4432	4457
山　东	9180	9248	9309	9367	9417	9470	9579
河　南	9717	9380	9392	9360	9429	9487	9402
湖　北	6016	5710	5693	5699	5711	5720	5724
湖　南	6698	6326	6342	6355	6380	6406	6568
广　东	8304	9194	9304	9449	9544	9638	10430
广　西	4889	4660	4719	4768	4816	4856	4603
海　南	818	828	836	845	854	864	867
重　庆	3122	2798	2808	2816	2839	2859	2885
四　川	8725	8212	8169	8127	8138	8185	8042
贵　州	3904	3730	3757	3762	3793	3798	3475
云　南	4415	4450	4483	4514	4543	4571	4597
西　藏	274	277	281	284	287	290	300
陕　西	3705	3720	3735	3748	3762	3772	3733
甘　肃	2619	2594	2606	2617	2628	2635	2558
青　海	539	543	548	552	554	557	563
宁　夏	588	596	604	610	618	625	630
新　疆	1963	2010	2050	2095	2131	2159	2181

注：1.全国数据包括中国人民解放军现役军人数，但不包括香港、澳门特别行政区和台湾地区数据；分省数据中未包括中国人民解放军现役军人数。
2.除2004年部分地区数据外，分地区数据均为常住人口。
3.2010年数据为第六次全国人口普查11月1日零时登记人口初步汇总数。

地区生产总值

单位：亿元

地　区	2004年	2005年	2006年	2007年	2008年	2009年	2010年
北　京	6033.2	6969.5	8117.8	9846.8	11115.0	12153.0	13777.9
天　津	3111.0	3905.6	4462.7	5252.8	6719.0	7521.9	9108.8
河　北	8477.6	10012.1	11467.6	13607.3	16012.0	17235.5	20197.1
山　西	3571.4	4230.5	4878.6	6024.5	7315.4	7358.3	9088.1
内蒙古	3041.1	3905.0	4944.2	6423.2	8496.2	9740.3	11655.0
辽　宁	6672.0	8047.3	9304.5	11164.3	13668.6	15212.5	18278.3
吉　林	3122.0	3620.3	4275.1	5284.7	6426.1	7278.8	8577.1
黑龙江	4750.6	5513.7	6211.8	7104.0	8314.4	8587.0	10235.0
上　海	8072.8	9247.7	10572.2	12494.0	14069.9	15046.5	16872.4
江　苏	15003.6	18598.7	21742.1	26018.5	30982.0	34457.3	40903.3
浙　江	11648.7	13417.7	15718.5	18753.7	21462.7	22990.4	27226.8
安　徽	4759.3	5375.1	6112.5	7360.9	8851.7	10062.8	12263.4
福　建	5763.4	6554.7	7583.8	9248.5	10823.0	12236.5	14357.1
江　西	3456.7	4056.8	4820.5	5800.3	6971.1	7655.2	9435.0
山　东	15021.8	18366.9	21900.2	25776.9	30933.3	33896.7	39416.2
河　南	8553.8	10587.4	12362.8	15012.5	18018.5	19480.5	22942.7
湖　北	5633.2	6590.2	7617.5	9333.4	11328.9	12961.1	15806.1
湖　南	5641.9	6596.1	7688.7	9439.6	11555.0	13059.7	15902.1
广　东	18864.6	22557.4	26587.8	31777.0	36796.7	39482.6	45472.8
广　西	3433.5	3984.1	4746.2	5823.4	7021.0	7759.2	9502.4
海　南	798.9	898.0	1044.9	1254.2	1503.1	1654.2	2052.1
重　庆	2692.8	3467.7	3907.2	4676.1	5793.7	6530.0	7894.2
四　川	6379.6	7385.1	8690.2	10562.4	12601.2	14151.3	16898.6
贵　州	1677.8	2005.4	2339.0	2884.1	3561.6	3912.7	4594.0
云　南	3081.9	3461.7	3988.1	4772.5	5692.1	6169.8	7220.1
西　藏	220.3	248.8	290.8	341.4	394.9	441.4	507.5
陕　西	3175.6	3933.7	4743.6	5757.3	7314.6	8169.8	10021.5
甘　肃	1688.5	1934.0	2276.7	2702.4	3166.8	3387.6	4119.5
青　海	466.1	543.3	648.5	797.4	1018.6	1081.3	1350.4
宁　夏	537.1	612.6	725.9	919.1	1203.9	1353.3	1643.4
新　疆	2209.1	2604.2	3045.3	3523.2	4183.2	4277.0	5418.8

注：本表按当年价格计算。

各地区全社会固定资产投资

单位：亿元

地 区	2004年	2005年	2006年	2007年	2008年	2009年	2010年
全国总计	**70477.4**	**88773.6**	**109998.2**	**137323.9**	**172828.4**	**224598.8**	**278139.8**
北 京	2528.2	2827.2	3296.4	3907.2	3814.7	4616.9	5403.0
天 津	1245.7	1495.1	1820.5	2353.1	3389.8	4738.2	6278.6
河 北	3218.8	4139.7	5470.2	6884.7	8866.6	12269.8	15082.5
山 西	1443.9	1826.6	2255.7	2861.5	3531.2	4943.2	6063.2
内蒙古	1788.0	2643.6	3363.2	4372.9	5475.4	7336.8	8929.9
辽 宁	2979.6	4200.4	5689.6	7435.2	10019.1	12292.5	16043.0
吉 林	1169.1	1741.1	2594.3	3651.4	5038.9	6411.6	7870.4
黑龙江	1430.8	1737.3	2236.0	2833.5	3656.0	5028.8	6812.6
上 海	3050.3	3509.7	3900.0	4420.4	4823.1	5043.8	5108.9
江 苏	6557.1	8165.4	10069.2	12268.1	15300.6	18949.9	23186.8
浙 江	5781.3	6520.1	7590.2	8420.4	9323.0	10742.3	12488.1
安 徽	1935.2	2525.1	3533.6	5087.5	6747.0	8990.7	11543.4
福 建	1892.9	2316.7	2981.8	4287.8	5207.7	6231.2	8198.5
江 西	1713.2	2176.6	2683.6	3301.9	4745.4	6643.1	8775.5
山 东	6970.6	9307.3	11111.4	12537.7	15435.9	19034.5	23282.9
河 南	3099.4	4311.6	5904.7	8010.1	10490.6	13704.5	16585.9
湖 北	2264.8	2676.6	3343.5	4330.4	5647.0	7866.9	10262.7
湖 南	2072.6	2629.1	3175.5	4154.8	5534.0	7703.4	9663.8
广 东	5870.0	6977.9	7973.4	9294.3	10868.7	12933.1	15624.0
广 西	1236.5	1661.2	2198.7	2939.7	3756.4	5237.2	7057.6
海 南	317.0	367.2	423.9	502.4	705.4	988.3	1317.0
重 庆	1537.0	1933.2	2407.4	3127.7	3979.6	5214.3	6692.4
四 川	2818.4	3585.2	4412.9	5639.8	7127.8	11371.9	13119.5
贵 州	865.2	998.3	1197.4	1488.8	1864.5	2412.0	3104.9
云 南	1291.5	1777.6	2208.6	2759.0	3435.9	4526.4	5528.7
西 藏	162.4	181.4	231.1	270.3	309.9	378.3	463.3
陕 西	1508.9	1882.2	2480.7	3415.0	4614.4	6246.9	7964.4
甘 肃	733.9	870.4	1022.6	1304.2	1712.8	2363.0	3158.3
青 海	289.2	329.8	408.5	482.8	583.2	798.2	1018.7
宁 夏	376.2	443.3	498.7	599.8	828.9	1075.9	1444.2
新 疆	1147.1	1339.1	1567.1	1850.8	2260.0	2725.5	3392.7
不分地区	1182.5	1677.9	1947.6	2530.8	3734.9	5779.7	6674.4

各地区社会消费品零售总额

单位：亿元

地　区	2006年	2007年	2008年	2009年	2010年	2010年比上年增长(%)
全国总计	**79145.2**	**93571.6**	**114830.1**	**132678.4**	**156998.4**	**18.3**
北　京	3295.3	3835.2	4645.5	5309.9	6229.3	17.3
天　津	1383.1	1650.6	2078.7	2430.8	2902.6	19.4
河　北	3435.7	4053.8	4991.1	5764.9	6821.8	18.3
山　西	1635.4	1953.3	2421.1	2809.0	3318.2	18.1
内蒙古	1628.6	1964.0	2463.0	2855.3	3384.0	18.5
辽　宁	3471.6	4097.8	5032.4	5812.6	6887.6	18.5
吉　林	1697.6	2038.3	2549.2	2957.3	3504.9	18.5
黑龙江	2029.0	2386.2	2928.3	3401.8	4039.2	18.7
上　海	3375.2	3873.3	4577.2	5173.2	6070.5	17.3
江　苏	6706.2	7985.9	9905.1	11484.1	13606.8	18.5
浙　江	5358.0	6271.3	7533.3	8622.3	10245.4	18.8
安　徽	2056.5	2451.9	3045.2	3527.8	4197.7	19.0
福　建	2717.6	3212.3	3866.7	4481.0	5310.0	18.5
江　西	1448.2	1718.9	2142.0	2484.4	2956.2	19.0
山　东	7217.1	8607.5	10658.8	12363.0	14620.3	18.3
河　南	3932.6	4690.3	5815.4	6746.4	8004.2	18.6
湖　北	3461.1	4115.8	5109.7	5928.4	7013.9	18.3
湖　南	2869.4	3419.2	4222.6	4913.7	5839.5	18.8
广　东	9194.3	10731.3	12986.6	14891.8	17458.4	17.2
广　西	1620.3	1932.7	2395.8	2790.7	3312.0	18.7
海　南	313.4	370.9	463.2	537.5	639.3	18.9
重　庆	1431.5	1711.1	2147.1	2479.0	2938.6	18.5
四　川	3472.5	4105.6	4944.8	5758.7	6810.1	18.3
贵　州	710.0	858.2	1075.2	1247.3	1482.7	18.9
云　南	1204.8	1422.5	1764.7	2051.1	2500.1	21.9
西　藏	90.0	112.6	130.0	156.6	185.3	18.3
陕　西	1542.4	1837.3	2317.1	2699.7	3195.7	18.4
甘　肃	729.5	854.4	1023.6	1183.0	1394.5	17.9
青　海	182.6	212.6	259.7	300.5	350.8	16.8
宁　夏	202.5	239.5	295.4	339.3	403.6	19.0
新　疆	733.2	857.5	1041.5	1177.5	1375.1	16.8

各地区货物进出口总额

(按经营单位所在地分) 单位：亿美元

地　区	2004年	2005年	2006年	2007年	2008年	2009年	2010年
全国总计	**11545.5**	**14219.1**	**17604.4**	**21765.7**	**25632.6**	**22075.4**	**29727.6**
北　京	945.8	1255.1	1580.4	1930.0	2716.9	2147.3	3014.8
天　津	420.3	532.8	644.6	714.5	804.0	638.3	822.0
河　北	135.3	160.7	185.3	255.2	384.2	296.3	419.3
山　西	53.8	55.5	66.3	115.8	144.0	85.7	125.8
内蒙古	37.2	48.8	59.6	77.4	89.2	67.7	87.2
辽　宁	344.1	410.1	483.9	594.7	724.3	629.3	806.7
吉　林	67.9	65.3	79.1	103.0	133.3	117.4	168.5
黑龙江	67.9	95.7	128.6	173.0	231.3	162.3	255.0
上　海	1600.1	1863.4	2275.2	2828.5	3220.6	2777.1	3688.9
江　苏	1708.5	2279.2	2839.8	3494.7	3922.7	3387.4	4657.9
浙　江	852.0	1073.9	1391.4	1768.5	2111.3	1877.3	2534.7
安　徽	72.1	91.2	122.5	159.3	201.8	156.8	242.8
福　建	475.3	544.1	626.6	744.5	848.2	796.5	1087.8
江　西	35.3	40.6	61.9	94.5	136.2	127.8	214.7
山　东	606.6	767.4	952.1	1224.7	1584.1	1390.5	1889.5
河　南	66.2	77.2	97.9	127.9	174.8	134.8	177.9
湖　北	67.7	90.5	117.6	148.7	207.1	172.5	259.1
湖　南	54.4	60.0	73.5	96.9	125.5	101.5	146.7
广　东	3571.3	4279.6	5272.0	6341.9	6849.7	6110.9	7846.6
广　西	42.8	51.8	66.7	92.6	132.4	142.5	177.0
海　南	34.0	25.4	28.5	35.1	45.3	48.8	86.3
重　庆	38.6	42.9	54.7	74.4	95.2	77.1	124.3
四　川	68.7	79.0	110.2	143.8	221.1	241.7	327.8
贵　州	15.1	14.0	16.2	22.7	33.7	23.0	31.4
云　南	37.4	47.4	62.2	87.9	96.0	80.5	133.7
西　藏	2.0	2.1	3.3	3.9	7.7	4.0	8.4
陕　西	36.4	45.8	53.6	68.9	83.3	84.1	120.8
甘　肃	17.6	26.3	38.2	55.2	61.0	38.7	73.3
青　海	5.8	4.1	6.5	6.1	6.9	5.9	7.9
宁　夏	9.1	9.7	14.4	15.8	18.8	12.0	19.6
新　疆	56.3	79.4	91.0	137.2	222.2	139.5	171.3

各地区城镇居民家庭人均可支配收入

单位：元

地 区	2004年	2005年	2006年	2007年	2008年	2009年	2010年
全国总计	**9421.6**	**10493.0**	**11759.5**	**13785.8**	**15780.8**	**17174.7**	**19109.4**
北 京	15637.8	17653.0	19977.5	21988.7	24724.9	26738.5	29072.9
天 津	11467.2	12638.6	14283.1	16357.4	19422.5	21402.0	24292.6
河 北	7951.3	9107.1	10304.6	11690.5	13441.1	14718.3	16263.4
山 西	7902.9	8913.9	10027.7	11565.0	13119.1	13996.6	15647.7
内蒙古	8123.0	9136.8	10358.0	12377.8	14432.6	15849.2	17698.2
辽 宁	8007.6	9107.6	10369.6	12300.4	14392.7	15761.4	17712.6
吉 林	7840.6	8690.6	9775.1	11285.5	12829.5	14006.3	15411.5
黑龙江	7470.7	8272.5	9182.3	10245.3	11581.3	12566.0	13856.5
上 海	16682.8	18645.0	20667.9	23622.7	26674.9	28837.8	31838.1
江 苏	10481.9	12318.6	14084.3	16378.0	18679.5	20551.7	22944.3
浙 江	14546.4	16293.8	18265.1	20573.8	22726.7	24610.8	27359.0
安 徽	7511.4	8470.7	9771.1	11473.6	12990.4	14085.7	15788.2
福 建	11175.4	12321.3	13753.3	15506.1	17961.5	19576.8	21781.3
江 西	7559.6	8619.7	9551.1	11451.7	12866.4	14021.5	15481.1
山 东	9437.8	10744.8	12192.2	14264.7	16305.4	17811.0	19945.8
河 南	7704.9	8668.0	9810.3	11477.1	13231.1	14371.6	15930.3
湖 北	8022.8	8785.9	9802.7	11485.8	13152.9	14367.5	16058.4
湖 南	8617.5	9524.0	10504.7	12293.5	13821.2	15084.3	16565.7
广 东	13627.7	14770.0	16015.6	17699.3	19732.9	21574.7	23897.8
广 西	8690.0	9286.7	9898.8	12200.4	14146.0	15451.5	17063.9
海 南	7735.8	8123.9	9395.1	10996.9	12607.8	13750.9	15581.1
重 庆	9221.0	10243.5	11569.7	12590.8	14367.6	15748.7	17532.4
四 川	7709.9	8386.0	9350.1	11098.3	12633.4	13839.4	15461.2
贵 州	7322.1	8151.1	9116.6	10678.4	11758.8	12862.5	14142.7
云 南	8870.9	9265.9	10069.9	11496.1	13250.2	14423.9	16064.5
西 藏	9106.1	9431.2	8941.1	11130.9	12481.5	13544.4	14980.5
陕 西	7492.5	8272.0	9267.7	10763.3	12857.9	14128.8	15695.2
甘 肃	7376.7	8086.8	8920.6	10012.3	10969.4	11929.8	13188.6
青 海	7319.7	8057.9	9000.4	10276.1	11640.4	12691.9	13855.0
宁 夏	7217.9	8093.6	9177.3	10859.3	12931.5	14024.7	15344.5
新 疆	7503.4	7990.2	8871.3	10313.4	11432.1	12257.5	13643.8

注：本表按当年价格计算。

各地区农村居民家庭人均纯收入

单位：元

地　区	2004年	2005年	2006年	2007年	2008年	2009年	2010年
全国总计	**2936.4**	**3254.9**	**3587.0**	**4140.4**	**4760.6**	**5153.2**	**5919.0**
北　京	6170.3	7346.3	8275.5	9439.6	10661.9	11668.6	13262.3
天　津	5019.5	5579.9	6227.9	7010.1	7910.8	8687.6	10074.9
河　北	3171.1	3481.6	3801.8	4293.4	4795.5	5149.7	5958.0
山　西	2589.6	2890.7	3180.9	3665.7	4097.2	4244.1	4736.3
内蒙古	2606.4	2988.9	3341.9	3953.1	4656.2	4937.8	5529.6
辽　宁	3307.1	3690.2	4090.4	4773.4	5576.5	5958.0	6907.9
吉　林	2999.6	3264.0	3641.1	4191.3	4932.7	5265.9	6237.4
黑龙江	3005.2	3221.3	3552.4	4132.3	4855.6	5206.8	6210.7
上　海	7066.3	8247.8	9138.7	10144.6	11440.3	12482.9	13978.0
江　苏	4753.9	5276.3	5813.2	6561.0	7356.5	8003.5	9118.2
浙　江	5944.1	6660.0	7334.8	8265.2	9257.9	10007.3	11302.6
安　徽	2499.3	2641.0	2969.1	3556.3	4202.5	4504.3	5285.2
福　建	4089.4	4450.4	4834.8	5467.1	6196.1	6680.2	7426.9
江　西	2786.8	3128.9	3459.5	4044.7	4697.2	5075.0	5788.6
山　东	3507.4	3930.5	4368.3	4985.3	5641.4	6118.8	6990.3
河　南	2553.2	2870.6	3261.0	3851.6	4454.2	4807.0	5523.7
湖　北	2890.0	3099.2	3419.4	3997.5	4656.4	5035.3	5832.3
湖　南	2837.8	3117.7	3389.6	3904.2	4512.5	4909.0	5622.0
广　东	4365.9	4690.5	5079.8	5624.0	6399.8	6906.9	7890.3
广　西	2305.2	2494.7	2770.5	3224.1	3690.3	3980.4	4543.4
海　南	2817.6	3004.0	3255.5	3791.4	4390.0	4744.4	5275.4
重　庆	2510.4	2809.3	2873.8	3509.3	4126.2	4478.4	5276.7
四　川	2518.9	2802.8	3002.4	3546.7	4121.2	4462.1	5086.9
贵　州	1721.6	1877.0	1984.6	2374.0	2796.9	3005.4	3471.9
云　南	1864.2	2041.8	2250.5	2634.1	3102.6	3369.3	3952.0
西　藏	1861.3	2077.9	2435.0	2788.2	3175.8	3531.7	4138.7
陕　西	1866.5	2052.6	2260.2	2644.7	3136.5	3437.6	4105.0
甘　肃	1852.2	1979.9	2134.1	2328.9	2723.8	2980.1	3424.7
青　海	1957.7	2151.5	2358.4	2683.8	3061.2	3346.2	3862.7
宁　夏	2320.1	2508.9	2760.1	3180.8	3681.4	4048.3	4674.9
新　疆	2244.9	2482.2	2737.3	3183.0	3502.9	3883.1	4642.7

注：本表按当年价格计算。

世界主要国家和地区国内生产总值增长率

单位：%，同比

	美国	欧元区	日本	巴西	印度	俄罗斯	南非
2005年	3.1	1.7	1.9	3.2	9.5	6.4	5.3
2009年	-2.6	-4.1	-6.3	-0.2	7.4	-7.9	-1.7
2010年	2.9	1.7	3.9	7.5	8.7	4.0	2.8
2009年							
第一季度	-3.3	-5.2	-10.3	-3.0	5.8	-9.4	-1.4
第二季度	-3.8	-4.9	-7.0	-2.8	6.3	-10.8	-2.6
第三季度	-2.3	-4.0	-6.3	-1.8	8.7	-7.7	-2.1
第四季度	0.2	-2.0	-1.5	5.0	6.5	-3.8	-0.6
2010年							
第一季度	2.4	0.8	5.6	9.3	8.6	3.5	1.7
第二季度	3.0	2.0	3.2	9.2	8.9	5.0	3.1
第三季度	3.2	1.9	4.9	6.7	8.9	3.1	2.7
第四季度	2.8	2.0	2.2	5.0	8.2	4.5	3.8

资料来源：各经济体官方统计网站，国际货币基金组织IFS数据库。

世界主要国家和地区工业生产增长率

单位：%，同比

	美国	欧元区	日本	巴西	印度	俄罗斯	南非①
2005年	3.2	1.4	1.3	3.4	7.9	5.2	3.0
2009年	-9.3	-14.9	-21.9	-7.6	6.9	-9.4	-12.8
2010年	5.8	7.1	15.9	10.9	10.2	8.1	4.8
1月	1.5	1.9	20.7	16.5	16.7	10.2	3.6
2月	2.3	4.2	31.3	15.1	18.3	8.6	2.7
3月	4.4	7.7	31.8	15.9	20.4	9.5	6.8
4月	6.6	9.1	25.9	16.2	16.8	10.4	8.9
5月	8.2	9.9	20.4	13.1	15.1	12.4	8.4
6月	8.4	8.3	17.3	7.1	11.1	9.9	9.3
7月	7.7	7.4	14.2	14.5	8.3	6.0	6.8
8月	6.7	8.5	15.1	7.1	8.8	7.0	5.2
9月	6.2	5.6	11.5	5.1	6.6	5.9	1.3
10月	6.0	7.2	4.3	12.0	2.0	6.8	2.2
11月	5.5	7.9	5.8	4.2	5.4	7.2	4.7
12月	6.2	8.9	4.9	2.6	2.4	6.6	0.3

注：①制造业生产增长率。
资料来源：各经济体官方统计网站，国际货币基金组织IFS数据库。

世界主要国家和地区货物出口额

单位：亿美元

	美国	欧元区①	日本	巴西	印度	俄罗斯	南非
2005年	9010.8	31781.7	5949.4	1185.3	996.2	2438.0	516.3
2009年	10560.4	36030.6	5807.2	1529.9	1649.1	3033.9	616.8
2010年	12781.4	40025.4	7698.4	2019.2	2161.6	4000.2	818.2
1月	927.2	2930.0	537.6	113.1	155.6	276.9	49.1
2月	936.9	3057.4	567.9	122.0	157.6	305.6	52.5
3月	1104.5	3640.3	662.9	157.3	201.8	340.0	69.5
4月	1024.4	3257.0	630.7	151.6	177.3	335.1	60.1
5月	1054.9	3056.1	578.5	177.0	165.1	318.5	61.7
6月	1070.4	3304.0	645.3	170.9	199.3	320.8	72.8
7月	1040.3	3364.5	682.0	176.7	163.3	315.0	74.4
8月	1067.7	2907.7	609.5	192.4	167.5	318.3	66.5
9月	1079.7	3533.6	692.0	188.3	181.0	343.4	74.6
10月	1175.1	3792.7	699.0	183.8	179.6	350.1	72.1
11月	1130.1	3776.3	659.6	176.9	189.0	353.5	86.2
12月	1170.1	3438.1	732.6	209.2	225.0	423.2	78.8

注：①欧元区数据为现有17个成员国的数据汇总。
资料来源：世界贸易组织数据库。

世界主要国家和地区货物进口额

单位：亿美元

	美国	欧元区①	日本	巴西	印度	俄罗斯	南非
2005年	19953.6	31046.9	5158.7	776.3	1428.7	1254.3	623.0
2009年	19457.1	35247.1	5519.8	1336.7	2572.0	1918.0	731.7
2010年	23298.9	39327.5	6926.2	1914.7	3227.0	2484.0	801.3
1月	1793.9	2976.3	532.9	120.8	252.7	113.7	53.6
2月	1843.2	2971.7	497.2	124.3	261.6	155.2	60.0
3月	1897.8	3503.6	559.9	158.3	293.9	188.1	68.9
4月	1885.8	3185.7	552.7	146.2	284.9	191.9	62.6
5月	1942.5	3067.0	544.8	150.4	272.1	193.8	62.1
6月	2002.4	3244.7	571.6	156.3	266.0	196.5	65.4
7月	1960.1	3205.1	592.6	172.2	269.8	210.9	71.7
8月	1999.4	2944.8	602.1	177.5	270.7	239.0	72.9
9月	1984.3	3408.7	600.3	187.0	250.9	235.9	69.5
10月	1969.1	3650.8	599.7	174.4	276.9	245.5	76.8
11月	1984.8	3741.1	640.5	183.1	278.0	244.9	74.2
12月	2035.6	3454.1	646.4	164.2	251.3	268.8	63.7

注：①欧元区数据为现有17个成员国的数据汇总。
资料来源：世界贸易组织数据库。

世界主要国家和地区失业率

单位：%

	美国	欧元区	日本	巴西	韩国	俄罗斯	南非
2005年	5.1	9.0	4.4	9.8	3.7	7.6	23.9
2009年	9.3	9.4	5.1	8.1	3.6	8.4	23.9
2010年	9.6	10.0	5.1	6.7	3.7	7.5	24.9
1月	9.7	10.0	5.1	7.2	5.0	9.2	
2月	9.7	9.9	5.0	7.4	4.9	8.6	
3月	9.7	9.9	5.1	7.6	4.1	8.6	25.2①
4月	9.8	10.0	5.1	7.3	3.8	8.2	
5月	9.6	10.0	5.1	7.5	3.2	7.3	
6月	9.5	10.0	5.2	7.0	3.5	6.8	24.2①
7月	9.5	10.0	5.1	6.9	3.7	7.0	
8月	9.6	10.0	5.0	6.7	3.3	6.9	
9月	9.6	10.0	5.0	6.2	3.4	6.6	25.3①
10月	9.7	10.1	5.1	6.1	3.3	6.8	
11月	9.8	10.0	5.1	5.7	3.0	6.7	
12月	9.4	10.0	4.9	5.3	3.5	7.2	24.0①

注：①所在月度的季度数据。
资料来源：各经济体官方统计网站，国际货币基金组织IFS数据库。

世界主要国家和地区消费者价格指数

上年=100

	美国	欧元区	日本	巴西	印度	俄罗斯	南非
2005年	103.4	102.2	99.8	106.9	104.2	112.7	103.4
2009年	102.7	100.3	98.6	104.9	110.0	111.7	107.1
2010年	101.5	101.6	99.3	105.9	112.0	108.8	104.3
1月	102.6	100.9	98.7	104.6	116.2	108.0	106.2
2月	102.1	100.8	98.9	104.8	114.9	107.2	105.7
3月	102.3	101.6	98.9	105.2	114.9	106.5	105.1
4月	102.2	101.6	98.8	105.3	113.3	106.0	104.8
5月	102.0	101.7	99.1	105.2	113.9	106.0	104.6
6月	101.1	101.5	99.3	104.8	113.7	105.8	104.2
7月	101.2	101.7	99.1	104.6	111.3	105.5	103.7
8月	101.1	101.6	99.1	104.5	109.9	106.1	103.5
9月	101.1	101.9	99.4	104.7	109.8	107.0	103.2
10月	101.2	101.9	100.2	105.2	109.7	107.5	103.4
11月	101.1	101.9	100.1	105.6	108.3	108.1	103.6
12月	101.5	102.2	100.0	105.4	109.5	108.8	103.5

资料来源：各经济体官方统计网站，国际货币基金组织IFS数据库。

北京市发改委

北京市“十一五”时期国民经济和社会发展十大亮点

过去的五年，是北京发展史上极不平凡的五年。在党中央、国务院的领导下，全市深入贯彻落实科学发展观，抓大事、促发展、调结构、上水平，胜利完成了举办一届“无与伦比”的奥运会、残奥会和庆祝新中国成立60周年两大历史性任务，成功应对了国际金融危机的冲击。

亮点一：总量超万亿元，人均过万美元，经济实现重大跨越

在国内外环境复杂多变的情况下，全市经济保持了年均11%以上的较快增速，总量超过1.3万亿，成为全国第13个加入“万亿俱乐部”的省市。人均地区生产总值每年站上一个新台阶，实现了从5000美元到10000美元的跨越，达到国际中上等国家和地区收入水平。

亮点二：服务主导、消费拉动，经济结构进一步优化

产业高端化发展态势和服务主导型经济特征明显。三次产业比例由2005年的1.3：29.1：69.6调整为2010年的0.9:24.1:75，第三产业提前实现了“十一五”规划72%的预期目标。服务经济规模和贡献率已经达到发达国家城市平均水平，金融、信息服务、科技服务、商务服务等四大行业占服务业比重达到49%。电子信息、汽车、新能源、装备制造、生物和医药、都市型工业等符合首都发展方向的高端制造业实现快速发展。

2010年底，社会消费品零售额达到6229.3亿元，是2005年的2.1倍，年均增速（名义增长）16.4%；全社会固定资产投资完成5493.5亿元，是2005年的1.9倍，年均增速（名义增长）14.4%。2009年消费对经济增长的贡献率达到69.5%，高于投资15.3个百分点，总量和速度“双超”投资，形成明显的消费经济。

亮点三：转方式，促降耗，质量和效益双提升

首都经济着力推进产业优化升级，引导产业合理布局，形成规模和集聚效应，提升了产业层次和技术水平，提高了资源利用效率，实现了速度、结构、质量和效益的协调统一。

在能耗方面，万元GDP能耗从2005年的0.79吨标煤下降到2009年的0.54吨标煤，下降了23.5%，超额完成了降低20%的“十一五”规划调控目标。

在水耗方面，节水处于全国领先水平。万元GDP水耗从2005年的49.5立方米下降到2010年的29.9立方米，下降了39.5%，提前完成了降低20%的“十一五”规划调控目标。

在排放方面，二氧化硫排放总量从2005年的19.1万吨下降到2010年的11.5万吨，下降了37.7%，提前完成了到“十一五”期末下降到15.2万吨、下降20.4%的规划目标。

亮点四：锐意进取，科技驱动，创新成为引领发展的强大动力

“十一五”时期，创新被提升到更为突出的战略地位得以充分重视。主要科技指标增长较快，继续保持全国领先。2010年，全市研发经费支出占GDP比重达到5.5%，专利申请量与授权量分别为5.7万件和3.4万件，年技术合同成交总额1579.5亿元，高新技术产品出口占地区出口的比重达到34.9%。

亮点五：抓保障，惠民生，人民生活水平大幅提高

“十一五”时期，公共财政向社会公共服务领域倾斜，社会公共服务体系进一步完善。基本社会公共服务均等化取得明显成效，基层社区和农村的公共服务能力显著提升。就业保持稳定，城镇登记失业率始终控制在2%以内，从业人员平均受教育年限超过12年。社会保障实现制度全覆盖，待遇标准大幅度提高。教育体系日趋完善，扩大了“两免一补”政策范围，城乡基础教育优质均衡发展，教育公平理念得到进一步体现。城乡居民得到更多实惠，幼有所教、老有所养、病有所医，生活水平明显改善，人均预期寿命超过80岁。

北京居民储蓄迅猛增长，2010年居民储蓄余额突破

京城水景

1.7 万亿，是 2005 年的两倍。

亮点六：支撑发展、服务生活，基础设施实现跨越式发展

以筹办北京奥运会为契机，基础设施建设全面提速，实现跨越式发展。全市基础设施建设累计投入超过 6400 亿元，是“十五”期间的 2.83 倍。轨道交通运营总里程达到 336 公里，是 2005 年的近 3 倍。地面公交服务水平大幅提升，低票价政策覆盖城乡，公交出行比例由 2005 年的 29.8% 提升到 2010 年的 40.1%。中心城区路网进一步完善，新城道路交通网初步形成，区区通高速目标提前实现。首都机场新航站楼、北京南站、京津城际高速铁路等一批高水平的设施投入使用。

现代化基础设施体系建设得到全面发展，水、电、气、热等资源能源供应保障和信息基础设施承载能力提升。南水北调市内配套工程建设全面启动，城市供水安全得到保障。水环境治理取得新突破。全市污水处理能力达到 358 万立方米 / 日。全市污水处理率为 81%，其中城六区污水处理率达到 95%，分别比 2005 年提高 18.6 个和 24.9 个百分点。

全面完成电力强网“0811”工程和电网可靠性改造工程，基本形成了多方向、多通道、多落点的电力输送体系，初步构建起一流的城市电网，电力供应安全可靠性显著提高。城市网格化管理广泛运用，应急能力明显增强。一大批重点项目相继建成并投入使用，有力支撑了全市经济社会的持续、快速、健康发展。

亮点七：天更蓝　水更清　树更绿，环境质量全面改善

空气质量明显好转，二级和好于二级天数占全年比重达到 78.4%，比 2005 年提高 14.3 个百分点。

新增郊野公园 48 处，占地面积 3.9 万亩。初步建成了山区、平原和城市绿化隔离地区三道绿色生态屏障。全市林木绿化率和城市绿化覆盖率分别达到 53% 和 45%，人均公共绿地达到 15 平方米。水系治理显现成效。中心城区市属骨干河道和奥运场馆周边水系实现生态治理，六环路以内骨干河湖水系基本还清。启动了永定河绿色生态走廊建设，开工建设“四湖一线”工程，新增水面 200 公顷，新增绿地 300 公顷。2009 年实施北运河水系综合治理以来，生态治河 70 多公里，建设湿地 250 公顷，流域水环境品质得到极大提升。

亮点八：分类指导，统筹兼顾，城乡区域发展趋向协调

城市四类功能区差异化、特色化发展格局初步形成。城乡结合部地区发展取得重要突破，城市南部和生态涵养发展区等薄弱地区发展加快，重点新城和小城镇建设扎实起步，有序推进。新农村建设成效明显，“5+3”工程全面完成，公路、公交和广播电视实现“村村通”，在全国率先推进实施了“文保区平房煤改电”、“老旧小区热网改造”、“老楼通气”、“阳光浴室”、“绿色燃气”和“送气下乡”等惠及城乡居民的能源安居“3+3”工程，消灭了城市能源死角，填补了郊区能源“空白”，让更多百姓分享清洁能源带来的便利与实惠。

亮点九：稳步推进，多管齐下，重点领域改革实现新突破

行政管理体制改革取得新进展，完成了市区两级政府机构改革和首都功能核心区行政区划调整。重点产业功能区与行政区的管理体制得到理顺。行政审批制度改革迈出重要步伐，市级行政服务大厅基本实现“一站式”审批，服务型政府雏形初现。财政体制、国有经济、医药卫生、科技教育、价格等重点领域和关键环节改革取得明显成效，经济调节能力进一步改善，市场主体活力进一步加强。公共服务领域改革不断创新，社会管理和公共服务水平显著增强。改革为推动首都科学发展、促进社会和谐提供了强有力的体制机制保障。

亮点十：开放融合，海纳百川，国际化水平不断提高

国际交往深入推进，新增国际友好城市 12 个，累计达到 45 个，一批有国际影响力的重大会议、会展活动和体育赛事成功举行。吸纳国际资本能力显著增强，国际高端要素加速聚集。跨国公司地区总部累计达到 82 家，实际利用外资年均增长 12.5%。出口结构逐步向高端化发展，进出口总额年均增长 19.2%。入境旅游者人数达到 490.1 万人次。

2008 年，成功举办了一届高水平、有特色的奥运会、残奥会，实现了中华民族的百年梦想，赢得了国际社会高度赞誉，城市国际形象和国际影响力空前提升。奥运会的成功筹办，为北京留下了丰富的物质遗产，“鸟巢”、“水立方”等时代精品，已成为首都北京的新地标。

t3 航站楼

北京南站

对外经济贸易大学

对外经济贸易大学“十一五”时期事业发展交满意答卷

首届国际文化节

“十一五”时期，对外经济贸易大学深入贯彻落实科学发展观，以学科建设为龙头，大力实施人才强校战略，积极推进跨越式发展，学校综合实力得到较大提升。学校事业发展蒸蒸日上，交上了满意答卷。

学科建设目标基本实现，学科整体实力稳步提高

学科结构和布局进一步完善。学校拥有应用经济学一级学科博士点，14个二级学科博士点，47个硕士点，34个本科专业。新增1个教育部战略研究培育基地，成功申报并取得了6个专业硕士学位，创立了4个跨学科虚拟研究平台，成立了思想政治理论课教学科研部和国际关系学院、中国经济发展研究中心、统计与决策研究所等新的教学科研机构。

重点学科建设有所突破。“211工程”建设二期项目通过了验收，三期项目顺利开展，国家级重点学科国际贸易学和国际法学通过评估，北京市级重点学科扩大到6个，本科11个专业成为国家级特色专业，确定了12个校级重点培育学科。

学术研究成果丰硕。“十一五”期间，学校各学科取得各类科研成果均超过既定目标，取得各类科研成果870多项，著作670多部，论文4550篇，SCI、SSCI、A&HCI收录期刊发表论文86篇；48项研究成果获省部级及以上科研奖励。承担国家级科研课题92项；省部级纵向科研课题148项，横向课题306项。

师资队伍结构进一步优化，集聚人才的能力不断增强

一支素质优良、结构合理、发展趋势良好的师资队伍逐步形成。五年来，学校共引进学科带头人12名，学术骨干6名，优秀博士毕业生238名，其中51名毕业于海外高校。教师队伍结构进一步优化，具有博士学位的教师比例增加到54.7%。

高层次人才队伍进一步扩大。1人入选“千人计划”，2人入选长江学者，1人入选新世纪百千万人才工程国家级人选，14人入选新世纪优秀人才支持计划，1人被评为国家级教学名师，5人被评为北京市教学名师，10人享受政府特殊津贴。

教育教学改革不断深化，人才培养质量显著提升

以优秀评价通过教育部本科教学工作水平评估，国家级特色专业、精品课程、双语示范课程数量在财经类高校居于领先地位。以培养拔尖创新人才为目标，建立荣誉学士学位制度，实施“硕博连读制”和“创新人才培养项目”，构建新型博士教育体系，实施“国内外联合培养制”，开展博士培养海外评估，不同类型、层次的学生就业率和就业质量始终位居全国高校前列，继续教育、远程教育和高层次人才培训快速发展。

对外交流不断扩大，国际化办学特色更加突出

设计国际化指标体系，全面实施国际化工程。接待阿根廷总统等国家政要来校访问，启动“海外学术大师进校园计划”，邀请诺贝尔经济学奖获得者等国际知名大师级学者来校学术演讲，启动“211工程三期骨干教师及学科带头人国际交流国内培训项目”，举办了有影响力的学术研讨会87次，大力推进学生海外学习实习，“十一五”期间，来华留学生规模和质量稳居全国高校前列，建立留学生本硕博英文培养体系，学历留学生已占到学校全日制学生的14.9%，已达到或接近世界一流大学的国际化水平；与国外大学联建6家孔子学院，积极推进国际商务汉语教学与资源开发基地建设；组织大学生艺术团赴欧洲、美国和沙特巡演，组织教师赴俄罗斯、美国、日本巡讲。

党的领导不断加强，党的建设全面推进

校党委统揽全局，抓战略，议大事；扎实开展保持共产党员先进性教育活动、深入开展学习实践科学发展观活动，通过北京高校党建和思想政治工作基本标准达标检查验收。坚持并不断完善党委领导下的校长负责制，完善选人用人机制，加强后备队伍建设，建立健全院系党政共同负责工作机制，基层党组织战斗力和凝聚力显著增强，反腐倡廉工作卓有成效。

“十一五”期间，学校的办学条件明显改善，保障能力显著增强。宣传、统战、离退休、工会和共青团工作得到了全面加强。

中国人民大学

中国人民大学“十一五”发展报告

中国人民大学是一所以人文社会科学为主的综合性研究型全国重点大学，直属于教育部，由教育部与北京市共建。目前学校是国家“985 工程”和“211 工程”重点建设的大学之一。“十一五”期间，学校围绕建设“人民满意、世界一流”大学的总体奋斗目标，以邓小平理论和“三个代表”重要思想为指导，以科学发展观统领学校教育事业全局，推动了学校事业的全面发展。

学校发展得到领导高度重视。作为第一所由中国共产党亲手缔造的新型大学，中国人民大学始终与党和国家命脉相连，学校的建设与发展得到党和国家领导人的高度关心和重视。“十一五”期间，党和国家领导人多次莅临我校指导工作。2010 年教师节前夕，党和国家领导人专程前往我校看望师生员工，实地考察学校教育改革发展情况，对学校建设给予高度肯定：学校始终秉持“立学为民、治学报国”的宗旨，培养了一大批优秀的人才，取得了一系列重大的科研成果，为党和国家的事业作出了重要贡献，希望人民大学早日建设成为“人民满意、世界一流”大学。

人才培养屡创佳绩。学校学生规模基本稳定，生源质量保持高水平，就业率和就业质量持续位居全国高校前列。学校在人才培养方式上不断创新，采取了多种措施，取得了良好的效果：学校开设通识大讲堂强化本科生通识教育，并相继举办六个实验班创新跨学科人才培养；学校创设博士生专业主文献制度，强调扎实的科研功底；学校已成功举办两期暑期学校（国际小学期），启动七个全英文硕士项目，并在苏州设立国际学院（苏州研究院）延伸办学，全面推动人才培养国际性提升。

学科建设成效显著。学校完善“主干的文科，精干的理工科”布局，已覆盖哲学、经济学、法学、文学、历史学、教育学、理学、工学、医学、管理学等 10 个学科门类。学校拥有人文社科领域最多的国家重点一级学科及最多的教育部评估第一的学科，在现有衡量人文社科类学科整体水平指标上全面领先。理工医学科的发展成为“十一五”学科建设的亮点，在已有的 29 个具有博

汉学大会

国学院三周年

士或者硕士学位授予权一级学科中，理工医类一级学科有11个，占38%。理工医学科还将成为“十二五”突破点，2011年初，学校又新增理工医类2个博士一级学科授权点和7个硕士一级学科授权点。

师资队伍结构优化。学校教师队伍建设以能力建设为中心，坚持培养与引进相结合，汇聚和支持优秀学者。到2010年底，学校有专任教师1816人，其中已获博士学位的教师比例从2005年的51.71%提升到76.04%，获得海外博士学位教师比例从2005年的5.72%提升到11.05%，均位居全国高校前列。学校面向海内外共引进教授52名，副教授42名，汇聚了一大批高端人才，大大提升了部分学科的实力。

科学研究成果丰硕。学校科研热情高涨、科研活动踊跃，为学术理论发展和科研服务社会做出了重要贡献。“十一五”期间，学校科研项目和科研经费都取得了大幅增长，达到“十五”期间的三倍多。学校科研成果丰硕，专著、国内论文、海外发表都取得了良好的成绩。学校社会服务优势明显、特色突出，教师先后8次受邀为中共中央政治局集体学习做辅导报告，一大批教师为中央领导和中央国家机关提供决策咨询，许多教师被聘请担任各级政府顾问。在科学研究基地建设方面学校取得了长足的发展，3个人文社会科学重点基地被教育部评为优秀。

国际交流频繁密切。“十一五”期间，学校人才、师资、科研等多方面国际性明显提升，国际交流活动密切、形式多样。学校先后与多所世界名校建立了合作关系，已与181所国际及港澳台签订校级合作协议，比“十五”期间增加了54所。学校大力拓展海外影响，已经在四大洲（美、欧、亚、非）建立孔子学院13所。学校还积极参加多边及双边国际教育组织，多次举办了具有世界影响力的国际会议等。同时，学校积极服务国家大外交，充分发挥学校在民间外交和国际文化交流中的特殊作用，五年来共计接待64名世界各国政要，99名海外大学校长访问人民大学。

校园建设高效有序。学校新建及在建国际文化交流中心、学生公寓、图书馆新馆、国学馆、校医院工程，总建筑面积约12万平方米。学校通过全校规模的教学、科研、行政办公用房调整工作，全面实现教授1人1间工作室，副教授2人1间工作室，讲师8平方米相对独立办公区的目标。同时，学校积极投入和加强实验室、图书馆、校园网等教辅设施建设，为教学科研工作的开展提供有力保障。

举办暑期校

学科领先

中央财经大学

中央财经大学“十一五”总结

中国共产党中央财经大学第五次代表大会

一．人才培养

到2010年底，学校共有全日制学生12491人，其中，本科生8329人，硕士研究生3234人，博士研究生543人，留学生385人。分别比2005年底增加了69.23%，91.23%，143.50%，46.95%。研究生与本科生的比例由 2.72:1提高到了2.21:1。本科生、学术型硕士研究生、专业学位硕士研究生和博士研究生的专业规模分别从38、42、4、15个增长至40、42、10、17个，已经初步形成了研究型大学的人才培养结构。

2006年，学校成为“国家建设高水平大学公派研究生留学项目”46所高校之一。2008年，学校在教育部本科教学工作水平评估中获得优秀。学校相继成为“国家大学生创新性实验计划项目”高校、“大学生KAB创业教育基地”、首都高校产学研联合培养研究生基地。本科生和研究生就业率平均保持在93%和97%以上，毕业生综合素质好，业务能力强，深受用人单位欢迎。

二．学科发展

“十一五”期间，学校的学科建设工作着重在调整学科布局，优化学科结构，健全和完善学科体系。学校所设学科门类涵盖了经济学、管理学、法学、文学、理学、工学、哲学、教育学等8个学科门类。其中，经济学门类的理论经济学、应用经济学均具有一级学科博士学位授予权；管理学门类具有工商管理、公共管理等一级学科硕士学位授予权。另外，管理学和法学门类还分别设有会计学和马克思主义中国化等3个二级学科博士点；哲学、法学、文学等门类共设有8个二级学科硕士点。本科专业有7个成为国家和北京市本科特色专业建设点。经过5年的努力，我校多学科办学格局已经基本形成。

“十一五”期间，“经济学与公共政策优势学科创新平台”成为“国家优势学科创新平台项目”；应用经济学一级学科在2008年教育部评估中位居前茅；新兴学科也显现出强劲的发展态势，法学学科在2009年教育部评估中位居前列。

中央财经大学建校60周年庆祝大会

三. 师资队伍

“十一五”时期，专任教师由“十五”末的567 人到 “十一五”末达到905人，生师比达到1：18.04；专职教师中具有研究生学历者比例由“十五”末的 71% 提高到89.4%以上。其中，具有博士学位者达到59.34%以上。

教师专业技术职务结构得到了进一步改善，教授、副教授分别占教师总数的51.05%。骨干教师中，有千人计划人选1人、长江学者1人，长江讲座学者5名，“百千万人才工程”国家级人选1人、“新世纪优秀人才支持计划”28名，另有一批享受政府特殊津贴的专家、国务院学位委员会学科评议组成员、教育部社会科学委员会和科学技术委员会委员、教学指导委员会委员和全国教学名师、优秀教师、师德标兵。

四. 科学研究与社会服务

五年来，学校共承担课题1,531 项，其中国家社科基金项目、国家自然科学基金项目和全国教育科学规划项目等国家级项目98项，科研项目经费达12，963.54万元。获得省部级以上奖励16项。举办高水平学术讲座770场。发表了《中国人力资本指数分析报告》等标志性成果，引起了有关各方的高度关注。

2006年，学校与中关村科技园区管委会共建具有财经创业企业孵化功能的财经创业园及留学人员创业园。2009年，我校科技园成为北京市级大学科技园，已有在孵企业42家，注册资本金达 2亿多元，为推进产学研一体化和培养创新创业人才开辟了广阔的空间。

五. 国际交流与合作

“十一五”期间，学校坚持推进国际化办学，国际交流渠道不断扩大，合作层次不断提高，合作形式更加多样化。学校先后与遍及世界五大洲的高校、政府机构、国际组织、跨国企业等116家单位建立了密切的合作关系，推进了我国高校对外交流的新发展。3名外国专家获聘我校长江学者，包括5名诺贝尔奖获得者在内的一批世界顶级经济学家获聘我校荣誉教授。

毕业典礼

留学生工作取得新进展，学校先后成为接收来华留学生政府奖学金项目高校和接受中国政府奖学金来华留学生院校。

六. 校园与公共服务体系建设

“十一五”期间，我校实施校园建设“135工程”，经过努力，新建校舍19.02万平方米，完成投资9.12亿元。沙河新校区于2009年正式启用；沙河校区一期（2）阶段项目正在推进。

五年来，学校资产规模稳步增长，固定资产总值从4亿元增加到11亿元。校园公共服务体系建设有力推进，图书馆藏纸质图书由91万册增加到136.81万册，电子图书10,944GB，图书资料利用率高；建成了经济社会仿真实验室等现代化实验教学设施，完成了覆盖两校区的校园网络系统及校园安全防范系统工程，数字化校园建设稳步推进。

校园

北京理工大学

北京理工大学"十一五"时期发展建设情况综述

"十一五"期间，北京理工大学全力促进学校教育事业全面、协调、持续发展，为国防科技工业振兴、国防现代化建设和经济社会发展提供了强劲的人才和智力支持，做出了突出贡献。

在师资队伍上，作为教学科研骨干力量的具有高级专业技术职务专任教师占比达到总数的 59.81%，具有博士学位者比例达到 61.85%，较 2005 年增加了 15 个百分点；在年度教学科研岗位通过接收毕业生补充教师队伍中，具有海外经历的新教师占比从 2005 年的 9.5% 大幅提升至 2010 年的 40%；2006 年以来，新增院士 1 名、"千人计划"入选者 4 人、国家级高等学校教学名师 3 人，新增教育部"长江学者奖励计划"特聘教授 12 人、讲座教授 4 人，国家杰出青年科学基金获得者 10 人。新增教育部创新团队 4 个，"高等学校学科创新引智基地"2 个，国防科技创新团队 12 个，国家级教学团队 6 个；

在办学基础条件上，建成以 2008 年奥运会排球比赛场馆为标志的教学设施齐全、器材设备充足的体育场馆设施；拥有北京市级实验教学示范中心 11 个，国家级实验教学示范中心 2 个；新增国家工程实验室 1 个、国防科技重点实验室 1 个、国防重点学科实验室 3 个、教育部重点实验室 3 个、北京市重点实验室 1 个；拥有 1 个国家工科基础课程教学基地，1 个国家大学英语教学改革示范点，与中国人民大学共建了国家级人文素质教育基地。

在学科专业建设上，国家重点学科数（二级学科数）由 11 个增加到了 16 个，新增国家重点（培育）学科 3 个，北京市重点学科数（二级学科数）由 5 个增加到 14 个。2008 年，获得原国防科工委批准建设"十一五"国防特色学科专业 24 个；有 3 个一级学科北京市重点学科，4 个二级学科北京市重点学科，2 个交叉学科北京市重点学科；有 9 个专业被国防科工委批准为国防重点专业，5 个专业被批准为国防急需紧缺专业，是国内国防重点专业数量最多的学校。

在科学研究上，"十一五"期间获批国家自然科学基金项目 513 项，总经费 1.7604 亿，与"十五"相比，项目数增长 183.43%，经费增长 379.96%；2009 年获批国家自然科学基金杰青、重大和重点项目 9 项。2010 年获批国家自然科学基金杰青、重大和重点项目 10 项。"十一五"期间，共承担 XX 工程项目 32 项，牵头和参与"973"项目、"863"项目 162 项、63 项；"十一五"科研经费总量为 48.76 亿，比"十五"增长 82.62%；"十一五"期间，获国家科技奖 16 项，国防科技奖 131 项，其它部级科技奖 21 项；国家教学奖励 2 项，北京市教学奖励 16 项，共计 186 项。"十一五"期间，参与研究项目获国家科技进步一等奖 4 项；自主研发的绿色节能纯电动客车及充电站成功投入 2008 年奥运会、残奥会及 2010 上海世博会，各项技术均属国际领先；2010 年获国防科技发明一等奖；"十一五"期间获授权专利 682 项，其中发明专利 604 项。

在国内外合作与交流上，先后与多个省市开展了广泛的合作；在北京、云南、陕西、山东等省市设立了工程硕士培训基地（点），与中国兵器集团、中国兵装集团、中国航天科技集团、中国航天科工集团及近百家其所属企业签有合作协议或长期开展产学研用合作；至 2010 年 10 月底，已与世界上 43 个国家和地区的 141 所院校建立了校际合作关系，初步建成了全球合作网络，与国外 30 多所合作院校开展了学生暑期实习、学生访学或毕业设计项目；建设了两个高等学校学科创新引智基地，先后与国（境）外高校成立了 6 个校级联合研究中心，深化学科专业领域的科研和学术合作；2009 年搭建了中国－西班牙大学联盟，2010 年成立中国－俄罗斯－白俄罗斯大学联盟，为国内高校与国际知名高校的国际交流合作搭建了平台。

在社会声誉上，学术影响力不断提升，部分学科实力进入国际领先行列。2007 年，我校以全优的成绩通过了教育部高等学校本科教学工作水平评估。2009 年 12 月，学校参加了工业和信息化部部属高校研究生教育工作评估，并达到优秀标准。2010 年上半年，以优秀的成绩通过了工业和信息化部组织的所属高校党建创优工程评估。根据中国人民大学高等教育研究中心发布的"中国大学 50 强"，我校近三年排名都位居全国前列。

科学配置，加速建设
——良乡校区建设初具规模

成果转化，服务社会
——我校研制的纯电动大客车服务北京奥运会

育人为本，德育为先
——德育答辩工作取得突出成效

吉林省司法厅

"十一五"期间吉林省司法行政工作成效显著

2008年3月15日，吉林省司法厅开展"3.15"义务法律咨询日活动

"十一五"期间，吉林省司法行政各项工作成效显著，五年来，吉林省司法厅曾60余次在全国性的有关会议上发言或介绍经验，50余次得到中央、省委省政府和司法部领导的批示肯定。

监狱劳教工作创历史最好水平。以做好党的十七大、北京奥运会、建国60周年庆典、上海世博会等重大敏感时期安全保卫工作为重点，坚持依法、严格、科学、文明管理，监管场所秩序持续稳定，全省监狱未发生各类重大安全事故，劳教系统连续五年实现"四无"。积极创新教育改造挽救新形式，心理矫治工作创造了成功经验，在全国率先开展了释解人员"大回访"活动和在司法所设立劳教工作警务室试点，教育改造挽救工作质量明显提高。

法律服务工作全面发展。全省律师为企业代理各类案件19474件，共为企业避免、挽回经济损失150亿元。全省各级法律顾问共列席各类会议5547次，出具法律咨询意见书2743份，接待信访6743人次，接待法律咨询14402人次，代理案件839件，避免经济损失141841万元。深入推进"五五普法"工作，积极开展"法律六进"活动，成功举办了吉林省新农村新农民法律知识电视大赛，15万农民参加了答题活动。"五五"普法期间，全省共举办大型法制宣传活动2000余场次，参与群众达45万余人次，共向广大群众发放各类书籍、宣传挂图和宣传单1500余万册（张）。区域法治创建活动扎实推进，创造了"三级联治联创"经验。

社区矫正和安置帮教工作成效明显。省委、省政府"两办"转发了《吉林省社区矫正试点工作实施意见》，省、市、县三级司法行政机关均增设了专门工作管理机构，为全省基层司法所配备2643个社区矫正公益性岗位。省财政将社区矫正试点启动经费和年度工作经费列入财政预算。累计接收社区服刑人员10089人，解除矫正3787人，社区服刑人员在矫正期间重新犯罪率低于0.1%，99%的街道（乡镇）实现零重新违法犯罪。组织开展了"全省刑释解教人员安置就业活动"，逐步形成了多渠道、多层次、多门路的安置就业格局，已共建立刑释解教人员安置就业基地126个，累计安置刑释解教人员就业1653人，涌现出了钟音、田晓东等一大批浪子回头的先进典型和崔政梅等社会帮教先进典型。积极探索安置帮教一体化模式，开展了"情系回归、就业帮扶"活动。已安置13990人，安置率82.5%；帮教16619人，帮教率98%；重新犯罪366人，重新犯罪率2.5%。

人民调解工作创新发展。全省已建人民调解委员会13756个，人民调解员达到88295人，形成了多层次、宽领域、全覆盖人民调解组织网络。社会矛盾纠纷排查调处机制逐步完善，预防化解矛盾纠纷能力不断提升，人民调解工作"六落实"基本实现，人民调解工作规范化建设水平明显提高，人民调解工作大格局已经形成。共排查调处各类矛盾纠纷25万余件，调解成功率达97%以上。为维护社会和谐稳定，促进经济社会发展做出了积极贡献。

法律援助工作取得突破进展。法律援助工作的基本保障逐步落实，法律援助队伍不断壮大，法律援助工作范围逐渐扩展。法律援助机构建设得到加强，全省70家法律援助机构，已有40家达到规范化标准，占机构总数的57%，在乡镇、街道、社团设立法律援助工作站1112家，形成了省、市、县、乡四级法律援助服务网络；全省法律援助专职律师队伍已发展到330人，发展法律援助志愿者1070人，形成了一支政治素质好，业务能力强的专门从事法律援助的队伍。全省共办理各类法律援助案件45000余件，有56000多名受援人获得法律援助。

基层基础建设水平显著提升。通过利用国债资金、争取地方配套政策等措施，共为乡镇司法所新建和购买办公用房664个，占全省乡镇司法所的100%，在全国率先完成了乡镇司法所办公用房建设任务。共为881个司法所配备了业务专用警车，还为部分司法所配备了电脑、打印机等设备。基层司法行政根基更加牢固。省委办公厅、省政府办公厅转发了《省司法厅关于加强司法行政基层建设的实施意见》，明确规定，县（市、区）政府将人民调解组织工作经费和调解员工作补贴，列入当地财政预算。各地按照"以案定补"、多劳多得的方式发放调解工作补贴，极大地调动了广大人民调解员的工作积极性。

天津市

"十一五"时期天津经济社会发展综述

"十一五"时期的五年，是天津乘风破浪、大步前行的五年，是天津科学发展、和谐发展、率先发展的五年。五年来，全市人民在市委、市政府的正确领导下，深入贯彻落实科学发展观，按照党和国家领导人对天津工作提出的一系列重要要求，大力实施市委"一二三四五六"的奋斗目标和工作思路，紧紧抓住滨海新区开发开放重大机遇，有效应对国际金融危机的严重冲击，加快转变经济发展方式，统筹三个层面联动协调发展，团结一心，奋力拼搏，圆满完成了"十一五"规划确定的主要目标和任务。

一、经济持续快速发展，综合实力跃上新台阶

经济发展保持了强劲势头。全市生产总值由2005年的3905.64亿元，增加到2010年的9108.83亿元，"十一五"时期年均增长16.1%，比"十五"时期加快2.1个百分点。全市人均生产总值由2005年的37796元，增加到2010年的72079元，按可比价格计算，年均增长11.6%。地方一般预算收入由2005年的331.85亿元，增加到2010年的1068.81亿元。"十一五"时期累计完成地方一般预算收入3524亿元，是"十五"时期的3.2倍；年均增长26.4%，比"十五"时期加快2.2个百分点。万元生产总值能耗累计下降21%，节能减排超额完成国家下达任务。

二、经济发展方式加快转变，产业结构调整取得重大进展

天津始终把调整优化结构作为转变经济发展方式的关键环节，不断增强自主创新能力，高端化高质化高新化产业体系初步形成。

工业对全市经济发展发挥了重要支撑作用。2010年全市工业总产值达到1.7万亿元，比"十五"末净增1万亿元。逐步培育壮大了以空客A320、直升机、无人驾驶飞机、新型运载火箭、卫星有效载荷"三机一箭一星"为代表的航空航天产业，以集成电路芯片、"天河一号"超级计算机、高清数字电视为代表的电子信息产业，以抗生素、胰岛素、皮质激素和氨基酸"三素一酸"以及干细胞储存移植、生物芯片为代表的生物医药产业，以绿色储能电池、纳米材料为代表的新能源新材料产业。航空航天、石油化工、装备制造、电子信息、生物医药、新能源新材料、国防科技、轻工纺织等八大优势支柱产业占全市工业比重达到91.6%。

服务业加快发展。服务业占生产总值比重由"十五"末的42.5%提高到45.3%。金融机构存贷款余额是"十五"末的2.8倍，商品销售总额达到1.59万亿元。建成了梅江会展中心一期工程，成功举办了两届夏季达沃斯论坛、联合国气候变化谈判会议、中国国际矿业大会等一系列国际会议。"近代中国看天津"旅游品牌影响不断扩大，津湾广场、意式风情街、极地海洋馆等一批特色鲜明的商业旅游设施投入使用。总部经济、楼宇经济、服务外包、中介咨询、创意产业等现代服务业取得较大进展。

自主创新能力明显提升。全社会研发经费支出占生产总值的比重提高到2.5%。与科技部、中科院全面合作，引进了26家科研院所，建成国际生物医药联合研究院等一批创新平台。建成22个国家级重点实验室、13个国家级企业技术中心和一批工程技术研究中心。启动实施了科技"小巨人"成长计划。全市专利申请9.1万件，授权3.5万件，分别是"十五"时期的2.6倍和3倍。

三、滨海新区纳入国家发展战略，三个层面协调联动发展

滨海新区引擎作用日益凸显。2006年滨海新区纳入国家总体发展战略，滨海新区开发开放取得突破性进展。滨海新区生产总值由2005年的1633.93亿元，增加到2010年的5030.11亿元，年均增长22.5%。百万吨乙烯、千万吨炼油、空客A320总装线、天河一号超算中心、维斯塔斯风电设备等项目建成投产，有力促进了航空航天、电子信息、石油化工、汽车及装备制造、新能源新材料等优势产业的集聚。南港工业区、临港经济区、中心商务区、北塘经济区等建设深入展开。国际航运中心和国际物流中心功能明显增强。2010年，港口货物吞吐量达到4.1亿吨，集装箱吞吐量1008.6万标准箱；机场旅客吞吐量727.7万人次。

三个层面协调联动取得积极成效。滨海新区、中心城区和其他区县明确各自定位，形成了多点联动、竞相

奥体中心

空客A320总装线

天津港

发展的良好局面。明确了六个中心区的功能及产业定位："金融和平"、"商务河西"、"科技南开"、"金贸河东"、"创意河北"、"商贸红桥"，中心六区相继出台了相关规划和政策支持措施，大力发展现代金融、科技研发、创意产业、文化旅游、商贸流通等服务业，中心城区服务业比重超过80%。郊区县示范工业园区、农业产业园区、农村居住社区"三区"统筹联动发展，开展了四批示范小城镇试点建设项目，31个区县示范工业园区规划总面积381.4平方公里，600个重大项目全部开工，区县经济实力不断壮大。

四、扩大内需成效显著，城乡面貌发生重大变化

投资规模迅速扩大。全社会固定资产投资由2005年的1516.84亿元，增加到2010年的6511.42亿元，"十一五"时期累计完成投资1.92 万亿元，相当于"十五"时期的3.6倍，年均增长32.7%。推出工业、服务业、区县、自主创新、交通、市政基础设施和商贸旅游项目940项，投资总规模1.68万亿元，450项建成或基本建成。建成京沪（天津段）、京津二通道等7条高速，天津大道、津涞快速等一批交通要道建成，京沪高铁天津段完成铺轨，天津西站主站房主体结构完成，地铁2、3、9 号线进展顺利。

商贸流通规模迅速扩张。全市社会消费品零售总额由2005年的1190.06亿元，增加到2010年的2902.55亿元，年均增长18.6%。"十一五"时期，全市限额以上批发和零售业商品销售总额累计达4.42万亿元，相当于"十五"时期的3.5倍。在"小排量汽车购置税减半"、"家电以旧换新"等一系列扩大内需政策的刺激下，城乡居民消费潜能进一步释放。

生态城市建设取得重大进展。实施生态市建设三年行动计划，污水处理率达到83%。生活垃圾无害化处理率达到91%，环境空气质量达到或好于二级天数稳定在300天以上。初步形成了大气洋气、清新靓丽、中西合璧、古今交融的城市风格。

五、招商引资成效明显，对外开放实现新突破

对外贸易规模稳步扩大。2010年外贸出口375.17亿美元， "十一五"时期累计完成出口1814亿美元，是"十五"时期的2.2倍。出口产品结构不断优化。一般贸易出口比重由2005年的33.1%，上升到2010年的37.6%，高技术含量、高附加值的电子信息、新能源、生物医药、海洋石油化工等产品成为出口的主导产品。服务贸易迅速发展，离岸外包成为新亮点，天津被确定为全国服务外包基地城市之一。

利用外资水平大幅提高。全市实际直接利用外资由2005年的33.29亿美元，增加到2010年的108.49亿美元，年均增长26.7%。"十一五"时期累计引资367亿美元，相当于"十五"时期的2.5倍。引资结构进一步优化。服务业实际直接利用外资比重由2005年的23.7%，提高到2010年的52.9%，跃升为全市利用外资的主体。截至2010年末，在津投资的世界500强企业已达143家。

六、民计民生持续改善，社会事业全面进步

天津在加快经济发展的同时，更加注重统筹经济社会发展，着力改善民计民生，连续四年实施20项民心工程，人民生活明显改善，各项社会事业全面发展。

就业规模不断扩大。实施积极的就业政策，新增就业186万人，是"十五"时期的2倍。城镇登记失业率稳定在3.6%。城乡居民收入较快增长，连续三年出台增加群众收入的政策措施，四次提高最低工资标准，年年增加企业退休人员养老金，城乡居民收入年均分别增长14%和10.4%。

全民社会保障体系基本形成。率先建立了基本养老和基本医疗保险城乡统筹制度，实现了社会保险制度全覆盖。基本医疗保险参保率超过90%，城镇职工养老保险人数明显增加。建立了基本生活必需品价格上涨与困难群众生活补贴联动机制，优抚对象抚恤补助、城乡低保、特困救助、农村五保供养标准都有新的提高。

教育综合实力进一步提升。城乡义务教育学校现代化标准建设全面推进，成功举办了三届全国职业院校技能大赛，完成海河教育园区一期工程。高等教育迈出新步伐。国家重点学科达到88个，新增劳动力平均受教育年限接近15年。

医疗卫生服务水平进一步提高。城乡居民免费享受18项基本公共卫生服务，基层医疗机构实行基本药品零差率销售，药品价格平均下降25%以上。全市人口平均预期寿命达到80.27岁。

文化体育事业蓬勃发展。电视剧《解放》等一批文艺精品获奖，制定了文化产业振兴规划，天津文化中心项目启动建设。社会科学、新闻出版、广播影视、文物保护、图书档案、史志等事业取得新进展。体育事业加快发展，成功协办北京奥运会部分赛事，举办了首届全民健身大会，天津运动员在奥运会、残奥会、亚运会、全运会上取得好成绩。

过去的五年，是天津改革发展取得重大进展的五年，是综合实力和竞争力大幅提升的五年，是社会事业全面进步和人民群众得到更多实惠的五年，是城市地位和影响力显著提高的五年。天津正在成为一座充满活力、生机勃发、令人瞩目的现代化国际港口城市。

津湾全景图

河北省

河北省“十一五”时期经济社会发展成就

喜迎新中国 60 华诞　河北彩车精彩亮相

“十一五”时期是极不平凡的五年，在省委、省政府的正确领导下，河北省各级各部门深入贯彻落实科学发展观，认真落实国家决策部署和宏观调控政策，有效应对国际金融危机和自然灾害等困难和挑战，国民经济平稳较快发展，综合实力明显增强，民生得到进一步改善，社会事业全面发展，“十一五”规划主要目标任务如期实现，为“十二五”规划的实施奠定了坚实基础。

一、经济平稳较快增长，综合实力明显增强

经济发展步伐进一步加快。全省生产总值由 2005 年的 10012.1 亿元增加到 2010 年的 20197.1 亿元，年均增长 11.7%，比“十五”时期快 0.5 个百分点。人均生产总值跃上 4000 美元台阶，“十一五”时期增速保持在 9% 以上。经济运行质量进一步提高。2010 年全部财政收入 2409 亿元，比 2005 年增加 1373.8 亿元，年均增长 18.4%；占全省生产总值的 11.9%，比 2005 年提高 1.6 个百分点；地方一般预算收入年均增长 20.9 %，比“十五”时期快 5.2 个百分点。

二、三次产业全面发展，结构调整成效明显

强农惠农政策力度不断加大，综合生产能力明显提高。粮食核心区建设扎实推进，粮食生产连续 7 年丰收，2010 年达到 2975.9 万吨，创历史新高；农业产业化经营率达到 58.6%。工业结构调整步伐加快。规模以上工业增加值达到 8182.8 亿元，比 2005 年增长 1.1 倍，年均增长 16.4%。钢铁工业优化整合力度加大，装备制造业和高新技术产业加快发展，2010 年增加值分别占规模以上工业的 17.2% 和 9.8%，比 2005 年提高 4.9 和 2.3 个百分点。服务业增加值达到 6928.6 亿元，“十一五”时期年均增长 12.8%，比“十五”加快 1.4 个百分点。“十一五”期间全省单位 GDP 能耗累计下降 20.11%，节能减排目标如期实现。

三、投资消费需求持续扩大，基础设施建设得到加强

固定资产投资保持较快增长。2006—2010 年，全社会固定资产投累计达到 48647.4 亿元，年均增长 29.4%，比“十五”时期快 15.3 个百分点。曹妃甸工业区、沧州渤海新区等一大批重点项目支撑作用增强。消费品市场繁荣活跃，对经济增长的拉动作用增强。2010 年，全省社会消费品零售总额达 6821.8 亿元，“十一五”时期年均增长 18.1%，比“十五”快 5.1 个百分点；消费需求对经济增长的贡献率为 47.6%，比 2005 年提高 6.1 个百分点。基础设施建设步伐加快。全省高速公路通车里程达到 4306.5 公里，比 2005 年增长 1.0 倍；铁路营业里程达到 4971 公里，增长 29.6%；港口吞吐量突破 6 亿吨，达 6.03 亿吨，增长 1.2 倍。

曹妃甸矿石码头

石家庄城市新貌

美丽的承德金山岭长城

全国首个百万千瓦级张家口风电基地

四、城镇化进程加快，三年大变样取得明显成效

深入实施城镇面貌三年大变样，城镇化水平加速提升。2009年，全省城镇化率达43.74%，比2005年提高6.05个百分点，年均提高1.51个百分点。加强城市基础设施建设，2007-2010年，全省城市基础设施投资完成8866亿元，占城镇投资的24.2%。2010年城市建成区面积1619.7平方公里，比2005年增加23.0%；人均城市道路面积、人均公园绿地面积分别为17.35平方米和14.23平方米，分别增长42.2%和82.4%。城市环境质量大幅提升，设区城市空气质量二级以上天数比2005年平均增加41天。加大城市主要街道两侧既有建筑外观改造和街道景观环境治理，城市建设品位和容貌环境进一步提高。

五、改革开放推向深入，经济发展的活力不断增强

大力实施市场多元化战略，对外贸易加快发展。2010年进出口总值、出口总值分别完成419.3亿美元和225.7亿美元，比2005年增长1.6倍和1.1倍。实际利用外资43.7亿美元，“十一五”期间年均增长13.9%。加快国有企业改革步伐，组建了河北钢铁集团、冀中能源集团和河北港口集团等一批大集团。认真落实鼓励民营经济的政策措施，民营经济成为最具活力的增长极。2010年，民营经济增加值11579.8亿元，占全省生产总值的57.3%，比2005年提高9.3个百分点；实缴税金1279.3亿元，增长1.8倍。

六、城乡居民生活水平提高，民生得到明显改善

注重改善民生，发展成果更广泛地惠及人民群众，城乡居民收入水平进一步提高。2010年，城镇居民人均可支配收入16263.4元，“十一五”时期年均增长12.3%，高于“十五”2.3个百分点。农民人均纯收入5958元，年均增长11.3%，高4.3个百分点。居住条件明显改善，城镇居民人均住房建筑面积30.52平方米，农村居民人均居住面积32.23平方米，分别比2005年增长41.8%和13.5%。把就业再就业列为“十大民心工程”之首，就业规模持续扩大。2010年，全省就业人员3865.1万人，“十一五”时期年均增长1.6%，比“十五”快0.5个百分点。

七、社会事业全面发展，构建和谐河北迈出新步伐

教育事业加快发展。城乡义务教育阶段学生学杂费全部免除，普通高等学校在校学生数由2005年的73.9万人增加到2010年的110.51万人。积极培育技术创新主体，科技队伍发展壮大，科技投入增加。全省从事科技活动的人员20万人，R&D经费支出占GDP比重由2005年的0.59%提高到2010年的0.8%。2010年省级登记的科技成果2903项，专利申请受理数达12300件，专利申请批准数10061件，技术市场成交额19.3亿元，比2005年分别增长36%、96%、1.8倍和86%。文化、卫生等社会事业进一步发展，群众生活日益丰富，低生育水平得到巩固。

将下线的高速动车组

河北粮食生产连续六年增长

河北省体育局

“十一五”时期，是河北体育事业发展取得重大进展和巨大成就的五年。五年来，在河北省委、省政府的正确领导下，在国家体育总局的有力支持下，全省体育系统解放思想，抢抓机遇，开拓进取，扎实工作，全面、圆满地完成了“十一五”确定的各项目标任务，河北体育事业取得令人鼓舞的新进步、新发展、新成就。

一、全民健身热情空前高涨，群众体育蓬勃发展

“十一五”时期，河北省体育战线认真贯彻落实《全民健身条例》和《全民健身计划纲要》，紧紧抓住广大人民群众日益增长的健身需求与供给不足的主要矛盾，按照“增强群众体育活力”和“体育惠民”的要求，坚持“服务社会，健康全民”，以构建亲民、便民、利民的全民健身服务体系为主线，以活动有组织、健身有场所、服务有指导、健康有标准为抓手，着力完善健身设施、健全健身组织、加强健身指导、打造特色品牌活动、推进全民广泛参与，群众体育事业得到空前发展，政府主导、社会支持、全民参与、走社会化路子的群众体育新格局基本形成，具有河北特色的全民健身服务体系基本建成。

体育健身设施建设成效显著。立足于满足广大群众多样化、个性化健身需求，按照“就近、就便”和“小型、多样、实用”的原则，大力推进体育健身工程建设，极大地提高了河北省体育基础设施水平。五年来，“百县千乡万村”农民体育健身工程完成15468个；城区公园、广场体育健身工程新建430个，县级以上城区已建的730个公园广场健身器材安装实现全覆盖，城市社区健身工程覆盖率达60%；“雪炭工程”从根本上改善了13个贫困县体育设施的落后面貌。与此同时，河北省各地新建了一大批高水平、多功能的大型全民健身户外活动基地，其中，唐山南湖生态城被授予国家级体育休闲示范区，野三坡乒乓球培训基地、北戴河奥林匹克大道公园、衡水市衡水湖等18个项目被评为河北省“环京津体育健身休闲圈”全民健身户外活动基地，邯郸滏阳河、沁河两岸，张家口青河两岸等全民健身重点工程成为亮点。

体育健身组织网络日渐完备。遍布城乡的全民健身组织网络初步形成，五年来，我们坚持以社区、乡镇、机关和企事业单位为重点，加强遍布城乡直接服务群众的健身指导站、文体活动站、晨晚练点、各类体育俱乐部等建设，河北省共新建健身指导站和文体活动站3800个，公园、广场设立晨晚练点15000多个，充实调整了各级各类体育协会、体育俱乐部，城乡基层体育组织覆盖率达到60%左右，较“十五”末提高了12个百分点。

群众体育健身活动空前活跃。“十一五”期间，河北省结合开展“全民健身与奥运同行”、“我为奥运添光彩”等主题活动，紧紧依托元旦、春节、“五一”、中秋、“十一”和8月8日全民健身日等重大时间节点，唱响“全民健身、全民参与、全民快乐、全民和谐”口号，采取上下互动、大小结合的形式，营造浓厚的群众健身氛围，引导广大群众积极参加身边经常性多样化的体育健身活动，全民体育健身意识和参与度明显提高。河北省先后参加了第3、4届全国体育大会、全国首届老年人体育健身大会、蒙牛“城市之间”趣味体育比赛以及全国农民、少数民族、残疾人、大中学生等一系列全国性比赛和健身活动，承办了第24届奥林匹克长跑日活动、中国石家庄自行车环城赛、中国体育彩票北戴河铁人三项大赛、中国张家口马拉松比赛等群众性赛事活动，成功举办了河北省第一届体育大会和省农民、少数民族、残疾人、职工等综合运动会，取得较好成绩。2008年7月29日-31日，河北省成功举办了北京奥运会境内火炬接力河北省传递活动，省委书记张云川给予“堪称圆满”的高度评价。

特色品牌活动硕果累累。五年来，河北省各地结合地域特色和体育传统，切实做好“打造精品、突出特色、形成品牌”三篇文章，大力推进“一地一品牌”、“一地多品牌”布局，打造培育了一大批精品活动项目和特色活动亮点，极大地提升了全民健身活动的层次和水平，有力地带动了体育健身活动的深入开展。

二、竞技体育实力明显提升，参加重大比赛实现突破

“十一五”时期，河北省按照“提升竞技体育实力”的总体思路，以备战奥运会、全运会为重点，大力推进“金牌战略”和“可持续发展战略”，强化举省体制，整合社会资源，调整优化项目布局，提升科学训练水平，加强体育后备人才培养，竞技体育整体实力达到了一个新水平、新高度。

参加国内外重大比赛取得优异成绩。“十一五”时期，河北省运动员在国内外重大比赛中，共获得冠军56个（其中世界冠军22个）。在2008年北京奥运会上，我省共有18名运动员和11名教练员入选中国代表团，取得了3枚金牌、1个第四名、2个第五名和2个第八名的好成绩，实现了河北省奥运会参赛人数、参赛项目和比赛成绩三个历史性突破；在2009年第十一届全运会上，河北省共

获得13枚金牌、45.5枚奖牌、1305分，团体总分位列第9位，金牌榜列第13位，实现了奖牌总数和总分超上届的任务目标，并创造了三项亚洲纪录；在十五届多哈亚运会上，河北省取得了9金、6银、3铜的好成绩；在不久前结束的广州亚运会上，河北共有25名运动员、9名教练员入选中国代表团，取得了12金、10银、5铜和追平一项世界纪录、打破一项亚洲纪录的优异成绩，创造了河北省亚运会的新历史。

组织、承办重大体育赛事卓有成效。五年来，河北省圆满承办了北京奥运会秦皇岛分赛场足球比赛以及全国田径锦标赛（已承办五届）、全国自行车锦标赛冠军赛（场地赛在秦皇岛、公路赛在张家口）、全国青少年田径锦标赛、首届环中国自行车公路赛（石家庄段）、全国少年儿童跳水锦标赛、全国国际象棋公开赛、全国围棋段位赛、全国象棋个人锦标赛、全国乒乓球俱乐部会员联赛等多项国际、国内高水平赛事，成功举办了河北省第十二、十三届运动会，通过组织、承办国内外重大赛事，锻炼了队伍，积累了经验。“十一五”期间，河北省共培养国家级裁判102人，为今后提升赛事组织能力奠定了坚实基础。

体育后备人才培养成效明显。五年来，河北省围绕建设“规模适度、结构合理、充满活力、可持续发展”竞技体育后备人才队伍目标，主动适应传统“三级训练网”被市场经济冲击破坏、正在向新的后备人才培养体制转型的新形势，积极探索业余训练多样化、后备人才培养多元化新模式，通过采取成立青训中心、加强政策引导、加大资金扶持、逐步恢复县级业训网点、培养基层教练员和市场化运作等一系列措施，初步解决了体育后备人才滑坡和流失的问题。特别是从2008年开始，河北省体育局每年拿出500万元作为业训扶持经费，产生了良好效果。五年间，全省创建国家级高水平体育后备人才基地14个，国家级青少年体育俱乐部125个，省级高水平体育后备人才基地12个；共向省队输送优秀运动员655名；到2010年底，全省注册运动员16664人，注册人数较前几年明显增加。

运动员文化教育和保障工作全面加强。五年来，河北省高度重视运动员文化教育和保障工作，工作力度不断加大，制定实施了一系列运动员文化教育和保障政策措施，做了一系列实事。五年间，适龄运动员义务教育率达到100%，所有高水平优秀运动员接受了高等教育；601名退役队员通过上学深造、组织安置或通过职业指导、职业培训、职业推介完成自主择业等顺利进入社会，较好地实现了职业转换；向534名运动员发放自主择业补偿金2784万元，向67名运动员发放退役费94.18万元，分3个批次向108名运动员、教练员发放河北省体育关怀资金251.5万元，为659名运动员申请发放国家运动员保障专项资金304.25万元，有效地解除了他们的后顾之忧。

三、“环京津体育健身休闲圈”加速推进，体育产业实现长足发展

“十一五”期间，河北省按照“打造体育产业竞争力”的要求，发挥区位优势，以推进“环京津体育健身休闲圈”建设为平台和支撑，以扩大体彩发行、培育体育市场、开拓体育产业领域为重点和抓手，努力构建独具河北特色的现代体育产业体系，取得了显著成效。据统计，到2010年底，全省各类体育法人组织达到800多个，体育产业从业人数10万余人，增加值约占全省GDP比重0.21%。

“环京津体育健身休闲圈”成为河北体育产业发展名副其实的引擎和招牌。经过近5年的发展，“环京津体育健身休闲圈”整体框架已基本成型，一批重点项目纷纷落地，其带动力和影响力日益扩大，特别是以2010年京津冀三省市共同签署《京津冀体育产业合作协议》为标志，“环京津体育健身休闲圈”建设又迈出实质性一步，迎来新的发展阶段。“环京津体育健身休闲圈”已经成为河北省体育产业发展的一个品牌和亮点，得到国家体育总局和省委、省政府的高度重视和大力支持，2010年全国体育局长会议上河北省作了“打健身休闲牌，唱对接京津戏，积极推进环京津体育健身休闲圈建设”的典型发言，引起强烈反响。

体育彩票销售成绩显著。“十一五”期间，河北省体彩销售收入总计82.5亿元，筹集公益金26.2亿元，发展终端销售网点5200余个，解决就业岗位12000余个，特别是2010年销售额再创历史新高，首次突破19亿元大关，其中即开型体育彩票销售额突破5亿元。

体育用品制造业发展迅猛。五年来，河北省体育用品制造业投资迅速增长、规模不断扩大，经营项目和从业人员不断增加，市场环境日趋规范，特别是沧州的健身器械、配件制造，廊坊的球类产品制造，定州的武术器械产品制造等已形成一定规模，有的产品还远销海外。其中，泊头“张孔杠铃”被列为北京奥运会专用产品。截至2010年底，全省体育用品生产企业达300余家。

体育场馆经营实现新发展。“十一五”时期，河北省各地充分挖掘、盘活以体育馆和全民健身活动中心为龙头的大型体育场馆潜力，多方承接各级体育赛事和大型文体活动，大力培育发展体育休闲健身、体育竞赛表演、体育会展、体育广告等重点产业，取得了良好的经济和社会效益。五年间，每年全省各大中型体育场馆累计组织承办各类大型文体活动500余场，接待健身群众180余万人次。

四、重点体育项目建设取得重大进展

五年来，河北省各地高度重视体育基础设施建设，投入力度、建设规模前所未有，新建改建了一大批重大体育设施项目，极大地改善了体育基础设施条件。省体育局崇礼高原训练基地（一、二期工程）、滑雪场和训练服务中心一期工程相继竣工投入使用，千岛湖冬训基地完成维修改造并投入使用，河北体育馆外立面、河北体育学院田径场等进行了升级改造；秦皇岛国家游泳跳水基地、沧州体育馆、沧州体育主题公园国际标准田径场和体育综合楼、邯郸市体育馆、邯郸市体育场以及张家口、秦皇岛、邢台、邯郸市全民健身活动中心纷纷落成。

迁安市

科学发展谱新篇 燕赵明珠更璀璨

“十一五”时期，是迁安加速转型跨越的关键时期。从工业强市、统筹建市、双源兴市三大战略的实施到“四五”转型攻坚计划的出台，迁安在科学发展道路上积极探索、勇于实践，开启了由传统发展迈向科学发展的崭新篇章，实现了经济社会发展的长足跨越。这一时期，全市综合实力显著增强，城乡面貌日新月异，社会各项事业长足进步，人民群众幸福指数明显提高，政治社会持续稳定，朝着“魅力钢城、绿色迁安”的奋斗目标加速迈进。

一、综合实力大幅提升

2010年，地区生产总值达到748.7亿元，“十一五”期间年均递增18%；人均地区生产总值达到10.4万元；全部财政收入56.9亿元，年均递增15.2%；社会消费品零售总额117亿元，年均递增18.4%；五年累计完成全社会固定资产投资810亿元，是“十五”的3.9倍。“十一五”期间，市域综合经济实力一直位居河北省县级三十强之首。

二、现代产业体系初步确立

围绕加快转变经济发展方式、推进资源型经济转型的工作主线，不断调整优化产业结构，加速构建了以精品钢铁、装备制造、现代物流为支柱，以传统产业和战略性新兴产业、现代农业和文化旅游业为驱动的“三足鼎立、两翼齐飞”的新型产业发展格局。精品钢铁基地建设快速推进。首钢迁钢填平补齐，冷轧薄板生产线，钢渣、矿渣综合利用等项目顺利投产；汽车板、高档管道钢、家电面板产能提升和冷轧硅钢项目正加紧建设；松汀钢铁公司80万吨中宽带、长城钢铁集团九江钢铁公司280万吨高速线材等项目陆续竣工。钢铁产业产品档次、技术水平、工艺装备均得到大幅提升，支撑作用不断增强。装备制造业逐步壮大。海钺高耐磨铸件、沪久管业、金沙工贸系列燃烧器及自控系统等项目建成投产，首钢矿业公司装备制造产业园等项目正在加紧建设，全市装备制造企业达到了52家，产品正向大型化、先进化扎实迈进。传统产业提质升级。正元包装集团与世界500强企业斯道拉恩索公司成功实现战略合作，润安建材优质浮法玻璃、蓝亨公司啤酒饮料等项目建成投产。战略性新兴产业异军突起。晒阳太阳能、力通科技磷酸铁锂新材料产业化等项目成为新兴产业发展的引擎，葵花药业现代生物制药、天圣制药大输液、百善药业现代中药等正在引领转型方向。产业承载能力显著增强。按照“板块式布局、链条式集聚、循环式生产、集约式发展”的思路，大力发展园区经济，为产业发展提供保障。北方钢铁物流产业聚集区被列为首批省级物流产业聚集区，西部工业区、现代装备制造业产业聚集区跻身首批省级工业聚集区，曹妃甸临港产业园成为临港产业发展的重要支撑。品牌意识和自主创新能力明显增强。培育了1个国家级名牌，9个省级名牌和11个省级著名商标，科技进步对经济增长的贡献率已达55.6%，荣获全国科技进步先进市称号。

白羊峪观音阁

三、城乡统筹迈出坚实步伐

坚持城乡融合、区域互动，加速城乡统筹发展进程。根据不同区域资源禀赋和发展基础，把全市1208平方公里划分为西部工业区、中部生活服务区、东部和北部农业生态区三大主体功能区。积极开发“两轴两带”，加快地标工程建设，实施了城市亮化、美化工程，完成了城市集中供热、集中供气、污水处理厂扩建、市政道路综合改造等基础设施工程。城市功能日趋完善，城市形象和品位显著提升，城乡面貌焕然一新，先后荣获国家

黄台湖

明晶玻璃生产线

卫生城市、国家园林城市称号，连续两年入选中国特色魅力城市200强。城市建成区面积28平方公里，城镇化率达到52%。加快小城镇建设，沙河驿镇、夏官营镇成为省级卫生镇。完善城乡基础设施，全市公路通车总里程达到2368公里，开通了覆盖市区、连接城乡的公共交通，形成了市区到镇乡的15分钟经济圈。

四、大开放助推经济转型

充分利用国际、国内两个市场，统筹内资、外资两种资源，明确了“创优环境、对接京津、牵手首钢、激活民资”的大开放思路，激活转型发展的活力。民营企业积极涉足新领域、发展新产业。到2010年底，全市民营经济户数达到43865家，民营经济从业人员24.1万人，民营经济占经济总量的比重达到87%。与欧美、日韩、港台等15个国家、地区建立了合作关系，与国内30多个大中城市和科研单位密切协作联系。五年间，共批准三资企业48家，是“十五”的4.8倍；累计引进外资1.5亿美元，是“十五”的2.5倍；累计引进省外资金117.8亿元，是“十五”的1.7倍；累计出口创汇14.2亿美元，是“十五”的6.2倍。举办了三届“中国迁安·经贸洽谈会”，多次赴长三角、珠三角、北京、天津等地举办招商活动，成功引进了丹麦G&M公司、香港嘉华、江苏华尔润集团、葵花药业等众多国内外知名企业来迁投资。

五、服务产业蓬勃发展

现代物流业成为国民经济的重要支撑。2010年，物流业增加值达到106.8亿元，占第三产业比重达到52.4%。旅游业发展再上新台阶，培育了2个3A级景区、4个2A级景区，山叶口被评为“国家地质公园”，黄台湖景区入选“国家水利风景区”，贯头山酒业工业园区、弘业地毯集团被列为“全国工业旅游示范点”，白羊峪村被评为“全国特色景观旅游名村”，入选首批“全国休闲农业与乡村旅游示范市”，旅游总收入达到20.6亿元。商贸流通业快速发展，餐饮服务业规模和水平进一步提高，星级酒店达到7家。金融保险、社区服务等新兴服务业迅速兴起。

六、新农村建设日新月异

现代农业水平不断提高。农业基础设施不断加强，农产品产量稳步增长，农业生产和农业产业化经营率稳步提高，粮食总产达到23万吨，连续七年实现丰产丰收。现代农业、休闲农业、设施农业建设扎实推进，唐山市以上农业龙头企业达到25家，农业产业化率达到68%，农业机械化率达到80%。社会主义新农村建设全面铺开，农村面貌明显改善，累计投资50多亿元，全市所有农村实现了街道硬化、绿化和亮化，农村有线电视和自来水普及率均达到100%。唐庄子村被评为“国家级生态村”，松护新村成为“全省农村新民居建设优秀示范村”。

七、生态建市成效显著

以建设资源节约型、环境友好型社会为目标，深入开展节能减排攻坚行动，积极淘汰落后产能，发展循环经济和清洁生产，强力推进污染治理，“十一五”节能减排目标如期完成，被列为“国家可持续发展示范实验区”，先后获得“河北省环境保护目标管理优秀市”、“河北省环保模范城”等称号。深入开展绿化攻坚行动，五年累计造林11.6万亩，全市林木覆盖率达到38.9%，城市绿地率达到37.15%，被评为“全国绿化模范市”。规划建设了总长113公里的“一横三纵”四条绿道，成为发展旅游经济之道、市民休闲健身之道、游客观光消费之道、农民增收致富之道。

八、和谐社会建设积极推进

坚持发展的成果共享，和谐社会建设取得新进展。城乡居民收入水平显著提高。2010年，城镇居民人均可支配收入达到19542元，农民人均纯收入达到10960元，年均分别增长14.1%和17.4%。城乡居民收入差距由“十五”末的2.1：1缩小到“十一五”末的1.8：1。扎实推进就业再就业工作。五年累计向非农产业转移就业7.4万人，实现了户均1.5人从事非农产业。不断完善社会保障体系建设，在河北省率先建立了农村社会养老保险制度，被列为国家首批新农保试点县；率先实施了新型农村合作医疗制度，获得中国地方政府创新奖；率先实施了失地农民养老保险；率先实施了十二年免费教育，率先提高了城乡低保标准，实现了养老、医疗、救助等保障体系的全覆盖。教育、文化、卫生、体育等各项社会事业全面发展，人民群众幸福指数显著提高。

夜色斑斓

太原市

坚持科学发展 书写恢宏篇章

——“十一五”太原市经济社会发展成就斐然

滨河湖畔

“十一五”时期，太原市按照市委第九次党代会提出的奋斗目标，以科学发展观为指导，以建设创新型城市为主战略，努力建设新型工业基地、特色文化名城和现代宜居城市，经济社会发展取得明显成就。

一、经济保持较快增长，经济实力不断增强

“十一五”时期是我市发展史上极不平凡的五年，经济增长克服金融危机带来的诸多不利因素的影响，总体保持健康发展的趋势。

经济总量持续扩大。“十一五”时期，我市经济总量继2006年突破千亿元后，2007、2008两年，经济规模均以年均200亿元以上增量加速扩张，2010年达到1778.05亿元 ，较2005年（889.58亿元）增加878.47亿元，经济保持较快增长态势。

二、大力推进经济转型，经济结构呈现可喜变化

“十一五”时期，我市加快经济结构创新，积极构筑省会特色的产业体系。2010年，全市三次产业的增加值结构为1.8 ：44.9 ：53.3，其中第三产业比重较2005年提高了2.7个百分点。“十一五”期间各产业增加值占GDP的平均比重为1.7 ：46.4 ：51.9，依然保持了“三、二、一”的产业结构序列格局。第三产业的快速稳定发展，在一定程度上抵消了金融危机对工业实体经济的冲击，形成了三次产业间相互促进的良好局面。高新技术产业增加值占GDP的比重由2006年的5.4%增加到2010年的7.6%，上升2.2个百分点。同期传统工业占经济总量比重有所下降，煤炭、炼焦、冶金、电力、机械、化工、建材七大传统产业占规模以上工业增加值的比重由2006年的91.8%下降到2010年的89.7%，下降2.1个百分点；占GDP的比重由2006年的29.6%下降到2010年的29.2%，下降0.4个百分点。

三、 农村经济全面繁荣，新农村建设迈出坚实步伐

“十一五”时期，全市农村经济总收入由2005年的420.29亿元增加到2010年的588.56亿元，“十一五”总增长40.0%，年均增长7.0%。2010年，全市农林牧渔业总产值达到57.29亿元，比2005年的34.41亿元增加22.88亿元。

2006年以来，我市新农村建设朝着“生产发展、生活宽裕、乡风文明、村容整洁、管理民主”的方向稳步迈进，大力推进“四化四改”、“五个一工程”、“五个全覆盖”等各项工程。

四、工业经济在波动中前行，效益水平不断提高

“十一五”前两年，工业经济保持了进入新世纪以来的高速增长态势，2006年增长14.6%，2007年增长28.2%，成为工业增长进入新世纪以来的又一高峰年份。全市全部工业总产值由2005年的1016.29亿元增加到2010年的1994.65亿元；规模以上工业增加值由2005年的282.32 亿元增加到2010年的577.65亿元，“十一五”期间累计增长56.9%，年均增长9.4%。全市规模以上工业经济效益综合指数由2005年的140.4%提高到2010年的185.3%，提高了44.9个百分点。

五、投资消费协调性增强，利用外资实现增长

投资消费增长趋于同步。全社会固定资产投资由2005年的438.51亿元增加到916.48亿元，累计增长109.0%，年均增长15.9%。全社会固定资产投资和社会消费品零售总额在“十一五”期间累计增速相差6个百分点，年均增速相差0.6个百分点，增长趋于同步。

夜之魅

实际利用外资实现增长。2010年，全市继续积极实施外向战略，创新招商引资方式，实际利用外资仍然保持了快速增长的态势，由2005年的1.65亿美元增加到2.83亿美元，累计增长71.5%，年均增长11.4%。对外贸易规模也保持了扩大趋势，进出口贸易总额由2005年的33.72亿美元增加到79.12亿美元，累计增长1.3倍，年均增长18.6%。

六、财政收支规模扩大，金融事业快速发展

财政收支规模不断扩大。全市财政总收入由2005年的163.05亿元增加到2010年的321.89亿元，累计增长97.4%，年均增长14.6%。一般预算收入由2005年的56.95亿元增加到138.48亿元，累计增长1.4倍，年均增长19.4%。一般预算支出由2005年的71.84亿元增加到189.64亿元，累计增长1.6倍，年均增长21.4%。财政支出对社会事业发展的支撑力度不断加大，“十一五”时期社会文教卫生费用支出总增长131.6%，年均增长18.3%。

金融事业迅速发展。进入“十一五”时期，我市金融业在服务种类、服务水平、服务效率等方面均取得了新的突破，呈现出多种经济成分共同发展的新格局。金融业迅速发展，存贷业务快速增长，货币市场规模持续扩大。

七、节能降耗成绩显著，减排工作取得新进展

节能降耗成绩显著。“十一五”时期，我市积极推行清洁生产，着力发展循环经济，大力调整耗能结构，扩大使用清洁能源，取缔、关闭、淘汰落后产能和污染企业，节能减排取得明显成效。“十一五”前四年综合能耗逐年降低，完成节能降耗总目标的80%。万元GDP能耗从2005年2.35吨标准煤下降到2009年的1.83吨标准煤，“十一五”前四年总下降21.6%，年均下降5.9%。、万元GDP电耗由2005年的1636.2千瓦时下降到2010年的1493.7千瓦时；万元GDP水耗由2005年的64.03立方米下降到2009年的34.31立方米。

减排工作取得新进展。“十一五”时期，我市减排能力明显增强。污染物排放不断减少，二氧化硫排放量由2005年的18.45万吨减少到2010年的12.38万吨，减少32.9%；化学需氧量（COD）排放量由2005年的3.23万吨减少到2010年的2.74万吨，减少15.2%；工业废水排放量由2005年的3953万吨减少到2009年的2483万吨，减少37.2%。污染处理能力加快提升，工业固体废物综合利用率由2005年的44.6%提高到2009年的48.6%，提高4个百分点；工业用水重复利用率由2005年的90.2%提高到2009年的96.9%，提高6.7个百分点；城市污水处理率由2005年的63.0%提高到2010年的83.9%，提高20.9个百分点。环境质量明显改善，大气综合污染指数由2005年的2.92下降到2010年的2.27；空气质量二级以上天数由2005年的245天提高到2010年的304天。

汾河龙灯

八、科教文卫体全面发展，社会事业迈上新台阶

“十一五”时期，我市科技实力不断增强，引深技术创新“双十工程”，中小企业自主创新能力明显提升；积极创建国家知识产权示范城市，跻身中国城市综合创新能力50强。社会事业全面发展，强力推进“百校兴学”工程，校舍安全工程太原模式在全国推广，城乡教育资源均衡化得到进一步发展；实施“文化村村通”工程；新型农村合作医疗实现全覆盖；群众体育活动广泛开展，竞技体育成绩显著。

九、人口数量低速增长，城乡居民收入不断提高

人口自增率保持低速增长。“十一五”时期，我市人口增长延续了改革开放以后逐渐形成的“低出生、低死亡、低增长”的特征，2009年，全市常住人口由2005年342.85万人增加到350.18万人，“十一五”前四年累计增长2.1%，年均增长0.5%，城镇化率达到82.2%；出生率由2005年0.87%降到2009年0.85%；死亡率由2005年0.44%降到2009年0.40%。2009年人口自然增长率4.42‰，人口数量保持低位增长，控制人口数量取得成效。

城乡居民收入较快增长。“十一五”时期，经济持续增长有力推动了城乡居民收入较快增长。2010年，全市居民家庭人均可支配收入由2005年10476增加到17258元，累计增长64.7%，年均增长10.5%。工资性收入作为城镇居民可支配收入的主要来源，由2005年8445元增加到10303元，“十一五”累计增长22.0%，年均增长4.1%。农民人均纯收入由2005年4402元增加到7611元，“十一五”累计增长72.9 %，年均增长11.6%。各项惠农政策的落实到位以及财产性收入的较快增长有效地拓宽了农民增收渠道。

汾河立交桥

南内环桥汾河公园

龙城雄姿

朔州市

科学发展竞风流　扬帆远航正当时

洗煤厂全景

朔州市位于山西省北部，“晋、冀、蒙”三省交汇处，1989年正式建市。辖两区四县，总面积1.07万平方公里，总人口171万人。

朔州历史悠久、人杰地灵，文化底蕴厚重。早在二万八千年前，峙峪人就在这里繁衍生息。世界三大名塔之一的千年木塔—应县释迦塔雄居于此。交通便利，区位优势明显。市政府所在地东到北京502公里，南至太原市220公里，北距大同市129公里，全部为高速公路所连接。矿产资源丰富，煤电工业实力雄厚，是我国重要的能源工业基地。土地广阔，植被丰富，是北方著名的小杂粮生产基地，也是全国农区较大的奶牛养殖基地和全国重要的肥羔羊养殖基地。城市建设特色鲜明，品位高雅、清醒靓丽。人均公共绿地、人均道路、人均居住面积名列全省前茅。先后荣获山西省园林城市、全国绿化先进城市、2009中国最具创新力城市、中国低炭贡献城市等称号。2010年又被评为“中国低碳新锐城市”、“中国现代服务业最佳投资城市”和“中国经济转型示范城市”。

“十一五”时期，朔州市深入贯彻落实科学发展观，以转型发展为主题，以跨越发展为目标，汇聚各方资金，大力推进新型能源工业及生态畜牧两大基地建设，进一步做强做大煤、电主导产业，积极培育新型、多元支柱产业，不断加快城镇化进程和新农村建设步伐，全力推进经济结构战略性调整和发展方式转变，在全面建设小康社会的伟大征程中谱写了一曲“转型发展、安全发展、和谐发展、全面发展”的动人乐章。

五年间，全市地区生产总值以年均14.6%的速度递增，2010年达到670亿元；一般预算收入达到55.8亿元，比2005年增长3.9倍，年均递增37.6%；城镇居民人均可支配收入达到17558元，农民人均纯收入达到5903元，分别比2005年增长99.8%和91.6%。与此同时，全市城乡建设全面推进，各项社会事业取得新的巨大成就。五年累计完成固定资产投资1145.4亿元，是“十五”时期的4.7倍。五年内，全市已基本形成了覆盖城乡的社会保障体系，在全国同级城市中首家全面推开65岁以上农村居民每人每月30元补贴制度。

“十二五”时期，是朔州市实现转型跨越发展的重要战略机遇期。朔州人民决心在市委、市政府的正确领导下，全面贯彻落实科学发展观，进一步解放思想、扩大开放，以转型发展为主线，以赶超发展为战略，以跨越发展为目标，大力推进工业新型化、农业现代化、市域城镇化、城乡生态化，按照打造新基地、拓展新优势、建设新朔州的要求，努力实现“十二五”主要经济指标全面翻番，再造一个自然生态、现代宜居幸福新城的目标。

右玉县南山公园

生态型的发电基地

城市夜景

孝义市

创建新百强　加速新跨越 打造率先发展转型 发展科学发展新品牌

“十一五”期间，孝义市抢抓机遇，逆势而上，在困难中奋起，在挫折中创新，实现了凤凰涅槃式的巨变。2010年，全市GDP达到258.93亿元，年均增长22.17%，比“十五”末翻了一番半；财政总收入达到50.01亿元，年均增长23.2%，比“十五”末翻了一番半；一般预算收入达到16.46亿元，年均增长28.32%，是“十五”末的3.5倍；城镇居民人均可支配收入达到16642元，年均增长14.35%，农民人均纯收入达到7686元，年均增长15.03%，均比“十五”末翻了一番，综合经济实力稳居全省县（市）域首位。

一、以新型工业化为引领，着力转变经济发展方式。坚持以项目建设为载体和突破，下大力气招商引资引才引项目，五年累计实施重点转型项目362项，概算投资988亿元，完成投资485亿元，197个项目相继建成投产或部分投产。其中，仅2010年7月份以来就相继有总投资超过200亿元的24个亿元以上项目奠基开工，经济转型进程不断加快。一是新型煤系工业产业不断做大做强。全面实施煤矿资源大整合，全市原煤产能达到1200万吨。进一步整合提升焦化产业，规划实施一批220万吨7.63米大型焦化项目，向新型焦化产业基地迈进。全面发展焦油、甲醇、蒽醚等煤化工产业，建成一批具有国内先进技术的煤焦化工龙头企业，推动煤系产业循环发展。二是铝工业发展迈向高端。规划实施兴安化工等一批新型铝工业项目，全市铝工业产能达到350万吨，加快实施铝型材、铝镁合金等深加工项目，2010年兴安化工二期100万吨多品种氢氧化铝、茂泰4万吨高铝制品等项目开工建设，向铝系产品高端开发。三是高新技术产业多点并进。依托世界领先水平的乐百利特LED新光源项目，打造集光电技术研发、规模制造、技术展示与产业化推广于一体的综合光电产业园区。同时，大力扶持轻质莫来石、复合保温板等新兴产业，着力以高科技推动产业链条向高、精、尖方向延伸。四是现代服务业迅速崛起。一大批现代服务业项目建成，2010年沃尔玛超市

迎宾路

商务区、万象商城、大地钢材物流、丰田4S店等一批现代商贸项目又相继开工建设，全市第三产业增加值占GDP比重达到35.7%。

二、以农业产业化为中心，全面推动“三农”工作不断进步。全市各类农业龙头企业达到33个，各类农业园区突破85个，开发面积4.9万亩，较“十五”末均实现翻番。新农村建设一般村“四化四改五个一”实现全覆盖，67村实施新村庄建设，概算投资46.6亿元；投入4.5亿元实施农村环境综合整治，其中，胜溪新村、梧桐新区等一批示范镇村相继开工建设，农村人居环境极大改善。

三、以特色城镇化为带动，不断加快城乡一体发展步伐。围绕“打造一流主城区，提升中心镇，建设社区化中心村”总思路，全市公路里程由“十五”末的1047公里增加到1597公里，村通油路率达到100%。城市建成区面积由15.1平方公里拓展到27平方公里，城市道路里程由52公里增加到128公里。城市集中供热、管道燃气普及率分别达到90%、85%以上，万人拥有公交车达到10标台。

四、以市域生态化为核心，着力构建市域经济发展的优质环境。全市造林绿化率达到35%、森林覆盖率达到30.7%。城市建成区绿化覆盖率达到43%，2010年城区空气质量二级以上天数达到354天。

五、以和谐发展为本，统筹推进社会全面发展。累计投入超过50亿元，集中力量大办教育、大办卫生、大办交通、大办文化、大办社会保障，在山西率先实现“五个全覆盖”；各项社会保险覆盖率均达到85%以上，实现应保尽保，并不断扩面提标；市财政每年拨出3000万元用于扶贫济困送温暖，2010年达到6100万元；城镇失业率2010年控制在3%以内。被评为“山西省和谐社会建设先进市”。

胜溪湖全景

内蒙古农牧业厅

内蒙古农牧业“十一五”发展成就

“十一五”以来，内蒙古自治区党委政府始终坚持把“三农三牧”工作作为全区工作的重中之重，不断加强和完善党的惠农惠牧政策，立足内蒙古农牧业发展实际，深入贯彻落实科学发展观，坚持走中国特色农牧业现代化道路，积极发展现代农牧业、扎实推进社会主义新农村新牧区建设，大力实施特色、绿色、生态农牧业战略，着力强化农牧业基础建设，调整优化农牧业结构，转变农牧业发展方式，切实提高农牧业效益，努力增加农牧民收入，克服了严重自然灾害和国际金融危机冲击，圆满完成了“十一五”各项目标任务，为国家粮食安全和自治区经济社会全面发展做出了积极贡献。主要体现在以下几方面：

农牧业综合生产能力显著提升，主要农畜产品产量稳步增长。2010年全区粮食总产达到431.64亿斤，创历史新高，增幅列全国前列（仅次于黑龙江和吉林）；比2005年的332亿斤增加99.64亿斤，增长了30%。粮食产量由2005年全国第13位上升到第11位，人均粮食占有量居全国前茅，内蒙古已经成为我国13个粮食主产区和5个粮食净调出省区之一。主要畜产品产量稳定增长，2010年，牧业年度牲畜总头数达到1.08亿头只，连续6年稳定在1亿头只以上，畜牧业实现了稳步发展。肉类、牛奶、禽蛋、山羊绒、绵羊毛总产量分别达到245.5万吨、910.2万吨、50.4万吨、8104吨、10.7万吨、11.4万吨，比2005年分别增长6.8 %、31.7%、9.2%、22%、11.8%。渔业生产进一步发展，2010年全区水产品总产量达到11.4万吨，比2005年增长40.7%；农垦经济呈现持续快速发展的态势，2010年全区农垦系统完成国内生产总值82.8亿元，比“十一五”期初的33.2亿元，年均递增20%。目前，内蒙古农牧业已具备年产400亿斤粮食、230万吨肉类、900万吨牛奶、50万吨禽蛋、10万吨绒毛、10万吨水产品的综合生产能力。特色农畜产品在全国的优势日益突出。内蒙古奶牛存栏 、人均占有鲜奶量均居全国首位；牛奶、羊肉、细羊毛、山羊绒等主要农畜产品产量均居全国首位，产量分别占到全国的25%、16%、36%、43%。

农牧业结构调整科学优化，农牧业发展方式快速转变。随着农牧业综合生产能力的提升，内蒙古加快了由传统农牧业向现代农牧业转变的步伐，发展方式逐步由单纯追求数量增长向质量、效益、生态环境并重转变。农牧业结构不断优化，畜牧业快速增长，成为第一产业的主要增长点。2010年，全区畜牧业产值占第一产业比重达到47.5%，比2005年增长了2.2个百分点。农牧并举的农牧业结构逐步形成。种植业向高产、优质、高效、安全方向发展，2010年高产、优质、高效作物比重占农作物种植面积的66%，比2005年增加19个百分点，年均增加3个百分点。设施蔬菜和设施马铃薯面积实现了“双百万”，2010年设施蔬菜和设施马铃薯面积分别达到129.8万亩和178.9万亩。蔬菜等经济作物稳定发展，为保障和丰富城市居民的“菜篮子”做出了贡献。农畜产品区域布局更趋合理，奶牛、肉牛、肉羊、绒山羊、禽类、优质专用玉米、优质马铃薯、高油大豆等特色优势农畜产品产业带初步形成。

农畜产品市场化推进步伐明显加快，农牧业产业化取得突破性进展。“十一五”以来，内蒙古自治区党委、政府提出了工业化、城镇化和农牧业产业化“三化”互动战略，把推进农牧业产业化作为统筹城乡经济发展，增加农牧民收入的重要突破口，全区农畜产品市场化发展和农牧业产业化经营取得显著成绩。全区确立了乳、肉、绒（皮革、皮毛）、粮油、马铃薯（蔬菜、瓜果）、饲草饲料等六大主导产业，农畜产品质量、效益和市场竞争力大幅提升。全区有国家级农牧业产业化龙头企业29家，自治区级重点龙头企业258家。28个农畜产品加工品牌被认定为中国驰名商标。2010年全区销售收入百万元以上农畜产品加工企业实现销售收入2429亿元，是2005年的5.2倍。农牧民专业合作社发展势头良好，

内蒙古马铃薯繁育基地

截至2010年底，全区注册登记的农牧民专业合作社达到10154个，成员总数达到9.5万户，内蒙古已成为全国农牧民专业合作社数量增长最快的省份之一。

农牧业基础设施建设力度加大，生态环境保护取得阶段性成效。2010年，全区农田有效灌溉面积达到4541万亩，较2005年增加487.7万亩。2010年全区农牧业机械总动力达到3033.6万千瓦，综合机械化水平达到68.3%，较2005年增长13百分点。与2005年相比，农牧业基础设施建设力度不断加大，农牧业生产条件和物资装备水平得到了明显改善和极大提高，农牧业综合生产能力和抵御自然灾害能力显著增强，为农牧业生产稳定增长奠定了基础。草原生态保护和建设取得显著成效。多年来，内蒙古一直致力于草原生态保护和建设制度创新，在推行草畜平衡，开展禁牧、休牧、划区轮牧和基本草牧场保护等方面，走在了全国前列。经过多年的保护与治理，草原生态持续退化的趋势得到了缓解。2005-2010年全区草原建设总体规模累计达到5.04亿亩。2010年禁牧休牧草原面积达7.81亿亩，规模为历史最大，较2005年增加1.57亿亩。草原建设步伐加快，在国家退牧还草、京津风沙源治理等重点生态建设工程的示范带动下，草原治理与保护区生态环境明显好转，草原植被盖度比2000年高7-8个百分点。2010年阶段性禁牧休牧补贴全面推进，共落实面积8000万亩。保护性耕作顺利推广，全区保护性耕作技术推广应用面积达到1390万亩，超额完成了目标任务。农村牧区沼气建设进展顺利。2010年新建户用沼气10万户，村级服务网点473个，超额完成了计划任务。

科技支撑和推动作用日益显现，农牧业发展的后发优势得到持续性加强。农牧业生产经营方式逐步向依靠科技进步和提高农牧民素质的内涵式集约经营方式转变。围绕特色和主导农畜产品生产，大力推进了良种繁育体系建设，培育出了一批在区内外具有一定知名度的农畜产品优良品种。2010年，全区主要农作物良种率、家畜改良率、水产良种率分别达到97%、94%、91.8%。全区测土配方施肥技术累计达到1.45亿亩，实现了全区旗县级全覆盖，粮油高产创建和畜牧业“百、千、万”工程取得显著成效，全区农牧业科技贡献率达到47.4%。农牧业服务体系建设继续加强，农牧民培训力度不断加大，“十一五”期间每年培训农牧民300万人次以上，农牧业科技水平的提高对农牧业生产的推动和支撑作用日益明显，促进了农牧业的可持续发展。

内蒙古肉羊加工车间

动植物疫病防控工作成效显著，农畜产品质量安全实现根本性改观。“十一五”以来，内蒙古初步建立了自治区、盟市、旗县、乡镇四级动物防疫与监督体系，动物疫病防控成效显著。禽流感、高致病性猪蓝耳病等重大动物疫病全年零疫情，重大动物疫病始终处于稳定控制状态。建立了农畜产品和投入品质量安全控制管理与检验检测体系。农畜产品质量安全保障能力稳步增强。质量安全水平不断提高，抽检蔬菜合格率稳定在95%以上，畜产品和水产品合格率达到了100%，饲料总体合格率达到94%。奶站整顿和饲料整治工作取得了实质性成效，全区2784多个奶站全部纳入监管范围，饲料产品质量安全得到有效控制。无公害农产品、绿色食品、有机农产品取得了长足发展。

农牧民收入持续增加，农牧民生活实现从温饱不足到总体小康的历史性转变。“十一五”以来，随着国家惠农惠牧政策力度的不断加大和自治区“三化”战略的深入实施，农村牧区经济得到全面发展，农牧民收入稳步增长，生活质量不断提高。“十一五”农牧民人均纯收入先后跨越了3000元、4000元、5000元大关，2010年农牧民人均纯收入达到5529.6元，增长11.98%，比2005年增长73%，实现了连续五年农牧民收入在西部省市区保持首位。随着收入水平的快速提高，农牧民生活明显改善，正由温饱向小康迈进。

内蒙古小麦收割的丰收场景

辽宁省

奋力创造新辉煌　全面振兴正当时

辽宁沿海经济带上升为国家战略——滨海大道

2003年秋天，党中央、国务院作出实施东北老工业基地振兴战略决策，拉开了辽宁老工业基地振兴的序幕。“十一五”，是辽宁实施振兴战略的全力推进期。在党中央、国务院和国家各部委的关心指导下，在省委、省政府的正确领导下，全省各地区、各部门深入贯彻落实科学发展观，抢抓老工业基地振兴发展的机遇，万众一心谋发展、促振兴，经济建设和各项社会事业取得了显著成就，在新的起点上进入了全面振兴的发展阶段。

经济发展大跨越，综合实力再上新台阶。“十一五”期间，全省生产总值突破万亿元，地方财政一般预算收入突破两千亿元，实现了一系列历史性的跨越。全省生产总值由2005年的8047.3亿元增加到2010年的18278.3亿元，经济总量由全国第八位跃居第七位；地方财政一般预算收入由675.3亿元增加到2004.8亿元。回顾“十一五”的发展进程，辽宁经济既创造了改革开放以来的最好水平，也经历了最困难的阶段，经济总量年均增速达到14%，高于东北振兴战略实施以来的平均增幅0.7个百分点。

产业结构大调整，新型产业基地建设取得新进展。装备制造业、石化工业、冶金工业和农产品加工业四大支柱产业增加值占全省规模以上工业增加值的比重由2005年的24.6%、25.2%、17.1%和8.1%转变为2010年的31.8%、18.6%、17.8%和19%。先进装备制造业基地、新型原材料工业基地和高新技术产业基地正加速崛起。

内需外需大拉动，经济发展不断增添新动力。全社会固定资产投资由2005年的4234.1亿元增加到2010年的16043亿元，年均增长30.5%。城乡市场繁荣活跃，消费需求日趋成为经济增长的源头与动力。社会消费品零售总额由2005年的2999亿元增加到2010年的6809.6亿元，年均增长17.8%。对外贸易规模扩大，全省出口总额由2005年的234.4亿美元增加到2010年的431.2亿美元，年均增长13%。利用外资大发展，实际使用外商直接投资由2005年的35.9亿美元增加到2010年的207.5亿美元，年均增长42%。

沈阳经济区成为国家新型工业化综合配套改革试验区——辽宁生产的盾构机

风光秀美的辽宁——千山秋韵

从“制造”迈向“创造”的辽宁装备制造业——自升式钻井平台

具有发展潜力的黄金海岸线——大连港大窑湾港区

战略性新兴产业——英特尔大连芯片厂

城乡区域大统筹，区域经济发展构筑新格局。辽宁沿海经济带上升为国家战略和沈阳经济区列为国家新型工业化综合配套改革试验区，极大地增强了辽宁跨越发展的动力，进一步建立了辽宁跨越发展的新优势。“突破辽西北”战略稳步推进，发展潜力不断释放。城乡经济一体化发展不断加快，县域经济发展势头强劲。瓦房店、海城、庄河、普兰店、大石桥、东港、开原 7 市入围 2010 全国百强县（市），比 2005 年增加 5 个市。

科技创新大提升，发展方式迈向新转变。全省研究与试验发展（R&D）经费支出由 2005 年的 125.3 亿元增加到 2010 年的 271.4 亿元。高新技术产品增加值占规模以上工业增加值的比重由 2005 年的 24.4% 提高到 2010 年的 31.2%。

社会事业大发展，和谐辽宁建设迈出新步伐。文化、教育、卫生、体育等社会事业长足发展，民生状况不断改善。全省城镇职工基本养老保险人数由 2005 年的 1193.6 万人增加到 2010 年的 1498.3 万人，城镇职工基本医疗保险人数由 864.2 万人增加到 1408.7 万人，失业保险参保人数由 607.7 万人增加到 626.9 万人。在全国率先建立了零就业家庭就业援助长效机制，大力推进实名制就业，基本解决体制转轨就业遗留问题。“十一五”期间，城镇新增就业（再就业）585 万人。城镇登记失业率由 2005 年的 5.7% 下降为 2010 年的 3.6%。城乡居民生活水平不断提高。全省城镇居民家庭人均可支配收入由 2005 年的 9108 元增加到 2010 年的 17713 元，年均实际增长 11.4%；农村居民家庭人均纯收入由 3690 元增加到 6908 元，年均实际增长 9.3%。

文化产业蓬勃发展——2006“世界园艺博览会”在沈阳举办

城市设施日臻完善——沈阳奥林匹克体育中心

古文化源远流长——辽西古生物化石

辽宁省司法厅

辽宁司法行政“十一五”工作成果

辽宁省女子监狱服刑人员生活区

监狱工作再上新台阶

“十一五”期间，是全省监狱布局调整、体制改革向纵深发展的五年，是抓基层、打基础，监狱管理和执法工作不断规范的五年，是监狱人民警察队伍执法能力和综合素质全面提升的五年。

坚持抓安全保稳定、公正廉洁执法，努力提高罪犯改造质量。“十一五”期间，全省监狱牢固树立安全稳定首位意识，积极运用科技管理手段提高管理效率。建立完善了刑罚执行工作程序及监督保障制度，狱务公开工作不断深化。坚持贯彻首要标准，发挥教育改造治本功能，“三课”教育不断加强。积极运用心理咨询、心理测试、心理危机干预等手段，开展罪犯心理健康教育和心理测试，提高教育改造工作的针对性，罪犯教育改造质量稳步提高。

布局调整规划任务基本完成，监狱面貌焕然一新。在“十五”期间布局调整的基础上，开展了新一轮监狱布局调整。五年来共实施老旧监狱改造建设项目151个，全省监狱面貌焕然一新。

大力加强警察队伍的革命化、正规化、专业化建设，监狱警察整体素质进一步提高。队伍专业结构和知识结构明显优化，全系统大专以上学历警察占99.1%，本科以上学历警察占56.3%，法律、监所管理、心理咨询等监狱工作需要的专业比例达到53.9%，均达到或高于司法部要求，领先全国平均水平。

司法行政基层基础进一步夯实

基层司法所是我国基层政法部门的重要组成部分，是司法行政工作的基础。

基层司法所的办公条件普遍改善。“十一五”期间，全省共有1077个乡镇司法所的办公用房竣工并投入使用，95%的乡镇司法所达到了“百平四室”的标准；共有322个街道司法所解决了60平方米以上的办公用房，占总数的57.6%。多数司法所配备了机动车辆和电脑等配套办公设施，办公条件普遍得到明显改善。

基层司法所的管理体制逐步理顺。到“十一五”末期，

辽宁省女子监狱干警队列训练

沈阳地区干警住宅楼

沈阳马三家地区监狱外景

全省1518个乡镇街道司法所全部正式立户列编，成为县（区）司法局的派出机构，辖区覆盖率达100%。

基层司法所的规范化程度不断提高。2006年，辽宁省司法厅出台了《辽宁省规范化司法所考评标准》，从机构、队伍、保障、业务等方面进行量化考评。到"十一五"末期，全省基层司法所的整体面貌发生了根本性转变，得到广泛好评。

基层司法所的队伍建设不断增强。5年来，共有633个司法所和719名司法所工作人员受到各级党委、政府和上级主管部门的表彰，其中受到省级表彰的先进集体和个人156个，受到司法部的表彰20个，荣立个人、集体二等功以上7个。司法所工作人员中，具备大专以上文化的人员已占89%。

化解社会矛盾的能力不断提高。"十一五"末期，我省已经初步形成覆盖城乡的人民调解组织网络，全省乡镇（街道）和村（居委会）调委会的组建率达了100%，共有各类人民调解组织近2万多个，人民调解员的数量由2005年年末的16.6万人，发展到2010年年末的18万人。"十一五"期间，全省基层司法所共指导人民调解组织排查和调解矛盾纠纷近80万件，调解成功率98.3%，年调处纠纷的数量由2005年的14.5万件，上升到2010年的17万件。

法律援助覆盖面不断扩大

"十一五"期间，全省法律援助机构认真贯彻落实科学发展观，坚持围绕中心，服务大局，开拓创新，大力实施法律援助，为服务改善民生、维护社会公平正义做出了积极贡献。

律师在进行法律援助

法律援助组织网络逐步健全。全省建立法律援助机构115个，乡镇（街道）法律援助工作站1500个，村（社区）法律援助点10000个，社会团体和大专院校等联络部472个，极大地方便了当事人申请法律援助。

法律援助工作队伍不断壮大。全省法律援助机构共有工作人员528人，比五年前增加了30%，其中大专以上文化的占96%，法律专业人员占90%，专职法律援助律师189人，法律援助队伍素质有了明显的提高。

法律援助保障能力持续增强。"十一五"期间，全省有98%的地区已将法律援助业务经费纳入财政预算，法律援助财政拨款年均增长比例在20%左右，2010年全省法律援助经费总额已达2615万元，有力地促进了全省法律援助工作的发展。

法律援助业务不断拓展。累计办理非诉讼法律援助案件45680件，在基层化解决了大量矛盾；做好法律援助律师参与信访工作，全省115个法律援助机构全部参与了党委和政府的信访工作，共接待上访群众4万余人次，处理信访8000余件，提供法律援助2800件，为维护社会稳定做出了积极贡献。

法律援助工作服务困难群众成绩显著。五年来，全省法律援助机构共接待"三访"2365277人次，办理各类法律援助案件130932件，化解20余个社会矛盾，为受援人挽回经济损失1.5亿元。

葫芦岛连山区普法活动

辽宁省锦州监狱服刑人员生活区

辽宁省锦州监狱服刑人员宿舍楼

大连市

全面振兴促和谐　科学发展谱新篇

——“十一五”时期大连经济社会发展回顾

“十一五”时期，大连市以科学发展观为统领，创造性贯彻落实国家进一步实施振兴东北老工业基地和辽宁沿海经济带发展战略，坚定不移深化改革开放，走出了一条率先发展、创新发展、统筹发展、开放发展、跨越发展、和谐发展的科学发展之路。

一、经济发展驶入快车道，综合实力跃上新台阶

经济总量实现翻番。“十一五”时期，全市生产总值实现了从2000亿元到5000亿元的新跨越，2010年达到5158.1亿元，跻身“5000亿元俱乐部”，按不变价格计算是2005年的2.4倍。“十一五”时期生产总值年均增长16.1%，高于规划目标3.1个百分点，高于“十五”时期2.1个百分点，是改革开放以来发展速度最快的五年。

经济运行质量提高。“十一五”时期，大连经受住了罕见自然灾害、国际金融危机等一系列重大挑战和严峻考验，经济运行的稳定性和效益显著提高。人均生产总值已由2005年的4700美元增加到2010年的1.1万美元。万元GDP能耗逐年下降，“十一五”时期已累计降低20%以上。公共财政实力快速提高，2010年实现地方财政一般预算收入500.8亿元，是2005年的3.3倍，年均增长27%，高于规划目标14个百分点，高于“十五”时期年均增速12.7个百分点。县域经济快速发展。2010年，7个涉农县（市）区完成生产总值3729.8亿元、地方财政一般预算收入220.2亿元，分别占全市的72.3%和86.5%。

二、重构产业体系新格局，力促发展方式新转变

现代产业聚集区建设成绩斐然。“十一五”时期，全市规模以上工业增加值年均增长29.1%，高于“十五”时期年均增速9.8个百分点。2010年全市规模以上工业实现增加值2306.1亿元，其中装备制造业的比重达到

大连机车生产车间

49.7%。加快培育以绿色、低碳为特征的战略性新兴产业，新能源装备、节能与新能源汽车、集成电路、软件和服务外包等新兴产业快速发展。采用世界最先进技术的英特尔大连芯片厂成功投产。2010年，全市服务外包企业941家，从业人员10.1万人。区域性金融中心建设取得重大进展。星海湾金融商务区一期工程投入使用，花旗、渣打等外资银行和金融机构纷纷布局大连，大连银行成功实现跨区运营。2010年，全市拥有各类金融机构227家，中国金融中心指数排名大连列居前列　，被确认为第二级次核心区域金融中心。

科技创新能力显著增强。“十一五”时期，全市高新技术产业产值已由2005年的1320亿元提高到2010年的5178亿元，年均增长32%。坚持原始创新、集成创新、引进消化吸收再创新并举方针，重点实施高档数控机床、光电子、新能源等10个自主创新重大专项，组建了半导体照明等8个产业技术创新联盟，大手笔启动大连生态科技创新城建设。大连成为全国唯一同时承担“十城千辆”节能与新能源汽车示范推广、“十城万盏”半导体照明应用、“金太阳”工程三个示范试点工程的城市，并入围全国首批“三网融合”试点城市。紧盯世界市场，优化产品结构，实施品牌战略，大连冰山、瓦轴、东北

大连劳动公园

特钢等成为国内同行业的排头兵，船舶重工、中远船务和大连机床集团在国际市场的竞争力明显提升。

三、扩大开放促振兴，合作发展促共赢

对外开放向广度和深度拓展。开放区域不断扩大，大窑湾保税港区获批成立并封关运作，旅顺口区全面对外开放，长海县首次对外开放，花园口经济区、普湾新区等19个区域纳入辽宁沿海经济带重点发展和重点支持区域，长兴岛临港工业区升格为辽宁省综合改革试验区和国家级开发区。对外合作交流频繁，先后承办夏季达沃斯论坛、中国经济年会、中国中小企业节等大型会议，进出口商品交易会、国际服装博览会、国际软件和信息服务交易会等品牌展会精彩升级，国际啤酒节、赏槐节等节庆活动声名远播。区域合作开创新局面，充分利用东北四城市市长峰会、辽宁沿海经济联合体市长联席会议等区域合作机制，提升辐射牵动能力，深化各领域合作，实现了沿海与腹地的良性互动。

外向型经济快速发展。继续加大招商引资力度，先后赴珠三角、长三角和欧美、日韩等热点国家和地区开展一系列主题招商活动，引进内资、外资实现新的突破。"十一五"累计实际引进外资264.6亿美元，是"十五"时期的3.1倍，年均增长58.6%。2010年全市纳入辽宁沿海经济带重点发展的19个区域，实际使用外资88.1亿美元，占全市使用外资总额的87.8%。积极扩大对外贸易，2010年全市外贸自营出口260.5亿美元，"十一五"累计出口1060.6亿美元，是"十五"时期的2.4倍。出口结构明显改善，2010年机电产品出口占全市的比重达到53.7%。

四、推进全域城市化，功能提升蓄后劲

"十一五"时期，大连围绕建设东北亚国际航运中心和东北亚重要国际城市目标定位，提出加快全域城市化进程的战略决策，规划建设主城区、新市区、渤海组团和黄海组团"四大组团"，积极打造资源节约型、环境友好型的生态宜居名城。

基础设施日趋完善。"十一五"时期累计实现全社会固定资产投资1.3万亿元，年均增长29.5%。能源保障能力持续提高，液化天然气LNG码头竣工，红沿河核电站一期取得重大进展、二期工程顺利启动，庄河电厂建成发电、海水源热泵等清洁能源推广应用。快速交通路网形成，烟大铁路轮渡投入运营，哈大铁路大连段铺轨完成。优先发展城市公共交通，新建BRT快速公交线路，城市轻轨向新市区延伸，启动城市地铁建设。加快推进城市管网改造、道路拓宽、城市绿化等基础设施项目，创建国家森林城市。2010年，城市人均公共绿地面积由2005年的10.1平方米增加到12.3平方米，二级以上空气质量天数由347天增加到361天，绿化覆盖率由42.3%提高到44.5%。

东北亚国际航运中心主体框架基本形成。全力推进专业化、深水化大型综合枢纽港建设。大连港集装箱铁海联运量连续12年位居全国沿海港口首位。东北亚煤炭交易中心挂牌成立，威兰德国际物流集团、泰德煤网有限公司等一批物流企业迅速成长，美国BTM、罗宾逊等外资物流企业纷纷进驻大连。"十一五"期间，全市累计完成港口固定资产投资396亿元，比"十五"增长3.4倍；完成港口货物吞吐量12.5亿吨、集装箱吞吐量2138.6万TEU，比"十五"分别增长92.2%和135%。

五、和谐发展惠及民生，社会事业全面进步

民生得到极大改善。城乡居民收入快速增长，2010年城镇居民人均可支配收入达到21293元，农村居民人均纯收入达到12317元，"十一五"时期分别年均增长12.2%和15.8%。繁荣活跃的城乡消费市场体系初具规模，"十一五"时期社会消费品零售总额年均增长17.5%。就业形势进一步好转，城镇登记失业率由2005年的3.4%降为2010年的2.7%。社会保险覆盖面进一步扩大，全市参加基本养老保险人数由2005年的128.5万人增加到2010年的164.3万人，参加基本医疗保险人数由188.7万人增加到413.6万人。建立了城乡低保标准自然增长机制，其中城市低保标准5年内4次提高，增幅达58.3%。

各项社会事业协调发展。教育事业稳步推进，2010年末全市普通高校本、专科在校生24.6万人，小学学龄人口净入学率99.8%，初中学龄人口净入学率99.8%，高中阶段教育毛入学率96%，普通高校本、专科在校生24.6万人。文化事业繁荣活跃，电视剧《闯关东》分别获得2009年全国"五个一工程"奖、全国电视剧"飞天奖"4项大奖和"金鹰奖"7项大奖以及韩国首尔电视剧最佳编剧奖。《时代之魂》大型城市主题宣传活动丰富了城市文化内涵，提升了城市软实力。卫生事业不断进步，2010年末每千人拥有医院床位5.16张，每千人拥有医生2.71人，人均期望寿命达到81.23岁，新农村合作医疗参合率达到98%。体育事业突飞猛进，在第11届全运会上，大连籍运动员共获金牌13.5枚，列全省首位。

大连港集装箱码头

黑龙江省

五年大跨越　昂首展宏图

——“十一五”时期黑龙江省经济社会发展成就

2006年以来，黑龙江省委、省政府认真贯彻党的十六大特别是十七大以来的各项路线、方针和政策，以科学发展观统领经济社会发展全局，以改革的办法解决发展中的问题，紧紧抓住中央实施振兴东北地区等老工业基地战略机遇，一心一意谋发展，聚精会神搞建设，采取多种措施有效应对金融危机对全省的冲击，大力推进“八大经济区”建设，深入实施“十大工程”，经过几年的不懈努力，全省综合经济实力跃上了新台阶，城乡居民生活质量明显提高，为“十二五”时期经济社会进一步发展奠定了坚实基础。

一、经济发展迈上新台阶，综合实力明显增强

五年间，全省生产总值先后迈上6000亿元、7000亿元和8000亿元台阶，2010年达到10235亿元，年均增长12%，连续五年保持两位数增长，是改革开放以来发展速度最快的时期。人均生产总值（人均GDP）也由十五末期2005年的14440元提高到2010年的26733元，年均增长11.9%。随着经济的快速发展，财政收入大幅增长。全省地方财政收入先后越过400亿元、500亿元、700亿元和800亿元关口，2010年全省地方财政收入达到1073.3亿元，地方财政收入相当于全省生产总值比重为10.5%，比2005年提高3.4个百分点。非公经济不断发展壮大，焕发出勃勃生机。2010年非公经济实现增加值4946亿元，占全省经济总量的48.3%，比2005年提高13个百分点。

二、农业综合生产能力显著提高，农村经济稳步发展

粮食产量屡创新高。2006年全省粮食产量达到3787万吨，2008年突破4000万吨， 2010年达到5013万吨，历史上首次突破千亿斤，粮食商品量居全国首位，粮食商品率达到70%以上，有力地保障了国家粮食安全和社会稳定。

绿色食品大省地位日益巩固。2010年末全省绿色有机食品认证数量达到1541个，绿色食品种植面积6100万亩，绿色食品认证个数、种植面积、总产量均居全国首位。

畜牧业发展成效显著。到2010年末，全省畜牧业产值达到965.8亿元，较2005年翻了一番。全省每年安置直接从事养殖业的农村富余劳动力约230万人。二是生产方式加快转变，规模化、标准化水平进一步提升。三是龙头企业不断发展壮大，产业一体化发展步伐明显加快。四是标准化规模养殖快速发展，全省拥有各类养殖专业户44万个，专业大户及规模场5.4万个，养殖小区3974个，规模化比重达到68%，比“十五”期末提高8个百分点，高于全国平均水平。

三、工业结构调整见成效，工业经济实现历史性突破

2006年以来，全省工业整体规模和活力得到显著增强，规模以上工业企业资产总额、工业增加值、主营业务收入、地方工业经济效益等主要指标均实现历史性突破。2010年全省规模以上工业增加值4003.5亿元，五年来年均增长14.3%。规模以上工业企业达到4895户，比2005年增加2008户；工业企业资产总额10423.9亿元，实现主营业务收入10185.6亿元，均比“十五”时期末翻了一番；地方工业主要经济效益指标均创历史最高水平，主要经济指标均比“十五”时期末翻了一番以上。

工业结构调整取得突破性进展。2010年，装备、石化、能源、食品四大主导产业实现总产值8454.6亿元，占全省规模以上工业的85.1%。新兴产业迅速崛起。2010年，全省规模以上工业企业中六大新兴产业实现工业增加值308亿元，占全省规模以上工业增加值的7.7%，增速高于全省规模以上工业增加值6.9个百分点。

四、消费品市场繁荣兴旺，市场竞争格局呈现新变化

2006年，全省实现社会消费品零售总额2029亿元，此后逐年增加，2009年破3000亿元，2010年达到4001亿元，比十五时期末增长1.3倍，五年年均增长17.9%。

城乡市场同步发展。2010年，城镇实现消费品零售额3585.9亿元，乡村实现消费品零售额453.3亿元，分别比2005年增长1.3倍和1.1倍，年均增速分别达18.1%和16.4%。

各种业态竞相发展。2010年末，全省有限额以上连锁门店1163家，销售总额174.4亿元，分别比2005年增加386家和115.7亿元。以汽车、住房、通讯产品以及文教娱乐、旅游等 “新兴消费品”为特征的娱乐型、享受型消费，推动了消费结构的快速升级。

五、对外贸易规模跃上新台阶，全方位对外开放格局基本形成

2006年全省进出口总值率先在中部地区突破100亿美元关口，2008年更是达到229亿美元，虽然受国际金

融危机影响，2009年回落至162.2亿美元，但是全省上下努力克服金融危机时期冲击和主要贸易伙伴俄罗斯市场需求低迷等多重影响，积极开拓多元化市场，2010年全省进出口总值比上年增长57.1%，达到255亿美元，超过历史最好水平2008年26亿美元。

利用外资规模不断扩大。2010年，全省外商直接投资26.6亿美元，比2005年增长84%。全省积极实施“走出去”战略，拓展对外经贸合作空间。

六、一批重大项目相继投产，为经济持续较快增长奠定坚实基础

2010年，全省完成固定资产投资 6812.6亿元，比2005年增长2.9倍。固定资产投资相当于GDP的比例由2005年的31.4% 升至2010年的66.6%，提高了35.2个百分点。一批大项目相继投产，特别是以公路建设三年决战为重点的交通基础性建设陆续施工，有力地推动全省经济建设和发展，曾长期困扰全省经济发展的电力、能源、运输、邮电的“瓶颈”制约得到明显缓解。2010年，全省铁路营业里程5645公里，比2005年增加146公里。公路线路里程15.2万公里，比2005年增加8.5万公里，增长1.3倍，高速公路网架取得了突破性进展。民航领域新建漠河、伊春、大庆、鸡西4条支线机场，航线里程20.3万公里，比2005年增加8万公里。内河航道里程5495公里。此外，还开辟了江海联运，开通了黑龙江至我国沿海港口及日本、韩国、朝鲜以及东南亚各国的航线。通信状况明显改观。2010年末，全省电话用户达到3056.5万户，比2005年增加842万户。移动电话用户发展快速，2010年达到2243万户，是2005年的2倍。

七、城乡居民收入大幅提高，生活质量明显改善

城乡居民收入大幅提高。全省城镇居民人均可支配收入由2006年的9182 元提高到2010年的13857元，五年年均增长10.9%；农村居民人均纯收入由2006年的3552元增加到2010年的6211元，五年年均增长14%。2010年，城镇居民工薪收入、经营净收入、财产性收入和转移性收入比“十五”末期的2005年分别增长65.9%、47.5%、39.8%和1倍，农村居民工薪收入、家庭经营收入、财产性收入和转移性收入比2005年分别增长1.7倍、79.5%、1.7倍和2.8%。

居民生活质量明显改善。2010年，全省城镇居民人均消费性支出10684元，比2005年增长了72.9%，年均增长11.6%；农村居民人均生活消费支出4391元，比2005年增长72.5%，年均增长11.5%。交通和通讯、文教娱乐、居住等方面的支出比重有所加大。私人汽车拥有量大幅增长。2010年，全省私人汽车152万辆，比2005年增加102万辆。国际互联网已经成为人们获取信息的一种主要手段。2010年国际互联网用户达到346.4万户，比2005年增加57.9万户。居住状况继续改善。2010年，全省城市居民人均住房建筑面积25.7平方米，农村人均住房面积22.7平方米，分别比2005年增加3.7平方米和2.3平方米。

社会保障体系日趋健全。2010年末，全省有952.2万人参加基本养老保险，有1560.8万人参加基本医疗保险，有151.1万城镇居民享受到最低生活保障，另有472.9万人参加失业保险，1410.5万农民参加新型合作医疗。

八、社会科技事业全面推进，文教卫体繁荣兴旺

教育事业取得长足进步。普通高等院校由“十一五”末的62所发展到2010年的79所，平均每万人口拥有大学生由2005年的192.3人增加到2010年的257.1人。

科技事业成果丰硕。2010年，全省研究与试验发展（R&D）经费支出114亿元，比2005年增长1.3倍，占国内生产总值的1.1%，比2005年提高0.2个百分点。2010年，全省授予境内外专利6803项，比2005年增长1.3倍。知识产权创造能力大幅提升。科技成果转化成效显著。2010年技术合同成交金额53.4亿元，是“十五”期末的2.7倍。高新技术产业发展实现新突破。在三峡工程、载人航天、北京奥运等国家及全省重大工程中，取得了一批在国内外有重要影响的创新成果。重大科技项目组织实现新突破。一重集团“核电站超大型铸锻件关键技术开发”项目的研制成功，打破国外对我国的技术封锁，为全省核电装备产业发展奠定了重要基础。

文化事业发展步伐加快。广播电视人口覆盖范围扩大，节目制作水平和播出质量提高，2010年全省广播人口覆盖率和电视人口覆盖率分别达到98.6%和98.8%。艺术表演事业展现出新亮点，全省文化艺术表演团体共举办国内演出4.2万场。出版物种类和内容更加丰富。2010年，全省出版图书7418万册、期刊5253万册和报纸71410万份，分别比2005年增加1480万册、1750万册和7047万份。

体育事业蓬勃发展。竞技体育取得新的突破，五年来，全省共获得世界冠军179个，国内冠军845.5个。成功举办2009年第24届世界大学生运动会，十一运会创造了改革开放以来全省参加全运会的最好成绩，获得金牌数列全国前列。涌现出申雪/赵宏博、张丹/张昊、王濛、焦刘洋、曹磊等一批优秀运动员。

医疗卫生服务水平明显提高。2010年，全省卫生机构发展到8941个，拥有床位16万张、卫生技术人员18.8万人。同时将疾病控制和医疗救治体系作为全省重大项目管理，增加投入，有效控制了甲流等疫情的传播。全省医疗卫生服务和保障以及医疗卫生条件得到明显改善。

哈尔滨市

奋力跨越的功业　加快发展的五年

——“十一五”时期哈尔滨市经济社会发展综述

“十一五”以来，哈尔滨市人民在市委、市政府的领导下，全面落实科学发展观，紧紧围绕“超越自我、再塑形象、奋起追赶、努力晋位，把哈尔滨建设成为现代大都市”的总体目标，全力推进“北跃、南拓、中兴、强县”发展战略，国民经济保持了稳定快速发展态势，城乡居民收入不断提高，社会事业全面进步，城市建设日新月异，福地冰城正向世人展现她的辉煌。

综合实力显著提高，经济结构不断优化

“十一五”时期是我市历史上生产总值增量最大、增速最快的时期。2010 年地区生产总值再上新台阶，超过 3500 亿元达到 3665.9 亿元，“十一五”时期累计完成 14102.7 亿元，年均增长 13.5%。人均生产总值达到 36961 元，年均增长 13.0%。地方财政一般预算收入累计完成 845.8 亿元，年均增长 19.4%。三次产业呈现出良好的发展格局，由 2005 年的 15.5：34.3：50.1 调整为 11.3：37.8：50.9。

农业经济稳定发展，粮食产量再创新高

“十一五”时期累计完成农林牧渔业总产值 3239.3 亿元，年均增长 6.8%。2010 年粮食产量再创历史最好水平，达到 125.9 亿公斤，年均增长 6.2%。产业结构不断调整，农、牧业比重由“十五”末期的 47.4%、44.8% 调整为 46.7%、46.4%。

工业经济规模不断壮大，经济效益不断提高

“十一五”时期累计完成规模以上工业增加值 2703.2 亿元，年均增长 15.9%。装备制造、食品、医药、石化四大主导产业共实现增加值 611.4 亿元，占规模以上工业增加值的 83.5%。2010 年规模以上工业实现主营业务收入 2415.6 亿元，年均增长 16.0%。实现利税 290.6 亿元，年均增长 24.1%。实现利润 121.4 亿元，年均增长 27.7%。

固定资产投资持续高速增长，总量增幅再创新高

“十一五”时期累计完成固定资产投资 7725.8 亿元，

哈尔滨市金河湾湿地

年均增长 32.9%。房地产开发投资累计完成 1200.4 亿元，年均增长 20.8%，比“十五”时期提高 3.9 个百分点。

城乡消费市场稳步发展，消费升级步伐明显加快

“十一五”时期累计完成社会消费品零售总额 6472.6 亿元，年均增长 17.6%，高于“十五”时期 6.0 个百分点。消费结构升级步伐加快，“吃、穿、用”商品零售额比重由“十五”末期的 42.3：18.5:36.9 调整为 39.2:18.0:37.9。

对外开放水平不断提升，招商引资力度不断加大

“十一五”时期累计实现海关进出口总值 174.8 亿美元，年均增长 10.0%。其中累计实现出口总值 81.2 亿美元，年均增长 10.1%。到 2010 年我市进出口贸易已扩大到全球 180 个国家和地区。招商引资力度加大，“十一五”时期累计签署外商投资项目 495 项，实际直接利用外资金额累计 26.6 亿美元，年均增长 17.7%。

居民收入不断增加，人民生活水平不断提高

2010 年城镇居民人均可支配收入 17556.8 元，“十一五”时期年均增长 11.8%。农村居民人均纯收入 8020.3 元，年均增长 14.9%。城乡居民恩格尔系数分别为 33.3% 和 40.3%，分别比“十五”末期下降 1.1 个和 5.8 个百分点。城市人均住房使用面积超过 20 平方米，达到 22.1 平方米，比“十五”末期提高 5.4 平方米。农村居民人均居住面积达到 24.4 平方米，增加 2.3 平方米。农村砖瓦化钢木结构住房比重达 87.7%，提高了 10.0 个百分点。

哈尔滨市区新姿

黑龙江教育厅

“十一五”时期黑龙江省教育事业改革发展成就

2009.2 第24届世界大学生冬季运动会开幕 孙兵《欢聚》

（一）教育事业快速发展。义务教育实现“两基”，政府责任逐步落实，实现城乡免费义务教育，管理体制、保障机制渐趋完善，质量提高、均衡发展上升为发展战略重点并逐步向前推进。高中阶段教育较快发展，瓶颈问题基本得到解决，结构进一步优化。以示范性高中建设和课程改革为重点，普通高中办学水平稳步提升；中职实现由低谷徘徊到快速发展的跨越，基础能力建设成为发展的重要主题。高中阶段教育毛入学率由2005年的47.6%提高到87.66%，普通高中与中等职业教育招生比例实现大体相当。高等教育综合实力显著增强，整体功能充分发挥，进入建设高等教育强省新的历史阶段，毛入学率达到33.97%，基本满足了人民群众接受高等教育的需求。教育信息化建设快速发展，完成农村中小学现代远程教育工程建设任务，高校万兆校园网建设全面展开，现代远程教育公共服务体系建设有力推进。以对俄为重点的教育国际交流与合作取得新突破，中外合作办学稳步发展，来华留学和汉语国际推广取得较大成效，教育的国际影响力不断提升。同时，学前教育、民族教育、特殊教育、继续教育取得长足发展。

（二）教育改革逐步深化。办学体制改革稳步推进，基本形成了以政府办学为主体、社会各界共同参与、公办与民办共同发展的多元化办学新格局。管理体制改革不断深化，农村义务教育管理体制得到落实；“分级管理、地方为主、政府统筹、社会参与”的职业教育管理体制深入实施；“三级办学、两级管理、以省为主”的高等教育管理体制渐趋完善。保障机制进一步完善，建立了分项目、按比例承担的农村义务教育经费保障新机制，免除城乡义务教育学生学杂费，学校公用经费得到基本保证；巩固了非义务教育以政府投入为主，多渠道筹集经费和受教育者合理分担培养成本的投入机制；建立了省属高校按生均培养经费拨款的增长机制；完善了以政府投入为主的各级各类教育助学体系。基础教育课程改革深入实施，考试评价制度不断完善，稳妥实施了2010年新高考方案，高等学校招生考试制度改革进一步深化。高等学校事业单位体制改革，人事制度改革、后勤社会化改革稳步推进。

（三）服务能力显著增强。围绕黑龙江老工业基地振兴和社会主义新农村建设，全面实施《教育为老工业基地振兴服务计划》和《黑龙江省高等教育强省建设规划》，为现代化建设提供人才保障、智力支撑。通过实施新农村建设服务计划、紧缺人才培养培训服务计划、高层次人才培养培训服务计划，累计培养农村大学生13251人，同时培养了一大批各类紧缺人才和高层次人才，选派3000名师范实习生到农村支教。引导高校科技人员投身经济建设主战场，建设国家级和省部级科技创新团队11个，全省高校5年累计承担科研项目37054项，获得国家和省部级科技成果奖1223项。通过实施校企共建工程研发中心服务计划和高校科技成果转化服务计划，推进产学研合作，促进科学技术向现实生产力转化。适应产业结构优化升级需求，依托哈工大组建服务高新技术产业发展的黑龙江工业技术研究院，组建装备制造、煤电化、优势农产品生产与加工、新药制药和中药制药5个工程技术研发平台，三批筛选259项高科技成果与企业对接。积极开展新农村建设科技服务，推进千亿斤粮食产能工程，组织东北农大、八一农大等农业院校与20余个县区联合开展农业科技项目合作，选派科技人员到县（区）挂职。举全省教育特别是高等教育之力服务区域经济社会发展的合力进一步形成。

（四）条件保障更加有力。教育投入不断增加。2009年教育总投入347.1亿元，其中，财政性投入275.7亿元，财政预算内投入267.7亿元，分别比2005年的196.4亿元、133.5亿元和123.2亿元增加150.7亿元、142.2亿元和144.5亿元，分别增长77%、107%和117%。累计投入近50亿元，先后启动实施了一系列工程与大项目建设，极大地改善了各级各类学校办学条件。

教师队伍素质不断提高，全省97%以上的教师取得相应的教师资格证书；各级各类教育专任教师水平普遍提高，其中小学教师具有专科及以上学历的比例达79.1%，初中教师具有本科及以上学历的比例达64.6%，普通高中教师具有本科及以上学历的比例达95%，中等职业学校教师具有本科及以上学历的比例达79.7%，“双师型”教师占专业课和实习教师总数的44%，普通高校教师具有研究生学历（学位）的比例达53%，院士增加到54人（其中，共享32人），“长江学者”增加到47人，教育部新世纪优秀人才129人，省属高校“长江学者”特聘教授实现零的突破。

上海市

中国馆（徐正魁　摄）

“十一五”时期是上海发展极不寻常、极不平凡的五年。面对国内外环境的复杂变化和重大风险挑战，上海在党中央、国务院的坚强领导下，坚持以邓小平理论和“三个代表”重要思想为指导，深入贯彻落实科学发展观，坚定信心、砥砺奋进，积极应对国际金融危机冲击和自身发展转型的挑战，把举办上海世博会作为实现科学发展的重大契机，坚持调结构促转型，不断探索具有中国特色、时代特征、上海特点的发展新路。

2010年，上海世博会成功、精彩、难忘，生动演绎了“城市，让生活更美好”的主题，充分展示城市文明、城市理念和辉煌发展，向全世界展现了21世纪的魅力上海。参展国家和国际组织达到246个，累计入园参观人次7308万，其中境外参观者约425万。8万名园区志愿者、10万名城市服务站点志愿者、197万名城市文明志愿者提供志愿服务，成为世博会历史上参与度最广泛的一次盛会。

五年来，上海综合经济实力迈上新台阶，经济发展方式转变取得积极成效。2006年GDP总量突破1万亿元，2008年、2009年经济总量先后超过新加坡和香港，2010年GDP超过1.7万亿元，按可比价格计算，年均增长11.2%。

五年来，上海着力经济结构调整，结构转型升级取得积极进展。现代服务业和先进制造业不断优化，第三产业占全市经济的比重接近60%，第三产业从业人员占全市从业人员比重超过50%。消费需求对经济增长的拉动作用增强，2010年社会消费品零售总额首次超过固定资产投资规模。

五年来，上海全力推进“四个中心”建设，城市服务功能显著提升。国际金融中心建设取得重要突破，股票成交量跃居全球前列，黄金现货交易量跃居全球首位。国际航运中心建设取得积极进展，上海港口货物吞吐量连续6年保持世界首位；国际标准集装箱吞吐量跃居全球首位，浦东国际机场货邮吞吐量跃居世界前列。国际贸易中心建设全面推进，上海口岸作为我国进出口货物的主通道和中转枢纽功能进一步深化，上海关区进出口商品总额和服务贸易占到全国的四分之一。

五年来，上海积极构建和谐社会，社会民生持续稳定发展。城乡居民收入水平稳步增长，城乡居民消费水平持续提高。探索构建“四位一体”的住房保障体系，社会保障取得突破性的进展。建立了养老、医疗、失业、生育、

洋山港
（上海市人民政府新闻办公室　提供）

磁浮列车（张锁庆　摄）

东海大桥
（上海市人民政府新闻办公室　提供）

浦东金融区（沈凯　摄）

陆家嘴世纪大道（梁财国　摄）

工伤等五个险种覆盖城乡的社会保障制度，市民各类基本社会保险覆盖面达到98%，公共服务体系加快完善。

五年来，上海以科技创新促进发展，经济与社会统筹发展，社会事业和城市建设长足发展。自主创新能力持续增强，教育事业持续发展，公共卫生事业稳步推进。城市生态环境建设取得显著成效，城市公共交通设施不断提高。2010年，R&D投入相当于全市生产总值达到2.83%，环保投入相当于全市生产总值保持在3%以上，上海轨道交通运营线路总长度超过450公里。

经过五年不懈的奋斗，上海经济社会实现了又好又快发展，圆满完成了国家交给上海办好世博会的光荣任务，谱写了"四个中心"和社会主义现代化国际大都市建设的新篇章。展望未来，上海将进入转型发展的新阶段，改革开放和现代化建设事业将继续沿着科学发展的道路，奋勇向前，百折不挠，迈向新的征程，实现新突破。

江南水乡——朱家角（上海市人民政府新闻办公室　提供）

外滩（周铭鲁　摄）

上海市建设交通委员会

上海市建设交通工作“十一五”总结

外滩滨江建成夜景

“十一五”是上海建设交通发展历程中极不平凡、极其重要的五年。五年来，肩负服务保障世博和推进科学发展的繁重任务，在住房城乡建设部、交通运输部等上级部门的指导帮助下，在市委、市政府的坚强领导下，在各区县、各部门、各单位的帮助支持下，建设交通行业广大干部职工振奋精神、开拓进取，全力推进重大基础设施建设，全面加强城市管理，圆满完成了“十一五”规划确定的目标任务。

（一）现代化城市基础设施体系基本建成。全面加快以“三港三网”为重点的重大工程建设，枢纽型、功能性、网络化城市基础设施体系基本建成。“十一五”城市基础设施投资累计超过8000亿元，占同期全市固定资产投资的三分之一，其中重大工程完成354项、投资5500亿元。以国际航运中心建设为龙头，重大交通基础设施建设取得重大突破。洋山港一、二、三期和外高桥六期建成投用，上海港码头泊位超过1100个。上海航空枢纽加快发展，建成4座航站楼、5条跑道。沪宁城际铁路、沪杭客运专线建成通车，形成“3主3辅”共6个客运站格局，铁路客运能力比“十五”期末增加两倍。市域快速路网基本建成，全市高速公路里程达776公里，比“十五”期末增加200余公里；市域道路（含公路）总里程达到1.6万公里。黄浦江越江桥隧设施新增10处，中心城区形成“4桥12隧”的格局，越江通行能力增加约一倍。轨道交通（含磁浮线）形成12条线、运营线路总长452.6公里的基本网络，在世界大城市中名列前茅；全市供水管道长度约3万公里，燃气管线长度约2.2万公里。

（二）现代化城市管理水平明显提升。不断完善“发现及时、处置快速、解决有效、监管有力”的城市网格化管理工作机制，网格化管理已覆盖18个区县，基本实现中心城区及郊区核心区全覆盖。截至2010年底，全市网格化管理累计立案382万件，结案379万件，结案率达到99%。调整完善城市管理综合执法机构，形成市、区（县）、街道（乡镇）三级综合执法体系和网络。信息技术广泛应用于城市管理领域，城市交通信息集中采集发布系统建成投用。整合城建领域热线资源，建立了统一的“12319”城建服务热线。积极加强城市运行维护管理，初步建立城市维护项目储备库，研究制定了市级城市维护项目管理暂行办法，进一步明确了城市维护资金保障机制。特别是抓住举办世博会契机，全面开展迎世博600天行动和184天世博运行服务保障，广泛组织发动，加大投入力度、完善法制建设、着力治理顽症，城市面貌焕然一新，城市运行更加有序，为全面提升城市管理水平奠定了基础。

（三）城乡建设交通行业保持健康持续发展。深入贯彻国务院（2009）19号文件精神，有关先行先试政策基本落地，航运金融、航运保险、航运经纪和船舶交易等现代航运服务业发展进一步加快；上海航运交易所发布的上海出口集装箱运价指数，已成为全球集装箱运价掉期合约的结算标准。“十一五”期末，上海港货物年吞吐量超过6.5亿吨，比“十五”期末增长近50%，连续五年位居世界首位；上海空港旅客年吞吐量超过7000万人次，比“十五”期末增长约70%。市政公用行业多元投资结构基本形成，服务供应能力大为提高。公交改革进一步深化，全市形成浦西、浦东、郊区相对区域经营格局。全市自来水日供应能力超过1000万立方米，天然气、煤气年销售总量分别达到31亿和14亿立方米，有力保障了城市生产和生活的用水、用气需求。全市建筑业年总产值达到3800多亿元，形成百万建筑大军和全国最为开

长江大桥

放的建筑市场之一。"十一五"期间新增住宅约1.2亿平方米，全市各类房屋建筑面积超过8.7亿平方米，其中住宅面积超过5亿平方米。此外，上海邮政业务特别是快递服务快速发展，快递服务收入占全国快递市场份额的22%。

（四）市民群众生活质量显著提高。市民居住状况总体改善，"十一五"期间，完成市区二级旧里以下房屋改造340万平方米；住宅成套率达95%，市区人均居住面积超过17平方米。全市公积金个贷累计发放1600多亿元，比"十五"增长近两倍，发放户数64万户。全市交通出行更加便捷，轨道交通客流日均超过570万人次，高峰日超过750万人次；五年来，公交新辟线路400余条、优化调整800余条，郊区行政村基本实现"村村通公交"；出租汽车保持稳定发展，出租汽车保有量超过5万辆；公交出行比重提高到35%。全市公共交通卡流通量接近4400万张，日均交易量达到870万人次。城市污水处理率提高到近79%，苏州河和市区中小河道基本消除黑臭，农村河道整治成效明显，城市水环境质量大为改善；巩固国家园林城市成果，加强绿化建设和养护，城区绿化覆盖率达到38%，人均公共绿地面积达到12.8平方米。

刚刚过去的2010年，既是"十一五"最后一年，更是世博举办之年。一年来，我们紧紧围绕"五个确保"的总体要求，全力做好世博服务保障、"十一五"工作收尾以及"十二五"发展谋划，各项工作取得了新成绩。

一是世博服务保障任务圆满完成。2010年的头等大事就是办好世博会。一年来，我们举全行业之力，全力以赴做好各项办博工作。世博场馆设施按期建成。世博开园前，优质高效地完成了直接服务世博的60项建设任务，确保了世博工程建设和场馆装修布展的质量安全。市政市容环境整洁有序。全面完成迎世博600天整治任务，全面做好184天世博运行服务保障，顽症治理取得明显成效，全市市容市貌明显改观，城市管理整体水平明显提升。世博交通组织保障有力。科学制定世博交通保障方案，充分发挥交通综合信息平台的作用，大力倡导公交出行，经受了单日103万超大客流的考验，约90%的游客通过集约交通方式入园。此外，全力配合落实"环沪护城河"工程，铁路、民航、海事、救助、打捞等部门世博保障任务圆满完成。广泛发动行业职工参与"服务世博、奉献世博"立功竞赛活动，努力提供优质窗口服务。全行业以一流的硬件设施、整洁的市容环境、有序的交通组织、优质的窗口服务，赢得了7300万中外游客的好评，为举办一届成功、精彩、难忘的世博会做出了重要贡献。全行业45个单位、77名个人分别荣获国家级、部市级以上世博先进集体、世博先进个人称号。

二是建设交通行业发展取得新成绩。一年来，我们一手抓服务保障世博，一手抓面上工作推进。建设方面：全年重大工程完成投资超过1000亿元，中国商用飞机公司能力建设项目等15个项目开工建设，虹桥综合交通枢纽、外滩综合改造工程、东方体育中心等26个项目建成投用。崇启通道等重大工程有序推进。在建工集团、城建集团、现代设计集团、建科院等单位的共同努力下，对口支援都江堰灾后重建任务全面完成。交通方面：2010年全市对外旅客年到发量达到2.6亿人次，其中铁路超过1.2亿人次，公路、民航分别突破7000万人次。全年城市交通年客运量达到59亿人次；公共交通特别是轨道交通运能显著提升，日最高客运量突破750万人次。2010年上海港集装箱吞吐量超过2900万标准箱，首次位居世界首位；上海空港货邮吞吐量达到370万吨，其中浦东机场货邮吞吐量保持世界前茅。管理方面：在市人大的支持下，制定颁布了一批涉及城市管理的世博临时通告，并研究制定了建筑立面整治设计导则等35个标准规范。"12319"城建服务热线全年接听市民来电约67万个，处理反馈率达到99%左右。民生方面：在城投、地产、绿地等企业的努力下，保障性住房新开工建设超过1200平方米。全年拆除二级旧里以下房屋54.6万平方米。完成农村低收入户危旧房改造3200多户、村庄综合改造114个、"村沟宅河"整治1000余公里、农村生活污水处理设施改造4万户。全年两委信访总量同比下降20%，动拆迁七大类矛盾中五大类已基本化解。节能减排方面：新建建筑全面严格执行国家建筑节能标准，完成既有建筑节能改造100多万平方米。全年完成公交车更新2200余辆，投放各类新能源车辆近700辆。此外，我们在加快政府职能转变、推进行政审批制度改革以及充分发挥行业协会、学会作用等方面也取得了较好的成效。

回顾总结过去五年来的工作，取得的成绩来之不易，积累的经验更加弥足珍贵。五年来，在筹办和服务保障世博中培育出的为国争光的爱国精神、全心为民的服务精神、团结协作的团队精神、严谨科学的实干精神、追求卓越的创新精神、爱岗敬业的奉献精神，不仅为世博会的成功举办提供了强大精神支撑，更为建设交通行业的可持续发展留下了宝贵精神财富，激励我们在今后工作中开拓奋进。

长江隧道

外滩通道工程建成通车

江苏省

科学发展谱写崭新篇章

——“十一五”期间江苏经济社会发展主要成就

徐州风电设备制造国际一流

“十一五”时期是江苏发展史上极不平凡的五年，是在科学发展道路上迈出坚实步伐的五年。五年来，江苏坚持以邓小平理论和“三个代表”重要思想为指导，认真贯彻落实科学发展观，紧紧围绕富民强省、“两个率先”的奋斗目标，统筹推进社会主义经济、政治、文化、社会和生态文明建设，经济社会发展经受了重大考验，取得了辉煌业绩，全省总体上达到省定小康指标，谱写了科学发展的新篇章。

一、经济总量明显提升，综合实力显著增强

综合实力显著增强。“十一五”期间，江苏生产总值由2005年的18598.7亿元攀升至2010年的40903.3亿元，按可比价格计算，年均增长13.5%。财政收入快速增长。地方财政一般预算收入由1322.7亿元增加到4079.9亿元，年均增长25.3%。基础设施体系日益完善。“十一五”期间，江苏交通基础设施投资总额达到“十五”时期的1.8倍。铁路运营里程从2005年的1599公里增加到2010年底的1907.8公里；公路通车里程由8.3万公里增加到15万公里，其中高速公路通车里程由2886公里增加到4059公里，并在全国率先实现联网畅通，密度为全国各省区之首。

二、经济结构优化升级，发展方式不断转变

产业结构不断优化。2010年，江苏第一、二、三次产业增加值比例为6.2 ∶ 53.2 ∶ 40.6，第一、第二产业比重分别比2005年下降1.7个、3.3个百分点，第三产业比重提高5个百分点。2010年，高新技术产业实现产值占规模以上工业产值比重达33%，年均提高1.7个百分点。所有制结构不断完善。全国民营企业500强中江苏占129席，其中35家进入100强。软件和服务外包、研发设计、现代物流、电子商务、文化创意等现代服务业加快发展。2010年，全省服务业增加值达16731.4亿元，与2005年相比年均增长14.4%，高于同期GDP增幅0.9个百分点；占GDP的比重为40.9%，年均提高1个百分点。2010年，服务业实现税收2473.3亿元，占国税地税税收总收入比重40.1%，比2005年提高17.6个百分点。经济增长动力结构改善。消费对经济增长的贡献率不断提高，汽车、家电、旅游等成为新的消费热点。

三、居民收入较快增长，生活质量大幅提升

城乡居民收入较快增长。2010年，江苏城镇居民人均可支配收入达22944元，是2005年的1.9倍，年递增13.2%；农民人均纯收入达9118元，是2005年的1.7倍，年递增11.6%。全面小康社会建设取得重大突破。根据江苏制定的全面小康四大类18项25个指标目标值，至2010年底以省为总体达到省定全面小康标准，有36个县（市、区）总体上达到省定全面小康标准。全面小康指标中的核心指标人均GDP、城镇居民人均可支配收入、农民人均纯收入等超过目标值。2010年，居民生活水平和质量显著提升。2010年，城镇居民家庭恩格尔系数为36.5%，农村居民家庭恩格尔系数为38.1%，分别比2005年下降0.7个和5.9个百分点。社会保障体系日益完善。目前已实现新型农村合作医疗、城镇居民医疗保险、城乡低保、新型农村社会养老保险四个“全覆盖”。实行更加积极的就业政策，坚持以创业带动就业，多渠道扩大就业。城镇登记失业率控制在4%以下。

四、城乡区域协调发展，新农村建设取得成效

把推进城市化与新农村建设结合起来，加快城乡二元结构向城乡发展一体化转变。全面落实强农惠农政策措施，连续七年保持“三农”投入增加、粮食增产、农业增效、农民增收、农村发展的好形势。全省农业增加值不断提升。农民专业合作组织蓬勃发展，农业生产经营组织化程度显著提高。深入实施农村实事工程，解决

连云港新亚洲

徐工集团

如东沿海百万千瓦风电场

了1275万农村居民饮水安全问题，村级综合服务中心实现全覆盖。大力促进农民就业创业，五年转移农村劳动力227万人，转移比重提高到66%。城市化和城市现代化步伐加快，城市化率达到57%。建立和完善区域协调互动发展机制，促进苏北振兴、苏中崛起、苏南提升。继续推进产业、财政、科技、劳动力“四项转移”和南北共建开发园区，加快新型工业化进程。目前南北共建园区总数达27个。苏北五年承接500万元以上产业转移项目过万个，主要经济指标增幅连续四年高于全省平均水平，苏北苏中经济总量占全省比重五年提高1.8个百分点。全省整体纳入长三角区域范围，江苏沿海开发上升为国家战略，沿海地区发展步入快车道。

五、改革开放深入推进，体制体制不断创新

全面推进行政管理体制改革，加快服务型政府建设，优化民营经济发展环境。国资、民资、外资各展所长，国有企业改革重组取得新进展，民营经济实现增加值已超过全省经济总量的一半以上。实施财力下倾的新分税制财政体制，深化省直管县财政管理体制改革。省市县政府机构和乡镇机构改革基本完成，扩权强县改革有序推进，事业单位改革逐步深化，重大综合改革试点稳步开展。对外开放的广度和深度不断拓展。“十一五”期间，江苏对外贸易经受了国际金融危机的严峻考验，保持了开放型经济位次不后移、份额不减少。2005、2007年江苏进出口总额分别突破2千亿和3千亿美元，2008年达到3922.7亿美元，均居全国前列。2010年实现进出口总额4657.9亿美元，其中出口2705.5亿美元，与2005年相比分别年递增15.4%和17.1%。2010年，江苏利用外资285亿美元，连续八年位居全国首位，连续四年总量突破200亿美元，与2005年相比年递增16.7%。世界500强企业已有300多家在江苏投资。“走出去”战略步伐不断加快。2010年新批境外投资项目408个，中方协议投资21.8亿美元，完成对外承包工程和劳务合作营业额59.7亿美元。

六、社会建设水平提升，人与自然和谐发展

社会事业加快发展。科技创新能力显著增强。2010年江苏区域创新能力连续两年保持全国首位，科技进步贡献率达54%。全社会R&D投入占GDP的比重达2.1%，基本上达到创新型国家的投入水平。可持续发展战略迈出新步伐。2010年末全省设立自然保护区31个，其中国家级自然保护区3个，自然保护区面积56.5万公顷。森林覆盖率达到20.6%，比“十五”末的14.8%提高5.8个百分点。环保工作取得新进展。加强重点流域水污染防治，太湖水质进一步改善，饮用水安全保障和湖泛防控取得积极成效。节能减排取得重大进展。2010年关停化工生产企业403家，累计关停5034家。完成“十一五”单位GDP能耗降低率的总目标。化学需氧量、二氧化硫排放量分别削减3%和2.2%。

回眸“十一五”，江苏不仅在应对挑战中取得了前所未有的巨大成就，更是积累了在复杂环境中攻坚克难、砥砺奋进，加快推动科学发展的重要经验：坚持以科学发展观统领“两个率先”全局，坚定不移地走科学发展之路；坚持把加快转变经济发展方式作为战略任务，坚定不移地走转型发展之路；坚持以人为本、民生优先的理念，坚定不移地走保障和改善民生之路；坚持以统筹兼顾增强发展的协调性，坚定不移地走城乡区域协调发展之路；坚持以深化改革开放增添科学发展的活力和动力，坚定不移地走改革开放之路。

“十二五”是江苏全面建成小康社会并向基本实现现代化迈进的重要时期，也是加快转变发展方式、推动经济转型升级的关键阶段。我们将牢牢把握推动科学发展、建设美好江苏这一主题，把加快转变经济发展方式作为主线，不断赢得发展主动权，增创发展新优势，在科学发展的道路上迈出更加坚实的步伐，把江苏的明天建设得更加美好。

南京奥体中心

徐州市

徐州“十一五”科学发展成就辉煌

徐州地处苏、鲁、豫、皖四省接壤地区，素有“五省通衢”之称，北接齐鲁、南扼江淮，东临大海、西襟中原，具有显著的东靠西移、南北对接、双向开放、梯度推进的区位特征。现辖2市3县5区，幅员面积11258平方公里，市区面积3037平方公里；总人口972.89万人，市区人口312.72万人。徐州是国家历史文化名城、中国优秀旅游城市、全国卫生城市、国家环保模范城市，是淮海经济区区域性中心城市，也是江苏省重点建设的三大都市圈核心城市和四个特大城市之一。

“十一五”以来，徐州坚持以科学发展观为指导，紧抓省委、省政府振兴徐州老工业基地的战略机遇，全力以赴推进“两个率先”和全面小康建设进程，全市经济社会呈现出“增长快速稳健、结构优化调整、实力后劲增强、质量效益提升、民生持续改善”的良好发展态势。圆满完成“十一五”各项目标任务。

一、综合实力在加快发展中迈上新台阶

发展速度不断加快。“十一五”时期，徐州GDP年均增长14.4%，财政一般预算收入增长32.1%，规模以上工业增加值增长19.5%，社会消费品零售总额增长19.1%，全社会固定资产投资增长27.8%，分别超过“十五”时期平均增速1.8、12.4、1.4、6.4和8.1个百分点。经济总量实现新跨越。全市GDP继2008年突破2000亿元大关后，2010年达到2866.9亿元，是“十五”末的2.3倍。地方财力明显增强。2007年全市一般预算收入首超百亿元，2010年再超两百亿元大关，达222.16亿元，是“十五”末的4.0倍。人均GDP不断攀上新水平。2006年徐州人均GDP首次超过全国平均水平，达16665元；2008年迅速攀升至24350元，超过3000美元大关；2010年达4909美元，是“十五”末的2.4倍。

城区新貌

二、经济结构在优化调整中呈现新格局

全市三次产业增加值占GDP的比重由“十五”末的14.2：50.6：35.2调整到2010年的9.7：52.0：38.3，二、三产业比重分别提高1.4和3.1个百分点。优势主导产业实力增强。2010年，全市重点发展的装备制造业、能源产业、食品及农副产品加工业“三大千亿元”工业产业已有两个规模超千亿，共实现产值3605.9亿元，同比增长44.6%，占全市规模以上工业的69.9%。战略性新兴产业快速发展。2010年，全市战略性新兴工业企业达344家，比“十五”末增加258家，完成产值859.0亿元，占规模以上工业产值比重达16.6%，比“十五”末提高11.8个百分点。高新技术产业迅速扩张。2010年，全市规模以上高新技术产业企业达414家，比“十五”末增加282家，完成产值1061.1亿元，是“十五”末的12.5倍，占规模以上工业产值比重达20.6%，比“十五”末提高13.7个百分点。服务业迅速崛起。2010年，全市服务业实现增加值1098.7亿元，是“十五”末年的2.5倍，年均增长15.3%，增速高于GDP年均增速0.9个百分

亚洲工程机械博览会上壮观的徐工展区

某高新技术企业生产车间

特色农业

点。民营经济蓬勃发展。2010年底，全市民营经济单位达到31.19万家，是"十五"末的1.9倍，实现增加值1488.6亿元，增长19.0%；民营经济增加值占GDP比重62.3%，比"十五"末提高9.9个百分点。

三、运行质量在产业升级中得到新提高

宏观经济效益稳步提升。2010年，全市财政总收入占GDP比重达到14.4%，比"十五"末提高3.9个百分点；一般预算收入占GDP比重达到7.7%，比"十五"末提高3.1个百分点；城乡居民收入占GDP比重达到39.2%。工业经济效益稳步改善。2010年，全市规模以上工业实现主营业务收入、利润、利税分别为5149.7亿元、450.8亿元和843.9亿元，分别是"十五"末的4.3倍、7.6倍和5.6倍；工业经济效益综合指数为341.37，比"十五"末提高154.2个点。创新型经济加快发展。"十一五"时期，全市累计专利授权量11647件，是"十一五"目标的2.9倍。2010年，全社会研发投入占地区生产总值的比重达1.52%，比"十五"末提高0.52个百分点。节能减排取得初步成效。全市万元GDP能耗由"十五"末的1.4吨标准煤，下降到2010年的1.12吨标准煤，累计下降19.8%；万元工业增加值能耗由"十五"末3.81吨标准煤，下降到2010年的1.35吨标准煤，累计下降64.7%。2010年，全市化学需氧量、二氧化硫排放量超额完成省下达的减排任务。

四、发展动力在扩大需求中实现新提升

固定资产投资快速增长。"十一五"时期，全市累计完成全社会固定资产投资6639.9亿元，是"十五"时期的3.4倍；规模以上工业累计投资3555.9亿元，是"十五"时期的4.9倍。五年来，全市累计新开工项目9589个，在建项目12646个，累计竣工项目8436个。消费需求不断扩大。2010年，全市实现社会消费品零售总额948.25亿元，是"十五"末的2.4倍。2010末，全市限额以上贸易企业1260家，比"十五"末增加841家；亿元市场个数达27个，商品成交额651.56亿元。外向型经济持续发展。2010年，全市进出口总额41.61亿美元，是"十五"末的3.7倍；出口总额26.31亿美元，是"十五"末的3.5倍。实际到帐外资为10.13亿美元，是"十五"末的3.9倍。2010年末实有三资企业1620家，比"十五"末增加1021家。

五、城乡面貌在城市化加速推进中展现新姿态

城市规模不断扩大。2010年，市区建成区面积达到396.65平方公里，比"十五"末增加278.65平方公里。全市城市化率达到53.1%，比"十五"末上升6.8个百分点。城市功能得到提升。2010年，全市规模以上固定资产投资中基础设施投资290.6亿元，是"十五"末的2.4倍。其中市区投资208.1亿元，是"十五"末的3.0倍。五年来，全市累计完成房地产开发投资666.1亿元，年均增长26.3%。生态环境显著改善。2010年，全市自然保护区13个，总面积达102.54千公顷，是"十五"末的3.3倍；森林面积34.74万公顷，比"十五"末增长69.1%；城市绿化覆盖率达到43.3%，森林覆盖率为30.9%，分别比"十五"末提高7.0和6.0个百分点；人均公共绿地面积由"十五"末的8.0平方米提高到2010年的14.7平方米；市区空气质量二级以上天数达到332天，比"十五"末增加22天。

六、民生改善在全面小康建设中取得新成效

全面小康社会建设顺利推进。根据《江苏省全面建设小康社会指标体系》中25个指标的初步监测结果，已经达标或超过目标值的指标21个，比2005年增加14个，总体指标达标率为84%。居民生活持续改善。2010年，城市居民人均可支配收入和农民人均纯收入分别为20959元和7955元，五年年均增长13.4%和12.4%，分别比"十五"时期加快4.0和3.0个百分点；恩格尔系数为36.3%，比"十五"末下降1.5个百分点。城镇人均住房建筑面积和农村人均钢筋砖木结构住房面积分别达34.2平方米和41.4平方米；城市、农村百户家庭拥有家用汽车分别为9辆和2辆，是"十五"末的6.9倍和14.3倍。百户家庭电脑拥有量47台，比"十五"末增加25台。各项社会事业全面进步。各级各类教育持续发展，2010年末，全市普通高校在校学生数达11.88万人，比"十五"末增长28.2%。高中阶段教育毛入学率达93.5%，比"十五"末提高42个百分点。城乡卫生体系、社会保障体系进一步健全，全市卫生服务体系健全率达99.6%，城镇劳动保障三大覆盖面达97.9%，新型农村合作医疗覆盖面达99.2%，分别比"十五"末上升21.1、6.1和16.8个百分点；人民群众对社会治安的满意率、城镇社区居委会依法自治达标率、农村村委会依法自治达标率均为90%以上，达到全面小康标准。

悠久的两汉文化

苏州市

“三区三城”引领实践 科学发展硕果累累

“十一五”期间，苏州市委、市政府领导全市人民，始终坚持以科学发展观为指导，坚持不懈稳增长、抓转型、促和谐，大力推进“三区三城”建设，奋勇拼搏，创先争优，经济社会发展取得辉煌成就，科学发展结出累累硕果。2010年，苏州实现地区生产总值9169亿元，增长13.2%，其中第三产业增加值3719亿元。全市实现财政收入2760亿元，其中地方一般预算收入900.6亿元。全部工业总产值28484亿元，高新技术产业和新兴产业产值占规模以上工业的比重分别达到36.7%和28.9%。全市实现社会消费品零售总额2402亿元，实现旅游总收入1018亿元，苏州港港口货物吞吐量3.3亿吨，集装箱运量364.4万标箱。全年实现进出口总额2740.8亿美元，服务外包接包合同额22.7亿美元。“十一五”全市固定资产投资累计达到13670亿元。

“十一五”期间，苏州以转型升级的带头者、创新发展的领跑者、城乡一体的开拓者，高起点定位城市发展战略和布局，大力弘扬“崇文、融和、创新、致远”的苏州城市精神，不断丰富“张家港精神”、“昆山之路”和“园区经验”的精神内涵，全市经济综合实力在加快转型升级中再上新平台，产业结构在加快构建现代产业体系中跨入新高度，开放优势和内生动力在发展方式转变中融合共进，科技进步和人才贡献在创新发展中成为增长新动力，城乡建设在现代化进程中加快融合，社会事业在和谐发展中全面进步，经济发展和生态建设在可持续发展中实现共赢，人民生活水平在巩固全面小康中继续提升。

苏州以加快转变发展方式为主线，从主要依靠增加生产要素占用和消耗转变为主要依靠优化生产要素配置方式和提高利用效率来实现经济和社会的全面发展，在“苏州制造”向“苏州创造”的道路上稳步前进。面对国际金融危机的巨大冲击、国际环境的复杂多变以及不确定性的增加，苏州主动应对、危中寻机、共克时艰，

坚持经济结构调整与应对金融危机的有机结合，在引资提质增效、产业叠加与价值链延伸上取得新突破。苏州紧紧围绕市委提出的“把苏州建设成为科学发展的样板区、开放创新的先行区、城乡一体的示范区，成为以现代经济为特征的高端产业城市、生态环境优美的宜居城市、历史文化与现代文明相融的文化旅游城市”总目标，着力建设创新创业创优新城市，着力集聚创新创业创优新人才，着力发展国际先进水平的高技术新产业，以城市功能的完善、布局的优化以及人文精神的提升来赢得创新的优势、发展的优势和竞争的优势。

苏州已迈入“十二五”新征程，未来的五年，将是苏州全面推进经济社会转型发展的攻坚时期，也是加快转变经济发展方式、提升综合竞争力的发展机遇期。苏州将以创新引领战略向率先基本实现现代化方向奋进，开拓创新，与时俱进，为顺利实现“十二五”目标努力奋斗！

昆山市

娄江街景

“十一五”期间，昆山深入贯彻落实科学发展观，以“两个率先”总揽全局，全力推进经济社会平稳较快发展，巩固和扩大了科学发展的领先优势，为率先基本实现现代化奠定了坚实的基础。

五年来，综合实力在率先发展中稳步攀升。“十一五”期间，地区生产总值由730亿元增加到2100.3亿元，按现价计算年均增长23.5%。在经济总量迅速扩大的同时，整体实力显著增强。2010年，实现地方一般预算收入163.1亿元，工业总产值7001.3亿元，固定资产投资530.7亿元，进出口总额821.2亿美元。在台湾电电公会公布的大陆地区投资环境评估和《福布斯》发布的中国大陆最佳县级城市排名中，昆山连续两年位居首位。

五年来，经济质量在转型升级中显著提高。服务业增加值占地区生产总值比重提高4.8个百分点。创新能力连续四年位居全国县级市首位。全社会研发投入占地区生产总值的比重提高0.7个百分点。新增专利申请量4.2万件、授权量1.7万件。

五年来，人民生活在共建共享中明显改善。城乡居民人均收入年均分别增长13.0%和13.9%。城乡一体化综合配套改革深入实施，“三置换”、“三集中”有序推进。社会保险综合覆盖率达99%以上，基本实现“人人享有社会保障”的目标。人均期望寿命超过80岁。

城际交通

昆山经济技术开发区

昆山高新区

花桥经济开发区

五年来，城乡面貌在一体融合中深刻变化。形成“六纵六横两环五高”市域交通框架，成为国内第一个全区域饮用水深度处理的城市，所有镇建成全国环境优美镇。森林覆盖率和绿化覆盖率达 24.3% 和 45.5%。被列为第二批全国生态文明城市建设试点城市。

五年来，社会建设在统筹兼顾中快速发展。基本形成全覆盖、多功能的公共服务体系，各项事业均衡配置、协调发展。千灯、锦溪成为国家历史文化名镇。城乡“五位一体”综合治理模式全面建立，连续四次荣获“江苏省社会治安安全市”称号。

总结“十一五”时期发展经验，我们深刻体会到：必须牢牢把握科学发展这一鲜明导向。始终坚持想在先、干在前，不满足、不停步，全力当好科学发展和改革开放的排头兵。必须牢牢把握转型升级这一战略任务。始终坚持以转变经济发展方式为重大历史使命，推动经济增长与转型升级互动并进。必须牢牢把握扩大开放这一根本动力。始终坚持以开放促改革、促发展、促创新，使开放发展的优势更明显、特色更彰显、亮点更凸显。必须牢牢把握改革创新这一重要抓手。始终坚持用改革的办法破解发展难题，用创新的举措增强发展动力，努力实现各项工作新突破。必须牢牢把握改善民生这一现实追求。始终坚持以民生优先为导向，让改革发展成果更多更好地普惠于民，居民收入水平、生活质量和幸福感受持续提高。

国际会展中心

浙江省

浙江全面小康社会建设取得丰硕成果

嘉兴南湖

“十一五”时期，浙江深入贯彻落实科学发展观，认真执行中央宏观调控政策，全面实施“八八战略”和“创业富民、创新强省”总战略，扎实推进“全面小康六大行动计划”，积极应对国际金融危机影响，全省经济社会持续较快协调发展，人民生活不断改善，基础设施日臻完善，各项事业加快发展，综合实力、国际竞争力、可持续发展能力进一步增强，科学发展水平明显提高，为全面建设惠及全省人民的小康社会打下了坚实基础。

一、综合实力大幅提升。全省生产总值从2005年的13418亿元增加到2010年的27227亿元，继续居全国前列，年均增长11.8%。2010年，人均生产总值已超过50000元，折合7500美元左右；财政总收入和地方财政收入分别为4895和2608亿元，比2005年增长1.3和1.4倍，年均增长18.3%和19.6%，税收占地方财政收入的94.5%。

二、经济发展方式加快转变。三次产业结构由2005年的6.7：53.4：39.9转变为2010年的5：51.9：43.1，从业人员比重由24.5：45.1：30.4转变为2009年的18.3：48.1：33.6。农业结构向多元化方向发展。积极发展装备制造业、高新技术产业和临港重化工业。2010年，高新技术产业和装备制造业增加值占规模以上工业的比重分别为23%和35%，比2005年提高5.3和2.9个百分点。服务业增加值突破万亿元，“十一五”时期年均增长13.3%，高于GDP增速1.5个百分点。

三、经济增长动力渐趋协调。2010年，全社会固定资产投资、社会消费品零售总额、外贸出口额均超万亿元，分别达到12488、10163亿元和1805亿美元（约合12219亿元人民币），“十一五”时期年均分别增长13.3%、16.9%和18.6%，内需对经济增长的拉动力增强，经济增长由主要依靠投资、出口拉动向依靠消费、投资、出口协调拉动转变。

四、自主创新能力增强。制定实施自主创新能力提升行动计划。2010年，预计全社会科技活动经费超过830亿元，比2005年增长1.58倍，年均增长20.9%，R&D经费投入相当于GDP的比例由2005年的1.22%提高到1.82%；地方财政科技支出121.4亿元，比2005年增长1.7倍，占地方财政支出的3.8%。2010年，全省国内专利申请受理数、授权数分别为12.07和11.46万件，比2005年分别增长1.8倍和5倍，其中发明专利授权数5719件，比2005年增长4.2倍。

五、生态文明建设取得积极成效。制定实施资源节约和环境保护行动计划。2010年，单位GDP能耗降为0.72吨标准煤/万元，比上年降低3.2%以上，圆满完成“十一五”期间单位GDP能耗降低20%的目标任务，以年均增长7%的能源消耗支撑了年均11.8%的经济增长。预计化学需氧量、二氧化硫排放量累计下降16.2%和20.9%，超额完成“十一五”减排任务。

海宁－中国皮革城

六、社会建设得到加强。浙江社会发展水平综合评价指数居全国前列。“十一五”期间，全省新增财力的三分之二以上用于改善民生。在全国率先基本普及从学前三年到高中段的十五年教育，实现城乡免费义务教育。2010年，高等教育毛入学率为45%；县级图书馆、县级文化馆、乡镇综合文化站基本实现全覆盖，村级文化活动室的覆盖率达到85%；文化信息资源共享工程基本覆盖城乡，基层服务站点达4万余个。每千人拥有执业医生数、床位数由2005年的1.8人、2.88张增加到2010年的2.1人和3.39张，分别增长16.7%和17.7%。全省已设置城乡社区卫生服务中心1863个，社区卫生服务站5655个。平均预期寿命由2005年的75.8岁提高到2009年的76.9岁。2010年，全省举办了省运会、少数民族运动会、残疾人运动会、妇女健身展示大会、首届体育大会等。全民健身理念更加深入人心。2006-2010年，我省群众安全感满意率分别为94.8%、95.97%、95.65%、96.35%、95.82%，被认为是最具安全感的省份之一。

休闲在西溪

七、城乡区域统筹协调发展。大力推进杭州、宁波、温州都市圈和浙中城市群建设，着力提升区域中心城市发展水平和服务功能，实施中心镇、小城市培育工程。2010年，全省城市化水平达到59%，比2005年提高3个百分点。深入实施“千村示范万村整治”工程，建设“美丽乡村”，“十一五”期间累计完成示范村630个、整治村12306个。2010年，预计非农从业人员比重为82%，比2005年提高6.5个百分点。加大对欠发达地区和海岛地区扶持力度，省财政五年累计转移支付1135亿元，年均增长28.6%。

舟山 大陆连岛工程

八、人民生活迈入全面小康。2010年，浙江省全面小康实现程度为90.1%，比2005年提高9.7个百分点。城镇登记失业率从2005年的3.7%下降到2010年的3.2%，五年新增城镇就业391万人。加快完善最低工资标准制度和工资协商调解机制，逐步提高最低工资标准。社会保障体系基本框架已经建成。城乡居民社会养老保险制度建立，全省养老保障基本实现制度全覆盖。大学生基本医疗保险全面推行。在全国率先基本建成覆盖城乡的新型社会救助体系，逐步形成了资源整合、层次清楚、种类齐全、标准规范的社会救助制度。低保标准与最低工资标准联动机制、低保家庭收入核定机制进一步健全完善，城乡低保工作实现了动态管理、规范管理下的“应保尽保、应补尽补、应退尽退”。2010年，城镇居民人均可支配收入和农村居民人均纯收入从2005年的16294和6660元增加到2010年的27359和11303元，分别增长67.9%和69.7%，扣除价格因素，年均实际增长8.2%和8.4%。城镇居民人均可支配收入连续10年居全国前茅；农村居民人均纯收入连续26年居全国各省区首位。2010年，城镇居民人均可支配收入与农村居民人均纯收入之比为2.42∶1，是“十一五”时期最小的一年。

欣欣向荣的新农村建设

杭州市

辉煌的五年　历史的跨越

——杭州“十一五”经济社会发展简述

杭州（武林）中央商务区

“十一五”以来，杭州市坚持以科学发展观统领经济社会发展全局，呈现综合实力显著增强、城市功能明显提升、经济结构更趋优化、社会民生和谐发展、生态环境持续改善新局面，为全市建设与世界名城相媲美的“生活品质之城”打下了坚实基础。

一、综合实力显著增强。

2010年全市实现生产总值5945.82亿元，比2005年增长79.1%，年均增长12.4%，连续20年保持两位数增长。全市财政总收入1245.43亿元、地方财政收入671.34亿元，分别比2005年增长1.4倍和1.7倍。产业结构不断优化。全市三次产业结构由2005年的5.0∶50.8∶44.2转变为3.5∶47.8∶48.7。第一和第二产业分别下降1.5个和3个百分点，第三产业比重提高4.5个百分点。初步形成“三二一”的产业格局。

二、工业经济实现跨越式发展

2010年，全市规模以上工业总产值跨上万亿元台阶，达11258.49亿元，比2005年增长1.07倍。实现规上工业利税1215亿元，增长1.7倍。自主创新能力增强。2010年R&D投入占GDP的比重达到2.75%，比2005年提高0.48个百分点；全市专利申请27500件，专利授权25500件，分别增长1.9倍和5.3倍，数量位居全国省会城市前列；全年高新技术产业实现销售产值2801.4亿元，比2005年增长90.9%，实现新产品产值2180.12亿元，新产品产值率达19.4%。

三、现代服务业快速提升

2010年，全市服务业实现增加值2893.39亿元，比2005年增长99.5%，年均增长14.9%。旅游国际化战略全面推进。全市旅游总收入1025.7亿元，其中外汇收入16.9亿美元，比2005年分别增长120.5%和123%；接待入境旅游者275.71万人次，国内游客6304.89万人次，比2005年分别增长82.2%和93%。消费规模不断扩大。全市社会消费品零售额达2146.08亿元，年均增长17%，比“十五”时期快3.4个百分点。金融业优势进一步增强。实现金融业增加值605.1亿元，比2005年增长1.36倍。年末全市金融机构本外币各项存款余额17084.35亿元，比2005年末增长1.5倍；各项贷款余额15078.73亿元，增长1.7倍。信息化建设突飞猛进。2010年末，国际互联网用户数达到212.94万户，比2005年末增长92.5%；其中宽带用户数212.51万户，增长154.1%。移动电话用户达1236.38万户，增长99.9%。2010年全市电子信息产业销售收入达1800亿元，比2005年增长80%，有11家企业进入中国软件业务收入百强，在全国大中城市中名列前茅。被中国电子商务协会命名为“中国电子商务之都”。文创产业异军突起。积极打造全国文化创意产业中心。2010年全市文创产业实现增加值702亿元，“十一五”期间年均增长17.9%，高于同期全市GDP增速6个百分点，文创产业增加值占全市GDP的比重达到11.8%。动漫原创生产全国领先，杭州连续六年成功举办中国国际动漫节。

流淌的灯河

下城区

西溪湿地春

钱江新城

四、对外开放进一步扩大

大力发展外向型经济，不断优化对外经济结构。2010年，全市实现外贸进出口总额523.55亿美元，其中出口353.37亿美元，比2005年分别增长75.3%和78.4%。机电产品、高新技术产品出口分别占出口总额的38.2%和12.5%。利用外资水平大幅提高。2010年，全市实际利用外资43.56亿美元，比2005年增长1.5倍；5年累计引资167.39亿美元，是"十五"时期的3.3倍。至2010年末，有82家世界500强企业在杭州共投资设立130个项目。

（五）民生不断改善提高

2010年，市区城镇居民人均可支配收入达到30035元，全市农村居民人均纯收入13186元，比2005年分别增长80.9%和72.3%，年均增长12.6%和11.5%。生活品质明显提升。城乡居民人均消费性支出分别达20219元和10267元，增长50.5%和71%；恩格尔系数分别为38.5%和32.5%，按联合国的标准居民生活已处于相对富裕水平。社会保障程度不断提高。"十一五"以来，全市新增城镇就业人数106.06万人，安置下岗失业人员再就业68.29万人；城镇登记失业率由3.71%降低为2.19%。2010年末，全市参加职工基本养老保险参保383.97万人，比"十五"末增长68.7%；城镇职工基本医疗保险参保345.24万人，比"十五"末增长83.9%。新型农村合作医疗平均参合率达99.28%，比2005年末提高9.64个百分点；失业保险、工伤保险、生育保险参保人数比"十五"期末分别增长106.1%、183.7%、137%。社会救助覆盖全市。

（六）社会事业全面进步

"十一五"以来，杭州市切实把解决民生问题放在突出位置，大力发展社会事业。坚持优先发展教育。2010年，全市优质义务教育覆盖率和优质高中招生比例分别由2005年的55%和70.6%上升到75.9%和81.2%。全市拥有普通高等院校37所，在校学生43.48万人，比2005年增长23.6%。卫生事业不断壮大。2010年末，全市已建立了1069个社区卫生服务中心（站），拥有各类卫生机构2863个。医疗卫生水平显著提高。全市平均预期寿命由78.55岁提高为80.67岁，达到世界高收入国家水平。文化生活丰富多彩。全市有各类专业艺术表演团体21个，剧场20个，公共图书馆16个，培育了"印象西湖"、"宋城千古情"等一大批雅俗共赏的文化品牌。"十一五"期间，杭州获省级奖作品963件，获得国家级奖作品351件。

（七）城市建设突飞猛进

2010年末，全市已基本形成市域及对外的"一绕、十射、二连、一通道"高速公路主骨架。公路总里程达到15266公里，比2005年增长17.5%，其中二级以上高等级公路增长38.8%。五年新增与更新公交车4082辆，新辟342条公交线路，其中开通快速公交线3条。空港规模居全国前列。机场共开通160条航线，与国内71个城市、35个国家和地区的城市通航，形成了覆盖全国及东亚、东南亚地区，辐射欧洲的航空客货运输网络。城市建设初步形成"一主三副、双心双轴、六大组团、六条生态带"和"东动西静南新北秀中兴"的发展新格局。

（八）生态环境不断改善

五年来，全市投入城市维护建设资金476.18亿元，比"十五"期间增长59.6%。建成区绿化覆盖率40%，比2005年提高2.69个百分点，人均公园绿地面积18.34平方米，比2005年增加8.15平方米。2010年，全市化学需氧量和二氧化硫排放量分别较2005年下降15.4%和15.1%。空气质量良好以上天数达314天，比2005年增加13天。森林覆盖率64.44%，比2005年提高1.64个百分点。

御街夜景

西湖曲院风荷

浙江省能源局

浙江省能源发展情况

温州洞头风电场

“十一五”以来，浙江省能源发展快速推进，能源基础设施建设、能源供应保障、能源结构调整和能源利用效率等方面取得重大进展。全省能源消费总量年均增长7%，同期全省地区生产总值年均增长11.8%，全省以较低的能源消耗支撑了较高的经济增长。

一、“十一五”时期浙江能源发展主要成效

1、电力建设取得突出成果。“十一五”时期是浙江电力建设项目最多、投资最大、推进速度最快、成效最明显的时期。宁海电厂、乌沙山电厂、玉环电厂、兰溪电厂、乐清电厂等一批重大电源项目建成，电力供应紧张状况基本得到缓解。全省新增6000千瓦以上电力装机2514万千瓦，全社会电力装机总量达到5730万千瓦。电网建设加快，初步形成布点合理、网架坚强、各电压等级匹配、运行调度灵活的现代化电网，供电水平和对外受电能力得到较大提升。

2、煤炭、石油、天然气保障能力明显增强。公用煤炭码头和燃煤电厂自用煤码头建设加快，舟山六横煤炭中转基地一期建成投用；累计建成成品油管道约387公里，油库库容约238万立方米；建成天然气输气干支线近500公里，杭湖线、杭甬线及其配套支线全面投用。2010年全省消费煤炭约1.4亿吨、成品油约1595万吨、天然气31.81亿立方米。

3、新能源和可再生能源开发利用步伐加快。全省水电总装机容量达661万千瓦，占可开发量的80%左右；风电总装机达25万千瓦，是2005年装机容量的5倍；已建成太阳能光伏发电装机容量23兆瓦、垃圾焚烧及生物质发电装机57.8万千瓦。

4、节能环保成绩显著。加快推进“上大压小”和老机组技术改造，全省共关停小火电机组531万千瓦，60万千瓦及以上机组占比超过46%。新建发电厂一律同步建设脱硫设施和低氮燃烧装置，脱硫效率达到90%以上。建成玉环电厂、乌沙山电厂等一批大容量、高参数、节能环保高效发电机组。2010年全省万元GDP能耗0.72吨标煤，比2005年下降20%，居全国前列。2010年万元GDP电耗1176千瓦时，比2005年下降3.7%。全省6000千瓦及以上机组的发电煤耗由2005年的339克/千瓦时下降到2009年的305克/千瓦时。

5、能源科技装备产业逐步壮大。全省初步形成风电、太阳能、常规电力（火电、水电）、电力配件、节能照明、输油（气）管道等优势能源装备产业，杭州、宁波、温州、嘉兴、湖州、衢州等地形成以“块状经济”为特色的产业集群发展区，风电1.5兆瓦整机、大型潮汐发电机组整机等自主化研制技术达到国内先进水平。2010年能源装备产业规模以上企业工业总产值达到3000亿元以上，全省能源装备产业总产值占全省装备制造业总产值的1/3左右。

宁波电网500千伏线路直升机巡检

6、能源合作不断拓展。与中石油、中石化、中海油、中广核、国家电网公司、华能国际、三峡集团等大型能源央企建立了合作机制，加强天然气、成品油、核电、电网等资源供应和项目建设。与新疆开展能源战略合作，与安徽合作建设淮南煤电一体化项目，与山西合作开发麻家梁煤矿、并购大同南郊煤站，与内蒙古合作开发鄂尔多斯色连煤矿取得阶段性进展。举办浙江—丹麦能源论坛，与丹麦共同开展全省风电场址等合作课题研究。

二、2010年能源发展主要工作

2010年，全省新增投产电力装机255万千瓦，完成电网投资215亿元；全省全社会用电量2821亿千瓦时，同比增长14.2%。天然气供应量31.81亿方，同比增长66.9%。煤炭、油品供应基本稳定，较好地保障了经济社会发展需要。

华光潭水电站

1、深入谋划能源发展战略。开展能源发展战略研究和规划编制工作。完成“十二五”和中长期能源发展等课题研究，配合中国工程院完成浙江沿海及海岛能源与电力发展课题研究，组织开展13个清洁能源发展课题研究。组织编制“十二五”能源发展规划以及电力、新能源和可再生能源、煤炭石油天然气、能源科技装备等专项规划，组织开展海上风电工程规划、核电关联产业发展规划、天然气加气站规划、成品油管网规划等规划编制工作。2010年，首次编制发布《2009年浙江能源发展报告》。

2、全面推进能源重大项目建设。电源电网方面，苍南电厂进入国家核准程序；六横电厂、仙居抽水蓄能电站开工建设；妙西等一批500千伏电网项目获得国家核准。乐清电厂两台66万千瓦机组、舟山电厂30万千瓦机组和秦山核电二期扩建3号65万千瓦机组等重大电源项目建成投产。秦山核电一二期扩建、三门核电一期、嘉兴电厂三期等工程进展顺利。全年投产110千伏及以上变电容量1980万千伏安、线路1835公里。天然气、成品油等能源储运设施建设方面，川气东送工程正式建成并向我省供气，西气东输二线浙江段建设按期推进；杭嘉输气管线正式接纳川气；宁波LNG接收站已完成计划工程量的50%左右；舟山原油国储工程竣工投产，开工建设甬绍金衢成品油输油管道。新能源和可再生能源方面，继续推进老水电站报废重建和改造工作；建成东阳东白山、苍南霞光等陆上风电场共计装机2.5万千瓦左右；成功申报国家光伏发电示范项目总装机容量29.6兆瓦，其中长兴经济技术开发区列入国家首批13个光伏发电集中应用示范区。协调推进金太阳工程和光电建筑应用示范项目建设，建成太阳能发电工程装机23兆瓦。因地制宜发展沼气发电和秸杆直燃发电，建成投产兰溪、长广集团等一批生物质能发电项目，总装机容量3.6万千瓦。温岭市、景宁县、龙游县被授予“国家首批绿色能源示范县”称号。

3、全力拓展能源资源保障渠道。组织开展全省季度能源形势分析，及时预测预警能源供求变化。全面加强与能源央企及能源资源富集省份的交流合作，努力争取中石油、中石化、中海油等三大石油公司增加对我省天然气供气量和成品油投放量。与新疆自治区政府签署能源战略合作协议，建立推进能源战略合作工作机构和协商协调机制，初步确定电厂、煤制天然气、煤矿等一批能源合作项目。与安徽省合作推进凤台电厂二期项目前期工作。

三、“十二五”及中长期能源发展展望

“十二五”时期，浙江省能源发展将坚持以邓小平理论和“三个代表”重要思想为指导，按全面建成惠及全省人民小康社会总目标，全面贯彻落实科学发展观，深入实施‘创业富民、创新强省’总战略，紧紧围绕富民强省和生态文明建设，以安全保障为核心，以结构优化为主线，以节能环保为重点，以技术创新为支撑，提高能源利用效率，强化政府引导，完善市场机制，力争能源发展适度超前，能源保障与经济社会发展相适应，能源结构与科学发展和转型升级相适应。通过“十二五”到2030年20年的努力，浙江省力争在全国率先建成能源结构较优、能效较高、能源利用方式先进、能源产业极具竞争力的清洁能源强省。

舟山煤电基地

浙江工商大学

百年商大　世纪辉煌

——前进中的浙江工商大学

与辛亥革命同龄的浙江工商大学是一所以“商”为源头，以“商”为特色的百年学府。1911年，开明人士郑在常筹资创办了浙江工商大学的前身——杭州中等商业学堂。它是浙江省新式商业教育之先驱，也是当时全国最早创办的商业专业专门学校之一。

沧海桑田，斗转星移。这所学堂伴随着我国民族独立、人民解放和国家富强的伟大历程不断成长。历经12次迁址，16次更名，1980年5月8日，国务院批准建立杭州商学院；2004年，经教育部批准学校正式更名为浙江工商大学。1980年获学士学位授予权，1990年获硕士学位授予权，2003年获博士学位授予权，实现了从一所旧式中等商业学堂到一所现代化的综合性大学的华丽转身。2006年学校在教育部本科教学工作水平评估中获得优秀。

薪火传承，矢志不移。历代商大人筚路蓝缕、艰苦创业，成就了今日之浙江工商大学。

今天的浙江工商大学是一所环境优美，教学设施齐备，办学条件优良的现代化多科性大学。集本科生、研究生、成人教育、留学生教育于一体，拥有管理学、经济学、工学、文学、法学、理学、历史学、哲学、艺术学九大学科的多科性大学。下设23个学院，在校学生33400余人。

晨读

林荫道

学校分为下沙和教工路两个校区，占地面积129.6万平方米，总建筑面积95.8万平方米，教学科研仪器设备总价值达2.62亿多元。校园信息化建设快速发展，纸质藏书225.44万册，中文纸质报刊2115种，外文纸质报刊248种，电子图书容量35000GB，中外文全文电子期刊21000余种，拥有各类数据库47个。

学校以做大做强优势学科、积极发展特色学科、鼓励新兴学科、交叉学科发展为指导，逐步形成了具有特色的学科体系和专业布局。学校现有2个博士后流动站，2个一级学科博士点，15个二级学科博士点、10个一级学科硕士点、57个二级学科硕士点和10个专业学位硕士点 ，55个本科专业。有5个国家级特色专业，15个省级重点专业。3门国家级精品课程、37门省级精品课程，拥有2个国家级人才培养创新实验区、1个国家级教学团队。校文科实验中心被批准为“国家级实验教学示范中心”建设单位。

学校十分注重师资队伍的建设，大力引进高层次人才，不断完善教师培养机制，开展“蓝天计划”，大力培养国际型人才。学校现有教职工2000多人，其中专任教师1470余人，博士生导师46人，高级职称845人，博士516人，拥有兼职院士、“浙江省特级专家”、国家级突出贡献专家、省级有突出贡献专家、国家“百千万人才工程”人选、教育部“新世纪优秀人才支持计划”人才、中国“杰出青年法学家”、浙江省功勋教师、省级教学名师、钱江学者等一批高层次人才。

校园风光

学校确立了“强化基础研究，注重原创研究，推进应用研究，突出特色研究”的科研指导思想，积极探索产学研相结合的道路，通过构筑大平台、培育大团队，不断提高学校开展科学研究和为地方经济社会发展服务的水平和能力。现有研究机构50余个，包括教育部省部共建人文社会科学重点研究基地，国家农产品加工技术研发专业分中心，浙江省哲学社会科学重点研究基地，浙江省高校人文社会科学重点研究基地，浙江省重点实验室，浙江省省级行业创新平台，日本文部省海外日本学重点研究基地等。拥有2个省级创新团队和6个省高校创新团队，承担了包括国家科技支撑计划项目、国家“973”前期研究专项、国家“863”计划项目等一大批科研项目。科研经费迅猛增加，2010年科研经费达到1.7亿元。科研成果“百花齐放”。

全国模范教师孔庆江教授在辅导学生

为进一步拓展办学空间，提升教学科研水平，推进教育国际化进程，学校先后与美、英、德、加、澳、日、韩等国的50余家院校和教育科研机构建立了多层次、多类型的交流合作关系。2004年起，学校与加拿大魁北克大学开始合作培养项目管理硕士（MPM）。浙江工商大学法语联盟是法国法语联盟在浙江省的合作伙伴。

2008年，学校获准成立了浙江工商大学出版社，为浙江省3个高校出版社之一。学校出版的《商业经济与管理》和《浙江工商大学学报》在国内外公开发行。《商业经济与管理》是全国百强社科学报。

学校在长期的发展过程中，形成了鲜明的办学特色，实施子女战略，改革教学模式，提高教育质量。子女战略的实施，使学生“严格的要求与热情的关爱中健康成长”，体现了现代教育理念。“英语寝室与课堂教学互动”、“读写议”等教学模式的改革，形成了学生为主体、教师为主导、互动为主线的教学方式，夯实了专业基础，强化了基本技能，显著提高了人才培养质量。子女战略已成为学校独特的教育理念，“英语寝室”和“读、写、议”已成为学校独特的教学模式，在实践中不断提升和完善，有力地推动了教学质量的提高，取得了丰硕的育人成果，

以百年华诞为新的起点，浙江工商大学将大力实施“创新强校、特色名校，加快转型，跻身百强”发展战略，为把学校建设成为有特色、高水平、综合性的教学研究型大学而努力奋斗！

远眺图

江苏交通运输厅

江苏交通运输“十一五”成就

（一）“十一五”时期，是江苏交通基础设施供给能力显著提升的五年。五年来，特别是国际金融危机爆发后，我们坚决贯彻 “扩大内需、拉动经济增长”的决策部署，抢抓长三角一体化、沿海开发等重大战略实施的机遇，迅速掀起交通建设新高潮，五年累计完成建设投资 3682 亿元，为“十五”期间的 2.2 倍。一是公路基础设施率先基本实现现代化，技术水平、通达水平和服务保障能力全国领先。五年新增公路 2.7 万公里，总里程达到 15 万公里。开工建设泰州大桥、南京四桥、崇启大桥，建成苏通大桥、南京三桥和沿海、宁常、江海等高速公路 1173 公里，高速公路总里程突破 4000 公里，并率先实现联网畅通。开工建设临海高等级公路等项目，新改建普通国省干线公路 3066 公里，二级以上公路占公路总里程的 23%，居全国首位。新改建农村公路 4.2 万公里，改造桥梁 9058 座，实现了县到乡通二级、乡到乡通三级、乡到村通四级的更高水平“村村通”。二是铁路建设进入跨越式发展的新阶段，实现了电气化铁路、高速铁路和铁路综合客运枢纽建设的三大突破。全面展开国家干线和我省城际铁路网建设，开工建设京沪高铁、南京枢纽、宁杭铁路等 9 条 10 个项目共计 1500 多公里铁路；建成合宁铁路、沪宁城际高铁，新增铁路 392 公里，运营总里程达到 2008 公里。三是水运建设全面提速，一批事关全局的重大项目相继取得突破。长江南京以下 12.5 米深水航道建设工程前期工作取得重大突破，开工建设苏南运河四改三、盐河、连申线东台至长江段等航道整治项目；苏北运河徐扬段全线建成二级航道，京杭运河常州市区改线段、连云港港疏港航道建成通航，新增四级以上干线航道达标里程 593 公里，建成船闸 10 座，千吨级干线航道网主骨架建设全面展开。连云港港 30 万吨级泊位建成投产，全省新增万吨级以上泊位 152 个，新增通过能力 6.8 亿吨，新增集装箱吞吐能力 860 万标箱，港口通过能力、万吨级以上泊位数均居全国首位。四是“7+2”机场规划布局已经落地，机场吞吐能力显著提升。淮安涟水机场建成通航，苏中江都机场建设启动，其他机场改扩建工程有序推进，其中南京禄口国际机场二期工程开工建设，苏南硕放国际机场二期工程前期工作也已启动。

（二）“十一五”时期，是交通运输服务保障水平显著提升的五年。五年来，全省公路水路交通服务业实现增加值累计达到 5145 亿元，约占全省服务业增加值总量的 8.5%。一是港口发展再上新台阶。五年来，全省累计新增太仓至美西等国际集装箱运输远洋航线 8 条、近洋航线 32 条；新建 7 个内陆无水港；新设 1 个保税港区、3 个保税物流中心。二是民航产业取得新突破。五年来，新开至法兰克福、东京、台北等地的国际（地区）航线 20 条、国内航线 75 条。2010 年全省机场完成客货吞吐量 1730 万人次、31 万吨，比 2005 年增长 156%、90%，南京禄口国际机场跻身千万级大型机场行列。三是农村交通运输条件明显改善。新增通达农村公路的乡镇 521 个、行政村 3781 个、农民集中居住点 1.17 万个。全省 95% 的行政村实现客运班车通达。四是公共交通服务质量显著提升。主要干线铁路开行动车组，城市间旅客出行时间大幅缩短。江苏快客、快货、快修三大服务品牌建设全面推进。省内市际道路客运班线实现当日往返，市域内县际班车平均 15 分钟一班。所有一、二级汽车客运站以及 150 个三级以下客运站实现联网售票。在全省范围内开通了机动车维修救援网络。部分地区实现公交 IC 卡一卡通。高速公路不停车收费（ETC）系统实现苏、沪、皖、赣跨省市联网。交通服务热线 96196 覆盖全省，形成“门户网站、服务热线、交通广播”三位一体的信息服务体系。五是应急运输保障能力扎实提升。交通运输、公安部门与高速公路经营管理单位紧密合作，在全国率先建立联动机制，有效保障了恶劣天气和突发事件下的干线路网畅通。

苏通大桥

（三）“十一五”时期，是交通运输部门依法行政、科技创新、安全监管能力明显增强的五年。特别是科技创新取得丰硕成果。五年来，全行业累计投入科研资金达到 3.37 亿元，获得国家级科技进步二等奖 1 项、省部级科技进步一、二等奖 16 项；有 7 项工法被评为国家级工法；有 8 项工程获国家优质工程奖、2 项工程获鲁班奖、7 项工程获詹天佑奖。

京沪高速铁路南京大胜关长江大桥

金寨县

绿水青山红土地
加速崛起新金寨

新城区一瞥

金寨县位于安徽省西部，大别山腹地，鄂豫皖三省七县两区结合部，总面积3814平方公里，人口67万人，是安徽省面积最大和山区、库区人口最多的县。金寨物华天宝，人杰地灵，走出59位开国将军，被誉为“红军故乡、将军摇篮”，素有名茶产地、板栗之乡、丝绸大县、水电富园、西山药库之美誉；金寨风光秀美，景色宜人，是绿色旅游、红色旅游的胜地，沪汉蓉快速铁路、六武高速贯穿全境，交通便捷，区位优越。“十一五”以来，县委、县政府认真贯彻落实科学发展观，坚持实施招商引资开放战略、工业化核心战略、城镇化带动战略，带领全县人民抢抓机遇，开拓创新，扎实推动经济社会又好又快发展，先后获得“全国科技进步先进县”、“全省科学发展先进县”、“全省扶贫开发工作先进县”、“全省首届十佳环境优美县”、“徽商最具投资潜力城市（县）”等荣誉称号。

经济发展大提速。地区生产总值年均增长13.5%，工业总产值年均增长45.9%，财政收入年均增长28.0%、全社会固定资产投资年均增长41.1%、社会消费品零售总额年均增长19.8%、城镇居民人均可支配收入年均增长12.9%、农民人均纯收入年均增长16.3%。

主导产业大发展。经过多年培育，初步形成以钢铁铸造、建材磁材、水电开发、轻纺服装、农副产品加工、医疗保健等产业为主导、新兴产业为后劲、骨干企业为支撑的工业格局，规模工业发展到94家，增加值由2005年的3.31亿元增加到2010年的19.5亿元。坚持“促增收、建基地、扶龙头、育中介、强基础”发展理念，推动传统农业向现代农业转变。大力实施旅游活县战略，努力打造红色、蓝色、绿色兼容并进的旅游格局，2010年，接待游客超130万人次，旅游综合收入7亿元。

基础设施大改善。坚持基础设施先行，五年集中财力20亿元，加快县城建设，城区面积拓展到10平方公里，聚集人口9万人，全县城镇化水平达到37%。大力建设和改造县乡道路，实现县乡公路黑色化和通村道路水泥化，通车里程居全省之最，被评为全国农村公路建设先进县。兴修水利工程2859处，加固病险水库21座，解决17万人饮水困难。农村电网得到全面改造，城乡居民用电实现“同网同价”。

民生工程大实施。优先发展教育，在全省率先实施九年义务教育“两免一补”改革，五年来新建校舍19万平方米，办学条件进一步改善。有效整合卫生资源，在全省率先推进乡村卫生服务“一体化”管理，医疗服务水平大大提升。人口计生工作深入推进，性别比综合治理力度不断加大，奖扶政策全面落实。科技、文化、广播、电视等各项事业全面发展，社会保持和谐稳定。在全国率先实施了新型农村合作医疗、农村低保和农村养老保险，在全省率先推进了涉农资金管理“一卡通”和发放“一线实”改革，惠民直达工程受到中纪委和省委省政府的高度评价，在全省推广。

站在坚实厚重的起点，瞄准追赶跨越的目标。未来五年，县委、县政府将高举中国特色社会主义伟大旗帜，以邓小平理论和“三个代表”重要思想为指导，深入贯彻落实科学发展观，进一步实施招商引资开放战略、工业化核心战略、城镇化带动战略，努力打造现代制造业配套基地、特色农林产品供应基地和生态休闲旅游基地，全面发展以改善民生为重点的社会事业，扎实推动经济社会实现科学发展、跨越发展、绿色发展、和谐发展，到2015年底，努力实现地区生产总值、规模工业增加值、固定资产投资、财政收入和社会消费品零售总额五个翻番目标。

高铁高速进老区

国家AAAA级红色旅游景区——红军广场

安徽省

跨越发展的五年

——“十一五”安徽经济社会发展成就综述

“十一五”时期，面对复杂多变的国际国内环境，安徽人民在省委、省政府的坚强领导下，深入贯彻落实科学发展观，积极抢抓国家促进中部崛起和扩大内需重大机遇，全面实施工业强省、东向发展、创新推动、中心城市带动、城乡统筹和可持续发展六大战略，开展“全民创业行动”，提升“861”行动计划，开创了安徽经济社会发展的新局面，全省面貌发生了新的历史性变化，实现了大跨越、大发展，为“十二五”加速崛起、进位赶超，奠定了坚实基础。

一、跨越发展迈大步，经济总量跃上新平台

经济发展速度加快。2006、2007 年，安徽生产总值延续“十五”末较快增长态势，增幅分别达到 12.5% 和 14.2%。2008 年，面对突如其来的多重自然灾害和历史罕见的国际金融危机，全省认真贯彻落实中央一系列重大决策部署，多策并举，积极应对，保持了经济的平稳较快发展，2008、2009 年 GDP 增长分别达到 12.7% 和 12.9%。2010 年经济持续向好势头进一步巩固，经济增速到 14.5%。五年平均，安徽生产总值增长 13.4%，增幅高于“十五”时期 3 个百分点，比“十一五”规划目标高 3.4 个百分点，为“七五”以来发展速度最快、增长波动最小的时期。

综合实力大幅提升。经济增长速度加快助推经济总量跨越式攀升，安徽生产总值由 2005 年的 5350.2 亿元增加到 2010 年的 12263.4 亿元，五年跨过七个千亿元台阶，提前一年实现“十一五”规划提出的超万亿目标。人均 GDP 由 2005 年的 1054 美元增加到 2010 年的 3000 美元左右，与全国的相对差距逐步缩小。

运行质量明显提高。安徽财政收入由 2005 年的 656.6 亿元增加到 2010 年的 2063.8 亿元，提前两年实现“十一五”规划中提出的超过 1300 亿元的目标，年均增长 25.7%，其中地方财政收入年均增长 28%，比“十五”时期增幅分别高 8 个和 14.7 个百分点，均为改革开放以来增长最快的时期。2010 年财政支出 2583.5 亿元，比 2005 年增长 2.6 倍，年均增长 29.4%，重点支出保障有力，政府提供公共服务、改善民生能力进一步增强。

二、创新发展促转型，结构层次实现新提升

自主创新成效显著。从打造奇瑞名牌、创建合肥首个国家科技创新型试点市，到建立合芜蚌自主创新综合试验区和国家技术创新工程试点省，安徽自主创新战略逐步升级，自主创新已成为一大特色、一个品牌、一面旗帜。2010 年全省研究与试验发展经费支出 179 亿元，比 2005 年增长近 3 倍，年均增长 31.4%，相当于 GDP 的比例由 0.85% 提高到 1.46%。授权专利数达到 16012 件，比 2005 年增长 7.3 倍，年均增长 52.5%。五年新建省级以上工程研究中心、工程实验室、企业技术中心等创新平台 255 家，其中国家级 22 家。

工业化进程加速推进。规模以上工业企业于 2008 年突破万户，2010 年增加到 16508 户；工业增加值 2010 年达 5364.5 亿元，与 2005 年相比年均增长 19.6%，为改革开放以来最快的时期，对经济增长的贡献平均达 55% 以上；占 GDP 比例由 34.3% 提高到 43.7%，年均上升 1.9 个百分点，比“十五”时期年均提高 1.1 个百分点；规模以上工业企业实现利润年均增长 32.9%。一批重点企业不断发展壮大，2010 年主营业务收入超过 100 亿元的达 15 户，比 2005 年增加 11 户。工业已成为支撑安徽经济又好又快发展的产业主动力。

产业结构加快升级。安徽三次产业增加值比例由 2005 年的 18.1 ∶ 42 ∶ 39.9 调整为 2010 年的 14.1 ∶ 52.1 ∶ 33.8，五年中一产比重下降 4 个百分点，二产比重上升 10.1 个百分点，三产比重下降 6.1 个百分点。

节能减排成效明显。安徽万元 GDP 能耗由 2005 年的 1.216 吨标准煤下降到 2010 年的 0.9685 吨标准煤，五年降低率分别为 3.44%、4.11%、4.52%、5.39% 和 4.78%，累计下降 20.36%。2010 年，安徽 COD（化学需氧量）排放量 41.11 万吨、SO2（二氧化硫）排放量 53.26 万吨，比 2005 年末分别削减了 7.4% 和 6.7%。

三、东向发展添活力，改革开放迈出新步伐

承接产业转移水平提高。皖江城市带承接产业转移示范区规划获得国务院批复，成为安徽第一个国家层面战略规划，为加速承接国内外产业转移、扩大对外开放

东津河漂流

提供了重要的战略平台，参与泛长三角区域发展分工迈出实质性步伐。皖江城市带9市经济增长已连续五年快于全省，GDP占全省比重由2005年的60.9%提高到2010年的67.1%，核心地位凸显。五年累计到位省外资金1.8万亿元，年均增长53%，开放型经济水平不断提升。

对外经济实现较快发展。2010年，安徽进出口总额达到242.8亿美元，是2005年的2.7倍，年均增长21.6%，其中出口124.2亿美元，年均增长19.1%。五年累计实际利用外商直接投资167.8亿美元，为"十五"的7.2倍，远超过"十一五"累计利用外资130亿美元的目标，年均增长48.7%。一批颇具影响力的国外和省外大企业纷纷到皖投资，已有51家世界500强企业到安徽投资兴业。

重点领域改革逐步深化。国有企业改革深入推进，企业兼并重组步伐加快，竞争力不断增强；非公有制经济比重逐年提高，2009年非公经济占经济总量的比重达到 56.3%。文化体制改革成效显著，在全国率先全面完成文化体制改革重点任务，401家经营性文化单位转企改制，省报业、出版、发行、演艺和广电传媒五大文化产业集团顺利组建，文化产业增加值快速增长。在安徽全面推开基层医药卫生体制综合改革，推动基层医疗卫生机构向公益性方向回归，医药卫生体制改革走在全国前列。农村综合改革深入推进，城乡一体化综合配套改革试点稳步展开。

四、持续发展强后劲，投资建设取得新突破

投资持续快速增长。安徽固定资产投资2010年达到11849.4亿元，五年固定资产投资累计超过3.6万亿元，年均增长38.8%，增幅比"十五"快13.4个百分点，比"十一五"规划目标高20.8个百分点。

基础设施日趋完善。五年新增高速公路通车里程1428公里、铁路营业里程491公里、港口吞吐能力1.6亿吨，实现了市市通高速公路、铁路的目标，基本形成了满足经济发展要求、适应群众出行需要的外通内畅的交通运输基础设施网络。14项治淮骨干工程全面建成，淮河流域防洪保安能力大大增强。覆盖安徽的第三代移动通信网基本建成，光纤通信线路、电话、互联网通达所有行政村。

五、统筹发展结硕果，城乡区域展现新面貌

农村投入不断加大。农村固定资产投资五年累计3954亿元，年均增长30%，比"十五"时期增幅高19个百分点。财政支出中用于农林水事务支出年均增长50%以上。新农村建设迈出新步伐。

县域发展步伐加快。安徽61个县（市）生产总值已连续六年增长快于全省，占全省份额由2005年的45%提高到2010年的47.9%，对整体经济增长的贡献在一半以上。2010年，县域生产总值增速超过15%，工业增加值、固定资产投资、财政收入、出口等指标增速均快于全省，全年财政收入超过10亿元的县（市）达到21个。

城镇化快速发展。2009年城镇化率达到42.1%，比2005年提高了6.6个百分点，年均提高1.65个百分点，提前一年实现"十一五"规划中提出的42%以上目标。

六、和谐发展惠民生，社会事业取得新成就

就业和社会保障力度加大。坚持把扩大就业摆在经济发展的优先位置，五年累计新增城镇就业252万人，农村劳动力转移就业320万人，城镇登记失业率控制在4.3%以内。社会保障体系进一步完善，实现了养老保险省级统筹和失业保险市级统筹，在26个县（市、区）开展新型农村养老保险试点。

民生工程成效突出。2007年，安徽启动实施12项民生工程，主要解决"学有所教、病有所医、老有所养"问题，投入资金78.4亿元，惠及4000多万城乡群众。2010年，民生工程项目增加到33项，涵盖生活保障、教育培训、医疗卫生、农业和农村基础设施、农村文化建设等五大类，累计投入超过345亿元，使6000多万群众得到更多的实惠。

人民生活显著改善。一是居民收入稳步增加。安徽城镇居民人均可支配收入由2005年的8471元增加到2010年的15788元，年均增长13.3%，比"十五"时期快3.4个百分点。农民人均纯收入由2641元增加到5285元，年均增长14.9%，比"十五"时期快8.5个百分点。二是居民消费水平提高。城镇居民恩格尔系数由43.7%下降到38%；农村居民恩格尔系数由45.5%下降到40.7%。

各项社会事业全面发展。教育优先发展，2010年普通高校达到100所，在校生达到93.9万人；城乡免费义务教育全面实行，受益学生739.5万人，小学学龄儿童入学率达到99.9%。省、市、县三级卫生服务体系基本建立，城市社区卫生服务覆盖率89%，新型农村合作医疗参合率达96%。文化艺术精品不断涌现，广播电视"村村通"、乡镇综合文化站、农家书屋等文化惠民工程扎实推进。

国家级4A风景区——恩龙世界木屋村

采石矶太白楼

合肥市

合肥——向着区域性特大城市昂首迈进

位八百里巢湖之邻，居千里江淮之中，安徽省会合肥，享有“包公故里、科教基地、滨湖新城”之美誉。全市土地面积7055平方公里，常住人口570.2万人。现辖3个县，4个区，2个国家级开发区和7个省级开发区。

“十一五”时期，在全国26个省会城市中，合肥GDP、规模以上工业增加值、地方财政收入和全社会固定资产投资等四项指标年均增速居首位；GDP总量位次前进3位；地方财政收入前进8位；规模以上工业增加值前进4位；全社会固定资产投资前进9位；社会消费品零售总额前进1位；城镇居民人均可支配收入和农民人均纯收入均前进5位。中国社会科学院《2011年中国城市竞争力蓝皮书：中国城市竞争力报告》中，合肥在全国最具竞争力城市中居25位，在“商业文化竞争力”排名第9位。

城市建设日新月异，成为全国区域性综合交通枢纽城市。“十一五”以来，合肥按照“新区开发，老城提升、组团展开、整体推进”的思路，开展了轰轰烈烈的城市建设。固定资产投资累计完成9509.3亿元，是“十五”投资总量的6.7倍，年均增长44%，比“十五”时期加快13.5个百分点。其中，路桥等基础设施投资1122亿元，是“十五”时期的5倍以上，城镇化率由55.8%提升至68.2%。老城区功能形象不断完善提升；滨湖新区高水准规划、高起点建设，初步形成可容纳30万人口的生态新城区。新桥国际机场建设进展顺利；宁西铁路、沪汉蓉高铁相继建成，合蚌客运专线、合福高铁、铁路枢纽南环线及南客站加速建设，推动合肥迈向高铁时代；新建扩建4条高速公路，绕城高速全线贯通；合肥港综合码头一期工程投入运营。合肥，日益成为一座“动起来”的城市。

创新能力不断增强，成为全国首批科技创新型试点市。“十一五”，合肥科技研发投入占GDP比重由“十五”末的1.5%上升至2.3%，专利授权量年均增长45%。高新技术企业和创新型企业发展到710户，是“十五”末的2.3倍，高新技术产业产值达到1900亿元，增长3.9倍。合肥以全省9.6%的人口，拥有全省45%的科研机构、99%的博士学位人才、63%的科技人员、58%的科技经费和70%以上的专利。形成光机电、电子信息、新材料、环保节能和公共安全等产业集群，在语音合成、汽车与工程机械、雷达制造等诸多领域达到国内乃至国际领先水平。

工业经济迅速崛起，成为全国颇具影响的现代产业基地。“十一五”时期，合肥累计工业投资2826.43亿元，

徽州大道

是“十五”时期的9.5倍，年均增长62.4%，比“十五”时期加快42.6个百分点。规模以上工业增加值年均增长25.3%，快于同期GDP增幅7.4个百分点；规上工业企业达到2091户，比2005年增加了1423户，是“十五”时期新增企业总数的4.7倍，其中产值超亿元工业企业达到480户，比2005年翻了两番多。现已成为全国重要的家电产业基地、装备制造业基地、轮胎制造基地和太阳能光伏产业基地等。目前，率先在中国打造具有国际竞争力和国际影响力的平板显示产业基地。

投资环境日益优越，成为跨国公司眼中最具投资价值城市。“十一五”，合肥以“商鞅变法”的精神推行效能革命，着力打造中部地区乃至全国审批环节最少、办事效率最高、投资环境最优的城市，推出缺席默认制、超时默认制、限时办结制、并联审批制等一系列效能建设新举措；整合全市85个政务和公用企事业服务热线，形成“12345，一个号码找政府”的服务格局，政府行政能力和办事效率大幅提升，投资发展环境持续改善，被评为“浙商投资最佳城市”。出台了促进新型工业化、自主创新、现代服务业、现代农业四大产业政策支持体系。累计招商引资4000多亿元，是“十五”时期的7倍；其中累计利用外资56.6亿美元，是“十五”时期的4.24倍，50余家世界500强企业落户合肥。

经济发展民生为本，成为人民群众眼中和谐幸福的城市。“十一五”，合肥民生工程累计投入超过90亿元，

金寨路高架灯饰打造合肥不夜城

塘西河公园

政策覆盖面超过500万人次。不断完善积极的创业就业政策，实现由劳务输出向劳务输入的历史性转变，新增城镇就业岗位46.3万个，基本消除城市“零就业”家庭。在重大民生工程项目建设中，累计完成廉租房建设39.58万平方米，新建各类保障性住房264万平方米，完成城中村、棚户区改造538万平方米，发放廉租房补贴7055万元，外来务工子女定点学校由32所增加到115所，高标准建成全省一流敬老院117所，率先完成农村公路村村通，广播电视村村通工程，新建和改建乡镇卫生院、农村卫生室779个，有效解决农村55.28万人饮水安全。五项基本社会保险参保人数较“十五”末翻一番，实现城乡低保应保尽保和全面并轨。

未来五年，是合肥经济社会加快发展、转型提升的重要时期。随着国家促进中部崛起战略和皖江城市带承接产业转移示范区建设的深入实施、工业化、城市化的加速推进，以及持续投入效应的不断释放，合肥发展的比较优势和内生动力显著增强。“十二五”时期，主要经济指标的奋斗目标是：GDP年均增长16%，财政收入年均增长18%，固定资产累计投入2.5万亿，城乡居民收入在“十一五”基础上翻一番，实现经济总量争先进位，努力把合肥建设成为辐射全省，面向全国的现代化滨湖大城市、现代产业基地和在全国有较大影响力的区域性特大城市。

滨湖新城

福建省

创业宏图

初步核算，2010年，全省地区生产总值达14357.12亿元，比上年增长13.8%，增幅同比提高1.5个百分点，比2005年翻一番多（现价）；“十一五”期间实现年均增长13.8%，比改革开放以来年均增速高1.1个百分点。人均地区生产总值接近4万元，增长13.0%，增幅同比提高1.4个百分点，比2005年翻一番多（现价）；人均地区生产总值在全国的排位从1978年的第23位上升到目前的第10位。财政总收入为2056.01亿元，增长21.3%，增幅同比提高9.6个百分点，比2005年增长1.6倍，年均增长21.1%，比改革开放以来年均增速高4.7个百分点；财政总收入占地区生产总值的比重，由2005年的12.0%上升到2010年的14.9%。

一、财政收入稳定增长，支出结构优化。2010年，全省财政总收入完成2056.01亿元，比上年增长21.3%，增幅比上年提高9.6个百分点；其中，地方一般预算收入完成1151.49亿元，增长23.5%，增幅提高11.6个百分点。税收收入与非税收入实现较快增长，税收收入增长24.2%，增幅提高11.4个百分点；非税收入增长20.2%，增幅提高0.5个百分点。全省财政支出1678.71亿元，比上年增长18.9%。从增支重点看，教育支出增支47.58亿元，增长17.1%；农林水事务增支35.92亿元，增长29.7%；城乡社区事务增支26.16亿元，增长33.9%；社会保障和就业增支22.74亿元，增长18.2%；医疗卫生增支20.23亿元，增长20.3%。

二、企业经济效益稳步提高。2010年，全省规模以上工业经济效益综合指数为220.0，比2005年提高63.87个点。实现利润总额增长55.6%，“十一五”期间年均增长26.7%；企业亏损面为9.3%，比2005年下降6.8个百分点。

三、城乡居民收入持续增加。2010年，全省城镇居民人均可支配收入21781.31元，增长11.3%，“十一五”期间年均增长12.1%；扣除价格因素后实际增长8.0%；其中工资性收入、经营净收入、财产性收入和转移性收入分别增长10.4%、3.9%、21.2%和15.5%。全省农民人

创业宏图

创业宏图

闽台缘博物馆

江滨公园

均纯收入7426.86元，增长11.2%，“十一五”期间年均增长10.8%，扣除价格因素实际增长7.5%；其中工资性收入、家庭经营收入、财产收入和转移性收入分别增长15.5%、6.9%、22.6%和12.1%。

四、物价上涨得到有效控制。2010年，全省居民消费价格上涨3.2%，控制在年初计划的3%左右。其中城市上涨3.1%，农村上涨3.4%；消费品价格上涨3.8%，服务项目价格上涨1.2%。从类别看，八大类商品呈现“五升三降”的态势；其中食品类价格上涨7.8%，居住类价格上涨5.4%，两者共拉动价格水平上涨3.35个百分点。全年工业品出厂价上涨3.2%，比上年提高7.7个百分点，扭转了自2008年11月至2009年12月的下降走势；原材料、燃料、动力购进价格上涨7.7%，比上年提高14.5个百分点；两价涨幅剪刀差为4.5个百分点。全省固定资产投资价格上涨3.3%。分季度看，涨幅逐季扩大，第一至第四季度涨幅分别为1.5%、2.6%、2.9%和6.3%。福州、厦门、泉州三市房屋销售价格分别比上年上涨3.3%、5.7%、2.8%，涨幅分别比上年提高3.1个、5.9个、3.8个百分点；其中福州、厦门、泉州三市新建商品住宅售价分别上涨6.3%、6.7%、3.5%，涨幅分别比上年提高6.8个、7.8个、4.3个百分点。

谢洋农民新村

白鹭

福建龙州工业园区一角

福建省教育厅

2009年9月16日，福建首批23名在校大学生在师生的欢送下，从马尾乘船赴台湾高校开展为期一年的学习

五年间，福建教育发展取得了显著成效，胜利实现“十一五”教育发展规划目标，教育服务经济社会发展的能力不断提升，实现了一个又一个新的跨越。

教育事业发展跃上新台阶

五年间，我省学前教育和义务教育各项指标继续保持在全国较高水平，实现“双高普九”目标的县（市、区）增至72个，人口覆盖率达83.1%；启动“教育强县”创建工作。学前三年毛入园率达90%；小学适龄人口入学率达99.98%；普通初中学龄人口入学率达98%；高中阶段教育毛入学率达83.4%；高等教育实现跨越式发展，每万人口普通高等学校在校生数赶上并超过全国平均水平；高等教育毛入学率达26.6%。

教育结构调整迈出新步伐

五年间，我省基本完成高校宏观布局任务，普通高校总数达84所，实现每个设区市都有一所本科高校一所高职院校；省级达标高中达334所，超过80%的普通高中在校生在达标高中就读；10所中职学校成为首批国家改革发展示范学校立项建设学校，新增6所国家级示范（骨干）高职院校。全省本专科专业布点数达2041个，其中新增工学类专业布点389个，工学类在校生总数达22.6万人；组织实施了集成电路、石油化工等7个人才培养培训专项规划，在为产业发展培养培训急需紧缺人才上取得显著成效。

教育质量水平获得新提升

五年间，我省坚持育人为本、德育为先，深入实施素质教育。大力推行校企合作、工学结合、顶岗实习的人才培养模式改革，建立50个省市级职教集团。全省高校累计获省级以上科学技术奖超过4000项。近三年高校获国家自然科学基金887项，占全省总数的80%；国家社科基金项目700多项，占全省总数的80%以上。

教育保障条件实现新突破

2001—2009年，我省教育支出占财政支出比重连续九年居全国首位。全省地方教育投入从2005年的238.5亿元增长到2009年447.9亿元，年平均增长17.1%。建立和完善义务教育财政经费保障机制，建立起了中小学校舍维修长效机制。2009—2010年中小学校舍安全工程省级投入26.84亿元。每年安排专项资金2亿元支持9所重点建设高校和重点学科建设；完成福州地区大学新校区建设投资38.32亿元。2008年，我省在全国率先提高中小学教师津补贴。

教育对外开放实现新拓展

成立海峡两岸职业教育交流合作中心，加快两岸教育合作实验园区、两岸职业教育师资培训基地、两岸职业教育教学资源基地的建设，成功举办“三个论坛”、“三个大赛”和“三项活动”等系列活动。全面推广“校校企”闽台高校联合培养人才项目，率先两批次选派高校500名学生赴台湾高校进行为期一年学习，先后接收1524名台生来闽高校就读。招收来自128个国家和地区的留学生2万多人，选派3104人公派出国留学。

教师队伍建设取得新成效

在全国率先将农村、县镇义务教育学校编制标准统一提高到城市学校水平。大力实施农村紧缺师资代偿学费计划、经济困难县补充农村教师资助计划等，创新农村教师补充新机制。完善“以县为主”的中小学教师管理体制，建立义务教育师资县域内校际交流制度。在全国率先实行全省中小学教师公开招聘省级统一笔试。建立“省杰出人民教师”表彰制度，先后两次隆重表彰66名杰出人民教师。

教育惠民利民作出新贡献

全面实施城乡免费义务教育，建立了从义务教育到高等教育完整的助学体系。相继实施免费营养早餐工程、农村义务教育阶段寄宿生宿舍建设工程、特殊教育提升工程。2010年投入4亿元，将加快幼儿园发展列为新增十项惠民实事之一，计划在2011年新增169所公办园，并实施低收费民办园生均补助。

党建和思政工作得到新加强

组织教育系统各级党组织和广大党员深入开展先进性教育、学习实践活动、创先争优活动。全省民办高校实现设立党委和选派党组织负责人“双覆盖”。基本落实辅导员队伍1:200的配备和思想政治理论课队伍1:400的配备和心理健康教师队伍1：1000的的配备。全省投入1.2亿元建设了59个青少年校外活动中心，福建中小学生在线德育网站点击率超1亿。

厦门大学

厦门大学一景

“十一五”期间，在教育部正确领导下，在福建省、厦门市大力支持下，在师生员工共同努力下，厦门大学胜利完成了“十一五”规划确定的主要目标和任务，各项事业蓬勃发展，整体实力和办学水平全面提升。

人才培养质量提升。办学规模扩大、结构不断优化，在校博士生、硕士生、本科生分别从2005年的1810人、10591人（其中专业硕士3175人）、18989人增长到2010年的2772人、16397人（其中专业硕士7867人）、20961人，各类外国留学生从1200多人增长到2500多人。获国家级教学成果一等奖1项、二等奖2项。学生在数学建模、国际大学生程序设计、国际法辩论、“挑战杯”全国大学生系列竞赛等重大比赛中屡创佳绩。本科生、研究生赴国外学术交流900多人次，发表科研论文19000多篇，被SCI收录2900多篇，3篇论文入选“全国百篇优秀博士学位论文”。毕业生年均就业率保持在95%以上。

自主创新能力增强。新增1个国家工程实验室、6个教育部重点实验室（工程研究中心）、21个省级重点实验室（工程实验室等）；共承担科技部和国家自然科学基金委项目、课题700多项；在Science和Nature（含子刊）以及Cancer Cell、The Lancet等国际高水平学术期刊上发表论文15篇，发表高影响因子论文逐年增加，发表JCR一区论文居全国高校前列；获国家自然科学二等奖2项、国家技术发明二等奖1项、教育部自然科学一等奖2项；1项成果入选全国基础研究十大新闻，2项成果入选“中国高校十大科技进展”。申请专利1000多项，授权专利500多项。人文社会科学领域共承担国家社科基金项目119项；有33项成果获教育部第四、五届中国高校人文社会科学研究优秀成果奖，其中一等奖3项，二等奖9项，获奖总数位居全国高校前列。科研经费由2005年的1.62亿元增至2010年的约4.8亿元。

社会服务有力拓展。坚持服务国家需求与服务海西发展相统一，主动贴近、主动融入、主动服务经济社会发展。大力推进新一轮重点共建。大力推进校地、校企战略合作。大力推进成果转化和产业化。积极开展高水平的决策咨询服务，为国家和地方有关部门提供一系列高质量的咨询报告。承担横向科研项目2100多项。

队伍建设成效显著。全职专任教师总数从2005年的1761人增至2010年的2393人，具有博士学位教师的比例由40%提高到64%。两院院士总数从18人增至23人（含双聘院士）；16人入选“千人计划”，新增6名“973计划”和重大科学研究计划首席科学家、16名“长江学者”特聘教授和讲座教授、14名国家杰出青年科学基金获得者、50名教育部“新（跨）世纪优秀人才计划”入选者、7名“百千万人才工程”国家级人选；新增3个国家创新研究群体、4个教育部创新团队、3个高校创新引智基地。

学科发展布局优化。大力实施“211工程”和“985工程”建设，加大投入，整合资源，重点建设一批优势学科和平台基地，传统学科优势得到巩固，新兴交叉学科和应用学科得到较快发展，学科整体实力进一步提升。5个一级学科、9个二级学科分别入选一、二级国家重点学科，15个一级学科进入教育部一级学科评估（2007-2009）前10名。目前，共有140个专业可招收博士研究生、225个专业可招收硕士研究生，拥有15个博士后科研流动站。

国际合作深入推进。坚持把开放办学作为提升办学水平的重要途径，不断加强国际交流与合作的水平和实效。与国外高校和研究机构新签、续签校际协议79个，“全球八校联盟”合作项目持续展开；与国外共40多所大学开展老师互派和学生互换项目，共派出1600多名学生参与校际交流；与国外高水平大学等建立教育/科研合作机构20多个；主办国际及区域学术会议220余次。获准建设汉语国际推广南方基地，与国外高校共同建立了13所孔子学院。

对台交流展现作为。坚持发挥优势、主动作为，努力服务对台工作大局。与台湾大学、成功大学等20多所台湾高校签订了交流合作协议，招收800多名台籍学生来校学习，成功举办两岸高层次学术会议50多次，接待来校台湾学者及各界人士3000多人次，派出赴台进行学术文化交流师生1000多人次，为中央和省市有关部门提供决策咨询报告100多份。《台湾文献汇刊》入选共和国成立60周年成就展。台湾研究工作成绩斐然，多次受到上级表彰。

厦门大学建南楼群

中国保监会江西监管局

"十一五"期间江西保险业发展基本情况

保险公司员工跋山涉水查勘理赔

一、行业平稳较快发展。2010 年，全省保险业累计实现保费收入253.26亿元，是2005年的2.8倍，"十一五"期间年平均增速为 23.1%，是我国国民经济中发展最快的行业之一。其中，产险公司累计实现保费收入 71.78 亿元，是 2005 年的 4 倍，五年年平均增速 31.7%；寿险公司累计实现保费收入 181.48 亿元，是 2005 年的 2.5 倍，五年年平均增速 20.4%。全省保险公司总资产由 2005 年底的 202.75 亿元增长至 458.82 亿元。2010 年，全省保险密度达到 568.07 元 / 人，保险深度达到 2.7 %。

二、保险市场发育趋于成熟。近五年来，多家保险公司分支机构相继入驻江西，已经形成国有控股公司、股份制公司等多种所有制形式并存、公平竞争、和谐发展的市场格局。截至 2010 年底，全省共有保险公司 28 家，是 2005 年的 2 倍；其中，产险公司 14 家，寿险公司 12 家，健康保险公司和养老保险公司各 1 家。保险专业中介机构 75 家，比 2005 年增加 27 家；其中，法人机构 33 家，分支机构 42 家。兼业代理机构 8014 家，是 2005 年的 4 倍；保险营销员 5.58 万人。寿险新型产品、银行邮政代理保险等发展迅速，产品种类不断丰富，电话销售、网络销售等新的服务方式不断涌现。

三、保险风险得到有效防范。自 2008 年国际金融危机蔓延以来，江西保险业及时跟踪国际金融危机的影响，不断完善非现场监管综合平台，搭建起全方位、立体式的风险监测体系。一是加强风险预警和监测。积极跟踪国际金融危机的不利影响，开展保险公司内控评估和风险排查，加强对退保情况的监测，全省未出现大规模退保和非正常退保现象。二是加大风险管控制度的执行力度。推行投保提示制度，防范销售误导风险；加强收付费管理，防范资金风险；落实退保周报及月报制度，防范退保风险；推行车险"见费出单"制度，降低了车险经营风险。

四、结构调整初显成效。近几年，江西保险业始终坚持将结构调整、转变方式与防范风险、促进发展相结合，行业可持续发展能力进一步增强。一是农业保险等非车险业务稳步发展，产险公司经营效益有所好转。2007 年，受国家政策扶持，江西农业保险保费规模首次超过 5000 万元。2008 年农业保险突破 1 亿元。2010 年农业保险累计实现保费收入 3.61 亿元，同比增长 79.6%；责任保险实现保费 2.25 亿元，比 2009 年增长 24.6%。2010 年，全省产险公司同比减亏 2.37 亿元，其中业务及管理费用率比 2009 年下降 1.3 个百分点，综合费用率下降 2.2 个百分点，综合赔付率下降 3.7 个百分点，综合成本率下降 5.9 个百分点。二是风险保障型和长期储蓄型业务发展力度加大，寿险业结构调整成效明显。江西各寿险公司主动调整业务发展结构，在调结构、防风险中实现了业务的平稳发展。2010 年全省寿险公司寿险业务新单期交保费为 28.97 亿元，同比增长 43.5%，占新单保费的比例为 24.8%，同比增加 4.2 个百分点；全省寿险公司个人代理业务保费收入 69.02 亿元，同比增长 18.9%，渠道占比 38%；银行邮政代理寿险新单期缴保费同比增长 125.3%，是银行邮政代理的寿险新单趸缴业务增速的 5 倍。

五、改革取得重要成果。"十一五"期间，全省保险业加快改革步伐，市场化经营理念明显增强，经营机制进一步转换。一是中国太平洋保险在上海和香港上市。2007 年 12 月 25 日中国太平洋在上海证交所成功上市，2009 年 12 月 23 日在香港联交所成功上市。其在赣的各级分支机构积极完善治理结构，开展资产清理，加快机构改革，进行人员调整，圆满完成总公司部署的各项任务。二是新修订的《保险法》得以顺利实施。全行业以新《保险法》实施为契机，在业务经营、风险防范、内控合规等方面修订相关制度。三是商业车险信息平台成功上线，

2009年9月，太平洋保险集团、太平洋产险江西分公司赴太保希望小学瑞金万田乡茶亭小学开展支教活动

建成了交强险和商业车险信息双平台，有助于从源头上治理车险经营违法违规的漏洞，促进全省交通安全、排堵保畅建设。四是与省高院签署合作交流备忘录，进一步优化保险业的司法环境。促使南昌、九江、抚州中院先后出台了审理道路交通事故人身损害赔偿案件的指导意见，进一步规范了法院审理道交案件的适用标准。

六、保险功能得到有效发挥。一是经济补偿功能。2006-2010年期间，全省保险业累计赔款和给付支出236.52亿元，是"十五"时期的3.3倍。其中，2008年全省产险公司为南方雨雪冰冻灾害支付电力赔款7.4亿元，支持全省电网灾后重建，赢得了省委、省政府的高度赞扬。二是社会管理功能。大力开展"三农"、补充养老、医疗健康和责任保险业务，不断拓展企业年金市场，积极参与社会管理，促进了社会保障体系的完善。截至2010年底，全省共有7家保险公司取得农村小额人身保险试点资格，试点县65个，覆盖人口150.2万人，提供风险保障241.4亿元，赔付保险金574万元。2010年，全省农业保险累计保费收入3.61亿元，实现连年翻番，提供风险保障450.46亿元。三是支持出口和海外投资、对外工程承包等"走出去"战略。"十一五"期间，出口信用保险累计为全省出口企业提供超过30亿美元的出口信用风险保障。到2010年底，出口信用保险占全省出口的渗透率为13.6%，高于全国平均水平4个百分点。为江西企业开展海外投资、对外工程承包等项目提供投资保险、中长期出口信用保险等风险保障和服务。

七、保险监管不断创新。"十一五"期间，江西保险监管部门坚持以保护被保险人合法权益为基本目标，形成具有江西特色的保险监管体系。一是提出"以省分公司为重点"的监管模式。分别出台产、寿险"省分公司监管"的内容、举措和问责办法，通过加强对省公司的监管，推动各级保险分支机构完善内控、规范经营。二是突出车险和银邮保险两大重点，出重拳、动真格，在较短时间内实现了市场秩序的明显好转。三是加强高管人员培训。通过举办培训班等方式，进一步增强了高管人员依法合规经营的责任意识。四是建立和完善监管合作机制。与银监局建立监管合作机制，强化银保市场规范，严厉打击手续费违规和销售误导行为。五是推进分类监管。按照保监会要求，加强对市场运行与公司经营的分析、监测和评估，提高了监管效率，达到了较好的效果。

八、行业自律工作取得突破。全省各级行业协会成为维护行业利益、规范市场竞争、加强行业交流、促进和谐稳定的重要平台。省保险行业协会和吉安市保险行业协会均荣获"全国先进社会组织"称号，获得民政部表彰。一是完善组织结构。在全省各设区市组建行业协会，完善行业协会章程，明确协会定位和发展方向，稳步推进行协职业化改革试点工作，并探索建立县域行业协会，行协工作日益规范化、制度化。二是创新行业自律模式和机制。组建省市两级银邮自律稽查大队，加强常规性检查，密集巡查银保代理网点，并对多家保险机构进行处罚，快速推进车险信息平台建设。三是切实维护消费者合法权益。成立保险合同纠纷调解委员会，委托江西财经大学法学院开展合同纠纷调解工作，并取得良好效果。四是积极整合各种宣传资源，有效地提高了行业形象。扎实推动新《保险法》的宣传，建立了与省内各主要新闻媒体的长效合作机制，省行协主办的《江西保险》刊物获得全省优秀内刊二等奖。

保险公司员工不顾道路塌方危险第一时间送赔款给客户

华东交通大学

华东交通大学“十一五”总结

华东交通大学2006级交通工程专业国防生徐钢（左）获评“2009中国大学生年度人物”，他也成为江西高校历史上第一位获此殊荣的大学生

“十一五”时期是华东交通大学事业稳步发展的五年。五年来，学校坚持以邓小平理论和“三个代表”重要思想为指导，深入贯彻落实科学发展观，紧紧围绕“质量、水平、效益”三大主题，强化内涵、注重质量、彰显特色、服务社会，学科建设、人才培养、科学研究等各方面工作均取得了长足进步。

1. 办学规模平稳发展，社会声誉不断提高

办学规模保持了稳定、适度的增长，2005-2010年度本科招生计划由3700名增加到4700名，增长27%。现有全日制本、专科生近20000人，研究生1200余人。在湖北、重庆等11个省（市）参加本科一批招生；30个专业在江西省内参加本科一批招生，占全校本科招生专业（不含体育、艺术类专业提前批）的近2/3；在河北等14个省市本科录取平均分超过当地重点分数线。毕业生一次性就业率一直位居江西省高校前列。

2. 学科建设水平和科研能力快速提升

已有一级学科硕士点16个，省级重点学科（含省级示范性硕士点）14个，教育部工程研究中心1个，教育部重点实验室1个，省级重点实验室3个，省级人文社科重点研究基地2个，省级产学研示范基地2个，博士后科研工作站1个。新增工商管理硕士、应用统计硕士和会计硕士等专业学位授予权，新增电气工程等8个工程硕士招生领域。2009年学校成为博士学位立项建设单位，为开展推荐优秀应届本科毕业生免试攻读硕士研究生工作单位。

新增各类课题1300余项，其中国家级项目36项、省部级项目291项；获得省部级以上科研成果奖励40项。

3. 人才培养质量稳步提升

学校基本形成了以工为主，以交通运输为特色，经、管、文、理、法等学科协调发展的本科专业结构体系。在培养模式上大胆创新，构建“以市场需求为导向的双专业（双方向）”和“软件工程+应用背景专业”等培养模式，在国防生培养上探索出“三个明确、三个接轨”的先进经验，并被教育部、总政治部推广到全国国防生

华东交通大学校长雷晓燕教授（右一）率领的科研团队，一举中标泰国国际招标重大项目——曼谷新机场铁路连接线噪声与振动研究，开创了江西省高校主持国际科研招标项目的先河

培养高校。获批国家级人才培养模式创新实验区 1 个，国家级特色专业建设点 4 个；获得省级教学团队、省级人才培养模式创新实验区、省级特色专业、省级实验示范中心共计 27 项；省级精品课程 16 项，省级双语教学示范课程 8 项；获得省级教学成果奖 10 项；现有省级教学名师 11 名。

4. 人事制度改革进一步深化，队伍建设不断加强

以推进岗位管理和分配制度改革为核心，逐步建立“按岗位管理”的用人机制和竞争激励机制。深化干部人事制度改革，完善干部选聘机制，推行目标管理考核制度，强化执行力度，干部队伍结构日趋优化，活力不断增强。大力培养和引进高层次人才，教师队伍的年龄结构、学历结构、职称结构进一步优化。

5. 积极推进国际合作办学与学术交流

“十一五”时期，学校与国外大学合作力度加大，引进了 CIMA、ACCA 等培养项目，探索了 2＋2、3＋1 等多种校际合作培养模式，与多所国外大学的合作拓展到学术、科研等领域。成功举办了“首届现代铁路创新与可持续发展”、“钢结构与组合结构研究进展”、“第四届国际计算机与计算机技术在农业中的应用与第一届智能无损检测与信息处理技术”等国际学术研讨会。成功申请到韩国国家研究基金会国际合作课题，在江西省高校中率先承接的首个国际技术服务项目泰国“曼谷机场铁路连接线噪声与振动研究”项目顺利结题。

6. 办学条件逐步改善，校园环境健康和谐

“十一五”时期，学校共完成基本建设投资 1.7 亿元，新增建筑面积 5.5 万平方米。教学科研仪器设备总值达 1.6 亿元。在注重硬件设施建设的同时，紧抓以校园安全为主的综合治理，进一步完善校园治安防控体系建设，优化校园及周边环境。

7. 坚定不移地加强党的建设

“十一五”时期，各级党组织加强党的自身建设，为学校事业发展提供了坚强保障。一是加强思想建设，认真开展了保持共产党员先进性教育、深入学习实践科学发展观和创先争优活动；二是加强组织建设，创新基层党建工作，健全基层支部建设；三是加强作风建设，深入开展党风廉政教育，加强监督检查，不断提高党员干部自身修养；四是加强大学生思想政治教育。学校开展的以世纪英才学校为载体的青年马克思主义者工程，以“六位一体”为主要内容的心理健康教育，以红色文化“四进”校园为主要形式的爱国主义教育，取得良好的效果并在省内外产生很大反响，徐钢同学当选 2009 中国大学生十大年度人物。

“铁路环境振动与噪声”教育部工程研究中心

华东交通大学占地面积 2800 余亩，山清水秀，景色宜人，为“全国部门造林绿化 300 佳单位”，是名副其实的花园式大学

山东省旅游局

全面培育旅游战略性支柱产业

台儿庄运河古城

山东是旅游资源大省，泰山在这里崛起，孔子在这里诞生，黄河从这里入海，奥运从这里扬帆。2006 年，山东省委、省政府召开了高规格的全省旅游发展大会。2009 年，出台了《关于进一步促进旅游业又好又快发展的意见》。今年，又将旅游业纳入了半岛蓝色经济区和黄河三角洲高效生态经济区重大发展战略。2005 年和 2010 年，省人大两次出台《山东省旅游条例》。在省委、省政府的正确领导下，山东旅游业持续快速发展：2005 年全省旅游总收入首次突破千亿元大关，2008 年迈上了第二个千亿元台阶，2010 年实现了第三个千亿元跨越，总量达到 3058.8 亿元，相当于 GDP 的比重达到 7.7%，占服务业增加值的比重达到 21.2%。2007-2010 年，全省旅游业对地方财政的贡献率分别达到 7.09%、7.65%、7.97% 和 8.03%。

一、解放思想，加快实现由“行业管理”向“产业推动”的转变。近年来，山东省积极适应转方式调结构的要求，把旅游业放在国民经济战略性支柱产业的大背景下来谋划，创新体制机制，变行业管理为产业推动，综合利用各种因素和力量发展大旅游、开发大市场、建设大产业，旅游产业在全省转方式调结构中发挥出重要作用，成为先行产业。一是培育壮大市场主体。在全省实施了转型一批、重组一批、引进一批“三个一批”旅游大企业培育工程。即抓住企业重组和结构调整的重大机遇，引导和推动各地各类大企业在结构调整中向旅游业进军，转型发展一批旅游大企业；支持各地整合旅游资源、涉旅要素等，通过战略重组组建一批旅游大企业；以扩大开放为动力，引进一批国内外著名旅游大企业集团或管理服务品牌。二是拉长产业链。坚决摒弃“门票经济”的发展模式，以实施旅游目的地体系建设为载体，在行、游、住、食、购、娱等旅游要素各个环节上均衡用力，协调发展。近年来，泰安市围绕解决留不住人的问题，相继开发建成了方特欢乐世界、《封禅大典》、华样年华景区等一批旅游大项目，以泰山为中心，拉长产业链，延长了游客停留时间，旅游综合效益大增。

二、强化市场观念，加快实现由“投资拉动”向“投资营销拉动”并重转变。我们认为，制约当前旅游业发展的主要矛盾还是供给不足的矛盾，主要体现在节假日、周末等旅游景区人满为患，群众旅游休闲的需求得不到满足。为此，我们从扩大投资入手，在增加供给中不断满足人民群众的旅游消费需求，同时加大营销力度，加快实现从“让人知”到“让人来”的转变。一是坚持政府主导，不断扩大投资规模。从 2008 年开始，省政府每年召开一次重点旅游项目建设现场会，强化典型引导，引导民间资本、工商资本、企业资本和社会资本等投入旅游项目建设。近年来，全省各地重点旅游项目建设日新月异，引领着全省旅游产业结构调整。当前，列入全省旅游项目库管理的重点旅游项目中，游艇 / 邮轮、温泉度假、古镇、葡萄酒庄等休闲度假项目占到了 70% 以上。据不完全统计，2008 年全省完成旅游投资 680 亿元，2009 年 860 亿元，去年 1025 亿元。二是坚持市场化运作，开展“联合推介，捆绑营销”。打破传统的分散式旅游宣传推介模式，按照资源共享、利益均沾的原则，整合省、市、县、旅游企业四级宣传促销资金，以省里补贴三分之一，集中购买媒体板块节约三分之一，市县和旅游企业拿三分之一的出资比例，在央视、凤凰卫视、山东卫视等国内主流媒体开展旅游形象和旅游产品营销，开创了区域联合营销的先河，被誉为“国内首创，众省效仿”。2007 年以来，全省累计投入旅游营销资金 3 亿多元。在积极做好央视等主流媒体联合宣传推介的同时，与日本 JTP、韩国哈拿图、上海春秋、中旅、国旅、港中旅等国内外大旅行社合作，将各地的旅游产品纳入到各大旅行社营销网络。同时，创新产品营销载体，与中国银行、中国农业银行等金融机构合作，开发“好客山东”系列旅游卡，实现了产品与市场的无缝对接。

三、提升质量，加快实现由产品营销向品牌打造的转变。近年来，我们进一步认识到，在激烈的市场竞争中，旅游业必须走品牌化发展道路，用品牌提升发展质量。为此，从2007年开始，我们就着手制定山东旅游品牌发展战略，形成了山东特色的品牌化发展模式。一是凝练文化，策划创意旅游品牌。聘请国内一流旅游规划设计公司按照旅游经济规律，深入挖掘齐鲁文化，成功策划创意了"好客山东"这个特色鲜明，体现旅游发展本质，被国内外广泛认可的区域旅游品牌。二是加快品牌体系建设。就像海尔旗下有许多产品品牌一样，一个成功的区域旅游形象品牌，需要多个城市旅游形象品、产品品牌作支撑。2009年，省委、省政府出台的《关于进一步促进旅游业又好又快发展的意见》明确提出，要着力构建以"好客山东"文化旅游品牌为龙头，以城市旅游目的地旅游形象品牌为支撑，以企业旅游品牌为基础的"好客山东"文化旅游品牌体系。我们积极推进各市在"好客山东"旅游品牌的框架下，创建城市旅游品牌，培育企业品牌、节庆活动品牌、旅游服务品牌。像"登泰山、保平安"、"泉城济南"、"中国太阳城德州"，以及"走遍四海还是威海"等一批城市旅游形象品开始叫响。三是加快推进品牌落地。一方面，我们在城市车站、机场、码头、广场以及高速公路重要路段等设立"好客山东"广告，在全运会、文博会，全省重要文化、体育、经贸活动中统一推广使用"好客山东"标识，广泛推动"好客山东"标识进饭店、进景区，在全社会营造"好客山东"的浓厚氛围；另一方面，通过标准化建设，将"好客山东"转化成旅游接待服务的具体操作规范。我们会同省文明办，联合制定了《好客山东旅游服务标准》，在全省服务业行业，包括机场、车站、码头、出租车等窗口行业广泛推行标准化服务，引导全省都要落实"好客山东"的庄严承诺，全省旅游服务环境不断优化。

四、扩大消费，加快实现由开发外需向全面启动内需的转变。山东本身就是一个拥有9579万人口的大市场，有着巨大的旅游消费需求。近年来，我们进一步转变工作思路，在不放弃省外、国外旅游市场开发的同时，将旅游市场开发的重点放在省内，想法设法挖掘居民旅游消费潜力，提高居民旅游消费需求。一是创意举办"好客山东贺年会"。从2009年元旦开始，我们抓住每年的元旦至春节休闲时间集中、民俗文化活动集中、社会消费资源集中的机遇，整合该时段内的交通、商贸、文化、体育、餐饮、饭店、景区以及水利、农业等资源和行业，将年节文化注入年节消费，连续举办了两届"好客山东贺年会"。"好客山东贺年会"以其浓郁的年文化特征、大规模的产业互动和显著的经济社会效益，使年节更长，年味更浓，消费更旺，产生了传承创新民俗文化、拉动消费、促进服务业跨越式发展的综合效益，得到国家有关部门的高度关注。2010年第二届"好客山东贺年会"期间，全省接待国内外游客4157.7万人次，实现旅游总收入369.9亿元，同比增长24.5%。二是着力培育"国民休闲大汇"品牌。国外有关专家将"休闲"列为21世纪世界经济发展的五大动力之首。在我国，随着国家法定假期的调整和人民群众生活水平的改善，休闲产业初见端倪，休闲活动正在逐步成为人们的生活方式。从长远看，大力发展休闲产业将会对经济结构调整产生根本性、全局性的影响。经过中国旅游协会休闲分会的积极推荐和建议，今年8月份的首届"全国国民休闲大会"确定在山东召开，同时在8月份的第二个周末举办"国民休闲大汇（山东）"活动。国民休闲大汇侧重于转变人们的休闲观念，是我省开展"山东人游山东活动"的继续和深化，将在更高水平、更宽覆盖面上释放城乡居民的休闲消费需求。

五、借力发展，加快实现由旅游部门单打独斗向共同推动旅游业发展转变。我们转变工作思路，把工作着力点放在争取各级党委政府的重视和支持上来，将旅游部门抓旅游转化成各级各部门齐心协力抓旅游。一是实施"五级联动创优工程"，搭建政府主导旅游业发展的平台。在全省实施了以创建最佳旅游城市、优秀旅游城市、旅游强县、旅游强乡镇、旅游特色村为主要内容的"五级联动创优工程"。各级党委、政府高度重视，许多市县成立了由党政主要领导任组长的创建工作领导小组，参与部门最多的达到30多个。目前，全省"中国优秀旅游城市"总数达到35个。其中，17个省辖市全部成为"中国优秀旅游城市"，山东成为全国省辖市全部成为"中国优秀旅游城市"的3个省份之一。建成国家级旅游强县1个，省级旅游强县18个，一大批旅游强乡镇、旅游特色村。二是加强宣传引导，将旅游业真正纳入各地转方式调结构发展战略。我们利用一切可以利用的机会加大对各级党委政府的宣传力度，在市县决策层形成了发展旅游业的共识。近年来，省旅游局先后到全省17市和部分县（市），面向几大班子领导举办专题旅游讲座，利用省行政学院、省委党校培训领导干部等机会，面向省直部门主要领导和市、县书记（长）阐述发展旅游业的意义，引起共鸣。同时，我们还在山东省党报《大众日报》开设了旅游专版，及时宣传报道各地发展旅游业的好做法、好经验，成为各级各部门了解旅游情况的重要平台，对于推进各级各部门进一步关注旅游、支持旅游业发展，产生了重要的推动作用。

泰安：《封禅大典》

河南省

"十一五"时期河南经济社会发展取得辉煌成就

"十一五"时期，在省委、省政府的正确领导下，河南经济社会发展持续保持了速度较快、效益显好、结构优化的良好态势，圆满完成了"十一五"规划所确定的各项工作任务，经济社会进入了科学发展、和谐发展、跨越发展的新时期，为"十二五"加快推进中原经济区建设，实现中原崛起、河南振兴奠定了坚实基础。

一、经济总量不断扩大，综合实力显著增强

2006年以来，河南GDP总量在2005年突破1万亿元基础上不断迈上新台阶，2007年突破15000亿，2009年突破19000亿，2010年突破20000亿，达22942.68亿元。"十一五"期间全省生产总值年平均增长12.8%，比"十五"时期年均增长速度高1.4个百分点，为改革开放以来少有的GDP高增长时期之一。

农业综合生产能力不断提高。"十一五"以来，全省认真贯彻执行中央各项支农惠农政策，不断加大支持"三农"力度，农业综合生产能力显著增强，主要农产品产量大幅增加，农村经济呈现出良好的发展态势。2010年，夏粮总产量达到618.14亿斤，连续八年增产，连续七年创历史新高。全年粮食总产量连续五年保持在1000亿斤以上，连续九年位居全国首位，为国家的粮食安全做出了重大贡献。

工业经济快速增长。"十一五"期间，通过建立现代企业制度、推进企业股份制改造、加大投入、调整结构、推动企业技术进步，全省工业经济活力不断增强，逐步走上了持续快速发展的新轨道。2010年全部工业增加值达11950.82亿元，是2005年的2.4倍左右。"十一五"期间规模以上工业增加值年均增长20.1%，比"十五"时期高2.0个百分点。

服务业不断发展。2010年全省第三产业增加值

国际会展中心

6452.64亿元，是2005年的2倍，"十一五"时期年均增速为11.8%，比"十五"期间年均增速高1.1个百分点。2010年第三产业对GDP增长的贡献率为25.2%，比2005年提高3.1个百分点。

对外开放取得新成就。2010年，全省进出口总额达到177.9亿美元，是2005年的2.3倍，年均增长18.1%。2010年，全省外商直接投资62.4亿美元，是2005年的4.9倍，年均增长38.4%。"十一五"时期，全省实际利用外资199.78亿美元，是"十五"时期的5.7倍，已有68家世界500强企业来河南投资落户，与36家中央企业签署战略合作协议。

二、经济结构进一步优化

"十一五"时期，河南致力于加快经济发展方式转变，不断加快经济结构调整步伐。全省三次产业结构由2005年的17.9∶52.1∶30.0演变为2010年的14.2∶57.7∶28.1，二、三产业增加值占GDP的比重达85.8%，比2005年提高3.7个百分点。2010年，工业对全省经济增长的贡献率达63.9%，工业经济增长已成为近年来带动全省经济高速增长的主要力量。从就业结构看，第一产业就业比重已从2005年的55.4%下降到2010年的44.9%，二、三产业就业比重已分别从2005年的22.1%、22.5%提高到2010年的29.0%、26.1%。

农业

安钢

工业结构不断优化。2010年，全省装备、有色冶金、化工、食品、纺织服装等五大战略支撑产业实现增加值占全省工业的比重为54.3%，比2009年提高2.6个百分点，比“十五”末期提高3.9个百分点；对全省工业增长的贡献率从“十五”末期的56.0%上升至60.8%。“十一五”期间，全省高技术制造业年均增长23.6%，快于全省工业增速3.4个百分点。2010年，全省六大高载能行业实现增加值增长15.4%，增速低于全省平均水平3.6个百分点；“十一五”期间，高载能行业年均增长18.0%，增速低于全省平均水平2.2个百分点；占全省工业的比重从“十五”末期的47.3%下降至41.2%。

现代服务业发展迅速。2010年，全省房地产业增加值占服务业的比重为10.9%，比2005年提高1.5个百分点；金融业产值占服务业的比重为8.6%，比2005年提高2.9个百分点。2010年，全省接待入境游客人数是2005年的2.4倍，旅游创汇收入是2005年的2.9倍，河南正逐步由旅游资源大省向旅游业大省迈进。

三、基础建设投资力度不断加大，发展后劲不断增强

投资总量日益增加，经济发展基础保障有力。2006年全省全社会固定资产投资总额突破5000亿元，2008年突破10000亿元。2010年突破15000亿元，达16585.85亿元，是2005年的3.8倍。“十一五”时期全社会固定资产投资年均增长31.1%，较GDP增速高18.3个百分点，成为经济快速增长的重要支撑。全省铁路通车里程由2005年的3865公里增加到2010年的4224.30公里。高速公路5016公里，是2005年的1.9倍，居全国前列，高速公路网初步形成。河南公用电信网在全国具有重要战略地位，构成了全省“四纵四横”的信息高速公路基本框架。南水北调、客运专线、物流港、航空港、大型水利设施等正在加紧建设或建成，极大改善了基础设施条件，为河南经济发展提供了有力支撑。

城镇化进程加速推进。2010年，全省城镇化率接近40%，比2005年提高9个百分点左右。“十一五”期间，全省城镇化率年均提高1.75个百分点左右，比“十五”时期高出0.25个百分点左右。在中原城市群和县域经济发展的支撑下，郑州新区、洛阳新区初具规模，郑汴一体化进程加速推进，全省呈现出中心城市、中等城市和小城镇齐头并进的格局。

四、经济发展的质量和效益显著提高，生态环境不断改善

工业企业盈利水平明显提高。2010年，全省规模以上工业企业实现利润是2005年的4.7倍。“十一五”时期实现利润年均增长38.9%，比“十五”时期加快3.2个百分点。

地方财力显著增强。2010年，全省地方财政一般预算收入达到1381.01亿元，是2005年的2.7倍。“十一五”时期年均增长20.8%，比“十五”时期高3.9个百分点。

居民收入不断增加，生活水平显著提高。“十一五”时期，是全省城乡居民生活改善最多的时期之一。2010年，全省城镇居民人均可支配收入为15930.26元，比2005年增加7262.29元，年均增长10.4%，比“十一五”目标高2.4个百分点。农民人均纯收入5523.73元，比2005年增加2653.15元，年均增长10.1%，比“十一五”目标高4.0个百分点。

节能降耗目标全面完成。2010年，全省单位GDP能耗为1.1153吨标准煤/万元，比2005年降低20.08%，“十一”时期节能降耗目标如期完成。继2006年二氧化硫、COD（化学需氧量）排放量与上年基本持平后，2007年以来全省二氧化硫、COD排放量连续3年实现双减排，2010年分别减排1.2%和0.8%。

五、社会事业发展逐步加强，经济社会发展协调推进

社会保障不断完善。“十一五”时期，全省财政筹措用于“十项民生工程”的资金超过2000亿元，占财政一般预算支出的17%左右。新型农村合作医疗参合率提高到94.2%，启动了21个县（市、区）新型农村社会养老保险试点。教育事业蓬勃发展。从2005年开始，全省对农村义务教育阶段学生实施了“两免一补”政策；从2007年开始，对农村义务教育阶段学生免除了杂费和课本费；从2008年秋季开始，对所有城市义务教育阶段的学生免除了杂费和课本费。高等教育、职业教育、成人教育也取得了丰硕成果。文化产业发展取得新突破。全省先后举办和参与了第二届中博会、中原国际文化产业博览会、中原国际动漫节等大型文化产业交易会，成功推出50集文化专题片《文化河南——中原列传》、动画片《少林海宝》和《大河秀典》、《禅宗少林·音乐大典》、《大宋·东京梦华》等大型文艺演出。医疗卫生条件明显改善。2010年末，全省共有卫生机构病床位32.80万张，是2005年的1.53倍。

宇通客车

郑东新区

洛阳市

回眸“十一五” 实干铸辉煌

洛阳牡丹

“十一五”时期，洛阳市人民在市委、市政府的正确领导下，深入贯彻落实科学发展观，努力构建和谐社会，国民经济呈现速度较快、效益提高、结构优化的良好发展态势，全市经济社会发展站到了一个新起点上，为“十二五”洛阳加快科学发展、实现“福民强市”奠定了坚实基础。

一、综合实力显著增强，经济结构不断优化

经济实力跨上新台阶。“十一五”期间，全市经济总量在突破一千亿基础上连年迈上新台阶，2007 年突破 1500 亿，2009 年突破 2000 亿，2010 年达到 2321.2 亿元。按可比价格计算，年均增长 14.6%，不仅高于“十五”期间 1.1 个百分点，而且分别高于全国、全省 3.4 和 1.8 个百分点，是改革开放以来发展最快的时期之一。人均生产总值由 17486 元增加到 2010 年的 35788 元。与 2005 年相比，规模以上工业增加值、规模以上工业利润总额、全社会固定资产投资、社会消费品零售总额、地方财政收入分别增长 181.8%、267.8%、268.4%、137.4% 和 247.0%，均实现了翻番。

经济结构步优化升级。“十一五”期间，伴随着工业化、城镇化发展的步伐，洛阳在经济总量大幅度提高的同时，产业结构发生向好变化。“十一五”期间，洛阳市产业结构由 2005 年的 9.9 ∶ 58.3 ∶ 31.8 演变为 2010 年的 8.1 ∶ 60.1 :31.8，二、三产业增加值占 GDP 的比重达 91.9%，比 2005 年提高 1.8 个百分点。

二、三次产业全面发展，新型工业有力推进

农业经济持续稳步发展。“十一五”期间，粮食生产基础地位不断稳固，高效、优质农作物种植面积逐步扩大，综合生产能力稳步提高，粮食总产量连续 5 年维持在 230 万吨左右，主要农产品产量大幅增加。农林牧渔业增加值由 2005 年的 110.5 亿元增加到 2010 年的 187.6 亿元，按可比价格计算，年均增长 5.4%。

工业经济主导地位进一步加强。“十一五”期间，工业作为洛阳经济发展的主力军，优势产业的地位更加突出。2010 年，全市实现工业增加值 1243.8 亿元，比 2005 年的 566.1 亿元翻了一番，占全市 GDP 的比重达到 53.6%，比 2005 年提高 2.7 个百分点。特别是随着经济的发展，洛阳市相应的加快了工业产业升级的步伐，实现了由基础原材料行业向五大支柱产业的升级换代。2010 年，全市规模以上工业中装备制造、有色金属、能源电力、石化、新材料等五大优势行业实现增加值占规模以上工业增加值的比重达到 71.5%。2010 年末，全市规模工业主营业务收入过 100 亿、10 亿、1 亿元的企业分别为 7 家、40 家和 598 家。

服务业对经济的支撑作用增强。“十一五”期间，全市服务业增加值由 2005 年的 353.5 亿元增加到 2010 年的 737.4 亿元，按可比价计算，年均增长 12.4%。实现了较快扩张。同时，各种现代服务业应运而生，蓬勃发展。2010 年，房地产业、租赁和商务服务业、信息传输计算机服务和软件业、金融业、科研和技术服务业等新型服务业占第三产业的比重达到 30% 以上，中信、光大、兴业、民生、浦东、招商银行，齐鲁、中原证券以及安诚、民安财险等一大批金融、证券、保险机构相继入驻，全市金融机构达 66 家。信息产业异军突起，太平洋门户网站和金蝶、用友软件等知名信息企业落户洛阳。

三、投资消费协调发展，“三驾马车”动力增强

消费、投资快速协调发展。“十一五”时期，洛阳市扩大内需政策措施力度逐年加大，消费环境明显优化，消费潜力持续释放，特别是万村千乡市场工程，家电下乡、汽车下乡、摩托车下乡等工程激活了农村消费市场，城乡消费品市场全面繁荣。全市社会消费品零售总额由

洛河两岸

洛阳新区体育馆

2005年的340.7亿元增加到2010年的808.8亿元，年均增长18.9%，高于"十五"年均增速6.4个百分点。

在扩大消费的同时，洛阳坚持以科学发展观为指导，加强和改善宏观调控，投资力度不断加大，投资结构进一步优化，实现了千亿元投资的新突破。"十一五"时期，全市累计完成全社会固定资产投资5788.7亿元，是"十五"时期的4.3倍。2010年，全市完成全社会固定资产投资1768.8亿元，五年间年均增长达到29.8%。尤其是拉动全市投资快速增长的工业投资，2007、2008、2009年连续突破400亿元、500亿元、700亿元，2010年达到893.9亿元，占全市城镇投资的比重达到57.7%，比2005年提高5.5个百分点。投资的快速增长极大地拉动了相关产业发展，为实现洛阳全面走在中原崛起前列的目标奠定了坚实基础。

龙门石窟

对外经济势头良好，外商投资规模增加。"十一五"时期，全市累计进出口总额达72.5亿美元，其中出口总额48.9亿美元。出口产品结构进一步优化，2010年末机电产品、高新出口占全部出口比重分别达到57.4%和28.7%。全市利用外商投资工作取得丰硕成果。五年间，全市累计实际利用外商直接投资38.7亿美元，提前3年实现了"十一五"目标。家乐福、沃尔玛、台塑集团、正大集团、恒大地产等一大批国内外知名企业相继入驻洛阳。

四、居民收入大幅增加，生活迈向全面小康

居民收入显著提高。"十一五"时期，是洛阳人民生活改善最多的时期之一，五年中有四年城乡居民收入保持两位数增长，农民人均纯收入增幅连续两年超过城镇居民。2010年全市城镇居民人均可支配收入为17639元，比2005年增加7919元，年均增长12.7%；农民人均纯收入2010年达到5680元，比2005年增加2777元，年均增长14.4%。城乡居民储蓄迅猛增长，2010年居民储蓄余额突破1千亿达到111.7亿元，是2005年的近两倍。

生活水平节节攀升。2010年，城镇居民人均消费性支出为12069元，比2005年净增5232元，年均增长12.0%；农民人均生活消费支出4635元，比2005年净增元2491元，年均增长16.7%。居民消费结构逐步向享受和发展型转变，手机、电脑进入寻常百姓家，城市居民家庭百户家用汽车拥有量达到9.3辆，农村家庭百户家用摩托车拥有量达到66.3辆，正在逐步迈入"汽车时代"。城市人均住房面积由2005年的22.2平方米增加到2010年的30.7平方米，市民居住环境得到了一定的改善。

五、城市建设日新月异，社会事业齐头并进

城市面貌日新月异。"十一五"期间，新区开发建设和旧城区升级改造同步进行，洛河两岸对称发展，城市功能不断完善，城市形象大幅提升。五年间，市区规划面积由"十五"末的544平方公里扩大到694平方公里，建成区面积由121平方公里扩展到181平方公里。新区核心区初具规模，体育中心、歌剧院、博物馆、高铁龙门站等一大批标志性建筑竣工投用。区域综合交通四通八达，郑西高铁客运专线建成通车，机场航站楼投入使用，高速公路、干线公路通车总里程分别达到246.5公里、1953.6公里，凌波大桥、瀛洲大桥、新西苑桥、新洛阳桥、李楼特大桥相继建成，城市路网建设发展加快，交通基础设施得到较大改善，城市交通功能得到迅速提升。

各项社会事业全面发展。"十一五"时期，洛阳更加注重经济社会的协调发展，着力推进和谐社会建设，完善社会保障体系，加快发展社会事业，健全各类公共服务。教育事业蓬勃发展。新建、改造学校435所，高中阶段毛入学率达到90%，普通高招本科上线率由"十五"末的20%提高到37%，成功组建了洛阳理工学院。医疗卫生服务体系更加健全。在全省率先建立了城镇职工基本医疗保险、城镇居民基本医疗保险、新型农村合作医疗、城乡困难群众补充医疗保险等覆盖城乡、互为补充的医疗保险体系。社会保障体系进一步完善。各项社会保险参保人数比"十五"末增加256.8万人次，城乡低保和五保对象达到40万人，基本实现了应保尽保。

经过五年的奋力拼搏，"十一五"规划的宏伟目标圆满完成，实现了洛阳经济社会发展的又一次跨越。"十二五"时期，我们将继续深入贯彻落实科学发展观，紧紧围绕"福民强市"的总体目标，按照中原经济区建设的总体要求和"一中心五组团四支撑"的总体布局，依托产业兴市、创新活市、精神立市、依法治市四条基本路径，在新的更高起点上实现经济社会又好又快发展，开创洛阳"科学发展、福民强市"的新局面。

龙门站

湖北省

“十一五”湖北经济社会发展又好又快的一个时期

“十一五”时期是湖北发展极不平凡的五年。在党中央、国务院和省委、省政府的正确领导下，全省上下开拓进取，克难奋进，成功应对重大雨雪冰冻等自然灾害和国际金融危机的冲击，统筹做好保增长、保民生、保稳定各项工作，“十一五”规划的主要目标提前和超额完成，为“十二五”湖北跨越式发展打下了坚实的基础。

1. 发展速度不断加快，经济总量连上台阶

生产总值保持13.9%的较快增幅。“十一五”时期的五年，全省生产总值平均每年递增13.9%，快于全国平均水平2.7个百分点，也快于“十五”时期3.7个百分点。

经济总量突破了1.5万亿元。2005年全省生产总值为6590.19亿元；2006年突破7000亿元，达7617.47亿元；2007年突破9000亿元，达9333.40亿元；2008年跨入万亿俱乐部，达11328.92亿元；2009年进一步扩大到12961.10亿元，2010年突破1.5万亿元，达15806.09亿元，比2005年净增9215.9亿元，翻了一番多。

人均生产总值突破4000美元。“十五”期末的2005年，全省人均生产总值只有1410.45美元；2007年突破2000美元，为2178.55美元；2009年突破3000美元，达3317.24美元；初步测算2010年可以突破4000美元大关。根据钱纳里发展阶段理论（结合美元币值变化），湖北经济正处于工业化阶段的中期加快推进阶段。

2. 结构调整稳步推进，转变方式初见成效

“十一五”时期，全省三次产业结构由2005年的16.4 ∶ 43.3 ∶ 40.3调整到2010年的13.6 ∶ 49.1 ∶ 37.3，呈“一升两降”的格局，即第二产业提高了5.8个百分点，第一、第三产业分别降低了2.8和3.0个百分点，表明全省经济正步入工业化加快发展的新阶段。

农业持续稳步增长。2010年，湖北农林牧渔业增加值达到2147亿元，与2005年相比，扣除价格因素，年均增长5.1%，比“十五”时期加快1个百分点。2010年，全省规模以上农产品加工企业达到4565家，比2005年净增2217家，增长近1倍。农业产值与农产品加工产值之比由2005年1 ∶ 0.66提高到1 ∶ 1.39。

工业化进程进一步加快。2010年，全省规模以上工业增加值达到6136.51亿元，比2005年增长1.7倍，年均递增21.9%，比全省生产总值增幅快8个百分点，成为推动全省经济持续快速增长的最大动力。2010年，全省规模以上工业企业数超过1.5万家，达到15878家，比2005年净增9179家，增长1.4倍。

民营经济已成为支撑工业增长的重要“增长点”。2010年，湖北规模以上非国有控股工业增加值占整个规上工业增加值的比重达到59.0%，比2005年（47.6%）提高了11.4个百分点。

高新技术产业发展迅速。2010年全省高新技术产业增加值达到1702.4亿元，与2005年相比年均增长26.1%，占规上工业增加值的比重达27.7%。

服务业保持平稳较快发展。2010年，全省第三产业增加值5894.44亿元，比2005年净增3238.5亿元，年均增长12.8%；社会消费品零售总额6719.44亿元，增长1.27倍，年均增长17.8%；旅游总收入1460.53亿元，增长2.1倍，年均增长25.3%；邮电业务总量1015.76亿元，增长1.72倍，年均增长22.1%；金融机构存款余额21769亿元，增长1.66倍，年均增长21.6%；全社会客运量105131.5万人，增长46.2%，年均增长7.9%；货运量96938万吨，增长92.7%，年均增长14.0%。

3. 经济效益不断改善，发展质量稳步提升

“十一五”时期，湖北在保持经济持续较快增长的同时，经济运行质量明显提高。地方财政一般预算收入突破千亿大关。2010年，全省地方财政收入完成1011.23亿元，比2005年净增635.71亿元，增长1.69倍，年均递增21.9%，比同期全省生产总值增幅快8个百分点，地方一般预算收入占GDP比重由2005年的5.7%提高到2010年的6.4%，提高了0.7个百分点。2010年，全省规上工业实现利润1209.73亿元，比2005年净增437.89亿元，增长1.76倍，年均增长22.5%。

4. 投资规模不断扩大，基础设施明显改善

“十一五”时期，全省累计完成全社会固定资产投资32919.93亿元，是“十五”时期的3.2倍，年均增长29.5%。其中能源工业投资2259.08亿元，占全社会投资的6.9%，交通运输邮电投资4106.25亿元，占12.5%。能源生产能力明显提高，交通运输供给能力大大加强，邮电通信业成绩斐然，农田水利基本建设成效显著。

武汉新港规模巨大。国务院已批准武汉建设中部地区、长江中游最大的航运港口，湖北正准备通过数年的努力，投入3000亿左右，打造武汉新港，以此带动沿江宜昌、荆州等大中城市的发展，同时带动沿江25个市县打造沿江高新技术产业和先进制造业密集带。武汉新港由原武汉港和黄冈市、鄂州市、咸宁市的部分港口组成，规划港口岸线548.2公里。

5. 城乡统筹力度加大，区域经济协调发展

“十一五”期间，全省通过实施“两圈一带”、“一主两副”等战略统筹区域发展。“两圈一带”战略逐步实施。武汉城市圈“两型”社会建设批准实施。大东湖生态水网工程、武汉新港、汉口北国际商品交易中心等156个重点项目建设顺利进行，主要污染物排污权交易开始推行。武汉市经济实力进一步跃升，城市圈内融合程度进一步增强，“两型”社会特征开始呈现。鄂西生态文化旅游圈建设全面启动。三峡翻坝公路等重大交通项目建设顺利推进，环“一江两山”交通沿线生态景观工程等重点旅游项目建设进展迅速。湖北长江经济带新一轮开放开发加快推进。以港口、航道和船型标准化建设为切入点，长江“黄金水道”的建设已正式启动。加快建设一批重点港口，以港兴城，以港兴业。县域经济“半壁江山”已经形成，民营经济已经成为县域经济的主体，经济活力显著增强。

6. 改革开放全新突破，社会民生不断改善

改革开放迈出新步伐。武汉城市圈各项改革试验向纵深拓展。67个国家部委机构与湖北签订合作协议或者备忘录。仙洪新农村建设试验区取得阶段性成果。省级政府机构改革全面完成，市县政府机构改革有序推进。医药卫生体制改革稳定推进。农村综合配套改革不断深入。科技、教育、文化体制改革不断深化。大型国有企业基本完成混合所有制改革任务，国有中小企业改制面达到95%。对外开放水平进一步提高，对外经济合作与交流显著增强。东西湖B型保税物流中心封关运行。在全球40多个国家和地区设立经营机构，对外直接投资总额达到51.8亿美元。全省共有开发区130个，其中国家级开发区5个，开放格局不断拓展。

武当山天造玄武

更加重视社会发展和民生问题。全省普及九年义务教育通过国家验收，农村义务教育投入保障机制基本建立。各级学校的办学条件不断改善，对困难学生的资助力度不断加大。实现了中等职业教育招生规模与普通高中招生规模大体相当。高等教育毛入学率由2005年的24.9%提高到2010年的32.9%。

加强公共卫生体系建设，新型农村合作医疗试点县市全面展开，参合农民3833万人，参合率97.4%。以社区为基础的城市医疗服务体系建设加快推进。

着力解决人民群众最关心、最直接、最现实的利益问题，从2004年起，每年围绕就业、上学、看病、行路、住房、治安、环保等问题，为群众办好8-10件实事，收到了明显成效。

生态环境建设取得新局面。大力发展循环经济，依法淘汰落后产能，万元GDP能耗下降超过20%；化学需氧量、二氧化硫排放量超额实现“十一五”减排目标，设市城市污水处理率达到70%以上，城市垃圾无害化处理率达到55.7%。

城乡居民收入日益增多。2010年与2005年比较，农民人均纯收入由3099元增加到5832元，净增2733元，年均增长13.5%，比“十五”时期提高7.1个百分点；城镇居民人均可支配收入由8786元增加到16058元，净增7272元，年均递增12.8%，增幅比“十五”时期提高3.1个百分点。

武昌汉口长江两岸建筑景观

鄂州市

千年之古都　辉煌的鄂州

鄂州新农村建设示范区之一——鄂州市池湖新社区

“十一五”时期是鄂州市发展极不平凡的五年。五年来，面对历史罕见的自然灾害和国际金融危机的严重冲击，面对艰巨繁重的改革发展稳定任务，在省委、省政府的正确领导下，鄂州市委、市政府团结带领全市人民，深入贯彻落实科学发展观，坚持把保持经济又好又快发展作为经济工作的首要任务，全力以赴战危机、保增长，沉着应对，克难攻坚，锐意进取，胜利完成了“十一五”规划确定的主要目标任务，经济社会发展迈上了一个大台阶，进入了蓄势崛起的新阶段。

鄂州抢抓国家实施中部崛起战略和建设武汉城市圈“两型”社会综合配套改革试验区的重大机遇，深层次推进各项改革，全方位扩大对外开放，加快融入武汉城市圈，加快推进新型城镇化、新型工业化、城乡一体化，产业结构不断优化，企业经济效益明显提高；城乡一体化试点工作取得阶段性成果，城市整体承载功能和辐射带动作用进一步提升，城乡基础设施日臻完善，农村面貌深刻变化；“两型”社会建设成效显著，荣获省级卫生城、全国生态示范市、国家园林城市、中国人居环境范例奖；社会事业全面进步，人民生活显著提高，逐步由温饱型向小康型和发展型转变；改革开放不断深入，民主法制建设和精神文明建设进一步加强，和谐鄂州建设有序推进。

综合实力不断提升。我们坚持把立足当前和谋划长远结合起来，全市综合经济实力进一步增强。经济进入高速发展期，五年地区生产总值年均增长15.0%，是建市以来发展最快的时期之一。地方财政一般预算收入年均增长24.7%，全社会固定资产投资年均增长39.6%，规模以上工业增加值年均增长25.6%，服务业增加值年均增长15.8%，城市新增建成区面积23.5平方公里，城镇化率达57.9%，交通基础设施超常规发展，基本形成鄂东综合交通枢纽架构。人民收入水平和生活水平不断提升，社会保持和谐稳定。鄂州已经进入到一个全新的发展阶段，站在一个更高、更新、更坚实的平台上。

五年的发展历程，我们积累了宝贵的经验。一是坚持深入贯彻落实科学发展观，认真执行中央和省委的各项决策部署。二是坚持解放思想，从战略全局谋划鄂州发展。三是坚持转变发展方式，提高发展质量和效益。四是坚持应急和谋远相结合，不断增强发展后劲。五是坚持改革开放，以开放促改革促发展。六是坚持以人为本，切实保障和改善民生。七是坚持加强和改进党的建设，形成发展合力。

“十一五”期间建成投产的武钢集团鄂钢公司年产160万吨宽厚板生产线

宜居宜业美丽和谐的新鄂州

顺德区

现代产业之都　品质生活之城

龙舟大汇游

顺德地处珠江三角洲中部，北邻广州，南近港澳，面积806平方公里，是广佛都市圈、粤港经济圈的重要组成部分。境内以江河冲积平原为主，河涌交错，土地肥沃，自然条件得天独厚。顺德建县于明景泰三年（公元1452年），现为佛山市辖区，下辖10个镇、街道，户籍人口123万，在世界20多个国家和地区拥有近50万港澳台同胞和海外侨胞。

“十一五”以来，顺德深入贯彻落实科学发展观，充分发挥政策、地缘和人文优势，以敢为人先的进取精神和波澜壮阔的创新实践，绘就了一幅发展进步的壮丽画卷，经济发展突飞猛进，社会事业全面进步，人民生活日新月异。五年间，全区生产总值年均增长16.7%，2010年达到1935.6亿元；全社会工业总产值年均增长19.9%，达到5235.1亿元；地方财政收入年均增长29.7%，达到180.0亿元；全社会固定资产投资年均增长16.2%，达到392.8亿元；社会消费品零售总额年均增长20.5%，达到539.7亿元；实际利用外资年均增长14.3%，达到5.9亿美元；城市居民人均可支配收入年均增长8.0%，达到30618元；城乡居民人民币储蓄余额年均增长13.7%，达到1500.6亿元。

目前，顺德已是国内著名的制造业基地，家用电器、电子信息、机械装备、纺织服装、精细化工、医药保健、包装印刷、家具等支柱产业蓬勃发展，名牌企业和产品众多。2010年，全区产值超亿元工业企业达到330家，其中超10亿元35家，超百亿元3家。拥有美的、海信科龙、万家乐、科达、碧桂园、万和等上市公司10家（不含控股公司），拥有中国驰名商标、中国名牌产品39个，广东省著名商标、广东省名牌产品212个。有省、市、区三级工程中心185家，博士后工作站20家。顺德还被授予“中国家电之都”、“中国燃气具之都”、“中国涂料之乡”等20多项国家级区域品牌。此外，工业设计、电子商务、会展、物流、商贸等服务业发展势头良好。农业现代化步伐加快，高效益、品牌化、集约型农业特色日趋明显。

近年来，顺德以“大规划”引领城市建设，外通内畅的交通格局日渐成型，“青山、碧水、蓝天、绿地”环保工程取得进展，城市化进程从镇街群向大都市区稳步迈进。各项社会事业加快发展，科技、教育、文化、卫生、体育、广播电视等事业长足进步，呈现出一派勃勃生机。

展望“十二五”，顺德作为广东省直管县唯一试点，将围绕总体发展定位，以加快转变经济发展方式为主线，实施企业上市工程，建设中国南方智谷，实施新型区域合作战略，力争率先取得产业结构调整的重大突破，打造最具增长潜力的现代产业之都；统筹全区战略资源，建设更加宜居宜商的城市空间，打造生活舒适、环境优美、功能完善、市民具有幸福感的品质生活之城；创新政府治理模式，打造开放程度高、示范作用强的改革创新之窗。

环境优美的居民区

顺峰山公园

常德市

转变发展方式　推进科学跨越
努力建设现代常德、幸福家园

常德市城区

常德地处湖南省西北部，是湘西北地区的交通枢纽、能源基地和经济文化中心，全市总面积1.8万平方公里，总人口616万。常德人文底蕴深厚，是中华道德文化和农耕文化的重要发祥地，在市境内发现了中国最早的古城池——城头山。常德自然风景秀美，是“桃花源里的城市”，桃花源风景区是陶渊明笔下《桃花源记》的原型地。常德物产资源丰富，是“洞庭鱼米乡”和“非金属矿产之乡”。常德人居环境舒适，山清水秀，交通便捷，环境优良，近年来先后获得了国家卫生城市、国家园林城市、中国优秀旅游城市、全国交通管理模范城市等荣誉称号。

“十一五”时期，常德市深入贯彻落实科学发展观，致力建设工业强市、文化名城、和谐常德，同舟共济，团结拼搏，取得了改革开放和现代化建设新的伟大成就。

这是经济发展提速增效的五年。2010年，地区生产总值达到1491.6亿元，是2005年的2.3倍，年均增长13.6%。地方财政总收入突破100亿元，是2005年的2.8倍。五年完成全社会固定资产投资1970亿元，是“十五”时期的3.2倍。新型工业化主导作用进一步突显，规模工业总产值突破1000亿，达到1234亿元，是2005年的3.5倍，烟草产业产值突破300亿元，装备制造、食品产业突破150亿元，有色金属产业突破100亿元，德山开发区成功晋升为国家级经济技术开发区。农业基础地位进一步巩固，标准农业、特色农业、高效农业加快发展，无公害农产品、绿色食品、有机食品“三品”认证数量达到508个，居湖南省首位。第三产业发展水平进一步提高，旅游、金融、物流等服务业日趋活跃。2010年，全市生产总值增长15.2%，总量和增速居湖南省前列；规模工业增加值增长24.7%，全社会固定资产投资增长37.2%，财政总收入增长36.1%，增速均居湖南省前茅。

这是基础条件加快完善的五年。城镇承载能力大为提高，市本级城建融资累计超过200亿元，基本形成了100平方公里城市路网骨架，建成区面积由58平方公里扩大到80平方公里，人口由58万增加到70万，全国城市公共文明指数测评连续两年居全国地级市前列。农村生产生活条件大为改善，累计投入新农村建设资金85亿元，100%的乡镇和85%的行政村通了水泥路，整治病险水库221座，疏浚渠道2万多公里，改造中低产田85万亩，新建沼气池12万个，农业机械装备水平全省领先。交通、能源、通信等基础设施建设大为加强，常张、常吉高速建成通车，新建改造国省干线公路490公里，建成了皂市水利枢纽主体工程、汉寿沅水大桥等一批重大项目。

这是改革开放不断深化的五年。重点领域和关键环节改革取得明显成效，市县政府机构和行政审批制度改革有序推进，人事制度改革不断深化，农村综合改革稳步实施，在全省率先完成文化行政管理体制改革任务，投融资体制改革取得突破，组建了城建投、经建投、交通投、水利投等投融资公司；金融体制改革步伐加快，引进银行机构实现零的突破，交通银行、长沙银行、兴业银行落户常德。对内对外开放取得新的成绩，累计到位外资10.4亿美元，年均增长15.9%，引进内资929亿元，年均增长19.5%，引进新上投资过亿元工业项目241个，我市成为国家中西部地区加工贸易梯度转移重点承接地。

这是人民生活明显改善的五年。城乡居民收入连续五年实现两位数增长，城镇居民人均可支配收入达到15638元，农民人均纯收入达到5635元，分别是2005年的1.6倍和1.7倍。累计投入资金110亿元，连续五年为群众办实事，五年新增城镇就业30万人，帮助下岗失业人员再就业19.1万人次，社会保险参保人数由128.8万人次增加到333万人次，城镇低保实现应保尽保，农村低保逐年扩面提标，解决了120万农村人口的饮水安

国家4A级景区柳叶湖

全问题，累计竣工廉租房59万平方米，新建农村安居房1.65万户。

这是生态环境有效治理的五年。从2006年开始，全面启动生态市创建工作。推进城市水系生态保护和修复工程，建设城镇污水处理厂，对城市生活垃圾实行无害化处理，空气质量优良率保持稳定。开展农村面源污染治理和饮用水源保护，小Ⅰ型以上水库全部禁止投肥养鱼，压减珍珠养殖面积12.7万亩，禁控水域水质明显好转。"十一五"节能减排任务顺利完成，连续五年实现耕地总量动态平衡，森林覆盖率由43%提高到46%。

这是社会建设全面推进的五年。科技创新步伐不断加快，获得国家科技进步先进市称号。教育强市战略深入实施，"普九"成果进一步巩固，启动了市城区教育文化科技园区建设。公共卫生服务体系日趋完善，新型农村合作医疗参合率达到94.2%。文化名城建设扎实推进，建成了一批标志性文化工程。加强人口和计划生育阵地建设和优质服务，被评为全省人口和计划生育工作模范市。强化社会治安综合治理，人民群众安全感进一步增强。加强和改进信访工作，积极解决群众合理诉求。认真落实安全生产责任制，安全生产形势持续稳定好转。

"十二五"时期，常德市将深入贯彻落实科学发展观，紧跟省委省政府"四化两型"战略部署，以科学发展为主题，以加快转变经济发展方式为主线，继续坚持"发展质量优于全省、发展效益高于全省、发展速度快于全省"的目标不动摇，大力发展现代工业、现代农业和现代服务业和现代城镇，更加注重促进民生改善、促进公平正义、促进可持续发展，着力建设人民满意政府，努力在建设现代常德、幸福家园的征程上迈出坚实步伐。

具体来讲，要努力实现经济社会发展的"六个新跨越"：

1、经济实力实现新跨越。实现经济总量翻番，实现财政收入与经济发展同步增长、努力实现城乡居民收入与经济发展同步增长。到2015年，地区生产总值达到3000亿元，地方财政总收入达到200亿元，城镇居民人均可支配收入突破3万元，农民人均纯收入突破1万元。五年累计完成固定资产投资6000亿元，达到"十一五"时期的3倍以上。全市规模工业总产值达到3500亿元，努力实现烟草产业产值过1000亿元，装备制造产业过500亿元，食品产业过400亿元，有色金属产业过300亿元，纺织产业过200亿元，建材、造纸、电子信息产业过100亿元。通过五年努力，把常德建设成为湘西北中心城市和湘鄂省际经济重镇。

2、结构调整实现新跨越。加快产业结构优化升级，二、三产业比重明显提高，文化强市和旅游大市建设实现突破，文化旅游产业占GDP的比重提高到10%以上；坚持扩大内需战略，致力建设区域消费中心，大力推进新型城镇化，中心城市GDP占全市GDP的比重提高到50%；建设创新型常德，高新技术产业增加值占GDP的比重达到13%。

3、城乡建设实现新跨越。基础设施条件大幅改善，形成常德到周边6个城市的高速公路体系，实现市到县高速公路连接；建成或基本建成石长二线、黔张常、长益常城际、常岳九铁路，常德桃花源机场扩建成为4D级机场，水运、防洪、能源、通信基础条件更加完备。城镇扩容提质加速推进，市城区形成160平方公里路网骨架，建成区达到105平方公里，人口达到100万，力争成功创建全国文明城市。新农村建设水平明显提升，实现100%的行政村通水泥路，基本解决农村人口饮水安全问题。

4、县域经济实现新跨越。推进城乡统筹和区域统筹，促进县域经济快速发展，9个县市区GDP均超过100亿元，其中5个县市区超过200亿元，6个县市区财政总收入超过10亿元，3个县城人口达到20万人以上，力争有1-2个县市区进入全省县域经济10强行列。

5、社会发展实现新跨越。城乡社会保障体系更加完善，实现城乡社会养老保险、基本医疗保险和社会救助全覆盖，完成棚户区改造，基本解决低收入家庭住房问题。各项社会事业协调发展，群众精神文化生活更加丰富。社会管理不断创新、加强和完善，社会更加安全稳定和谐。

6、生态文明实现新跨越。牢固树立绿色发展、低碳发展、循环发展的理念，确保老百姓喝上干净水、呼吸上新鲜空气、吃上放心食品。生态市建设取得阶段性成果，全市所有水库和大中型湖泊禁止投肥养殖，节能减排目标任务确保完成。

回顾"十一五"，常德经济实现了跨越发展，城乡面貌发生了巨大变化，全市上下深感振奋和自豪。当今的中国，仍处在大有作为的重要战略机遇期；当前的常德，正处在大投资、大建设、大发展的黄金时期。展望"十二五"，常德的发展又站在了新的历史起点，全市人民将万众一心、锐意进取、奋发图强，努力开创建设现代常德、幸福家园的新局面！

中国常德诗墙

国家4A级景区桃花源

广东省

广东省 “十一五”发展成就

第十一届中国国际高新技术成果交易会

“十一五”时期，广东在党中央、国务院的正确领导下，深入贯彻落实科学发展观，全面实施珠三角《规划纲要》，大力推进“三促进一保持”，坚定不移调结构，经济社会保持平稳较快发展，全面完成“十一五”规划主要目标任务，在推进科学发展新征程上迈出了重大步伐。

经济综合实力再上新台阶。主要经济指标提前一年实现“十一五”规划目标，继续居全国前列。2010 年全省生产总值 45472.83 亿元，五年年均增长 12.4%。人均生产总值于 2007 年提前三年实现比 2000 年翻一番的目标，折合近 7000 美元，五年年均增长超过 11%。地方一般预算收入 2010 年为 4516 亿元，是 2005 年的 2.5 倍。

产业结构进一步优化。产业结构高级化和适度重型化明显，现代产业体系初具雏形，2010 年三次产业结构预计为 4.8 ∶ 50.7 ∶ 44.5，规模以上轻重工业增加值比例为 40 ∶ 60。先进制造业加快壮大，增加值占规模以上工业比重上升到 47.2%；现代服务业加快发展，增加值占第三产业比重上升到 56%；装备制造业初步形成“海陆空”全面发展格局，汽车整车生产能力达 140 万辆 / 年；自主创新能力明显提升，研究与发展经费支出占地区生产总值比例由 2005 年的 1.12% 上升到 1.8%；战略性新兴产业加快发展，传统产业转型升级步伐加快，现代农业稳步推进。

城乡区域发展协调性增强。“三旧”改造全面推进，宜居城乡和新农村建设成效明显。城镇化水平稳步提升，2010 年城镇化率达 66.2%。产业和劳动力“双转移”取得一定成效。珠三角经济一体化取得实质性进展，广珠城际轨道开通、广佛地铁联通运营，公交 IC 卡实现五市互联互通。

湛江海湾大桥

花城广场花坛

新荔枝湾涌

梦幻渔村（人工养殖）

绿色广东建设初见成效。积极淘汰落后水泥、钢铁产能，关停小火电，均超额完成国家下达任务。单位生产总值能源消耗、二氧化硫排放和化学需氧量排放总量等约束性指标超额完成国家下达任务。清洁电源占省内电源装机总容量的34%，核电已建和在建装机容量均居全国首位。县县建成污水处理厂，城乡生活污水处理能力是2005年的2.8倍。珠三角2254公里省立绿道网全线贯通。

基础设施建设实现大跨越。综合交通运输网络建设迈出新步伐，五年新增高速公路1695公里，新增轨道交通通车里程777公里，其中高速铁路298公里。电源、电网、天然气网建设加快，新增电力装机3080万千瓦、

外向型经济稳步发展。加快外经贸发展战略转型，利用外资水平不断提高，2010年进出口总额7847亿美元，五年年均增长12.9%，其中出口4532亿美元，年均增长13.7%。粤港澳紧密合作全面深化，粤台交流合作稳步发展，与东盟的合作取得新进展。"走出去"步伐加快。

人民生活明显改善。城镇居民人均可支配收入和农村居民人均纯收入扣除价格后五年年均实际增长分别达7.6%左右和8.3%。就业规模持续扩大，覆盖城乡的社会保障体系基本建立，实现养老保险关系省内外顺畅转移。全面实施城乡免费义务教育。文化体育事业日益繁荣，人民精神文化生活更加丰富，成功举办第十六届亚运会和首届亚残运会。平均期望寿命达到75.3岁。

"十二五"广东的发展目标是：到2015年，全省人均生产总值提前五年实现比2000年翻两番目标，经济发展方式转变取得显著进展，社会软实力显著提升，民生福祉显著改善，科学发展的体制机制日益完善。

广州塔

广州市

广州“十一五”经济社会发展成就

航拍广州亚运会开幕式

“十一五”时期是广州发展史上具有里程碑意义的五年。在党中央、国务院和省委、省政府的正确领导下，广州市委、市政府坚持以科学发展观统领全局，认真贯彻实施《珠江三角洲地区改革发展规划纲要》，紧紧围绕加快建设国家中心城市的总目标，积极应对国际金融危机严峻挑战，按照中央政治局委员、广东省委书记汪洋同志关于“迎接亚运会、创造新生活”的要求，全力调结构、转方式、办亚运、惠民生，经济社会发展实现了“六个显著提升”。

综合经济实力显著提升。“十一五”时期，广州地区生产总值年均增长 13.5%，2010 年达 10604.48 亿元，增长 13%，经济发展实现历史性跨越。2010 年，源于广州地区的财政一般预算收入 3348 亿元，增长 26.1%；地方一般预算财政收入 872.65 亿元，增长 24.2%。广州三次产业比重为 1.8:37.2:61.0，以服务经济为主体、现代服务业为主导，现代服务业、高新技术产业和先进制造业有机融合、互动发展的现代产业体系初步形成，呈现出产业结构向服务化升级、产业组织向集群化发展、产业布局向主体功能区战略转变的良好局面。2010 年，全市产业发展实现“四个超 60%”：即服务业增加值占地区生产总值比重超过 60%，现代服务业增加值占服务业增加值比重超过 60%，先进制造业增加值占规模以上工业增加值比重超过 60%，服务业对经济增长的贡献率超过 60%。在现代服务业发展良好的同时，广州先进制造业和高新技术产业协调发展。2010 年，广州汽车自主品牌“传祺”成功投放市场，反馈良好；规模以上高新技术产品产值 5670.7 亿元，增长 28.9%。

城市知名度和影响力显著提升。“十一五”时期，广州举全市之力圆满成功精彩筹办举办第 16 届亚运会和首届亚残运会。2010 年是广州的“亚运之年”，市委、市政府在党中央、国务院和省委、省政府的正确领导下，建立健全了科学高效的指挥体制和运行机制，成立运行总指挥部，中共广东省委常委、广州市委书记张广宁同志，市委副书记、市长万庆良同志，市人大常委会主任张桂芳同志，市政协主席林元和同志，市委副书记、市纪委书记苏志佳同志亲自担任 6 个指挥中心指挥长，其他有关市领导均担任亚运村、大学城、奥体中心、天河体育中心等场馆、赛区负责人。精心组织开闭幕式和火炬传递等重大活动，科学高效组织赛事活动，突出抓好安保维稳工作，切实加强新闻宣传和媒体服务工作，高标准做好城市运行服务保障工作，严格落实“廉洁办亚运”、“节俭办亚运”方针，顺利实现了预期目标，真正办成了一届高水平、有特色的亚洲体育文化盛会，谱写了亚运史上的辉煌篇章，有力促进了经济社会发展，城市知名度、凝聚力和影响力显著提升。广州市民群众对城市和国家的自豪感、认同感、归属感极大增强。

中心城市功能显著提升。“十一五”时期，广州国家中心城市功能显著提升。空港、海港、铁路港、信息港等现代化基础设施建设全面提速，2010 年，机场旅客吞吐量突破 4000 万人次，跻身世界前 15 名；港口货物

广州新城市中轴线夜景

广州港南沙港区

吞吐量、集装箱吞吐量分别突破4亿吨和1200万标箱，分别位居世界港口第5位和第7位；高速公路总里程537公里，广州火车南站成为全国四大客运中心之一，地铁运营总里程236公里，居世界城市第9位。我国大陆约58%的互联网出口带宽通过广州与世界对接，位列国内三大通信枢纽之一。

城市环境质量显著提升。“十一五”时期，广州城市环境面貌发生巨大变化，先后荣获国家环境保护模范城市、国家卫生城市、国家园林城市、国家森林城市称号，获得世界水资源论坛水环境治理奖第一名和国际可持续交通奖。以筹办亚运会为契机，按照广州亚运为城市发展服务的理念，坚持“办赛事”与“办城市”相结合，全力开展大气环境、水环境、交通环境、人居环境综合整治，认真落实广东省委书记汪洋同志提出的广州城市环境“天更蓝、水更清、路更畅、房更靓、城更美”要求，全面实现了关于广州城市环境面貌“一年一小变，三年一中变，到2010年一大变”的目标，城市环境面貌发生天翻地覆的变化，花城新貌令人赞叹。

鸟瞰武广高铁广州南站

改革开放水平显著提升。“十一五”时期，广州坚持改革开放，地方金融机构改革重组和城市建设投融资体制改革取得重大进展，社会管理、文化体制等重点领域改革取得新突破。2010年，市属经营性国有资产总量突破7000亿元，比2005年翻了一番多，民营经济占全市GDP比重达38.25%，外贸进出口总值突破一千亿美元，引进投资额超千万美元以上大项目近1000个，参与国际竞争与合作的能力进一步增强。截止2010年底，投资广州的世界500强企业达174家，一大批中央企业、国有大型企业、中国500强企业在广州投资发展并设立总部，经认定的总部企业超过200家。

民生保障水平显著提升。“十一五”时期，广州社会事业全面进步，人民生活水平显著提升。五年来，共投入2539.3亿元财政资金用于改善民生和发展社会事业，是“十五”时期的2.4倍；新增就业人数341.6万人；城乡“五险”参保人数和企业退休人员养老金均比2005年翻了一番多。建设保障性住房8.07万套，惠及24万多城镇居民。2010年，城市居民人均可支配收入30658元，农村居民人均纯收入12676元，分别增长11%和14.7%。

“十二五”时期是广州国家中心城市建设全面提速，率先加快转型升级、建设幸福广州的关键时期。广州将以全面建设国家中心城市为目标，充分发挥亚运后续积极效应，着眼于巩固、优化、提升，着力建设国际商贸中心、世界文化名城、国家创新型城市、综合性门户城市、全省宜居城乡“首善之区”，以加强和创新社区服务管理、推进北部山区镇村大发展大变化为重点提高市民幸福指数，全面提升城市核心竞争力、文化软实力和国际影响力，推动现代化国际大都市建设迈向新阶段。预计到2015年，广州市生产总值达到1.8万亿元，年均增长11%左右。

航拍广州塔以南及江北景色

广东省文化厅

“十一五”时期广东省文化事业发展成效显著

“十一五”时期，广东省坚持以邓小平理论和“三个代表”重要思想为指导，深入贯彻落实科学发展观，高度重视文化事业发展，扎实开展文化建设，取得了显著成绩。

1、公共文化服务体系日趋完善。省、市、县（市、区）、乡镇（街道）、村（社区）五级公共文化服务网络基本形成，群众文化生活日益丰富。相继建成开放省博物馆新馆、广州大剧院、深圳图书馆（音乐厅）、东莞玉兰大剧院等一大批标志性文化设施。扶持东西两翼地区文化设施建设项目 345 个。目前，全省有县级以上公共图书馆 133 个，国有博物馆 153 个，文化馆（群艺馆）145 个，文化站 1594 个。城乡公共文化基础设施进一步完善，全省建成 5000 多个文化广场、16139 个农村和城市社区文化室。公共文化流动服务进一步向基层拓展和延伸；文化信息资源共享工程基本完成；“农家书屋”蓬勃兴起；电影“2131 放映工程”基本实现一村一月放映一场电影的目标；广播电视“村村通”工程和无线覆盖网建设完成了第一期建设任务，全省城市广播电视人口覆盖率达 99%，70% 以上的农村人口能通过无线方式接收到 2-3 套广播电视节目。全省定期举办百歌颂中华合唱大赛、广东省群众艺术花会等大型群众文化活动，丰富了基层群众文化生活。

2、文艺精品生产能力显著提高。“十一五”时期，广东省专业艺术表演团体共获重大艺术奖项 200 多项。舞剧《风雨红棉》、音乐剧《星》、杂技剧《西游记》、芭蕾舞剧《风雪夜归人》等作品先后获国家专业舞台艺术政府最高奖——文华大奖。话剧《十三行商人》、潮剧《东吴郡主》等作品入选国家舞台艺术精品工程 30 强。6 部美术作品入选国家重大历史题材美术创作工程。12 个艺术科研选题获得国家级立项。在连续两届社会文化政府最高奖——群星奖评选中，广东省均居前茅，共获得 65 个“群星奖”。《潜伏》等电视剧获得“飞天奖”多个奖项，《马文的战争》、《喜羊羊与灰太狼》等 30 多部广播影视作品获“五个一工程”奖或其他国家级重要奖项。粤版出版物获得省级以上各类奖项共 854 个。

“南海Ⅰ号”是一艘满载中国宋元时期瓷器的沉船，2007 年 12 月，“南海Ⅰ号”沉船成功出水，顺利安放在广东海上丝绸之路博物馆“水晶宫”内

3、文化市场发展规范有序。文化市场体系不断完善，管理体制机制创新发展。逐步下放了一批文化市场行政审批权限。综合执法体制改革成效明显，建立健全了省、市、县（市、区）三级文化市场综合执法队伍。积极开展"扫黄打非"和专项整治活动，收缴非法出版物2.83亿多件、侵权盗版出版物2.49亿多件，行政处罚案件2.5万多起，文化市场环境明显优化，文化市场主体守法经营意识不断增强。

4、文化交流合作深入开展。对外、对港澳台文化交流批次和人数继续居全国首位。广东省已与120多个国家和地区建立了文化联系。不断深化粤港澳文化合作。2008年被文化部命名为对港澳文化交流合作基地；2009年广东、香港、澳门三地签订了《粤港澳文化交流合作规划（2009－2013年）》。每年举办粤港澳文化合作会议，设立了16个粤港澳文化交流合作示范点，举办了两届"粤港澳青年文化之旅"，开通了"粤港澳文化资讯网"。积极开展"文化入岛"工作，成功举办了"台湾·广东周"系列文化活动。实施文化"走出去"战略，广播影视外宣频道和栏目建设取得重大进展，文化产品和服务出口总额位居全国首位，对外文化贸易持续增长，初步形成较完备的文化出口体系。

5、文化遗产保护成果丰硕。完成了第三次文物普查野外调查，登记不可移动文物和新发现文物数量均居全国前列。出台《广东省实施〈中华人民共和国文物保护法〉实施办法》。"开平碉楼与村落"成为广东省首处世界文化遗产，"南海Ⅰ号"整体打捞工作顺利完成并开展试掘工作，正式启动"南澳Ⅰ号"抢救性发掘。博物馆免费开放工作取得重大突破，行业博物馆和民办博物馆数量不断增多。完成全省首次非物质文化遗产普查，初步建立起国家、省、市、县四级名录体系，建立了非物质文化遗产项目代表性传承人扶持机制。在全国率先完成了省级非物质文化遗产数据库的建设。梅州市被文化部认定为国家级文化生态保护实验区。由粤港澳联合申报的粤剧被联合国批准列入"人类非物质文化遗产代表作名录"。

6、文化体制改革取得新突破。各市、县（市、区）归并成立了文化广电新闻出版局或文体旅游局，省成立了文物局和文化市场综合执法局，初步形成了"大文化"的行政管理格局和文化市场综合执法体系。行政审批制度改革不断深化，完成了第四轮行政审批事项清理。经营性文化事业单位转企改制和国有文艺院团体制改革扎实推进，完成了省演出公司、南方出版传媒股份有限公司、省有线电视网络公司、广州和深圳出版发行集团等经营性文化事业单位以及广东歌舞剧院、南方歌舞团、广东话剧院等国有文艺院团的转企改制，并积极推进有关文化单位的股改上市。

广东省博物馆新馆夜景

东莞市

辉煌“十一五”——东莞篇

南城——东莞城市会客厅

“十一五”时期，是东莞经济社会发展极不平凡的五年，面对环境的复杂变化和经济发展的重大挑战，东莞人民在市委、市政府的坚强领导下，坚持以科学发展观为指导，实施经济社会双转型战略，加快经济发展方式的转变，战胜国际金融危机的巨大冲击，综合实力迈上新台阶，人民生活水平稳步提高。先后获得了全国文明城市、全国绿化模范城市、国际花园城市、国家园林城市、国家环保模范城市等荣誉称号。

经济实力不断提升

全市生产总值由2005年的2183.20亿元，增加到2010年的4246.25亿元，按可比价格计算，年均增长13.3%。

经济运行质量明显改善。2010年地方财政收入277.84亿元，年均增长21.7%，高于同期经济增速8.4个百分点；五年累计1033.61亿元，是“十五”时期的2.9倍；地方财政收入占全市生产总值的比重由2005年的4.8%提高到2010年的6.5%。

经济结构调整取得明显成效

2010年，东莞三大产业增加值比重为0.4：51.4：48.2，与2005年的1.0：56.2：42.8相比，结构明显提升。其中第三产业比重上升较快，5年间提高了5.4个百分点。初步形成以金融、房地产、信息服务、商务服务、科研等现代服务业为主的发展模式。2010年，现代服务业增加值占第三产业增加值的61.0%。

内外源型经济结构优化。2010年在工商税收总额中，内源型经济税收453.04亿元，所占比重为65.8%。在GDP中，2010年内资经济所占比重为62%，比2005年提升3.6个百分点。

对外开放实现新突破

2006-2010年，全市外贸进出口总额累计完成5198.86亿美元，其中出口2979.12亿美元，分别为“十五”时期的1.9倍和2.0倍。一般贸易出口比重由2005年的4.3%，上升到2010年的13.7%，提高9.4个百分点。全市实际利用外资由2005年的14.68亿美元，增加到2010年的27.32亿美元，年均增长13.2%。2010年全市有外资企业14000多家。投资者主要来自香港、台湾及美日等20多个国家和地区。

农村居民生活新区

东莞中心广场

虎门港沙田港区

社会事业取得新进步

全市教育强镇和社区医疗卫生服务实现了全覆盖，基本医疗和养老保险实现了城乡统筹，公园和博物馆等实现了免费开放。率先在全省建立农医保与职工医保、农民养老保险与职工养老保险城乡统筹的社会保障制度，最低工资标准提高60.3%，最低生活保障金增加91.5%。推行计划生育养老奖励扶助制度，建成并投入使用社区卫生服务机构355个。全面实施城乡免费义务教育，实施"文化惠民"工程，建成群众艺术馆、公共图书馆、博物馆、文化广场等文化设施。

2010-2011CBA总冠军东莞银行队

人民生活水平稳步提高

"十一五"期间，城市居民家庭可支配收入水平逐年增长，由2005年的22882元增至2010年的36350元，增长58.9%，年均增长9.7%。农民人均纯收入年均增长9.4%。2010年，东莞城市居民人均消费性支出为25733元，比2005年的21768元，增长18.2%，年均增长3.4%。2010年，城市居民家庭人均现住房总建筑面积58.58平方米，比2005年55.5平方米增加3.08平方米。家庭中高档耐用消费品更为普及。至2010年末，在调查的百户城市居民家庭中，拥有彩色电视机186台、电冰箱118台、洗衣机107台、空调器259台、家庭小轿车68辆、组合音响68套。

宜居城市迈出新步伐

积极创建宜居城市，环境质量不断提高。扎实推进"四清理"、"五整治"以及森林公园建设。2010年全市森林覆盖率提高到36.7%。城乡一体化程度更高，市中心区地位更加凸显，镇村形象更加靓丽，运河水质明显好转，空气质量持续改善。努力把东莞打造成为现代制造业名城、创新创业热土、宜居生态城市、和谐幸福家园。如今的东莞已成为生态良好、环境优美、人与自然和谐相处的宜居城市。

东莞松山湖产业园区

广东省体育局

“十一五”时期广东体育事业发展成效显著

规划建设绿道网是广东加快转型升级、建设幸福广东的惠民工程，覆盖城乡的绿道网已成为岭南风光新名片，自2010年起，广东珠三角9市已建成2370多公里的绿道网

“十一五”时期，广东体育事业坚持以邓小平理论和“三个代表”重要思想为指导，深入落实科学发展观，认真贯彻党中央、国务院和省委、省政府的各项工作部署，解放思想、改革创新，锐意进取、奋力拼搏，各项工作取得显著成绩，两次获得党中央、国务院授予的“北京奥运会、残奥会先进集体”荣誉称号和省政府授予的“集体二等功”以及国家体育总局颁发的“2008年奥运会重大贡献奖”、“第十六届亚运会贡献奖”，连续五年获国家“体育突出贡献奖”，圆满完成了省委、省政府提出的既定目标。

一是群众体育开创新局面。全民健身活动日益丰富，以“迎接亚运会，创造新生活”的主题，成功举办了广东省第二届体育大会和“体育节”等系列活动。体育场地设施不断增多，“十一五”期间，省本级体彩公益金资助各地新建和维修改造的场地设施264项，农民体育健身工程顺利完成。全民健身体育组织基本覆盖全省城乡，初步形成了省、市、县（区）、镇（街道）、村（社区）五级的体育组织架构。社会体育指导员队伍不断扩大，体育人口不断增加，国民体质不断提高。群众体育参赛水平有新提高，广东参加第三届、第四届全国体育大会，均获得金牌、奖牌和总分三个第一；参加全国各项群众比赛均取得优异成绩。

二是竞技体育取得新突破。“十一五”期间，广东共有184人次获得世界冠军，39人次打破世界纪录，位居全国前列。在北京奥运会上，广东共获得6个项目7人次7枚金牌，4个项目6人次6枚银牌，3个项目4人次4枚铜牌，取得历史性新突破。在第十一届全运会上，广东共获得45枚金牌、45.5枚银牌、39.5枚铜牌，总分和奖牌总数位居各省区市代表团前茅。在第16届亚运会上，广东共有93人次获41枚金牌、182人次获79枚奖牌，金牌数、奖牌数全面超越往届，位居全国首位。

三是体育事业迈上新台阶。全省体育休闲服务业、体育竞赛表演业加快发展，体育用品业层次和市场份额逐步提升，体育彩票总销量年年有新突破，五年共销售222.96亿元，居位全国前列。成功举办五届“粤港澳暨中国（广东）国际体育用品博览会”。以健身服务业、竞赛表演业、体育用品、体育彩票业为主体的体育产业格局初步形成。体育产业增加值占全省GDP的比重逐步扩大，成为国民经济新亮点。

四是体育人才队伍建设呈现新气象。全省拥有各级业余体校174所、传统校1426所，在训总人数达8万人。广东有28所各级各类体育运动学校被认定为国家高水平体育后备人才基地，居全国前列。

五是体育盛会筹办工作取得新成效。成功举办2008年奥科会，受到了党中央、国务院的隆重表彰。圆满完成北京奥运会火炬传递（广东站）活动。成功举办2010年亚运会、亚残会。成功举办了广东省第十三届运动会。2011年世界大学生运动会整体筹备工作转入为赛时运行阶段。五年共承办国内外大赛242项次。

与此同时，体育发展体制机制日益完善，党建、宣传、人事、外事、信息、基建和科教等各项工作全面进步，体育强省建设取得阶段性成果。

2011年11月12日晚第16届亚运会在广州隆重开幕

广州二沙岛绿道边上的体育公园，群众正享受健身带来的乐趣

防城港市

率先构筑沿海发展新高地
倾力打造中国东盟合作第一城

北部湾大道

在中国大陆海岸线西南端、美丽的北部湾畔，矗立着一座年轻而又靓丽迷人的“全海景生态滨海城市”——广西防城港市。城市依港而建，因港得名，1968年建港，1993年建市，总面积6181平方公里，下辖港口区、防城区、上思县和东兴市，总人口99.6万，有汉、壮、瑶、京等21个民族，海岸线580公里，陆地边界230公里。党和国家领导人及海内外政要名流都曾莅临这里。

“十一五”期间，特别是2008年以来，面对扑面而来的重大机遇与严峻挑战，防城港市在党中央、国务院和自治区党委、政府的正确领导下，放开思想想问题，放开手脚干事业，敢闯敢干、敢为天下先，以钢铁般的意志和干劲、以一往无前的豪迈气概，大上项目、大兴产业、大建港口、大造新城、大拓开放、大促民生，率先构筑沿海发展新高地、倾力打造中国东盟合作第一城，全市发展大提速、实力大增强、产业大突破、城建大推进、旅游文化大兴起、民生大改善、干部群众干劲大焕发、城市知名度美誉度大提升，多项指标增幅或总量、人均量始终位居广西各市首位，GDP年均增长超20%，财政收入年均增长超30%，固定资产投资年均增长超40%，工业总产值不断提升，GDP、财政收入双双告别广西末位历史，与“十五”时期相比，全市12个主要指标23个分指标全部实现“翻番”，其中GDP翻1.7番，财政收入翻2.1番，全部工业产值翻2.1番，规模以上工业产值翻2.4番，规模以上工业企业利润总额翻3.5番，全社会固定资产投资翻3.1番，港口货物吞吐量翻1.7番，外贸进出口总额翻1.7番，实际利用外资翻1.9番，农民人均纯收入翻1.1番，城镇居民人均可支配收入翻1.3番，14项指标提前一年以上完成，综合竞争力提升速度高居过去5年来全国294个地级以上城市首位，开创了经济社会发展的全新局面，走出了一条独具特色的崛起之路，创造了“防城港速度”，形成了“防城港模式”，呈现了“防城港精神”，先后荣获“2009年中国城市科学发展城镇化质量示范城市”、“2010中国城市科学发展转变经济发展方式示范城市”、“中国最具国际影响力城市”、“中国十大最关爱民生城市”、“中国十佳和谐可持续发展城市”等称号。2010年5月28日，《人民日报》以《千帆尽举防城港》为题头版头条对该市发展作长篇综合报道，7月《经济日报》连续三天头版刊发其综合发展情况。

滔滔北部湾，腾飞防城港。已经开启的“十二五”，将是防城港市大开发大建设的“黄金期”、加速期。面对新形势新任务，豪情满怀的防城港人，正以前所未有的雄健步伐，朝着“富民强市、幸福和谐”的宏伟目标昂扬迈进，一座生态友好、开放度高、活力迸发的新兴港口工业城市、重要门户城市、中国海洋文化名城和独具魅力的创新创意之城、生态宜居之城、幸福和谐之城，正如旭日东升、加快崛起。

美丽的防城港市

南宁海关

优化海关监管和服务
推进广西外贸大发展

南宁海关热情服务外籍客商，保障货物高效快速通关

“十一五”时期是南宁海关发展史上不平凡的5年。在海关总署和自治区党委、政府的正确领导下，南宁海关认真贯彻执行“依法行政，为国把关，服务经济，促进发展”的海关工作方针，坚持把建设西部强关作为贯彻落实科学发展观的有效载体，主动融入广西经济社会发展大局，不断优化海关监管和服务，忠实履行海关职能，励精图治，奋力拼搏，圆满完成了党和国家交给的各项工作任务，关区面貌发生了新的历史性变化。

海关税收屡创佳绩。深化综合治税，夯实税收基础，提高征管水平，海关税收连创历史新高，5年来共征收税款472.76亿元，年均增长25.6%。特别是面对全球金融危机持续蔓延、对外贸易压力增大的困难局面，南宁海关始终坚持把保税收、保增长作为首要政治任务，采取一切有效措施，确保应收尽收，继2008年征收税款首次突破百亿元大关之后，征收税款连年实现逆势增长，其中2010年税收达128.32亿元，比2005年的35.98亿元增长2.57倍，为国家财政增长作出了应有贡献。

海关监管效能稳步提升。全面落实国家进出口政策，继续完善对进出境货物、物品、运输工具和海关监管场所的管理。加强对通关监管现场的监控，努力增强查验的针对性，确保各项监管措施落实到位。积极实施分类通关改革，建立起多主体、多领域、多环节、多手段的综合监管模式，大幅度提升监管效能，促进了“管得住、通得快”的有机统一。5年来共监管进出口货运量25881万吨，货值735.76亿美元，年均分别增长10.8%和28.4%，其中，2010年监管进出口货运量6237万吨、货值216.45亿美元，分别比2005年的2590万吨和55.06亿美元增长1.41倍、2.93倍；5年来监管运输工具134.45万辆（艘、架）、进出境人员2868.15万人次，年均分别增长6.1%和8.2%；进出口货物海关平均通关时间从2005年的6.06小时减少至2010年的2.17小时。

打击走私成果显著。南宁海关充分发挥反走私职能作用，在自治区各级党委、政府的统一领导下，与各有关部门密切协作，共同推动反走私社会综合治理，综合运用刑事、行政执法手段，“破大案、打团伙、摧网络”，始终保持打私高压态势，有力地打击了货运渠道的走私违法活动，有效遏制了北部湾、北仑河等重点地区非设关地群体性走私的猖獗势头，有力维护了广西进出口贸易秩序和开放开发的良好形象。严厉打击各类非涉税物品走私，积极履行海关在反恐、维稳、禁毒、环保以及知识产权海关保护等边境执法中的职责，巩固了国家经济安全和社会稳定。5年来，共立案侦办走私犯罪案件326起，案值17.93亿元，偷逃税款4.37亿元；立案查办行政案件4775起，案值19.90亿元；共查获毒品走私案件34起，查获毒品57420克。

服务广西经济社会发展卓有成效。南宁海关突出促进广西北部湾经济区建设、服务中国－东盟博览会、支持广西承接东部地区加工贸易产业转移等重点工作，制定并实施3大类20个工作项目，积极推动广西西部大开发取得实效，有效落实了国家区域发展总体战略。坚持把推动广西北部湾保税物流体系建设作为落实国家区域发展战略、服务广西经济社会发展的重中之重，主动参与、全力推动广西钦州保税港区、凭祥综合保税区、南宁保税物流中心等海关特殊监管区域的调研、论证、申报和建设，积极推动北海出口加工区拓展保税物流功能和申请扩区。目前，钦州保税港区、南宁保税物流中心已建

“2.15”特大走私鳄鱼案，该案被总署缉私局列入2006年督办案件，专案组经过近8个月的调查取证和审讯，深挖扩线，查实涉嫌走私珍贵濒危野生动物暹罗鳄8130条，案值1.46亿元，一举摧毁了两个长期盘踞于中越边境的主要走私野生动物犯罪团伙

成并封关运作，凭祥综合保税区一期工程即将验收，北海出口加工区进出口总值在短短五年内由2005年的0.12亿美元增长至2010年的6.62亿美元，列西部地区第2位，北部湾保税物流体系已基本形成，海关特殊监管区域的辐射带动作用日益显现。坚持加强引导与跟进配合、政策支持与管理服务相结合，出台12条支持措施，服务广西承接东部加工贸易产业转移和产业升级，加工贸易实际进出口值由2005年的7.6亿美元增加到2010年的17.5亿美元；认真落实各项通关便利化措施，不断扩大“属地申报，口岸验放”通关模式的应用，牵头建成广西电子口岸及海运物流服务平台，通关效能大幅度提高，稳步推进跨境贸易人民币结算试点，使广大进出口企业从中受惠。推动钦州港口岸扩大开放获得国务院批准，钦州保税港区成为我国第8个整车进口口岸，龙邦口岸升格为一类口岸，钦州保税港区海关、南宁海关驻玉林办事处和驻南宁机场办事处开关运作，有力支持了广西口岸有序扩大开放；建立服务中国－东盟博览会长效机制，为历届博览会成功举办提供优质高效服务，提升了广西开放合作水平；积极落实国家鼓励类产业税收优惠政策，5年来共审批减免税款53.9亿元；紧紧围绕广西经济发展重点，发挥海关统计监测预警作用，提高信息咨询服务质量，为地方经济发展及国家宏观调控建言献策。广西对外贸易进出口总值由2005年的51.83亿美元上升到2010年的177.1亿美元，年均增长27.86%；边贸进出口总值由2005年的7.01亿美元增长至2010年的42.43亿美元，年均增长43.34%。

自身建设全面加强。南宁海关坚持以改革促发展，不断深化基础建设，扎实推进海关大监管体系建设，海关整体功能得到进一步优化。始终坚持“以人为本，严管厚爱”的队伍管理理念，大力弘扬“忠诚公正、兴关强国”海关精神，优化队伍管理，深入推进准军事化海关纪律部队建设，内强素质、外树形象，着力激发队伍活力，营造积极向上的良好氛围。不断完善内控管理，深化反腐倡廉建设，努力防范执法风险和廉政风险，为确保顺利完成各项任务提供了坚强的组织保证。“十一五”期间，南宁海关被评为全国民族团结进步模范集体、广西自治区文明行业，3个隶属单位先后被评为全国文明单位，1个隶属单位被评为全国“青年文明号”；13个集体和67名个人获省部级奖励。

热情服务进出境旅客

“十二五”时期，南宁海关将继续按照海关总署和自治区党委、政府的工作部署，真抓实干，锐意进取，扎实推进符合现代化海关要求的西部强关建设，努力为广西实现富民强桂新跨越作出新的更大贡献。

广西钦州保税港区于2011年2月16日正式开港运营

桂林市

辉煌成就，跨越发展

——桂林市“十一五”综述

梦幻漓江

“十一五”时期是桂林市经济社会发展取得辉煌成就的五年。面对百年不遇的重大自然灾害和国际性金融危机的冲出，在党中央、国务院和自治区党委、政府的正确领导下，桂林市委、市政府以科学发展观为统领，认真落实中央、广西的方针政策，团结一心、奋力拼搏、共克时艰，有效抑制经济运行中的不稳定因素，从容应对国际金融危机的冲击，成功战胜重大自然灾害的挑战，胜利完成“十一五”规划主要目标，经济社会发展实现了大发展。

一、经济总量实现新跨越

地区生产总值实现千亿元跨越。由2005年的512.03亿元增加到2010年的1108.63亿元。按可比价计算，“十一五”年均增长13.5%，比“十五”快2.4个百分点，成为改革开放以来发展最快的时期之一。

财政收入由2005年的51.61亿元增加到2010年的121.08亿元，翻1.13番，年均增长18.6%，比“十五”快2.3个百分点。

全社会固定资产投资从2005年的198.73亿元增加到2010年的908.56亿元，翻2.19番，年均增长35.5%，比“十五”快15.3个百分点。五年累计投资由“十五”时期的642.60亿元增加到“十一五”时期的2717.78亿元，是“十五”时期的4.23倍，是桂林市历史上建设重大项目数量最多、规模最大、完成投资最多的时期。

社会消费品零售总额由2005年的164.78亿元增加到2010年的391.53亿元，翻1.26番，年均增长18.9%，比“十五”快6.2个百分点。

二、工业经济迈上新台阶

规模以上工业增加值由2005年的97.52亿元增加到2010年的310.26亿元，年均增长23.0%，比“十五”快6.4个百分点；

高新产业活力增强，桂林国家高新技术产业开发区变化座落在七星区，全市共有62家企业被认定为高新技术企业。园区经济成效显现，拥有自治区A类工业集中区 6个，B类工业集中区3个。优势产业快速扩张，以食品饮料、机械电器为主的“五大五小”产业发展迅猛，有的成为产值超百亿元产业。企业规模日益壮大，超亿元企业数由2005年的61家发展到2010年的223家，其中20亿元以上企业8家，上市工业企业5家。

三、农村和县域经济取得新突破

农林牧渔业总产值由2005年的187.19亿元增加到2010年的319.21亿元，年均增长6.3%；农林牧渔业增加值由119.89亿元增加到202.60亿元，年均增长5.7%。粮食连续六年实现增产，水果、食用菌种植面积和总产量持续增加，均居全区首位。全市农业产业化企业964家，通过市级以上认定的119家，比“十五”期末增加72家，通过自治区级认定的11家，比“十五”期末增加6家，通过国家级认定的2家。

新农村建设成效显著。累计投入新农村建设资金10.37亿元，是“十五”时期的4.7倍，惠及农村116.13万人。

县域经济发展势头强劲。县域生产总值占全市的比重由2005年的64.3%上升到2010年的67.8%；完成全社会固定资产投资额占全市的比重由72.0%上升到78.5%；财政收入占全市的比重由41.8%上升到47.0%。

四、旅游和服务业突显新亮点

2009年12国务院确定桂林市为国家旅游综合改革试验区。接待旅游者人数由2005年1205.08万人次增加到2010年的2246.33万人次，年均增长13.3%；旅游总收入由57.95亿元增加到2010年的168.30亿元，年均增长23.8%。

成功举办首届桂林国际旅游博览会、二届桂林国际山水文化旅游节和四届联合国世界旅游组织旅游趋势与展望国际论坛，并实现“论坛”永久落户桂林。拥有全国“双百强”旅行社5家、3A级以上景区34家。有国家级、自治区级工农业旅游示范点35家，居全区之首。

中国化工橡胶桂林公司巨型轮胎

服务业增创新优势。桂林市成为广西国家首批服务业综合改革试点区域。市区共有各类商品交易市场104家。全市金融机构各项存款余额1367.59亿元，比2005翻1.37番；金融机构各项贷款余额784.18亿元，比2005翻1.40番。

五、基础设施建设得到新提升

公路通车总里程由2005年的7185公里增加到2010年的11172公里，新增3987公里；其中高速公路由110公里增加到349公里，新增239公里。公路密度达39.95公里／百平方公里。建设高速公路8条，已建成5条；纵横贯穿桂林的贵阳至广州快速铁路、湘桂铁路扩能改造工程已动工建设；民航完成4E级标准机场跑道扩建工程，两江国际机场跻身全国大中型航空港行列；水路新改建码头56处。全面完成南洲大桥等“三桥十路”建设，极大改善了市区交通状况。

能源体系建设加快推进。桂林500KV输变电工程、220KV变电站以及一批110KV输变电工程已经建成送电。2010年，实现发电装机容量190.72万千瓦，比“十五”期末新增93.36万千瓦。其中，水电装机113.24万千瓦，比“十五”期末新增44.73万千瓦。一批风力发电、生物质发电项目顺利推进。

水利设施建设实现重大突破。市区和重点县城防洪工程全部竣工；小溶江、川江、斧子口3大水利枢纽工程顺利推进。“十一五”期间，共维修、除险加固病险水库153座，完成渠道防渗1350公里，新增有效灌溉面积4290公顷，改善有效灌溉面积117.96万公顷。

信息基础设施建设明显加强。功能健全、覆盖全市的信息基础设施基本建成，社会公众信息网络系统进一步完善，三电一体、三网融合格局基本形成，互联网普及率由“十五”期末的10台／百人提高到“十一五”期末的34台／百人。

六、人民生活达到新水平

城乡收入大幅提升。十一五”时期，是全市人民收入增加最快、生活改善最多的时期。城镇居民人均可支配收入由2005年的9268增加到2010年的17949元，年均增长14.1%；农民人均纯收入由2005年的3003元增加到2010年的5487元，年均增长12.8%。

社会保障体系不断完善。“十一五”期末，城镇企业职工基本养老保险覆盖率达100%，城镇职工基本医疗

景在城中，城在景中（两江四湖）

金桔架起富裕村（龙潭门小康村）

保险覆盖率达90.16%，失业保险覆盖率95.2%，率先在全区全面建立城乡居民最低生活保障制度。

七、生态建设获得新成效

节能减排成绩显著。“十一五”期间，共关闭立窑水泥生产线17条，淘汰落后产能114.8万吨；关闭淘汰容量5000千伏安以下的铁合金矿热电炉57台；淘汰公称容量20万吨以下钢铁生产电炉7台，淘汰落后产能72万吨。2010年，万元生产总值能耗降低2.90%，工业废水废气排放达标率达95%，工业固体废物综合利用率达96.2%，二氧化硫排放总量为6.58万吨，化学需氧量排放总量控制在4.75万吨以内，主要污染物排放总量等约束性指标均控制在规划目标范围内。

环境质量明显提高。“一控双达标”工作处于全国领先地位。全市建设项目和工业集中区（城镇新区）的规划环评执行率均达到100%。“城考”成绩排名广西首位，环境质量在全国重点城市中名列前茅，荣获“国家环境保护模范城市” 称号，成为“国家生态园林城市”试点。

科学保护漓江工作取得实效。编制完成《桂林生态市建设规划》及12县《生态县建设规划》，并通过专家论证。全面启动“两江四湖”二期暨桃花江、南溪河、小东江综合整治工程建设，扎实推进保护漓江系列工程，漓江步入科学保护与管理轨道，受到党和国家领导人的充分肯定。

八、改革开放开创新局面

深化经济体制改革，完成国有和集体企业改革改制53家；组建市国有资产投资经营公司、市经济建设投资公司等5个投融资平台，引进浦东发展银行等5家银行，组建桂林邮政银行，启动农村新型金融机构试点。深入开展行政审批制度改革，减少投资审批事项100项。加快科技教育、文化卫生、社会保障、农村税费、乡镇机构、林权制度改革，完善土地流转办法，累计完成林权外业勘界面积2017万亩，完成核发林权证面积1496万亩。

招商引资成绩突出。全力实施“央企入桂”、“百企入桂”战略，成功引进中国昊华（南方）、美国新桥、沃尔玛集团等一批国内外知名企业落户桂林。五年累计新批外商投资企业150家，实际利用外资5.45亿美元，年均增长44.2%。

对外贸易不断扩大。外贸进出口总额由2005年4.42亿美元增加到2010年的9.03亿元，年均增长15.4%，比“十五”快4.1个百分点。其中出口总额由2005年3.08亿美元增加到2010年的6.22亿美元，年均增长15.1%。

海南省

海南历史上经济社会发展最好的五年

——“十一五”时期海南省经济社会发展回顾

“十一五”时期是海南发展史上极不平凡的五年，开创了科学发展、跨越发展的新局面。这五年，是经济总量提升最多、经济运行质量和效益最好、产业结构调整取得历史性突破、固定资产投资规模空前、改革开放力度最大、社会事业全面进步和人民群众得到实惠最多的五年，是海南历史上经济社会发展最好的五年。

一、经济实现快速增长，全省生产总值连跨两个千亿大台阶，是海南建省以来经济总量提升最多的五年

经济实现快速增长，增速明显超出预期目标。“十一五”期间，海南经济持续保持快速增长势头，年平均增速明显超出预期。按可比价格计算，2010 年比 2005 年增长 87.0%，年均增速 13.3%，比“十一五”规划纲要预期目标快 4.3 个百分点，比“十五”和“九五”年均增速快 3.2 和 6.8 个百分点。

经济总量大幅度提升，连跨两个千亿大台阶。在“十一五”开局的 2006 年全省地区生产总值就突破千亿元大关，达到 1065.67 亿元；在“十一五”末期的 2010 年全省地区生产总值突破两千亿元大关，达到 2052.12 亿元，是经济总量提升最多的五年。按当年价格计算，“十一五”时期累计创造地区生产总值达 7529.23 亿元，是“十五”和“九五”时期的 2.05 倍和 3.35 倍。

二、地方财政收入、企业利润大幅增长，物价基本稳定，是建省以来经济运行质量和效益最好的五年

地方财政收入大幅增长。“十一五”期间，经济快速发展促进地方财政收入大幅度增长。2007 年地方财政一般预算收入突破百亿元大关，2010 年超过两百亿元，达到 271.06 亿元，比 2005 年增长 3 倍，年均增长 31.6%，增速高于 GDP 增速 18.3 个百分点。

企业经济效益明显提高。全省规模以上工业企业实现利润总额由 2005 年的 35.04 亿元增加到 2010 年的 117.28 亿元，增长 2.35 倍，“十一五”期间年均增长 27.3%。2010 年规模以上工业企业综合效益指数达 310.5%，创历年新高，企业发展活力显著增强。

物价总水平基本保持稳定。“十一五”期间，我省经济实现年均 13.3% 的快速增长的同时，物价总体水平基本保持稳定，呈现高增长、低通胀的良好发展局面。“十一五”期间居民消费价格（CPI）年均涨幅为 3.5%。

节能减排和环境保护取得显著成效。“十一五”期间，我省单位国内生产总值能源消耗有望完成国家下达的“十一五”节能减排目标，化学需氧量、二氧化碳排放量等主要污染物排放总量控制在国家规定的减排目标内，全省生态环境质量继续保持优良状态。加快城镇污水、垃圾处理设施建设，城镇生活污水集中处理率提高到 70%、生活垃圾无害化处理率提高到 86%。加强退耕还林、植树造林，森林覆盖率从 2005 年的 55.5% 提高到 60.2%，提高了 4.7 个百分点。

三、经济结构转型升级，三次产业协调发展，是建省以来产业结构调整最有成效的五年

三次产业结构比例由 2005 年的 32.7：26.2：41.1 调整为 2010 年的 26.3：27.6：46.1，第一产业比重下降 6.4 个百分点，第二产业和第三产业比重分别上升 1.4 个百分点和 5 个百分点，实现了“二产超一产”的历史性突破，三次产业结构比重由 2005 年的“三一二”变为“三二一”。

农业生产平稳较快发展，优势产业不断发展壮大。2010 年全省农业增加值达到 539.32 亿元，比 2005 年增长 44.6%，“十一五”期间年均递增 7.7%。2010 年瓜菜、水果、橡胶干胶等农产品产量为 528.05 万吨、286.25 万吨和 33.35 万吨，比 2005 年分别增长 45.3%、87.7% 和 34.6%。2010 年全省瓜菜、水果出岛量达到 540 万吨。2010 年全省总肉量达到 68.49 万吨，比 2005 年增长 44.0%；生猪出岛 173 万头，全省万头以上猪场达到 153 家。

新型工业快速发展，工业实力明显增强。2007 年，全省工业总产值突破千亿元大关。2010 年工业增加值达 380.76 亿元，比 2005 年增长 1.1 倍，翻了一番多，年均增长 15.9%。2010 年产值占规模以上工业总产值的比重达到 81.7%。2010 年原油加工、水泥、汽车、纸浆等

鹿回头

产品产量为856.79万吨、1264.05万吨、13.60万辆、121.67万吨，比2005年分别增长6.64倍、1.86倍、86.1%和55.8%。

以旅游业为龙头的服务业快速发展，成为引领经济增长的主导力量。2010年第三产业增加值达946.25亿元，比2005年增长1.1倍，“十一五”期间年均增长15.6%，对GDP增长的贡献率为50.3%。2008年全省接待旅游人数突破2000万人次，2010年达到2587.34万人次，“十一五”期间年平均增长11.3%。房地产业步入快速健康发展轨道，国际旅游岛建设的利好概念促进房地产业发展明显提速。“十一五”期间房地产业增加值年平均增长23.4%。金融业发展势头强劲，运行质量和效益不断提高，金融生态环境明显改善，对经济社会的促进作用日益明显。“十一五”期间金融业增加值年平均增长30.8%。

四、实施区域发展总体战略，区域经济快速协调发展，是建省以来市县综合实力提升最快的五年

经过五年的努力，区域经济快速协调发展，区域综合经济实力明显增强，区域经济发展呈现出新的格局与态势。在18个市县中， 2010年地区生产总值超50亿元的市县由2005年的4个增加到11个，其中超100亿元的由1个增加到6个；地方财政一般预算收入超亿元的市县由9个增加到17个，其中超10亿元的由1个增加到6个。

五、开工建设了一大批重大工程项目，基础设施建设明显加强，是建省以来固定资产投资规模最大的五年

“十一五”期间，全省累计完成固定资产投资3978.07亿元，是“十五”时期的2.81倍，年平均增长25.8%。美兰机场、凤凰机场完成扩建，西环铁路、东环快速铁路、海口绕城高速公路等投入运营；加强重点港口的布局调整和建设，形成了“四方五港”格局；万吨级泊位增加到34个，建成了华南地区第一个30万吨原油码头；开工建设了大隆水库、大广坝二期、红岭水库等水利设施，工程性缺水问题将大大缓解；华能东方电厂一期、华能文昌风电厂、220千伏环岛主网、海南电网跨海联网工程一期等电力项目建成投产，城乡电网完成改造升级。800万吨炼油、160万吨造纸一期、140万吨甲醇、110万吨铁精粉、8万吨苯乙烯、15万台汽车发动机、30万吨旋窑水泥、中航特玻一期、英利100兆瓦多晶硅太阳能电池一期、威隆造船一期等重大工业项目建成投产。截止2010年年底已建成保障性住房12.6万套，省博物馆、省图书馆、省歌舞剧院、省保健中心、省人民医院综合住院大楼、省中医院门诊综合大楼、海口市人民医院医疗综合大楼等民生工程建成投入运营，301医院海南分院进入后期施工阶段，建成了25个污水处理厂和19个城镇垃圾处理设施等。

六、对外开放取得重大突破，改革取得显著成效，是建省以来改革开放力度最大的五年

“十一五”期间，我省对外开放水平进一步提高，走上了对外开放前沿阵地。2007年海南洋浦保税港区获准设立，成为全国第四个、华南地区第一个保税港区；海口保税区升级为海口综合保税港区；实施入境免签证政策范围扩大到26个国家；2009年国际旅游岛建设上升为国家战略，标志着海南建设开放型经济进入新阶段；境外游客购物退税政策实施；出台《海南省游艇管理试行办法》等，对外开放的范围不断扩大、领域不断拓宽、层次不断提高。

七、城乡居民收入水平大幅提高，民生状况明显改善，是建省以来人民群众得到实惠最多的五年

城乡居民收入较快增加。2010年城镇居民人均可支配收入由2005年的8124元增加到15581元，增长84.3%，“十一五”时期年均增长13.0%，比“十五”时期加快6.2个百分点；农村居民人均纯收入由3004元增加到5275元，增长75.6%，“十一五”时期年平均增长11.9%，比“十五”时期加快5.8个百分点。

民生状况明显改善。“十一五”期间，政府对民生投入力度前所未有。我省坚持“小财政、大民生”的执政理念，用于加大改善民生的财力越来越多，促进了居民的住房、教育、就业、医疗、社会保障等状况明显改善，广大人民群众分享到越来越多的经济发展成果。

万绿园

三亚市

铸造新辉煌　实现大跨越

——“十一五”三亚市经济社会发展成就综述

三亚全貌

“十一五”的五年，是三亚综合实力大幅度跃升和城乡面貌发生巨变的五年，是社会事业全面进步和人民群众得到实惠最多的五年，是环境资源得到高度重视和可持续发展能力显著增强的五年。

一、经济实现了大发展、大跨越

2005年全市生产总值为66亿元，经过5年的不懈努力，经济总量明显扩大，于2007年首次突破100亿元大关，2010年全市生产总值达230.79亿元（初步核算数）。“十一五”五年实现的GDP总和占建省升格23年以来各年度GDP总和的61.8%。

“十一五”期间，我市经济年均增长达18.2%，高于“十五”期间5.7个百分点。经济增长在保持高位稳健运行的同时，物价基本呈温和可控态势。“十一五”期间居民消费价格分别上涨1.3%、4.0%、5.5%、-0.2%、3.4%，年均增长2.78%，“十一五”经济发展步入建省升格以来的最好时期。

产业结构不断升级，以旅游为龙头的第三产业主导地位增强。“十一五”期间，随着以旅游为龙头的服务业全面发展，经济结构调整步伐明显加快，2010年我市三次产业结构为13.4：21.4：65.2，与2005年相比，第一产业比重降低12.5个百分点，第三产业比重提高13.9个百分点。

固定资产投资规模扩大，基础设施不断完善。“十一五”期间，一批事关全局的重大工程和项目相继建成，全市交通、能源、水利等基础条件明显改善。2010年全市完成投资达305.24亿元，比2005年增长5.2倍，年均递增44.2%。“十一五”期间累计投资849.20亿元，占建省升格以来各年度固定资产总和的72.6%。

政府财力显著增强。2007年、2008年我市地方财政一般预算收入分别突破10亿、20亿元大关，2010年达42.22亿元，相当于2005年的6倍。“十一五”期间创造的地方财政一般预算收入总和是建省升格起到2005年各年度地方财政收入总和的2.7倍。

城乡居民收入倍增。2010年，我市城镇居民人均可支配收入为17758元，是2005年的2.1倍；农民人均纯收入6502元，是2005年的1.9倍。

二、社会事业全面进步

五年来，市委市政府始终坚持“以人为本”的发展理念，制定实施了《三亚市2008—2013年重点民生项目发展规划》。“十一五”时期，我市累计投入重点民生项目资金76.2亿元，2010年为29.5亿元，是2006年的9.4倍，年均递增75.2%。

“十一五”时期，新增城镇就业岗位近12万个，转移农村富余劳动力近8万人。2008年以来，我市已建成廉租住房2469套，并已于2009年完成省政府下达的3年廉租房的建设任务；完成少数民族地区茅草房改造3640间；完成危房改造2205间；发放住房租赁补贴

2008年北京奥运圣火进行传递

第57届世界小姐总决赛

天涯海角景区

南山文化旅游景区

1013 万元。2010 年，我市已分期分批开工建设保障性住房项目 7 个，建设住房 9966 套。2010 年底，我市城镇从业人员基本养老、医疗、失业保险覆盖率均在 97% 以上，城乡居民基本医疗保险覆盖率为 99.98%。城市、农村居民最低生活保障标准分别由 2006 年的每月 220 元、90 元提高到 2010 年的每月 330 元、235 元。出台了《三亚市城乡居民基本医疗保险暂行办法》，在全省率先整合新型农村合作医疗和城镇居民基本医疗保险制度。出台了《三亚市城镇老年居民基本养老保险实施办法》，在全省率先建立城镇老年居民基本养老制度。积极推进新型农村社会养老保险试点工作，颁布了《三亚市新型农村社会养老保险试点工作方案》。全市改建、新建中小学校舍 55 万平方米。近三年来，全市免除 28 万多人次的义务教育阶段杂费，24 万多人次的教科书费。支持高等教育发展，目前，共有 5 所高校落户三亚。加强三亚城市文化建设，形成了城市名片“美丽三亚、浪漫天涯”、城市精神“极力争取”和“天涯文化”三大文化品牌。拆除三亚天涯水泥厂并投资建成了市综合体育中心。镇级文化综合中心和村级文化室全面建成并投入使用。精心打造了世界小姐、天涯海角国际婚庆节等大型文化品牌赛事，成功举办了国际热带兰花博览会、奥运火炬首传、环海南岛公路自行车赛等大型活动。《三亚市文化产业发展规划》编制工作顺利推进。我市积极推进基本药物制度实施，实现 31 家公立基层医疗机构基本药物制度全覆盖；完成了《三亚市区域卫生规划（2009-2015 年）》的编制。积极推进解放军总医院海南分院等重点医疗机构的建设，加快农村卫生院和社区卫生服务站等机构建设。截至 2010 年底，全市共有卫生机构 391 个，病床位 2208 张，行政村卫生室覆盖率达 100%。实行环境卫生责任制，获得了“国家卫生城市”的光荣称号，严厉打击违法犯罪活动，荣获国家社会治安最高奖“长安杯”。

三、可持续发展能力不断增强

落实节能减排目标责任制，节能减排工作取得新成效。2009 年，我市万元 GDP 能耗 0.7797 吨标准煤，比 2005 年下降 14.8%，年均下降 3.94%，提前超额完成了省下达的节能减排任务。2010 年，我市生活垃圾无害化处理率和生活垃圾渗滤液达标处理率均达 100%，城镇生活污水集中处理率达 79.8%，全市森林覆盖率达 68%，建成区绿化覆盖率达 45.31%，人均公共绿地面积达 18.97 平方米，城市空气质量达标率一直保持 100%。建设亚龙湾森林旅游公园，精心打造“槟榔河乡村文化旅游点”。

第二届中国（三亚）国际热带兰花博览会

雅安市

雅安：生态立市—可持续发展模式

雅安是大熊猫的乐土

一、奋进之光

在“5•12”汶川特大地震三周年到来之际，“中国鸽子花”（珙桐）在雅安市荥经县龙苍沟国家级森林公园飞舞。这里以森林植物多样性和水景为主，以生态观光、旅游度假、生态游乐吸引八方宾客。在雅安，无论是市区所在的雨城区，还是周边的天全、芦山、宝兴等县，也拥有类似龙苍沟这样美丽的生态景区。

刚刚过去的“十一五”，雅安走过了极为特殊、极端艰难、极度悲壮、极不平凡、极其精彩的历程。在党中央、国务院和四川省委、省政府的坚强领导下，雅安人民万众一心，攻坚破难，博弈进取，加快发展，书写了感天动地、奋进跨越的新篇章。雅安作为四川汶川特大地震六个重灾市（州）之一，灾后重建“三年任务两年基本完成”，实现了更高水平的发展；胜利完成瀑布沟水电站移民工作任务，再创新时期全国大中型水电工程移民工作新的里程碑；积极应对国际金融危机等众多不利因素的挑战，改善发展环境、破解发展桎梏，实现了在绝境中奋起的巨大发展，保持了雅安社会稳定，人民安居乐业，经济社会的健康发展。

“十一五”期间，全市经济平均增速 17.8%，创雅安建国以来历史新高；地方财政一般预算收入年均增速 29.7%，位居全省前列；国税收入一年一个台阶，不断赶超省内其他地区；地税收入连年跨越亿元台阶，年均实现 30% 以上的增长；百元 GDP 创造财政收入 5.5 元，增加 1.8 元，增加额居全省前列；城镇居民人均可支配收入、农民人均纯收入年均增长 13.7% 和 12.9%；全社会固定资产投资累计超过 1160 亿元，是“十五”规模的 3.88 倍；三次产业结构不断优化，由 2005 年的 22.4 ∶ 43.8 ∶ 33.8 调整为 17.4 ∶ 55.1 ∶ 27.5。全市基础设施建设、工业经济发展、生态产业培育、公共服务惠民、发展环境改善等方面成效显著。完成了工业化初始阶段进程，开始进入工业化中期，经济社会发展的速度与质量跻身全省中游水平，跟上了全省加快发展、科学发展和又好又快发展的步伐，奠定了未来跨越发展的坚实基础。

灾难是磨砺更是机遇，三年重建中，“熊猫首都•生态天堂”——雅安始终注重保护环境，以震后雅安更加美丽的形象呈现于世人面前。让城市郁郁葱葱，生机盎然，更让生态产业异军突起。

在雅安市领导眼里，“生态是雅安生命”，在灾后重建期间，“保护生态，营造与雅安自然山水相融的人居环境”，“为保青山舍金山”，“雅安不以牺牲环境为代价搞发展，坚决不走先发展后治理的老路”等观念在各种场合被反复提及和强调。在灾后重建过程中，雅安率先提出零碳能源产业，坚持科学利用和开发水电能源，目前全市水电装机已达 875 万千瓦，成为四川最大的零碳能源市（州）之一。抢抓灾后重建的机遇，雅安加快经济转型步伐，大力发展国际度假、有机农业、绿色居住、生态环境等生态产业。雅安的重点支柱产业迅速崛起，成为生态经济的新支撑。

这五年，雅安从悲壮走向豪迈，中国优秀旅游城市、四川省首个国家级生态示范区、中国十佳魅力城市、中国低碳先锋城市、“四川大熊猫栖息地”世界自然遗产等一项项殊荣花落雅安；这五年，雅安联动推进新型工业化、新型城镇化、农业现代化，统筹城乡发展，重视社会民生，改善基础设施，建设生态文明，硕果累累。

二、生态之魅

时下，在长江中下游一片“喊渴”声中，雅安依然是山清水绿，江河奔流，空气清爽宜人。森林覆盖率、湿润指数、植被覆盖指数、水体密度指数等生态指标居四川首位，空气中负氧离子含量为世界顶级。在市区滨江大道旁，每晚都会聚集大量的市民，唱歌、跳舞、锻炼身体……青衣江边煞是热闹，城在山水中，路在绿树中，人在花丛中，山、水、城融为一体。

雅安全景

在城郊，无论是绿波荡漾的世界茶文化圣山蒙顶山，还是绿浪翻卷的碧峰峡、东拉山、龙苍沟、神木垒、周公山温泉等景区，“到雅安喝茶看熊猫”的游客络绎不绝。

长期以来，雅安把生态作为传家宝、立市之基，立足生态优势，构架生态产业平台，发展生态经济，实现了从生态资源大市向生态经济强市迈进的目标，走出了一条独特的可持续发展之路。

雅安人不会忘记，曾经火爆一时的“三头”（木头、石头、水头）经济，带给雅安的是经济发展昙花一现的尴尬，留下的是被掏空的山体和被耗竭的资源。

痛定思痛，雅安人清醒地认识到，要走可持续跨越发展之路，必须坚定不移地走生态立市可持续发展之路。

“‘绿色生态’才是雅安跨越发展不竭的动力。”2000年12月，雅安撤地设市，开始了走上“生态立市”的探索之旅：在市一次党代会上，市委提出了建设西部生态经济第一城的宏伟目标；2003年，市委一届六次全委会制定了“11421”生态经济发展战略性思路；2006年，市二次党代会上再次提出把生态经济作为与现代经济对接的基点；2009年，市委正式提出要把雅安建成国际化区域性生态城市。

春天，播下“生态”的种子，秋天，收获“生态”的果实，在雅安城乡，生态正从资源转化为一笔笔财富。

市委市政府将2009年确定为“投资年”，2010年为“枢纽建设年”，2011年为“开放奋进年”， 好戏连台，高潮迭起。如今在四川雅安工业园区、雨城区、汉源、石棉、宝兴等地，一批批大项目、好项目纷至沓来。经过漫漫10年生态立市路，生态农业、生态工业、生态旅游等生态品牌，已在雅安1.53万平方公里的热土上树立起来。国家要生态、地方要发展、农民要增收的协调发展理念，在雅安得到生动实践。突出发展以生态旅游为龙头的第三产业，做大做强熊猫品牌，精心打造大熊猫生态之旅精品旅游线路，加快旅游业从观光旅游向度假旅游，由低端旅游向高端度假的转变；连续成功举办了三届中国·雅安国际熊猫·动物与自然电影周，“熊猫首都·生态天堂”的雅安独特魅力正吸引着世界的目光。

生态魅力激情四射，生态经济蓬勃发展。开放的雅安，处处呈现出一派欣欣向荣、蒸蒸日上的生动景象。

2011年，是新一轮西部大开发战略和“十二五”规划的开局之年。不久前，成渝经济区区域规划已获得国务院审批通过，发展潜力巨大的成渝经济区，将成为西部大开发的增长极和经济高地，有望成为中国继珠三角、长三角和环渤海湾3个经济增长极后的中国第四增长极。根据规划，雅安全域被纳入成渝经济区，雅安面临重大的发展机遇。

位于雅安市名山县的中峰万亩茶园（魏发贵　摄）

面临新的机遇，勤劳勇敢的雅安人民，在科学发展的引领下，坚持以生态优势为依托，以生态产业为基础，以生态文明为引领，以生态建设为支撑，按照产业绿色化、资源循环化、生产生活低碳化、民居与环境生态化的“四化”要求加快转变经济发展方式。着力打造国际化区域性会展、经贸、文化、度假旅游四大平台，将雅安建设成为经济持续发展、社会民主和谐、人民幸福安康、生态环境优良的资源节约型、环境友好型国际化区域性生态城市，成为中国生态城市的样板和典范。

宏伟蓝图业已展现，激进号鼓不断奏响。当前，雅安正以豪迈的步伐，加快以“4+2”铁路、“6+2”高速为骨干的川西综合交通枢纽；加快推进“电力一张网”建设，完善电力网络枢纽；加快建设以雅安物流园区为核心的物流枢纽；加强中型水库、城市水源工程、中小河流治理等水利工程建设；加快“三网融合”和物联网发展，推进信息枢纽建设。力争到2015年，全市GDP在2010年的基础上翻一番，人均GDP列全省前列；固定资产投资累计达到2000亿元；财政一般预算收入翻一番；城镇居民人均可支配收入达到25000元，农民人均纯收入达到10000元。初步建成川西综合交通枢纽，初步建成国际化区域性生态城市，经济发展迈上新台阶，实现雅安在新时期的全域跨越。

今年3月，被誉为“堪比三星堆”的雅安汉源县麦坪遗址名列2010年度全国十大考古新发现候选名目。这座距今4500年到2500年间，在大渡河中游神秘出现又神秘消失的“堪比三星堆的国际大都会”再次浮出水面。

我们相信，远古的“国际大都会”已经走来，未来的国际化区域性生态城市并不遥远。

蒙山茶技（魏发贵　摄）

四川省总工会

2009 年 2 月 27 日，四川省职工（农民工）技能“大培训、大比武、大提升”行动在成都飞机工业集团公司正式启动。

“十一五”期间，四川省各级工会组织广泛开展“大培训、大比武、大提升”岗位练兵活动，开展职工技能培训 1.1 万期，涉及培训工种 612 个，培训职工 214 万人（次）；在 253 个工种中开展了岗位练兵和技能比赛，有 12.7 万名职工晋升了技术等级，13.8 万名“首席员工（技师）”成为企业技能带头人。全省已建工会企事业单位职工共提出各类合理化建议 130.0 万件，其中已实施 54.96 万件，占 42.26% ；技术革新项目 4279 万项；技术发明项目 31.77 万项；总结推广先进操作法项目 1.75 万项。

“十一五”时期，四川省总工会以推动实施“十一五”规划、国家重点工程建设以及汶川特大地震恢复重建等党政中心工作，先后开展了“当好主力军，建功十一五”，“展主力军时代风采，建跨越式精品工程”，“灾后重建，再立新功”等形式多样、内容丰富的劳动竞赛，极大地激发了全省职工的积极性和创造性。五年来，全省参赛职工达 2057 万人（次），其中 90%的规模以上企业和职工参加了竞赛。全省重点工程项目竞赛从“十一五”初的 15 个扩展到目前的 713 个，基本实现了大中型项目“全覆盖”，其中，由省总工会直接抓的投资额超百亿的重点工程达 65 项。全省仅国有企业就有 2.3 万家开展了竞赛活动，参与面达 90.4%，参赛职工达 1062.6 万人（次）。先后表彰全省重点工程劳动竞赛优秀建设者 81 人，重点工程劳动竞赛先进集体 116 个、先进班组 238 个、先进个人 521 个。

“十一五”期间，四川省各级工会积极开展惠民帮扶活动，推进民生改善。截至 2010 年，全省工会建立“送温暖”工程基金 10106 万个，比 2005 年增加 7776 个，增长 130%。各级工会坚持开展“春送岗位、夏送清凉、秋送助学、冬送温暖”的“四季送”活动，暖冬大行动筹集资金 2.2 亿元，走访慰问困难企业 7839 户、困难职工 34 万户；金秋助学活动筹集资金 5342.8 万元，资助困难职工（农民工）子女 4.2 万人，超额完成省政府下达的民生工程相关目标任务。全省已在 21 个市（州）、153 个县（市、区）、823 个乡镇（街道）、1186 个社区（村）建成惠民帮扶中心，全年接待职工群众 322 万人（次），救助困难职工群众 118 万人（次），救助金额近 4 亿元。深入开展医疗互助行动，参保职工人数累计达 350 万人（次），全年全省新参加女职工大病互助保险、职工住院互助保险的职工达 54.5 万人（次），对 2.5 万人进行了赔付，赔付金额达 2481.1 万元。几年来，省总工会直接向国家扶贫开发重点县屏山县投入帮扶资金 472 万元，协调各类项目资金 1.67 亿元。

2008 年 11 月 14 日，四川省“灾后重建 再立新功”劳动竞赛在德阳东汽正式启动。

双流县

开拓奋进　赶超跨越
奋力打造“空港现代田园大城市”

“十一五”期间，四川省双流县深入贯彻落实科学发展观，紧紧围绕四川建设西部经济发展高地战略部署和成都建设世界现代田园城市发展战略，主动抢抓西部大开发、灾后重建、扩大内需和成都全国统筹城乡综合配套改革试验区建设等重大机遇，全面深化城乡统筹，全力以赴加快发展，实现了赶超跨越的重大突破，开创了科学发展的崭新局面。

积极应对严峻形势，加快转变发展方式，县域经济实现跨越式发展。“十一五”期间，双流县积极应对“5.12”特大地震和国际金融危机的双重影响，主动抢抓危中之机，努力实现在全省“率先建成全面小康示范县、率先建成城乡一体化示范县”和百强县争先进位目标，县域经济整体实力、综合竞争力和可持续发展能力大幅度提升。2010年，全县实现地区生产总值471亿元、规模以上工业增加值156亿元、社会消费品零售总额127亿元、地方财政一般预算收入33.5亿元、金融机构存款余额786亿元、金融机构贷款余额408亿元，分别是2005年的2.4倍、3.2倍、2.7倍、4.4倍、3.9倍、5.5倍。在全省“率先建成全面小康示范县”目标实现度达90.9%、“率先建成城乡一体化示范县”目标达标率达72.8%。

深入推进城乡一体化，全力打造空港现代田园大城市，城乡面貌发生历史性变化。2010年，城市建成区拓展到92km^2，聚集人口91.7万人，城市化率达58%，比2005年提高19.5个百分点。“十一五”期间累计投入540亿元，加速构建城乡道路联网、电力供应同网、供水供气并网的基础设施体系，县域公路总里程达2286km，行政村公路通达率和硬化率均达100%；实现镇镇通自来水，行政村自来水通达率89%，率先在全省实现城乡供水一体化；农村有线电视入户率达70.6%，光纤村通率达100%。扎实抓好创建国家生态县、国家园林县城、省级文明县城“三创”工程和城乡环境综合整治，全县城镇污水处置率达83.6%，农村生活垃圾收运处置率达100%，空气质量优良率保持在90%以上。

致力体制机制创新，推动充分交流合作，改革开放取得突破性进展。双流县始终把深化改革扩大开放作为推动经济社会发展的强大动力，深入实施改革开放战略，着力创新体制机制，加强对外交流合作，统筹城乡发展

双流国际机场

的活力显著增强。“十一五”期间，共引进项目2459个，其中5亿元以上项目65个；累计引资到位1286亿元、实际利用外资5.3亿美元、出口创汇21.1亿美元、完成固定资产投资1266亿元，分别是“十五”期间的4.2倍、7.4倍、10.9倍、4.1倍。

加强民主政治建设，营造和谐文明风尚，社会发展实现全面性进步。双流县坚持经济、政治、文化、社会建设协调发展，高度重视并切实加强民主政治建设，大力发展社会主义先进文化，努力营造安定团结、文明和谐、生动活泼的发展局面。成功创建首批全国法治县、全国平安先进县，成为全国文化先进县、全国农民健身工程先进县和全国文物工作先进县，连续3次荣获“四川省双拥模范县”。黄龙溪“天府第一名镇”打造成效明显，成为四川最美古镇、全国历史文化名镇和国家AAAA级景区。

坚持发展成果共建共享，千方百计改善民生，人民生活得到整体性提升。“十一五”期间，县财政累计投入民生工程资金52.9亿元，大力实施顺民心、解民忧、惠民生的“民生工程”，累计新增城镇就业13.2万人，城镇登记失业率连年控制在1.9%以内；率先在全省实现城乡居民养老保险一体化和基本医疗保险一体化，城乡社会保险覆盖面达80%；率先在西部实现免费义务教育，率先在全省实施高中教育免学费计划，成为全省义务教育示范县；推行城乡公交“一元通”、客运一体化，城乡群众出行更加方便快捷。2010年，全县城镇居民人均可支配收入21350元、农民人均纯收入9030元，城乡居民储蓄存款余额382亿元，分别是2005年的1.8倍、2倍、2.9倍。完成34所中小学校、24个镇（街道）卫生院和224个村（社区）卫生室标准化建设，组建优质教育集团7个，县级医院整合帮扶镇卫生院13个，交流城乡教师、医疗卫生技术人员499人。推进公共服务和社会管理向村（社区）延伸，建成185个村（社区）“五站一室两店”服务平台，完成253个村（社区）1927个项目服务外包，群众满意率达90%以上。

双流华阳全景图

贵州交通运输厅

贵州“十一五”交通运输发展回顾

“十一五”是贵州省交通运输面貌发生新的历史性变化的五年。在省委、省政府的正确领导下，在交通运输部的大力支持和指导下，全省交通运输系统坚持深入贯彻落实科学发展观，抢抓机遇不放松，趁势而上再拼搏，全省交通运输工作呈现出欣欣向荣、你追我赶、又好又快的科学发展局面，交通瓶颈制约状况有效缓解，运输服务保障能力明显增强，为推动贵州省经济社会又好又快、更好更快发展作出了重要贡献。五年来的发展成就，集中体现为“跨越、突破、提升”，即：公路、水路交通基础设施建设实现跨越式发展、交通运输体制机制改革取得重大突破、行业科学发展和“三个服务”能力全面提升，超额完成了“十一五”规划的各项任务。

五年来，贵州省以高速公路、农村公路为重点的交通基础设施建设发展迅猛，超额完成了规划目标任务，为贵州省经济社会又好又快发展奠定了交通运输物质基础。

遵义市湄潭县兴隆镇田家沟候车亭一角

固定资产投资实现新跨越。“十一五”贵州省公路、水路交通固定资产投资完成1248亿元，是“十五”投资480亿元的2.6倍，超过“十一五”规划目标426亿元，为拉动贵州省以投资为主导的经济发展做出了重要贡献。其中2010年完成投资410.5亿元，比2009年增长31.5%，占年度计划的138.8%。

公路通车里程实现大跨越。到2010年底，全省公路总里程达到14.98万公里，比“十五”的4.69万公里增

贵阳至都匀高速公路

2010年，贵州诞生首条省级文明样板航道——赤水河航道

加10.29万公里。路网密度达到85.06公里/百平方公里，比"十五"增加58.44公里/百平方公里。公路通行条件显著改善，干支结合、四通八达的公路网络基本形成。

高速公路建设实现历史跨越。加快推进县县通高速公路体系建设，到2010年底，高速公路通车里程1507公里，比2005年新增930公里；在建高速公路里程达2555公里，已建成和在建高速公路里程超过4000公里。全省88个县中，已建成和已开工建设高速公路的县达到77个。高速公路建设成为贵州省经济社会又好又快、更好更快发展的有力写照。

农村公路建设实现历史跨越。"十一五"以来，贵州省每年农村公路建设里程均在10000公里以上。到2010年底，乡镇通油路率达到96.9%，上升34.22%；建制村通公路率达到96.74%，上升45.3%，全面实现部省协议目标。完成786个渡口码头改造，渡改桥45座。铜仁地区圆满完成交通运输部第三批农村公路建设试点工作。农村公路建设成为支持"三农"发展、增加农民收入和维护社会和谐稳定的强有力保障。

汽车站场建设实现跨越。到2010年底，全省共有等级客运站870个。全省县以上城市均建有等级客运站，各地公路枢纽项目开工建设并投入使用，城乡客运站的辐射范围和功能得到极大改善。农村客运"建养管运"一体化试点成功，符合贵州实际，为解决农村公路重建轻养的问题找到了一条比较好的路子。

内河航运建设实现跨越。2005年前，全省通航里程仅3300公里，等级航道不足2000公里。"十一五"全省通航里程达3563公里，等级航道达2301公里，其中四级航道270公里。

坝陵河大桥全长2237米，其主桥为1088米钢桁架悬索桥，桥面至水面高约370米，总概算约14.8亿元。坝陵河大桥是实施西部大开发战略以来贵州省的一项标志性成果，也是我国在高山峡谷区修建上千米超大跨径桥梁的新起点，为中国桥梁史开创了一个新的领域

昆明市

科学发展铸就昆明新辉煌

金马坊

昆明是云南省的省会，西南地区的中心城市之一，我国面向西南开放的门户和桥头堡城市。辖14个县（市）区，面积21011平方公里，常住人口636万人。“十一五”期间，市委、市政府以科学发展观统揽全局，抓住国家扩大内需、实施新一轮西部大开发战略、启动我国面向西南开放的桥头堡建设等重大机遇，以大开放推动大发展，大投入推进基础设施大建设，大项目催生大产业，大力度促进民生大改善，谱写了富民强市、跨越发展的新篇章。昆明相继荣获国家园林城市、中国优秀旅游城市、国家创新型试点城市、2010年中国最具幸福感城市等殊荣。

着力打造产业强市，综合实力跃上新台阶。坚持发展第一要务，立足资源优势，强化科技支撑，调整经济结构，转变发展方式，加快建设现代产业体系。农业大力发展烤烟、蔬菜、花卉等特色产业，昆明已成为全省优质烤烟、蔬菜、畜产品生产基地，全国知名的鲜切花主产区。工业加快用高新技术改造提升卷烟、冶金、化工、电力、装备制造等传统产业，大力发展生物制药、光电子信息、新能源等新兴产业，全市高新技术企业达244家，高新技术产业实现增加值214亿元，占工业增加值的30.2%。实施大项目带动、大企业推动，新建亿元以上项目69个，累计完成工业固定资产投资1413亿元，是“十五”的3.6倍；工业增加值达到709.6亿元，年均增长13.2%。第三产业大力发展文化、旅游、会展、金融保险、现代物流、商贸业等产业，增加值达1039.2亿元，年均增长12.3%。三次产业结构调整为5.7:45.3:49。2010年，全市实现地区生产总值2120.3亿元，地方财政一般预算收入253.8亿元，全社会固定资产投资2160.8亿元，社会消费品零售总额1060.1亿元，与2005年相比，年均分别增长12.7%、22.9%、30.8%和20.6%。

加快城镇化进程，城乡统筹取得重大进展。推进城市建设，主城建成区达287平方公里，呈贡新区建成区41平方公里，全市城镇化率达63%。提升城市功能，建成主城区二环路快速系统、三环路闭合等一批重大项目，加快城市地铁、昆明新机场建设，构筑立体化的交通网络。城市公交出行分担率达38%。日供水能力达到163万立方米，供电可靠率达99.9%以上，建成区气率达98%。

近日下穿

改善城市环境，主城区绿地率、绿化覆盖率达37.9%和41.6%。建成区连续五年环境空气质量优良率达100%，优级天数达116天，获得联合国宜居生态城市称号。统筹城乡发展，促进城市基础设施向农村延伸、公共服务向农村覆盖、生产要素向农村流动。2010年，全市用于“三农”和民生工程的投入达131.5亿元，是“十五”末的3倍。改善农村基础设施，交通实现了乡乡通油路，镇镇通公交，行政村公交覆盖率达90%。加快农村二、三产业发展，缩小城乡差距。对全市1958个贫困村实施整村推进扶贫开发，解决了36万贫困人口的温饱问题，为全面建设小康社会打下坚实基础。

五家堆湿地公园

综合改革深入推进，对外开放成效显著。深化行政管理体制改革，行政审批事项由506项精简到86项，昆明成为全国行政审批事项最少的省会城市。完成新一轮政府机构改革，撤消乡镇建制35个，精简机构人员，提高了行政效能。加快政府投融资体制改革，组建了昆明发展集团，形成投、融、建、管分离的运行机制，提高了国有投融资公司的投融资能力。建立了昆明泛亚产权交易中心，搭建了资本在不同产业间流动的平台。加快非公经济发展，非公经济占全市地区生产总值的44.1%。深化农村改革、社会领域的改革等，增强了发展活力。加大招商引资力度，引进了一批国内外大企业、大集团，累计实际利用外资28.5亿美元，实际到位市外资金2722亿元，是“十五”的11倍和9.8倍。扩大金融对外开放，建立了昆明区域性跨境人民币金融服务中心。加强区域合作，积极参与“9+2”泛珠三角经济区和“10+1”中国—东盟自由贸易区等交流互动，加强与滇中经济区各州市的合作，拓展了发展空间。

社会事业全面进步，人民生活明显改善。2010年，城镇居民人均可支配收入和农民人均纯收入达18876元和5810元，“十一五”期间年均实际增长10.5%和8.5%。全面实施城乡免费义务教育，义务教育巩固率达99%以上，优质普通高中在校生比例达67.1%。建立覆盖城乡的医疗体系，各级各类医疗卫生机构达2775个，每千人拥有床位5.4张。科技文化事业全面发展，科技进步对国民经济增长的贡献率达55%，科技成果转化率达38.2%。建立了覆盖城乡的文化体系，广播电视综合覆盖率达98%。大力改善民生，开发就业岗位71.6万个，新增城镇就业46.6万人，城镇登记失业率控制在4.5%以内。城镇累计建设廉租房、公租房、经济适用住房66203套，发放租赁补贴13092户，解决7万多户低收入家庭的住房困难。建立覆盖城乡的社会保障体系，城镇居民医疗保险覆盖率达90%，农村新型合作医疗保险参合率达98.4%，城乡最低生活保障做到应保尽保。改革发展成果惠及全市人民，有力地推进了和谐昆明建设。

“十二五”时期，昆明的发展进一步加快，全市人民正按照已绘就的蓝图，朝着争科学发展之先，创和谐社会之优，加快建设我国面向西南开放的区域性国际城市目标奋进。到2015年，全市生产总值年均增长13%以上，人均生产总值比2000年翻两番；地方财政一般预算收入年均增长15%以上；全社会固定资产投资年均增长22%以上；社会消费品零售总额年均增长16%以上；城镇居民人均可支配收入和农民人均纯收入年均实际增长10%以上；城镇化率提高到70%以上，在全省率先基本实现全面建设小康社会，同步基本建成中国面向西南开放的国际化门户和重要桥头堡城市。

滇池

昭通市

云南省昭通市“十一五”时期经济社会发展主要成就综述

昭通中心城市一角

“十一五”时期的五年，在云南省昭通市经济社会发展进程中留下了浓墨重彩的一笔。五年来，在党中央、国务院和省委、省政府的坚强领导下，昭通人民立足推进科学发展，有效应对困难挑战，经济实力明显增强，社会事业长足进步，人民生活显著改善，谱写了昭通富民强市跨越发展的历史新篇。

坚持发展第一要务，经济综合实力跃上了新台阶。全市生产总值由2005年的170.9亿元增加到2010年的379.6亿元，年均增长12.5%。地方财政一般预算收入从8.5亿元增加到25.6亿元，年均增长24.7%。全社会固定资产投资从93.4亿元增加到356.1亿元，年均增长30.7%，相当于“十五”的4.4倍。

坚持转变发展方式，经济结构调整迈出了新步伐。粮食生产连年丰收，农业增加值年均增长5.4%。新型工业化进程提速，工业增加值年均增长16%。服务业蓬勃发展，第三产业增加值年均增长11.8%。三次产业比重由25 ∶ 36.9 ∶ 38.1调整为19.5 ∶ 46.1 ∶ 34.4。

坚持改善发展条件，基础设施建设实现了新突破。新增和改建高等级公路774公里、通乡油路1771公里、通达工程7220公里，124个乡镇通油路，1225个建制村实现通达。完成“五小水利”工程近10万件，水利有效灌溉保证率提高了7.7个百分点。其他领域一大批重点项目相继开工或建成投用。

坚持深化改革开放，建设发展环境取得了新进步。乡镇撤并、集体林权、国有企业和财税体制、投融资体制、事业单位绩效工资制度等改革深入推进。行政管理改革逐步深化，行政审批事项精简至79项。一大批企业纷纷入驻昭通，协议引资1317.8亿元，到位市外资金314.8亿元，分别是“十五”的3.9倍和6.7倍。

坚持以人为本理念，民生保障水平得到了新提高。义务教育取得历史性进步，顺利实现“两基”目标。医疗卫生服务体系不断完善，新型农村合作医疗参合率提高到96%。强势推进人口计生工作，人口自然增长率降至8.16‰。加强社会保障体系建设，社会保险参保人数是2005年的4.2倍，五保老人集中供养率从不足0.9%提高到16%。巩固和解决了48.2万贫困人口温饱问题。

回顾“十一五”，振奋人心；展望“十二五”，信心百倍。我们坚信，随着国家新一轮西部大开发的实施，通过全市各族人民的共同努力，昭通一定会成为中国西部重要的能源产业基地、新型载能产业基地、生物产业基地、产业转移承接基地、长江上游生态屏障和中国面向西南开放桥头堡的双向大走廊，成为西部大开发的特色区域和开放度高、辐射力强、经济繁荣、社会和谐、生态良好的新兴增长极。

云南侨通包装印刷有限公司一角

昭通大山包鸡公山大峡谷

贵州·毕节

毕节试验区　辉煌“十一五”

百里杜鹃米底河风光

“十一五”期间，毕节“开发扶贫、生态建设”试验区在党中央、国务院的亲切关怀和中央统战部、各民主党派中央、全国工商联、试验区专家顾问组的共同帮扶下，克服百年不遇的雪凝灾害、特大旱灾及国际金融危机等不利影响，求真务实，开拓进取，经济社会发展取得辉煌成就，开创了跨越式发展的新局面。

区域经济迅猛发展的五年。全区生产总值从“十五”期末的231.0亿元增加到600.85亿元，翻了1.38番，年均增速达13.9%，创下建国以来最快的历史增长水平，比全国和全省分别高2.7和1.3个百分点。

财政总收入从“十五”期末的34.81亿元增加到127.57亿元，翻了1.87番，年均增速29.7%，比全国和全省平均水平分别高8.4和8.1个百分点；全社会固定资产投资从“十五”期末的111.65亿元增加到451.9亿元，翻了2.02番，年均增速32.3%，比全国高6.6个百分点，比全省高6.7个百分点；社会消费品零售总额从38.9亿元增加到126.1亿元，翻了1.7番，年均增长26.5%，比全国高8.4个百分点，比全省高6.9个百分点。财政总收入和社会消费品零售总额增速均创下建国以来最快的历史增长水平，全社会固定资产投资也是最快增速的时期之一。

产业结构不断优化的五年。“十一五”期间，全区大力推进“3321”农业产业结构调整示范工程，大力实施“工业强区”战略，大力发展旅游、文化、物流等第三产业，实现“固农强工、拉动三产”、促进产业结构不断优化。“十一五”期末，三次产业结构从“十五”期末的32.2：36.1：31.8转变为20.7：43.2：36.1，实现了从“二一三”到“二三一”的转变。

民生改善比较突出的五年。城乡居民收入大幅提升，城乡居民医疗、住房、养老等保障制度不断健全，扶贫攻坚取得卓越成效，教育、卫生、文化等社会事业取得明显进步，城乡人居环境大为改善。中心城市毕节市城镇居民人均可支配收入从“十五”期末的7225元增加到14308元，年平均名义增长14.6%；全区农民人均纯收入从“十五”期末的1795元增加到3354元，年均名义增长13.3%；农村绝对贫困人口从61.61万人减少到不足35万人（老口径）；全区城镇化率从16.14%上升到27%。

基础设施大力推进的五年。“十一五”期间，全区在交通、电力、通信、农田水利等基础设施建设上取得瞩目成果。在交通建设方面共计投入大约100亿元，全区公路总里程达到23989公里，比“十五”期末增加11461公里。并通过努力开工或立项一大批机场、铁路、高速公路建设项目，为“十二五”跨越发展打下了坚实基础；在水利建设方面，全区有效灌溉面积从117.93万亩增加到248.87万亩。

生态建设明显进展的五年。“十一五”以来，全区大力实施石漠化治理、退耕还林、天然林资源保护、水土流失综合治理等一系列生态建设工程。全区森林面积从1366.28万亩增加到1612.4万亩，森林覆盖率从33.92%增加到40.03%。累计治理水土流失面积8351.02平方公里。

2011年是“十二五”的开局之年，同时也是毕节试验区迎来最好的历史发展机遇期的起点之年，试验区人有信心用辛勤和智慧绘就试验区跨越大发展的蓝图。

金沙温泉

毕节山城

西藏

西藏“十一五”时期经济建设成就辉煌

人民生活水平不断提高

“十一五”时期，是西藏发展进程中极不寻常、极不平凡的五年。面对复杂多变的形势和艰巨繁重的改革发展任务，在中央的亲切关怀和全国人民的大力支援下，自治区党委、政府团结带领全区各族人民，开拓进取，顽强拼搏，积极强化宏观调控，努力消除拉萨“3•14”打砸抢烧严重暴力事件带来的影响，积极应对全球金融危机对我区部分行业的冲击，战胜了干旱、暴雪、当雄地震等自然灾害，促使国民经济保持了跨越式发展的强劲势头，顺利完成“十一五”规划确定的主要目标和任务，取得了新的历史性成就，为全面建设小康社会奠定了坚实基础。

一、经济总量连攀新高，产业结构更趋合理

经济总量不断攀升。五年来，我们始终坚持以发展为第一要务，坚决贯彻中央决策部署，超前谋划，科学决策，攻坚克难，及时制定和落实应对措施，适时适度进行宏观调控，确保国民经济再上新台阶。“十一五”期间，经济总量攀上了300亿元、400亿元、500亿元三个大台阶，而且呈现出不断加快的发展趋势，从200亿元到300亿元用了三年时间，从300亿元到400亿元用了两年时间，而从400亿元到500亿元却仅用了一年时间。2010年，全区生产总值达到507.46亿元，比2005年增长79.5%，“十一五”期间年均增长12.4%，圆满完成“十一五”期间年均12%以上增长的规划目标。全区人均生产总值在2006年突破万元大关、2009年跨上15000元台阶，2010年达到17319元，比2005年增加了8283元，增长69.5%，年均增长11.1%，经济发展水平显著提高。

产业结构不断优化。随着经济的发展，通过积极推动经济发展方式的转变，突出战略重点，明确主攻方向，优化产业发展布局，促进产业结构不断优化升级。三次产业增加值占GDP的比重由2005年的19.3:25.5:55.2调整为2010年的13.4：32.3：54.3，第一产业下降5.9个百分点，第二产业增加6.8个百分点，第三产业下降0.9个百分点，产业结构更趋合理，经济发展自生能力显著提高。

二、农牧业基础继续巩固，工业发展明显提速

农林牧渔业稳定发展。五年来，我们坚持把改善农牧民生产生活条件，增加农牧民收入作为首要任务，牢牢把握农牧业基础设施建设和发展特色农牧业两个工作重点，促进农牧业经济保持稳定增长，基础地位继续巩固。2010年全区农林牧渔业总产值达到100亿元，比上年增长3.7%，比2005年增长39.4%，“十一五”期间年均增长6.9%。

工业经济加快发展。始终坚持以资源优势为依托，大力发展特色产业，加快了工业化进程，在国民经济中的比重逐步提高。2010年，全区完成工业增加值39.73亿元，比上年增长13.3%，所占GDP比重比上年提高0.3个百分点，“十一五”期间，工业增加值累计增长91.8%，年均增长13.9%，比“十五”时期提高了4.1个百分点。规模以上工业中，采矿业实现增加值13.74亿元，比2005年增长2.9倍，年均增长30.9%；饮料制造业实现增加值10.29亿元，比2005年增长2.6倍，年均增长29.4%；藏医药业实现增加值6.13亿元，比2005年增长91.1%，年均增长8.3%；建材制造业增加值由2005年的0.80亿元增加到13.62亿元，以资源为依托的特色产业实现了由小到大的跨越，带动工业经济发展明显提速，成为带动就业、促进农牧民增收、培植财源税基、拉动地方经济发展的重要力量。

三、固定资产投资规模迅速扩大，国内外贸易增势迅猛

固定资产投资快速增长。通过积极争取国家投资，吸引民间投资，落实援藏资金，投资规模不断扩大。“十一五”以来，全区全社会固定资产投资在2005年196.19亿元的基础上连续取得重大突破，2006年、2008年相继突破200亿元和300亿元大关，分别达到232.35亿元和309.93亿元；2010年突破400亿元，达到463.26亿元，再创历史新高。“十一五”期间累计完成固定资产投资1656.14亿元，是“十五”时期的2.4倍，年均增长18.7%。

城乡消费持续扩大。积极贯彻落实中央关于扩大内需的一系列方针政策，认真落实家电、家具、汽车、摩托车等下乡政策，加强城乡消费市场建设，不断培育

新的消费热点，促使消费需求持续扩大。2010年，全区社会消费品零售总额达到180.84亿元，比上年增长18.7%，比2005年增长1.5倍，年均增长19.8%。其中，乡村实现零售额达到47.59亿元，城镇实现零售额达到133.25亿元，均比2005年增长1.5倍。"十一五"累计实现社会消费品零售总额670.03亿元，是"十五"时期的2.3倍。

进出口贸易再创历史新高。牢固树立开放意识，立足区位特点和资源优势，促进对外贸易的持续扩大。2010年，外贸进出口总额达到8.36亿美元，比2005年翻了两番多，年均增长32.5%，继2008年突破7亿美元后再创历史新高。"十一五"期间累积实现对外贸易总额27.25亿美元，是"十五"时期的3.3倍。

四、交通运输体系不断完善，旅游业高速发展

立体交通运输综合体系初步形成。以青藏铁路建成通车，林芝、阿里昆莎、日喀则和平机场相继通航为标志，综合立体交通网络建设取得历史性突破，交通运输格局发生重大变化。2010年，完成货运总量996.37万吨，客运总量8308.24万人次，客货运输量得到迅速增加。如今，进藏旅客已由过去主要依靠汽车转变为火车和飞机，2010年，火车运送旅客达到了88.20万人次，比2006年通车当年增加了60.30万人次，增长2.2倍；飞机运送旅客154.04万人次，比2005年的94.47万人次增加了59.57万人次，增长63.1%。

旅游业高位增长。随着交通运输条件的改善，通过狠抓旅游宣传促销和优化服务，实现了旅游业的快速发展。2010年接待旅游者达到685.14万人次，比上年增长22.1%，比2005年增长2.8倍，年均增长30.6%；旅游总收入71.44亿元，比上年增长27.6%，比2005年增长2.7倍，年均增长29.9%，呈现出快速增长的态势。"十一五"期间累计接待旅游者2125万人次，是"十五"时期的3.9倍；累计创收226.24亿元，是"十五"时期的3.6倍。

错那湖

五、财政收支持续增长，金融运行质量不断提升

财政收支较快增长。充分灵活运用中央赋予我区的特殊优惠税收政策，公共财政体系不断完善，财政收支实现较快增长。 2010年，实现地方财政一般预算收入36.65亿元，比上年增长17.2%，比2005年增长2.1倍，年均增长25.0%；地方财政一般预算支出550.95亿元，比上年增长17.2%，比2005年增长2.0倍，年均增长24.3%。"十一五"期间累计实现地方财政一般预算收入126.32亿元，是"十五"时期的2.9倍；地方财政一般预算支出累计1877.31亿元，是"十五"时期的2.7倍。

金融运行质量不断提升。认真落实中央赋予西藏的特殊优惠金融政策，放宽审贷条件，优化贷款程序，调整信贷结构，促进我区经济社会发展的作用有效发挥。2006年西藏的金融机构存款余额登上500亿元新台阶，达到544.55亿元，2009年又攀上1000亿元，达到1027.24亿元，2010年突破1200亿元大关，达到1296.73亿元，比2005年增长了1.8倍。金融机构的贷款余额则在2006年超过200亿元，达203.71亿元，到2010年登上300亿元新台阶，达到301.82亿元，比2005年的178.85亿元增长了68.8%，极大地支持了经济的更好更快更大发展。

六、人民生活显著改善，社会保障事业全面进步

人民生活全面改善。坚持将城乡居民生活质量改善放在突出位置来抓，使经济成果充分惠及人民群众。农牧民人均纯收入连续8年保持两位数增长，2010年突破4000元大关，达到4138.7元，比上年增长17.2%，比2005年翻了近一番，年均增长14.8%；每百户农村居民家庭拥有彩电73.45台，比2005年增加26台，拥有固定电话和移动电话98部，增加85部。城镇居民人均可支配收入达到14980元，比上年增长10.6%，比2005年增长78.1%，年均增长12.2%；每百户城镇居民家庭拥有家用电脑39台，比2005年增加14台，拥有移动电话156部，增加40部。同时，家用汽车等高档耐用品不仅成为城镇居民的消费热点，也逐步进入普通农牧民家庭。

社会保障体系不断健全。实施积极的就业政策，千方百计扩大就业，高校毕业生就业率保持在80%以上，动态消除了"零就业家庭"，城镇登记失业率控制在4%以内。在中央的大力支持下，城乡社会保障体系逐步完善，在全国率先实现了基本医疗保险、新型农村社会养老保险和城乡最低生活保障等制度的全覆盖。截止到2010年，全区参加基本养老保险的职工达到9.62万人，参加失业保险的人数达10.31万人，参加工伤保险的达8.46万人，参加生育保险的14.71万人，城镇职工和城镇居民参加基本医疗保险的分别达23.52万人和15.12万人。城镇居民最低生活保障标准提高到每月人均330元，42040人享受到了政府最低生活保障；农村居民最低生活保障标准提高到年人均1300元，23万人享受到了政府最低生活保障。

五年来，我们紧抓中央第五次西藏工作座谈会胜利召开，青藏铁路通车运营等重大机遇，国民经济取得历史性成就，在科学发展、跨越式发展的道路上迈出了坚实的步伐。展望"十二五"，我们坚信，在中央关心、全国支援的鼓舞和激励下，自治区党委、政府一定会继续团结带领全区各族人民，紧抓机遇，深化改革，顽强拼搏，推进西藏经济社会实现更好更快更大发展。

西藏人力资源和社会保障厅

西藏自治区人力资源和社会保障事业所取得的成就

西藏自治区人社部门深入工地开展政策宣传

就业再就业工作取得显著成效。“十一五”期间，城镇累计新增就业10.1万人，比“十五”时期增加34.2%。农牧区劳动力转移就业累计达371万人次，高校毕业生就业率保持在较高水平，城镇登记失业率控制在4.3%以内。2006年西藏高校毕业生就业制度改革后，制定出台了一系列促进高校毕业生就业的优惠政策。5年共有45797名高校毕业生实现了就业，年平均就业率达到87.94%。通过强化农村劳动力转移就业组织化程度和农牧民单项劳动技能培训、打造劳务输出品牌县、乡等方式，到“十一五”末，全区年转移农牧区富余劳动力就业达到约81万人次、34万人，实现劳务收入16.5亿元以上。从2006年开始，西藏通过公益性岗位，累计帮助1.4万名各类就业困难人员实现了就业。5年共培训各类人员13.2万人，培训后有7.6万人实现了技能就业。

统筹城乡的社会保障体系建设取得重大突破。截止“十一五”末，养老、医疗和失业保险实现了自治区级统筹，全区参加社会保险总人数达到166.23万人，累计征缴各项社会保险基金83.88亿元，兑现社会保险待遇66.85亿元。全区73个县（市、区）全部纳入试点范围，60周岁以上的农牧民全部领取了基础养老金，已参保登记85.8万人，参保率达76.5%。妥善解决了复员军人参保等一批难点、热点问题，企业退休人员月人均养老金达2209元，是“十五”末1331元的1.66倍。城镇职工医保政策范围内住院费用报销比例达到97.5%（含公务员补助），年度医疗费最高报销额度达22万元；城镇居民医保政策范围内住院费用报销比例达到75.1%，年度医疗费最高报销额度达13万元。5年累计兑现失业保险1.9亿元。特别是2008年以来，西藏通过缓缴五项社会保险费，给予困难企业社会保险补贴、岗位补贴和职业培训补贴，对困难企业进行帮扶，共向700家困难企业兑现三项补贴9897.95万元，稳定用工岗位2.2万个。工伤保险覆盖范围从各类企业扩大到非参公事业单位，《西藏自治区城镇职工生育保险办法》全面实施后。

人才队伍建设取得新成绩。到“十一五”末，全区共有专业技术人员52686人，技能人才43771人，农村实用人才11万人，人才队伍建设显著加强。5年共从区外引进我区各类急需紧缺专业人才1548人，从国外引进我区各类急需短期外国专家17人，引进项目28个。5年共组织3.68万人参加职业技能鉴定，其中2.48万人取得了相应的国家职业资格证书。

人事制度改革稳步推进。深入贯彻落实《公务员法》及其配套政策法规，坚持“凡进必考”原则，5年共录用19068人为公务员（工作人员、三支一扶人员），培训公务员41796人，占公务员总人数的78.8%。制定并下发了我区教育等13个行业《事业单位岗位设置管理指导意见》，签订聘用合同人员总数达17878人。“十一五”期间，共接收军转干部3240人，其中，计划安置257人，自主择业2983人。

收入分配制度改革进一步深化。研究制定了西藏公务员工资制度改革、事业单位工作人员收入分配制度改革、机关事业单位离退休人员计发离退休费实施意见以及“以工代干”人员工资套改办法等配套政策。建立企业工资正常增长机制，到“十一五”末，全区企业年平均工资水平达到48750元；2次调整最低工资标准，最低工资标准达到了900元、950元；3次制定并发布劳动力市场工资指导价位，引导劳动力合理有序流动。

劳动关系保持了基本和谐稳定。认真组织开展“春暖行动”，5年共检查各类用人单位10318户，涉及农牧民工42.4万人，逐步在国有企业推行工资集体协商和集体合同制度，5年共新签订劳动合同9.88万人次。全面推行劳动者维权公告牌制度，有效遏制了拖欠农牧民工工资情况的发生。5年共受理举报投诉案件和劳动争议案件12807件，涉及劳动者16.86万人，结案12807件，结案率达到98.8%，为劳动者追讨经济补偿金和工资5.77亿元。

自治区人社厅向困难企业发放补贴用于稳定就业岗位

宝鸡市

科学发展结硕果 砥砺奋进铸辉煌

宝鸡古称陈仓，是陕西省第二大城市，辖3区9县、一个国家级高新技术开发区和一个省级经济技术开发区，总面积1.82万平方公里，总人口376万，是连接中原和西北、西南的交通枢纽。宝鸡历史文化悠久，是炎帝故里、周秦王朝发祥地、青铜器之乡、佛骨圣地和民间工艺美术之乡，也是《周易》和《诗经》诞生的摇篮，是周公“制礼作乐”和孔子崇仰的“文明之邦”。宝鸡工业基础雄厚，装备制造业优势突出，铅锌、煤炭等矿产储量十分丰富，是西部工业重镇和装备制造业名城。近年来，先后荣获国家卫生城市、国家环保模范城市、国家森林城市、中国优秀旅游城市、全国环境优美城市、中国人居环境奖、综合实力百强城市等一系列荣誉称号。

“十一五”以来，面对冰雪、地震、洪涝等自然灾害和国际金融危机的严重冲击，宝鸡市坚持以科学发展观统领经济社会发展全局，围绕在西部率先实现工业化、率先建成现代化大城市、率先实现全面小康的目标，坚持把加快发展作为第一要务，把项目建设作为第一抓手，把改革创新作为第一动力，把富民惠民作为第一追求，强力推进“率先发展八大工程”，努力在大企业大集团建设、农民增收、特大城市建设、园区经济和文化旅游产业发展上谋求新突破，全市经济社会保持了快速、全面、协调发展的良好势头。2010年，全市生产总值达到976.09亿元，年均增长14.5%，人均生产总值超过3900美元；地方财政收入达到38.8亿元，增长28.7%；城镇居民人均可支配收入18978元，增长16.1%；农民人均纯收入5040元，年均增长20.4%，成为宝鸡历史上发展速度最快、质量效益最好、城乡变化最大、群众得到实惠最多的时期。

城在林中

东方佛都法门寺

如今，宝鸡已经站在了实施“十二五”规划的新起点上，正在抢抓新一轮西部大开发和关天经济区规划实施的历史机遇，全面贯彻落实科学发展观，以转变发展方式为主线，坚持“四个第一”、推进“五大突破”，着力加快基础设施建设、强化发展保障能力；着力推进产业优化升级、增强经济综合实力；着力推进特大城市建设、构建关中西部城镇群；着力改善生态环境、建设西部生态示范市；着力统筹城乡、加快农村发展；着力保障民生、推动社会和谐，力争到“十二五”末实现生产总值、人均生产总值、财政总收入、地方财政收入、城镇居民可支配收入、农民人均纯收入“六个翻番”，努力打造关天经济区副中心城市，建设和谐奋进新宝鸡。

乌瞰金渭湖

陕西省

五载风雨砥砺奋进 十大亮点见证跨越

——“十一五”陕西经济社会发展报告

陕北油田

“十一五”时期，省委省政府带领全省人民砥砺奋进、勇克时艰、积极进取，经济社会发展取得显著成就，提前完成了“十一五”规划的主要预期目标，实现了历史性突破。“十一五”时期，全省综合实力大幅提升，人民生活显著改善，可持续发展能力不断增强，是我省历史上发展最快和高速增长持续时间最长的时期，和“十五”时期相比，“十一五”经济数据揭示的不仅是量的全面扩张，更是质的科学提升，它是实在的、也是可见的，老百姓从中得到的实惠也是最多的，全省科学发展、和谐发展、加快发展亮点纷呈，富民强省建设取得新进展，经济社会发展进入了崭新的历史阶段。

亮点 1：实力增强　GDP 在全国位次前移 3 位　财政收入增量创历史最多时期

一是生产总值提前两年实现规划目标，在全国位次前移。2008 年全省生产总值突破 7000 亿，提前两年完成“十一五”6000 亿元的规划目标。2010 年实现生产总值 10021.53 亿元，为 2005 年的 2.5 倍，实现了翻番。

二是财政总收入提前两年实现目标。2008 年我省财政总收入 1104.36 亿元，突破千亿元大关，提前两年完成“十一五”规划 1000 亿元的目标，2010 年实现 1800.85 亿元，相当于“十五”时期财政总收入的 102.9%，“十一五”五年增加 1271.83 亿元，相当于“十五”时期财政总收入的 72.7%。“十一五”时期财政收入年均增长 27.8%，比“十五”时期加快 4.7 个百分点。

亮点 2：质量提高　人均生产总值实现历史新突破

人均生产总值提前两年完成目标，突破 4000 美元。尤其是在受金融危机影响最艰难的 2009 年，人均生产总值达到 21688 元，突破了 3000 美元（折合 3175 美元），跨入了崭新的历史新阶段。2010 年人均生产总值突破 4000 美元，是“十一五”规划目标 16000 元的 1.66 倍。“十一五”时期人均生产总值年均增长 14.5%，比“十五”时期高 3.2 个百分点。

亮点 3：速度加快　增速创历史最快和持续时间最长时期

“十一五”时期，我省经济增速始终保持在全国各省市区前列，立足于全国各省快速发展的第一方阵，生产总值增速保持 13% 以上，年均增长 14.8%，比“十五”时期加快 2.9 个百分点，是我省历史上发展最快和高速增长持续时间最长的时期。其中，第一产业年均增长 6.1%，比“十五”时期快 1 个百分点；第二产业年均增长 16.5%，加快 1.8 个百分点；第三产业增长 14.8%，加快 4 个百分点。

亮点 4：百姓富裕　居民收入增量为历史最高

居民收入提前完成“十一五”规划目标。2008 年我省城镇居民人均可支配收入 12858 元，提前两年实现了“十一五”12500 元的规划目标，2009 年为 14129 元，较 2005 年前移 7 位；2009 年农民人均纯收入 3438 元，实现了“十一五”3300 元的规划目标。2010 年，城镇居民人均可支配收入和农民人均纯收入分别达到 15695 元和 4105 元，为 2005 年的 1.9 倍和 2 倍，“十一五”年均分别增长 13.7% 和 14.9%，均高于全国平均水平。

亮点 5：特色突出　果、煤、油、气位居全国前三甲

粮食总产连续 7 年超千万吨。2010 年全省粮食产量 1164.9 万吨，创 12 年来最高水平。苹果面积、产量、质量均创全国首位。2010 年全省水果总产量达到 1238.5 万吨，其中苹果产量达到 856 万吨，比 2005 年分别增加 472.8 万吨和 295.9 万吨，“十一五”年均分别增长 10.1% 和 8.9%。2009 年，原油、原煤、天然气产量位均居全国前列，2010 年分别为 3017.28 万吨、3.61 亿吨和 223.47 亿立方米，“十一五”年均分别增长 11.2%、27.3% 和 22.6%。

亮点 6：工业更强　主导地位进一步凸现

工业占经济总量比重超过“十一五”规划 43% 的目标。2000 年以前，陕西工业占经济总量的比重基本维持在 40% 以下，“十五”时期逐步提升至 42%。“十一五”时期，工业对经济的支撑作用显著增强，占经济总量的比重除 2009 年 42.9%外，其余各年均在 44% 以上，超过“十一五”规划 43% 的要求。全省形成了以新型能源化工、先进装备制造、食品、医药、航空航天器制造业等为主体的新型工业体系，工业主导地位进一步提升。"十一五"时期，全省工业增加值连续突破2000亿元、3000亿元和4000亿元大关，2010年达到4516.4亿元，占GDP比重由41.96%提升为45.07%，提高3.1个百分点。

亮点7：基础坚实　经济发展的制约瓶颈有效缓解

"十一五"时期，全省累计完成投资达2.6万亿元，相当于"十五"时期的4倍，年均增长34.4%，比"十五"时期的19.8%加快14.6个百分点。"十一五"前四年累计投资17657.15亿元，提前一年实现了"十一五"规划1.7万亿的目标。

投资为经济发展提供了强大的动力，奠定了坚实的基础。电源、电网建设加速发展，五年新增发电装机1467万千瓦，电力装机、原煤产能、原油产能等进一步提高。"两纵五横四个枢纽"铁路网构架基本形成，通达全国24个省会和4个直辖市。"一主四辅"航空运输格局日趋完善，西安咸阳国际机场吞吐量进入世界百强机场行列，以西安咸阳国际机场为中心，扩建、改建和迁建了延安、榆林、汉中、安康四条支线机场，五个机场共与国内外77个城市通航，运营航线达到150余条；"米"字形高速公路主骨架全面建成，连通省内11个设区市，对接周边8个省区，继2007年在西部地区率先突破2000公里之后，2010年又在西部地区率先突破3000公里，继续领跑西部，位居全国前列。长期困扰发展的交通短板正在成为竞争新优势。

亮点8：环境改善　持续发展能力增强

生态环境发生历史性转变。以秦岭保护、渭河治理、退耕还林为主要内容的生态环境建设和节能减排强力推进，全省万元GDP能耗由1.42吨标准煤下降到1.13吨标准煤，完成了"十一五"下降20%的目标。二氧化硫和化学需氧量排放同比削减15.4%和11.9%。"十一五"时期，全省累计完成造林2461万亩，森林覆盖率由37.3%提高到41.4%。城市人均公园绿地面积由2005年的5.11平方米提高到2009年的9.34平方米，西安"大水大绿"城市风貌初步形成，宝鸡成为国家森林城市和国家园林城市，各市城区空气质量良好天数连年超过300天，绿色已成为三秦大地的主色调。

亮点9：保障给力　百姓生活更加幸福

财政支出更加倾向民生。"十一五"以来，陕西积极贯彻落实中央各项惠民财政政策，大力推进"民生八大工程"建设，不断加大医疗卫生、社会保障和就业、教育、公共安全及交通运输等民生事业投入，民生质量不断提高，公共性服务职能进一步彰显。"十一五"时期，我省财政累计支出7363.3亿元，是"十五"时期的3.2倍，年均增长28.3%，比"十五"时期加快9.6个百分点，为建国以来增长最快的时期。

加大社会保障事业投入，保障体系更加健全。2006年起农村义务教育学杂费全免。公共卫生体系进一步健全，基本实现城市社区卫生服务全覆盖，新型农村合作医疗提前三年实现了全覆盖。截至目前，全省共有7个市25个县（市、区）开展了新型农村社会养老保险的探索。职工养老金、城市低保、农村低保、五保户供养标准大幅提高。近百万60岁以上农村老人开始按月领取基本养老金。城镇登记失业率控制在"十一五"目标以内。

亮点10：结构更优　综合竞争力不断提升

三次产业结构明显变化。"十一五"以来，我省不断致力于经济结构调整，产业结构由11.1∶49.6∶39.3调整为9.4∶54.5∶36.1，二、三产业增加值占GDP的比重达90.6%，比"十五"末提高1.7个百分点。

三驾马车趋于协调。在投资快速增长的同时，消费市场持续扩张。"十一五"时期，我省扩内需政策措施力度逐年加大，消费环境明显改善、潜力得到有效释放，特别是一村一品、家电下乡等措施激活了农村消费市场。"十一五"时期全省累计实现社会消费品零售总额11544亿元，是 "十五"时期的2.2倍。2010年全省社会消费品零售总额达3147.67亿元，占整个"十五"时期社会消费品零售额总和的60%以上，"十一五"年均增长19.2%，比"十五"时期加快6.3个百分点。进出口突破百亿美元，2010年全省进出口总额达120.8亿美元，为"十五"末的2.6倍，平均增长21.4%，比"十五"加快5个百分点。

对外开放扩大。招商引资取得可喜成就，五年累计引进外资70亿美元、省外资金5340亿元，在陕投资和设立分支机构的外企超过4000家，其中世界500强45家。

旅游产业迅猛发展。陕西依托浓厚的文化历史底蕴和优美的自然风光，旅游业得到长足发展。"十一五"时期，全省接待入境旅游人数从92.84万人次增加到212.17万人次，旅游外汇收入从4.46亿美元增加到10.16亿美元，年均分别增长18%和17.9%，分别比"十五"时期提高12.6个百分点和8.1个百分点

区域经济发展的协调性进一步增强。关中经济区规划上升为国家战略，率先发展步伐加快；陕南通过发展循环经济促进突破发展的成效越来越凸现；陕北在"三个转化"战略的带动下，实现了新的跨越，成为全省经济重要增长极。

经济发展活力增强，非公有制经济占全省的比重由43.3%提高到49.5%。物流、文化和新能源等新兴产业加速成长，科技创新对结构的支撑作用日益显现。

新舟600总装下线

西安市

五载奋进迈上新阶 科学发展书写精彩

——“十一五”时期西安经济社会发展成就系列报告

“十一五”时期，西安市委、市政府带领全市人民，以科学发展观为统领，积极进取，奋发有为，全市经济综合实力大幅提升，人民生活水平显著提高，城市服务功能明显增强，提前完成了“十一五”规划的主要预期目标，实现了历史性突破。人文西安、活力西安、和谐西安建设取得重大进展，五年来发生的新变化，使城市发展焕发出勃勃生机与活力，迈入了崭新的历史阶段。

总量扩张最大　　综合实力迈上新阶

全市生产总值从2005年的1313.93亿元增长到2010年的3241.49亿元，成功实现翻番，提前一年实现规划目标。2008年跨过2000亿元大关，2010年突破3000亿元，五年连续迈上两个台阶。“十一五”时期累计生产总值比“十五”时期增加6754.76亿元，年平均增量比“十五”时期增加251.95亿元，为历史上经济总量扩张最大的时期。

增长速度最快　　位次排名迅速提升

“十一五”时期，西安市生产总值年均增长15.0%，高于“十五”时期1.5个百分点，为改革开放以来增长最快的时期。比全国同期高出3.8个百分点，比全省高0.2个百分点；比“十一五”的目标任务（14.0%）高出1.0个百分点。2005—2009年，在15个副省级城市中，我市GDP增速不断提高。

发展质量最优　　效益水平明显改善

人均生产总值提前两年完成目标。2005年超2000美元，2008年突破4000美元，受金融危机影响最艰难的2009年人均GDP达到4744美元，2010年人均GDP突破5000美元，跨入了崭新的历史阶段。

财政收入实现大跨越。2010年全市地方财政一般预算收入达到241.86亿元，是2005年72.92亿元的3.3倍，这是继2007年突破100亿元大关后，地方财政一般预算收入再次突破200亿元大关。

结构调整效果最好　　城市竞争力不断提高

区域经济发展的协调性增强。城三区经济基础好，发展速度稳步推进；郊三区在开发区带动下实现新的跨越；远三区以特色优势促进发展的成效进一步显现；四县依托农业优势发展步伐逐步加快；“五区一港两基地”成为西安最具发展活力的区域和新的增长极。主导产业优势凸显。高新技术产业、装备制造业、旅游业、现代服务业、文化产业五大主导产业发展壮大，产业集群已具规模，对经济发展的引导、支撑作用日益显著，成为引领支撑西安经济腾飞的主力军。非公有经济比重由2005年的43.3%提高到2010年的49.7%。物流、文化和航空等新兴产业加速成长，科技创新对经济发展的支撑作用日益显增强。

改革开放步伐最快　　发展动力日趋活跃

改革开放卓有成效。通过股份制、政策性破产、依法破产、收购兼并、人资分离、资产整合等多种形式对国有企业进行改革改制，全市国企改革面累计达到98.5%。多渠道、多平台运作的投融资体制格局基本形成；集体企业改革、集体林权制度改革、事业单位分类改革、财政管理体制改革、农村综合改革、户籍改革等取得新进展；西安陆路国际贸易口岸正式开放，成为全国首批“服务外包示范城市”。

对外贸易实现跨越。2010年全市进出口总额突破100亿美元大关，达到103.82亿美元，其中出口总额53.17亿美元，分别是2005年的2.7倍和2.0倍。实现了翻番。“十一五”时期我市累计进出口总额达到341.92亿美元，比“十五”时期增加213.2亿美元；年均增长21.6%，比“十五”时期加快4个百分点。

2010年，全市实际利用外商直接投资15.67亿美元，是2005年的2.7倍，2006-2010年，全市累计实际利用外资58.73亿美元，是“十五”时期的4倍，年均增长22.4%。世界500强企业在西安设立123家企业或办事机构，与182个国家和地区建立直接贸易往来。

累计投资最多　　发展基础更加坚实

“十一五”时期，尤其是金融危机爆发以来，西安实施项目带动战略力度加大，全方位、多层次、高密度地实施了一揽子计划和政策措施，带动西安经济砥砺前

眺望西安

行。2010年，全社会完成固定资产投资完成3250.56亿元，是2005年835.10亿元的3.9倍，仅2010年一年投资总量就是整个“十五”时期投资的1.26倍。2006-2010年，投资年均增长31.2%，比“十五”时期加快2个百分点；五年累计投资达到10159亿元，跨越万亿元门槛，比“十五”期间累计投资翻了两番。

城市面貌最靓　　承载力明显加强

城市建设成绩斐然。“十一五”时期，城市基础建设累计投资2743.20亿元，建成区面积新增160平方公里，达到395平方公里。城市地铁2号线15座车站封顶，1号线全面开工，城市一环路平改立、二环路增设立交工程、三环路和东西高架快速干道建成通车等等，新建、改造城市道路2099条，新建立交桥、人行天桥、地下通道147座，市政基础设施的数量、质量明显提高，城市面貌发生了巨大变化。

综合交通网络更加完善。交通运输业高速发展，构建出了陆空相互配套、衔接无缝的现代综合交通运输体系，交通枢纽地位日益凸显。2010年，全年客运量31118.38万人次，是2005年的3倍；全年货运量34331.68万吨，是2005年的2.8倍；全社会车辆数122.44万辆，是2005年的2.2倍。

环境治理最佳　　持续发展能力增强

“十一五”以来，“大水大绿工程”、“蓝天碧水工程”、“秦岭西安段保护”和西安市渭河段综合整治工程相继开展，城区新增绿化面积557万平方米，工程造林16.1万亩，实现了创建国家园林城市的目标。2010年，全市森林覆盖率达到44.99%。基本形成300平方米1处绿岛、1平方公里2处休闲绿地、5平方公里1处绿化广场、10平方公里1处开放式公园的绿化格局。

节能降耗取得明显成效。2006-2009年全市万元GDP能耗累计下降20.36%，降幅高于全国4.75个百分点、高于全省3.12个百分点，下降率位列全省地市首位。2010年，空气中二氧化硫浓度为每立方米0.043毫克，比2005年降低0.001毫克；可吸入颗粒物浓度比2005年下降0.003毫克。空气质量二级以上天数达到304天，比2005年增加了14天。

人民得到实惠最多　　生活水平显著提高

居民收入大幅增长。2005年全市城镇居民人均可支配收入9628元，是全国平均水平的91.8%，尚低于全国平均水平；2010年达到22244元，超过全国水平3135元，“十一五”时期年均增长18.2%，高于“十五”时期年均增速9.6个百分点；比“十一五”的目标任务（15.0%）高出3.2个百分点。农村居民人均纯收入由2005年的

钟楼夜景

3460元提高到2010年的7750元，年均增长17.5%，高于整个“十五”时期年均增速9.4个百分点。

城乡居民住房状况大为改善。城镇居民人均住房建筑面积由2005年的21.8平方米提高到2010年的28.7平方米，农村居民人均住房面积也由36.7平方米大幅提高到66.7平方米。

民生改善最大　　百姓生活更加幸福

民生支出力度加大。大力实施“民生八大工程”，加大民生支出，加快推进以改善民生为重点的社会建设，积极构建“学有所教、劳有所得、病有所医、老有所养、住有所居”五有社会，为人民群众谋福祉，提高市民的幸福指数，努力使人民群众共享改革发展成果。“十一五”时期地方财政民生支出776.59亿元，比“十五”时期翻了两番。2010年民生支出255亿元，是2005年的5倍。社会事业加速推进。教育、文化、体育、卫生等方面投入力度不断加大，水平条件得到明显改善，“十一五”各项社会事业取得长足的发展，百姓的生活有保障，感觉更加幸福。

保障体系不断完善。积极推进城乡居民最低生活保障制度、新型农村合作医疗和城镇居民基本医疗保险制度，百姓得到了更多实惠。365.49万人参加城镇基本医疗保险，190.12万企业职工参加养老保险，130.51万人参加失业保险。自2005年，西安启动了农村新型合作医疗试点工作，农村居民的社会医疗保险制度加快推进，2007年底，全市农村新型合作医疗提前三年实现了全覆盖，2010年全市参加新农合人数达到387.55万人，参合率达97.14%。城镇登记失业率保持在4.1%－4.3%的较低水平，失业率得到有效控制。

雁塔南广场

西安财经学院

西安财经学院"十一五"建设总结

省级人才培养创新实验区

"十一五"期间，西安财经学院各项事业呈现蓬勃发展的良好态势，圆满完成了规划提出的目标任务，学校实现了跨越式发展。

（一）本科教学评估获得优秀，教育教学质量稳步提高

2007 年 12 月，西安财经学院接受教育部本科教学工作水平评估并取得优秀。在此基础上，学校实施了"2+2"大类教学改革和"质量工程"项目建设，并取得一系列成果。

专业建设方面：实施"精品本科"工程，本科专业由 24 个增至 37 个。统计学、财政学、会计学被评为国家特色专业建设点；会计学等 5 个专业被评为省级特色专业；统计学、金融学、法学被评为省级名牌专业。

课程建设方面：《西方财务会计》课程成为省级双语教学示范课，《宏观经济学》等 4 门课程被评为陕西省普通高校精品课程。

教学研究与改革方面：实现了国家级教学成果奖零的突破，1 项成果获陕西省教学成果一等奖，4 项成果获省级教学成果二等奖。3 个教学团队被评为省级教学团队，"地方财经院校'2+2'应用型人才培养模式创新实验区"被评为省级人才培养模式创新实验区。

实验实训基地建设方面：新建、扩建和完善了不同类型与功能的实验室（实训中心）23 个，建成管理工程实验中心、政府统计网格实验室等中省共建特色优势实验室 13 个。

国际教育教学方面：与比利时安特卫普大学、英国格拉摩根大学、德国安哈尔特应用技术大学签订了联合培养协议，与国外高等学校联合办学的规模得到了较大拓展。

（二）学科布局日趋合理，结构不断优化

拥有 4 个一级学科，涉及 5 个一级学科，近 20 个二级学科的硕士学位授予权。统计学、财政学等被评为省级重点学科专项资金建设项目。《西部区域经济与产业发展研究》获批陕西省普通高校哲学社会科学特色学科建设项目。

（三）内部管理体制改革稳步推进，形成做好各项工作的合力

实施了两轮以人事分配制度改革为核心的校内管理体制改革。构建以师德建设、学术评价和学术惩戒制度为主要内容，党政工团齐抓共管的师德建设工作机制，把推行公开、公正、透明的"校务公开"制度化、长效化，积极有效的管理体制和运行机制更加适应学校发展需要。

（四）多项举措并重，师资队伍建设成效显著

教师数量由 2005 年的 688 人增至目前的 923 人，教师中具有硕士学位以上的人数由 2005 年的 178 人增至目前的 555 人；教师中具有高级职称的人数从 274 人增至 363 人。

（五）科研平台建设步伐加快，水平大幅提升

"十一五"期间，新组建省部级研究机构 5 个，校级科研基地 4 个。教师承担国家和省部级科研项目 421 项，52 项成果获省部级科研成果奖。学校主办的学术期刊《统计与信息论坛》成为中文社会科学引文索引（CSSCI）来源期刊、中国人文社会科学核心期刊；《西安财经学院学报》成为中国人文社科学报核心期刊、中国人文社科核心期刊的特色领域专家推荐期刊。

（六）办学条件得到极大改善，公共服务体系建设卓有成效

校园占地由 2005 年的 309 亩扩大到 1579 亩。校舍总面积由 27.3 万㎡增加到 60 余万㎡；校园绿化面积新增 500 余亩，绿化率约 41%。建设老校区教职工经济适用房工程 11 万㎡，切实改善了教职工居住条件。

教学仪器设备总值由 4085 万元增长至 11643 万元。财务管理体制改革的不断推进，资本结构的不断改善，保证了学校各项事业发展的资金需要。

（七）党建成果丰硕，校园文化建设特色凸显

完善了党的思想建设、组织建设、作风建设、制度建设和反腐倡廉建设的相关制度。学校理论学习专题化的安排模式和主题化的讨论方法，受到陕西省委、省委教育工委的充分肯定，被评为陕西省"理论学习先进单位"。

凝练了"艰苦奋斗、自强不息"的西财精神，"勤奋、严谨、求实、创新"的校风和"博学、明理、立诚、济世"的校训；确定了道路、场馆等一系列形象标识；学校先后获得"陕西省文明校园"、"陕西省依法治校示范校"等荣誉称号。

府谷县

府谷县“十一五”时期经济社会发展情况

墙头农业示范区

“十一五”时期，全县人民在县委县政府的正确领导下，以科学发展观为统领，坚持发展第一要务，一手抓结构调整转方式，一手抓惠民保障促和谐，经济社会各项工作取得巨大成就。

县域综合实力显著提升。2010年，全县实现地区生产总值265.97亿元，是“十五”末的11.83倍，年均增长21.14 %；完成财政总收入63.59亿元，是“十五”末的12.5倍，年均增速65.7 %，其中地方一般预算收入达到17.6亿元，是“十五”末的12.39倍，年均增速65.44%；五年累计完成固定资产投资568亿元，是“十五”期间的13.2倍；城镇居民人均可支配收入和农民人均纯收入分别是“十五”末的3.3倍和4.5倍。

能化基地建设取得辉煌成就。“十一五”期间，规划建设了“七区八园”，积极引进大型企业集团，扶持地方工业优化升级、组团发展，实现了借助外力与激活内力的有效结合，工业总产值以年均63%的速度迅猛增长，先后被评为全国“最具发展潜力县”和“新能源产业百强县”。

新农村建设在全国树立了典型。加大以工哺农、以城带乡力度，积极引导社会力量参与新农村建设，深入实施“双百”帮扶工程，五年累计落实帮扶资金9.09亿元，实施项目800多个，形成独具特色的“府谷现象”。

城乡面貌发生巨大变化。累计投入35.6亿元，进行旧城改造和新区开发，城市配套设施日趋完善，大型公园广场等生态休闲设施相继建成，城市功能品位有了质的提升。以工业园区和重点镇为主的中心集镇快速发展，水、电、讯等基础供应网络全面改善，城镇化率由40%提高到57.5%。

民营经济竞争力进一步增强。大力实施民企集团化战略，组建煤业、镁业、煤化工、煤电冶化四大民企集团。支持民营企业参与资源配置和重大项目建设，拓展民营经济的发展空间。引导民营企业发展循环经济，增强可持续发展能力。民营经济占经济总量的比重达到67.39%，民营经济发展的“府谷模式”在全省推广。

“两型”社会建设成绩斐然。坚持产业发展与生态建设并重，累计投入10.64亿元，扎实推进环境污染治理，坚决淘汰落后产能，节能减排成效明显。大力改善生态环境，实施环县城、新农村、干线通道、厂矿企业、公园广场、民俗景点六大绿化工程，全县森林覆盖率和林草覆盖率分别达到37.9%和53%，生态环境了发生历史性转变。

人民群众幸福指数大幅提升。把构建和谐府谷贯穿于经济建设的全过程，累计投入40.7亿元，实施民生八大工程，在全省率先普及十二年免费教育，实施肉蛋奶补贴工程，推行青年农民培训和60岁以上老年人养老补贴，医改模式得到卫生部的肯定，民营企业家捐出巨资创立大病医疗救助基金和教育基金，群众幸福感切实增强。

发展内生动力明显增强。坚持以体制机制创新为突破，先后建立起能化基地建设专家咨询制、金融机构存贷考核奖励制、矿区生态恢复补偿制、工程项目监督审查制、干部信访考核制等新机制；组建了城投集团、交建集团、农投集团，以公司化模式实施市政、交通和农业项目，营造了宽松有序、充满活力、独具特色的创新创业环境，为我们发展赢得了优势，赢得了实力，赢得了主动。

府谷河滨公园风光

甘肃省

实力显著增强　民生明显改善

——甘肃省"十一五"时期经济社会发展综述

酒泉千万千瓦级风电基地一期工程开工建设

"十一五"时期，甘肃各族人民在党中央、国务院和省委省政府的正确领导下，深入贯彻落实科学发展观，坚持"四抓三支撑"总体工作思路，实施"中心带动、两翼齐飞、组团发展、整体推进"区域发展战略，紧紧抓住难得历史机遇，有效应对国际金融危机影响，战胜各种风险和挑战，全省经济保持快速、稳定、健康的发展态势。"十一五"期间，甘肃经济年均增长速度为11.18%，是改革开放以来经济增长最快、质量和效益最好、人民得实惠最多的时期。

一、经济实力显著增强

经济总量再上新台阶。2006年甘肃生产总值突破2000亿元，2008年突破3000亿元，2010年突破4000亿元，达到4119.46亿元。

经济增长最快。改革开放以来，从"六五"到"十一五"时期，全省经济年均增长速度分别为8.08%、9.56%、9.82%、9.89%、10.74%和11.18%，"十一五"期间年均增长速度是改革开放以来的最高水平。

主要产品产量达到新水平。"十一五"时期，全省粮食产量均保持在800万吨以上，2010年达到958.3万吨，创历史最高水平。与2005年相比，2010年全省钢材产量增长54.60%，原油加工量增长12.93%，乙烯产量增长1.83倍，十种有色金属产量增长62.41%。

二、质量和效益最好

地方财政收入快速增长。"十一五"时期地方财政收入年均增长23.41%，年均增长速度分别比"九五"、"十五"时期提高10.84和8.36个百分点。

工业经济效益不断提升。全省工业经济效益综合指数由2005年的145.98上升至2010年的215.95，实现利润由2005年的63.97亿元提高到2010年的216.31亿元。

三、人民得实惠最多

2010年全省城镇居民人均可支配收入为13188.55元，"十一五"期间年均增长10.28%；农村居民人均纯收入达到3424.7元，"十一五"期间年均增长11.58%。

四、工农业迅速发展

农村经济发展取得可喜成就，优势特色产业发展势头强劲。2010年全省农林牧渔业增加值达到599.28亿元，"十一五"时期年均增长5.29%。各地大力推进农业结构调整，积极发展特色优势产业，2009年，全省马铃薯、中药材、玉米制种、苜蓿草和酿酒原料等区域性优势产业的播种面积达到2582万亩，特色产业基地向优势区域集中，形成特色优势产业带。

工业增速加快，新能源产业成为新亮点。"十一五"

敦煌月牙泉

堪称华夏第一渠的引大入秦工程

丝绸古道的乡村艺术

时期甘肃工业增加值年均增长13.45%，是改革开放以来的最高水平。"十一五"期间，甘肃提出了"建设河西风电走廊，打造西部陆上三峡"的战略目标。2010年酒泉千万千瓦级风电基地一期工程全面完成，全省风电装机容量达到550万千瓦。

五、内需增长强劲

固定资产投资高速增长。2006年甘肃全社会固定资产投资突破1000亿元，2009年突破2000亿元，2010年突破3000亿元，达到3378.10亿元，"十一五"时期，年均增长31.03%，是改革开放以来的最高水平。

社会消费品零售额快速增长。2008年甘肃社会消费品零售总额突破1000亿元，2010年达到1394.5亿元，"十一五"时期，年均增长16.93%。

对外贸易平稳增长。2010年全省完成进出口总额73.25亿美元，"十一五"时期进出口总额年均增长22.72%。

六、结构调整成效显著

三次产业结构不断调整。三次产业结构由2005年的15.9∶43.4∶40.7调整为2010年的14.5∶48.2∶37.3。其中：第一产业比重下降1.4个百分点，第二产业比重上升4.8个百分点，第三产业比重下降3.4个百分点。

城镇化水平提高。"十一五"期间甘肃城镇化水平不断提高。2010年全省城镇化水平为36.12%，比2005年提高6.1个百分点。

七、可持续发展能力提升

"十一五"时期，城镇登记失业率控制在4%以内，人口自然增长率控制在7‰以内，万元生产总值能耗累计下降20%以上。

八、各项社会事业全面发展

教育、文化和卫生事业全面发展。与2005年相比，2010年甘肃学龄儿童入学率提高0.59个百分点，普通高校在校学生数增长66.27%；广播人口覆盖率、电视人口覆盖率分别提高2.97和2.92个百分点；卫生机构床位增长49.1%，卫生人员增长27.5%。

社会保险事业取得长足发展。"十一五"时期，全省参加城镇基本养老保险人数年均增长4.21%，工伤保险参保人数年均增长13.17%，生育保险参保人数年均增长15.43%。2010年，全省新型农村合作医疗参合率高达95.92%。

储量超5亿吨级的西峰油田，原油生产能力突破百万吨

甘肃省科技厅

“十一五”甘肃科技成就

中科院兰州近代物理所兰州重离子加速器冷却储存环（HIRFL—CSR）主环

1. “兰州重离子加速器冷却储存环”工程有力支撑前沿科技研究。

2007年建成的国家重大科学工程——兰州重离子加速器冷却储存环（HIRFL-CSR）系统，是我国自行设计建造的第一台规模最大、能量最高、加速粒子种类最多的重离子同步加速器冷却储存环系统。系统合成了11种近滴线稀土新核素，核素质量测量精度达到10～6量级，进入国际先进行列。其突出的创新点是，高品质同步环和大接受度实验环双环运行，并配以空心电子束冷却，大幅度提高了束流累积效率、重离子束的能量、流强和束流品质，使一些极端条件下的高精度测量成为可能。系统采用独特的技术路线，创造性地实现了变谐波同步加速和双回旋加双冷却储存环的组合运行模式；在世界上首次研制成功空心电子束冷却装置，实现了空心电子束对重离子束的冷却；成功产生了放射性次级束，注入实验环进行了高精度质量测量。该工程为实现我国大型先进医疗装置——重离子治癌专用加速器的产业化奠定了坚实的技术基础，重离子治癌中心已于2009年落户兰州，使我国成为世界上第四个实现重离子临床治癌的国家。

2. “全膜双垄沟播技术”大面积推广，旱作农业实现跨越式发展。

旱地全膜双垄沟播降水高效利用技术（简称全膜双垄沟播技术）集覆盖抑蒸、垄沟集雨、垄沟种植技术为一体，实现了保墒蓄墒、就地入渗和雨水富集的效果。其特点：一是显著减少了土壤水分的蒸发；二是具有显著的雨水集流作用；三是增加了积温，扩大了玉米及中晚熟品种的种植区域；四是能有效抑制田间杂草，减轻土壤的盐碱为害。

全膜双垄沟播技术破解了半干旱地区降水利用率低的问题，使旱作农业区水分利用率由目前的50%左右提高到了70%以上，玉米平均亩产达到577.5公斤，增产率达到30%以上。“十一五”期间甘肃省累计推广全膜双垄沟播技术2090万亩，累计增产粮食313.5万吨，全省旱作农业实现跨越式发展，科技抗旱水平明显提升，全膜双垄沟播技术的大面积推广，确保了粮食安全，为

长庆油田内陆坳陷湖盆低渗透油田

甘肃省全膜双垄沟播技术研究与大面积推广

全省粮食生产连续多年增产奠定了坚实的基础，为提高甘肃省粮食综合生产能力提供了有力的技术支撑，为实现甘肃省粮食生产目标做出了巨大的贡献。

3. 内陆坳陷湖盆低渗透油田勘探开发技术及应用快速高效探明了低渗透大油田，实现了有效开发

油气资源丰富的鄂尔多斯盆地面积37万平方公里，但由于盆地对应的石油成藏规律和特殊开采工艺国内外均缺乏成熟的核心理论与技术，石油勘探程度仅为17%，本项目经过7年多学科联合攻关，取得了以下创新成果：创立了内陆坳陷湖盆中部成藏理论，突破了勘探禁区；创新了黄土塬非纵地震勘探技术，突破了黄土塬区含油砂体预测的技术瓶颈；自主研发了低渗透储层压裂改造工艺新技术，形成了"多级加砂压裂、多缝压裂和水平井分簇多段压裂"为主体的增产改造工艺，创新发展了适合长庆油田的低渗透油藏有效驱替开采技术，创建了低渗透油田开发工程建设模式。

整体技术应用后，共新增石油探明地质储量7.28亿吨，新增控制、预测地质储量11.42亿吨，新建产能1495万吨，累计生产原油4775万吨，实现销售收入1706.66亿元，新增利润124亿元，新增税收45.12亿元。

该项目创新成果对于长庆油田实现建设"西部大庆"规划目标、保障国家能源安全、促进老区经济发展具有非常重要的意义。

勘探开发技术在甘肃庆阳的应用

庆阳市

"十一五"时期庆阳市经济社会发展情况综述

"十一五"是庆阳发展史上极不平凡的5年。

这五年，是庆阳经济实力显著增强的五年

综合实力明显增强。"十一五"时期，全市全面贯彻落实十七大和省第十一次党代会精神，经济总量连上几大台阶。2007年全市生产总值（GDP）突破200亿元大关，达到200.82亿元；2009年，突破300亿元大关，达到302.22亿元，提前一年完成"十一五"270亿元的规划目标，增长14.6%；2010年全市实现生产总值357.61亿元，比2005年的143.81亿元净增213.8亿元，增长92.7%，年均增长14.0%，当年增长15.8%，是近10年来的峰值。人均GDP稳步提升，2006年6830元，2007年7998元，2008年达9872元，2009年达11973元，2010年达14144元。

"农"字经济基础稳后劲增。"十一五"时期，全市各级党委、政府和广大人民群众始终把"三农"作为全市的基础产业常抓不懈，关注"三农"、支持"三农"、发展"三农"已成为全市经济工作的首要任务，农林牧渔全面发展、种养加配套生产的新结构初见成效，粮丰、林茂、畜旺、渔增的现代农业雏形日渐形成。

工业主导地位进一步加强。"十一五"时期，我市"工业强市"战略扎实推进，集中精力谋工业、抓工业，加速推进新型工业化进程。2010年，全市工业经济强劲增长，实现全部工业增加值193.48亿元，增长21.8%，对经济增长的贡献率达70.3%，拉动经济增长8.5个百分点。2010年规模以上工业企业主营业务收入321.06亿元、实现利税158.31亿元、盈亏相抵后实现利润124.42亿元，分别是2005年的2.4倍、3倍和2.9倍。

项目建设支撑作用显著增强。"十一五"时期，我市坚持不懈地推进投资拉动战略，投资对经济增长的贡献进一步增强。超前的规划和扎实的项目前期工作，牵住了发展抓项目的"牛鼻子"，在抢抓国家扩大内需、促进经济增长的政策机遇中赢得了主动。2010年，全市全社会固定资产投资又突破400亿元大关，达到488.02亿元，5年累计投资达1296.54亿元，增长6.1倍，年均增长43.7%。5年来，全市共实施50万元以上固定资产投资项目7505个，完成投资1124.63亿元。投资总额相当于"十五"时期的6.1倍，年均增长43.7%，比"十五"时期快12.5个百分点。

城乡消费市场繁荣活跃。"十一五"时期，我市认真落实中央关于积极扩大内需的战略部署，稳步推动消费需求转型升级，消费市场持续活跃。2008年全市社会消费品零售总额达到62.29亿元，提前两年完成"十一五"57.57亿元的规划目标，增长23.5%，为1996年以来最大增幅。2010年，在车市、房市、旅游、餐饮为代表的消费热点带动下，在以"家电下乡"、"汽车下乡"一系列优惠政策的推动下，实现社会消费品零售总额93.47亿元，比"十一五"初增长1.58倍，年均增长20.8%，比"十五"时期快3.7个百分点。

这五年，是庆阳经济发展质量明显提高的五年

财政收入加快增长。经济持续快速发展，为财政增收提供了可靠的保证。全市大口径财政收入由2005年的16.49亿元增加到2010年的58.79亿元。

2009年在财政增收压力较大的形势下仍取得44.69亿元的较好成绩，提前一年完成"十一五"38亿元的规划目标。5年来，全市大口径财政收入累计完成184.71亿元，年均增长28.9%。2008年，全市小口径财政收入达到17.46亿元，提前两年完成"十一五"15.55亿元的规划目标。2010年，全市小口径财政收入完成30.02亿元，比2005年的6.72亿元净增加23.3亿元。5年来，小口径财政收入累计完成89.02亿元，年均增长34.9%。

节能降耗力度加大。"十一五"时期，我市节能降耗成效显著，能耗不断下降。全市单位GDP能耗分别比上年下降1.8%、4.5%、4.72%、5.35%和5.5%，与2005

建设中的庆阳市区

红色南梁

年相比累计下降 20.08%。

这五年，是庆阳经济发展协调性不断增强的五年

产业结构优化升级。“十一五”时期，我市坚持加快转变经济发展方式，加大经济结构调整力度，三次产业呈现相互促进、互为支撑的良好态势。全市三次产业结构由 2005 年的 19.8 ：50.1 ：30.1 转变为 2010 年的 14.3 ：60.1 ：25.7。工业化进程明显加快，全部工业增加值占 GDP 的比重为 54.1%。农业基础地位进一步巩固。服务业对经济的支撑作用增强，第三产业创造的增加值由 2005 年的 38.92 亿元到 2010 年的 91.73 亿元，增长 1.36 倍，年均增长 10.3%。文化产业发展加快，2009 年实现文化产业增加值 1.57 亿元，2010 年超过 2.3 亿元。

统筹城乡发展取得新成效。“十一五”期间，全市农村固定资产投资累计 211.45 亿元，年均增长 52.6%。城镇化进程加速推进，城镇人口由 2005 年的 46.26 万人增加到 2009 年的 68.63 万人，城镇化率由 18.4% 提高到 2009 年的 27.16%，2010 年达到 28.66%。

这五年，是庆阳改革开放步伐迈得最大的五年

“十一五”时期，我市积极参与经济全球化和区域经济一体化，加强与中西部地区合作交流。不断优化投资环境，拓宽投资领域。广泛开展经济合作，扩大对外宣传和项目推介，努力吸引国内外客商特别是知名企业、大财团来我市投资兴业。大力发展外向型经济，加快实施“走出去”战略。“十一五”5 年，全市出口创汇总额累计达到 40345 万美元，出口供货总值达到 40.46 亿元，五年平均增长 28.4%。非公有制经济加速发展。“十一五”时期，我市进一步优化发展环境，大力发展个体、私营经济、非公有制经济。2010 年，全市非公有制经济增加值 98.48 亿元，占全市 GDP 的比重达 27.54%，比 2008 年提高 1.94 个百分点；非公有制工业增加值 21.0 亿元，占全部工业增加值的 10.9%，比 2008 年提高 5.2 个百分点。

这五年，是庆阳以改善民生为重点的社会建设力度最大的五年

居民生活水平不断提高。“十一五”时期，我市在加快经济发展的同时，更加注重改善民生。全市城镇居民人均可支配收入由 2005 年的 6880 元增加到 2010 年的 12453 元，五年增长 81%，年均增长 12.6%；农村居民人均纯收入由 2005 年的 1734 元增加到 2010 年的 3154 元，5 年增长 81.9%，年均增长 12.7%。2010 年，全市城镇居民人均消费性支出由 2005 年的 6042 元增加到 9693 元，比 2005 年净增加 3651 元；农村居民人均生活消费支出由 2005 年的 1523 元增加到 2330 元，比 2005 年增加 807 元。

长庆油田——庆阳油区

各项社会事业全面进步。科技事业有新进展。2010 年末，全市事业单位各类专业技术人员 35684 人，其中高级技术人员 785 人。全年共组织实施农业、工业、医疗卫生和社会公益事业等各类国家、省、市科技计划项目 260 项，共投入科技经费 1327 万元。教育事业全面发展。2010 年，全市普通高等学校招生 3023 人，在校学生 11300 人，毕业 2999 人；普通中等专业学校招生 3867 人，在校学生 9860 人，毕业 1940 人；普通高中招生 23096 人，在校学生 64739 人，毕业 17340 人。适龄儿童入学率 99.95%，13-15 岁儿童初等教育普及率达到 99.73%，小学学生巩固率达到 99.81%。全市大专以上高考录取人数 15380 人，比上年增加 1461 人，上升 10.5%。文化事业持续活跃。2010 年末，全市共有专业文化艺术表演团体 9 个；有公共图书馆 9 个，藏书 58.41 万册；博物馆 9 个，文物藏量 29880 万件；综合性档案馆 9 个，馆藏各类档案资料 52.45 万卷（册）、照片 1.85 万张；文化站 114 个。广播电视事业向纵深推进。全市有线电视用户增加到 87964 户，电视人口覆盖率达到 91.12%；广播人口覆盖率达到 89.57%。卫生事业全面加强。2010 年，全市医疗卫生机构总数 2562 个，全市共有卫生技术人员 5915 人。体育事业蓬勃发展。2010 年，全市举办县以上运动会 49 次，参加运动员 34416 人次。人口自然增长率保持稳定，就业形势有所好转。年末城镇登记失业率为 3.76%，比上年降低 0.13 个百分点。8 县区开展了新型农村合作医疗工作，新型农村合作医疗参合率 96.75%；新型农村合作医疗基金支出总额为 2.42 亿元，累计受益 211.38 万人次。

庆阳石化一角

农耕文化的发源地

香包为代表的民俗文化成为一张亮丽的名片

青海省

抢抓机遇促发展　团结一心创辉煌

一、经济实力大幅提升，经济结构不断优化

1、经济总量不断扩大

“十一五”以来，全省经济继续保持两位数的快速增长，其中2010年达15.3%，创30年来最高增速，经济总量迅速扩大。2010年，全省生产总值达1350.43亿元，比2005年增加807.11亿元，翻了1.3番，按可比价计算，累计增长85.3%，年均增长13.1%，比“十五”期间年均增速高1.1个百分点，是改革开放以来发展最快的时期。其中，第一产业年均增长4.5%；第二产业年均增长15.5%；第三产业年均增长12.3%。

人均生产总值突破3500美元。2005年青海省人均生产总值仅为10045元，按当年平均汇率折算仅1226美元，五年来，随着经济总量的迅速扩大，人均生产总值不断提高，2010年达24115元，按可比价计算，累计增长79.2%，年均增长12.4%，比“十五”期间年均增速高1.6个百分点。按当年平均汇率折算，为3562美元，比2005年增加了2336美元。

财政收入突破200亿元。随着青海省经济的快速增长，财政收入大幅度增加。2010年，全省财政一般预算收入达204.97亿元，比2005年增加141.58亿元，增长2.2倍，年均增长26.5%，比“十五”期间年均增速高7.1个百分点。其中地方财政一般预算收入年均增速达26.7%。

2、结构调整取得新成效

产业结构不断优化。2010年三次产业结构为10.0：55.1：34.9，与2005年相比，第二产业上升6.4个百分点，第一产业下降2个百分点。

非公有经济发展加快。2009年，全省从事非公有制经济企业、个体户数为19.59万户，比2005年增加了1.19万户。非公有制经济增加值占全省经济总量的比重达到30.7%，比2005年提高6.6个百分点。

城镇化水平提高。2010年，全省城镇化水平达到44.72%，比2005年上升5.47个百分点。

二、基础设施不断完善，发展条件明显改善

“十一五”期间，累计完成全社会固定资产投资3359.18亿元，占西部大开发十一年以来总投资额的68.1%，年均增长20.9%。其中2010年完成投资1068.73亿元，比2005年的367.15亿元增长1.9倍。基础设施投资五年累计达1157.62亿元，比“十五”期间投资增长1.2倍。全省“两横三纵三条路”为主骨架的公路网基本建成，青藏铁路全线贯通，玉树巴塘机场建成通航；通信、电网、水利等基础设施得到进一步提高，对保障经济快速发展和人民生产、生活安全发挥了重要作用。

油田风光

三、农业综合生产能力提高，现代农牧业发展成效渐显

2010年，全省第一产业增加值134.92亿元，比2005年增长24.8%，年均增长4.5%。2010年，粮食产量比2005年增长9.4%，是2002年以来的第2个高产年；油料产量增长15.9%；蔬菜产量增长59.2%；牛奶产量增长11.0%；肉类产量增长6.8%。

四、工业化进程加速推进，产业发展优化升级

“十一五”期间，全省工业投资累计达到1542.36亿元，占全社会固定资产投资额的45.9%。工业投资的大幅增加，加速了全省工业化进程。2010年，全省全部工业增加值达613.65亿元，比2005年翻了1.6番，按可比价计算，年均增长16.9%。工业增加值占生产总值的比重达到45.4%，比2005年提高7.9个百分点，工业成为拉动经济增长的主导力量。

“十一五”期间，全省围绕加快资源开发和综合利用，进一步延伸产业链，大力推进铝电联营、水电、钾肥、石油天然气、有色金属、生物制品、新型材料等一批重大工业项目的建设，提高了工业产品附加值和精深加工能力，构筑了具有资源优势和竞争优势的特色经济体系。

五、第三产业加快发展步伐，现代服务业快速发展

“十一五”以来，全省第三产业得到快速发展，2010年，第三产业增加值达到470.88亿元，比2005年翻了1.1番，按可比价计算，比2005年增长78.4%，年均增长12.3%，比“十五”期间年均增速高2.0个百分点。

六、居民收入不断增加，民生工程扎实推进

“十一五”以来，省委省政府始终把民生问题放在最为突出的位置，从解决人民群众最关心、最直接、最现实的利益问题入手，着力改善民生，促进和谐。

1、有力促进就业和再就业，失业率得到有效控制

2009年，全省就业人员达到321.58万人，比2005年增加了23.78万人，年均增长1.9%。在劳动力总量和结构性矛盾突出的情况下，失业率得到有效控制，五年来，全省城镇登记失业率均控制在4%的规划目标范围内，每年转移劳动力就业均达到100万人次。

2、城乡居民收入水平不断提高，生活质量不断改善

2010年，全省城镇居民人均可支配收入达到13854.99元，比2005增长71.9%，年均增长11.4%。城镇居民恩格尔系数为39.4%。城镇居民人均住宅建筑面积为25.9平方米，比2005年增加7.5平方米。

2010年，农牧民人均纯收入达到3862.68元，比2005年增长78.4%，年均增长12.3%。农村居民恩格尔系数则为39.6%。农村人均居住面积达21.4平方米，比2005年增加3.4平方米。

3、社会保障为群众撑起“安全网”

“十一五”以来，全省社会保障体系建设进程加快，保障范围不断扩大，保障能力明显增强。2010年末，全省城镇养老保险参保人数74.43万人，比2005年增加14.45万人，增长24.1%。城镇失业保险参保人数36.65万人，比2005年增加3.42万人，增长10.3%。医疗保险参保人数481.05万人，比2005年增加254.68万元，增长1.1倍。城镇享受最低生活保障人数22.45万人，增加1.95万人；农村享受最低生活保障人数38.0万人。

七、社会事业全面进步，经济社会协调发展

全省积极实施“科教兴青”战略，加大教育投入，优化教育结构，提高教育质量。科技事业立足本省实际，大力开展科技创新，突出解决制约优势资源开发、支柱产业壮大、特色农业发展、生态环境保护与建设的技术瓶颈，扩大科技合作，加快技术攻关，加速科技成果转化，推动产业化进程，为全省经济社会发展提供了有力的科技支撑。加大文化体育事业的投入力度，加强乡镇综合文化站，抢救性文物保护设施，“西新”工程及县级广播电视基础设施，广播电视“村村通”工程；青海科技馆、青海大剧院、黄南热贡艺术中心、海西、海南文化艺术中心、海北西海影剧院、多巴训练基地康复中心、尖扎水上训练基地、海北、玉树民族体育场等一批文体项目建成。实施了州级中心医院、藏医院、县中藏医院、县计划生育服务站等项目。为乡镇卫生院配置了常规诊疗设备，全面完成了村卫生室建设，初步建立了村卫生室运行保障机制，改善了农牧区卫生服务条件。

八、对外开放步伐加快，发展活力和动力增强

“十一五”期间，全省累计进出口总额33.27亿美元，是“十五”期间进出口额的1.9倍，年均增长13.8%。其中出口20.56亿美元，进口12.71亿美元。“十一五”期间，全省累计批准外商直接投资项目101个，实际使用外商投资额12.39亿美元，比“十五”期间增长45.4%。

九、积极实施生态立省战略，加大节能减排力度

近年来，青海坚持科学发展观统领经济社会生态发展全局，坚持以人为本、实现区域协调持续发展为目标，以加强和改善生态环境治理为切入点，全力推进生态环境保护与建设工作，使全省生态环境保护和建设取得了阶段性成效。截至2010年，建立省级以上自然保护区11处，保护区面积占全省国土面积的30.2%，森林覆盖率达5.23%。全省湿地总面积412.6万公顷，共有3块湿地列入国际重要湿地名录，总面积达60.89万公顷。

积极贯彻执行国务院节能减排实施方案，将能耗降低和污染减排完成情况纳入各地经济社会发展综合评价体系。坚持结构减排、管理减排、工程减排整体推进，制定了一系列节能降耗和减排工作措施。尤其是“十一五”后两年，全省上下借助金融危机的倒逼机制，加大淘汰落后产能，开工建设重点污染治理工程，节能减排工作取得显著成效。“十一五”期间，全省单位生产总值能耗和规模以上工业单位增加值能耗完成了规划目标。

鸟类的天堂

宁夏

宁夏“十一五”经济社会发展成就

“十一五”以来，在自治区党委、政府正确领导下，全区各级组织坚持以邓小平理论和“三个代表”重要思想为指导，认真贯彻落实科学发展观，努力克服制约经济发展的各种不利影响，抢抓机遇，振奋精神，务实苦干，加快推进工业化、城市化、农业产业化和社会主义新农村建设，努力实现资源优势向经济优势转化，宁夏经济社会发展取得显著成效。“十一五”时期是宁夏历史上发展最快、城乡面貌变化最大、群众得到实惠最多的5年。

一、综合经济实力显著提高

（一）经济总量显著增加，地区生产总值5年翻一番多。“十一五”以来，宁夏综合经济实力显著提高。初步核算，2010年宁夏地区生产总值1643.41亿元，按现价计算，是2005年的2.68倍，5年翻1.42番，按可比价格计算，“十一五”时期年均增长12.7%，比全国同期年均增幅快1.5个百分点，比宁夏“十五”时期增速快1.7个百分点。2010年宁夏人均GDP达到26160元，与全国平均水平的相对差距进一步缩小。由2005年宁夏人均GDP为全国平均水平的73.0%提高到2010年的88%左右，5年间相对差距缩小15个百分点左右。

（二）产业结构不断优化，第二产业比重5年提高4.8个百分点。“十一五”期间，宁夏三次产业在发展中调整，在调整中优化。第一产业增加值年均增长6.9%，比“十五”时期快2.6个百分点；第二产业增加值年均增长15.7%，比“十五”时期快1.2个百分点，其中工业增加值年均增长15.4%；第三产业增加值年均增长10.4%，比“十五”时期快0.7个百分点；宁夏一、二、三次产业结构由2005年的11.8：45.9：42.3调整为2010年的9.8:50.7:39.5，第一产业下降2.0个百分点，第三产业下降2.8个百分点，第二产业所占比重提高4.8个百分点，其中工业提高2.2个百分点。

（三）经济运行质量显著提高，地方财政收入5年翻近1.7番。在经济总量快速扩张，发展水平显著提高的基础上，全区财政收入呈现出持续快速增长的态势。2005年宁夏地方财政一般预算收入不到50亿元，仅为47.72亿元，2009年突破100亿元，达到111.58亿元，2010年突破150亿元，达到153.64亿元，是2005年3.22倍，5年翻1.69番，年均增长26.3%，为促进宁夏国民经济的平稳较快发展做出了贡献。

二、农业、农村经济蓬勃发展

“十一五”期间，自治区党委、政府认真贯彻落实中央、国务院“三农”工作精神，以农民增收为主线，加快发展特色优势产业和现代农业，积极推进新农村建设，有力促进了全区农业农村经济社会的全面发展，农业经济总量再上新台阶。2010年农林牧渔业实现增加值160.28亿元，按现价计算，是2005年的2.22倍，5年实现翻番，按可比价计算，年均增长6.9%，比“十五”期间高出2.6个百分点。

三、工业经济总量快速扩张

十一五”以来，自治区党委、政府认真实施工业强区战略，集中力量加快宁东能源重化工基地的开发建设，积极调整产业结构，加快推进工业化建设进程，力促产业向园区聚集，项目向循环经济产业延伸，使全区工业经济跃上新台阶，成为实现全区经济跨越式发展的重要推手。2010年，宁夏规模以上工业完成增加值552.89亿元，是2005年的2.73倍，5年翻了1.4番，按可比价计算，年均增长16.5%。工业增加值占GDP的比重由“十五”末的37.3%提高到2010年的39.5%。

四、 固定资产投资实现历史性飞跃

“十一五”以来，宁夏深入贯彻实施项目带动战略，抢抓国家实施西部大开发机遇，深入推进投资体制改革，继续加大固定资产投资规模，进一步优化投资结构，固

塞上江南　稻谷飘香

黄河两岸　阡陌纵横

定资产投资实现历史性飞跃。2010年宁夏全社会固定资产投资1464.7亿元，是2005年的3.3倍，年均增长26.9%，比"十五"时期提高了4.3个百分点。"十一五"时期宁夏全社会固定资产投资累计完成4580亿元，是"十五"时期的2.92倍，是1986-2005年20年累计投资的1.85倍。

五、国内外贸易快速发展

"十一五"以来，在国家和自治区一系列扩大内需、促进消费的宏观调控措施的积极作用下，全区内贸市场消费需求强劲，购销活跃，呈现出稳定快速增长的态势，保持着繁荣活跃的景象，对于保持经济快速增长发挥了重要作用。

（一）社会消费品零售总额不断扩大，5年翻一番多。2010年宁夏社会消费品零售总额为403.6亿元，是2005年的2.32倍，年均增长18.3%，增速比"十五"提高7.7个百分点。

（二）对外贸易规模跃上新台阶，进出口总额是"十五"时期的2.3倍。2010年宁夏进出口总额19.6亿美元，比2005年增长102.7%，年均增长15.2%。"十一五"期间，全区累计实现外贸进出口总额80.7亿美元，是"十五"时期的2.3倍。其中，进口总额28.6亿美元，是"十五"时期的2.9倍；出口总额52.1亿美元，是"十五"时期的2.1倍。

六、人民生活水平显著提高

"十一五"以来，分配制度改革稳步推进，促使城镇居民收入显著提高。2010年宁夏城镇居民人均可支配收入15344.5元，比2005增长89.6%，年均增长13.6%，增速高于"十五"期间3.1个百分点，高于同期地区生产总值年均增速0.9个百分点。2010年宁夏农民人均纯收入4674.9元，比2005年增长86.3%，年均增长13.3%，增速高于"十五"期间5.5个百分点，成为宁夏农民收入增长最快的5年。

七、旅游业再创佳绩

2010年宁夏接待旅游者1020.6万人次，比2005年翻一番，年均增长15.3%，实现旅游总收入67.6亿元，是2005年的3.8倍，翻1.9番，年均增长30.6%。"十一五"时期宁夏累计接待游客4033.2万人次，是"十五"时期的2.3倍，实现旅游总收入218.8亿元，是"十五"时期的3.3倍。2010年宁夏旅游总收入相当于第三产业增加值的10.4%，比2005年提高3.6个百分点。

八、全面小康建设进程稳中趋快

2009年宁夏全面建设小康社会总体实现程度达64.2%，比2005年提高8.4个百分点，比2000年提高12.5个百分点，"十一五"前四年实现程度比"十五"期间快4.3个百分点，呈加快推进趋势。

九、节能减排成效显著

"十一五"期间，在经济快速发展的同时，自治区党委、政府更加重视节能降耗和环境保护工作，把节能减排作为调整经济结构、转变经济发展方式、实现科学发展的重要抓手，明确节能减排目标，实现"问责制"和"一票否决"制。2010年宁夏万元生产总值能耗比"十五"末下降20.1%，全面完成了"十一五"节能降耗目标任务。2010年化学需氧量、二氧化硫排放量分别比"十五"末削减14.72%和9.38%，减排目标任务全面完成。

十、科技事业步入跨越式发展阶段

"十一五"时期，宁夏科技事业步入跨越式发展新阶段，出现前所未有的新局面。科技体制不断优化，2009年末拥有科研机构187家，比2005年增加43家；研究与试验发展（R&D）经费投入快速增长，2009年达到10.44亿元，是2005年的3.2倍；科研成果硕果累累，"十一五"前四年共取得省部级科技成果704项，共有303项成果获自治区科技进步奖，10项成果获国家级科技进步奖。2009年，我区高新技术产业总产值为32.89亿元，实现销售收入28.53亿元，实现利润2.7亿元，分别是2005年的1.72倍、1.65倍和2.67倍。2010年，我区高新技术产品出口贸易总额达3.82亿美元，是2005年的1.68倍。

十一、社会保障事业日臻完善

社会保障制度不断完善，各项社会保险覆盖范围继续扩大，参保人数持续增长，社会保障能力不断增强。2010年末，全区基本养老保险参保人数达到107.7万人，新型农村养老保险试点人数120万人；基本医疗保险参保人数为550万人。进一步增强了民政服务保障能力。2010年解决了全区失去父母和事实上无人抚养的7000多名孤儿的生活困难问题，这是全国以省为单位建立此项制度的第一家。

加快推进新型工业化进程

城乡面貌显著改善

宁夏财政厅

闪光的宁夏财政

太阳山 10MW 太阳能光伏示范电站

“十一五”期间，宁夏财政走上了一条崛起之路、创新之路。2005 年，全区地方财政一般预算收入 47.7 亿元，2006 年 61.4 亿元，2007 年 80 亿元，2008 年 95 亿元。2009 年，地方财政收入达 111.5 亿元，首次突破百亿元。

从 2007 年起，宁夏财政结束了“保吃饭型”财政，进入“促发展型”财政。

综合财力明显增强

2009 年，全区地方财政一般预算收入 111.5 亿元，是 2005 年的 2.3 倍；超过“十一五”计划 82 亿元目标。累计完成地方财政一般预算收入 395.6 亿元，较“十五”期间的 169.3 亿元增收 226.3 亿元，增长 1.3 倍。2009 年全区地方财政一般预算收入占 GDP 比重达 8.4%。财政收入超亿元的县（市、区）12 个，比 2005 年增加 3 个，占全区市县总数的 66.7%。2009 年全区财政一般预算支出 432 亿元，比 2005 年的 160.3 亿元增长 1.7 倍；地方人均财政支出 6967 元，比 2005 年的 2900 元增长 1.4 倍。“十一五”时期全区财政一般预算支出累计 1352 亿元，增长 25%。

集中财力办大事情

加快现代农业建设。实施了引黄灌区百万亩中低产田改造、宁南山区 200 万亩高标准机修农田、100 万亩压砂硒甜瓜基地、小流域综合治理等一大批农业重点项目。支持海原等地生态移民和支持 473 个扶贫开发整村推进；河西灌区总排水干沟扩整工程（艾伊河）成为镶嵌在银川平原上的一条玉带；宁夏园艺产业园主体工程不到 200 天建设完工，体现了“宁夏速度”。

支持新型工业化。累计投入资金 80 亿元，支持自治区 1 号工程宁东能源重化工基地、“五优一新产业”和装备制造业发展，支持中小企业公共服务平台、国家和自治区级工业园区的建设。

支持重点工程和重点项目建设。筹措资金 16 亿元支持建成了“四馆三中心”（宁夏博物馆、宁夏图书馆、宁夏科技馆、固原体育馆和宁夏国际会展中心、宁夏广电中心、银川文化艺术中心）等自治区五十大庆重点工程；自治区党委、政府关注的宁夏中北部土地开发治理重点工程项目立项实施；同沿高速公路、古王高速公路、宁夏彩电中心等项目为全区经济社会快速发展注入新的活力。

支持节能减排和生态保护。安排资金 15 亿元对重点工程建设、推广高效节能产品、淘汰落后产能、循环经济等给予了有效的支持。“十一五”期间，宁夏财政投入环境保护资金 70 亿元，退耕还林 471 万亩，天然林保护 964.4 万亩。

统筹区域经济发展。“十一五”期间自治区财政对市县的转移支付达到 760 亿元，比“十五”期间的 215 亿元增长 3.5 倍。其中均衡性转移支付年均增长率达 38.8%。筹集资金近 30 亿元用于黄河金岸建设，推进黄河流经宁夏的四市六县区同城化建设。

积极财政保发展。2008 年下半年以来，面对金融危机的冲击，自治区财政厅迅速落实积极财政政策，结构型减税约 28 亿元；取消行政事业性收费 146 项；每年减轻群众和企业负担 10.4 亿元。家电下乡工作实现了补贴政策、销售方式、便民措施三项创新，被评为 2009 年全国家电下乡先进省份。

阳光财政温暖人心

随着财政实力的不断增强，笑意越来越多地写在人

宁夏回族自治区塞上充满生机

滨河大道贯通

黄河古渡坊

黄河水城一景

们脸上，阳光财政温暖着每一位普通百姓的心田

优先支持教育事业发展。"三免一补"实施以来，我区有98万多名义务教育阶段中小学生学杂费全免，8000多名贫困家庭学生重返课堂，宁夏在全国率先实现城乡公办学校义务教育阶段学生杂费全免，对贫困家庭学生免费提供教科书、教辅材料并补助寄宿生生活费。实施了104所城市中小学操场和8所标准化高中建设，为57所寄宿制中学建成了学生浴室，开展寄宿制学校建设工程、农村中小学校舍安全改造工程等167万平方米。支持六盘山高级中学、育才中学、银川一中、宁夏大学等一批示范性优质学校的建设。支持3所示范性高等职业院校和职业教育实训基地建设，"两基"验收工作2008年顺利通过国家验收。

全面提升公共卫生服务能力。安排近80亿资金用于公共卫生事业发展，对全区188个乡镇卫生院和村卫生室进行全面建设，对45岁以下医护人员进行全员轮训，同时落实乡镇卫生院在编人员工资和村医生活补助工作；支持自治区重点专科医院建设，办成了我区卫生事业多年来想办而无法办到的大事。覆盖城乡居民的公共卫生服务体系初步建立，全区城镇居民基本医疗保险实际缴费人数80.23万人，农村新型合作医疗覆盖全区所有市县，农民群众参合率达94.5%。在全区全面实行国家免疫规划和农村孕产妇住院分娩和新生儿保健以及城乡适龄青年婚育检查费用补助"四免一救助"政策。建立卫生应急体系，有效应对了甲型H1N1流感等公共卫生突发事件。

扎实推进社会保障体系建立。加大资金保障力度，确保城乡低保、企业退休人员基本养老金、优抚对象困难群众的基本生活支出，累计资金支出150亿元；全面实行五保供养制度，率先建立高龄老人津贴制度、孤儿救助制度，开展了新型农村养老保险试点。2006年起每年为"4050"人员购买3000个公益性岗位，支持2300名大学生开展"三支一扶"，支持800名农村教师特设岗位计划的实施，社会反映良好。

广泛促进公益性文化发展。五年来，投资20多亿元用于四馆三中心、宁夏大剧院、贺兰山体育场、览山观景剧场等一批公益文化设施的建设，自治区和市县的博物馆、纪念馆实现了免费开放。支持广播影视村村通；安排资金用于送戏下乡、送书下乡、农家书屋的建设。大力支持《月上贺兰》、《花儿》等文化精品工程。

着力推进保障性住房建设。五年来，自治区财政累计投入近20亿元，完成5万户农村危房危窑改造任务，建成塞上农民新居6000多户，对200多个行政村进行环境综合整治，安置石嘴山惠农、灵武等采煤沉陷区居民1.9万户，3.6万户城市低收入家庭享受到廉租住房政策。保障目标由人均住房面积低于10平方米的低保家庭的12300户扩大为人均住房面积低于13平方米的65000户。

持续推动人民群众收入增长。稳定惠农补贴政策，五年累计发放各类涉农补贴28.1亿元；城市人均低保标准由2006年的79元提高到2010年的146元；农村人均低保标准由2007年的20-30元提高到2010年的58元；会同相关部门推动义务教育阶段教师绩效工资制度改革，全面落实离退休人员待遇，解决了群众关心的住房公积金、取暖费、差旅费标准等问题。自治区五十大庆、建国60周年等重大节假日安排资金向优抚对象等特定人员发放一次性生活补助。2009年，宁夏城镇居民人均可支配收入14025元，比2005年增加5932元，是历史最好时期。

宁夏回族自治区南部山区小流域治理

宁夏旅游局

全国首批5A级景区－沙坡头

过去的五年，全区旅游业在自治区党委政府的正确领导下，在各相关部门的大力支持下，大力实施“十一五”旅游规划，取得了辉煌成就。全区接待国内旅游者从2005年的492万人次，增长到2010年的1018万人次；国内旅游收入从17.6亿元，增长到了67.3亿元；入境旅游者从8162人次，增长到了17990人次；旅游外汇收入从230万美元，增长到了600万美元；旅游总收入从17.7亿元，增长到了67.7亿元；旅游总收入占全区GDP的比重从2005年的2.96%增长到2010年的4.12%。“十一五”期间，我区国内旅游人数年均增长14.5%，国内旅游收入年均增长27.5%，入境旅游人数年均增长20%，旅游外汇收入年均增长25.3%，旅游总收入年均增长27.4%。“十一五”我区旅游业发展的实践表明，旅游行业服务全区经济社会发展大局的能力明显提高，驾驭复杂局面的能力明显提高，应对各种风险和挑战的能力明显提高，把握旅游业发展规律和阶段性特征的能力明显提高，推进旅游业科学发展的能力明显提高。五年的成绩来之不易，积累的经验十分宝贵，带来的启示影响长远。

一、坚持政府主导是旅游业快速发展的先决条件。五年来，我区旅游业得到了自治区党委、人大、政府、政协的极大支持和关注。自治区党委、政府把旅游工作

全国首批5A级景区－沙湖

列入重要议事日程，与经济社会发展重要工作同部署、同检查。自治区人大、政协每年组织调研组，深入旅游行业视察指导，提出了许多宝贵的意见和建议。

二、科学的规划是旅游产业快速发展的基础。五年来，我们编制完成旅游总体规划、区域规划和专项规划60余部，争取各类旅游专项资金4.55亿元。在统筹用好政府资金的同时，不断强化招商引资力度，形成了以财政投入为引导，各种资金一起上的多元化格局。

三、优良的产品是旅游产业快速发展的核心。“十一五”期间，我区旅游产品的开发和建设取得了重大进展。一是开发建设了以黄河大峡谷为重点的“黄河金岸”旅游带、以须弥山为重点的六盘山旅游区等一系列市场前景广阔的新产品新线路；二是改造提升了以沙湖、沙坡头、水洞沟、贺兰山岩画、镇北堡影城为代表的一批老产品。三是提升创新了一批具有地方特色和民族特色的节庆、会展、赛事产品。

四、创新的宣传营销方式是旅游产业快速发展的关键。确定了“稳定周边市场，强化沿海市场，突出长三角、珠三角、环渤海三大龙头地区”的旅游促销方针，连续开展“宁夏旅游春光万里行”活动，走出去到重点客源市场开展促销推介活动，并邀请旅行商和媒体记者来宁踩线采风。利用电视、广播、报纸、网络等平台和影视、歌曲等方式，扩大我区旅游的知名度。电视剧《风雨沙坡头》、宣传语“塞上江南·神奇宁夏”在国家文化部、国家旅游局主办的“文化旅游发展贡献奖”活动中，分获“影响中国旅游的一部电视剧”金奖和“影响中国旅游的一句宣传语”金奖。

五、有效的管理是旅游产业快速发展的保证。积极转变管理方式和工作职能，认真抓好旅游法规和标准化建设，大力提升行业服务质量，强化旅游安全生产管理，

回族舞剧—月上贺兰剧照

逐步建立了区、市、县三级质监长效机制。同时，开展文明创建活动，不断提高全行业队伍建设水平。截至2010年底，全区26个旅游管理部门100%成为县级以上文明单位，90%的A级景区、73%的星级饭店、56%的旅行社成为文明单位。

六、文旅结合是旅游业可持续发展的前提。通过实施文化落地项目，在景区建成了贺兰山岩画博物馆、沙湖宁夏湿地博物馆、黄河水工博物馆、枸杞博物馆等，以宁夏的地域文化丰富旅游内涵，促进了旅游业的可持续发展。同时，加强与体育、科技、环保等相关部门的合作，把单一的观光旅游扩大延伸到休闲度假旅游、体育运动旅游、科普教育旅游、深度体验旅游、自助游和节庆旅游等多种旅游业态上来，发展大旅游，初步形成了文化旅游、乡村旅游、红色旅游、生态旅游四驾马车齐头并进的良好局面。

镇北堡西部影城之——黄金月亮门

银川

银川市“十一五”经济社会发展成就

“十一五”是新世纪以来我市经济社会发展极不寻常的5年，特别是面对历史罕见的金融危机和复杂多变的经济形势，市委、政府带领全市人民深入贯彻落实科学发展观，积极应对国际金融危机冲击，紧紧抓住西部大开发的战略机遇，围绕建设“两个最适宜”城市战略目标，深入实施“五大战略”，加快转变发展方式，着力构建和谐社会，全市经济社会取得了辉煌成就，为“十二五”跨越式发展奠定了坚实的基础。

一、经济实力显著增强　经济总量跨越新台阶

“十一五”期间，全市经济保持稳步快速增长。5年来，全市经济总量连续跨越300亿元、400亿元、500亿元、600亿元、700亿元五个台阶，由2005年的293.57亿元，上升到2010年的763.26亿元，2010年是2005年的2.6倍“十一五”年均增长13.7%，比“十五”平均增速12.6%加快1.1个百分点。全市人均GDP由2005年的21091元，增加到2010年的41314元。

二、经济结构不断优化　产业调整取得新成效

“十一五”期间，银川市三次产业全面发展。三次产业构成由2005年的6.6：45.2：48.2调整为2010年的5.4：49.7：44.9。产业结构变化呈现第一产业有序下降、第二产业稳步上升、第三产业持续发展的态势。二产、三产共同成为推动全市经济发展的主要力量，随着经济结构的不断优化，产业调整取得了新成效，经济综合竞争力显著提高。

三、农村经济全面发展　“两强多优”实现新发展

“十一五”期间，银川市农业生产条件得到极大改善，农业基础地位日益巩固，农民的生产积极性大大提高，有力地促进了农村经济的全面发展，农业综合生产能力不断跃上新台阶。全市农林牧渔业总产值由2005年的35.10亿元，上升到2010年的76.20亿元，2010年是2005年的2.1倍，“十一五”年均增长8.1%，比“十五”年均增速3.8%，提高4.3个百分点。全市第一产业增加值由2005年的19.45亿元，上升到2010年的41.37亿元，2010年是2005年的1.8倍，“十一五”年均增长6.4%，比“十五”年均增速3.1%，提高3.3个百分点。

伴随着农业经济结构调整的力度的不断加大，农业产业化的不断推进，传统的农业生产经营方式正在适应市场需求，向着高产、高效和特色、绿色农业方面转变，“两强多优”产量不断壮大，促进农业经济的全面发展。2010年完成粮食总产量87.19万吨，蔬菜产量126.93万吨，鲜奶产量35.41万吨，水产品产量达4.95万吨，分别是2005年的1.1倍、2.2倍、1.7倍、1.3倍。

四、工业经济快速发展　“一强五优”彰显新动力

“十一五”期间，全市工业生产快速增长，工业化进程不断加快，工业经济在全市经济社会发展中已占据主导地位。2010年全部工业增加值突破金融危机的冲击，由2005年的104.02亿元，上升到282.72亿元，2010年是2005年的2.7倍，“十一五”年均增长17.4%。

“十一五”累计完成工业投资1022.79亿元，年均增长30.8%。“一强五优”优势产业特色鲜明，基本形成了能源煤化工、发酵及生物制药、清真食品及穆斯林用品、机械及电器制造、高载能新材料等优势特色产业，产值占全市工业总产值90%以上，初步形成了一定规模的优势特色产业体系，区域经济特色初步显现。5年间，工业拉动全市经济5～7个百分点，工业经济已成为全市经济增长的主要力量。

五、投资规模不断扩大　项目建设发挥新作用

“十一五”期间，银川市紧紧抓住西部大开发的历史机遇，积极争取、引进和实施重大项目，多方筹集资金，不断加大投资力度，调整投资结构，固定资产投资规模迅速扩大。全社会固定资产投资由2005年的201.65亿元，上升到2010年的648.69亿元，2010年是2005年的3.2倍，“十一五”年均增长24.2%。“十一五”累计完成的固定资产投资2032亿元，是“十五”的3.2倍。

六、市场经济繁荣稳定　对外开放迈出新步伐

“十一五”期间，全市全社会消费品零售总额由2005年的94.52亿元，上升到2010年的225.14亿元，2010年是2005年的2.4倍，“十一五”年均增长19.0%，比“十五”年均增速12.7%加快6.3个百分点。

“十一五”期间，全市外贸进出口总额由2005年的5.26亿美元，上升到2010年的9.98亿美元，2010年是2005年的1.9倍。其中出口额由2005年的4.03亿元，上升到2010年的6.75亿元，2010年是2005年的1.7倍。

“十一五”期间，银川市大力实施投资带动战略，紧紧抓住西部大开发的重大历史机遇，进一步改善投资环境，加大招商引资的宣传和项目的落实力度，全市利用外商投资工作取得了丰硕成果。2010年全市新批项目19个，项目总投资19.42亿美元，合同外资2.28亿美元，实际利用外资0.45亿美元。

七、财政收入大幅增长　货币政策注入新活力

经济的持续快速发展，带动了银川市地方财力的显著增强。“十一五”期间，全市实现地方财政收入由2005年的24.93亿元，上升到2010年的137.27亿元，2010年是2005年的5.5倍，“十一五”年均增长40.7%，比“十五”年均增速21.3%加快19.4个百分点。

全市金融机构认真贯彻落实稳健的货币政策，加大对符合国家产业政策的行业和企业的信贷支持力度，有力地促进了经济持续快速发展。截止2010年末，全市金融机构存款余额1597.96亿元，比2005年末增长1.6倍，

“十一五”年均增长 21.1%，比“十五”平均增速 22.4% 下降 1.2 个百分点；2010 年末，全市金融机构贷款余额 1641.06 亿元，比 2005 年末增长 2.0 倍，“十一五”年均增长 24.4%，比“十五”平均增速 21.9% 加快 2.5 个百分点。

八、城市功能日益健全　城市建设展现新面貌

“十一五”以来，城市建设突飞猛进，加上“两个最适宜”城市战略目标的确立和自治区 50 大庆各个重点项目的推进，银川市真正实现天蓝、地绿、水清、城净、宜安居。城市品位、功能以及宜居水平显著提升，城市面貌焕然一新。

5 年来，艾依河联通工程的竣工，将阅海、小西湖、森林公园、华雁湖、宝湖、七十二连湖连通，增加湖泊湿地面积，改善了区域环境，实现了再造“塞上湖城”的战略目标。同时建成了北京中路、上海西路、黄河东路、贺兰山西路六盘山路等十六横和清水大街、宁安大街、正源街、满城街、通达街等六纵城市网络，建成了 7 个城市广场和 8 个城市公园。2010 年，全市运营线路网长度 420 公里，市内公交线路达 60 条，公交标准运营车辆 1401 辆，客运量达 18171 万人次。2010 年城市建成区绿化覆盖面积达到 5701 公顷，城市集中供热面积达 3452 万平方米，供水总量达 1.05 亿立方米，从根本上缓解了城市供水问题。

九、居民收入大幅增长　居民生活跃上新水平

伴随着经济的迅速发展，城乡居民生活得到很大改善。“十一五”期间，城镇居民人均可支配收入由 2005 年的 8852 元，上升到 2010 年的 17073 元，2010 年是 2005 年的 1.9 倍，“十一五”年均增长 14.0%，比“十五”平均增速 9.5% 加快 4.5 个百分点。农民人均纯收入由 2005 年的 3493 元，上升到 2010 年的 6161 元，2010 年是 2005 年的 1.8 倍，“十一五”年均增长 12.0%，比“十五”平均增速 5.2% 加快 6.8 个百分点。

城乡人民的消费水平明显提高。“十一五”期间，城镇居民人均消费支出由 2005 年的 7311 元，上升到 2010 年的 13589 元，2010 年是 2005 年的 1.9 倍，“十一五”年均增长 13.2%，比“十五”平均增速 6.4% 加快 6.8 个百分点；城市恩格尔系数（食品消费占生活消费的比重）也由 2005 年的 35.8% 降至 2010 年的 32.1%。农民人均消费支出由 2005 年的 2836 元，上升到 2010 年的 5394 元，“十一五”年均增长 13.7%，比“十五”平均增速 8.5% 加快 5.2 个百分点。

城乡居民在物质生活质量提高的同时，精神文化生活也发生显著变化。在生活消费支出中，用于教育、文化娱乐、交通电讯、旅游、医疗保健等支出都有较大的增长。

居住条件显著改善。城市居民人均住房建筑面积从 2005 年的 25.26 平方米扩大到 2010 年的 38.85 平方米。农民人均生活用房面积从 2005 年的 31.17 平方米扩大到 2010 年的 38.85 平方米。住宅质量也大为提高，有 85% 左右的农村人口饮用自来水，100% 的农户用上了电。

十、科教文卫成绩喜人　社会事业取得新进步

“十一五”期间，银川市的科技、教育、文化、卫生、体育、新闻出版、社会保障等各项社会事业蓬勃发展，取得令人瞩目的成就。近 5 年来，全市共实施各级各类科技计划项目 1000 余项，拥有“宁夏名牌”产品 114 个，“中国名牌”产品 2 个，共获得国家科技进步奖二等奖 6 项，自治区科技进步奖 225 项，银川市科技创新奖 88 项，登记科技成果 277 项，科技成果推广转化率达到 90% 以上。科技进步对经济增长贡献率明显增加，发挥了科学技术作为第一生产力的巨大作用。

教育事业蓬勃发展。银川市紧紧扣住人才兴业这个主题，突出了以人为本的科学发展观，人才培养工作力度明显加大，教育事业迅速发展。到 2010 年末，全市拥有普通高等学校 12 所，中等职业教育学校 32 所、普通中学 69 所、小学 215 所。

文化事业繁荣兴旺。2010 年全市共拥有艺术表演团体 6 个，文化馆 5 个，公共图书馆 5 个，博物馆 5 个，广播电台 2 座，电视台 6 座。全市广播综合覆盖率和电视综合覆盖率均为 100%，形成了以中央、区级和市级广播电视台为主体，无线与有线相结合，微波、光缆和调频相结合的广播电视立体传输网络。

医疗卫生服务网络遍及全市。2010 年末，全市建立了卫生医疗机构由 2005 年的 158 个，上升到 2010 年的 544 个。其中，医院、卫生院 99 个，疾病预防控制中心 8 个，妇幼保健院（所、站）5 个，乡镇卫生院 38 个，社区卫生服务中心（站）45 个。拥有卫生技术人员 16705 人，已基本形成了遍及全市的医疗服务网络。

社会保障体系初步形成。2010 年末，全市参加基本养老保险职工 43.92 万人，参加基本失业保险职工 29.13 万人，参加基本医疗保险职工 82.78 万人。全市 88.6% 以上农业人口参加了新型农村合作医疗。全市拥有敬老院 9 个，共有床位 1133 张。最低生活保障制度全面实施，低收入居民、困难企业职工和特困人员的基本生活得到保障。全市城乡享受最低生活保障人数为 7.1 万人。

新疆

收官奠定新起点 机遇孕育大跨越

——"十一五"时期新疆国民经济运行概况

西气东输气源地——克拉2气田

"十一五"时期，新疆经济总量连续迈上三个新台阶，地区生产总值年均增长10.6%，比"十五"时期增速加快0.5个百分点，是自"九五"以来经济总量增长最快的时期，特色资源优势向产业优势转化进程加快。2010年，中央新疆工作座谈会召开奠定了新疆经济社会发展的新起点，19省市对口援疆孕育了新疆跨越式发展和长治久安的新机遇。

地区生产总值（GDP）每两年迈上一个新台阶。2006年，GDP总量突破3000亿元大关，2008年超过4000亿元，2010年突破5000亿元大关，达到5418.81亿元；人均GDP24978元，按当年平均汇率折算达3690美元，首次突破3000美元大关，标志着新疆经济社会发展进入了新阶段。地方财政一般预算收入首次突破500亿元关口，达到500.58亿元，"十一五"时期年均增长22.6%，占GDP的比重由2005年的6.9%上升至2010年的9.2%；地方财政一般预算支出1698.81亿元，年均增长26.8%，财政用于民生的支出逐步提高到地方财政一般预算支出的70%以上。

2010年，新疆粮食总产量达到1170.70万吨，创历史新高，粮食单产和人均占有量位居全国领先行列，成为国家重要的粮食安全战略后备基地。棉花总产量247.90万吨，占全国棉花总产量的41%，是全国最大的优质商品棉生产基地。特色农业和林果业加快发展，辣椒、枸杞、红花、打瓜、啤酒花、酿酒葡萄等特色优势经济作物的市场竞争能力不断增强。林果业种植面积和水果产量均比"十五"末年增长1倍左右。

工业资源优势向产业优势转化进程加快。"十一五"期间，新疆充分发挥大企业、大集团的引领作用和集聚效应，着力培育石油、煤炭、钢铁、化工、有色、电力、纺织、农副产品加工业等特色优势产业，其总产值占规模以上工业总产值的70%以上。2010年，新疆天然气产量250亿立方米，居全国首位；原油产量2558万吨，居全国前列；原煤产量近1亿吨，占全国总产量的2.6%，比2005年提高0.6个百分点，在全国的位次不断提升；番茄酱产量名列全国首位、世界前列，出口占世界贸易量的四分之一；啤酒花产量占全国的70%左右。新疆已成为全国最大的啤酒花、番茄酱及甜菜糖生产基地，其资源优势在全国经济大格局中的战略地位日益凸显。

投资、消费、需求三驾马车三轮驱动。2010年，新

新疆吐鲁番交河故城

喀什市艾提尕尔广场

各民族团结和睦的大家庭

疆固定资产投资总额3539亿元，"十一五"时期年均增长21.2%，比"十五"时期增速加快4.0个百分点。"十一五"时期新疆累计完成全社会固定资产投资总额12044亿元，相当于"十五"时期的2.1倍。

2010年，新疆城镇居民人均可支配收入13644元，农民人均纯收入4643元，"十一五"时期年均分别增长11.3%、13.3%。收官之年，农民人均纯收入增长19.6%，首次创下全国增速第一的好成绩。城乡居民收入水平提高，带动城乡消费理念和消费需求向多元化方向发展。2010年，新疆实现社会消费品零售总额1324.47亿元，比2005年增长1.1倍，年均增长15.7%。消费结构呈现质的飞跃。名、优、特、新商品逐渐占居主导地位，汽车、住房、家用电脑等消费热点日渐成熟。互联网用户由2005年的105.78万户上升至161.10万户，年均增长8.8%，私人汽车拥有量由2005年的27.7万辆提高到2010年的85.76万辆，年均增长25.4%。

新疆华凌商贸城

新疆国际大巴扎夜景

新疆充分发挥口岸和地缘优势，大力发展边境贸易，积极开拓中亚、西亚、南亚及俄罗斯市场，初步形成与周边国家全方位、宽领域、多层次的经贸合作格局。2010年，新疆外贸进出口总额171.28亿美元，"十一五"时期年均增长16.6%；实际利用外资8.7亿美元，年均增长38.0%。边境贸易连续17年占据对处贸易半壁江山，连续7年位列全国9个陆路边境省区之首。国家级、自治区级经济技术开发区、边境经济合作区成为新疆吸引外资的主体，一批具有特色的外向型产业初具规模。

克拉玛依河景区夜景

新疆维吾尔自治区商务厅

“十一五”期间新疆商务全面提速

“十一五”以来，新疆维吾尔自治区商务厅坚持“贸易先行，产业联动”的发展思路，不断加快对外开放步伐，努力构建大外经贸格局、打造开放型经济服务平台，全区商务事业全面提速，为新疆经济社会发展做出了贡献。

国内贸易增长迅猛

“十一五”时期，新疆社会消费稳步增长，市场商品供应充裕，消费需求旺盛呈现多点带动、持续繁荣、快速增长的良好态势。五年累计实现社会消费品零售总额5157亿元，年均增长16.65%，比“十一五”提高5.45个百分点；到2010年新疆服务业就业人数占全部就业人数的比重达到36.25 %，比2005年提高3.3个百分点，商贸流通业对新疆经济和社会发展的贡献大幅提高。

到2010年新疆服务业就业人数占全部就业人数的比重达到36.25%。现代流通体系建设稳步推进，城乡双向流通渠道日益畅通。“双百市场工程”升级农贸市场和农产品批发市场34家，共建成项目62个，完成投资91236万元。“万村千乡市场工程”建设改造7816家“农家店”和50多个配送中心，使“农家店”乡镇、村覆盖率分别达到85%和60%。以连锁经营为代表的现代流通方式加快发展，连锁经营网点已经超过10000多个，实现销售收入占社会消费品零售总额的比重达到20%。市场调控能力显著增强，市场监测地域已经覆盖全区100%的地市和60%以上的县，筹备成立自治区市场运行监测中心，确定了涉及22个流通行业、7种零售业态的629家监测样本企业，启动了城乡生活必需品、重要生产资料、重点流通企业、应急商品数据库、重点监测县市等5个信息直报系统。应急物资储备规模逐步扩大，市场秩序整顿力度不断加大，调控市场和应对突发事件的能力明显增强。

2006年乌洽会内联合作项目和国内贸易合同成交活跃，9月1-5日成交总额790.21亿元，与2005年乌洽会同期相比增长32.39%。其中，区外合同成交金额508.68亿元，区内合同成交金额281.53亿元

对外经贸跨越发展

2009年，受国际金融危机和“7•5”事件的不利影响，新疆进出口总额138.28亿美元，同比下降37.8%；2010年，新疆实现进出口总值171.3亿美元，同比增长22.8%。纵观新疆外贸发展史，“十一五”期间，新疆对外贸易连续跨越100亿美元、200亿美元大关，进出口累计760亿美元，是“十五”时期累计总量的3.33倍，年均增长16.6%。实际利用外资8.7亿美元，是“十五”的3.1倍，年均增长38%；境外中方协议投资15.88亿美元，年均增长50%；境外工程承包完成23亿美元，是“十五”的7倍，年均增长40%。目前，全区直接为进出口服务的人员达到40多万人，有效促进了自治区经济结构调整和新型工业化建设，促进了农牧民收入的增加，带动了餐饮、运输、旅游、等服务业的发展。

边境贸易作为新疆外贸的重要组成部分，也是新疆对外贸易的特色与优势所在。2000至2009年，新疆边境

伊宁边境经济合作区一角。截止2009年12月，合作区注册各类企业500家，其中工业企业98家，招商引资累计到位金额49.4亿元，2009年实现生产总值9.22亿元，较上年增长34.09%

贸易额年均增长31.6%，在自治区对外贸易中的比重逐年提高，连续17年占据自治区对外贸易半壁江山，连续7年位列全国9个陆路边境省区之首。2010年，新疆边贸进出口总额129.44亿美元（含0139方式出口），同比增长24.53%，超额完成全年进出口110亿美元目标任务，边贸进出口占全区进出口总值的75.67%，占全国边贸总额的49.7%。经过多年发展，新疆边境贸易企业竞争力不断增强，进出口商品结构不断优化，在周边国家特别是中亚国家的市场份额逐年上升。

贸易主体多元化，大外经贸格局基本形成。外贸企业数量快速增加，已由上个世纪八十年代的几家外贸专业公司发展到2010年的7200多家，较去年同期增长33.33%。各类外经贸企业的市场主体作用不断增强，私营企业进出口举足轻重。国有企业、外商投资企业、私营企业进出口额占全区贸易总额的比重分别为28.5%，2%、69.5%。企业经营规模持续扩大，进出口贸易额超1000万美元以上企业达到200多家，其中超亿美元企业近60家，其贸易规模占全区贸易总额的70%以上。

贸易市场全球化。进出口市场逐年增加，已从1999年的98个发展到2010年的158个。2010年新疆对外贸易排名前十位贸易伙伴为：哈萨克斯坦、吉尔吉斯斯坦、乌兹别克斯坦、塔吉克斯坦、蒙古、美国、巴基斯坦、德国、阿塞拜疆、俄罗斯联邦。主要出口商品有服装、机电产品、鞋类、纺织制品、农产品、番茄酱、钢材、家具、汽车、塑料制品、箱包、建材、农产品等；主要进口商品有原油、机电产品、农产品、棉花、铁矿砂、高新技术产品、钢材、有色金属、废旧金属、成品油、煤炭、畜产品等。

周边国家是新疆对外贸易快速增长最有效的市场。中亚、西亚及俄罗斯、欧洲、美国、香港、日本等传统市场规模进一步扩大。同时，大力拓展南亚、西亚、东盟、非洲、北美市场。外经贸对新疆经济社会发展的贡献作用逐年加大。

对外贸易的发展间接拉动自治区一、二产业平稳增长，同时带动交通运输、物流仓储、金融服务，通讯、餐饮等第三产业的发展，有力地促进了国际商贸中心建设，在加快促进经济结构调整、推动优势资源转换、带动新型工业化建设和新农村建设，增加财政收入和就业方面发挥了积极的拉动作用。

西部大通道的作用明显增强。新疆地处亚欧交界边缘，是中国边境线最长的省区，与俄罗斯、哈萨克斯坦和巴基斯坦等八个国家接壤。经过多年建设，目前已形成沿边开放大口岸格局，拥有17个国家一类口岸和12个二类口岸。目前，新疆对外出口产品的70%来自内地，进口产品的70%以上是内地所需的资源能源性产品。有效发挥了"东联西出，西来东去"的作用，连接了亚欧大市场和国内三个三角洲地带，也带动新疆第三产业繁荣与口岸经济的发展。2010年新疆口岸货运量达2626万吨，比2005年增长了66.4%。与周边国家初步构建了国际运输网络和通道。中哈原油管道建成运营，土库曼斯坦—乌兹别克斯坦—哈萨克斯坦—中国天然气管道建成运营。建设喀什、霍尔果斯特殊经济开发区，中哈霍尔果斯国际边境合作中心即将封关运营，乌洽会升格为中国—亚欧博览会，为新疆进一步扩大对外开放，提升对外开放水平搭建了更好的平台。

阿拉山口口岸集装箱货运现场。截止2010年12月31日，阿拉山口站出口货物运量完成500.4万吨，自建站以来第二次突破500万吨大关，连续5年列全国铁路各大口岸首位

新疆生产建设兵团

好风凭借力 大潮助征帆

新疆地处祖国西北，战略地位极为重要，确保新疆的发展与稳定，对维护国家的最高利益和中华民族的根本利益有着重大的战略意义。在新疆建立和发展生产建设兵团，这一既屯垦戍边、融入新疆社会又高度集中统一、党政军企合一的特殊组织，是中央治国安邦的一项战略性决策，是维护祖国统一、加强民族团结、保持新疆稳定、巩固祖国边防的重大举措，凝聚着党中央领导集体的远见卓识、执政智慧和治国方略。新时期，党和国家领导人要求兵团注重处理屯垦和戍边、特殊管理体制和市场机制、兵团和地方三大重大关系，更好地发挥推动改革发展、促进社会进步的建设大军作用，增进民族团结、确保社会稳定的中流砥柱作用，巩固西北边防、维护祖国统一的铜墙铁壁作用。兵团百万干部职工群众始终牢记使命，发扬以“热爱祖国、无私奉献、艰苦创业、开拓进取”为主要内涵的兵团精神，在祖国大地上不断谱写出辉煌的屯垦戍边新乐章。

“十一五”时期是兵团发展史上很不平凡的五年，是兵团驶入快速发展轨道、维稳戍边能力稳步提高的五年。五年来，在党中央、国务院亲切关怀和自治区党委统一领导下，兵团上下深入贯彻落实科学发展观，紧紧抓住国家西部大开发、中央加大新疆及兵团支持的有利契机，一手抓发展、一手抓稳定，克服各种不利影响，着力推进城镇化、新型工业化和农业现代化，大力改善民生和增强维稳戍边能力，圆满实现“十一五”目标任务，为“十二五”发展打下了坚实基础。

新型城镇

传授技能－民族团结一家亲

综合实力跨上新台阶。2010年兵团生产总值突破770亿元，年均增长12.9%，为“七五”以来发展速度最快。人均生产总值2.99万元，达到全国平均水平。

结构调整实现新突破。三次产业结构从40:25:35调整为36：34：30。工业增加值占生产总值的比重由17%上升到24%以上，支撑经济发展的作用明显增强。

基础设施建设取得新进展。五年固定资产投资累计达到1345亿元，是“十五”时期的2.3倍。水利、交通、能源等一大批基础设施重点项目相继开工建设或建成投产，城镇化率达到47%以上，城市功能逐步完善，人居环境逐步改善，产业集聚和人口吸纳作用开始显现。

职工生活达到新水平。2010年城镇居民人均可支配收入14559元，团场农牧工家庭人均纯收入8782元，比2005年增长74%和1倍多。城乡收入差距进一步缩小。5年间，80万职工群众喜迁新居。

社会事业取得新进步。15岁以上人口人均受教育年限达到10.5年，科技对经济增长贡献率达到52.2%，广播电视综合覆盖率达到97.1%，社会保障体系逐步健全，

军垦新城

西部纺织城正在从这里崛起

居住小区

养老保险、医疗保险等综合覆盖率 90% 以上。

改革开放迈出新步伐。《新疆生产建设兵团团场章程(试行)》下发实施，兵团公共财政保障能力进一步提高。向西开放的地缘优势进一步凸显，外贸进出口总额由 31 亿美元提高到 56 亿美元，年均增长 13%。招商引资成就显著，五年累计引进资金 480 亿元。兵地融合发展势头良好。

维稳戍边工作取得新成绩。干部职工维稳戍边意识增强，应急处突能力显著加强，出色完成各项维稳戍边任务。近万民兵守卫在 2019 公里边境线上，与边防部队联训联防联营，较好地发挥了巩固西北边防、维护祖国统一的铜墙铁壁作用。

“十二五”时期是贯彻落实中央新疆工作座谈会决策部署、加快推进新疆跨越式发展和长治久安的重要时期，也是兵团率先在西北地区全面建成小康社会的关键时期。“十二五”时期兵团发展的总体思路是：高举中国特色社会主义伟大旗帜，以邓小平理论和“三个代表”重要思想为指导，深入贯彻落实党的十七届五中全会和中央新疆工作座谈会精神，以科学发展为主题，以加快转变经济发展方式为主线，以改革开放为动力，以科技进步为支撑，以改善民生为出发点和落脚点，坚持走城镇化、新型工业化和农业现代化“三化”道路，处理好屯垦与戍边、特殊管理体制与市场机制、兵团与地方“三大关系”，更好发挥建设大军、中流砥柱、铜墙铁壁“三大作用”，为推进新疆跨越式发展和长治久安做出新的更大贡献。

屯垦戍边—铜墙铁壁固边防

石河子大学

青海民政厅

“十一五”青海民政工作回顾

西宁社会福利院外景

一、抗灾救灾工作成效显著。“十一五”期间，全省累计下拨民政救灾资金15.13亿元，调拨各类救灾物资60多万件，倒房恢复重建3万多户（不含玉树灾后重建），年均救助受灾群众120万人次，确保了灾区人心安定和社会稳定。特别是玉树抗震救灾以来，全省共安排民政专项救灾资金7.04亿元，调拨各类救灾物资共26大类100多个品种48万件（其中帐篷14.6万多顶），发放各类救助金6.87亿元，有效保障了22.3万受灾群众的基本生活。

二、农村危房改造扎实有效。根据省委、省政府的统一部署，从2009年起，由民政部门牵头，启动实施了全省农村困难群众危房改造工程。两年来，各级政府先后投入建房资金10.35亿元，组织实施农村危房改造5.39万户，惠及各类群众20多万人。农村困难群众危房改造工程深得民心，得到了人民群众和社会各界的大力支持和广泛赞誉。

三、社会救助水平显著提高。进一步完善了城乡低保运行机制，制定出台了《城乡医疗救助实施办法》，建立健全了困难群众临时救助制度，先后四次提高城市低保标准、三次提高农村低保标准，以最低生活保障为基础、临时救助为补充、专项救助相配套、覆盖城乡居民的社会救助体系基本建立。制定出台了《农村牧区五保供养工作办法》，实现了农村五保供养由农牧民互助共济向国家财政保障为主的重大转变，供养标准和保障能力大幅提高，五保对象年均供养标准达到2180元，集中供养率达到12%。

四、社会福利事业蓬勃发展。建立健全了高龄津贴制度，制定出台了《民办养老服务机构资助管理办法》等政策规定。累计投入资金2.06亿元，组织实施了省级老年福利服务中心、社区老年日间照料中心、州级儿童福利院和县级社会福利中心等社会福利项目43个。依托国家实施“霞光计划”项目和全省农村危房改造工程，累计筹资1.5亿元，新建农村敬老院90所、改扩建17所。同时，积极拓展儿童福利服务，大力开展孤残儿童康复手术和救助工作，完成“明天计划”康复手术4236例、成功率100%，实施贫困家庭先心病和唇腭裂儿童医疗救助960多名。加大福彩销售工作，募集福彩公益金2.28亿元用于资助社会公益事业。

五、优抚安置工作稳步推进。广泛开展军民共建和双拥创建活动，巩固和发展了军政军民团结的大好局面。完善和落实抚恤优待标准自然增长机制和优抚医疗保障制度，确保了优抚对象生活水平不低于当地居民平均水平。制定出台了军队退役人员“六项政策”，较好地解决了部分优抚对象和军队退役人员养老、医疗、生活等困难问题。逐年提高农村义务兵优待金标准。不断深化退役士兵安置改革，千方百计拓宽安置渠道，采取安置就业与自谋职业相结合的办法，累计安置城镇退役士兵6180名，年均安置率达90%以上。先后完成了五批次350多名军队离退休人员接收安置任务，并落实了相关待遇。进一步加强了军供站基础设施和正规化建设，军供保障能力明显提升。

六、群众自治组织和社会组织建设全面加强。建立和落实了村级组织运转经费和村干部报酬动态增长机制。开展了“难点村”专项治理工作，顺利完成了第六、第七次全省村（牧）委会换届选举。稳步推进城乡社区建设，健全社区居委会组织，完善居民自治制度。初步建立社区服务设施建设投入机制，社区服务功能明显提高。坚持培育发展和监督管理并重的方针，采取积极措施，推动社会组织健康有序发展。率先建立了社会组织党工委，进一步加强了社会组织监督管理，建立和完善了社会组织评估机制，先后对145个社会组织进行了等级评定，社会组织诚信建设和服务功能不断增强，进一步巩固和发展了党的执政基础和社会和谐基础。

七、专项社会事务管理更加规范。依法审批行政区划调整事项，完成了玉树县撤县设市调研论证和申报工作，审批撤乡设镇等行政区划调整事项58个。积极推进地名信息化建设，启动并完成了大通县地名数据库试点工作。深入开展平安边界创建活动，妥善处理边界纠纷问题，促进了边界地区的社会稳定和经济发展。积极推进婚姻登记信息化建设，加强婚姻登记规范管理，提高婚姻登记服务水平。积极推进殡葬改革。专项社会事务管理更加规范，服务水平不断提高。